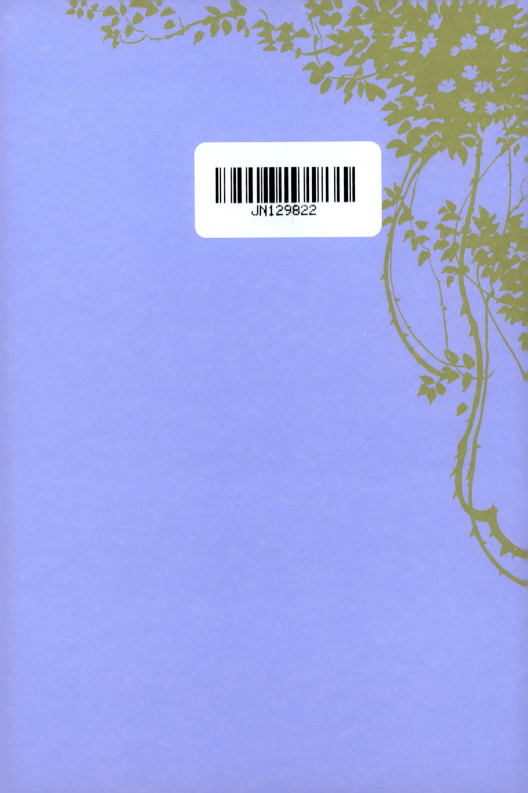

妖精事典

キャサリン・ブリッグズ 編著

平野 敬一
井村 君江　共訳
三宅 忠明
吉田 新一

冨山房

＜ケルト諸語の校閲者＞
三橋敦子（アイルランド・ゲール語）
水谷　宏（ウェールズ語）
吉岡治郎（マン島語）

＜ケルト諸語に関する協力者＞
ガハル・オー・ガルホール
プロインシァス・マッカーナ
マーガレット・マクドナルド
デクレン・カイバード
イアン・パターソン
ジョン・ローラー
秦　宏一

A DICTIONARY OF FAIRIES
by Katharine Briggs 1976

Original English language edition
published by Allen Lane

Copyright by The Folklore Society

Japanese translation rights arranged with United Agents Ltd.,London,
through Tuttle–Mori Agency,Inc.,Tokyo

装丁／辻村益朗

1. アーサー・ラッカム画「バターは古い木の根よりつくられる」

2. アーサー・ラッカム画「毒キノコを切り倒していた妖精たちが道具を放り出して逃げる」

3. リチャード・ハスキソン画「眠るティターニア」

4. リチャード・ダッド画「バッカス祭の光景」

5. リチャード・ダッド画「この黄色い砂浜に来たれ」

6. サー・ジョーゼフ・ノエル・ペイトン画「オベロンとティターニアの仲直り」

7. リチャード・ドイル画「妖精樹」

8. ジョン・シモンズ画「妖精」

9. サー・ジョン・エヴェリット・ミレー画「エアリエルに誘惑されるファーディナンド」

10. カイ・ニールセン画（『おしろいとスカート』より）

11. ジョン・アンスター・フィッツジェラルド画「白ネズミを追って」

12. ジョン・アンスター・フィッツジェラルド画「妖精の贈り物」

13. リチャード・ドイル画「妖精の祝典」

14. ヘンリー・フューズリ画「クモの巣」

15. ヘンリー・フューズリ画「オベロンがティターニアのまぶたに花の搾り汁をたらす」

16. エドワード・ウィリアム・ホプリー画「妖精と蛾」

17. ヴァーノン・ヒル画「アリソン・グロス」

18. トマス・ストザード画（『髪盗み』より）

19. サー・ジョーゼフ・ノエル・ペイトン画「詩人(うたびと)トマス」

20. ジョン・シモンズ画「夏の夜の夢」

21. シシリー・メアリー・バーカー画「ハリエニシダ」

◇新装版まえがき

井村 君江

　『妖精事典』(1976) の編著者キャサリン・ブリッグズ (1898-1980) が「エフォートレス・パッシング（苦しみなしの逝去，大往生）」されたと，次代フォークロア会長のカルメン・ブラッカー女史からケンブリッジの家に電話でお知らせがあった。亡くなられた30分後のことだった。当時，ブリッグズ女史の書かれた『妖精事典』を翻訳中で，出来上がったら，ぜひ日本にご招待したいとお約束して，12年も経ってしまっていた。女史が来日なさったら，『妖精事典』日本語版の制作メンバーである冨山房社長坂本起一氏や編集の方たち，平野敬一氏を中心とした我々翻訳メンバーたちで出迎え，富士山など日本の自然や公園，古都京都などをご案内したいとお約束していたが，それらが実行できず残念であった。

　女史は3人姉妹の長女で，3人ともに独身。妹たちの早世後，晩年には出版社の編集員のエリザベス・ロウ女史と一緒にケントの家で暮らしていた。他界された当日，「グラス・オブ・ワイン」と言われたので，ボトルから注ぎ，ブリッグズ女史の手からビスケットが落ちたので拾って渡そうとしたところ，すでに息がなく椅子に寄りかかっておられたと言う。「妖精たち」があの世にお連れした一瞬だった。82歳の生涯であった。

　若い時，3姉妹は「サマー・プレイアー」という巡回劇団を結成し，劇や口碑伝承を子供たちの前で演じていた。例えば民話をパントマイムに仕立てた『金のアヒル』(1935) や，創作作品の『平和を作る人々』(1936)，『黒衣婦人』(1937) などである（未刊行。プリントは6部あったが1部ずつ頂戴している）。演ずることの面白さからシェイクスピア演劇の研究者となり，シェイクスピア専門の学者となって多くの成果をあげた。そして，オックスフォード教授となって大学で教えているうちに，研究対象がシェイクスピアの描く「妖精」に移り，やがて研究主題の比重が反対になってしまった。女史は学者でありながら，創作の筆もとっており，『魔女と2人のケイト』や『妖精デイックの戦い』などの小説を執筆，日本ではすでに翻訳され，読まれている。

　『妖精事典』の日本語訳のメンバーだったのは，まず，東京大学教授で日本の学会の重要メンバーであり，関東と関西の地域別などを考えた4人，平野敬一，三宅忠明，吉田新一，井村君江が選ばれた。井村はちょうどケンブリッジのヴィジティング・スカラーにパスしてルーシー・キャベンディッシュ・カレッジに1977年から2年間滞在予定だったので，イギリスと日本の橋渡し中間役を務めることになった。ブリッグズ女史に尋ねて，結果を日本に持って帰る役目である。

　ブリッグズ女史はフォークロア学会の会長であられ，長い間勤めておられたが，私のケンブリッジ時代に辞められ，ロンドン・ウーマンズ・クラブを作り，そこで話を

されていた。出席を許可されてお話しする機会があり，とても楽しかった。

　最後に執筆されたのは，人間の最初の男性アダムの前の妻「リリス」についてであった。実は私も，ちょうどリリスを調べており，昔から記述されている『ゾーハ』や『タルムッド』などを書いていた。女史の「リリス」が本になって欲しい。

　事典の翻訳は，4人均等の分量に分けた。井村はこの時，事典の翻訳を一人でやろうと思っていたので，既に何項目かを訳しており，それは除いた。妖精の話は昔話（フェアリー・テイル）によるところが多く，しかも地方によっては妖精自身の呼び名が，綴りは同じであっても発音が異なる場合があった。さらに地方ごとに妖精の呼び名が違っている。アイルランドでは「ディーナ・シー」，スコットランド高地方は「シー」，コーンウォールでは「ピクシー」，ウェールズでは「タルイス・ティーグ」という具合に。イギリス発音の専門家である三橋敦子先生にお願いして発音していただき，あとは東大の英語講師で地方発音に詳しい先生方，アイルランド語ではマーガレット・ガレット・ガルホール，スコットランド語ではイアン・パターソンなどに教えていただいた。

　また妖精は，人間だけでなく植物や樹木の花，色々な動物たちに関係するので，それらの専門の方々に多くの質問をした。初めは項目ごとに検討したが，項目が百以上もあり，時間的に不可能であったので，次から疑問点にのみ限ることにした。

　ブリッグズ女史の事典の項目は，妖精の種類はもちろんのこと，妖精特殊用語，妖精物語，昔話や創作，妖精文学の作者，妖精分類者，各世紀の妖精観など，妖精の各方面を網羅している。日本語版では一点だけ編集者が意図的に省いたところがあるが，それは「昔話分類」のアールネ・トムソンとスチール・トムソンの分類番号である。日本では児童図書協会などでこの番号は用いていないので，妖精事典にだけつけるのは不要と思い削除した。

　この『妖精事典』が，世界では最初の妖精に関する事典といえよう。日本語版は冨山房から『妖精事典』（1992年9月）として出版され，第5刷以後長らく品切れ状態であったが，今回再び世に出て喜ばしい限りである。出版に携わった者の一人として，改めて皆の努力の成果を見て欲しい。

2024年8月

原著の謝辞

　本書で私は先人の業績を大いに利用させてもらったが、大勢の同時代の方々からも援助と示唆をいただいている。特に「フォークロア」誌の多くのバックナンバーからの引用を許可してくださった同誌編集長には感謝しなければならない。ケルトの妖精の名前の綴りと発音については、アラン・ブルフォード、ロビン・グウィンダフ、ショーン・オースーリァヴォーン、ウォルター・クラークの諸氏から助言をいただいたことを深く感謝する。

　また何人かの民俗学者からは直接に情報の提供を受けた。中でも、アパラチア山脈の伝承の収集家として有名なマリー・キャンベル、オーストラリアに持ちこまれた妖精信仰について記録してくださったジョーン・エルテントン、パサマクワーディー・インディアンの族長と結婚した人類学者で、ヨーロッパの小人によく似た二種類の小人たちについて珍しい情報を寄せてくださったスーザン M.スティーヴンズの諸氏にはお世話になった。ルース L.タング氏が発表ずみの著述を活用させてくださったばかりか、時には未発表の資料まで提供してくださったことも、たいへんありがたかった。

◇編著者序文

キャサリン・ブリッグズ

〈フェアリー〉（fairy）という言葉には、いろいろな使い方がある。時代とともに変わるその俗語的ないし隠語的用法もあるにはあるが、それは本書とさしあたり関係がない。われわれが本書で取り上げている妖精伝承では、〈フェアリー〉という語に二つの主だった用法がある。まず、「人間と天使との中間の性格の」——17世紀にこう述べられているのだが——あの超自然的存在の一種——それは大きさ、能力、寿命、性格などの点でお互いに多少の差異はあるものの、ホブゴブリン、怪物、ハッグ[2]、人魚などとは画然と区別されるものである——を言い表すための狭い厳密な使い方があり、これが第1の用法。第2は、範囲をもっと広げて、天使、悪魔、あるいは亡霊を除いた超自然界の全領域をこの語にカバーさせる一般的な使い方である。本書でよく用いたのは第1の用法よりあとから生まれた、この第2の、もっと一般化された意味でのフェアリーである。

この使い方に異論もあろう。フェアリーという語自体は比較的新しいもので、中世以前には使われなかったし、中世においても、時々魔力を身につけた人間の女の意味に、サー・トマス・マロリーがモルガン・ル・フェ〔「フェアリーであるモルガン」の意。アーサー王と血を分けた妖女〕で使ったように、この語は使われた。英語のフェアリーは、フランス語のフェ（fai）から発展したものだが、フェはイタリア語のファタエ（fatae）、すなわち赤ん坊の生まれた家を訪れ、その赤ん坊の将来について、ちょうど〈運命の3女神〉のように予言をした妖精たち、が語源である。フェアリーは、元来フェイ エリー（fai-erie）、すなわち呪文がかけられた状態を意味したのだが、いつの間にか呪文がかけられた対象から呪文の行使者へと意味が転移したのである。妖精たち自身は、このフェアリーという呼称を好まないといわれ、彼らを婉曲に〈善いお隣さん〉、〈いい人たち〉、〈シーリー・コート〉、〈あの人たち〉、あるいはもっと距離をおいて〈あちらさん〉というふうに言った方がいいと考える人が多い。イギリス諸島では妖精に対してさまざまな呼称が用いられている——アイルランドでは〈ディーナ・シー〉、スコットランド高地地方では〈シー〉、イングランドのコーンウォール地方では〈ピクシー〉というふうに。スコットランド低地地方では久しく妖精のことを〈エルフ〉、妖精界のことを〈エルフェイム〉と呼んでいたが、こういう呼称は、その使用が地域的に限定されていた。ところが、フェアリーという呼称の方は、キリスト教徒から不信の目を向けられ、また19世紀の少女趣味的な美化によって安っぽくなったとはいうものの、どこででも通用した。

本書の最初の構想は、トマス・キートリーがその『妖精神話考』（1828）で行なったように、妖精伝承の全領域を取り扱うことだった。しかしヨーロッパの妖精だけに範

囲をしぼり，それをごく大雑把に扱うだけでも，さらに何年間にもわたる調査と研究を基に，この10倍の分量の本を必要としたであろう。本書では，比較あるいは説明の便宜上，イギリス諸島外の妖精にも時々言及はしているが，それは事のついでに触れたという域を出るものではない。妖精を全面的に考察した研究書はまだ世に出ていないが，ドイツのクルト・ランケ教授を編集主幹として目下準備中〔全12巻. 1975-87年までに，その中の5巻が刊行された〕の浩瀚な『メルヘンの百科事典』は，その取り扱い範囲が広く，妖精の領域をも充分にカバーしてくれるものと期待される。それはともかくとして，このイギリス諸島という狭小な地域とおおよそ10世紀間という短い期間に取り扱い範囲を限定しても，われわれを魅惑したり怖じ気づかせたりするに足るだけの材料は見いだされるはずである。

　本書は，こと改まって調べたりするためというより，気の向くままに拾い読みするためのものである。項目を読み進んでいくと，その中で下線を付した語に出会うはずである。それは，その語についての項目が別にある，という印であり，一つの項目から次の項目へと探訪の旅を続けることができる仕組みになっている。

　妖精伝承の研究を専門とする民俗学者は，妖精の存在を信じるのか，つまり客観的にはどうであれ自分では妖精がいると思っているのか，という質問をしばしば受ける。厳密に言うと，これは見当外れの質問である。民俗学者の仕事は，妖精伝承の成長と伝播の過程をたどり，できることならその起源についての理論を提起し，あるいはすでに提起されたさまざまな理論を検討することである。民俗学者が真実の妖精信仰をうんぬんするとき，彼は，通常，文学的な物語作家の勝手な空想とは裏腹の，人々が現実に信じこんでいるもの，という意味で使っているのである。物語作家というものは，民間伝承が深く身にしみこんでいる場合もあるが，時には自分の頭の中から話の材料をひねり出したり，あるいは時代の文学的流行をいたずらに追っているだけの場合がある。それはともかくとして，自ら採集記録した伝承の真実性を民俗学者自身信じているかどうか，それを知ることができたら興味深い。というのは，信じているかどうかで対象の扱い方が違ってくるからである。私自身，この問題については不可知論者である。妖精譚の中には不思議に人を納得させるような真実性を有するものがないわけではないが，われわれは古い記憶をよみがえらせる際に人間の想像力が発揮する構築力とか，人間には見たいと思うものが見えてくる傾向があるということなどを考慮に入れなければならない。

　昔話や伝説の分類の仕方についていくつかの提案が今までなされてきた。なかんずくG.L. ゴム教授が『フォークロア便覧』(1890)で示した分類の概略は，実際的で示

唆に富むものであったが，一般の採用するところとはならなかった。しかし新たに採集される話の数は増える一方で，なんらかの手を打たないわけにはいかなくなった。こういう要求に充分こたえたのがアーンティ・アールネ〔フィンランドの民俗学者. 1867-1925〕の『昔話のタイプ・インデックス』(1910)であった。これは1928年と1961年にスティス・トムソン教授〔アメリカの民俗学者.1885-1970〕により改訂増補され，世界中どこでもおよそ昔話の収集の行なわれるところでは昔話分類の規範となっている。本書の項目の末尾に与えられているタイプ番号はこのアールネとトムソンの分類によったものである。「タイプ」〔話型〕というのは一つの完結した話，つまりモチーフ〔話素〕の集積を指す。「モチーフ」は，のちにトムソン教授がその『民間伝承のモチーフ・インデックス』(6巻本, 1955-58)で分類しているのであるが，話という織物を構成する個々の撚り糸を指している。例えばシンデレラの話は，タイプとしては510番で，その中にモチーフ S 31：残酷な継母，L 55：継子が女主人公，F 311. 1：妖精の代母，D 1050.1：魔法によってもたらされた衣装，F 861.4.3：カボチャから作った乗り物，N 711.6：王子が女主人公を舞踏会で見かけ魅せられる，C 761. 3：舞踏会で長居することはタブー，ある特定の時刻にならないうちに去らなければならない，H 36.1：履物で試すこと——以上のようなモチーフが見いだされる，という次第。なお本書巻末には，本文で言及した多くの逸話や俗信の中に見いだされるタイプとモチーフのリストを付した。

　本物の伝承は，創造的想像力にとって大きな刺激となるものである。妖精伝承に刺激を受け，今度は逆にその伝承に影響を与えたような作家や詩人たちにも，本書では時々簡単に触れた。伝承が上昇して文学となり，文学が下降して伝承となる——その辺の機微を研究してみるのも魅力的であろう。視覚芸術も妖精の伝承と無縁ではなかった。本書に収録した妖精の絵は，数こそ多くないが，おのずから過去何世紀間にわたる妖精伝承の変動と消長に対する興味深いコメントとなっている。

◇訳者序文

平野 敬一

　キャサリン・ブリッグズ編著『妖精事典』を邦訳するため，私たち訳者4名が初めて打ち合わせの集まりをもったのは，1979年5月，ちょうど日本英文学会大会が東京の専修大学で開催されていた前後だったと記憶している。それからもう10年以上の歳月が経過したことになる。原著が出版されたのは，その3年ほど前であり，前年の78年には訳者のひとり井村さんがブリッグズ氏に同書の邦訳を口約した，といういきさつもあった。ブリッグズ氏は当時訪日を切望しておられたので，邦訳の出版をその訪日に間に合わせることができたらなどと，今から考えるとのんびりした見通しを私たちは当初立てたりもした（1980年のブリッグズ氏の他界でこの望みはあえなく消え去ったが）。しかし，いざ実際の仕事に取りかかってみると，そういう見通しがいかに非現実的だったかということを，いやというほど思い知らされることとなった。およそどんな形にしろ，妖精とかかわり合う場合，妖精界における時間の流れ方を顧慮しなければならない，という用心を私たちはどうやら忘れていたらしい——妖精界に誘拐されると7年間の捕らわれを覚悟しなければならないということを，〈正直トマス〉の逸話が教えているというのに。ところが，最初の7年間はあっという間に過ぎ去り，2度目の7年目もやがて巡ってきそうな今，ようやくその〈捕らわれ〉から解放される曙光が見えてきた，という次第である。

　ブリッグズ氏の妖精研究についての，他の追随を許さない輝かしい業績については，いまさら喋々するまでもないであろう。妖精研究におけるブリッグズ氏の存在は，ちょうどナーサリ・ライム研究におけるオーピー夫妻の存在のようなもので，両者には共通点が多い。その中でとりわけ目立つのは，どちらも従来のアカデミズムの枠組みに拘束されず，対象に対するアプローチがきわめて個性的な点であろう。

　『妖精事典』は，ブリッグズ氏の数多くの著書の中で，とりわけ重要な位置を占めるものであるが，通常「辞典」とか「事典」（原著はイギリスでは *Dictionary*，アメリカでは *Encyclopedia* になっている）がもつあの客観的な，過不足のない，そして時としては無味乾燥になりかねない記述とはおよそかけ離れた，自由自在な，天衣無縫といっていい記述法をとっているのが特色である。氏自身，序文で本書は堅苦しい参照のためでなく，気楽な拾い読みのためのもの，とわざわざ断わっているほどである。寝ころんで，気ままに，偶然開いたページを読んでもらえればそれでいい，という気持ちなのである。そのためか，本書の記述には，著者の感興の赴くままに筆を走らせている，という趣があり，厳密な文献的裏付けに必ずしも力点が置かれているわけではない。しかし，この自在なアプローチがかえって訳者たちをとまどわせた場合もあり，私たち訳者は氏が参照した原典に直接あたったり，氏に情報を提供したと思

われる当該者に問い合わせたりして，記述の細部を確認する必要に迫られることがしばしばあった。明らかにブリッグズ氏の記憶違い，読み違いと見られる例もけっして少なくなく，訳者たちはその扱いに苦慮したが，より正しい情報が読者に与えられることを氏が望んでいないはずはないとの判断から私たちは原著の記述をあえて補正することを辞さなかった。例えば，細かいことのようだが，J. F. キャンベルが採話した『西ハイランド昔話集』第2巻所収の話を引き合いに出しながらブリッグズ氏は第28話と第26話とを取り違え，そのため記述が混乱している箇所がある（「妖精の手仕事」の項）。こういう場合，原文をそのまま訳出し，訳註をつけて「正しくは…」と説明する手もあったかと思うが，煩瑣を避け，多くの場合，訳註をつけずに訳文で補正を行なった。こういうふうに訳者らが黙って手入れをした箇所は，かなりの数にのぼる。原著と訳書とで記述が異なる場合が当然生じるが，それを訳者の誤読とか誤訳と一概に決めつけないでいただきたい。なお補正の責任は，最後に全項目の点検を行なった筆者が負うものである。誤謬の少なきことを期したものの，筆者の思い違いがなかったと断言する勇気はもちろんない。

　原著者の言わんとするところを，可能なかぎり正確に日本語に移すことを当然私たち訳者は第一に心がけたが，正確さを追求するあまり，ブリッグズ氏の文章がもつ人間的温かさを移す点がなおざりになったのでないかという反省は，少なくとも筆者にはある。氏の文体の「うっとりさせる魅力」（「ニューヨーク・タイムズ」紙の評）を訳文で伝えるのは至難の業である。訳者の逃げ口上のように聞こえるかもしれないが，この点は原著で味わってもらうより仕方がないかもしれない。

　この『妖精事典』と久しくつきあってみると，事典そのものが妖精的な性格を有していることに気づかざるをえなくなる。妖精は，その正体をはっきりさせられることを嫌うという。また，人間界に住む者がその名をうっかり口にすると，たちまち姿を消すとさえ言い伝えられている（モチーフ F 381.1）。本書のどの項目においても氏の筆致には妖精のこういう性格に対する思いやりが働いているように思われる。つまり，氏は妖精をとことんまで追いつめないのである。もう一つ，妖精は新しい衣服を与えられると，とたんに機嫌を損ねて退散するとも伝えられる（モチーフ F 381.3）。考えてみたら，この邦訳の仕事も妖精に新しい衣服を与える作業になっていることは否定できない。ブリッグズ氏の誘いでせっかく姿を現してくれた妖精を，この邦訳という新しい衣服が退散させることになるのではないか，と少なくとも筆者はたえず懸念しながら訳筆を進めたものだった。読者も，正体を明示されることを嫌う妖精のこういう性格に敬意を表して，本書の妖精とつきあってほしいと思う。

上述したように，本書の完成には10年以上の歳月がかかった。その間，数知れぬ方々から励ましと支援をいただいたが，その名をいちいち列記する紙幅がないのが残念である。ただ，ぜひ触れておきたいのは，かねてから妖精について深いご造詣をおもちで，原著の最も早い時期からの愛読者であられる皇后美智子様が終始，本訳書の完成に温かいまなざしを向けて下さったことである。それが訳者にとってまたとない励みになったことは申すまでもなく，ここに衷心より感謝の微志を表する次第である。また本書に頻出するケルト諸語の表記と発音は，訳者と編集部とが最も頭を悩ませた事項だったが，カタカナの限界を承知しながら，本書が曲がりなりにもケルト諸語の音を表示しえたのは，ケルト語を専門とするプロインシァス・マッカーナ，三橋敦子，カハル・オー・ガルホール（アイルランド語），イアン・パターソン，マーガレット・マクドナルド（スコットランド・ゲール語），水谷宏（ウェールズ語），吉岡治郎（マン島語）および秦宏一，ジョン・ローラーらの諸氏の全面的な教示と協力を得たからである。ありがたいことであり，感謝したい。

　なにしろ長い年月にわたる作業であり，その間，訳者相互の，また訳者と編集部との間の連係プレーがいつもスムーズにいっていたとは言えず，あるいは表記法について，あるいは字句の解釈について，いろいろと意見の食い違いがなかったわけではない。また当初の編集方針に大幅の方向転換こそなかったものの，試行錯誤的にこまかい手直しをせざるをえなかったことは何度もあった。本書の企画から刊行に至るまで順風満帆の航海に終始したわけでは決してない。掛け値なしに難産だった。しかし，とにかく，ここまで漕ぎつけることができた。この機会に編集関係者のみならず，いわば縁の下の力持ちになって本書の刊行に大きく寄与された校正・印刷・製本関係の方々にもあらためて厚く謝意を表したいと思う。

　最年長者として，訳者一同を代表して蕪辞を連ね，「序文」に代えさせてもらう次第である。

1992年6月

◇凡　例

1. 本書は，Katharine Briggs 編著 *A DICTIONARY OF FAIRIES —— HOBGOBLINS, BROWNIES, BOGIES AND OTHER SUPERNATURAL CREATURES* (Allen Lane, Penguin Books Ltd., London, 1976) を訳出したものである。
2. 見出し語は，原著ではアルファベット順に並んでいたが，本書では訳語の五十音順に並べかえた。
3. **妖精丘**や**ネモ譚**など，原著にはない項目を日本の読者の理解のために新設した場合は，その見出し語の左肩に＊印をつけた。
4. 本文の記述に出てくる見出し語については，それぞれの項目中での初出のものに下線を付した。ただし**妖精**は，どの項目にも頻出するため，この語にはあえて下線を付していない。
5. 各項目の末尾に，その項目の翻訳担当者を以下のような略語で表記した。
   - (平) 平野敬一　　　(井) 井村君江
   - (三) 三宅忠明　　　(吉) 吉田新一
6. 翻訳者の註は，〔　〕内に記した。
7. 見出し語，人名，地名等の表記については，現地音を尊重し，煩雑にならない程度でその音にできるだけ近いカタカナを当てた。ただし現在一般化している慣用表現については，それを用いた。
8. 発音とカタカナとの関係では，原則的に長母音は音引き（ー），二重母音の〔ou〕はオー，〔ei〕はエイと表記した。ただしウェールズ（慣用表記のため）やノウ（否定語との混同を避けるため）などの例外もある。
9. ケルト諸語については，英文学などで表記が慣用的に定着しているもの以外は，それぞれの地域で最も一般的と思われる綴りと発音を採用した。したがって原著の表記と異なる場合もある。
   a) アイルランド・ゲール語の校閲・訂正は，三橋敦子氏にお願いした。時代と地域が限定されている語を除き，基本的には南部方言に準拠した。わたり母音〔ea〕については，ァで表記した（例／**ゲァサ**，**カリァッハ・ヴェーラ**）。〔x〕音については，無声の場合もあり，正確な表記が困難なため，便宜的にハ行で表記した（例／Each Uisce〔ax iʃkə〕**アッハ・イーシュカ**）。介入子音については，近いカタカナを当てた（例／Tír na nÓg の Óg の前の n は介入子音なので本来はヮオーグとでも表記すべきだが，本書ではノーグと表記した）。
   b) スコットランド・ゲール語の綴りと発音については，主に Maclennan: *A Pronouncing and Etymological Dictionary of the Gaelic Language* (1925, repr. 1979) を参照したが，ブリッグズ氏自身が用いたと思われる発音もなるべく尊重して生かすようにした。
   c) ウェールズ語の校閲・訂正は，水谷宏氏にお願いした。綴りと発音は，特に地域の

限定がないものについては，南部方言に準拠した。

d）マン島語の校閲・訂正は吉岡治郎氏にお願いした。綴りについては，Archibald Cregeen: *A Dictionary of the Manks Language*（1835）と John Kelly: *Fockleyr Gailckagh as Baarlagh*（1866）をを参照し，発音については，記録に残る最後の話し手たちの発音に準拠して，それぞれの語の発音と推定されるものを表記した。

10. 書名のあとの（　）内には，原則として初版年を入れたが，戯曲の場合は初演年が入っている場合もある。
11. 原著の明らかな誤記や誤植は，訳文で訂正した。

「アイ・ウェイト，ユー・ウェイト」 'I weat, you weat'

意味不明の妖精の呪文。妖精たちは，人間から盗みとった食料を常食としていたようである。ケルト圏の妖精たちは，人間の食料からそのフォイゾン，すなわち滋養のエッセンスを抽出すると信じられていたが，ネズミのように農作物を荒らし，早目に穀物を運び去る手合いもいた。妖精の盗みによる，ハンプシャーのある農場主の損害を略述した話をあげてみよう。トマス・キートリーが『妖精神話考』(1828)に紹介しているものである。

ハンプシャーのある農場主は，自分の納屋の乱雑さにたいへん悩まされていた。というのは，殻竿で翌朝打てるように，前の晩に麦の束を整然と脱穀場に並べておいても，朝になってみると，すべてがもうめちゃくちゃに乱されているのであった。それでも納屋の戸は錠がかかったままだし，不法侵入の形跡はどこにもない。この悪質ないたずらの犯人の正体を見きわめてやろうと決意した農場主のホッジ氏は，ある晩，麦束を積み重ねた奥に身をひそめて，敵の来るのを待っていた。ようやく真夜中になると，納屋はすばらしい光度の月光に照らされたように明るくなり，戸の鍵穴から何千もの，これ以上小さいものは考えられない，想像を絶するほどに小さなエルフが侵入してきた。エルフたちは，すぐさま麦わらの間でふざけ始め，またたくまに麦わらは，めちゃくちゃに散らかった。ホッジ氏は，けげんに思ったが，そのまま黙って見ていた。しかし，そのうちこの超自然界の盗賊たちは，ホッジ氏のもっと気に食わないことに精を出し始めた。エルフたちはそれぞれが，いちどきに麦わらを1本ずつという形で，それも驚くほど勢いよく，農場の収穫物をせっせと運び出す作業にとりかかったのである。鍵穴が依然として彼らの出入り口になっていて，さながら6月の快晴の日のハチの巣の出入り口の趣だった。こういう具合に自分が収穫した麦が消えていくのを目撃して，農場主の心中が穏やかであろうはずはなかった。ちょうどそのとき，エルフのひとりが仲間に，かろうじて聞きとれるほどのかすかな声で「アイ・ウェイト，ユー・ウェイト」と言うのがホッジ氏の耳に入った。ホッジ氏は，もう我慢ができなくなった。彼は隠れ場所から「悪魔にでも食われろ！　ただではおかないぞ」と叫びながらとび出した。エルフたちは，びっくり仰天して逃げ去り，それから2度と納屋を荒らしには来なかったという。

この話のサフォーク州での類話であるブラザー・マイクにまつわる話では，小さな妖

精であるブラザー・マイクは
> 「この麦の穂を運ぶだけで，
> わたしは大汗をかくのだ」

と嘆くのだった。この妖精はついに捕まり，結局死ぬことになるというのが，この話の悲しい結末である。捕らわれた妖精の話の中では，最も悲劇的なものに属する。
[モチーフ：F 239.4.3；F 365；F 365（c）] (平)

アイナ・ピック・ウィンナ　Ina Pic Winna

豊漁をもたらす精。ルース・タングは『カウンティー・フォークロア』第8巻（1965）の中に，地元サマーセット州の漁師の迷信をいくつか記録している。そのうちで最も興味深いのは，以下のようなアイナ・ピック・ウィンナについての迷信である。

ワール〔現エイヴォン州の西南隅の漁村〕では，漁師たちは漁へ出るとき，それぞれ山腹のケルンあるいは妖精丘に白い石をのせて
> 「アイナ・ピック・ウィンナ
> ごちそうをお願いします」

と唱える。そうすると，しばしば大漁に恵まれるという。

タングは，ウェストン・スーパー・メア〔現エイヴォン州，ブリストル海峡に面した漁港〕在住の漁師からこの話を聞いたのである。[モチーフ：F 406] (平)

アーヴァンク　Afanc

妖怪の一種。北ウェールズのコンウィー川の近くにあるシーン・アル・アーヴァンクと呼ばれるよどみの淵にすむ怪物の姿については，はっきりした定説がない。一般にはこれは巨大なビーバーと考えられていたが，その理由は，土地の方言ではアーヴァンクという言葉にビーバーの意味があったからである。シーン・アル・アーヴァンクは一種の渦巻きになっていて，そこに投げこまれたものは，すべて渦を巻きながら中に吸いこまれた。よどみの淵に落ちた動物や人間を引きずりこむのはアーヴァンク，つまり巨大なビーバーか，一種のワニの仕業だと，以前は考えられていたのである。ジョン・リースの『ケルトのフォークロア―ウェールズとマン島』（1901）で語られている17世紀の伝承によれば，ユニコーン〔一角獣〕と同様，アーヴァンクをひとりの乙女が誘って，とうとう膝を枕に眠るように仕向けた。アーヴァンクは眠っている間に鎖で縛られ，その鎖は2頭の雄牛に取りつけられた。雄牛たちが引っぱりはじめると，アーヴァンクは目を覚まし，淵の中に逃げこもうとして，それまで爪をかけていた乙女の乳房を引き裂いた。数人の男が加勢して鎖を引っぱったが，有効だったのは雄牛の力だと，のちにアーヴァンク自身が告白した。男たちが，誰の引く力がいちばん強かったかということで言い争いをしていたところ，突然捕らわれていたアーヴァンクがこう言ったのだ。
> 「雄牛が引っぱらなかったら，
> わたしがよどみから引き離されることはなかったのに」

[モチーフ：F 420.1.4；F 420.5.2] (三)

アウフ　Ouph

ウーフともいう。16世紀後半のエリザベス1世時代におけるエルフの別称。今日では普通は使われていないようであるが，文学には使用例が見られる〔『オックスフォード英語大辞典』によれば，活字としてはシェイクスピア劇のフォーリオ版（1623）ではじめて登場したという〕。　　　　　　　　　　　　　　　　　　　　　　　　　　（吉）

アウローラ・ボレアーリス（北極光）　Aurora Borealis　⇨フィルヒリーシュ，ペリー・ダンサー

青ズボン　Blue Burches

サマーセット州のブラックダウン丘陵の靴屋の家で，ボガートのようないたずらをしていた，悪意のないホブゴブリン。靴屋の小さな息子が，この青ズボンと仲良しになり，1度だけその正体を見たことがあった。それによると，ぶかぶかの青いズボンをはいた老人だった。靴屋もその家族も，彼のいたずらを全然気にしていなかった。重い足音が階段を下りてくるのが聞こえ，部屋を横切るように青い煙が動いたりしたときでも，靴屋は「青ズボン爺さんを気にするな。何も危害を加えやしないさ」と言うだけだった。そして青ズボンが，まるで小さな黒豚のように部屋を走りぬけ，水しぶきを立てることもなくアヒル池にとびこんだこと，また，夜遅くなって家族が市場から帰ってくると，まるで火事かと思わせるほど家中を赤々と輝かせていたことなどを自慢げに話すのだった。靴屋はこの話をする相手を間違えた。つまり，教会委員のひとりに話してしまったのである。委員は，青ズボン爺さんを悪魔だと思いこみ，ふたりの牧師を連れて，爺さんを追い払いにやって来た。彼らがついてみると，アヒル池のそばで白い年老いた馬が草をはんでいる。「あれはなんだ？」と，牧師のひとりが靴屋の息子に言った。「青ズボン爺さんですよ」と少年が答えた。「馬具をつけられるかね？」と牧師が尋ねた。少年は得意になって，自分がどんなに青ズボン爺さんと仲良しであるかを見せようと思い，馬の頭から馬具をつけた。と同時にふたりの牧師が声を合わせて「消え失せろ，この悪魔め！」と叫んだ。青ズボン爺さんは池にとびこみ，少なくとも今までのような親しみをもった姿では，2度と姿を現さなかった。この青ズボンについての逸話は，ルース・タングが1909年に学友から，また1907年から1908年にかけてトゥルール村で何人かの農夫から，聞き出したものである。19世紀末の話と思われる。〔モチーフ：D 610；F 382；F 401.3；F 473.2.4；F 475〕　　　　　　（三）

青帽子　Blue-cap

勤勉な鉱山の妖精で，ブラウニーに負けず劣らずよく働くが，ブラウニーと違って，労働者ひとり分の賃金をもらうのを目当てにした。1863年5月の「コリアリー・ガーディアン（炭坑守護者）」誌に，青帽子についての次の記述がある。

　　くだんの超自然者は，要するに後山〔炭坑の切羽で補助的作業をする労働者〕の霊で，青帽子と呼ばれた。鉱夫たちは，鉱山で時々薄青い火が空中をちらちら飛んで，満載の石炭運搬車の上にとまると，運搬車が突然，まるで採鉱場一の屈強な力に押さ

れたみたいに，搬出路の方へ動きだすのを見るのであった。勤勉な青帽子は当然のことながら自分の奉仕に対して，普通の平均的な後山の賃金に相当する報酬が支払われることを求めた。それで，2週間に1回，青帽子の賃金が鉱山の人のいない片隅に置かれた。それが彼の受けるべき賃金より1ファージング〔旧貨で1/4ペニー〕でも少ないと，青帽子は憤慨してびた一文受け取らず，また1ファージングでも多いと憤慨して，見つけた場所に余分の金を置いていくのであった。

この記事が書かれたときはすでに，青帽子——一部の鉱山では〈青シャッポ〉とも呼ばれていたが——に対する信仰は薄らぎつつあった。［モチーフ：F 456；F 456.1；F 456.2；F 456.2.1］　　　　　　　　　　　　　　　　　　　　　　　　　　　（吉）

赤すね　Redshanks　⇒デイン族

赤帽子　Redcap

スコットランド南部境界地方に出没する古いゴブリンの中でも，最も悪辣なものの一つである赤帽子は，かつて残忍なことが起こった城とか，砦の塔などの古い廃墟にすんで，自分の赤い帽子をもう1度，人間の血で染めることを喜ぶ。ウィリアム・ヘンダーソンは『イングランド北部諸州と境界地帯のフォークロアについてのノート』(1879)の中に，赤帽子に関する行き届いた解説を収めている。その記述によれば，「背の低いずんぐりした老人で，歯は突き出て長く，ワシのような爪をした骨ばった指をもち，燃えるように赤い大きな目をして，髪は気味悪く背中に垂れ，鉄の長靴をはき，左手に杖を持ち，頭に赤い帽子をかぶっている」ということである。人間の力では赤帽子に太刀打ちできないが，聖書や十字架［⇒クロス］を見せれば追い払うことができる。十字架が赤帽子の前にかざされると，恐ろしい叫び声をあげ，長い歯を1本残してかき消えてしまう。スコットランド南部境界地方のハーミティッジ城の悪領主ソーリスは，赤帽子を使い魔にしており，赤帽子のおかげで領主の体は武器では傷つけられないものになっていた。そのために悪領主は，ナイン・ステイン・リッグ〔「九つの石の丘」の意〕に置かれた黄銅の鍋の中で，体を油で煮られるまでは死ななかった。

だがスコットランド中央部のパースシャーには，より温厚な赤帽子がいる。小男で，グランタリー城の高い部屋にすんでいるが，その赤帽子が立てる音を聞いたり，その姿を見たりする者は幸運だといわれている。オランダの赤帽子に相当するカバウターマネキンは，紛れもなくブラウニーの性質をもっており，それにまつわる典型的なブラウニー譚も多い。［モチーフ：F 363.2］　　　　　　　　　　　　　　　　　　（井）

アーカン・ソナ　Eairkyn Sonney, Arkan Sonney

原義は「幸運を招く豚」。マン島の妖精につけられた名前。ウォルター・ギルは『マン島スクラップブック』(1929)の中で，ナーバルの近くで一少女が目撃したこの豚のことを述べている。目撃者は50年も経て老女になってから，この話を著者に伝えた。それは小さな白い美しい豚だった。この豚は幸運をもたらすと考えられているの

で，彼女は捕まえようとして自分のおじに手助けを求めた。しかし，おじは「放っておけよ」と答え，豚は間もなく姿を消してしまった。ドーラ・ブルームも『マン島昔話集』(1951) の中で，小さな妖精豚のことを述べている。その豚も白色で，ケルトの妖精動物がたいていそうであるように，耳と目が赤かった。アーカン・ソナは，体の大きさを変えることはできるが，形を変えることはできないようである。　　　(三)

悪魔の猟犬群　Devil's Dandy Dogs

コーンウォール州でいう妖怪狩猟群のことで，「ダンドーと猟犬群」や，ガブリエル・ラチェットや，ウィッシュ・ハウンドの群れや，ウェールズのクーン・アンヌーンと関係が深い。ヘルラ王の騎馬行列とも若干のつながりがある。これらのうちヘルラ王の騎馬行列が妖精と最もつながりのある伝説で，そのほかは妖精よりはむしろ悪魔についての民間信仰に関連をもつ。猟犬群を連れた悪魔は，悪魔の中で最も危険なものである。ロバート・ハントは『イングランド西部の伝承奇談』(1865) で，ひとりの牧夫がひざまずいて祈ったおかげで悪魔の猟犬群に引き裂かれるのをかろうじて免れたという，T.クウィラ゠クーチという人の，以下のような話を引用している。

> ひとりの貧しい牧夫が，ある風の吹く夜，荒野を横切って家路を急いでいた。すると，遠くの岩山の間から猟犬の遠吠えが聞こえてきた。彼はすぐに悪魔の猟犬どもの不気味なコーラスだと悟ったが，家につくまであと3〜4マイル〔約5〜6キロ〕はある。彼はたいそうおびえて，水はけの悪い泥炭質の地面に何度も足をとられながら，不確かな道をできるだけ速く先へ進んだ。しかし，悲しいことに，猟犬どもの陰鬱な遠吠えと，狩人の不気味な掛け声はだんだん近寄ってくる！　そうして，かなり走ったはずなのに，狩人と猟犬どもはますます迫ってくるので，とうとう牧夫は後ろをふり向いた。すると，恐ろしいことに彼らの姿がはっきりと見えるではないか！　狩人の姿は見るも恐ろしく，昔からの言い伝えどおり，悪魔特有の皿のように丸い目と，角と，尻尾があった。もちろん色は真っ黒で，手には長い狩猟用のむちを持っていた。猟犬どもの数はおびただしく，それらのかたまっている荒野の一画は黒々としていた。猟犬どもは，鼻から火を噴き，身の毛もよだつような恐ろしい叫び声を発していた。あたりには牧夫をかくまう小屋も，岩も，木もなかった。もう，怒り狂う猟犬どもの餌食になるよりほかには手段はなさそうだった。そのとき，突然一縷の望みを与えるある考えが牧夫にひらめいた。名案が浮かんだのである。彼は，今まさに猟犬どもが襲いかかろうとした瞬間，さっとひざまずいて，お祈りを始めたのであった。彼の発した祈禱の言葉には不思議な威力があった。たちまち，まるで防御の柵ができたように，地獄の番犬どもは進路を阻まれ，以前にもまして陰惨な叫び声を発し始めた。そして，同時に，狩人は「ボー・シュローブ」と叫んだ。それは（この話の語り手の言だと）古い言葉で「少年が祈っている」という意味だった。猟犬の群れは，それを聞くや，たちまち狩人と共に向きを転じて，ほかの獲物を追って姿を消してしまった。

この猟犬群を率いたコーンウォールの悪魔は人間の魂をあさっているのである。一般に悪魔といえば，魔女を食いものにする例が多いが，北欧の伝説では，狩りを率いる

オーディンが，のちに半悪魔のダンドーに似たものに変わっていく。そして，オーディンが追跡しているのは，エルフの女たちである。こうして，さまざまな形態の妖怪狩猟群を見てわかるのは，悪魔と妖精と死者たちの間にいかに深いつながりがあるか，ということである。[モチーフ：G 303.7.1.3; G 303.16.2]　　　　　　　　　　（吉）

あざ　Bruising

妖精がつけたあざ。丸い小さなあざがかたまってできると，妖精の指でつねられた跡だと思われた。妖精を盗み見ることで，妖精生活への侵害をした人，あるいは妖精の秘密をもらした人などが，特につねられやすかった。妖精は，清潔整頓を尊ぶので，だらしなさや不潔さに対しても，つねる罰を加えてきた。ベン・ジョンソンの『オルソープでのスペンサー卿の饗宴の余興』（上演1603）には

　　　妖精は田舎娘をつねる，
　　　仕事台をきれいにふいておかないと。
　　　尖った爪で思い知らせる，
　　　燃えさしを掃除しておかないと。

とあり，ジョン・マーストン（1575?-1634）の『山師のお祭り』にも

　　　もしも乳搾り娘の元気なドルが
　　　ひょいと妖精につねられたら

とあって，17世紀初期には実際，つねるのが最も一般によく知られた妖精の特徴の一つであった。傷害や病気の項を参照。　　　　　　　　　　　　　　　　（吉）

アーサー王　Arthur of Britain　⇨サー・ローンファル，眠れる戦士たち，ブリテンの話材，モンマスのジェフリー

アザラシ乙女　Seal Maidens

アザラシ人間は，昔から，海中にすむ妖精のうちで，最もやさしい種族であるとみなされてきた。アザラシ乙女というのは妖精花嫁の伝承の中では比較的新しい方に属する。指の間に角質の水かき状のものができる家系が，人間社会にも時々見られるが，それはアザラシだった祖先からの遺伝とみなされる。〈アザラシ族のマコードラム家〉がその最も著名な例である。アザラシ人間にまつわる話のパターンはほとんど一定しており，オークニー諸島やシェットランド諸島——そこではセルキーと呼ばれる——にも，スコットランド高地地方やスコットランド西方の島々——そこではローンと呼ばれる——にも伝承されている。話はこうである——ひとりの漁師が，海辺で数人の美しい乙女が踊っているのを目にする。彼は気づかれずにそばへ忍び寄り，海辺の石の上に脱いであったアザラシの皮のうちから1枚だけ奪って隠してしまう。アザラシ乙女たちはあわてふためき，それぞれアザラシの皮を身につけて，海中にとびこむ。ひとりだけがとり残され，必死になって自分が脱いだ皮を捜し求める。漁師にそれを返してくれと懇願するが，漁師は耳を貸さない。とうとうこのアザラシ乙女は漁師との結婚を承諾させられるのだが，海への思いは絶ちがたい。彼女はまことに家庭的な良妻となるが，ある日とうとう隠されていた自分のアザラシの皮を見つけ，急ぎ海辺へ行き，海中にすむ自分の最初の夫のもとへ戻る——。ちょうどウェールズの伝承の湖水の妖精グラゲーズ・アンヌーンのひとりで，やはり妖精女房となったペネロピ[⇒ベリングの一族]と同じように，時に彼女は地上へ戻って自分の子どもたちに医術を教えることもある。しかし，この場合でも，多くの妖精花嫁譚の例にもれず，人間と妖精との結婚は必然的に破鏡の嘆を見るという原則は変わらない。[モチーフ：B 651. 8；D 721；D 1025.9；F 420.1.2*]

(平)

アスレイ　Asrai

水棲妖精の一種。ルース・タングが『イングランド諸州の埋もれた昔話』(1970) の中で，シュロップシャーに伝わっていたらしいアスレイの話をまとめている。詩人ロバート・ビュキャナン (1841-1901) の詩にもアスレイの名は見えている。

　チェシャーとシュロップシャーに，ほぼ同一と言っていい話がある。どちらの話も，ひとりの漁師がアスレイを網ですくいあげ，舟の底にしまっておく。アスレイはしきりに放してもらいたがっているらしいが，言葉が全然通じない。チェシャーの方の話では，漁師がアスレイを縛るが，そのとき，冷たい濡れた手に触ったために凍傷をおこし，一生その跡が消えなくなる。どちらの話でも，漁師はアスレイに濡れたイグサをかけている。アスレイは舟の底で悲嘆の声をあげているが，しだいにその声はかすかになり，舟が岸についたとき，アスレイはすっかり溶けてしまって，舟底にわずかな水を残しているだけであった。

　ルース・タングはイングランドとウェールズの境界地方で，アスレイに言及した話をほかにもいくつか聞いているが，いずれもこれと同じ内容になっている。[モチーフ：F 420.1.2*；F 420.1.2.2]

(吉)

あちらさん　the Strangers

リンカンシャーにおける妖精の呼称。リンカンシャー北部の〈ザ・カールズ〉という名称で知られる干拓地帯においてバルフォア夫人が採集した多くの物語には，幾多の野蛮な原始的俗信や習俗が記録されている。夫人は，土地の人の話に耳を傾けながらつけたノートをもとに，語られたとおりに一語一語再現したと，繰り返し主張した。夫人の採話は「フォークロア」第2巻（1891）掲載の「リンカンシャー沼沢地帯の伝説」という論考で発表されたが，その内容があまりにもユニークなため，夫人の創作ではないかと疑う研究家もいた。しかしこれは酷にすぎよう。現にW.H.バレットの『沼沢地帯の物語集』(1963) に収められている多くの話は，夫人の採話したものと主題こそ違うが，不気味な性格を有し，雰囲気と背景は夫人の採話のそれと似ており，この問題に示唆を与えてくれる。われわれは「緑の霧」や「消えた月」といった，夫人が採集した話の中で，沼沢地帯〔ザ・フェンズ〕に跳梁する凶悪なボーグルやさまざまの妖怪変化，さらに宙に浮いている死者の手などと接することになるが，小さいさん〔地霊〕とか，ここに紹介する「あちらさんの分け前」の話は，その内容からいって沼沢地帯の住人たちにとっては，よそでいうシーリー・コート――つまり穀物や花に生命を与え，水の流れをも支配した豊饒の精――に最も近いものであった。沼沢地帯の人たちが知っている妖精の中では，この〈あちらさん〉が最も性質がよかったが，それでもけっこう彼らなりにグロテスクで凶悪なところをもっていた。リンカンシャー北部のリンジー在の男（バルフォア夫人はこの人から採話したのだが）が，彼らのことを次のように語っている。

　　ところで，〈あちらさん〉のことだがね。どういうもんか，あんたさん知ってるでしょう――そうなんだよ――あんたさん，気軽に口になさってるが，そういうふうにはっきり呼んじゃ危ないんだよ！　嘘じゃないんだよ。このわしほどあの人たちを見かけていたら，口をひん曲げても別の言い方をするようになるよ。このあたりの者どもは，たいがい〈あちらさん〉とかちっちゃい人――なぜならその背丈たるや生まれたての赤ん坊にも及ばないんだから――と呼んでるね。緑の服さんとも言うね。緑色の上着を着ているんでね。それとかヤースキン〔地面の中の人たちの意〕とかね。やっこさんたち，地面の中にすんでるからね。でも，たいがいは〈あちらさん〉だね。なんたって顔つきも暮らし方もこちとらとは違ってるし，けったいなもんが好きだし，土地のわしらの間では，よそのあちらさんだからね――あんたさん見かけたことないの？――わしは見てるんだよ，何度も何度もね。この春にも見たばかりだよ。やっこさん，たいてい小さくてね。せいぜい身の丈9インチ〔約23センチ〕といったところだね。腕とすねは，糸のように細いんだが，手と足は大きいな。それに首が細くて頭でっかちときているから，何かこう，肩のあたりを球がごろごろ転がってるって感じだね。やっこさんたちの服装はね，草色の上着とズボン，それに黄色い縁なし帽なんだが，その帽子がまるでキノコみたいなんだな。顔がまた変わっていて，鼻はやたらに高く，口は左右に大きく裂け，赤い大きな舌を出してそれをしょっちゅうパタパタさせてるんだ。こちとらのわかるような言葉をしゃべってるのなんて聞いたことないな。でも何かで機嫌を損ねたりすると，やっ

こさんは犬が怒ってるときみたいに歯をむき出したり，吠え立てたりするね。ところが上機嫌のときは，まるでスズメかなんかのように，チュンチュンとさえずるんだよ。

　夏の夜だと，そこいらによく見かける平ったい大きな石の上で，お月さんに照らされて踊るんだよ。あの石は，どっから来たんか，わしは知らんがね。わしの爺さんがそのまた爺さんから聞いた話によると，昔の人は，その石の上で火を起こし，血を塗りつけ，教会なんかよりもっと大切にして拝んだということだね。

　また冬の夜だと，やっこさんたちは家の人が寝静まったあと，いろりの上で夜通し踊るんだね。それにコオロギが威勢よく伴奏をするってわけ。とにかく，わしらがどんなことをしていても，やっこさんたちは必ず来ていたね。畑で取り入れをしていると麦の穂を引っぱったり，刈り株の間をふざけ回ったり，ケシぼうずと相撲をとったりするんだよ。春には，木の芽が早く開くように揺さぶったり，つねったりするし，花になる芽をつねるし，チョウチョウを追っかけるわ，地面の中からミミズを引っぱり出すわ，それはもうばかみたいに遊びほうけているんだが，機嫌を損じないかぎり無邪気ないたずらん坊というだけよ。こちらは身動きせず，じっとさえしておれば，そこいら辺を夢中で遊び回っているちびさんたちが見られるんだ。

　麦が実ったり植物が成長したりするのには，この〈あちらさん〉たちが手を貸してるんだと信じられていたもんだ。それから，花の美しい色も，秋の果物の赤や茶の色も，紅葉もみな，やっこさんたちが彩色したものと信じられていたんだ。ちびさんたちの機嫌を損ねれば，自然は荒れ果て，収穫はめっきり減って，食うや食わずになってしまうんでね。だからね，このちびさんたちの機嫌を損ねないで仲良しになれるように，できるだけのことをしたもんだ。庭先の初咲きの花とか初なりの果物やキャベツなどを，いちばん近くの例のあの平ったい石のところへ持っていき，〈あちらさん〉のためにお供えしたもんだ。野や畑では小麦の初穂やジャガイモの初なりも〈あちらさん〉に奉納したんだよ。そして家の中では，〈緑の服さん〉たちが腹をすかせたり，のどが渇いたりすることのないように，家の人たちが食事をする前に，いろりにパン一切れを置き，牛乳かビールを少量いろりに振りかけたもんだ。

この話によると，人々がこのように〈あちらさん〉に敬意を表する習慣を守りさえすれば人にも土地にも異常は起こらず，万事うまくいったのである。ところが時がたつにつれて人々は不注意になった。〈あちらさん〉のために飲み物を注ぐということもしなくなり，あの平たい大石の上に人は何も置かなくなり，それどころか，その石を壊して家へ持ち帰ったりさえした。人々は以前よりも教会へ行くようになり，そのうち世代が変わり，人々は〈あちらさん〉のことなどほとんど忘れてしまい，わずかに思慮あるお婆さんたちだけが覚えていた。しばらくは，なんの異変もなかった。〈あちらさん〉たちは，かつて自分を礼拝してくれた者どもに見捨てられたというふうには考えたくなかったのだが，そのうちとうとう腹を立てて行動を起こした。凶作に凶作が続き，麦も牧草も育たなくなり，農場の家畜は病気になり，子どもたちはやせ衰えるのに食べさせる物もないという状況になった。そうなると，わずかなお金でも手

に入ると，男どもはお酒に，女どもは阿片にそれを使うようになった。つまり，もう困惑してどうしていいかわからなくなったのである。ただし思慮あるお婆さんたちは別だった。彼女たちは力を合わせ，石の上で火を起こし，石に血を塗り，厳かな占いの儀式を挙行した。その占いで，何が災いを招いているのかが明らかになった。お婆さんたちは人々の間を回って，夕闇が深まるなかを村の四つ辻に集まるように呼びかけた。集まった村人たちに対してお婆さんたちは，災いのよって来たるところを教え，昔の人々の古い慣習を説明した。この話を聞いた女たちは，幼くして死んだ子らの墓を想起し，その死んだ子らのあとを今にも追いそうに見える腕の中のやせ衰えた赤ん坊のことも考え，古い慣習へ即刻戻りましょうと言い，男たちもそれに同意した。人々は家へ戻り，〈あちらさん〉たちへささげる飲み物をいろりに振り注ぎ，ささやかではあったが初なりの果物などを〈あちらさん〉に供え，子どもたちにも〈あちらさん〉に敬意を表することを教えた。すると，少しずつ事態はよい方へ向かい始めた。子どもたちは，うなだれていた頭をもたげ，作物は育ち，家畜も増え始めた。それでも，かつてのような楽しさは戻ってこなかったし，土地から熱病がすっかり消滅することもなかった。古い慣習を捨てるのはよくないことであり，いったんなくしたものを全面的に取り返すことは不可能である。［モチーフ：C 433；V 12.9］　　　　（平）

アーチン　Urchins

アーチンまたはハージョン（Hurgeon）は，ハリネズミの方言的別称。小さいボーギーやピクシーは，よくハリネズミの姿で出てくるので，アーチンと呼ばれた。シェイクスピアの『テンペスト』（初演1611）の中に，プロスペロの命令でアーチンたちが，野蛮で醜怪な怪物キャリバンを悩ませる場面〔1幕2場〕がある。レジナルド・スコットは怖い妖精を列挙したリストの中に，アーチンを入れている。なお，アーチンはその後，「わんぱく小僧」の意に使われるようになり，妖精の意味としては今では一般に使われなくなった。　　　　（吉）

アッシパトル　Assipattle

シンダーラッド〔灰ぼうず〕の好例で，スコットランドの昔話で特に人気のある主人公。オーピー夫妻が『古典童話集』（1974）の中で指摘しているように，シンデレラ物語のヒロインは通例は，農民や乞食の娘が本来の生まれでは手の届かない地位に妖精の助力で昇るのではなく，もともと姫君か貴族の子女であった者が悪意によって本来の位置から低い身分に落とされているものであった。このことは，シンデレラの話型に属する主人公たちには当たっているが，シンダーラッドの系列に属する主人公たちには当てはまらない。後者はしばしば貧しい未亡人の息子で，実に怠惰な生活を送っている。家計の足しになるようなことは何一つしないし，怠けほうだいで，むさくるしく，大食するだけの日々を送っているが，突如として行動を起こして猛勇を発揮したり，たいへんな英知のひらめきを示す。トム・ヒッカスリフト〔貧しい労働者の身で巨人を退治し，爵位を受ける〕の物語に見られるように，成長の遅れがかえって超人的力を貯えるのに役立っている場合もある。これはちょうど人間界の家畜の中に加わ

った妖精動物の子が、7年間にわたって7頭分の牛乳を与えられねばならないのに似ている。しかし、一般的に言えば、主人公は別に超能力をもっているわけではなく、何年も怠けてきたために力が貯えられたのである。こういったろくでなしの主人公たちにはたいがいジャックとかジョックといった平凡な名がつけられているが、オークニー諸島に伝わる「アッシパトルとメスター・ストゥアワーム」の話では主人公にはシンデレラ譚にふさわしいアッシパトル〔灰をかき回すという原義〕という名がついている。これは高地地方のシンデレラ譚に出てくるアッシェンパトルと同じである。

アッシパトルは、自分で農場を持ち、議会の一員でもある裕福な土地持ちの息子であるという点で、他のジャックたちと異なっている。この金持ちの一人娘は王女ジェムデラブリー〔美しい宝石の意〕の女官になっている。アッシパトルは7番目の息子である。彼は兄たちに農場のいやしい仕事を押しつけられてはいるが、日中はたいがいぶらぶらと怠けてすごし、夜になると炉端の灰の中に寝ころがって手足を使って灰をかき回したりするという案配だった。アッシパトルは家中の者からばかにされているのだが、のちに女官となる妹だけは、そのうち大手柄を立てるぞと気炎を上げるこのいちばん下の兄の話をじっと聞いてくれるのである。ところがこの自慢話は現実となり、運命の導きでアッシパトルはドラゴンを退治し、王女ジェムデラブリーをこの世で最も大きく最も恐ろしいドラゴンであるメスター・ストゥアワームの魔手から救うという大手柄を立てるのである。ジョージ・ダグラスの『スコットランドの妖精譚と昔話』(1893)に入っているこの話は、著者の創作になる点もいくぶんあるかもしれないが、オークニー諸島の社会史について多くの興味深い事項を含んでいる。〔タイプ：300. モチーフ：A 2468.3；B 11.2.12；B 11.10；B 11.11；D 429.2.2；H 335.3.1；L 101；L 131.1；T 68.1〕

(三)(平)

アッハ・イーシュカ　Each Uisce, Aughisky

アイルランドの水棲馬。スコットランド高地地方のエッヘ・ウーシュカと同種である。W. B. イェイツは『アイルランドの妖精譚と昔話』(1888) で、水棲馬アッハ・イーシュカは以前はよく知られており、水から出てきて——特に11月が多かったようだが——砂浜や野を疾走するが、もしこれを野から連れ出して鞍や馬具をつけると、すばらしい名馬になると述べている。ただし、この馬に乗るのは内陸部に限らなければならなかった。ほんのちょっとでも海水を見ると、この水棲馬はそれを目がけて一直線に疾走し、乗り手もろとも海底深く潜りこみ、そこで乗り手をむさぼり食ってしまう。飼い慣らされていないアッハ・イーシュカは、人間界の牛をむさぼり食ったともいわれている。〔モチーフ：B 184.1.3；F 234.1.8；F 401.3；F 420.1.3.3；G 303.3.3.1.3〕

(三)

「アッフリーハンの農夫」　'The Tacksman of Auchriachan'

トマス・キートリーは『妖精神話考』(1828)の中で、W. グラント・スチュアートの妖精の盗みの話を要約し解説をつけているが、そこには妖精の盗みの典型的な手口が描かれている。そのほかにも興味深い事がら、すなわち、詩人トマスがいつも妖精界に姿を見せていること、ヤギの妖精的な性質、妖精界に捕らわれた人間などの記述が

ある。

ストラサーン〔スコットランド現グランピアン州西部のアーン川流域〕のアッフリーハン農場の農夫が，ある日のことグレンリヴェットの丘で，飼っているヤギを捜しているうち，急に深い霧に閉じこめられてしまった。夜になっても霧は晴れず，彼はすっかり気落ちしてしまった。すると突然，さほど遠くないところに光が見えた。その方角に急いで行ってみると，光が奇妙な形の建物から出てくるのがわかった。扉が開いているので中に入ってみると，なんとも驚いたことには，そこで農夫はついこの間，自分でもその葬式に参列した，死んだはずの女に会ったのである。女の口から，この家は妖精たちのすみかで，自分はここで家政婦をしていること，そして身を守る唯一の方法は，女に言わせれば，妖精たちの目に絶対触れぬようにすることだと聞いた。女は農夫を家の隅に隠してくれた。ほどなく妖精たちの一団が帰ってきて，食べ物を出せとわめきだした。するとしなびた顔の年とった男が，彼に言わせればけちん坊であるアッフリーハンの農夫のことを皆の前で話しだした。そして，この農夫が，老いた祖母から伝えられた呪文を使っていかに妖精たちを欺き，妖精たちが当然受け取る権利のある分け前すら，くれようとはしないと非難した。「やつは今，家にはいないんだ」と，その男は言った。「われらの仲間であるヤギを捜しに出ている。それに家の者は，呪文を使うのを忘れている。だから，出かけていって，やつの大事にしている雄牛を連れてきて食べようじゃないか」と言ったのは，詩人トマスだった。この提案は，喝采をもって受け入れられた。「でも，パンはどうするんだい？」とひとりが叫んだ。「アッフリーハンの農夫のところに焼きたてのパンがあるさ。やつの女房は，最初に焼きあげたパン菓子に十字を切る［⇒クロス］のを忘れているんだ」と，トマスが答えた。そして話のとおりに，事が運んだ。雄牛が連れてこられ，持ち主の目の前で殺された。妖精たちが料理にかまけている間に，農夫の友人である女は，農夫が逃げ出す機会を作ってやった。

　今や霧はすっかり晴れ，月が輝いていた。それでアッフリーハンの農夫は，すぐに家にたどりついた。女房は手早く一籠分の焼きたてのパンと牛乳を差し出し，食べるようにしきりに勧めた。だが彼は雄牛のことで頭がいっぱいで，最初に尋ねたことは，いったい誰がその夜，牛の面倒を見たか，ということだった。そしてその仕事をした息子に向かい，呪文を唱えたかどうか尋ねてみた。すると息子は，忘れていたことを白状した。「ああ，なんてこった！　なんてこった！」と，小作人は叫んだ。「おれの大事な雄牛は，もういないんだな」「どうしてそんなことになるのさ。2時間ばかり前に見たけど，牛はちゃんと元気でいたよ」と息子らのひとりが言った。「そんなもんは，ただの妖精のストック（木偶）なんだ」と，父親は叫んだ。「牛をここへ連れてこい」　哀れにも雄牛は引き出されてきたが，農夫は雄牛とその牛を連れてきた妖精どもにさんざん毒づいたあと，雄牛をぶち殺した。その死骸は家の裏の斜面に捨てられ，パンもあとから捨てられた。両方とも手をつけられぬまま，ずっとそこに転がっていた。猫も犬も，どちらにも口をつけようとはしなかったからである。

　［タイプ：ML 5081*．モチーフ：F 241.4；F 365；F 370；F 376；F 380；F 382.1；F 382.1. 1*］　（井）

穴あき石　Self-bored stones

穴あき石とは，水の作用で穴が貫通してしまった石のことであるが，その穴を通してのぞくと妖精を見ることができるばかりか，馬小屋で馬の背の間近にこの石をつるしておくと，夜，馬に乗って野原を走り回り馬を消耗させることの好きな妖精を，追い払うのに役立つ。ジョン・オーブリーがこの秘法を説いている。妖精除けの項も参照。

(吉)

アーニァ　Áine

妖精の女神。妹のフェネル（またはフィネン）を加えたふたりの名にちなんで，グル湖の岸辺にアーニァの丘とフェニンの丘という二つの丘が現存する。ふたりはトゥアハ・デ・ダナン〔ダーナ神族〕の王オガバルの娘であった。アーニァについては，ウェールズのグラゲーズ・アンヌーンにまつわる物語によく似た，白鳥乙女の類話がある。ある日，アーニァがグル湖の岸辺にすわって髪をすいていると，デズモンド伯ジェラルドが彼女を見初め，恋のとりこになった。ジェラルドは彼女の羽衣を奪って自分の思いどおりにし，花嫁にしてしまった。ふたりの間にできた子どもがフィッツジェラルド伯［⇒「ムラマストの伝説」］であり，父親のジェラルドには，息子が何をしても決して驚きを顔に出してはならないというタブーが課せられた。ところがある晩，フィッツジェラルドは，自分の技を若い娘たちに見せびらかすために，瓶にとびこんだり，とび出したりしていた。これを見た父親は，驚きの叫び声を禁じえなかった。フィッツジェラルドはただちに城を離れるとガンに姿を変え，ギャロッド島〔グル湖の中にある島〕に向かって泳ぎ去った。この島の下には彼の魔法の城があるといわれていた。同じころ，アーニァもアーニァの丘の中に姿を消した。この話は，エヴァンズ・ウェンツがいろいろな語り手から採集し，『ケルト圏の妖精信仰』(1911) に収めている。これにやや似た話に，広く知られた「ムラマストの伝説」がある。[モチーフ：C 30；C 31；F 302.2]

(三)

アヌ　Anu

エリナー・ハルは，『ブリテン諸島のフォークロア』(1928) の中で，アヌはアーニァ——すなわち，フィッツジェラルド伯［⇒「ムラマストの伝説」］の母であって，聖ヨハネの祝日（6月24日）にかがり火をささげられる，家畜の守護者，健康の供給者——と同一のものではないかという推測をしている。アヌはアイルランドの主婦神のひとりとして知られており，豊饒の女神であった。アイルランドのケリー州に，〈アヌの乳房〉と呼ばれている二つ並んだ丘がある。ハルは，アヌを地方的な女神と考えており，アイルランドの神々の母であるダーナとアヌを同一のものと考えることは可能だが，イングランドのレスター市の西にあるデイン・ヒルズと称された丘陵地帯にすむ人食いアニスと関連をもたせることには反対している。

(吉)

あの人たち　Themselves, or They, or Them that's in it

マン島における妖精の呼び替え名。妖精という言葉は，一般に不吉な言葉と考えられ

ていた。〈あの人たち〉は、実はノアの洪水で溺死した人たちの霊魂であるといわれることもある。［モチーフ：C 433］　　　　　　　　　　　　　　　　　（吉）

アハッハ　Athach

ゲール語で怪物や巨人を意味するこの言葉は、スコットランド高地地方のさびしい湖沼や峡谷に出没する、きわめておぞましい生き物を表わす総称である。その中には例えば、ルージャグやボーカン、あるいはスコットランド西部のエティーヴ渓谷のジーラッハが含まれる。「ぼろ切れをまとった女」の意のルージャグは、ヘブリディーズ諸島のスカイ島のロハン・ナン・ドゥー・ブレックという湖に出没し、手当たりしだいに人を捕らえては殺す女悪魔であり、ボーカンはさまざまな妖怪の姿をとる。また、エティーヴ渓谷のジーラッハは胸から手が1本、尻から足が1本生え、額の真ん中に一つ目があり、ファハンとほぼ同一である。これらの怪物の姿は、ドナルドA.マケンジー、J. G. キャンベルおよびJ. F. キャンベルによって描かれている。　　　　　　　（三）

アビー・ラバー　Abbey lubber

原義は「修道院の怠け者」。15世紀以来、多くの修道院がぜいたくにおぼれ、堕落していったために、世のひんしゅくを買い、民間に多数の風刺話が流布した。その一つに、アビー・ラバーの話があった。アビー・ラバーは、修道士たちを酒びたり、飽食、好色などへと誘惑する小悪魔で、その中でもとりわけ有名なのが、修道士ラッシュであった。ラッシュは豊かな修道院を破滅させるべく遣わされるが、使命をほぼ達成するかにみえたとき修道院長に正体を見破られて、馬の姿に変えられ、追放されてしまう。ラッシュはほかにもまだ悪さをするが、それらは、たいていは普通のロビン・グッドフェローのいたずら程度であった。そして、いずれも修道院長に見つかり、遠い館へ追放されるのであった。修道士たちの方は、ラッシュとのにがい経験のおかげで悔い改めて、堕落する前よりも品行方正な生活を送るようになった。ラッシュが主に台所で活躍したのに対し、アビー・ラバーはもっぱらブドウ酒蔵に出没した。アビー・ラバーには食料室の精という仲間がいて、この仲間はいんちきな宿屋や、使用人が浪費的で遊び好きな家、貧しい者にすげない家などに出没していた。J. G. キャンベルの『スコットランド高地地方と島々の迷信』（1900）によると、妖精や悪魔が威力をふるうのは、礼を言わないか、あるいは、文句を言いながら受け取った品や、不正に手に入れた品に対してだけであると信じられていたという。アビー・ラバーや食料室の精は、こういう俗信から生まれたものにちがいない。　　　　　　　　（吉）

アメリカへの移住妖精　American fairy immigrants

旧世界から新世界への妖精移住には、少なくとも二つのタイプがある。一つは特定の妖精個人が人間と一緒に移動する、往年のイギリス映画「幽霊西へ行く」（1936）のタイプにならった、そのものずばりの移住物語である。もう一つは、人間の移民によって運ばれていった妖精信仰である。例えば、パサマクワーディー・インディアンの小人は、17世紀のイエズス会の宣教師の伝えた口承から生まれたものと推測できる

ので，本書ではそれも含めた。

　イングランドの妖精移動の話では，一般に移動地域が限定されている。最もよく知られている「そうともジョニー，引っ越すところさ」の話では，さんざん人間家族の邪魔をしたボガートが，とうとう彼から逃れて引っ越そうとする家族にくっついて，自分も攪乳器にもぐりこみ，荷物と一緒に行くのである。シュロップシャーの「塩入れ」という話では，ゴブリンが，人間家族が引っ越しで忘れていった塩入れを持って，家族のあとを歩いて追っていく。この話では，人間がともかくゴブリンの上手に出ているが，その方法はいたって粗野で，非良心的である。ある口承の幽霊物語では，イングランド中部地方に住んでいる人間家族が，北部に引っ越す前夜に，家の屋根裏と地下蔵で幽霊が荷造りする音を聞く。幽霊も家族と一緒に引っ越したのである。しかし，本当に大冒険をするのはケルトの妖精たちで，彼らは海を渡るのも恐れなかったようである。1967年にルース・タングがクーム・フローリー〔サマーセット州の町〕婦人協会でひとりの会員から，その人の家に伝わるウェストモアランド州の口承を採話しているが，それは家つき妖精であるトム・コックルが人間家族と一緒に，というか，むしろその直前を，アイルランドから湖水地方まで旅した話であった。しかし，奮起一番，子分と一緒に大西洋を横断するのは主にスコットランド高地地方の妖精であるようだ。そういう冒険心旺盛な妖精のよい例がJ. F. キャンベルの『西ハイランド昔話集』(1860-62) 第2巻の記述に見いだされる。主人公はスコットランド低地地方のブラウニーと同じ種類に属するボーハンである。

　妖精信仰が持ちこまれるときもあるが，妖精物語が持ちこまれるときもある。1930年代に，マリー・キャンベル博士がアパラチア山脈で上記二つのケースの妖精伝説のりっぱな採集を行なった。同博士は目下それらの出版を準備しているから，遠からず刊行されるであろう。ここでは，ふたりの語り手，ひとりは郵便屋で粉屋であったトム・フィールズ，もうひとりは寝たきりだが少しも頭のぼけていない老婦人コーディルお婆さんから採話したものに言及しておく。ふたりの語った話はいずれも明らかにスコットランド高地地方の系譜である。第1の話はエルフのたたり［⇨エルフの矢傷］信仰に関係をもつ。この話に出る妖精の矢は先史時代の矢じりではなく，インディアンが鳥や小さい獲物を射るのに使った，先の尖った小さい火打ち石であった。トム・フィールズは夕暮れ，馬で家に帰る道すがら，小さな子どもくらいの背丈の赤毛の妖精に会う。そして，遠くを見るとたくさんの妖精たちがくるくる回りながら踊りをおどっている。トムの出会った妖精は，仲間の踊りに加わろうと走ってきたところだったのである。そのとき，何かがビューンとトムのそばをかすめ，とたんにトムの馬の脚がきかなくなった。トムは馬をやっと家に連れて帰り，翌日また昨日のところに戻ってあたりを探すと，矢じりが見つかった。しかし，それ以後，トムは時おり妖精たちのうたう声を聞くことはあっても，妖精の魔法に煩わされることはなくなった。これはトム自身が語った話だが，エルフのたたりと，それに対する妖精の矢じりの効き目に関するスコットランドの信仰とぴったり一致している。

　次の話もトム・フィールズのものであった。取り換え子の話は，時間的にも地域的にも広範囲な分布が見られるが，ここにあげる特定の形はスコットランドでは最も普

通のものである。スコットランドの話では旅回りの仕立て屋が主人公になっているが，それは仕立て屋が話の語り手でもあったからではないだろうか。なぜなら，伝承一般について言えば，主人公が仕立て屋という例はきわめて珍しい。この話は遠い所で起こった話として語られるのでなく，トム・フィールズがまだ幼いころ耳にした，近くの村の出来事と考えられていた。ここでは仕立て屋がお針子娘になっているが，アメリカでは家を訪ね歩くのは仕立て屋ではなく，お針子娘であったから，この変化は自然なものであった。この話によく似た物語が二つ，スコットランドにも存在している。一つは，スコットランド南西部のギャロウェイ地方の物語で，J. F. キャンベルの『西ハイランド昔話集』に載っている。もう一つの「キンタレンの仕立て屋」という話は，ヘンリー・ベットの『イギリスの神話と伝承』（1952）に出ている。「仕立て屋と妖精」はトム・フィールズの話と全く同じ始まり方であるが，盗まれた赤ん坊は，偶然，人間の手に渡されている。「キンタレンの仕立て屋」も結びは全く同じで，取り換え子は深いよどみに投げこまれ，老人に変わってしまう。とにかく，類似は顕著である。

コーディルお婆さんは，自分の話がよそから渡ってきたものであることを認めている。彼女の最初の記憶は，妖精の力でバグパイプ吹きの技を得たと考えられている有名なスコットランドのバグパイプの名門マクリモン家にまつわる伝説の記憶であった。それは一種のシンデレラ物語で，嫌われて，家の雑用をさせられていた末の息子のところへ妖精の男がやって来て，魔法のバグパイプの指管を与えて，その使い方を教えてくれる。マクリモンの名は消えているが，話のかなめはみんな残っている。この話はスコットランドでは現在も伝わっていて，ヘイミッシュ・ヘンダーソンが行商人のひとりから記録している。文字に写されているものも，いくつかある。

コーディルお婆さんのしたもう一つの話は妖精界の捕らわれ人に属する話で，それは音楽によって妖精丘に呼びこまれ，そこで夜通し踊った少女の話である。少女は朝になってそこを去りたがるが，箱の中のあらびきの粉でパンを焼き上げるまでは，去ることができないと言われた。箱の中に粉はほとんどないように見えたが，いくら焼いても焼いても粉はなくならない。とうとう，やはり長い年月その丘で捕まっていたお婆さんがやって来て，粉の補給を断つ秘法を教えてくれた。

捕まっている人間からの助力というモチーフは，多くの妖精界を訪ねる話，特にイングランドとスコットランドのものでは，普通である。パン焼きの仕事に果てしなく縛られるというテーマは，いくつかのスコットランドの妖精に雇われた産婆話にも出てくる。それらの話ではしばしば捕らわれ人である妖精の花嫁が，産婆に，とめどもない仕事を断つ方法を教えている。

数百年以上も昔，妖精のお話といった，こんな軽い荷物が海を越えて運ばれて，今も元の性質と味わいを失わずにいるというのには本当に驚かされる。　［モチーフ：D 2066；F 262.2；F 321；F 321.1.4.1；F 346；F 482.3.1］

(吉)

アライズの妖精リスト　Allies's list of the fairies

ジェイベズ・アライズ（1787-1856）は『イグニス・ファテュウスまたはウィル・オ・

ザ・ウィスプと妖精たちについて』という，彼が以前書いた小冊子を増補して，『ウスターシャーの古代イギリスの遺習とフォークロア』第2版(1852)に収録しているが，その中で，著者不明の17世紀の小冊子『ロビン・グッドフェローの生涯』とマイケル・ドレイトンの『ニンフィディア』(1627)に出てくる妖精の名前を，ウスターシャーの多くの地名に結びつけている。『ロビン・グッドフェローの生涯』は通俗出版物の一つであり，『ニンフィディア』はジェイムズ1世時代(1603-1625)の詩人たちの間でごく小さい妖精に対する関心が流行した一つの顕著な例であるが，両作品とも，19世紀までずっと生き続けてきた一般の民間伝承に基づく著作であった。

『ロビン・グッドフェローの生涯』からは，アライズは次の引用をしている。

> ピンチとパッチ，ガルとグリムは
> 　一緒の仲間，
> なぜならきみたちゃ天気みたいに
> 　姿が変えられる。
> シブとティブ，リックとラル
> 　きみたちも変身上手，
> 笛吹きの小ちゃい親指トムにゃ
> 　きみらの間をくぐらせよう。

また，ドレイトンの『ニンフィディア』からは，女王マッブの女官名リストを引いている。

> ホップとモップとドリップはもちろん，
> ピップとトリップとスキップも
> 女王陛下マッブのお気に入り，
> 　特別待遇の女官たち，
> フィブとティブとピンチとピン，
> ティックとクイック，ジルとジン，
> ティットとニットとワップとウィン，
> 　みんなマッブに仕える供まわり。

上に記した妖精の名前に合わせて，アライズが集めた地名は，ウスターシャーだけでも，ドリップが丘，グリムセンド，ラルスリー，パッチャム，ピンズヒル，シブヘイ，ティブヘイ，ウィンスタイル，そのほかにもまだかなりある。そのうえイングランド中の地名やアングロ・サクソン語系の地名からも多くを拾っている。アライズは「おそらく，これらの地名のすべて，あるいはほとんどが，上記の妖精の名前に由来するものであろう」と言う。これらの地名が妖精の名前に由来するかどうかは議論の余地があるが，もしそうだとすれば，アングロ・サクソン語系の地名は，これら特定の妖精たちの存在がかなり古いことを立証することになる。ところが『ニンフィディア』や『ロビン・グッドフェローの生涯』に出てくる，いわば二流の妖精の名前のほとんどは，それぞれの著者が勝手につけた名前だったようである。ピンチ〔つまむ〕，ガル〔だます〕，リック〔なめる〕，ラル〔あやす〕などの名は，それらの行為からつけられるはずのものであるのに，むしろ，名前の方が先について，説明はあとからついたらし

い。グリム〔不気味〕などは間違いなくそうで，これはかなり古い名称なのである。ドレイトンの女官名も，発生は同じで，「ホップ，モップ，ドリップ，ピップ，トリップ，スキップ，フィブ，ティブ，ピンチ，ピン，ティック，クイック，ジル，ジン，ティット，ニット，ワップ，ウィン」など，即興に，彼らを眺めながら名づけたようである。「ワップとウィン」は，トマス・デッカー（c. 1572-1632）の劇『オー・パセ・オー』（1612）に引用されている隠語的表現で，おおよその見当がつきそうである。デッカーは「彼女がウィン〔1ペニー〕のためにワップ〔性交〕しないんなら，半ペニーで首をくくられてしまえ」を引用して，「彼女が1ペニーのためにオー・パセ・オーしないんなら……」と言い直している。こうしてみると，ロバート・ヘリックの妖精詩に卑猥さが隠されているゆえんも，それなりにわかってくる。

アライズは，<u>パック</u>，<u>ジャッキー・ランタン</u>，<u>七鳴き</u>(ななき)，<u>ロビン・グッドフェロー</u>，<u>ドビー</u>，<u>ホブ</u>，<u>ロビンフッド</u>，<u>ウィル・オ・ザ・ウィスブ</u>についても，それぞれもっと長い注を書いている。　　　　　　　　　　　　　　　　　　　　　　　　（吉）

アラウン　Arawn

比較的新しいウェールズの伝説では，常に<u>グイン・アップ・ニーズ</u>が死者たちの冥府(よみ)の王国であるアンヌーンの王と考えられているが，『<u>マビノギオン</u>』ではダヴェッドの王子プイスの友人であるアラウンがアンヌーンの王であった。そして，ウェールズの伝説で非常に重要な役割を果たすことになる豚をダヴェッドに献じたのが，このアラウンであり，おそらく，その豚の冥府の国由来譚のためであろう，ケルト世界では豚が強い影響力をもち，同時にきわめて不吉な存在とされていた。　〔モチーフ：A 300〕

　　　　　　　　　　　　　　　　　　　　　　　　　　　　　　　　（吉）

アリソン・グロス　Allison Gross

F. J. チャイルド（1852-1932）の有名なバラッド集の第35番に出ている「アリソン・グロス」は，ロバート・ジェイミソンとブラウン夫人収集の写本から採ったものであり，ジェイミソン編『民衆バラッドと歌謡』（1806）第2巻が初出文献になっている。一牧師の未亡人だった老ブラウン夫人は，民衆バラッド，特に超自然をテーマにしたバラッドのすばらしいレパートリーの持ち主であり，それらのバラッドについては彼女が唯一の伝承者になっている場合が多かった。「アリソン・グロス」は，<u>魔法と妖精の騎馬行列</u>の物語である。「北国一の醜悪な魔女」であるアリソン・グロスは，このバラッドの主人公を自分の私室に引き入れ，自分の真の恋人になってくれたら，さまざまな財宝を贈与しようと言って，激しく言い寄る。男は，断固として魔女の求愛を拒絶する。

　　　　　「去れ，去れ，醜き魔女よ，
　　　　　　離れてくれ，放っておいてくれ。
　　　　　　お前さんの恋人になるのは金輪際ごめんだ，
　　　　　　お前さんのそばにいるのも，いやだ」　　　　　　　〔第7節〕

拒絶3度に及ぶや，魔女は<u>緑色</u>の角笛を吹き鳴らし，銀の杖で男を打ち，呪(のろ)いの言葉

を吐きながら，ぐるりと自分の体を3回転させた。すると男は力尽き，気を失って倒れた。

   「彼女はわしを醜いワームに変え，
   木のまわりをはうようにさせたのだ」　　　　　　　　　　〔第4節〕

男の唯一の慰めは妹のメイズリーであった。妹は毎週，土曜の夜に訪ねてきて，彼の頭髪を洗い，くしけずってくれた。ある晩，シーリー・コートの隊列がそばを通り，彼にかかっている呪いを解いてくれた。

   しかしこの前の万聖節の前夜，
   シーリー・コートの隊列がそばを通ったとき，
   妖精の女王がヒナギク生い茂る堤の上におり立った，
   わしがねぐらにしている木から程遠くないところに。
   女王はわしをその乳白色の手で拾い上げ，
   その膝の上で3度わしをなでてくれた。
   彼女はわしを再び本来の姿に戻してくれたので，
   わしはもう木のまわりをはう必要はないのだ。　　　　　〔第12～13節〕

チャイルド36番のバラッド「忌まわしきワームと海にすむ鯖(きば)」は，上述のバラッドに酷似しているが，邪悪な継母の手によって二つの変身――すなわち騎士が〈忌まわしきワーム〉に，妹のメイズリーが〈海にすむ鯖〉に――が起こる。チャイルド36番は1802年ごろ，スコットランド北部で聞いた朗誦から採集したバラッドであるが，チャイルド34番の「ケンプ・アウイン」に付録として付け加えられた「スピンドルストン崖の忌まわしいワーム」とも，いくぶん似たところがある。この付録のバラッドは，ノーサンバランド州の民間伝承を文学化したものである。ドラゴンの項を参照。

[モチーフ：D 683.2；D 700；G 269.4；G 275.8.2]　　　　　　　　　　　　　　（平）

アルプ ルアハラ　Alp-Luachra　⇒お相伴妖精

荒れ地の茶色男　Brown Man of the Muirs

 スコットランド南部境界地方にすむ野生動物の守護妖精。ウィリアム・ヘンダーソンは，『ダラムの歴史』(1816-40)の編者ロバート・サーティーズがサー・ウォルター・スコットに送った，この守護妖精との遭遇話を引用している。1744年，ふたりの若者がエルズドン村の近くの原野へ狩りに出ていた。ふたりはひと休みして食事をとろうと，ある渓流のほとりで歩をとめた。若い方の男が流れのところまで下りていき，水を飲もうと身をかがめたとき，対岸に〈荒れ地の茶色男〉がいるのが目にとまった。ずんぐりした小人で，枯れたワラビのような色の衣服をまとい，頭には赤い縮れ毛が生え，雄牛の目のような大きな目がぎらぎらと光っていた。小人は恐ろしい声で，若者が自分の土地に侵入し自分が保護している動物を殺したと非難した。茶色男は自分では，コケモモの実やクルミやリンゴしか食べていなかったのである。「わしの家について来たら見せてやる」と，茶色男が言った。若者が流れを跳び越えようとしたとき，上から仲間の呼ぶ声が聞こえると，茶色男は消えてしまった。もし若者が流れを

跳び越えていたら，きっと八つ裂きにされていただろうと思われる。帰途，若者は意地になってさらに多くの獲物を射殺した。これが命とりになったと思われる。というのは，ほどなく若者は病にとりつかれて，1年もたたないうちに死んでしまったからである。［モチーフ：C 614.1.0.2；F 383.2；F 419.3.1*；F 451.5.2；N 101.2］　　　　　　　　　（三）

アレーン・マク・ミーナ　Aillén Mac Midhna

トゥアハ・デ・ダナン〔ダーナ神族〕の妖精音楽家。毎年サワン祭〔11月1日，万聖節の前身〕の宵祭にシー・フィナヒッジを出て大王の王宮のあるターラ〔現アイルランド共和国のダブリン市北西に所在〕に来て，ティンパン（鈴のついた一種のタンバリン）をとても魅惑的にたたいて，その音を聞いたものをすべて眠らせた。みんなが眠っているうちに，アレーン・マク・ミーナは鼻孔から3度火を放ち，ターラの王宮の大広間を焼き払った。23年もの間〔一説には9年間〕，毎年サワン祭の宵祭になると同じことが起こったが，ついにフィアナ騎士団の首領フィンによってアレーンは殺された（『ゲール物語集』（1892）第2巻）。フィンは自分の魔法の槍から出る香煙を吸いこむことでアレーンを退治したのだが，その槍の穂先には強い劇薬が塗ってあり，そのにおいをかげば，アレーンの奏でるどんな魅惑的な音楽にも眠らされることがなかったのであった。
［モチーフ．F 262.3.4；F 369.1］　　　　　　　　　　　　　　　　　　　　（三）

アンガス・マク・オーグ　Angus Mac Og　⇨エーンガス・マク・オーグ

アンシーリー・コート　the Unseelie Court

シーリー・コートは，普通スコットランドで善良な妖精を呼ぶ名前であるが，その構成員である妖精でも，怒ったときにはかなり恐ろしいものになる。だが，アンシーリー・コートは，いかなる場合でも，人間に対して好意をもつことがない。その中には，スルーア，すなわち空中をさまよう成仏できない死者たちの一団で，無防備な人間を空中にさらっては，人間や家畜に妖精の矢［⇨エルフの矢傷］を射かけるために使役する亡者の群れや，荒れ地の茶色男，シェリーコート，ナックラヴィー，赤帽子，ブーヴァン・シーなど，邪悪なひとり暮らしの妖精たちや，人間を傷つけたり苦しめたりすることに，とりわけ喜びを見いだす他の多くの性質の悪い妖精たちが含まれている。これらの妖精は，どれほど遠ざけても，遠ざけすぎるということはないのである。
［モチーフ：F 360］　　　　　　　　　　　　　　　　　　　　　　　　　　　（井）

イー Aodh, Aedh

アイルランド南東部のレンスター地方の王子オヒル・レハジェルグの息子。若い仲間たちとハーリングをしていたとき，彼に恋するふたりのシー（妖精）の女によってブルーに連れ去られ，そこで3年間捕らわれの身となった。3年が経過したので，イーは逃亡して聖パトリックのもとに行き，妖精の支配から解放してもらいたいと頼んだ。パトリックはイーを変装させ，レンスターの父の宮殿に連れていき，そこで人間の姿に戻し，時間経過のない妖精の生活から解放した［⇒妖精界における時間］。S. H. オグレイディーの『ゲール物語集』(1892) に見える以上の記述は，妖精界の捕らわれ人に関する最も古い物語の一つである。［モチーフ：F 379.1］　　　　　　　　　　　（三）

イェイツ，ウィリアム・バトラー Yeats, William Butler (1865-1939)

イェイツはとりわけ，偉大な詩人として人々の記憶に残っているが，そればかりでなく，19世紀末におけるアイルランド民間伝承復興運動の中心人物でもあり，ダグラス・ハイド，ワイルド夫人，グレゴリー夫人 (1852-1932) と親密な交友関係にあった。編著書である『アイルランドの妖精譚と昔話』(1888) はその分野で定評のある作品であるし，『ケルトの薄明』(1893) は，アイルランドの伝承物語をイングランドで流行させた。彼自身妖精の存在を固く信じており，さまざまな形の降霊術にも手を出していたが，反面，現実的な事にも携わっており，熱烈な国粋主義者で，かつ幅広い文芸の推進者でもあった。

  こちらにおいで！　おお，人の子よ！
  一緒に行こう森へ，湖(うみ)へ，
  妖精と手に手をとって，
  この世にはお前の知らぬ悲しいことがあふれてる。

彼の神秘主義や，妖精詩にはこうしたもの悲しい音楽性があるにもかかわらず，イェイツはアイルランドの妖精の伝承がもつ世俗的な，ごくあたりまえの性格も，よく心得ていた。『アイルランドの妖精譚と昔話』の序文で，イェイツはこう書いている。

「今までに妖精とか，何かそういったものを見たことがありますか？」とわたしはスライゴー州〔アイルランド共和国北部〕の老人に尋ねてみた。「やつらには困ったもんだよ」という答えが返ってきた。　　　　　　　　　　　　　　　　　　（井）

イェス ハウンドの群れ，イェル ハウンドの群れ　Yeth-Hounds, or Yell-Hounds
⇨ウィッシュ・ハウンドの群れ

イグニス・ファテュウス　Ignis Fatuus
鬼火。字義どおりには「愚かな火」という意味。昔からウィル・オ・ザ・ウィスプと呼ばれてきたが，ほかにも多くの呼称があり，その由来についても諸説がある。E. M. ライト夫人は『田舎言葉とフォークロア』(1913) の中で，その呼称について，記載項目が多くて長いが必ずしも網羅的でないリストをあげている。すなわち死の予兆と見られるときは〈死体灯し火〉あるいは〈死の灯し火〉の名称で呼ばれるが，もっと一般的には次のような呼称がある。すなわち，灯し火持ったビリー（ヨークシャー西部），ホボルディー〔無骨な若者〕のランタン（ウォリックシャー，ウスターシャー，グロスターシャー），ホビー ランタン（ウスターシャー，ハーフォードシャー，イースト・アングリア地方，ハンプシャー，ウィルトシャー，ウェールズ西部），ジャック ア ランタン〔⇨ジャッキー・ランタン〕，火の尻尾のジェニー（ノーサンプトンシャー，オックスフォードシャー），ランタン持ったジェニー（ノーサンバランド州，ノース・ヨークシャー），わら束のジョーン（サマーセット州，コーンウォール州），ろうそく立てのキット（ハンブシャー，キティー キャンドルスティック（ウィルトシャー），灯し火持ったキティー（ノーサンバランド州），ランタン男（イースト・アングリア地方），ペグ ア ランタン（ランカシャー），ピンケット（ウスターシャー）などがある。上記のものに修道士ラッシュ，火の尻尾のジル，ヒンキー パンク，スパンキー，パックあるいはプーク，それにロビン・グッドフェローを加えてもいい——彼らも時々ウィル・オ・ザ・ウィスプまがいのいたずらをして興じていたのだから。

さまざまな伝説が鬼火を説明している。鬼火は，いたずら好きのボガートの所業とみなされることがある。〈ホボルディーのランタン〉と呼ばれている場合には，明らかにそうである。また亡霊にその起源が求められることがある。つまり，鬼火というのは，生前犯したなんらかの罪のため休息することを許されぬ霊魂であるとみなすのである。例えば隣人の土地の境界標を勝手に移動させたりすると，その罰として鬼火となってその地帯に出没する運命になる，といった具合。シュロップシャーでは鍛冶屋のウィルは聖ペテロに2度目の生を与えられながら，2度目もあまりにひどい生き方をしたので，地獄と天国の両方から締め出されてしまった。悪魔はウィルに暖をとるための燃えている石炭のかけらを1片与えただけで，追い払ってしまった。ウィルは，その一かけらの石炭を携え，沼地の上を去来し，不運な旅人を死へ誘うことになった。一説には，鍛冶屋ウィルは悪魔をだまして鉄製の袋の中に閉じこめ，その上からハンマーでしたたか叩きつけたので，悪魔は恐れをなし，ウィルを地獄へ入れることを拒んだことになっているが，上記のシュロップシャーに伝わる話では，鍛冶屋は策を弄して天国へまんまと入りこむのである。リンカンシャーの沼沢地帯〔ザ・フェンズ〕では，ウィル・オ・ザ・ワイクスはボーグルと同一のものであり，悪業しか念頭にない。〔モチーフ：F 369.7；F 402.1.1；F 491；F 491.1〕　　　　　　　　　　　（平）

「医者と妖精王の奥方」 'The Doctor and the Fairy Princess'

　ワイルド夫人は，著書『アイルランドの古代伝説とまじないと迷信』(1887) 第 2 巻の中に，妖精に雇われた産婆物語の珍しい別形として，産婆でなく名医が妖精王の奥方の分娩を助けた話を載せている。この物語には妖精の塗り薬は出てこない。また，この名医が妖精界の捕らわれ人として，妖精界に引きとどめられずにすんだのは，どうやら自分と同じく妖精界に捕らわれてきたらしい，その奥方の忠告に従ったおかげであった。

　　ある日の夜更け，ネイ湖〔現北アイルランドにあるイギリス諸島最大の湖〕の近くに住んでいた名医が，玄関前に馬車のとまる音を聞いて目を覚ました。つづいて，けたたましい呼び鈴の音がした。医者が急いで服をはおり，下へ駆けおりてみると，馬車のドアの前に小さい妖精のような小間使いの少年が立っていて，馬車の中には堂々とした，りっぱな紳士が乗っていた。

　　「さあ，お医者殿，急いで一緒に来てもらいたい」と紳士は叫んだ。「ぐずぐずしてはおれない，妃が苦しんでいるのだ。あなたに助けてもらわなければ，介抱をしてくれる人がひとりもいない。さあ，すぐにこの馬車で一緒に来ていただきたい」

　　医者はこれを聞いて，すぐに 2 階へあがり着替えをすませると，必要な器具をすべてカバンに入れ，急いで下へおりた。

　　「さあ，急いでください」紳士は言った。「さあ，さあ，なにかとお手数をかけますな。このわたしの隣にすわってください。途中で何を見ても，驚かないでくださいよ」

　　こうして彼らは狂ったように馬車を走らせた。やがて，川の渡し場のところへ来たので，医者は，渡し守を起こして舟を出してもらうのだろうと思ったが，馬もろとも馬車がザンブリ川に入り，あっという間に向こう岸へついてしまった。しかも，1 滴の水しずくさえつかなかった。

　　医者はそこで，自分が誰に連れていかれているのかわかり始めたが，じっと黙っていた。やがて，彼らはシェインの丘をのぼり，1 軒の細長くて低い，黒い家のところへ来て馬車をとめ，すぐ家の中に入った。狭い，暗い廊下を，手探りで進んでいくと，突然，明るい光が左右の壁を照らしだした。幾人かの従者が扉をあけると，医者は，絹や金で飾られた豪華けんらんたる部屋にいた。そして，絹のように柔らかな寝台には，美しい婦人が横たわっていて，この上なく親しげな調子で医者を迎えた。

　　「まあ，お医者様，よく来てくださいました。本当にありがとうございます」

　　「いいえ，どういたしまして，奥様」と，医者は答えた。「なんなりといたしましょう」

　　医者が彼女のそばについていると，男の子が生まれた。医者はあたりを見回したが，乳母の姿は見えなかったので，赤ん坊を細長い布切れにくるみ，母親のかたわらに寝かせた。

　　「さて」と婦人は言った。「わたしの話をよく聞いておいてください。彼らはあなたをここにとどめておくために，魔法をかけようとするでしょう。けれども，わた

イシヤトヨ ● 23

しの忠告に従って，食べ物にも飲み物にも一切，手を出さないようになさいませ。そうすれば魔法にはかかりません。それから何を見ても，びっくりして声を出さないように。もう一つ，報酬として50ギニーあるいは100ギニーものお金が出されるかもしれませんが，あなたは金貨5ギニーだけをお受け取りなさいませ」

「ありがとうございます，奥様」医者は言った。「すべてあなたのご忠告に従います」

そのとき先ほどの紳士が，王子のように堂々とした気高い姿で，部屋に入ってきた。そして，赤ん坊を抱きあげて，じっと見つめると，また寝台におろした。

部屋には大きな暖炉があった。紳士は炉のシャベルを取って，燃えている石炭を全部手前の方に寄せて，火床の奥に広いくぼみをつくった。それから，また子どもを抱きあげて，今度は炉の奥のくぼみにおろし，子どもがすっぽり埋まるまで，手前に寄せた石炭をかけ始めた。しかし，医者は婦人の忠告をよく覚えていて，驚きの声を発しなかった。それから，次には突然部屋が，もっともっと美しい別の部屋に変わった。そこには，ありとあらゆる料理，みごとな果物，きらめく水晶のグラスに注がれた鮮やかな赤ワインなど，豪華なごちそうが並んでいた。

「さあ，お医者様」紳士は言った。「ご一緒に食卓について，なんなりとお気に召すものをめしあがってください」

「せっかくですが，わたしは自分の家に帰るまでは何も食べたり飲んだりしないという誓いをたてています。どうか今すぐ家までお帰しいただきたい」と，医者は言った。

「もちろんそうしてさしあげますが，その前に，わざわざおいでいただいたのですから報酬を支払わせてください」紳士はテーブルに金貨の包みを置いて，中から目もくらむような金貨をザクザク出した。

「わたしは正当な報酬だけをちょうだいして，それ以上はいただきません」と医者は言って，金貨5ギニーを取って，財布に入れた。「さあ，だいぶ時間もたちましたので，帰りの馬車をお願いできましょうか？」

このとき紳士は声を立てて笑った。「あなたはわたしの妃から秘密を聞きましたね。しかし，まことにりっぱにふるまわれました。無事にお宅へお戻しいたしましょう」

こうして馬車が来て，医者は杖を取り，来たときと同じように――馬車も馬も，そのまま――川に入って渡り，夜の明ける直前にわが家に無事に戻ることができた。そして，医者が，金貨を取り出そうと財布をあけると，中には金貨と一緒に，国王の身代金になるほどりっぱな，すばらしいダイヤモンドの指輪が入っていた。手に取ってよく調べると，内側にこの医者の名前の頭文字2文字が彫られていた。彼はそこで，ほかならぬあの妖精王が，自分に特別に贈ってくれたものだとわかった。

これは，今から100年も前に起こったことだった。しかし，指輪は今もその医者の家にあり，父から子へと譲りわたされてきた。また，持ち主がその指輪をしばらく指にはめていると，必ず一生涯幸運と名誉と富に恵まれたということだ。

「それで，この話はお天道さまに誓って，本当ですよ」と，この物語の語り手は，

アイルランドの農民が話の真実であることを強調するときの、あの強い誓言を使って、そう言いそえたのである。　　　　　　　　　　　　　　　　　　　（吉）

祈り　Prayers

当然のことながら、祈りは、どんな超自然的危険に際しても、身を守るのにいちばん役に立つ。特に、〈主の祈り〉は有効である。悪魔に対しては、声に出してこれを唱えれば非常に効き目があると、昔から信じられていた。というのも、悪魔は人間が心の中だけで考えていることは読めなくて、いつも人間のしゃべる言葉と行動によってのみ、その心の様子を判断しているので、人間が声に出して祈りの文句を唱えていると、それを聞いて、これはもうだめだと諦めてしまうからである。悪い妖精から身を守る場合も、祈りを唱えるのが同様に有効だったに違いない。　[モチーフ：F 382.6；G 303.16.2]
　　　　　　　　　　　　　　　　　　　　　　　　　　　　　　　　　（吉）

インキュバス　Incubus

男の夢魔。厳密に言えば、サキュバスすなわちナイト　メアが男を堕落させるため女すなわちハッグ¹の姿をとるのに対し、インキュバスは男の姿をとって女とベッドを共にする悪魔であった。アーサー王伝説の予言者マーリンは、インキュバスの落とし子とみられていたし、16世紀の魔術書はほとんど例外なくインキュバスに触れている。ところが、16世紀のレジナルド・スコットはインキュバスをブラウニーとどうやら一緒にしており、夜、牛乳を出しておけばよいとしている。　[モチーフ：F 471.2]
　　　　　　　　　　　　　　　　　　　　　　　　　　　　　　　　　（平）

インジロー，ジーン　Ingelow, Jean（1820-97）

生前、詩人として名をなす。「リンカンシャーの岸辺に潮満ちて」(1863) が、今日、たぶん最もよく知られている詩であろう。テニソンが死んだとき、次の桂冠詩人にはジーン・インジローがなるのではないかと思っていた人が多かった。しかし、彼女の詩は今日ほとんど人々から忘れられてしまい、むしろ子どものためのファンタジー『妖精のモプサ』(1869) の作者として知られているのである。このファンタジーは、わざとらしい親切さや説教臭のみじんもない佳作で、妖精の国のすぐ近くに住んでいたジャックという少年が、妖精の国のあちこちを旅するという物語である。少年は、妖精の国の国境の、ある地方で、妖精の国で莫大な価値をもつ人間のお金（妖精の人間依存の一例）で、ひとりの小さな妖精奴隷を買う。この小さな妖精奴隷が妖精の女王に変わり、ふたりは、女王の統治国である、身の丈1フィート1インチ〔約33センチ〕の妖精たちの国へ入っていく。しかしそこでも、人間が笑ったり泣いたりしないかぎり妖精は笑いも泣きもできないという、妖精の人間依存の一例をみる。こういう類の話が、この物語のあちこちに見られて、それらは、伝承を正確に写したものではないが、妖精の心理にぴったりかなっている。文章のスタイルと全体の雰囲気はジョージ・マクドナルドの『ファンタスティース』(1858) によく似ている。が、マクドナルドほど教訓的、寓話的ではない。さながら作品の中を、妖精の魔風が吹きぬける

感じである。 　　　　　　　　　　　　　　　　　　　　　　　　（吉）

インプ，インペット　Imps, or Impets

インプとは本来，横枝とか，挿し木用に切り取った枝のことであり，インプ・ツリー（ymp tree）とは，接ぎ木した木，あるいは実生ではなく挿し木から育った木を意味していた。インプは，正しくはサタンから枝分かれした小悪魔を意味するが，ゴブリンやボーグルと，地獄から来たインプとの区別はつけがたい。ケルト圏では，多くの人がイングランドの清教徒同様，妖精をすべて悪魔と考えている。トム・ティット・トットはインペットと呼ばれる。伝承世界の妖精たちは幽霊と悪魔の身分の間を，どちらともつかずさまよっていることが多い。 　　　　　　　　　　　　　　（吉）

ヴーア　Vough　⇨フーア

ウィー・ウィリー・ウィンキー　Wee Willie Winkie

　イギリスの子ども部屋の眠りの精の中で最もよく知られたものの一つ。眠りの精はスコットランドの詩人ウィリアム・ミラー（1810-72）が生みの親となっているものが多いが，このウィー・ウィリー・ウィンキーも，この詩人が1841年に発表した作品が初出文献となっている。その第1連が一般の人気を博したのだが，それは次のようになっていた〔原詩はスコットランド英語〕。

　　　　　ウィー・ウィリー・ウィンキー君，町中を走る，
　　　　　寝巻きのまま階段を上がったり下りたり，
　　　　　窓をたたき，鍵穴から声をかける，
　　　　　「ちびども床についたかね，もう10時だよ」

　これはほどなく標準英語に直され，早くも1844年に『童謡，物語，および遊び唄』という本に，出所に触れずに収録された。原詩は5連から成り，第2連以下も魅力がないわけでないが，第1連が有する伝承の響きに欠けている。ミラーが，他の19世紀スコットランドの詩人たちの例にならって，伝承の歌を自分の作品の主題にし，それを敷衍したと，考えていいのかもしれない。とにかく，ビリー・ウィンカーという名の眠りの精がランカシャーで知られていたというのが事実ならば，ウィー・ウィリー・ウィンキーもミラーの作品に登場する以前からスコットランドで知られていたという可能性は強い。しかし童謡研究家のピーター・オーピーは『オックスフォード版童謡辞典』(1951)で，ミラーの作品が発表された1841年をウィー・ウィリー・ウィンキーの初出年にしている。

　　　　　　　　　　　　　　　　　　　　　　　　　　　　　　　　（平）

ウィッシュ・ハウンドの群れ　Wish Hounds

　時にはイェス ハウンドの群れあるいはイェル ハウンドの群れと呼ばれることもある。デヴォンシャーの荒野ダートムアに出没する無頭の幽霊犬の群れ。附近の渓谷に集まることもある。この妖犬群は悪魔トレギーグルを追って隣のコーンウォール州にも姿を現すという。妖犬群を指揮している猟師は，おそらく悪魔自身であろうが，サー・フランシス・ドレイク（1540?-96）の亡霊が頭のない猟犬群を引き従えて，プリマス

の町に霊柩車を乗り入れたと伝えられることもある。ロバート・ハントはコーンウォールのチーニーの猟犬群とこのデヴォンシャーのウィッシュ・ハウンドの群れとが同じものであることを示唆している。彼は『イングランド西部の伝承奇談』(1865)の中でウィッシュ・ハウンドの群れについて簡単な記述をしているが、それが悪魔の猟犬群と同じものであろうと言っている。しかし、悪魔の猟犬群には角があり、その目は燃え盛る大皿のようだと伝えられているのに対し、ウィッシュ・ハウンドの群れの方は無頭の妖犬群である。〔モチーフ：E 500；G 303.7.1.3〕 　　　　　　　　　　　　　　　（平）

ウィヒト　Wicht

ワイトのスコットランド英語形。 （平）

ウィル・オ・ザ・ウィスプ　Will o' the Wisp

字義は「〔(点火用の)一握りの干し草〔わら〕を手にしたウィリアム」。イグニス・ファテュウス〔鬼火〕に対する最も普通の、最も広く流布している伝統的呼称。ほかにウィル ウィズ ザ ウィスプ、ウィリー・ウィスプ、ウィル・オ・ザ・ワイクスなどの呼称もある。〔モチーフ：F 369.7；F 402.1.1；F 491；F 491.1.〕 （平）

ウィル・オ・ザ・ワイクス　Will o' the Wykes

イグニス・ファテュウス〔鬼火〕のノーフォーク州における呼称。バルフォア夫人の物語「消えた月」に出てくる。〔モチーフ：F 491〕 （平）

ウィルキー　Wilkie

オークニー諸島のウェストレイ島に古墳が二つあるが、これらは〈ウィルキーの丘〉と呼ばれていた。ウィルキーのことをはっきり説明できる者はいないようであるが、供え物として牛乳がささげられたという。ウィルキーが、他の多くの型の妖精と同じく、死者と密接なかかわりがあったことだけは明らかである。 （三）

ウォーデン　Woden　⇨オーディン

牛耳さん　Cowlug sprites

イングランドとスコットランドの境界地方にあるボーデンとゲイトサイド両村に出没する，きわめて地方的な妖精。ウィリアム・ヘンダーソンは『イングランド北部諸州と境界地帯のフォークロアについてのノート』(1879) の中に，〈ウィルキー稿本〉からのものを引用しているが，その報告自体は以下のようにきわめてあいまいである。

　　　ボーデンとゲイトサイドの両村には，1年のうち特定の夜になると（そこからその晩を〈牛耳さんの晩〉と呼ぶようになったが），雌牛の耳のような耳をした妖精が多数出るという奇妙な言い伝えがあった。が，彼は，その言い伝えのもとを発見できなかったし，どの晩のことであるかもわからなかった。　　　　　　　　　　　　　（吉）

詩人トマス　Thomas the Rhymer
うたびと

6世紀にわたって詩人としてまた予言者として名高かった詩人トマスは，彼とその息子の署名がある文書が示しているように，13世紀に実在した人物である。その文書では，エルセルドゥーン〔エディンバラ市の南東ガラシールズ市の近くと推定される〕のトマス・リムールと呼ばれている。時にはエルセルドゥーンのトマス・リアモントとも言われているが，この呼称に関しては文書による裏づけはない。彼は予言者としての知恵を，エルフランド〔妖精界〕の女王から手に入れたと思われている。エルセルドゥーンのトマスの韻文物語には，彼の生涯のその時期に関する古い記録が読みとれるし，また彼の予言の実例も見られる。この詩の15世紀の写本がいくつか残っており，この詩自体は14世紀に書かれたと考えられる。同じ話は正直トマスのバラッドの一つ〔チャイルド37A番〕の中にもあるが，このバラッドには16世紀から19世紀にかけてチャップブック〔日本の絵草紙のようなもの〕の形で出版された予言（そのときそのときのトピックに合わせたもの）は含まれていない。その物語によれば，エルフランドの女王が正直トマスを恋い慕い，自分の国へトマスを連れ去って，7年間とどめておいた。その期間の終わりごろ，妖精たちが悪魔にティーンド〔貢ぎ物〕をささげねばならない時期が訪れ，女王はもしやその貢ぎ物代わりにトマスが選ばれるのではないかと恐れをいだいた。そうなることからトマスを救うため，女王は決して嘘をつくことができない舌をトマスに与え，人間世界へと送り返した。正直トマスのバラッドのある形〔例えば37C番〕では，このありがた迷惑な贈り物に対して，トマスは苦言を呈するのだが，女王はかまわずそれをトマスに授ける。ここで韻文物語は終わっているが，伝承の方ではウォルター・スコットが『スコットランド南部境界地方の吟遊詩歌集』(1802-03) の中で語っているように，さらにこの話は先へ続く。詩人トマスは，エルフェイム〔妖精圏〕から帰ったあと何年もエルセルドゥーンに住んで，予言の才能があるために，スコットランド中に名を知られるようになる。だが妖精たちは，決して彼を自由にしてはおかなかった。ある夜，トマスが自分の城で宴会を催していると，ある男がひどくおびえて駆けこんでくるなり，雄鹿と雌鹿が森を出て，村を通り城の方へ向かっていると，一同に告げた。そのときすでに，鹿たちはその男のすぐ後ろに迫ってきていた。詩人トマスはただちに席を立つと鹿たちを迎えた。鹿たちは身をひるがえし，トマスを森へ導いていったが，その後2度と，トマスは人間界には戻

ってはこなかった。それでも時たま妖精界へ行った人［⇨妖精界訪問］は，そこでトマスを見かけたという。「アッフリーハンの農夫」の話の中で農夫が行きついた妖精の家で見たトマスがそうであったように，トマスはいつも妖精たちの相談役であった。スコットランドの丘の下の眠れる戦士たちのために，トマスは馬を調達することもあった。［モチーフ：F 234.1.4.1］ (井)

ウッドワス　Woodwose

「森の野人」の意。ウッドワスは，イースト・アングリア地方の教会の彫刻物や装飾品にしばしば見られる。1972年の第25回オールドバラ・フェスティバル〔現サフォーク州の町で毎年開催される音楽・芸術祭〕のプログラムに，このウッドワスについてのF.ドラコボーリによる論考が載っている。また〈森の野人〉に関する記述は，16～17世紀の文献に散見される。トマス・ヘイウッド（1574？—1641）やロバート・バートン［⇨バートンの妖精考］のような作家の言及では，ウッドワスは仮装行列や山車にも登場している。ウッドワスは，グリーン・マン〔スコットランドの昔話などに登場する強大な魔法使い〕が木の葉で覆われているように，全身が毛で覆われている。しかし，ウッドワスが超自然の生き物と考えられていたのか，森に住む原始人と考えられていたのかは不明である。 (三)(平)

ウーナ　Úna, Oonagh

ウーナは，ワイルド夫人の『アイルランドの古代伝説とまじないと迷信』（1887）によれば，アイルランドの妖精と死者たちの王であるフィンヴァラの妻である。ワイルド夫人はこう述べている。

 王のフィンヴァラは今も，アイルランドのあらゆる妖精を支配していると信じられている。また，ウーナは妖精の王妃である。ウーナの金髪は先が地に引きずり，身にまとう銀色の薄いヴェールは，ダイヤモンドをちりばめたようにきらきら光る。が，輝いているのは，いちめんについた露なのである。
 王妃は地上のいかなる女性よりも美しい。にもかかわらず，フィンヴァラは人間の女性を最も好み，妖精の音楽で巧みに魅惑しながら，人間の女性を妖精の宮殿に誘いこむ。

ヌアラもフィンヴァラの妻であるといわれているが，彼ほど多情な妖精であれば，妻が幾人いても，驚くにはあたらないであろう。［モチーフ：F 252.2］ (吉)

ウーフ　Ouph　⇨アウフ

ウリシュク，ウーリシュク　Urisk, or Ùruisg

ウリシュクは半ば人間，半ばヤギの粗野なブラウニーの一種であるが，家畜の番や農場の仕事をするので，これが家にやって来れば，非常に幸運なことである。人里離れた水たまりに出没するが，時には仲間を欲しがって，怖がる旅人を一晩中追い回したりする。ウリシュクたちは，ひとり暮らしの妖精として生きているが，ある決められ

た時に一緒に集まる。パトリック・グレアムは『パースシャー南部辺境地帯の景勝スケッチ』(1806)の中で，スコットランドのカトリン湖〔スコットの「湖上の美人」の舞台〕近くの山の洞穴が，ウリシュクの好んで集まる場所だと言っている。ドナルドA. マケンジーも『スコットランドのフォークロアと庶民生活』(1935)の中で，ウリシュクを取り上げ，かなり詳しく扱っている。 〔モチーフ：F 403.2〕 　　　　　　　(井)

ウルヴァー　the Wulver

恐ろしい顔つきをしてはいるが，その実無害であり，人間に善いことをする生き物で，ジェシー・サクスビー〔ジェシー・マーガレット・エドモンストン〕の『シェットランドの伝承』(c. 1880) 第9章では，次のように語られている。

  ウルヴァーは，オオカミの頭をした人間とでも言える生き物で，体いちめんが短い茶色の毛で覆われている。すみかは，丘の中腹の急な斜面に掘られた穴である。もし人間が悪いことをしなければ，ウルヴァーの方からは人間に悪いことをしかけない。釣りを好み，深い流れの中の小さな岩を足場にしていたウルヴァーがいたが，その岩は今日まで〈ウルヴァーの石〉として知られている。その石に腰をおろして，ウルヴァーは何時間もヤマメやイワナなどの川魚を釣っていたという。そしてその魚を何匹か，貧しい人々の窓辺に置いていったということである。　　　　(井)

エイケン・ドラム　Aiken Drum

　　エイケン・ドラムの名は，
　　　　おいらの町へ男がやって来た，
　　　　おいらの町へ，おいらの町へ，
　　　　おいらの町へ男がやって来た，
　　　　そいつの名はエイケン・ドラム。

というスコットランド童謡でよく知られている。この唄は，オーピー夫妻の『オックスフォード版童謡辞典』(1951)に「月の中に男が住んでいた」という形で，全文が引用されている。しかし，エイケン・ドラムというのは，元来，スコットランド南西部ギャロウェイ地方のブラッドノッホのブラウニーに対し，スコットランドの詩人ウィリアム・ニコルソンがつけた名である。ニコルソンはフォークロアに材を求めたバラッドをいくつか書いているが，「エイケン・ドラム」は，その『詩集』の第3版(1878)に収録されている。童謡のエイケン・ドラムは，そのままそっくり食べられる衣服——すなわち，クリーム・チーズ製の帽子，ロースト・ビーフ製の上着，堅パン製のボタンというふうに——を身にまとっているが，ニコルソンがうたったブラッドノッホのブラウニーの方は，青いイグサのスカートを腰につけているだけの裸であり，ブラウニーのご多分にもれず，衣服を贈って退散させることができたのである。

　　　　やたらにきれい好きな新婚のおかみさん，
　　　　最初の5週間は，万事きれいにしておきたくて，
　　　　亭主のかび臭くなったズボンを，
　　　　エイケン・ドラムのお皿のそばにおいた。
　　　　　学ある人たちが集まったら評定してもらおう，
　　　　　エイケンとズボンとの間に，どんなまじないがあったのか，
　　　　　その日以来，エイケンは2度と姿を現さなかったのだから。
　　　　　それにしても惜しい男を失ったものだ！

[モチーフ：F 381.3]　（平）

英雄妖精　Heroic Fairies

　　中世の騎士物語に現れたり，ケルトの伝説に登場したりする妖精の騎士や貴婦人のこ

と。人間と同じか，もしくはそれ以上の背丈があり，輝くばかりに美しい。アーサー王の廷臣サー・ローンファルに愛をささげた妖精の王女トラアムールや，向こう見ずエドリックが，一緒に踊っていた姉妹たちから盗み出した妖精の娘などが，妖精の貴婦人の実例である。人間の姿に変身しているとはいえ，若きタムレイン［⇨若きタム・リン］は，どこから見ても典型的な妖精の騎士であり，その求愛の奥には，人間に戻してほしいという動機があった。英雄妖精という名称に最もふさわしい妖精は，なんといっても退化した神であるアイルランドのディーナ・シーとフィアナ騎士団の騎士たちで，ほかの妖精たちと同じく音楽や踊りが好きであるほかに，狩りや決闘，騎馬行列など貴族的な活動に没頭して時を過ごす。妖精の大きさはさまざまであるが，中世時代でも小さい素朴な妖精と醜い巨大な妖精とがともに存在しており，それは近代になっても，ある妖精にはまだ威厳があるのと同じである。しかし伝承における妖精像の変遷から見ると，英雄妖精は中世時代の特徴的な妖精と考えるのが普通である。

（井）

エインセル　Ainsel

いわゆる〈ノーマン〉話［⇨ネモ譚］の一変形であり，ノーサンバランド州の妖精ファルリーを扱ったM. A. リチャードソンの『地方史家の覚書』(1841-46) に出てくる。ある未亡人とその息子がノーサンバランドのニューカースル北西のロースリー村近くの農家に住んでいた。ある晩，その男の子は少しも眠くならず，お母さんが床についたあともなかなか寝ようとしなかった。いつまでも起きていると妖精がさらいに来ますよ，とお母さんは警告したが，息子はその警告を一笑に付して遊ぶのをやめなかっ

た。お母さんがろうそくを吹き消してから間もなく，かわいらしい女の子が煙突から部屋にとびこみ，男の子の前でとんだり跳ねたりし始めた。あっけにとられた男の子は「君，なんていう名なの？」ときいた。「エインセル（自身）よ」と女の子は答えた。「それであなたの名前は？」「マイ・エインセル（わたし自身）さ」と男の子は，用心深く答えた。それから両者は，まるで人間の子ども同士のように，一緒に遊び始めた。やがて暖炉の火勢が衰えたので，男の子が火を強くかき起こしたところ，燃え殻が一つ跳ねてエインセルちゃんは足に火傷をした。彼女はその小さな体に似合わない大きな声で「わあ，火傷をした！」とわめきたてた。すると，煙突の奥から「誰がやった

の？　誰がやったの？」という恐ろしい声が聞こえてきた。男の子が寝床の中にとびこむと同時に妖精のお母さんが床にとびおりた。「マイ・エインセルよ！　マイ・エインセルよ！」と、この妖精の女の子は言った。「それなら、なんでわめいているの？　自分が悪いんじゃない！」そう言ってお母さん妖精は，エインセルを煙突の奥へと蹴り上げた。［タイプ：1137．モチーフ：K 602；K 602.1］　　　　　　　　　　　　（平）

エサスダン　Ellylldan

ウィル・オ・ザ・ウィスプ，ジャッキー・ランタン，スパンキーなどのウェールズ版で，呼称はこのように英国の中でもまちまちであるが，その活動はただ一つ，夜の旅人を沼地や湿地へ誘いこむことである。といっても，彼らがその活動を一手にやっているわけではなく，パック，プカ，サマーセット州のピクシーなども，性格ははるかに複雑であるが，全く同様ないたずらを演じている。［モチーフ：F 491；F 491.1］　　（吉）

エサソン　Ellyllon

ウェールズのエルフの呼び名。単数形はエシル。ワート・サイクスの『イギリスのゴブリン』（1880）によれば、小さくて透き通っているので目にとまりにくい妖精で、食べ物はキノコと、古い木の根元や石灰石の割れ目などに見られる菌類、いわゆる〈妖精バター〉であるという。彼らの女王はマッブで、姿はタルイス・テーグより小さい。サイクスが、グラモーガン州のカーディフに近いピーターストンで直接採集した話では、もっと泥くさい、より地上的な感じで、むしろサマーセット州のピクシーに似ている。それはローリー・ピューという、不幸に狙い撃ちされたような運の悪い農夫の話で、農作物の病害が発生すれば彼の作物がいつもやられたし、よその家畜は元気でも彼の家畜は病んでいた。彼の妻も病気で、家事も農作業も一切できないほど弱っていた。そんなわけで、ある日彼は暗い気持ちで、もう畑を売り払って引っ越さなくてはなるまいと考えていた。が、そのとき、ひとりのエシルが近寄ってきて、「もう悩みなさんな、おかみさんには、ろうそくに火を灯して、暖炉をきれいに掃除しておけば、あとはエサソンがしてやると言っておけ」と言うのであった。エシルの言ったことは嘘ではなかった。ローリーとそのおかみさんのキャティは毎晩、暖炉をきれいに掃除して早く眠った。すると毎晩、階下から、笑い声や陽気な浮かれ騒ぎが聞こえてきた。翌朝になると、家畜の手入れも餌やりも、農作物の整理も、全部すんでいた。ローリーとキャティは体も丈夫になり、よく太り、農作物や家畜もよく育った。こうして3年過ぎたとき、キャティが小さい人たちの様子を一目でいいからぜひとも見たいと思い始めた。ある夜、夫がぐっすり寝こむと、キャティはそっと階下へ下りていって、ドアのすき間からのぞいて見た。陽気な一団が笑ったり、跳ねたりしながら、フルスピードで仕事をしている。彼らがあんまり楽しそうにしているので、ついつられて、キャティも大声で噴き出してしまった。たちまち、ろうそくの火は吹き消され、叫び声とあたふた逃げる足音がして、それきり物音一つしなくなった。そして、エサソンはもうピューの農場には戻ってこなかった。が、ピューは運が向いて軌道に乗っていたので、以前の不幸も戻ってはこなかった。これと非常によく似た話

が，サマーセットのピクシーにもある。これは妖精生活への侵害を語る多くの物語の一つでもある。

(吉)

エッヘ・ウーシュカ　Each Uisge

スコットランド高地地方の水棲馬。おそらく水にすむ馬のうちで最も獰猛で危険な存在であり，これに匹敵するのはカーヴァル・ウシュタくらいしかない。エッヘ・ウーシュカは海や湖水に出没する点で，早瀬にすむケルピーとは異なっている。さらに，ケルピーに比べ，よりたやすく姿を変える。普通，毛並みのよい，見た目にきれいな馬の姿をしていることが多いが，進んで人を背中に乗せようとし，もし軽率にその背中に乗ろうものなら，一気に湖水の中に連れ去られて食べられてしまう。ただ，肝臓は嫌うので，それが岸辺に打ち上げられてくる。エッヘ・ウーシュカの肌は粘着力があり，背中に乗った者は体が離れなくなるといわれている。巨大な鳥となったり，美しい若者の姿となったりすることもある〔⇨クロー・マラ〕。J. F. キャンベルは『西ハイランド昔話集』第4巻（1862）に，エッヘ・ウーシュカについての話を一つ収めている。馬の姿をしたエッヘ・ウーシュカについては，どの話を選択するかが難しい。おそらくもともとは教訓として話されていたらしい。よく知られた話は，エッヘ・ウーシュカにさらわれた少女の話である。中でもアバフェルディー〔現テイサイド州，テイ川沿いの町〕近郊の小さな湖水にまつわる話はよくできている。ある日曜の午後，7人の少女とひとりの少年が散歩に出かけたが，湖の岸辺で，かわいらしい小馬が草を食べているのに出会った。ひとりの少女が小馬に乗ると，ひとり，またひとりと続き，7人全部がその背中にまたがった。少年は皆より注意深かったので，小馬が少女たちを乗せるたびに少しずつ長くなっていくのに気がついていた。そこで少年は湖のほとりのごつごつした高い岩陰に身を隠した。小馬は振り向いて少年を見て，「よう，来い，小僧っ子」と叫んだ。「おれの背中に乗っかれ！」少年が，隠れた場所にじっとしていると，小馬の方が少年に向かって突進してきた。少女たちは泣き叫んだが，小馬の背中から手を離すことができなかった。あちこち岩をぬっての追いかけっこが続いたが，小馬は少年を捕らえることができず，しまいに小馬は追うのをあきらめて，7人の餌食を背中に乗せたまま，湖水の中に飛びこんでしまった。翌朝，7人の子どもの肝臓が，岸辺に打ち上げられていた。

ジョンG. マカイの『続西ハイランド昔話集』(1940, '60)には，水棲馬を殺す話が収められている。ヘブリディーズ諸島のラーセイ島に，鍛冶屋がいた。家畜をたくさん飼っていて，一家をあげてその面倒をみていた。ある夜，娘が家に帰らず，翌朝，エッヘ・ウーシュカが現れるといわれる湖の岸に，娘の心臓と肺が捨てられているのが見つかった。鍛冶屋はひどく悲しみ，この怪物を殺そうと決心した。湖水の水際に炉をこしらえると，息子と一緒に大きな鉄の鉤を作り，火の中で真っ赤に焼いた。それから羊を焼き始めたが，そのにおいは湖水いちめんに広がった。濃い霧がわき起こると，醜い毛むくじゃらの1歳馬のような水棲馬が，湖の中から姿を現した。怪物が羊にとびかかると，ふたりはそれに鉤を引っかけ，その場で殺した。だが，朝になって見ると，そこには骨も皮もなく，ただ「星くず」のようなものが山になって残って

いるだけだった（「星くず」は，海辺などに見られる寒天状のもので，おそらくクラゲの死骸だと思われるが，スコットランド高地地方の人たちは，落ちてきた星の残骸だと考えている）。これが，ラーセイ島の水棲馬の最期であった。ウォルター・ギルはカーヴァル・ウシュタについて，これと似たような話を語っている。アイルランドのアッハ・イーシュカも参照のこと。〔モチーフ：B 184.1.3；F 234.1.8；F 401.3.；F 420.1.3.3；G 302.3.2；G 303.3.3.1.3〕　　　　　　　　　　　　　　　　　　　　　　　　　　　　　　　　　　　　（井）

エーティン　Étaín

トゥアハ・デ・ダナン〔ダーナ神族〕のエーティンは，すばらしい妖精の恋物語「ミデルとエーティン」の女主人公で，多くの詩や劇に取り上げられ，たぶんフィオーナ・マクラウドの妖精劇『不滅の時』(1900) によってイギリス人に最もよく知られている。原話はグレゴリー夫人が『神々と戦士たち』(1904) の中で巧みに語っている。エーティンは，ブリ・レー〔現アイルランド共和国のロングフォード州に所在〕の妖精丘の王ミデルの2番目の妻であった。彼の最初の妻ファムナッハはひどく嫉妬し，ドルイド僧ブレサル・エタルラムの手を借りて，エーティンを小さな羽虫〔一説にユスリカ〕に変え，すさまじい突風に乗せて人間の住むアイルランドに吹き飛ばした。そこでエーティンはみじめにも7年の長きにわたって，風にもてあそばれる。ファムナッハはどうなったかというと，彼女の悪事が発覚すると，トゥアハ・デ・ダナンの大王ダグダの息子エーンガス・マク・オーグが，彼女を打ち首にしてしまった。

悲惨な7年間が過ぎると，エーティンは，ケフミナ入江〔北アイルランドのアルスター地方の東岸に所在〕のエタルが宴を張っていた大広間に吹き入れられ，屋根からエタルの妻の金盃の中に転落した。エタルの妻はワインと一緒にエーティンを飲みこむ。十月と十日ののちに，エーティンはエタルの娘として生まれ変わり，再びエーティンと名づけられた。彼女は，アイルランド中で最も美しい女性に成長した。彼女が成人すると，オーヒジが見初めて求愛し，チアワル（ターラ）に連れ帰った。しかし，この間ずっとミデルはエーティンの居場所を知っており，1度彼女の前に現れるが，エーティンの方は，かつての夫に気づかなかった。婚礼の宴で，オーヒジの弟アリルはエーティンに対し，突然自分では抑えようのない愛と欲望に襲われる。その気持を抑えようとするが，彼は恋い焦がれ，重い病にとりつかれる。王の医師はそれが恋の病だと指摘するが，彼はそれを否定する。オーヒジはひどく弟の身を案じる。やがて，オーヒジは配下の王たちから年貢を受け取るため，アイルランド中を回らねばならなくなる。そして，自分の留守中，弟アリルの看病をすっかりエーティンに任せる。エーティンはアリルのためにできるかぎりの手を尽くし，彼を死の淵まで追いこんでいる原因を話すよう懸命に説得する。ついに，義弟アリルを苦しめているのは，自分に対する満たされぬ愛だと突きとめる。エーティンは深く悲しむが，なお手を尽くしてアリルの看病にあたる。しかし，義弟の病気は悪化する一方であった。とうとう，アリルを救うには自分が彼の望みをかなえてやるしかないとわかり，エーティンは翌朝早く町の外の洞窟でアリルに会おうと約束する。アリルは喜びのあまり，一晩中一睡もしないで過ごす。ところが，夜明けと同時に深い眠りが彼を襲い，約束の場所に出

かけられない。エーティンは早く起きだし，洞窟に赴く。ちょうどアリルと会うことになっていた時刻に，エーティンは彼に似た男が苦しそうにあえぎながら近づいてくるのを見る。ところが近づいて見ると，それはアリルではなかった。両者は黙って顔を見合わすが，やがて男は去っていった。エーティンはさらにしばらく待つが，ついに引き返す。帰ってみると，アリルがちょうど目を覚ましたところで，ひどく自分自身に立腹している。彼は事の次第を話し，エーティンは翌朝もう１度密会しようと言う。しかし，二日目も同じことが起こる。そして三日目，エーティンはこの見知らぬ男に話しかける。「あなたは，わたしがここで会う約束をした方ではありません。わたしが参りましたのは浮気心からではなく，わたしのために重病になった方をお救いするためなのです」

「そなたはわしについて来るがよい。わしは，はるか昔，そなたの最初の夫であった男だ」「お名前は何といわれますか」「それを言うのはたやすいこと。わしはブリ・レーのミデルだ」「どのようにしてわたしはあなた様から引き離されたのですか」「わしの最初の妻ファムナッハがそなたにまじないをかけ，チール・ナ・ノーグ〔「若者の国」の意〕から吹き飛ばしたのだ。わしと共に帰ってくれるかね，エーティンよ」 しかしエーティンは「大王オーヒジのもとを去り，見知らぬ方について行くことはできません」と答えた。「アリルにそなたを恋い焦がれさせたのも，彼をここに会いにこさせずそなたの操を救ったのも，実はこのわしの魔法なのだ」とミデルは言った。エーティンが帰ってみると，アリルにとりついた恋心は去り，病気もすっかり治っていた。エーティンは外での出来事の一部始終を語り，ふたりはオーヒジに対して背徳行為を犯さずにすんだことを喜び合った。ほどなくオーヒジも帰り，ふたりは彼に一部始終を話した。オーヒジは弟に対するエーティンの思いやりに感謝した。

ミデルは，エーティンが少女時代に見たことのあるよそ者の姿で，もう１度彼女の前に現れた。彼の姿も，チール・ナ・ノーグの美しい風光をたたえてうたう彼の声も，ほかの者には見えも聞こえもしなかった。このときもミデルは，エーティンに戻ってくれと頼むが，彼女はオーヒジのもとを去ることはできないと言う。「もし彼がそなたをわしに返すと言ったら来てくれるか」とミデルは言った。「もしも夫がそう言えば，参りましょう」とエーティンが答えた。ミデルはここで姿を消す。このことがあってほどなく，見知らぬ旅人がオーヒジの前に現れ，チェスの３番勝負を申しこむ。ふたりは賭け勝負をすることになった。しかし，当時の慣習に従って，賭けの賞品は勝負が終わってから勝者が名指すことになっていた。２度オーヒジが勝ち，法外な賭け賞品をせしめた。最初の賞品としては多数の名馬，２番目の賞品は，ミデルの配下の妖精が全員かからねば成し遂げられないような三つの難事業であった。３度目にミデルが勝ち，オーヒジの妻を要求した。オーヒジはそれを拒否し，ミデルは要求を変更して，ただ１度だけエーティンの肩に手を回し，キスをするだけでよいと言う。オーヒジはこれを認め，ちょうど１か月後と日時を定めた。時が満ちてミデルが現れた。オーヒジは全兵力を集結させており，ミデルが宮殿に入ったとたんに，妻が連れ去られないようにすべての扉を固めさせた。ミデルは左手で剣を握り，右腕をエーティンの肩に回してキスをする。とたんにふたりは宙に浮き，屋根を通り抜けると空に昇っ

ていった。兵士たちが駆けつけてみると、黄金の鎖で結ばれた2羽の白鳥がターラ〔ダブリン市北西に所在〕の宮殿の上空を飛び去っていくところであった。

　これで物語が終わったわけではない。オーヒジはエーティンがいなくなると居ても立ってもおられず、何年も捜しあぐねた結果、ついにブリ・レーに彼女がいるのを突きとめる。オーヒジは妖精国全土に戦争をしかけ、さんざん国を荒らした末にエーティンを取り戻す。しかし、妖精の国チール・ナ・ノーグにもたらされた災害のために、トゥアハ・デ・ダナンの憤りはオーヒジおよびその子孫すべてに及ぶのである。

　アイルランドの伝説における英雄妖精のテーマが、霊妙に、かつ詩的に扱われている具体例として、この物語をやや詳しく紹介した。チェスの勝負を申し入れるという話も、多くのケルト伝説や昔話に登場する。輪廻転生というテーマも、初期の伝説にはしばしば現れる。　〔モチーフ：F 68；F 392（変形）〕　　　　　　　　　　　　　　　　　　（三）

エトリックの羊飼い　the Ettrick Shepherd　⇒ホッグ，ジェイムズ

エラビー・ギャゼン　Elaby Gathen

　17世紀、魔法使いが唱える呪文に出てくる妖精の名。妖精を支配する呪文の項を参照。　　　　　　　　　　　　　　　　　　　　　　　　　　　　　　　　　　（平）

エリザベス1世時代の妖精　Elizabethan fairies

　中世ロマンスの妖精たちは、ケルト伝承の英雄妖精や『マビノギオン』の騎士や貴婦人たち、それにアイルランド人の神話的祖先であるミレシウス族と戦いや恋をとおして交渉のあったディーナ・シーが、一体となってできあがったものであった。だが、エリザベス1世時代（1558-1603）の詩人や劇作家たちは、妖精伝承の違った面を前面に押し出した。その理由の一つは、16世紀の郷士階級の台頭によって読み書きが普及し新しい作家階級が生まれ、シェイクスピアがそうであったように作家たちが自分の生まれ故郷の伝承を携え、地方から町へと出てきたからである。中世ロマンスの妖精貴婦人は時代とともに、より人間的になり、洗練され、エリザベス朝の詩人スペンサーの詩には登場したが、すでに少々時代遅れになっていたのかもしれない。ギリシア、ローマの古典神話は、教育ある者なら誰にでも——たとえその人が田舎の古典語学校しか出ていない場合でも——通じる引喩や言及の恒久的な源泉だった。しかしそうは言っても、古典神話のマールスやヴィーナス、あるいはナーイアスとかドリュアスとかニュムペーといった水や木の精たちについては、すでに語られ、うたわれすぎたきらいがあった。食傷気味の古典神話にとって代わる新しい言及の源泉が出てきてくれたら、それは歓迎されるに違いなかった。そういう新しい源泉がイングランドの田舎にあったのである。文学の中に新奇なものとして登場した妖精には、主として二つの型があった。一つはホブゴブリンで、ブラウニーとパックもこの仲間とみなされよう。いま一つは、『夏の夜の夢』（1600）で見られるような花を愛する小さな妖精で、ジェイムズ1世時代の妖精はこれ一色になった。妖精を扱った作品は、17世紀の終わり近く、演劇の全盛時代になって現れてくる。

散文作家のうちでは，トマス・ナッシュが『夜の物の怪たち—幽霊考』(1594) で，ホブゴブリン型の妖精の特色を次のように描き出している。

> 当代の後期に見られるロビン　グッドフェロー，エルフ，妖精，ホブゴブリンなどは，偶像崇拝時代の昔やギリシアの幻想世界では，ファウヌスとかサテュロス，ドリュアス，ハマドリュアスなどと呼ばれ，夜になると陽気ないたずらをした。麦芽をひいてそのお返しに麻の着物をもらい，緑の野原で輪になって踊り，家をきれいにしない女中たちを，眠っている間につねって懲らしめ，旅人をさんざん道に迷わせて困らせる。

ここでナッシュは，当時の最も注目に値したことの大部分，すなわちブラウニーの労働，着物を贈ると退散すること，妖精の輪踊り，整頓や清潔を好むこと，散らかす者を罰すること，夜出歩く者を道に迷わせることなどに，ジャーナリストの目で光を当てている。

詩や仮面劇でいつも引用される妖精のつねり［⇨あざ］を除けば，シェイクスピアは，妖精に関する上に述べた行為をすべて作品の中で取り扱った。さらにシェイクスピアは妖精に小ささと花への愛という特質をつけ加え，それはのちにジェイムズ１世時代 (1603-25) の妖精の著しい特徴となっていった。エリザベス１世時代の人々はこうして，文学に一つの新しい調子を導入したのである。もっともこれは伝承においては特に新しいものではなく，すでにティルベリーのジャーヴァスやジラルダス・カンブレンシスにも見いだされる。　［モチーフ：F 239.4.3；F 261.1.1.；F 482］　　　　　　　　　（井）

「エリダーと黄金のまり」 'Elidor and the Golden Ball'

ジラルダス・カンブレンシスは，1188年に『ウェールズ旅行記』の中で，妖精界を訪れた少年の珍しい話を記している。それを R. C. ホアが英訳したものが，トマス・キートリーの著書『妖精神話考』(1828) に収められている。非常に短い話の中に，きわめて多くの情報が伝えられているので，ここに全文をあげる。初期妖精奇談の中で最もすぐれたものの一つである。

> われわれの時代より少し前のことであるが，ある注目すべき出来事が，この近辺で起こり，牧師のエリディリスは，まちがいなく自分の身にふりかかったことだと断言してやまなかった。エリディリスが12歳の少年で，もっぱら学問をさせられていたころ——ソロモンの言葉にもあるように「学問の果実は甘いが，その根はにがい」ので——先生の厳しい訓練と頻繁に加えられる鞭打ちをのがれるために，家を逃げ出して，川の岸辺の洞穴に隠れた。ものも食わずにそこで二日間過ごしていると，ふたりの背丈の低い小人が現れて言った。「わしらと一緒に家に来れば，気晴らしや楽しみがいっぱいある国へ連れてってやるよ」 エリディリスは，同意して立ち上がると，ふたりのあとについて，初めは地下の暗い小道を通っていったが，やがて，とても美しい国へついた。そこはきれいな川や牧場や森や平野が，太陽の明るい光でなく，鈍い光に包まれて横たわっていた。昼間はいつも曇りで，夜は月も星もなく，まっ暗闇であった。少年エリディリスは王の前に連れていかれて，廷臣たちのいるところで，王に紹介された。王は長いことかかってエリディリスをよ

くよく調べてから，やはり少年であった息子に彼を渡した。そこの人たちは皆非常に小さかったが，小さいなりに体の均整はうまくとれていた。誰もが金髪で，豊かな髪の毛は女性のように肩の上まで垂れていた。また，彼らにつり合った大きさの，ちょうどグレイハウンド犬ぐらいの馬を持っていた。動物や魚の肉は一切食べず，サフランを混ぜた牛乳食を常食としていた。特に嘘をつくことを嫌い，誓いを立てることは決してなかった。われわれの住む上の世界から戻るたびに，われわれ人間の見せる野心や不誠実や無節操を非難した。彼らは特定な宗教的信仰はもたなかったが，真理を徹底して愛し，敬っているらしかった。

　エリディリス少年は，しばしば地上の世界へ戻った。戻る際には最初来た道をたどることもあったが，別の道を使うこともあった。初めは皆と一緒だったが，のちにはひとりで行き来した。そして，秘密を母にだけは打ち明けて，地下の人たちの生活の習慣や性質や様子などを母に告げていた。それで，母から，そこに豊富にある黄金を土産に持ってきてほしいと言われて，彼は王の子と遊ぶとき，よく黄金のまりで遊んでいたので，それをこっそり盗んで，母のところへ届けに一目散に走った。しかし，家の入り口についたとき，あとを追われていたので，あわてて中に入ろうとして，足が敷居に引っかかってつまずき，母がちょうどすわっていた部屋にもろに倒れてしまった。そのとき，手からまりが落ちると，ふたりの小人がさっとそれをつかんで，エリディリス少年につばをはき，あざ笑いながら走り去ってしまった。エリディリスは立ち上がって，恥ずかしいやら，母にそそのかされたのを恨むやら，複雑な気持で，いつもの地下の道をたどろうとしたが，道が見つからず，それから1年近くも川岸を一所懸命に探したが，とうとう見つからなかった。彼は友人や母に連れ戻されて，再び考えることも正常になり，学問の修業に精を出すようになり，やがて聖職の地位を得ることができた。後年，聖デイヴィッド寺院のデイヴィッド2世司教が，エリディリスに，昔のあの事件の話をきくと，きまってエリディリスは涙を流して，事件のてんまつを詳しく語ったという。

　彼は向こうの国の言葉についても知識があり，若いころに習い覚えた言葉のいくつかをよく唱えた。司教がしばしばわたしに聞かせてくれたそれらの言葉は，ギリシア語によく似た特徴をもっていた。例えば，小人たちは水がほしいと，「水をもってこい」という意味でUdor udorumと言った。小人の言葉ではUdorは「水」の意であるが，ギリシア語でも水は ὕδωρ（udor）である。塩がほしいときは，「塩をもってこい」という意味でHalgein udorumと言うが，ギリシア語で塩は α'λς（hals），古代ウェールズ語ではHalenである。つまり，イギリスの先住民であったブリトン人は（初めはトロヤ人と呼ばれ，のち，その指導者ブリトの名からブリトン人と呼ばれるようになったが），トロイの滅亡後も長くギリシアにとどまっていたので，その言葉が，多くの例に見られるように，ギリシア語に類似するようになったのである。

[モチーフ：F 370]　（吉）

エリディリス　Elidurus　⇒「エリダーと黄金のまり」

エルセルドゥーンのトマス　Thomas of Ercildoune　⇨詩人トマス（うたびと）

エルフ　Elves

　北欧神話ではすでに妖精族はエルフであり，スコットランドのシーリー・コートとアンシーリー・コートのように，〈明るいエルフ〉と〈暗いエルフ〉の2種類に分かれていた。その名前が大ブリテン島に渡来してからは，アングロ・サクソンの医療術の中にも，エルフの矢傷や，他のエルフの不吉な行為に対する治療方法が見いだされる。神話に登場する明るいエルフは，シェイクスピアの『夏の夜の夢』（1600）や多くの一般的伝承に見られるような，イングランドの小さな群れをなす妖精によく似ている。キリスト教の時代になっても，北欧の人たちはエルフ，すなわち彼らのいう隠れた人たち（ハルドゥー・フォーク）の存在を信じ続けた。北欧のエルフは，スコットランド高地地方および低地地方の妖精と共通した特色を多くもっていた。人をさらっていったり，家畜をだめにしたり，何か危害を加えられると必ず仕返しをするといった具合だった。

　北欧のエルフの娘たちは美しく，魅惑的で，灰色の衣服と白いヴェールを身につけていた。しかし，彼女らの身体的欠陥［⇨妖精の身体欠陥］——これによって人間はその正体を知りうるのだが——は，長い牛の尻尾をもっていることだった。ある男は，そういう娘のひとりとダンスしているとき，その尻尾に気づき，相手の正体が何であるかわかった。しかし男はそれを口にせず，「お嬢さん，ガーターが下がっていますよ」と言うにとどめた。そういうふうに気をきかせたものだから，エルフはお礼として男が一生涯豊かな暮らしを送るようにしてくれたという。デンマークのエルフの身体的欠陥は，男女とも前から見ると美しく魅力的だが，後ろが空洞になっていることである。彼らはよく練り粉やその他の人間の食べ物を盗んだりした。スコットランド低地地方とイングランドでは，エルフという語の用法は異なっていた。スコットランドでは，人間と同じ大きさの妖精がしばしばエルフと呼ばれ，妖精圏は〈エルフェイム〉と呼ばれた。イングランドでエルフと呼ばれるのは小さな群れをなす妖精であり，特に小さな妖精の少年をさした。『夏の夜の夢』で妖精女王であるティターニアが口にした「わが小さきエルフたちに上着を作るため」〔2幕2場5行〕という表現が，のちの時代に用いられたエルフという語の用法をよく表している。しかし，エルフという呼び名は妖精仲間の間では，フェアリーというそっけない名と同じように不人気であった。これは，ロバート・チェインバーズ著『スコットランドの伝承ライム』(1826）の1節からもうかがえる。

　　　　わしをインプとかエルフと呼んだら，
　　　　気をつけろ，ただではすませないから。
　　　　わしをフェアリーと呼んだら，
　　　　さんざん困らせてやるぞ。
　　　　わしを善いお隣さんと呼ぶなら，
　　　　まあ，善いお隣さんとなってあげよう。
　　　　でも，わしをシーリー・ウィヒト〔祝福されたお方〕と呼んでくれるんなら，

昼も夜もあなたの友だちになってやるよ。　　　　　　　　　　　　　(三)(平)

エルフ雄牛　the Elf-bull

　R. ジェイミソンの『イギリス北部地方の故事』(1814)に，クロー・マラの中でもとりわけ有名な，妖精雄牛の訪れで生まれたホーキーという名の雌牛と，その雌牛への感謝を忘れたけちな農夫の話が載っている。

　エルフ雄牛は人間界の雄牛に比べると小形で，灰褐色。先端を切り取ったような丸い耳，あるかないかわからないような短い角，それに短い脚をもち，胴体は野性動物のように長くて丸くて，しなやか。体毛はカワウソのように短くてつややか。そしてこの世のものと思えぬほど活動的で力が強い。いちばんよく姿を現すのは川岸の近くで，夜中に畑のまだ青い麦の穂を片っ端から食べる。これを追っ払う方法はただ一つ，呪文を唱えること（ただしその呪文については失念）。

　ある川の淵に住んでいた農夫が雌牛を飼っていたが，この雌牛は交尾の相手として地上の雄牛を受け入れることは決してなかった。毎年，5月のある決まった日になると，判で押したように自分の牧場をあとにして，ゆっくり川沿いを，茂みに覆われた小さな中洲の見えるところまで歩いていった。それから川の中に入っていき，徒渉したり泳いだりしながら，その中洲にたどりつき，そこにしばらく滞在した。そのあとで再び自分の牧場へ戻ってくるのだった。雌牛のこの不思議な行動は，数年間続いたが，毎年，所要の懐胎期間が過ぎて産み月が来ると，子牛が1頭生まれるのだった。どの年の子牛もみな似ていた。すなわち体は灰褐色で，耳は丸く，角はあるかないかわからぬほど短く，胴体は長くて丸かった。子牛はりっぱな体形の牛に育ち，驚くほど従順で，力が強く，役に立った。ただどの牛も例外なくリジェル〔生殖能力のない牛〕だった。とうとうある日のこと，麦の「刈り入れもすっかりすんだ」聖マルティヌス祭〔11月11日〕のころのある朝，農夫と家族の者とが炉端に腰を下ろして，クリスマスのごちそうや冬期の貯蔵食として今年はどの牛を殺そうか，という話になった。亭主いわく「うちの雌牛ホーキーは肥えていて，色つやもいい。あいつは何不自由なく気ままに暮らしてきたが，わしらにとってはいい雌牛だった。なにしろ，あいつのおかげで，鋤を引く牛に不自由しなかったし，あいつが産んでくれたこの近隣最高の雄牛で，うちの牛小屋はいつも満員だったからな。しかし，わしはこう思うんだ。もうホーキーは年をとったことだし，そろそろ別のおつとめをしてもらっていいころかもしれないとな。そうだ，ホーキーにこの冬の貯蔵食になってもらおう」と。

　この言葉が亭主の口から出たとたん，仕切り壁の向こう側の牛小屋に，子牛たちと一緒につながれていたホーキーは，子牛ともども，牛小屋の壁面をまるで包装紙でも破るようにやすやすと突き破って牛小屋の外に出た。庭の糞山へ上がってからホーキーは向き直り，子牛たち1頭1頭に声をかけ，それからいっせいに出発した。子牛たちは，川沿いに母牛のあとを生まれた年の順についていった。それから川の中へ入り，中洲にたどりつき，茂みの中に姿を消してしまった。ホーキーも子牛たちも，それっきり2度と姿を見せず，消息を絶ってしまった。離れたところから，

驚異と恐怖の念で，この光景をながめていた農夫とその息子たちは，すっかり打ち沈んで家へ帰った。この冬の食糧として殺す牛のこととか，ごちそうのことなど，もう考えるどころではなかった。

[タイプ：ML 6060．モチーフ：F 420.1.3.4]　（井）

エルフの矢傷　Elf-shot

イングランド南部の丘陵地帯で発見される火打ち石製の矢じりに当たったことに起因する病気または身体障害。妖精と共謀していたと告白したスコットランドの魔女イゾベル・ガウディー〔1662年に魔女裁判にかけられた〕は，その奇妙な自白の中で，エルフの丘を訪れ，猫背のエルフ少年たちが悪魔の指図のもとに矢を仕上げているのを見た，と言っている。魔女たちは，その矢を受け取り，悪魔と一緒の空中飛行にそれを携え，通りすがりの人畜を狙って放ったのである。一般に，魔女たちが放つ矢の命中率は，驚くほど低かったようである。傷害や病気の項を参照。　[モチーフ：D 2066]　（平）

エーンガス・マク・オーグ　Aengus Mac Óg

アンガス・マク・オーグとも呼ばれる。若さと美の神。古代アイルランドの神々と考えられ，のちにアイルランドの英雄妖精の典型であるディーナ・シーとなったトゥアハ・デ・ダナン〔ダーナ神族〕のひとり。アイルランドの伝承によれば，トゥアハ・デ・ダナンは侵入してきたミレシウス族に敗れ，地下に追いやられた。地下の王国に退くと，大王ダグダは地下の自分の領地と館を配分した。ダグダは四つのブルーのうち二つを自分のために取っておき，一つをエッヘナの息子ルーに，もう一つをオグマに与えた。しかし，ダグダの息子エーンガスは不在で分配にあずからなかった。戻ってきたエーンガスが不平を言うと，ダグダは，1昼夜だけ自分のボーニァの館を譲ることにしたが，エーンガスはその決定に不満で，ボーニァの館が永遠に自分のものとなるよう要求した。[モチーフ：A 151.1.1]　（二）

『エンディミオン』　*Endimion*

ジョン・リリーの作の散文寓意劇（1591）。ごく小さい妖精の項参照。　（平）

大耳猫　Big Ears

スコットランド高地地方において，恐ろしい魔法の儀式タガルムの最後の場面に登場するという悪魔の猫につけられた名称。1824年の「ロンドン文芸新聞」に，この儀式が最後に行なわれた際〔17世紀の初め〕の様子が記されていて，それによると，大耳猫は儀式の最後に登場して，一つの石の上にぴょんととびのったという。その記事が書かれた時代には，これがその石だと，人々は示すことができたという。石には大耳猫の爪の跡がまだ見えていたのである。　［モチーフ：B 871.1.6；G 302.3.2］　　　（吉）

丘の人　the People of the Hills

イギリス全土の，緑の小丘や塚の下にすんでいる妖精を婉曲的に呼ぶのに，広く用いられている呼び名。ラドヤード・キップリングが選び出して『プークが丘のパック』(1906)や『ごほうびと妖精』(1910)で使った呼び名でもある。　［モチーフ：C 433］　（吉）

オークの樹の精　Oakmen

イングランド北部地方では，時にオークの樹の精について言及されることはあるが，この精に関する民話はほとんどない。もっともオークの樹が，神聖で，力を潜在させていると考えられていたことは疑いない。「古いオークにはフェアリー・フォーク〔妖精〕」という押韻する諺を知っている人は多いはずである。名の知られた森には必ずゴスペル（福音の）・オークとかキングズ（王の）・オークとかいうオークの樹が存在するが，それらの樹は，おそらく，遠い遠い昔から，神聖な樹とされてきたのであろう。切り倒された樹々の切り株から若木が生えてできたオークの低林は，日没後は危険な場所と考えられていた。それなのに，〈オークの樹の精〉についての言及は乏しい。ピーター・ラビットの絵本の作者であるビアトリクス・ポターが，『妖精のキャラヴァン』(1929)の中で，この精について若干描いている。それによると，オークの樹の精は，赤いキノコの帽子をかぶり，鼻の赤い，ずんぐりした小人で，自分たちの林に無断で入ってきた者を，キノコで作った偽のごちそうで奥へ誘いこむという。彼らのひそんでいる林は，ブルーベルが密生した，すでに3回伐採された低林なのである。『妖精のキャラヴァン』はポターの唯一の長篇で，民話や民間信仰が随所に折りこまれている。おそらく，彼女の描いたオークの樹の精は，しかるべき伝承に基づ

いたものであろう。ルース・タングの『イングランド諸州の埋もれた昔話』(1970)には、オークの樹の精が動物たちの守護者として登場する「雌ギツネとオークの樹の精」という題のカンバーランド州の1話が載っている。これは、湖水地方で軍務についていたある男が1948年にもち帰った話を唯一の典拠とする民話なので、もともとの話に、あとから多少人の手が加わったものであろう。しかし、これや先のポターの話などをあわせて考えてみると、ほかにもオークの樹の精に関する話を注意深く探してみる価値は充分にあると思う。［モチーフ：F 441.2］　　　　　　　　　　　　　　　　　　　（吉）

オグマ　Ogme, the champion

通常、戦士オグマと呼ばれる。トゥアハ・デ・ダナン〔ダーナ神族〕の大王ダグダの息子のひとり。ミレシウス族の侵攻に直面して地下に退くことを余儀なくされた際、ダグダはオグマにブルーの一つを与えた［⇒エーンガス・マク・オーグ］。この出来事の一部始終は、アイルランド古文献の一つである『侵略の書』に書かれている。［モチーフ：A 151.1.1］　　　　　　　　　　　　　　　　　　　　　　　　　　　　　（三）

怒りっぽさ　Ill-temper

がみがみ女房や暴力亭主の特性をさす。札つきのがみがみ女は、妖精に嫌われるとされた。口やかましい亭主や、妻を殴る亭主はしばしば妖精にまどわされた。ルース・タングが「カウンティー・フォークロア」第8巻 (1965) に収めているお百姓さんモールの話［⇒ピクシー］は、これのよく知られる例話である。妖精がとがめる過ち、および妖精に尊重される美徳の各項をも参照。　　　　　　　　　　　　　　　　（吉）

オシアン　Ossian

アイルランドにおけるオシーンのスコットランド高地地方での呼び名。スコットランド高地地方のオシーン伝説におおまかに基づいて書かれたジェイムズ・マクファーソンの自称訳詩『オシアン作品集』(1765) が出て以来、この綴りが通例となっている。J.F. キャンベルは、『西ハイランド昔話集』第4巻 (1862) において、スコットランドのオシアン伝説を論じ、18世紀スコットランドのオシアンにまつわる詩やバラッドおよびフィンガル〔アイルランドのフィアナ騎士団〕伝説について、それが広範に知られていることを立証した。スコットランド高地地方全域において、オシアンはフィアナ騎士団の中で最後まで生き残り、歌によって彼らの業績を鮮明に記録にとどめた大詩人、大歌人として知られていた。フィアナ騎士団の伝説の多くが、これらの歌となって、また『レンスターの書』のような古文献によって生き残った。「ジァルマト（ジァルムイッジ）の死」の物語をはじめとするフィアナ騎士団末期の悲愴な物語が記憶に深く留まっているが、その中でも老いて盲目で力強いオシアンの悲惨な姿は、とりわけ印象が強烈である。スコットランド高地地方で記録されていないのは、若者の国チール・ナ・ノーグへのオシアンの訪問と、金髪のニアヴとともに過ごした幸福な幾百年のくだりである。　　　　　　　　　　　　　　　　　　　　　　　　　　　（三）

お相伴妖精　Joint-eater

アイルランド人がアルプ ルアハラ〔ゲール語. 原意はイモリ〕と呼ぶものにロバート・カークがつけた名前。カークによれば，お相伴妖精はとりついた者のそばに姿を隠してすわり，一緒に食べ物を食べるという。『エルフ，フォーン，妖精の知られざる国』（執筆1691, 出版1815）の中でカークは次のように言っている。

　　彼ら〔透視力をもった人たち〕の言うところによると，ヘルオーつまり大食漢には貪欲旺盛なエルフがとりついていて，ジョイント イーターとかジャスト ハルヴァーすなわちお相伴妖精と呼ばれ，その人間が食べる物の精髄やエッセンスを食べて生きている。したがってその妖精にとりつかれた者は，いくら食欲が旺盛であっても，タカやアオサギのようにいつもやせ細っている。

アイルランドではこの現象は，流れる小川のほとりで眠っていた男が，イモリをのみこんだためであると説明されている。ダグラス・ハイドの『炉辺にて―アイルランド昔話集』（1890）の中には，子を宿したイモリにとりつかれた男の話と，13匹のイモリをクーラヴィンの王子マクダーモットが，その男からきれいに吐き出させた方法とが詳しく述べられている。イモリにまつわる話では，その駆除方法はいずれも同じである。すなわち，そうした病にかかった者は，大量の塩漬け肉を食べてから，何も飲まずに口をあけたまま小川のほとりに身を横たえていれば，しばらく待つうちに，イモリが出てきて，のどの渇きをいやそうとして流れにとびこむというのである。だがこれは民間療法であって，妖精伝説ではない。不自然な空腹感を，エルフのせいにしたのはカークである。

〔井〕

オシーン　Oisín

フィアナ騎士団の詩人，記録係にして，騎士団の最後の生き残り。フィン・マク・クーワルとシー（妖精）の女サイヴの息子。サイヴは強引に自分を愛そうとしていた悪玉のドルイド僧ファル・ドルハによって子鹿に姿を変えられていた。サイヴはフィアナ騎士団の中に逃げて女の姿に戻り，フィンに愛されて結婚した。ところが，フィンが戦いに出かけていた留守中，ファル・ドルハはフィンに化けてサイヴを連れ去った。フィンはあちこち捜したが，ついに妻を見つけることはできなかった。ところがある日，狩りをしていると，先を駆けている猟犬の群れが騒がしく吠えたてるのがフィンの耳に聞こえてきた。狩人たちが駆けつけてみると，フィンの2匹の猟犬ブラン[3]とシュコランが美しい男の子を，群れの他の猟犬から守っているところであった。フィンは馬からとびおりると，その子を抱きあげた。「おお，オシーン――わがいとし子よ」とフィンは言った。フィンにはこれがサイヴの子すなわち自分の息子であることがわかったからである。その後，オシーンは口がきけるようになると，鹿の世話を受けて育てられたこと，そして悪玉の男がその鹿を連れ去ったことを話した。

　成人するとオシーンはフィアナ騎士団の中で最高の歌人となり，かつ最も勇敢な戦士のひとりとなり，フィアナの騎士団の没落が始まるまで生き長らえた。というのは，彼はガウラの戦いにも生き残ったからである。勇敢さにかけては彼の次に位置した息子のオスカーはこの戦いで戦死した。ところがある日，妖精の王女である金髪のニア

ヴがオシーンを若者の国チール・ナ・ノーグに連れ去り，フィアナ騎士団の騎士たちは2度と彼の姿を見ることはなかった。しかし，姿を消したのち何百年もたってから，オシーンは出かけたときと同じ白馬にまたがって帰ってきた。そして，大きな石の水盤を持ち上げようとして一瞬足を地につけると，とたんに倒れ，オシーンはそのまま老人の姿に変わっていた。馬は一声いななくと全速力で駆け去ってしまい，オシーンは2度とチール・ナ・ノーグに帰れなくなってしまった。この時にはすでにキリスト教がアイルランドに渡来しており，聖パトリックがアイルランド最高の聖職者だった。彼はオシーンの語るフィアナ騎士団のありし日の話に熱心に耳を傾けた。聖パトリックは彼をキリスト教徒にしようと努力したのであるが，オシーンは死ぬまでフィアナ騎士団のありしころを思い出して嘆き悲しむだけであった。［タイプ：766（変形）．モチーフ：C 521；C 984；F 302.1；F 378.1］ (三)

オーストラリアへの移住妖精　Australian fairy immigrants

イギリスの妖精，特にスコットランド高地地方の妖精は，アメリカへの移住妖精の場合と同じように，オーストラリアの伝承の中に入りこんでいる。次にあげるオーストラリアの妖精伝承の記録は，オックスフォードのジョーン・エルテントンの好意によるものである。

　　ジョン・ハーリーは，1890年代の初めにオーストラリアで生まれたが，両親はスコットランド高地地方の出身で，ジョンの生まれる数年前にオーストラリアに移住してきた。ジョンの語るところによると，ジョンの父はウィスキー用の蒸留器を秘蔵していて，それでウィスキーを密造していたが，その密造の楽しみを守ってくれる妖精のために，できあがったウィスキーの最初の1杯を必ず平皿に入れて，ささげていた。ある日，父が密造酒のできあがる直前に，田舎に行かねばならなくなり，家族の者に，最初の1杯を妖精にささげるのを忘れないよう言いおいて出かけた――が，家族はすっかりそれを忘れてしまった。すると，なんとその日に収税吏の摘発をうけてしまったという！

　　ジョンは子どものときに，確かに妖精たちが丘で歌をうたい，口笛を吹いているのを聞いた，と言っている。

　　家族はオーストラリアに来てからもずっとゲール語をしゃべっていたし，ジョンも第1次大戦で軍務につくまでは英語を学んでいなかった。そんなわけで，わたしが彼を知ったのは，彼が中年になってからであるが，時々彼のしゃべる言葉がゲール語やイギリスの兵隊英語になることがあった。

［モチーフ：V 12.9］　(吉)

おだやかアニス　Gentle Annis

おだやかアニーともいう。スコットランド北部のクロマティー湾に吹きつける南西の強風を起こすといわれている天候の精。この湾は北風と東風が吹きこめない地形になっているが，南西方向の丘陵のくぼみから突発的にすさまじい強風が吹きこんでくる。このため〈おだやかアニス〉は人の裏をかくという悪評が生じた。よい天気で1日が

始まれば，それに誘われて漁師たちは海に船をこぎ出すが，突然嵐が吹き荒れて船は危険にさらされるという具合。ドナルド A. マケンジーは，〈おだやかアニス〉を，ケラッハ・ヴェールの一つの姿ではないかと言っている。〈アニス〉という語は，デイン・ヒルズ〔レスター市西郊の丘陵地帯〕の人食いアニスの場合と同様，ケルトの女神アヌに由来するのかもしれないというのである。しかし，どうやら〈おだやかアニス〉のようなふざけた擬人化は，神話とは関係がないというのが本当であろう。［モチーフ：F 430］

(井)

おちびさん　the Wee Folk

スコットランドおよびアイルランドで用いられる妖精の呼び替え名の一つ。ウィリアム・アリンガムの詩「妖精たち」(1850) の中にある，「おちびさん，おりこうさん，……みんなおそろいで」［⇒妖精の服と姿］の1節にその呼び名が見られる。マン島ではちびっこという。［モチーフ：C 433］

(三)

オーディン　Odin

ウォーデンともいう。おそらく，オーディンはもとはイングランドの妖怪狩猟群の頭（かしら）であったと思われる。現に，北欧では最近まで，そうであった。もっとも，北欧のオーディンはもっぱら，呪われた人の魂ではなくて，無心な小さい森の女たちを追いかけていたのではあるが。悪魔が，いかなるものであれ力のある神的存在の役割を引き継ぐということは，一般的なことであった。誰を死者にするか，それを決定する力をもつ死者の頭であるオーディンは，悪魔の役も務めうる特別な権利をもっていた。ブライアン・ブランストンは『イングランドの失われたる神々』(1957) の中で，特にウォーデンに1章をさき，ウォーデンが最初は，妖怪狩猟群や，悪魔の猟犬群や，その他同種の邪悪な動物群の頭であった点を力説している。［モチーフ：E 501.1］

(吉)

オトギリソウ　St John's wort

聖ヨハネの草という意味。オトギリソウ属の植物は，魔法の薬草の中でも最も効き目のある草で，妖精に対しても，また悪魔に対しても護符としての効能がある。サー・ウォルター・スコットは，『スコットランド南部境界地方の吟遊詩歌集』に収録のバラッドの注に，ある若い女性がオトギリソウとバーベナを持っていたために，近寄れなくなった悪魔の恋人が口にする次の2行を引用している。

　　　「わたしの本当の恋人になりたかったら，
　　　　そのオトギリソウとバーベナをお捨て」

妖精除けの項も参照。［モチーフ：D 1385.2］

(吉)

オード・ゴギー　Awd Goggie

ゴギー婆さんの意。巨大な毛虫の姿をしていると伝えられる。ヨークシャーのイースト・ライディングの警告悪魔，あるいは子ども部屋のボーギー。ガッチ夫人は，「カウンティー・フォークロア」第6巻 (1911) の中で，オード・ゴギーへの言及を引用

している。

　もう一つの悪の精がいるが，果実の保護者としては，実に貴重な存在である。その名をオード・ゴギーといい，特に森や果樹園にすみつく。したがって，いけないとされている時期には果樹園に近寄らない方が，子どもにとっても，賢明なことだ。なぜなら，うっかり近寄ったら「オード・ゴギーに捕まるかもしれない」から。

[モチーフ：F 234.1.16]　(平)

『乙女の変身』　The Maydes Metamorphosis
　作者不詳の戯曲 (1600)。ごく小さい妖精の項を参照。　　　　　　　　　　(平)

踊り　Dancing
お祭り騒ぎのうち，大きい妖精も小さい妖精もいちばん好むのが踊りである。美しい妖精も醜い妖精も同じように踊り上手である。妖精を踊り手とする記述は，16世紀以来，今日の文学に至るまで，たえず見られる。シェイクスピアの『夏の夜の夢』(1600) と同年に出版された作者不詳の『乙女の変身』には，妖精たちの楽しいどんちゃん騒ぎの場面が描かれているが，妖精たちはその際次のような歌をうたう。

　　　　　月の光でたわむれ遊ぶ，
　　　　　夜になったぞぼくらの日中，
　　　　　踊る手足に露は落ち，
　　　　　小蜂のように軽やかに，
　　　　　たわむれ踊れや小鬼たち，
　　　　　二人組やら三人組で，
　　　　　あちらこちらと一踊り。

その後17世紀に入ると，陽気なリチャード・コーベット主教 (1582-1635) の「さらば，贈り物と妖精たち」という詩がある。

　　　　　朝であろうが夜であろうが，
　　　　　うかれ陽気で楽しげで，
　　　　　眠りも休みもいらぬげな，
　　　　　この愛らしい婦人がた。
　　　　　トムが仕事を終わって帰り，
　　　　　シスも乳搾りに出かければ，
　　　　　陽気に妖精は小太鼓たたき，
　　　　　爪先立ってすばやく踊る。

19世紀には，前世紀まで押しつけられていた教訓や寓意から妖精物語が解放され始めた。J. H. ユーイングの「アミーリアとドワーフ」(1870) の物語には，この上なく繊細で優美な妖精と同じように踊り好きな，奇妙なドワーフたちが登場する。19世紀のこうした文学的潤色は，妖精は音楽や踊りが好きであるという，古い伝承に忠実なところから来ている。最も古い時代の初期妖精奇談の一つである「向こう見ずエドリック」の主人公は，やがて自分の妻となる妖精の女が，クランの森〔現シュロップシ

ャーの西部ウェールズとの境近くに所在〕のある家で踊っているのを見る。「フェアリー・ダンスのフリース」の類話はさまざまあってウェールズに伝わっているが，その一つに，ある若者が妖精の輪の中にある古い水車小屋に足を踏み入れて，友人の目の前で消えてしまうが，友だちにはただ音楽が聞こえるだけで何も見えなかった，という話がある。伝えられているこうした多くの異話では，この友だちはフリースを殺したとして告発されるが，幸いなことに，告発されたのは友人が消えて1年たってからのことだった。彼はなんとか判事たちを説き伏せて，フリースが消えた場所に一緒に来てもらう。一行の耳に音楽が聞こえたとき，彼は外套のすそを押さえてもらいながら，妖精の輪の中に片方の足を踏み入れ，すさまじくやせ衰えたフリースを引きずり出す。輪の中に消えたときに持っていた樽を，フリースはまだ肩にかついでいた。フリースはまだ誘いこまれたときの踊りが終わっていないと思っていたのである。

　シェットランド諸島のトローたちには，二通りの踊り方がある。ヘンキーたちは奇妙な〈アヒル踊り〉をするが，これは両手で両ももをしっかりと抱きかかえて地面にしゃがみ，足を交互に蹴上げて，上下に跳ねるものである。その他のトローたちは，複雑なステップを踏みながら優雅に踊る。

　ジョン・オーブリーは，自分が習った学校の先生が見たという本物のフェアリー・ダンスでの踊りの様子を書いており，また妖精たちが，踊りの邪魔をした者を罰としてつねっていたことも描いている。アン・ジェフリーズは，連れていかれた宮殿のような所で，自分と親しいつきあいのあった好色な妖精たちが踊ったり浮かれたりしていたと言う。妖精が踊っているのを見たという事例をすべてあげるのは不可能だが，妖精の舞踊音楽は，すぐれたバイオリン弾きや笛吹きに，記憶されていたようである。そうした曲の中で最もよく知られているのは，スコットランドの「妖精の踊り」と，「ロンドンデリーの歌」であろう。

(井)

オーヒジ　Eochaid

トゥアハ・デ・ダナン〔ダーナ神族〕がアイルランドに侵入したときのフィル・ヴォルグ族の王。フィル・ヴォルグ族は，トゥアハ・デ・ダナンよりも粗暴で魔力にとぼしい民族であったが，両者は同じ言葉を話し，同じルールで戦うことができた。フィル・ヴォルグ族は，ギリシアのオリュンポス神族に対するティーターン族〔巨人族〕に相当し，ティーターン族と同じく被征服民族となった。

(三)

オーブリー，ジョン　Aubrey, John（1626-97）

最も愛すべき好古家のひとり。古い習俗や妖精に関する挿話の多くは，もしもオーブリーが記録しておかなかったら，この世から消失していたはずである。彼は『サリー州の自然史と遺物』（執筆 c. 1697，出版 1718-19）の中で「フランサムの妖精釜」の話を紹介している。その釜は，フランサム〔現サリー州西南隅の村落〕にある妖精丘のそばに立って所望すれば，誰でも貸与してもらえたもので，妖精の貸し付けの好例である。また，妖精の飛行の際の合い言葉が「ホース・アンド・ハトック（馬と帽子）」であることを最初に指摘したのはオーブリーであり，スコットランド高地地方に今日に至る

まで伝承されてきた女性ブラウニーであるメグ・ムラッハのごく初期の記述をわれわれに残してくれたのも彼である。しかし、明らかにオーブリーの手になる文章が、J. O. ハリウェルによって『「夏の夜の夢」の妖精神話例解』(1845) で引用されているが、その原著は現在、残っていない。おそらくオーブリーの『故事覚書』の消失してしまった巻に入っていたものと思われるが、それについては K. M. ブリッグズの『パックの分析』(1959) に詳細な注釈があり、またハリウェルが引用した文章もあげられている。

　　1633〜34年、わたしがヤットン・ケネル（ウィルトシャーのチペナムの近く）のラテン語学校でラテン語文法を習い始めて間もなくのこと、わたしたちの牧師ハート氏は、ある夜、こういうエルフ、つまり妖精たちにいじめられたことがあった。そろそろ暗くなりかけていたころ、丘陵地帯を越え、〈フェアリー・ダンス〉と土地の人が称しているもの、すなわち草の上にあの妖精たちが作る緑色の輪の一つに近づくと、無数のピグミーつまり小人たちが、踊りの輪を作り、歌をうたい、ガヤガヤとわけのわからぬ小さな音を立てているのが、すぐ目にとまった。牧師は、大いに驚いたものの、——これは彼の想像だが——魔法のようなものをかけられて、そこに釘付けにされたため、逃げるにも逃げられなかった。小人たちは、彼に気がつくと、すぐに四方八方から彼を取り囲んだ。牧師は、恐ろしいやら驚くやらで思わず倒れてしまった。すると、その小人たちは、彼の体をくまなくつねり回り、その間ブンブンとうなるような音を立てていたが、やがて彼のそばを離れた。夜が明けてみると、牧師は例の〈フェアリー・ダンス〉の一つの真ん中に自分がいることに気がついた、というのである。この話を、わたしは牧師自身の口から、この事件の数日後に聞いたのである。わたしと同室のスタンプ君がその後間もなく、夜中に丘陵地帯の〈フェアリー・ダンス〉を訪れてみたが、エルフや妖精の影も形もなかったという。もっとも妖精というものは、自分らを探し求める人間の前に姿を現すことはめったにない、と言われている。

上記の文章は、いかにもオーブリーらしい書き方になっているが、オーブリー時代の妖精たちの特色——踊り好き、気に入らぬ者をつねる習慣、また彼らの不思議な聞きとれないしゃべり方など——がこの引用の中に数多く織りこまれている。オーブリーの『雑録集』(1696)、『異教とユダヤ教の遺習』(1686-87)、それにサリーとウィルトシャー両州の自然誌にも、これに類した貴重な記述が少なくない。　　　　　　　　　　(平)

オベロン　Oberon

仮に月の女神ダイアナを妖精の女王ティターニアとあわせて数えても、それより妖精王としてのオベロンの方が、はるかに広く使われている。オベロンは、1530年ごろにバーナーズ卿ジョン・バウチャー (1467-1533) が英訳した15世紀フランスの散文ロマンス『ボルドーのユーオン』〔原作は『ユオン・ド・ボルドー』で、13世紀ごろの武勲詩〕に登場した妖精王であった。この王はごく小さい妖精の一典型で、体つきは3歳の子どもくらいだが、そうした小さな体をしているのは、洗礼式の際に、悪い妖精がこの王に呪いをかけたからである。シェイクスピアの描くオベロンは、人間に対して

恋心を抱く点においても、典型的な妖精の王であり、またマイケル・ドレイトンが、ティターニアを女王マッブに変えはしたが、妖精王の方はそのままオベロンとしていることに注意したい。ルネサンス初期には、使い魔たちをオーベロン（Auberon）とかオベリコム（Oberycom）とか呼んでいた。〈オベロン〉は、古期高地ドイツ語の〈アルベリッヒ〉（Alberich）、すなわち〈Alb（=elf）の王〉と語源を同じくするという説もある。［モチーフ：F 252.1］　　　　　　　　　　　　　　　　　　　　　（井）

親指トム　Tom Thumb

現存する最古の親指トム物語は、小冊子作家リチャード・ジョンソンの書いた『親指トム一代記』で、1621年に印刷されている。リチャード・ジョンソンは同書のはしがきに、これは昔から伝わっている話だと書いているが、親指トムの名が当時すでによく知られていたことを思えば、そう考えてもよいかもしれない。親指トムの物語は、その後、上品さを好む時代の風潮から変形していったが、アイオーナとピーターのオーピー夫妻による『古典童話集』（1974）には、『親指トム一代記』が、そうした変形をまだこうむっていない1621年出版の形のままで収められている。それによると、親指トムが小人の王トワッドルとの試合のあとでめでたくアーサー王の宮廷に戻るところで、未完のまま物語が切れている。1630年に出た韻文調の類話は、話を先へ進めて親指トムの死までを描いており、さらにその後の類話では、親指トムはクモとの戦いで死ぬことになっている。物語の舞台は、最初の話でもすでに、アーサー王の宮廷に置かれている。ある正直者の農夫が、王の相談役のひとりとなっている。民主的な時代で、富者も貧者も宮廷で顔を合わせていたのである。農夫と妻は、ふたりの幸福に必要なものはすべてもち合わせていたが、子どもがいないことだけが悩みの種で、なんとか男の子がほしいと願っていた。ついに農夫は、親指ほどの大きさの息子でもいいから授かる方法を教えてもらえと言って、妻を妖術師マーリンの所へつかわした。マーリンはこの願いを聞きとどけ、それから間もなく農夫の妻に小さな小さな赤ん坊が生まれた。赤ん坊が4分間で農夫の親指ほどの大きさに育つと、そこでぱったりと成長はとまった。この小ささが妖精たちをひきつけたらしく、妖精の女王が産婆の役

を果たしたうえに，名づけ親［⇒妖精の代母］となり，さらに妖精の服を一そろいあつらえてくれた。親指トムはそれを着ると，すぐに外にとびだして，ほかの子どもたちと遊んだ。トムは成長して大きくなるというようなことはなく，生まれたときからもう成人していて，その状態のまま一生を終えたのである。親指トムは仲間たちとピンや留めひもの取りっこをして遊んだが，自分のピンや数取り棒をすっかり失うと，仲間のポケットにしのびこんで，彼らのをくすねた。遊び仲間のひとりがその現場を捕まえて，親指トムをピン入れ箱に閉じこめた。食べ物も飲み物も空気も明かりもない箱の中だったが，妖精の名づけ親から授かった力のおかげで，親指トムはこれらの物がなくても生きていけた。この力は，のちにいろいろな動物に何度ものみこまれたときにも大いに役立った。親指トムにはもう一つ不思議な力があったが，おもしろいことに6世紀スコットランドの聖ケンティガーンを含めた何人かの聖者も，これと同じ力をもっていた。つまり親指トムは鍋や釜を太陽の光線に引っかけておくことができたのである。彼が遊び仲間に仕返しをしたのはこの術によってである。トムは母親の鍋類を太陽の光線に引っかけてみせたのだ。仲間たちがそれをまねると，ひどい目にあった。このことがあってから，トムは子どもたちの人気を失い，母親と一緒に家にいることが多くなった。家にいても，冒険がないわけではなかった。ある日，トムは，母親がこねていたプディングの中に落ち，それが火にかけられると，熱さに我慢しきれずに，中でとんだり跳ねたりした。母親はてっきりプディングに呪いがかかっているのだと思って，通りすがりのいかけ屋にそれをやってしまった。トムがまた暴れだすと，いかけ屋も同じことを考え，とうとうプディングを投げ捨ててしまった。トムはやっと中からはい出し，家に帰ることができた。またある日，母親がトムを連れて外で乳搾りをしていると，1頭の雌牛が，トムをつないでおいたアザミを食べてしまい，彼を救い出すためにはその牛に下剤を飲ませねばならなかった。このあと，親指トムはワタリガラスに運び去られ，そのワタリガラスは巨人の家の煙突にとまった。煙突から転落したトムは，しばらくは巨人から身をかわしていたが，とうとう巨人に

のみこまれてしまった。トムが腹の中で大暴れするものだから，巨人は苦しさのあまりトムを海に吐き出し，そこでまたサケにのまれ，サケはアーサー王の宮廷に運びこまれた。料理人がサケの腹を裂いていると，トムが発見され，王様の前に連れて行かれた。親指トムは宮廷一の人気者となるが，その生涯は種々の出来事でいろどられていた。しかし，妖精の名づけ親に授けられたいくつかの不思議な能力のおかげで，彼は何度も命拾いをした。親指トムの物語はエピソードの連続であり，最後は，物語が完結するというよりむしろそこで途切れた感じである。いくつかのエピソードはドイツ，インド，日本などの類話にも見いだされる。アンデルセン童話の「親指姫」(1836)のヒロインが，その小ささのゆえに当然妖精たちと結びつけられる点も興味深い。　［タイプ：700．モチーフ：F 535.1；F 535.1.1；F 535.1.1.7；F 535.1.1.14；T 553］　　　（三）（平）

オールド・ショック　Old Shock

ショックという妖精が，リンカンシャーでとる一つの形。E. M. ライト夫人が，著書『田舎言葉とフォークロア』(1913)の中で言及している。　［モチーフ：G 302.3.2］　（吉）

オールド・ブラディー・ボーンズ　Old Bloody Bones

コーンウォール州におけるローヘッド アンド ブラディーボーンズの別名。F. W. ジョーンズは「古きコーンウォール」の中で，すんでいたのはバルデューの近くのノッカーの地下坑だったと言っている。かつてこの近くで大虐殺があったとされ，グーン・ガンパスの流れが血に染まったという。オールド・ブラディー・ボーンズは一種の亡霊か，殺戮の血のにおいに引き寄せられた悪霊であったのかもしれない。　（三）（平）

オルフェオ王　King Orfeo

ギリシア神話のオルペウスとエウリュディケーの伝説は，形を変えて14世紀初期の中英語韻文ロマンス〔『サー・オルフェオ』〕になった。このロマンスには三つの写本が現存している。その中から J. O. ハリウェルはアッシュモール写本61番というのを選んで『「夏の夜の夢」の妖精神話例解』(1845)に入れた。W. カルー・ハズリットの『シェイクスピアおよびその他初期英国作家の作品に出てくる妖精物語と伝説とロマンス』(1875)にも，このアッシュモール写本版が収録されている。

オルフェオ王の韻文ロマンスは，まことに楽しい作品である。その中では冥界の王プルートーンは妖精の王になっているが，これは少しあとで14世紀末にチョーサーが『カンタベリー物語』の中で妖精の女王をプロセルピナ〔冥界の女王〕と呼んでいるのと軌を一にする。この中世韻文ロマンスによれば，オルフェオはトラキア〔ギリシア，マケドニアの北東地方〕の王で，メルーディスがその妃であった。5月のある日のこと，王妃メルーディスは3人の女官を引き連れて果樹園へ遊びにいき，インプ・ツリー〔⇒インプ，インペット〕，すなわち魔力ありとされる接ぎ木したリンゴの樹の下で寝こんでしまった。女官たちは王妃を起こすにしのびず，たそがれ時までそのまま休ませておいた。突如，王妃は泣きわめきながら眠りから覚めて，自分の頬を引っかいたり，衣服を引き裂いたりし始めた。女官たちは，怖くなり，大急ぎで御所へもど

り，騎士や奥方たちに応援を求めた。皆で王妃を部屋まで運ぶと，オルフェオ王が王妃に「どうしたのだ，わけを話してみよ」と熱心に尋ねた。王妃は——それまでやさしくて，おとなしく，幸福であった王妃に全く似つかわしからざることだったが，——初めは泣きわめき，身もだえするばかりだったが，とうとう自分の身に起こったことを王に話した。それによると，接ぎ木したリンゴの樹の下で彼女が寝ていると，りっぱな装いの騎士が馬に乗ってやって来て，自分が仕えている妖精の王のところへ一緒に行こうと強く誘った。王妃が，そんなことはできません，お断りします，と言うと，今度は妖精の王が自ら馬で乗りつけ，王妃を抱き上げて馬に乗せ，美しい土地にある高貴な宮殿へ運び去った。妖精の王は，王妃メルーディスに宮殿の中をくまなく見せてから，再びリンゴの樹の下に帰した。しかし妖精の王は，立ち去る前に王妃に，明日のたそがれ時にわたしが迎えにくるから，ついてくるつもりでそのリンゴの樹の下で待っていなさい，いやだと言うんなら八つ裂きにしてでも強引に連れていくつもりだ，と言った。その話を聞くとオルフェオ王は，わたしが一緒に行ってお前を守ってやろう，と言い，次の日，たそがれ時にリンゴの樹の下の王妃を中心に，王の全軍勢が幾重にも人垣をつくった。そこに妖精王の軍勢が現れ，戦いが始まったが，突然，王妃メルーディスは輪の真ん中から目に見えない力でさらわれて，姿を消してしまった。オルフェオ王は狂乱したようになり，メルーディスが跡形もなく消え去ったことがわかると貴族たちを呼び集め，万一の場合は王の後継者という含みで，執事を自分の不在中の摂政に任じた。オルフェオは王衣と王冠を捨て，ぼろをまとい，はだしのまま荒野へ出ていった。持ち物といえば愛用の堅琴だけ。王は並ぶ者なき堅琴の名手だったのである。王は，荒野で10年を過ごした。コケと木の葉とぼうぼうに伸びた蓬髪（ほうはつ）とあごひげを衣とし，夏は野生の果実，冬は木の葉や木の根を食とし，木の空洞を住み家とした。しかし暖かい日には，王はひなたにすわって堅琴を弾いた。野獣たちは，その音楽に魅せられてまわりに集まり，小鳥たちも，まわりの樹々に鈴なりにとまった。ある日のこと，角笛が鳴り響き，狩猟中の妖精騎士の一団が目の前を通り過ぎ，そのあとからタカ狩り中の婦人の一団が続いたが，その中にメルーディスの姿が見えた。メルーディスもオルフェオに気がついたが黙って何も言わなかった。ただ自分の夫が，すっかりやせこけ，髪もぼうぼう，そのうえ着衣はぼろぼろで，日焼けと霜焼けで色も黒ずんでいるのを見て，涙をとどめえなかった。妖精たちは，ふたりが知り合いであることを見てとると，さっと方向を転換してメルーディスを連れ去ったが，オルフェオは速駆けする妖精隊の馬に負けない速さであとをつけて行った。妖精の隊伍は，岩のすき間の中へ入っていった。オルフェオは，そのあとをつけ，長いうねりくねった洞窟を抜けると，明るい日差しの中へ出た。目の前に美しい田園が広がり，はるか遠方には，きらめく水晶と宝石で造られた壮麗な宮殿が建っていた。王はそこへ向かった。王はこの光り輝く宮殿の門をたたき，門番が門をあけると，吟遊詩人に認められた権利を行使して入れてもらった。中へ入ってみると，多数の死体が立ち並んでいた。首をはねられた者，腕を切り落とされた者，また，裏切られて絞め殺された者など，どの死体も非業の死を遂げたあとが歴然としていた。死体が立ち並ぶ向こうには薄明かりの中で多くの男女が寝ており，その中に例の接ぎ木したリン

ゴの樹の下で寝ている妻のメルーディスの姿も見られた。そのさらに向こうには，玉座の間があり，高い玉座にけんらんたる装いの妖精の王と王妃とが，大勢の裕福そうな侍臣たちに囲まれてすわっていた。オルフェオは玉座の下まで行き，膝をついて「わたしの吟ずる歌をお聞き願えるでしょうか？」と言った。

　　　　　　すると，王いわく，
　　　　　　「ここへやって来た
　　　　　　お前は，そも何者だ？
　　　　　　わしも，ここにいる誰も，
　　　　　　お前を呼んだ覚えはない。
　　　　　　わしの治世になってから，
　　　　　　呼ばれもしないのに，
　　　　　　ここへやって来るほどの，
　　　　　　勇気のある者は，お前が初めてだ」

アッシュモール写本〔408-415行〕には，このように記載されている。オルフェオは，王の問いに恐れることなく，自分は竪琴弾きで，王や貴族の所望とあれば，音楽を奏上するのが，自分たち竪琴弾きの務めである，と答えた。王は，彼に演奏の許可を与えた。オルフェオは，竪琴を調律してから弾き始めた。すると宮殿のあらゆる部屋から妖精たちがこの楽の音にひかれて玉座の間に馳せ参じ，うやうやしく魅せられたようにオルフェオの竪琴の調べに聞き入った。オルフェオが弾き終えると，王はなんなりと望みの物を進ぜようと約束したので，オルフェオはリンゴの樹の下で眠っている婦人を賜りたいと言った。

「それは不似合いな組み合わせだ」と王は言った。「なにしろお前は荒くれ男でやせこけ，あの女は美しくてやんごとなき身の上。彼女をお前に進呈するのは，具合が悪い」

「偉大な王様が，臣下たちの前でかわした約束を破ったら，もっと具合が悪いでしょう」とオルフェオは言った。

「お前は勇気がある」と王は感嘆して言った。「連れていくがよい」

オルフェオとメルーディスは，喜び勇んでこの地下世界を立ち去った。ギリシア神話の場合のように，男が振り返ったばかりに，せっかく取り戻した妻を失うというようなことは，この中英語の韻文ロマンスでは起こらない。ふたりが幸せに胸をふくらませてトラキアに戻ってみると，摂政に任じられた執事は，王の信頼にこたえて留守をりっぱに守っていた。ふたりは故国の人たちに歓迎され，この上なき幸福につつまれて余生を送ったという。まことに，おとぎ話のような結末というべきであろう。

この古い話は，その後のケルトの民話の中にも絶えず出てくるので，もともとケルト起源の話と考えてよさそうである。花嫁エッヘナとかミデルやエーティンのような話がすぐ念頭に浮かぶ。危険な薄明どき，リンゴの樹の魔力，妖精と死者たちの結びつきなどは，皆ケルト伝承の構成要素である。話がフランスから移植された可能性はあるにせよ，その根は紛れもなく大ブリテン島にある。〔モチーフ：D 950.10；F 81.1；F 241.1.0.1〕

(平)

恩を忘れぬ妖精　Grateful fairies

　妖精は普通，人間が妖精に対する作法を守り，彼らに慎重さを示すと，その人間に好意をよせ，常に恩返しをした。1回だけの恩返しのこともあったが，それから以後ずっと幸運と繁栄を送り続けるという恩返しもあった。「こわれたスコップ」という話の多数の類話では，この二つのタイプの恩返しが両方とも行なわれている。すなわち，恩恵を与えた人間は，妖精の食べ物をもらうばかりか，それを食べたおかげで，以後ずっと幸運が続く。妖精の借用に見られるように，人間が食べ物や飲み物を貸しただけで，食べきれないほどの食べ物が返されるという恩返しもしばしばであった。妖精に雇われた産婆は，子どもに妖精の視力を授けるために与えられた妖精の塗り薬を自分の目に塗ってはならぬというタブーを破ったばかりに，この恩返しにあずかりそこねることがあった。しかし，妖精に対して常に好意的な見方をするR. H. クローメックは，養母にあまりむごい結果が生じなかった型の話をあげているが，その話は彼の『ニスデイルとギャロウェイの古歌謡』(1810)の中に記されており，その内容は次のとおりである。

　　スコットランド南部のニス川渓谷に住んでいた若い美しい女が，初めて母親となって，歌をうたいながら膝の上で子どもを揺すっていると，きれいな婦人が妖精のマントをかぶって，彼女の家に入ってきた。

　　妖精は，きれいな子どもを緑の絹の布でくるんで両腕に抱えていて，「わたしのきれいな子にお乳を吸わせてやってください」と言った。若い女は，それが誰の子かわかったので，やさしく両腕に抱いて胸元に寄せた。するとその瞬間に，きれいな婦人は，「大事に育ててくだされば，ひもじい思いをさせません」と言って，消えてしまった。若い母親はふたりの赤ん坊を育てたが，朝，目を覚ますたびごとに，ふたりの子のために，とびきり高価な衣服と，この上なくおいしい食べ物が置かれているのを見つけて，驚くのだった。その食べ物の味は，言い伝えによると，ブドウ酒と蜂蜜の入ったパンのようだったという。それは7日目を過ぎても美味を失わず，聖書に出てくる荒野のマナよりも不思議なものであった。夏が近づくと，妖精の婦人は子どもに会いにきた。子どもは婦人を見ると，喜んでぴょんぴょん跳ねた。婦人は，子どもが元気がよく活発なのを見て，とても喜んで，子どもを両腕に抱くと，養母についてくるように言った。低い木の林を抜けて，美しい緑の丘の横を回って中ほどまで登ると，太陽に向いた斜面に扉が一つ開いていて，中に美しいポーチが見えた。そこへふたりが入ると，後ろで芝生の地面が閉じた。妖精は，養母の左目のまぶたに貴重な液を3滴落とした。すると，ふたりはこの上なく快適で，豊饒そうな土地に入っていた。美しいせせらぎが幾筋もうねうねと流れ，周囲は小麦で黄色一色，実に美しい樹木が蜜のしたたる果実をたわわにつけて，麦畑のまわりを囲んでいた。養母はこの世に二つとないすてきな織り布と，いくら食べても尽きない食べ物をもらった。また，健康を回復し傷や病をいやす軟膏の入った容器を，いくら使ってもなくなりませんよ，と言われてもらった。妖精は，養母の右の目に緑の液を1滴たらして，見てごらん，と言った。すると，彼女の死んだ友人や知人が大勢，麦刈りをしたり果実を集めたり，召使いのする労働をしているのが見えた。

妖精は,「これはみんな悪い行ないをした罰です!」と言った。妖精の手が養母の目の上をさっとかすめると,養母の目は元の人間の視力に戻った。
　　　養母は再び,入ったときのポーチに連れてこられたが,そのとき妖精が使ったあの不思議な液をさっとさらって外へ出た。
　　　その後彼女は,人間世界を訪れる妖精が見える力をおおいに楽しみながら暮らして,大勢の子どもの母親になった。ところがあるとき,子どもを預けにきたあの妖精の婦人に出会ったので,握手しようとした。すると婦人が「どの目でわたしを見ている?」ときいたので,養母は「両方の目で」と言った。婦人は養母の目に息を吹きかけた。それからもう,あの液の力は効かなくなり,妖精を見る力は2度と戻らなかった。

　この話では,養母である若い女は,妖精に雇われた産婆たちがしばしば犯す罪よりももっと悪い罪,すなわち妖精が見える液を盗むという罪を犯している。けれども,彼女は妖精を見る力だけを奪われて,普通の視力までは奪われなかった。人間の乳を吸うことは妖精の大いなる願いであったからこそ,その妖精はその恩を決して忘れなかったのである。

　妖精は一般に人間の物を非常に欲しがるが,ブラウニーやその他の手伝い妖精は例外で,人間の衣服をもらいたがらなかった。しかし,妖精に衣服を贈って一生妖精の恩返しを受けたという例が,少なくとも一つはあった。W. W. ギビングズの『フォークロアと伝承,スコットランド篇』(1889)にそれが語られている。

　スコットランド南東部のロックスバラシャーのジェドバラに住むある貧しい男が,ホーイックの市場へ行く途中,ルービスロー山のわきを通りかかると,その荒涼とした野原に,大きな叫び声が起こった。何も見えなかったが,突然わき起こった陽気でにぎやかな叫び声に混じって,とても悲しそうな嘆き声が聞こえた。そして,その嘆き声が「ああ,子どもが生まれた,でも,着せるものがない」と言っているのを聞き分けることができた。叫び声が何度も繰り返されるので,男は,妖精が赤ん坊の誕生を喜ぶ一方,赤ん坊をくるむものがないのであわてているにちがいない,と思った。彼は怖かったけれども,やさしい心の持ち主だったので,すぐに格子縞の肩掛けを脱いで,地面に投げてやった。すると,それはすぐにひったくるように持っていかれて,歓喜の叫びがまた強くなった。しかし,男はもうそれ以上聞かずに立ち去り,1頭だけの羊を市場へ追っていった。市場へ行くと,羊はべらぼうに高い値で売れ,それ以後は彼に運が向いて万事がうまくいき,とうとうたいへんな金持ちになった。

　時には,ほんのちょっとした親切や思いやりを示すだけで,非常に大きな実質的な恩返しを受けることがある。地下の住民のすんでいる家の真上に住むサー・ゴッドフリー・マカロックに関する逸話がその1例である。その逸話はウォルター・スコットの『スコットランド南部境界地方の吟遊詩歌集』(1802-03)第2巻に採録されている。ある日,サー・ゴッドフリーが自分の領地内を馬で回っていると,白い馬に乗った小さい男に出会った。男が,うちの〈居間〉は,そこを真っすぐ突きぬけているゴッドフリーの家の下水の本管のためにすっかり汚されている,と苦情を言うので,サー・ゴッドフリーはいささか面食らったが,相手が何者か見当がついたので,丁重にわび

て，下水管の通り道をすぐに変えさせよう，と約束した。そして，家に帰ると，すぐ約束どおりにした。それから数年後，サー・ゴッドフリーは運悪く喧嘩で近所の人を殺してしまい，エディンバラのカースル・ヒルで首をはねられることになった。彼が断頭台に上がったちょうどそのとき，白い馬に乗った小さい老人が群集をかき分けてやって来ると，サー・ゴッドフリーに，自分の後ろに跳びおりてこいと合図した。サー・ゴッドフリーが馬の上に跳びおりるや，ふたりは稲妻のように消えて，もう2度と姿を見せなかった。

「コーの領主」も同じようにして救われる話だが，それは約束をきちんと守ったための恩返しであった。したがって，それは妖精に尊重される美徳の実例にもなっている。

こうしてみると，妖精は一般に，恩知らずではないということがわかるであろう。ただ，わずかではあるがヤレリー・ブラウンのように，非常に悪い性格の妖精もいて，そういう妖精を助けたりするとひどい目にあう。［モチーフ：F 330；F 333；F 338］　　（吉）

ガイトラッシュ　Guytrash

イングランド北部地方にすむ不吉な妖精の一つ。トラッシュやスクライカーの類。ガイトラッシュはトラッシュと同じく死の前触れであるが，トラッシュのように，皿のように丸い目で毛むくじゃらな犬の姿はとらず，不吉な雌牛の姿をとる。E. M. ライト夫人は，著書『田舎言葉とフォークロア』(1913)の中でガイトラッシュについて言及しているが，ウィリアム・ヘンダーソンや『デナム民俗雑纂』(1892, '95)にはそれへの言及がない。たぶんライト夫人は，夫であり，すぐれた『英語方言辞典』(1896-1905)の編者であるジョーゼフ・ライト教授から直接口頭でこれを聞いたのであろう。〔ただし『英語方言辞典』によれば，『デナム民俗雑纂』第2巻にガイトラッシュへの言及があるという〕［モチーフ：F 401.3］　　　　　　　　　　　　　　　　　　　　　　（吉）

カイトリー，トマス　Keightley, Thomas　⇨キートリー，トマス

怪物　Monsters

一般に，イギリスの妖精伝承に登場する怪物の大半は巨人とドラゴンが占めている。紋章に用いられる怪物は，正確にいえば，ほかのさまざまな動物の体の各部を併せも

ったものである。例えば，グリフィンはワシの頭，翼，前脚と，ライオンの胴体，臀部，尻尾を持ち，耳は借りものではなく，この怪物特有のものである。グリフィンは時おり，妖精物語に登場することがある。また，《世界の昔話》シリーズ中の1巻であるショーン・オサリバン〔ショーン・オースーリァヴォーン〕の『アイルランドの昔話』(1966)に採録されている「ホースの若きコナル」の話には，グリフィンによってアイルランドに運ばれたという老人が出てはくるが，このような紋章に用いられる怪物はあまり重視されていない。もっと形の整っていないものの方が，ケルト，サクソン両民族の想像力の中に生きている。例えば，目の配置がおかしく，毛が口の中に生えていて，見てぞっとするハッグ[2]，1本脚で片手で一つ目のジーラッハ，皮膚のないナックラヴィー，形の定かでないブロラハンや骨なし，アーヴァンクやブーブリーのような水の怪物などがこれにあたる。これらの怪物の方が，紋章官によって幾何学的に考え出された怪物よりも，ずっと満足感を与えるようである。 (三)(平)

カーヴァル・ウシュタ　Cabbyl Ushtey, Cabyll-Ushtey

原意は「水にすむ馬」。マン島の水棲馬。色は薄灰色。スコットランド高地地方のエッヘ・ウーシュカに劣らず危険で貪欲であるが，カーヴァル・ウシュタにまつわる話は，あまり多くない。ウォルター・ギルは，著書『マン島スクラップブック』(1929)の中に，ダーク川のケルー峡谷に，短い期間だったがすみついていたカーヴァル・ウシュタの話を採録している。ある農場で子牛の1頭が，ちぎれた毛だけを残して跡形もなく消え失せていることに，農場の主婦が気づいた。その翌日，今度は農場主が，巨大なものが川面から姿を現し，子牛を1頭さらって，それを八つ裂きにするのを目

撃した。農場では，それ以後，牛を川から遠ざけたが，もっとひどい損害を被ることになった。というのはその数日後にひとりっ子の娘が姿を消して，それっきり消息を絶ってしまったのである。しかし，それを最後に，カーヴァル・ウシュタは，その農家に悪さをしなくなったという。〔モチーフ：B 17.2.1〕　　　　　　　　　　　　　　（平）

カーカムの赤牛　Dun cow of Kirkham

J. A. ハーランドおよび T. T. ウィルキンソンは，著書『ランカシャーの伝説，伝承，野外劇およびスポーツ』(1873) の中に，「赤い雌牛と古いあばら骨」という，ウェールズやアイルランドにも存在する伝説の，ややユーモラスな変形を載せている。このランカシャー版では，大きな赤い雌牛がランカシャーの荒野中をさまよい，出会う人の誰にでも乳を惜しげなくくれたという。人が何回バケツを出しても，いつもみんないっぱいにしてくれたが，ある日のこと，意地の悪いランカシャーの魔女が，ふるいを持ち出して，それに乳を出させた。1日中乳を出しても，底がざるのふるいではいっぱいにならない。とうとう晩になって雌牛は疲労困憊(こんぱい)，死んでしまった。その雌牛の大きかったことは，残されている巨大なあばら骨——実は，鯨のあばら骨であったのだが——からでも判断できる。そのあばら骨は，今も，カーカムの教区の〈古いあばら骨〉と称する農家の入り口の上に掲げられている。このようにランカシャー版には滑稽なひねりが加えられてはいるが，この話は，飢饉(ききん)の際に天から雌牛がやって来て，飢えているすべての人々を養い，やがて人間の貪欲か悪意がもとで殺されたという，古くから伝わる話の一部なのである。ジョン・リース (1840-1915) は，次のようなそのウェールズ版を伝えている。

　　最後に，〔エドワード・ウィリアムズ (1747-1826) の収集になる〕『イオーロー文書』(1848) に一言触れておくと，その中に，乳が非常に豊富で，聖杯に匹敵するほどのご利益があるという，ア・ヴィウフ・ライスウェン・レヴリス（乳色の甘い乳の雌牛）の短い物語が語られている。聖杯とよく似て，雌牛は至る所をさまよって，乳をふんだんに施していたが，たまたまタウィ川〔ウェールズ南部のカマーゼン湾に注ぐ川〕の渓谷にやって来たとき，そこの愚かな住民たちが，雌牛を殺して食べてしまいたがった。結局，彼らが雌牛を捕まえたとたんに雌牛は消え，以来雌牛は行方知れずになった。

もっとよく似た話は，アイルランドの超自然の雌牛グラス・ガヴレンの伝説で，雌牛は家々の戸口にやって来ては乳を与えていたが，ある欲張りの女が，バケツ1杯分よりもっとせしめようと，ふるいに乳を受けたので，それっきり雌牛は永久にアイルランドから姿を消してしまった。〔モチーフ：B 184.2.2.2〕　　　　　　　　　　　（吉）

カーク，ロバート　Kirk, Robert (1644-92)

17世紀の妖精伝承に関する最も詳細かつ最も権威ある論考の筆者。実際，その論考は妖精伝承についてかつて書かれたものの中で最も重要な著作の一つである。カークはまた，自分自身が妖精物語の登場人物となっている民俗学者であった点でも特異な存在であった。カークはゲール語学者で，1682年に聖書の「詩篇」のゲール語韻文

訳を初めて出版した。これは広く受けいれられ，当時の彼の評価を高めた。しかし，1691年に作成した草稿は，のちになって彼の名声をさらにいっそう広めることになった。それは，『エルフ，フォーン，妖精の知られざる国』と題するもので，1815年になって初めて印刷され，1893年，アンドルー・ラングの序文入り編集で再版された。法曹院図書館〔スコットランド国立図書館の前身〕に保管されていたはずの原稿は，ラングが編集に携わった時点では，すでに行方不明になっていた。したがってラングの校訂は臆測にたよらざるをえなかった。この書物は，1933年に再出版されたが，カニンガム・グレアムによる序文が加わり，D. Y. キャメロンが描いた〈アバフォイルの妖精丘〉の絵が再生されている。現在は幸いなことに，より完全な形での写本がエディンバラ大学図書館所蔵のラング・コレクションの中に見つかった。この写本は，スチュアート・サンダーソンの校閲編集により出版が計画されている〔1976年に発刊〕。それまでは現行の諸版（1815, 1893, 1933）で満足しなければならないが，スチュアート・サンダーソンがイギリス・フォークロア学会で発表し，「フォークロア」第75巻（1964年春季号）に掲載された「フェアリーランド考」と題する楽しい論文が欠を補ってくれよう。

ロバート・カークはアバフォイル〔スコットランドの現セントラル州アード湖近くの町〕で生まれ，父親がその地で聖職にあった関係で，彼もバルクウィダー〔現セントラル州の村落〕で21年間牧師をしたあと，父親の死後アバフォイルに呼び戻された。両方の地で，カークはスコットランド高地地方の住民の妖精信仰を研究する好機を得た。彼は冷静な公正さをもって妖精信仰を調査するが，ついにはそれらが真実のものであることを納得してしまうのである。スコットランド高地地方の妖精伝承のあらゆる側面がカークの短い論考に提示され，項目をアルファベット順に並べれば小型の百科事典になるほどである。死者が妖精となったとか，あるいは「昔は悪魔がそうみなされていたように，人間と天使の中間の性質をもったもの」が妖精であるとか，妖精の起源についても多くの説が提示されている。そのほか共歩きやお相伴妖精に見られる妖精の人間依存，妖精の盗み，妖精の食べ物，妖精の手仕事，妖精の飛行，妖精の服と姿，エルフの矢傷，妖精の塗り薬，妖精界の捕らわれ人などをはじめ，妖精伝承の多くの側面が描かれている。全文は17世紀のみごとな散文体で書かれている。

> 彼らは重病を患うことなく，ある期間——ほぼ100年くらい——がたつと衰弱して朽ちていく。彼らがいつも悲しそうな顔をしているのは，宙ぶらりんの状態におかれているためだと説く人もいる。つまりこの世の最後の時がやって来ると，今の仮の姿から最終審判の結果，ある不変の状態に固定されるわけだが，それがどういう形になるか不安なのだという。彼らが時々思い出したように陽気にふるまうことがあっても，それは口をあんぐりあけた髑髏(されこうべ)の強いられた笑いに似ていなくもない。つまり，そのふるまいは自分たちの本心から出てくるのではなく，舞台の上で黒子に操られて演技をしているのと同じようなものである。

カークの教区民たちは，妖精をのぞき見してはならないというタブーを，彼が破ったに違いないと思っていたようである。それというのは彼の遺体がアバフォイルの妖精丘のそばで発見されたのちに，埋葬されたのはただのストック（木偶）であって，カ

ーク自身は妖精丘の下にいる地下の住民とともにいるのだといううわさが教区一帯に流れたからである。ウォルター・スコットの時代になっても、この伝説はなお流布しており、アバフォイルの牧師P. グレアム師が、『パースシャー南部辺境地帯の景勝スケッチ』(1806) の中に記録している。スコットも自著『悪魔学および妖術についての書簡』(1830) の中で、カークの話を再生している。ロバート・カークは自分の葬儀のあと、夜中に親族のひとりの前に姿を現し、ドゥフレー〔アバフォイルの西5キロの村〕のグレアムに伝言を頼んだという。それによると、カークは妖精の国に捕われていたが、脱出するチャンスが1度あった。カークの死後に生まれた子どもが、ちょうど牧師館で洗礼を受けることになっていた。その洗礼の席に現れるから、ドゥフレーのグレアムが手に短剣を取り、その亡霊に投げつけてくれたら、魔法が解けて、再び人間界に戻れるというのだ。確かにカークは現れた。しかし、ドゥフレーのグレアムはあまりの驚きに短剣を投げることができず、そのため人間界復帰の機会は失われた。自分の子どもが「洗礼衣」を着るのは、これが最後だったからである。しかし伝承は残り、彼に2度目の機会が与えられた。第2次世界大戦中、ある士官の若妻がアバフォイルの牧師館に住んでおり、近々出産の予定であった。彼女は、もしこの牧師館で洗礼式をしたら、カークの魔法が解けるのだと教えられていた。カークが使っていたと伝えられる椅子が食堂にまだ置かれていて、もしも誰かが短剣を座席の部分に突き立てたら、カークは解放されるという。若妻は、赤ん坊が生まれる前に、どこかよそへ配置変えにならなければよいがと思っていた。たぶんカークは現れても、崩れ落ちて塵となるだろうが、彼の魂は救われ、妖精界の悲しい空騒ぎから解放されることになるだろう。ところが今のところ、カークにまつわる話はまだ、救出されない妖精界の捕われ人の悲しい物語のままになっている。　　［モチーフ：F 320；F 375］（三）（平）

片づいた炉端　Clean hearth

　　昔、妖精の訪問を誘い、妖精の好意を得ようとする際、まず最初にしたことは、炉端を清潔にして、炉火を赤々と燃やしておくことであった。これは、家にすむ妖精が、古代ローマにおける家庭の守護神であるラール神と同じタイプだという主張を裏書きしているように思う。古典期より古い原始的風習では、暖炉の下に人が埋められたが、その霊がラールなのである。妖精に尊重される美徳の項も参照。　　　　　　　　　　　　（吉）

語り物，語り部　Droll, or Droll-teller　⇒旅回りの語り部

カッティー・ソームズ　Cutty Soams

　　原意は「引き革切り」。ロバート・ハントはカッティー・ソームズをコーンウォール州の鉱山に出没する妖精の一つと言っているが、実際は、名前からも判断できるように、イングランド北部地方のものである。ハントは、『デナム民俗雑纂』(1892, '95) に引用された1887年の「マンスリー・クロニクル」誌から次の話を採っている。

　　　　カッティー・ソームズは一種のブラウニーで、鉱山に出没するボーグルであり、その性格はきわめていたずら好きであるが、時には間接的に親切を施すこともある。

彼はよく人望のない鉱山監督や副監督にとびかかり，したたかに打ちのめしたりした。しかし彼が本業とし喜びとしたのは，かわいそうな少年運搬夫（時には少女）が地下の木製トロッコにくびきでつながれる引き革，つまりソームズを切ることであった。朝になって男たちが仕事のために下りていくと，夜のうちにカッティー・ソームズが大活躍したらしく，炭坑内の引き革がすべてずたずたに断ち切られているということが珍しくなかった。カッティー・ソームズは，かつて鉱坑の中で不慮の死をとげた気の毒な人夫の亡霊であろうと，多くの人が考えた。かつての仲間たちに何か事故が起きそうなとき，警告を与えに出てくるのだとされていた。特にカッティー・ソームズがよく出没したカリントン鉱坑では，ネルソンという副監督に嫌疑がかかった直後に，作業監督と現場監督のふたりが穴の底に転落した。その原因はこのネルソンという男が彼らの下りていったロープを，1本の索だけ残して全部切ったからであった。この一連の災害は，数日後炭鉱に火災が発生するという事件で極点に達し，伝えられるところではネルソンが有毒ガスで死ぬという結末を迎えた。カッティー・ソームズ・コリアリー〔「カッティー・ソームズ炭鉱」の意〕とあだ名されるようになったこの炭鉱は，それ以来再び操業することがなかった。

　　　　　　　　　　　　［モチーフ：F 456；F 456.1；F 456.3；F 456.3.1］　（三）

カット・シー　Cat Sìth

「妖精猫」の意のゲール語。ケイト・シーともいう。スコットランド高地地方の妖精猫。J. G. キャンベルは『スコットランド高地地方と島々の迷信』(1900) の中でカット・シーを，犬のような大きさで，黒く，胸に白い斑点があり，背が弓状に曲がり，毛が逆立っている姿のものとして描いている。おそらくこれは怒ったときの姿であろう。キャンベルは，スコットランド高地地方の住民の多くは，こうした猫を妖精ではなく魔女が姿を変えたものと考えているようだと言っている。タガルムという邪悪な恐ろしい儀式が行なわれた際，猫の邪神である，さらに大きく獰猛な猫が出現した。この儀式は，生きた猫を次々に焼き串にさして4日4晩焼き続けるもので，しまいにはそれにこたえて，大耳猫が姿を現し拷問者の願いを聞き届ける。タガルムの儀式が最後に行なわれたのはヘブリディーズ諸島のマル島においてであったとされ，「ロンドン文芸新聞」紙 (1824年3月) にその詳細が載った。ドナルド A. マケンジーは，この記事を『スコットランドのフォークロアと庶民生活』(1935) の中で引用している。しかし，大耳猫は悪魔的怪猫であって，カット・シーとの関連はごくわずかである。

　　　　　　　　　　　　　　　　　　　　　　　　　　　　　　　　　（三）

鐘，鈴　Bells

これには二つの使われ方があった。第1は，人間による，妖精除けならびに他の悪霊除けとしての使われ方である。教会の鐘，屋根の樋についた怪獣の形の雨水の落とし口，夜明けの象徴である雄鶏をかたどった風見の三つは，ひろく悪魔に対する三つの魔除けと考えられていた。妖精も，教会の鐘の音には不快を感じていた。ジェイベズ・アライズ (1787-1856)［⇒アライズの妖精リスト］の記している挿話で，妖精が

「眠れない，横にもなれない，
　インクベロー教会のチンガランが高くぶらさがっていて」
と嘆く話は，教会の鐘を妖精が嫌うことを記した多数の記録のうちでも，最も古いものである。魔除けとしては，民族舞踊であるモリス・ダンスの踊り手たちも使っている。彼らが足につけている鈴は，一般に土地を肥やすのを邪魔する妖精を附近から追い払うためだと考えられている。

　第2の使われ方は，妖精自身によるものである。妖精の騎馬行列のどんな説明も，馬の引き具の鈴がチリンチリンと鳴っていると書かずに終わることはない。例えば，若きタム・リンや，スコットランドのギャロウェイ地方の妖精の騎馬行列の話でも，馬の引き具の鈴の音は出てくる。妖精がなぜこうして鈴を鳴らすのかは，妖精は音楽が大好きだからという以外に理由を説明できないが，一般に，それらの妖精は皆，人間をさらったり人間の食べ物を盗んだりするという習癖をもっていたにもかかわらず，シーリー・コートに属する妖精たちであったから，これらの鈴はアンシーリー・コートに属する悪い妖精たちをおどして近寄らせないために響いている，と推測することも可能であろう。
　　　　　　　　　　　　　　　　　　　　　　　　　　　　　　　　　　　　（吉）

カヒライス　Cyhyraeth

スコットランド高地地方のクーニアック（原意は「泣く者」）のウェールズ版。グラッハ・ア・フリビンとは異なって，めったに人の前には姿を見せないが，死——特に伝染病や災害による多人数の死——の前触れとして，その呻き声が聞こえる。ワート・サイクスは著書『イギリスのゴブリン』(1880) の中で，カヒライスに関する口承をいくつか紹介している。ジョーンズという予言者は，カヒライスの発する音声を「埋葬の前夜に響いてくる悲しげな恐ろしい音声」というふうに描写した。ウェールズ南部カマーゼンシャーのジョーゼフ・コスレットは，もっと明確に説明している。彼によると，その音はタウィ川の近辺でよく聞かれ，「悲しみを帯びた不快な音で，多くの人の死に先立って聞こえてくることが多く，悪天候がやって来る前に特によく聞こえる。それは臨終の病人の断末魔の呻きに似ている。初めは遠くに聞こえ，次いでもっと近くから，最後にはすぐそばで聞こえる。したがって，それは3段階の死の警告といってもよい。第1段階は，強い，とても病人のものとは思えない大きな音声であり，第2段階は，もっと低いが，最初のに劣らず，というよりそれよりもっと悲しげである。第3段階でその音声は，さらに低く静かになり，いまわの際の病人が呻いているように聞こえる」という。これは，クーン・アンヌーンが近づくとき3度にわたってあげる泣き声を想起させる。アイルランドのバン・シーのように，カヒライスは異境で死去した同胞の死をも嘆いた。ウェールズのグラモーガン州の海岸では，カヒライスは船の難破に先立って沖合いを通り，その際燐光——死体から出てくるといわれる——を発するという。人だま［⇒ウィル・オ・ザ・ウィスプ］と同じく，これは死体が墓地へ向かうときの通り道を予言している。カーディフ市の近郊にある聖メロンズ教会の墓地をめぐる話では，幽霊が目撃されたと報告されているが，原則としてカヒライスは肉眼には見えない，肉体のない音声だけである。［モチーフ：M 301.6.1］　（平）

ガブリエルの猟犬群　Gabriel Hounds

渡り鳥，特にガンが移動するときの鳴き声や羽ばたきは，超地上的な物の怪，すなわち亡霊となった猟犬群──時には〈空で吠え立てるもの〉，時にはガブリエル・ラチェットと呼ばれる──の吠える声と解されることがある。ランカシャーでは〈ガブリエルの猟犬群〉として知られていたが，空高く飛ぶ，人間の頭部を持った妖怪犬の群れであるといわれていた。「カウンティー・フォークロア」第4巻(1903)に引用されているブロッキーという人の証言によれば，この妖怪犬の群れは特定の家の上を旋回するように見えることがあり，そういう際にはその家の住人の死か不幸を予兆しているのだという。ルイス・スペンスは，『ブリテン島における妖精伝承』(1948)の中で，この妖怪犬の群れを，イェス ハウンドの群れ〔⇒ウィッシュ・ハウンドの群れ〕やクーン・アンヌーンのランカシャー版と呼んでいる。　〔モチーフ：G 303.7.1.3〕　　　　(平)

ガブリエル・ラチェット　Gabriel Ratchets

ガブリエルの猟犬群をさすもっと古い言い方。ラチェット〔ラッチとも〕は嗅覚を頼りに獲物を追う猟犬のこと。古語で，今も方言に残る。革ひもにつながれず，目を頼りに駿足で獲物を追う猟犬〈ゲイズ・ハウンド〉〔ゲイズは熟視の意〕に対し，革ひも〔ライムまたはリヤム〕につながれ，もっぱら嗅覚を頼りに獲物を追う猟犬のことを〈ライム・ハウンド〉と17世紀ごろから呼称するようになった。しかし〈ラチェット〉の呼称はそれよりも古い〔15世紀の例あり〕。呼称の古さは，そのままガブリエル・ラチェットをめぐる俗信の古さを示している。　〔モチーフ：G 303.7.1.3〕　　　　(平)

カペルスウェイト　Capelthwaite

黒妖犬の一つのタイプ。ウェストモアランド州の地元のボーギーにつけられた呼称。カペルスウェイトは明らかに何にでも自由に姿が変えられるようであるが，最も好んだのは子牛ほどもある黒犬の姿だった。ケント川河口のミルソープ〔現カンブリア州に所在〕の近くにカペルスウェイト・バーンと呼ばれる納屋があり，ここにカペルスウェイトがすんでいた。この妖犬は農場の人たちには好意的で，人間に代わって羊や牛を集めてくれたりした。ホブゴブリンにまつわる種々の話とも共通するのだが，あるとき，野ウサギを羊の群れの中に追いこんでしまい，1頭だけ特に手間のかかる小羊がいたと不平をもらした話が，このカペルスウェイトについても語られている。しかし，見ず知らずの人に対しては，カペルスウェイトはきわめて意地悪で，いたずらだった。そんなわけで，しまいにはビーザム〔ミルソープの南2キロ〕の教会の牧師が，ビーラ川〔ケント川の支流〕で正式な儀式を行なって，カペルスウェイトを退治してしまった。それ以来その姿を見た者はいなかったが，ただ1度だけ例外があった。つまり，ある男が市場に出かけ，帽子も上着もつけず，ざんばら髪で帰ってきて，妻に語ったところでは，カペルスウェイトに追いかけられて生け垣の中に投げこまれたのだと言う。ウィリアム・ヘンダーソンは，『イングランド北部諸州と境界地帯のフォークロアについてのノート』(1879)でこの話を語ってはいるが，この男の冒険についてはいささか怪しいと思っているようである。　　　　(三)

カラッハ・ナ・グローマッハ　Caillagh ny Groamagh

「陰気な老婆」の意のマン島語。これはスコットランド高地地方のケラッハ・ヴェールとアイルランドのカリァッハ・ヴェーラ（アルスター地方ではカリー・ベリー）がマン島でとる形。マン島のカラッハは、ウォルター・ギルが『マン島スクラップブック』(1929)で語るところによれば、格別運の悪い妖精だったらしい。なにしろマン島のバルール山の頂上からクロンク・アン・イリー・レー山の頂上へひとまたぎで渡ろうとした際、足を踏みはずし、谷間へ落ちたというのだから。その谷間は、彼女にちなんでカラッハ〔老婆〕の谷間と命名されるようになり、彼女のかかとの跡が、今でも残っているといわれる。マン島のカラッハは他の老婆たちと同様、天候の精である。スコットランドでは、冬と悪天候が彼女の受け持ちになっているが、マン島では、この老婆は1年中活躍しているようである。アイルランドの聖者ブライド〔ブリージともいう〕の祭日にあたる2月1日が晴れていると、彼女は外へ出て薪を拾うことになっているのだが、あいにくその日に雨が降っていると薪拾いができず、夏の間の暖房用の燃料に不自由することになるので、自分のために、その年は天気をよくし続けなければならないことになる。したがって聖者ブライドの祭日の晴天は、その年の天気にとっては悪い兆しになる。また、この老婆は聖者ブライドの祭日に巨大な鳥になり、くちばしに薪をくわえて空を飛ぶのが見られたという。マン島のクロンク・アン・イリー・レー山は、この〈陰気な老婆〉のすみかとみなされている。〔モチーフ：A 1135；F 430〕

(平)

カリァッハ・ヴェーラ　Cailleach Bhéara, ~bera, ~beara

アイルランドのカリァッハ・ヴェーラは、冬ともまた野生動物ともそれほど密接な関係がない点を除けば、スコットランド高地地方のケラッハ・ヴェールとほぼ同一である。カリァッハ・ヴェーラは大きな山を作り、他の多くの巨大なハッグ[2]〔妖婆〕と同じく、前掛けに石をいっぱい入れて運び、前掛けのひもの切れた場所にその石を落とす。エリナー・ハルは、『ブリテン諸島のフォークロア』(1928)の中で、アイルランドのカリァッハとスコットランド高地地方のケラッハの両方について興味深い情報を提供している。ドナルド A. マケンジーは、『スコットランドのフォークロアと庶民生活』(1935)の中で、この二つに関する伝承は、アイルランドよりスコットランド高地地方の方が古く、その根も深いと断定している。〔モチーフ：A 1135〕

(三)

狩人ハーン　Herne the Hunter

シェイクスピアによれば、狩人ハーンはオークの樹で自らの首をくくって死んだ森の猟師の亡霊だった〔『ウィンザーの陽気な女房たち』(1602) 4幕4場参照〕。妖精や精霊というものは、ヒルトンの血無し少年の例で見られるように、とかく人間的に解釈され、本来は人間の亡霊だったとされることが多い。しかし、頭に鹿の角を生やしている狩人ハーンは、人間ではなく森の精あるいはオークの樹の霊である、と考える人が多い。1915年に筆者が通っていたエディンバラの学校の女の先生が話してくれたことなのだが、バークシャーのウィンザーでアパート暮らしをしていた先生のお父さん――こ

の人は退役した陸軍大佐だった——は，月夜にハーンが自分の首をくくったオークの樹の下に立っているのをしばしば見かけたということであった。

　ルース・タングは，1964年にイギリス伝承舞踊・歌謡協会〔EFDSS〕に属するバークシャー在のモリス・ダンスの会員が，セシル・シャープ邸〔ロンドン，EFDSSの本拠〕で語った以下のような話を採集し，それを『イングランド諸州の埋もれた昔話』（1970）に収録した。

　3人の思慮のない若者が，何か悪さをしようと思っていた。ひとりは，その日だけロンドンからやって来たテディーボーイ〔エドワード7世時代の派手な服装をした反抗的若者〕で，あとのふたりは地元ウィンザーの若者であった。3人で森に入り，枝を折り樹を倒したりして森を荒らし始めた。そのうち，テディーボーイが叫び声をあげた。「おい！　おもしろい物を見つけたよ。角笛だ。今ごろ，誰がロビン・フッド映画のロケをこんな所でやっていたんだろう」　地元のふたりは，それに返事をせず，ただけげんそうにテディーボーイの方を見るだけであった。テディーボーイは自分でもちょっとばつが悪くなった。こんな深い森の中で映画の撮影などできるわけがないのだから。

　「そっとしておけよ」とウィンザーの若者のひとりは言ったと思うと，一目散に逃げだした。「触っちゃだめだよ」ともうひとりの若者も叫び，これも一目散。

　ところが，テディーボーイ君は，格好のいいところを見せようと思い，その角笛を拾い上げて吹き鳴らしてみた。すると，角笛は，世にも恐ろしい呻くような音を発し，テディーボーイは，今にも気絶しそうになった。あまりの恐ろしさに身震いして棒立ちになっていると，樹々の間からすさまじい叫び声があがり，大型の猟犬が吠えたて始めた。テディーボーイは逃げだしたが，教会へ向かって死に物狂いで走っているウィンザーのふたりに追いつくことは，とてもできなかった。走れば走るほど足はもつれるし，身震いはとまらず，背後の足音がいよいよ迫ってくるのが聞こえるのだった。

　無事教会の中へ逃げこんだふたりのウィンザーの若者が見ると，テディーボーイがよろよろと走ってくるのが見えた。犬の群れが吠えたてるのも聞こえた。テディーボーイがあとわずかで教会の戸口に達しそうになったとき，追跡者は足をとめた。矢がピュンと放たれる音がしたと思うと，テディーボーイは両手をあげ，悲鳴を発し，教会の玄関にうつむけに倒れた——完全に事切れて。

　ところが調べてみると，テディーボーイの体を矢が射抜いた形跡は何もなく，猟犬と狩人は影も形もなく消え去っていた。

（平）

ガリー　トロット　Gally-trot

イングランド北部地方と，東部のサフォーク州に伝わる亡霊。白い毛むくじゃらの犬の姿をしているが，雄牛ほどの大きさで，輪郭はあまりはっきりしていない。誰であれ，自分から逃げていくものを追う。ガリー（gally）は「（人を）怖がらせる」との意味。ガリー　ベガーの項をも参照。

（平）

ガリー ベガー　Galley-beggar

ガリー ベガーは，サマーセット州のほかイングランド北部地方や，サフォーク州にもいるブルベガーと密接なつながりがあるらしい。その名前の前半のガリー（galley）は 'gally' から出ているが，方言で「おどす」，「びっくりさせる」の意，また「幽霊」の意にも用いられる。ルース・タングは「カウンティー・フォークロア」第8巻（1965）の中で，頭のないガリー ベガーについて報告している。すなわち，サマーセット州の上ストーイ村と下ストーイ村の間にある丘を，自分の頭を骸骨になっている脇の下にしっかり抱えこみ，キャーキャーと笑い声を立てながらハードル〔死刑囚を運ぶ一種のそり〕で滑りおりたものだという。もっとも，そんないたずらをするのは闇夜にかぎられていたが，暗闇の中で異様な光に包まれたガリー ベガーは，けたたましい笑い声を立てながら村の本通りへまっしぐらに滑りこんできたという。（吉）

カリー・ベリー　Cally Berry

スコットランド高地地方のケラッハ・ヴェールのアルスター〔アイルランド北部地方〕における変形。スコットランド高地地方のそれは，冬の化身であり野生の鹿の守護神でもある自然の精だが，カリー・ベリーはそれと違って悪意をもった超自然のハッグ[2]〔妖婆〕である。（三）

ガル　Gull

17世紀の小冊子『ロビン・グッドフェローの生涯』に登場する妖精の名前。ガルはいたずら好きな妖精の仲間だが，どの地方伝承にもこの名前は見つかっていない。以下のように自ら自分の性質を説明しているが，それによると，ホブゴブリンにたいへんよく似ている。

　　人間たちがベッドで寝ているとき，わたしは外を出歩く。いたずらをするので，ガル〔「だます」の意〕の名で呼ばれている。人の声音をまねて，多くの人間をだまし，大いに驚かす。しばしば男や女にとりつき，腹の上に寝そべって，人間たちを苦しめるので，ハッグ[1]〔夢魔〕やナイト メアという名で呼ばれることもある。子どもを盗んで，代わりに取り換え子を置いていくのもわたしの仕業。時にはミルクやクリームを失敬してきて，兄弟のパッチ，ピンチ，グリム，姉妹のシブ，ティブ，リック，ラルたちと一緒に，それで祝宴を張る。（吉）

ガルス・ドルウェンのアイリアン　Eilian of Garth Dorwen

アイリアンは金髪の女中の名前で，彼女は月夜にタルイス・テーグと糸を紡ぎ，しまいにはこの妖精たちと一緒に暮らした。この話――ジョン・リースの『ケルトのフォークロア―ウエールズとマン島』（1901）から採ったもの――は，妖精に雇われた産婆の項で詳しく語られている。この話が特に興味深いのは，看病される患者が妖精界にさらわれた人間〔⇨妖精界の捕らわれ人〕となっていたり，また妖精の塗り薬をつけられる子どもが人間と妖精との合いの子になっていたりして，妖精に雇われた産婆の話に広がりがもたせられている点ばかりでなく，この物語が紡ぎ妖精の物語の変型と

もみられ，また妖精が金髪に重きをおいていることがうかがえるからである。アイリアンの姿を最後に見た野原を，長い間〈アイリアンの野原〉，〈乙女の草原〉と呼んでいたことも興味深い。〔モチーフ：F 300；F 301.3〕

(井)

ガロード・イァルラ　Gearóid Iarla

アイルランドの伝説的英雄であるフィッツジェラルド伯のこと。「ムラマストの伝説」を参照。

(平)

ガンコナー　Ganconer

アイルランド・ゲール語ではギァン カナッハ。原義は「愛を語るもの」。口説き妖精。人気のない谷間に出没する妖精で，ドゥーディーン（すなわち，短い粘土製パイプ）をくゆらし，田舎娘に言い寄ったあと姿を消し，残された娘は，そのために恋患いで死ぬという。以下にあげるエスナ・カーベリー〔アイルランドの詩人，本名アンナ・マクマナス．1866-1911〕の詩篇「口説き妖精」は，その全容を示してくれる。

　　　　わたしはある日の夕方，谷間で口説き妖精に出会った。
　　　　彼は，わたしたち仲間の若者の誰よりもハンサムだった。
　　　　その目はリンボクの実よりも黒く，その声はクールナガルの彼方で
　　ケヴィン老が吹き鳴らす笛よりはるかに甘美だった。
　　　　　　わたしは屈託のない気持ちで乳搾りに出かけたのに──
　　　　　　なんと悲しいことに，あの試練の時が，わたしの生命力を干からびさせ
　　　　　　　たのだ。
　　　　　　わたしは口説き妖精を人間だとばかり思った──わたしの唇に重ねたそ
　　　　　　　の唇は冷たく，
　　　　　　その腕に抱かれたわたしの上を，死の風が冷たく吹きすさんでいたのに。
　　彼は影も落とさずやって来たので，どの方角から来たのかもわからなかった。
　　だが風にそよいでいたイグサは，すべて妖風の下にひれ伏した。
　　ツグミはうたうのをやめ，いちめんに霧が立ちこめた。
　　わたしたちふたりは抱き合った──外界を意識から締め出して。
　　　　　　不気味に立ちこめる霧のかなたに牛たちが鳴くのが聞こえた。
　　　　　　バリナ生まれの，雪の吹き寄せのようにきれいな小牛，
　　　　　　ケリー生まれの赤牛，イニシアー島から来た葦毛の牛，
　　　　　　ああ，その鳴き声の哀れなこと！──そしてわたしの耳には彼の甘いさ
　　　　　　　さやき！
　　彼の目は炎だった。その言葉は，罠だった。
　　わたしは母の名を呼んだが，なんの効き目もなかった。
　　次いで十字を切ったら，男はうら悲しいうめき声を立て，
　　ちぎれ雲が通り去ったかと思うと，わたしひとりだけになっていた。
　　　　　　たえずわたしの脳裏をかすめるのは，昔の言い伝え──
　　　　　　「口説き妖精に出会った女は，やがて自分の経帷子を織るようになる」

　　　　流れ落ちる涙で母の顔のしわは深くなるばかりだが，
　　　　父のやさしい眼差しを見るのが何よりつらい。
　　　　綿毛のようなリント布を紡ぎあげ，紡ぎ車の動きをとめた。
　　　　この布は美しい冷たいわたしの経帷子になるのだ。
　　　　かつて幸福な乙女として愛用したベッドにわが身を横たえよう──
　　　　夜が明けたらこのモイラ・オーグの霊魂のために祈ってくださいまし！
　しかし，W.B.イェイツ編著『アイルランドの妖精譚と昔話』(1888)の中に，「ダブリン・アンド・ロンドン・マガジン」誌から引用されている話では，このガンコナーたちは群れをなして現れ，通常のディーナ・シーのようにハーリング競技に打ち興じ，貧しい未亡人が飼う雌牛をロッホレイ〔「癒しの湖」の意〕という湖の底にある水中妖精界へ運び去ったりする。〔モチーフ：F 301.2〕　　　　　　　　　　　　　　　　（平）

缶たたき　Clap-Cans
　ランカシャーにすむこのボーギーは，怖い妖精の中ではいちばんおとなしい。E.M.ライト夫人の著書『田舎言葉とフォークロア』(1913)の中に出てくる。目に見えず，手で触れられず，缶をたたくような不気味な音が怖いだけである。　　　　　　　（吉）

72　●　カンタタキ

樹　Trees　⇨妖精樹

ギァン　カナッハ　Gean-cannah　⇨ガンコナー

「消えた月」 'The Dead Moon'

　イギリスの民間伝承の中では珍しい物語。決して起源神話の範疇には入らないが，神話的な物語である点で珍しい。バルフォア夫人がリンカンシャーの〈ザ・フェンズ〉，すなわち沼沢地帯で採話したもの。「フォークロア」第2巻 (1891) 採録の「リンカンシャー沼沢地帯の伝説」の中に記述されている。人間の女性に擬人化された月が物語の主人公である。

　彼女は，沼沢地帯で魔女やボーグルや死者の霊や恐ろしい忍び足の妖怪やウィル・オ・ザ・ワイクスなどが旅人をまどわしてしきりと悪事を働いているといううわさを聞く。そこで，ある月夜に黒マントで身をくるみ，うわさが本当かどうか見に出かけた。沼沢地帯を軽快に走っていくと，彼女の足元で一つの石が転がり，柳の小枝が彼女の手首にからまり，沼地に彼女を引きこもうとした。そして，その地帯のあらゆる邪悪な妖怪どもが迫り，彼女を大きな石の下に埋めて，ウィル・オ・ザ・ワイクスを見張りに立てた。それから月が空に昇らないこと1か月以上。恐ろしい忍び足の妖怪どもは思うままにのさばり始めた。そこで，その地帯の人々は妖怪どもが家の中の炉辺にまで侵入してくるのではないかと怖くなり，とうとう，ある賢い女の忠告に従って，声を全く殺して，石の下に埋められた月を捜しに出かけた。人々は彼女を自由にする呪文を声に出さずに唱えた。そして，人々がその大きな石を持ち上げると，月である彼女は天に昇って，あたりの邪悪な妖怪どもを追い払ってしまった。

　この話はある物語群に属するものだが，その物語群はあまりにも異例なので，フォークロア研究者の中には，その物語群の信憑性を疑う者すらいる。しかし，バルフォア夫人は採話のときの覚書も発表しており，話の中にスコットランドの方言がまぎれこんでいるふしもあるが，全体に話の信頼度は高いとみなされた。その後の採話などからみても，沼沢地帯が各種の伝説や伝承のユニークな宝庫であったことは疑いない。

[モチーフ：A 106.2.1.1；A 753；A 754.1.1；A 758]　　　　　　　　　　　　　（吉）

キップリング, ラドヤード　Kipling, Rudyard（1865-1936）

　キップリングは亡霊や魔法や呪いなど，超自然的主題で多数の短篇物語を書いたが，妖精伝承の文学に大きく寄与したのは『ブークが丘のパック』(1906)と『ごほうびと妖精』(1910)の2作である。自分の作品のいくつかについてキップリングは，創造の魔神の働きで書いたのだからうまくできているはずだと言い，この2篇も当然ながらその中に入れている。今世紀初め，子ども向けの妖精物語は，きれいごとと感傷性という泥沼に落ちこんでいた。17世紀以降，イギリスの妖精は，妖精についての考え方がいろいろに移り変わったために〔⇒伝承における妖精像の変遷〕，さまざまな脅威にさらされてきた。まず，妖精は美化されたり矮小化されたりする傾向があった。シェイクスピアのごく小さい妖精は，妖精のもつ力と性質をまだ保持していたが，マイケル・ドレイトンのそれでは宮廷文学のパロディーに使われ，ロバート・ヘリックのそれでは豊饒の守護者である妖精がもつエロチックな性質を少しは残していたものの，妖精の小ささに主たる強調がおかれ，ニューカースル公爵夫人〔マーガレット・カヴェンディッシュ．1624?-74〕のそれに至っては奇跡的としか言えないほど小さくなっていた。17世紀末には，シャルル・ペローやドーノワ伯爵夫人による，魅惑的だが洗練されすぎた物語が出て，それらが40巻余にのぼる《妖精の部屋》叢書（1785-89）にふくらみ，元の伝承の源からはいよいよ離れていった。18世紀になると，特に子どもを対象とした本の出版が増えてきて，妖精は教化のための道具になった。しかし，透けたべらべらの衣装をまとった1900年代初めの妖精像となると，なんとも弁護のしようがない。19世紀の初めには，最初はドイツと北欧から，つづいてイギリス全域からも，信頼できる妖精伝承がいくらでも入手できたにもかかわらず，すでに中身のない作り物でしかなくなっている。イギリスの妖精伝承の紹介者をほんの数例あげても，アイルランドにはT. クロフトン・クローカーとダグラス・ハイド，スコットランド高地地方にはJ. F. キャンベルやJ. G. キャンベルその他，イングランドとスコットランドの境界地帯にはサー・ウォルター・スコットやロバート・チェインバーズやウィリアム・ヘンダーソン，コーンウォール州にはロバート・ハントとウィリアム・ボトレル，ウェールズにはジョン・リースとワート・サイクスなどがいる。創作の妖精物語の方でも，ジーン・インジローやユーイング夫人のそれのような，よりしっかりしたものが生み出されていた。

　こういうよき材料があったにもかかわらず，文学における子どもに対する感傷的態度は，妖精物語の書き方にも現れていた。キップリングはその傾向にはっきりと反抗したのである。彼の描くパックは，本物の素朴なロビン・グッドフェローのタイプで，ずんぐりして，頑丈で，赤ら顔で，肩幅が広く，耳がとがっている。そして，現代風な，チョウの羽をつけて透けたべらべらの衣装をまとった，いんちき妖精を，心から軽蔑している。丘の人たちすなわち妖精の仲間はもはや消えてしまったと，キップリングのパックは言う。そのパックはイングランドにおける「昔のやつ」すなわち妖精の最後の生き残りだったのである。パックは思わず自分を呼び出してしまった子どもたち〔ダンとユーナの兄妹〕に，消え去った過去を見せてはくれるが，子どもたちと妖精との出会いは起こらない。彼は子どもたちに，妖精に身を落とした昔の神々，とり

わけ鍛冶屋ウェイランド〔北欧神話に登場する〕の話だの，妖精王サー・ユオン〔⇨『ボルドーのユーオン』〕の王妃エスクレアモンドに拾われて育てられた男の子の話だの，妖精の退散の話の一つである「ディムチャーチからの妖精の退散」だのを語って聞かせた。しかしパックが子どもたちを連れていったのは，妖精の世界よりむしろ人間の過去の世界だった。彼がよみがえらせたのは，妖精界というより往時のサセックス州だった。

(吉)

キートリー, トマス　Keightley, Thomas（1789-1872）

アイルランドではトマス・カイトリーという。各国の妖精挿話を集めた著名な『妖精神話考』の著者。この本は，受容力と記憶力の抜群なキートリーの頭脳に蓄えられていたアイルランド民間伝承の記憶を利用することが多々あったT. クロフトン・クローカーの積極的激励で誕生した。キートリーは初めアイルランドの法廷弁護士であったが，健康を害したためロンドンに出て，教科書の執筆で生計をたてなければならなくなった。が，そのロンドンでクローカーや，もうひとりの著名な好古家であるフランシス・ダウスと親しくなった。『妖精神話考』が，まず1828年に出され，次いで1834年に『説話と民間の物語集』が続いた。さらに，『妖精神話考』の改訂増補版が1860年と1878年に出された。キートリーはこのほかにも多数の本を書いたが，上記の本がフォークロアに対して大きく貢献した著作である。

(吉)

騎馬行列　Rade　⇨ヘルラ王, 向こう見ずエドリック, 妖精の騎馬行列

キペナーペル　Cipenapers

詩人ジェラード・マンリー・ホプキンズ（1844-89）の『日記』によると，キペナーペルは「人さらい」の意の英語キッドナッパー（kidnapper）をウェールズ語に置き換えようとしたものである。キッドナッパーも，『デナム民俗雑纂』第2巻（1895）にある妖精の呼称の長いリストでは，妖精の一つの呼び名としてあげられている。

(吉)

気前良さ　Generosity

妖精になんらかの形で一目おいてもらおうと思う人は，妖精との取り引きに際して気前のよさを示す必要がある。もの惜しみをすれば，何ものも得られない。妖精に尊重される美徳の項をも参照。

(平)

キャンベル, ジョン・グレゴーソン　Campbell, John Gregorson（1836-91）

タイリーのキャンベルとしても知られる。スコットランド高地地方に伝わる昔話や伝承の19世紀における採集者のうちでは，キャンベルという姓のふたりの人物がとりわけ重要である。それはJ. F. キャンベルと，ここにあげるJ. G. キャンベルである。ふたりとも，アーチボールド・キャンベル卿が勧めて指導し，J. マクドゥーガルやD. マキネスなどが輩出した採集者グループの一員であった。彼らはゲール語起源の口誦伝承を採集し英訳するという共通の方法を用いた。アイラのキャンベルことJ.

F. キャンベルの『西ハイランド昔話集』(1860-62)は有名であるが、タイリー〔ヘブリディーズ諸島の一島〕のキャンベルによる伝承研究に対する貢献も、これに劣らぬくらい重要である。

ジョン・グレゴーソン・キャンベルは、船長の息子としてスコットランド西部アーガイルシャーのキンガーロッホに生まれた。最初アピンという所で学校教育を受け、その後グラスゴーの高等学校に学び、のちにグラスゴー大学に進んだ。在学中すでに口誦伝承の採集を始め、すぐれた語り手の知己を得ていた。聖職者となり、1860年アーガイル公 G. D. キャンベルによってタイリー島とコル島の正牧師に任命された。その地で彼は、教区の住民たちときわめて良好な人間関係を保ちながら務めを果たし、生涯を終えた。

本務のかたわら、彼は5巻から成る『ケルト伝承拾遺集』(1889-95)のうち2巻分の資料を提供し、『スコットランド高地地方と島々の迷信』(1900)を書き、さらに数々のケルト関係の学術誌に採集した話を寄せた。彼は採集者仲間、特にアイラの J. F. キャンベルと互いに情報を交換した。その後高地地方でそれだけの活気を再び見るには、エディンバラ大学のスコットランド研究所の活動開始〔1950年〕を待たなければならなかった。

(三)

キャンベル、ジョン・フランシス　Campbell, John Francis (1822-85)

アイラのキャンベルともいわれる。スコットランド民話の資料集のうちでたぶん最も有名な『西ハイランド昔話集』(1860-62)の編者。アーガイル公 G. D. キャンベルの従兄で、ウィームズ伯の孫にあたる。イートン校を卒業後エディンバラ大学に学び、法廷弁護士になった。彼は世俗の実務に追われ、灯台協会や石炭協会の秘書として、詳細にして厖大な報告書を準備したりしなければならなかった。幼少のころはヘブリディーズ諸島のアイラ島〔アイレイ島ともいう〕でゲール語を話す乳母に育てられ、また島民の中に多くの友人を作った。ゲール語が村の教師やさらには聖職者たちから軽視され圧迫を受けていた時代に、キャンベルはこの言語を重視し、生存している語り手を探し出したり、当時のスコットランド高地地方や西方の島々に残っている古い伝承や伝説、言い伝えなどを採集したりした。彼の採集方法は、のちの採集者たちの手本ともなったのだが、まずチームを組んでゲール語の特訓をし、彼らを目指す地域全域に網の目を張るように送り出した。時には自ら採集者に同行し、生きた伝承を正確にとらえる方法を熱心に教えた。彼が出版したのは上記『西ハイランド昔話集』4巻のみであるが、ほかにおびただしい量の手書き草稿を未発表のまま残していた。その多くはのちに英訳され、彼が確立した方法に従って、ゲール語と対訳の形で活字化された。キャンベルの生涯と、その同時代人に及ぼした影響についての精彩に富む充実した記述は、リチャード M. ドーソンの名著『イギリスのフォークロア研究家たち』(1968)に見られる。

(三)

キューアッハ　Ciuthach

スコットランド高地地方のこのキューアッハは、のちに洞窟に出没する怪物になるの

だが, 古い伝奇物語では洞窟にすむ高貴な巨人であった。W. J. ワトソンは,「ケルト・レヴュー」誌第9巻の中で次のように述べている。
> キューアッハの痕跡がクライド〔スコットランド南部〕からルイス岬〔ヘブリディーズ諸島の主島であるルイス島の北端にある岬〕にかけて残っているという事実を考えると, キューアッハがスコットランド西部地方の伝承に大きな役割を果たしていたことは明白である。伝承がわれわれに伝わる過程で, 実にさまざまな混乱が生じるものだが, その奥底には一定の歴史的根拠があるのかもしれない。いや, きっとあるはずだ……。キューアッハは時々伝承に出てくるが, そこに一貫しているのは, キューアッハは英雄だった, もっと正確にいうとゲール人とは異なるある民族の英雄だった, という気持ちである。

ワトソンは, キューアッハがピクト族〔⇨ペッホ〕のひとりだったかもしれないと考えた。デイヴィッド・マクリッチー教授は,「ケルト・レヴュー」のその次の号で, キューアッハはフィーン族であるとの推論を出した。ウォルター・ギルは著書『続マン島スクラップブック』(1932) で, ジァルムイッジ (ジァルマト) とグローニア〔⇨フィン〕が逃亡中に訪れたのは, キューアッハの洞窟であったと指摘している。 (三)(平)

「キュアリーの年寄り」 'The Old Man of Cury'

ウィリアム・ボトレルの「ルーティーとマーメイド」の類話を, ロバート・ハントが記録した「キュアリーの年寄り」は, 内容がより穏かなものになっている。ここに現れるマーメイドは, ボトレルの記すマーメイドに比べてずっと温和な性格を示しており, 結末が悲劇に終わるという感じすら抱かせない。以下の要約で, 物語全体の雰囲気はわかろう。

コーンウォール州のキュアリーに住む年老いた漁師が, 引き潮どきにカイナンス小湾の近くを歩いていると, 潮の引いた海がとり残した深いよどみ近くの岩に, 娘がひとり腰かけているのが目に入った。近づいていくと, 娘はよどみに滑りこんだ。漁師が助け出そうとして駆け寄ると, それが娘でなくマーメイドであることがわかった。海との間に砂浜が長く続いているため, マーメイドは海への道を断ち切られていたのである。水辺まで連れていってくれとマーメイドは泣いて頼んだ。自分は眠っている夫を残してきたが, 夫は嫉妬深いばかりでなく狂暴だから, と言うのである。老人はマーメイドを背負うと, 砂浜をえっちらおっちら歩いていった。すると, お礼になんでも好きなものをあげましょう, とマーメイドは約束した。「わたしには金は入り用じゃない」と年寄りは言った。「だが, 人助けができる力がほしいな。どうやって呪文を解くのか, どうやって盗っ人を見つけ出すのか, それからどうやれば病気を治せるか, そのやり方を教えておくれ」

「いいですわ」とマーメイドは言った。「では, 月の光がさす満ち潮どきに, あの岩に来てくださいな。そうしたらお教えしますから」

マーメイドは髪にさした櫛を取ると, 自分と話したくなったら, これで海をすくように, と言って漁師に渡した。そして漁師の背中からするりとおりて, 漁師に投げキスをしてから, 海に潜って見えなくなってしまった。だが漁師が櫛で海をすくと, い

つでもマーメイドはやって来て，多くのことを教えてくれた。時々漁師は，見慣れない陸の人たちを見せてやるためマーメイドを背負って陸に連れていくこともあったが，海の中に訪ねてきてくれというマーメイドの誘いには，1度として応じなかった。マーメイドの櫛と，老人がマーメイドに教えてもらった技術のいくつかは，数世代にもわたって，その家族に受け継がれた。　［モチーフ：B 81.13.2；B 81.13.13；D 1410.4；F 420.3.1；F 420.4.4；F 420.5.1.7.3］

(井)

教会グリム　Church Grim

妖犬の一種。教会の墓地が，しばしば黒妖犬の姿をとる霊によって，悪魔，魔女などから守られているという言い伝えは，広く知られている。これを見た人は，たいていそのことを死の予告と解した。ガッチ夫人は『カウンティー・フォークロア』第2巻(1899)でこのことに言及しており，またウィリアム・ヘンダーソンも『イングランド北部諸州と境界地帯のフォークロアについてのノート』(1879)でこれを論じている。ヘンダーソンは，教会グリムを〈土台にささげる生けにえ〉だと考え，スウェーデンの教会グリムは子羊の姿で現れるが，これは初期キリスト教時代に，教会の祭壇の下に子羊が埋められたためであると指摘している。デンマークの教会グリムは〈墓守りの豚〉の姿で現れるという。トマス・ライトは『中世イギリスの文学，迷信，歴史に関する論集』(1846)の中で，ヨークシャーの教会グリムは，天気の悪い暗い日には昼でも夜でも教会の附近で見ることができると述べている。時おり，真夜中に人が死ぬ前に弔鐘を鳴らすことがあり，葬式のとき教会の塔から教会グリムが外をのぞいているのを牧師はよく見るという。そのときの様子から，死者の魂が天国に行くか地獄に行くかがわかる，ともいう。

　ルース・タングは『カウンティー・フォークロア』第8巻(1965)の中で，新しい教会墓地ができたとき，最初にそこに埋葬された人が墓地を悪魔から守らなければならないと信じられていた，と述べており，人の霊にその義務を負わせないために，真っ黒い犬が人間の代わりに，墓地の北側に埋められたという。J.G.キャンベルの『スコットランド高地地方と島々の迷信』(1900)によると，スコットランド高地地方でも，それとよく似た信仰があって，いちばん新しく埋葬された死体が，次の埋葬があるまで墓地を守らなければならないと信じられていたという。　［モチーフ：F 401.3.3］

(吉)

巨人　Giants

巨人といってもさまざまで，共通の特性としては，巨大な体軀と剛力くらいなものである。彼らのうちのあるもの，例えば〈祝福のブラン[1]〉などは，かつては明らかに神であった。ブラン[1]は，体が大きすぎてどんな家にも入れなかった。実際，ウェールズとアイルランド間の海峡を歩いて渡るときなど，さながら山が近づいてくるように見えるほど巨大なのだった。その剛力も法外なものであったが，彼は本質的には慈悲深く，打ち落とされた彼の首は，どこに運ばれてもそこに恵みをもたらしたし，それがロンドンに安置されているかぎりは，大ブリテン島を外敵から守ってくれた。イ

ングランドにまだ残っている，丘に刻まれた二つの巨人像〈サーン・アバスの巨人〉〔現ドーセット州サーン・アバス村近在の丘に刻まれている身の丈54メートルの男性像〕と〈ウィルミントンの大男〉〔現イースト・サセックス州南部，ウィンドーヴァー丘に刻まれた身の丈69メートルの人間像〕も，〈祝福のブラン[1]〉と同種の神的な姿を表わしている。サーン・アバスの巨人は，守護者であると同時に，明らかに豊饒をつかさどる神でもある。親切な守護者としての巨人は，比較的近代まで続いている。一例をあげると，〈グラビストの巨人〉である。この巨人の性格と働きについては，ルース・タングが「カウンティー・フォークロア」第8巻 (1965) で述べている。彼は，石投げ巨人のひとりで，正邪多くの例が報告されているが，悪魔との戦いに多くの時間をかけた。彼はまた善行を積極的に行ない，あるときなど難破しかかった漁船を持ち上げて無事に港に下ろしたりした。〈グラビストの巨人〉についての話は，いささか喜劇的で，こっけいともいえる。時代が下るにしたがって，巨人たちがしだいに愚かしくなってくることがわかる。コーンウォール州の〈カーン・ガルヴァ〔カルヴァのケルンという意味〕の巨人〉についての悲劇的な物語を，ウィリアム・ボトレルは《西コーンウォールの伝承と炉端物語》第1集 (1870) の中で次のように紹介している。

　　カーン・ガルヴァの巨人は好戦的というよりいたずら好きであった。彼が昔つくったという砦は今では打ち捨てられているが，この愛すべき大男が山脈の西端のケル

ンに置いたという揺るぎ岩は今でも見られるし，その上に登って揺すったりもできる。彼は太陽が波間に沈み，海鳥たちが岩の裂け目の巣に帰るのを見ると，この岩の上で揺れながら眠りについたのだ。巨人の揺るぎ岩の近くに一群の立方体をした岩があり，岩は巨人がその昔，気晴らしに積み上げたり，蹴り倒したりしていたころと，ほとんど変わらぬくらい，今日でも整然と格好よく積み上げられている。彼は，ひとりでほかに何もすることがないとき，運動のためかあるいは気晴らしのために石で遊んだのだ。北の丘陵の住人たちは，この巨人を思い出すといつも懐かしさを覚えるのだった。というのも，彼は終生独身でこのケルンにすみ，当時レラント丘陵地帯にすんでいた不誠実な巨人たちの略奪から，モルヴァーやゼノアの愛すべき人々を守ることに生涯をささげたと思われていたからだ。カーン・ガルヴァの巨人は，その生涯でたったひとりだけモルヴァーの人を殺したことがあったが，それは邪気のない遊びの最中に起こったことであった。

　この巨人は，チューンという村のりっぱな若者をいたく気に入っていた。若者は，この巨人が元気でいるかどうかを見たり，元気づけたり，石投げをしたり，あるいはただ彼の寂しい時間つぶしの手助けになるようにと，時々そのすみかを訪ねていた。ある日の午後，巨人は，ふたりで一緒にした遊びがすごく気に入り，チューンの若者が家に帰ろうとして石投げの石を下におろしたとき，親しみをこめてちょっと指先でその遊び友だちの頭をこづいて言った。「きっと明日も来てくれよ。また楽しく石投げをしようじゃあないか」　ところが，そう言い終わらぬうちに，若者は足元に倒れてしまった。巨人の指が遊び友だちの頭蓋骨にめりこんでしまったのだ。自分が若者の頭蓋に加えた打撃に気づいた巨人は，なんとか若者の頭を元どおりにして，指でできた穴をふさごうとしたのだが，もはや手遅れだった。若者は，巨人が手当てを始めるよりずっと前に，すっかり事切れていた。

　かわいそうに，遊び友だちがすっかり息絶えていることがわかると，巨人は若者の死体を腕に抱き，ケルンのふもとの大きな四角い岩にすわって左右に揺さぶった。息絶えた死体を胸に押しつけ，大声をあげてさめざめと泣いた。その声はパーモイナの岩に打ち寄せて砕ける大波の怒号よりも大きかった。

　「おお，かわいそうに，かわいそうに。お前の頭蓋をなぜもっと硬くしとかなかったのだ。まるで生焼きで，薄くつくられすぎたパイの皮みたいに柔らかいじゃあないか！　お前と石投げや隠れんぼができなくなったら，わしはどうして時を過ごせばよいのだ」

　カーン・ガルヴァの巨人は２度と心楽しむことなく，それから７年ほどたって，すっかりやつれ果て，失意のうちに死んでいった。

　これらの巨人は，散乱した巨石や他の天然物，ないしは先史時代の遺跡を説明するために，人間がふざけ半分で創り出したもののように思われる。

　心やさしく愚かしい巨人とは対照的に，残虐非道な巨人，つまり人食い妖怪も存在する。例えば，〈巨人退治のジャック〉が退治したような巨人がそれである。これらのあるものは，頭がいくつもある怪物であり，多くは分別などはもち合わさず，すべて人食いである。スコットランド高地地方になると，巨人ははるかに悪賢く，あるも

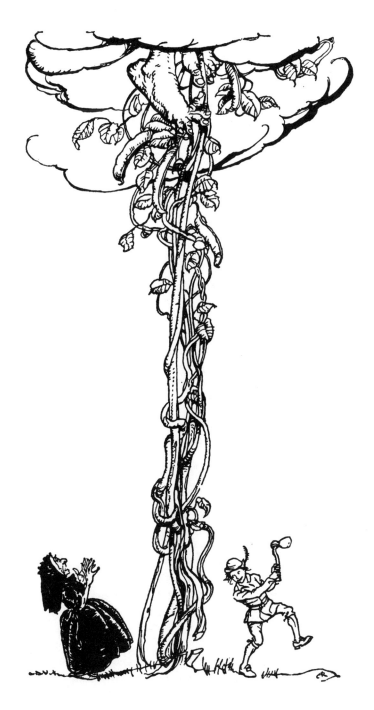

キヨジン ● 81

のは、「ないのないの名無し」のスコットランド版である「鳥たちの戦い」に登場する巨人のように、魔法使いである。D. マキネスによって採集された『ケルト伝承拾遺集』(1889-95) 第2巻に収められた「アルバインの王」の話に登場する陰気な巨人も、巨人であると同時に魔法使いであろう。というのも魔法の野ウサギが人間を洞窟におびき寄せると、中では巨人と12人の息子がその到来を待っていて、そのおびき寄せられた者に巨人は「毒リンゴ」かそれとも「熱い焼き網」か、どちらのゲームをやるかと、恐ろしい選択を迫って楽しむからである。捕まった者は結局両方をやらされることになる。この話にはもうひとり巨人がいて、老いた王の娘を連れ去るが、これは巨人におきまりの行為である。どちらの巨人も〈大きな若者〉と呼ばれる超自然の援助者によって退治される。これは、〈死者の報恩〉型の昔話の不完全な類話か、あるいはこの方が当たっているかもしれないが、亡き父王をひどく悼んでいた若い王に父親が亡霊となって現れたのであろう。これとは別の危険で邪悪な巨人〈丸裸にする絞首刑執行人〉が同じく『ケルト伝承拾遺集』第3巻に見いだされる。この巨人も魔法を使う。というのは、彼も分離しうる魂［⇒霊肉分離］の所持者で、この巨人を退治するには前もってこの魂を破壊せねばならないからである。首が一つ、二つ、三つとついている巨人が次々に退治される話もある。同じ第3巻の中に、自分の剛力の恐ろしさを知らない陽気な巨人の話があるが、この巨人はジョーゼフ・ジェイコブズが『続イングランド昔話集』(1894) で語っているトム・ヒッカスリフト〔貧しい労働者の身で巨人を退治し爵位を受ける〕型の人間の大男である。彼は20年間も母乳を飲み続け、超自然の力を得た。恐れをなした彼の主人は彼を殺そうとして次々に難しい課題を出すが、彼はすべて解決し、最後には自分で手に入れた家に老いた母とともに落ちついて幸福に暮らす。大ブリテン島の伝承に登場する巨人は非常に多岐にわたっていることが理解できよう。　［タイプ ML 5020. モチーフ：A 523；A 963.5；A 977.1；F 531；F 628.2.3；N 812］

(三)(平)

ギラ・ドゥー　Gille Dubh　⇒ギリー・ドゥー

ギリー・ドゥー　Ghillie Dhu

ギラ・ドゥーともいう。原意は「黒い若者」。オズグッド・マケンジーはその著書『スコットランド高地地方の百年』(1949) の中で、近代で最も有名なゲアロッホ〔現ハイランド州西部の村〕の妖精としてギリー・ドゥーをあげている。ギリー・ドゥーはドルイン湖の南端にあるシラカバ林や茂みの中に隠れすんでいた。彼は黒髪のゆえにギリー・ドゥーあるいはギラ・ドゥーと呼ばれたのであって、黒っぽいタータンを着ていたわけではない。というのは彼の着用する衣服は木の葉や緑のコケでできていたからである。ギリー・ドゥーは一般に慈悲深い妖精とみなされていたが、彼と話をしたのはたったひとりしかおらず、それはある晩、森で道に迷ったジェシー・マクレイという少女であった。ギリー・ドゥーは一晩中とてもやさしく彼女の面倒をみ、朝になると無事に家まで送りとどけた。にもかかわらず、数年たってから、ゲアロッホのサー・ヘクター・マケンジーは、ギリー・ドゥーを射殺しに行くために、マケンジー

一族の4人の領主を呼び寄せた。領主たちは大歓待され，ギリー・ドゥーを求めて森に出かける前に，ドルイン湖畔にあるジョン・マケンジーの山小屋のヒースを敷いた臥所(ふしど)で休息をとった。そのころにはジェシー・マクレイはジョン・マケンジーの妻となっていた。5人の領主たちが一晩中捜し回ってもついにギリー・ドゥーを発見できなかったというので，ジェシーがどんなに胸をなでおろしたことか想像できよう。これは18世紀末の出来事であった。［モチーフ：R 131. 12］　　　　　　　　　　　（三）

キルムーリス　Killmoulis

原義は「乾燥小屋（kiln）の口なしさん（mouthless）」。粉ひき場でもあった水車小屋に出没する，怪奇なタイプのホブ，またはブラウニー。キルムーリスについては，ウィリアム・ヘンダーソンが『イングランド北部諸州と境界地帯のフォークロアについてのノート』(1879) の中に，かなり詳しく書いている。昔，水車小屋には必ず，その水車小屋の召使いであるキルムーリスがいると考えられていた。キルムーリスは口がなくて，鼻がものすごく大きいので，見た感じはあまりよくない。その大きな鼻で，食べ物をくんくんかいで吸収したらしく，ヘンダーソンが引用しているざれ唄はこうなっている。

    口なしさんのキルムーリス，
    今すぐおいで，すぐおいで。
    せっかく豚をつぶしたのに
    夕べ，お前さんどこにいた？
    たらふく食わせてやったのに。

おそらくキルムーリスも，食べ物の滋養分［⇒フォイゾン］を摂っていたのだろう。
　キルムーリスは，粉屋とその家族の幸せのためにいろいろ尽くし，また病気や災難のある前にはバン・シーのように泣き悲しんだりするが，どちらかといえばむしろボガートに近く，乾かすために広げておいた脱穀したオート麦の上に灰をぶちまけるといったようないたずらをして，おもしろがる。粉屋の主人だけは，上記の「口なしさんのキルムーリス…」の唄で呼んで，キルムーリスをしめつけておくことができた。主人が呼び出しをかけると，キルムーリスは，パッパ，フーフーと息を吐いて現れて，主人の指図を受けた。非常の場合には，小麦の脱穀をしたり，おかみさんのために産婆を呼びにいったりもする。ハロウィーン〔10月31日．万聖節の前夜祭で，魔女の宴会が開かれる日〕には，どんちゃん騒ぎの占いにも登場した。ふだんは乾燥小屋の炉の前を居場所にしていた。おそらく，スコットランド低地地方にいるのがキルムーリスと考えられるが，そのわけは，高地地方の水車小屋にはブラウニーやウリシュクやブロラハンといった，ほとんどがキルムーリスよりたちの悪い妖精が出没していたからである。しかし，オランダのカバウターマネキンという粉ひき場の精は，もっと人の役に立ち，勤勉である。［モチーフ：F 480；F 482.5.3；F 482.5.4.1］　　　　　　（吉）

きれいな水　Clear water

妖精の婦人たちは自分らの赤ん坊を炉端へ連れてきて体を洗ってやるものだが，そこ

には，お碗1杯の，澄んだきれいな水を置いておく必要があった。汚れた水や空のバケツを置いておくと，通常，つねられるか，足の自由を奪われる罰をくらった。<u>妖精がとがめる過ち</u>および<u>妖精に尊重される美徳</u>の各項も参照。

(吉)

金髪　Golden hair

妖精の中には金髪のものもいた。例えば，<u>タルイス・テーグ</u>すなわち金髪族や，また<u>中世ロマンスの妖精</u>，そして<u>チール・ナ・ノーグ</u>にすむアイルランドの妖精の多くも金髪だったようである。しかし妖精の多くは，黒い髪に赤銅色の肌をしている。だが金髪であろうと黒い髪だろうと，妖精たちは人間の金髪を非常に貴重だと考えている。金髪の子どもは黒髪の子より，さらわれる危険率がはるかに高かった。<u>ガルス・ドルウェンのアイリアン</u>のように，金髪の娘はしばしば誘惑されて，妖精の花嫁にされた。また妖精たちは，とりわけ美しい金髪の娘を，自分たちの特別の預かりものとして手元に置くことがある。そして妖精は，預かりものである金髪娘を保護できなくなると，預かりものを悪くした者に仕返しをする。ジェシー・サクスビーが『シェットランドの伝承』(c. 1880)に収めた「アンスト島の金髪の娘」の話は，そうした美しい人を妖精が保護したよい実例である。以下に記した話では，子どもを愛しその世話をやいたのは，<u>トロー</u>たちである。

　　昔，ある娘がいたが，母親はその子を産むとき，トローたちに魔法をかけられていた。その子はすばらしく美しい金髪をもった愛らしい娘に成長した。その髪は輝いて波打ち，娘の体に垂れていた。肩に揺れるその髪の様子は，この世のものとも思えぬほどすばらしく，人々の目を見張らせた。子どもたちも娘たちも，髪を自然のままに垂らしておくことはしなかったが，この娘だけは別だった。人々が言うには，娘が髪を結おうとすると，髪はいつも指にさからってゆっくりほぐれてゆき，また元の自然の巻き毛に戻ってしまうのであった。

　　娘の歌声は美しかった——うたう能力を妖精から授かっていた——そしてかすかに歌を口ずさみながら歩きまわると，近くにいる者たちはその声に聞きほれ，若者はうっとりしてしまうのだった。トローたちがこの娘を特別に守っているのだと人々は信じていた。というのも，娘にかかわることは何もかも順調に運ばれていくように見えたからである。それで娘の金髪は「娘を好いたものたちからの贈り物」と呼ばれていた。ところが魔女がたまたま，トローのその贈り物を自分のものにしたいと思い，ある日のこと，娘が干し草の上に横になって眠っていたとき，その美しい金髪を切り取ってしまった。

　　かわいそうに若い娘は，すばらしい自慢の金髪を切られて家に帰り，その後しだいにやつれていった。唇からは歌が消え，目からは輝きが失せてしまった。

　　娘が10代で死んだとき，金髪が再び生えはじめ，棺のふたを閉じるまでには，すっかり元の美しさを取り戻していたそうである。

　　魔女は勝利を収めなかった。というのはトローたちが魔女にとりつき，それにふさわしい罰を下したからである。

　　魔女はトローたちの出没地をさまよって，異様な生き方をしなければならなかっ

た。夜となく昼となく（と魔女は言うのだが），邪悪な幻影にとりつかれていた。眠ろうとすれば，いつもトローがやって来て，奇妙な音を立て，休むことすらできなかった。そして結局，魔女は連れ去られてしまったのである。

ロバート・ハントの『イングランド西部の伝承奇談』(1865)に収められた「マーメイドの復讐」の話もこれと似ているが，ただそこでは，マーメイドの血を受けた娘のセリーナは，とても美しいといわれているだけで，金髪だったかどうかは，はっきりと語られてはいない。［モチーフ：F 233.5；F 555.1］　　　　　　　　　　　　（井）

クアハック　Cuachag

ドナルド A. マケンジーの『スコットランドのフォークロアと庶民生活』(1935)，ならびに W. J. ワトソン教授の『スコットランドにおけるケルトの地名の歴史』によれば，クアハックはフーアの一種であった。クアハックは川の小妖精で，クーアイヒ渓谷〔インヴァネス市の南方約65キロ〕に出没したので，この名前がついた。すべてのフーアと同じく，クアハックは危険な妖精である。

(三)

グイシオン　Gwyllion

ウェールズにすむ，たちの悪い山の妖精。恐ろしい形相の女の妖精で，夜，山路で旅人を待ち伏せて，道に迷わせる。ワート・サイクスは著書『イギリスのゴブリン』(1880)で，このグイシオンに1章（第4章）をあて，この妖精を人間にもっと友好的なエサソンと比較している。サイクスは山の老婆を，このグイシオンのひとりと考えている。グイシオンは，鉄の威力には弱いらしく，ナイフを引き抜いて打ちかかれば退治できる。カーディガンシャーの海岸町アベラストウイスでは，グイシオンがよく人の住居を，とりわけ悪天候のときに訪ねたが，町の人たちは，あとのたたりを恐れて，この訪問者を丁重に扱ったものである。グイシオンはヤギの友人であり，保護者であり，ときに自らもヤギの姿になることもあった。もっとも，金曜日ごとにヤギのひげに櫛を入れるというのは，グイシオンではなくタルイス・テーグである。　〔モチーフ：F 369.7；F 460；F 460.4.4〕

(吉)

グイディオン　Gwydion

北ウェールズの超自然の妖術師で楽人。アイルランドのダーナに相当するウェールズの女神ドーンの息子。ドーンには3人の子，すなわち，妖術師グイディオン，鍛冶屋のゴヴァノン，のちにセウ・サウ・ガフェスの母となる娘アリアンフロッドがいた。『マビノギオン』の中の「マソヌイの子マースのマビノーギ」では，マースとグイディオンがセウ・サウ・ガフェスのために，「花のように美しい人」の意であるブロダイウエッドという花嫁を作るが，その花嫁は別の男と恋におち，裏切られたセウは死ぬ。『マビノギオン』では，グイディオンは南ウェールズの人たちに多くの魔法を行なっている。

(吉)

グイン・アップ・ニーズ　Gwyn ap Nudd

ニーズの息子グインの意。アーサー王物語のうちで最も古い「キルフーフとオルウェン」の物語が『マビノギオン』に収録されて以来，冥府の国の王とされてきた人物。『マビノギオン』では，グイン・アップ・ニーズはアーサー王の廷臣名簿にその名を連ねているが，他方，冥府の国に幽閉されて，そこに閉じこめられている悪魔たちを押さえ，彼らによって人類が滅ぼされるのを防ぐのを務めとしているともいわれた。彼は明らかにケルトのプルートーン〔ギリシア神話で死者の国の支配者〕であったが，時の経過するなかで，妖精に縮小していって，地下の妖精プラント・アンヌーンの王となった。エヴァンズ・ウェンツは，著書『ケルト圏の妖精信仰』(1911) の中で，アーサー王とその廷臣たちを調査する過程で，グイン・アップ・ニーズに言及し，その起源について，初期のケルトの神々が妖精に縮小したものと述べている。なお，ジョン・リースの『ケルトのフォークロア――ウェールズとマン島』(1901) では，グイン・アップ・ニーズはもっと控えめな存在とみなされている。　〔モチーフ：F 167.12〕　（吉）

クー・シー　Cù Sìth

スコットランド高地地方の妖精犬であるクー・シーは，暗緑色をしているという点で，他のケルト圏における妖精の猟犬とは異なっていた。その姿はJ. G. キャンベルの『スコットランド高地地方と島々の迷信』(1900) に描かれている。大きさは，2歳の雄牛ほどもあった。毛がもじゃもじゃで，長い尻尾を渦巻き状に背中の上に巻いていたり，あるいは，平たく編んで垂らしていたりした。足はとても大きく，その幅は人間の足くらいあって，よく泥や雪の中にその足跡が見られたが，音を立てずに滑るようにしてまっすぐ歩いた。獲物を追うときは，たえず吠えるのではなく，3度ものすごい声をあげた。その声ははるか沖合いの船まで届くほどであった。妖精犬はたいていブルーの内部につながれていて，だれかが侵入すると解き放たれた。時には女たちについて出かけて，人間界の雌牛を探してはその乳を搾り，あるいは牛を妖精丘のシーヘンに追いこんだりした。クー・シーは単独で彷徨するのを許されることもあり，岩の裂け目で寝泊まりした。このクー・シーは，人間や人間界の犬にとってはひどく恐ろしい存在であったが，J. F. キャンベルの「サントライ島」という物語では，ブルーの内部で鎖から解き放たれたクー・シーが，ブルーへ侵入した人間を追ってその家の近くまで来たときに，人間が飼っている犬に追い返されている。フィンの妖精犬ブラン[3]の外見は，またこれとは違っていた。他の妖精犬はたいてい白く，赤い耳をしているが，イングランドの超自然の犬のうち最も一般的なのは黒妖犬である。　〔モチーフ：F 241.6〕　（三）（平）

屑糸帽子　Thrummy-Cap

イングランド北部地方にいる妖精で，古い家の地下室に出没する。仕上がった織り布を織機からはずすときに出る屑糸で作った帽子をかぶっている。『デナム民俗雑纂』(1892, '95) の妖精および物の怪のリストに出てくるが，その脚注には，ヨークシャーのキャトリック〔現ノース・ヨークシャーに所在〕の町に近いスラミー・ヒルズ〔「屑糸が

丘」の意〕への言及があり，また，「この妖精の名はノーサンバランド州の妖精物語に出てくる」という添え書きもある。
(吉)

グースベリー女房　the Gooseberry Wife

田舎の子ども部屋のボーギーのうちで最も目立つものの一つだが，大人がその実在を信じるということはありえない話だった。イングランド南岸のワイト島にその伝承があるが，巨大な毛虫の姿をして，スグリ〔グースベリー〕の灌木を守るという。「庭へ出たらグースベリー女房に捕まるぞ」というのが子どもに対するおどし言葉。[モチーフ：F 234.1.16]
(平)

グーナ　Gunna

戸外で活動する一種のブラウニーで，牛の世話を主な仕事とする。J. G. キャンベルによれば，グーナはヘブリディーズ諸島のタイリー島で知られ，牛が農作物を荒らさないように番をするという。みじめなほどにやせこけて，ぼろのキツネの皮をまとった裸同然の姿をし，グルアガッハのように長く黄色い髪をもつ。ある透視力をもった人がグーナの姿を見て，裸でいるのを哀れみ，衣服を与えたところ，本物のブラウニーのように，このせっかくの親切に驚いて逃げ去った。『スコットランドのフォークロアと庶民生活』(1935) の著者ドナルド A. マケンジーは，グーナの窮状に同情して書かれた以下のような詩を引用している。

　　冷たく古い灰色の石にぽつねんと，
　　すわっているのが見えるだろう，
　　われわれだったら見向きもしないような
　　肉付き骨をかじっているのが。
　　　　腹をすかせやせこけているので，
　　　　家へ来たら入れてやるのに，
　　　　キツネの皮のぼろ着しか，
　　　　グーナは身につけていないんだから。
　　きらきら光る金髪を，
　　裸の肩にからませて，
　　羊の群れのまわりをうろつきながら，
　　寒さにがたがたふるえている。

[モチーフ：F 475]　(三)

クーニアック　Caoineag

「泣く者」の意のゲール語。スコットランド高地地方におけるバン・シーの別名（クーンチアッハはもう一つの別名）。フーアの類に属する。ベン・ニーアとちがって，姿を見せないので，近づいて願いを聞き届けてもらうことはできない。一族に災難がふりかかる前，新月の夜に滝のそばで泣き叫ぶ声が聞かれる。アレグザンダー・カーマイケルは『カールミナ・ガデリカ（ゲールの歌）』(1928-41) 第 2 巻で，〈グレンコーの大

虐殺〉〔1962年2月グレン川渓谷でマクドナルド一族の者38名がキャンベル一族側に虐殺された〕の前に，マクドナルド一族のクーニアックが夜ごと泣き叫ぶ声が聞こえた，と言っている。［モチーフ：M 301.6.1］ (吉)

クー・ハラン　Cú Chulainn, Cuchullin, Cuchulain

英語化した形ではクーフリン，クークリンともいう。アイルランド最古の英雄伝説集の一つである〈アルスター伝説〉に登場する英雄。彼は死を免れない人間のひとりとして生まれたが，その奇妙かつ異常な人柄は際立ち，初めから数奇な生涯を送るよう運命づけられていた。クー・ハランは人間でありながら神の子であるギリシアの英雄のように，長腕のルーと呼ばれる神の子であった。外見の異常な特徴として，両目のそれぞれに7個の瞳があり，手足に7本ずつ指があった。両頬には黄，緑，青，赤の4本の筋が入り，髪は，根元が黒く，先へゆくにしたがって赤くなり，先端は金色であった。頭には100本の宝石の糸，胸には100個の金のブローチなどを，ごてごてと飾っていた。これが平和なときの姿であり，賞讃の的であったらしい。いざ戦いの狂熱にとりつかれると，その様子は一変した。すなわち体の表面はそのままで内部だけをぐるっと前後逆転させた。足や膝は後ろを向き，ふくらはぎと尻が前に来た。長い髪は逆立ち，その1本1本が火花を散らした。口からは炎を吐き，頭のてっぺんからは黒い血が大きなアーチのように噴き出した。一方の目は頬につくばかりにとび出し，もう片方は頭蓋骨の奥にめりこんだ。額には〈英雄の月〉が輝いていた。その狂熱の度はあまりにも強く，平常の体温に戻すには氷のように冷たい水をはった大桶を三つ並べ，その中につからなければならなかった。このような不可思議な変身は，英雄たちの特性であったように思われる。例えば，フランスの12世紀のロマンスをドイツ語に訳した『ランツェレット』(c. 1200)では，〈湖のランスロット〉について同様のことが述べられている。

　子どものころからすでにクー・ハランの力は尋常なものでなかった。7歳のときには，アルスター宮殿の王を守っていた，鍛冶屋クーランの獰猛な犬を殺している。これを償うために，彼は犬の代役を勤め，アルスターを守ることを申し出る。そこで彼の名はセタンタから，「クーランの猟犬」という意味であるクー・ハランに変わった。そして，クー・ハランは生涯アルスターを守護することになった。他の英雄たちと同じく，彼は戦いの技量のみでなく，詩作，音楽，魔法にも長じていたが，いつも悲劇につきまとわれ，使命遂行の過程で多数の敵を作った。最大の強敵はメーヴ女王で，メーヴは〈クールナの牛争奪戦〉でクー・ハランと相対し，彼と戦わせるために魔法使いたちを計画的に育てた。最後にメーヴは互いに矛盾した誓約［⇒ゲァサ］で彼を陥れて倒した。クー・ハランは，最後まで敵と戦えるようにと野の石柱にわが身を縛りつけて，英雄にふさわしい死を遂げた。

　エリナー・ハルの著作『アイルランド文学におけるクーフリン物語』(1898)は，この伝説全体を学問的にとらえたもの。［モチーフ：A 511.1.3.1；A 526.1；A 526.5；A 526.6；A 526.8；A 536.1］
(三)(平)

グラゲーズ・アンヌーン　Gwragedd Annwn

ウェールズの湖水の妖精たち。ウェールズでは伝承妖精物語のうち，人間と結婚する〈湖の乙女〉の話が最も古くて，分布も最も広い。ウェールズの伝承には不気味な妖精が多いが，水棲妖精だけは例外で，美しくて，人々に好感をもたれている。といっても，ギリシア神話の美声の海の精セイレーンやゲルマン民話の水の精ニクシーともまた違う。ジョン・リースは『ケルトのフォークロア―ウェールズとマン島』(1901)の中で，「水の精のキムリック〔ウェールズという意味〕姉妹」に1章を割いている。グラゲーズ・アンヌーンに関する物語の中で，いちばんよく知られている最古のものは，ブラック・マウンテン〔現ダヴェッド州南東隅の山地〕の近くの小さな美しい湖ヴァン湖〔正式にはシーン・ア・ヴァン・ヴァッハ湖〕の乙女の物語である。昔，12世紀のことであるが，マズヴァイ〔ヴァン湖の北西約9キロの村〕に近いブラインサウデに農場を所有するひとりの寡婦がいて，いつもひとり息子を，谷を渡って2マイル〔約3.2キロ〕離れたヴァン湖の岸辺へやって，そこで牛たちに草を食べさせていた。ある日，息子が昼の弁当を食べていると，今まで見たこともないほどの美女が，湖面で顔を水鏡に映して，長い巻き毛の金髪をくしけずっていた。息子はそれを見てたちまち心を奪われ，パンを両手に持ったまま手招きして，岸辺に彼女を誘った。美女は息子をやさしく見つめたが，「あなたのパンは堅く焼けすぎています」と言って，湖に姿を消してしまった。息子は家に帰って，一部始終を母親に語った。母親は息子に同情して，翌日は焼かない練り粉のパンを持たせたが，今度は柔らかすぎると言われたので，そのまた翌日には，軽く焼いたパンを持たせた。これならばよしということで，湖中から三つの姿が現れた。気高い，威厳にみちた老人と，その左右に寄り添う美しいふたりの娘であった。老人は農夫の息子に向かって，お前が恋心をいだいたのはどちらの娘か当ててみよ，ちゃんと当てれば，その娘を嫁に与えよう，と言った。老人の左右の妖精の娘は，瓜二つで，農夫の息子は絶望のあまりその難問に答えるのをあきらめかけたが，そのとき，娘のひとりがかすかに足を動かした際，はっきり見覚えのあるサンダルの結びひもが見えた。そのおかげで，息子は正解を出すことができた。妖精の父親は娘に，一息で数えられるだけの牛を持っていかせようと言ったので，娘はすばやく数えられるだけたくさんの数をかぞえた。しかし，父親の妖精は，娘の夫になる農夫に，娘にはやさしくしなければいけない，もし，正当な理由もないのに娘を3回たたいたら，娘も，持参した牛も，永久に消えるだろうと警告した。ふたりはめでたく結婚して，幸せに暮らし，3人の美しい息子を授かった。が，この妻はしばしば奇妙な，妖精じみたふるまいをした。すなわち，時々失神状態になったり，例えば結婚式の場などのようにほかの人々が喜んでいるときに泣きだしたり，また子どもの葬式の場などのように人々が悲しがっているときに，ひとり笑ってうたいだしたりするのであった。こういう奇行のために，夫はとうとう妻を3回，正当な理由もなくたたいてしまった。といっても，愛情からほんの軽く3度たたいただけであったが，<u>タブー</u>を破ったことには違いない。ついに，妻は夫と別れなければならないことになり，持ってきた牛はもちろん，その牛が産んだ子牛も，屠殺して壁につるしてあった子牛までも，みんな従えて消えた。しかし自分の3人の息子のことは忘れてはいなかった。

というのは彼女は息子たちを訪れて，さまざまな薬草の秘伝を伝え，息子たちはそれぞれマズヴァイの有名な医者になったからである。その名医の術は19世紀に家系が絶えるまで，彼らの子孫にずっと伝えられた。ジョン・リースは，この物語をトン出身のウィリアム・リースの手になる〔正しくはジョン・ウィリアムズ編の〕『マズヴァイの医者』(1861)から引いているが，ジョン・リース自身も，口承から直接この物語のいくつかの類話を記録している。それらの類話の中には，細部が新しくつけ加えられたものもあったが，いかんながら物語として未成熟なものもあったことは否めない。ワート・サイクスは『イギリスのゴブリン』(1880)で，やはりこの類の話をかなり詳しく語っているが，出典が示されていない。リースの方はそれに対して，出所を注意深く記している。要するに，この類話のすべてにおいて，結局，タブーは破られて，妖精は消え去るわけであるから，結婚したアザラシ乙女が，アザラシの皮を取り戻して，元のアザラシに返る話と同型だということになる。〔モチーフ：C 31；C 932；F 241. 2；F 300；F 302.2〕

(吉)

グラシュタン，グラシュティン　Glashtyn, or Glashtin

エッヘ・ウーシュカがマン島でとる形の一つ。もっとも，ほとんど絶滅してしまったマン島のホブゴブリンであるグラシャン〔⇨フェノゼリー〕が，これと混同されることもあれば，フェノゼリーの一種であると記述されることもある。ウォルター・ギルは，著書『続マン島スクラップブック』(1932)の中で，この点を指摘している。グラシュタンは，人間の姿をとるときは，あの大柄で無骨なフェノゼリーより，ずっとハンサムである。その姿はきらきら輝く黒い瞳と黒髪の巻き毛の美男子であるが，その耳に特徴があった。美しく，繊細ではあるが，馬の耳のように先が尖っていたのである。グラシュタンについての典型的な話がドーラ・ブルームの『マン島昔話集』(1951)に出ているので，紹介する。

キルリー・クウェイルという名の女の子の話だが，お父さんがドゥーリッシュの市場へ魚を売りに出かけたとき，彼女は近所に家もないその寂しい一軒家でひとり留守番をさせられた。お父さんは彼女に，ドアにかんぬきを掛け，自分が3度ノックするまで決してあけないようにと命じた。キルリーは，別に心配性ではなかったが，そのうち，ひどい嵐になり，それでもお父さんが戻ってこないものだから不安になってきた。ようやく，夜もふけてから，ドアを3度ノックする音が聞こえた。走っていってドアをあけると，ずぶ濡れになって水滴をしたたらせている見知らぬ男が入ってきた。今まで聞いたこともない言語で男はしゃべったが，どうやら家の中に入れてもらい，火のそばで暖をとらせてほしい，ということらしかった。その男は，キルリーの差し出す物に口を全くつけず，火のそばに横たわって眠りこんでしまった。そのうち，ろうそくとランプも消えたが，キルリーは，用心深く火を吹き起こし，その明かりで，男の黒い巻き毛の下に，美しい，先の尖った耳が半ば隠されたようになっているのを見てとった。この男が恐ろしいグラシュタンであることが，それですぐわかったが，いつなんどき男が馬の姿に戻り，波間で彼女をむさぼり食うために海へさらっていかないともかぎらない。明け方になり，小さい赤い雄鶏が，と・き・をつくってさえくれた

ら彼女は助かるのだ。彼女は，石のように身動きもせず，じっとすわっていたが，それは容易なことではなかった。夜は明けるどころか，いよいよ暗くなっていくようだった。折あしく，炉の中の泥炭の塊が一つパチッと割れて炎を出し，その音で男は目を覚ました。男は体を起こし，長い真珠の首飾りを出して，彼女の目の前にちらつかせ，自分と一緒に来るように誘った。キリリーは，その真珠の首飾りを手で払いのけたが，男は彼女の衣服をつかんだ。彼女が金切り声をあげると，垂木にとまっていた小さい赤い雄鶏が目を覚まし，ときをつくった。見知らぬ男が外へ駆け出たかと思うと，戸外の砂利道を駆ける馬の蹄の音が聞こえてきた。空は明るくなり，妖怪は去った。嵐もおさまり，父が浜辺を歩いて帰ってくる姿が見えた。

この話の変形が J. F. キャンベルの『西ハイランド昔話集』(1860-62) の第 4 巻で紹介されているが，そこではスコットランド高地地方の水棲馬との間に強い類似が見られる。ただしグラシュタンの場合，カーヴァル・ウシュタの場合ほど馬の形とのつながりが緊密ではない。グラシュタンは，ほかにも悪さを行ない，ボゲードンと混同されることもありうる。ジョン・リースは『ケルトのフォークロア―ウェールズとマン島』(1901) で，グラシュタンを一種のブラウニーと解釈する説もあるが，それはたんなる混同であろうと言っている。しかし確実に言えることは，グラシュタンなるものは，家のまわりにいてもらってありがたい存在では決してない，ということであろう。［モチーフ：B 184.1.3］　　　　　　　　　　　　　　　　　　　　　　　　　　（平）

グラシュティグ　Glaistig

J. F. キャンベルは，これをフーハン［⇒フーア］の中に入れているが，いろいろな側面をもった存在である。グラシュティグは，時にはケラッハ・ヴェールの属性と習性とを有し，時には動物，すなわちしばしばヤギにも変身するが，半ば女性で半ばヤギというふうに描写されることが多い。グラシュティグは水の精であり，フーアとみなされている場合，人に危害を加える危険な存在である。しかし，〈緑のグラシュティグ〉になっている場合は，もっとバン・シーに似ており，自分のお気に入りの者の死や病気を嘆き，家事を引き受けたりさえする（グラシュティグのこういう側面についてはグルアガッハの項を参照）。ドナルド A. マケンジーは，『スコットランドのフォークロアと庶民生活』(1935) の中でグラシュティグに 1 章を与えているし，ルイス・スペンスの『ブリテン島における妖精伝承』(1948) の中にも詳細な記述がある。グラシュティグは，元来，人間の女性だったが，妖精たちに捕われ，妖精の性格を付与されたのだとしばしば言われた。J. G. キャンベルおよび J. F. キャンベルや，『カールミナ・ガデリカ（ゲールの歌）』(1928-41) のアレグザンダー・カーマイケルや，さらにその娘のワトソン夫人などにより，グラシュティグについての伝承が多く紹介されている。やさしいときのグラシュティグは子ども好きで，しばしば老人を庇護した。グラシュティグは，しばしば自分が出没する農家の牛番をして，そのお礼に牛乳を献上してもらうことを期待した。ギリシア神話のサテュロスのように半人半獣の形をしているウリシュクは，しばしばグラシュティグと接触があったという。　　　　　　　（平）

グラス・ガヴレン　Glas Gaibhleann, Glasgavlen

妖精動物の一つ。各地の湖に現れる妖精雌牛で，その伝説は，W. G. ウッド＝マーティンの『アイルランドの古信仰の痕跡』(1902)で簡潔に紹介されている。カーカムの赤牛の項を参照。［モチーフ：B 184.2.2.2］
(吉)

グラッハ・ア・フリビン　Gwrach Y Rhibyn

ウェールズ語で，グラッハは「醜い老婆」，フリビンは「縞」とか「列」という意味だが，なぜこのように呼ばれるかについては定説がない。一般にはあまり耳なじみではないこの呼び名は，ウェールズ西部のカーディガンシャーで，バン・シーを呼ぶのに使われている。時には，グラッハ・ア・カヒライスとも呼ばれる。この女妖精は，警告したい人間に，姿を見せずにくっついていく。そして，十字路や小川に来ると，突然，身の毛もよだつ恐ろしい悲鳴をあげて，地面や水面をたたきながら，女の人にくっついているときは「うちの亭主が！　うちの亭主が！」と叫ぶ。もし女の人の死を予告するならば「うちのかみさんが！」　また死ぬのが子どもだと「うちの子が！　うちの子が！」と叫ぶ。悲鳴の中身が聞きとれないときには，聞いた者自身の死が予告されたことになる。この妖精は人をぞっとさせる形相で，髪はもつれ，黒い歯が長くのび，背丈に不釣り合いな長い腕は，しなびている。ジョン・リースは，『ケルトのフォークロア―ウェールズとマン島』(1901)第2巻で，この妖精について書いており，グラッハ・ア・フリビンは一般的には先祖の霊とみなされているようだが，アヌやケラッハ・ヴェールのように，慈母神のひとりと考えることも可能だ，と述べている。［モチーフ：M 301.6.1］
(吉)

グラント　the Grant

13世紀初頭に活躍し，『皇帝にささげる閑談集』(c. 1211)を書いたティルベリーのジャーヴァスは，その著作の第3部にイギリスおよびヨーロッパ各国の妖精信仰の例を多数収録している。グラントは，ヘドリーの牛っ子，ピクトリー・ブラッグやその他その本来の姿が馬である妖精の親戚筋のように思われる。しかし，グラントは，警告を発する妖精であって，その性格は，あの危険にして邪悪なケルピーやエッヘ・ウーシュカよりは，むしろバン・シーに似ている。ジャーヴァスは，次のように，グラントの出身をイングランドと断定している（キートリー著『妖精神話考』による）。

　　イングランドには，英語ではグラントと称し，後ろ脚で立ち，目をぎらぎら輝かせている当歳馬に似た一種の悪魔がいる。この種の悪魔は，しばしば日盛りに，あるいは日没ごろ，街頭に姿を現す。その翌日か翌日の夜に，何か危険が差し迫っていると，グラントは往来を駆け回って犬を挑発して吠え立てさせ，あるいは逃げるまねをして犬に自分を――もちろん捕まったりはしないが――追いかけさせたりする。このいたずらを，住民たちは火の用心の警告と受けとる。この友好的な悪魔は，目撃した者を怖じ気づかせはするが，その出現によって，何も知らない人々に警戒態勢をとらせる。

［モチーフ：F 234.1.8］　(平)

グリッグ　Grig

本物かどうか，いささか疑問の余地のある妖精。『オックスフォード英語大辞典』では，ドワーフ，または小さいもの，ウナギの子，コオロギの意，としているが，「グリッグのように陽気な」という意味のよく知られた 'as merry as a grig' なる表現が妖精と関係があるという考えはかなり一般に流布している。サマーセット州で「グリッグル」（griggles；griggling apples）といえば，妖精のために，収穫後も樹に残しておいた小さいリンゴのことである。ルース・タングは1936年に，ロンドン北西部のスタンモアの馬丁ハリー・ホワイトから「グリッグの赤頭巾」という話を，そして1912年にはイングランドとウェールズの境界地方でもっと古い形の類話を聞いている。この二つの話のいずれでも，グリッグは小さい陽気な妖精で，緑色の服を着て，赤い長い円錐形のメリヤス編みの帽子をかぶっている。これは多くの場所，例えばアイルランドのおちびさんのような妖精と共通する服装である。小さいという考えと，「グリッグのように陽気な」という表現とが結合して，グリッグという語をめぐり一種の擬似妖精が誕生したとも推定できる。　［モチーフ：F 236.1.6；F 236.3.2］　　　　　（吉）

クリップ　Klippe

スコットランド東部のフォーファーシャー〔旧アンガス州〕における妖精の呼び名。E.B.シンプソンが『スコットランド低地地方のフォークロア』（1908）で，クリップについて以下のような短い言及をしている。

> 今世紀になって，スコットランド教会のある著名な牧師が，エディンバラ市で催されたある晩餐の席で，「わたしの父はフォーファーシャーの，樹木のない荒野で，クリップに会ったことがある。クリップは赤ら顔の小さいエルフで，行く手の道に突然現れて，前をしばらく歩いていたが，そのうちに消えてしまったそうだ」と語っている。

(吉)

グリム　Grim

ゴブリンのうちでは由緒ある名。ノルウェーのフォッセグリムやスウェーデンのシルコグリム——いずれも英語の教会グリムに当たる——により国際的に知られている。イギリス特にスコットランドの各地で見られる。グリムのダイク〔グライムズ・ダイクあるいはグレアムズ・ダイクとも。往時ローマ人が築いた土塁の別名〕と呼ばれるものは，この妖精の古さを証明している。グリムというのは，かつてはオーディンの，のちには悪魔の別称であった。アライズの妖精リストはグリムで始まる地名を多数列挙している。教会グリムは，通常，黒妖犬の形をとったし，17世紀の小冊子『ロビン・グッドフェローの生涯』に出ている妖精グリムも，以下に見るように時に黒妖犬の姿をとった。

> わしはフクロウと行を共にし，フクロウが大きな鳴き声を出すように，多くの人たちをも大声で泣かせるのだ。時には多くの単純な人たちを，わしは怖じ気づかせることがある。それで〈ニューゲイト〔元ロンドンの刑務所〕の黒妖犬〉とわしを呼ぶ向きもある。わしは，しばしば若い男女の集まりに出る。すなわち彼らがごちそう

を食べている真っ最中に，何か恐ろしいものの姿に化けて出現し，彼らを怖じ気づかせるのだ。彼らが逃げ去ったあと，その残したごちそうをちょうだいして，わが仲間の妖精たちと賞味する，という次第。また，こういうこともする。金切り声をあげるあのスクリーチ・アウルというフクロウのように，病人のいる部屋の窓辺で金切り声をあげる。それを聞くと人々は恐怖のどん底に陥り，病人はもう助からなくなるという。頭の単純なやつらを脅かす方法はほかにもたくさんあるが，頭のいい人たちを怖じ気づかせることは，わしにはできない。わしには人に危害を加える能力がないことを彼らは知っているからだ。

　　　　わしの夜の仕事は，今話したとおり，
　　　　昔からやってきたいたずらをやるまでだ。
　　　　ろうそくの炎が弱く青白くなってくると，
　　　　年寄りたちは，さあ妖精グリムのご到来だ，という。

[モチーフ：D 1812.5.1.12.2]　（平）

クリムビル　Crimbil
取り換え子を意味するウェールズ語。ベンディース・ア・ママイの項を参照。　　（三）

グリーン・スリーヴズ　Green Sleeves
ピーター・バカン〔スコットランドのバラッド収集家．1790-1854〕の『スコットランドの昔話』に紹介されているグリーン・スリーヴズの話は，「ないのないの名無し」の話や「鳥たちの戦い」の話などに見いだされる超自然の妖術師の話の最もすぐれた例である。これらは全部ケルトの話で，完全な形で今日に残されているが，イングランドでも断片的な形なら見つかる。グリーン・スリーヴズの話は，「超自然の花嫁」型の物語で，そこには普遍的モチーフが多数含まれている一方，ケルト人特有のモチーフも豊富に見られる。まず，グリーン・スリーヴズは，熟練がものをいう勝負事を主人公の王子に挑んで負かし，王子の鼻を折る。ケルトの話では勝負事はたいていチェスであるが，グリーン・スリーヴズの場合は九柱戯である。話はそのあと，挑戦者であるグリーン・スリーヴズを捜す旅に移り，主人公は，非常に高齢で，不死といってもいい3人の兄弟に順次助けてもらう。それから，妖術師の3人の娘が登場して白鳥乙女の主題がくる。娘たちのうちのひとりが着ていた白鳥の衣服を奪って，それを返すことで彼女の助力を得ることになる。次いで，妖術師の要求する難題に移り，それらが皆，主人公に代わってこの妖術師の娘によって成就される。すなわち，妖術師の娘と瓜二つに見える大勢の乙女たちの中から花嫁を選び，結婚して，新婚のふたりのために願いをかなえてくれる魔法の物体の力を借りて逃走する。ふたりの逃亡と，魔法の物体によって足どめをくわされる追跡者，所有者の肉体から分離した魂［⇒霊肉分離］，妖術師の死など，すべて，このタイプの物語に普通に見られるモチーフの連続である。また，このあとほとんどお定まりのように続くのが，タブーを破ったことで起こる新婚のふたりの別れ，本来の妻が寝場所を偽りの花嫁から買い取るテーマ，夫の記憶のよみがえり，そして結末は別れたふたりの仲直りである。将来を誓い合った

男女が、魔法のために結ばれるのが遅れるというテーマは、ジェイコブズが『イングランド昔話集』(1890)に収めた「3枚の羽」の話の中で、完全な物語となっている。アールネとトムソンのタイプ400「いなくなった妻の捜索」とタイプ425「いなくなった夫の捜索」とが、グリーン・スリーヴズの物語では一つになっている。そこに表れた主題は明らかに、超自然の世界への旅と、超自然の花嫁の獲得である。妖術師はトゥアハ・デ・ダナン〔ダーナ神族〕の多くに類似が見られるように、魔法によって条件つきの不死を享受している。老齢や病気で死ぬことはないが、ダグダの息子エーが、嫉妬深い夫の一撃で殺されたように、暴力では死ぬ。グリーン・スリーヴズは、命が魔法で支えられている多くの超自然の妖術師の典型である。以下のあら筋は、K. M. ブリッグズ編の『英国昔話事典』(1970-71) A部第1巻によった。

　　スコットランド王に、賭け事が非常に好きな王子がいた。王子はとりわけ九柱戯にたけていたので、このゲームで彼に勝負を挑む者はひとりもいなかった。ところがあるとき、突然見知らぬ年寄りが現れて、彼に挑戦した。挑戦の条件は、勝った者は負けた者から、なんでも望む物を要求できる、負けた者は死を賭してこれに応じなければならぬ、というのである。年寄りは勝ち、王子に対して、12か月後の今日までに、自分の名前とその住んでいる場所を当てよ、という難題を出した。

　　王子は途方に暮れて寝室に引きこもってしまった。が、ついに父に説得されて、まず、悩みの原因を話し、そして年寄りの難題の答えを探しにいくことにした。丸1日の旅ののち、ひとりの老人が自分の家の外にすわっているのに出会う。彼が、例の年寄りの悪党はグリーン・スリーヴズという名だと教える。老人は200歳だったが、200マイル先に住む400歳年上の兄が案内してくれると言って、魔法の靴と球を王子に貸し与えて、王子を送る。靴と球は、一蹴りすればひとりでに帰ってくることになっていた。

　　さらに800マイル先に住む1000歳年上のもうひとりの兄が王子をウージー川へ送った。グリーン・スリーヴズの3人の娘たちが、そこへ白鳥に姿を変えて水浴びをしにくるからであった。王子は末娘の、青い翼が一つついた白鳥の皮をこっそり盗んで、それを使って彼女に、グリーン・スリーヴズの館に行く道を教えてほしいと迫った。王子は、グリーン・スリーヴズに、館に入ることを無理やり認めさせるが、そのためとめどない窮地に陥ることになった。すなわち、壊れたガラスの破片のベッドに寝たり、魚の皮やかびたパンを食べたりしなければならなかった。そして、グリーン・スリーヴズは、王子に三つの不可能な難題を課したが、娘の〈青い翼〉が終始ひそかに、何千人もの妖精の入った魔法の箱の助力を得て、王子を助けた。第1の難題は、縦、横、高さともに1000マイルの館を、世界中のあらゆる石切り場の石を一つずつ使って作り、あらゆる種類の鳥の羽で館を覆うというものであった。次の難題は、たくさんの亜麻の種子を、蒔いて、収穫し、種子が最初に入っていた樽に元どおり戻す、これらを全部、丸1日で行なう、というものであった。三つ目の最後の難題は、200頭の馬が200年間すんでいた馬小屋を掃除して、グリーン・スリーヴズの祖母が100年前になくした黄金の針を、そこから捜し出す、というものであった。

グリーン・スリーヴズは，次には，娘のうちのひとりを王子にめとらせようとした。そうして娘とふたりで共謀して王子を殺そうと思ったのである。しかし，ここでも〈青い翼〉が計略を用いて王子を助け，ふたりして逃走した。彼らのベッドにさげておいた魔法のケーキで，追跡を遅らせたが，結局，グリーン・スリーヴズは七里靴で追跡する。森，大岩，岩をかむ激流といった魔法の障害物のおかげで，王子は〈青い翼〉に導かれながら，高い丘の頂上の，ある鳥の巣から卵を一つ手に入れる。この卵で，グリーン・スリーヴズは胸の急所を狙い撃ちされて殺される。王子は花嫁すなわち〈青い翼〉を両親に紹介する前に，花嫁にふさわしい付き添いを得ようと，城に向かって馬を駆る。〈青い翼〉は，キスをされないようにと王子に警告したが，小犬が跳び上がって，彼をなめてしまう。そのため王子は花嫁を忘れてしまった。

　〈青い翼〉は水たまりが下にある1本の木に隠れた。近くに住む金細工師のふたりの使用人がやって来て，水たまりに〈青い翼〉の姿が映っているのを，てっきり自分たちの姿と思い，自分たちの美貌にうぬぼれて，もう主人に仕えるのはやめることにする。そして，代わりに〈青い翼〉が金細工師に仕えることになる。やがて，そこに来た顧客のうちのふたり，すなわち最初は王子の奉仕官，次はモールバラ公が，彼女を恋する。彼女はふたりに，それぞれ一晩だけ一緒に寝ると約束しておいて，魔法でふたりをまどわし，実は呪文をかけて雑役をさせておく。そうして，彼女は，公爵のパートナーになりすまして宮廷の舞踏会に行く。そこで，踊りがすみ，お話が語られ，歌がうたわれたとき，〈青い翼〉が黄金の雄鶏と雌鶏を出して，2羽の鶏が経緯をしゃべったことで，それまで起こったすべてのことを王子に思い出させる。

　王子との結婚が約束されていた新しい花嫁はお払い箱になり，〈青い翼〉と王子は喜びのうちにめでたく結婚し，幸せに暮らした。ふたりは長生きして，やがて大勢の子どもたちがそれぞれ成長していって，ふたりのあとを継ぐのを見届けるのであった。

［タイプ：313；425．モチーフ：D 361.1；D 672；D 721；D 1313.1；D 1521.1；D 2004.2.1；D 2006.1.1；G 465；H 151.1；H 335.0.1；H 1010；H 1102；H 1219.1；H 1235；N 2.0.1］

(吉)

グリンディロー　Grindylow

　緑の牙のジェニーと同じく，ヨークシャーに出没する水にすむ魔物。深いよどみに潜んでいて，水辺に近づきすぎた子どもを引きずりこむ。E. M. ライト夫人は，警告を与える子ども部屋のボーギーのリストに，これを入れている。　［モチーフ：F 420.5.2］

(吉)

グルアガッハ　Gruagach

　グルアガッハに関しては多くの記述があり，J. F. キャンベルおよびJ. G. キャンベル，アレグザンダー・カーマイケル，ドナルド A. マケンジー，それにルイス・スペンスたちが与えてくれる豊富な情報の中から，3種類の異なった型がうかびあがってく

るように思われる。スコットランド高地地方では，長い金髪をして緑色の服を着た妖精の婦人であり，時には美しく時にはやつれて青ざめているが，家畜の守護者で，またある意味では農園の女主人である。マケンジーは，グルアガッハは本当はグラシュティグで，「毛深いもの」という意味のグルアガッハはそのあだ名だと考えていたようである。グラシュティグと同様に，グルアガッハも行動範囲が広く，また水とつながりがある。水にびっしょり濡れて人々の家を訪ねては，火のそばで体を乾かしたいと頼む習性がある。スコットランド高地地方にはまた男のグルアガッハもおり，その中には緑と赤の服を着た，男前ですらりとした若者の姿をしたものもいるが，大多数は裸で毛深く，自分がひいきにする農園でブラウニーがするような仕事をする。どちらの種類のものにも牛乳が供え物としてささげられる。アイルランドの北部では，ブラウニーの伝承に沿っているのは，グローガンである。アイルランド南部ではグルアガッハは超自然の妖術師で，しばしば「ないのないの名無し」の話に登場する超自然の妖術師のように巨人のこともある。ルイス・スペンスは著書『ブリテン島における妖精伝承』(1948) の中で，こうした3種類のグルアガッハについて明確に解説をしている。 ［モチーフ：F 480；F 488.1］ (井)

クルーラホーン　Clúrachán, Cluricaune, Cluracan

英語化した形ではクルーラコーンとも呼ばれる。アイルランドのひとり暮らしの妖精。トマス・クロフトン・クローカーは，一種の食料室の精としてのクルーラホーンの話をいくつか集めているが，それによると，酔っぱらった召使いたちがいる酒蔵で一緒になって酔っぱらったり，酒を盗みにくる悪い召使いをおどかしたりする。時にはいたずらがひどすぎるので，その家の主人が引っ越しをしようとすると，ちょうどヨークシャーのボガートのように，家主と一緒に引っ越そうとして，こっそり樽の中にもぐりこんでいたりする。クロフトン・クローカーが描いているクルーラホーンは，赤いナイト・キャップをかぶって革の前掛けをしめ，薄青い長靴下をはき，銀の留め金のついた，かかとの高い靴をはいている。おそらく上着の色は赤であったろう。一般に，ひとり暮らしの妖精は，緑ではなく赤い上着を着ることで，群れをなす妖精たちと区別されていたのだから。 (井)

グローガッハ，グローガン　Grogach, or Grógán

スコットランド高地地方などにすむブラウニーに似た妖精の一つ。グルアガッハは，この妖精と多くの共通点をもち，アイルランド北部のアルスターでは，W. G. ウッド＝マーティンの説によればグローガンになり，またルイス・スペンスの説によればグローガッハになるという。『アイルランドの古信仰の痕跡』第 2 巻（1902）の中でウッド＝マーティンは，グローガンを「背丈は低く，毛深く，肩幅が広くとても強い」と描写し，「非常に小さな体なのに，恐ろしく強い」と記している。スペンスは『ブリテン島における妖精伝承』（1948）において，この妖精をさらに詳細に説明している。バリカースルのグローガッハの話には他に例を見ない特徴があり，その話では，かわいそうにグローガッハは働きすぎて死んでしまう。ある農園では穀物倉に数束の麦を出しておき，朝までにグローガッハに脱穀してもらうというのが習慣になっていた。ある朝，農夫は麦束の山の上に殻竿（からざお）を置き忘れ，そのうえいつもの数だけ麦束を出しておくのも忘れてしまった。グローガッハは，積んである麦束を全部ひとりで打たねばならないのだと思った。朝になると積み重なった麦の上で，グローガッハが死んでいるのが見つかった。農夫はりっぱな葬式を出し，その死をいつまでも惜しんだ。スコットランド高地地方のグルアガッハはりっぱな服装をして金髪で，牛の番をするが，アルスター地方のグローガッハは裸で毛深く，背丈 4 フィート〔約 1.2 メートル〕ほどの小男である。別の記述によれば，グローガッハは大きな頭をして体は柔らかく，丘を転がるようにおりてくるときは，まるで骨がないように見える。アルスターのグローガッハで，スコットランド高地地方のグルアガッハと同じように牛の番をしたのも 1 例ある。農夫の娘が，裸でいるのを哀れんで，このグローガッハにシャツを作ってやったところ，グローガッハは人々がもう自分を退散させようとしているのだと思って，ワアワア泣きながら立ち去ったという。［モチーフ：F 480；F 488.1］　　　　（井）

クローカー，トマス・クロフトン　Croker, Thomas Crofton（1798-1854）

アイルランドにおける昔話の最初の採集者で，ウォルター・スコットを除けばイギリス諸島においても最初の採集者である。『アイルランド南部の妖精伝説と伝承』の第 1 巻は，1825 年，クロフトン・クローカーがロンドンで海軍本部の書記として働いているとき出版され，ただちに大成功を収めた。ヤーコブ・グリムはこれをドイツ語に翻訳し，ウォルター・スコットは長い称賛の手紙を書き，クローカーは 1827 年に出した第 2 巻にこれを載せた。第 1 巻が大成功を収めたので，出版者のジョン・マリーは第 2 巻の資料収集のため，ただちにクローカーをアイルランドに派遣したのだが，第 2 巻が実際に出版されたのは第 3 巻の出版の用意ができたのとほぼ同時期であった。第 3 巻はエルフに関するグリムの論文の翻訳を掲載し，またイングランド，ウェールズ，スコットランドの妖精伝承をも扱っていた。しかしながら，最初の 2 巻は，もっぱらアイルランドの妖精のみを扱っている。つまりレプラホーンを含むクルーラホーンとか，シーフラ，フィル・イァルガ，ブーカ，メローなど主としてホブゴブリンの類であるが，例外としてバン・シーの話が 2 話と，チール・ナ・ノーグが見出しになったものが数話ある。物語はしばしばおもしろく，時には滑稽にさえ語られているが，

ちゃんと真正の民間伝承を伝えている。中には採集したとおりを逐語的に記載しているものもある。物語が語られる背景や舞台を伝えようとの試みもよくなされている。クロフトン・クローカーはこの『アイルランド南部の妖精伝説と伝承』3巻を完成する前に、アイルランド南西部のコーク、ウォーターフォード、リマリックの諸州への旅行記である一種の案内書『アイルランド南部探訪―風景と建造物、農民の生活と俗信』(1824)を出している。これはクローカーが旅行で採集した妖精伝承の補足的注解ともなっている。

　クローカーはウォルター・スコットの知己であり、グリムをはじめ同時代の主要な民俗学者のほとんどと文通し、妖精伝承の権威としての名声は死後も長く続いている。

〔三〕

クロス（十字印）　Cross

　キリスト教のごく初期の時代から、クロスは妖精およびすべての悪霊を防ぐ象徴として、非常に効果のあるものと考えられていた。十字路が、すでにキリスト教以前からなんらかの意義をもち、その地区の神にとっての神聖な場所、生けにえをささげる場所であったことは、充分考えうることである。どんな形態のクロスにも防御力があった。災いを避ける目的で自分や他人の体に十字を切ることも、地面に描かれた十字も、十字路も、道端に立っている木や石や金属で作られた十字架も、首にかける飾りの十字架も、すべて悪魔、亡霊、妖精などに対して相当な防御力があると考えられていた。時には、例えばナナカマドのような特定の材料で作った十字架を身につけることによって魔除けの力は強化された。ナナカマドの樹自体に魔除けの力があったからである。そのほか装身具としては、珊瑚や琥珀（どちらにもある程度の力があった）で作られた十字架にも、魔除けの力があった。十字を切ることによって妖精界の捕われ人を首尾よく救出した例が、ウォルター・スコットの『湖上の美人』(1810)に出てくる以下のようなバラッド「アリス・ブランド」の中に見られる〔醜いドワーフに変えられた男が美しいアリス・ブランドに嘆願する場面。第4歌〕。

　　　　「この額に3度
　　　　あえて十字を切ってくれる
　　　　大胆な女性を知っていたら、
　　　　私もあなたに劣らず美しい人間の姿に戻れるのです」

これは文学作品ではあるが、作者スコットはスコットランド南部境界地方の妖精伝承について知るべきほとんどすべてのことを知っていた。

　王女ジャネットが若きタム・リンの救出にカーターホフの森に入っていったとき、道端の十字架の代わりに四つ辻のそばに立ったことが思い出されよう。その場所なら彼女もタム・リンも、なんらかの保護が期待できたのである。金属製の十字架の代わりとして、赤ん坊を妖精から守るために、母親たちがよく鋏を開いて揺り籠の上につるすことがあった。これが、鉄製のクロスの役割をもったのである。さらに、ピンをクロスの形になるように交差させて衣服に留めることもあった。〔モチーフ：D 788；F 382.1〕

〔三〕

クロッド，エドワード　Clodd, Edward（1840-1930）

イギリス・フォークロア学会の初期の傑出した人物であるクロッドは，本職は銀行家で，その業界で非常に尊敬されていたが，人類学，民俗学にもひろく通暁していて，1895年にはイギリス・フォークロア学会会長に選ばれた。彼は神学上の合理論者で，キリスト教の中に異教の遺習を見いだすことをためらわなかった。著作数は多かったが，妖精伝承との関連で最も興味深いのは，「ルンペルシュティルツヒェン」〔グリム童話．KHM 55番〕の英国版である<u>トム・ティット・トット</u>に関する研究で，『トム・ティット・トット考』(1898) という論考を残している。1915年に銀行界を退いたあとは，サフォーク州の海岸町オールドバラの私邸に，多くの民俗学者や作家を次々と招いて歓待した。ゴム夫妻，アンドルー・ラング，ジョン・リース，E. S. <u>ハートランド</u>，J. G. フレイザーをはじめ，レズリー・スティーヴン，トマス・ハーディー，H. G. ウェルズ，J. M. バリーその他大勢がそこで歓待を受けた。彼の生涯についての詳細は，ジョーゼフ・マケイブ著『エドワード・クロッド，一つの追想』(1932)に描かれている。

（吉）

クローバー　Clover　⇨ 四つ葉のクローバー

クロー・マラ　Crodh Mara

「海の牛」の意のゲール語。スコットランド高地地方の妖精牛や海にすむ牛は，水棲馬の<u>エッヘ・ウーシュカ</u>ほど危険ではないが，これはちょうどマン島の<u>タルー・ウシュタ</u>が<u>カーヴァル・ウシュタ</u>ほど危険でないのと同じである。クロー・マラには角がなく，色は概して焦げ茶色であるが，ヘブリディーズ諸島のスカイ島のものは赤かったり，まだらであったり，しばしば黒い色をしていると描かれている。水棲牛の雄は時々人間界の雌牛と交尾し，その結果，品種が大いに向上する。J. G. キャンベルの『スコットランド高地地方と島々の迷信』(1900) によれば，クロー・マラは農夫に危険を及ぼすこともある。時には妖精牛の雌が1頭，人間界の牛の群れに加わることがあり，群れをひきつれて妖精の<u>ノウ</u>まで行くと，丘の入り口が開く。もしそこで牛飼いが自分の群れを引き返させなければ，牛たちはその妖精牛について丘の中に入っていき，2度と出てくることはない。J. F. キャンベルの『西ハイランド昔話集』(1860-62) 第4巻の，ヘブリディーズ諸島のアイラ島についての話は，水棲馬と水棲牛の相対立する性格をよく表している。すなわち，島の北部に多くの牛を飼っている農夫がいた。ある日，雌牛の1頭が丸い耳をした子牛を産んだ。農場にはひとりの老婆が住んでいて，彼女の忠告はいつも尊重されていた。老婆はその雄の子牛を見て，水棲雄牛の子であることを見抜いた。老婆は，この子牛を7年間他の牛から離し，その間雌牛3頭分の乳を毎日飲ませなければならないと言った。彼らは老婆の忠告を守った。その後だいぶたってから，ある女中が牛を連れて湖のほとりに行き，そこで草を食べさせていた。するとひとりの若者が近づいてきて，しばらく話をかわしたあと，娘のそばに腰をおろし，頭髪をきれいにしてくれと頼んだ。娘たちは若者に親愛の情を示すとき，このような世話をするのだった。彼は娘の膝に頭をのせ，彼女は若者の髪を

分けて櫛をあてた。そのうち，娘は若者の髪の中に緑色の海草が生えているのを見てぞっとした。彼があの恐ろしいエッヘ・ウーシュカに違いないと思ったのである。娘は悲鳴をあげたりぎょっとしたりしないで，同じ調子で髪をすき続け，とうとうこの若者を眠らせてしまった。娘はゆっくりとエプロンをはずし，エプロンにその若者の頭をのせたまま，そっと自分のひざをどかすと，一目散に家を目指して駆けだした。もう一息というとき，後ろからぞっとするような蹄の音が聞こえてきた。振り向くと，水棲馬がすぐそばまで迫ってきていた。すんでのところで捕まって湖に引きこまれ，八つ裂きにされるところだった。そのとき，老婆が例の雄牛を放した。雄牛は猛然と水棲馬に挑みかかり，2頭は戦いながら湖の中に入っていった。翌朝ずたずたになった雄牛の死体が湖岸に打ち寄せられた。しかし，それ以後水棲馬の姿を見た者はいない。妖精動物，およびグワルセーグ・ア・シーンの各項をも参照。［モチーフ：B 184.2. 2.2；F 241.2］

(三)(平)

グワルイン ア スロット　Gwarwyn-a-Throt

ウェールズ南東部のモンマスシャーに出没するブカの秘密の名前。ハベトロット，ピーリフール，妖精の秘密の呼び名，トム・ティット・トットの各項をも参照。

グワルセーグ・ア・シーン　Gwartheg Y Llyn

原義は「湖の牛」。ウェールズの妖精牛。妖精動物に属し，スコットランド高地地方のクロー・マラにきわめて近い。ただし，クロー・マラと異なる点は色で，こちらは概して乳白色ということになっている。もっとも，まだらかまたはぶちの雌牛と描かれている話も，少なくとも一つはある。これらのウェールズの妖精牛は，グラゲーズ・アンヌーンすなわち〈湖の乙女〉に，嫁入り道具の一部として与えられることが多かったが，水棲雌牛は時々人間界の牛の群れを訪ねて，農夫にとても幸運な結果をもたらすことがあった。ある話では，あるとき，迷子の妖精雌牛が人間界の雄牛を慕って離れなくなったところ，農夫が運よくそれを捕まえて，そのときから農夫に運が向きだした。迷子の雌牛から生まれる子牛の数も質もだんぜん群を抜いていた。その雌牛からとれるミルク，バター，チーズも，ほかにしのぐものがないほど良質で，農夫はその地方いちばんの金持ちになった。が，年がたつうちに，金持ちになった農夫はしだいに威張り始め，欲張りになりだした。そのうちに，迷子の雌牛はもう盛りを過ぎたことだし，そろそろ市場で売るために太らせるべきだと思い始めた。雌牛は，子を産むときや乳を出すときと同じように，太るのにもたいへん熱心で，じきにとてつもなく太ってしまった。そこで，屠殺者が呼ばれ，近隣の者たちも有名な雌牛の死に立ち会おうと集まった。さて，屠殺者が鋭いナイフを振りかざすと，打ち下ろす前に腕がしびれて，ナイフはぽろりと手から落ちてしまった。すると，耳をつんざく鋭い声が響きわたり，居合わせた群集はバルヴォーグ湖にそびえ立つ岩に，緑色の服を着たすらりと背の高い女が立っているのを見た。女は大きな声でうたった——

　　「いざ　エイニオンの黄色い牛よ，
　　　迷子の牛，湖水のまだらの雌牛よ，

> 角のないドーディンよ，
> 立って家に帰れ」

女がうたうと，迷子の雌牛は綱を切って立ち上がり，自分の産んだ牛すべてを従えて，妖精の女のもとへと山腹を走って登っていった。農夫は半狂乱であとを追ったが，牛たちは緑の服の女を囲み，女は牛たちを列に並ばせ，湖の暗い水の中へと導いていった。女はあざ笑うように農夫に手を振り，女も牛の群れも暗い水中に消えていった。あとには，彼らが沈んでいった場所を示すかのように，一群れのキバナスイレンだけが残った。農夫は一転，無一文になった。

この話のスコットランド高地地方における類話は，エルフ雄牛の話であるが，そちらでは湖の乙女は現れない。［モチーフ：F 241.2］　　　　　　　　　　　　　　　（吉）

クーン・アンヌーン　Cwn Annwn

ウェールズ語で「他界の犬」の意。地獄の番犬。ガブリエル・ラチェットや，ウィッシュ・ハウンドの群れや，七鳴きなどと同種のもの。それらと同様に，クーン・アンヌーンも死の前兆であるが，悪魔の猟犬群のように，実際に人を殺すことはしない。ワート・サイクスは『イギリスのゴブリン』(1880) の中で，この吠え声を描写している。近寄ってくるにつれて，穏やかな声になる。すぐ近くで聞くと小さなビーグル犬の鳴き声に似ているが，遠くでははげしく嘆く声に聞こえる。時には，猟犬群にまじって，巨大なブラッドハウンド犬の太くてうつろな鳴き声のように聞こえることがある。いずれにしても，その声を聞くことは，死の確かな予言を聞いたと解される。
［モチーフ：E 501.13.4］　　　　　　　　　　　　　　　　　　　　　　　　　（吉）

クーンチアッハ　Caointeach

スコットランド高地地方のバン・シーであるクーニアックが，スコットランド西部のアーガイルシャー，ヘブリディーズ諸島のスカイ島および附近の島々の一部で呼ばれている地方的異名。マクミラン家，マシソン家，ケリー家，マカイ家，マクファーラン家，ショー家，カリー家に属していた。クーンチアッハとは「泣き叫ぶ者」という意味で，とりわけ大きな声で悲しげに泣き，時々は悲鳴や絶叫になる。時にはベンニーァのように，石の上で衣服を洗いたたく。緑色の短いガウンにスカート，それに山の高い白い帽子をつけた，女の子または非常に小柄な女性という姿で描かれてきた。バン・シーのように鼻のない，奇怪な歯が1本の女であったかどうかははっきりしない。しかし習性はバン・シーと同じらしい。クーンチアッハについては，ルイス・スペンスが『ブリテン島における妖精伝承』(1948) で語っており，また J. マクドゥーガルと G. コールダー著『ゲール語および英語による昔話と妖精伝承』(1910) にも一つ話が出ている。後者によると，クーンチアッハは緑の肩掛けをはおって悲しみを表し，マカイ家に仕えていた。ある寒い雨の夜に，マカイ家の戸口の外で悲しみのすすり泣きをしているので，家族のひとりが哀れんで格子縞の肩掛けを出してやると，ブラウニーと同じように，それきり姿を消して，もう2度とマカイ家へ戻って死を悼むことをしなくなったという。［モチーフ：M 301.6.1］　　　　　　　　　　　（吉）

ゲア カーリング　Gyre-Carling

スコットランド東部ファイフシャーでの妖精女王に対する呼び名。ハベトロットのように糸紡ぎ妖精であるらしく、「カウンティー・フォークロア」第7巻(1912)の中で、J. E. シンプキンズは、ジョン・ジェイミソン編『スコットランド語語源辞典』(1808)〔俗称『ジェイミソンの辞書』〕の、以下のようなくだりを引用している。

> ファイフ州の迷信深い女たちは、1年の終わりの大晦日の夜には、何はともあれ、糸巻き棹に巻いてある亜麻を全部紡いでしまう。というのも、紡ぎ残しをすると、ゲア カーリング——ファイフではガイ カーリンと発音している——が、新年の朝の来ないうちに持っていってしまう、と彼女たちは信じているからである。

今でも、年の終わりに編み物を仕上げないでおくと不幸を招くと考えられているが、今日では、ゲア カーリングとそれとは結びつけられていない。　　　　　　　　　　(吉)

ゲサ　Geasa

タブーを示すアイルランド語。　　　　　　　　　　　　　　　　　　　　　　(平)

ケアスク　Ceasg

スコットランド高地地方のマーメイドで、マイジァン・ナ・トゥイナすなわち〈波間の乙女〉としても知られる。姿は、美しい女の体に普通より大きな若鮭の尻尾がついていると考えられている。もしケアスクを捕らえたなら、うまく説得すれば三つの願いがかなえられる。人間と結婚するアザラシ乙女タイプの話が、時にケアスクについても語られている。すぐれた水先案内人は、人間とケアスクの夫婦の間に生まれるといわれている。ケアスクの性質の陰険な側面は、ジョージ・ヘンダーソンの『ケルトのドラゴンの神話』に出てくる話に示されている。そこでは、主人公は海の乙女にのまれるが、主人公の許婚者が甘い調べを奏でて、うまくマーメイドを浜に引き寄せて助け出す。とはいっても、ケアスクはなお危険な存在であり、肉体の外に分離したその魂〔⇒霊肉分離〕を破壊しないかぎり、退治できない。ドナルド A. マケンジーは、『スコットランドのフォークロアと庶民生活』(1935)の中で、波間の乙女はかつては海の霊であり、それに対して人間の生けにえがささげられていたのではないか、と言っている。〔モチーフ：B 81〕　　　　　　　　　　　　　　　　　　　　　　(三)

ケァルプ　Cearb

死神。ドナルド A. マケンジーの『スコットランドのフォークロアと庶民生活』(1935)での記録によると，スコットランド高地地方では正体がはっきりしないまま，広く人や家畜の殺害者とみなされているという。　［モチーフ：F 402.1.11］　　　　　(三)(平)

「ケイト・クラッカーナッツ」　'Kate Crackernuts'

D. J. ロバートソンが採集し，「フォークロア」(1890年9月)誌上に発表したオークニー諸島の珍しい話。魔法をかけたり魔法を解いたりすることや，人間を自分たちの丘に引きこみ，踊りによって生命を消耗させる妖精の力にまつわる話である。

　昔，王と王妃がいたが，どちらにもケイトという名の娘がいた。しかし王の娘のケイトは王妃の娘のケイトよりずっと美人だった。王妃は義理の娘の美しさをねたみ，それを台なしにしてやろうと心に決めていたが，ふたりのケイトはお互いに心から愛し合っていた。そこで王妃は，悪い友だちの鶏番女のところへ行き，どうすればいいかを相談した。

　「そのかわいい娘を朝一番に，あたしのところによこしなさい」と鶏番女は言った。「そうすれば，その娘の美しさを台なしにしてあげますよ」

　そこで翌日のこと，朝食用に籠1杯の卵を取ってくるようにと言って，王妃は王のケイトを鶏番女のところへ行かせた。そのときケイトは，たまたまお腹がすいていたので，台所を通るときバノック〔パン種を使わぬパン菓子〕を一つ取り，道々それをかじりながら行った。ケイトは鶏番女のところへ行くと，卵をくださいと頼んだ。「中へ入って，あたしが卵を取ってくるあいだに，鍋のふたを取っておいておくれ」と鶏番女は言った。王のケイトがふたを持ち上げると，湯気が勢いよく噴き出してきたが，

ケイトにはべつだん異常はなかった。

「お母さんのところへ帰るんだよ。そして台所の食料棚の戸をもっとちゃんと閉めておくように言うんだよ」と鶏番女は言った。

次の日、王妃はケイトが宮殿の扉を出るまで見とどけた。だが鶏番女のところへ行く途中、ケイトは畑で麦を刈る人たちに声をかけ、麦の穂をいくつかもらうと道々それを口にしながら行った。またしても、ケイトは無傷で家に帰ることになったので、鶏番女はこう言った。「炎が遠いと、お鍋は煮たちませんよ、ってお母さんに言うんだよ」

三日目、王妃はケイトと一緒に鶏番女のところへ行った。そしてケイトが鍋のふたを取ると、羊の頭が中から現れて、ケイトの肩にしっかりくっつき、その美しい顔をすっぽり覆ってしまった。

王妃は喜んだが、王妃の娘のケイトはすっかり腹を立てて、姉の頭に亜麻布をかぶせてその手を取ると、ふたりのケイトは、幸せを求めて旅に出た。ふたりは歩いて、やっと隣の王国までたどりつくと、そこで王妃のケイトは宮殿に行き、自分は台所女として働き、病気の姉を屋根裏部屋に置いてもらえるようにした。その国の王の長男はとても重い病気にかかっていた。誰ひとりとして、王子が何を患っているのかわからず、そのベッドのそばで看護する者はみんな、夜になると消えてしまうのだった。この話を聞くと、王妃のケイトは、銀貨一袋と引き換えに、王子のベッドのそばで番をしましょう、と申し出た。真夜中までは何もかもが静かだった。真夜中になると、王子は起きあがり、まるで夢遊病の人のように服を着て、外に出て自分の馬にまたがった。ケイトはあとをつけ、馬の後ろにとび乗った。ふたりはハシバミがびっしり生い茂った森を馬に乗って抜けていったが、通りすがりにケイトは、その実をむしり取った。すぐにふたりは妖精丘についた。すると王子が「王子と、馬と犬を入れてください」と言った。そこでケイトは「それに王子の後ろにいる美しい奥方も」と言った。すると、丘の側面にあった扉が開き、ふたりを中へ入れた。ケイトは馬から滑りおりると開いた扉の後ろに隠れた。だが王子の方は中に入り、目まいがして気絶するまで妖精たちと踊っていた。夜が明けると王子は馬に乗り、ケイトもその後ろにまたがった。次の夜も、ケイトは金貨一袋と引き換えに、王子のそばで番をすることを申し出て、前の夜と同じように王子のあとをつけた。その夜は、小さな妖精の男の子が銀の杖にまたがって、踊り手たちの間で遊んでいた。踊っていた者が男の子にこう言った。「その杖を大事にするのだよ。その杖で王のケイトにさわると、昔の美しい顔が戻ってくるのだからね」

王妃のケイトはこれを聞くと、集めてきた木の実を扉の後ろから一つ一つ転がした。すると妖精の子は、その杖を置いて木の実のあとを追いかけた。そこでケイトは杖を拾い、王子の馬に乗って帰るときに、その杖を持ち帰った。日がさして王子のそばを離れてもよい時が来ると、ケイトは急いで屋根裏部屋に駆け上がり、その杖で王のケイトに触れた。すると、前にも増して美しい顔が再び戻ってきた。三日目の晩もケイトは番をしたが、この夜ケイトが求めた報酬は、王子と結婚することだった。ケイトはまた王子の後ろについていったが、こんどは妖精の子は、死んだ小鳥と遊んでいた。

「さあ，いいかい，小鳥をなくさないように気をつけるんだよ。それを三口食べれば，王子は前と同じように健康になってしまうんだからね」と，踊り手のひとりが言った。

ケイトはこれを聞くと，前よりも早く木の実を転がした。すると妖精の男の子は，その小鳥を下に置いて木の実のあとを追いかけた。家に帰りつくとすぐに，ケイトはその小鳥の羽をむしり，火にかざして焼いた。そのにおいをかぐと，すぐに王子は身を起こしてこう言った。「その鳥を食べてみようかな」

三口ほど食べると，王子は以前にもまして健康になっていた。王子は，このケイトすなわちケイト・クラッカーナッツと結婚し，王子の弟がもうひとりのケイトを妻にした。そして

　　　皆は幸せに暮らし，幸せに生涯を閉じた，
　　　そして一生不自由することはなかった。

〔モチーフ：D 764；D 771.4；D 1766.8；F 211；F 302.3.4；F 302.3.4.2；F 370；P 284；S 31〕　（井）

ケイト・シー　Cait Sith　⇒カット・シー

ケッヘタッハ　Cughtagh

洞窟にすむ妖精。ウォルター・ギルの『続マン島スクラップブック』(1932)によれば，ケッヘタッハは洞窟に出没するボゲードンの同類とみなされているが，今日ではほとんど言及されなくなったという。今では忌まわしい洞窟の悪霊だが，昔はもっと高貴な性格の義俠心をもった巨人であったスコットランド高地地方のキューアッハと，ケッヘタッハとは密接なつながりがある，とギルは考えている。　　　（三）

ケラッハ・ヴェール　Cailleach Bheur

スコットランド高地地方のケラッハ・ヴェールは，冬の化身である青白い顔をしたやせたハッグ[2]〔妖婆〕で，おそらく，ケルト人以前の古代ブリトン人が崇拝していたであろう太古の女神が，超自然的存在となった明白な1例に思える。これと似た例は，広範囲に存在している。すなわち，レスターシャーのデイン・ヒルズ〔レスター市西郊の丘陵地帯〕の青い顔をした人食いアニス，スコットランドのクロマティー湾に出没するおだやかアニス，チョーサーの『カンタベリー物語』(1387-1400) の中の「バースの女房の話」に登場する忌まわしい老婆，ミルトンの「やせ細った青い亡霊」〔『コーマス』(1634) 434行〕，スコットランド低地地方のゲア　カーリング，アイルランド北部のアルスター地方のカリー・ベリー，マン島のカラッハ・ナ・グローマッハ，その他多数の同類が散在している。だが，ケラッハ・ヴェールは，主としてスコットランド高地地方に登場する。彼女が多種多様な姿で登場することは，この起源が古く，広い範囲に信じられていたことを示す。J. F. キャンベル，J. G. キャンベル，W. J. ワトソン夫人，その父であるアレグザンダー・カーマイケル，K. W. グラント夫人，ジョン G. マカイなどの著作に，ケラッハ・ヴェールへの言及や彼女が登場する民話が出てくるが，最も包括的な解説は，ドナルド A. マケンジー著『スコットランドのフ

ォークロアと庶民生活』(1935) に見られる。同書の中でマケンジーは,「スコットランドのアルテミス」という1章をケラッハ・ヴェールの行動とその性格の種々の側面の検討にあて,そこで彼は,ケラッハ・ヴェールがギリシアの女神アルテミスの原始的な姿に酷似していることを突きとめる。一見したところ,ケラッハ・ヴェールは冬の化身のようである。彼女は冬の太陽を擬人化したものとして〈グリアナンの娘〉と呼ばれる。古いケルトの暦には二つの太陽,つまりベルテーン(ベァルトゥナ)祭〔5月1日の祭〕からハロウィーン〔万聖節前夜.10月31日の晩〕までの間に輝く〈大きな太陽〉と,オール・ハローズ〔万聖節〕からベルテーン祭の前日まで輝く〈小さな太陽〉があった。ケラッハ・ヴェールはオール・ハローズのたびによみがえり,大地から植物の成長を奪い,雪を降らせる仕事にかかった。五月祭の前夜になると,彼女は自分の植物であるヒイラギまたはハリエニシダの灌木の下に杖を投げ捨て,灰色の石に変わった。ぽつんと立っている石の多くは,かつてケラッハ・ヴェールを祭ったものであったと推測できよう。

　以上がケラッハ・ヴェールの第1の側面であるが,他の側面も存在する。ある伝承では,彼女は冬の終わりに,石にではなく美しい少女に変わったのだとされる。J. F. キャンベルは『西ハイランド昔話集』(1860-62) 第3巻で,フィンとそのフィアナ騎士団の騎士〔⇒フィーン族〕たちが寝ている家におぞましい妖婆が現れ,火のそばで暖をとらせてくれと頼んだという話を伝えている。フィンとオシーンはそれを拒むが,ジャルマト〔ジャルムイッジとも〕は妖婆を火にあたらせてやれと言う。妖婆が彼のベッドにもぐりこんできても彼はそれを拒まず,ただふたりの間に毛布を折って置く。しばらくして彼は「驚きの叫び声」をあげる。妖婆は,かつて誰も見たこともないような美しい女に変身していたのである。この話は「サー・ガウェインの結婚」や「バースの女房の話」に著しく似ている。

　もしこれを原始の伝説の一端と解釈するならば,ケラッハ・ヴェールは夏冬両方の女神を表すと思えるが,それは推測の域を出ない。この伝説に関する他の類話では,ケラッハ・ヴェールは美しい乙女を捕まえておいたところ,自分の息子がその乙女に恋をしてしまう。ふたりは逃亡し,ケラッハ・ヴェールは彼らを引き離すために激しい風を送り出す。こうなると,「ないのないの名無し」の話の男女が入れ替わった一類話となる。おそらく逃亡する娘は夏を象徴したのであろう。それはともかくとして,ケラッハ・ヴェールが多くの動物たちの守護霊であったのは確かである。ケラッハ・ヴェールといちばん関係が深いのは鹿で,鹿はケラッハの家畜なのである。彼女は鹿を飼育し,乳を搾り,しばしば狩人から保護してやる。豚,野生のヤギ,野牛やオオカミもまた彼女の庇護下にあった。別の側面では,彼女は釣りの女神であった。ケラッハ・ヴェールは同時に泉や川の守護神でもあった。もっとも時には,グラント夫人が『西アーガイルの神話と伝承物語』で語っている話が示すように,怠慢な守護神でもあった。

　番人が怠慢なために水があふれ出す泉については,多くの物語が存在する。しかし下記の物語では,人間ではなく超自然的存在のせいだとみなされている。ケラッハ・ヴェールはクルアハン山〔スコットランド西部,現ストラスクライド州のオー湖の北〕の頂

上にある泉の管理を受けもっていた。毎晩日没とともに大きな一枚岩で水の流れを止め，日の出とともにそれを取り外さなければならなかった。

　しかしある晩，ケラッハ・ヴェールはヤギを追ってコネルの原を横切り，ひどく疲れたので泉のそばで眠ってしまった。泉はあふれ，山腹をつたって流れ落ちた。ブランダー峡谷に洪水が流れ出る轟音でケラッハは目を覚ました。しかし，奔流をくいとめようとする彼女の努力も無駄であった。水は平野にまで流れ出し，人や動物が洪水にのまれて溺れ死んだ。オー湖〔「恐れの湖」の意〕はこうしてできたという。ケラッハ・ヴェールは，自分が義務を怠った結果を見て，恐ろしさのあまり石に化してしまった。

これはケラッハ・ヴェールにまつわる多くの伝説の1例である。実際，ケラッハ・ヴェールとそれを取り巻く厖大な類話については，1章というより1冊のまとまった本が書けそうである。〔モチーフ：A 1135；F 430；F 436〕　　　　　　　　　　　　　　　　　　（三）

ケルピー　Kelpies

スコットランドの水棲馬のうちで最もよく知られたケルピーは，湖水や海よりも，むしろ川によく出没する。人間の姿に変身することもできるが，その際には粗野な毛むくじゃらの男となって現れる。こうした姿で，時にはたったひとりで馬に乗る者の後ろにとび乗り，その男をしっかりとらえて抱きつき，死ぬほど怖い目にあわせる。嵐の前には，ケルピーが泣いたりわめいたりするのが聞こえたものである。ふだんは，若い馬の姿をとるのが常である。ケルピーは，ボギー，ボギー ビーストがよく行ないたずらをしかけ，旅人をだまして自分の背中に乗せ，深い池に駆けこむと，そこで雷のような音を立てて尾で水を打ち，一閃の光となって消えてしまう。時には人間を引き裂いてむさぼり食うのではないか，と疑われていた。「（死ぬ）時が来たが，（死ぬ）人はまだ来ない」という話の型〔タイプML 4050〕に属する生き生きとした類話が，サザーランド州を流れるコナン川について語られているが，その話ではケルピーは，飢えた川の精を体現しているようである。馬の姿をしているときには，ケルピーは魔法の馬具をつけていることもある。W．グラント・スチュアートは，『スコットランド高地人の俗信と娯楽』（1823）の中で，ウェロックスというあだ名の勇敢な男マクレガーが，ケルピーからその馬具を取り外したいきさつを語っている。ケルピーは男に馬具を返してくれとしきりに頼むが，男はそれを手元に置いて，魔法をかけるのに利用した。一方，人間界で使う馬具をケルピーに取りつけた者は，ケルピーを自分の思いのままに動かすことができた。ロバート・チェインバーズ（1802—71）の言うところによれば，昔，モーフィー〔現グランピアン州に所在〕のグレアムが，ケルピーに馬具をつけて，自分の新しい城を建てるために，石を引かせたという。城が建ったとき，馬具を解いてやると，皮のすりむけた哀れなケルピーは，川へ駆けこんだが，川の真ん中で立ちどまるとこう言った。

　　　「背中が痛い骨も痛い，
　　　悪い領主の石を運んで，
　　　モーフィーの領主は栄えるもんか，

ケルピーが生きているかぎり！」
　それ以後，モーフィーのグレアム家の者には，一族が死に絶えるまで，不幸がつきまとったということである。［モチーフ：B 184.1.3；D 1311.11.1；F 234.1.8；F 401.3；F 420.1.3.3；G 302.3.2；G 303.3.3.1.3］
(井)

鉱山ゴブリン　Mine goblins

イギリスの鉱山に出没するゴブリンは，コブラナイ，カッティー・ソームズ，ダンタニ，ノッカーといったような，独特の名前をもっているが，17世紀に国外から英文学に〔例えばミルトンの『コーマス』に〕入ってきたタイプもあった。あまりにもよく引き合いに出されるので「鉱山で働くゴブリンたち」という言い方は，諺のような決まり文句になっていたが，そういった言い方は，実はゲオルギウス・アグリコラ〔ドイツの鉱山・鉱物学者〕の著『地下の生き物について』(1551)に基づいていた。このゴブリンは，華々しい働きぶりを示し，発破をかけたり，つるはしやシャベルを振るったり，鉱石を車で運んだりしているところを見られたり，音を聞かれたりしたが，その働いた痕跡はまったく残さないという鉱山の精であった。『いつまでも忘れ得ぬジョン・ヘイルズ氏〔イギリスの説教者，文人〕の黄金遺文集』(1659)の扉には，この鉱山の精の愉快な挿絵が載っている。また，ロバート・バートン〔⇒バートンの妖精考〕，サー・トマス・ブラウン(1605-82)，トマス・ヘイウッド(1574?-1641)といった著述家にも，これについての言及が見られる。実際，鉱山ゴブリンは道徳家にはまたとない贈り物であった。　　　　　　　　　　　　　　　　　　　　　　　(吉)

鉱泉につかる妖精　Bathing fairies

18世紀のイングランドで非常に流行していた温泉療法や湯治は，妖精も愛好していたらしい。1878年の「フォークロア記録」誌には，ヨークシャーのイルクリーの温泉地で朝早く湯浴みをしていた妖精の様子が，以下のように生き生きと記録されている。これはジョン・ドブソンの話をもとにして，チャールズ・スミスが記録したものである。

> ウィリアム・バタフィールドは，毎朝いの一番に浴場の扉をあけていたが，ある穏やかな美しい夏の盛りの朝までは，これという変わったことはなかった。しかしその日は，丘の急な坂道を登っていくと，音楽のような鳴き声を谷に響かせて，小鳥たちが非常に美しく楽しげに，かつにぎやかにさえずっているのに気づいた。あとになってからもう一度この時のことを考えると，小鳥たちの歌声に注意をひかれたことが思い出され，あれはその後に経験した出来事の前触れだったと思い当たった。温泉に近づくとウィリアムは，ポケットから重い鉄の鍵を取り出し，錠前に差しこ

んだ。だが,何やら「おかしな力」が働いているらしく,鍵は掛け金を持ち上げられず,ただ錠の中でガチャガチャ空回りするだけだった。鍵を抜いてみたが,べつだん変わったこともないので,彼は「この鍵は,夕べ家に入ったとき,扉の後ろに掛けておいたものと同じはずなんだがなあ」と独り言を言った。そこでなんとかして扉を押しあけようとしてみたが,ほんの少しすき間ができると,すぐまた押し戻されてしまうのだった。ここぞと力をふりしぼり,やっとのことで扉をすっかりあけきったが,また扉は跳ねるように元に戻ると,バタンと大きな音を立てて閉まった! だがそこには,ガヤガヤという音と,ある光景が見えたのである! 水の中にはいちめんにたくさんの小さい人たちがつかっていたが,その人たちは18インチ〔約45センチ〕そこそこの背丈で,頭から爪先まで緑色の服を着ていた。そしてペラペラペチャクチャと,わけのわからぬおしゃべりを続けていた。湯浴みをしているようだが,服を着たままで湯につかっている。そのうちの数人が急いでリスのように跳ねながら,壁をとび越えて逃げ始めた。みんなが逃げ出そうとしているのを見ると,彼は話しかけたくなって,声のかぎりにこう叫んだ。「やあ,こんにちは!」 本当のところ,そのほかどんなことをしたり言ったりすればいいのか,そのときは皆目見当がつかなかったと,あとになって彼は言った。すると小さい人たちの群れは,あわてふためき,倒れたり,つまずいたり,上を下への大騒ぎになって逃げまどい,その間ずっと,ウズラの雛がおびやかされて巣の中で騒ぐような声を立てていた。その光景は,なんとも尋常でなかったから,あとを追うこともできず,そうする気さえ起こらなかったそうだ。あっけにとられて身動きもできず立ちつくしていたが,その様は半世紀前,イルクリーからやって来た魔女が灰をふるい分けるふるいをウォーフ川〔現ノース・ヨークシャーからウェスト・ヨークシャーへ向かって流れる川〕の岸に運び,それに乗って川を渡ってくるのを見たときの,あのホイートリーのジェレマイア・リスター爺さんそっくりだったと思うよ,とウィリアムは話してくれた。目の前の奇妙な生き物は,そっくり温泉から姿を消した。扉のところへ走っていき,どこへ逃げていったのか捜しても,何も見つからなかった。浴場にとって返し,何か残していないか見て回ったが,何もなかった。湯は静かに澄み,前の晩そこを立ち去ったときと少しも変わらなかった。あわてた連中がきっと着物ぐらい残しているだろうと思ったが,それすら見つからなかった。そこで捜すのをあきらめると,浴場を用意するいつもの仕事にとりかかった。1,2度小走りに戸口まで行って,連中が戻ってくるかどうか見まわしたが,あの小さい連中は2度と姿を見せなかった。

緑の服を着た小さい妖精たちは,エルフだったのかもしれない。小鳥のさえずりのような声や,その服装と外見〔⇒妖精の服と姿〕は,16世紀までさかのぼることのできる伝承に当てはまっており,またその妖精たちに翼がなく,リスのようにとび跳ねるという点にも,注目したい。不思議に生き生きとしていて,これは本物だという衝撃を与える話に,われわれは時々出会うものだが,この話はその一例である。〔モチーフ:F 265.1〕

(井)

コギシャルのラルフ　Ralph of Coggeshall
中世の年代記作者。12～13世紀に活躍した。中世年代記，緑の子どもの項参照。（平）

ごく小さい妖精　Diminutive fairies
伝承の中には非常に小さな妖精というのが顔を出すが，その始まりは13世紀初頭のティルベリーのジャーヴァスが記録したポーチュンであろう。この小さな妖精たちが伝承の流れから消え去ることがなかったのは，そういう小さな妖精と死者たちとが結びついていたからであろう〔⇒妖精の起源〕。しばしば人間の霊魂は死者のみならず眠っている人の体外へ出てさまよい歩く小さな生き物〔すなわち妖精〕としてとらえられていた。そしてその小さな生き物が体外で出くわすさまざまの出来事が，そのまま眠っている人の夢というわけである。こういう死者や眠れる人との結びつきのせいばかりではないかもしれないが，ともかくこの小さな妖精の伝承は生き続け，16世紀には文学の中に現れてくる。こうした小さな妖精たちを最初に戯曲に導入した詩人は，散文寓意劇『エンディミオン』(1591)を書いたジョン・リリーであった。ごく小さい妖精たちは，古くからの妖精のしきたりにならって悪者をつねって懲らしめる場面に，ちょっとだけ登場する。妖精たちはエンディミオンに加えられた不当な行ないを罰するだけでなく，妖精生活への侵害にも罰を下している。眠っているエンディミオンを動かそうとしたコルサイティーズは，入ってきた妖精たちにつねられて眠りこんでしまう。妖精たちはうたい踊り，エンディミオンに口づけをする。

　　　　「つねってつねって青あざつくれ，
　　　　思い上がった人間に見せてはならぬ，
　　　　星の女王〔月の女神〕がしていることを，
　　　　わたしら妖精の言い寄る様も」

『夏の夜の夢』(1600)と同年に出版された作者不詳の『乙女の変身』には，ボトムがティターニアつきの小妖精に紹介されるやりとりを思い出させる場面があり，妖精たちの歌はその体が小さいことを明らかに示している。

　　　　妖精Ⅰ：
　　　　「花から花へとぴょんぴょんとんで，
　　　　わたしは茂みへやって来る，
　　　　それから羽虫にまたがると，
　　　　空高く運んでくれる，
　　　　さあさ，お出かけだ」
　　　　妖精Ⅱ：
　　　　「露のしずくが落ちてきて，
　　　　頭の上にのったなら，
　　　　頭ひと振り足軽やかに，
　　　　あっちこっちと跳ねまわる」

マイケル・ドレイトンの『ニンフィディア』(1627)はきわめて長い物語詩で，宮廷内部におこった陰謀や出来事の風刺的な縮図となっている。同書に登場する妖精たち

は，その時代の詩に現れた最も小さい妖精たちであるが，縮尺の仕方が必ずしも厳密ではない。女王と妖精の騎士ピグウィギンと女官たちみんなは，キバナノクリンザクラの花弁の中に避難するのだが，婦人たちは，自分の部屋のほぼ10倍もあるはずのコオロギにまたがるかと思うと，女王の馬車がカタツムリの殻だったりする，という具合。王や女王にはシェイクスピアのオベロンやティターニアがもっていたような力はなく，すばやく動く能力すらもっていない。魔法を使う妖精のニンフィディアだけが，そうした能力をもっているのだが，それとて人間界の魔女が用いるような薬草と呪文に頼っているのである。この詩の主な魅力は，登場人物の小ささや，小さな侍女たちが驚いて逃げまどう光景や，馬上槍試合に出かける騎士ピグウィギンの身支度の場面などにある。

「まるで町で騒乱が起こったように，
一切合財ごった返し，
襟はちぎれる，上着は裂ける，
互いに押し合いへし合いだ，
もみがら風に吹かれるように，
飛び回っては面(おもて)を忘れ，
手袋を見つける暇もない，
こんな騒ぎは見たことない……
　急いで出陣の身づくろい，
　小さなトリ貝が彼の盾，
　いつも勇敢に振りかざしたが，
　一度も刺されたことはない，
　槍は堅くて頑丈な灯心草で，
　長さはほぼ2インチ〔約5センチ〕近く，
　槍の穂先はアブの舌先で，
　その鋭さは決して鈍らぬ」

この話にパックが登場してようやく，変身していたずらをするホブゴブリンという，民間伝承の本道へ戻る。

「このパック，夢見心地のうすのろで，
歩く格好は毛むくじゃらな子馬，
時には茂みからとび出して，
人間様をだますつもり。
連れていっては迷わせて，
冬の夜長を引き回し，
こちらがぬかるみに足をとられたら，
ホブは笑って逃げてゆく」

タヴィストック〔現デヴォン州に所在〕のウィリアム・ブラウン（1591?-1643?）は，マイケル・ドレイトンの系統に属し，〈ベン・ジョンソンの後継者たち〉と自称した仲間のひとりである。ブラウンとドレイトンはともに故事の愛好者で，それぞれイング

ランドの美しい風景について長い詩，つまりドレイトンは『ポリオルビオン（多幸の国）』(1612, '22) を，ブラウンは地誌に余談的な語りを組み入れたすてきな，しかし未完の詩『ブリタニアの牧歌』(1613, '16) を書いている。ブラウンのこの詩では，妖精たちが重要な役割を果たしている。ドレイトンの妖精よりいくらか大きめで，昆虫の代わりにハツカネズミに乗り，伝承に現れる妖精にやや近く，地下に宮殿を持っている。スコットランド南部のセルカークシャーの娘がハベトロットとその紡ぎ女たちを見たように，穴あき石を通して，その地下宮殿は見ることができる。ハベトロット同様，ブラウンの妖精もまたすばらしい紡ぎ手であり，織り手であるが，そのために醜い姿になりはしなかったらしい。

　　　　そして，彼は若者の手をとると，
　　　　（眠る両親のかたわらを通る恋人の忍び足ながら）
　　　　きれいな腰掛けに連れてゆき，
　　　　そばの小さな円穴通し，
　　　　ふたりは見た，こぎれいな部屋を，
　　　　幅と高さは1尋で，奥行きは2倍，
　　　　岩石を巧みに彫って作った部屋，
　　　　開き扉は真珠母で，
　　　　蝶つがいと釘は金，
　　　　美しい妖精の娘たちが大勢で織り機を動かしていた，
　　　　部屋にかかった豪華な壁掛けを織った織り機を。

ロバート・ヘリックが書いた妖精ものには二つの型があるが，『ヘスペリディス』(1648) の中の詩篇「オベロンの宴会」と「妖精たち」から，それぞれ一部を抜き出して示すことにしよう。前者には奇抜な言い回しが多く用いられている。

　　　　子猫のようなまなざしで，
　　　　食卓を隅から隅までずっと見渡して，
　　　　紙のように薄いチョウの触角を，王は見つけ，
　　　　食べてから，私たちがカッコウのつばと呼ぶものをちょっと味わう。
　　　　ホコリタケのプディングがそばにあっても，
　　　　王が手をつける恵みを受けぬ，
　　　　上品でないというわけだ，
　　　　それでもすぐにさっと手をのばして試みるのは，
　　　　砂糖がけイグサの茎，そして蜂のたれさがって
　　　　よくふくらんだ甘い蜜囊を食べ，
　　　　とっておきのアリの卵で舌先を楽しませる，
　　　　これ以上味わえようか？

第2の小詩は，まぎれもない民間伝承である。

　　　　マッブ女王の好意を得たいなら，
　　　　お皿片づけ，火を起こし，
　　　　日暮れの前に水をくめ。

　　　　　桶を洗って搾乳場をきれいにしろ，
　　　　　ぐうたら娘を妖精は嫌う，
　　　　　家をきれいに掃除しろ。さもないと，
　　　　　マッブに爪先つねられる。

サイモン〔シメオンとも〕・スチュアードも同じ仲間のひとりだったが，詩は1篇しか残っていない。それも『妖精の王と女王についての記述』(1635)と題される小冊子に収められているのである。妖精界のみならず，人間界の宮廷でも行なわれている新年の行事の祝い歌となっているこの詩篇——題名は「オベロンの衣装：1626年の新年の朝，女王の女官が持ってきた妖精王の衣服についての記述」となっている——には，まことに楽しい描写が1，2か所ある。これは妖精をうたった小品のうちで，最も魅力的な作品の一つといえる。

　　　　　帯はギンバイカの葉で作り，
　　　　　珍しい形の細かなひだ，
　　　　　飾りボタンは琥珀のキバナノクリンザクラ，
　　　　　ヒナギクのつぼみがその縁どり。
　　　　　よく響く木霊の舌で
　　　　　作った角笛がさげてあり，
　　　　　月光を浴びた口にあてて，
　　　　　王がヒュウと奏でると，
　　　　　妖精たちは踊りだし，
　　　　　そこで静かだった広間はにぎやかになり，
　　　　　みな軽やかに輪になって踊る。

風変わりだが，人をひきつける魅力のあるニューカースル公爵夫人〔マーガレット・カヴェンディッシュ．1624?-74〕は，妖精の小ささという主題を，熱心に書き続けた。妖精というものは一つの自然現象で，魔女や幽霊に比べてあまり霊的ではないというのが，夫人の説である。夫人の手にかかると，妖精たちは，もはや微生物程度の霊性しかもち合わせていないことになる。

　　　　　誰が知ろう，頭脳のうちに，
　　　　　小さな妖精がすんでいないと，
　　　　　誰が言えよう，
　　　　　妖精たちの動きによって
　　　　　作り出される姿や形，
　　　　　それを〈空想〉と思いなす，
　　　　　妖精の動きで生まれる〈幻〉は，
　　　　　眠ったときには〈夢〉という，
　　　　　感覚通しわかった〈もの〉を，
　　　　　妖精が頭脳の中に並べるようだ，
　　　　　一つ一つを荷作りし，商人のように，
　　　　　〈記憶〉へあてて送り出す，

〈想像力〉とは全く別に，
　　　頭脳の中に妖精は新しいものを作り出す，
　　　もしもそうなら，目の海渡って取り引きし，
　　　塩からい涙の波間を船は行く，
　　　もしも涙があふれて落ちて，
　　　ぬぐい去られたそのときは，
　　　〈難破〉したぞと叫ぶだろう。
　妖精を矮小化してきた人たちは，どうやら行きつくところまで行ったようだ。こんな妖精には，もう神秘性のかけらもない。　[モチーフ：F 239.4.3]　　　　　　　　　　　　　　　　（井）

黒妖犬　Black dogs

　黒妖犬の物語は英国全土で聞かれる。たいていは危険であるが，時として役に立つこともある。概して，黒妖犬は大きく毛むくじゃらで，子牛ほどの大きさがあり，燃えるような目をしている。もし人間が話しかけたり，打ちかかったりすると，17世紀にマン島北西岸のピール城にいたと伝えられる黒妖犬モーザ・ドゥーグのように，恐ろしい力を発揮した。イングランドでは，しばしば人間の亡霊が黒妖犬の姿をとると言われている。その1頭が，オックスフォードシャーのフィンストック村で，祈禱と，赤ん坊を産んだばかりの母親と，1対の拍子木――その拍子木は別々に分けて村の二つの池に沈められた――の力を借りて，とり押さえられたという。この2本の拍子木が一緒になると，フィンストックの黒妖犬がまた現れるといわれている。ルース・タングの『イングランド諸州の埋もれた昔話』(1970) に収録されているウィルトシャーの伝承「コリングボーン・キングストンの黒妖犬」という話では，この動物が正義の道具となり殺人犯の逮捕に一役買う。
　他の型の黒妖犬に教会グリムがある。これについての話は，E. S. ハートランドの『イングランドの妖精譚と昔話』(1890) にも出ているが，最もよく伝えているのは，「フォークロア」第69巻 (1958) におけるシーオ・ブラウンの論文である。　[モチーフ：E 423.1.1 ; E 423.1.1.1(b) ; F 234.1.9 ; G 302.3.2]　　　　　　　　　　　　　　　　（三）

子ども部屋のボーギー　Nursery bogies

　妖精の中には，大人にはまるで恐れられないが，子どもたちを危険な場所や好ましくない遊びから遠ざけるために創り出されたようなものがある。ウィリアム・ジャンセン教授が〈おどし役〉として分類列挙しているものがこれである。E. M. ライト夫人は『田舎言葉とフォークロア』(1913) の中で，その例を相当数あげている。あるものはおどし文句の中で用いられる。「気をつけないと，果樹園のジャックにやっちゃうぞ」とか，「マムポーカーに追いかけてもらいますよ」とか，「こら，家へ入らないとスクラッティー爺さんに捕まっちゃうぞ」といった具合。同類のものとしてはほかにローヘッド アンド ブラディーボーンズ，タンケラボーガス，トム・ドッキン，トム ポーカーなどがある。また，ものぐさローレンス，チャーンミルク・ペグ，メルシュ・ディック，オード・ゴギー，グースベリー女房のように，果物やクルミの樹

を守ったり，グリンディロー，緑の牙のジェニー，人さらいのネリー［⇒ペグ・パウラー］のように，子どもたちをおどかして危険な水域に入らないようにするなど，特殊な役目を果たすものもある。これらのものは，気持ちのいいものではないが，いずれも子どもたちを用心深くするのに役立ったにちがいない。ただし，10歳以上にもなれば，この手のものを信じようとはしないだろう。子ども部屋のボーギーはそれだけで一つのグループをなしている。［モチーフ：F 420.5.2.1.2］　　　　　　　　　　　　（三）

「コーの領主」 'The Laird o' Co' ⇒妖精に尊重される美徳

コブラナイ　Coblynau

ウェールズの鉱山ゴブリンで，コーンウォール州のノッカーに似ている。ワート・サイクスは『イギリスのゴブリン』(1880) の中で，コブラナイについてもページをさいている。それによれば身の丈は18インチ〔約46センチ〕ほどで，鉱夫のような身なりをし，奇怪なほど醜い。コブラナイは，気立てがよく，その姿を見たり声を聞いたりするのは縁起がよい。コツコツという音で質の良い鉱脈の在りかを教えてくれる。ばかにされると石を投げてくるが，けがをさせられるほどではない。見たところ忙しそうだが，その実何もしていない。この点でコブラナイは，17世紀の作家たちがドイツの鉱物学者ゲオルギウス・アグリコラ (1494?-1555) からしばしば引用している〈鉱山で働くゴブリン〉に似ているといえる。［モチーフ：F 456］　　　　　　（井）

ゴブリン　Goblins

敵意，悪意をもつ精の一般的名称。通常，体は小さく，容貌は怪奇。この名称に接頭辞ホブ (Hob) がつくと，毒気が除かれる。すなわちホブゴブリンは，人間に対して，たまにはいたずらをするにせよ，一般に有用で好意的と思われていた。しかし，清教徒たちはこれを認めず，したがってジョン・バニヤン (1628-88) の賛美歌では，ホブゴブリンと悪魔とを並べている［⇒ロブとホブ］。スコットランド高地地方のフーアもイングランドのゴブリンやフランスのゴブランと大体同じ行動形態をとっている。
［モチーフ：F 470］　　　　　　　　　　　　　　　　　　　　　　　（吉）

ゴブリンの市　Goblin Market

クリスティーナ・ロセッティの詩『ゴブリンの市』(1862) に登場する市は，伝承における妖精の市やピクシーの市とは全く違っている。妖精の市もピクシーの市も，いずれも妖精自身が内々で催す市である。だから，人間がこれらの市で手痛い目にあうのは，妖精生活への侵害のためか，人間の貪欲に対する罰としてであった。妖精に礼儀正しく近づいた人々は，妖精と有利に取り引きすることすらできた。それに対して，ロセッティの詩に描かれたゴブリンの市は，人間どもをそそのかして，アンシーリー・コートが用意した見かけだけ美しい死の果実を味わわせるための恐ろしい見せ物であった。これは妖精王であるフィンヴァラの宮廷の妖精たち，すなわちインニシュ・サーク島〔アイルランド西岸のイニシャーク島〕の意地悪い妖精たちの，あのいっそう陰

鬱な伝承と一致している。ロセッティの詩で、ゴブリンが妹のリジーをつねったり、ぶったりして脅迫するのは、ワイルド夫人の「11月の夕べ」という物語の中の意地悪い踊り子たちを思い出させる。夫人の同じ本に、ひとりの少女が円く並んだ花の環に誘われて、恋人に会うため死者たちの妖精界へ入っていく話が入っているが、物語全体のムードも、ロセッティの『ゴブリンの市』で、手に入らなくなった妖精の果物を姉のローラが渇望するモチーフと酷似している。クリスティーナ・ロセッティのゴブリンは、いろいろの形態をとる点で、まやかしの術の名人ボーギーとよく似ている。ジョージ・マクドナルドのゴブリンとも似ていなくはない。もっともマクドナルドのゴブリンはもっと形が一定している。形がさまざまなのは、ゴブリンが飼っている獣たちの方であった。

　ロセッティの詩のプロットは、妖精をのぞき見する危険、妖精の食べ物を食べることに対するタブー、妖精界からの救出、という妖精物語の三つの大きいテーマを踏まえたものである。

　この詩の韻律と各行の足早のテンポは、多くの伝承的妖精詩を思い起こさせる。

　　　リジーがうかがう様子を見て、
　　　ゴブリンたちはみな打ち笑い、

こけつまろびつ近寄って，
　　　飛んだり，跳ねたり，走ったり，
　　　フーフー，ブーブー息を吐いたり，
　　　手を打ち，クスクス，ケラケラ笑ったり，
　　　コッコ，ゴロゴロ啼いたり，
　　　口をゆがめてしかめ面したりした。
　このめちゃくちゃなふざけ詩の型は，この物語のムードをかもし出すのにぴったり合っている。
　　　　　　　　　　　　　　　　　　　　　　　　　　　　　　　　　　　　　（吉）

ごまかしのない取り引き　Fair dealing
　妖精たちは，自分が気に入ったものを，盗み［⇨妖精の盗み］とか，借用［⇨妖精の借用］というやり方で，こっそりと平気で手に入れるが，人間の不正に対しては厳しい見方をする。したがって，取り引きで妖精をだますのは，間抜けのボーグルが相手ならうまくいくだろうが，総じてあまり賢明ではない。妖精の道徳および妖精に尊重される美徳の各項をも参照。　　　　　　　　　　　　　　　　　　　　　　　（井）

コラン・グン・キァン　Colainn gun Ceann
　「首のない胴体」の意のゲール語。J. F. キャンベルは『西ハイランド昔話集』（1860-62）の第2巻で，スコットランド高地地方モラール村のマクドナルド家にとりついた一種の守護妖精で，マクドナルド家以外の土地の者に対して強い敵意をもつボーハンのことを述べている。このボーハンは，ヘブリディーズ諸島のスカイ島南端スレイト岬の真向かいの本土にあるモラール屋敷周辺をうろついていたが，夜になると，たいていモラール川からモラール屋敷にいたる〈平坦な1マイル〉と呼ばれる小道に出没した。そのためその小道は，夜分ここをひとり歩きする者にとっては非常に危険な通路となっていた。危険をおかしてここに出かけた者が，朝に手足を切断された死体となって発見されることがよくあった。ボーハンは女や子どもには危害を加えず，また何人か連れだって歩く者の前には姿を見せなかった。したがって，これを退治しようとして大勢で出かけても無駄だった。こんな状態が長く続いたが，ついにこのコラン・グン・キァンというボーハンはラーセイ島〔スカイ島と本土との間の島〕のマクラウド家の友人で遠縁にあたる男を殺した。殺された者は，ラーセイ島のマクラウドの息子ビッグ・ジョン——たいへんな力と勇気のある男だった——の親友であった。ビッグ・ジョンは継母に友人の死を話し，いつもしていたように彼女に助言を求めた。継母はこの怪物を退治することを勧めた。彼は日没後すぐにコランに出会うと，一晩じゅう闘った。夜明け近くなってビッグ・ジョンは勝利を収めた。彼は，自分が闘っていた相手の姿が見たかったので，小脇に抱えて明るいところに運んでいった。コランがしゃべる声を聞いた者はなかったが，このとき初めて口をきき，「放してくれ」と言った。「誰が放してやるものか」と，ビッグ・ジョンが言った。しだいに夜は明けていった。すべての幽霊やボーグルがそうであるように，コランも夜明けには耐えられない。「放してください。そうすれば，2度と姿は見せません」と，怪物は再び言

った。ビッグ・ジョンは哀れを覚え、「もしお前が聖書とろうそくと黒いストッキングにかけてそう誓うのなら、放してやってもよい」と言って、このボーハンにひざまずかせて誓わせた。それから放してやると、怪物は嘆きの歌をうたいながら飛び去っていった。

　　　「ヘデリンの山の麓は遠くなった、
　　　　谷間の川音も遠くなった」

コランは何度も繰り返してうたい、やがてその声は遠くに消えていった。モラールの女や子どもは今でもこの歌をうたっている。キャンベルはこのボーハンと、カラム・モール・マキントッシュに仕えたボーハンは同じものだと言っているが、その根拠は明らかにしていない。〔モチーフ：E 422.1.1；E 461〕　　　　　　　　　　　　　　　（三）

コルト ピクシー　Colt-pixy

「子馬のピクシー」の意。ハンプシャーの妖精。イングランド北部のブラッグやダニーに似ている。トマス・キートリーは『妖精神話考』(1828) の中で、グロース大尉〔故事研究家. 1731?-91〕の「ハンプシャーでは馬の姿に化けていなないたり、馬を沼地に迷いこませたりする精霊または妖精と思われるものをコルト ピクシーと呼んでいる」という説明を引用している。だがサマーセット州では、コルト ピクシーは、同じように子馬の姿はしていても、リンゴ泥棒を追い払う果樹園の番人である。ルース・タングは「カウンティー・フォークロア」第8巻 (1965) の中で、果樹園の番人のコルト ピクシーは、ものぐさローレンスがとる一つの形態だろうと述べている。ドーセット州のコールペクシーはその響きからコルト ピクシーの変形と思われる。

(井)

コールペクシー　Colepexy

トマス・キートリーは、ジョン・ブランド著『イギリス故事考』(初版1777. 修訂版1813) 第2巻から引用して、こう言っている。

　　ドーセット州には、今もピクシー伝承が残っている。ピクシーはここではペクシーまたはコールペクシーと呼ばれている。化石の矢石〔イカ、タコの類の古生物の化石で、長い円錐形をなす〕は〈コールペクシーの指〉、化石のウニは〈コールペクシーの頭〉と呼ばれ、子どもが言うことをきかないときには、ペクシーが出ると言っておどす。ペクシーは森や林に出没するとされている。

(吉)

コールマン・グレイ　Coleman Gray

コーンウォール州における捕らわれた妖精の物語の一例で、コールマン・グレイというのは、人間の養子になったピスキーの小さい男の子の名前。トマス・クウィラ＝クーチが「ノーツ・アンド・クウェリーズ」誌へ寄稿した記事に基づき、ロバート・ハントが『イングランド西部の伝承奇談』(1865) に収録した。

　　わたくしの家族と近い親類関係にある、かなり古い一軒の農家がありまして、そんなつながりから、この言い伝えはほかの何にも増してわたくしどもに興味深く、ま

たロマンティックで信憑性のある他の多くの同じような話よりもよく記憶しているのであります。その農家の近くに，ある日，見るも哀れな様子の見知らぬ小さな子どもが，たったひとり，空腹を訴えるすべもなくいるところを発見されました。見つけた人はすぐに，これはピスキーが自分たちの子どもを人間に預けようとするときにとる方法だということを思い出しました。もし，これにでくわした人間が保護をしなかったら，きっと恐ろしい目にあうでしょう。そりゃあ確かにピスキーは間違いなく怒るでしょうし，その結果はきっとひどい災難に見舞われるでしょう。反対に，親切に迎え入れれば，たぶんすばらしい幸運に恵まれるでしょう。そういうわけで，この見ず知らずの子どものかわいそうな様子に注意と同情をひかれまして，いたいけな子どもを家族の一員として引き取りました。子どもはすぐに元気をとり戻し，体力も，活力も，知恵も，明るい性格も，見違えるように戻って，周囲の皆にかわいがられるようになりました。なるほど，この子はしばしば奇妙なしぐさにふけることがありましたが，それもピスキーの生まれならばさもありなんと，誰もが思っていました。おかげで一家は栄えまして，この拾い子がいつか家族を去るかもしれないという心配もしなくなっていました。ところで，この家の入り口の扉には，下戸をつけてありました。扉があいているときには，この下戸は閉めておかれる補助の扉で，そのおかげで，犬，豚，アヒルなどは侵入してこられないし，しかも，空気や光は自由に入ってこられるというわけです。皆にかわいがられていた例の子ですが，ある日のこと，その下戸の上に寄りかかって物思いに沈んだ様子で外を眺めておりました。すると，その農場のすぐ近くの方から「コールマン・グレイ！　コールマン・グレイ！」と呼ぶ，よく通る声が聞こえてきました。ピスキーはすぐにばっと立って，突然笑いだすと，手を打って叫び始めました。「ああ！父さんが来た！」と。そして，次の瞬間にはもう姿が消えて，それきり2度と戻ってこなかったのです。

〔タイプ：ML 6010. モチーフ：F 329.4.1；F 387〕　（吉）

「こわれたスコップ」 'The Broken Ped'

　この伝説にもいくつかの形はあるが，いずれも恩を忘れぬ妖精の一例となっている。妖精のスコップのテーマは一貫している。すなわち妖精ないしピクシーが腰掛けとか，シャベル，または撹乳棒をこわして泣いているのを，親切な農夫が耳にして，それを修理してやり，お返しに小さなおいしいケーキをもらうというものである。妖精の食べ物を食べてはならないというタブーは，この場合働いていない。というのは，しばしば仲間の警告に反して，農夫はそれを食べるのだが，以後いつまでも栄えるのだから。この話の最近の例としては，ルース・タングがサマーセット州で採集したものがある〔P.450〜51の引用参照〕。K. M. ブリッグズの『英国昔話事典』(1970-71)にも他の例が見られる。〔タイプ：ML 5080. モチーフ：F 271.10；F 330；F 338；F 343.19〕　（三）（平）

コーンウォールの小さい人　the Small People of Cornwall

　コーンウォール州では，妖精はそのまま〈妖精〉と呼ばれることもあるが，むしろ

〈小さい人〉と呼ばれることの方が多い。コーンウォールの小さい人は，16世紀後半のエリザベス1世時代や，それに続く17世紀初頭のジェイムズ1世時代の作家たちが好んで書きたがったごく小さい妖精のタイプである。ただし，コーンウォールでは，彼らは単に小さいというだけでなく，だんだん縮んでいくのである。彼らはかつては人間並みの大きさであったが，今は忘れられた何かの罪のために縮み始め，しかも不規則なテンポで縮んで，とうとうアリすなわちムリアンになってしまったのである。コーンウォールではアリのことをムリアンと呼んでいる。したがって，コーンウォールでは，むやみにムリアンを殺してはならないと言われている。ムリアンを殺すことは，妖精を殺すことになるからである。「シリーナが原の妖精のすみか」の話は，妖精伝承のこの一面にかなり詳しく触れている。〈小さい人〉たちは，地下にすみかをもっているらしく，月明かりの夜に，丘や，花の咲いている場所に出てきて，陽気に騒ぐ。「妖精の男やもめ」や「ゼノア村のチェリー」のような物語を見ると，彼らがひとりで，あるいは家族で，どんな生活を営んでいるかがわかる。人間の家を訪ねるのが好きなので，人間の年寄りや寝たきりの病人などは，妖精もつきあってみると，けっこうおもしろいものだということがわかり，この妖精のふざける様を見て，大いに楽しんでもいた。

　ウィリアム・ボトレルは《西コーンウォールの伝承と炉端物語》第2集（1873）の中で，ロバート・ハントのそれとぴったり一致する，以下のような一般的記述を行なっている。

> 逆に，無邪気な〈小さい人〉については，彼らの姿を運よく見ることができた人はきまって，この上なく美しい人たちであったと語っている。彼らは，明るい緑のズボンをはき，空色の上っ張りを着て，男は三角帽子，女はとんがり帽子をかぶり，レースや銀の鈴をいっぱい飾って，陽気に市を開いたり，ケルンの間の緑の木々に隠された空き地のビロードのような芝生の上で，あるいは人目につかぬ奥まった所などで，陽気にダンスを踊ったりするのである。……これら善良な〈小さい人〉が，自分たちのお気に入りの人間には心からの親切を示し，また，しばしば貧しい田舎家に入ってきて，やさしい寝たきり老人の気晴らしのために，ふざけてみせたり，あたりの空気を甘やかで，すてきな花の香りと，美しい調べで満たした例は少なくない。

ボトレルのこの説明は，『イングランド西部の伝承奇談』（1865）の中でハントが記している物語のいくつかを，ほとんどそのまま要約していると言ってもいいほどである。最後の1節など，ハントが「ここかしこにシダやナデシコの生えた，ケルンの間の隠れた場所，水辺のすぐ近く，美しい緑の所」について記入した物語「小さい人たちの庭」に基づいているのかもしれない。〈小さい人〉の様子は昼間は上記のようであるが，夜は，海に出た漁師たちが岸に近づくと，まだ1マイル〔約1.6キロ〕も沖合いにいるのに，世にも美しい歌の調べが聞こえ，何百という小さい光が見え，甘美な匂いがしたという。月の明るい夜など，もっと岸に近づいた漁師たちは，人間の庭に咲く花よりはるかに美しい色合いの花を何百も見たと言っている。　［モチーフ：F 239.4.3］

(吉)

「サー・ガウェインと緑の騎士」 'Sir Gawain and the Green Knight'

この卓絶した中世紀の詩篇は，中英語期の北西ミッドランド方言を実に豊かにみごとに駆使して，1375年ごろから1400年ごろまでの間に書かれたものである。この作品の手写本は一つしか現存しない（大英博物館所蔵の「コットン・ニアロー・A 10番」）。「ザ・パール（真珠）」，「クレンリネス（清浄）」と「ペイシェンス（忍耐）」も同じ手写本に入っており，筆跡は同じである。方言と文体の両面から，この4篇とも同一の作家の手になったものと推定されている。作者の名は不明であるが，「ザ・パール」を研究したオルムロッド・グリーンウッド氏は，数秘学——14世紀に非常にはやった神秘的な方法——を根拠にして，作者はマッシー家の一員で名をユーゴ・ド・マッシーと称した，と推定している〔1956年の論考において〕。この詩篇自体については，中世ロマンスの妖精の項の中の短評を参照。　　　　　　　　　　　　　　　　　　（平）

サムヒギン・ア・ドゥール　Llamhigyn Y Dwr

「水をはね渡るもの」の意のウェールズ語。この水の魔物は，ウェールズの漁師の間で語られている悪党で，一種の水棲魔である。漁師の釣り糸を断ち切り，川に落ちた羊をむさぼり食う。ぞっとする金切り声を出す癖があり，それを聞いた漁師は縮みあがって川にはまり，羊と同じ運命をたどる。ジョン・リース（1840-1915）は，ウェールズ北部のデンビシャー南東の町サンゴセンのウィリアム・ジョーンズから得た間接の情報から，この魔物が，脚がなくて羽と尻尾のある巨大なヒキガエルみたいだと述べている。〔モチーフ：F 420.5.2〕　　　　　　　　　　　　　　　　　　　　（吉）

サー・ローンファル　Sir Launfal

アーサー王をめぐる初期の中世騎士物語，すなわちブリテンの話材の一つである「サー・ローンファル」の原作は12世紀後半のフランスの詩人マリー・ド・フランスによって書かれたものと言われるが，15世紀初頭にチェスターのトマスと自称する者によってかなり自由に英訳された。「サー・ローンファル」は正真正銘の妖精花嫁譚であり，アイルランドに伝わる「オシーンと金髪のニアヴ」の話と一脈通じるものがある。ランスロットこそまだ登場しないものの，王妃グウィネヴィアは憎まれ役となって登場している。サー・ローンファルは，アーサー王の廷臣の中では，気前のい

い騎士として名が通っていた。彼はアーサー王がグウィネヴィアを王妃とすることに反対したばかりに，王妃の憎しみを受けることになった。彼女は婚礼披露宴の席上，衆人環視のなかでサー・ローンファルに侮辱を加えた。そのために彼は北イングランドのカーライルにあったアーサー王の宮廷から身を退き，ウェールズのカーリアン〔現グウェント州所在．アーサー王宮廷の場所として伝えられる〕へ移ることにした。アーサー王は別れを惜しみ，ふたりの騎士をお供につけた。しかし，気前のいいサー・ローンファルは，出費を抑えることを知らず，やがてふたりの騎士を養うすべもなくなった。事態がいよいよ悪化したある日のこと，目もくらむばかりの美しい乙女がふたりやって来て，自分たちが仕えている妖精王女トラアムール，すなわち妖精王オリローンの息女に会っていただけないかと言った。ローンファルは，その誘いにのり，ついて行ってみると，王女は豪華な天幕の中のベッドに，その美しい肌もあらわに横たわっていた。ローンファルと王女は，ただちに意気投合し，ある了解に達した。つまり妖精王女のトラアムールは，サー・ローンファルに，欲しいだけのこの世の財貨を与え，それに妖精の従者と乳白色の妖精馬をつける。もしローンファルがどこか人知れぬ場所へ行き彼女に来てほしいと念願すれば，彼女はたちどころに姿を現す。ただし条件が一つある。それは，ふたりの間の愛を決して他言してはならない，ということである。もしローンファルが妖精王女との愛を自慢でもしようものなら，彼女は，その贈り物ともども，彼の前から消え去ってしまうであろう。

　この協定は，大いなる喜びのなかで結ばれた。王女トラアムールはサー・ローンファルに，幸福の，つまり尽きることのない——いくらお金を取り出しても空にならない——財布と，ブランシャールという名の大形の白馬，それに自分の従者ガヴレをローンファルの従者として与えた。次いで若い妖精騎士たちが列をなして彼に豪華な衣服と装備品とを届けた。ローンファルは，前にもまして気前よく人にふるまうことができるようになった。彼の名をたたえて盛大なトーナメントが催されたが，ローンファルは，そこでも抜群の力量を示した。このような何一つ不足のない幸福な日々をしばらく送っていたとき，サー・ヴァレンタインと名乗る高慢な騎士からロンバルディア〔イタリア北部の地方〕で行なわれるトーナメントに参加するように呼びかけられた。ローンファルはそれに応じ，従者ガヴレに大いに助けてもらって，サー・ヴァレンタインを殺し，そのあといっせいに自分に襲いかかってきた地元の騎士集団をも撃退した。この大武勲のうわさはたちまち広がり，アーサー王のいるカーライルにまで達した。アーサー王は，サー・ローンファルに自分の元へ戻ってくるようにと意向を伝えた。ローンファルが宮廷を去ってからすでに7年が経過していたのである。彼はアーサー王の命に従ったが，妖精王女トラアムールとの関係をそのまま続けることができた。王妃グウィネヴィアは，かつてサー・ローンファルを憎んでいたのに，今度は彼に夢中になった。ある日，王が猟に出かけている留守中に，王妃は彼を色仕掛けで誘惑しようとするが，ローンファルはその手に乗ろうとしない。王妃は激怒し，彼を女性に見向きもされず，女を愛したこともない独身じじい，と罵倒し始めた。サー・ローンファルも，思わずかっとなり，自分の真の恋人のいちばん下っ端の侍女でも王妃より美しい，と言い返した。ふたりはそのまま別れた。ローンファルは自分の部屋へ

戻り，トラアムールに姿を現してくれと呼びかけた。ところが彼女は姿を見せない。ローンファルはそこで初めて自分がとんでもないことをしでかしたことに気づいた。金庫をあけてみると，それも空っぽになっていた。妖精の従者ガヴレも妖精馬ブランシャールも共に姿を消していた。サー・ローンファルは，地に身を投げ伏し，トラアムールとの約束に背いた自分の愚かさを嘆き始めた。一方，アーサー王が猟から戻ってみると，王妃は着ているものを引き裂かれ，髪の毛も乱れた姿で寝室にこもっていた。王妃は王にこう訴えた——ローンファルはわたしの体を奪おうとしたんです。それをわたしがきっぱりはねつけたもんですから，今度は自分の真の恋人のいちばん下っ端の侍女でも，この王妃のわたしより美しい，と言うんですよ。あんな男を生かしておく手はありません，と。王は，ローンファルに対する王妃のこの偽りの言いがかりを少しも疑わず，ただちに一団の騎士を出動させ，ローンファルを捜し出し，裁きの場へ引っぱってくるよう命じた。王はローンファルを即刻処刑する方針だったが，廷臣たちは王妃グウィネヴィアがどういう女か知っているものだから，それと違った評決を下した。すなわちローンファルに1年と2週間の猶予期間を与える。その期間中にローンファルは自分の真の恋人を連れてきて一同に披露する。もしその女性が，彼の広言どおり王妃より真実美しかったら，ローンファルは自由の身になる，という評決だった。

やがて所定の期間が経過した。好意的な評決を下した人たちの期待にローンファルがこたえてくれるものと思われていたのに，ローンファルは，自分の真の恋人をお見せすることができないと言うのだった。たちまち侃々諤々（かんかんがくがく）の論議が起こった。ローンファルを無罪放免にしたい者もいれば，永久追放に処したい者もいた。甲論乙駁（こうろんおつばく）を繰り広げているところへ，ひとりの美しい乙女が馬で乗りつけた。一同は彼女を王妃より美しいと思った。しかし，ローンファルは「あれはわたしの真の恋人とは違います」と言った。そのあとも美しい乙女たちが次々とやって来た。最後にトラアムールが姿を現し，王妃のところへ馬を進めた。一同環視のなかで「王妃よ，あなたは無実の人に対し虚偽の言いがかりをつけましたね」とトラアムールは言明してから，その手を王妃の目に当て，王妃を盲目にしてしまった。そのあとトラアムールとローンファルは白馬ブランシャール号にまたがって妖精王オリローンのすむ妖精島へと立ち去った。ローンファルは，それっきり戻ってくることはなかったが，年に1度だけ妖精界から彼の馬ブランシャールがいななくのが聞こえてくるという。そのときは，騎士なら誰でもサー・ローンファルと馬を競わせてもいいといわれる。

上述の話は，タブーも登場する妖精花嫁譚の好例である。ただし，この話では結末は悲劇的になっておらず，いったん別れた人間と妖精とが再び結ばれるという形をとっている。

オシーンと金髪のニアヴは永久に離別したままだったが，「サー・ローンファル」の原作者マリー・ド・フランスは，民間伝承が通常認めている以上に，この物語の登場人物たちに対して寛容だったといえる。　［モチーフ：C 31；C 31.5；F 300；F 302.3.2；F 302.6.2］

(平)

「サンディー・ハーグの女房」 'Sandy Harg's Wife'

R. H. クローメックは,『ニスデイルとギャロウェイの古歌謡』(1810) の中で, ストック——すなわち妖精が人間を誘拐しその代わりに残して置く木片で, まやかしの術により誘拐された人間そっくりに見えるもの——のみごとな例をあげている。ただし, この例では妖精の誘拐の試みは失敗している。

ニュー・アビー〔スコットランド南部=ニス川河口の近く〕教区に住む小作人アレグザンダー〔別称サンディー〕・ハーグは美しい女性に求愛し結婚したのだが, この女性に妖精たちはかねがね目をつけ, 恋愛と結婚の世界, つまり人間世界から奪い去ろうと企てていた。結婚してから数日後のこと, サンディーはニス川の河口で魚取りの網を手にして潮が満ちてくるのを待っていた。昔, 岩礁に乗り上げた2隻の船の残骸が中水位線のあたりに見えたが, それは, 妖精たちがこの河口を渡る際に時々寄りつくところだといわれていた。そのうち1隻から, ちょうど大工が仕事をしているような物音が聞こえてきた。するともう一方の船から「おい, お前, 何やってるんだい?」と言う, うつろな声がした。「サンディー・ハーグの女房をこしらえてるんだ!」と, とても人間のものと思われないような口調の答えが返った。サンディーは驚き, 怖じ気づき, 網を投げ捨て, 急いで家へ帰り, 入り口という入り口をすべてふさぎ, 新妻を自分の腕の中にしっかりと抱きしめる。真夜中にドアをそっと, 実に丁重に3度ノックする音が聞こえてくる。若き妻は起き上がろうとするが, 夫は何も言わず, 恐ろしい顔つきをしながら, やさしく妻を抱きしめている。立ち去る足音がしたかと思うと, 今度は牛がまるで咆哮するような鳴き声を立て, つないである杭を引き抜かんばかりの勢いで後脚で立ち上がる。夫は妻の嘆願に耳を貸さず, いよいよしっかりと妻を胸に抱きしめる。今度は馬が, 世にも恐ろしい声でいななきながら, まるで火炎に包まれたかのように, 鼻を鳴らしたり, とんだり跳ねたりする。妻は声を立て, 哀願し, もがく。夫は一言も口をきかず, 身動きもせず, 妻を放そうともしない。外の騒音は増大するが, 明け方が近づくにつれて衰えていく。夜明けとともに夫はとび起き, 庭へ出てみる。すると妻とそっくりの形と大きさに彫られている黒ずんだオークの埋もれ木が庭の土塀に立てかけてあるのが目につく。そこでサンディーはこの魔性の彫刻を焼き捨てる, という次第。妖精の魔力と闘う際に沈黙を守ることと, 奪われたくないものをしっかり抱いて放さないことが, いかに大切であるかをこの話は教えてくれる。　〔モチーフ: F 322 ; F 380〕

(平)

「サントライ島」 'The Isle of Sanntraigh'

J. F. キャンベルの『西ハイランド昔話集』(1860-62) 第2巻に出てくるこの話は, 有効なまじないの言葉が発せられなければ盗みとも化す妖精の借用の興味深い例を示している。これは妖精との交わりの話ともいえる。妖精との取り引きは, 妖精の妻だけでなく人間にも有益となるからである。

昔, サントライ島〔バラ島南方の小島. 現サンドレイ島〕に牛飼いの女房がいて, 彼女は大鍋を持っていた。毎日, 平和の女〔すなわち妖精〕がその大鍋を借りにやって

来た。妖精は入ってきても一言も言わず，大鍋をつかむだけだった。妖精の女が大鍋をつかむと，女房は次のように言った。

　　　　　　鍛冶屋は冷たい鉄だって，
　　　　　　石炭で熱くすることができる。
　　　　　　大鍋の使用料は肉付き骨，
　　　　　　それにこわさず返すこと。

妖精は，大鍋に肉や肉付き骨を入れて毎日返しにきた。そんなある日，女房は渡し舟に乗ってバーラ・カスティアル〔「お城の町」の意．現カースルベイのことか〕に行く用事ができた。女房が「もしあんたが平和の女にいつもわたしが言っているまじないを言ってくれたら，安心してバーラ・カスティアルに行けるのだがね」と夫に言うと，夫は「いいとも，いいとも，きっとわしが言ってやるよ」と答えた。夫が屋根ぶき用にヒースで縄を編んでいると，妖精の女が足元に影を引きながらやって来るのが見えた。夫は急にその女が怖くなって，戸を閉めた。そして仕事の手をとめた。妖精の女が来てみると，いつものように戸があいていない。夫もあけてやらなかった。女が家の屋根の破れ穴を見おろす位置にやって来ると，大鍋は2度とび上がり，そして3度目に屋根の棟を抜けて家の外にとび出していった。夜が訪れても大鍋は返ってこなかった。女房は渡し舟で帰ってきたが，家の中に大鍋が見当たらない。「大鍋はどこなのよ」と女房。「さてさて，そんなものどこだっていいじゃないか。あんな怖い目にあったことはないよ。戸を閉めてしまったんだ。だから返しにも来れなかったんだよ」と夫。「なんて役立たずなんだろうね。それでいったいどうしたんだい。あんたと，わたしと，困る者がふたりもいるんだよ」「明日は返しに来るよ」「いいえ，来ませんよ」

　女房は大急ぎで出ていった。妖精丘についてみると，丘の中には誰もいない。夕食が終わって宵の口に妖精たちは外出していたのだ。女房は中に入った。大鍋が見えたので持ち上げようとした。鍋の中には妖精たちの食べ残した物が入っていたので，女房には重かった。丘の内部に残っていた老人が，女房が出ていくのを見て言った。

　　　　　　もの言わぬ女房が，
　　　　　　狩りの国からやって来た。
　　　　　　妖精丘の上にいる番人よ，
　　　　　　黒犬を解き放せ，
　　　　　　猛犬を解き放せ。

2頭の犬が解き放された。女房がいくらも行かないうちに，犬の足音が聞こえてきた。女房は大鍋の残り物を捨てないでいた。つまり，持って帰れればそれでよし，また万一犬が追いついてきたときには，投げてやれると思ったのだ。女房には犬が追いかけてくるのが見えた。大鍋に手を入れ，食べ物をつかみ出し，そのうちの4分の1を犬に投げつけた。犬どもはしばらくそれに気を取られていた。再び犬どもの姿が見えた。追いつかれそうになると，女房はもう一つかみ投げつけ，できるかぎり急いだ。農場に近づくと，女房は大鍋を逆さまにして残り物を全部そこに置い

てきた。平和の犬〔すなわち妖精犬〕どもが立ち止まっているのを見て，町の犬どもが吠えだした。以後平和の女は2度と大鍋を借りには来なかった。

妖精信仰の土台となったのは，その土地の原始的先住民についての記憶だったというデイヴィッド・マクリッチーの主張を支持する者なら，誰でもこの話を引用したくなるだろう。この話に出てくる妖精犬には，人間界の犬程度の力しかないということもわかる。

これは，〈フランサムの妖精釜〉にまつわるジョン・オーブリーの話に見られる妖精の貸し付けの話とは逆になっている。 (三)

シー　Sídhe, Sí, Sìth, Sidh

妖精をさすゲール語の名称で，バン・シーとか，ディーナ・シーという名前に見られるように，アイルランドと，スコットランド高地地方とで使われている。　　　　　　　　　　（井）

ジェイムズ１世時代の妖精　Jacobean fairies

　ジェイムズ１世時代（1603-25）の妖精は，エリザベス１世時代（1558-1603）の文学において定着した妖精伝承の諸風潮［⇨伝承における妖精像の変遷］がいっそう拡大されて，小さな妖精たちの微小さがこれまで以上に強調されたため，ある時期には小ささを抜きにして妖精を考えることは難しくなっていた。ホブゴブリンの類はどちらの時代にも全く変わりはなかったが，清教徒の中の極端な連中は妖精をすべて悪魔だとみなしていた。ロビン・グッドフェローを扱った最も内容豊富な詩篇をあげれば，まずベン・ジョンソン（1573 ? -1637）の手になるとされているものがある。それは仮面劇の序詩として書かれたらしいが，ベン・ジョンソンの精気が余すところなく盛りこまれている。以下の３連の引用によっても，その詩の質と伝承に対する忠実さがわかるであろう。

　　　　幽霊と影法師の王，
　　　　妖精の国のオベロンから，
　　　　このおれ様，気違いロビンは命を受け，
　　　　この世の夜の楽しみを，見にやって来た。
　　　　足の向く至る所で開かれる，
　　　　どんちゃん騒ぎを見て回り，
　　　　陽気に騒ぎ
　　　　大いに楽しもう，ホー，ホー，ホー！
　　　　　　大空の大気の中を，
　　　　　　稲妻より速く飛び回り，
　　　　　　１分とたたぬうちおれ様は見てとる
　　　　　　月の下でなされたすべてのことを。
　　　　　　ハッグ²〔妖婆〕はいないし，
　　　　　　幽霊もうろつかず，おれの行く手で，

　　　　　ゴブリンに気をつけろ！　などと叫びもしない。
　　　　　だがロビンたるおれ様は，
　　　　　やつらの仕業をこっそり見てとり，
　　　　　やつらをおどして追い返そう，ホー，ホー，ホー！
　　　夜の楽しみのそのあとで，
　　　とぼとぼ家路をたどる人に会ったなら，
　　　声色を使って呼びかけて，
　　　おれ様と一緒に歩かせよう。
　　　森を抜け，湖を渡り，
　　　沼地や，やぶを通り抜け，
　　　灌木やイバラを踏み越えて，おれ様についてこさせよう，
　　　おれはやつらに，
　　　こっちへ来いと声をかけ，
　　　笑いながら行くとしよう，ホー，ホー，ホー！

　この詩全体は，W. カルー・ハズリットが1875年に出版した『シェイクスピアおよびその他初期英国作家の作品に出てくる妖精物語と伝説とロマンス』に収められている。全13連を読み進むと，パック特有の行動のすべてが網羅されていることがわかる。

　ごく小さい妖精についていえば，マイケル・ドレイトンの『ニンフィディア』(1627)において，その瑣末さへの転落がよくうかがえる。シェイクスピアの『夏の夜の夢』(1600)における妖精は小さいものであったが，それでもまだ恐ろしいところがあった。妖精たちが不和になれば季節の移り変わりに影響を及ぼし，まだ生まれていない人間の子どもに祝福を与えたり，まじないをかけたりして，力をふるうことができた。体が小さいとはいえ，人間と同じ大きさになることもできれば，すばやく動く能力もあった。これに比べると，ドレイトンの作品には，襞襟(ひだえり)を破いたとか，手袋を落としたとか言って大騒ぎをするような，虚しくあわてふためくオベロンやマブの宮廷の婦人たちがいるばかりである。そこでの妖精の楽しさは，すべてその小ささから来ている。それはまた，縮小鏡を通して見る宮廷の駆け引きの有様でもあった。ロバート・ヘリックの描く妖精たちもこれと同じ系統をひくものであるが，いささか品がなく，妖精が繁殖の精でもあったことをうかがわせる。

　17世紀の末ごろになると，妖精の力はニューカースル公爵夫人〔M. カヴェンディッシュ〕の描く妖精をもって最低となる。その妖精たちは，微生物ほどの大きさでしかない。このあとは，ロマン主義復興と民間伝承の復活とを待たねばならない。　　　　　(井)

ジェニー・パーマン　Jenny Permuen

　ロバート・ハントの『イングランド西部の伝承奇談』(1865)に掲載された「妖精の男やもめ」の話に登場する女主人公。この話は，「ゼノア村のチェリー」の異版であるが，詳細さとおもしろさではいささか劣る。　　　　　(吉)

ジェフリーズ，アン　Jefferies, Anne

コーンウォール州の一教区セント・テスに住むアン・ジェフリーズと妖精との出来事は，騒然とした大内乱〔いわゆる清教徒革命（1642-49）〕の最中にもかかわらず，テッダースの有名な鬼鼓手事件にまさるとも劣らぬ大センセーションを巻き起こした。これに関連する資料は，いずれも小冊子の形で残っている，他のもろもろの事件よりは，はるかに多い。彼女に関する手紙は，古くは1647年3月という時期のものが，クラレンドン文書〔イギリスの政治家・歴史家であった初代クラレンドン伯エドワード・ハイド（1609-74）が残した膨大な文書〕中にあったし，アンがまだ存命中の1696年には，アンの昔の雇い主の子モージズ・ピットが，グロスターの主教あてに印刷した手紙を送っていて，その手紙の中には，アン・ジェフリーズの後半生のこと，ピットが幼かったころの記憶などが書かれている。アンは19歳のとき，まだ少年であったピットの両親の家に奉公に来たのであった。アン・ジェフリーズは1645年，突然発作を起こして倒れ，それからしばらくの間は病に伏していたが，回復すると，今まで妖精に拉致されていたと主張した。その証拠であるかのように，それからというもの彼女は不思議な透視力を発揮し始め，手を触れて病人を治したりするようになった。最初に治した病人は，ほかならぬ奉公先の家の女主人だった。しばらくしてから，妖精体験のいくつかを語り始め，それらを，ロバート・ハントが『イングランド西部の伝承奇談』（1865）で再話した。ハントは同書の付録で，モージズ・ピットの手紙を要約し，その一部を抜粋して載せている。

アンは，読み書きの教育は1度も受けなかったが，進取の気性に富み，好奇心旺盛な，賢い少女だった。もっぱら妖精について聞いたさまざまな話によって好奇心を募らせたアンは，つねに妖精を見つけようとしていた。彼女が探していたのは，イングランド南西部地方にすむ小さい妖精だったので，日が暮れると，よく野外に出ては，シダの葉の裏を返してみたり，ジギタリスの鐘形の花をのぞきこんで見たりして，

　　　「陽気な妖精，すてきな妖精，
　　　かわいがってあげるよ，出ておいで」

とうたいながら妖精を探した。また，よく晴れた月夜には，しばしば谷を下っていき，

　　　「お月さんきらきら，川の水サラサラ，
　　　あたしはこーこ，妖精ちゃんはどーこ？」

とうたった。あとで妖精たちが彼女に語ったところによれば，妖精たちはその歌をみんなよく聞いていて，彼女が探しているシダの葉から葉へ走り回っていたという。が，とうとう妖精たちも彼女の前に姿を現す決心をした。

アンがある日，庭の門のすぐ外の小さい東屋(あずまや)で編み物をしていると，近くの木の枝の間からサラサラいう音が聞こえて，誰かが彼女をのぞき見しているらしかった。恋人がやって来たのだろうと思って，アンは知らん顔をしていた。それからしばらくは，彼女の編み棒の触れる音のほかは，なんの音も聞こえなかった。が，そのうち，また，木の枝がサラサラと鳴り，忍び笑いが聞こえてきた。アンが少し怒った声で「門にコケが生えるまで隠れていたらいいわ。あたしはそこへ行きませんからね」と言うと，間髪を入れず，チンチンという音と一緒に，澄んでよく響く笑い声が起こった。恋人

が隠れているのではないと知って驚いたが，黙ってそこにいると，じきに庭の門がそっと開いて閉じると，東屋に6人の小さい人が現れた。小さい人はとても美しく，みんな緑色の服を着て，目はこの上なくきらきら光っていた。6人の中で最もりっぱな，帽子に赤い羽をつけた人が，アンにやさしい声をかけてきた。アンが手を彼の方に下げると，彼はぴょんとアンの手のひらにとび乗り，そのまま彼女が手を膝のところまで上げると，胸をはい上がって，彼女の首にキスを始めた。アンが小さい紳士の愛撫にうっとりしていると，やがて小さい紳士は仲間の5人を呼んだ。すると，5人はいっせいに彼女のスカートから服へよじのぼってきて，彼女のあごや頰や唇にキスを始めた。そして，ひとりが彼女の目に手を当てると，目にちくりと痛みが走り，とたんに何もかも真っ暗になってしまった。そして，彼女は空中に持ち上げられ，どこをどう運ばれたのか，再び下に置かれた感じがして，誰かが「涙を出せ！　涙を！」と叫んだ。彼女が目を開いてみると，そこはとてもすばらしい妖精の国だった。

　まわりには，金や銀のりっぱな寺院や宮殿があり，木々には果物や花がびっしりとつき，湖には金と銀の魚がたくさん泳いで，そこら中で，目の覚めるような美しい色の鳥たちが美しい声で鳴いていた。何百人ものすてきな服を着た人たちが，庭の中を歩いたり，踊ったり，遊んだり，花の東屋で休んだりしていた。アン自身もそれらの人々と同じように美しい服を着ていた。驚いたことに，どの人たちももっとも小さくは見えず，普通の人と同じ大きさであった。彼女はこの幸せなところに永遠にい続けたい思いだった。6人の妖精の友だちは彼女を囲み，いろいろな世話をしてくれた。が，そのうちの最も美しい妖精が彼女を特別に気に入り，ふたりはじきに一緒にそこをそっと抜け出して，ふたりだけの幸せにふけった。すると，突然騒がしい声がして，ほかの5人の友だちが現れ，そのまたあとから，怒った群集がふたりのところに押し寄せてきた。恋人は彼女を守るために剣を抜いたが，逆に打たれて，彼女の足元に倒れてしまった。彼女の目を最初にふさいだ同じ妖精が，また手を彼女の目にかぶせた。彼女はブンブンという大きな音とともに空中にくるくると舞い上げられ，やがて再び目が見えるようになったとき，彼女は心配顔の友人たちに囲まれて，もとの東屋の床に横たわっていたのである。

　それきりアンはもう2度と妖精の国へ行くことはなかったけれども，妖精はずっと彼女に好意を寄せ続けてくれた。（もちろん，ほかの誰にも見えなかったが）妖精たちはつねに，彼女と一緒にいて，彼女に妖精の食べ物を与え続けた。モージズ・ピットは彼の手紙でこう書いている。

> アンはわたしたちの食べ物を食べなくなって，あの年の収穫期から，次のクリスマスまで妖精たちによって養われていました。クリスマスの日に，彼女はわたしたちの食卓にやって来て，今日はクリスマスだから，一緒にロースト・ビーフを少し食べたいと言って，一緒に食べました。わたし自身がそのとき食卓についていたので，これは本当の話です。

この後，ピットは，「アンはわたしに，彼女のパンを一切れ分けてくれたことがありました。それを食べてみましたが，あんなにおいしいパンを，あとにも先にも食べたことがありませんでした」と書き添えている。

病気ののち，アンは祈禱に凝るようになった。熱心な英国国教会の信徒だったので，特に教会で使う国教会の〈祈禱書〉の言葉を聞きたがった。また，彼女の予言はすべて国王が最後には勝つという形をとった。コーンウォール州の南西端ランズエンド岬からロンドンにいたるまで，人々は病気の治療を求めて，彼女のところへやって来た。彼女の予言も非常に人気があった。彼女が訴えられた原因は，妖精と交わったことよりも，むしろ，予言の人気の方にあったのである。彼女は1646年，ジョン・トレギーグル判事により訴えられ，逮捕された。この判事も，死後に，悪魔のトレギーグルと呼ばれて超自然の存在として恐れられるようになった。トレギーグルについての話は，ロバート・ハント自身もいくつか記している。判事トレギーグルはアンを投獄して，食事を絶てと命じたが，アンは少しも苦情を言わず，へこたれないでぴんぴんしていた。クラレンドン伯の書簡によれば，アンは1647年にコーンウォール州のボドミン市長の公邸に留置され，引き続き食を絶たれている。しかし，最後には釈放されて，モージズ・ピットの，寡婦となった伯母のところへ奉公に行き，ウィリアム・ウォレンという労働者と結婚したのである。

　モージズ・ピットが，グロスターの主教に送った手紙を公にしたとき，ピットはロンドンで印刷業を営んでいた。彼は，自分でアン・ジェフリーズを訪ねることができなかったので，代わりに旧友のハンフリー・マーティン氏をアンのところに送ったが，同氏の娘に，アンが自分の妖精体験の証拠として，妖精からもらったという銀のカップを与えたという経緯がある。しかし，アンは彼に何もしゃべろうとしなかったので，ハンフリー・マーティンはこう書いている。

　　アン・ジェフリーズのことですが，わたしはほとんど丸1日，彼女と一緒にいました。きみがわたしに書いてよこしたものを，そのまま読んでもみましたが，彼女は，妖精に関することはどれも認めようとせず，彼女がした治療についても，同じように一切認めませんでした。たとえ今，自分の父が生きていても，自分にあのとき起こったことは父にも明かさないだろうとさえ言うのです。どうして明かさないのか，理由を聞きましたが，それをあなたに明かせば，それであなたは本を書いたりバラッドを作ったりするだろう，という答えでした。たとえ500ポンドもらっても，そういう本やバラッドで国中に自分の名前が広まるのはごめんだ，と言うのです。

気の毒にも，アンはトレギーグル判事の手にかかってなめさせられた苦しみを，2度と繰り返したくはなかったのである。

　アンの陥った幻想の内容と，彼女のところへ現れた妖精のタイプは，まことに興味深い。コーンウォールのあの辺地で，シェイクスピアの『夏の夜の夢』が最初に上演〔c. 1594〕されてから50年とたたないころ，読み書きのまったくできない田舎の娘が，シェイクスピアやマイケル・ドレイトンやロバート・ヘリックなどが書いたと同じ，微小さ，多情さをそなえたごく小さい妖精の妖精王国をちゃんと描き上げていたのである。上記の詩人たちが真の田舎の伝承に基づいて描いていたことが，これでも明らかであろう。〔モチーフ：F 235.3; F 236.1.6; F 239.4.3; F 282; F 301; F 320; F 329.2; F 343.19; F 370〕

(吉)

シェリーコート　Shellycoat

「貝殻服」の意。スコットランド低地地方の水にすむボーグル。ウォルター・スコットが『スコットランド南部境界地方の吟遊詩歌集』(1802-03)で記述している。この妖精は淡水の流れに出没するが，貝殻を連ねたひもを体に巻きつけているので，動くたびにガチャガチャと音を立てる。スコットの話によると，闇夜に小川の方から「道に迷った！　道に迷った！」という悲しげな呼び声が聞こえてくるので，その声に導かれて，ふたりの男が夜通し土手づたいにエトリック川〔現ボーダーズ州，セルカーク市を流れる川〕をさかのぼって行った。夜が明けるころ，ふたりは川の源の泉についた。するとシェリーコートが泉からとび出し，大声で笑いながら丘の向こうの斜面を跳ねおりていった。ピクトリー・ブラッグやヘドリーの牛っ子のように，シェリーコートは人間をからかったり，かついだり，とまどわせたりするのを楽しみはするが，これといった実害をなすことはない。そしてロビン・グッドフェローのように，いたずらがうまくいくと，してやったりと大声で笑いたてるのである。［モチーフ：F 402.1.1.］

(井)

塩　Salt

保存と不滅と好意の普遍的象徴。妖精除けの項をも参照。［モチーフ：F 384.1］　(吉)

シブ　Sib

17世紀の小冊子『ロビン・グッドフェローの生涯』の中で，ほかの者たちの代表となって語る女の妖精の長。彼女は自分および自分と同性の妖精たちのことを，次のように語っている。

> 男の妖精がするように，夜出歩くことは，わたしたちはあまりいたしません。ですが，時たま連れだって，働き者の奥さんがいる家に行っては，火で体を暖めたり，子どもたちの着替えをします。もしきれいな水と，きれいなタオルが出ていれば，わたしたちは鉢か靴の中に，お金を置いていきます。ですが，もしきれいな水を出しておいてくれないと，わたしたちはシチューや牛乳やビールや，そのほかなんでも目につくもので子どもの体を洗ってしまいます。きれいな水やタオルなどをきちんと出しておかないだらしのない奥さんたちには，汚い子どものおむつで，その女の手や顔をぬぐうとか，さもなければ女を川に運んで，頭の先までどっぷり水につけるとかしてやります。わたしたちは，大きな丘にすんでおり，そこで困っている貧しい男や女の人にお金を貸します。ですが，もしその人たちが期日にお金を返しにこないと，わたしたちは罰として，その人たちをつねるだけでなく，その持ち物にも害を加えるので，お金を返してしまうまで，その人たちは栄えることができません。

［モチーフ：F 361.17.5］　(井)

シーフラ　Síofra, Shefro

T. クロフトン・クローカーの『アイルランド南部の妖精伝説と伝承』(1825-28)によ

れば，シーフラとはアイルランドの小さな群れをなす妖精に与えられた呼称である。シーフラはジギタリスの花に似た帽子をかぶっていると想像されている。取り換え子の話や，若い娘の誘拐話や一般的な妖精の行動にまつわる話が語られる際，シーフラが登場する。「ガウナ妖精丘の伝説」と題する話では，その妖精丘にすむ一族の女王が，ブラッグやヘドリーの牛っ子にできるような変身による多くのいたずらを演ずる。スコットランド高地地方の妖精と同じく，シーフラも天国へ入れてもらえるかどうか，その心配をしているのである。〔モチーフ：F 234.0.2；F 241.1.0.1〕 (三)

シーヘン Sìthean, Sithein

ノウすなわち妖精丘を，外部から見た際に言うゲール語の名称。もし妖精丘が円柱に支えられていれば，その内部はブルーと呼ばれる。 (井)

ジミー・スクウェアフット Jimmy Squarefoot

この奇妙な妖怪はウォルター・ギルの『マン島スクラップブック』(1929)でかなり詳しく説明されている。マン島南部のグレーナビー〔カースルタウン市の北方〕界隈を徘徊し，のちには豚の頭とイノシシのような大形の牙を2本持った人間の姿をとった。外見は恐ろしかったが，それほど大きな危害を人に加えたわけではなかったようである。以前は，巨大な豚の姿をしており，クロンク・アン・イリー・レー山〔マン島南部の山〕をすみかとする巨人フォールの乗馬代わりに，陸や海の上を乗り回されていた。フォールというものはたいがいそうなのだが，このフォールも石を投げる習性があり，ふだんは非常に折り合いの悪かった自分のおかみに石を投げつけていたらしい。ギルは，このおかみは，ちょうど同じ界隈にすんでいたカラッハ・ナ・グローマッハだったのではないかと言っている。フォールが投げた石の1個が，グレッグ・アン・アランの岩山となり，もう1個は完全に外れて南方のクローハルに落下したと伝えられている。おかみは家出をし，亭主はそのあとを追いかけたものと思われるが，乗り回していたジミー・スクウェアフットを置き去りにした。その後ジミーは人間に近い姿をとり，あたり一帯を徘徊し，足跡は遠くラシェン渓谷に及んだ可能性がある。ラシェン渓谷は，黒豚になったり人間になったりしてその形を変えていたボゲードンが出現した所であり，両者の間に何かつながりがありそうである。〔モチーフ：A 963.5；F 511.0.9；F 531.4.11〕 (平)

ジャッキー・ランタン Jacky Lantern

ウィル・オ・ザ・ウィスプ〔鬼火〕の数ある別名の一つ。通常イングランド西部地方で見られる。〔モチーフ：F 491；F 491.1〕 (吉)

シャッグ フォール，タター フォール Shag-foal, or Tatter-foal

どちらも「ぼさぼさの子馬」の意。ほとんど同じものをさすと考えていい。いずれも，変身を得意とするボギー，ボギー ビーストの一味がリンカンシャーでとる形である。彼らは，いろいろの形をとりうるが，炎のような目の，ぼさぼさした毛むくじゃらの

馬，子馬，またはロバの姿で出没するのが好きなようである。ピクトリー・ブラッグとヘドリーの牛っ子はよく知られている例である。ガッチ夫人とメイベル・ピーコックとが採話にあたっている「カウンティー・フォークロア」第5巻〔リンカンシャー篇〕(1908)に出ている次例を参照。

 シャッグ フォール──ある老婦人は，夜道を歩く旅人の前に姿を現す暗黒色の動物のような不思議な妖精のことを，よく口にした。わたしたちが真夜中に大きな犬に襲われたということを聞いて，彼女は「その犬には白い箇所がなかった？」と熱心に質問した。胸のあたりが白かったとわたしたちがはっきり言うと，彼女は「ああ，よかった！　シャッグ フォールではなかったのね」と言うのだった。

上例の老婦人は黒犬の形をとるシャッグと，馬の形をとるシャッグ フォールとを区別していない。イーライ・トウィッグ〔情報提供者のひとり〕が提供してくれた次の事例の方が，シャッグ フォールやタター フォールの通常のタイプに近い。

 タター フォール──「そうね，格好はぼさぼさした馬というところかな。ありとあらゆるいたずらをしでかすんだよ。例えば，安物の酒で一杯機嫌になって，馬に乗って家へ向かっているやつがいると，そいつに抱きついて落馬させるのよ。かと思うと，婆さんを見ると，ワッとおどかすの。すると婆さん，これは怖いからね，買物なんか全部水たまりの中に落っことしてさ，命からがら逃げていくのよ」

〔モチーフ：E 423.1.3.5 (a)；F 234.1.8〕　（平）

修道士ラッシュ　Friar Rush

チャップブック〔日本の絵草紙にあたる〕の「修道士ラッシュ」物語は，修道院に住む修道士の怠惰と大食いとを風刺したデンマークの伝説を，16世紀に英語化したものである。もともとこの主題は14世紀以降イングランドでも，他の地域の場合と同様，民衆が愛好したもので，アビー・ラバー物語もこの主題から派生したものである。しかし，イングランドでの扱われ方は一貫したものではなく，修道士ラッシュはだんだんホブゴブリンの性格を強め，物語の伝播が進むにつれて，元の悪魔的な性格をしだいに弱めていく。最初は，ベン・ジョンソンの『悪魔は間抜け』(1616)で扱われたように，地獄の使者であった。ラッシュは修道士たちを誘惑するため修道院へ遣わされる。そして，悪魔の指図どおり修道士たちを大食い，好色，怠惰へと引きずりこむが，最後は正体を暴かれて馬の姿に変えられ，追放されて，無人の古城にひとりすむことになる。が，そこでも，村の居酒屋を訪ねるのを好み，田舎の人たちと交わるのを心から喜び，人とのおつきあいを楽しんでいる。そして，その後，古城を去って新しい奉公につくと，今度はすっかりロビン・グッドフェロー的になり，新しい主人にとことん尽くして，主人の奥さんを口説いている好色な修道士をさんざんにやっつける。さらに，また奉公先が変わると，今度は一転して，新しい主人に，若い奥さまは悪魔にとりつかれています，悪魔払いのために，改心した修道院長のところへ奥さまをおやりになるといい，と勧めている。しかし，その彼が，最後にはウィル・オ・ザ・ウィスプになったということを示唆するものはこの話の結末にない。ないけれども，彼は背信行為のゆえに地獄から追放され，また，むろん天国にも入れない，それで，同

じように主人公が地獄からも天国からも締め出されてしまうという他の伝説の場合と同様，結局はイグニス・ファテュウスの姿をとることになったのであろう。少なくとも，ミルトンの〈修道士のランタン〉〔「快活な人」104行．⇒ラバード・フィーンド〕が修道士ラッシュへの言及であった可能性は強い。といっても，G. L. キットリッジ教授は「修道士のランタン」(1898) という論考で，両者を同一だとするのは疑問だとしている。　［モチーフ：F 470.0.1；G 303.3.3.1.3；G 303.9.3.1；G 303.9.4；K 1987］　　　　　　（吉）

守護の黒妖犬　the Guardian Black Dog

　黒妖犬は一般に不吉な生き物とされ，マン島のモーザ・ドゥーグのように死の前触れか死をもたらすものと考えられているが，また一方では，旅人を守り，道案内する親切な黒犬の話も，今世紀の初めころには特に広く流布していた。下に記すオーガスタス・ヘア〔イギリスの文人．1834-1903〕のおはこの話の一つはその代表的な例で，ヘアの『私の孤独な生活』で読むことができる。

　　　フォートン氏は食事をしながら，こんな話をした。「わたしはエイスクリフの小さな宿屋にいたとき，ボンドさんという人に会ったんだ。そのボンドさんがスワンクリフに住むわたしの友人のジョニー・グリーンウッドに関する話をしてくれてね。ジョニーはある夜，森を通って1マイル〔約1.6キロ〕ほど先のところへ行く用事ができたんだと。森の入り口に来ると，1匹の大きな黒い犬が一緒にそばを歩き始めたんだとさ。どこからやって来た犬かわからなかったが，ずっとついてくる。森はだんだん暗くなり，犬は見えなくなったが，そばをついて来る足音はちゃんと聞こえている。が，森を出ると，犬は消えて，どこへ行ったかまったくわからなかったとよ。で，ジョニーは用事をすませて，同じ道を帰り始めると，森の入り口でまた例の犬が現れて，来たときと同じように，ずっと一緒についてくる。犬は彼に触れるでもなく，彼も犬に話しかけるでもなく行ったが，森を出るときに，またふっと消えていなくなったんだと。
　　　それから数年のちのこと，ヨークにある刑務所に入れられていたふたりの服役囚が，教誡師に語った話では，彼らはあの夜森でジョニーから金を奪って殺すつもりだったが，ジョニーと大きな犬が一緒では，とてもこちらふたりでは歯がたたないと思い，あきらめたんだそうだ。つまりこれが，わたしの言う，役に立つ妖怪だな」

　これと非常によく似た話を，わたし自身も1910年にロンドンでホージーという老牧師から聞いている。また，片田舎を回って喜捨を集めていたさる有名な非国教会牧師についても，同類の話がヨークシャーに残っている。
　グロスター市東方のバードリップ・ヒルは山越えする旅人や，闇夜に歩く旅人を道案内してくれる善い黒犬の出没する所といわれているが，守護の黒妖犬については，サマーセット州が最も精彩に富んだ伝承を保持しているように思われる。この守護の黒妖犬は，妖犬の教会グリムと関係があるのではあるまいか。昔は，新しくできた墓地にはまず，白い毛の1本もない，真っ黒い犬を埋葬したものである。そうするのはその黒犬に，さもなければ最初に埋葬された死体が負わなければならない墓守りの義

務を負わせるためで、黒犬は守護者となってその墓地を悪魔から守るわけである。ルース・タングは「カウンティー・フォークロア」第8巻（1965）の中に、サマーセットの善い黒犬に関する、次のような二つの挿話を記している。

　85歳のさる老婦人が、カナダで黒妖犬に遭遇した経験を、1960年にわたしに語ってくれた。彼女はどうやらサマーセットから黒妖犬信仰をもってカナダへ行き、再びそれをもって帰ってきたらしいのである。

　「わたしは若い娘のころ、カナダのトロント市の郊外に住んでいたのです。ある晩、数マイル先の農場まで行かねばならぬ用事ができました。途中には森があって、とても怖い思いをしました。けれど、1匹の大きな黒犬が一緒について来てくれて、わたしが無事に農場の入り口に入るのを見ていました。用事がすんで帰ろうとすると、またその黒犬が現れて、わたしとずっと一緒に歩いて、家のすぐ近くに来ると姿を消してしまいました」

　サマーセットの話であることがもっとはっきりしているものに、筆者自身がひとりの田舎の好好爺から聞いた話がある。彼はたまたまある冬の午後遅くサマーセットのクウォントック連山を登ることになった。そこのウィーカム山のてっぺんまで登ると、海の霧がおりてきて、家に帰りつかないうちに凍え死ぬんじゃないかと思った。ところが、手探りで歩いているうちに、突然毛のふさふさしたものに触った。てっきりわが家の羊の番犬シェップが捜しにきてくれたものと思って、「よしよし、シェップ。よく来てくれたな！」と言うと、犬はくるりと向きを変えて、まっすぐわが家の戸口まで先を歩いていった。ところが、家についてみると、なんと番犬のシェップは家の中で吠えているではないか。振り向いて見ると、さっきまで道案内してきた犬はぐんぐん大きくなって、それからすうっと見えなくなってしまった。「あれは黒妖犬だったよ。神の加護がその犬にあらんことを！」と、その老人はいつも言うのだった。とにかく、黒妖犬に触って、何のたたりにもあわなかったとは、珍しい話である。

［モチーフ：F 401.3.3］　（吉）

シュコラン　Sceolan

フィアナ騎士団の首領フィンの2番目の猟犬であるシュコランは、血という目に見えない絆でフィンと結ばれていた。というのは、シュコランは、自分の母親——フィンにとってはおばに当たる——が猟犬の姿に変えられていた間に生まれたのである。ブラン[3]とシュコランの項を参照。　　　　　　　　　　　　　　　　　　　　　（三）

シューピルティー　Shoopiltee

シェットランド諸島の水棲馬であり、マン島のカーヴァル・ウシュタに相当する。シューピルティーについてはトマス・キートリーが、著書『妖精神話考』（1828）のシェットランド諸島の項で次のように描いている。

　この水棲妖精は、シェットランド諸島では、シューピルティーと呼ばれる。この妖精馬はきれいな小馬の姿をして現れ、人間を自分の背に乗せようと盛んに誘いかけ

る。そして誰かがその背に乗ると，全速力でその人もろとも海の中に駆けこむのだ。

[モチーフ：F 420.5.2.1]（三）

傷害や病気（妖精のたたり）　Blights and illnesses attributed to the fairies

突然，体が麻痺したときに，ストローク（stroke）をくらった，と言うのは妖精信仰から直接に出た表現である。ストロークという表現はフェアリー・ストローク（fairy stroke）あるいはエルフ・ストローク（elf stroke）の省略形であり，ストロークの語義である「突然の麻痺症状」はエルフの矢傷，すなわちエルフの矢の一撃をくらったことに起因すると考えられた。エルフの矢で動物や人間がねらい撃ちされ，倒されたその犠牲者は妖精によってひそかに拉致されて，その身代わりとしてストック（木偶）が残された。ストックは妖精が変身したものの場合もあり，まやかしの術で犠牲者の死体に見せかけたものである場合もあった。『エルフ，フォーン，妖精の知られざる国』（執筆1691，出版1815）の著者ロバート・カークについて言い伝えられている話がその具体例である。カークは妖精の出没する丘の附近を夜間によく歩いていたというが，ある朝のこと，アバフォイル〔現セントラル州，ローモンド湖の東方〕のシー・ブルアッハ，すなわち妖精丘の上で気を失っていた。すぐに床に運ばれたが，意識が完全に戻らないまま死んだという。さて，カークの妻は妊娠中であったが，出産の前の晩のこと，親類のドゥフレー〔アバフォイルの西5キロの村〕のグレアムの夢枕にカークが現れて，自分は死んだのではない，ノウ〔「妖精丘」の意〕に拉致されているのだ，しかし，自分の子の命名式がうちの屋敷で行なわれるなら，自分は姿を現す力が得られて，その上，姿を現したおりに，グレアムが短剣をカークの肘掛け椅子に突き刺してくれれば，自分は自由になれる，と言うのであった。カークはそのとおり本当に姿を現したというが，グレアムはカークの姿を見て後ろによろめき，短剣を抜かなかった。それでカークは今でもまだ妖精界に捕らえられたままだという。1944年の時点でも，その屋敷で子どもの命名式が行なわれ，屋敷から1度も外へ持ち出されたことのない彼の椅子に短剣が突き刺さったらカークの魔法はとける，と言われていた。たとえ魔法がとけたとしても，たぶんカークの肉体の方は塵と化してしまっただろうが，それでも魂の方はそれによって自由になり得ただろうというわけである。

ほかにも多くの病気が妖精によって引き起こされると考えられていた。リューマチ，椎間板ヘルニア，その他，体がねじれたり変形したりするのも，目に見えないが非常に痛い，妖精の襲撃で負った傷が原因と考えられた。リチャード・ボヴェット著の『パンデモニウム，悪魔の巣窟』（1684）では，ある麻痺症の原因が目に見えない妖精の市にあったとされている。サマーセット州のブラックダウン丘〔現デヴォン州との境界に近い〕を夜間に旅した人がこの妖精の市を見て，もっとよく見ようと馬を近づけたが，近寄ると消えて，旅人はまるでまわりから群集にぐんぐん押されるような圧迫を感じ，やっと圧迫から抜け出したと思ったとき，突然，体の片側の感覚がなくなり，それきり死ぬまで麻痺が治らなかったというのである。

これよりやや軽度の一過性の病気としては，こむらがえり，さしこみ，あるいは妖精の指でつねられた跡と考えられているあざなどがあった。W. B. イェイツは，妖

精にいじめられた老人を知っていたという。その老人いわく「床から引っぱり出されて、いやってほどひっぱたかれた」。消耗性疾患、癆、肺結核などは、魔女の仕業ともされるが、妖精のせいにもされた。肺病は、妖精の出る丘へ夜になると無理やり引っぱり出されて、翌朝、疲れきって帰ってくることが原因とされた。この災難の代表例は、妖精信仰からも、魔女信仰からも、非常に興味深いオークニー諸島の「ケイト・クラッカーナッツ」という物語〔J. ジェイコブズ『イングランド昔話集』収録〕に見られる。消耗性疾患はまた、口説き妖精ガンコナーに出会ったときのように、あるいはまた、ラミアから、吸血鬼にされるような抱擁をうけたときのように、満たされず、あとあと思慕の情だけが残るような、ただ1度の愛の経験が原因とされることがあり、また時にはクリスティーナ・ロセッティの「ゴブリンの市」(1862)におけるように、妖精の食べ物を食べたことが原因とされることもあった。妖精自身はおおむね多産の霊力をもつ精であるにもかかわらず、難産や不妊の原因と考えられるときもあった——とはいっても、これは魔術によるものとされる方がずっと多かったが。とびひや、その他多くの皮膚疾患も妖精によるものとされた。またシラミの異常発生も妖精のせいにされることがあった。

　動物の病気の多くも妖精の仕業と考えられた。家畜が突然病気になると、その家畜は実は病気になる前に妖精に殺されて食べられていたのだと考えられた。この例として、ジョーゼフ・ジェイコブズの『続イングランド昔話集』(1894)の中の「3頭の雌牛」と題する話がある。牛のブルセラ病〔伝染性流産〕、豚コレラ、鶏ペストなどもみな妖精のせいにされた。実際、魔女にできることはみな妖精にもできたのである。

　田舎の人々は小児麻痺を病気とは思わず、本当の子どもがさらわれて、代わりに取り換え子が置いていかれた、と信じていた。だから、一般にその治療法としては、信じられぬほど乱暴な処置がよいとされた。事実、近所のおせっかいやきなどが手を貸すと、時には最後に子どもを殺してしまうことさえあった。　[モチーフ：F 362]　　　（吉）

正直トマス　True Thomas

F. J. チャイルド教授（1825-96）が集成した伝承バラッド集で37番Aとなっている正直トマスのバラッドは、詩人トマスと普通呼ばれているエルセルドゥーンのトマス・ライマーの経歴の一部を伝えている。アーサー王物語に出てくる予言者マーリンとなると実在したかどうかは問題だが、エルセルドゥーンのトマス・ライマーが13世紀に生きていた歴史的人物であったことは確実である。しかしトマス・ライマーが実在したという事実よりは、彼の予言者としての名声——それは19世紀まで続いたが——の方がずっと重要である。上述のバラッドでは、トマスが妖精の国の女王に会い、次いでその国を訪れる次第が語られているが、その土台となっているのは14世紀のロマンス——これはW. カルー・ハズリットの『シェイクスピアおよびその他初期英国作家の作品に出てくる妖精物語と伝説とロマンス』(1875)で読むことができる——である。このチャイルド37番Aのバラッドが採集されたのは、19世紀に入ってからであるが、基になった14世紀のロマンスに比べると、あの長々しい予言も省かれ、もっと簡潔に、生き生きとトマスの話を伝えていると言える。

正直トマスが，あの草茂る川岸で横になっていると，
美しい婦人を見かけた，
きびきびとした物怖じしない婦人が，
シダ生い茂る山腹を馬を走らせてきた。
　　　彼女の裳裾は草緑色の絹，
　　　外衣はみごとなビロード，
　　　馬のたてがみの一房ごとに，
　　　銀の鈴が59個ついていた。
正直トマスは帽子をとり
深く膝まで首を垂れた，
「天国の偉大なる女王よ，ようこそ！
あなたほどの方は地上にいません」
　　　「いえ，いえ，正直トマスよ，
　　　その呼び方は，わたしに合いません。
　　　わたしは，しがないエルフランドの女王，
　　　あなたに会うためにここへ来たのですよ。
トマスよ，一緒に来るんですよ，
正直トマス，わたしと一緒にね。
7年間，わたしに仕えてください，
災いと幸せの，いずれが起ころうとも」
　　　女は白馬の首をめぐらし，
　　　正直トマスを後ろに乗せた。
　　　手綱が鳴り響くたびごとに，
　　　馬は風より速く飛翔した。
夜を日に継いで40日，
膝までつかる血の海を渡り，
太陽も月も姿を見せず，
耳に響くは海鳴りばかり。
　　　ひた走りに馬を走らせ，
　　　緑の果樹園へやって来た。
　　　「おりましょう，美しい方よ，
　　　あの果実を取ってあげましょう」
「いけません，いけません，トマスよ，
あの果実に手を触れてはなりません。
地獄のあらゆる災厄が，
この国の果実に宿るのです。
　　　わたしの膝の上に，パンと
　　　赤ブドウ酒とがありますよ，
　　　ここらで一休みしますから，

食事にしては、いかがです」
トマスが口腹を満たすと、女は言った、
「あの山を登る前に、
この膝の上に頭をのせなさい、
珍しい光景を三つ、お見せしましょう。
　　　イバラの木が生い茂る
　　　あの狭い路が見えるでしょう、
　　　あれは正義の路ですが、
　　　たどる人は、ごく稀です。
あの美しい草地の中の
広い広い路が見えるでしょう、
あれは邪悪の路ですが、
天国への路と呼ぶ人もいるんですよ。
　　　シダ生い茂る山腹の、あの
　　　美しいうねうね路が見えるでしょう、
　　　あれが美しきエルフランドへの路、
　　　今宵一緒にたどるのです。
トマスよ、何を見ても、何を聞いても、
決して口をきいてはなりません。
もし一言でも口をきいたなら、
2度と国へは戻れません」
　　　トマスは絹織りの上着と
　　　萌黄色(もえぎ)の靴をもらったが、
　　　7年間が過ぎ去るまでは、
　　　地上に姿を見せることはなかった。
［モチーフ：C 211.1；C 405；F 236.6；F 302.3.1；F 304.2；F 320；F 379.1；F 379.3］　（平）

小児麻痺　Infantile paralysis
　妖精に起因する病気というより、この症状が出ると子どもが妖精に盗まれたとか、あるいは実の子が妖精の子に取り換えられた、と言って周囲が騒ぐのである。何かの病気で子どもの容貌とか能力に急な変化が生じたら、さては取り換え子かと疑心暗鬼を生じ、妖精迷信が強固に根を下ろしている地域では、多くの人が苦しむことになったに違いない。ジョージ・ウォールドロンの『マン島誌』(1731)に所載の取り換え子とみなされた子どもの話が、そのことを示している。傷害や病気の項を参照。　（平）

初期妖精奇談　Early fairy anecdotes
　初期妖精奇談の説明は、中世年代記の項を参照のこと。あわせて、モンマスのジェフリー、ティルベリーのジャーヴァス、ジラルダス・カンブレンシス、「エリダーと黄金のまり」、緑の子ども、ヘルラ王、向こう見ずエドリックの各項をも参照。　（井）

食料室の精　Buttery spirits

　この妖精は，修道僧が放逸怠惰に陥った裕福な修道院に出没するとされたアビー・ラバーの世俗化した形態である。概して，妖精は十字印［⇨クロス］をつけてあるものは別として人間の食べ物を食べると考えられていた。「アッフリーハンの農夫」の話がこのことを物語る好例である。しかし，この考え方は拡大され，次のような形をとることもあった。すなわち，人が食べ物を感謝の念なしに受け取ったり，それにケチをつけたりすれば，あるいは不正な手段で物を入手すれば，つまり何によらずもらい方が悪いと，妖精は人間からそのもらい物を取り上げることができる，というのである。とにかくこういう背景があって，アビー・ラバーや〈食料室の精〉が活動したのである。食料室の精を非常に鮮明に描いた話が，トマス・ヘイウッドの著書『聖天使の階層』(1635) 第9編に見られる。

　敬虔な聖僧が，ある日料理人をしている甥を訪ねた。この甥は宿屋の亭主でもあったらしい。僧は温かく迎えられ，食卓につくとすぐに甥の暮らし向きを尋ねた。甥がなかなかの野心家で，世俗的な成功を求めていることを知っていたからである。「それがね，おじさん」と，宿屋の亭主が言った。「さんざんなものですよ。もうかりそうなことは，何でも一所懸命やってみるのですが，日に日に貧しくなっていくんです。疫病で死んだ牛や，溝にはまって死んだ牛さえ買い入れ，上等のパイ粉と香辛料をたっぷり使って犬の死体でパイを作ったりもします。ビールには水を混ぜ，もし誰かが代金のことで文句を言えば，にらみつけて，わたしは最高の材料以外は使っていない，と誓って答えることにしてるんです。このように，もうかると思ったらどんなことでもしているのに，日に日に貧しくなるってのはどういうことでしょう」

　「そんな悪い手段を用いているかぎり，決して商売は繁盛しないよ」とおじの僧が言った。「お前さんの食料室を見せてごらん」「おやすいご用です」と甥の料理人が言った。「この戸をあければ奥まで一目で見えますよ」「わしと一緒に来てごらん」僧は胸に十字を切って言った。ふたりがのぞいて見ると，中には大きな，ぶくぶくと太った男が，食べ過ぎて膨れあがりながらも，なおそこいらじゅうの食べ物をむさぼり食っているところだった。パイやパンの山や大きな肉がまるで煙のように消えていった。またその男は酒樽の栓を抜いたかと思うと，またたくうちに1滴残さず飲み干した。「いったいどうしてこんなやつが入りこんだんだ」と宿屋の亭主が言った。「いったいなんの権利があってわたしの売り物を食ってしまうんだ」「これが，食料室の精だよ」とおじが言った。「不当に得たものや，ごまかして調理した食べ物を自分の思うままにする力があるんだ。もしお前が商売を繁盛させたいなら，さっき言ったような不正な手段は捨てなければならぬ。神を求め，正直に商いをし，客たちには善意で奉仕しなくてはならぬ。そうすれば利益は少なくても確実なものとなる。そしてお前は初めて幸福になれるのだ」　こう言い残して，僧は甥の家を辞し，数年間戻ってこなかった。そして次に戻ってきたとき，まるで甥の様子が変わっているのに気がついた。宿屋はこぎれいになって繁盛し，食べ物もよく，町での亭主の評判は上々で，町の議員候補にまでなっていた。僧がもう1度食料室の戸をあけさせてみると，あのいまいましい食料室の精はやせ細り，腹はくぼみ，杖を頼りによろよろと歩いている。棚に置

いてあるおいしい食べ物を取ろうとして手を伸ばすのだが，正しい手段で手に入れたものばかりで，どんなにあがいても空のコップ1個，ましてや酒瓶1本持ち上げることができない。そのうち，みるみる縮みあがって消え去ってしまった。宿屋の亭主は，正直が最上の方策であることを悟ったのである。ジョージ・マクドナルドは〈地下食料室の魔物〉という精のことを述べているが，これは別の種類らしい。食料室の精は倫理的意図をもたず，たまたま不正に得たものが繁盛しないようにするのに対し，地下食料室の魔物の働きは，食料室が盗難にあうのを防ぐことにある。［モチーフ：F 473. 6.4］

(三)

ショック　the Shock

サフォーク州のショックは，一般に馬かロバの姿で出てくるボギー，ボギー ビーストである。「カウンティー・フォークロア」第1巻〔サフォーク篇〕(1893) には，ショックについていくつか，編者が個人的に収集した資料が収録されているが，レッドストーンとかいう人に寄せられた数通の手紙の一つに，非常にはっきりショックの実例を語った以下のようなものがある。

　　　メルトン〔現サフォーク州ウッドブリッジ市の北郊〕に〈馬と馬丁〉という旅籠がある——まだ，通行料金取り立て門のあった時分（今から30年前），マスター・フィッシャーという人が主人をしていた。月の昇らない，ある闇夜だったが，ウッドブリッジのケンプだんながあわてふためいて，真っ青になって宿にとびこんできて，鉄砲を貸してくれ，そこの料金取り立て門にぶらさがっている〈ショック〉を撃ち殺してやるんだから，と言う。それは，ロバの首をしていて，皮がビロードのようにすべすべした化け物だった。ケンプは，居合わせた連中に加勢してもらって少し大胆になると，あいつをひっつかまえて，宿へもってきて，よーく見てやる，と言いだした。そして，彼が素手でつかむと，とたんに化け物は向きを変え，ケンプの手をかんで消えてしまった。ショックにかまれた跡は，ケンプが死ぬまで親指から消えなかった。

サフォークのショックのうちには，ぼさぼさのたてがみのある，皿のように丸い目をした犬ないしは子牛の姿で出てくるものもいるが，いずれも亡霊と考えられている。ショックは，リンカンシャーの黒犬妖怪シャッグ，またはシャッグ フォールと似ていなくもない。［モチーフ：E 423］

(吉)

ショーニー　Shony

ヘブリディーズ諸島のルイス島に古くから伝わる海の精。18世紀にいたるまでこの精に対しては，お供えがなされていた。M.マーティンは『スコットランドの西の島々の点描』(1703) の中で，万聖節の時期にショーニーを慰める儀式の模様を，以下のように書いている。これは大漁を祈願するものではなく，畑地の肥料となる海草の豊作を願うものであった。

　　　ルイス島の聖マルヴェイ教会に島民たちが集まった。各戸が麦芽を一枡ずつ持ち寄り，ビールを造った。ひとりが選ばれて，海の中を進んでいった。彼は片手にビー

ショニー　●　145

ルの入った容器を持ち，腰がつかる深さまで来るとその姿勢のまま立ちどまって，大声で「ショーニーよ。来たる年，われらが土地を肥やすべく，お前がやさしい心もて，海草をたっぷり与えてくれるよう，ここにこうしてビールを進ぜよう」と叫びながら，海中にビールを容器ごと放りこむのだ。この行事は夜分に行なわれた。彼が陸地に戻ってくると，今度は全員で教会に行った。祭壇にはろうそくが1本ともっている。そして，しばらく黙禱し，やがてひとりの合図でろうそくが吹き消された。ただちに全員で畑に行き，そこで今度は，自分たちの番とばかりビールを飲み始め，あとは踊ったりうたったりしながら朝まで過ごすのである。

ルース・タングも，サマーセット州で同じような海の精アイナ・ピック・ウィンナにささげられる献納物のことを記録している。［モチーフ：A 421；V 12.9］　　（三）（平）

ジーラッハ　Direach, Dithreabh

ゲール語の原義は「荒地」。J. F. キャンベルの『西ハイランド昔話集』(1860-62) 第4巻に，ファハンという醜悪な種族の中でもとりわけ醜悪なジーラッハ・グレン・エイチーという妖怪の描写が出ており，「その姿は醜悪だった。胸ぐらからは1本の手が突き出ていて，頭のてっぺんには一房の剛毛が生えていた。その剛毛を曲げるのは，山を移すより難しかった」という。またジーラッハは腰から下は足1本で，顔の正面から目玉が一つとび出ていた，ともいう。ジーラッハは巨人だった。　　（三）

ジラルダス・カンブレンシス　Giraldus Cambrensis（1146？-1220？）

ジラルダスはギラルダスとも。ジラルダス・ド・バリ，通称ジラルダス・カンブレンシス〔すなわちウェールズのジェラルド〕は，ウェールズの旧家の出であり，幼少のころから学問好きな子として著名であった。したがって，彼が中世年代記の編者のひとりとなったとて，驚くにあたらない。ウェールズの上層階級につながりのあるジラルダスは，ウェールズ教会ではノルマン人だけを司教に任命するというノルマン王朝の政策のため，不利な扱いを受けていたが，それでもヘンリー2世（在位1154-89）つきの司祭に任命され，アイルランド遠征〔1184〕に際し王子ジョンのお供を仰せつかった。この遠征から戻ってジラルダスは『アイルランド地誌』(1185) を書いた。彼はアイルランドで，いくつかの興味深い伝承を採録した。特に2匹のオオカミ人間についての同情的な記述と，姿を消す島——妖精の矢をその中に射こむと目に見えるようになるのだが——の伝承などは注目すべきものである。しかし，最もおもしろい妖精譚は，彼の『ウェールズ旅行記』の中に収録されている「エリダーと黄金のまり」の話である。この話は妖精の社会生活を記述した，おそらく最も古い記録であろう。　　（平）

シーリー・コート　Seelie Court

親切な妖精一族に与えられた名称。〈シーリー〉とは「祝福された」という意味である。悪意ある妖精は，時にアンシーリー・コートと呼ばれる。J. M. マクファーソンは，『スコットランド北東部の原始的信仰』(1929) の中に，シーリー・コートに関する詳しい解説と，W. グレガー，W. グラント・スチュアートおよび1910年の「アバ

ディーン・ジャーナル」から引いた実例を収めている。マクファーソンはまず, パンや穀物の種を貧しい人に贈ったり, 自分が目をかけている人を助けたりする, シーリー・コートの純粋な善行について語っている。「フォークロア記録」第1巻 (1878) 中のグレガーの示す実例は, 雇っている麦打ち人が不思議な手助けを借りているらしいと疑った, スコットランド北東部アバディーンシャーの農場主の話である。農場主は麦打ち人の様子をうかがうために, 納屋に身をひそめていた。麦打ち人は入ってくると殻竿(からざお)を取りあげ, 麦束に近づいていった。そしてあたりを見回しながら「出てきておくれ, わたしの赤い帽子さん」と言った。そのあと男は麦を打つまねをしていたが, 実際は目に見えない手が仕事をしていたのである。農場主は身を隠し, そのときは黙っていたが, できるだけ早い機会をとらえて, この不思議な手助けを借りる麦打ち人をクビにした。この目に見えない〈美しい人たち〉はまた, 親切にしてくれた人に対しては, 善行をもって報いる。グラント・スチュアートが述べている次の話は, このことをよく物語っている。暮らし向きのよくない女が, 妖精からぜひと頼まれ, 一枡分の粉を貸した。借りた分は女に返されたが, 彼女の粉入れは, 物の不足しがちな冬の間, 決して空にはならなかった。しかしシーリー・コートも, 傷つけられたり侮辱されたりすれば, すぐに復讐をする。彼らの地下の住居に汚水を流しこんだ者には, はっきり警告をあたえ, もしその者がこの警告を無視したりすれば, 家畜が殺されたり家がこわされたりという罰が加えられる。そのほかの害に対しても, それ相応の罰を人間に加えるが, アンシーリー・コートとは違って, 人間の体をむやみに傷つけたりはしない。 〔モチーフ：C 433；F 340；F 346；F 403〕 (井)

「シリーナが原の妖精のすみか」 'The Fairy Dwelling on Selena Moor'

ウィリアム・ボトレルの《西コーンウォールの伝説と炉端物語》第2集 (1873) に, 妖精の起源とその生活形態について, 前世紀中期ごろにコーンウォール州でまだ生きていた民間信仰をみごとに例証するきわめて興味深い妖精界訪問の話が収録されている。この話の妖精界は, ボトレルが紹介しているリチャード・ヴィゴーのもう一つの体験談の中で描かれている妖精界よりは地味であるが, 妖精を異教徒の死者とみなす原始的信仰とか, あるいは妖精の食べ物を口にすることの危険について, さらには妖精の小ささとか, 妖精のもろもろの能力についての原始的信仰をあますことなく例証してくれる。この長い興味深い話を次のように要約しても, その香りは充分に読者に伝わるであろう。その能力が衰えていき, 現実性もだんだん薄れていくこの妖精たちがわれわれに与える印象は, ジョナサン・スウィフトの『ガリヴァー旅行記』第3部 (1726) 中のストラルドブラグ〔不死を与えられながら若さを失った種族〕を, なんとなく連想させるものがある。

話の主人公はノイ氏。氏は人から好かれている農場主で, シリーナが原の近くに住んでいるのだが, ある夜, 翌日に予定していた収穫完了祭の飲み物を注文するため近所の居酒屋へ行った。ノイ氏がその居酒屋を出たことは確かだが, とうとう家へ戻ってこなかった。むなしい捜索が三日間続けられたが, ノイ氏の家から半マイル〔約0.8キロ〕と離れていない所を捜索隊が通ったら, 馬がいななき犬が吠えている

シリナガハ ● 147

のが聞こえてきた。一行は，荒野の危険な沼沢地帯を渡っていくと大きな樹の茂みにぶつかり，そこに馬がつながれているのを発見した。犬もそばにつながれていた。馬は繁茂している草を食べ満腹していたが，犬の方はやせ細っていた。綱を解いた馬のあとからついていくと，馬は荒れ果てた納屋にたどりついたが，そこにノイ氏が熟睡していた。もう夜が明けたのか，とノイ氏は驚き，何がなんだかわからぬ茫然とした様子だったが，人々は，彼からどうにか話を聞き出すことができた。ノイ氏は居酒屋の帰りにシリーナが原の中を近道して突き抜けようとしたのだが道に迷い，自分の感じでは未知の土地を何マイルもさまよっているうちに，遠方に明かりが見え，音楽が聞こえてきた，という。てっきり収穫完了を祝ってみんなで飲み食いしている農家にようやくたどりついたのだと思いこみ，その明かりの方へ急ごうとした。ところが彼の馬と犬は尻込みをして，どうしても一緒に行こうとしない。そこで馬をイバラの茂みにつないだあと，この上もなく美しい果樹園の中を通って，明かりのもれる家のそばまで行った。その家の外には，何百人もの人が踊ったり，あるいはテーブルについて飲んでいたりした。どの人も皆，ぜいたくな衣服を身につけていたが，どの人も非常に小柄に見えた。彼らが腰かけているベンチもテーブルも，また彼らが口にするコップも非常に小さかった。彼のすぐ近くに，他の連中より背が高く，白い服を着た女の子がいたが，タンバリンのような楽器を鳴らしていた。その楽器が奏でるメロディーには陽気さがあふれ，それに合わせて踊る人たちの動作も，今まで見たことがないほど軽やかなものであった。やがてその女の子はタンバリンを近くにいた老人に預け，家の中に入り，踊っている人たちのためにビールの入っているジョッキを持って出てきた。ノイ氏は，踊りは人一倍好きだったし，ビールのお相伴にもあずかりたいものと思い，その家のすぐ近くまで来た。ところが女の子は，彼と目が合うと近づかないように目くばせした。彼女はタンバリンを持っている老人と二言三言ことばをかわしたあと，ノイ氏のそばへ来た。

「わたしのあとについて果樹園へ来てください」と彼女は言った。

彼女は先に立って，人目につかない場所へノイ氏を案内した。ろうそくのまばゆい光から離れ，星明かりの中で初めてノイ氏は，この女の子が久しく自分の恋人だったが，3，4年前に亡くなった（というより亡くなったと思われていた）グレイス・ハッチンズであることがわかった。

「ウィリアムさん，星回りに感謝しなければなりませんよ。わたしが見張っていてあなたを止めることができたんですから。そうでなかったら，あなたは，たった今，小人たちの仲間入りをさせられるところだったのですよ。かわいそうなこのわたしのように！」

彼は彼女を抱きよせて口づけをしたかったのだが，女は，わたしの体に触ったら，また果実を口にしたり，花を摘んだりしたら，2度と家へ帰れなくなりますよ，と躍起になって彼を制止した。

「この魔法の果樹園でおいしそうなプラムを食べたのが，わたしの破滅のもとになったのですよ」と彼女は言った。「不思議に思われるでしょうが，わたしがこんな境涯に落ちたのは，すべてあなたを愛していたからなのですよ。世間の人は，わ

たしがこのシリーナが原で死体となって見つかったものと思いこんでいましたし，また実際そういうふうに見えたのです。ところが，わたしの死体として埋葬されたのは取り換え子，つまり偽の死体で，あれは決してわたしの死体ではなかったと思うわ。だって，わたしが人間界であなたの恋人だったころと，今もほとんど変わっていないように思えるんですから」

　女がそう言ったとき小人たちのキーキー声が聞こえた。「グレイス，グレイス！　もっとビールとリンゴ酒を持ってこいよ！　早く，早く！」

　「わたしのあとについて庭へ入っていらっしゃい。そして家の陰に隠れていてください。姿を見せてはいけませんよ。また，どんなことがあっても，果実や花に手を触れないでくださいね」

　ノイ氏は，自分にもリンゴ酒を持ってきてほしいと女に頼んだが，きっぱりと断られた。彼女はすぐ戻ってきて，樹々が茂り，ありとあらゆる花が咲いている散歩道へ彼を案内し，自分がどういういきさつでここへ来たか，彼に話してくれた。彼女は，ある日の夕暮れどきに，1匹の迷った羊を捜しにシリーナが原へ行ったのだが，ちょうどノイ氏が犬を呼んでいる声がしたので，近道して彼のところへ行こうとしたら，頭を越すほどの高さのシダの中で道に迷い，何時間もさまよい歩くことになった。そのうち音楽が聞こえてくる果樹園へ出た。音楽がすぐ耳の近くで聞こえることが時々あったが，どうしても果樹園の外へ出られず，まるでキツネに化かされたように，ぐるぐるとさまようばかりだった。とうとう空腹とのどの渇きでくたびれはて，果樹園の樹の一つから美しい黄金のプラムを摘み取って，それを食べ始めた。すると，その果実は彼女の口の中で溶け，苦い水になり，彼女は気絶して地上に倒れた。意識が戻ってみると，彼女は大勢の小人たちに取り囲まれていた。小人たちは女の子が捕まったというので大喜びだった。この子なら台所仕事もやってくれそうだし，取り換えてきた人間の子——これが昔ほど丈夫でなくなったと小人たちは言うのだが——の世話もできそうだというので喜びの声をあげていた。

　彼らの生活は，不自然でまやかしのように思われる，とグレイスは言った。「あの人たちは，感覚も感情もほとんどないんです。その代用となっているのは，彼らが人間として生きていたとき——それは何千年も昔のことかもしれませんが——に気に入っていたことの思い出だけなのです。真っ赤なリンゴとか，おいしそうな果実に見えるものは，リンボクやサンザシやヤブイチゴの実にすぎないんです」

　妖精の赤ちゃんは今でも生まれているのか，とノイ氏がきくと，彼女は，時たましか生まれず，たまに生まれると，たいへんなはしゃぎようで，妖精の男性は，どんな老人になっていても，その子の父親に擬せられることを誇りに思っている，と答えた。ノイ氏が驚いた顔をしたので，彼女は「あの人たちは，キリスト教徒ではなく，星を礼拝する拝星徒であることを，お忘れなく。キリスト教徒やキジバトのように，夫婦は必ず一緒に暮らす，というふうにはなっていないのです。あんなに長生きをするんですから，同じ相手とずっと一緒だったら，退屈してしまうでしょう。とにかく彼らは，そう思っているようです」と言った。

　またグレイスは，自分はいつでも小鳥に変身して彼の近くを飛ぶことができるよ

シリナガハ ● 149

うになったので，もう前ほど自分の境遇に不満をもたなくなった，とも言った。
　再びグレイスが家へ呼び返されたあと，ノイ氏には，自分と彼女の両方を救出する方法がありそうに思われた。まずポケットから作業用の手袋を出し，それを裏返しにして妖精たちの間に放りこんでみた。すると，たちどころに，妖精たちは，グレイスをも含め，ひとり残らず消え失せ，ノイ氏ひとりが荒れ果てた家畜小屋につっ立っていた。何かで頭を殴られたような気がして，ノイ氏は地面にどっと倒れた。
　妖精界を訪れた他の多くの人たちの例にもれず，ノイ氏は，この冒険のあと悲嘆に暮れ，人生に対する関心を一切なくしてしまったという。
　　　　　　　　　　　　　〔タイプ：ML 4075. モチーフ：C 211.1；F 370；F 372；F 375〕　（平）

シリ・フリット，シリ ゴー ドゥート　Sili Ffrit and Sili-Go-Dwt
　いずれも女の妖精の名前で，ジョン・リース (1840-1915) はこの両者に結びつけてトゥルティン・トゥラティンの話と同形のやや断片的な物語を記録している。その物語は，トム・ティット・トット，または「ワッピティー・ストゥーリー」の話の類話で，超自然の生き物の名前または妖精の秘密の呼び名を知ることで，主人公が力を獲得するという話である。　〔タイプ：500. モチーフ：C 432.1〕　　　　　　　　　　　　　　　（吉）

シール　Llŷr
　アイルランドの海の神リル〔リア〕のウェールズ名で，おそらく下界の神。「マビノーギ第3枝」の主要人物であるマナウアザンや，「マビノーギ第2枝」にその悲劇が主題としてとりあげられている祝福のブラン[1]の父。
　シェイクスピアのリア王はこのシールを人間界に移したものではないかという説もあるが，両者の間につながりはなさそうである。　　　　　　　　　　　（三）（平）

シルキー　Silky
　絹の衣をまとった妖精。ブラウニーは一般に男性であるが，時おり女性のブラウニー，例えば17世紀の作家ジョン・オーブリーによればグラント家につきまとっていたメグ・ムラッハとか，男性とも女性ともつかないグルアガッハなどが登場する。イングランド北部のノーサンブランド州やスコットランド南部の国境地帯のシルキーは，バン・シーのようにいつも女性である。この妖精シルキーはサラサラと衣ずれの音がする上質の絹の衣装をまとっているが，家事に熱心で，怠け者の召使いにとっては恐怖の的である。ヒルトンの血無し少年と同じく，彼女は死んだ人の亡霊である。ウィリアム・ヘンダーソンが『イングランド北部諸州と境界地帯のフォークロアについてのノート』(1879) の中で紹介しているノーサンブランドのブラック・ヘドン〔ニューカースル市の西郊〕のシルキーは，そのうちでもとりわけ有名で，手伝ってくれるというよりは，むしろ足手まといになる存在であった。というのは彼女はとり散らかしてあるものは片づけるが，きちんと片づいているものは逆に散らかしてしまうことが多かったからである。彼女は，ほとんど一晩中，人工池のそばにある老木の枝に腰かけて過ごす習性があり，その木は長く〈シルキーの椅子〉と呼ばれていた。この木に腰か

けたまま彼女は馬車や馬をよくとめたりしたものだが、その魔力から自分の身を守れるのはナナカマドの木で作った十字架〔⇨クロス〕を体につけている人だけであった。ある日、土地の名主邸〔ヘドン・ホール〕の天井がくずれ、金貨がいっぱい入っている大きな皮袋がドサリと部屋の中へ落ちてきた。それ以来シルキーは2度とこの屋敷に姿を見せなかった。財宝を天井裏に隠し、そのまま誰にも言わずに死んだ人がいたのだが、シルキーはその亡霊だったと伝えられている。スコットランド南東部のベリックシャーのハードウッドにもシルキーがいたし、上述のヘンダーソンはニューカースルのデントン邸のシルキーをも紹介している。このシルキーには後日談がある。ノーサンバランドの旧家に属するわたしの友人マージェリー・サウアビーが、昔、まだ少女だったころ、デントン邸に住むホイル姉妹のところへよく遊びにいった、ということだった。屋敷はふたりの姉妹にとっては広すぎ、ふたりは親しい友人に、シルキーがいなかったら、自分たちだけではお手上げだ——なにしろシルキーは薪の用意をして火を起こしてくれるし、その他家事万般をやってくれるのだから——と打ち明けていたそうである。わたしの友人のマージェリーはその後結婚し、よそへ移り、戦後になって初めてニューカースルへ戻ってみた。あのホイル姉妹は、とっくの昔に亡くなっており、デントン邸には、やはりこれもマージェリーの古い知り合いになる男の人が借りて住んでいた。この人は、およそブラウニーなどに好かれるようなタイプではなかったものだから、ありとあらゆるいたずらを受ける羽目になった。彼は、ひどく腹が立ちシルキーのことを口にするのもしゃくという気持ちになり、とうとうデントン邸から出ていかざるをえなくなったという。性質のよかったブラウニーが、いつのまにか性悪のボガートに変じていたのである。

　究極的にはジプシー起源になるものだが、「ギルズランド領主のあばれ馬」という話を、ルース・タングが『イングランド諸州の埋もれた昔話』(1970)の中で紹介している。この話では、シルキーはほかで見られぬほどの恐ろしい妖精になっている。このシルキーはギルズランド邸の利益しか念頭になく、家事万般にわたりブラウニーとしての働きをりっぱに果たしている。そこまではいいのだが、夜になると自分のとまり木から屋敷の門の出入りを見張り、屋敷に友好的な来訪者なら馬ごと通し——馬のほうは恐れおののいているのだが——屋敷に悪意のある来訪者なら情け容赦なく殺してしまうのである。タングの紹介する話では、シルキーは自分の罠にかかった盗賊をゆっくり絞め殺すという形になっている。家事をほとんどやらず、タイン川河口のノース・シールズの近くの通りに出没していたと伝えられる別のシルキーは、妖精というより亡霊——ウィリアム3世の治世中(1689-1702)に愛人のアーガイル公に殺害されたある女性の亡霊——という方が当たっていよう。〔モチーフ：E 451.5；F 480；F 482.5.4；F 482.5.5〕

(平)

白婦人　White ladies

　白婦人という言葉は、幽霊にも妖精にも用いられるが、このことは妖精と死者との間に密接な結びつきがあることを示している。エヴァンズ・ウェンツは著書『ケルト圏の妖精信仰』(1911)の中で、初期アーサー王伝説〔⇨ブリテンの話材〕における超自然

的要素の跡をたどりながら，グウェンウィヴァー（Gwenhwyvar）すなわちグウィネヴィア（Guinevere）は，もともと白い幻の意味であったと指摘している。7年ごとに人間の生けにえを要求したあのグル湖〔リメリックに所在〕の〈白婦人〉——アイルランド・ゲール語で〈バン・イン〉——も，この白い幻と同じもの，すなわち妖精をさしているのである。またダグラス・ハイドは『ケルト圏の妖精信仰』(1911)に収められたアイルランドの部の序の中で，ラース〔円型砦〕や掘り割りの中にすむ白婦人たちに触れ，彼女たちは<u>トゥアハ・デ・ダナン</u>〔ダーナ神族〕直系の子孫であると言っている。

(井)

真実　Truth

この上もなくいたずら好きな妖精でも，悪魔と同じように，自分であいまいな言葉づかいをするのは平気だったが，人間から嘘をつかれることを嫌い，寸分も嘘のない真実を相手から期待した。12世紀にウェールズの<u>ジラルダス・カンブレンシス</u>が伝えた説に登場する少年エリダー〔⇒「エリダーと黄金のまり」〕が見た妖精たちは人間の欺瞞を非難するのを常とした。どうやら妖精たちは，嘘をつくのは本当にいけないと思って，損得抜きにそれを非難したものらしい。ところで，悪魔を相手にする場合にも，真実だけを言うように気をつけなければならない。なぜかというと，嘘をつくと，それだけ，悪魔の人間に対する支配力が増大するからである。妖精の真実に対する愛は，そういう損得とは無関係のものだったらしい。<u>妖精の道徳</u>および<u>妖精に尊重される美徳</u>などの各項をも参照。

(平)

シンダーラッド　Cinderlad

シンデレラの男性版。<u>アッシパトル</u>の項を参照。

(平)

水棲馬　Water-horse　⇨アッハ・イーシュカ，エッヘ・ウーシュカ，カーヴァル・ウシュタ，ケルピー，シューピルティー，「水棲馬と水棲牛」，タンギー，ノッグル

「水棲馬と水棲牛」'The Water-Horse and the Water-Bull'

J. F. キャンベルは，『西ハイランド昔話集』第 4 巻 (1862) の中に，ヘブリディーズ諸島にあるアイラ島のパティソン氏がキャンベルのために記録してくれた「水棲馬と水棲牛」の以下のような話を収めている。

　ここらの島々の一つ（アイラ島）の，その北側に，昔ある大農場主が住んでおり，たくさんの牛を飼っていた。ある日，そのうちの 1 頭が子牛を産んだが，そこに住んでいた老女は，その子牛を見て，すぐにそれを群れから離して小屋に入れ，7 年の間雌牛 3 頭分の乳をやって育てるようにと命じた。この老女の助言は，いつもその村では実行に移されたが，この場合も例外ではなかった（目利きは水棲牛の血統であるかどうかを，その耳の形によって見分ける，ということを付記したい）。
　こうしたことがあってからずっとのちのこと，ある下働きの娘が，農場主の牛に草を食べさせるため，群れを率いて湖水のほとりへ行き，自分は土手の近くに腰をおろしていた。すると，ほどなくして，若い男がひとり（この話では，どんな男かについての記述はない）やって来て，髪のシラミをとってくれと娘に頼んだ。娘が喜んでやりましょうと言うと，男は娘の膝に頭をのせたので，ナポリの娘たちが恋人たちにやってやるように，その男のもつれた髪を整えてやった。だがすぐに娘はひどく怖くなってしまった。というのは男の髪の毛の間に，〈リーヴラガッハ・アン・ローハ〉すなわち淡水，塩水，汽水のいずれであれ，湖水の中に豊富に生えている粘りけのある緑の水草をたくさん見つけたからである（この話の別形では，髪に付着していたのは砂である）。娘はここで悲鳴をあげたら一巻の終わりであることを心得ていた。そこで恐怖の心を抑えながら，男が自分の膝を枕にして眠ってしまうまで，髪をとかし続けた。それから娘は前掛けのひもを解くと，男の頭をのせたまま，それを静かに地面におろした。そうして，胸は早鐘をつくように激しく動悸していたが，それに合わせるように足早に家へ駆けていった。（娘と超自然のものにまつわるこうした話を，わたしはマン島や，そのほかの所で聞いたことがある）。さて，人家の近くまで来たとき，ちょっと娘が後ろをふり返ってみると，さっきの男が馬の姿にな

って追ってくるのが見えた。

　男は今にも娘に追いつきそうであったが，そのとき，事の次第を見てとった老女が，大声で野生の雄牛のいる小屋の戸をあけよと叫ぶと，すぐに雄牛が勢いよくとび出してきた。

　雄牛はひとわたり自分のまわりを見渡してから，娘を追ってきた馬を迎えうつために，すごい勢いで駆けだしていき，2頭は出会うと戦いを始め，いつ終わるともしれなかった。最後に，2頭は互いにもみあいながら海に入ってしまったが，どちらが優勢だか誰にもわからなかった。翌日，雄牛はずたずたに引き裂かれた死骸となって岸辺に打ち上げられているのが見つかったが，馬の方もそれっきり2度と姿を見せなかった。

　語り手は，この話の前置きとして，これが「正真正銘の本当のこと」であると言っている。その理由は，彼がこの話をあるロブスター捕りの漁師から聞き，さらにその漁師は，この出来事の一部始終を，実際に見たある老人から聞いていたからである。この話に登場する老女は魔女でなかろうかと言う者もいたが，語り手は自分の流儀でこの話を語りたいのだろう，「まあ，魔女だったかもしれないな。でも，おれはそういうふうに聞いていないんだ」と言うのだった。

キャンベルは興味深い注釈と類話をつけ加えて，この話をふくらませているが，次のような類話では，水棲牛は語りと歌の才能を与えられ，いっそう妖精らしい性質になっている。

　この話を書いてくれたパティソン氏は，動物たちの様子をもっと詳しく聞き出さなかったことを悔やんでおられる。しかしわたしは，動物たちや娘の有様はもちろん，細かい人名地名に至るまで，もっと詳しいことを知っている。すなわち，雄牛は黒くて大きく，泥炭坑でうめいているところを娘の恋人が助けた。その男はそれが水棲牛ではないかと疑いながらも，食べ物を持っていってやった。娘は下働きの下女ではなく，実はその農場主の娘だったが，黒い髪と茶色の目をしていた。娘の恋人はスコットランド高地地方の，元気のいい若者で，市場へ家畜を追っていくのを仕事にしていたが，同時に〈ハンマーの名手，やさしいヘクター〉の名で知られていた。金髪だったという。

　私が知っている話では，水棲馬の代わりに男の恋敵が登場する。この男は，羊飼い小屋にいた娘に，頭から自分の肩掛けをかぶせて，連れ去ろうとした。だが，間一髪のところで，例の黒い水棲雄牛が駆けこんできて，悪い恋敵を地面に押しつぶし，自分の背中に乗るように娘に勧め，無事に娘を家に送りとどけた。雄牛は姿を消す前に，こううたった。

　　　　　「やさしい若者に助けてもらい，
　　　　　　娘をひとり助けてやった，
　　　　　　きつい300年が過ぎたのだから，
　　　　　　今すぐ自由にしておくれ」

　　　　　　　　［タイプ：ML 6060．モチーフ：F 420.1.3.3；F 420.1.3.4］（井）

スウォース　Swarth

カンバーランド州で，死の前兆として現れる生き霊(いりょう)。ウィリアム・ヘンダーソンが『イングランド北部諸州と境界地帯のフォークロアについてのノート』(1879) で言及している。ヨークシャーでこれと同じなのが，ワッフである。　［モチーフ：E 723.2］　（吉）

スキャントリー・マブ　Scantlie Mab

ハベトロットを手伝う者たちの長の名前。仲間うちでは最も器量が悪い。不格好な唇に加えて，とび出した両眼，長い鉤形の鼻という，妖精の身体欠陥の数々をもっている。
　　　　　　　　　　　　　　　　　　　　　　　　　　　　　　　　　　　　（吉）

スキリーウィデン　Skillywidden

これは，以下のような「スキリーウィデン」という話の結末からわかるように，コーンウォール州のトゥレリッジの農夫に捕まえられた小さな妖精の名前である。この話は，捕らわれた妖精の1例であり，ロバート・ハントの『イングランド西部の伝承奇談』(1865) の中に載っている。

　先週わたしはゼノア村で，つい最近3人の妖精が見受けられたという話を聞いた。トゥレリッジの谷のトレンドリーン丘のふもとに住んでいた男が，丘でハリエニシダを刈っていた。真昼ごろ，男は，1フィート〔約30センチ〕もない小さな人がハリエニシダの茂みに囲まれたグリグラン（ヒースの方言）の土手で，大の字になってよく眠っているのに目をとめた。男は，草刈り用の袖覆いをはずすと，小人の目を覚まさないようにしながら，その中に彼を入れた。丘を下り家に帰ると，小人を袖覆いから出し，暖炉のそばの石の上に置いた。小人は目を覚ましましたが，気持ちよさそうにくつろいでいるように見え，子どもたちと遊び始めた。子どもたちもこの小人が気に入り，ボビー・グリグランズという名で呼んだ。

　大人たちはボブ〔ボビー〕が外に出たり，近所の人たちの目に触れないよう気をつかった。というのはボブが男に，黄金の入った壺が丘のどの辺に埋まっているか教えてやろうと，約束したからであった。ボブが丘から連れてこられてから数日後，近所の人たちが，冬に燃すためのハリエニシダを家に持ち帰るため，例年のとおり馬を引いてみんなしてやって来た。ハリエニシダを束にして馬の背中にのせ，丘から運びおろすためであった。ボブは，安全で人目に触れないようにと，子どもたちと一緒に納屋の中に閉じこめられた。ハリエニシダを運ぶ人たちが食事で家に引きこもっている間に，閉じこめられていたボブと子どもたちは，うまく外に抜け出し，ハリエニシダの山のまわりで，〈まわりっこ〉をして遊び始めたが，そのとき，ボブとそんなに背丈が違わない小さい男と女とが，運び残った山積みのハリエニシダのまわりに散乱する束の間を，隅から隅までくまなく捜しているのが見えた。小さな女は手をもみながら，「ああ，わたしのかわいい，やさしいスキリーウィデン，いったいお前はどこへ行っちまったの？　もうお前に会えないのかい？」と悲しげに言った。「帰んなよ。父さんと母さんが，やって来たんだ」とボブは子どもたちに言った。そうしてボブは「ここだよ，母さん！」と叫んだ。この言葉がボブの口

から出た瞬間，小さな男と女は，ふたりの大事なスキリーウィデンとともに消えてしまい，それ以後，彼らの姿は見られず，形跡すらなかった。子どもたちはスキリーウィデンを逃がした罰として，したたかぶたれる羽目になった。

〔タイプ：ML 6010．モチーフ：F 239.4.3；F 329.4.3；F 387〕　（井）

スクライカー　Skriker

金切り声をあげる者の意。ヨークシャーおよびランカシャーにすむゴブリンで，どた靴でぬかるみの中を歩くような足音を立てる。トラッシュとも呼ばれる。死の前触れと思われている。スクライカーは時には，恐ろしい叫び声をあげながら姿を見せずに森を歩き回ったり，またある時には大きな足と皿のような目をした巨大な犬パッドフットの姿をとることもある。ジェイムズ・バウカーの『ランカシャーのゴブリン譚』(1883)の中に，相手に出会うと引き返すのだが，ねらわれた方は魅せられたようにそのあとからついていく，というスクライカーの話が載っている。〔モチーフ：D 1812.5. 1.17；F 234.0.2；F 234.1.9；F 235.1；G 302.3.2〕

（井）

スコット，サー・ウォルター　Scott, Sir Walter（1771-1832）

19世紀のイギリス文学で，最初にロマン主義復興の口火を切った偉大な作家。少年時代にトマス・パーシーの『古謡拾遺集』(1765)を読んで刺激をうけ，以後，神話，伝説，伝承，特に自分の生まれ故郷であるスコットランド南部境界地方のそれに没頭するようになった。最初に出版した『スコットランド南部境界地方の吟遊詩歌集』(1802-03)には，彼が集めて多少手を加えた伝承バラッドが，伝承的主題による創作詩とあわせて収められていた。その第2巻は特に，〈俗信のなかの妖精たち〉に関するエッセーを含んでいて有名。このエッセーはスコットランドの妖精伝承への貢献という点で，重要な意義をもっており，また，イングランドとスコットランドとの境界地方のみならず，さらに遠くスコットランド高地地方まで伝承収集の旅を行なって，その旅でいかに多くの収穫を得たかを物語っている。この『スコットランド南部境界地方の吟遊詩歌集』には若きタム・リンや正直トマスの別形も収められているが，同書で最も重要なのは，個々のバラッドに付した長い前書きの部分である。妖精に関するエッセーは，その後，『悪魔学および妖術についての書簡』(1830)の第4〜6章で，さらに補足がなされたが，そこには魔女裁判における妖精や，古文献における妖精への言及などについて，興味深い点がたくさん見られる。1805年には，スコットの名声を確立した詩『最後の吟遊詩人の歌』が出た。これは境界地方のある農家に出没するボガートまがいのホブゴブリンであるギルピン・ホーナーが行なういたずらを物語った詩である。ギルピン・ホーナーの「道に迷った！　道に迷った！」という叫び声は，スコットランド南部のダムフリースシャーのエスクデイル〔エスク川渓谷地帯〕に出没するシェリーコートから借りているが，この物語詩では，ギルピン・ホーナーは，妖術師マイケル・スコットによって呼び出されて逃げた悪魔だと考えられている。以上は，主題に民間伝承を使った詩のほんの1例であるが，スコットの作品の中でおそらく最も有名な『湖上の美人』(1810)では，ジェイムズ・ダグラスに仕えている堅

琴弾きアラン・ベインがうたったバラッドとして，完全な形の妖精バラッドが紹介されている。この「アリス・ブランド」という歌は，人間が妖精界に拉致されるとき危険な無意識状態に陥ること，妖精が場所を移して現れること，妖精の領域近くで緑の服を着ると不運を招くこと，十字架［⇨クロス］，聖書，パンといった聖典礼にかかわるキリスト教の神聖物を使って妖精界の捕らわれ人を救助できることなど，妖精伝承における興味深い事柄を多く紹介している。スコットのすべての詩，小説の中には，俗信および民間伝承の断片が随所に見いだされる。スコットは，作家仲間，特にジェイムズ・ホッグ，ロバート・チェインバーズ，T. クロフトン・クローカー，グリム兄弟その他多くの人の仕事に関心を示し，援助を惜しまなかった。その結果，スコットランドだけでなく至る所でフォークロア研究の威信が高まることになった。　（吉）

スコット，マイケル　Scot, Michael（1175?-1234?）　⇨妖術師

スコット，レジナルド　Scot, Reginald（1535?-99）

構想においても叙述の仕方においても独創的な2冊の書物の著者。中でも2冊目の『魔術の正体を暴く』(1584)は，われわれの主題とかかわりがある。もっともわれわれの主題が妖術だったら，かかわりはもっと深かったろう。スコットは，オックスフォード大学のハート・ホール学寮を去ってから，故郷のケント州で静かな学究生活を送った。しかし，公的な事からかけ離れた生活を送っていたわけでなく，地元の地域活動にもつくした。そういう地域の仕事にたずさわっているうちに，妖術を使ったと疑われた老女たちが残酷かつ不当に扱われることに彼は強い関心を寄せるようになった。そして妖精信仰を生み出した迷信と誤信を暴く作業に着手した。この作業に彼の深い学識は生かされ，歯切れのいい魅力的な文体が人々の関心を引いた。その本の中で彼は何度か妖精について語り，自分の少年時代にその存在が信じられていた妖精の有名なリストを作成した。これは『デナム民俗雑纂』(1892, '95) の中に再録されている。『魔術の正体を暴く』の第4編第10章で，彼は以下のようにブラウニーについて言及している。

> 本当に皆さんのお婆さんの時代の女中たちは，ブラウニーとその兄弟分のロビン・グッドフェローのためにミルクを入れた碗を置いてやったものです。その代わりに，麦芽やクロガラシの種をすり潰してもらったり，真夜中に家の掃除をしてもらったものです。もしも，裸でいるのをかわいそうに思って，女中やおかみさんが，白パンとミルクのほかに，衣服などを置いておくと，ブラウニーがひどく腹を立てたという話も聞いたことがあるでしょう。ブラウニーへのお礼は，パンとミルクだけと決まっているんですからね。衣服が贈られたときにブラウニーの言うことは決まっています。「おやおや，なんということだい！　もうここでは脱穀も粉ひきもしてやらないぞ」ってね。

そしてスコットは「読者へ」と題した記述の中で，こういう俗信はもう遠い過去のものだと述べている。

> もし100年前に私が皆さんの先祖たちに，あの偉大な昔からの妖精であるロビン・

グッドフェローはいんちき商人にすぎず，悪魔なんかでない，と言い聞かせても，全然相手にされなかったことでしょう……ところが当今ではロビン・グッドフェローは，あまり恐れられなくなったし，ローマ・カトリック教の正体も白日のもとにさらされています。

　スコットの本はかなりの注意を引き，オランダ語に翻訳された〔1609〕。しかし，スコットランドのジェイムズ王〔6世．在位1566-1625〕はこの書に猛烈な異論を唱え，反駁するために『悪魔論—対話形式による』(1597)を書いた。同書で，ジェイムズ王はまた妖精の騎馬行列のことを述べつつ妖精について語り，ブラウニーについては過去ではなく現在信じられているものだとしている。すなわちそれは家に出没する魔物の一つだが，悪行をなすのではなく「必要に応じて家のあちこちで仕事をする。この霊をわが国の言葉でブラウニーと呼ぶが，その外見は毛むくじゃらな男に似ている。だが，そのようなものが家に出入りすると，よけい縁起がよいのだと信じこむほど無知の輩（やから）もいた」

　スコットの本に対する反論を書くだけでは飽きたらず，ジェイムズ王は，イングランドの王位にも就くと〔1世．在位1603-25〕刑吏にその書を焼却するように命じた。著者のスコットはこの数年前にすでに他界していたが，それはむしろ幸いだったかもしれない。しかし，これでこの本の息の根がとめられたわけではない。1665年には第15篇の冒頭に新たな9章を加えた第3版が出ている。そして「悪魔および精霊についての論考」という章が，レジナルド・スコットの強固な懐疑主義とは相容れない別人の手になる文体で，挿入されている。というのは，もはや世間にはスコット流の懐疑でなく，なんでも容易に信じる奇妙な風潮が幅をきかせるようになっていたからだが，それはちょうど王立協会の設立と時期を同じくしていた。この章の中には妖精についての以下のような楽しい文章が見られる。

　　そして特に妖精たちは——主として山中や地上の洞窟にすみ，その特性は草地や山に奇妙な姿で現れるということである。つまり男や女，兵士や王，貴婦人や子ども，騎士などの姿で，緑の衣服をまとって現れるのである。この目的のために，彼らは夜な夜な麻の茎をそれが植えてある畑から盗んでいく。その茎を馬に変えるという話である。……このような陽気でひょうきんな妖精は，夜になると田舎の家にやって来て，召使いや羊飼いたちと一緒にふざけたり，彼らをつねって黒あざ，青あざを作ったり，時にはパン，バター，チーズを置いていったりして楽しむそうで，もし召使いたちがそれを食べるのを拒んだりすれば，これらの妖精の手で必ずなんらかの災難がもたらされた。さらに，こういった召使いたちが，くだんの妖精に連れ去られて，2週間とか丸1か月消えてしまうことも珍しくない。彼らは馬車に乗せられて空中を運ばれ，丘を越え，谷を越え，岩山や断崖を越え，あげくの果てにどこかの草地か山の中で気を失い，そして通常手足の1本欠けた姿で倒れているところを発見されるのである。

(三)(平)

筋違え　Cramps

　これは，妖精を苦しめたことに対する罰としてしばしば行なわれた。特に，がみがみ

どなったり，怒りっぽかったり［⇒怒りっぽさ］すると，この罰をよくくらった。傷害や病気の項を参照。
(吉)

鈴　Bells　⇒鐘，鈴

ストック（木偶）　Stock

妖精が人間の赤ん坊を盗んで，その代わりに置いていくと考えられている取り換え子は，一般には，発育の悪い妖精の男の子か，仲間うちから邪魔者扱いされた妖精の年寄りか，それとも一家の柱としての重責から逃れて休息を求めている所帯もちの妖精のいずれかであった。しかし，時には，荒削りの丸太が，盗んだ子の代わりに置いていかれることがあった。そういう木偶は，乳飲み子の母親や，「サンディー・ハーグの女房」の場合のように，人妻が拉致される際にも，よく使われた。この木偶がストックと呼ばれた。まだほかにも，「アッフリーハンの農夫」の雄牛が妖精に盗まれたときのように，盗まれた家畜の代わりにも，ストックは使われた。こういった関連もあってか，盗んだ人間の子の代わりに置かれた妖精をストックと呼ぶ場合もあるが，それは元の意味の拡大で，正しくない。一般に，ロバート・カークや，「シリーナが原の妖精のすみか」の話に登場するグレイス・ハッチンズのように，妖精に拉致された人間は常に意識をなくしてしまうらしいが，家畜が取り換えられたときには，いずれやせ衰えて死ぬことになっても，しばらくは動き回り，生きているようだった。

［モチーフ：F 451.5.2.3.1］
(吉)

ストローク　Stroke

中風に対して古来使われてきた名称。フェアリー・ストローク（fairy-stroke）またはエルフ・ストローク（elf-stroke）の短縮形。一般に，中風患者は，妖精に拉致された者の身代わりに残された，ロバート・カークが言うところの〈消え去らぬ代用像〉と考えられた。この〈消え去らぬ代用像〉なるものは，時には妖精の赤ん坊であったり，妖精の年寄りであったり，あるいは，その代わりのストック（木偶），すなわちまやかしの術で，拉致された人と同じ姿に荒削りにかたどられた人形であると考えられた。人間ばかりでなく，牛やその他の家畜についても同じようなことが起こると考えられており，その一例が，W.グラント・スチュアートの『スコットランド高地人の俗信と娯楽』（1823）の中で語られている「アッフリーハンの農夫」の話である。ストックの例では，「サンディー・ハーグの女房」の話がある。アブラムシが分泌する蜜もストロークと呼ばれて，小さな群れをなす妖精がそれを食べていると考えられていた。傷害や病気，およびエルフの矢傷の各項を参照。
(吉)

スパンキー　Spunkies

スコットランド低地地方でスパンキーと言えば，ウィル・オ・ザ・ウィスプの別称である。E. B. シンプソンが「カウンティー・フォークロア」第7巻〔ファイフシャー篇〕（1912）で，D. グレアム（1724-79）の『バックヘイヴン〔カーコディ市北東の港〕の歴

史』から引用している次のような一文では，スパンキーは，陸上で人を道に迷わせるばかりか，海上では船を遭難させる，とある。

> ウィリー・アンド・ザ・ウィスプはとりわけ気性の荒い悪魔で，人を道の外へ誘い出して，水に溺れさせる。時たま，われわれの足元で光を放っているかと思うと，2，3マイル〔約3.2～4.8キロ〕も離れているところで回っているように思えるのである。スパンキーは船もたくさん沈めている。夜，船が陸地に向けて航行していると，実際は陸地から離れたところに明かりを見つけ，そこを走っていくと沈没してしまうのである。

ここには，スパンキーが子どもの亡霊であるという考えは出ていないが，サマーセット州では，ウィル・オ・ザ・ウィスプはスパンキーで，洗礼を受けずに死んだ子の亡霊だと固く信じられている。ルース・タングは「カウンティー・フォークロア」第8巻（1965）でこう言っている。

> サマーセット州では，ウィル・オ・ザ・ウィスプはスパンキーと呼ばれ，生まれても洗礼を受けずに死んだので，名のないまま最後の審判の日までさまよい続けている子どもの亡霊であると信じられている。これらは時々，人だまと同じく人間に前知らせをすると考えられている。
>
> 同州西部にあるストーク・ピアロー教会は，今年死んだ人たちの魂を，ハロウィーン〔万聖節前夜〕の日に行なわれる彼らの葬式に案内するため，「諸国のスパンキーが集う」場所の一つだ。ある年の聖ヨハネの祝日の前夜〔いわゆるミッドサマー・イヴで，6月23日の夜〕，さる老御者が，わたしをリー丘〔ストーク・ピアローとポーロックとの間にある高さ312メートルの山〕へ誘ってくれた。そこから，ストーク・ピアローとその南東のダンケリー丘陵地帯を見ると，鬼火がしきりと動いているのが見えた。「あ，今，教会の門のところへ行ってる。見張りだな。人だまにちげえねえ」
>
> 聖ヨハネの祝日前夜は，スパンキーたちが，新しい死者たちを迎えるため教会へ行く夜なのである。

ロバート・チェインバーズの『スコットランドの伝承ライム』（1826）に収められている低地地方の伝説ホイッティンゲーム村のショート・ホガーズも，名前をもらわずに死んだ幼児が嘆き悲しんでいるという，上記と同じ考えに立つ話であるが，そこでは，ニックネームでもいいから与えられれば，名なしたちがすむリンボー〔生前キリスト教に接する機会のなかった異教徒・小児のすむところ〕から子どもを救い出すことができた。ソフィア・モリソンが語るマン島に存在する似通った伝説では，年とった漁師が水を聖別して，空に十字〔→クロス〕を切り，「われ，汝が男ならばジョン，女ならばジーンと名づける」と言うが，そんなおざなりのキリスト教の洗礼であっても，さまよう幼児の霊は救われるのである。こうして，異教的命名法はキリスト教化されてきたわけである。　〔モチーフ：F 251.3；F 402.1.1；F 491；F 491.1〕　　　　　　（吉）

スプライト　Sprites

妖精をはじめ，シルフ〔空気の精〕，ネーレーイス〔海の精〕など，さまざまな精を総

称する名称。ただし，一般に，地下の妖精的存在には使われない。　　　　　　　（吉）

スプリガン　Spriggans

ウィリアム・ボトレルとロバート・ハントは，スプリガンをほとんど同じように描いている。スプリガンが醜悪であり，妖精の護衛役を果たすらしいという点で，両者の意見は一致している。ハントの『イングランド西部の伝承奇談』(1865)に出てくる妖精丘の欲張りの話では，欲張りを捕らえて縛りあげるのはこのスプリガンであり，また，ボトレルの《西コーンウォールの伝承と炉端物語》(1870-80)にある「東の原の妖精たち」の物語では，大胆にも妖精をからかった密輸業者のひとりがスプリガンに襲われる。ボトレルは，妖精の種々のタイプについて述べている中で，スプリガンのことを次のように言っている（同書第2巻より）。

> スプリガンは，まったく異質の存在で，エルフに属するもののうちでは最も気むずかしく，最も醜い姿をしている。姿を見せるのは，古い廃墟や塚，環状列石や城のまわり，そのほかスプリガン自身が管理している宝の埋蔵地あたりだけである。スプリガンはまた子どもをさらい，代わりに自分たちの醜い息子を置いていったり，悪天候をもたらして農作物を枯らしたり，麦を刈ったばかりの畑に旋風を引き起こしたり，また自分たちの行きつけの場所に手出しをする人間に対して，ありとあらゆる悪さをする。

ハントによれば，スプリガンはかつての巨人の亡霊であり，通常は非常に小さいが，巨大な姿にふくらむこともできるという。概して，傷害や病気をもたらすのが好きであるとはいえ，スコットランド高地地方のボーギーほどの危険はなさそうである。それというのも，スプリガンは相手に危害を加えるよりは，おびやかすのに熱心だからである。もっとも，スプリガンはたえず盗みをする。ハントの示す物語の一つ（『イングランド西部の伝承奇談』参照）「下着を裏返しに着たお婆さん」は，ある老婆の家で夜ごとに集まっては分捕り品を分けあっていたスプリガンたちの話である。彼らはいつも老婆に硬貨を1枚置いていった。ところが老婆はそれがもっと欲しくなり，ある夜，こっそり自分の下着を裏返しにしようとした。服の裏返しによって，スプリガンたちのとってきたものを全部自分のものにしようとしたのである。ところがうまくいかず，老婆はその強欲さがたたって罰を受けることになった。それからというものは，その下着を着る際に，いつもひどい苦しみを味わうようになったのである。[タイプ：ML 6045. モチーフ：F 361.2；F 385.1；F 456；F 456.1；F 456.1.1]　　　　　　　（三）

スペンサー，エドマンド　Spenser, Edmund（1552-99）　⇒『妖精の女王』

スランピン　Thrumpin

原意はおそらく「押しつぶすもの」。ウィリアム・ヘンダーソンは著書『イングランド北部諸州と境界地帯のフォークロアについてのノート』(1879)の中で，〈ウィルキー稿本〉〔サー・ウォルター・スコットの求めにより，医学生ウィルキーが採集した俗信集〕を

よりどころとして，すべての人に暗黒の守護者のようにつきまとい，その死命を制する力を有していた〈スランピン〉と呼ばれる運命の手先のことを紹介している。スコットランド南部境界地帯に特有の俗信である。　　　　　　　　　　　　　　（平）

スルーア　the Sluagh

亡者の群れ（ホースト）とも呼ばれる。ゲール語の原義は「群れ」。罪を許されなかった死者たちの群れのこと。スコットランド高地地方の妖精族の中では，最も恐ろしい集団。エヴァンズ・ウェンツは，『ケルト圏の妖精信仰』(1911) の中で，情報提供者の名を明示したうえで，この群れについて採話した例をいくつかあげている。中にはホーストを死者としてでなく堕天使とみなしている例も若干あるが，全体として情報提供者の談話は，アレグザンダー・カーマイケルが『カールミナ・ガデリカ（ゲールの歌）』(1928-41) 第2巻で与えている以下のような記述と一致する。

　　スルーア――亡者の群れ。この群れは，死んだ人間の亡霊である。これについて民衆の間に多くの不思議な話が伝わっている。ある情報提供者によると，この亡霊たちは大きな群れをなし，ムクドリのように地表を飛び回り，人間として生きていたときに犯した罪の現場へ戻ってくるという。どの亡霊にも地上の汚れが染みついていて，それが神の造化の輝きを曇らせている。どの亡霊も，地上で犯した罪の罪滅ぼしをしないかぎり天国へ行くことができない。荒天の夜には，この亡者群はスイバの赤褐色の小さな茎やノボロギクの黄色い小さな茎の陰に雨宿りをする。人間が地上で戦いをかわすように，彼ら同士空中で戦いをかわすという。よく澄んだ凍てつくような夜，彼らが互いに前進後退を繰り返しながら空中で戦っているのが聞こえたり見えたりする。戦い終わったあと――とわたしはスコットランドのバラ島で聞かされたのだが――彼らが流した真紅の血で地上の岩や小石が紅く染まっているのが見られるという（ちなみに〈フル・ナン・スルーア〉すなわち〈亡者の群れの血〉というのは，結霜作用で岩石に生じた美しい赤色の地衣のこと）。この亡霊たちは犬や猫とか，羊や牛をその命中率の高い毒矢で射殺すのを習性とした。スルーアに「ついてこい」と命じられた人間は，その命令に従わないわけにいかなかった。そしてスルーアの命ずるまま人を殺したり傷つけたりする役割を担うのは，こういうふうにして狩り集められた地上の人間たちである。しかも彼らに対しスルーアは苛酷な虐待，すなわちぬかるみや水たまりの中に引きずりこみ，転がしたり暴行を加えたりなどのひどい仕打ちで報いるのである。

『ケルト圏の妖精信仰』の中のエヴァンズ・ウェンツの報告によると，バラ島に在住するマリアン・マクレインは妖精たちと亡者の群れを次のように区別している。

　　一般的に言って，妖精たちは日没後かあるいは日没ごろに姿を見せ，われわれ人間と同じように地上を歩くのに対し，亡者の群れであるスルーアは，人間の居住地の上を飛翔する。彼らは夜のとばりがすっかりおりてから，特に真夜中ごろ，行動を開始するのが習性である。

[モチーフ：F 360]　（平）

スレイ・ベガ　Sleigh Beggey

　マン島語の原義は「小さい民」。妖精に与えられた呼称の一つ。もっと一般的に使われるのは，ちびっこ，あの人たち，例の人たちといった表現だが，スレイ・ベガには妖精だけでなくボゲードンやその他の，たちの悪い手合いも含まれる。フェリシンもマン島語の妖精の呼称である。

(平)

せ・そ

「聖コセンと妖精王」 'St Collen and the Fairy King'

聖コセンは，7世紀〔6世紀後半ともいわれる〕のウェールズの聖者だった。多くのケルトの聖者の例にもれず，この聖者も闘争的で活動的な人柄だった。ウェールズを離れ，しばらくサマーセット州に滞在した時期があるが，そこで聖者は妖精王に出会っている。S. ベアリング＝グールド師は『聖人伝』（1872-77）の中で，当時まだ英訳されていなかったウェールズ語の聖コセン伝を基に，その生涯を要約している。サマーセットのグラーストンベリー丘の妖精たちの王がウェールズの他界の王グイン・アップ・ニーズであり，ウェールズの他界アンヌーンを統治する，という紛らわしい記述があるのもそのせいである。

聖コセンは，グラーストンベリーで3年過ごしたのち，同地の大修道院長に選ばれたが，間もなくその地位を辞し，もっと苦しくて厳しい遁世修行者の生活を選んで，グラーストンベリー丘のふもとに庵室を設けた。

ある日，聖コセンが庵室の中で瞑想にふけっていると，アンヌーンの王グイン・アップ・ニーズは丘の頂上にお城をお持ちだ，とふたりの男が話しているのを耳にした。聖コセンは窓から首を出し，地獄の悪魔どものことを，そんなていねいな言葉で語るのは何事だと叱責した。するとそのふたりは，グイン・アップ・ニーズ様のことをそんなに悪しざまにおっしゃっては，ためになりませんよ，と警告した。しかし聖コセンは，頑として譲らなかった。数日後，ひとりの使者が庵室へやって来て，妖精王のところへご光来願いたい，と言った。聖コセンは断ったが，来る日も来る日も招請が繰り返された。とうとう使者は堪忍袋の緒を切らし，おいでにならないと，ためになりませんよ，と言った。聖コセンは，使者についていったが，聖水の入っている小壺をそっと法衣の下にしのばせた。

丘の頂まで来てみると，想像を絶するような美しい城が建っていた。そこには隊伍を組んだ近衛兵，さまざまの楽器を奏でる多数の楽人，華やかな乙女の群れ，それに美しい馬を乗り回している若武者たちの姿が見られた。宴会場へ通された聖コセンに，どうぞおすわりになってなんなりと召し上がってください，と妖精王は丁重に勧めた。深紅と青の制服を着用した色白の小姓たちが，ごちそうを次々と運んできた。「遠慮なく飲んだり食べたりしてください」と王は言った。「もしここに並んでいるものがお気に召さないということでしたら，まだあとに山ほどのごちそうが控えているんで

すよ」 しかし聖コセンは妖精のまやかしの術に目をくらまされることなく，「わたしは木の葉を食べたりしません」と言った。その瞬間，華やかな宴席に衝撃が走ったようだったが，妖精王は，それでも丁重な言葉づかいを変えず，「あの深紅と青の美しい制服をつけたわたしの小姓たちをご覧なさい。あれ以上の服装をした従者を見たことがありますか？」ときいた。「まあ，身の程にふさわしい服装だね」と聖コセンは言った。「とおっしゃいますと？」と妖精王。「深紅は地獄の永劫の火の色，青は地獄の永劫の氷の色」とコセンは答えるとともに，隠し持っていた聖水を一同の上に振りかけた。華やかな宴席は一瞬にして消失し，聖コセンは気がついてみると，明け方の薄明かりの中で自分がただひとり，丘の頂にあるいくつかの草深い塚に囲まれて，突っ立っているのだった。

聖コセンは，妖精とつきあう際の礼節［⇨妖精に対する作法］の必要性を無視したことは明らかであるが，妖精の食べ物を口にすることの危険については充分承知していた。［モチーフ：D 2031；F 160.0.2；F 167.12；F 382.2］　　　　　　　　　　　　　　　（平）

聖水　Holy water

妖精の盗み，呪文，呪いに対する効果的な防護物の一つ。妖精除けの項を参照。　（平）

整頓　Neatness

ブラウニーやホブゴブリンに劣らず，田舎暮らしの群れをなす妖精たちは，整理や整頓を大いに好んで行なう代表的な存在で，家が汚れていたり散らかったりしていると，機嫌を悪くする。妖精がとがめる過ちおよび妖精に尊重される美徳の各項をも参照。

（井）

セナン入り江の警告妖精　the Hooper of Sennen Cove

ウィリアム・ボトレルは《西コーンウォールの伝承と炉端物語》第 2 集（1873）で，コーンウォール州のセナン入り江のフーパー〔叫び声を出すものの意〕という親切な警告妖精について語っている。この妖精は，嵐の到来を予告するという点で，マン島のドゥナ エーにやや似ている。これは，セナン入り江を横切る雲の幕のような姿で現れて，中央に鈍い光を発しながら，不思議な警告の叫び声を出したという。大きな嵐の前に必ず現れて，海へ出ようとする人は，どういわけか押しとどめられるような感じがしたという。一度，ある漁師が息子たちと共に，この警告を無視して船を出したところ，猛烈な嵐が襲って彼らの船は波間に消えてしまった。それ以後この警告妖精はもう漁師たちに嵐の予告をしにこなくなったという。［モチーフ：J 1050］　　　（吉）

「ゼノア村のチェリー」　'Cherry of Zennor'

ゼナー村のチェリーともいう。「妖精の男やもめ」の話の別形で，ロバート・ハントの『イングランド西部の伝承奇談』（1865）に収められている。同じハントの本にあるジェニー・パーマンの話との結びつきが強い。「ゼノア村のチェリー」は興味深い話で，別の面から妖精信仰について，いろいろのことを明らかにしてくれる。この話

には超自然的ではない根拠があって，世間ずれしていない女の子が実際に自分で体験したことを，こういうふうに潤色したのでないかと思えるふしもある。だが一方この話には，例えば正直トマスが入っていったような，地下にある妖精界の真正な伝承が，鮮やかに描かれている点も否定できない。

　チェリーは，コーンウォール州の小さな村ゼノア〔現地音ゼナー．セント・アイヴズの西方約6キロ〕に住む大家族の一員であったが，そのとき14歳になっており，世の中に働きに出る年ごろだった。チェリーは近くの市で雇われ口を探すために家を出たが，途中で勇気がくじけてしまい，レイディー丘陵の道端に腰をおろして泣いていた。チェリーがそうやって涙を流していると，男前でりっぱな服を着た紳士がそばに来て，いったいどうしたのかと尋ねた。しばらく言葉をかわしたあと紳士は，自分が出かけてきたのは，妻を最近亡くしたので，あとに残った小さな息子の面倒を見てくれる，きれい好きで感じのいい娘を雇うためだと言った。紳士はチェリーの着ているきれいに繕った服や，こざっぱりとした身なりをほめてから，彼女を雇って連れて帰ることにした。ふたりは高い生け垣が頭上に覆いかぶさる曲がりくねった道を，どこまでも下へ下へとおりていった。小川にぶつかるたびに，紳士はチェリーを抱き上げては渡し，やがて四季とりどりの花がいっせいに咲いている庭の門にたどりついた。鳥たちがふたりのまわりでうたっており，こんな美しい場所は今まで見たことがない，とチェリーは思った。すると，鋭い目つきの男の子が走ってきてふたりにあいさつしたが，その後ろから意地悪そうな老女が出てきた。「妻の母ですよ。君にここのやり方を教えるために，2，3日いるだけで，そうしたら，いなくなるでしょう」と紳士は言った。その年寄りは不機嫌そうにチェリーを見てから，彼女を家の中に入れたが，その間に，「ロビンのやつがばか娘を引っぱってくるのは，わかっちゃいたがね」などとつぶやいていた。それは奇妙な家で，長い廊下と鍵のかかった大きな部屋があり，老女はその部屋へチェリーを連れていった。部屋の中は——おそらく彫像だろうが——チェリーの目には死体のように見えるものでいっぱいであり，中央には柩に似た箱があって，チェリーはそれを磨くように言いわたされた。その箱を強くこすると，うなり声のような不気味な音を立てたので，チェリーは気を失って倒れてしまった。主人が駆けこんできてチェリーを抱き起こし，部屋から連れ出すとキスをして介抱し，老女に家から出ていってもらった。

　チェリーの仕事は，とても楽でしかも快適だった。男の子と遊んだり，呼ばれると不思議な現れ方をする雌牛の乳を搾ったり，毎朝，男の子の目に緑の塗り薬を塗ってやればいいのだった。いちばん楽しい仕事は，ご主人の庭仕事を手伝うことだった。一畝終わるごとに，ご主人はキスをしてくれた。だから，もしご主人が，いちどきに何時間もいなくなり，帰ると鍵のかかった部屋に入ってしまい，そこからは変な音が聞こえてくるということさえなかったなら，チェリーはその家でとても幸せに暮らしただろう。面倒を見ている男の子は，どんな質問にも決して答えようとせず，何を尋ねてもただ，「婆ちゃんに言いつけちゃうぞ」と言うだけだった。男の子には，自分よりもずっと多くのものが見えているように思えた。その子の目は，とても明るく輝いていたからである。そこである朝のこと，チェリーは男の子に花を摘みにいかせ，

塗り薬をこっそり自分の目につけてみた。するとすべてが変わり，庭には小さな人たちが群がっているのが見えた。しかし目がずきずき痛むので，塗り薬を洗い落とそうとして，彼女は泉に走っていった。泉の底には，たくさんの小さな人たちが踊っており，その人たちと同じくらい小さいご主人もその中にいて，小さな美しい妖精の婦人たちと仲良くしているのが見えたので，チェリーはすっかり腹を立ててしまった。ほどなくしてご主人は，いつもの大きさになって戻ってきた。ご主人はあの鍵のかかった部屋に行くと，その中に入ってしまった。チェリーはそのあとを追っていき，鍵穴から中をのぞいて見た。ご主人が柩の蓋を上げると，中から貴婦人がひとり出てきて腰をおろし，その柩をピアノを弾くように奏でだすと，彫像がみんな踊り始めた。チェリーは泣きながらその場を逃げだした。そしてご主人が，一緒に庭の草取りをしようと言って声をかけたときには，もうすっかりふくれてしまった。最初の一献をすませ，ご主人がキスをしようとすると，チェリーは彼を押しのけてこう言った。「よしてよ，泉の底であんたのちびどもにキスすりゃいいんだわ」　ご主人はとても悲しそうな顔をした。「チェリー，いけないと言っておいたのに，塗り薬をつけているね。とても残念だが，家に帰ってもらうよ。グレイス婆さんに，また帰ってきてもらわなくちゃな」　チェリーは泣いて懇願したけれど，ご主人はチェリーに衣類をまとめさせると，レイディー丘陵まで，長い登り道を連れ戻した。チェリーは2度と再び，その紳士の姿を見ることがなかった。そして妖精界を訪れた多くの人々と同じように，チェリーにはもはや，人間らしい生活はできなかった。ただご主人のロビンがまたやって来て自分と会ってくれはしないかと，レイディー丘陵あたりをうろうろと歩き回るだけだった。この話は，妖精を見た目が盲にされなかった一つの例である。チェリーのご主人が，強い自制心を見せたわけである。
　この話のもう一つおもしろい点は，グレイス婆さんが，村で学校を開いていることである。この婆さんは明らかに人間であり，したがってグレイス婆さんの娘だったロビンの最初の妻も，やはり人間であったに違いない。妖精の塗り薬は人間と妖精との合いの子に，妖精の視力を与えるために必要だったのであろう。この塗り薬が人間との合いの子だけでなく純粋な妖精の場合にも必要かどうかは，まだ確認されていない。
［タイプ：ML 4075．モチーフ：F 235.4.1；F 370；F 372；F 376］　　　　　　　　　　　（井）

セルキー　Selkies

　アザラシ族の一種。オークニー諸島やシェットランド諸島のセルキーは，スコットランド西部高地地方のローンとよく似ているが，これらにまつわる考え方には幾分の相違がある。オークニー諸島の人々に〈タング・フィッシュ〉と呼ばれている小形のゴマフアザラシは，完全に動物界のものと想像されていた。しかし，もっと大形のアザラシ，すなわちゾウアザラシ，ハイイロアザラシ，ズキンアザラシなどはセルキー人間と呼ばれていた。その本来の姿は人間であり，海底の世界や人里離れた岩礁にすみ，水中を通ってある地域から他の地域へ移動するために，アザラシの毛皮をまとい，アザラシの姿をとるのだと信じられていたからである。アイルランドのメローも同じ形態の生活を送っているが，水中を移動するためにはアザラシの皮でなく赤い帽子をか

ぶる。他のスコットランドの妖精と同じくこのセルキーたちは、もとは何かの落ち度で——といっても地獄に堕ちるほどひどくはない——天国から追い出された天使であったと考えられていた。また一説によれば、セルキーは元は人間であり、罪を犯して海に追放されたが、陸に上がったときは人間の姿になることを許されているのだという。セルキーには、まだ罪が許されて救われる可能性があると考える者もいた。人間の姿になったときは、男のセルキーも女のセルキーも、本当の人間より美しかった。もっとも、アザラシの姿のときは無骨で不格好であり、その美しさは大きく潤んだ目にしか現れていなかった。男のセルキーは好色で、よく浜辺にやって来ては人間の女を口説いた。しかし、そこで長居をすることは決してなかった。セルキーの男と人間の女との間に生まれた子どもは、アザラシ乙女の子どものように、手足に水かきがついていた。もしもこの水かきを切ると、角状のこぶになり、手足の動きが不自由になった。G. F. ブラックは「カウンティー・フォークロア」第3巻（1901）で、セルキー信仰について概説し、いろいろの話を紹介している中でトレイル・デニソンの話を引用している。それは高慢で情熱的な娘——デニソンによるとその名はアーシュラ——の物語で、アーシュラは自分の選んだ夫に満足できず、セルキーを呼び出して愛人にする。アーシュラは満ち潮のとき、岩の上にすわり涙を7滴海に落としてセルキーを呼び出すのである。セルキーはアーシュラとしばしばベッドを共にし、彼女は彼の子どもをたくさん産む。しかし、どの子どもにも手足に水かきがついており、その子孫も同様となる。トレイル・デニソンが収穫期に雇ったある男について彼自身が語ったところによれば、その男は手にある角状の突起物のためにわら束を縛ることができなかったという。その男は、アーシュラの子孫だったのである。セルキーの娘たちは人間の愛人を求めようとはしないようだが、アザラシの毛皮を盗まれて、不本意ながら人間に捕らえられる。この話は、白鳥乙女型の話の変形で、最も広く流布しており、スコットランド高地地方だけでなく、シェットランド諸島やオークニー諸島でも知られている。オークニー諸島の昔話の中で最もよく知られているのは「ウェストネスのだんな」の話であり、シェットランド諸島では同じ話がアンスト島の一住民について語られている。セルキーの愛人にまつわるシェットランド諸島の話は「スール・スケリーの大セルキー」と題するバラッド〔チャイルド113番として知られる〕で語られている。

サミュエル・ヒバートは著書『シェットランド諸島誌』（1822）の中で、シェットランド諸島のセルキーをマーマンやマーメイドとして描いているが、これはヒバート自身が混同したものである。というのはセルキーとマーメイドの間には、アーサー・エドモンストンからG. F. ブラックが引用している話が示すように、明らかに差異が存在するからである。もっとも次の話が示すように、両者の間にはたいへんな親近感があった。シェットランド諸島民は、セルキーを殺して皮をはぐ際、相当の良心の呵責を感じる。このため、1頭を襲って気絶させ、皮をはいだある若い漁師は、その体を海に投げこんでおいて、あとで船の仲間たちと合流したとき、死んだアザラシを見つけて毛皮をはいだのだと嘘をついた。ところがそのアザラシはまだ生きていた。寒いみじめな状態で意識を取り戻したアザラシは、やっとの思いで海底まで潜り、マー

メイドのすむ洞窟に入っていった。マーメイドが助けてやれる唯一の方法は，その毛皮を取り戻してやることである。そこで彼女は勇敢にも，友の毛皮を積んだ漁船の網にわざとかかる。若い漁夫はすでにアザラシを殺したことを悔やんでいたから，マーメイドが船に引き上げられると恐ろしくなった。漁夫はマーメイドを海に放してやるように懸命に仲間に嘆願するのだが，仲間たちは陸に上がってから彼女を売ると言って，一行は陸地に向かう。かわいそうにマーメイドは網に身体がからまり，アザラシの毛皮の上に転がされている。アスレイと同じように，マーメイドは空気の中では長時間生きられない。彼女は自分の生命の灯が消え始めるのを感じる。自分が死ねば嵐が起こって船が沈むことを知っていて，せめてこの毛皮が自分の洞窟まで流れていき，セルキーの生命を救ってくれればよいと思っていた。そして実際そのとおりに事が運んだ。船は沈み，マーメイドが助かるには間に合わなかったが，彼女の死体とともに毛皮は洞窟までたどりつき，セルキーは再び自分の毛皮をまとうことができた。このことがあってから，セルキー一族はマーメイドに警告や援助をするためには，どんなことでもするようになり，彼女たちを救うためには自らの生命を危険にさらすこともしばしばである。この話がどのようにして人間に知られるようになったのかは，マーメイドが人間に話したのでもないかぎり説明がつかない。

　オークニー諸島でもシェットランド諸島でも，セルキーの血が海に流されると嵐が起こり，しばしば船が沈没すると信じられていた。上述の物語では，マーメイドの死も同じ結果をもたらしている。［タイプ：ML 4080；ML 4081*；ML 4083*．モチーフ：B 81.13. 11；F 420.1.2*；F 420.5.1］

　　　　　　　　　　　　　　　　　　　　　　　　　　　　　　　　（三）

それ　It

　ジェシー・サクスビーが『シェットランドの伝承』(c.1880)第9章の中で述べているこの無定形な生き物は，骨なしないしヘドリーの牛っ子のシェットランド版とも考えられる。〈それ〉は，まやかしの術の大家らしく，見る人ごとに必ず違った姿をとる。サクスビーの記述で注目すべき指摘は，クリスマスの季節が，夜が最も長いからであろうが，トローが最もいたずらの力を発揮できる時期になるという点である。彼女が紹介している話には，以下のように同様の指摘がいくつか見られる。

　　昔，〈それ〉として知られる生き物がいたが，その姿を正確に語れる者はひとりもいなかった。ある者は，〈それ〉は大きなスラブ（クラゲ）のようなものであったと言う。あるいは，〈それ〉は白い羊毛の袋のように見えたり，またあるときには，脚のない獣のように見えた。かと思うと，首のない人間のようにも見えたりした。〈それ〉は2度と同じ姿では現れなかった。脚も翼もないのに，〈それ〉は犬よりも速く走り，ワシよりも速く飛ぶことができた。〈それ〉はどんな音も立てなかったが，土地の人は〈それ〉が言いたがっていることを理解し，声は聞かなくても，〈それ〉が言ったことをそのまま繰り返すことができた。

　　毎年，クリスマスの祝祭日に，ある家が〈それ〉に悩まされていた。あるとき，その家の主人がろうそくを灯し，聖書を持って部屋にすわっていた。突然，男は腐った肉が投げつけられるような——「まるで子豚の死骸を人が投げつけたような」

音を聞いた。彼は片手に聖書を，片手に斧を持って部屋から走り出た。〈それ〉は断崖の方に駆けていき，男は懸命にそのあとを追いかけた。〈それ〉が断崖から海の中にすべりこもうとしたとき，男は聖なる語を唱え，手にした斧を投げつけた。狙いはたがわず，斧は〈それ〉に突き刺さった。

　急いで家に帰ると，男は仲間たちにその場所まで来てくれるようにと説得した。皆で行ってみると，〈それ〉には斧が突き刺さったままである。そこで，男たちは〈それ〉に土をかけ始めた。〈それ〉が生きているのか死んでいるのか，誰にもわからなかった。また，その外見を語れる者もいなかった。それぞれの男の目に，異なった姿が映るのだ。〈それ〉の上に土をかぶせ終えると，獣も人も近づけないように，男たちは〈それ〉のまわりに幅の広い深い溝を掘った。しかし，実際のところ，そこに近づく勇気のある土地の者はいなかった。結局，調査はよそ者に任された。その男が出かけていき，土を取り除いて下に何がいるか見ようとすると，見たこともない不気味な光と，それに続いて「濃霧」が彼をとり囲み，何かが穴から出てきて，海の中へと転がっていった。

　〈それ〉とは，カワウソかアザラシだったのだろうか，と猜疑心の強いよそ者が尋ねると，土地の者たちは神妙に首を振りながらこう答えた。「いやいや，空中にも地中にも水中にも，いろんな種類の生き物がいるんだよ。そのうえ天の雲にもな。そして，わしら哀れな人間には，そういうものの声も聞こえず，姿も見えず，理解することもできないんだ。すべて天の神様におまかせするだけだよ」

［モチーフ：F 402.1.12］　（三）

タイテイニア　Titania　⇒ティターニア

タガルム　Taghairm

「占い」の意のゲール語。記録に残っているあらゆるまじないのうちで、最も恐ろしいものであろう。まず、猫を幾匹か焼き串に刺して次々にあぶる。すると、ついに巨大な猫が現れて、執行者の願いごとをかなえてくれるというもの。このまじないは17世紀の初めまで行なわれていた。「ロンドン文芸新聞」（1824年3月）に、タガルムが行なわれたという最後の記録が載っていて、それをドナルド A. マケンジーが『スコットランドのフォークロアと庶民生活』（1935）に引いている。そのとき儀式を行なったのはアラン・マクレインとロッホラン・マクレインで、それぞれある願いをかなえてほしいと思っていた。丸4日間、食事もせずにまじないを続けたところ、まじない小屋は、わめきたてる悪魔の黒猫であふれ、ついに、猫の首領である大耳猫(おおみみねこ)が現れて、彼らの願いをかなえてくれたという。その際、ふたりはこれで神に見放された日陰者になるぞと言われたそうだが、それは充分うなずけることである。　　　（吉）

ダグダ　Dagda

アイルランドの不死の妖精族であり、侵入してきた人間の種族であるミレシウス族に征服されたトゥアハ・デ・ダナン〔ダーナ神族〕の大王。ミレシウス族はダーナ神族を洞窟のある丘、すなわち妖精丘の中に退却させた。隠れていても、ダーナ神族はなお地上における成育物に対する支配力をもち、ミレシウス族の小麦やミルクをすべて台なしにしたため、草も穀物も育たなくなったので、ミレシウス族はついに大王ダグダと協定を結ばざるをえなくなった。ダグダは湖底など地中の奥深い所と妖精丘の中に四つの大きな館を所有していたが、それを息子たちに分け与えた。エッヘナの子ルーとオグマに一つずつを与え、二つは自分の所有物として残していた。自分に残した館のうちの主なものはボーナの館であり、とても大きく、驚嘆すべき事物で満ちていた。しかし、ダグダのもうひとりの息子エーンガス・マク・オーグはこの館をリルの子マナノーンの入れ知恵で自分のものにした。館の分配を自分の不在のときに自分をのけ者にして行なったことに腹を立てたからである。マナノーンはエーンガスにボーナの館を1昼夜だけ使わせてくれるよう父王ダグダに要求してみなさい、その要求を

拒むことができないように魔法をかけるから，と勧めた。ダグダは要求どおり，1昼夜その館をエーンガスに提供したが，1昼夜が過ぎるとエーンガスは，時間とは1昼夜の永遠の繰り返しなのだから，1昼夜館を与えてくれたのは，永遠に与えてくれたのと同じである，と言い張った。ダグダは結局館をエーンガスに明け渡した。ダーナの神族の大王とはいえ，こういう巧妙な手には勝てなかったのである。

ダグダはまた，もっと大きな悲しみにも耐えねばならなかった。彼には，エーンガスと同じ母親をもつエーというもうひとりの息子がいた。この息子は父親とターラ〔ダブリン市西北34キロ〕の近くのもう一つの館へ行った。折しもコナハト〔アイルランド北西部の地域〕の貴族コルゲンがその夫人を伴って大王ダグダを訪問した。エーと自分の妻との間に何かがあると思いこんだコルゲンは父王ダグダの目の前でエーを打ち倒し，死に至らしめた。皆はこれを見て，大王ダグダがその場でコルゲンを成敗すると思った。しかし，彼はコルゲンが誤ってエーを殺したのでないとしたら，しかるべき理由あってのことだから，自分としてはコルゲンを成敗するわけにいかない，と言った。その代わり，ダグダはコルゲンに死よりも重いゲァサをかけた。つまり，コルゲンはエーの死体とそっくり同じ大きさの石を見つけるまでエーの遺体を担ぎ，その石を見つけたら最寄りの丘に墓を掘ってエーを埋葬し，石をその上に置くべしというゲァサであった。コルゲンは長い道のりを歩き，ファワル湖の湖岸に石を見つけた。近くの丘の上にコルゲンは墓を掘り，ダグダ大王の息子を埋葬し，石をそこまで運んだ。この労働の過激さに耐えきれず，コルゲンは胸が張り裂けて死んだ。ダグダは墓のまわりに塀を建てさせ，以来，その丘はアリァッハの丘，すなわちため息の丘と呼ばれるようになった。コルゲンが生き身の人間であったかどうかははっきりしないが，エーが不死の身であり，また不死の神々の子であったことは確かである。しかし不死の神々の子であっても，戦いで殺されることもある。このことは，トゥアハ・デ・ダナンのものすべてにも言い得ることであって，自分たちを生き返らせる何か特別な魔法をもち合わせないかぎりは，死ぬのである。〔モチーフ：A 151.1.1.〕　　　　（三）（平）

タター フォール　Tatter-foal

リンカンシャーのボギー，ボギー ビースト。シャッグ フォールの項を参照。〔モチーフ：E 423.1.3.5（a）；F 234.1.8〕　　　　　　　　　　　　　　　　（平）

ダーナ　Dana, Danu

古代アイルランドの母女神のひとりで，のちに体が縮まってアイルランドの妖精であるディーナ・シーとなったトゥアハ・デ・ダナン〔ダーナ神族〕の祖先。グレゴリー夫人は『神々と戦士たち』(1904)の冒頭で，ヌアダ王に指揮されたトゥアハ・デ・ダナンの一族がアイルランドに侵入してきて，オーヒジ王に率いられたフィル・ヴォルグ族と戦った様子の説明を書いている。著者はヌアダ王のもとで戦った女神として，バウ，マハ，モーリグー，そして大王ダグダの娘であるエーレ，フォーラ，バンバ，さらにふたりの詩の女神エアドンおよびブリージの名をあげ，「ほかの女性の中にも多くの幻のような存在や偉大な王妃たちがいたが，〈神々の母〉と呼ばれたダーナは，

すべてを超えた存在であった」と，つけ加えている。　　　　　　　　　　　　（三）

ダニー　Dunnie

いたずら妖精の名。ノーサンバランド州のダニーについてのすぐれた記述が『デナム民俗雑纂』の第2巻（1895）とウィリアム・ヘンダーソンの『イングランド北部諸州と境界地帯のフォークロアについてのノート』（1879）との両方に見られる。前書によれば，ダニーはベルフォード荒地のヘイズルリッグ出身の独立した一つの妖精である。起源的には，穀物蔵に盗みに入り捕まって殺された，イングランドとスコットランドの境界地帯の，ある盗賊の亡霊であったと考えられている。この盗賊は，ボーデン・ドアーズと呼ばれる崖にある洞窟の一つに，大量の略奪品を隠匿していたのだが，その場所を誰にも言わずに死んでしまった。死後，亡霊となって出没するのは，主としてそのためであった。その亡霊がたえず口にしていたと伝えられ，ヘンダーソンによって紹介されている唄は，この伝説を裏づけているようである。

　　「コッケンの崖にはたっぷり宝物がある，
　　　コリアーの崖には，もっとある。
　　　だが，おいらは肝心な鍵をなくしてしまい，
　　　未来永劫，浮かぶ瀬がない」

しかし亡霊であるにしても，ダニーはゴブリン，ピクトリー・ブラッグ，ヘドリーの牛っ子，その他妖精仲間がもつ変身の能力といたずら趣味とをちゃんともち合わせていた。ダニーが好んだのは，馬への変身であった。もっとも，「カウンティー・フォークロア」第4巻〔ノーサンバランド篇〕（1903）の採話者バルフォア夫人は，ロバに変身したダニーに出会うことが多かったようである。ダニーは農場主の乗馬によく変身したが，最も好んでいたずらをしたのは，農場主が産婆を迎えに馬で出かけるときであった。迎えにいく段ではダニーは，ちゃんと役目を果たすのだが，お産がすみ，農場主が産婆を送っていく途中，川にさしかかると，大きくいなないてふたりの下からするりと抜け，ふたりを川の中に落としたりした。また，あるときには，農夫の年老いた耕作馬に変身し，農夫が彼に馬具をつけ，畑へ連れていき，鋤をつけたかと思ったら，ダニーは馬具を地面の上へ放り出したまま蒸発し，気がついてみると，はるかかなたを雲を霞と疾駆している，というようなこともあった。ダニーは，時には人間に近い姿をとったこともあったらしい。というのは，ある石切り場の上の崖っぷちがお気に入りの場所で，ダニーは一晩中，両足を崖の上からぶらさげて，そこに腰かけていたと伝えられているほどだから。このように人間的な面もあったが，1870年においてすでに，ダニーは，現在形でなく過去形で語られるようになっていた。　　（平）

旅回りの語り部　the Wandering Droll-teller

ウィリアム・ボトレルは《西コーンウォールの伝承と炉端物語》第1集（1870）で，彼が若かったころ知っていた旅回りの語り部のひとりについて書いているが，それを読むと，コーンウォール州では民話がどのように語られ広められていたか，非常によくうかがえておもしろい。彼の書いているコーンウォールの南部キュアリーのアント

ニー・ジェイムズおじさんは，吟唱詩人というよりは，むしろ聴衆を楽しませる一種の芸人であった。彼には，アイルランドやスコットランド高地地方の吟唱詩人にとって非常に大切な——たとえ1語でも伝えられた言葉を変えたら，たいへんなひんしゅくを買うという——厳密で正確な伝達への配慮が全く見られない。コーンウォールでは，自然にその時々にわき起こってくる楽しい工夫を加えるのが，むしろもてはやされていた。このように口頭伝承の全く異なる伝えられ方については，今後，徹底的な研究が誰かの手によってなされる必要がある。

　次にあげるキュアリーのアントニー・ジェイムズおじさんの話は，「ルーティーとマーメイド」の話の前書きとして書かれたものである。

　　今ではもう思い出せないくらい遠い昔から今日まで，キュアリーの教区かその附近におおむね住んでいた，ルーティーと呼ばれる一家がありました。この一家は，魔術師，あるいは，善魔女の一家として知られていました。また，西部地方一帯では久しく〈ペラー家〉としても知られていました。ペラー（pellar）というのは，おそらくリペラー（repeller. 撃退する者の意）の縮小形でしょう。一家は魔法や妖術の悪影響を撃退する力をもっていると見られていたのです。

　　しばしば語られている話によると，この一家の不思議な霊力は，ひとりの幸運な先祖によって獲得されたものでした。そのご先祖はたまたま，海岸の岩の上にマーメイドが引き潮でとり残されて，干からびたようになっていたのを見つけたのでした。40年ばかり前，この霊力をもった一家の近くに住む，年老いた盲人のアントニー・ジェイムズおじさんというのがいて，犬と彼の手を引く少年と一緒に，毎年，旅によい季節が来ると決まって，コーンウォール一帯を巡り歩いていました。この高潔な旅回りの語り部は，若かりしころは兵士で，多くの外国を経巡っていて，語るべき多くの見聞をもっていました。しかし，彼の語る外国の人や所の話は，いずれも彼の豊かな想像力のおもむくままに作られたものでした。それはちょうど，彼の物語る伝説が，彼の口を通してさまざまに飾られるのに似ていました。また，彼と少年が，聴衆のうたう（あるいは，奏でるバイオリンの）メロディーに合わせて，多くの古いバラッドにどんどん新しい節をつけていくのにも似ていました。けれども，この放浪の語り部は，旅回りの途次，休憩をするどの農家でも心からの歓迎を受けました。それはひとえに彼のうたう歌のおかげであり，また，とりわけ彼の語るお話のおかげでした。その歌やお話の中身は，誰もがもうそらんじるほどよく知っているものばかりでしたが，人々は，古い伝承を何度でも繰り返し聞きたがるのでした。それというのは，彼は聴衆の中にいる誰彼と一緒に，いつもひょうきんな笑いを考え出しては，即興的になにがしか新しいものを古いお話につけ加えて，創作力のあるところを見せるからでした。

(吉)

タブー　Taboo, tabu

　英語では比較的新しい用語で，キャプテン・ジェイムズ・クックの『太平洋航海記』(1784)で，初めて英語に登場した。元は南太平洋諸島の言葉で，いろいろな形と綴りが見られ，いつも「神聖な」または「犯せない」という意味の形容詞として使われ

ている。「タブー（禁止）にする」（put under a taboo）という動詞的使い方をしたのは，人類学者エドワード B. タイラーの『古代人類史研究』(1865) が初めてである〔実際はキャプテン・クックに，すでに動詞の使用例がある〕。この意味ならば，魔法で個人に課し，課されたが最後，絶対逃れることのできない不思議な禁止を表わすアイルランド語の<u>ゲァサ</u>が，タブーと実体は同じである。肉を勧められたら拒むことは許されず，しかし，犬の肉は食べることが許されなかった<u>クー・ハラン</u>のように，運の悪い人の中には，相矛盾したゲァサを負わされる者もいた。ゲァサとは呼ばれないほかのタブーには，<u>妖精花嫁</u>と結婚した男は，妻を人間の生まれでないと非難してはならないとか，また理由もなく3回ぶってはならない〔⇒<u>グラヴーズ・アンヌーン</u>〕，という類のものもある。妖精の中には，感謝の言葉を言ってはいけないというタブーを課すものもいる〔⇒<u>ヤレリー・ブラウン</u>〕。ベン・ジョンソンの『オルソープでのスペンサー卿の饗宴の余興』（上演 1603）で，妖精たちが「お願いしているのを他言しないでください」と言っているように，秘密の厳守というタブーを多くの妖精が課している。〔モチーフ：C 0-980；F 348.7；F 348.8〕

(吉)

ダブル　Double　⇨<u>共歩き</u>

卵の殻の酒づくり　Brewing of eggshells　⇨<u>取り換え子</u>，ベンディース・ア・マ マイ

タム・リン，タムレイン　Tam Lin, or Tamlane　⇨<u>若きタム・リン</u>

だらしなさ　Sluttishness

妖精たちは<u>もの惜しみ</u>をせず，それでいて几帳面で，整頓を好む。<u>ブラウニー</u>は，人間が散らかしたままにしておいたものを片づけ，きちんとしているものをごちゃごちゃにすることが時おりあるが，家々を訪れる<u>群れをなす妖精</u>たちは，家がきちんと整頓されていることを期待した。もしきれいな<u>水</u>が出されていないと，妖精たちは自分の子どもたちの足を，牛乳や発酵中のブドウ酒や，ビールで洗ってしまう。だが暖炉をきれいにしておく勤勉な女中には，しばしば銀貨の贈り物を置いていく。<u>妖精がとがめる過ち</u>，および<u>妖精に尊重される美徳</u>の各項をも参照。

(井)

タラン　Tarans

スコットランド北東部では，洗礼を受けないで死んだ赤ん坊の亡霊をタランと呼ぶ。J. M. マクファーソンは『スコットランド北東部の原始的信仰』(1929) の中で，18世紀の旅行家トマス・ペナントの『スコットランドおよびヘブリディーズ諸島紀行，1722年』(1774-76) 第2巻〔バンフ州の部〕から次の一文を引用している。

> タラン，つまり洗礼を受けずに死んだ子どもたちの魂である小さな幽霊が，森や，人けのない場所で，彼らの非運を小さな声で嘆きながら，飛びかうのがよく見られた。

スコットランド低地地方やサマーセット州においては，タランは<u>スパンキー</u>と呼ばれ

ていた。小さなホイッティンゲーム村のショート・ホガーズは、スパンキーの一種である。　[モチーフ：F 251.3]　　　　　　　　　　　　　　　　　　　　　　　　　　　　　　（三）

タルイス・テーグ　Tylwyth Teg

「金髪族」の意のウェールズ語。ウェールズの妖精を意味して用いられる最も普通の名称。時おりベンディース・ア・ママイすなわち〈母親の祝福〉とも呼ばれるが、これは妖精の呼び替え名を用いることで、妖精に子どもたちがさらわれるのを避けようとする意図から生じている。こういういろいろの名を与えられている妖精の間に、あまり違いはないようである。タルイス・テーグは自分たちも金髪であるが、ほかの者の金髪も非常に好み、金髪の人間の子どもをむやみに欲しがる。また踊ったり妖精の輪を作ったりする。すみかは地下か水の中である。人間がタルイス・テーグの娘を妻にして、しばらく一緒に暮らすことは容易にできる。タルイス・テーグの国を訪れるのは、妖精界における時間が驚くほどの速さで進むので、危険である。タルイス・テーグは、気に入った人間には高価な贈り物をするが、そのことを人間がしゃべったりすると、その贈り物はすぐに消えてしまう。タルイス・テーグは、妖精界の住民たちが普通一般にもっている性格をすべて備えている。　[モチーフ：C 433；F 233.5]　　　　（井）

タルー　ウシュタ　Tarroo-Ushtey

マン島の水棲牛。スコットランド高地地方の水棲牛が、その地の水棲馬エッヘ・ウーシュカほどには危険でないように、タルー　ウシュタも、マン島の水棲馬カーヴァル・ウシュタほど性悪ではない。しかし、いずれも触らぬ神にたたりなしで、怒らせないようにするのが肝心である。ドーラ・ブルームが『マン島昔話集』(1951)にこんな話を収めている。昔、マン島のサルビーにひとりの片意地な農夫が住んでいた。彼はある日、自分の飼っている牛たちと一緒にタルー　ウシュタが牧草を食べているところを見つけた。丸い耳ですぐにそれとわかったのである。彼は、それを敬遠すればいいのに、棍棒で激しく打ちながら、海へ追い帰してしまった。農夫の妻はたいへん心配して、きっと畑の麦が病害にやられるだろうと言った。果たせるかな、その年、麦は病害にやられて、農夫は前にも増してタルー　ウシュタを目の敵にし始めた。それで、またタルー　ウシュタが自分の牛たちと牧草を食べているのを見つけると、今度は長い輪縄を持って後ろから忍び寄り、投げ縄を打って水棲牛を捕まえた。が、水棲牛は農夫の手から縄をもぎとり、海に帰ってしまった。今度は、ジャガイモがやられた。そこで、農夫は妻の勧めで、妖精に詳しいまじない師に相談に行くことにした。しかし、妖精の獣は大切に扱うべし、というまじない師の忠告には少しも耳を貸さずに、皮をむいたナナカマドの鞭がタルー　ウシュタをおとなしくさせる、ということだけを覚えて帰ってきた。というわけで、農夫はある日、ナナカマドの鞭を持って、水棲牛に近づき、その鞭で妖精牛を牛小屋に閉じこめてしまった。そのうち、彼は妖精牛を引いて、町の市へ行った。それはとても美しい牛で、耳が丸いのと、目がらんらんと光っている以外は、普通の牛とちっとも違わなかった。けれども、賢い農夫は誰もそれに手を出そうとしなかった。が、夕方になったころ、ひとりの間抜けな男が

その水棲牛に興味を示し始めて，馬のようにも乗れると農夫が言うので，いっぺん乗って見せてくれたら買おうと，とうとう言いだした。農夫はそこで牛の背に乗って，ナナカマドの鞭を軽くひと当てした。牛はゆっくりと駆け始めた。が，突然，つるつるしたナナカマドの鞭が農夫の手から滑り落ちたので，農夫は降りてそれを拾おうとした。水棲牛はふいに角を前に下げて，後ろ脚をもちあげ，猛然と走りだした。市を抜け，町を通り，海へ向かってまっしぐら，農夫は夢中で牛の背中にしがみついていた。そうして走りながら，農夫は初めて自分が牛に乱暴してきたことを後悔し始めた。やがて牛は，畑を過ぎ，海岸へつき，そのままどんぶり海に飛びこんでしまった。農夫は最後の力を振りしぼって牛の背から海の中へ飛びこみ，死に物狂いで岸に泳ぎついた。農夫はそれから，別人のように変わって，やさしい人になったという。［タイプ：ML 6060．モチーフ：B 184.2.2.2］

(吉)

タンギー　Tangie

「海藻」の意。海藻に覆われているところから，そう名づけられたのだが，オークニー諸島やシェットランド諸島の水棲馬ノッグルがとる形態の一つ。馬の姿をとってタンギーになっているときは，全身つやのないぼさぼさした毛と海藻に覆われており，人間の姿をとるときは老人になる。［モチーフ：B 184.1.3］

(平)

タンケラボーガス，タンタラボーバス　Tankerabogus, or Tantarabobus

タンケラボーガスは，子どもをおどして行儀よくさせるのに使う子ども部屋のボーギーの名前としても使われるが，E. M. ライト夫人が『田舎言葉とフォークロア』(1913) であげているデヴォン州の次のような例から判断すると，悪魔のあだ名のようである。

「ポリーちゃん，あんたほんとにいけない子だったわね。今度，そんなおいたをしたら，タンケラボーガスに来てもらって，あんたを地獄の底へ連れてってもらうわよ」

このデヴォンシャーのタンケラボーガスは，隣のサマーセット州ではタンタラボーバスの形をとることもある。

(平)

ダンター　Dunters

パウリーともいう。この妖精は，もっと性質の悪い赤帽子と同様，イングランドとスコットランドとの境界地帯にある古い城砦にすみついている。彼らは，亜麻を打ったり，手ひき臼で大麦をひいているような音をたえず立てていた。ウィリアム・ヘンダーソンは，著書『イングランド北部諸州と境界地帯のフォークロアについてのノート』(1879) でダンターたちに言及し，彼らの立てる音が大きくなれば，それは死か不幸かの予兆であると言っている。またヘンダーソンは，ピクト族［⇒ペッホ］によって建てられたとみなされているこれら境界地帯の城砦の土台は，伝承によれば，工事の生けにえとされたもの——いわゆる〈土台にささげる生けにえ〉——の血に染まっていたと指摘する。つまり，ダンターも赤帽子も，当初の〈土台にささげる生けに

え〉——それが人間であれ動物であれ——の精だったのではないか、とヘンダーソンは示唆している。　　　　　　　　　　　　　　　　　　　　　　　　　　　（平）

「ダンドーと猟犬群」 'Dando and His Dogs'

　コーンウォール州の南東隅のセント・ジャーマンズという村に住んでいた聖職者ダンドーの話は、悪魔の狩猟が、いかにして邪悪な人間と結びつくようになるか、そのいきさつを示す例となろう。ダンドーは、官能的な快楽と狩猟にしか関心をもたない聖職者だった。彼には週日と日曜の区別もなく、どんな神聖な日にでも、平然と狩猟のリーダーになって出かけるのだった。ある晴れた日曜に、ダンドーとその仲間は、アースと呼ばれていた荘園で狩猟をし、多くの獲物を仕とめ、申し分のない猟を楽しんでいた。馬に餌を与えるため小休止をし、さて自分ののどを潤そうとしたら、従者たちの水筒が全部空っぽになっていることがわかった。彼は声高に飲み物を求め、「このアース〔地上という意もある〕で見つからなかったら、地獄へでも行って探してこい！」とどなった。すると、いつのまにかこの狩猟に加わっていた見知らぬひとりの男が馬を寄せてきて、「今あなたがおっしゃった場所の最高級の飲み物ですよ」と自分の飲み物の入っている水筒を差し出した。ダンドーはとびつくようにしてそれを口にし、水筒の水をすっかり飲みほし、「地獄にこんな飲み物があるんなら、喜んで未来永劫をそこで過ごしますよ」と言った。その間、その見知らぬ男は、黙って獲物を片っ端から横取りしていた。ダンドーは、口汚くののしりながら、獲物を返せと迫った。男が「持っているものを返すわけにはいかぬ」と言ったので、ダンドーは自分の馬からとびおり、その男へ突っかかっていった。ダンドーが「地獄へまでお前を追っかけていくぞ」と叫ぶと、男は「連れていってやろう」と言いざま、ダンドーの首根っこをつかんで馬上へ引きずり上げ、自分の前にすわらせ、拍車を入れて勢いよく川の中流に馬を乗り入れた。川から炎がぱっと燃えひろがったかと思ったら、見知らぬ男とダンドーは、馬もろとも姿を消していた。しかし、永久に消息を絶ったわけではなかった。その日以来、ダンドーとその犬の群れが、時々獲物を追って山野を荒々しく駆け回っているのが聞こえてくるのだった。

　以上が、ロバート・ハントの編著書『イングランド西部の伝承奇談』(1865)で紹介されている話の一つである。

　北欧の伝承の世界では、オーディンのあとを継いで幽界の猟犬群を率いるヨンの起源についても同じような話が伝わっている。　〔モチーフ：G 303.17.2.4；M 219.2.4〕　　（平）

小さいさん　the Tiddy Mun

地霊。小さいさんは，リンカンシャーにすむちっちゃい人やあちらさんの中でも最もよく知られていたようである。小さいさんは，豊饒〔土〕よりも沼沢の水位〔水〕に縁が深かったらしい。バルフォア夫人は，ある老婦人から小さいさんの話を採集しているが，その老婦人は，生涯をリンカンシャーのザ・カールズ〔干拓地帯〕で過ごし，自分でも行なったことのあるまじないについて語った。その話は方言のまま公刊されているが，元の語り口をほぼ忠実に写した「あちらさんの分け前」という話が，代表例としてあげられるだろう。小さいさんについては今では自分ひとりしか知らない，とその老婦人は考えていた。非常に長い話なので，全部をここに載せることはできないが，「フォークロア」第2巻（1891）掲載の論考「リンカンシャー沼沢地帯の伝説」には全文が収められており，充分読むに値するものである。

　それは，イングランド中東部のザ・フェンズ〔沼沢地帯〕が17世紀にオランダ人技術者によって干拓された時分，とりわけ，干拓工事の終わりごろの話であった。干拓工事は，野鳥や魚をとって生計をたてていた沼沢地の人たちを大いに憤らせたが，彼らは，沼沢地にすんでいる霊たちも同じように憤っているに違いない，と考えた。また実際，この沼沢地にはさまざまな霊がすんでいたのである。

　　ボガートやウィル・オ・ザ・ワイクスなどの類をはじめ，死者たちの声や〈腕なしの手〉などが闇夜に出没し，夜通し，うめいたり，泣いたり，呼びかけたり。妖怪のトッド　ローリーが草むらの上で踊り，魔女が大きなクロナメクジにまたがると，ナメクジは蛇に変わって，魔女を乗せたまま水中をのたくる。

沼沢地帯の住民はそれらを非常に恐れて，日が暮れてからは，護符か，聖書玉（聖書からページを1枚ちぎって，小さい玉にまるめたもの）をポケットに入れずには，容易に外出しようとしなかった。しかし，その中にあって，小さいさんだけは，人々は恐れると同時に愛してもいた。そして，もし沼沢地が干されてしまったら，小さいさんはよそへ行ってしまうのではないか，と人々は心配していた。

　知ってのように小さいさんは，ふだんは池の静かな緑の深みの底にすんでいて，霧が立ちのぼる夕暮れにしか出てこない。それは夕闇の中をピタパタピタパタ，よろけるように歩く。さながら小さいお爺さんのようで，頭の毛も，あごのひげも真っ白で長く，それがみな絡み，もつれ，灰色の服を着て，ピタパタピタパタと歩く。

しかし，霧を通して見るから，その姿はほとんど見えない。ただ，流れる水の音や，うつろな風のうなりや，鳥のタゲリの鳴き声に似た笑い声などが聞こえるだけ。けれども，小さいさんには，ボガートなどのように人をぞっとさせるところがない。水辺の妖女のように腹黒く，怒りやすいというのでもない。物の怪の〈死んだ手〉のように白くて，身の毛のよだつようなものでもない。が，炉端にすわっているとき，戸口で，風や水のうなる音に混じって，甲高い笑い声を聞くと，背筋をぞっと冷たいものが走る。

このように恐ろしいものであるにもかかわらず，人々は小さいさんとはどうにか折り合いよくやっていた。雨期で水量が増え，家の入り口の段々の下まで水が上がってくると，新月を待って，家族全員が玄関口の戸を開いて立ち，暗闇に向かって声を震わせて叫ぶ――

「名なしの小さいさん
　　あんたの水があふれてる！」

そして，互いに体を寄せあって耳をすませ，やがてタゲリの鳴き声がはるかな沼沢のかなたから聞こえてくると，回れ右して玄関の戸を閉め，これで水は引いていくだろうとほっとする。小さいさんについては，こんな古い歌があった。

「名なしの小さいさん，
　頭は白くて，よろよろ歩く，
　水が沼にあふれりゃ，
　小さいさんの悪さはない」

ところが，困ったことに，水はもはや満たなくなり，池は干され，沼地のくぼみは乾いた地肌を現し始め，ほどなく小さいさんのすめるところはなくなりそうだ。人々は小さいさんの怒りを恐れた。

怒りはまず，干拓をしたオランダ人たちに下った。オランダ人は次々と消えて，沼地のくぼみにのみこまれ，2度と見つかることはなかった。沼沢地帯の人たちは誰がオランダ人を連れ去ったか知っていた。しかし，オランダ人は次々とやって来て，干拓の仕事は着々と進み，水はどんどん引いていった。ついに，小さいさんの怒りは，その地の住民の上にも下り始めた。牛は死に，豚は飢え，子どもたちは病に倒れて，やせ細っていった。家々の草ぶきの屋根は落ち，壁は崩れ，てんやわんやの状態であった。

沼沢地帯の人たちは，初めは地元の小さいさんが自分たちを裏切るとは信じられなかった。たぶんトッド・ローリーかあるいは魔女の仕業だろう，と思っていた。が，トッド・ローリーにはまじないをかけ，魔女は水につけたが，いっこうに効き目がない。とうとう，これは小さいさんをなだめてみなくてはいけない，ということに気づいた。なにしろ，墓地はどんどん死人であふれるのに，赤ん坊の揺り籠は空っぽだからだ。そこで人々は，昔もっと幸せだったころ，自分たちがいつもしていたことを思い出して，次の新月のとき，新しくできた川の近くの十字堀のところに集まろうということになった。その日，夕暮れに人々はめいめい新しい水を入れた桶を手に持って，約束の所に静かに集まった。堀の淵についたときには，すっかり暗くなっていた。彼

らは桶の水をいっせいにあけて，できるだけ大きな声で叫んだ——
　　　「名なしの小さいさん，
　　　ここに水を持ってきた，
　　　呪いを解いておくれ！」
　人々はかたずをのんで待った。あたりに深い深い静寂がみなぎった。と，突然，彼らの周囲で，むせび泣きや，すすり泣きが激しく起こり，母親たちは，死んだわが子が泣いて自分たちを呼んでいるのを聞いたと叫び，中には，冷たい唇がキスをしたり，柔らかい羽が頬をこすったなどと言う者もいた。彼らは，死んだ子どもたちが，小さいさんに，もう呪いを解いて，ほかの子を元気にさせてほしいと祈っているのだと信じた。やがて，騒がしい音はやみ，川の方から，タゲリの低くやさしく鳴く声が聞こえてきて，小さいさんの許しがあったことを知った。男たちはそこで大声で叫び，跳びあがり，心も軽く家へと走って帰った。しかし，男たちから遅れて帰った女たちは，死んだわが子たちを暗闇の中に飛び回るままにしてきたと，その子らを悼んで泣いて悲しんだのであった。
　それからは，沼沢地帯に繁栄が訪れて，子どもたちも家畜も増え，人々も仕事が順調で，栄えた。が，新月のたびに，人々は堀のところに出て，持参の水を投げて呪文を唱えた。もしそれをしない人がいると，その人は病にかかったが，人々はそれを小さいさんの怒りのせいと解した。
　しかし，今日では，新しい生活様式と新しい時代が，小さいさんをすっかり追い払ってしまった。　［モチーフ：F 406；F 422；Q 552.10］　　　　　　　　　　　　　　　（吉）

小さい人　the Small People　⇒コーンウォールの小さい人

チェス　Chess

　古い東洋のゲームであるチェスは，ケルト時代の大ブリテン島に非常に早くから入り，王侯のゲームとして高く評価された。王たちは，チェスによって学術や戦略のこと，また互いに敵対関係にあるときに，こちらの意図を相手方に隠す方法などを身につけた。また妖精の貴族たち，すなわちアイルランドのディーナ・シーとスコットランドのシーは，このゲームが得意だった。放浪中のシーが，1局ごとに勝者がなんでも望みの物を獲得する仕組みの3番勝負を人間に挑み，人間相手の大事な対局の勝者になることはよくあった。この対局では，人間の方は例外なく最初の1，2局に勝ち，賞金をたっぷり獲得するのだが，超自然界から来た相手は第3局に勝ち，そこで命取りになるような難業を敗者に課したり，ほとんどとても調達できないような贈り物を要求したりするのだった。この手を使ってミデルはオーヒジからエーティンを奪い返したのである。このモチーフはスコットランド高地地方の民話——例えばジョン G. マカイの『続西ハイランド昔話集』（1940, '60）の中にある「大トゥアリシュゲアルの殺害」——にも見られるものである。この話は，トゥアリシュゲアル王子が，チェスの第3局に勝ち，負けたエリンの若き王に，その代償としてトゥアリシュゲアル大王が殺された経緯を究明し殺害に使用された〈光明の剣〉を取り返せ，という難題を課

す。エリンの若き王は，1，2局の勝利で手に入れた女性と馬との力添えにより，この難業を無事果たす，というのが筋である。これはスコットランド高地地方とアイルランド双方の民話に見られる標準的なパターンである。

　チェスが王侯のゲームであることは，フィンにまつわる物語の挿話が例証している。フィンが，義父であるキアリーの王に身分を秘して仕えていたときに，王に対し7局も連勝し，はしなくも自分の無邪気さと自分が王の血をひく者であることを露呈してしまった。キアリー王は，フィンが誰の息子であるか推察し，ただちに追放したという。［モチーフ：H 509.3］　　　　　　　　　　　　　　　　　　　　　（平）

地下食料室の魔物　Cellar demon　⇨食料室の精

地下の住民　the Subterraneans

　17世紀のロバート・カークは，妖精丘すなわちブロッホの下にすむスコットランド高地地方の妖精を，地下の住民と呼んでいる。この妖精たちは，いつも同じ丘の下にすんでいるわけではなく，四季支払い日には必ずすみかを変えるというふうにして，各地へ移動したのである。この点，この地下の住民は，特定の家の下にすみついたまま移動しようとしなかった妖精たちとは異なるようである。後者は，その家にすんでいた先祖の亡霊であるという点で，むしろ古代ローマ人がレムレースと呼んでいた死者たちの霊と似ているようである。ところが，カークによれば，スコットランド高地人は，こういう妖精丘を，自分たちの先祖のすみかとみなし，神聖視していたという。あの恐ろしいスルーアというのは，妖精丘から妖精丘へ移動中のこの地下の住民のことにほかならないのかもしれない。［モチーフ：F 211；F 211.3；F 282］　　　（平）

ちっちゃい人　Tiddy Ones, Tiddy Men, Tiddy People

　ちっちゃい人，ヤースキン，あちらさんなどは，いずれもリンカンシャーにある沼沢地帯〔ザ・フェンズ〕の住民が信じていた自然霊である。それらについては，「フォークロア」第2巻（1891）掲載のバルフォア夫人の論考「リンカンシャー沼沢地帯の伝説」に生き生きと描かれている。これらの自然霊はほぼ似た性質で，その大部分ははっきりした区別がなく，独立した存在というより，むしろ影響力や魔力の流動体という方が当たっている。しかし，そのうちでもよく知られて，愛されているのが，小さいさんで，これは水が氾濫すると，水を引かせるために呼び出されたが，そういう小さいさんでも，いったん自分が傷つけられたと思えば，情け容赦なく疫病を罰として家畜や子どもに課した。　　　　　　　　　　　　　　　　　　　　　　　　　　（吉）

チーニーの猟犬群　Cheney's Hounds

　コーンウォール州のセント・テス教区のチーニーという名の老地主は猟犬群を所有しており，それを駆り立てて猟をしていたという。この男については委細不明だが，人に好かれていなかったらしく，その没後，ダンドー［⇨「ダンドーと猟犬群」］と同様，幽界の猟犬群を駆り立てているものと想像されている。ロバート・ハントはチーニー

の猟犬群をウィッシュ・ハウンドの群れと同じものと考えている。　　　　　　　　　（平）

ちびっこ　the Li'l Fellas

これは，善いお隣さんや，〈大勢さん〉や，あの人たちなどと同じように，マン島における妖精の呼び替え名の一つ。フェリシンともいう［⇨スレイ・ベガ］。　　（吉）

チャーンミルク・ペグ　Churnmilk Peg

妖精名。ヨークシャー西部では，まだ実が熟れていないクルミの樹の林は，チャーンミルク・ペグに守られているという。E. M. ライト夫人は，著書『田舎言葉とフォークロア』(1913)で，チャーンミルク・ペグという女のゴブリンを，警告を与えるゴブリンのひとりだとし，彼女はもっぱら暇つぶしにパイプをふかしている，と述べている。イングランド北部地方では一般に，メルシュ・ディックが同じ役を務めている。
（吉）

中世年代記　Medieval chronicles

　修道院の年代記係が全く浮き世離れした生活を送っていたわけではない。中世において，修道院は旅行者が休息する宿泊所の役割を果たしていたので，年代記担当の修道僧たちは戦争，十字軍，宮廷政治などについての生(なま)の情報を手に入れうる立場にあった，ということを忘れてはならない。修道院相互間には活発な交流があり，個人的な交友関係も珍しくなかった。例えば，コギシャルのラルフとニューバラのウィリアムが，互いに親しく資料を交換したということは充分考えられる。不思議な事件や超自然的な出来事は，熱心に記録され，そのおかげで初期妖精奇談の中のいくつかが残されている。年代記作者たちは，例えば，モンマスのジェフリー，ウォルター・マップ，その友人のジラルダス・カンブレンシス，あるいはティルベリーのジャーヴァスのように，教会には所属していたが，必ずしも修道士というわけではなかった。
　こういう修道士でない記録者たちは，例外なく非常に興味ある妖精信仰の記録を残している。コギシャルのラルフはモーキンと緑の子どもの話を記録したが，そのほか次のようなマーマンの長い話をも紹介している。
　　ヘンリー2世の治世(1154-89)，バーソロミュー・ド・グランヴィルがオーフォード城〔現サフォーク州の東海岸に所在〕の城主だったころ，土地の水夫たちが海で漁をしていると網に野生の男がかかり，これは珍しいというので城主に献上した。この男は素っ裸で，体のどの部分も人間と変わらなかった。体毛もあり，頭髪はこすれて薄くなっているように見えたが，豊かなあごひげは逆三角形をなし，胸のあたりは極端なほど毛むくじゃらであった。城主は長い間この男が海へ逃げて帰れないように昼夜見張りをつけた。男は，自分の前に出される食べ物はなんでもむさぼり食った。調理されたものより生の魚を好んだ。しかし，その食べ方は，生の魚を両手の間に挟んで，中の水分を全部絞り出してから口にするというふうだった。また，体を逆さ吊りにするような残酷な拷問にかけても，彼は一語も発しなかった，というより言葉を発する能力をもたなかったのである。教会へ彼を連れていっても，聖

なるものを見て膝をつくとか，お辞儀をするといった形で，敬意あるいは信仰を示すこともなかった。日が没するとただちに床に就き，日が昇るまで起きなかった。1度，海へ通ずる水門のところで，前面に丈夫な網を3重に張り巡らしてから，人々はこの男を水中に放してみた。男はすぐに深海を目指し，張ってある網を全部突き破り，海中から何度も何度も浮上して，岸で見守っている人々の前に姿を現した。どうだ，うまく網を突破しただろうと，まるで見物人をからかっているような調子で海中に潜ったかと思うと，しばらくしてまた海面に出てくるという遊びを繰り返した。そのように長い間，海で遊び戯れたのち，そしてこの男が2度と戻ってくることはあるまいと人々がすっかりあきらめてしまったころ，彼の方から波間を切って泳いできて，皆のところへ戻り，その後さらに2か月とどまった。しかし以前よりもおろそかに扱われ，少々毛嫌いされるようになったものだから，彼はひそかに海へ脱出し，もう2度と戻らなかった。この男が生身の人間だったのか，それとも人間に類似した一種の魚だったのか，あるいは溺死者の体に宿っていた悪霊，すなわち7世紀の聖者，聖オードワンの伝記に書かれているような悪霊だったのか，にわかには決定しがたい。わたしたちは，実に多くの不思議な出来事を耳にするし，これと似たような出来事も少なくないので，なおさら迷うのである。

　ウォルター・マップは，ニコラス・パイプという名のマーマンの話を紹介しているが，このマーマンは地中海をすみかとしていた。

　ニューバラのウィリアムも，コギシャルのラルフと同じく，「緑の子ども」の話を記録しており，妖精丘と角製杯の盗み——これは妖精からの盗みの最も初期の例の一つである——についても紹介している。

　ウォルター・マップは，その『宮廷人愚行録』（執筆1182-92，出版 1850）の中で多くの話を紹介しているが，広く旅行しただけあって，その話材はイングランドに限られていない。彼はヘルラ王の話を紹介しているし，同書の末尾でヘルラの騎馬行列にも言及している。彼が紹介している向こう見ずエドリックの話は，妖精花嫁伝説——この伝説特有のタブーを含め——の最も早い時期のものである。彼の「ブレックノック湖の妖精妻」の話は，現代のウェールズ伝承にいっそう近い。その他，彼はメリュジーヌ譚である「歯を持ったヘンノ」や死者の群れから救い出された女房の話——これは妖精界の捕らわれ人の話に酷似している——などをも紹介している。

　モンマスのジェフリーは，アーサー王伝説——別名ブリテンの話材——を初めて文字の形で提示したというので大いに名声を博した。また「エリダーと黄金のまり」の話がわれわれの目にするところとなったのは，ジラルダス・カンブレンシスのおかげである。ティルベリーのジャーヴァスからは，農耕妖精ポーチュンとかグラントとか妖精に雇われた産婆の話の最初の例——これはブルターニュ地方のドラカイ〔ローヌ渓谷の水の精〕をめぐる話——を得ている。これら中世年代記作者の記録から，われわれはまことに豊かな収穫を享受しているのである。　［モチーフ：B 82.6］　　　　（平）

中世ロマンスの妖精　Fairies of medieval romances

　中世の騎士物語における最も初期の作品は，その登場人物にはっきり妖精的な特性を

与えている。サー・ローンファルの物語は，恋人である妖精王女トラアムールがタブー——もっとも，通例のタブーほどには致命的な結果をもたらさないものだが——をサー・ローンファルに課す，妖精花嫁の話である。オルフェオ王の物語では，妖精の起源についての後代の記述の多くがそうなっているように，妖精たちと死者たちとのつながりが明示されている。ドイツ語訳のロマンス『ランツェレット』(c. 1200) は，湖の麗人および彼女がすむ妖精国チール・ナ・ノーグの両方の妖精的性格を同じように明示している。ケルト伝説の原始的な話も，中世騎士世界の微妙な人間関係を扱うのを得意とした洗練された中世フランスの作家の手にかかると，妖精の女性たちは，もっと魅惑的な魔女的性格を帯びるようになり，魔力を身につけていたはずのケルトの騎士たちも，その魔力を失ってしまうのであった。真正の妖精物語である中世英詩「サー・ガウェインと緑の騎士」は，執筆年代は14世紀と比較的遅く，それだけ描写も精妙をきわめているが，その本質的な超自然性は少しも失せてはいない。この作品には，ケルト伝承の斬首試合の話が含まれており，そのうえ超自然の妖術師が挑戦者として登場する。さらにモルガン・ル・フェが極悪妖精として登場し，恐ろしい妖婆と魅惑的な貴婦人という二つの裏腹の形を同時にとることができるのである。この作品がサー・ガウェインに人間離れした英雄のスケールを与えているところに，ある原始的な形態をわれわれは見ることができる。といっても原始的なのは形態だけであり，作品の文体は洗練をきわめたものである。「サー・ガウェインと緑の騎士」と「ザ・パール（真珠）」の両方を書いたと推定される氏名不詳の著者を，北西ミッドランド地方〔中英語の方言地域の一つ〕は第一級の詩人として誇りうるのである。〔モチーフ：F 300〕

(平)

超自然の妖術師　Supernatural wizards

妖術——その中には人間業とは思えないものもあるが——を経験の積み重ねと鍛練とある種の適性とにより後天的に身につけた妖術師と，生まれながらに妖術を身につけている本物の超自然の妖術師とを区別するのは難しい場合がある。例えば，エーティンに小さくなるまじないをかけたドルイド僧ブレサル・エタルラムのような，シー（妖精）の妖術師たちは，超自然の妖術師でも下位のものと考えられる。スコットランド民話「鳥たちの戦い」に出てくるような，自分の生命を，霊肉分離の状態で別のところに移し隠した巨人妖術師も，やはり超自然の妖術師の下位のものであろう。しかし，本物の上位の超自然の妖術師は，まず神として誕生したもので，グイディオンがその好例であり，祝福のブラン[1]もまたしかりである。〔モチーフ：D 1711.5；D 1810〕

(吉)

チール・ナ・ノーグ　Tír na nÓg

原意は「若者の国」。西方の海のかなたの地で，トゥアハ・デ・ダナン〔ダーナ神族〕がミレシウス族に敗れた際に退却した場所の一つ。彼らには，シー〔⇨妖精丘〕すなわち先史時代のアイルランドの緑に包まれた小丘や円丘の地下とか，海底の国チール・フォ・ヒンなどのように別の居住地もあったが，チール・ナ・ノーグは地上の楽園

であった。そこでは，妖精界における時間のように，時間は人間界での尺度では計られず，草はいつも青々としていて，果実と花が同時に摘まれ，宴，音楽，恋，狩り，それに楽しい戦いが終日繰り広げられる麗しの国であった。この国には死も入りこまなかった。なぜなら，もし戦いで負傷したり殺されたりしても，翌日にはすっかり元どおりに生き返るのである。時おり，オシアンのように，人間がチール・ナ・ノーグに招かれることがあった。彼らが人間界に帰りたくなったときには，いつもタブーが課せられた。このタブーを破ると，妖精界で過ごしている間に人間界で実際に経過した，長い時間の重みが彼らにのしかかり，再びチール・ナ・ノーグに帰れなくなった。ウェールズでこれに相当する話は，ヘルラ王の物語である。

　チール・ナ・ノーグをケルト民族の天国とすれば，ケルト民族の地獄といっていいようなものもある。それは，アイルランドではアルスター伝説の英雄クー・ハランが訪れたスコーハッハであり，ウェールズでは『マビノギオン』の中でキルフーフが訪れた巨人の国アスバザデンであった。　［モチーフ：F 172.1；F 377；F 378.1］　　　　（三）

ディー,ジョン　Dee, John（1527-1608）

その時代の最も偉大な数学者のひとりだったディー博士は,同時にルネッサンス期の人々の特色と見受けられるあの集中的研究に対する並外れた能力をもつ博学の人だった。彼は女王エリザベス1世お抱えの天文学者兼占星学者で,精妙かつ深遠な知性の持ち主であった。神秘主義に魅了され,そのとりこになる一方,詐欺師にまんまと引っかかるほど無邪気で,企みのない人物だった。それだからこそ本事典に彼が登場するようになるのである。久しく彼をまどわすことになったいかがわしい精霊の仲間に彼を紹介したのは,ほかならぬエドワード・ケリー〔エリザベス時代の錬金術師,占い師.1555-95〕であった。ディーは,当時すでに鏡あるいは水晶を用い,またスクライヤー〔水晶占い師〕あるいは霊媒の介添えによって,天使たちと交わることに心ひかれていたが,1582年にケリーがディーの住むモートレイク〔ロンドンの南西郊〕に姿を現し,以後6年以上続く盟友関係が打ち立てられた。ただしケリーが一切を牛耳ることになったが,その理由は彼だけが水晶からなんらかの反応を引き出すことができたからである。ディーは,まだエリザベス女王の庇護を受け続けてはいたが,すでに民衆からは妖術師として憎悪されていた。1583年にディー夫妻とケリー夫妻は,モートレイクをあとにしてオランダへと旅立ったが,屋敷が留守になったとたんに家は暴徒の襲撃に遭い,4000冊以上を誇るディーのりっぱな蔵書は略奪破壊された。6年間,この二組の夫婦はヨーロッパ各地を遍歴した。ケリーのいんちきにうんざりして,彼の後援者は次々と変わったが,ディーだけは,盲目的にケリーに忠誠を尽くした。水晶を用いての最初の霊的交わりは,天使たちを通して行なわれたが,やがてこの天使たちも質が落ちて,ただの精霊（スピリット）になった。この精霊たちは,度しがたいほどのおしゃべりではあったが,何よりも妖精に近い存在だったようである。時々水晶面に天使たちが戻ってくることはあったが,一度この天使たちは調子に乗りすぎたらしい。というのは,ふたりの哲学者ディーとケリーに,一切のもの——その妻を含めて——を共有すべし,と助言したのである。ディー博士の妻ジェイン・ディーは,ケリー夫人よりはるかに美人だった。ディーは,心ならずも天使の助言に同意したが,夫人たちは反対し,喧嘩になり,とうとうふたりの盟友は,たもとを分かつこととなった。もっともふたりの間の文通は,その後も続いた。ディーと精霊たちとの交わりの記録は,メリック・カゾーボン〔ジュネーヴ生まれの古典学者〕の手により『ジョ

ン・ディーと精霊たちとの間に多年起こりしことの真実にして忠実なる記録』（1659）という題名で出版された。この編著は，ディーの評価になんのプラスにもならなかったが，その後フランシスA. イェイツの『魔術的ルネッサンス』（1979）その他の著作により，ディーの名誉は大幅に回復された。

(平)

ティターニア　Titania

タイテイニアともいう。ローマ神話の女神ダイアナ〔ディアーナ〕の通り名であるティターニアは，『夏の夜の夢』（1600）に登場する妖精の女王にシェイクスピアがつけた名前だが，彼がこの女王に与えている威厳は，他のごく小さい妖精を支配する軽薄な女王マッブからティターニアを区別するものである。大英博物館所蔵の魔術関係の草稿（スローン写本1727番）の中に，「タイタン，フロレラ，それにマッブ〔それぞれ王，女王，女官の名〕」は「地上の宝」という記述がある。ティターニアが妖精の女王の名としてシェイクスピアに登場したのは，こういう記述に関係があるのかもしれない。しかし，ティターニアというのは，妖精の女王に対する普通一般の呼び名ではない。

［モチーフ：F 252.2］

(井)

蹄鉄　Horseshoes

馬小屋あるいは住宅の戸口の上に逆U字形に掛けてある蹄鉄は，妖精と魔女の侵入を防ぎ，妖精除けとなった。

(平)

ディーナ・シー　Daoine Sídhe, ～Sí

アイルランドにすむ妖精。アイルランドに前からすんでいたトゥアハ・デ・ダナン〔ダーナ神族〕の勢力が衰えて，まずフィアナ騎士団の英雄となり，それからこの妖精になったものと一般に考えられている。人々は身の安全を考えて，ほかの呼び名も与えている。良家の方とか，善い人，おちびさん，あちらの町の人とか，そのほかにもいろいろな呼び替え［⇒妖精の呼び替え名］がある。このアイルランドの妖精に関しては，W. B. イェイツが『アイルランドの妖精譚と昔話』（1888）の巻頭数ページにすぐれた解説を載せている。それによるとディーナ・シーは，典型的な英雄妖精で，中世の騎士に似た楽しみごとや仕事をする。近代においても，ディーナ・シーはいつも小さな体をしているとはかぎらず，時には人間と同じ大きさになったり，それ以上の大きさになったりする。すみかは一般に，地面の下か水底であるが，緑に覆われたラース〔円型土砦〕の中や，湖水や海の底にもある。水底にすむ妖精は，ワイルド夫人の著書『アイルランドの古代伝説とまじないと迷信』第1巻（1887）に巧みに描かれている。それによれば，ディーナ・シーたちは地獄に堕ちるほど悪くない堕天使の一群だとされており，「人間が創造されるずっと以前に，地上に落ちて最初の神々となったものもあれば，海に落ちてしまったものもある」といわれている。

(井)

ティブ　Tib

17世紀の小冊子『ロビン・グッドフェローの生涯』の中で，中心的妖精であるシブ

の補佐役を務める妖精。序列が2番目であるということ以外これといった属性をもっていないようである。ティブという名も妖精特有のものとはいえない。ただシブなどその他の妖精名と同じく、ティブという名は、その響きが短くて軽く、いかにもごく小さい妖精のあの小ささと、歯擦音の多いあのささやき声を示唆しているようである。

(平)

ティルベリーのジャーヴァス　Gervase of Tilbury（1150？-1235？）

12世紀の後半エセックス州のティルベリーで生まれ、ローマで教育を受け、ボローニャで法律の教師になったイギリス人。若いころフランスでランスの大司教邸の書記を務めたこともあるが、やがてイギリスへ戻り、ヘンリー2世（在位 1154-89）の息子で、父王より早く1183年に亡くなった若きヘンリー王子の親友になった。王子の死後、ジャーヴァスは再びヨーロッパ大陸へ渡り、神聖ローマ帝国皇帝オットー4世（在位 1209-15）によりアルル王国の長官に任命された。彼の大作『皇帝にささげる閑談集』（完結1211）はオットー4世に献呈されたものである。ジャーヴァスは晩年をイギリスで送った。イギリスでの主な友だちの中に、やはり中世年代記の作者のひとりであるコギシャルのラルフがいた。ジャーヴァスはラルフに多くの情報を提供した。『皇帝にささげる閑談集』は3部から成り、第1部にも多少重要な事柄は出ているが、第3部がさまざまな不思議な事柄の記録になっているので、その時代のフォークロアを知るうえでわれわれにとって特に興味深い。この中には農耕妖精ポーチュンの話や、ごく小さい妖精について、また妖精の塗り薬をめぐるブルターニュ地方のドラカイ〔ローヌ渓谷の水の精〕についての最も古い記録、さらに有名な「（死ぬ）時が来たが、（死ぬ）人はまだ来ない」〔タイプ ML 4050〕の話の一つの類話も収録されている。同書の第1部ではイングランドのオオカミ人間に言及し、また、妖精からの盗みの一例である妖精角笛の伝説を紹介するとともに、妖精にも触れている。

(平)

デイン族　Danes

サマーセット州では、デイン族——その侵略はいまだに記憶に残るところである——と妖精をいくぶん混同しているようである。イングランドでもケルト人が固まっているこの小地域においては、デインという語が女神ダーナの子孫であるディーナ・シーと結びついたのかもしれない。イングランド中部のレスター市西郊のデイン・ヒルズという古い地名も同じ語源の言葉かもしれない。ルース・タングは「カウンティー・フォークロア」第8巻（1965）の中に、アシュリッジで1907年に採集した話を載せているが、その話の提供者は以下のように、ドルベリー・キャンプにあると伝えられている宝は、デイン族ではなく妖精によって埋められたと確信していた。

　　　次のような1節が伝わっているよ。
　　　　　ドルベリーを掘ったなら、
　　　　　黄金の分け前にありつける。
　　　しかし、今までのところ、この宝物を発見した者はいやしない。なぜって、第一にこれは人間のものじゃない。だからいつまでたっても見つかりっこないんだ。宝物

はどんどん地下深く沈んでいくので、いくら深く掘ってもだめなんだ。言っておくけど、これはかつてドルベリー丘の上にすんでいたという赤すねたちの黄金なんだ。確かに、頭がよくて本をよく読んでいる学者先生の中には、やつらはデイン族だと説く人もいるし、むき出しのすねが風にさらされて赤くなっていただけだと言う者もいるよ。だけど、そんな意見なんか無視しなさい。
　わしの婆さんが言ってたけど、やつらは妖精だったんだね。そう、赤い服を着てね。ということになると、この宝物は妖精のものだ。もしもやつらがデイン族だったら、ドルベリー・キャンプで見つかるあの小さな土製のパイプをどう説明するのかね。〈妖精のパイプ〉って言ってたよ。昔の鉱夫どもがそう言ってたよ。妖精のパイプがあるからには、これらの人々は妖精だったってことになるだろう。この妖精どもが、赤すねたちだったってことは、誰も疑えないよ。　　　　　　　　　　（三）

ティーンド　Teind
　スコットランド低地地方の古い言葉で、「十分の一税」の意の標準英語であるタイズ〔tithe〕に相当する。7年間ごとに妖精たちが悪魔に納めさせられた貢ぎ物。伝承バラッド「タム・リン」〔チャイルド39番A〕［⇨若きタム・リン］の中にこれへの言及がある。［モチーフ：F 257］　　　　　　　　　　　　　　　　　　　　　　　　（平）

鉄　Iron
　鉄は妖精を追い払うことができる。鉄のナイフ、あるいは十字架［⇨クロス］は、あらゆる種類の魔術や悪しき魔法を防ぐのに、最も威力がある防護用具である。赤ん坊のベッドの上に、はさみを開いてつるしておくと、赤ん坊は決して妖精にさらわれないといわれているが、これは、開いたはさみが十字架の形となるし、また、はさみは鋼鉄でできているので、二重の防護になるというわけである。妖精除けの項も参照。
［モチーフ：F 382.1；F 384.3］　　　　　　　　　　　　　　　　　　　　　　（吉）

鉄枷のジャック　Jack-in-Irons
　ガチャンガチャンと音を立てる鉄の鎖を身につけ、さびしい夜道で行き暮れた旅人に、いつとびかかるともしれない巨大な物の怪。ヨークシャーに出没する。ヨークシャーの人々はボーギーをはじめ、いろいろな恐ろしい夜の物の怪を発明するのが得意である。［モチーフ：F 470］　　　　　　　　　　　　　　　　　　　　　　　　　　　（吉）

『デナム民俗雑纂』　The Denham Tracts
　この書の著作者であるマイケル・エイズルビー・デナムは、イギリス・フォークロア学会が設立されるより20年ほど前、1859年に他界しているが、その生涯の大半をフォークロア研究にささげた人で、ウィリアム・ホーン編集の週刊誌『エヴリデイ・ブック』（1826-27）やM. A. リチャードソンの『地方史家の覚書』（1841-46）にも寄稿している。彼の採集をまとめた『季節、天候および農事に関する諺と俗信集』（1846）という本が、バラッドの研究団体であるパーシー協会〔1841創立〕から刊行されてお

り，またデナム自身も，晩年にはおびただしい数のパンフレットや小冊子を出したが，その大部分は死後に散逸してしまった。そこで1878年にイギリス・フォークロア学会が創設されたときに，W. J. トムズ (1803-85) が，デナムの書き残した文書類を集めて出版することを提案した。それが実現して，フォークロア学会から，いわゆる『デナム民俗雑纂』全2巻が刊行されたのである。第1巻 (1892) は，主に地方に伝わる格言や諺からなっているが，第2巻 (1895) では随所に妖怪や妖精についての伝承が記されていて，引用してみたいものが多い。とりわけ興味深いのは，われわれの祖先たちを悩ませたおびただしい数の妖精や夜の物の怪が，一覧としてあげられている箇所 (第2巻所載) である。その一部は，レジナルド・スコットの『魔術の正体を暴く』(1584) にあったリストから直接借用したものであるが，それに地方における伝承が大量に追加されている。そこに言及されている妖精などの多くは，本事典で項目を立てて取り扱ったが，中には妖精の仲間に含めるのは，いささか無理というのもある。

さらにフランシス・グロース (1731？-91) によれば，これまた全く異論のない事実として，キリスト降誕の日すなわちクリスマスに誕生した者は，妖精のたぐいを見ることがないという。今から70～80年前およびそれ以前の時代にあっては，たまたまその日に生まれた恵まれた少数者にとっては，そのことがどんなに幸せであったかしれない。なぜなら，その最もめでたい祭りの日には，次のようなありとあらゆる妖精，妖怪のたぐいが，地上にいっせいに現れる日であったからである——すなわち，幽霊 (ghosts)，ボグル (boggles)，ブラディーボーンズ (bloody-bones)，精 (spirits)，悪霊 (demons)，イグニス・ファテュウス，ブラウニー，バグベア，黒妖犬，亡霊 (spectres)，シェリーコート，スケアクロー (scarecrows)，魔女 (witches)，妖術師，バーゲスト，ロビン・グッドフェロー，ハッグ²，ナイト バット (night-bats)，スクラッグ (scrags)，ブレイクネック (breaknecks)，幻影 (fantasms)，ホブゴブリン，ホブホーラード (hobhoulards)，ボギー ボー (boggy-boes)，ドビー，ホブスラスト，フェッチ，ケルピー，ウォーロック (warlocks)，モック ベガー (mock-beggars)，マムポーカー，ジェミー バーティー (Jemmy-burties)，アーチン，サテュロス (satyrs)，パン (pans)，ファウヌス (fauns)，セイレーン (sirens)，トリートーン (tritons)，ケンタウロス (centaurs)，妖術使い (calcars)，ニンフ (nymphs)，インプ，インキュバス，スポーン (spoorns)，オークの精 (men-in-the-oak)，幽霊馬車 (hell-wains)，ファイアー ドレイク (fire-drakes)，キット ア キャン スティック (kit-a-can-sticks)，トム タンブラー (Tom-tumblers)，メルシュ・ディック，ラール (larrs)，キティー ウィッチ (kitty-witches)，ホビー ランタン (hobby-lanthorns)，火曜日のディック (Dick-a-Tuesdays)，エルフの火 (Elf-fires)，火の尻尾のジル，ノッカー，エルフ，ローヘッド (raw-heads)，わら束を持ったメグ (Meg-with-the-wads)，オールド・ショック，アウフ，パッドフット，ピクシー，ピクトリー (pictrees)，巨人，ドワーフ，トム ポーカー，タットゴット (tutgots)，スナップドラゴン (snapdragons)，スプレット (sprets)，スパンク (spunks)，魔術師 (conjurers)，サース (thurses)，スパ

ーン (spurns)，タンタラボブ (tantarrabobs)，スウェイス (swaithes)，ティント (tints)，トッド ローリー，わら束のジャック (Jack-in-the-Wads)，モルモ (mormos)，取り換え子，赤帽子，イェス ハウンドの群れ，コルト ピクシー，親指トム，ブラックバッグ (blackbugs)，ボガート，スカー バッグ (scar-bugs)，シャッグ フォール，ホッジ ポーチャー (hodge-pochers)，ホブ スラッシュ (hob-thrushes)，バッグ，ブルベガー，バイゴーン (bygorns)，ボール (bolls)，キャディー (caddies)，ブーマン，ブラッグ，生霊 (wraithes)，ワッフ，フレイ ボガート (flay-boggarts)，悪鬼 (fiends)，ガリー トロット，ガイトラッシュ，パッチ，ランタンを持ったホブ (hob-and-lanthorns)，グリンジ (gringes)，ボーゲスト (boguests)，骨なし，ペグ・パウラー，パック，フェイ，キッドナッパー (kidnappers)，ガリー ベガー，ハドスキン (hudskins)，ニッカー (nickers)，マッドキャップ (madcaps)，トロール (trolls)，ロビネット (robinets)，修道士のランタン (friars' lanthorns)，シルキー，血無し少年 (cauld-lads)，死を呼ぶ霊柩車 (death-hearses)，ゴブリン，首なしホブ (hob-headlesss)，バガブー (buggaboes)，牛っ子 (kows)，またはカウ (cowes)，ニッキー (nickies)，ナック (nacks) あるいはネック (necks)，ウェイス (waiths)，ミッフィー (miffies)，バッキー，ゴール (gholes)，シルフ (sylphs)，ゲスト (guests)，スウォース，フレイス (freiths)，フレイト (freits)，ガイ カーリン (gy-carlins) あるいはゲア カーリング，ピグミー (pigmies)，チッティフェイス (chittifaces)，ニクシー (nixies)，火の尻尾のジニー (Jinny-burnt-tails)，ダッドマン (dudmen)，地獄の番犬 (hell-hounds)，ドッペルゲンガー，ボグルボー (boggleboes)，ボーギー，赤い男 (redmen)，ポーチュン，グラント，ホビット (hobbits)，ホブゴブリン，茶色男 (brown-men)，カウイー (cowies)，ダニー，ウィリコー (wirrikows)，アルホールド (alholdes)，一寸法師 (mannikins)，フォレット (follets)，コレッド (korreds)，ラバーキン，クルーラホーン，コーボルト (kobolds)，レプラホーン，コール (kors)，メア (mares)，パックル (puckles)，コリガン (korigans)，シルヴァン (sylvans)，サキュバス (succubuses)，ブラック・マン (black-men)，影法師 (shadows)，バン・シー，ラナンシー，クラバーナッパー (clabbernappers)，ガブリエルの猟犬群，モーキン (mawkins)，ダブル (doubles)，人だま (corpse lights or candles)，スクラット (scrats)，マフーンド (mahounds)，トロー，ノーム，スプライト，フェイト (fates)，シビル (sybils)，ニクネーヴィン，白装束の女 (whitewomen)，フェアリー (fairies)，屑糸帽子，カッティー (cutties)，ニス (nisses)，その他ありとあらゆる大きさ，性格，格好，様態，種類，形相の妖怪変化などである。かくして，イギリスでは各土地に独自の魑魅魍魎をもたない村はただの1村もなかった。そう，村だけでなく，少しでも古さを誇る，さびしい家屋，城郭，邸宅には必ずボーグル，幽霊，ノッカーのたぐいがすみついていたし，教会や墓地や十字路〔イギリスでは昔，自殺者は教会の墓地に埋葬されることが許されず，田舎の十字路に葬られた〕にはいずれも，物の怪がつねに出没していた。田舎の緑の草の生えた小路には，必ず妖怪変化が夜，見張りのためにすわる丸石があったし，どこの共有牧草地にも，きまっ

てその地特有の妖精の輪が見られた。そして，いまだかつて妖精に出会ったことがないという羊飼いにはめったにお目にかかれなかったのである！　　　　　　　　　　　（吉）

デリック　Derricks

デヴォンシャーのデリックについて E. M. ライト夫人は，著書『田舎言葉とフォークロア』(1913) の中で，「やや邪悪な性質をもったドワーフに近い妖精」と書いているが，ハンプシャーではもう少し評判がよい。1962 年，ハンプシャーからやって来た人がルース・タングに，バークシャーの丘陵で道に迷っていた旅人に，正しい道を教えた緑の服を着た気立てのいい小さな妖精は，デリックではあるまいかと語ったという。デヴォンシャーのデリックだったら，むしろ旅人を道に迷わせる可能性の方が強い。　　　　　　　　　　　　　　　　　　　　　　　　　　　　　　　　　（井）

テリートップ　Terrytop

サフォーク州で語られているトム・ティット・トットの話の類話で，コーンウォール州における話に登場する悪魔の名前。ロバート・ハントは『イングランド西部の伝承奇談』(1865) に，冬の夜長に村人たちを楽しませるため農村各地を歩いて回った職業的語り部である老齢の道化者たちの語った話を要約して載せている。「ダフィーと悪魔」と呼ばれたその話は，クリスマスに演じられる芝居の一つにもされた。ダフィーは怠け者で，だらしない娘だったが，すこぶる器量よしであった。ある日，トロウ村の地主ラヴェルさんが，たまたまダフィーと彼女の継母が，怠けているのいないので喧嘩をしているところに出くわした。ダフィーが糸紡ぎと編み物の名人だというのを真に受けて，ラヴェルさんは家の年取った女中の助っ人によかろうと，ダフィーを連れて帰る。そのダフィーを助けるのが悪魔で，お決まりの条件で3年間援助してくれる。最後はトム・ティット・トットの話の場合と同様にその悪魔の名前がわかり，悪魔は消えるが，そのとき，その悪魔が作ったものも全部一緒に煙となって消えてしまったので，地主のラヴェルさんは裸も同然の姿で，家にとぼとぼと帰らなければならなかった。話は，喧々囂々(けんけんごうごう)の言い争いが続いて，長たらしくもたつくのだが，ともかく，地主さんと年取った女中さんの援助で，めでたく一件落着する。この話の興味深いところは，イングランドの東端にトム・ティット・トットの話があるのに対して，同じ「ルンペルシュティルツヒェン」〔グリム童話. KHM 55 番〕型の話が，イングランドの最西端に見られるという点である。しかも，それがコーンウォールの語り部の得意の話の一つであったというのだから，興味はつきない。〔タイプ：500. モチーフ：C 432. 1；D 2183；F 451.5.2；H 521；M 242；N 475〕　　　　　　　　　　　　　　　　（吉）

伝承における妖精像の変遷　Fashions in fairy-lore

文学作品に登場する最も軟弱で退化した妖精でも，民間伝承に登場する妖精とある点で共通している。だが概して詩人や作家は，複雑で変化に富む妖精伝承の世界の一つの面を取り上げているにすぎず，またその選び出された側面も，個々の詩人によって違うし，また時代によっても違っている。中世ロマンスの妖精は，類型としては英雄

妖精の仲間に属し，体の大きさは人間並みで，しばしば人間に恋をし，魔法とまやかしの術が巧みであり，おおむね美しいが，時には見るも恐ろしいハッグ[2]〔妖婆〕の場合もある。多くは半ば忘れられた神や女神であるが，人間と別の存在ではなく，実在していた人間がたまたま魔力をもつようになったケースとみられている。ちなみに女神の方が男性の神より多く登場する。このタイプ，すなわち人間の大きさの妖精が選ばれたのは，当時の文学的な風潮にもよるが，それは中世騎士物語がケルトの神々の世界に基づくケルト系英雄物語から派生しているからである。中世年代記に散見できる記述から，中世の詩人たちは，もしその気になれば，全く異なった型の妖精を登場させることもできたはず，ということがわかる。

　エリザベス1世時代の妖精とジェイムズ1世時代の妖精のうちには，伝承に忠実ではあるが，異なった型の精が登場する。たしかに，エドマンド・スペンサーは『妖精の女王』(1590-96)の構成に，アーサー王伝説の妖精や魔術師や魔女を利用したが，全体として脚光を浴びたのは，ごく小さい妖精であった。そうした微小な妖精たちは，ジョン・リリーの『エンディミオン』(1591)，作者不詳の『乙女の変身』(1600)やトマス・クリードの「ドディポル博士の知恵」(1600)，そしてとりわけシェイクスピアの『夏の夜の夢』(1600)に登場する。シェイクスピアの『ロミオとジュリエット』(1597)の中のマブ女王は，ティターニアに仕えていたエルフより，さらに微小である。ジェイムズ1世時代(1603-25)の詩人たちは，この風潮をさらに押し進めた。マイケル・ドレイトン，ロバート・ヘリックおよび他の詩人たちが描いた微小の妖精は，シェイクスピアの小さな妖精をさらに押し進めたものであり，最後にニューカースル公爵夫人〔マーガレット・カヴェンディッシュ．1624？-74〕の妖精詩における描写にいたっては，小ささは奇跡の域にまで達する。ミルトンでさえ『失楽園』(1667)で，ものの縮小や小さいことを表現するのに，エルフを利用している。こうした優美で細密な妖精に属さない例外は，ロビン・グッドフェロー，パック，あるいはラバード・フィーンドと呼ばれる粗野で飾りけのないホブゴブリンである。この時代以後になると，小さな妖精が，しきりに文学に登場する。

　18世紀は，特に子どもを教化する目的で書物が初めて書かれた時代である。教育書のたぐいは，すでにその前から書かれていた——最も早く出版された本の一つに，小姓に礼儀を覚えさせる目的で書かれたウィリアム・カクストン〔イギリス最初の活版印刷家，出版業者〕の『子どもの本』(c. 1475)があり，またフランス語やラテン語の会話の本もあったが，特に子ども向けの創作物語の本は，18世紀になってから現れた。17世紀の終わりころ，シャルル・ペローとドーノワ伯爵夫人の洗練されたフランス妖精物語が英語に翻訳された。それらの妖精物語は本物の伝承に基づいているが，フランス宮廷の趣向に合うよう洗練されており，英国でも同じように人気を博した。宮廷でこういう物語に手をつけてみた人はやたらと多かったとみえ，時代が下るにしたがって，そうした物語は本来の伝承からいよいよ離れていった。伝承の妖精とはすでにいくらか異なっていた妖精の代母は，自分の名づけ子を美徳の道に駆りたてる厳格な道徳家になってしまった。19世紀になってからもこの傾向は続いていたが，19世紀初めの25年間が過ぎてようやく，民話採集者たちの研究が児童文学に影響を及

ぼし始めた。とはいえ〈ロマン主義復興〉の運動は，それ以前から詩人たちの書くものに反映していた。ウィリアム・コリンズ (1721-59)，ウォルター・スコット，ジェイムズ・ホッグそしてジョン・キーツ (1795-1821) が民間の妖精伝承に基づいて作品を書き，年代が下るにつれて，児童文学の作家たちがそのあとに続いたが，ジーン・インジロー，J. H. ユーイングは，そのうちでも第一級の作家である。20世紀の初めには，子どもに対する必要以上のやさしさと気遣いが伝承の妖精をほとんど圧倒してしまい，妖精は思いつきと気まぐれから創り出され，肉体も筋肉もなく，空気のように稀薄でかわいらしい生き物に変えられてしまった。ラドヤード・キップリングは，『プークが丘のパック』(1906) でこの傾向と戦い，そして現在においては J. R. R. トールキンや彼の先行者や継承者たちの作品において，強靱な想像力がふわふわした気まぐれにとって代わった世界にわれわれは遊ぶことができる。しかし，二流作家のものする作品は，依然として気まぐれな思いつきから書かれている。　　　　　　　(井)

ドゥアガー　Duergar

　ドゥアガーとは、R. O. ヘズロップの『ノーサンバランド州の方言集』(1892-94) のやや あいまいな記述によれば、「最も底意地の悪い妖精」、すなわちアンシーリー・コートである。スコットランド高地地方では、亡者の群れとも別称されるスルーアがアンシーリー・コートの大部分を占めている点から、ドゥアガーはアンシーリー・コートのうちでも存在が薄いという言い方が、あるいは適切かもしれない。ドゥアガーはイングランド北部地方にすみ、悪意に満ち、たえず人間に敵意をもつ黒いドワーフで、ほとんどがひとり暮らしの妖精である。ドゥアガーに関する代表的な話が、F. グライスの『イングランド北部の昔話』(1944) に語られている。その話の舞台は、ノーサンバランドのサイモンサイド丘陵地帯である。ひとりの旅人が、ロスベリーの町へ行く途中、その丘陵地帯で道に迷い、日が暮れてしまった。先へ進んで行くのに目印になるものが一つもわからないうえに、道が非常に危なかった。旅人はそこで、どこか岩の下に入って夜を明かし、朝を待つよりしょうがないと思った。が、岩の近くに来たとき、ちょっと先にかすかな明かりが見えた。そちらへ道を探って歩いていってみると、羊飼いが夜露をしのぐのに造ったような粗石の小屋の中に、小さな火がくすぶっていた。それが明かりと見えたのだった。火の左右には二つの白っぽい石があり、火の右手にたきつけの山、左手に大きな丸太が２本あった。人は誰もいなかった。旅人は、このまま夜通し丘の中腹で野ざらしだったら凍え死んでしまうかもしれなかったので、やれありがたやと、中に入った。そして、たきつけを少し足して消えかかった火を起こし、右手の石に腰をおろした。が、腰をおろすやいなや、ドアがばっと開いて、異様な姿のものが部屋に入ってきた。見るとドワーフ——旅人の膝の高さぐらいしかないが、恰幅のいい、がっしりした小人——であった。上着は子羊の毛皮、ズボンと靴はモグラの毛皮、帽子はキジの羽根を飾った緑のコケで作られていた。ドワーフは旅人をにらみつけたが、一言も言わないで、旅人のわきをドスンドスンと通って、反対側の石に腰をかけた。旅人は、こいつは人間にものすごい敵意をもつドゥアガーだと思って、自分からは話しかけないでいた。そうやって両者はしばらく火をはさんで、お互いにじっとにらみあっていたが、火が消えかかってきて、寒さがぐっと増したので、旅人はとうとう耐えられなくなって、木切れを少し火にくべた。ドワーフは怒りと軽蔑の目で旅人をにらむと、上体を後ろにそらして、２本の大きな丸太の

うち1本を持ち上げた。自分の体より2倍も長くて太い丸太だが、ドワーフはまるで棒切れを折るように、膝の上でポキンと折って、「お前はなんでこんぐれえのことができねえんだ？」とあざけるように、旅人を見ながらゆっくり首を左右に振った。火はしばらくは明るい炎を立てたが、じきにまた消えそうになった。そうやって、たきつけを全部使いきってしまったとき、ドワーフは、さあ、あとは残りの1本の丸太をくべろと言わんばかりに、旅人をにらんだ。が、旅人はそれには罠があると思って、手を出さなかった。とうとう火は消え、両者は冷えきった闇の中ですわり続けていた。やがて、はるか遠くで鶏が鳴き、空にかすかな光が見えてきた。鶏の鳴き声と同時にドワーフは消え、火も火のあった小屋も一緒に消えた。旅人はやはり石の上にすわっていたが、その石たるや、高い岩の崖の突端であって、もしも旅人がドゥアガーの無言の挑戦に応じて、丸太を取ろうと左に踏みだしたら、深い崖下に転落して、ばらばらの死体になっていただろう。［モチーフ：F 451.5.2］　　　　　　　　　　　　　　　　　（吉）

トゥアハ・デ・ダナン　Tuatha de Danann

「女神ダーナの人たち」の意。ダーナ神族ともいう。伝承的なアイルランド史によれば、フィル・ヴォルグ族を征服後この国に住みつき、ミレシウス族に追われて、草で覆われた丘の内部や水底の地に避難を余儀なくされたという。魔術に長じていた彼らは、やがて妖精族となった。また時が経るにつれてだんだん小さくなり、ついにディーナ・シーとなった。もっとも、時にはもとの英雄妖精の姿のまま人目に触れることもある。ワイルド夫人は『アイルランドの古代伝説とまじないと迷信』(1887) の中の〈洞窟の妖精〉の項で、トゥアハ・デ・ダナンをとりあげ、詳しい解説を施している。そこには、現代の詩や劇で最もよく扱われる「ミデルとエーティン」伝説の短い類話もあがっている。この項にはさらにトゥアハ・デ・ダナンの妖精馬の説明があり、アッハ・イーシュカやプーカなど、人間に飼い慣らされたりせず、自らの力で生きていくものとの対比がよくわかる。W. B. イェイツは『アイルランドの妖精譚と昔話』(1888) の中のチール・ナ・ノーグの項で、トゥアハ・デ・ダナンにまつわる話をいくつか述べている。［モチーフ：A 1611.5.4.3；F 211.0.2.1］　　　　　　　（三）

トゥアハ・デ・ダナンの妖精馬　the Fairy Horses of the Tuatha de Danann

すべての英雄妖精は、かなりの時間を荘重な騎馬行列に費やした。彼らの馬の大きさは乗り手に応じていろいろだが、その姿はしばしば描写されている。エリダー［⇨「エリダーと黄金のまり」］が述べた妖精たちは、小さいが気品があり、自分たちの体の大きさに適した馬と猟犬を持っていた。ウェールズのグラゲーズ・アンヌーンは乳白色の馬に乗り、スコットランドのバラッドに描かれた妖精の騎馬行列には、チリンチリンと音を立てる鈴をつけ、華麗に盛装した色とりどりの馬が登場した。トゥアハ・デ・ダナン〔ダーナ神族〕は、ミレシウス族に征服されて地下の世界に追いやられたが、後に体が縮んでディーナ・シーとなり、英雄妖精の典型的存在となった。トゥアハ・デ・ダナンの馬については、ワイルド夫人が著書『アイルランドの古代伝説とまじないと迷信』(1887) 第1巻に、次のように鮮やかに描いている。

そして、トゥアハ・デ・ダナンの飼っている血統の馬ほどすばらしい馬は、世界中探してもいなかった——風のような速さ、弓なりに反った首、広い胸幅、小刻みに動く鼻孔、大きな目などからみて、これらの馬が、ただの土くれからではなく、火と炎から生まれたことがわかる。彼らは、丘の大きな洞窟に馬小屋を作り、足には銀の蹄鉄をはかせ、黄金のくつわをつけ、奴隷が馬に乗ることを決して許さなかった。トゥアハ・デ・ダナンの騎士たちの騎馬行列は、実に華麗な光景だった。140頭の軍馬の額には、それぞれ星のような宝石が輝き、140名の騎士はすべて王の子息たちで、彼らの緑の外套には、黄金の縁取りがなされていた。さらに、頭には黄金のかぶとをかぶり、足には黄金のすね当てをつけ、手には黄金の槍を持っていた。

さらに、これらの馬は100年以上も生きることができた。身に備えた魔力によって、死の力に抗しえたのである。

また数ページ先には、ワイルド夫人がこれら王族の駿馬の最期を述べた次のような箇所がある。

このすぐれた血統の堂々たる馬の中には数百年生き続けるものもおり、その崇高な姿と性質によってすぐ見分けがついた。これらのうちの最後の1頭はコナハト〔コノート．アイルランド西部の地域〕の大領主の所有馬となっていた。その領主が死ぬと、彼の持ち物はすべて競売に出された。ついにこの馬が競売に付される番となり、古代アイルランドの名馬の見本であるこの馬を手に入れて、自国に移送しようと思ったイングランド政府の使者によって買い取られた。

しかし、馬丁がこの悍馬(かんば)に乗ろうとすると、馬は棒立ちとなって、生まれの卑しいこの男を激しく地面にたたきつけ、即死させてしまった。

それから、馬は疾風のように駆け去り、ついには湖の中にとびこみ、2度とその姿を現さなかった。かくして古代アイルランドにおけるトゥアハ・デ・ダナンの偉大な名馬の血統は絶え、それ以後、威厳の点でも美しさの点でも、これらに匹敵する馬はこの世界のどこにも現れていない。

〔モチーフ：F 241.1；F 241.1.1.1〕　（三）

ドゥナ エー　Dooinney-Oie

「夜の人」の意のマン島語。時には叫び声だけで、時にはかすんだ人影となって現れて警告の言葉を発したり、時には角笛——それはスイスのアルペン・ホルンのような音を出したらしい——を吹き鳴らしたりして、嵐の襲来を予告してくれる親切な妖精。ウォルター・ギルは、著書『続マン島スクラップブック』(1932)の中でこのドゥナ エーに触れているし、旧著『マン島スクラップブック』(1929)では、ドゥナ エーの名を明示してはいないが、それが発するいろいろの警告をもっと詳しく記述している。角笛を吹き鳴らすことが好きになりすぎた、あるドゥナ エーについての興味深い話が、ドーラ・ブルームの『マン島昔話集』(1951)に出ている。ハウラーとドゥナ エーとの間にはほとんど区別がないようにみえるが、ハウラーは、決してしゃべることはなく嵐の前に泣きわめくだけという点で、ドゥナ エーと異なる。　　　　(平)

ドゥナ・マラ　Dooinney Marrey, Dinny-Mara

「海の人」の意のマン島語。マン島のマーマンで，イングランドのマーマンほど凶悪な存在ではなく，アイルランドのメローに劣らず人なつっこかったようである。「ルーティーとマーメイド」というコーンウォール州の伝説に登場するキュアリー村のマーメイドは，自分は悪さをしなかったが，早く帰って夫〔すなわちマーマン〕に食事をさせなければ，夫が子どもを食べてしまうのでないかと心配した。しかし，ドーラ・ブルームの「赤ちゃんマーメイド」の話に出てくるドゥナ・マラは，自分の赤ん坊とふざけまわったり，贈り物をしてやる愛情豊かな父親だったようである。ドゥナ・マラが登場する話はこれくらいで，マン島のマーメイドであるベドン ヴァーラの話ほど多くは伝わっていない。　　　　　　　　　　　　　　　　　　　　　　（三）

ドゥーニー　Doonie

スコットランドのいたずら妖怪。ノーサンバランド州のダニーに当たる。ダニーと同様ドゥーニーはポニー〔小型種の馬〕の姿で現れるが，時として老人や老婆の姿をとることもあった。ドゥーニーはダニーよりはるかに性格がよく，道案内をしたとか，人を救助したとかいう話が伝えられている。ハナ・エイトキンは，「ギャロウェイ年報」第5巻（1903）に発表された話を引用している。それによると，ある学童がカワラバトの雛を捕まえようとして，スコットランド南部のダムフリースシャーにあるクリコープ滝に張り出した険しい岩山を登っていて足を滑らせ，断崖をまっ逆さまに転落した。彼はハシバミの枝をつかんだが，それもほんのわずかの時間かせぎにすぎなかった。下を見ると，滝つぼに落ちて溺れ死ぬか，岩にたたきつけられて粉々になるかの二つに一つ——これ以外にはないように思えた。このとき，すぐ下の岩棚に奇妙な老婆が立っているのが見えた。老婆は前掛けを広げ，この中にとびおりろと言う。少年はとびおりた——ほかにとるべき方法はなかったのである。前掛けは破れて，少年は滝つぼの中に落ちた。ところが，水面に浮かび上がると，老婆は彼の襟首をつかまえて水から引き上げ，その後は2度と見つからない隠れ道を通って安全な所まで案内した。そこで老婆は少年に家に帰るように言い，2度とカワラバトの巣を荒らしてはいけないと注意した。「もし言うことを聞かなかったら，ドゥーニーはもうお前を助けてくれないかもしれないよ」こう言うと，老婆の姿は消えてしまった。　（三）

トゥルティン トゥラティン　Trwtyn-Tratyn

ジョン・リース（1840-1915）が，今世紀初めにウェールズ西部のカーディガンシャーで発見した断片的な話。次の唄が残っているところから，リースはこれをトム・ティット・トット譚の類話の一部と推定した。

　　　　あの女は，よもや知るまい，
　　　　トゥルティン トゥラティンが，
　　　　わしの名だということを。

この話の別形では，上記の名前がシリ・フリット，あるいはさらにシリ ゴー ドゥート〔⇨シリ・フリット，シリ ゴー ドゥート〕となっていたりする。同じ結末と，名前を

秘密にしておきたいという同じ願望がグワルイン ア スロットの話にも見られる。リースによると，トロットあるいはスロットという語尾は，本来のウェールズ語ではなく，イングランドのトム・ティット・トットまたはスコットランドのハベトロットの語尾に呼応するものと考えられる。「ハベトロット」の話で，親切な糸紡ぎ妖精が，あのスコットランドの強欲な「ワッピティー・ストゥーリー」のようになる形もある。ハベトロットの話の通常流布している形でも，同じモチーフの痕跡が，主人公の娘がふと耳にしたあの妖精のせりふ，すなわち「この丘の上の小娘は，ハベトロットがわしの名だということを，よもや知るまい」の中に見られる。自分の名を秘しておきたいという妖精の願望は広く見られるものであるが，元イギリス・フォークロア学会会長であるエドワード・クロッドは，論文『トム・ティット・トット考』(1898) の中でこの妖精の願望について詳細に分析している。　［モチーフ：C 432.1］　　　　（平）

トゥルメン　Tuilmean, Tulman

ノウの内部にあるすみかを意味するゲール語。一部屋だけの住居と考えられる。J. F. キャンベルは，『西ハイランド昔話集』(1860-62) 第 2 巻に，トゥルメンについて短い話を載せているが，その話は妖精と交渉をもつ際の作法［⇒妖精に対する作法］の効用を示し，妖精を善意をもった存在として描き出している。そこに登場する妖精の女が受けたものは，ほかならぬ礼儀正しさと敬意であった。

バラ島西岸のタングスデイル村にひとりの女がいた。彼女は 2 頭の子牛を捜しに出かけたが，日が暮れてしまった。雨と嵐になり，彼女は雨宿りをする所を探し，見つけた 2 頭の子牛を連れてある小丘に行った。牛をつなぐ杭をそこに打ちつけていると，小丘が開いた。まるで鍋のそばで自在鉤がガチャガチャ鳴るようなにぎやかな音が聞こえてきた。彼女は不思議に思って杭を打つ手をとめた。ひとりの女が顔を出し，つづいて上半身を出した。「なんだってわたしがすみかとしているこのトゥルメンを痛めつけるの？」とその女は言った。「この 2 頭の子牛の世話をしているのですが，体がすっかり弱っています。いったいどこに行ったらよいのでしょう？」「向こうの斜面に行ってみるがいいよ。ひと塊の草があるからね。もし子牛がその草を食べたなら，お前さんが死ぬまで 1 日として乳牛にこと欠きはしないだろうよ。なにしろお前さんは，わたしの忠告を聞いたんだからね」　妖精の女が言ったとおり，その後彼女は 1 日として乳牛を欠かしたことはなく，このことがあった夜から 95 年も生きたという。

［モチーフ：F 330］　（三）

トッド ローリー　Tod-lowery

スコットランド低地地方ではキツネの呼び名として用いたが，リンカンシャーではゴブリンの別名である。「カウンティー・フォークロア」第 5 巻〔リンカンシャー篇〕(1908) の中にトッド ローリーに関する記述が見られる。バルフォア夫人が採話した物語「消えた月」(「フォークロア」第 2 巻 (1891) 掲載）の中では，トッド ローリーは湿地に出没する妖精の一つとして語られている。時に〈トム ラウディー〉とも呼ば

れるが，子どもが怖がる恐ろしい妖怪，すなわち子ども部屋のボーギーの一つである。

(三)

ドッブズ，ドッブズだんな　Dobbs, or Master Dobbs

サセックス州のブラウニー。スコットランド高地地方のボダハン・サヴァルと同じように，老人に特に親切である，と考えられていた。今日では，この妖精についての信仰は存在していないが，人が期待以上の仕事をなし終えたときには，「ドッブズだんなに手伝ってもらったね」と言う習慣があると，E. M. ライト夫人は述べている。こういう決まり文句に，ドッブズの痕跡が残っている。ヨークシャーでは，同じものがドビーと呼ばれていた。

(吉)

ドッペルゲンガー　Doppelgänger　⇨共歩き

「ドディポル博士の知恵」　'The Wisdome of Doctor Dodypol'

1600年にトマス・クリードによって出版された，内容的にはいささかとりとめのない戯曲だが，ここからフォークロア的要素を多く含んだ，楽しい妖精のインタールード〔道徳劇から起こって，15〜16世紀にはやった短い喜劇〕の筋が引き出せる。妖精のテーマは第3幕から始まる。ひとりの行き暮れた旅の農夫が，妖精丘から流れてくる音楽を聞く。と，妖精丘の口が開いて，小さな，あかぬけした妖精が現れ，農夫にワインの杯を出す。農夫は酒のさかなを要求し，妖精がそれを取りにいっているすきに，杯を持って逃げ出す。事の顚末は中世年代記の一つ，ニューバラのウィリアムによって記録された妖精杯のそれとよく似ている。こういう地下の住民は，王ではなく，妖術師——1610年に魔女裁判にかけられたキャサリン・ケアリーが，一団の妖精を〈頭目〉が指揮しているのを日暮れ方に見たというが，その〈頭目〉のような妖術師——の支配下にある。

さて，この劇で魔法を使う妖精は，あるとき若い人妻が夫に口汚く侮蔑されているところを見て，夫婦とも丘の中に連れこんでしまう。そして，夫を妖術で眠らせ，妻の記憶を呪文によって定かではなくしたうえで，彼女の恋人は自分であると思わせようとする。劇全体を通じて，どんな魔法を使っても，結局，愛は裂かれることはなく不滅であるというのが，本筋になっている。以下に引用したのは，その考えが巧みに展開されているくだりである。

　　妖精が，ラッセンバーグとその妻に言う場面
　　　　お前はそこに横たわって，奥さんを忘れよ。
　　　　奥さんはわたしの呪文でとうにお前を忘れている，
　　　　では，わたしの美しい女(ひと)よ，すわって
　　　　このおいしい天の食べ物をおあがり，
　　　　岩の割れ目から音楽が鳴りひびいて，
　　　　わが恋人を元気づかせるのだ。
　　　　ところで，あなたは恋人が今までにいたの？

ルーシーラ——
　　ええ，いましたわ。でも誰だったかしら？
　　どこで，いつのことだったかしら，あれは？
　　どうしてもそのことが気になるわ。
　　今わたしの心はとても燃えているのに，恋人が見えない，
　　頭がごちゃごちゃしてきたわ。
妖精——
　　わたしのことを忘れたの？　わたしがあなたの恋人ですよ，
　　あなたはいつもわたしに愛のまなざし，愛の言葉，
　　愛のキスをくださいました，
　　どうしてそんな変な顔をするの？　まだわからない，わたしが？
ルーシーラ——
　　わからないはずがないわ。
妖精——
　　まだ疑っているの？
　　美しい草原を案内してあげたでしょう，このわたしが？
　　そこでは妖精たちが花の上を軽やかに踊って，
　　どの葉っぱにも上等の真珠を飾り，
　　微風にそれが揺れてぶつかると，
　　銀の鈴のような音を立てましたね？
　　高い音の角笛を吹いて，突然丘から黄金の御殿を出したでしょう？
　　大勢の騎士や貴婦人をあっという間に出したでしょう？
　　みんなが踊ったり，浮かれ騒いでいるときに，
　　わたしたちは黄金の衣にくるまって，バラのしとねで甘美な眠りをむさぼったでしょう？
　　みんなわたしがしてあげたこと。
　　まだわかりませんか？
ルーシーラ——
　　いいえ，やっとわかりましたわ。
妖精——
　　では，わかったしるしに，わたしにキスを。
ルーシーラ——
　　でも，変だわ，あなたはあの人ではないわ。
妖精——
　　あなたはすっかりよそよそしくなってしまった，
　　こんなに長い間，あなたを花嫁と思ってきた者に。
ルーシーラ——
　　あなたでしたの？　あの，ちょっと待って，
　　あたしは今どこにいるの？　あたしは今どうなっているの？

あなたも，何もかも，わからなくなってしまって。

このときルーシーラの父親が丘の中に入ってきて，魔法の宝石で妖術を解く。ちょうどミルトンの仮面劇『コーマス』(執筆 1634) でふたりの兄弟が1輪の花で妖術を解いたように。どうやらミルトンは子どものころ，この「ドディボル博士の知恵」を知っていたのではないかとの思いに駆られる。一般に『コーマス』の筋は，ジョージ・ピールの風刺劇『老妻たちの話』(初演 1593) から出たと考えられているが，「ドディボル博士の知恵」の方が『コーマス』にさらに近いようだ。　　　　　　　　(吉)

とどめの一言　the Last word

悪魔は言うに及ばず悪霊やボーグルを相手にするときも，こちらがとどめの一言で結着をつけることが肝要だった。ミンチ海峡の青亡霊はこの好例だった。この青亡霊たちは，ルイス島〔アウター・ヘブリディーズ諸島中の最大島〕とスコットランド本土の間のミンチ海峡に出没する海の悪霊だったが，彼らに出会うと，船長は彼らと談判して，とどめの一言──それもなるべく韻を踏んだもの──を言ってのける必要があった。さもないと船を沈められるのであった。　　　　　　　　(平)

トネリコ　Ash

妖精除けとして使われる樹木で，ナナカマドの代用。房状になっている翼果の数が奇数か偶数かということがしばしば占いに使われた。　〔モチーフ：D 1385.2.5〕　　(平)

ドーノワ伯爵夫人　D'Aulnoy, Madame la Comtesse (c. 1650-1705)

ドーノワ伯爵フランソワ・ド・ラ・モットの夫人は，シャルル・ペローが作りだした妖精物語流行の風潮に便乗した。ペローの話が，そのみごとな文体以外何一つ余計なものが加わっていない本物の民話であったのに対し，ドーノワ夫人のそれは，夫人自身の奔放な想像力が抑制もなく創り出したものであった。彼女はもちろん民間伝承を知らないわけではなかったが，それを自分勝手な方法で利用したにすぎなかった。例えば「青い鳥」ではベッドの交換と魔法の木の実のモチーフが使われてはいるが，登場する妖精たちには，少しも実感がなく，ぎくしゃくと動く機械にすぎない。物語には読者の気を引くだけの魅力はあるのだが，文体は純粋に文学的である。ドーノワ夫人の妖精物語は，例の《妖精の部屋》叢書〔全41巻，アムステルダムおよびジュネーヴで出版．1785-1789〕──話があとになればなるほど伝承の香りがいよいよ希薄になり，文体はいよいよ空虚になるあの奇怪な物語集──の先駆けである。　　　　(平)

ドビー　Dobby

ヨークシャーとランカシャーにおけるホブゴブリンの愛称。ブラウニーと非常によく似ているが，ブラウニーよりもう少しいたずら好きのようである。したがって，むしろロビン・グッドフェローに似ていると言うほうが本当であろう。E. M. ライト夫人著の『田舎言葉とフォークロア』(1913) にドビーについての記述がある。　(吉)

ドービー　Dobie
　ブラウニーの一タイプであるが，ウィリアム・ヘンダーソンの『イングランド北部諸州と境界地帯のフォークロアについてのノート』(1879)によれば，利口さではブラウニーの足元にも及ばないという。「彼女はドービーにすぎない」とか，「ばかなドービーめ！」とかいう言い方も珍しくない。イングランドとスコットランドとの境界地帯では，戦乱の絶え間ない時代には，貴重品を地中に埋め，ブラウニーにその保管を依頼するのが習慣だったという。ブラウニーに頼めないときにはドービーに頼ることになるのだが，ドービーは，いつも快く引き受けてくれるものの簡単にだまされるので，ブラウニーほど当てにならなかった。
　ドービーはまた，家庭の守護亡霊の呼称として使われる。ブラウニーのようにふるまい，衣服の贈り物によって伝承どおりに退散させられたヒルトンの血無し少年は，ヒルトンの昔の領主に殺された馬丁の亡霊とみなされていたことを，思い起こしていただきたい。同じように，シルキーもしばしば亡霊扱いを受けており，ワイルド夫人もアイルランドのバン・シーを，かつてその家で生まれ，ずっと前に死んだものの，今なお自分の一族の行く末を案じている若死にした美少女の亡霊，というふうに説明している。それとほぼ同じように，イングランド北部のモータム・タワー〔現ダラム州に所在．ノースヨークシャーとの州境に近い〕のドービーは，その昔，嫉妬深いロークビー卿に塔の下方の渓谷で殺害された奥方の亡霊であるといわれている。凶器の短剣からしたたり落ちた血が，階段に永久に消えない痕を残したと伝えられる。このドービーも，ホブゴブリンというより亡霊に近かった。亡霊のように家にとりつき，泣き声を立てるでもなく，家事を手伝うでもなかったからである。そして最後には，衣服の贈り物によってではなく，悪霊払いによって退散させられた。
(平)

とびひ　Impetigo
　とびひ（膿痂疹）やその他の皮膚病は妖精のたたり，特に妖精のタブーを破った結果とみなされることがあった。しかし，神経のデリケートなアイルランド人の社会では，吟唱詩人の機嫌を損ねると，詩人は風刺詩で仕返しをして相手に発疹を生じさせることができた。吟唱詩人の社会では，一般に，風刺詩はそういう威力をもつものの一つであった。傷害や病気の項を参照。[モチーフ：F 362]
(吉)

トム・コックル　Tom Cockle
　旅をする家つき妖精。スコットランド高地地方のボーハンや，大西洋を渡ってアメリカへ移住したその他の妖精たち［⇨アメリカへの移住妖精］と同じように，この妖精も家族のあとを追い，海をも渡るのである。トム・コックルは，数百年間，アイルランドのある一家に仕え，家族の者からラック〔幸運〕とまで呼ばれていた。しかし，ついにこの一家は不運に見舞われ，アイルランドを去って，おかみさんが少女時代に住んでいたイングランドのウェストモアランド州の大きな無人の家へ引っ越さざるをえなくなった。一家がアイルランドに住んでいたときも家の者は誰ひとりトム・コックルの姿を見たことがなかったのだが，一家が貧困のどん底にあえいでいるときにも，

トム・コックルは炉の火を起こし，懐が寂しい一家のためにささやかな食事を用意することを忘れることはなかった。こういうふうによく尽くしてくれた妖精だったので，さすがに後ろ髪を引かれる思いで，姿を見せないトム・コックルに向かって家の者たちは声をかけ，もうお別れだ，これからイングランドへ行かなければならないんだ，と告げた。一家はアイルランドからイングランドへ移住する苦難の旅を続けたが，ようやくその旅路も終わりに近づき，雨の降りしきる中をポニーに引かせた馬車で，険しいウェストモアランドの山を下り，目指すもの寂しい空き家へ向かっていた。ところが無人のはずのその家へ近づくと，窓からは明かりがもれ，入ってみると炉の火が赤々と燃え，食卓には食べ物や飲み物が並んでいるではないか。トム・コックルが家の者より一足先に来ていたのである。ルース・タングは，この話の別形を三つ——アイルランドから一つ，イングランドからは北西部のウェストモアランドと中部のウォリックシャーからそれぞれ一つ——見つけ，そのことを『イングランド諸州の埋もれた昔話』(1970)に記録した。　[タイプ：ML 6035. モチーフ：F 346（a）；F 482.3.1]　　　　　　（平）

トム・ティット・トット　Tom Tit Tot

　トム・ティット・トットの話は，かの有名なグリムの民話「ルンペルシュティルツヒェン」〔KHM 55番〕と同じ話型のイギリス版であるが，同系の話の中でも，最も愉快なものである。エドワード・クロッドは，サフォーク州に伝わる話に基づいて『トム・ティット・トット考』(1898)を書いたが，そこにサフォーク版の話を全文載せている。文体の面でもまた方言の使い方でも生き生きとし，イギリス民話のうちでも最高のできばえの一つなので，ここに全文を引用するが，それだけの価値は充分あろう。
　昔，ある所に，ひとりのおかみさんがいました。おかみさんはパイを五つ焼きましたが，かまどから出てきたパイは，みんな焼けすぎで，皮が固くて，食べられませんでした。そこで，おかみさんは娘に言いました。
　「娘や，このパイを棚に並べておおき。しばらくすると，もどるから」——おかみさんは，固い皮が柔らかになるからと言ったつもりでした。
　けれども，娘の方は，勝手に考えました。「ふーん，もどってくるんなら，今こいつを食べちゃお」そこで，娘はムシャムシャと，五つとも全部食べてしまいました。
　夕飯どきになって，おかみさんは言いました。「さて，あのパイを一つ持っといで。きっともどってるよ，もう」
　娘は行って，よく見ましたが，お皿のほかには，なんにも見えません。それで，帰ってきて言いました。「いんや，まだ，もどっていない」
　「一つもかい？」と，母さんは聞きました。
　「一つも」
　「まあ，いい。もどっても，もどらなくても，夕飯に食べるから」
　「でも，もどっていないから，だめ」
　「いいや，だめなことはない。いいから，いちばんいいのを持っといで」
　「いいも，悪いもない。全部あたしが食べちまったもの。もどるまでは，一つも

ないわ」

これには、おかみさんもあきれて、戸口に糸車を出すと、糸を紡ぎ始めました。そして、紡ぎながらうたいました。

　　　　「うちの娘っ子、パイ五つ食った。
　　　　　今日五つ食った。
　　　　　うちの娘っ子、パイ五つ食った。
　　　　　今日五つ食った」

すると、ちょうど王様が通りをやって来て、おかみさんのうたう声を聞きました。けれど、言葉が聞きとれなかったので、王様は立ちどまって、尋ねました。

　「これ、そこのおかみさん、今なんとうたっておった？」

おかみさんは、娘のしたことを聞かせては恥になると思い、言葉を変えてうたいました。

　　　　「うちの娘っ子、糸五かせ紡いだ。
　　　　　今日五かせ紡いだ。
　　　　　うちの娘っ子、糸五かせ紡いだ。
　　　　　今日五かせ紡いだ」

「これは驚き！　そんなにできる人は、聞いたことがない」と、王様は言いました。

それからまた続けて言いました。「わたしはちょうど、妃をもらおうと思っていたところだ。おかみさんの娘を妃に迎えよう。だが、いいか、1年の11か月は、好きな物を食べて、好きな物を着て、好きな者とつきあっていいが、最後の1か月は、毎日、五かせずつ糸を紡がなければならん。もし、それができなかったら、首をちょん切る」

「よろしゅうございますとも」とおかみさんは言いました。なにしろ、こんなすてきな結婚話なんてあるもんじゃないし、五かせの糸のことなら、そのときになって言い抜けは、いくらでもできる。それに、王様は、そんなことはみんな忘れちまうにきまってる、とおかみさんは考えました。

こうして、娘は王様のお妃になりました。それから、11か月、お妃は好きな物を食べ、好きな物を着て、好きな者とつきあって暮らしました。

けれども、11か月がもうじき終わりそうになると、お妃は糸紡ぎのことが、心配になりました。王様はまだ、あのことを覚えているだろうか、と思いました。けれども、王様はそのことを一言も言わないので、たぶんもう忘れてしまったのだろう、と思いました。

ところが、王様は、11か月目の最後の日に、お妃を今まで1度も見せたことのない部屋に連れていきました。そこには、糸車と腰掛けのほかは、なんにもありませんでした。王様は言いました。「さあ、よいか、明日から、食べ物と麻を持ってここに入りなさい。もし夜までに、五かせの糸を紡げなかったら、お前の首をちょん切るぞ」

王様はこう言って、用事に出かけていきました。

さあ、お妃は怖くなりました。なにしろ、もともと怠け者で、糸紡ぎのことはな

んにも知りません。そばで手伝ってくれる人もいなくて，明日からどうしたらよいでしょう？　お妃は台所の椅子にすわると，なんとまあさめざめと泣いたことでしょう！

　ところが，突然，戸の下の低いところから，ノックのような音がしました。お妃は立ち上がって，戸をあけると，なんとそこには，尻尾の長い黒くて小さいやつがいました。小さいやつは，探るような目つきで，お妃を見上げて言いました。
「なんで泣いちょる？」
「お前の知ったことではないわ」
「まあいいから，なんで泣いちょるか言ってみい」と小さいやつは言いました。
「話してみたって，無駄よ」
「そうともかぎらんさ」と，黒くて小さいやつは言いながら，くるくるっと尻尾を回しました。
「話しても無駄だけど，損をするわけでもないから」と，お妃は言って，思い切って，パイのことも，糸紡ぎのことも，そのほかのことも，みんな話しました。
　すると，小さい黒いやつは言いました。「じゃ，こうしよう。わしが毎朝，この窓に来て，お前の麻をもらって，夜までには紡いできてやる」
「それで，お礼は？」
　小さいやつは，横目でお妃を見ながら言いました。「わしの名前を当ててみい。毎晩，3回まで言わせるよ。だけど，1か月しても当たらなかったら，お前はわしのものだ」
　こいつの名前なんか，1か月しなくたってきっと当てられる，とお妃は思ったので，言いました。「いいわ，約束するわ」
「よしきた」と，小さいやつは言うと，尻尾をくるくるっと回しました。
　さて，王様は，次の日，お妃をきのうの部屋に連れていきました。そこには，麻と，その日の食べ物が置いてありました。
「さあ，ここに麻がある。夜までに紡いでしまわないと，お前の首をちょん切るぞ」王様はそう言って，部屋を出て，扉に鍵をかけました。
　王様が部屋を出るか出ないうちに，窓にノックの音がしました。
　お妃が立って窓をあけると，窓の出っ張りにあの小さいやつがすわっていました。
「麻はどこじゃ？」と，そいつは言いました。
「ここよ」と，お妃は答えて，麻をそいつに渡しました。
　さて，夕方になると，窓に，またノックの音がしました。お妃は立って，窓をあけると，小さいやつが，腕に麻糸を五かせかけて，立っていました。
「できたぞ」と，そいつは言って，糸をお妃に渡してから
「さあ，わしの名前はなんじゃ？」と言いました。
「そう，ビルかしら？」と，お妃は言いました。
「いんや，違う」と，そいつは言って，くるくるっと，尻尾を回しました。
「ネッドかしら？」
「いんや，違う」と，そいつは言って，尻尾をまたくるくるっと回しました。

「じゃあ，マークかしら？」

「いんや，違う」と，そいつは言って，前より激しく尻尾をくるくるっと回して，さっと飛んでいってしまいました。

さて，王様が来たとき，五かせの糸が王様を待っていました。「よしよし。今夜はお前の首をちょん切らずにすんだ。では，明日の朝，食べ物と麻をまたもってくるから」と，王様は言って，出ていきました。

こうして，毎日，麻と食べ物とが持ってこられ，毎日，朝と晩に，あの黒い小鬼がきちんとやって来ました。そして，お妃は，夜になって小鬼が来たら言う名前のことを，昼の間，一所懸命考えていました。けれども，どうしても名前は当たりませんでした。1か月が終わりに近づくと，小鬼の顔はだんだん意地悪くなって，お妃が名前を一つ言うたびに，ますます速く尻尾を回し始めました。

とうとう，あと1日で1か月が終わる日になりました。夜，小鬼は五かせの糸を持ってくると，言いました。

「やい，わしの名前は，まだわからんか？」

「ニコデマスかしら？」

「いんや，違う」

「サムルかしら？」

「いんや，違う」

「えーと，じゃあメトセラムかしら？」

「いんや，違う，違う」

それから，小鬼は，まるで燃えている石炭みたいな目つきで，お妃をじっと見つめて言いました。「やい，もう，明日一晩しかないぞ。そしたら，お前はわしのものだぞ！」 そう言うと，さっと飛んで消えました。

さあ，お妃は怖くてたまりませんでした。でも，ちょうどそのとき，王様が廊下をやって来る音が聞こえてきました。王様は，部屋に入ってくると，五かせの糸を見て言いました。

「ようしよし。もうこれで，明日の晩も，間違いなく五かせできるな。お前の首はちょん切らずにすみそうだ。今夜の食事はここでとることにしよう」そこで，夕飯が運ばれ，王様の椅子も運ばれ，ふたりは腰をかけました。

さて，王様は，一口食べたか食べないうちに，食べる手を休めて，笑い始めました。

「どうしたのですか？」と，お妃は聞きました。

「それがさ」と，王様は言いました。「わしは，今日，狩りに出かけて，森の中の見たこともない場所に行ってきた。そこは昔の石切り場の跡で，石を切った穴の底から，何やらブンブンうなる音が聞こえてくる。それで，馬からおりてそっと穴に近づき，中をのぞいて見た。いったい，何がいたと思うかね？ 見たこともない，おかしな小さな黒いものが，何をしていたと思うね？ 小さな糸車を持っていて，尻尾をくるくると回しながら，ものすごい速さで，糸を紡いでいた。そして，糸を紡ぎながら，こんな歌をうたっていたんだ。

　　　　ニミ・ニミ・ノット，
　　　わしの名前は，トム・ティット・トット」
　さあ，これを聞いて，お妃は跳び上がらんばかりに喜びました。でも，お妃は一言も言わずに黙っていました。
　次の日，あの小さいやつは，ものすごく意地悪い顔で，麻を取りにやって来ました。そして，夜になると，窓のガラスをノックする音がして，お妃があけると，そいつは，すぐ窓の出っ張りに現れました。そいつは，口を耳まで開いて，にたにた笑いながら，すごい速さでビュンビュン尻尾を回していたのです！
　「わしの名前は，なんじゃ？」と，小鬼は，五かせの糸をお妃に渡しながら言いました。

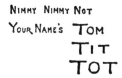

　「ソロモンかしら？」と，お妃はおびえたふりをして言いました。
　「いんや，違う」と，小鬼は言いながら，部屋の中にぐっと入りこんできました。
　「じゃあ，ゼベダイかしら？」と，お妃はまた言いました。
　「いんや，違う」と，小鬼は言うと，にたにた笑って，尻尾を目にもとまらぬ速さで，ビュンビュン回しました。
　「さあ，ゆっくり考えろ。あと一遍で，お前はわしのものじゃ」と小鬼は言って，黒い手をお妃の方にぐっと伸ばしました。
　そこで，お妃は，一足二足後ろへさがって，小鬼をじっと見つめました。それか

ら，急に笑いだすと，小鬼を指さしながら言いました。
　　　「ニミ・ニミ・ノット，
　　　お前の名前はトム・ティット・トット」
　さあ，それを聞くと，小鬼は恐ろしい叫び声をあげて，暗闇の中へふっとんでいきました。それっきり，もう2度と，小鬼はお妃の前には現れませんでした。
ジプシーの伝える，この物語の後日譚が，上掲の話と同じく「イプスウィッチ・ジャーナル」誌に記録されているが，そこでは娘が，軸受け用グリースと腐った卵とで作った有毒な混合液と，ジプシー女とに助けられて，毎年の終わりの1か月の糸紡ぎから，解放されている。
　トム・ティット・トット話のコーンウォール版である「ダフィーと悪魔」では，〈黒くて小さいやつ〉の役を，悪魔のテリートップが演じている。ロバート・ハントは，コーンウォール州に伝わる滑稽譚の最後の一つと称して，その話を記録している。スコットランドには「ワッピティー・ストゥーリー」と，ハベトロット系の話がある。またオークニー諸島にはピーリフールが見られ，ウェールズにはトゥルティン トゥ ラティンという断片的1話が存在する。このように，この話はイギリス各地でよく伝えられていることが理解できるが，ヨーロッパでもまた多数の類話がみられる。オーストリアには〈クルツィミュゲリ〉，フランスには〈ロビケ〉，ハンガリーには〈ヴィンテルコルベ〉と〈パンツマンツィ〉，アイスランドには〈ギリトゥルット〉，イタリアには〈ロザニア〉，ロシアには〈キンカッチ・マルティンコ〉など，その他にも同じような話が存在する。〈トム・ティット・トット〉型のものもあり，〈ハベトロット〉型により近いものもある。［タイプ：500．モチーフ：C 432.1；D 2183；F 271.4.3；F 346；F 381.1；F 451.5.2；H 521；H 914；H 1092；M 242；N 475］
　　　　　　　　　　　　　　　　　　　　　　　　　　　　　　　　　　　　　（吉）

トム・ドッキン　Tom Dockin
　E. M. ライト夫人は著者『田舎言葉とフォークロア』(1913) 所収の子ども部屋のボーギーのリストの中に，鉄の歯を持ち，悪い子を食らい尽くすトム・ドッキンと呼ばれる恐ろしい妖精を入れている。これはヨークシャーに伝わるもの。［モチーフ：F 234.2.2；F 402］
　　　　　　　　　　　　　　　　　　　　　　　　　　　　　　　　　　　　　（平）

トム ポーカー　Tom-Poker
　子ども部屋のボーギーの一つ。暗い戸棚の中，階段の裏，誰も使わない屋根裏部屋，その他ボーギーに似つかわしい場所にすむ。出身はイングランド東部のイースト・アングリア地方。E. M. ライト夫人の『田舎言葉とフォークロア』(1913) 所収のリストでは，子どもに用心を教えるためのゴブリンになっている。
　　　　　　　　　　　　　　　　　　　　　　　　　　　　　　　　　　　　　（平）

共歩き　Co-Walker
　ロバート・カークは『エルフ，フォーン，妖精の知られざる国』（執筆1691，出版1815）で，ダブル，すなわちドイツの人々がドッペルゲンガーと呼んでいる自分の同身のことを〈共歩き〉と名づけている。イングランド北部地方ではワッフと呼ばれ，

死の前兆といわれている。しかしカークはこれを妖精の一種と考え，次のように言っている。

　透視能力のある人ならば，〈共歩き〉が葬式とか宴会で物を食べているのをはっきり見ることができる。スコットランド系アイルランド人の多くは，共歩きにかかわりをもったり，毒を盛られたりするのを恐れて，そうした集まりでは食べ物を口にしない。共歩きが人間世界の者たちに混じって，ビールや死体の入った棺を墓地に運んでいくところも見られている。すぐれた透視力をもつ（先天的であれ，習得したものであれ）何人かの者がそうした集まりの席上で，ダブルマン〔二重人物〕すなわち2か所に同時に存在する人を見たことがあると語ってくれた。つまり，ダブルマンは地上の住人であると同時に地下の住人でもあり，両者はあらゆる点で似てはいるが，隠れた目印や動きで両者の区別ができるので，自分の分身であるそうした「幽霊」や「類似人物」を無視して，本当の知人であり隣人でもある当の人物のところへ真っすぐ話しにいける。

さらにカークは次のページでこう続けている。

　この「生き写し」は〈共歩き〉と呼ばれているが，まるで双子の兄弟か一心同体の人間のように，何から何まで当の本人そっくりで，その人に影のごとくついて回り，本人の生前も死後も（本人とそっくりな形で），人々の間に現れたり知られたりする。昔〈そっくりさん〉がある家に入っていくのがしばしば見受けられ，それで土地の人たちは数日の内に実際に〈そっくりさん〉と似た人がその家を訪れることが予知できたといわれている。この〈そっくりさん〉と言おうか〈こだまさん〉，〈生き絵さん〉と言おうか，こうした者たちはいずれ，最後には自分たちの集団へ戻っていくのである。

（井）

ドラゴン　Dragons

聖ジョージに殺されたドラゴンは，紋章の図柄に見られるドラゴンで，コウモリの翼をして，尾に毒の針をもち，口から火の息を吐く。この手のドラゴンは，いくつかのイギリスの昔話にも登場するし，教会に見られる彫刻物や聖ジョージを描いた多くのイタリア絵画，例えば，みじめなほどにドラゴンが小さく描かれている，カルパッチョ〔イタリアの画家．1472-1527？〕の描いた絵などに見受けられる。だが大部分の大ブリテン島のドラゴンは北欧系統のいわゆるワームであって，翼はなく，一般に体はきわめて細長く，口からは火の息よりは有毒の息を吐き，体を切られてもおのずからつながる性質をもつ。ケルトのドラゴンもほとんどがワームである。ワームとドラゴンはいくつかの共通した特徴をもっている。両者とも，体は鱗で覆われ，井戸やよどみの近くに出没し，乙女とりわけ姫をむさぼり，財宝を秘蔵し，これを殺すのは非常に難しい。両者とも先史時代の巨獣の化石がモデルになっているかのようである。

　イングランドにも，翼をもち，口から火の息を吐くドラゴンの伝説はある。例えば，ルース・タングが1911年にサマーセット州のカズルストン村の農夫から採話して，「カウンティー・フォークロア」第8巻〔サマーセット州篇〕(1965)に収録の「自分の口にするものをちょうど頃合いに料理した」あの〈キングストンのドラゴン〉などは，

口を開いて火を吐こうとしたところ,大きな石が山の背から転がってその口に入り,窒息死したと伝えられる。〈ウォントリーのドラゴン〉も正真正銘のドラゴンで,その属性,習性,これの殺し方——ワームにもそれは適用されたが——は,いずれもドラゴン特有のものであった。J. A. ハーランドとT. T. ウィルキンソンが『ランカシャーの伝説,伝承,野外劇およびスポーツ』(1873) に載せた物語——元は韻文物語であったものの要約——も代表例である。特にそこで注目すべき一点は,黒髪の乙女が戦士に油を注いで聖別したことで,ドラゴン伝説では乙女が大きな役割を演じたのである。

　このドラゴンは,その地方一帯の恐怖の的でした。44本の鉄の歯があり,尾に長い毒の針をもち,さらに,皮膚は強くてざらざらで,恐ろしい翼が生えていました。
　これは樹木や家畜を食い,1度などは一時に3人も幼い人間の子どもを食べてしまいました。鼻からは火を吹き出し,久しくこれに近づく人はいませんでした。
　このドラゴンのすみかの近くに,〈モア館のモア〉という名前のひとりの不思議な騎士が住んでいました。彼は怪力の持ち主で,一度,ある馬に腹を立てたとき,馬のたてがみと尾をつかんで,ビュンビュン振り回して,殺してしまったという話です。
　そして,話にはまだ続きがあって,彼はその馬を,頭だけ残して全部食べてしまったというのです。とうとうその地方の人たちはそろって〈モア館〉にやって来て,自分らの食糧をむさぼり食い,自分らの命をたえずおびやかしている恐ろしい怪物を退治してほしいと,涙ながらに頼みました。そして,もし自分らのために働いてくれたら,自分らの残っている財産はみんな差し上げる,と言いました。しかし,騎士は,戦いのために夜自分に油を注いでくれ,朝よろいを着せてくれる16歳の黒髪の乙女をひとりくれれば,あとは何もいらないと言いました。そこで約束は結

ばれて，騎士はシェフィールドへ行って，鍛冶屋を見つけ，1本5〜6インチ〔約13〜15センチ〕の長さの鉄の釘を，よろいにびっしりつけさせました。

それから彼は，ドラゴンがいつも水を飲みにくる井戸の中に身をひそめました。やがて，ドラゴンが来て，体をかがめて水を飲もうとしたとき，騎士は大きな叫び声とともに首を突き出して，ドラゴンに真正面から力いっぱい一撃をくらわせました。ところが，ドラゴンはその一撃にひるむどころか，騎士に襲いかかってきました。両者はそれから二日と一晩戦いつづけましたが，どちらも相手に傷を負わせることができませんでした。やがて，とうとうドラゴンはモアを空に投げ上げてしまうつもりで，モアに躍りかかりました。そのときモアはドラゴンの背の真ん中に，足で一蹴りをくわせました。そこはちょうどドラゴンの急所で，鉄の釘はぐさりとドラゴンの肉に突き刺さりました。ドラゴンは苦しんでのたうち，あえぎながら，恐ろしい吠え声をたてましたが，それもほんの数分で，たちまち力を失ってドサリと崩れて，息絶えてしまいました。

ヨークシャーの〈ハンデイルの大蛇（おろち）〉は蛇とドラゴンの中間のようで，口から火の息を吐き，毒のある針をもっていた。多くの乙女をむさぼり食ったが，スコーという名の青年がそれを殺して，伯爵家の娘を救った。

ダービシャーのウィンラター・ロックに出没したドラゴンは，ドラゴンの姿をした悪魔と言われ，修道僧が岩（ロック）の上にすわって，両腕で十字の形〔⇨クロス〕をつくってそれを追い払ったが，その修道僧の念力があまりに強く，彼の両足は岩に深くもぐり，あとに穴が二つ残ってしまった。この物語の後半では，近くの村に住む人たちが力を合わせてドラゴンを追い払い，ドラゴンはブルー・ジョン鉱山の奥に隠れがを見つけた。それ以来，ダービシャーの湧き水はすべて硫黄臭のする温水になったという。

(吉)

トラッシュ　Trash

「どた靴」の意。ランカシャーにおけるスクライカーの別名。スクライカーと呼ばれるときは，一般に姿が見えないが，トラッシュと呼ばれるときは，目は皿のように真ん丸で，非常に毛深い大きな犬の姿をしている。歩くとき，まるで履きつぶしたどた靴でも履いているみたいに，パタパタ，ピタピタ音を立てるので，この名がある。パ

ッドフットの同類と考えてもよかろう。［モチーフ：E 423.1.1.1(b)；G 302.3.2］　　　　　　　（吉）

捕らわれた妖精　Captured fairies

　人間の男と妖精の女の結婚は，略奪という形をとることが多い。だが，ウェールズのグラッハ［⇒グラッハ・ア・フリビン］たちは別で，一般に人間の求愛を受け入れていたらしい。しかし，人間にさらわれてきた妖精の花嫁と同じように，グラッハたちもタブーを人間に課しており，そのタブーもいつも最後には人間が破ることになる。向こう見ずエドリックの話は，捕らわれた妖精花嫁の古い一例を示す話であるが，ここでもタブーは破られ，最後に妻は妖精界へ帰ってしまう。このほかセルキーや，皮を盗まれて捕まったアザラシ乙女などが，人間の妻になることが多い。だがそうした妻たちは，幾年か結婚生活を送ってから自分の皮が手に入ると，すぐに海の中へ帰ってしまう。

　コギシャルのラルフが採集した緑の子どもの古い話は，捕らわれた妖精といわれるものとは違っている。というのは，ふたりの子どものうち，男の子の方は衰弱して死んでしまうが，女の子の方は地下の世界に帰らず，妖精のもつ気まぐれさは抜け切らなかったが，結婚してごく普通の人間並みに暮らしたからである。

　無力な小さい妖精を捕まえた話は，イギリスの各地に伝わっているが，妖精はたいていの場合結局は逃げてしまう。そうした妖精のうちで，最も人に知られているのが，レプラホーンである。レプラホーンは金をたくさんためこんでいるので，勇気を出してレプラホーンを捕らえ，おどかして金の詰まった壺を差し出させようと思う人はいたようだが，うまく金をせしめたという話は一つも記録されていない。ロバート・カークが初めて明らかにした決まり，すなわち妖精はまばたきとまばたきの間にしか見ることができないという決まりは，レプラホーンの場合にも当てはまる。どんなにしっかり捕らえていたとしても，またどんなことがあっても，相手をじっと見すえていなければ，レプラホーンは水のように指の間をすり抜けてしまう。この決まりは，ウィリアム・クロッシングが『ダートムアのピクシーの話』（1890）で書いている，デヴォン州オッカリーのピクシーにも当てはまるであろう。荒野に住むある老婆が，市場で品物を売ったあと，空になった籠をさげて家路を急いでいた。オッカリーでブラッカ川にかかっている橋の近くまで来ると，小さなものが道にとび出したと思う間に，ピョンピョン跳ねだした。背丈はおよそ18インチ〔約46センチ〕ほど，老婆にはそれがピクシーだとわかった。老婆は一瞬立ちどまり，〈ピクシーのまどわし〉にはまりこむことを恐れて，引き返そうかと思ったが，ふと家の者が待っているのを思い出し，また元のように歩き続けていった。橋のところにさしかかると，ピクシーはくるりと向きを変え，老婆に向かって跳ねてきた。そこで老婆はさっと身をかがめ，ピクシーをつまみ上げると，空の籠の中に放りこみ，パチッとふたをしてしまった。ピクシーにまどわされるより，自分がピクシーを手玉にとってやろう，と思ったのである。その小さなやつは，籠の中で跳ね回るには背丈がありすぎたが，その代わりわけのわからぬことを早口でしゃべったり，どなったりし始めた。一方，老婆の方は，家の者にぜひこの獲物を見せたいものだと思いながら，鼻高々で家路を急いでいた。だがし

ばらくすると，今までとめどなく聞こえていた早口のしゃべり声がばったりやんだので，老婆はピクシーがふてくされているのか，さもなければ眠ってしまったのだと思った。ちょっとのぞいてやろうと思って，ふたの片隅を注意深く持ち上げてみたが，目を凝らしても手探りしても，どこにもピクシーはいない。まるで泡が蒸発したように，どこかへ消えてしまっていたのである。老婆はその後なんのとがめも受けなかったようである。ピクシーを逃がしてしまったものの，老婆は自分の大手柄を誇らしく思っていた。

　ランカシャーの密猟者ふたりが，ウサギ穴の二つの口に袋をかぶせ，三つ目の穴からイタチを放したところ，袋の中には獲物がかかってガサゴソ暴れていた。ふたりは放したイタチを戻すと，めいめい袋を取り上げた。ふたりがホートンの崖を登っていくと，片方の袋から「ディックやい，どこにいるんだい？」と呼びかける小さな声が聞こえたので，ぞっとした。すると，もう片方の袋から，こんなふうに声をはりあげるのが聞こえた。

　　　「袋に入れられ
　　　　人の背に乗って，
　　　　ホートンの崖を登山中」

あわてふためいたふたりは，一心同体といったあんばいにそろって袋を放り出すと，一目散に家に走った。次の朝，恐る恐る丘に登ってみると，きちんとたたんだ袋が二つあったが，妖精は影も形もなかった。ふたりとも恐ろしい思いをしたので，それからは密猟には手を出さず，村人と同じように，まじめに機織りに精を出すようになったそうである。この話はジェイムズ・バウカーの『ランカシャーのゴブリン譚』（1883）の中にあるが，C. レイザムが「フォークロア記録」第1巻（1878）に収めた「西サセックスの迷信」の中の同様の話では，密猟者でなく豚泥棒の話になっている。スキリーウィデンとコールマン・グレイの話では，人間の家に連れてこられた小さな妖精が，最後には自分の家族のもとに帰る。ブラザー・マイクの話は，小さな捕らわれの妖精が逃げられずに，ただやせ衰えて死んでしまう悲しい話である。ルース・タングは，かなり珍しいアスレイの話を採集しているが，これは漁師に捕らえられ売られる途中で，浜に打ちあげられたクラゲのように，太陽の熱で力なく消え去ってしまう水棲妖精の話である。

　ささいな侮辱が加えられても，傷害や病気，ある場合には死をもって人間に復讐しようとする妖精たちもいるが，上にあげた妖精たちは，体が大きくても小さくても，自分の身にふりかかった不当な仕打ちに復讐する力をもっていないようである。［タイプ：ML 6010. モチーフ：F 387；F 482.5.5(o)］
　　　　　　　　　　　　　　　　　　　　　　　　　　　　　　　　　　　　（井）

取り換え子　Changelings

　妖精が人間の子どもを所有しようとする熱意は，妖精信仰のうちでも最も古い部分の一つであり，妖精の盗みの特殊形態である。赤ん坊が盗まれる話は，コギシャルのラルフやティルベリーのジャーヴァスたちの中世年代記にも，エリザベス1世時代（1558-1603）やジェイムズ1世時代（1603-25）にも，またさらに時代が下って今世紀初

頭にかけても見いだされる。妖精が用いる一般的方法は、適切な妖精除けが与えられていない洗礼前の子どもを揺り籠から盗み、代わりの子を置いてゆくというものであった。

この〈取り換え子〉は多種にわたる。時には大ざっぱに子どもの姿に似せてかたどったストック（木偶）の場合もあり、それは、まやかしの術でもって一時的に生命が授けられ生きているように見えるが、その生命もすぐに衰えて、赤ん坊が死んだようになると、ストックはちゃんと人間の赤ん坊並みのお弔いをしてもらった。それよりしばしば起こったのは、お目当てのきれいな人間の赤ん坊が連れ去られ、その代わりに、育たない妖精の子どもが置いていかれる場合であった。それよりもさらによく見られたのは、妖精族にとってはもう用済みとなり、大事にされながら安楽に余生を過ごしたいと願っている老齢でしわだらけの妖精が取り換え子になる場合で、彼らが泣いて食べ物をねだったり、体が動かないふりをして世話をやいてくれと泣いたりすれば、心配した養母が大事に育ててくれるうえに、食べ物をもあてがってくれ、おぶって回ってくれるのであった。

ストックによる方法は、妖精たちが子どもだけでなく母親にも狙いをつけた場合、最もよく用いられた。そのような盗みが失敗した好例に、「曲がった指だぞ、覚えておけ」と題するシェットランド諸島の、以下のような昔話がある。

同諸島に住む小作農の女房が初めての子どもを産んだ。夫が羊たちを囲いに入れていると、地下から大きな音が3度聞こえてきた。彼は囲いを閉じ、麦畑を抜けて音の聞こえた場所に近づいた。干し草の山の間まで来ると、大声で「曲がった指だぞ、覚えておけ」と言うのが3度聞こえる。妻の指が1本曲がっていたので、彼には灰色のお隣さんが妻と生まれたばかりの赤ん坊を狙っているのがすぐにわかった。しかし、この夫はどう対応したらいいかを知っていた。夫はすぐに家に帰り、ろうそくに火を灯し、折りたたみナイフと聖書を取り出して、その両方を開いた。彼がこうしているうちに、母屋と向きあって建っている納屋からすごい騒音と泣き声が聞こえた。彼はナイフの刃を前に向けて口にくわえ、一方の手に火をつけたろうそくを、他方の手に開いた聖書を持って納屋の方に向かった。その後ろから、妻を見舞いに来ていた隣人たちが従った。夫は納屋の戸をあけ、聖書を中に投げこんだ。すると泣き声がいっそう大きくなり、すごい勢いで彼の前を妖精たちが駆け去った。妖精たちは、形を妻そっくりに刻んだストック（木偶）を残していった。夫はそれを取り上げ、家の中に持って入った。「〈灰色のお隣さん〉たちからこいつを取り上げたよ。今度はわしの役に立ってもらうか」と彼は言った。彼はその後何年も、それをまき割り台として用い、妻は2度と妖精に悩まされることはなかった。

ワイルド夫人は虚弱な妖精の子にまつわる胸を打つ物語を『アイルランドの古代伝説とまじないと迷信』（1887）の中で語っている。この話は、生まれたばかりの赤ん坊を大胆不敵に襲うという筋のものであった。夫婦が眠っていると、戸が急に開き、背の高い浅黒い男が家の中に入ってきた。その後ろに年老いたハッグ[2]〔妖婆〕が続き、腕にはしなびた毛むくじゃらの子どもを抱えている。妻は夫を起こし、夫は激しく抵抗した。ろうそくは2度吹き消されたが、彼は火箸をつかみ、妖婆を家の外に追い出

した。ふたりがまたろうそくに火をつけてみると、赤ん坊はいなくなっており、代わりに毛むくじゃらの取り換え子が置かれていた。ふたりはひどく嘆き悲しんだ。すると戸が開き、赤い布を首に巻いた若い女が入ってきた。女はふたりになぜ泣いているのかと尋ねた。ふたりが取り換え子を見せると、女はうれしそうに笑って言った。「この子は今夜盗まれたわたしの子どもだわ。わたしの一族があなたたちの美しい赤ちゃんを手に入れるためにしたことよ。だけどわたしは自分の子どもが欲しいから、もしこの子を返してくださるなら、あなたたちの子どもを取り戻す方法を教えてあげましょう」

　夫婦は喜んで取り換え子を女に返した。彼女は、麦の束を三つ持って妖精丘に行き、それを一つずつ燃やしながら、赤ん坊を無事に返さなければ丘に生えているものを全部燃やしてしまうぞと言っておどかしてやれと教えた。ふたりは言われたとおりにし、わが子を取り戻した。妖精丘に生えているイバラを焼くという脅しは、時として人間の大人を取り戻すのにも用いられる。

　上記の例のように、取り換え子が妖精の子どもと考えられる場合には、その子を痛めつけたり、捨てたりして、妖精の両親がもう1度取り換えてくれるように仕向ける。このために、特にアイルランドでは、子どもがひどい苦しみを受けることが多々あった。今世紀初頭に入ってすら、おせっかいな隣人たちによって子どもが焼き殺される事件があった。妖精の子だったら煙突穴から飛び出すだろうと思って、真っ赤に焼けたシャベルの上に子どもをのせたのである。ジョージ・ウォールドロンは著書『マン島誌』（1731）の中で、取り換え子とみなされた唖の子の悲しい話を語っている。突発的に襲うさまざまな傷害や病気のうち、小児麻痺やその他原因不明の病気は、その子が取り換えられたことによるとされ、たいていの場合両親は、その子をたたいたり、妖精丘に捨てたり、火の中に投げこむようにと勧められた。取り換え子でも親切に扱えば、本当の子どもも妖精に親切にしてもらえるだろうとの忠告は、きわめてまれだった。

　取り換え子が年老いた妖精である場合は、策略にかけて本当の年齢をもらすように仕向けることができると考えられた。そのやり方は広く行なわれていたのにもかかわらず、妖精たちはそれを知らず、なんの対応策も用意してないのは、解せないことである。その方法とは、2ダースほどの卵の殻を用意し、注意深く暖炉の上に並べ、それで酒を造るようなふりをするのである。すると、たえず続いていた泣き声がしだいにやみ、仰向けに寝た子どもが起き上がり、金切り声で「わしはオークの樹になる前の、この世で最初のドングリを見たことがあるが、卵の殻で酒造りをするのを見るのは初めてだ」と叫ぶ。あとは火をかき立て、取り換え子を火の中に投げこむだけ。妖精は笑って金切り声をあげながら、煙突穴を通り抜けて空に飛び出していき、本当の赤ん坊がわが家へ戻ってくるという次第。時に、子どもが返されないこともあり、その場合には両親は妖精丘まで救出に出かけねばならなかった。

　子どもたちが盗まれて妖精界に連れていかれるのは、悪魔に貢ぎ物［⇒ティーンド］をささげるためか、妖精族を補強するためか、子どもたちの美しさが気に入ったためと考えられた。もっと年長の者が盗まれる場合は、それはその人のもつ特技のためで

トリカエコ ● 217

あり，その身代わりになんらかの形をしたストックが置いていかれた。それらの人たちはたいていある種の「突発性の麻痺」を患っているように見えたが，これこそあの〈フェアリー・ストローク〉であり，一般に妖精の矢［⇒エルフの矢傷］に当たったことに起因すると考えられた。

　本当の取り換え子とは，盗まれた人間の赤ん坊の身代わりに置いていかれる妖精のことである。妖精界の捕らわれ人の項をも参照されたい。　［タイプ：ML 5085. モチーフ：F 321；F 321.1；F 321.1.1.2；F 321.1.4；F 321.1.4.3；F 321.2］　　　　　　　　　　　　　　　　　（三）

トールキン，J. R. R.　Tolkien, J(ohn) R(onald) R(euel)（1892-1973）

　トールキンの『ホビットの冒険』(1937)に続く《指輪物語》3部作(1954-56)は，英文学世界の妖精物語に新たな次元を開いた。これらの作品は，出版と同時に驚くほど多くの人々に読まれ，現代の諸々の問題について重要な示唆を与え，かつ，英語を話す世界の青年たちに隠れたメッセージを送っているとみなされた。作中のあらゆる細部に意味が感じとられた。人々はエルフ文字を使い，エルフ語を学び，人生のすべてがこの一見古風な物語に包含されているという印象をもった。これは，強敵を向こうに回す危険と試練についての，友愛についての，食べ物と歌の単純な喜びについての，風景についての，人を荒廃させる責任感の恐ろしい重荷や，科学のもたらす危険や，凶悪な意志の圧倒的な恐ろしさについての物語であった。あからさまな説教はなかったが，読む者の気持ちは引き締められた。この物語の中での民間伝承の使用が，物語全体の装飾ではなく，全体の意味内容の深化という面で大きな効果を生み，それにより，この物語全体をして大地に深く根をおろしているという感じを与えている。このことは民間伝承が果たした文学への貢献といえる。

　使用された民間伝承は主に北欧系のものであった。ドラゴン，ノーム，ゴブリン，エルフはみな北欧神話の世界に適合するものであった。民間伝承が，まがい物でなく，それが作家の念頭にごく自然に浮かぶものであるかぎり，いかなるタイプの民間伝承が使用されるかは，さしたる重大事ではないのである。　　　　　　　　　　　　　　　　　（吉）

ドレイトン，マイケル　Drayton, Michael（1563-1631）

　妖精詩『ニンフィディア』(1627)の作者。ごく小さい妖精の項参照。　　　　（平）

トロー　Trows

　シェットランド諸島のトローは，どこかで北欧のトロールと結びついているようである。トロールの中には巨大で妖怪じみ，大ブリテン島にすむある種の巨人のように首をいくつも持ったものがいるし，また中には人間並みの背丈をし，灰色の衣服を着たありふれた素朴な妖精の，さらに大ブリテン島の他の地域の妖精やエルフなどと，多くの点で似通ったものもいる。大切なことは，巨大なトロールは太陽の光の中では生きておれず，石に変わるということである。この特性は，J. R. R. トールキンが『ホビットの冒険』(1937)の中で紹介してから，多くの読者の知るところとなった。シェットランド諸島のトローにとっても，太陽の光は同様に危険であるが，生命までは

左右しない。日の出のときに地上に残っていたトローは，そこにしばりつけられた形になり，日没までは地下のすみかに帰れない。トマス・キートリーはトローについての情報を，サミュエル・ヒバートの『シェットランド諸島誌』（1822）およびアーサー・エドモンストンの『ゼットランド諸島の今昔』（1809）から得ているが，トローに関する最も興味深い詳細な記述はジェシー・サクスビー夫人の『シェットランドの伝承』（c. 1880）に見いだされる。

サクスビーは，生粋のシェットランド島人で，父も第9子，自分も第9子という大家族の中で育ったので，幼少のころからふんだんにシェットランド諸島のフォークロアに親しむ機会に恵まれていた。島では妖精生活への侵害に対するタブーがことさら強かったので，その伝承を知ることは困難を伴った。しかし，彼女は島の生まれという特権を活用して，例えば，以前にはいかなる文献にも記述されたことがなかったクナル トロー，すなわち〈王様トロー〉に関してある老船大工から聞き出した以下のような話など，多くのことを伝えてくれている。

この老人〔船大工〕がクナル トロー〔王様トロー〕と呼ぶトローは，とても人間に似た生き物だったが，その性格は暗く陰気であった。彼らは日が沈んでから人けのない所をさまよい，時には泣いたり，腕をふり回したりしているのが見受けられた。女のクナル トローが存在しないということを知れば，さもありなんという気持ちになる。彼らは人間の女性と結婚するが，赤ん坊のトローが生まれると，母親はすぐに死んでしまう。クナル トローは再婚はしないことになっている。だから，彼らが結婚生活を楽しめる期間はきわめて短い。クナル トローの問題の多い性格を受け継ぐ息子が絶対にひとりしか生まれないということは，賢明な天の配剤のように思われる。

息子が成長するまでは，クナル トローは死ぬことはできない。そこで，クナル トローの知恵者の中には，結婚しなければ永久に生命を保てるだろうと考えて，ずっと独身を通そうとしたものもいた。しかし彼らの掟には，そのような異常な事態に対する取り決めも用意されている。いつまでも結婚をしないトローは，人間の花嫁をトローの国に連れてこないかぎり，追放処分を受ける。あるクナル トローが，なりゆきを恐れずに，廃墟となったブロッホに居を定めた。そして，数世紀にわたり彼は諸島で恐怖の的となった。彼の唯一の食べ物は，魚や鳥や赤ん坊とそっくりにかたどった土だった。ちゃんとそれぞれ本物のもつ香りと味があったという。

彼は，自分の孤独な生活に耐えられなくなったらしい。だから，人間が接近してくると，うれしくないわけではないのだが，人間がどんなに親しく話しかけてきても，天性のいたずら好きが災いして，人間との関係はぷっつり途中で切れてしまうのである。

トローの国の秘密を知りたがっていたひとりの魔女が，盛んにこの独り者に言い寄った。そして，自分の魔術で彼が恐れている死を免れるようにしてやると言いくるめて，とうとう自分との結婚を承諾させた。この結婚を境に話はとだえるが，ふたりの間に生まれたのがガンファーとフィニスだといわれている。

フィニスは死を告げる妖怪で，死にかかっている人と同じ格好で現れる。ガンフ

ァーは,今日ではアストラルとでも呼ばれるものだが,(ある降神術者に言わせると)人間の体内に入って肉体に結びつく機会をたえずうかがっている。

　その魅力で独身のトローの心をとらえた例の魔女は,こっそりと自分の母親を訪ね,多くの秘密を伝えたといわれる。その母親の言うところによれば,彼女の存在はトローたちの間に大きなセンセーションを巻き起こした。しかし,想像するところ,彼女にとってトローとの生活は心地よいものではなかったらしい。というのも,彼女は母親に,世間知らずの娘たちをその忌まわしい勢力圏内におびき寄せようとするトローたちの魔術を防ぐ多くの方法を,教えているからである。彼女は別れ際に,「母さん,灰色の娘さらいが出てきて悪だくみをしているんだから,無垢な娘たちに気をつけてやらなきゃあだめよ」と言っているのである。

ほかのトローには男も女もいて,一般の妖精たちと共通した性質も多いが,独特の性質ももっている。サクスビー夫人は,いささかとりとめない叙述の仕方ではあるが,トローについて多くの興味深い事柄を語ってくれている。

　わが郷里シェットランド諸島の妖精は,シェイクスピアの描く優雅で小さい生き物やS.ラヴァー〔アイルランドの文筆家,挿絵画家.1797-1868〕の描くアイルランドの善い人たちとは大きく異なる。彼らは小柄で灰色の衣服をまとい,人に見られると,いつも自分たちを見つけた運の悪い相手をにらみながらあとずさりする。彼らはとても音楽好きで,たえずバイオリンを弾いている。その旋律は奇妙に野性的かつ甘美であり,その軽快なリズムはゲール音楽とアイスランド音楽両方の特色をあわせもっている。この妖精たちのすみかは緑が覆う丘や日当たりのよい丘の斜面の地下にある。彼らは日が暮れてからしか地上には出てこない。もし,運悪く,日が出てから1秒でも地上に残っていたら,もう1度太陽が姿を消すまで地上にとどまっていなければならない。

　暗くなってからやって来て,ユール〔クリスマスの期間〕の間に必要な麦の脱穀をしてくれるブーナー〔助っ人の意〕と呼ばれるトローもいた。

　1度トローに目をとめ,その目をじっと離さなければ,そのトローは動くことができなくなる。トローがほかのトローと話している声を聞くのは運のいいことであり,トローを見るのは非常に運の悪いこととされている。

　子どもがトローから災いを受けると,その母親は健康な子どもを持った9人の母親に3種類の食べ物を乞い,それを子どもに食べさせねばならなかった。もしこの療法が失敗すれば,子どもは死んでしまう。「そうともよ。子どもが灰色男〔トロー〕にからめとられていると,手の打ちようもないわ」という具合である。

　鋼鉄の刃,聖書,銀貨,祈りの言葉などがトローから身を護る手段として役立ち,十字を切る [⇨クロス] ことは絶対に欠かせなかった。十字を切ることは,洗礼の灌水や聖餐式の聖体化の儀式や,その他さまざまの現代の宗教的儀式と多分に同じ意味合いをもっていた。あえて言うなら,十字を切ることは他のやり方に比べて少しも効果が劣るものではなかった。

　トローのお気に召した家や土地は繁盛した。ブルーニーはある地方でよく知られたトローであった。彼は「作業場」の世話を引き受け,しばしば嵐で麦の刈り束や

干し草の山が庭から吹き飛ばされないよう固定した。しかし，もし誰かが口をはさむと，彼は気分を害し，麦や干し草をめちゃめちゃにした。
　ブルーニーはかつてある村の全域を保護したことがあった。彼が庭から庭へ，まじないをかけて回る姿が見受けられた。村の女たちは，薄い灰色の衣服をまとっただけで冷たい冬の風にさらされたブルーニーに同情して，外套と頭巾を作り，彼がよく来る庭に置いてやった。ブルーニーはこの善意の贈り物を侮辱と受けとり，それっきり2度と姿を見せなくなったという。
　トローは1年のある時期だけ地上で自由に行動することを許された。それはユールの期間中で，この時期には彼らのいたずらに人々は特に用心した。
　島民たちはトローをなだめることに常に留意し，時には仲良くしていたこともあると伝えられている。しかし概してトローは，必要以上に恐れられ嫌われたようである。
「トローの物語」の章で，サクスビー夫人は，トローの以上のような特質をほとんど余さず描き出しているが，それについては妖精の道徳といった妖精のさまざまな特質との関連で触れることになろう。[モチーフ：F 455.8.1]　　　　　　　　　　　　（三）（平）

ドワーフ　Dwarfs

　ドイツにはドワーフがたくさんいる。バルト海沿岸のリューゲン島には黒色と白色のドワーフがいる。スイスの山地にもドワーフはいる。イギリスの妖精伝承の中にも，小さくて醜怪な姿をしたものは多いが，彼らがはっきりドワーフと呼ばれていたかどうかは疑問である。イギリスでドワーフと呼ぶにふさわしい存在は，ウォルター・マップの『宮廷人愚行録』（執筆1182-92，出版1850）中の物語に登場する，ヘルラ王に出会った小人の王とその従者たちであろう。しかしこの王はむしろサテュロス〔半人半獣の山野の精〕により近い姿として描かれている。コーンウォール州のスプリガンは小さく醜怪で，ドイツのドワーフたちのあるもののように群れをなして移動するが，ドワーフと呼ばれることはない。ひとり暮らしの妖精には，もっとドワーフに近いものもある。例えば，チャイルド・バラッド38番に見られる〈小さき，小さき人〉がその例で，これは小さくて醜怪だが怪力をもつ。〈小さき，小さき人〉については，14世紀の詩の中で早くも描写されており，このバラッドの補遺にその引用が載っている。黒いドワーフにいちばん近いものは，イングランド北部地方のドゥアガーであり，荒れ地の茶色男もこれに近い。ドワーフはアーサー王伝説では淑女に仕える従者としてしばしば登場するが，この淑女自体が妖精なのか人間なのか定かでないため，その従者たちも同様に妖精なのか人間なのかがわかりにくい。概して言えば，ロバート・カークがよく言っていたように，「推測にまかせるのがよい」のではないだろうか。[モチーフ：F 451；F 456]　　　　　　　　　　　　　　　　　　　　　　　　（三）（平）

ドーン　Dôn

　ウェールズの女神ドーンは，アイルランドの女神ダーナに相当するが，どうやらアイルランドから渡来してきたものらしい。というのはドーンの子たちは，その性格や働

きにおいてアイルランドのダーナの子孫たちにぴったり対応するからである。例えば，ドーンの子たちのひとりである鍛冶屋のゴヴァナンは，アイルランドの鍛冶屋ゴブヌーに対応するし，同じくドーンの子であるウェールズの川の神リーズあるいはニーズは，アイルランドの川の神ヌアダと，いずれも銀の義手の持ち主という点で対応した。さらに，ドーンの息子である超自然の妖術師グイディオンは，アイルランドのルーに対応する多技能の神だった。また，ドーンの子たちは，しばしば同じウェールズのシールの子たちと衝突したと伝えられるが，このシールの子たちはアイルランドのリルの子たちに対応するものだった。　　　　　　　　　　　　　　　　(三)(平)

ナイゲル　Nygel　⇨ノッグル

ナイト メア　Night-Mare
夢魔。「夜の悪魔」が原義。古くは悪魔を意味したマーラ(mara)が現代英語の中に生き残った一つの例。もう一つの例は，「悪魔の巣」から転じて「実在しないもの，実体のないもの」を意味する'mare's nest'である〔ただしこの語源説には異論がある〕。ナイト メアの別称に，サキュバスとハッグ[1]がある。　[モチーフ：F 471.1；F 471.2.1]　　（吉）

「ないのないの名無し」　'Nicht Nought Nothing', 'Nicht Nocht Naethin'
広範囲に伝わる昔話の一つで，最古の例は，ギリシア神話で金毛の羊を求めてコルキスの地に赴いたイアーソンと，コルキス王の娘メーディアの物語であり，アンドルー・ラングが，「フォークロア」第1巻 (1878) でこの話を発表した。ここでは，超自然の妖術師が主人公の義父となっている。この物語は今なお生きていて，エディンバラ大学のH.ヘンダーソン教授が「物知りのグリーン・マン」として採話したが，そこでは，女主人公は白鳥乙女である。

　　昔，王様とお妃が住んでいた。結婚して長かったがふたりには子どもがなかった。しかしついにお妃に赤ん坊が生まれた。ところがそのとき，王様は遠い外国に行っていた。お妃は，王様が帰国するまで，赤ん坊に洗礼を施そうとはせず，「父王が帰るまで，この子を〈ないのないの名無し〉と呼びましょう」と言った。

　　しかし，王様は長い間帰らなかった。赤ん坊はどんどん育って，りっぱな男の子になった。ついに王様が帰途についた。しかし途中で大きな川を渡らねばならなかった。急な増水のため，王様は流れを越えることができない。そこへ巨人がやって来て「もしわしに〈ないのないの名無し〉をくれるなら，お前さんを背負って川を渡してやろう」と言った。王様は，まさか自分の息子が〈ないのないの名無し〉と呼ばれているとは夢にも思わなかったから，よしやろうと約束した。王様は無事家に帰りお妃との再会を喜び，息子を見て喜んだ。お妃は，王様が帰るまではと思って息子に本当の名前をつけず，〈ないのないの名無し〉と呼んでいたことを伝えた。気の毒に，王様はすっかり途方に暮れてしまった。「わしはなんということをしたのだ。わしは，あの川を背負って渡してくれた巨人に，〈ないのないの名無し〉を

やると約束してしまったのだ」と王様は言った。

　王様とお妃は嘆き悲しんだ。しかしふたりは言った。「巨人が来たら，鶏番の息子を与えよう。やつは，ふたりの違いなどに気づきはしないだろう」　次の日になると，巨人は王様と約束したものを取りにきた。王様は鶏番の息子を呼び，巨人はその子を背負って帰っていった。

　巨人は大きな石のところに来ると，腰をおろして一休みした。巨人が，「これ，背中のがきよ，今何時だ？」と聞いた。背中の子は「鶏番してるおいらの母さんが，お妃様の朝食に出す卵を取りにいくころだよ」と言った。巨人はかんかんになって，少年を石にたたきつけて殺してしまった。王様とお妃は，次に庭師の息子を差し出したが，結果は同じであった。巨人は王様の家に引き返し，今度こそ〈ないのないの名無し〉を出さなければ，お前らをひとり残らず殺してしまうと言った。ふたりは仕方なく息子を差し出した。またあの大石のところに来ると，巨人が「今何時だ？」と聞いた。〈ないのないの名無し〉は「ぼくの父上である王様が，夕食をめしあがるころだ」と答えた。巨人は「今度こそ本物を手に入れた」と言って，〈ないのないの名無し〉をわが家に連れ帰り，一人前になるまで育てた。

　巨人にはきれいな娘がいて，娘と若者は互いに好き合うようになった。ある日巨人は〈ないのないの名無し〉に言った。「明日お前にやってほしい仕事がある。長さ7マイル〔約11キロ〕，幅も7マイルの馬小屋があって，7年間1度も掃除をしていない。お前はそれを明日中に掃除するのだ。もしもできなかったら，お前をわしの晩飯に食べてしまうぞ」

　あくる日，巨人の娘が朝食を持っていくと，若者がひどく困っている。少し掃き出しても，すぐにまた汚くなってしまうのだ。娘は，わたしが助けてあげましょうと言って，野のすべての獣，空のすべての鳥を呼び寄せた。あっという間に獣や鳥たちは馬小屋にあるすべてのごみを運び去り，巨人が帰ってくる前にすっかりきれいにしてしまった。巨人は「お前を手伝ったやつがいまいましいが，明日はもっとひどい仕事だぞ」と言って，〈ないのないの名無し〉に長さも深さも幅も7マイルの湖があるから，その水を1滴残らずかい出すように言いつけた。そして，これができなかったら，晩飯に食べてやると言うのだった。

　〈ないのないの名無し〉は翌朝早くから仕事にかかった。バケツで水をかい出そうとするのだが，湖の水はいっこうに減らない。途方に暮れていると，巨人の娘がやって来て，海の魚をすべて呼び寄せ水を飲ませた。魚たちはすぐに湖を飲み干してしまった。巨人はこの仕事もなし遂げられたのを見て，かっとなって言った。「明日はもっとひどい仕事をさせてやる。高さ7マイルの樹があり，梢までは1本の枝もない。てっぺんに鳥の巣があるからそこにある卵を，一つもこわさず，全部持って下りてこい。もし一つでもこわしたらお前を晩飯に食べてやる」

　さすがの娘も初めのうちはどのように〈ないのないの名無し〉を助けてよいかわからなかったが，自分の手の指を切り，次に足の指も切り，それらを足がかりとした。若者はそれを使って樹に登り，無事に卵を取り出した。ところが，ちょうど地面に下り立ったとき，卵の一つをこわしてしまった。巨人の娘は若者に，逃げなさ

い，わたしもついていくから，と言った。若者は旅立って，ある王宮にたどりついた。王様とお妃は彼を中に入れ，とても親切にもてなした。巨人の娘は父親の家を出た。巨人は娘を追ったが途中で溺れ死んだ。娘も，〈ないのないの名無し〉のいる王宮にたどりつき，樹に登って彼を捜した。井戸に水をくみにきた庭師の娘が，水面に映った女の顔を見て，それが自分だと思い，「わたしはこんなにきれいで，こんなにりっぱなのに，水くみをさせるとは何事よ」と言った。庭師の妻も井戸に行き，同じことを言った。とうとう庭師が自分で井戸に行き，娘を樹からおろして家に招き入れた。庭師はその娘に，ひとりの見知らぬ若者が王様の娘と婚礼をあげることになったと話し，その若者を指し示した。それは椅子にすわって眠っている〈ないのないの名無し〉であった。娘は彼に駆け寄って「起きてちょうだい，目覚めてちょうだい。わたしに話をしてちょうだい」と叫んだ。しかし，若者がどうしても目覚めないので，娘はこんな歌をうたった。

　　　「わたしは馬小屋の掃除，湖のかい出し，それに樹登りもしました，
　　　あなたに対する愛ゆえに。
　　　それなのに，あなたは目覚めても，お話をしてもくださらぬ」

　王様とお妃はこれを聞き，美しい娘のところにやって来た。娘は言った。「〈ないのないの名無し〉はわたしに口をきいてくれません。どんなに手を尽くしても」
　娘が〈ないのないの名無し〉の名を口にすると，王様とお妃はひどく驚き，いったい彼はどこにいるのかと尋ねた。娘は，「この椅子にすわっているお方です」と言った。
　そこで，王様とお妃は彼に駆け寄り，キスをし，いとしい息子と呼ぶと，若者は，目を覚まし，巨人の娘が今までにしてくれたこと，それに彼女の親切についてすっかり話した。王様とお妃は娘を腕に抱き，キスをし，あなたはわたしたちの娘，わたしたちの息子と結婚するのだからと言った。それから，みんな一生幸せに暮らしたという。
　〔タイプ：313．モチーフ：B 451；D 672；G 465；H 151；H 335.0.1；H 1010；H 1102；H 1235〕　（三）

流れる水　Running water

　流れている水——特にそれが南方へ流れている場合——は，聖なる性質を帯び，悪霊はこれを渡ることができない。妖精除けの項をも参照。〔モチーフ：F 383.2〕　　　（平）

ナックラヴィー　Nuckelavee

　スコットランド人の想像力が創り出した，最もおぞましい生き物の一つ。実際，スコットランド人は恐ろしい物を考案するのが得意である。ナックラヴィーはオークニー諸島の海の怪物であり，一種の恐ろしいケンタウロス〔ギリシア神話に見られる半人半馬の怪物〕である。ケンタウロスと同じように，ナックラヴィーも馬の背に人間の上半身がつき，脚も人間のものではなかった。ナックラヴィーは海から出てきて，作物を枯らし，家畜を殺し，出会う人間を皆殺しにして，行く先々で災害をまき散らした。ナックラヴィーは海の精であるが，淡水には勝てなかった。だから，これから逃れる

唯一の方法は，川の流れを渡ることであった。ジョージ・ダグラスの『スコットランドの妖精譚と昔話』(1893)に，W. T. デニソンが「スコットランド古代研究」誌に寄せた記事が再録されている。デニソンは，ナックラヴィーに出くわしたと主張するタマスという老人に会い，何度も説得したすえ，やっとその時の模様を聞き出した。

　老人はある星月夜に，遅くなってから，淡水湖と海の間の狭い陸地を歩いていた。すると何かが自分の方に近づいてくるのが見えた。彼にはそれが怪物のように見えたが，右にも左にも行くことができなかった。超自然の生き物に出会ったとき，決して逃げ出してはいけないといつも聞かされていたので，彼は勇気をふるって，ゆっくりではあったが，歩みを続けた。しだいに近づいてくると，それがナックラヴィーだとわかった。デニソンはタマスの談話を次のように要約している。

　　この恐ろしい怪物の下半身は，タミー〔タマスの愛称〕が見たところでは，大きな馬のようで，脚には幅の広いひれのようなものがついていた。口はまるで鯨のように裂け，そこから吐き出す息は，醸造鍋から噴き出る蒸気のようだった。目は一つしかなかったが，これがまるで火のように赤かった。この上にまたがっているのが，というより背中から生えているように見えたのだが，脚のない大男で，腕はまるで地面に届くほどだった。頭は荒縄の玉（直径は通例 3 フィート〔約 90 センチ〕）くらいもあり，その巨大な頭は今にも転げ落ちそうに，右から左へ，左から右へと肩の上を転がっていた。しかし，タミーにとって最も恐ろしかったのは，怪物に皮膚がないことであった。皮膚が全くないことで，怪物の裸身はいよいよ恐ろしく見えた——体の表面全体に赤い生肉が露出し，タミーには，その中を走る黄色い血管をタールのような真っ黒い血が流れているのが見えた。そして馬のつなぎ縄のように太い白い大きな腱が，怪物が動くたびに，絡まったり，伸びたり，縮んだりしていた。タミーは，髪が逆立ち，身の毛がよだつような思いで，全身から冷や汗を吹き出しながら，生きた心地もなく，ゆっくりと進んだ。逃げても無駄なことはわかっていた。それに，どうせ死ぬのなら，敵に後ろを見せながら殺されるより，自分に手を下すものの正体を確かめておきたいと思った。身の毛もよだつ恐怖の中で，タミーは，ナックラヴィーが淡水を嫌う話を思い出した。そこで，道の，湖に最も近い側を進んだ。怪物の口のあたりがタミーのすぐそばに近づいた。怪物の口が，まるで底のない穴のように開いた。タミーは，火のように熱い怪物の息が顔にかかるのを感じた。怪物は長い腕を伸ばして，哀れな男をわしづかみにしようとした。怪物のこの手を逃れることができたならと，タミーはさっと湖の方に身をかわした。このとき，片足が湖に入り，水しぶきが怪物の前脚にかかった。すると馬の怪物は雷鳴のようにいななき，道路の反対側に後ずさりした。この瞬間，ナックラヴィーの手が虚空を切る音が聞こえ，タミーは危うく捕まるのを免れた。タミーは，今がチャンスとばかり全速力で駆けだした。まさしく命がけだった。ナックラヴィーは向きを変え，全速力で追ってきた。まるで荒れ狂う海の音のように吠えているのが聞こえてくる。タミーの行く手に小川があった。湖からの水がこの小川を流れて海まで達しているのだ。この流れを越えること〔⇒流れる水〕ができたら，助かることはわかっていた。必死で小川の岸についたとき，再び怪物の長い腕が伸びてきて，彼

をつかもうとした。タミーは夢中で対岸へと川を跳び越えた。怪物の手の中に彼の帽子が残った。ナックラヴィーは，この世のものとも思えぬ失望と憤りの叫び声をあげ，タミーは流れの向こう岸に気を失って倒れた。

[モチーフ：F 401.5；F 420.1.4；F 420.5.2；G 303.16.19.13；G 308]　(三)

ナッグル　Nuggle　⇨ノッグル

『夏の夜の夢』　A Midsummer Night's Dream

　中世年代記に出てくるごく小さい妖精が，詩や劇の中で初めて文学に登場するのは，エリザベス1世時代(1558-1603)のことである。まず最初に登場するのはジョン・リリーの『エンディミオン』(1591)だが，ここではちょっと顔を出すだけである。シェイクスピアの『夏の夜の夢』(1600)になると，ごく小さい妖精たちは主役に加わり，彼ら自身の脇筋をもち，主筋においても重要な役を演じている。この妖精たちが小さいことは明白である——エルフたちはドングリの殻斗(はかま)にもぐりこんで身を隠し，蜜蜂の蜜袋をたいへんな重荷と感じ，またコウモリを恐るべき敵とみなしている。それでも彼らなりの力をまだもっている。彼らはすべて月と同じ速さで遠距離を移動できるし，主だった者は体の大きさや姿を変えることができる。彼らが争うと，自然界がすべて影響を受け，季節が狂う。すべての妖精と同じように彼らは薬草に通じ，生まれたばかりの人間の子を支配する力をもち，婚礼の床に祝福を与える。たいていの妖精がそうであるように，彼らも人間に恋情をもつ。彼らも，英雄妖精のように妖精の騎馬行列を催す。これらは善い妖精，すなわちシーリー・コートであり，時にふざけることはあるが，人間に対して善意をもち，困っている者にはいつでも援助の手をさしのべる。

　シェイクスピアの他の劇にも妖精の記述がある。最もよく知られているのは，おそらく『ロミオとジュリエット』(1597)の中〔1幕6場〕でロミオの友人であるマーキューシオーが，夢をもたらす産婆役をつとめるマッブ女王のことを述べるくだりであろうが，これはわざと滑稽な描写となっている。『シンベリン』(1623)にも妖精たちへの呪文〔実際は，妖精から守ってくれという呼びかけ〕が見られるが，これは，キリスト教以前の大ブリテン島では，妖精たちが神の役割を果たしたことを示している。『テンペスト』(初演1611)に目を転じ，エーリエルを妖精とみなしうるとすれば，ここでもまた妖精が充分に扱われていることがわかる。エーリエルは，どちらかといえば四大基本精の一つ，すなわちシルフ〔空気の精〕といった方が当たっているが，どんちゃん騒ぎの手伝いに妖精たちを呼び出すことができ，みずからも妖精の歌をうたう。

(三)(平)

ナナカマド　Rowan, or mountain ash

　ほかのどの樹にもまして妖精の呪縛や魔法から効果的に身を守ってくれた樹木。スコットランドの諺にこういうのがある。

　　ナナカマド，赤玉，それに赤い糸は

　　　　魔女たちを即刻立ちのかす。

　上記の護符が三つとも赤味がかっていることに注目されたい。ナナカマドはその赤い実のため，とりわけ霊験あらたかである。ナナカマドの杖，ナナカマドで作った十字架［⇨クロス］，束になったナナカマドの実などはすべて効果があり，スコットランド高地地方ではどの家でも戸外にナナカマドの樹を植えたものであった。ナナカマドが入手しがたい地域ではトネリコで代用した。家畜を駆るのにトネリコで作った突き棒を使うと，家畜の魔除けになると伝えられた。妖精除けの項を参照。　［モチーフ：D 950. 6；D 1385.2.5］

(平)

七鳴き　the Seven Whistlers

　七鳴きは，一般にガブリエルの猟犬群とかウィッシュ・ハウンドの群れなどと結びつけて考えられるが，猟師の亡霊が率いる猟犬群というイメージではない。むしろバンシーのように不吉な鳴き声で人の死を予兆する七つの妖精，というふうに受けとられている。ウィリアム・ヘンダーソンは，『イングランド北部諸州と境界地帯のフォークロアについてのノート』(1879)の中で，不吉な音を立てるものの正体を充分知っていながら，それでも不気味だと思わずにはいられなかったフォークストンの漁師の，以下のような話を引用している。

　　「去年のある暗い冬の夜だったな」とフォークストンの老漁師が言った。「いきなり，わしらの頭の上へ飛んできて，ユー，ユーと鳴きやがるんだ。舟に乗ってる連中は，もう怖じ気づいて引き返したくなるっていうわけ。その直後に雨は降ってくるし，風も出てくるし，いやはや，ひどい晩になったね。これはいけないと思っていたら，案の定，夜が明けないうちに舟が1隻ひっくり返って，気の毒に7人がお陀仏さ。あの声を出しているもんの正体を，わしは知ってるんだ。あのくちばしの長いダイシャクシギなんだよ。それがわかっていながら，いつ聞いてもいやなもんだね」

　詩人のワーズワスは，そのソネットの一つ〔1807年作のもの〕で，〈七鳴き〉に触れ，それをガブリエルの猟犬群と結びつけている。ソネットの後半部は次のとおり――

　　　　彼は見た，いつも群れなす七羽の鳥を，
　　　　彼は見た，夜な夜な回る鳴き妖怪，
　　　　目を凝らし驚かされたこともある――
　　　　空高く駆けているのはガブリエルの猟犬群，
　　　　信なき主に率いられ，
　　　　空飛ぶ雄鹿追いながら，
　　　　夜空を永劫に駆けめぐる。

［モチーフ：E 500］　(平)

鍋掛けゆらし　Wag-at-the-Wa'

　ブラウニーよりは，いくらか奇矯だが，ブラウニーの系列に属する家つき妖精。スコットランドとイングランドの境界地方のもの。ウィリアム・ヘンダーソンは，著書『イングランド北部諸州と境界地帯のフォークロアについてのノート』(1879)の中で，

いささか意味不明の詩句の助けを借りて，これについて詳細に記述している。この妖精は人間の陽気さを愛し，子どもと遊ぶのが好きだった。愛用の座席は，いろりの上の自在鉤だった。鍋などが掛かっていないときには，その自在鉤に腰かけ，ぶらんこに乗っているように身を前後に揺さぶって，家の人たちがにぎやかに飲み食いしているのを見て，声を立てたり，クックッ笑ったりするのだった。この妖精は自家製のビールより強い酒は嫌いで，人が強い酒を飲んでいると腹立たしげに咳払いをしたものである。その点を除いては，陽気な機嫌のいい妖精だった。ただし家の中をきれいに整頓しておくことについては特別うるさく，自堕落な台所女中にとっては恐怖の的だった。この妖精はまた，たえず歯痛にさいなまれていたのだから，その陽気さは大いに評価してしかるべきである。この妖精についてのヘンダーソンの記述は，微に入り細をうがったものである。

　　　彼の風貌は不気味な老人といったところ。足が短く，曲がっており，長い尻尾を使って自在鉤でバランスをとっている。時には，古くぼろぼろになったウールのナイトキャップを，顔面の歯の痛む側——歯痛はこの妖精の持病である——を覆うように引っかぶり，灰色のマントをまとっていることがあるが，通常は，赤い上着に青いズボン——どちらも自家製の羊毛で作ったもの——を着用している。

この妖精は，たいがいのブラウニーと同じように，鉄そのものに対してはなんの恐怖もいだいていなかったが，鉄に十字の印〔⇒クロス〕がついていると怖がったようである。いろりに魔女が近づかないように自在鉤に十字の印をつけると，姿を消したというのだから。

　ヘンダーソンの時代〔19世紀後半〕においても，何も掛けてない自在鉤をぶらんこのように揺さぶったりすると〈鍋掛けゆらし〉がやって来ると信じられていた。ヘンダーソンは，ウィルキーという人から聞いたものとして，ある家を訪問していたお婆さんが，その家の息子のひとりが自在鉤を何気なく揺さぶるのを見て，「こんなとんでもないことをしでかすような家にとどまってるわけにいかない」と言い，憤然として席を立ち，帰っていったという話を記録している。　［モチーフ：F 480］　　　　　　（平）

難産や不妊　Hard delivery, or barrenness

難産や不妊は，時には妖精の呪い——おそらく家の建て方や方角が悪いための呪い——と考えられていた。家畜だけがこれに見舞われるときと，家畜だけでなく飼い主の妻も不妊の呪いを受ける場合があった。しかし，これはむしろ魔術によるものだと考えられる方が多かった。姑が腹黒い魔女であって，家つき妖精であるビリー・ブラインドに助けてもらったという筋の伝承バラッド「ウィリーの奥方」〔チャイルド 6番〕などは，子を産ませない処方を与えているといってもいいくらいである。傷害や病気の項を参照。［モチーフ：T 591］　　　　　　　　　　　　　　（吉）

ニクネーヴィン　Nicnevin

スコットランドの詩人アレグザンダー・モントゴメリーは「モントゴメリーとポルウォートとの争いの詩」(c. 1585)の中で、スコットランド低地地方のエルフェイム〔妖精圏〕の女王ゲア カーリングをニクネーヴィンと呼んでいるが、「多くのニンフを引き連れ、再びニクネーヴィンが」などと言うとき、この名前には何か魔性の響きがある。詩全体が妖精の陰気な側面に向けられており、したがって妖精の騎馬行列もまるで魔女の行列のような様相を呈している。

　　　　緑ずくめの雌猿にまたがるもの、
　　　　麻の茎にすがりつくもの、高く高く舞い上がる。
　　　　フェアリーの王とその家臣、エルフの女王ともどもに、
　　　　多くの恐ろしげなるインキュバスとともにその夜を走る。

〔モチーフ：F 252.2〕　（三）

ニミュー　Nimue

一般に湖の麗人をさす名前。　　　　　　　　　　　　　　　　（吉）

ニューバラのウィリアム　William of Newburgh（1136-98？）

イギリスの歴史家で、『イギリス国政史』(c. 1198) の著者。緑の子どもの項参照。

ニワトコ婆さん　the Old Lady of the Elder Tree

ニワトコの樹の精。イングランドのすべての聖なる樹および妖精樹の中で、ニワトコの樹にまつわる伝承が最も生き生きとした形で残っているようである。これらの樹は時として魔女や妖精と深くかかわり、また時としてドリュアス〔木の精〕や女神として独自の生命をもつこともある。これらの伝承は今日それほど広くは行き渡っていず、農村地方へ行けば知っている人もいるという程度であるが、以前はもっと積極的に信じられていた。ガッチ夫人は、「カウンティー・フォークロア」第5巻〔リンカンシャー篇〕(1908) の中で、R. M. ヒーンリーが1901年にヴァイキング・クラブで発表した論文から次のように引用している。

　　　近所の家の赤ん坊の具合が悪いと聞いて、わたしは様子を見にいきました。赤ん坊

に変わった様子は見られなかったのでそう申しますと、おかみさんが、すぐ説明しました。「みんなうちの亭主がばかなことをしたせいなんですよ。揺り籠の揺り子が外れてしまいましてね。亭主ときたらすぐにニワトコの樹を切って新しいのを作ろうと思ったんです。例の婆さんの許しを得ないで。当然これでニワトコ婆さんが腹を立てましてね。やって来て、思いきりこの子をつねるもんだから、顔が青黒くなっちまったんですよ。おかげで顔は青あざだらけ。わたしはすぐに揺り子を取り外してトネリコの樹で新しいのを作ってやったら、またすっかり元気になりましてね」

　この話はわたしにとって初めてだったので、裏づけをとっておくに値すると思えました。そこで、家に帰ってからすぐ裏庭に行きました。ジョニー・ホームズ爺さんが薪割りをしていました。ころを見計らってわたしはニワトコの枝を一束彼の目の前に差し出してみました。「これを切るのは怖くない？」「いいや」と彼は即座に答えました。「生きた樹じゃあねえから怖かあねえ。だけんど、もし生きた樹だったら、あの婆さんの許しなしにはとっても切れねえよ。金輪際ね」……（許しを請う言葉というのは）「わけないさ。こう言えばいいんだよ。『婆さん、あんたの樹を少々おくんなせえよ。あっしが樹になったときにゃあ、婆さんにわけてあげますからな』とね」

〔モチーフ：F 441.2.3.2〕　（三）

人魚　⇨ドゥナ・マラ，ペドン ヴァーラ，マーマン，マーメイド，メロー，モルガン，モルジェンズ，リー・バン，「ルーティーとマーメイド」

『ニンフィディア』　*Nymphidia*
　マイケル・ドレイトン作の妖精詩 (1627)。ごく小さい妖精の項参照。　　　（平）

ヌアラ　Nuala

　エヴァンズ・ウェンツの『ケルト圏の妖精信仰』(1911)によれば，ヌアラは，アイルランド北西部のコナハト地方〔コノートとも．アイルランド北西部〕の妖精たちの王であり死者たちの王でもあったフィンヴァラの妻の名になっている。ただしワイルド夫人によれば，フィンヴァラの妻はウーナであった．〔モチーフ：F 252.2〕　　　　　　（平）

眠れる戦士たち　Sleeping warriors

　丘の下の洞窟に眠る武将という主題は，ヨーロッパ全域にわたって共通に見られる。その英雄は時にはフランク王のシャルルマーニュ〔カルル大帝とも．在位 768-814〕であり，ある時にはバーバロサ〔神聖ローマ皇帝のフリードリッヒ赤髯王．在位 1152-90〕やマルコ王〔バラッドの伝承に生きるスラヴ世界の英雄．1394年没〕，また時にはデイン人ホルガー〔シャルルマーニュに抵抗した伝説的人物〕であったりする。時には謎に包まれた，誰ということもはっきりしない武将の場合もあるが，大ブリテン島では，アーサー王伝説〔⇒ブリテンの話材〕中のアーサー王をさすのが一般的であり，アイルランドでは，フィアナ騎士団の首領フィン・マク・クーワルである。ノーサンバランド州の〈ローマの壁〉〔2世紀前半にローマ人が築いたもの．ハドリアヌスの壁ともいう〕と古い軍用道路の間にあるシューイング・シールズの城址には，アーサー王と王妃グウィネヴィア，それに王の騎士全員が深い眠りにおちいって横たわっており，しかるべき武将が起こしにくるのを待っているという古い伝説が，根強く残っている。『デナム民俗雑纂』(1892, '95)の中には，アーサー王と騎士たちが，眠りから覚めそうになったときの記述がある。その言い伝えは，もしもひとりの武将が一同の眠っている洞窟の広間へ通じる道を見つけ，王のそばに置いてある角笛を吹き，王のそばにある紋章のついた靴下留めを石の剣で切れば，騎士たちは目を覚ますというのであるが，入り口あたりは，イバラに覆われた瓦礫の山が散在しており，これまでに誰ひとりとして，その入り口がどこか，見つけることができなかった。だがある日のこと，あたりの塚に腰をおろして編み物をしていた羊飼いが，偶然洞穴の入り口を見つけた。膝から落ちた毛糸の球が，小さな深い穴に転がり落ちたのである。入り口を見つけたと思った羊飼いは，穴を覆っていたイバラを刈ると，自分の体が通れるくらいの道が下へと通じているのを発見し，ほどなく丸天井になっている通路に出た。床にはガマやトカゲが群がって

おり，コウモリが耳たぶをかすめて行ったが，羊飼いは闇の中を毛糸をたよりに進んでいき，ついに遠くに明かりを見つけた。その光に元気づけられ，その方角に進んでいくと，大きな丸天井の部屋に出たが，そこは燃料もないのに火が明るく燃えていた。部屋のまわりに置かれた豪華な100の寝椅子には，アーサー王と王妃グウィネヴィア，それに王の騎士たちが横たわって眠っていた。火の影になる薄暗い所には，60つがいの血筋正しい猟犬がうずくまって眠っており，火の前の食卓には，角笛と石の剣と靴下留めがのっていた。羊飼いは食卓のそばに行くと，そっと剣をさやから抜き，靴下留めを切った。羊飼いが剣に手を触れたとき，一同はこぞって体を動かし，靴下留めを切ったときには，寝椅子の上に半身を起こしたが，剣がそっとさやに収められると，また眠りが一同を襲い，再びその寝台に身を沈めてしまった。ただ王だけが両手をあげ，力強い声でこう言った。

　　　「剣を抜き，靴下留めを切って，
　　　なお，角笛を吹かぬ愚か者の
　　　生まれた邪悪なるその日に災いあれ！」

ヨークシャーのリッチモンド市では，どれか一つ決定的な動作を起こせばそれでよいとされていた。リッチモンドの西部の〈ラウンド・ハウ〉と呼ばれるなだらかな丘が，アーサー王が眠っているといわれる場所であった。トンプソンという陶工が，ある夜，丘のあたりを歩いていたとき，見知らぬ人に会い，地下の丸天井の部屋に連れていかれた。陶工は剣を抜きかけたが，眠っている一同が身動きを始めたので，急いで剣を元のさやに戻してしまった。すると力強い声がこう叫ぶのが聞こえてきた。

　　　「陶工よ，陶工のトンプソンよ，
　　　もしお前が，剣を抜くか，
　　　角笛を吹くかしたならば，
　　　お前はこの世で，誰よりも，
　　　運のいい男になっていたろうに」

サマーセット州のキャドベリー城〔アーサー王のキャメロットかと思われている〕にいるアーサー王とその騎士にまつわる伝説は，また異なっている。アーサー王と騎士たちを訪ねてくる者は誰もいず，また〈円卓〉を掘り出そうとする試みもすべて失敗してしまう。掘り起こそうとすると円卓は，より深く地中に埋もれるだけなのである。だが毎年〔一説に7年に1度ともいわれる〕聖ヨハネの祝日〔6月24日〕前夜には，ちょうど14世紀アイルランドのフィッツジェラルド伯〔⇒ムラマストの伝説〕がムラマストの塚でしたように，アーサー王は騎士とともに塚を出て，銀の蹄鉄をつけた馬に乗り，塚のまわりを巡るというのである。ジョン・リース（1840-1915）が記録しているウェールズの伝説によれば，アーサー王の騎士たちは，王とは別に，スノードン山の洞窟で眠っているということである。昔，羊を捜していた羊飼いがその入り口を見つけ，恐る恐る中に入ったが，扉を通り抜けるときに，触った呼び鈴が高らかに鳴り響いて，騎士たちの眠りを覚ましてしまった。騎士たちが驚いて立ちあがったとき，すさまじい物音を立てたので，羊飼いは大急ぎで洞窟から逃げ出したが，それ以後，この時の恐怖から完全に立ち直ることはできなかったということである。

眠っている軍勢のために，馬を探し求める妖術師の伝説が二つある。その一つはチェシャーのオーザリー・エッジに関する話であるが，おそらくマーリンと思われるが名前のわからぬ妖術師が，王と騎士たちのために，必要な数だけ馬——イングランドを救う時が来るまで馬小屋で眠ることになる白馬——をそろえようとする。スコットランド南東部のイールドン丘陵の下で眠っている者たちのための馬，それもこの場合黒い馬を買い入れるのは，詩人トマスとしてよく知られるエルセルドゥーンのトマスである。その話では，トマスに何頭か馬を買ってもらった馬商人のキャノビー・ディックは，たいへんなことに決定的な間違いをして，剣を抜く前に角笛を吹いてしまう。すると，眠っていた騎士が驚いて立ちあがり，剣を抜いて馬商人の方に迫ってきた。大きな声でこう言うのが聞こえてくる。

「角笛を吹く前に，剣を抜くことを怠った，
あの生まれ損ないの臆病者に災いあれ！」

旋風が巻き起こり，馬商人を洞窟から外へ，さらに断崖から下へと吹きとばした。落ちた場所で羊飼いたちに見つけられると，死ぬまでのわずかな間にやっとのことで，馬商人は自分の身に起こったことを物語ったということである。

正直トマスの騎士たちが誰なのか，はっきりしたことはわかっていない。「スカイ島の鍛冶屋の岩」と題されたフィン・マク・クールの伝説が一つ伝わっているが，それをJ.マクドゥーガルが『ケルト伝承拾遺集』(1889-95)第3巻に収めている。フィアナ騎士団は，この話の中では巨人になっている。

言い伝えによればフィンとフィアナ騎士団がこの岩の中で眠っており，もし誰かが中に入ってフィンのそばに置いてある〈木の呼び子笛〉を3度吹けば生き返り，以前と同じように元気に起きあがってくると言われていた。

その島に住んでいた鍛冶屋がこの話を聞き，ひとつこの岩の中に入ってやろうと心を決めた。岩のある場所につくと，鍛冶屋は，鍵穴がどんな形をしているか，しっかりと見定め，鍛冶場に戻るとその鍵穴に合う鍵を作った。それから鍛冶屋は岩にとって返し，鍵を鍵穴に差しこんで回してみた。するとすぐに扉が開き，目の前の大きな広い場所に，並外れて大きな男たちが横たわっているのが見えた。他の者たちよりひときわ大きな男が，人々の真ん中に身を横たえており，そばには中が空洞になった大きな木の棒が置いてあった。

鍛冶屋はそれが〈木の呼び子笛〉だと思った。だが呼び子笛はとても大きく，吹くことはおろか持ち上げることすらできないように思われた。しばらくの間その棒を見つめながら立ちつくしていたが，ここまで来たからには，ともかくできるかどうか試してみよう，と鍛冶屋は独り言を言った。そこでその棒をつかむと，やっとのことでその一方の端を口に持っていき，力いっぱい吹いた。すると非常に大きな音が出て，岩と，その上にあるものが，全部自分の頭上に落ちてくるような気がした。床に横たわっていた，図体が大きく自由に動けそうもない男たちが，頭のてっぺんから爪先まで身を震わせた。鍛冶屋は木の呼び子笛をもう一吹きした。すると大男たちは跳ね起きて，ひじをつき，いっせいに振り向いた。その指は枝分かれしたブドウの木のようであり，腕はオークの埋もれ木で作られた梁のようだった。大

男たちの大きさと，ものすごい容貌に驚いて怖くなった鍛冶屋は，木の呼び子笛をほうり出すと，そこをとび出した。すると大男たちは，背後でこう叫んだ。「おれたちを見つけて，起こしておきながら，このままにして逃げるとはひどい。このままにして残していくなんてひどい」 だが鍛冶屋は後ろを振り返らず一目散に外に出ると，扉を閉めてしまった。そして鍵を鍵穴から引き抜き，岩の近くの湖に投げ入れた。その湖は今日に至るまで〈鍛冶屋の岩の湖〉と呼ばれている。

[タイプ：766．モチーフ：C 984；D 1960.2；E 502] （井）

*ネモ譚　Nemo story，'Noman' story

いちばん典型的なのは，人間の子が妖精の子と遊んでいるうちに誤って相手に火傷をさせるが，自分の名を相手に「わたし自身」と教えていたため，危うく仕返しの難を免れるという話［⇨エインセル］。自分の子の悲鳴を聞いて駆けつけた親妖精から「相手は誰か」と聞かれても，正確に加害者を名指すことができず，結局，加害者不在になるところからこの型の話をネモ（ラテン語で'no man'の意）譚と呼称する。北イングランドからスコットランドにかけて類話が多く，妖精が人間に危害を加える恐ろしい存在としてとらえられている点が注目される［⇨ブロラハン，メグ・ムラッハ］。ごまかしの名前を使って難を逃れるのは，ホメーロスの『オデュッセイア』の中のオデュッセウス対一つ目巨人ポリュペーモスの挿話をはじめ，古今東西に広く流布しているモチーフである。　［モチーフ：K 602；K 602.1］
(平)

ネルソン，メアリー　Nelson, Mary

妖精に誘拐された人物のひとり。妖精界の捕らわれ人を無事救出した話は，きわめて少ない。時おり取り換え子が露見して追い出され本当の子が戻されることはあるし，また時には，例えば「サンディー・ハーグの女房」の話におけるように，誘拐の試みを首尾よく阻止し得た事例もないわけではないが，救出失敗の哀話は多く，成功の例はきわめて少ないのが実情である。その少ない例の一つをウォルター・スコットが『スコットランド南部境界地方の吟遊詩歌集』（1802-03）の中で紹介している。スコットは，その話の種を「アイルランドで今もうたいつがれているブロードサイド〔俗謡〕から」得たと言う。

　スコットはその話をかなり詳しく述べているが，以下はそれを簡約したものである。
　スコットランド北東部のアバディーンシャーのメアリー・キャンベルは，アバディーン市で開業したばかりの若い金細工師ジョン・ネルソンと結婚した。メアリーが初産の床につくまで，ふたりの生活は幸福そのものだった。出産予定日の夜，生まれる子の名づけ親や乳母になる女たちが大勢つめかけていたが，真夜中に大きな恐ろしい音がしたかと思うと，ろうそくの火がいっせいに消えてしまった。女たちは恐怖におびえ，消えたろうそくを再びともすのに少々手間取った。再びともった明かりの中で見ると，なんとベッドに死体が横たわっているではないか。たちまち大騒ぎになり，夫のジョン・ネルソンは悲嘆のあまり気も狂わんばかりだった。お通夜には他の宗派の人たちも大勢列席したが，その中に牧師のドッド氏が混じっていた。ドッド氏は死

体を一目見て,「これはキリスト教徒の死体ではない。ネルソン夫人は妖精に誘拐され,別のものがその代わりに置かれたに違いない」と言った。誰も彼の言うことを本当にしなかった。牧師は葬式に参列することを断った。

それからしばらくたったある日の夕方,ジョン・ネルソンは馬に乗ってノウのある自分の畑を通っていたら,丘の方から快い楽の音が響いてきた。そして,ヴェールをかぶった白衣の婦人がこちらへ向かって歩いてくるのが見えた。ヴェールでその顔は見えなかったが,ジョンはその人のそばまで馬を走らせ,なぜこんなに夕方遅くひとりで歩いているんですか,とやさしく尋ねた。すると女はヴェールを脱ぎ,その場に泣き崩れた。すぐ,亡くなった妻のメアリーであることがわかった。「神の名にかけて聞くが,こんな時刻に現れるなんて,何がお前の死後の平安を乱しているのか?」と彼は言った。「わたしは,どんな時刻にだって来られるのですよ」と彼女は答えた。「このわたしが死んで埋葬されているとお思いでしょうが,そうではないんです。お産のときにわたしは誘拐されたのです。あなたは,わたしの代わりに棒切れを埋葬したんですよ。ちゃんとした手段を尽くせば,わたしを救い出すことは可能ですが,赤ん坊までは無理かもしれません。3人の乳母がその子の世話をしているのですが,そのもとから連れ去ることは,できそうもありません。わたしがいちばん期待をかけているのは船長をやってるロバート兄さんなの。もう10日もしたらその船が戻ってくるんです」

ジョンが,どうすれば彼女を救出できるのか教えてくれと言うと,「今度の日曜に兄あての手紙があなたの机の上に置かれるはずです,それを兄の船が戻ってきたらすぐ兄に渡してほしいのです」と彼女は言った。それからさらにジョンに「右の肩ごしに後ろをご覧なさい。わたしの仲間たちがいるんですよ」と言った。ジョンが言われたとおりにすると,王冠をつけた王や王妃たちが警護の者どもを従えて妖精丘の前にすわっているのが見えた。「こういう連中からお前を救い出すのは,とても無理だよ」とジョンは言った。「ロバート兄さんなら大丈夫です」と彼女は言った。「でも,あなたはおよしになって。あなたが手出しをすると,わたしは永久に救われなくなるんですよ。現に,わたしはあなたと口をきいたというだけで,これからひどい目に遭いそうなの。妖精丘のところまで馬を走らせ,わたしを処罰しないと約束しろ,もし拒んだら丘の上に生い茂るイバラや野バラの類を全部焼き払うぞ,とおどしてやってください」 そう言って彼女は姿を消した。ジョンは丘のところまで馬を走らせ,誰の姿もそこに見えないのに,妻に言われたとおりを大声で決然とした口調で言った。すると,どこからともなく声がして「ポケットに入っている本〔祈禱書〕をお前が捨てたら,同意してやろう」と言った。ジョンはそれに対して「どんなことがあってもこの本を手放すわけにまいらぬ。こちらの言うことを聞かないというのなら,わが怒りのほどを思い知らせてやろう」と応じた。それを聞くと,その姿なき声は,妖精丘に乱暴をしないと約束してくれるなら,メアリー・ネルソンを許してやろうと言ったので,ジョンは同意した。快い楽の音が響いてきた。ジョンは馬でその場を離れ,牧師のドッド氏に一部始終を話した。ドッド氏は,彼の家へ一緒に来て,次の日曜までとどまることにした。日曜になると,手紙が約束どおり現れた。数日後に船長のロバート・キ

ャンベルが帰ってきたので，すぐ彼にその手紙を渡した。手紙にはこう書いてあった。

兄上様，

夫のジョンからわたしの現状をお聞きになってください。お願いですから（この手紙を読んだその日の夜中に）わたしがジョンに別れを告げたあの妖精丘のところへ来てください。何者にもひるまず，真夜中の12時に丘の中央に立ってわたしの名を呼んでください。そうしますと，わたしと数名の者が出てきて兄さんを取り囲むようにします。その中でいちばん白い衣装をまとっているのがわたしですから，わたしをしっかりつかんで離さないようにしてください。あの連中は，ありとあらゆる恐ろしい手段を弄しますが，そんなことに驚いたりしないで，わたしをじっとつかんでいてください。彼らは，夜明けまでわたしの奪回を策しますが，夜が明けたら突如として姿を消してしまうはずです。そうなったら，わたしはもう助かったのです。家へ戻ってジョンと一緒に暮らせる身になるのです。もし兄さんがわたしの救出に成功されたら，お友だちすべてから称賛されるでしょうし，兄さんに対して変わらぬ愛情を寄せるこの妹の祝福をも受けることでしょう。

妹メアリー・ネルソンより

ロバート・キャンベルは，この手紙を読むと，その夜すぐ妹とその子を救出しようと心に誓った。早速，船に戻り，部下の者たちに自分の意図を告げた。彼らは全員，船長のお供をしたいと申し出たが，船長は自分ひとりの方が具合がいいのだと答えた。彼は10時に行動を開始した。船の外へ出たら途方もなく大きい1頭のライオンが咆哮しながら彼に襲いかかった。ところが剣で切りつけると，そのライオンは，たちまち消え失せてしまった。自分に襲いかかるものは実体のない幻影であることがそれでわかったので，船長は，勇躍進んでいった。さて，丘へ来てみると，その上に白いハンカチが広げてあったので，船長はその上に立って妹の名を呼んだ。すると，たちどころに白衣をまとった一群の女たちが彼のまわりを囲んだ。そのうちのひとりの衣装が際立って白く輝いていたので，それが妹のメアリーだということがすぐわかった。彼は妹の右手を捕らえ，「神のご加護により，お前をこの悪魔の鬼っ子どもから救ってやるぞ！」と叫んだ。周囲から恐ろしいわめき声が起こり，大きな火焔の輪がまわりにでき，その中から恐ろしい鳥の形をした妖怪が何羽も飛び出してきた。船長はひるまずに頑張ること1時間と45分，とうとう近所で雄鶏がときをつくり始めた。すると火勢はたちまち衰え，まわりにひしめいていた醜悪な妖怪どもも消え失せ，妹のメアリーだけが明け方の冷たい風の中で震えながら彼のそばに立っていた。彼は自分の上着を妹の体にかけ，妹を無事救出できたことを神に謝した。妹は兄に抱きつき，兄さんが着ていたもの，つまり人間の衣服をわたしに着せてくれたので，もう大丈夫なのと言い，ふたりは喜び勇んでアバディーンの家へ帰った。

ロバートは，さらに，赤ん坊を取り返そうと決意した。再び妖精丘のところへ行き，ジョン・ネルソンとふたりで，ここのイバラと野バラの類を全部焼き払ったらどうだろう，とわざと大声で話し合っていると，どこからとなく声がして「丘から3パーチ〔ほぼ15メートル〕以内の土地を耕したり，イバラと，野バラに手出しをしたりしない，と約束してくれるなら，子どもは返してやろう」と言った。ふたりがそれに応じると，

間もなく子どもも母親の膝下に戻された。一同ひざまずき，神に感謝をささげた。妖精が赤ん坊を誘拐できたのは，お産の母親を見守っていた女たちの中に酒に酔っていた者がいたからだといわれている。

　この話は王女ジャネットが若きタム・リンを救出する話と非常によく似ている。さまざまな物の怪の出現，捕らわれた人をしっかり抱き続けることの必要性，人間の衣類がもつ魔除けの力などなど，皆同じである。　［モチーフ：F 322；F 372；F 379.1；R 112.3；R 156］

(平)

ネワン　Neamhan, Neman

　古代アイルランドの戦の女神バウは，ネワン，モーリグー，マハの3女神の姿をとり，いずれもズキンガラスの姿をしているが，この形は現代アイルランドの妖精伝承においてバン・シーがとる形でもある。それぞれの女神は別々の役割を果たすが，ネワンは「軍隊の撹乱者」である。同じ側の味方を敵と見誤らせて同士討ちをさせるのはこの女神である。エヴァンズ・ウェンツは『ケルト圏の妖精信仰』(1911) の中で，主としてスタンディッシュ H. オグレイディーの『ゲール物語集』(1892) と中世アイルランドの写本を典拠とし，他の参考資料にもあたりながら，これら戦の精についての有益な説明を記している。　［モチーフ：A 132.6.2；A 485.1］

(三)

ノウ　Knowe

イングランドでは妖精丘をノール（knoll）といい，スコットランドではノウ（knowe），アイルランドではクノック（cnoc）という。時には古墳を，また時には土に埋もれた城の廃墟を意味する場合がある。ブルーおよびシーヘンの各項を参照。　　　　　　　　　（吉）

ノッカー　Knockers

コーンウォール州にいる鉱山妖精で，ドイツのコーボルトのように邪悪でも意地悪でもなく，錫鉱山の鉱夫たちに親切で，コツコツと音を立てて，よい鉱脈の在りかを教えてくれる。ノッカーは，かつては鉱山で働いていたユダヤ人の幽霊であると思われており，時おり鉱山で見受けられた原始的な精錬所は，〈ユダヤ人の家〉と呼ばれていた。言い伝えによると，キリストの磔に手を貸したユダヤ人が，その罰としてコーンウォールの鉱山に送られ，そこで働かされていたのだという。実際ユダヤ人は11～12世紀には鉱山労働に加わっていたが，伝承では，彼らが働いたのは，ずっと古い時代とされている。ロバート・ハントの『イングランド西部の伝承奇談』（1865）が伝えるところでは，鉱夫たちは坑道の中で，小悪魔やインプが坑木の上にすわっていたり，おかしな格好で跳ね回っているのを見たということである。鉱夫はそうした者たちを歓迎したが，それは彼らがよい鉱脈のあるところにだけやって来るからである。おそらくこれがノッカーであろう。普通は鉱夫の立てる音をまねしているのが聞こえるだけであるが，ノッカーは夜になって人間が帰ってからもずっと働き続ける。小さなインプのような妖精は，スプリガンであるかもしれない。彼らもまた鉱山を訪れると思われている。北部にいる鉱山妖精には，カッティー・ソームズと青帽子の二つがある。

ノッカーは時にブッカと呼ばれることもあるが，これは一種のゴブリンをコーンウォール州で呼ぶ名前である。E. M. ライト夫人は『田舎言葉とフォークロア』（1913）の中に，コーンウォールの鉱山に出没する精のリストを載せている。彼女の記述によれば，

　　ブッカ，ギャゾーン，ノッカー，ニッカー，ナッギー，スプリガンというのは，コーンウォールの錫鉱山に出没する精に対して，個別的にも集合的にも用いられる名称である。これらはおおむね無害で，人間の鉱夫の目につかぬところで，自分のた

めに鉱山の仕事をしている。しかし人間の鉱夫たちも，ゴブリンの仕事の邪魔をしないように心を配るのである。例えば口笛を吹いたり，ののしり声をあげたりするのは，彼らの気分を害するから避けるべきであるとされている。

ライト夫人は，ロバート・ハントが記述した，より不吉な感じのするもう一つのタブー，つまり鉱山妖精は十字の印［⇨クロス］に我慢できないから，鉱夫は彼らを悩まさないように，どんな所にも十字形を描かないようにしたということには触れていない。しかし，概して親しみやすいノッカーの性質は，ハントが『イングランド西部の伝承奇談』に収めた次のような話からも確かめられる。

ランソム鉱山では，ノッカーたちが地下で，いつも非常に活発に仕事をしていた。鉱山の至る所で，ノッカーの「コツコツたたく音」が聞こえていたが，彼らは，ことにある奥まった区画で忙しく働いていた。「鉱脈」のこのあたりには，莫大な富が埋もれているに違いないというのが一般の印象だった。だが，非常に高い歩合が鉱夫たちに提供されたにもかかわらず，勇敢にもノッカーたちの働き場に入りこんで仕事をしてやろうという二人組は見つからなかった。ボスプレニスの近くに住んでいたトゥレンウィス老人とその息子が，聖ヨハネの祝日〔6月24日〕前夜に，およそ真夜中ごろ出かけていき，見張っていると，とうとう〈小さい人〉たちが輝く鉱石を持って上がってくるのを目撃した。ふたりはある秘訣を心得ていて，それで妖精たちと話ができたということである。まあそれはともかくとして，ふたりはその小さな鉱夫たちに，もしこの区画をおとなしく明け渡してくれたなら，自分たちが鉱石を砕く労をすべて代わってやり，「品質のいい鉱石」の10分の1を彼らのために地表へ運び出し，それをきちんと選鉱しておくから，と言った。なんらかの取り決めが行なわれた。老人と息子は「その区画」を譲り受け，少しの間に多くの富を手に入れた。老人は決して取り決めをたがえることなく，友人である妖精たちに約束した10分の1の鉱石を残しておいた。老人は死んだ。息子は強欲で自分本位の男だったので，ノッカーたちをだまそうとし，かえって自分の身を滅ぼすことになった。というのは「鉱脈」は枯れてしまい，何事もうまくいかず，気落ちした息子は酒に走って，父親の築いた身代を使い果たし，しまいには貧窮のうちに生涯を閉じたという。

ここには嘘のない取り引きという，妖精伝承には普通に存在する要素が見られるが，やはりロバート・ハントが伝えている「バーカーの膝」の話は，ノッカーが他の妖精と同じく，妖精生活への侵害に属するのぞき見をひどく嫌っていることを示している。この話によると，コーンウォールでは，ノッカーは鉱山ばかりでなく，岩場，洞窟，井戸にもすみ，そして，どこにすもうとその場所で鉱石掘りをしていたということである。昔，トーウェドナック〔現コーンウォールの町セント・アイヴズの南〕の教区に怠け者でのろまな男がおり，いつも鉱山の仕事をずるけていた。この男はノッカーのことを知りたがっており，ノッカーが教区の井戸にすんでいることを見つけだすと，そこへ行ってシダの間にうずくまり，ノッカーたちを観察する絶好の機会を手に入れた。連日連夜，男は横になって目を見開き，聞き耳を立てていた。妖精たちの日課とそのやり方を覚え，うたい遊ぶのを聞き，ノッカーたちの休日がいつかを知った——休日

は，ユダヤ教の安息日，クリスマス，復活祭，それに万聖節だった。そして，しまいには，ノッカーたちの言葉がわかるようにさえなった。そうなるまでの間，ずっと男は，自分がのぞいていることを相手に少しも知らないのだと，ひとりで得意になっていた。そしてとうとうある日のこと，男は仕事を切り上げてきた妖精たちが，道具袋をどこに隠そうかと話し合っているのを聞いた。「おれはこの割れ目に置こう」とひとりが言った。「おれはこのシダの下に隠すとしよう」ともうひとりが言った。「おれはバーカーのやつの膝の上に置こう」と3人目が言った。すると，すぐさま重い，だが目に見えない道具袋が，ドサッとバーカーの膝皿の上に落ちてきた。それ以来，男は一生足が不自由になってしまった。それからというもの，鉱夫の誰かがリューマチを患ったときはいつも，「バーカーの膝みたいに動かねえんだ」と言うのが仲間の通り言葉になった。

　ウィリアム・ボトレルは，著書《西コーンウォールの伝承と炉端物語》(1870-80)にマーシーという鉱山監督の老人の話を載せている。この老人はノッカー〔方言ではナッカーともいう〕を見たと名のり出た数少ない人たちのひとりで，ノッカーの出すコツコツという音をたどっていくと，有望なヴァグ（鉱脈の中のすき間で，しばしば結晶物がつまっている）に行きつき，ノッカーたちの姿を目撃したという。

　　わしは目をこすって，もっとじっくり奥のどんづまりの所に目を注いでみると，3人のノッカーたちが見えてきた。3人とも，おもちゃの人形と同じほどの背丈しかなかった。だが，その顔といい，服装といい，動きといい，3人ともいかにも年季の入った錫鉱夫そのものだった。わしは真ん中にいた者に特に注意を向けた。そいつは上着を脱ぎ，シャツの袖をまくり上げて石の上にすわっていた。膝の間に小さな金床をはさんでいたが，それはわずか1インチ〔約2.5センチ〕四方の大きさながら，鍛冶屋にあるものにも負けぬほどちゃんとしたものだった。やつは左手に持ったかがり針ほどの穿孔用の鉄棒をひとりのノッカーのために研いでいた。もうひとりのノッカーは，手にしたつるはしに新しく焼きを入れてもらおうと，自分の番を待っていた。

このノッカーたちは，バーカーの場合と違って，侵入者を罰しなかったが，マーシーが自分のろうそくをノッカーに1本取ってやろうとして横を向いたとき，すかさずその機をとらえて姿を消してしまった。ノッカーたちの忍び笑いやキイキイ声が耳に入ってきたが，姿は再び見ることができなかった。〔モチーフ：F 456；F 456.1.1；F 456.1.1.1；F 456.1.2.1.1；F 456.1.2.2.1；M 242〕

(井)

ノックおばけ　Knocky-Boh

E. M. ライト夫人が著書『田舎言葉とフォークロア』(1913) の中で，これを，ヨークシャー北部のボーギーで，部屋の腰羽目板の裏からノックすると説明している。ボガートあるいはポルターガイスト〔音立て妖精〕の一種だったようである。

(吉)

ノッグル，ナッグル，ナイゲル　Noggle, or Nuggle, or Nygel

妖精馬の一種。さまざまな綴りの名前をもつこの生き物は，シェットランド諸島のケ

ルピーである。この生き物は，シェットランド・ポニーぐらいの大きさで，手綱や鞍をつけた美しい灰色の小馬の姿で現れる。ケルピーより悪意がなく，エッヘ・ウーシュカに比べてもずっと危険性が少ないが，それでも二つほど悪いいたずらをする。風変わりなことに，水車が非常に好きで，水車が夜回っていると，車を押さえて動きをとめてしまう。水車の水の出口に，焼き印用の鉄棒や刃渡りの長い鋼鉄のナイフを差しておけば，追い払うことができる。もう一つのいたずらは，水車用の水路わきをうろつき，道行く人を誘っては自分の背に乗せようとすることである。人を乗せると，そのまま海に向かって，すごい勢いで走っていくので，乗り手は水中に沈められ，ひどい危険を味わうことになる。だがエッヘ・ウーシュカとは違って，だまされた人間をばらばらに引き裂いたりはせず，その後はただ水から浮かび上がると，青い炎となって消えていく。放れ馬に乗る前には，よくその尾を見たほうが賢明である。というのはノッグルは，ごく普通の馬に見えるが，その尾だけは，背中の上に半円を描いて巻き上がっているからである。ノッグルをシューピルティーと呼ぶ人もいるが，この名称は海の住人たち〔⇒マーメイド，マーマン〕にも用いられたようである。G. F. ブラックは，さまざまな資料から，ノッグルに関する逸話や記事を集め，「カウンティー・フォークロア」の第3巻〔オークニーおよびシェットランド諸島篇〕(1901)に載せている。〔モチーフ：F 234.1.8；F 420.1.3.3〕 (井)

ノーム　Gnomes

ノームは，厳密に言うと，妖精とも，ゴブリンとも，ボーギーとも，またインプとさえも，同類とはいえない。ノームは，民間伝承よりむしろ中世以前の古い科学に属する。地，風，火，水の四大基本要素のおのおのに属するノーム，シルフ，サラマンダー，ネーレーイス〔パラケルススによれば，ウンディーネ〕の四大基本精からなる小家族の一員である。人間をはじめあらゆる生物は，この四大基本要素のいろいろな化合によって形成されたが，四大基本精の方は，それぞれ対応する基本要素のみから生まれ，それぞれ単一の基本要素のみの組み合わせで形成されたので，混じり気なく純粋であった。これは神秘主義的な新プラトン主義の所説だったが，中世のすべての科学および医学は，この考え方の上に樹立されていたのである。ルネッサンスが最盛期を迎え，経験科学が優勢になるにつれて，四大基本要素の考え方はしだいにすたれていった。大地の基本精としてのノームの最初の記述はスイスのパラケルスス〔医学者，自然科学者，神学者，哲学者．1493-1541〕の『ニンフ論』(1658)に見いだされるが，ノーム (gnome) という語を最初に考え出したのが彼であるかどうかは疑問である。『オックスフォード英語大辞典』は「地にすむもの」の意のギリシア語のゲノムス (genomus) の音が脱落した語ではないかと記している。いずれにせよ，ノームは地下にすみ，地中を空中におけると同様に自由に動き回り，地中の宝を守るのが役目であると考えられていた。民間の言い伝えでは，ドワーフ，あるいはゴブリンとも呼ばれた。地中の鉱山の精には，ほかに，コーンウォール州のノッカーがいるが，これが同じく四大基本精であると考えうる手がかりはなかった。〔モチーフ：F 456〕 (吉)

灰色のお隣さん　the Grey Neighbours

シェットランド諸島の人たちが，小さな灰色の服を着たゴブリンであるトローにつけた妖精の呼び替え名の一つ。シェットランド諸島の人たちは，昔からトローを恐れたり，なだめたりしており，諸島中で広く使われているさまざまな妖精除けの方法を，トローに対して用いている。

（吉）

ハイター・スプライト　Hyter sprites

リンカンシャーとイースト・アングリア〔イングランド東部の地方〕にすむ妖精。サフォーク州のフェリアーに似て，体は小さく，砂色で，目が緑色，ショウドウツバメという鳥の姿をとる。人間の親切には感謝の念をもち，不作法には手厳しい。ルース・タングは，K. M. ブリッグズ編『英国昔話事典』(1970-71)のB部に，それまで未発表だったタング家伝来のハイター・スプライトにまつわる話を採録することを認可している。ルース・タングは，ハイター・スプライトがスコットランド高地地方のギリー・ドゥーに似て，迷子になった子どもを家に連れ戻してくれるそうだ，とも報告している。〔モチーフ：F 239.4.3〕

（吉）

ハイド，ダグラス　Hyde, Douglas（1860-1949）

J. F. キャンベルが先鞭をつけた学究的な研究方法を身につけた最初のアイルランド民俗学者。編著書である『炉辺にて―アイルランド昔話集』(1890)において，ハイドはアイルランドの民話集では初めてアイルランド語と英語を見開きページに対照させて載せるという体裁を用いた。この本の序文はきわめて学術的な論文となっており，そこでは先人たちの業績に対して好意のこもった，しかし厳しい批判を試みている。特にワイルド夫人については，アイルランド語の知識がなかったというハンディを指摘し，すべての採集者に各物語の出所に細心の注意を払うよう強く勧めている。ハイド博士はアイルランド・ゲール語の研究を促進するためにアイルランド語連盟を設立した。また，アイルランド文芸の復興に関してはW. B. イェイツやグレゴリー夫人の緊密な同志であり，1938年にはアイルランド共和国の初代大統領に選出された。『炉辺にて―アイルランド昔話集』で彼が再話した話は，妖精よりは亡霊や魔法についてのものが多いが，「グリーシュ」の話は妖精の飛行ならびに妖精界の捕らわれ人

の救出を物語った，注目に値する話である。この話は，妖精が人間に依存する場合もあること［⇒妖精の人間依存］を物語っている。

(三)

肺病　Consumption

肺結核の俗称。かつてこの病気は魔女のせいにされたこともある。魔女が人間を馬に化し，それに乗って，夜，魔女集会へ出かけるものだから，馬にされた人間は「魔女に乗りつぶされた（hag-ridden）」ような，つまり何かにとりつかれたような状態になるのだと考えられていた。しかし，もっと一般的には，肺病は妖精のせいで起こる病気と考えられていた。若い男なり女なりが，夜な夜な妖精の宴会で踊るために呼び出され，結局，夜も昼も休息をとれないためにやせ衰えるのだとされていた。妖精と死者との間に緊密な関係がある地域に，この迷信が最も普及していたということは注目に値する。アイルランド北部のアルスター地方の妖精王フィンヴァラは，同時に死者たちの王でもあった。ワイルド夫人は，著書『アイルランドの古代伝説とまじないと迷信』(1887) の中で，妖精たちと死者たちとが互換性を示しているインニス・サーク島〔イニシャーク島〕の伝説をいくつか紹介している。なお傷害や病気の項をも参照。

(平)

バウ　Badhbh, Badb

ケルトの戦の女神。エヴァンズ・ウェンツの『ケルト圏の妖精信仰』(1911) によれば，バウは，ネワン，マハ，モーリグーという3人の女神が互いに混じりあって一つの形となったもの〔ウェンツは集合的名称としてとらえている〕で，ズキンガラス〔とさかのあるカンムリガラス〕の姿をしているといわれる。この神話が変形して民間伝承になってゆき，家屋の屋根にとまるカラスはバン・シー，すなわち〈妖精の女〉が姿を変えたものだといわれている。『レンスターの書』に収められているモイトゥーラの戦いの話は，バウとその守護精霊の活躍を最も生き生きと伝えているものの一つである。

［モチーフ：A 132.6.2；A 485.1］

(井)

ハウラー　Howlaa

A. W. ムア (1853-1909) の『マン島語の語彙』〔出版は1890年代〕の中では，嵐の前に吠える霊の名とされているが，ハウラーというのは，実際はドゥナ エーが発する音でもある。［モチーフ：F 433］

(平)

パウリー　Powries　⇒ダンター

墓場の土　Churchyard mould

非常に古い墓場の土は，土壌が全部，死体が腐蝕してできたものであるから，まじない用に珍重されたが，妖精や妖怪に対するお守りとしても役立つとされた。妖精除けの項も参照。

(吉)

バガブー　Bug-a-boos　⇨バッグ

バガン　Bugan
バガンは，現在では使われなくなったバッグという呼び名に代わる呼称であり，ボーカンやバガブーの別形でもある。E. M. ライト夫人の『田舎言葉とフォークロア』(1913) によれば，バガンはマン島，チェシャーおよびシュロップシャーで知られている，とある。　　　　　　　　　　　　　　　　　　　　　　　　　　　　　　　　　　（吉）

白鳥乙女　Swan maidens
白鳥乙女の話は世界中に分布しているが，大ブリテン島では，主にケルト系の妖精物語の中に最も多く登場する。それらの話に共通していることは，魔法をかけられた乙女たちが，国王に仕える魔法使いの娘になっていることである。主人公は，乙女たちが水浴びをしているところや，踊っているところを見て，その中のひとりを恋するようになり，その羽のマントを盗む。乙女たちは白鳥の姿をとるのが普通であるが，しばしばハトであったり，ヤマウズラであったりする。主な型の白鳥乙女の話では，主人公が魔法使いである父親から苦役を課されるが，未来の妻に助けてもらうのである。話の筋は多くの場合，「ないのないの名無し」の話と同じ型——すなわち，敵の進路を妨害しながらの逃避，魔法使いの死，そしてタブーを破ったために魔法をかけられて陥る記憶喪失，偽りの花嫁との寝場所の交換，というモチーフによる魔法の解除——を踏んでいる。E. S. ハートランドは『妖精物語の考察』(1891) の中で，白鳥乙女の話を詳細に分析し，アザラシ乙女の伝説をこの物語の類話として扱っている。しかし後者はずっと単純な物語で，アザラシの皮はアザラシ乙女の生活にとって白鳥乙女の羽のマントよりもっと不可決なものになっている。そしてアザラシ乙女は自分の皮を見つけると，海に飛びこんで逃げるのである。この種の筋立ては，純粋な白鳥乙女型の話にも時おり見られるが，アザラシ乙女の話においては本質的な要素となっている。

　スコットランドの白鳥乙女の話の代表的な例としては，J. マクドゥーガル著『ケルト伝承拾遺集』(1889-95) 第3巻に収められている「アイルランド王の息子と赤帽子の王の娘」の話があげられる。　［モチーフ：B 652.1；D 361.1；D 361.1.1；F 302.4.2；H 335.0.1］
　　　　　　　　　　　　　　　　　　　　　　　　　　　　　　　　　　　　　　（井）

バグベア　Bugbears　⇨バッグ

バグベリーの吠える雄牛　the Roaring Bull of Bagbury
ボーグルの性格と働き，時には悪魔の性格と働きまでも身につけた男の亡霊。C. S. バーンとG. F. ジャクソン共編の『シュロップシャーのフォークロア』(1883) に，その話が出ている。死後雄牛となったこの男は，生前はシュロップシャー西域とウェールズとの境界近くにあるバグベリー農場で働いていたが，非常にたちの悪い男だった。一生のうちで彼がやった善行といえば，一老人にチョッキを与えたことと，ひとりの

貧しい少年にチーズつきパンを一切れ与えたこととの2度だけだった。この2度だけの善行では彼の霊魂の救済には不充分だった。彼は死後，巨大な雄牛となって舞い戻り，バグベリー農場とその離れ屋のあたりに出没するようになった。この雄牛は家のタイルや雨戸が吹き飛ばされるほどの勢いで吠えたり，うなり立てたりした。とうとう人々は我慢できなくなり，この亡霊雄牛を封じこめるのに教区牧師を12人呼び寄せた。牧師たちは，この雄牛を一応は押さえこむことはできたものの，どうしても悪霊を退散させることができず，ウェールズとの境界にあるハイシングトン村の教会へと追いたてた。12名の牧師のうち11名は火をともしたろうそくを手に持ったままだったが，ひとりの盲目の老牧師だけはこの雄牛のやり口を知っていたものだから，雄牛を教会へ追いこんだところで，ろうそくを自分の深靴の中にそっと立てておいた。案の定，教会へ追いたてられた雄牛は逆襲に転じ，牧師たちの手にしていたろうそくの火を全部吹き消してしまった。盲目の老牧師が，すかさず「わたしのろうそくから火を取りなさい」と言ったので，火を消された11人の牧師たちは自分のろうそくに再び火をつけた。雄牛は暴れ回り，教会の一方の壁にひびを入らせてしまったが，牧師たちは悪霊を封じこめる祈禱を続けた。そのうちにだんだん雄牛は小さくなり，とうとう雄牛を嗅ぎタバコ入れに封じこめることに成功した。雄牛は，同じ封じこめられるのならバグベリー橋の下にしてほしいと哀願した。そこにいて橋の上を妊娠している雌馬が通っても，人間の女が通っても，すべて流産へ追いやる，という魂胆だった。牧師たちは雄牛の哀願に耳を貸さず，遠く紅海へと1000年間の流刑に処した。それにもかかわらずハイシングトンの村人たちは，その後長い間バグベリー橋を渡るとき極度に用心をしたものだという。

　この話で雄牛を封じこめた手順は，悪魔を封じこめるのに昔から使われていた手順と同じである。この手順は，ヘンリースの大入道の話の中でさらに詳しく紹介されている。どちらの話も亡霊譚であるには違いないが，妖精を天国へも地獄へも行けなかった死者とみなすあの妖精譚への微妙な傾斜を示しているのがわかる。〔モチーフ：E 423；E 443.2.4.1〕
　　　　　　　　　　　　　　　　　　　　　　　　　　　　　　　　　（平）

はぐれっ地　the Lone Sod　⇨まどわしの草地

バーゲスト　Barguest

　ボギー，ボギー ビーストの一種で，角，歯，鉤爪，そして火のような目をもつ。ウィリアム・ヘンダーソンはバーゲストを，パッドフットやヘドリーの牛っ子と同類のように描いている。この二つと同じく，バーゲストもいろいろな姿をとるが，普通は巨大な火のような目をして，毛がもじゃもじゃの黒妖犬の姿をしている。バーゲストは一般に死の前兆とみなされる。ウィリアム・ヘンダーソンは『イングランド北部諸州と境界地帯のフォークロアについてのノート』(1879) の中で，リーズ市に近いレグホーンとヘディングリー・ヒルの間に広がる荒地にバーゲストが出没していたと述べている。誰であれこの地方の著名人の死に際しては，バーゲストが現れ，土地の犬を全部従えて，うなったり遠吠えをし続けたりした。ヘンダーソンは，子どものころ

にこの群れを見たと主張する老人に会ったと言っている。ウィリアム・ホーンの「エヴリデイ・ブック」(1826-27) は，バーゲストとの遭遇について迫真に満ちた報告を提供している。

　あっしはね，だんな，ガーストン〔現ノース・ヨークシャーのグラーシントン〕で時計の修理をしていましてね，それで，夜も遅くなって，ちょっぴり酒をひっかけたんですよ。いえね，酔っ払ってなんかいませんでしたよ，金輪際。何もかもはっきり覚えてるんですから。仕事場を離れたのはかれこれ11時をまわるころでしたね。それにもう秋も深まっていましてね，よく晴れてきれいな晩でした。月が明るく照っていましてね，リルストン・フェル〔グラーシントンの南に所在〕の丘があんなにはっきり見えたのは，あとにも先にもあれが初めてでしたよ。それでね，だんな，あっしは水車場へ行く小径を歩いていたんですよ。するとね，何かがあっしの前を通り過ぎてゆき，――ガチャン，ガチャン，ガチャン，ガチャンと，鎖が触れあうような音が聞こえるじゃありませんか。でも，なんにも見えないんですよ。あっしゃあ，こりゃあ妙な具合だと思いましたね。そこで立ちどまってあたりを見回したんですよ。だがなんにも見えやしません。水車場に通じる小径の両側にずっと2列の石の塀が続いているだけでさ。するとまたあの，ガチャン，ガチャン，ガチャン，ガチャンという鎖の音が聞こえてくるじゃありませんか。ところが，あっしが立ちどまると，その音もとまるんでさ。そこで，これがあのうわさのバーゲストに違いないなと思いました。あっしゃあ，大急ぎで木の橋の方に行きました。だって，うわさじゃあ，バーゲストは<u>流れる水</u>を越えることができないっていうじゃありませんか。ところが，だんな，橋を渡りきってもあの音が聞こえるんですよ。こいつも川を渡ったか，水源をまわって来たに違いありません。あっしゃあ，もう，度胸をすえましたよ。その前は多少びくついていたんですがね。こうなったら開き直って，こいつの正体を見てやろうと思いました。あっしはリントンに向かってグリート・バンクの土手を登りました。この間ずっと，あのガチャン，ガチャンという鎖の音は聞こえていましたが，なんの姿も見えません。すると，不意にその音がやんだんでさ。仕方がないので，あっしは向きを変えて，家に帰ることにしました。ところが，玄関についたとたんに，またあのガチャン，ガチャンが聞こえてくるじゃありませんか。鎖の音はホーリン・ハウスの屋敷の方に動いていくようなんです。あっしはそれについて行きました。月が明るく照っていましてね，あっしはついにそいつの尻尾を見たんです。こいつめ，とうとう正体を見たぞ，とあっしは心で思いました。それから家に帰ろうとしたんです。

　玄関についてみると，羊のようなものがいるんでさ。だが，羊と比べてずっと大きい。玄関の戸口に長々と寝そべっているんでさ。そいつときたら，まるで毛の塊。あっしは，「立てっ！」って言ってやりました。だがそいつは立とうとしません。それではというんで，「どけっ！」って言ってみたんですが，どこうともしません。あっしはますます度胸をすえて，そいつをぶったたいてやろうと杖を振り上げました。するとそいつはあっしに目を向けたんです。その目ときたら，燃えてるんですよ。お皿ほどの大きさのぎょろ目で，その目ん玉のいちばん外側は赤い輪，次いで

青い輪，それから白い輪があったんでさ。そんで，その輪がだんだんと小さくなって，しまいには小さな点になっちまいました。あっしは怖いとは思いませんでしたよ，そいつを。あっしを驚かそうとして，ずいぶん怖い顔でにらみつけていましたがね。あっしは「立てっ！」，「どけっ！」って言い続けていましたから，とうとう女房のやつが，玄関で何事が起こったのかと思って，出てきて，それから戸をあけたんでさ。すると，そいつは立ち上がって，どこかに行っちまいました。どうも，あっしよりも，あっしの女房の方が怖かったんですね。今までの話をしてやりましたところ，女房はこれがあのバーゲストだって言うんでさ。それっきりそいつの姿を見ていませんが，この話は嘘じゃありませんぜ。

〔モチーフ：F 234.0.2；F 234.1.9；G 302.3.2；G 303.4.1.2.4；G 303.4.6〕 （三）

パサマクワーディー・インディアンの小人　the Little People of the Passama-quoddy Indians

　パサマクワーディー・インディアン〔以下Pインディアンと略記〕の伝承には2種類の小人たち，すなわちナグムワサックとメクムワサックが登場する。どちらも身の丈2フィート半ないし3フィート〔約75〜90センチ〕，そしてどちらもグロテスクなほど醜悪である。本項目の具体的記述は，Pインディアンの族長と結婚した人類学者スーザン・スティーヴンズに負うものである。

　Pインディアンは，現在約1200人がアメリカ北東部メイン州のカナダとの国境近くに住んでいるが，以前は夏期には海岸，冬期には内陸に移動したものであった。移動の際に，彼らの妖精たちも一緒に移動した。Pインディアンは，現在では二つのインディアン保護地区に定住しているが，それぞれの地区にナグムワサックという妖精たちが居ついている。これらの妖精は，人間世界で起こるすべてのことに深くかかわっており，部族の中に死人が出ると悲しみの歌をうたい，婚礼があると喜びの声をあげたり踊ったり〔⇒踊り〕しているのが聞こえるのである。1930年代に新しい教会が建てられたとき，妖精らは湖岸に小さな石の教会を建てた。夜中に金槌の音と歌声とが聞こえ，朝になってみると教会が建っていたというのである。この妖精たちは，容貌の醜悪さを強く意識していて，人に姿を見られることを好まない。彼らを見て笑ったりすると命とりになりかねない。保護地区の海岸で時々見つかる素焼きの小さい筒はナグムワサックたちが使うパイプだといわれる。これはアイルランドで時々発掘される小さい素焼きのパイプを妖精のパイプと称するのと軌を一にする。

　ある老婆がスーザン・スティーヴンズに語ったところによると，ナグムワサックたちがある朝早くインディアン保護地区をあとにして湖を石のカヌーで渡っていくのを，自分を含めて何人かの人が目撃したという。ナグムワサックたちは，もっと多くの人が自分たちを信じてくれるようになったら，また戻ってくるかもしれないと言っていたという。

　この小人〔ナグムワサック〕たちを実際に見ることができるのはインディアンに限られていた。メクムワサックの場合も同じである。森の中にすんでいて，途方もなく個性的な服装をしている。顔は毛むくじゃらであり，それがインディアンたちには，

少々奇異な，よそ者という感じを与えるらしい。彼らの体は石でできているというふうに言い伝えられているが，スティーヴンズはこの点に触れていない。

メクムワサックはカトリック教会の守護者である。Pインディアンには17世紀の初頭にイエズス会士たちによって改宗させられたという歴史がある。メクムワサックは非常に恐れられているが，それというのは彼らの視線をまともに受けたインディアンは必ず死ぬか，それとも伝染病にやられるとされているからである。これは妖精に起因する傷害や病気の興味深い例であろう。あるインディアンの女はメクムワサックに出会い，無事その視線を避けおおせたが，彼女の仲間は，その視線を避けそこなって全員病気になり，中には死んだ者もいたという。

1970年ごろのこと，神父さんが休暇をとって教会を留守にしていたとき，数名の酔漢が聖餐用のブドウ酒を盗みに侵入したが，メクムワサックが警備をしていて酔漢どもを教会から追い出した。ひとりの酔漢は窓に体が引っかかったため，脱出するまでメクムワサックにめちゃくちゃに打たれたという。また1971年ごろ，レント〔四旬節〕にダンス・パーティーが催され，スーザン・スティーヴンズが付き添い役として立ち会った。このダンス・パーティーは，神父の許可を得てはいたが，インディアンの故老たちは，いささかためらいを感じていた。ダンス・パーティーに加わっていた16歳の少年が，突然，メクムワサックのひとりを目にした。怖じ気づいた少年は，いとこにも見てもらおうと思って，彼を呼びにいった。いとこは，自分の身に危険な視線を受けるのはごめんだと思ってなかなか見ようとしなかったが，とうとう目を向けてメクムワサックがいるのを確認した。うわさはぱっと広まり，75名の全参加者が2分もたたないうちに部屋から出ていってしまった。この妖精の訪れのあとに死者が出るに違いない，と人々は思った。結局，何も起こらなかったが，それ以来レントのダンス・パーティーはとりやめになった。

メクムワサックなる妖精は土着のものでなく，外から輸入されたガーゴイル〔ゴシック建築で屋根の水落としロとなっている怪物像〕であるという見方もある。ガーゴイルの役目は，四方八方ににらみをきかせて教会を悪魔から守ることである。ゴシック教会の壮麗な建築は，インディアンの改宗者たちにとっては，実際見る機会もないのだから，無縁のものだったろう。しかし郷愁に駆られた宣教師たちが故国の教会の姿をインディアンたちに説明しているうちに，ガーゴイルは教会を守る恐ろしい妖精であるという印象をインディアンたちに与えたというのは，充分考えられることである。彫像を妖精ととり違えた例はほかにもある。ルイス島のチェス駒は，現在ではよく知られている例である。　[モチーフ：F 234.2.2；F 239.4.3；F 242.2；F 246；F 271.2；F 388]　（平）

「バースの女房の話」 'The Wife of Bath's Tale'

チョーサーの『カンタベリー物語』（執筆1387-1400）の中の一話「バースの女房の話」は，二つの理由から貴重である。第1の理由は，この話が初期における妖精物語のすぐれた実例ということであり，第2には，リチャード・コーベット主教（1582-1635）の「さらば，贈り物と妖精たち」と題する詩篇にならって，中世の人々が妖精の退散を残念に思っていたことを示しているからである。はるか昔から，妖精たちは，いつ

も人間のもとを立ち去るものだと考えられていたようだが，それでも時には，立ち去りかねていたこともある。

> ブリトン人があがめていた，
> アーサー王時代の昔，
> イギリスの至る所に妖精はいた。
> 妖精の女王は陽気な仲間と，
> しばしば緑の牧場で踊っていた。
> これはわたしが読んで知っていた，
> 昔からの言い伝え。
> だが今はもう，誰にも妖精は見られない，
> それというのも，教区もちの托鉢修道士や，
> その他の聖なる托鉢修道士が，
> 国の諸所方々を，
> 太陽の光に浮く埃のようにくまなく巡り，
> 広間にも，婦人部屋にも，台所にも，寝室にも，
> 都会にも，町村にも，城にも，高い塔にも，
> 村里にも，納屋にも，牛小屋にも，酪農場にも，
> 入りこんでは，祝福を与えている。
> このために妖精が現れなくなったのだ。
> 昔，妖精が出歩いたところに，
> 今では午後といわず，午前といわず，
> 托鉢修道士が出歩いて，
> 許された教区内を回り，
> 朝のお祈りやら，聖なるお祈りを唱えたりしている。
> 女たちは，どこをほっつき歩いても，もう危険はない。
> 茂みの中にも，木陰にも
> 女をねらうインキュバスは托鉢修道士以外にいないし，
> その修道士も女を辱しめるのが関の山。
>
> 〔「バースの女房の話」857-881 行〕

この話の1節で，バースの女房は，「インキュバスは托鉢修道士以外にいない」とまで言って，旅の仲間の聖職者たちに，巧妙なあてこすりをしている。色好みの修道士というのは，民間伝承の中では，ごく普通の登場人物である。ここでバースの女房は，どうやら妖精を悪魔と同一視しているらしいことがわかる——女房がここで引き合いに出しているインキュバスは，人間の女と同衾する悪魔のことだから。もっともバースの女房の話で，主人公の騎士と同衾する〈醜い老女〉は悪魔などではなく，実体は善良な妖精である。

醜い老女，実は善良な妖精，というこの筋立ては，当時盛んに使われたものである。ジョン・ガウアーはチョーサーと同じ時期にこれを使って，『恋人の告白』（c.1393）を書き，また「サー・ガウェインとラグネル姫の結婚」と題された15世紀の詩が，

F. マデン編の『サー・ガウェイン』(1839) の中に収められている。トマス・パーシーの草稿から F. J. チャイルド (1825-96) が復刻した「サー・ガウェインの結婚」と題する，不完全な形でしか残っていないバラッドもある。醜い女性に対する礼節と服従，という同じテーマを扱った「ヘンリー王」と題されたバラッド（F. J. チャイルド編纂のバラッド 32 番）もある。この筋立ては J. F. キャンベルが採話した，ジャルムイッジ〔ジャルマト〕を主人公とするヘブリディーズ諸島に伝わる話「波の下の国の王女」では，フィアナ一族にまつわる話の一つになっている。チャイルドは同型の話を，アイスランドのサガから引用している。

　この話もチョーサーの場合となると，筋立てが同じとはいえ，ほかの例とは少し異なっている。アーサー王宮廷の騎士のひとりで，特に名前はつけられていないが，ひとりの「若い元気な騎士」といわれている騎士が，ある日馬に乗ってタカ狩りから帰る途中，娘をひとり手ごめにし，その罪のために最初は死刑を言い渡される。ところが王妃グウィネヴィアが，その騎士の処分を自分に任せてくれと願い出た。王妃は騎士に質問──女がいちばん望むものは何か？──を課し，その答えを見つけるために，1 年と 1 日の猶予を騎士に与えた。正しい答えが得られなければ，騎士は命を奪われるのである。そこで騎士はあちこちと馬を進め，幾通りもの答えを得たが，どれもとりわけていい答えとは思えなかった。とうとう宮廷に帰る日が来たが，森の中を進んでいくと，目の前に緑の空き地が開け，そこには 24 人の貴婦人が踊っていた。誰か，自分の抱える謎の答えを与えてはくれまいかと望みながら，騎士は夢中でその方へ近寄っていった。しかし騎士がそこにたどりつかないうちに，婦人たちの姿は皆，空中に消えてしまい，緑の空き地にはただ，言いようもないほど醜い老女がひとりいるばかりだった。老女は彼に声をかけ，何を探しているのかと尋ねた。騎士がいま陥っている苦境のことを語ると，その謎の答えを知っていると老女は答え，もし返礼として自分の願いをかなえてくれると約束するなら，その答えを教えようと騎士に言った。騎士が承知したので，老女は答えを耳元でささやいた。それからふたりは，連れだって裁きの場に出たのである。王妃を裁判長にして，判事団は，乙女たちや人妻，そして未亡人たちから成っていた。アーサー王の宮廷の者は皆が，列席した。質問がなされると，騎士は臆することなく進み出た。
　　「お妃様，一般に」と彼は言った，
　　「ご婦人方は，夫に対しても，
　　恋人に対しても，主権をもち，
　　彼らを支配したいと望むものです。
　　これはあなた様の最大の望み──
　　たとえ殺されようと，そう申し上げます。
　　ご随意にお裁きください。御意に従います」
　　　　　　　　　　　　　〔「バースの女房の話」1037-1042 行〕
すると，乙女も人妻も未亡人たちも，誰ひとりとして反駁することができなかったので，騎士は正当に自分の命を勝ち取ったと判決が下された。すると，あのむかつくほど醜い老女が立ち上がり，答えを騎士に教えたのはわたしであり，騎士はその返礼に

力の及ぶ範囲ならばどんな願いもかなえると約束した，と主張した。そして老女は，自分を妻にしてくれと，騎士に要求したのである。若い騎士は，この老女の言うことは正しいと認めはしたが，ほかの方法で恩を返させてくれるよう頼んだ。だが，老女はほかのやり方では満足せず，そこで騎士は，恥じながら急いで老女と結婚式をあげ，夜になってふたりは一緒の床についた。横になってはみたものの，彼はただうめきながら寝返りを打つばかりなので，彼女はそれを責めた。何か気にさわることでもおありかね？　と老女は尋ねた。何かいけないことをわたしがしましたか？　騎士は，お前が年老いて醜く，貧しくて身分が低いから，と答えた。穏やかに一つ一つ彼女は答え，最後に自分は，今の有様を変えることができると言った。そして，年老いて醜いがやさしく愛情に満ち，すべてにわたって真の妻として仕える女がいいか，あるいは若く美しいが，強情で不実で，大勢の恋人が押しかけてくるような女がいいか，どちらかを騎士に選ばせた。騎士はよく考えたあとで，最後に老女に選んでくれるように頼んだ。老女こそ，どちらがいいか知っているはずだからである。「では，わたしの思いどおりにしていいのですね」と老女は言った。「そうだ，それがいちばんいいと思う」と騎士は言った。「さあ，キスしてくださいな」と，老女は言った。「わたしは，あなたのために美しい貞節な妻になるのですから。さあ，カーテンをあけてわたしを見てくださいまし」　すると，あの老女がこの世のいかなる女性よりも美しい，夫の望みどおりにふるまって夫を喜ばせようとする女性に変わっているのを見て，騎士は幾度も口づけした。そしてふたりは，愛情といたわりに満ちた日々を送ったのである。

　チョーサーの物語は，騎士が自分の過失のために試練におかれるという点で，ほかの物語詩や民間説話とは違っている。ほかの物語では，主人公は君主たる王のために，探求の旅に出るのであり，そして相手の婦人は，「スピンドルストン崖の忌まわしいワーム」〔チャイルド34番の付録〕の話の場合と同じように，邪悪な継母によって魔法をかけられているのである。他の話の醜く変身した女性たちが魔法から逃れようとしている被害者であるのに対し，「バースの女房の話」に出てくる醜い老女は，状況を完全に掌握している妖精なのである。チョーサーの物語は，あの海千山千のバースの女房に似つかわしくない，やさしく美しい話といえるが，それでも物語は，夫は妻に従順であれ，というバースの女房の教訓を強調しているのである。　〔モチーフ：D 732；D 1870；H 541〕　　　　　　　　　　　　　　　　　　　　　　　　　　　　（井）

バッキー　Buckie

『デナム民俗雑纂』第2巻（1895）掲載の長いリストに記されている，われわれの祖先が恐れを抱いた，多くの超自然的存在の一つ。G. F. ノーソールの『イングランドの俗謡』（1892）には，ノーソールがバッキーと関連づけた歌が一つ載っている（たぶんバガブーとも関連がある．⇨バッグ）。次の1節はデヴォンシャーの子どもたちが暗い夜道を通るときにうたったものである。

　　　　　　バッキー，バッキー，ビディー・ベネ，
　　　　　　道にはもう邪魔するものいないだろうね？
　　　　　　ガチョウはその巣に帰ったかね？

　　　　キツネもおうちに帰ったかね？
　　　　さあさあ，ぼくが歩いていくよ。
　バッキーという言葉は，悪魔やインプたちがとるヤギの姿を連想させる。ビディーは，「お願い，要請」を意味する 'bidding'（この語は，オックスフォード大学の基金寄贈者たちへ祈りを呼びかけるときの 'Bidding Prayer' の用法に見られる）の変形か。ベネは古英語で祈りを意味した。
　　　　　　　　　　　　　　　　　　　　　　　　　　　　　　　　　　　（三）（平）

ハッグ¹　the Hagge
　16世紀〔『オックスフォード英語大辞典』によれば17世紀〕に用いられたナイト メアに対する名前。ハッグ¹は眠っている人の上にすわり腹を圧迫して恐ろしい夢を見させる，身の毛もよだつ夢魔とされている。［モチーフ：F 471.1；F 471.2.1］　　　　　　　　（吉）

ハッグ²（妖婆）　Hags
　妖術にふけった醜い老婆は，しばしばハッグ²と呼ばれたが，超自然のハッグ²も存在すると考えられていた。例えば「消えた月」と題するバルフォア夫人の物語に見られるイングランド中東部の沼沢地帯〔ザ・フェンズ〕に出没する物の怪や，原始時代の女性自然神の最後の名残と思われるケラッハ・ヴェール，また人食いアニス，おだやかアニスといった巨大なハッグ²などがそうである。［モチーフ：A 125.1］　　　（吉）

パック　Puck
　シェイクスピアは『夏の夜の夢』(1600) の中で，パックを個別の妖精として扱った。そのため『憂鬱病の解剖』(1621) におけるロバート・バートン［⇒バートンの妖精考］のように，パック一般について語ったり，あるいは14世紀の詩人W.ラングランドのように，パックを悪魔と同じものとし，地獄を〈プーク〔パック〕の檻〉と呼んだりするのは，もはや不自然に思われる。シェイクスピアの描くパックは，またの名をロビン・グッドフェローともいわれ，ホブゴブリンの集約された姿を示している。民間伝承においてパックといえば，人を道に迷わせるやつというイメージがきわだっており，プークのまどわしという表現は，〈ホバディーのランタン〉〔鬼火〕などに比べると，よく知られている。シェイクスピアの描くパックは，17世紀の小冊子『ロビン・グッドフェローの生涯』に描かれているいたずらを残らずやってのける。ティターニアの妖精に向かって，パックは自分のことを以下のように語っているが，ホブゴブリンの描写として，これにまさるものはない。
　　　　ぼくは陽気な夜の放浪者。
　　　　オベロン王にもふざけて見せて，
　　　　豆を食べて太った雄馬をだますため，
　　　　雌の子馬に化けてはヒヒンと鳴くと，オベロン様も笑いだす。
　　　　時には蒸し焼きリンゴに姿を変えて，
　　　　おしゃべり婆さんの酒のお椀に身をひそめ，
　　　　飲もうとする婆さんの唇まで跳ね上がれば，

しわくちゃのたるんだのどのあたりに酒がかかる。
まじめくさった婆さんが悲しい話をしようとし，
三脚椅子と思ったぼくに腰をおろそうとするときに，
ひょいと抜ければ，婆さんドシンと尻もちついて，
畜生とどなってせきこんでしまう。
するとみんなは腰をおさえて笑いだし，
ますますおかしがってくしゃみをし，
ついぞこんなにおもしろかったことはないと言う。

〔『夏の夜の夢』2幕1場 43-57 行〕

人間の愚かしさがパックをいつも楽しませるが，すべてのホブゴブリンと同様に，パックにもやさしくなるときがある。パックは相手を疎んじる恋人に対して，いつも怒りをみせており，一緒に駆け落ちをした男〔ライサンダー〕から蔑まれ見捨てられるハーミアに対して，心から同情する。『ニンフィディア』(1627) に収められたごく小さい妖精に関するマイケル・ドレイトンの説明の中でも，パックはシェイクスピアの描くパックと同じような性格を見せている。そのほかにも，パックの特性は，イギリス諸島のケルト系地方の妖精に見いだされる特性，すなわちプカ，ブーカそれにピクシーに見られるものと相通ずるものがある。すべてのホブゴブリンと同様に，パックもまた変身の熟達者であり，人間のためにブラウニーまがいの仕事をするし，またブラウニー同様，衣服を贈られると姿を見せなくなる。シェイクスピアの描くパックは，ある1点において，伝承に現れる普通のパックたちと異なっている。すなわちシェイクスピアのパックは妖精の宮廷に属しており，ひとり暮らしの妖精とは言いがたい，という点である。〔モチーフ：F 234.0.2；F 381.3；F 399.4；F 402.1.1；F 482.5.4〕

(井)

バッグ，バガブー，ボグルブー，バグベアなど　Bugs, Bug-a-boos, Boggle-boos, Bugbears, etc.

これらはすべて，一般に子ども部屋のボーギーとして扱われる。子どもを怖じ気づかせて行儀よくさせるのが役目。ジリアン・エドワーズは，著書『ホブゴブリンとやさしいパック』(1974) の中で，これらの呼称を初期ケルト語の'bwg'に由来するものとして，かなり詳しく論じている。この呼称の大部分は，「枯尾花を幽霊と見誤る」類の想像上の恐怖に適用される。バグベアのこういう用法は，1565年ごろ公刊された『バグベア』というイタリア劇の翻訳にすでに見られる。これは偽者の魔術師についての劇である。

(平)

パッチ　Patch, Pach

宮廷の道化役によく使われた名。英国王ヘンリー7世（在位 1485-1509）もヘンリー8世（在位 1509-47）もパッチと呼ばれる道化役を抱えていた。『ロビン・グッドフェローの生涯』という17世紀の小冊子の中では，パッチは宮廷道化師というより，使用人が家事や家畜の世話をちゃんとやっているかどうかそれを検査する役を買って出ているように見える。

真夜中ごろにわたしは出歩く。わたしがいろいろいたずらをしでかすものだから，人々はわたしをパッチと呼ぶ。自堕落女が眠りこけているのを見つけたとする。顔がきれいにしてあれば汚してやるし，汚い場合には，いちばん手近の便器に突っこんで洗ってやる，というわけ。ただし，こういう自堕落女を洗うのに使う石鹸は，別名〈巡礼の膏薬〉，つまり雌豚の糞さ。また，櫛をろくに使わないために頭髪にシラミがわいたり，かさぶたができたりするような女の場合，わたしは散髪屋になって，その頭髪を刈りとり，お猿の尻のようにすっぽんぼんにしてやる。さもなければ，髪の毛にピッチをたっぷり引っかけてやるんだ。そうすると，やつら自分から頭を坊主にしなければならず，赤恥をかくというわけさ。主人の言いつけをおろそかにするようなだらしのない女も，わたしは容赦しない。馬櫛をかけるのを怠って，主人の馬を台なしにする手合いもいる。そういう者に対して，わたしはグリースと煤を塗りつけてやるんだ。そうなったら馬どころか自分の体に馬櫛を使わないことにはどうにもならなくなる。また怠けて家畜に餌をやるのを忘れるような手合いに対しては，自分の食事も口にできないほどぶん殴って痛めつけてやるんだ。

彼は最後に殊勝ぶってこんな歌で締めくくる。

わが輩パッチは，このように
いろんないたずらができるんだ。
でも善い人たちに敵対したことはない。
悪いやつらは大嫌いだから，
やつらが悪さをしなくなるまでは，
思いっきりいじめぬくんだ。
善い人たちのためなら，
犬馬の労を惜しまぬが，
悪いやつらには金輪際
何もしてやらないんだ。

ジェイベズ・アライズ［⇒アライズの妖精リスト］は『イグニス・ファテュウスまたはウィル・オ・ザ・ウィスプと妖精たちについて』という小冊子の中に，パッチで始まる地名を多数列挙している。［モチーフ：F 360］　　　　　　　　　　　　　　　　　　（平）

パッドフット　Padfoot

ヨークシャーにあるリーズ市のあたりでよく知られるボギー，ボギー・ビーストの一種。ウィリアム・ヘンダーソンは『イングランド北部諸州と境界地帯のフォークロアについてのノート』（1879）の中で，これについてかなりいろいろと記している。リーズからその南東のスウィリントン村に荷物を運ぶのを仕事としていたサリー・ドランスフィールドという老婆は，羊毛のかたまりのようなものが，自分の目の前で道を転がっていったり，生け垣を突き破って通っていったりしたのをよく見かけた，と主張している。ダンビー村〔ヨークシャー北東部に所在〕のJ.C.アトキンソンは，パッドフットは，死の予告であり，時に見えたり見えなかったりし，どんな動物とも似ていないうめき声をあげ，時々ジャラジャラと鎖の音を立てて，軽い足どりで旅人の後ろ

をつけたり，そばに歩み寄ってくるものだ，と言っている。パッドフットは羊くらいの大きさで，長いすべすべした毛を生やしている。パッドフットに手を触れてはならない。ホーベリー町〔リーズ市の南方に所在〕にいた男は，パッドフットを見て白い犬のようだと言っている。その男は杖でそれを突いてみた。すると杖は，その体を突き抜けてしまい，それが皿のような大きな目をして男を見たので，男は家へ逃げ帰った。男は恐怖のあまり床につき，とうとう死んでしまった。

　パッドフットはたくさんいるフリテニンのうちの一つにすぎない。例えば，バーゲストやトラッシュ，それにスクライカーの項を参照されたい。これらはすべて道端に出没する超自然的存在で，イングランド北部地方の人々の想像力の産物である。〔モチーフ：F 234.0.2；G 302.3.2〕

(井)

ハートランド，エドウィン・シドニー　Hartland, Edwin Sidney（1848-1927）

イギリス・フォークロア学会の偉大な創立委員のひとり。この人も，『イギリスのフォークロア研究家たち』(1968)の中でリチャード M. ドーソン教授が記している，あの「偉大なチーム」のメンバーの多くと同様，大学教授ではなかった。彼はグロスターシャーの一事務弁護士であった。が，分析的頭脳に加えて，博覧強記の人で，研究の進展につれて，フォークロア学と人類学を巧みに結合させることに成功した。研究の初期の段階では，特に昔話に関心が深く，編著書『イングランドの妖精譚と昔話』(1890)は，サガ，メルヘン，民間伝承の非常にすぐれた選集で，特に，その妖精秘話は貴重である。翌1891年刊行の『妖精物語の考察』は，妖精界における時間の不思議な進行，妖精花嫁の物語など，多くの妖精信仰を扱っている。『ペルセウスの伝説』(1894-96)では，超自然的誕生という考え方を究明して，非常に広範囲な伝説を扱った。このころから，ハートランドはそれまでイギリスのフォークロア一辺倒だったのをやめて，人類学の方へ足を踏み入れ始めた。ハートランドは1900年と1901年に，イギリス・フォークロア学会の会長を務め，同学会の研究誌には，精力的でかつ貴重な寄稿を続けた。数多い書評は特にすぐれたものであった。

(吉)

パドルフット　Puddlefoot

「どろんこ足」の意。スコットランド中央部のパースシャーのブラウニーで，ピトロッホリーとダンケルド間の道路に沿って流れる小川にすむ。小川で水をはねかしながら動き回っては，びっしょり濡れた足のまま近くの農園に行き，家事の手助けもある程度するが，どちらかというといたずらをする方が多い。きちんと片づけてあるものは散らかし，散らかっているものを片づける。人々はパドルフットの動く音が聞こえるので，夜，小川を渡ることを怖がっていた。ところがある夜，男がひとり，ダンケルドの市で陽気に騒いだ帰り道，パドルフットが小川でバシャバシャ動き回っているのを聞いたので，「よう，元気かい，パドルフット」と呼びかけてみた。パドルフットは，この呼び名が大嫌いだった。「ああ，とうとう名前をつけられた。みんなおいらをパドルフットと呼んでいるのか！」こう言うと姿を消してしまい，以後2度と，人々の耳目に触れることがなかったという。類似の話の一例として，ホイッティンゲ

ーム村のショート・ホガーズの話があげられる。［モチーフ：C 432.1；F 346；F 381.1；F 399.4］　　　　　　　　　　　　　　　　　　　　　　　　　　　　　　　　（井）

バートンの妖精考　Burton's account of the fairies

　ロバート・バートン（1577-1640）は，著書『憂鬱病の解剖』（1621）第1部第2節の中の「妖精逸話」と題した小節で，当時一般に信じられていたさまざまな種類の妖精について，かなり包括的な記述をしている。多くの17世紀の清教徒たち，またJ. G. キャンベルやエヴァンス・ウェンツが伝承を記録しているスコットランド高地地方人たちと同じく，バートンは妖精を下位の悪魔とみなしていた。以下，バートンの記述をそのまま紹介しよう。バートンの豊饒にして緻密な文体の一端を読者に味わっていただきたい。

　　水魔というのは，今まで水辺や川辺にすみついていたナーイアス，すなわち水のニュムペー〔ニンフ〕たちを指す。水は（パラケルスス〔スイスの医学者，自然科学者，神学者，哲学者．1493-1541〕もそうみなしていたように）ニュムペーたちがその中にすむカオス（混沌），すなわちすみかである。この連中をフェアリーと呼び，ハブンディアがその女王であると説く人もいる。この連中は，水害をひき起こし，しばしば船を難破させ，いろいろの仕方で，例えば夢魔サキュバスとなったり，たいていは女性の姿で（とトリテミウス〔ドイツの人文学者，聖職者．1462-1516〕は言うのだが）現れ，男どもをだますのである。パラケルススは，人間の男と結婚して数年間生活を共にしたのち，なんらかの不和がもとで人間を見捨ててしまった妖精の話をいくつか紹介している。ヌマ・ポンピリウス〔ローマ第2代の王．伝承によれば在位715-673 B. C.〕が親しくしていたニュムペーのエーゲリアとか，ディアーナ〔ローマ神話で月の女神，処女性と狩猟の守護神．ギリシア神話のアルテミスに相当〕やケレース〔豊作の女神．ギリシア神話のデーメーテールに相当〕などの話である。オラウス・マグヌス〔スウェーデンの神父，外交官，文人．1490-1557〕は，スウェーデンのホテルスという国王〔不詳．古代伝説の王か〕が，ある日，猟をしているうちに側近からはぐれ，水のニュムペーすなわちフェアリーたちに出会い歓待を受けた，という長い話を紹介している。またヘクター・ボイーシャス〔スコットランドの歴史家．1465?-1536〕は，マクベスとバンコというふたりのスコットランドの貴族が森を彷徨しているときに3人の見知らぬ女に自分らの運勢を占ってもらったという話をも伝えている。かつてはこういうニュムペーあるいは妖女に対して，ヒュドロマンテイアすなわち水占いによって生けにえをささげる習慣があったという。

　　陸棲の悪魔に属するのは，ラール〔家庭などの守護神〕，ゲニウス〔土地の守護神〕，ファウヌス〔半人半獣の林野牧畜の神〕，サテュロス，森のニュムペー，フォリオットすなわちホブゴブリン，フェアリー，ロビン・グッドフェロー，トロールなどで，彼らは人間と接触することが多いだけ危害を加えることも多い。往昔の異教徒たちに畏怖の念を抱かせ，多数の偶像や礼拝所を建立させるに至ったのは，もっぱらこの連中なりとする者もいる。昔のペリシテ人〔昔パレスチナの南西部にいた住民〕にとってのダゴン〔農業神〕，バビロニア人にとってのベル〔創造神〕，シドン〔古代フ

ェニキアの都市〕の人にとってのアシュタルテ〔アスタルテ．豊饒と多産の女神〕，サマリア人にとってのバール〔太陽神〕，エジプト人にとってのイシス〔古代エジプトの主女神〕とオシリス〔イシスの夫，幽界の王〕などが，この範疇に入る。イギリスのフェアリー〔妖精〕もこういう畏敬の対象だったとする者もいる。フェアリーは，昔は根拠もなく畏怖され，それに敬意を表して家の清掃に努め，きれいな水の入っている手桶とか食糧を出しておくと，フェアリーにつねられることもなくなり，自分の靴の中にお金が入っていたり，そのうえ仕事もうまくいくようになる，と信じられていた。こういうフェアリーがヒースの生い茂る荒野や草地で踊り，そのあとにわれわれがよく野原で見かけるあの緑の輪を残すのだと，ルードウィッヒ・ラヴァーター〔16世紀の心霊現象研究家〕やトリテミウスは考えたし，オラウス・マグヌスもそうつけ加えている。もっともこのいわゆる妖精の輪は隕石が落下してできたもの，あるいは自然の戯れにより偶然に土地が肥沃になり過ぎたためと解する者もいる。お婆さんとか子どもがフェアリーを目撃することがよくある。スペインのバルシノ市〔現在のバルセロナ〕の地誌の中でヒエロニムス・パウリ〔スペインの著述家〕は，フェアリーたちがその町の近く，泉や山のあたりで身近に見られたということを次のように述べている。すなわち，「所によっては（とトリテミウスは言う）妖精たちは，山々の自分らの隠れ場へ素朴な人たちを誘いこむ——数々の驚異や光景を驚きの目を見張るこの人たちに見せ，いろいろの鐘の音を聞かせながら，云々」と。ジラルダス・カンブレンシスは，そのように妖精にまどわされたウェールズの修道僧の例をあげている。パラケルススは，ドイツで妖精たちが普通，丈2フィート〔約61センチ〕くらいの上着をつけて歩き回る場所をいくつか列記している。その中にはわれわれがホブゴブリンとかロビン・グッドフェローとか呼んでいる大形の妖精がいて，迷信深き時代〔16世紀前半〕のこと，一皿の牛乳をもらうとそのお礼に穀類をひいてくれたり，薪を割ってくれたり，ありとあらゆる種類の骨の折れる仕事をやってくれる，と信じられていた。彼らは往時のエオーリエー諸島〔シチリア島の北方，現在のリパリ諸島〕で古い鉄製品を修理したとも伝えられ，しばしば姿を見られたり，話しているのが聞かれたりしたという。トロサヌス〔フランスの著述家．医学の神秘についての著書がある〕は彼らをトゥルロス〔トロールのこと〕とかゲトゥロスと呼び，当時はフランスの各地で見かけられた，と言っている。ディトマルス・ブレスケニウス〔アイスランドの地誌家〕は『アイスランド島地誌』（1607）の中で，ほとんどすべての家庭にこのような家つきの妖精がいることを，間違いのない事実として報告している。またフェリックス・マレオルス〔不詳〕は，著書『悪魔の残酷さについて』の中で同様のこと，つまりかかるトロールあるいはテルキネース〔ギリシア，ロードス島の妖術師の一族〕はノルウェーでは，べつだん珍しくなく，骨の折れる仕事をしているのが見られるという。水をくんだり（とヨハンネス・ウィールス〔フランダースの医師，悪魔研究家．著書『悪魔のまやかしの王国』（1567）〕は言っているが），肉を調理したり，そういうたぐいの家事ならなんでもするのである。もう1種類ここに属するものに，無人となった家屋に出没し，おおかた無害であるが，イタリア人がフォリオット〔イタリア語ではフォレトス〕と呼

んでいるものがある。イタリアのカルダーノ〔16世紀イタリアの著名な物理・数学・哲学・占星学者.1501-1576〕はこう言っている。「彼らは夜中に奇妙な音声を発し,ときどき哀れなうめき声を立てるかと思うと,そのあとで笑い声を立てたりする。大きな火災を起こしたり,急にあたりを照らしたり,石を投げたり,鎖をガチャガチャいわせたり,人の髭を剃ったり,戸を開閉したり,お皿や腰掛けやたんすなどを放り出したり,時にはウサギ,鳥,黒犬などの姿になって現れる,云々」

　バートンは,ここからさらにさまざまな幽霊物語まで,すなわち古くはギリシア・ローマ時代から,加えて水魔や陸魔から始まってあのアムビュローネ〔歩き回る者どもの別名〕にまで筆を進める。

　アムビュローネは,真夜中ごろヒースの生い茂る原野や荒野を歩き,ラヴァーターの言によれば,旅人を道に迷わせ,一晩中,違った小道を歩かせたりして,元の道へどうしても戻れないようにしてしまう。このアムビュローネは地域により呼称を異にする。われわれはこれを通常パックと呼んでいる。アジアのロップ砂漠〔現タクラマカン砂漠の東部〕で,こういう歩き回る妖怪の幻影がしばしば見られることは,ベネツィア人マルコ・ポーロの旅行記にも書いてある。何かの拍子で旅行者が仲間からはぐれると,これらの魔物は彼を誘惑するために名前を呼んだり,仲間とそっくりの声を出したりする。

　ボギー、ボギー ビースト型の,人を欺く妖精について述べたあと,バートンは「上述の妖精と同じほどにありふれた」地下妖精へと筆を進め,しばしば引用されるゲオルギウス・アグリコラ〔ドイツの鉱物学者.1494?-1555〕を引き合いに出す。アグリコラに言わせると,地下妖精には2種類,すなわち「ゲトゥーリー」〔前出のゲトゥロスと同じものと考えられる〕と「コバリー」〔ドイツの民間伝承では地下鉱山にすみつく妖怪.コーボルトともいう〕とがある。地震や鉱山災害は,こういう連中がひき起こすものといわれる。

　このようにバートンは,多くのタイプの妖精を,時間的にも空間的にも広範囲にわたって取り上げている。しかし妖精に対する彼の態度は好意的ではない。　　　　　　(平)

花嫁エッヘナ　Eithne the Bride, Ethna 〜

妖精にさらわれた女性のひとり。アイルランドの妖精王で死者の王でもあるフィンヴァラは,美しい王妃があるのに人間の女性にも恋をしかけるので,特に美しいと評判の高い女性は,この王にねらわれる危険性があった。ワイルド夫人は『アイルランドの古代伝説とまじないと迷信』(1887) の中で,その当時アイルランドで最も美しい女性といわれた花嫁エッヘナが,フィンヴァラにさらわれた話を伝えている。エッヘナと結婚したばかりの夫である若い領主は,彼女の美しさを非常に誇りに思い,何日も何日も祝いの宴を続けていた。領主の城はフィンヴァラの宮殿の上にある妖精丘の近くにあった。領主はフィンヴァラと長い間の友だちで,時おり妖精王にブドウ酒のささげ物をするという間柄だったので,少しも妖精王を恐れていなかった。ところがある夕暮れのこと,エッヘナは銀色の衣装を月の光のように輝かせ,人々の間を漂うように踊っていたが,その手が踊りの相手からするりと抜けたと思うと,床に倒れ気

を失ってしまった。どう手当てしても正気に戻らず，ベッドに運ばれたが，エッヘナ
は横になったまま少しも動かなかった。朝になり正気に戻るように見えたが，エッヘ
ナがしゃべったことは，美しい国を訪ねたこと，どうしてもまたそこに戻りたいとい
うことだけだった。夜になると，再びエッヘナは深い眠りに落ちこんでしまった。年
老いた乳母が付き添ったが，夜の静けさの中で，やはり眠りこんでしまい，日が昇っ
て目覚めたときには，エッヘナの姿はもうなかった。城じゅうが大騒ぎになり，皆は
あちこちを捜し回ったが，エッヘナの姿はどこにも見えず，声も聞こえず，痕跡すら
見つからなかった。この失踪事件に，妖精たちが一枚かんでいることは明白であった。
そこで若い領主は，どうやってエッヘナを捜し出したらよいか，友人のフィンヴァラ
に相談しようと思い，王がすんでいるマハの丘さして全速力で馬をとばした。ラース
〔円型土砦〕について馬をおり，丘の斜面を登り始めると，頭上の虚空から，声が聞こ
えてきた。「フィンヴァラは今，幸せだ。花嫁エッヘナを，自分の宮殿に連れてきた
んだからな。あの婿どのは2度と花嫁に会えまいよ」と，ある声が言った。すると
「だが，婿どのは花嫁を連れ戻せるだろうよ。もしラースの真ん中で，穴を深く掘り
下げて，光が中に入るようにすればだがな。しかし最後まで掘りとおせないだろうな。
フィンヴァラ王は，どんな人間よりも力がまさっているからな」と，別の声。「だが，
わたしはあいつをやっつけてやるぞ」と若い領主は思った。領主は，広くあちこちか
ら人夫をかき集め，丘に深く幅広い穴を掘らせた。暗くなるころには，仕事も半ば以
上終わり，翌日になればフィンヴァラの宮殿まで掘り抜けるだろうと思われた。人夫
たちはそう期待しながら休んだ。ところが翌日になってみると，掘った穴は消え，丘
はまるで何もなかったように，いちめんに草が生えていた。ほとんどの者はがっかり
したが，若い領主はくじけず，それまで働いていたたくさんの人夫に，さらに掘り手
を加えたので，その日は前の日に比べて，もっと深くまで掘り進めた。ところが翌朝
になると，やったはずの仕事は跡形もなく消えていた。3日目の朝も，また同じだっ
た。若い領主は死ぬほど悲しんでいたが，頭上の空から，こう言う声が響いてきた。
「地面に塩をまけ。そうすりゃ，お前たちの仕事はうまくいく」 領主の胸に再び希望
がわいてきた。そこで領民たちから広く塩を集めさせ，夜になって丘を去る前に，盛
り土全部に塩をかけておいた。次の朝になってみると，やった仕事はそのままになっ
ていた。そこで人夫たちは元気いっぱい働き始め，日が暮れる前に妖精の国にかなり
近づいたので，土に耳をつけると，妖精の音楽や話し声が聞こえた。ある声が「フィ
ンヴァラは今，悲しんでいる。もし人間の鋤が宮殿の壁を破れば，宮殿は粉々になる
のを知っているからな」と言った。すると別の声が「だが，もし王がエッヘナを領主
に返せば，みんなは助かるんだ」と答えた。するとフィンヴァラの声が鳴り響いた。
「鋤を捨てろ，地上の者よ。そうすれば，日暮れにエッヘナを，領主のもとに帰して
やる」これを聞くと，領主は人夫たちに掘るのをやめさせ，日暮れに馬で谷の入り口
まで乗りつけた。するとエッヘナが，銀のように輝きながら深い土の裂け目を登って
きたので，領主はエッヘナをさっと馬の背に乗せると，ふたりして城へ帰った。しか
しフィンヴァラは領主をだましていた。連れ戻される途中，エッヘナは口もきかず動
きもせず，腕に抱かれたままで，ベッドに寝かせても，まるで蠟人形のように横にな

ったまま，どんなことをしても目を覚まさなかった。そこで一同は，エッヘナが妖精の食べ物を食べてしまい，魂を妖精の国に残してきたのではなかろうかと，心配し始めた。ある夜，領主が，悲しそうに馬に乗って家に帰る途中，どこからともなくあの親切な声が聞こえてきた。「エッヘナが領主のところに帰ってから満1年が過ぎたのに，まだ動かないのはな，フィンヴァラがエッヘナの魂を，マハの丘の下の宮殿にひきとめているからだよ」とある声が言った。するとほかの声が「だがもし，夫がエッヘナの腰の帯を解いて，留めてある妖精のピンを抜き取れば，人間の生命を取り戻せるだろうよ。もしその帯を火にくべ灰を戸の外にまき，ピンを土の中に埋めれば，エッヘナに人間の魂が帰ってくるだろうよ」と答えた。若い領主は馬をめぐらすと，稲妻のように走らせて城に戻った。苦労してエッヘナの帯をほどき，妖精のピンを取りはずした。帯を燃して灰を戸の外にまいた。それでもエッヘナは少しも動かない。そこでピンを取り上げ，人が足を踏み入れぬ妖精のイバラの下に埋めた。そして戻ってみると，エッヘナはベッドの上に身を起こし，両腕を彼に差し出した。エッヘナは今まで起こったことをみんな知っていたし覚えていたが，妖精の国で過ごした1年は，まるで一夜の夢のように思えるのだった。フィンヴァラは2度と手出しせず，ふたりは幸せに生涯を過ごした。ずっと以前にふたりはこの世を去ったのだが，領主が妖精丘に掘らせた深い穴は，今でもマハの丘に残っており，フェアリー・グレン〔「妖精の谷」の意〕と呼ばれている。

　フィンヴァラはこのように人間をだましましたが，その妖精の国には良心的な者もいることがはっきりわかる。

　フィンヴァラは死者たちを支配するので，この物語はギリシア神話「オルペウスとエウリュディケー」の中世版であるオルフェオ王の話に近いものがあり，そこでは，冥界の王プルートーンが妖精の王と呼ばれている。　［モチーフ：F 322；F 322.2；F 375］（井）

「パベイ島」 'The Isle of Pabaidh'

　J. F. キャンベルは『西ハイランド昔話集』(1860-62) 第2巻にある話の中で，恩を忘れぬ妖精の代表的な事例を以下のように簡潔に記している。

　　パベイ島〔バラ島の南の小島〕に住むある男の家に，〈平和の女〉(妖精)がやって来た。女は産気づいていた。男は女に食べ物を与え，女は首尾よくお産をすませた。女はその晩そこに泊まり，帰りぎわに，男に向かって「今後，この島の誰も，産褥で死ぬことのないようにしてあげたいと思います」と言った。このことがあってから，この島民はもちろん，その島に移り住むよそ者でも，お産で死ぬ者は一切なくなった。

　この場合，妖精から得た報いはその男の善行にふさわしいものであった。この話は，妖精の女がお産をするという例を提供しているが，こういうことは「シリーナが原の妖精のすみか」の話によれば，きわめてまれな出来事と考えられていた。しかし，シリーナが原のあるコーンウォール州では，パベイ島に比べ妖精の小形化がもっと進んでいたことを考えれば，当然かもしれない。　［モチーフ：F 332］　　　　　　　（三）

ハベトロット　Habetrot

スコットランド南部境界地方の糸紡ぎを司る妖精の名。ウィリアム・ヘンダーソンは著書『イングランド北部諸州と境界地帯のフォークロアについてのノート』（1879）に，この妖精にまつわる物語を〈ウィルキー稿本〉から転載しているが，それは多くの点で興味深いものである。スコットランド南東部のセルカークシャーに住むあるおかみさんに，きれいな娘がいた。ところがこの娘は怠け者で，糸を紡いで手にまめを作るよりは野に出て花を摘む方がよほど好きだった。おかみさんは，娘を一人前の紡ぎ手にするため，できるかぎりの手を尽くしたが無駄だった。とうとうある日，堪忍袋の緒が切れたおかみさんは，娘をしたたか打ちすえ，娘の前に亜麻を七束放り出し，これを三日以内に糸に紡いでしまわなければひどい目にあわせる，と言った。娘は母親が本気なのを知り，懸命に仕事に取り組んだ。そして1日じゅうまじめにやってみたが，ただ小さな柔らかい手にまめを作り，あちこちこぶのできたごつごつの糸を数フィート〔1フィートは約30センチ〕紡いだだけだった。暗くなると，娘はひとりで泣きながら眠ってしまった。翌朝日が昇ってから目を覚まし，目の前のいまいましい割り当て仕事の山を見ると，がっかりした。「ここにいても仕方がないわ。外に出て新鮮な空気にあたってこよう」と娘は思った。娘は小川のほとりを行ったり来たりし，ついに穴あき石に腰を下ろすと，ワッと泣きだした。誰も近づいてくる足音は聞こえなかったが，ふと顔を上げてみると，かたわらにひとりの老婆がすわってせわしげに紡錘を使っている。まるでその目的のために作られたような唇から糸を引っぱり出しているのである。娘は愛想のよい少女だったから老婆にていねいに朝のあいさつをした。それから，娘は無邪気に「お婆さんの唇はどうしてそんなに長いの？」と尋ねた。「糸を引っぱるためにだよ，お嬢ちゃん」と，老婆は娘がいたく気に入って答えた。「わたしも糸を紡がなきゃいけないの。でもちっともうまくできないんです」と娘は言って，今までの一部始終を話した。「亜麻の束を持っておいで。すぐにわしが紡いであげるよ」と老婆がやさしく言った。娘は走って家に帰り，亜麻の束を持ってきた。「お婆さんは何という名前なの？　それで，どこで受け取ればよいのですか？」娘が尋ねた。ところが，老婆はそれには答えず，亜麻の束を取るとさっさと姿を消してしまった。娘はすっかりとまどい，腰を下ろして待った。そのうち日が照りだして暑くなり，娘はうとうとしたかと思うと，眠りこんでしまった。目を覚ましたときには，もう日が沈むところだった。と，娘の頭の下からブンブン鳴る音とうたうような声が聞こえてきた。娘が穴あき石に目を落として見ると，その下が大きな洞窟になっていて，内部では多くの奇妙な老婆たちがすわってせっせと糸を紡いでいる。めいめい，川によくある〈コルディ石〉と呼ばれる丸くなった白い大理石の上にすわっている。みんなとても長い唇をしており，朝会った老婆がその間を歩き回り，みんなを指図している。娘がのぞいていると，老婆の声が聞こえてきた。「丘の娘は知るまいよ。ハベトロットってのがわしの名前だとは」　ほかの者から少し離れてひとりすわっている紡ぎ手がいたが，誰よりもひときわ醜かった。ハベトロットはそこに行き，「糸を束ねておくれ，スキャントリー・マップよ。そろそろあの娘が糸を母親に渡す時間だからね」と言った。これを聞いて，娘はもう家に帰らねばならない時間になったこと

に気がついた。娘はそこで立ち上がると、急いで帰宅した。家のすぐ外で娘はハベトロットに会った。老婆は美しい七かせの糸を渡してくれた。「まあ、お礼に何をしてあげたらよいかしら」娘が大声で言った。「いいよ、いいよ、何もいらないよ。でも、誰が紡いだか母さんに言ってはいけないよ」とハベトロット。娘は、大喜びで家に入ったが、お腹はぺこぺこだった。何しろ前の日から何も食べていなかったのだから。母親はもうベッドに入ってぐっすり眠っていた。この地方でソースターと呼ばれる黒ソーセージを作るのに精を出し、早目に床についていたのだ。娘は、母親が起きたらすぐ目に入るように、糸の包みを広げておいた。それから火を起こし、フライパンを取り出すと、最初のソースターを焼いて食べた。次に2番目のを、それから3番目のを、といった具合に、とうとう七つとも食べてしまった。それから梯子を登ってベッドに入った。

朝になると母親が先に目を覚ました。見ると、きれいな糸が七かせ広げてある。ところが自分の作ったソースターは影も形もない。あるのは空っぽのフライパンだけだ。うれしさと腹立たしさとでわれを忘れ、母親は家の外にとび出した。

　　「娘が紡いだよ、七つ、七つ、七つ、
　　　娘が食べたよ、七つ、七つ、七つ、
　　　しかも、みんな夜明け前に！」

そこにたまたま通りかかったのが若い領主だ。「何をそんなに騒いでいるのかね、おかみさん？」　領主が言うと、母親はまたうたいだした。

　　「娘が紡いだよ、七つ、七つ、七つ、

ハベトロツ ● 263

娘が食べたよ，七つ，七つ，七つ，
もし，信用できないなら，ご自分の目で確かめられてもいいですよ」
　領主は母親について家に入ってきた。そして，滑らかでみごとな糸を目にすると，それを紡いだ娘に会ってみたくなった。そして，きれいな娘を見ると，嫁になってくれないかと頼んだ。
　領主はハンサムな好男子だったので，娘は喜んで承諾した。が，たった一つ困ったことがもちあがった。領主が，結婚したら，美しい糸をどんどん紡いでほしいと言うのだ。そこである晩，娘は例の穴あき石のところに行き，ハベトロットを呼び出した。ハベトロットは娘の心配事をもう知っており，「心配いらないよ，娘さん。彼氏をここへ連れておいで。悩みを解決してあげるから」と言った。翌晩，日が落ちると，娘と領主のふたりは穴あき石のところに立っていた。ハベトロットのうたうのが聞こえてくる。歌が終わると，ハベトロットはあの秘密の戸口を開き，ふたりを小丘の内部に招き入れた。領主はありとあらゆる奇形を目の当たりにして驚き，老婆たちの唇がどうしてそんなにゆがんでいるのかと声に出して尋ねた。老婆たちは次から次へととても聞き取れないような声でつぶやいた。「い，い，糸を，つ，つ，紡いだせいよ」「そうとも，そうとも，みんな昔はきれいだった」とハベトロットが言った。「糸紡ぎをやっているとみんなこんなになるのさ。あんたの彼女だって同じだよ。今は確かにきれいだけどね。あんなに糸紡ぎが大好きではね」「絶対にだめだ！」と領主が言った。「今日から彼女にはいっさい紡錘に手を触れさせない」「仰せのとおりにいたします，領主様」と娘が言った。その日から娘は領主と一緒に野山を散歩したり，彼の馬の後ろに乗って，鳥のように身軽に駆け回った。そして領内の亜麻の束はすべてハベトロット婆さんに渡して紡いでもらうことになった。
　グリムの「糸くり3人女」〔KHM 14番〕の類話であるこの楽しい物語は，単なる民話にとどまらない。なぜなら，ハベトロットは糸紡ぎの女守護者だと実際に考えられており，彼女が織ったシャツを着るとあらゆる病気がたちどころに治る，と本気で信じられていたのである。糸紡ぎの妖精の名前の多くが，「トロット」，「スロット」ないし「トット」で終わっているのは不思議である。トライテン　ア　トロッテン〔⇒トゥルティン・トゥラティン〕，グワルイン　ア　スロット，トム・ティット・トットなどがそれである。ハベトロットには他のものと違って悪意はないが，偶然，名前をもれ聞いてしまうというくだりは，同じモチーフを下敷きにしていることをうかがわせる。
　〔タイプ：501．モチーフ：D 2183；F 271.4.3；F 346；G 201.1；H 914；H 1092；J 51〕　　　　　　　　　（三）

バーベナ　Verbena
　クマツヅラ属の植物。妖精除けの項参照。　　　　　　　　　　　　　　　　　　　　（平）

ハリウェル（ハリウェル＝フィリップス），ジェイムズ・オーチャード　Halliwell, James Orchard, later Halliwell-Phillipps（1820-89）
　フォークロア収集家というより，文学色の強いフォークロア学者のひとり。故事研究家として，当時流布していた唄〔ライム〕，俗信，習俗などの起源を，初期のブロー

ドサイド〔大判紙の片面に歌詞を印刷したもの〕や小冊子，さらに17世紀の故事研究家の業績にまでさかのぼって明らかにすることにより，フォークロアの研究に貢献した。彼はジョン・オーブリーの業績を大いに利用した。妖精伝承を最も多く扱っているハリウェルの著作は『「夏の夜の夢」の妖精神話例解』(1845)，『イングランドの伝承童謡とおとぎ話』(1849)，『古語と地方語の辞典』(1847)——この辞典の〈妖精〉の項にいろいろの事物に対する伝承的呼称，例えば〈妖精バター〉，〈妖精の輪〉，〈妖精の矢〉，〈妖精パン〉などが集められていて興味深い——などである。

　ハリウェルは，時々，多少怪しげなやり方で，いくつかの唄を継ぎ合わせて一つのまとまった民話に仕立てたりもしたが，彼の推理力はきわめてすぐれていて，その後，ハリウェルと無関係に採集された多くの民話は，ハリウェルが推理して合成したものとそう違っていないことが判明したのである。このことを言い落とすと，片手落ちになろう。

　民話の勝手な合成よりもっと重大な告発が，24歳のハリウェルに対してなされている。それは，自分の収集をさらに充実したものにするため，ケンブリッジ大学図書館から写本を何点か盗み出した，というものであった。ハリウェル夫人が，父である古文書学者サー・トマス・フィリップスの財産を1867年に相続するまで，ハリウェルは，たえずお金に苦労していた。義父がハリウェルを非常に嫌っていたにもかかわらず，1872年に，ハリウェルは自分の姓をハリウェル＝フィリップスと改めた。J. O. ハリウェルは，その奇矯な性格にもかかわらず，非常に魅力的な絢爛たる才能の持ち主だった。

〔平〕

ハーリング　Hurling

　球技の一種。フィールド・ホッケーの原形。ハーリングは，アイルランドの妖精のレクリエーションの中では，もっとも盛んなものだが，その試合の模様はダグラス・ハイドの『炉辺にて―アイルランド昔話集』(1890)に収められた話「ボーディン・オケリーとイタチ」で語られている。これは妖精の人間依存を示すよい実例でもある。

　　緑の丘が開くと，ふたりはりっぱな広間に入っていった。
　　丘の中に群がり集まっている人々を，ボーディンはこれまで1度も見たことがなかった。あたりはいちめん，老若男女の小さな人々でいっぱいだった。その連中は皆，ちびドーナル——それが笛吹きの名前だった——とボーディン・オケリーを歓迎した。妖精王と王妃は，ふたりのところにやって来てこう言った。
　　「今夜わたしたちは，みなでクノック・マハ〔マハの丘〕へ，われらの偉大なる王と王妃を訪ねにいくのです」
　　そこで一同は，立ち上がって出発した。各自に馬が用意され，王と王妃のためには，首なし馬の黒馬車が支度されていた。王と王妃はその馬車に乗り，一同はそれぞれ自分の馬にまたがったが，ボーディンも遅れをとらないように急いだ。笛吹きは一行の前に出て音楽を奏ではじめ，一同と共に先へ進んだ。ほどなくして一行は，クノック・マハについた。丘が開き，妖精群の王は，中に入っていった。
　　フィンヴァラとヌアラ，すなわちコナハト〔アイルランド北西部の地方〕の妖精群

の大王と王妃，それに幾千とも知れぬ小さな人々がそこにいた。

フィンヴァラがすぐ近くにやって来て，こう言った。

「われらは今宵マンスター〔アイルランド南西部の地方〕の妖精群を相手にハーリングの試合をする。やつらを打ち負かさねば，われらの評判は永久に地に落ちるのだ。試合はシュリーヴ・ベルガドーンなる山のふもとのモイトゥーラ〔ゲール語ではマイ・トゥーレド〕で行なわれることになっている」

コナハトの妖精たちは，大声でこう言った。「全員，準備完了，きっとやつらを打ち負かします」

「よし，出発せよ」と大王は大きな声で言った。「ネフィーン丘のわれらの仲間は，先に試合場についていよう」

一同は出発した。ドーナルとそのほか12人の笛吹きが先頭を歩みながら，美しい旋律の曲を奏でた。一同がモイトゥーラについたときには，マンスターの妖精群とネフィーン丘の妖精たちは，すでに先に来ていた。さて，互いに戦っているとき，すなわちハーリングの試合では，妖精群にはふたりの生きた人間の男を付き添いにすることが必要であった。そのため，小さなドーナルはボーディン・オケリーを一緒に連れてきたのであった。マンスターの妖精群の付き添いには，クレア地方のエニスから来た〈黄色いスタンガラ〉と呼ばれる男がいた。

ほどなくしてコナハトの妖精群とマンスターの妖精群は左右に分かれ，球がその間に投げ入れられて，ゲームは真剣に始められた。双方互いに球を追い回し，笛吹きたちは音楽を演奏し，そうこうするうちに，ボーディン・オケリーは，マンスターの妖精が優勢になってくるのを見てとると，コナハトの妖精の助太刀に乗り出した。スタンガラがやって来てボーディン・オケリーに襲いかかったが，ボーディンは相手を逆落としに放り投げてしまった。ハーリングの試合から両陣営は喧嘩を始めたが，すぐにコナハト側は相手を打ち負かしてしまった。すると，マンスターの妖精はバッタの群れに変身し，そこらじゅうの緑のものを片っぱしから食い荒らし始めた。行く先々の土地を荒廃させながらコング〔ゴールウェイ州とメイオー州との境にある．洞窟が多いので知られる〕まで飛んでいった。すると幾千というハトがコングの洞窟から舞い上がって，バッタの群れをのみこんでしまった。その洞窟は今日に至るまで，ボル・ナ・ゴルム，すなわち〈ハトの洞窟〉と呼ばれている。

このハーリング試合は非常に熱がこもっていたが，近代におけるクリケットの国際決勝戦となにやら通じあうものがあるように思われる。　［モチーフ：F 267］　　　　　（井）

「バルマチーの領主の妻」 'The Laird of Balmachie's Wife'

妖精の盗みの中でも最もゆゆしいのは人間を盗み出すという行為である。妖精の種族補強のため人間の赤ん坊が盗まれて，代わりに取り換え子が置かれていたり，子どもが誘拐されたり，若い娘がさらわれて妖精の花嫁にさせられたり，赤ん坊を産んだばかりの母親がさらわれて妖精の赤ん坊の乳母の役をさせられたりした。このように1度人間が妖精界の捕らわれ人となってしまうと，彼らを救出することは，不可能ではないにしても，きわめて困難であった。しかし，盗まれるのを防いだり，捕らえられ

ても妖精界につく前に救出された話はかなりある。W. W. ギビングズの『フォークロアと伝承，スコットランド篇』(1889)より採られた「バルマチーの領主の妻」の話はその代表例である。この話は，K. M. ブリッグズ編の『英国昔話事典』(1970-71)B部第1巻に再掲載されている。

　昔，まだ殿方が剣を腰に下げるのが習わしであったころ，バルマチーの領主が，病床の妻を家に残して，ダンディー〔スコットランド中部北海沿岸の港町〕へ出かけた。たそがれの中を馬に乗って家路についたのだが，わけあって大通りから離れて，カールランギーの近くのカール丘陵と呼ばれる神秘的な二つの小さな丘の間を通り過ぎようとしていたとき，一群の妖精が担い籠のような物をかついでいるのに出くわした。どうやら人間を運んでいるらしい。領主は不屈の勇気をもっていたので，彼の言うには何かしら内から湧いてくる衝動にかられて，馬を担い籠のところに進め，剣を抜いてその籠に突きつけ，断固たる口調でこう言った。

　「神の名において，捕らえた者を放してやれ」

　小人たちの一群は，担い籠を地上に置き去りにして，すぐに姿を消した。領主が馬をおりて見ると，その中には，夜具にくるまれた自分の妻が入れられていたのだった。領主は，自分の上着を妻に着せかけ，彼女を馬の前に乗せて，間もなく無事に帰宅した。

　妻を別室に入れて，注意深い友に世話をまかせると，すぐに，出かけるときに妻のいた部屋へ行ってみた。そこには，どう見ても妻としか思えない者が，熱にうかされて横たわっている。妻は不機嫌で，いらいらしており，彼の留守中ほうっておかれたと愚痴を言った。領主はいちいちうなずき，非常に心配そうな様子を装った。さらに，とても同情しているふりをして，ベッドを直してあげるからちょっと起きてくれ，と言った。彼女はとても身動きなどできないと言ったが，夫も言いだしたら引かなかった。部屋を暖めるためと言ってどんどん薪をくべさせ，ベッドから偽の妻を抱き上げ，あらかじめ用意していた椅子へ運ぶふりをして，いきなり暖炉の中に投げこんだ。すると，彼女はまるで流星花火のように，燃えさかる暖炉から跳ね上がり，天井を突き抜け，屋根から家の外に飛び出していった。屋根がわらのその箇所には，ぽっかりと穴があいた。それから本物の妻を連れてきた。彼女は驚きから少しは回復した様子だった。

　妻の言うには，日が沈んでしばらくしてから，乳母がオートミールのおかゆを少々作ろうとしてしばらく離れたとき，まるで巣箱を飛び出した蜜蜂の大群のようにエルフどもが窓から入ってきて，自分をベッドからかつぎ上げると，また窓を通って外に運び出したという。それ以後は，カールランギーの裏手のカール丘陵で夫がかたわらに立っているのを見るまで，彼女は何も覚えていなかった。

　領主の妻になりすました妖精が逃亡したときにできた屋根の穴は修理されたが，年に1度決まって起こる突風のため，屋根の他の部分はなんともないのに，決まってそこだけ穴があいてしまい，ついに完全には直らなかったという。

〔モチーフ：F 322〕　（三）

バルマチノ　●　267

パン　Bread

食べ物の原型であり，したがって生命の象徴であるパンは，妖精に対して最も広く使われていたお守り［⇨妖精除け］の一つであった。妖精の出没する場所に出かける前に，ポケットに乾いたパンの一かけらをしのばせるのが慣例であった。　　　　　　　　　　　　　　　（吉）

バン・シー，バンシー　Bean Sídhe, Bean Sí, Banshee

アイルランドの死の妖精。ゲール語の意味は「妖精の女」。旧家の家族の誰かが死ぬときだけ泣くといわれる。バン・シーが幾人か一緒になって泣き叫ぶときは，偉い人か，徳の高い人の死を告げ知らせている。バン・シーは流れるような長い髪をして，緑の服の上に灰色のマントを着ている。目は，たえず泣くので火のように赤い。スコットランド高地地方では，バン・シーはベン ニーァとか，水辺のすすぎ女とか呼ばれ，瀕死の人の死衣を洗うのである。

　『ファンショー夫人の回想録』〔1676年執筆の夫人の原著は『回想録』として1829年に出版された．息子に亡夫サー・リチャード・ファンショーのことを語り聞かせる形式をとっている〕の中には，1649年ファンショー夫人が，アイルランドの貴族オナー・オブライエン夫人の家に滞在したときに，実際に見たというバン・シーに関する以下のような記録がある。

　　わたしたちはそこに三晩，滞在していました。最初の夜のこと，部屋で横になっていたわたしは，とても驚きました。午前1時ごろでしたでしょうか，人の声が聞こえたので，目が覚めたのです。カーテンをあけますと，両開きの窓のところに，白い服を着て赤い髪をした青白い幽霊のような顔色の女が，身をかがめて窓からのぞいているのが，月の光に照らされて見えたのです。その女は，大きな，それまで聞いたこともないような声で3度，「馬」と言ってから，息というより風に近いため息を1度つくと姿を消したのですが，その体はわたしの目には，実体のあるものというより，濃い雲のように見えました。わたしの髪は恐ろしさで逆立ち，夜着が体からずり落ちてしまいました。わたしはあなたのお父様を揺すったり，つねったりしたのに，わたしが取り乱している間じゅう，目を覚まそうともしません。それでもしまいには，わたしが怖がっているのを見てお父様はびっくりし，わたしが事情を話して開いている窓を指さしたときには，もっと驚きました。ふたりともその夜はもうそれ以上眠れず，お父様はイギリス本土に比べてアイルランドでは，ずっとこの手の幻影がよく現れるものだ，というようなことを話して，わたしの気を静めてくれました。そして，アイルランド人が根強い迷信をもっていることと，アイルランド人の間で力をふるっている悪魔の手から身を守ってくれるキリスト教の信仰が足りないのが原因だろうということで，わたしとお父様の意見は一致したのです。5時ごろ，その家の奥様が見えましたが，奥様もその夜はまんじりともできなかったとおっしゃいました。それというのも，従兄弟にあたるオブライエン様——この方のご先祖がその家を持っていらしたのですけれど——が自分の部屋にいてくれと奥様にお頼みになり，そうして2時ごろお亡くなりになったというのです。奥様はさらにこうおっしゃいました。「お騒がせするつもりはなかったのですよ。家の者

が死にかけますと，その人が亡くなるまで，夜ごと窓辺に，女の人の形が現れるのです。この家ではそういうことになっておりますの。その女はずっと以前，この家の当主の子を身ごもりましたが，当主は女を裏庭で殺し，窓の下の川に投げこんでしまったのです。ですが，本当の話，わたくし，皆様をこの部屋にお泊めしたとき，そんなことには，思いが至りませんでした。この部屋は，当家でいちばんいいところなんですのよ」と。わたしたちはこの奥様の言葉にほとんど返事もせず，すぐにでもそこを立ち去ろうと心に決めたのでした。

これからおよそ200年後，ワイルド夫人は『アイルランドの古代伝説とまじないと迷信』(1887)第1巻で，バン・シーにまつわる信仰について1章をあてている。ワイルド夫人によれば，スコットランド高地地方のバン・シーが醜い姿をしているのに比べて，アイルランドのバン・シーはずっと美しく，詩的であるという。その記述はこうである。

　　時おりバン・シーは，若くして死んだその家の処女の姿をして，美しい声でうたう。そして目に見えない力によって，その乙女は生き残っている身内の者に来たるべき死を告げ知らせる役目を与えられる。あるいは経帷子に身を包む女となって夜中に姿を現し，木の下にうずくまり，顔をヴェールで覆いながら嘆き悲しむ。あるいはまた月の光を浴びて飛び去りながら，さめざめと泣くこともある。この精霊の泣き声は，地上のどんな音にもまして悲しく響き，それが夜の静けさを破って聞こえるときはいつでも，一家のある者の避けられない死を，前もって告げ知らせているのである。

ベン　ニーァも幽霊だとみなされることがあるが，その場合は出産のときに死んだ女の幽霊である。J. G. キャンベルは，『スコットランド高地地方と島々の迷信』(1900)の中で「産褥で死んだ女は，早く死にすぎたとみなされ，残した衣類がもし洗濯されていなければ，それを本来の寿命が尽きるまで，自分で洗わなければならない，と信じられていた」と言っている。だが，ベン　ニーァの洗濯は，その一門の誰かが急死することを予告し，その人の死装束を洗っているのだとも思われていた。スコットランド高地地方のバン・シーはほかの妖精たちと同様に，どこか体に欠陥［⇒妖精の身体欠陥］があり，鼻の穴が一つしかなかったり，前歯が大きく突き出していたり，乳房がだらりと垂れたりしている。洗いながら嘆き悲しんでいるバン・シーにそっと近づいて，その垂れた乳房を吸うことができた大胆な人間は，彼女の養子になる権利を主張でき，願い事をかなえてもらえる。バン・シーという言葉が「妖精の女」を意味するところから，バン・シーにまつわる信仰はさまざまな変化を見せており，ときにはベン　ニーァとなんのかかわりもないグラシュティグまでが，バン・シーとして語られることもある。［モチーフ: F 254.1 ; M 301.6.1］　　　　　　　　　　　　　　　　（井）

ハント，ロバート　Hunt, Robert（1807-1887）

ハントは1881年に，編著書の『イングランド西部の伝承奇談』の第3版に新しく前書きを書いたが，この本の初版は1865年で，長い収集の末に実った労作であった。前書きにハントは，次のような説明を書いている。

この〈伝承奇談〉の収集の始まりは，正確に言うとわたしの少年時代初期にまでさかのぼるだろう。あれから68年経った今も，あの時，喜びで胸をふくらませながら，紙片を数枚とじて，1冊の古い本の背に，注意深く糊づけしたことを思い出す。あれは，母とコーンウォール州の町，ボドミンへ行くための準備だった。ボドミンの町については，たくさんの不思議な話を聞いていたので，それらを記録するつもりだったのである。ランハイドロック〔ボドミンの南方〕の狩人ヘンダーの途方もない話とか，修道僧たちによって小川に毒が投げこまれた話とか，近くの丘に建っている塔におかしないたずらをする悪魔の伝説など，それらの話のおぼろな影は今もわたしの記憶に残っている。わたしは去年1年，それらの話を再現しようと努めてみたが，結局だめだった。現存する人たちも，やはりもう忘れてしまっているらしく，幼いころのわたしのノートもとうになくなっている。あの言い伝えられてきた話は，どうやら永久に消えてしまう運命なのかもしれない。
　15年が過ぎ――そのうちの6年をコーンウォールの学校で，9年をロンドンの監視の厳しい労働で過ごし，健康を害してやむなくイングランド西部の故郷に帰り，およそ1か月をダートムアの近くで過ごし，その間花崗岩の岩塊の多い荒涼とした丘陵地帯を歩き回り，附近の伝承を集めた――まだ，A. E. ブレイ夫人（1790-1883）が同様の作業を企てる前のことである。わたしはこうしてコーンウォールの全域を歩く決心を固めた。今から35年前の，ある美しい春の朝のことだった。今では土木技術の勝利の極致である優美なロイヤル・アルバート橋が川をまたいでいるが，当時はまだ，テイマー川を人も馬車も牛も古めかしい渡し舟で渡っていて，その舟でソールタッシュに上陸。荷物の箱はあらかじめ荷車でリスカードに送っておいたので，そこからわたしの放浪は始まった。目的は，古いコーンウォールの遺跡を一つ一つ訪ねて，その地に居住した古代の人たちについて昔から語り伝えられている話をことごとく集めることであった。そのために10か月を快適に過ごし，その間に，ここに発表した多数の奇談や迷信を集めた。このほかにも，価値がないとみなされて省かれたものが，活字にした以上に多くあったが。
　ハントはさらに話を進めて，ダートムアの界隈に数週間いた間，彼の接する人たちは皆，昔この近くに巨人がいたとか，昔の人がまだ実在しているとか，誰でも上着の袖や靴下をめくり返せば，ピクシーのまどわしにあわないですむといったことを固く信じていた，とも述べている。
　ハントはまだ幼い少年のころ，よく彼をレラント砂岩丘〔現コーンウォール州のセント・アイヴズ市の近く〕へ妖精を探しに連れていってくれた年上の美しいロマンチックな少女から，初めて妖精信仰に引き入れられたという。彼らふたりはレラント砂岩丘にある丘のはずれの小屋に住んでいるお婆さんの語る話を幾時間もあかず聞いていたものだった。
　健康上の理由からロンドンを離れざるをえなくなったあと，ハントは王立コーンウォール工芸協会の事務官となり，たえずコーンウォールの各地を旅して，鉱夫や農夫に会い，彼らから多くのことを学んだ。それについてはこう語っている。
　伝承の物語はいつ聞いても楽しかったから（とハントは言う），それを聞くことので

きる機会は1度だって逃したことはなかった。ヒースをくべた炉端で，小さい三脚椅子にすわったり，木の長椅子に腰かけたりしながら，人々が真顔で語るのをそろそろ恥ずかしがり始めた古い昔話を，少しずつ引き出していった。ひと汗かいて鉱山の底から上がってきて，質朴な鉱夫と親しく交わりながら水平坑道で休息して，鉱夫がその祖父から聞いたいろいろな迷信や物語を聞かせてもらったものだ。

それらの話の多くは，活字になって出版されるより早く，もう伝承世界から消え始めていた。1849年にはまだ旅回りの語り部がいて，彼らから聞いた話をハントはいくつか集録している。が，彼らも1865年にはもうすっかり姿を消してしまっていた。ハントは，代表的な旅回りの語り部であるアントニー・ジェイムズおじさんが「たいへんお世話になったお方から」聞いたという長い話を記録している。そのお方というのは，たぶんウィリアム・ボトレルであろう。ハントが記録した話は，彼が直接聞いたものに違いないだろうが，それはボトレルが《西コーンウォールの伝承と炉端物語》(1870-80)で書いている話と実質的に同じものである。ハントとボトレルのふたりは，そうでなかったら永久にこの世界から消えてしまったであろう多くの妖精信仰や逸話を，消滅から救ったのである。

(吉)

ビーアスト・ヴェラッハ　Biasd Bheulach

原義は「ヴェラッハの獣」。ヘブリディーズ諸島のスカイ島のオデイル峠に出没する怪物。スコットランド高地地方の悪霊の一つ。J. G. キャンベルの『スコットランド高地地方と西の島々における魔法と千里眼』(1902) にその描写が見られる。おぞましい生き物だったようである。

　　時としてビーアスト・ヴェラッハは人の姿になり、1本足の男の姿をとることもあった。また時には、獲物を求めてうろつく猟犬や獣の姿になった。時には恐ろしい金切り声や叫び声をあげるので、恐怖のあまり作業小屋から男たちが逃げ出すこともあった。その姿が見えたり声が聞こえるのは夜に限られた。

姿を見たり声を聞くのが恐ろしいばかりでなく、この怪物は渇きをいやすために血を求めていたようでもある。

　　あるとき、ひとりの男が道端で死体となって発見され、それっきりビーアスト・ヴェラッハは鳴りをひそめた。死体のわき腹と脚に突き刺された傷があり、死者は自分の両手でその二つの傷口を押さえている格好だった。この二つの傷は人間の手によるものとは、とうてい考えられなかった。

悪霊と悪魔的亡霊との間に、一線を画することは難しい。ビーアスト・ヴェラッハを、殺害された人間が復讐に駆られて、血を求める亡霊となったものだとみなすのも、無理はなかった。

(三)

「東の原の妖精たち」　'Fairies on the Eastern Green'

密輸業者の一団が妖精と遭遇するこの話は、コーンウォール州にあるゼノアという小村での出来事で、そこの居酒屋の主人が語ったという。出所はウィリアム・ボトレルの《西コーンウォールの伝承と炉端物語》の第3集『西コーンウォールの物語とフォークロア』(1880) である。

　　居酒屋の主人は、夕方中、さんざん口説かれて、ようよう、妻から聞いた実話を話し始めた。それは、主人自身も知っているという密輸業者の一団が、小さい人たち——つまり妖精たち——によって、マーケット・ジューの草原から追い払われた話である。

　　妖精族は、まだ完全にこのあたりを見捨ててはいないかもしれない。この50年

間にも，〈東の原〉で妖精たちが踊ったり，浮かれ騒ぐのを見たという人が，現にまだ生きているのだから。ところで，そのころはまだ，そのあたりには草の生えた砂丘が何エーカーも広がっていた。そして，シャイアンダウア〔ペンザンス市の東郊〕からマーケット・ジューの橋まで，馬車道のふちをずっと，幅の広い柔らかな緑の草の帯が走っていて，快適な歩道をなしていた。今ではその草地は大部分海の波に削り取られてなくなり，海の浸食を免れたところも，大部分は欲深い附近の地主たちに囲いをされてしまった。昔の共有地をそんなふうに私有化していい権利はないはずなのに。

これから記す妖精との遭遇話は，ある信頼できる老人から，わたしが少し前に聞いたものであり，老人はこれを直接，事件の当事者から聞いたものという。

ポール村のトム・ウォレンはその界隈では最も度胸のいい密輸業者のひとりとして有名であった。40年ほど前の，ある夏の夜のこと，トムとほかに5人の男がロング・ロックからちょっと外れた場所に，舟1隻分の密輸品を陸揚げした。ブランデーや塩などを，潮が上げてきても海水をかぶらない所へ運び上げると，まずふたりが，上得意の客の住むマーケット・ジューへ向かい，別のひとりが，夜の明けぬうちに無事に荷物を運べるようにと，ニュータウンへ馬を入手しに出かけた。

トムと残りのふたりは，とても疲れていたので，仲間が戻ってくるまで，荷物の山のわきに横たわって，うとうとし始めた。が，すぐにフィーバー（葦か鳥の羽の軸を切って作った，するどい音を出す笛）がチーチーとするどい音を立てるので目を覚ました。そして，お婆さんたちが蜜蜂の群れを巣に帰すときとか，何かにとまるようにとか合図するとき白鑞〔錫と鉛の合金〕の皿や真鍮の平鍋を鳴らす，あれとちょうどよく似たチンチンという音がひっきりなしに聞こえてきた。

3人の男は，たぶん村の若者たちが草原でこんな夜更けまでダンスを踊っているのだろうと思い，トムがどんな連中か見るついでに，そろそろ家に帰れと言ってやりに出かけた。この商売は誰にもさぐりを入れられたくなかったからである。海岸を通って，音楽がすぐ間近に聞こえるあたりで，ちょっとまわりを見るつもりで，高い砂丘に上がってみた。

すると，目と鼻の先の，砂丘と砂丘の間の窪地に，ちらちらと光が見えて，はでな服を着た人形みたいな連中が，跳ねたり，くるくる回ったりしていた。さらに近寄って見ると，彼らの真ん中にかなり高い砂丘があって，そこに20人前後の年寄りらしい小さな人がすわっていた。連中の多くはギリシア神話の牧神パンが吹いているような葦笛を吹いていて，幾人かはシンバルやタンバリンをたたき，幾人かはびやぼん〔口琴〕を奏でたり，木の枝で作った笛やフィーバーを鳴らしていた。

トムは，小さい連中が，帽子が緋色であるほかは，身につけているものがみな緑ずくめなのに気づいた。（小さい人たちは帽子は特に好んで緋色のものをかぶるので，よく〈赤帽〉などとあだ名をつけられることがあった。）しかし，トムが特に今関心をそそられ，空想を刺激されたのは，いかめしい顔つきで長いあごひげを揺らしながら，笛を吹いている年寄りの小人たちだった。

彼らが葦笛を胸で支え，その上に口を滑らせている様子は，人間というよりは，

雄ヤギに似ていた。トムはそれを口に出して言うと同時に，また「赤帽さん，ヤギひげさん，ひげを剃ったらどうなんだ？」と，どうにもたまらず叫んでしまった。トムがこれを2度叫んで，もういっぺん繰り返そうとしたとき，初めに気づいた時より何十人も何百人も多い踊り手たちが，いっせいに立ち上がって，さっと整列すると，たちまち弓矢と槍と石投げ器で武装して，いかにも憤慨した顔つきでこっちを向いた。それから横隊に広がって，行進曲をかなでながら，<u>スプリガン</u>の一隊はトムに向かって足音高く行進してきた。見ると，近づくにつれて背丈はぐんぐん伸びてくる。そのにらみつけるような顔つきは実に恐ろしく，トムは逃げ出して，駆け戻り，仲間をたたき起こすと，「命がけで海へ逃げろ！　何千という小人や<u>ブッカ ブー</u>がすぐ後ろに攻めてきてる！　ぐずぐずしてると包囲されちまう！」と言った。トムは舟に向かって走った。仲間もすぐにあとを追った。しかし，途中，小石が雨あられと落ちてくる。しかも，「それに当たると，燃えてる石炭のように熱いんだ」

　男たちは，妖精族はみな塩水に触れるのを嫌うから，海に出れば安全と思ったけれど，岸から幾ファゾム〔1ファゾムは約1.8メートル〕も沖へ出ないうちは後ろを振り向きもしなかった。

　ようやく，陸地の方を一瞥すると，生まれて初めて見る醜悪な顔つきの生き物たちが，海岸にずらりと並んで，彼らに向かって脅しつける身ぶりをしたり，盛んに石を投げていた。むろん，石は届きはしなかったが。

　男たちは，陸から1ファーロング〔約201メートル〕かそこらこぎ出たところで，オールをこぐ手を休め，夜明け近くまで連中の攻撃を見物した。やがて，マーケット・ジューの方の道から，馬の駆けてくる音が聞こえてくると，小さい連中はいっせいに砂丘に引きさがっていった。それで，密輸業者たちもまた陸地に戻った。

密輸業者たちは無事に荷物を売りさばくことができたし，その後再びスプリガンやブッカ ブーに邪魔されることはなかったが，どうもこの遭遇のあとは万事トムに運が向かなくなったという。

　これは自分らのプライバシーが侵害されたこと〔⇒<u>妖精生活への侵害</u>〕で，妖精が憤った適例である。　〔モチーフ：F 236.1.6；F 236.3.2；F 361.3〕　　　　　　　　　　　（吉）

ビガース谷のジニー　Jeannie of Biggersdale

ヨークシャーのノース・ライディング地方に出没した悪霊。ビガース谷にあるマルグレイヴの森の突端にすんでいた。人々に非常に恐れられていたが，ある夜，ひとりの大胆な若い農夫が，酒の勢いを借りて，ビガース谷のジニーを隠れ家から追い出してみせると言いだした。青年は馬でマルグレイヴの森に乗りつけて，ジニーに出てこいと呼ばわった。ジニーは「そーれ，行くぞ」と怒りの声をあげてとび出してきた。青年が川に向かってまっしぐらに馬をとばすと，ジニーがすぐ後ろを追いかけてきた。川についた瞬間，ジニーが馬にとびかかり，馬を真っ二つに裂いてしまった。青年は馬の首越しにふっ飛んで，向こう岸に安着したが，馬の後ろ半分は，哀れジニーのいる岸の方へ，どうと倒れた。　　　　　　　　　　　　　　　　　　　　　　　（吉）

ピクシー，ピグシー　Pixies, or Pigsies

　これらはいずれもサマーセット，デヴォンシャー，コーンウォールなど，イングランド南西部諸州に出没する妖精である。コーンウォールではピスキーともいう。ヨークシャーのグリーンハウ・ヒルにも確かにピクシー伝承が存在するが，ここにはかつてコーンウォール出身の鉱夫たちが働いており，彼らからピクシーの話が伝わったものと思われる。ピクシーが文学の世界に最初に登場したのは，A. E. ブレイ夫人が詩人ロバート・サウジーにあてた一連の手紙が載った『テイマー川とテイヴィー川流域の記述』(1836) という本である。ブレイ夫人はイングランド南西部の出身でなかったせいか，時々ピクシーに妖精の特性を加えてみたり，伝承ばかりでなく文学をもよりどころにした。それでもブレイ夫人はフォークロアの豊かな鉱脈をさぐりあて，ロバート・ハントやウィリアム・ボトレルなどのイングランド南西部出身者が，コーンウォールのピスキーを記述したものも，彼女の発見を裏づけている。

　ピクシーの大きさ，外見，起源についてはさまざまな伝承があるが，緑の服をまとい，旅人を道に迷わす習性がある点では，すべての記述が一致している。ピクシーはまた，ブラウニーと同じように，気に入った人間たちを手助けし，衣服を贈られると退散する。ピクシーは一般に普通の妖精に比べ地味な外見をしていると考えられている。ピクシーに関する最新かつ最も生き生きした物語は，ルース・タングが「カウンティー・フォークロア」第8巻 (1965) に載せたものである。タングによると，ピクシーはある激戦で妖精軍を撃破し，パレット川〔サマーセットを北流し，ブリッジウォーター湾に注ぐ〕のかなたに敗走させた。そのため，今日でも川の西部はすべてピクシーランドとなっている。ピクシーは，たとえ人間と同じ大きさになったときでも，容易に見分けられる。彼らは赤い髪をし，耳が尖り，鼻が反り上がり，顔が短い。目はやぶにらみの場合が多い。緑色が彼らの色である。彼らには夜に馬を盗み，ぐるぐると輪を描いて乗り回す習性がある。〈ガリトラップ〉と呼ばれる妖精の輪がこれである。この輪の中に両足を踏み入れた者は必ず捕らわれの身となる。片足を踏み入れただけなら，ピクシーを見てもまだ逃れることができる。しかし犯罪者はガリトラップに片足を踏み入れただけで捕らえられ，絞首刑になるという。

　ピクシーは，ロビン・グッドフェローやパックの特徴とみなされるいたずらをすべてするが，特に好きなのは旅人を道に迷わすことである。不用意にピクシーの土地に踏みこんだ者はピクシーのまどわしにあう危険性がある。こうした場合に助かる唯一の方法は上着を裏返して着ること〔⇒服の裏返し〕である。もっとも初めからこのことを予測してナナカマドで作った十字架〔⇒クロス〕かパンを身につけていれば別である。しかし，無作法や粗暴さのためにピクシーから嫌われるようになった者は，そう軽い罰ではすまされそうにない。ルース・タングは，「カウンティー・フォークロア」第8巻で沼地や小川にはまった悪党どもの話をいくつか述べたあと，殺されるような目にあっても仕方のないような，「お百姓さんモール」の話を載せている。

　　エクスムア〔サマーセットとデヴォンシャーにまたがる高原〕の小馬については三つ話すことがあるよ。急斜面を登ること，酔っぱらいを運ぶこと，それにピクシーを見たことさ。これこそ，お百姓さんモールの馬がしてたことなんだ。

お百姓さんモールは，ハングリー・クリーヴの方へ行く途中に住んでいた，ひどい飲んだくれで，女房子どもにずいぶんみじめな暮らしをさせていた。市場に出かけたら最後，財布が空になるまで飲まなければ，決して家に戻りゃしない。リンゴ酒でしこたま酔っぱらって馬には後ろ向きに乗り，何やら大声でうたったり口汚くののしったりしながら家に向かうんだが，そのうち馬から溝の中に転げ落ち，そこで眠りこけてしまう。ところが，おかみさんが一晩中起きて待っていなけりゃ，おかみさんばかりか子どもにまで，殴る蹴るの暴力をふるうんだ。

　　そこで，ピクシーどもが見かねてモールにお灸をすえてやることになった。

　　馬をおどかそうとしても無駄だった。なにしろこの馬は脚が強いうえにとても道をよく知っていたから，ばかな主人が酔っていようが眠っていようが，どこへ手綱を向けようが，長年ちゃんと無事に家まで届けてくれていた。

　　とある霧の深い晩のことだが，このお百姓はしたたか酔っぱらって，杖を振り回しながら，家に帰ったら女房のやつをぶん殴ってやろうと考えていた。と，霧の中に明かりが見える。「やい，とまらんかい。このばか馬め」とモールが言った。「家はこっちだ。あんな大きなろうそくをつけおって。かかあめ，目にもの見せてくれるぞ」

　　ところが馬はとまろうとしなかった。馬にはそれがピクシーの灯で，それが地獄は別としてこの世で最も暗くて深い泥沼の上にともっていることに気づいていたのだ。そのまま進めば，一瞬のうちに人馬もろとも泥沼にのみこまれてしまう。

　　だが，お百姓さんモールはどなり続けた。「あほう，行かんかい。家じゃ」そして泥沼の方に馬を進ませようとした。だが，馬は4本の小さな脚でしっかと踏んばって，頑としてそっちへ行こうとしない。

　　モールは馬からおりて，その頭をびしゃりとたたくと，明かりの方に向かって歩きだした。ところが，2歩と行かないうちに泥沼に落ちて，のみこまれてしまったのだ。

　　馬は速足で家に帰ってきた。亭主を乗せないで帰ったのと，馬の脚が泥炭で汚れているのを見て，かみさんと子どもたちはモールに何が起こったかを知った——それで彼らが何をしたかというと，家中のろうそくに火をともし，喜びの踊りをおどったってわけだ。

　　その後，おかみさんは夜になるとピクシーの赤ん坊たち——これがまたかわいいやつなんだが——が行水できるように盥にきれいな水を張ってやり，暖炉を片づけてピクシーどもが踊りをおどれるようにしてやった。それから農場は栄えるし，老いた馬も丸々と，まるで豚のように太ってきたということだ。

　　コーンウォールのピスキー——サマーセットでもそうだがピグシーと呼ばれることもある——についても同じような話が存在する。ロバート・ハントは，ピグシーがりっぱな若い馬を夜乗り回す話を報告している。このピグシーは体が小さく，1頭の馬に20人くらいも乗るというピクシーと同類だと考えられる。

　　またサマーセットのピクシーについては，妖精のスコップの話も伝わっている。

　　南西部地方一帯で伝えられるピクシーおよびピスキーの起源の一つに，洗礼を受け

ずに死んだ子どもの霊だという説がある。また，キリストの出現以前に死んだドルイド僧ないし他の異教徒の霊が，天国に入れなかったが，地獄に行くほど悪くもなかったためにピクシーとなったという説もある。この考えは，妖精の起源についての多くの考えと同様，一般の妖精と共通している。ピクシーと妖精の間にはいくつかの相違点も認められるが，共通点が非常に多く，同類であることがわかる。　〔タイプ：ML 6035. モチーフ：F 200.1；F 361.16；F 369.7；F 381.3；F 402.1.1；F 405.11〕　　　　　　　　　　　　　　（三）

ピクシーのまどわし　Pixy-led

妖精のいたずらの一つ。妖精の特性のうちで最も普遍的なものの一つは，人間を化かして道に迷わせる習性である。イングランド中部地方では，この現象をプークのまどわしと呼んでいたし，まどわしの草地の話でそのアイルランド版を知ることができる。また昔の詩人たちは，しばしばロビン・グッドフェローやパックに，そういう特性を付与していた。

シェイクスピアと同時代の詩人マイケル・ドレイトンは，長篇叙事詩『ニンフィディア』(1627)の中にごく小さい妖精を登場させているが，その描写はこうなっている。

　　　このパックの姿ときたら，
　　　まるで夢遊病のうすのろ。
　　　ぼろをまとってほっつき歩き，
　　　時々人間をだまそうと，
　　　茂みの中からぬっと出る。
　　　こちらは，まんまとだまされて，
　　　冬の夜長を迷い歩き，
　　　泥や粘土にはまりこみ，
　　　にっちもさっちもいかなくなると，
　　　このいたずら妖精ホブ君は，
　　　ワッと笑って雲隠れ。

妖精の多くは，この種のいたずらをすると考えられており，ウェールズの妖精グイシオンもそうだが，近代ではイングランド南西部地方のピクシーやコーンウォールのピスキーが人をまどわす常習犯である。ルース・タングが1961年にサマーセットのネットルクーム村の婦人協会から採集した話が2篇，K. M. ブリッグズの『伝承と文学における妖精たち』(1967)に紹介されている。一つは田舎の伝承によく見られるタイプである。

　　　わたしはバドリー・ソルタートン〔現デヴォン州南岸の町〕の近くの森で妖精にまどわされたことがあるのよ。森の出口がはっきりそこに見えるのに出られないの。そのあたりを3度もぐるぐる回っていたら，わたしを捜しに人が来てくれたのよ。「わたし，どうして道がわからなかったんでしょうね」と言ったら，「なあに，妖精にまどわされて，あそこへ連れていかれる人は，あんただけじゃないのよ」と土地の人みんなに言われましたわ。

ピクシノマ　●　277

次の話は婦人協会会長の提供になるもので，上記の話の素朴さに及ばないが，おもしろさでは，さらに上回るかもしれない。

わたしは，コーンウォールのあるお屋敷へ，文書整理の仕事をしに出かけたのです。途中で1軒の農家が目についたので，そこへ立ち寄り，お屋敷へはこの道でいいのかしら，と聞いてみました。農家の人たちは，みんなけげんな顔をしていました——おそらく今までよそ者を見たことがなかったからだろうと，わたしは思ったんです——それでもおかみさんは，とても親切で，ていねいに道を教えてくれました。その指示によると，わたしは，畑をいくつか横切って，ある小道を通り，扉が二つあるところまで来ると，間違いなくその白い方の扉を通らなければならない，ということだったのです。おかみさんがあまりにもこの白い扉のことを強調するので，もう一方の扉を通ったら，雄牛か獰猛な番犬に出会うのではないかと想像したりしました。そばにすわっていた男たちは（彼らは食事をしていたのですが），何も言わず，うなずくだけでした。というわけで，わたしはその小道のところまで来ました。霧はかかっているし，雪は降るし，気の滅入るような天候だったので，わたしは気がせいていました——なにしろその日のうちに歩いて帰ることになっていたんですから。その小道の尽きるあたり，こんもりとしたハシバミの生け垣に挟まれて扉が一つだけあるんです。それも白くないんです。なんとも薄気味悪く，背筋が寒くなってきました。それでも，わたしは，せっかくの仕事をふいにしたくなかったのです。仕事を始めたばかりでしたし，その謝礼がわたしにどうしても必要だったのです。それで，とにかく生け垣に沿って，もう一つあるはずの白い扉を捜し始めたのです。ハシバミの棘に指を刺したりしながら捜したのですが，どうしても見つからないんです。ちょうどそのとき，口笛を吹きながら誰かがその小道をやって来ました。いつの間にか霧もあがり，生け垣もなくなっているのです。やって来たのは，先ほどの農家の息子で，様子を見てこいと言われて，来てくれたのです。彼は，どうしたらいいかちゃんと心得ていました。「ほら，ここに白い扉があるでしょう」と言うので見たら，先ほどの扉と並んで白い扉が，そこにちゃんとあるではありませんか。こちらがお礼を言う間もなく，若者は威勢よく口笛を吹きながら帰っていきました。目当ての古いお屋敷は，わたしの目の前に立っていました。わたしは，一目散にその中へ駆けこみました。お屋敷での仕事は，1時間ほどですんだのですが，帰り道はもう駆け足で，農家の前も素通りでした。おかみさんが窓からこちらを見ていたので，わたしは手を振ってそのまま帰路を急ぎました。今になってみると，そのおかみさんに聞いておけばよかったと思うんですよ。——息子さんは妖精除けとして鋲底の靴をはいていたのか，ポケットに塩を入れていたのか，それとも歌をうたうか口笛を吹くかするように言われていたのか，などなどと。しかし，怖くてそれどころでなかったんですよ。

妖精にまどわされないようにするには，妖精除けの正確な方法を知っておくことが必要である。　[モチーフ：F 369.7；F 385.1；F 402.1.1.]　　　　　　　　　　　　　　（平）

ピクト　Picts　⇨ペッホ

ピクトリー・ブラッグ　Picktree Brag　⇨ブラッグ

ピショーグ　Piseog, Pishogue

　ゲール語で「まじない」、「呪文」の意。アイルランドで妖精がかけてくる魔法のこと。これにかかると感覚が麻痺して、物事が現実とは全く違ったふうに見えるという。フィル・イァルガは、このピショーグの使い手で、W. B. イェイツが紹介している「ドネガルのファー・ダリッグ」の話が好例。この例に限らず、ピショーグはフィアナ騎士団をめぐる伝説のいたるところに登場している。英語ではグラマー〔⇨まやかしの術〕と呼ばれ、その例はマロリー〔マロリーというのは『アーサー王の死』を編訳した15世紀後半のサー・トマス・マロリーのことと思われるが、グラマーもピショーグもマロリーの作品に登場しない〕にも、多くのイギリス民話にも見られる。〔モチーフ：D 2031〕　　　　（平）

ピスキー　Piskies

　コーンウォール州でのピスキーという呼び名は、サマーセット、そしてデヴォンの両州ではピクシーないしピグシーに転換するが、ピスキーとピクシーの性質や習癖はほぼ同じである。しかし、サマーセットの泥くさくてたくましいピクシーや、デヴォンの色白で細くて裸のピクシーに比べ、コーンウォールのピスキーは年寄りで、やせている。ウィリアム・ボトレルの描くピスキーは、風変わりなしわだらけの老人で、麦を脱穀したり、馬を乗り回したり、人間を道に迷わせたりする。ロバート・ハントの語るピスキーが脱穀する話は、A. E. ブレイ夫人（1790-1883）の話に似ているが、ハントのピスキーはぼろぼろの緑の衣服を着た小柄な老人であるのに対し、ブレイ夫人のピクシーは「ほっそりと美しく、体にはぼろさえまとっていない」。両者とも、きれいな新しい衣服をもらうと喜び、それを身につけると、妖精の宮殿で仲間に見せびらかすために姿を消す。〔モチーフ：F 200.1〕　　　　（三）

人食いアニス　Black Annis

　青い顔をし、鉄の爪をもった人食いハッグ[2]で、レスターシャーにあるデイン・ヒルズと称される丘陵地帯の洞窟にすんでいると思われていた。洞窟の入り口には大きなオークの樹が立ち、洞窟の隠れ家からおどり出ては道に迷った子どもや子羊を取って食うといわれていた。その洞窟は〈人食いアニスの隠れ家〉と呼ばれ、〈人食いアニス〉が自分の爪で岩に掘ったものといわれている。昔から復活祭の翌日には、アニスの隠れ家からレスター市の市長の家まで、おとりを引きずってゆく狩りを催す風習があった。そのおとりには、アニス〔セリ科の一年草〕の実の汁に浸した猫の死骸が使われた。人食いアニスは化け物のような大猫と関係があると思われていたのである。この風習は、18世紀末にはとだえた。人食いアニスもおだやかアニスも、ケルト族の母なる女神アヌもしくはダーナから派生したものと思われている。ドナルド A. マケンジーは、14世紀アイルランドのフィッツジェラルド伯〔⇨「ムラマストの伝説」〕の母と伝えられるアイルランドのアーニァとも関係があるという説を立てている。1842年の『レスター年代記』は、スウィズランド教会にある女隠者アグネス・スコットの

ものと思われている墓に言及し，彼女が人食いアニスの起源ではないか，と述べている。ルース・タングは，『イングランド諸州の埋もれた昔話』(1970)の中に，この妖婆人食いアニスにまつわる話を再録している。それは1941年の12月に，レスターから疎開してきた女の人から聞いた以下のような話である。この記述は，人食いアニスの伝承が，30年ばかり前まで人々の間に生きていたことを示していよう。

人食いアニスはデイン・ヒルズにすんでいました。

とても背が高く，顔は青く，長くて白い歯をして人間を食べていました。あたりが暗いときだけ外に出かけました。

母さんが言うには，人食いアニスの歯ぎしりする音が聞こえたら，みんな戸口にかんぬきを掛け，窓から離れることにしていたそうです。レスターシャーあたりの家々に大きな窓がないのは，人食いアニスが家の中に片腕しか突っこめないようにするためです。

母さんが言うには，暖炉と煙突を家の隅に作るのも，そのためだそうです。

昔，暖炉は土間にあって，みんなはそのまわりで眠っていましたが，そのため人食いアニスが窓から手を出し，赤ん坊をつかみ取ったといいます。まだガラスなんかのない時代のことです。

人食いアニスがほえたてれば，5マイル〔約8キロ〕先でも聞こえ，掘っ建て小屋に住む貧乏人でさえ，安全を願って窓を皮でふさぎ，魔女除けの薬草を上からつるしておいたそうです。

C.J.ビルソンは，「カウンティー・フォークロア」第1巻〔レスターシャーおよびラトランドシャー篇〕(1895)に人食いアニスにまつわるさまざまな伝承の詳しい説明を収めている。ミルトンの表現する「やせ細った青い亡霊」〔『コーマス』(1634) 434行〕も，人食いアニスではないかと言われている。〔モチーフ：A 125.1；G 211.1.7；G 214.1；G 261；G 262.0.1〕

(井)

人食い妖怪　Ogres

英語のオーグルという語は時に，姿も，習癖も，きわめて恐ろしい人食い巨人を表すのに使われるが，また一方で，人間と同じ大きさの，人食い種族を表すこともあるようである。ジョージ・マクドナルドは『ファンタスティース』(1858)でこの語を後者の意味に使っていて，歯の尖った邪悪な女が，静かに読書しながら，ふと目を本からあげて，物語の主人公に向かって，あの戸棚はのぞかないようにと，警告というよりは誘惑ともいうべき忠告を与えるくだりを描いている。「親指太郎」のスコットランド版である「マリー・ワッピー」に出てくるのも，巨人というよりはむしろ人食い妖怪と言ってよい。というのは，その子どもたちは，確かに普通の人間の大きさでありながら，やがて血筋は争えず人肉を好むようになったからである。〔モチーフ：G 312〕

(吉)

人さらいのネリー　Nelly Long-arms　⇒子ども部屋のボーギー，ペグ・パウラー

ひとり暮らしの妖精　Solitary fairies

ひとり暮らしの妖精たちの中には，自然の精や，小さくなった神々も少しは存在するが，おおかたは悪意ある不吉な生き物である。例外はブラウニーとその変種である。もっともブラウニーの中にも，家族集団で暮らすものもある。例えばメグ・ムラッハとその息子のブラウニー　クロッドとか，エインセルの話に出てくる，フィンカースルの水車場で火傷で死んだ者のために仇をとろうとしている悪意あるブラウニーの集団などがそれである。マン島のフェノゼリーは，ブラウニー型のひとり暮らしの妖精であるが，ひとり暮らしをしているのは，生まれながらの性質でも好んでそうしているのでもなく，人間に恋をしたために妖精の宮廷を追放されたからである。ひとり暮らしの妖精は一般に赤い上着を着ており，一方，群れをなす妖精は緑の上着を着ている。ブラウニーが，妖精界に入れてもらえないのは，ぼろだらけの汚い格好をしているからであり，きちんと服装を整えればシーリー・コートになる，という説もある。しかしこれは，ひとり暮らしの妖精に関する一つの考え方にすぎない。

　W. B. イェイツの作ったひとり暮らしの妖精のリストの中には，人間たちとは離れて暮らすが，不吉でも意地悪でもない妖精の典型であるレプラホーンや，プーカ（pooka），バン・シー，フィル・イァルガなどが含まれている。J. マクドゥーガルは『ゲール語および英語による昔話と妖精伝承』(1910) の中で，クーンチアッハやグラスリッグ（これはおそらくグラシュティグと同じものと思われる）にまつわる話や，グラシュティグに関わるいくつかの話──4人のグラシュティグが1度に登場する話を含む──を採録すると同時に，ハッグ² 〔妖婆〕や変身する魔女についても記している。イングランドでは，ブラッグ，トラッシュ，ヘドリーの牛っ子，ドゥアガー，荒れ地の茶色男など，いくつものボギー，ボギー　ビーストの類の妖精を数えあげることができる。すなわち，これらの妖精たちは，まぎれもなくひとり暮らしの妖精で，人間そのものに対してよりも，人間が自分の領地に入ってくるのを防ぐことに，強い関心をもっている。そのほか，シェリーコートのように，人間にひそかに関心を寄せており，人間を待ち伏せては，あらぬところへ導いていくことに，喜びを感じているものもある。また，海から現れては人間に害を及ぼすナックラヴィーのように，進んで悪事を働くものもある。大体において，ひとり暮らしの妖精たちは，超自然の存在のうちで，あまり魅力のある者たちではない。

(井)

ヒナギク　Daisies

ヒナギクの花輪や花の冠で子どもを飾る習慣は，妖精に子どもをさらわれないようにという願いから来ているという説がある。ヒナギクは太陽の象徴であるから，魔除けになる。妖精除けの項も参照。

(吉)

火の尻尾のジル　Gyl Burnt-tayl

女性のウィル・オ・ザ・ウィスプをふざけて呼ぶ名前。この呼び方は，古くはエドマンド・ゲイトンの『ドン・キホーテ雑記』(1654) に見えている。ジリアン・エドワーズは『ホブゴブリンとやさしいパック』(1974) の中でこれに言及し，ジル (Jill)

という呼び名は，昔は一般に浮気女を軽くののしって呼ぶときに使った，と述べているが，これはむしろ，「ジャックはジルを嫁にもらい」〔『夏の夜の夢』3幕3場より〕という表現に見るように，いささかやぼったい名前という方が普通ではなかったかと思う。［モチーフ：F 491］ (吉)

ピヤレイ　Peallaidh

原義は「もじゃもじゃなもの」。スコットランド中央部のパースシャーにいたウリシュク。パースシャー西部の町名アバフェルディー（Aberfeldy）は語源的にこの語とつながるといわれる。この種の悪い妖精はフーアと総称される。彼らの大部分は，河川，湖，あるいは海岸にすみついている。ドナルド A. マケンジーは『スコットランドのフォークロアと庶民生活』(1935) の中で，このフーアに 1 章をさいている。ピヤレイは，スコットランド低地地方ではシェリーコートの形をとる。ヘブリディーズ諸島のルイス島では，ピヤレイはゲール語方言でブラールとなり，悪魔の代名詞にされている。中英語でパックやプークが悪魔の代名詞にされていたのと同じ用法である。
［モチーフ：F 360］ (平)

ビリー・ウィンカー　Billy Winker

ランカシャーの眠りの精。同様の眠りの精には，スコットランドのウィー・ウィリー・ウィンキー，アンデルセン童話に登場するオール・ルゲイエ，それにフォークロアの人物としてはさらに素姓の怪しいダストマンなどがある。いずれも子ども部屋専用の精であって，大人にまともに相手にされたためしはなさそうである。子ども部屋のボーギーと異なり，いずれも性質がやさしく，いっこうに寝つこうとしない子ども相手にくたびれはてた子守りや母親にとっては，頼りがいのある連中である。 (平)

ビリー・ブラインド　Billy Blind

ホブゴブリン系統の家つき妖精。バラッドにしか登場しないようである。適切な助言を与えることを特技としたが，トマス・ア・ベケット (1118?-70) の父〔ギルバート・ベケット〕の伝説の一変形である伝承バラッド「若きベキー」（チャイルド 53 番 C）に登場する。そこではビリー・ブラインドは，若きベキーの脱獄を助け彼と結婚の約束まで取り交わしたフランスの王女イサベル姫に，ベキーが誰かほかの女性と結婚しそうだと警告する。王女は，ビリー・ブラインドの助けを借り，魔法の船を呼び寄せ，ビリー・ブラインド自身に舵を操ってもらって海を渡り，イングランドにつき，若きベキーの婚礼の儀式を未然に防ぐ。

　ビリー・ブラインドが登場するもう一つのバラッドは，チャイルド 6 番の「ウィリーの奥方」である。このバラッドでは，忌まわしい魔女であるウィリーの母がさまざまの策を弄して，ウィリーの奥方に子どもが生まれるのを妨げている。ビリー・ブラインドはウィリー夫妻に助言して，赤ん坊の誕生を告げ，ウィリーの母にその身代わり人形の洗礼に立ち会うように招いたらよいと言う。ウィリーの母は驚いて思わず口に出した独り言で，今まで出産を妨害してきた自分の手口をもらす。ウィリー夫妻は，

それによって，例えば奥方の寝台の下にもぐりこんでいたボスの子ヤギを殺すなど，対応策を講じることが可能になる。ビリー・ブラインドという家つき妖精がバラッドにしか登場しないのは，いささか不思議である。〈ビリー〉は「仲間」，あるいは「戦士」の意味。［モチーフ：F 482.5.4］

（平）

ピーリフール　Peerifool

トム・ティット・トットのオークニー諸島版で，ハベトロットの要素もいくぶんか含んでいる。巨人に捕らえられた3人の姫のうちのいちばん年下の姫が，家に入ってきた髪の黄色い小人たちに麦がゆを分け与え，のちに小人の少年がやって来て彼女の代わりに糸を紡ぐ。「ハベトロット」の話で主人公の娘がしたように，ここではひとりの乞食女が穴から妖精のすみかをのぞいて，小人の少年が紡ぎ手たちのまわりを回りながら「毛すき係よ，すきわけろ。毛羽立て係よ，毛羽立てろ。紡ぎ係よ，糸紡げ！ピーリフール，ピーリフールがおいらの名前」と，うたっているのを聞く。乞食女は一夜の宿を得るためにこれをいちばん年下の姫に教え，姫はそのおかげで求めていた名前を知る。したがってこれも，妖精の秘密の呼び名の一例である。［タイプ：311；500．モチーフ：C 432.1；D 2183；F 381.1；N 475］

（三）

ヒルトンの血無し少年　the Cauld Lad of Hilton

半分ブラウニー，半分幽霊の家事好き妖精のひとり。この妖精は昔，ノーサンバランド州のヒルトンの領主が怒って発作的に殺してしまった，馬小屋番の少年の霊だと思われていた。夜ごと台所あたりでせっせと働くが，つむじ曲がりの妖精で，パドルフットやヘドン邸のシルキーと同じように，きちんと片づいているものは放り投げてめちゃくちゃにしてしまい，それでいて汚れたり散らかったりしていれば，きれいに片づけると言われていた。夜になると，よく彼が悲しげにこううたっているのが聞こえたという。

「ああ，悲しいよ，悲しいよ！
　　　ドングリの実はまだもって，
　　　木から落ちてきちゃいない，
　　　その実が芽を出し木になって，
　　　その木で揺り籠こしらえて，
　　　赤ん坊ゆすって眠らせて，
　　　赤ん坊大きくなって大人になれば，
　　　その人，おいらをお払い箱さ」
だが，いつもこのように悲観する必要はなかったのである。召使いたちが額を集めて相談し，彼のために緑のフードつきマントを出しておいたのだから。真夜中にそれを着ると，鶏が鳴くまで彼はこううたいながらはしゃぎ回っていた。
　　　「マントがあるぞ，フードもついてるぞ，
　　　ヒルトンの血無し少年は，
　　　いい事なんぞもうしない！」
そうして夜が明けると，彼は永遠に姿を消してしまった。[モチーフ：F 346；F 381.3；F 405.11]

(井)

ヒルマン　Hillmen　⇨ホグマン

ヒンキー パンク　Hinky-Punk
鬼火。ウィル・オ・ザ・ウィスプの数ある別名の一つ。サマーセットとデヴォンシャー両州の境界附近に現れるものをいう。外見は，スコットランド高地地方のジーラッハに似ているらしく，サマーセットの境界に近いダルヴァートン地区の婦人協会の会員たちが民話収集家のルース・タングに語ったところでは，「1本足で，明かりを持ち，人を沼地に誘いこむ」という。[モチーフ：F 491]

(吉)

ピンケット　Pinket
鬼火。ウスターシャーの方言でイグニス・ファテュウスのこと。ジェイベズ・アライズ（1787-1856）[⇨アライズの妖精リスト]によれば特にウスターシャー南東部のバッドシー教区で使われる言葉であるが，全般的には〈ピンクの野〉，〈ピンクの緑地〉，それに〈ピンクの牧草地〉という言い方の方が広く流布しているという。アライズはまた，マイケル・ドレイトンが，その長篇詩『ニンフィディア』（1627）に登場するごく小さい妖精の一つに〈ピンク〉（Pinck）という名を与えていることを指摘している。デヴォンシャーとサマーセット両州の境界地方では，イグニス・ファテュウスのことをヒンキー パンクというが，それもピンクという名の変形の一つと見ることができそうである。[モチーフ：F 491]

(平)

ピンチ　Pinch
ロビン・グッドフェローに関する17世紀の小冊子の中に出てくる妖精の一つ。この

小冊子はW. カルー・ハズリットの『シェイクスピアおよびその他初期英国作家の作品に出てくる妖精物語と伝説とロマンス』(1875)に再録されているが，その中ではピンチとパッチ，ガルそれにグリムが変身の名人として言及されている。

　「ピンチとパッチ，ガルとグリムは，
　　　一緒の仲間,
　　なぜならきみたちゃ天気みたいに
　　　　姿が変えられる」

(井)

フーア　Fuath

　水，湖，川，そして時として海と深いかかわりをもっていた，概して邪悪で危険な一連の妖精。総称してフーハン（Fuathan）ともいう。J. F. キャンベルはこれらを水の精と考え，J. G. キャンベルは必ずしもそうとばかりはいえないと言っているが，ドナルド A. マケンジーは『スコットランドのフォークロアと庶民生活』（1935）の中で，J. F. キャンベルの意見に同意している。ピヤレイもフーアの一種であり，フィジアルもシェリーコートも，ウリシュクの大部分も，さらにナックラヴィーもスコットランド低地地方的な性格が薄れると，フーアの中に入れられると考えられていた。フーアは，綴り字を見ずに音のみを聞いた人たちの間では，ヴーアと言われることもあった。J. F. キャンベルのネモ譚に登場するブロラハンの母親もヴーアであった。〔モチーフ：F 420.5.2；F 470〕　　　　　　　　　　　　　　　　　　　　　　　　（三）

ファウル　ウェザー　Foul-Weather

　「悪天候」という意味の，小人の名前。トム・ティット・トットあるいはグリム童話の「ルンペルシュティルツヒェン」〔KHM 55番〕のコーンウォール版であるこの話は，教会建立の話であり，「古きコーンウォール」誌第 2 巻（1931-36）に収録されている。
　昔，ある遠い国にひとりの王様がいて，自分の王国に最も美しい大聖堂を建立することを念願としていた。設計もすっかりできあがっていたが，基礎工事をすませた段階で王様の金庫は底をつき，建築を仕上げようとすれば，もう人民に重税を課するしか手がないようになった。ある日，王様はひとりで山中へ入り，どうしたものかと思案に暮れていると，不思議な小人の老人に出会った。「なぜそんなに考えこんでおられるのですか？」と老人は王様に尋ねた。
　「考えこむのも当然だよ」と王様は答えた。「大聖堂の建築にとりかかったのに，仕上げるお金がないんだから」
　「そんなことで嘆くに及びませんよ」とその小人は言った。「ほかならぬこのわたしが，どの教会にも勝るりっぱな教会を建てて進ぜましょう。びた一文，お金は要求いたしません」
　「では，お礼に何を要求するつもりかね？」
　「教会が建つまでに，王様がわたしの名を言い当てることができましたら，お礼は

何もいりません。もしわたしの名を言い当てることができないようでしたら，王様の心臓をいただくことにしましょう」と，小人は言った。

　王様には，この小さい老人が山にすむノームであることが，それでわかった。しかし考えてみたら，教会の建築が仕上がらないうちに自分が死ぬということは充分ありうることだし，死んだあと自分の心臓がどうなろうと知ったことではないと思い，老人の提案に同意した。

　大聖堂は，まるで魔法のように姿を現した。日中は作業が全く行なわれなかったが，夜になると小人の作業員が雲霞のごとく群れをなして仕事を進めた。王様は次々と建て増しを要求して工事の引き延ばしを図ったが，王様が案を口にするだけで，翌日にはもうそれができあがっているという状態なので，とうとう王様は工事をこれ以上遅らせることは絶望的だと観念した。ある日の夕方，王様はひとり山へ入り，工事の追加要求を何かひねりだそうと頭を悩ませていた。方々歩き回ったすえ，とある洞窟の入り口に来た。洞窟の奥からすさまじい轟音が響いてきた。ノームの赤ん坊がわめき，それを母親があやしているのであった。母親は赤ん坊をあやしながら，こううたっていた。

　　　「泣くな，泣くな，わたしの坊や，
　　　静かにするんだよ。
　　　坊やの父さんファウル ウェザーは，
　　　あした家へお帰りよ。
　　　王様の心臓お土産に，
　　　すてきな坊やのおもちゃだよ」

耳障りな大声でうたっていたのだが，彼女の歌は王様にとっては妙なる音楽だった——敵の名前を教えてくれたのだから。王様は，そっと洞窟のそばを通り抜け，都まで1度も休まず走っていった。都につくと，もう日が暮れており，ノームは教会のいちばん高い尖塔に登って金めっきの風見鶏を取り付けているところであった。それがすめば，建築は完成するはずであった。王様は立ちどまり，思いきり声を張り上げてこう言った。「真っすぐにつけろよ，ファウル ウェザー君！」それを聞くとノームは尖塔から真っ逆さまに音を立てて墜落し，まるでガラスがこわれるように，木っ端みじんに砕けた。その日以来，今日に至るまで，あの大聖堂の風見鶏は曲がったままだという。　　　［タイプ：500. モチーフ：C 432.1；F 381.1；H 512；H 521；M 242；N 475］　　　　　　（平）

ファー・ダリッグ　Fir Darrig　⇨ フィル・イァルガ

ファハン　Fachan

　J. F. キャンベルは，『西ハイランド昔話集』第4巻（1862）でファハン（コリンの息子グレン・エイチー）を「胸から手が1本，尻から脚が1本生え，顔の真ん中に目が一つ……」と描いている。キャンベルはさらに次のようにつけ加えている。

　　　ファハンの姿は醜悪だった。胸ぐらから1本の手が突き出ていて，頭のてっぺんには一房の剛毛が生えていた。その剛毛を曲げるのは，山を移すより難しかった。

ダグラス・ハイドも，アイルランドのある稿本の中に，名前は記されていなかったが，このファハンらしきものを見つけ，『炉辺にて―アイルランド昔話集』（1890）の序文でこれについて以下のように生き生きと記している。

　そして彼（イラン）は間もなくおぞましく不格好なものを目撃した。獰猛で恐ろしげな妖怪，陰鬱で胸がむかつくような悪魔，気むずかしく不快な粗暴者だ。さらにそのものはこんな様子であった。やせた手に持ったとても太い鉄の殻竿には20本の鎖がついており，その1本1本に50個の玉がついている。その大きな玉の一つ一つには恨みのこもった呪いがかけられている。体には鹿やノロジカの毛皮を巻きつけ，色の黒い顔の額には目が一つあり，ごつごつした毛むくじゃらの手が胸から生えていて，足の裏が分厚い，血管の浮き出た1本の脚が彼を支えている。そしてねじれた剛毛のような羽が，黒々とびっしり身体を包んでいる。どう見ても，人間というより悪魔に近い。

(三)(平)

ファリシー　Farisees, Pharisees

　トマス・キートリーは『妖精神話考』増補版（1860）の中で，サフォーク州では妖精（fairy）のことをファリシー（farisee）と呼ぶとして，その裏づけに，ジョン・ブランドを引用している。サフォークの子どもたちは，したがって，このファリシーと聖書に出てくる「パリサイ人」の意のファリシー（Pharisee）とをしばしば混同したという。ジョン・ブランドは著書『イギリス故事考』（ボーン文庫版1849，初版は1777）第2巻の中でこう述べている。

　　そんなに遠い昔ではない。あるとき，ウッドブリッジ〔サフォーク州南東部の町〕近

くに住むひとりの肉屋が農家のおかみさんを訪ねて，子牛を1頭買いたいと言ったが，見ると，肉屋が言うように「うっしのやつめ，泥んこじゃった」。そこで肉屋は，牛舎の天井から，子牛の頭にじかに触れないすれすれのところへ，糸で火打ち石をつるすように農夫に教えた。肉屋は言った。「この子牛はファリシーに毎晩乗っかられてんでな。石をつるしときゃあ，ファリシーを払い落とせるちゅうぞ」
ジョン・オーブリーも，エルフに馬が乗られないようにするためには，同じように，飼葉桶の上に穴あき石をつるすとよいと述べている。〔ただし，エリナー・ファージョン作の『ヒナギク野のマーティン・ピピン』では，主人公のマーティンが，妖精はイギリス中どこでもフェアリーというが，サセックス州だけはファリシーという，とうたっている〕　　　　　　（吉）

ファルヴァン　Farvann

ヘブリディーズ諸島のラーセイ島のヒュー・マクラウドが妖精のブルーから妖精杯を盗んだとき，彼を追いかけるようにと放たれた妖精犬の名。妖精からの盗みの項をも参照。〔モチーフ：F 241.6〕　　　　　　　　　　　　　　　　　　　　　　（三）

ファル・ジェルグ　Fear Dearg, Fear Dearig　⇨フィル・イァルガ

ファルリー　Fary

フェアリー（fairy）に当たるノーサンバランド州の方言。綴りではrが一つだが，二重子音のように発音する。トマス・キートリーはM. A. リチャードソンの『地方史家の覚書』(1841-46)からファルリーの話を4篇紹介している。3篇は妖精の塗り薬をめぐる話で，そのうちの1篇は，妖精に雇われた産婆の話の標準版になっている。2番目の話では，医者が産婆の代わりをやる。第3話では，人間の女に育ててもらうためファルリーが人間界に連れてこられる筋立てになっているが，妖精の塗り薬を盗み，その好奇心のために型どおり罰せられるのは養母ではなく，その亭主なのである。第4の話はエインセルの話である。これはイギリス諸島に，いくつも異なった型のあるネモ譚の類話の一つである。　　　　　　　　　　　　　　　　　　　　　　（平）

フィアナ騎士団　the Fianna

アルド・リーすなわち大王に仕えたアイルランドの大軍団。最後にして最大の指導者であったフィン・マク・クーワルの時代に，軍団の戦力は頂点に達した。フィアナ騎士団とフィン・マク・クーワルの生涯に関する記述は，アイルランドの古文献から採られたものが，グレゴリー夫人の『神々と戦士たち』(1904)および，スタンディッシュ・オグレイディーの『ゲール物語集』(1892)に載っている。これらの物語の出典稿本についての解説は，ユージーン・オカリー教授が『アイルランド古代史の稿本資料講義』(1861)の中で述べている。アーサー・ラッカムの挿絵が入ったジェイムズ・スティーヴンズの『アイルランドの妖精物語』(1920)は，フィアナ騎士団に関するいくつかの物語を，楽しくユーモラスに再話している。
　フィアナ騎士団の入団資格はアーサー王の〈円卓の騎士たち〉のそれよりも厳しい

くらいであった。この点については『神々と戦士たち』に詳しい。

　当時のアイルランドのフィアナ騎士団の団員数だが，150人の隊長のもとにそれぞれ27人の戦士が配属されていた。団員には牛を強奪してはならない，牛と富に関しては誰からの要求も拒んではならない，そして9人の敵の前でも尻込みしてはならない，という三つの制約が課されていた。フィアナ騎士団に加わるためには，一族および親族が保証人とならねばならず，たとえ一族全員が殺されるようなことがあっても，団員はその代償を求めようとしてはならなかった。しかし，団員が他人に危害を加えた場合は，その報復は一族までは及ばなかった。また，フィアナ騎士団に加わるためには，12の詩集を覚えなければならなかった。さらに，入団志願者は，地面に掘った深い穴に腰まで埋められ，手に盾とハシバミの棍棒を持たされた。そして10畝ほど離れたところから9人の男が同時に槍を投げつける。もし傷を一つでも負ったら，フィアナ騎士団にはふさわしくない者とみなされたのだ。次に志願者は髪を束ねて，アイルランドの森を走り抜けなければならない。それをフィアナ騎士の一団が追いかけて傷を負わせようとする。出発時の両者の距離の開きは，わずか枝1本分の長さだ。もし追いつかれて傷を負わされた場合は，加入が認められなかった。また，走っているとき手に持った槍が震えても，束ねた髪が木の枝に触れてほどけても，枯れ枝を足で踏み砕いても，入団資格を失った。さらに，全力で走りながら背丈と同じ高さの棒を跳び越え，膝の高さに置かれた棒を身をかがめてくぐり抜け，足にささったとげを自分の爪で抜き取らねば，入団を許されなかった。以上のことがすべてできてはじめて，首領フィンの部下となれたのである。

　当時フィンとフィアナ騎士団が受けた報酬は大きなものだった。つまり，すべての地区でその1区画，またサワン祭〔11月1日．万聖節の前身〕からベルテーン祭〔5月1日．現在の五月祭のもと〕の間に各家で1匹ずつ育てた子犬，その他多くのものが報酬として与えられた。しかし，彼らの直面する困難と危険は報酬以上に大きかった。海の向こうからやってくる外敵や略奪者，さらにあらゆる害悪からアイルランドを守らなければならず，これはたいへんな難事であった。

この王の軍団には，フェメンの野の土砦の中でフィアナ騎士団の騎士たちの衣服を作ることに1年中従事していたアイルランドで選り抜きの側女50人のほかに，ドルイド僧，医者，詩人や楽士，伝令，門番，酌人，狩人など大勢が仕えていた。

　<u>トゥアハ・デ・ダナン</u>〔ダーナ神族〕とは，たえず交渉があり，団員の多くは<u>妖精の恋人</u>や<u>妖精花嫁</u>をもっていた。フィンの筆頭楽士は「小さなクルミ」の意であるクヌー・デロールという名の妖精であったが，身の丈4フィート〔約1.2メートル〕の<u>金髪の小人</u>で，<u>長腕のルー</u>の息子といわれていた。

　妖精の援助者が突然フィアナ騎士団に加わることがよくあったし，騎士団は恐ろしい超自然の<u>ハッグ</u>[2]〔妖婆〕や巨人や妖術師の攻撃にたえずさらされていた。彼らの生活は喜びと危険がいっぱいの活気に満ちたものであったが，やがて老齢がフィンを打ち負かし，部下の騎士たちは不和，嫉妬，死に屈し，滅び去った〔⇨<u>フィーン族</u>〕。〔モチーフ：H 900〕

(三)

フィーオリン　Feeorin

ジェイムズ・バウカーは，著書『ランカシャーのゴブリン譚』(1883)の中で，フィーオリンを妖精の集合名詞として使っている。この語にはケルト的な響きがあり，マン島語のフェリシンを想起させる。この語が指すのは，緑の上着を着て，一般に赤い帽子をかぶり，踊りと音楽を愛好するという妖精通例の特徴をもつ小さい妖精である。『ランカシャーのゴブリン譚』中の妖精の葬式の記述によれば，フィーオリンは悲嘆の声と詠唱までをとり入れた小型の葬式を営んでいるのが目撃されている。葬列の一行は，小型の柩を運んでおり，柩の中の死体は，顔に覆いもせず，あおむけに寝かせてあったという。この葬列を目撃したふたりは，その死体の顔を見て，びっくり仰天した。それはふたりのうちの若い方の，ロビン君の顔だったからである。そしてロビン君は1か月後に死んだのである。まことに身の毛のよだつような情景ではあるが，フィーオリンたちが，好意的な役割を演じていたと考えられないことはない。というのは彼らの警告のおかげで，それまで乱暴で無思慮だったロビン君に，悔悟と償いの機会が与えられたからである。こういう幻の葬式は，民間伝承では決して珍しいものではないが，葬式が妖精によって営まれるというのは珍しい。ロバート・ハントが『イングランド西部の伝承奇談』(1865)で記している「妖精の葬式」の話では，柩に横たわっていた小さい死体は，ほかならぬ妖精女王だった。　[モチーフ：D 1825.7.1]　(平)

フィジアル　the Fideal

スコットランド高地地方の邪悪な水棲魔の一つ。ドナルドA.マケンジーは『スコットランドのフォークロアと庶民生活』(1935)の中で，フィジアルは沼地のからまり合った草や水草の化身ではないかと言っている。フィジアルはスコットランド西岸のゲアロッホの湖ロッホ・ナ・フィジールに出没し，人間を誘惑しては水中に引きこむと考えられた。イューインという名の勇士が退治に出かけ，自らの生命と引き換えにこれを打ち滅した。「イューインはフィジアルを殺し，フィジアルはイューインを殺した」というわけである。　[モチーフ：F 420.5.2]　(三)

フィネン　Finnen　⇨フェネル

フィル・イァルガ　Fir Dhearga

ファー・ダリッグ，ファル・ジェルグともいう。W. B.イェイツは『アイルランドの妖精譚と昔話』(1888)の中でこう言っている。

> ファー・ダリッグとは「赤い男」という意味で，その理由は赤い帽子をかぶり，赤い上着を着ているからで，いつも悪ふざけをするのに忙しいが，特にそれは気味の悪い悪ふざけである。彼はこんなことばかりをしていて，そのほかは何もしない。

イェイツのあげている例は，「ドネガルのファー・ダリッグ」の話であるが，これは「途方に暮れた語り手」の話の変形である。話をしろと言われたのにできなかった男が次々と気味の悪い体験をするのだが，それは男に話の素材を与えるために企てられた幻覚だったというものである。この話では，ファー・ダリッグは大きな男，すなわ

ち「4人のうちで最も背の高い，巨人のような男」として描き出されている。T. クロフトン・クローカーによれば，アイルランド南部のマンスターのファル・ジェルグは身長2フィート半〔約80センチ〕の年とった小人で，緋色のとんがり帽子をかぶって緋色の長い上着を着ており，顔はしわだらけで灰色の長い髪をしているという。人間の家に訪ねてきては，火のそばで温まらせてくれと頼む。その頼みを拒むと，不吉なことが起こる。クローカーの語るところでは，貯蔵倉の妖精クルーラホーンは6インチ〔約15センチ〕の背丈しかない。しかし赤毛の別のフィル・イァルガがおり，こちらは妖精界にさらわれた人間にまつわる物語に登場する。一般にフィル・イァルガは，妖精界の捕らわれ人だとみなされ，その助言と助力によって，妖精界に足を踏み入れた人間たちは，そこから逃げだすことができると思われている。ワイルド夫人の『アイルランドの古代伝説とまじないと迷信』(1887) 第1巻に収められている「妖精の音楽」，「妖精の裁き」の二つの話がその実例で，多くのスコットランドの話の中には，同じような役割のものが登場する。　［モチーフ：F 233.3；F 369.4；F 375］　　　　　　（井）

フィル・ヴォルグ族　Fir Bholg, Firbolgs

古伝説によれば，アイルランドの最初の住民はフィル・ヴォルグ族であったが，トゥアハ・デ・ダナン〔ダーナ神族〕に征服されて，ヘブリディーズ諸島へ追放されたという。このフィル・ヴォルグ族がアイルランドの最初の妖精となったが，巨人のようなグロテスクな存在だった。フィル・ヴォルグ族とトゥアハ・デ・ダナンの関係は，ギリシアのティーターン族〔巨人族〕とオリュンポス神族との関係に比しうる。　［モチーフ：A 1657.2］　　　　　　　　　　　　　　　　　　　　　　　　　　　　（平）

フィル ヒリーシュ　the Fir-Chlis

「敏捷な者たち」の意のゲール語。別称〈陽気な踊り手〉。アウローラ・ボレアーリス（北極光）のスコットランド高地地方名。ドナルド A. マケンジーは，『スコットランドのフォークロアと庶民生活』(1935) の中で，フィル ヒリーシュ伝承について詳しく述べ，フィル ヒリーシュの「絶えざる闘争」を，スルーアの，もっと害の大きい活動とは区別されるものであるとしている。マケンジー自身も，ひとりの妖精の婦人をめぐるふたりの族長の争いに巻きこまれた〈敏捷な者たち〉の話を聞いている。きらめくオーロラの光の下に時おり見られる明るい赤い空は，〈血の池〉と呼ばれることがある。J. G. キャンベルは『スコットランド高地地方と島々の迷信』(1900) の中で，負傷者の血が地面に落ちて固まって，色鮮やかないわゆる〈ブラッド・ストーン〉〔血石〕になるのだと言っている。ヘブリディーズ諸島ではこの石を「妖精の血」と呼んでいる。アイルランドでは，ウィリアム・アリンガムの詩「妖精たち」(1850) によると，オーロラを構成している精霊たちは，まさに「陽気な踊り手」の名にふさわしい。なにしろ妖精の老王は次のように描かれているのだから。

　　　　　星々のきらめく寒夜，音楽の伴奏で天に昇り，
　　　　　華やかな北極光の女王と宴を張る。

ルイス・スペンスの『ブリテン島における妖精伝承』(1948) によれば，フィル ヒリ

ーシュは地上に落ちるのを阻まれた堕天使たちだという。このキリスト教的妖精起源論［⇒妖精の起源］は，特にスコットランド高地地方に広くゆき渡っていた。というのはこの地方の大方の人々には，神学的なところがあったからである。なおサフォーク州における北極光の呼称は，メリー・ダンサーである。 (三)

フィン Fionn, Finn

正式名はフィン・マク・クーワル。アイルランドのフィアナ騎士団の最後にしてかつ最も偉大な指導者。フィンは，クーワル・マク・ビーシュクナの息子であった。父クーワルはフィアナ騎士団の首領であったが，彼と主導権を争ったモルナの息子たちに殺されてしまった。フィンの母親ミュルナは，トゥアハ・デ・ダナン〔ダーナ神族〕の王ヌアダからも，長腕のルーの母親であるエッヘランからも孫娘にあたり，したがってフィンも神に似た妖精族の一員であった。クーワルが殺されたあと，母親は息子のフィンをドルイド教の尼僧のひとりに預けた。モルナの息子たちが，彼も殺そうとして捜していたからである。そこでフィンはひそかにたゆまぬ訓練を受け，身の安全のため，さらには教育を受けるために次々と居場所を変えた。彼は詩作を学び，二つの魔術を習得した。つまり，詩人フィネガスについて訓練を受けているとき，偶然に〈知恵の鮭〉［⇒妖精樹］を味わい，魔法の歯を得たことと，月の井戸から一口の水を飲み，予言の能力を得たことである。ついに訓練が完了し，彼はサワン祭〔11月1日．万聖節の前身〕のときにターラ〔現アイルランド共和国，ダブリン市西北約34キロに所在〕にある大王の宮殿に赴いた。大王は，フィンが父親にそっくりだったので，彼と気がつき，攻撃を免れるための滑らかな角笛を彼の手に渡し，名前を尋ねた。フィンはこれまでの一部始終を語り，フィアナ騎士団に加えてもらえるように頼んだ。大王は，フィンがかつて信頼した男の息子であったのでこれを許した。

ところで，過去9年間〔一説には23年間〕にわたって，毎年サワン祭が来るとターラの宮殿は，アレーン・マク・ミーナと呼ばれる妖精の楽人によって焼き払われていた。アレーンはたいへん甘美な楽の音を奏で，それを聞いた者は全員眠りに落ちる。皆が眠っている間に彼は宮殿に炎を吹きかけ，宮殿は全焼するのだった。その祭りの夜，大王はフィアナ騎士団の騎士たちに寝ずの番をする意志のある者はいないかと尋ね，フィンが志願した。彼が見回りをしているとき，かつての父親の部下が，とある魔法の槍を与えた。とてもにおいがきつく，そのにおいをかげばどんな人でも眠らずにいられるという槍だった。この槍を使ってフィンはアレーンを殺し，その後は宮殿が火災に見舞われることはなくなった。フィンはフィアナ騎士団の首領に任命され，彼の宿敵モルナの息子ゴルもすすんで屈服し，以来彼の忠実な部下であり友となった。もっともゴルとフィンの一族の者とのいさかいは，やむことがなかった。フィンの冒険や，彼の猟犬であり従弟にあたるブラン[3]とシュコラン，詩人で戦士でもある息子オシーンの誕生，フィンの晩年，若い妃であったグローニアを心ならずも連れ去っていったジャルムイッジに対する復讐のため，命の水を指のすき間からしたたらせて彼を見殺しにする，最後の悲惨な瞬間の話などが名高い。［モチーフ：A 511.2.3；A 511.3；A 524.1.1；A 527.2］ (三)

フィンヴァラ　Finnbheara, Fin Bheara

　アイルランド北部のアルスター地方の妖精王。ワイルド夫人は，この妖精王を死者の王とみなしていたようである。その著書『アイルランドの古代伝説とまじないと迷信』(1887) 第1巻に収められている話「11月の夕べ」の中で，夫人は次のような内容の話を語っている。ヒュー・キングという漁師が，11月の夕べ，夜遅く魚を釣っての帰り道で，ふと妖精の祭りに巻きこまれるが，そこで踊っていた者が，みんな顔見知りであった故人であるのに気がつく。やがてフィンヴァラとその妻が，4頭の白馬に引かれた馬車で，その祭りに乗りつけてくる。「馬車からは，黒ずくめの服装の威厳あるりっぱな紳士と，銀のヴェールで顔を覆った美しい貴婦人がおりたった」それとはまた別の花嫁エッヘナの話では，フィンヴァラは人間の美しい女を盗むのだが，これは中世のオルフェオ王の話を思い出させる主題である。『アイルランドの古代伝説とまじないと迷信』第2巻にもフィンヴァラの別の話があるが，そこではフィンヴァラは，黒い馬に乗った調教師として現れ，ゴールウェイ〔現アイルランド共和国西部の州〕のカーワン家のひとりに競馬の騎手を貸す。その騎手のおかげで馬は大レースに勝つことになる。そのあと，フィンヴァラは，カーワン家の男を壮大な邸宅に連れていき，ごちそうするが——おそらく実際には，フィンヴァラの妖精丘であるマハの丘に連れていったのであろう——カーワン家の男は，その壮大な邸宅にいるすばらしい人たちが皆，自分が昔知っていた故人であるのにしだいに気づいてゆく。ごちそうを食べ，妖精の酒を飲んでしまったが，妖精の食べ物に手を出してはいけないというタブーを破ったほかの多くの人たちに比べると，この男の被害は少なくてすんだ。無事に家に送ってもらうが，彼が受けたただ一つの被害は，手首の腕輪が焼けていたことである。その腕輪は昔，彼が愛し，結婚する前に死んでしまったある女性が残していったものであった。

　エヴァンズ・ウェンツの『ケルト圏の妖精信仰』(1911) にはフィンヴァラへの簡潔な言及がいくつかあるが，フィンヴァラは死者の王としてよりも，むしろ領主としての面が強調されている。　[モチーフ：F 109 ; F 160.0.2 ; F 167.12 ; F 184 ; F 252.1]　　　(井)

フィーン族　the Feens

　首領フィンと彼のフィアナ騎士団は，スコットランドのゲール語伝承ではフィン (Finn) とフィーン族に変化する。スコットランド特有のブロッホはこのフィーン族の建てたものだという。デイヴィッド・マクリッチーは，『伝承の証言』(1890) およびその他の著作で，フィーン族とは，フィンランド，ラップランド，ノルウェー，スウェーデン，デンマーク，北ドイツ，イングランド，スコットランド，アイルランド，ウェールズなどに広がっていた小柄のウゴール族で，ミレシウス族またはスコット族によって征服され，地下の世界に追いやられたのだ，と言っている。この考えは古代アイルランドの伝承史〔⇒トゥアハ・デ・ダナン〕とも一致し，マクリッチーは自説に不利な証拠よりも，有利な証拠の方を重んじたようであるが，豊富な例証をあげてもっともらしく記している。マクリッチーはまたシルキーとローンも同族とみなして，フィーン族の男や女をアザラシの皮で造ったカヤックに乗せてしまう。もしこの説に

賛成するなら，白馬にまたがってちっぽけな現代人の頭上にそびえているオシアンの巨大な姿を捨てて，超人的ともいえる筋力をもった，ちびで狡猾な魔法使いとでもいったオシアン像をもたねばならなくなる。しかし，フィーン族たちがすぐれた音楽，昔話の語り，黄金の財宝を持っていたことには，なんら変わりはない。　　　　（三）（平）

ブーヴァン・シー　Baobhan Sìth

スコットランド高地地方でブーヴァン・シーと言えばバン・シーと同じで「妖精の女」の意であるが，一般的には非常に危険で邪悪な一種の女夢魔[⇒ナイト・メア]を表すのに用いられる。ドナルド A. マケンジーは『スコットランドのフォークロアと庶民生活』（1935）の中で，C. M. ロバートソンの『ロスシャー西部の伝承』（1935）にある話を再話している。

　4人の若者が狩りに出て，無人の空き小屋で一夜を過ごした。この小屋は羊が草をはむ時期に羊たちが雨宿りをするために建てられたものであった。若者たちはダンスを始め，ひとりがハミングで伴奏した。踊っていた若者のひとりが，ダンスの相手がいたらいいのになあと言うと，ほとんど同時に4人の女が入ってきた。3人は踊り，残ったひとりは伴奏者のそばに立った。ところが，曲を口ずさんでいた伴奏者の目には，踊っている仲間たちから血が滴り落ちているのが見えた。彼が小屋から逃げ出すと，横にいた妖怪が追いかけてきた。彼が馬の間に逃げこむと，ブーヴァン・シーは近寄れなかった。たぶん，馬の蹄にはめられた鉄のためであろう。一晩中女妖怪は若者を遠巻きにしていたが，日が昇ると同時に消えてしまった。若者が小屋に帰ってみると，踊っていた仲間たちはすっかり血を吸いとられた死体となって倒れていた。それぞれのダンスの相手が彼らの血を吸い取ってしまったのであった。［モチーフ：E 251. 3.3；F 471.2.1］　　　　　　　　　　　　　　　　　　　　　　　　　　　　（三）

フェイ　Fays

フェアリー（fairy）という語は，いちばん最初はフェイ（fay）という形で登場した。これは普通，イタリア語で〈運命の3女神〉を表すファタエ（Fatae）の崩れた形と考えられている。そして，ロマンス語で書かれた，いわゆるロマンス〔物語〕の伝承の中で，しだいに元の恐ろしさをなくし，数も増していったのである。フェアリー（fairy）という語は，元はフェイ（fay）のかける魔法すなわちフェイエリー（fayerie）のことであって，魔法をかけられた状態すなわち幻覚状態ではなく，魔法をしかける人々に用いられるようになったのは，もっとあとになってからであった。　　（吉）

フェイン　Fane

ジョン・ジェイミソンは，編著書『スコットランド語語源辞典』（1808）の中で，フェインは，スコットランド南西部のエアーシャーでは妖精を意味していると述べている。ルイス・スペンスの『ブリテン島における妖精伝承』（1948）にもフェインが取り上げられている。しかし，ウィリアム・グラント編の『スコットランド国語辞典』（1931-76）では，フェインの典拠をJ. トレイン〔スコットランドの故事研究家〕の『詩的

瞑想』(1806)までさかのぼり，フェインはおそらく英語のフェイ（fay）のスコットランド版としてトレインが造った語であろうと述べている。そこで引用されたのは次の数行である。

　　　　　ケイトはフェインに取りつかれ
　　　　　うわさはたちまち広がった。

これ以上の例証がないので，この名前は文学上の表現とみなすべきかもしれない。しかし，デイヴィッド・マクリッチーは著書『伝承の証言』(1890)の中で，フェインはフィーン族──マクリッチーはこれらがスコットランド低地地方のペッホとほぼ同じものであると考えている──と関連があるのではないか，と述べている。　　　（三）

フェッチ　Fetch

分身あるいは共歩きを意味する語。イングランド全域に流布している。イングランド北部地方のワッフにきわめて近い。夜間フェッチを目撃することは，死の予兆であるといわれるが，夜間でなくても，フェッチとの出会いは不吉である。17世紀の作家ジョン・オーブリーは，『雑録集』(1696)の中に次のような記録を残している。

　　　ホランド伯の美貌の令嬢，ダイアナ・リッチは，ケンジントンにある父の庭園で，11時ごろ昼食前の散歩をしていたところ，着ているものからその他すべて，まるで鏡に映したような自分の分身，すなわちフェッチに出会った。当時，彼女は健康そのものだったが，1か月後に天然痘で亡くなった。ダイアナの妹イザベラ・シンも，死ぬ前に自分の分身を見たといわれる。この話を筆者は，さる信頼のおける方から聞いた。

[モチーフ：E 723.2]　（平）

*フェネル，フィネン　Fennel, or Finnen

古代アイルランドの女神。アーニァの妹神で，一説にアーニァの別形とも考えられている。アイルランドのリマリック市南方約20キロにあるグル湖の湖岸のいちばん高い〈フェネルの丘〉をすみかにしたと伝えられる。異教時代の神ではあるが，地元農民からは，アーニァと共に善い人の仲間と目されていた。フェネルの語形'Fennel'は，エヴァンズ・ウェンツの『ケルト圏の妖精信仰』(1911)によれば，'Finnen'あるいは'Finnine'に由来し，その語源は「白い」を意味するゲール語のフィン（finn）であるともいう。また一説に，フェネルは，フィーリナ（ffrinne），あるいはフィリン（ffrinn）〔「真実」の意〕の転化したものという。　　　（平）

フェノゼリー　Fenoderee, Phenodyree, Phynnodderee

フェノゼリーには5通りほどの綴りがあるが，一般にマン島のブラウニーと理解されている。事実，フェノゼリーは，ブラウニーの有する機能をすべて具備している。しかし，似ているといえば，ミルトンがラバー・フェンドと呼んでいる炉端のロブに，もっと似ている。フェノゼリーは大柄なうえに，毛むくじゃらで醜悪だが，とてつもない力持ちである。ソフィア・モリソンが『マン島妖精物語集』(1911)で紹介して

いる話に，こういうのがある。フェノゼリーが，同島のゴードンで働いていたとき，たまたま，ある夜，鍛冶屋に出会ったので握手をしようと言った。鍛冶屋は用心深く，自分の手の代わりに，持っていた鋤の刃を差し出した。フェノゼリーは，その刃がすっかり形が変わるほどねじ曲げ，満足そうに「まだ世間には力持ちのマン島人がおるわい」と言ったという。晩年のオシアンや，最後のペッホについても，似たような話が伝わっている。奇妙なことに，この醜いフェノゼリーは，かつてはフェリシンの仲間だったのが，妖精界から追放されたのだといわれている。彼は，オールディン渓谷に住んでいた人間の娘に夢中になり，ラシェン渓谷でこの娘とダンスをしたいばかりに，秋の祭礼に無断で欠席してしまった。そのとがめを受けて，フェノゼリーは，毛むくじゃらの姿に変えられ，最後の審判の日まで追放に処せられたのだという。しかし，彼は人間に対するやさしい気持ちをいつまでも失わず，自分の援助が必要とあれば，どんな仕事もいとわず引き受けた。マン島の妖精物語集にはフェノゼリーに関する逸話が何篇か入っているのが常である。フェノゼリーというのは，総称ではなく，特定の妖精を指す固有名詞と考えていいようだが，時々グラシャンと混同された。グラシャンというのは，マン島のホブゴブリンであるが，だんだん影が薄くなって，今では，それと全く別の存在であるグラシュタンと混同されるようになった。フェノゼリーは，衣服の提供を受け，それに腹を立てたり，あるいはそれを機に退散したりして，常にその居所を変えていたものだから，複数のようにみえるのである。トマス・キートリーは，J.トレインが著書『マン島の歴史的および統計的記述』第2巻(1845)に掲載したいくつかの逸話を，自著『妖精神話考』(増補版1860)に引用している。このJ.トレインは，フェノゼリーの追放のことも書いているが，農場主から草が充分に短く刈られていないと難癖をつけられて，腹を立てるフェノゼリーの話をも紹介している。自尊心を傷つけられたフェノゼリーは，それっきり農場主の手伝いをすることをやめ，その代わり，農場主のあとをつけ，猛烈な勢いで農場主の足元の草を根こそぎ引き抜くものだから，農場主は歩くのも危険なほどだったという。トレインはまた，フェノゼリーへの衣服贈与の話も一つ紹介している。ある紳士が，スナフィールド山〔現在のスネイフェル山〕の山すそのソルティ・ウィルで，大きな邸宅を建築していた。石材はすべて切り出され砂浜に並べられてあった。その中に大きな美しい白大理石の塊が一つあったが，重過ぎて石工たちが全員力を合わせても，持ち上げることができないほどだった。ところがフェノゼリーは，それと他の石材とを，浜から建築現場まで一晩のうちに運んでくれたのである。紳士は，何かお礼をしようと思って，フェノゼリーのために上等な衣服を一揃い作らせた。ところが，フェノゼリーは，その衣服を一つ一つ手に取り，こう言ったものだ。

　　　「頭に帽子か，ああ，かわいそうな頭よ！
　　　背中に上着か，ああ，かわいそうな背中よ！
　　　尻にズボンか，ああ，かわいそうな尻よ！
　　　これが全部お前の物なら，お前はもう楽しいラシェン渓谷と縁がないんだ！」

そう言って，彼は泣きながら立ち去った，という。

　ソフィア・モリソンが紹介する話は，これと少々異なり，フェノゼリーはゴードン

在のラドクリフ家の仕事を手伝っている。ラドクリフ家にいたとき，彼は農場主のビッグ・ゴードンが自分の口から吐く同じ息で物を温めたり，冷ましたりする——例えば指先を温める際も，おかゆを冷ます際も，息を吹きかけたりする——のが気にくわなかったが，とうとう立ち去るようになったのは，やはり衣服を贈与されたからである。そのときフェノゼリーが口にした歌は，上記のものと非常によく似ている。彼は次の働き先で——これは多くのホブがやってきたことなのだが——羊と一緒に野ウサギを駆り立てようとして，たいへん苦労をする。モリソンの物語に登場するフェノゼリーは，ボーギーのような性格を多分にもっている。かつてガラッハ渓谷の水車小屋のおかみをおどし，結局，おかみのケーキ作りの手伝いとして，ふるいで水をくまされる羽目になったという話などは，その一例である。また，これもモリソンによる話だが，フェノゼリーには妻があり，石を投げ合う普通の巨人の夫婦と同じく，夫婦喧嘩をするという。このあたり，いくらか混線があるように思われる。

ウォルター・ギルは，『続マン島スクラップブック』(1932) の中で，マン島語でうたわれた「敏捷な草刈り」という歌を英訳している。これはフェノゼリーを主題にした楽しい歌である。

> フェノゼリーは明け方に草地へ行き，
> お碗からクリームをすくい取るように露をすくい取った。
> 乙女草や家畜草を，
> はだしの足裏で踏みつけた。
> 　　彼は草地の地表すれすれに大きく鎌を振り，
> 　　刈り取った草の山を左手に築いていった。
> 　　フェノゼリーの草刈りは，去年もすばらしいと思ったが，
> 　　今年の彼の威勢のよさは，比類がない。
> 彼は草地や花々を刈り取っていた，
> 長く伸びた牧草をレーキで掻き集められるように倒していた。
> 灯心草の生い繁る沼沢地のミツガシワまで，
> 彼が大鎌を振るって草を刈ると身震いした。
> 　　彼の大鎌は，どんなものでもぶった切り，
> 　　草地は地表まできれいに剃られたようになった。
> 　　草の葉が1枚でも残っているのが目につくと，
> 　　彼はそれをはだしのかかとで踏みつけた。

ギルは，次のように言っている。

> フェノゼリーの大鎌の扱い方は，彼のような並外れた体格の持ち主から期待されるとおり……みごとなものだった。のみならず，あの黄金時代において，聖トリニアン教会の近くに住む恩知らずの農場主から難癖をつけられるまでは，もっとやる気があり，もっと精力的だった。そのうえ，その数はもっと多く，至る所に顔を出し，たいがいの大きな農場には，フェノゼリーのひとりぐらいは居ついていたものだ。上に引用した歌からも見当がつくように，そのころのフェノゼリーは，明け方に仕事を始め，薄明かりの中で村人たち——彼らは緑の草地を囲んでいるハンノキなど

の樹間から，お互いの肩越しにのぞき見しているのだが――から敬意の目でその仕事ぶりを眺められたり称賛されたりしても，気にもとめなかった。彼がマン島人をまだ信用していたころは，島の人たちのために草を刈るだけではなく，刈った草をレーキで掻き集めて運搬したり，麦を刈って，束ねて積み重ね，脱穀したり，さらに麦わらを積んだり，また羊や牛の番をしたり，山ほどもあるがらくたや石をあっという間に，いかにも小巨人の彼らしく移動させたりしたものである。彼はすさまじい勢いで仕事にとりかかり，固い地面を柔らかくし，柔らかい地面なら水に化したりした――それでマン島北部のカラッハ沼沢地が生じたのである。フェノゼリーは，草刈りに際し，刈った草を宵の明星や明け方の影の薄い月めがけて放り投げたりした――近所の農家の雄鶏が親切に諫止の声を発してくれるのにも耳を貸さなかった。彼は，農夫が1日がかりで刈る分を1時間で刈り上げることができたし，あとでお礼として壺に1杯食べ物をもらえたら，それ以上は何も望まなかった。彼の脱穀作業の猛烈さときたら，さながらつむじ風，地震，あるいは最後の審判の日を思わせるものだった。彼が使う殻竿は，その形も見えないほどの速さで動き，舞い上がるもみがらで日差しもかげるというほどであった。羊の番をする際は，熱心さのあまり崖から羊を追い落とすことがないわけではなかったが，逆に羊の囲いの中に野生のヤギ，野生の豚，あるいは野ウサギなどを追いこむという形で充分その埋め合わせをした。フェノゼリーは，要するに行動者であり，思索者ではなかった。頭より筋力の方がすぐれていた。夜の労働の合間をみて，日中は村の学校で知力でも養ったらいいのに，渓谷の奥の隠れ場所で丸くなって寝ているという具合なのであった。

この文章からフェノゼリーは単数ではなく複数だった可能性がある，とウォルター・ギルが考えていることはわかるが，それでは上述のフェノゼリーが退散させられた話の説明がつかない。

ドーラ・ブルームは，『マン島昔話集』(1951)の中で少々異なった話を紹介している。すなわち，ある愚か者が自分の小さな赤い牛の病気を治してもらおうとして，フェノゼリーの助力を求める。フェノゼリーは姿を現し，牛の病気を治すが，最後には牛を連れ去ってしまうというのである。こうしてみると，世に広く流布している話――国際的な民話話型に属するものをも含めて――の数々が，いつの間にかこのフェノゼリーにまつわる話に化したことがわかり，興味深い。〔モチーフ：F 252.4；F 381.3；F 405.11〕

(平)

フェリアー，フェリシャー　Feriers, or Ferishers

サフォーク州における妖精の呼び名。ファリシーまたはフレアリーとも呼ばれる。カミラ・ガードンは「カウンティー・フォークロア」第1巻〔サフォーク篇〕(1893)の中で，この小さいフェリアーについて，ホリングワースの『サフォークの歴史』から次の引用をしている。

ストーマーケット〔イプスウィッチ市北西の町〕の妖精；　80年から100年ほど前のことだが，タヴァン通りの数軒の家に，妖精フェリアーが出没した。人がいると絶

対に現れないので，その姿を見たい人たちは隠れて見たものだ。そうして，姿を見ることのできた人もいたが，特別な事例として，ある時，煉瓦工場のわきに積んである薪の山のそばに，たくさんのフェリアーが集まって，踊ったり，うたったり，音楽を演奏したりしていた。皆とても小さくて，とても陽気な連中だったが，人影を見たとたんに全員が姿を消してしまった。そして，彼らが消えたあとの家では，邪魔をした人たちが階段をあがると，その足元から星のように明るい火花が現れたりしたという。

同じく『サフォークの歴史』の中に，子どもがフェリアーにさらわれそうになって危うく助けられたという話や，赤ん坊が取り換え子に代えられたと知ると，そういう場合にとる一般的対処法とは逆に，取り換え子をとてもやさしく扱ったので，フェリアーが感謝して，毎朝その母親のポケットに小さな銀貨を入れてくれた，という話などが掲載されている。

(吉)

フェリシン　Ferrishyn

マン島にすむ妖精族の名。単数形はフェリッシ（Ferrish）。ウォルター・ギルはこのマン島語の名称を英語のフェアリーズ（fairies）から出た語とみている。ギルは『続マン島スクラップブック』(1932)の中に，〈フェリッシ〉のつく地名・植物名のリストを載せている。フェリシンはマン島にいる群れをなす妖精であるが，スレイ・ベガとの間には，はっきりした区別はないようである。アイルランドやウェールズの妖精ほどに貴族的でなく，妖精の王や女王と呼ばれる者はいない。体は小さくて，背丈が時に1フィート〔約30センチ〕とされることもあるが，普通は3フィートと書かれている。他の妖精と同じく，人間の赤ん坊を盗んで，代わりに取り換え子を置いていく。人間の住居や仕事場に，人々が寝静まってから出没するのを好み，好きなスポーツは狩猟であった。馬も猟犬も自分たちのものを持っていて，その猟犬は時には他地域の妖精犬と同じく，赤耳の白犬〔⇒妖精丘の猟犬〕と記されていることもあったが，時には赤，青，緑，黄など虹の七色の犬になっていることもあった。狩り手たちは緑の上着に赤い帽子をつけていたので，その狩りの隊列が通り過ぎる光景は，目にたいへん華やかだったにちがいない。フェリシンは戸外ではどんな話でもよく聞きとった。わずかな微風でもそれに乗って音が彼らの耳に伝わるので，人々は彼らのうわさをするときは，いつもほめ言葉を使うように気をつかった。

(吉)

フェルリー　Ferries

シェットランド諸島とオークニー諸島では，妖精に該当する最も一般的な呼称はトローであり，よそでエルフあるいは妖精にまつわる伝承となっているものも，ここではトローにまつわる伝承となっている。しかし，時にはトローの代わりにフェルリーという呼称が使われることがある。フェルリーとトローとの間には，意味の違いはなさそうだが，フェルリーは，形容詞として用いられることが多い。例えばフェルリー・チューン（ferry tuns〔=tunes〕）のごとく。これはトローから習った，あるいは妖精丘で盗み聞きしたメロディーを意味する。「カウンティー・フォークロア」第3巻

(1901)に引用された文章に，フェルリーへの言及が若干ある。　　　　　　　　　（平）

フォイゾン　Foyson
妖精が食べ物から摂取するエッセンスという意味でロバート・カークが用いた言葉。妖精の盗みの項も参照。　　　　　　　　　　　　　　　　　　　　　　（平）

フォージーン・シャハローン　Fóidín Seachráin　⇒まどわしの草地

フォモール族　the Fomorians
邪悪で恐ろしい魔物の一族。アイルランドへ次々に侵入した民族の大部分が彼らと戦うことを余儀なくされた。フォモール族は，その渡来に関する記録がないので，たぶんアイルランドに初めからすんでおり，この島に次々とやって来た入植者たちを滅亡に導いた幾多の災難に耐えて，生き残ったものと考えられる。『侵略の書』によれば，民族名不詳の最初の住人たちは大洪水で滅亡したという。次にパーソロン族〔パーソロンを長とする初期の入島種族〕が渡来してフォモール族に戦争をしかけるが，結局は大疫病によって滅びる。彼らのあとからネメドの一族がやって来てフォモール族に戦争をしかけ，ネメド族は彼ら以前に渡来した侵入民族たちよりはるかにひどい目にあうことになる。というのは，ネメド族はフォモール族によって奴隷化され，また毎年11月にネメド族の子どもと家畜のそれぞれ3分の2を貢ぎ物として差し出すことになったからである。最後にはネメド族がフォモール族を大決戦で破り，彼らの王コナンを殺すが，ネメド族自身も員数がひどく減少し，この国を去る。次にやって来たフィル・ヴォルグ族は，フォモール族との間に争いは起こさない。しかし，フィル・ヴォルグ族は別の侵入民族であるトゥアハ・デ・ダナン〔ダーナ神族〕に敗れる。しかし征服者のトゥアハ・デ・ダナンは，フィル・ヴォルグ族にコナハト地方〔アイルランド北西部の地域〕を保有することを許した。トゥアハ・デ・ダナンもフォモール族との間に摩擦を生じるが，ある程度までは歩み寄り，相互婚姻さえ生じる。しかし，やがて再び戦いが生じ，フォモール族はモイトゥーラの野〔メイオー州古戦場〕の2度目の戦いでついには征服されてしまう。妖精の起源説の中には，波状的に繰り返された侵略は，宗教的な儀式や祭礼をめぐる衝突を表しているという説もある。そう見るならば，フォモール族は人間や動物を野蛮にも生けにえにささげることを求める原始宗教を代表していることになる。

　スコットランド高地地方のフォモール族は巨人族であって，アイルランドのこの魔物族ほど邪悪ではなかった。　［モチーフ：A 1659.1；A 1659.1.1；G 100.1；S 262］　　（三）

フォール　the Foawr
巨人。マン島ではフォールがスコットランド高地地方のフォモール族にあたる。フォールは，フォモール族と同様，石投げをする巨人である。彼らは盛んに牛の略奪はしたが，人食い妖怪ではなかったらしい。ドーラ・ブルーム編の『マン島昔話集』(1951)の中に，のんきなバイオリン弾きの青年がフォールに捕まり，そのすみかに

連れ去られるという筋の「チャルス青年とフォール」と題する話がある。ギリシア神話のポリュペーモスの話のような勇ましい結末〔オデュッセウスは巨人ポリュペーモスの目をつぶして脱出する〕になるかと読者が期待していると、バイオリン弾きのチャルス青年はフォールのすみかから煙突伝いに逃げていく、というだけで終わる。妖豚ジミー・スクウェアフットを乗り回していたフォールについては、自分の女房に石をよく投げつけていたということ以外あまり語られていない。ソフィア・モリソン編の『マン島妖精物語集』(1911) にトム・ティット・トット型の類話が断片ではなく完全な形で収録されており、そこにフォールが登場するが、女に代わって紡ぎ作業をやってくれるのがモランドロートという名のフォールである。ただしこの話では、名前を言い当てるゲームで勝った方がもらうのは紡いだ毛糸だけである。ゴブリンの紡ぎ手のうちでは、このモランドロートが最も無欲だったとみえる。 （平）

ブカ　Bwca

ウェールズ地方のブラウニー（ブバホッドの項をも参照のこと）。ジョン・リースが採集して、『ケルトのフォークロア―ウェールズとマン島』(1901) に収録した次の話は、ブラウニーとボガート、あるいはブカとバガンのつながりが、いかに密接であるかを示している。昔、ウェールズのモンマスシャーのある農場に、妖精がとりつき、恐怖の的になっていたが、その農場へ、陽気で気が強く、ベンディース・ア・ママイの血筋を引くとうわさのある若い女の子が女中として住みこんだ。彼女は農場にとりついている妖精――それはブカであることが判明するのだが――と大の仲良しになった。ブカは、毎晩、搾りたての牛乳をお碗に1杯と麦パンあるいはフラマリー〔オートミールを煮つめたもの〕をもらうのと引き換えに、彼女に代わって洗濯、アイロンかけ、糸紡ぎ、その他一切の家事を引き受けてくれた。女中が、夜、お碗を階段の下に置いておくと、翌朝には空になっているのだった。ブカは仕事はすべて夜中にやってしまうので、彼女はブカの姿を見ることがなかった。ある晩のこと、全くのいたずら心から、彼女は牛乳の代わりに、お碗の中に媒染剤として使う古い小便を入れた。これは失敗だった。というのは、翌朝起きると、ブカが襲いかかり、彼女を家中追い回し、足蹴にしながら、こう叫んだのだった。

　　　「尻の大きな娘っ子が
　　　大麦パンとおしっこを
　　　ブカに出すとは！」

それっきりこのブカは姿を見せなかった。その2年後、ハヴォッド・アル・アニスの近くの農場にいるという、うわさがたった。ここでもブカはまた女中と大の仲良しになった。女中はたえずパンとミルクのごちそうを出してくれ、はしたないいたずらをすることはなかった。しかし彼女には、一つだけ欠点――つまり好奇心という欠点――があった。彼女はブカにその姿を見せてほしい、そして名前も教えてほしい、とたえず要求したが、ブカは、うんと言わなかった。ところが、ある晩、これからボーイ・ハントに出かけるのだと女中はブカに信じこませ、ドアを閉めて出ていくふりをして、ひそかに家の中に隠れていた。そうとは知らぬブカは、紡ぎ車を前にして、せ

っせと糸を紡ぎながら歌をうたっていた。
「彼女は大笑いするだろうな,
　グワルイン　ア　スロットが
　わたしの名だとわかったなら」
「そうだったの！」と女中は階段の下から叫んだ。「さあ，お前さんの名前がわかったぞ。グワルイン　ア　スロットだ！」それを聞くとブカは，紡ぎ車をそのままにして，彼女の前に2度と姿を現さなかった。

　その次，ブカは近所の農場へ移った。そこでは手伝い人夫のモージズが彼の親友になった。グワルイン　ア　スロットにとって，それで万事めでたしになるはずだったが，この親友モージズは，〈せむしのリチャード〉〔英国王リチャード3世．在位1483-85〕との戦いに狩り出され，ボズワースの野の戦闘〔1485〕で戦死してしまった。親友が亡くなってからというものは，かわいそうなブカは，すっかりぐれてしまい，例えばまっすぐに鋤を引いている雄牛をあらぬ方向へ誘導したり，夜中に家にある物一切合財をまき散らしたり，とにかく無意味ないたずらばかりするようになった。そのうちブカの悪さが度を越すようになったので，農場主はブカを押さえてもらうためディーン・カニルすなわち賢人を呼んだ。賢人は，ブカが隠れ場にある穴から高い鼻を突き出すように仕向け，その瞬間，その鼻を錐で突き刺し動けないようにした。賢人は，そこでブカを14世代のあいだ，紅海へ追放に処する呪文を読んだ。次いでつむじ風を呼び起こし，それが吹き始めるのを見とどけてから錐を抜くと，哀れブカは空に舞い上がり，それっきり2度と姿を見せることがなかった。

　ブラウニーというものは鼻がないのが通例だから，どうやらブカは，その性質を変えるとともに顔かたちまで変えてしまったらしい。この農場にとりついていたブカは，特に〈ブカル・トゥルイン〉すなわち〈鼻のあるブカ〉というあだ名をつけられていたという。　〔タイプ：ML 7010．モチーフ：F 482.5.5〕　　　　　　　　　　　　　（平）

ブカ　Pwca

イングランドのパックのウェールズ版。やることや性格が，シェイクスピアの描くパ

ックと非常に似ているので，ウェールズの一部の人たちは，ブカが好んで現れるクーム・ブカの谷近くに住んでいたブレコン〔ウェールズ南東の町〕のリチャード・プライスという友人の話から，シェイクスピアがヒントを得たのだ，と主張している。ワート・サイクスは，『イギリスのゴブリン』(1880) の中に，ウェールズのある農夫が炭で描いたという，いささか愉快なブカの絵を載せている。この絵では，ブカは羽が生えたての雛鳥のような顔をしており，全体の姿かたちはオタマジャクシに似ている。腕は描かれていず，体の形は影絵になっている。ブカについてのある話では，牛乳がブカへの捧げ物として出しておかれたことを伝えている。これはあるいはブカが牛の番をしてくれることへの返礼だったのかもしれないが，この点については，明確には述べられていない。アベルグイゾン〔現アベルグウィドル，ウェールズ中西部にある村〕近くにあるトゥルイン農園にいた乳搾りの娘は，ブカのために一切れの白パンと一鉢の牛乳とを，毎日草原の人けのないところに出しておいた。ある日，いたずら心から，娘は自分でその牛乳を飲んでしまい，パンもほとんど食べてしまった。それでその日，ブカは冷たい水と，パンの皮だけしか食べられなかった。翌日，娘がその場所の近くに行くと，突然見えない手がさっと娘を捕まえて鞭でしたたか打ったあと，もう1度あんなことをしたら，もっとひどい目にあわせるぞと，ブカが娘に注意を与えた。

しかし最もよく知られているのは，ウィル・オ・ザ・ウィスプとしてのブカである。行き暮れた旅人を，狭い小道づたいに渓谷の淵まで案内していき，大声で笑いながら渓谷を飛び越えると，ブカは自分のろうそくを消してしまうので，かわいそうな旅人は置き去りにされ，手探りしながらやっとの思いで引き返すのである。こうしたふるまいは，イングランドのパックと同様であり，スコットランドのシェリーコートとも似通っている。〔モチーフ：F 402.1.1〕 (井)

ブカ the Púca, Phouka

ブカというアイルランド・ゲール語は，ブークやパックが中英語で「悪魔」を意味したように，時に悪魔を指すのに用いられる。普通一般には，イングランド北部にすむピクトリー・ブラッグに似たボギー，ボギー ビーストの一種であるが，このブラッグはさまざまな姿をとる。馬の姿をとることが最も多いが，またワシやコウモリの姿にもなり，おまけに人を落馬させたりする。ブカの背中に乗って乱暴に引き回され，苦しい目にあった人は多かった。ミカエル祭〔9月29日〕が過ぎると，クロイチゴがだめになるのはブカがそれを踏みつけるからだとされている。以上がブカに関するT. クロフトン・クローカーの意見である。

しかしワイルド夫人によると，ブカはブラウニーもしくはホブゴブリンに，より近いという。ワイルド夫人の『アイルランドの古代伝説とまじないと迷信』(1887) の中に，「妖精の手助け」という楽しい話があるが，そこでは粉屋の息子である少年がブカと友だちになり，気の狂った牛のように突進してくるブカに，自分の上着を投げかけては遊んでいた。その後，少年は，粉屋の使用人たちが眠っている間に，当のブカが6人の若いブーカたちを指図して，父親の穀物を脱穀してくれるのを見た。この話では，ブカはぼろをまとい，しわだらけの老人の姿をしている。少年は

　父親にわけを話し，ふたりは一緒に戸の割れ目からプーカたちが働いているのを見ていた。このあと，粉屋は使用人に暇を出し，水車場の仕事は，すべてプーカたちがすることになった。水車小屋はたいそう景気がよくなった。パトリックという名前のこの少年は，プーカがとても好きになり，毎夜毎夜，空っぽの木箱の鍵穴からプーカの姿を見守っていた。とても年老いて弱々しく，ぼろしかまとっていないプーカが，怠け者の若いプーカたちを夜通し仕事につかせておくのにたいへん苦労しているのを少年は見て，だんだん哀れみを感じるようになった。しまいに少年は，まじり気のない愛情と感謝の気持ちから，生地を買い，きれいな上着とズボンを作らせると，それをプーカの目につくところに出しておいた。プーカはそれを身につけるととても喜んだが，これほどりっぱな身じまいをしたからには働くわけにはいかないと心に決めた。プーカが水車小屋を去ってしまうと，若いプーカたちも立ち去ってしまったが，それでも水車小屋は繁盛しつづけた。そしてパトリックは美しい花嫁をめとったとき，婚礼の食卓の上に，ブドウ酒を満たした黄金の杯があるのを見つけた。パトリックは，それがプーカからの贈り物とわかったので，怖がりもせずそれを飲むと，花嫁にも飲ませた。
　もっとよく知られた話に，「キルデア〔現アイルランド共和国東部の州〕のプーカ」という話がある。この話では，ブラウニーのような妖精はロバの姿で現れ，動物としての姿を保っているが，自分は怠け者の台所働きの少年の幽霊だと言っている。このプーカもまた洋服を贈られると出てこなくなるが，この場合は彼自身の労働でとうとう報酬を得たからなのである。こうした物語は，プーカがロビン・グッドフェローやパックに非常に近いことを示している。すなわち，プーカはいたずらで少しばかり意地の悪いふざけ方をするが，それでも人間に好意をもって手助けをしてくれる生き物だということである。［モチーフ：E 423；F 234.0.2；F 343.14；F 381.3；F 399.4；F 401.3；F 482.5.4］

(井)

フーキー　Hookeys
リンカンシャーでは，「いやはや」という意味の感嘆表現 'by the hookeys'〔フーキーにかけて〕に出てくるフーキーは，妖精の一種だとみなされる〔故事研究家P.トムソン説〕。'hook' に「くすねる」という意味があり，ものをくすねる習性をもつ妖精と結びついたものであろう。
(吉)

プーク　Pouk　⇨パック

服の裏返し　Turning clothes
妖精と魔力から身を守る方法の一つであるが，いつも成功するとは限らない。妖精除けの項をも参照。〔モチーフ：F 385.1〕
(平)

プークのまどわし　Pouk-ledden
妖精の行なういたずらの一つ。ピクシーのまどわしと同じような意味で，イングランド中部地方で用いられている。シェイクスピアが描くパックのいたずらの中に，「夜歩きする者を道に迷わせ，その災難を見て笑う」〔『夏の夜の夢』2幕1場39行〕ことがあったのが思い起こされよう。中世においては，〈ブーク〉は悪魔に対する呼び名であった。14世紀の詩人W.ラングランドは，「地獄」を意味する〈プークの檻〉〔『農夫ピアズの夢』Bテキスト xvi. 264行より〕について語っている。しかし16世紀には，プークは無害ないたずら者になっており，清教徒たちだけがプークを悪魔の化身として嫌っていた。〔モチーフ：F 369.7；F 402.1.1〕
(井)

ブッカ，ブッカ ブー　Bucca, or Bucca-boo
マーガレット・コートニーは『コーンウォールの祭日とフォークロア』(1890)の中でこう述べている。

> ブッカは，コーンウォール州の人々が，機嫌をとる必要があるとかつては考えていた妖精の名前である。漁夫たちはブッカのために砂浜に魚を1匹置いてきたし，穀物の収穫時期には，昼食時にパンを一切れ左の肩越しに投げ，ビールを数滴地面にまいたりした。ブッカに捧げ物をして，幸運を願ったのである。

このように神に近い存在だったブッカは，その後単なるホブゴブリンに堕してしまったようだ。コートニーは続けてこう言っている。

> ブッカないしブッカ ブーは，つい最近まで（地域によっては現在でもそうだと思うが）子どもたちに怖がられる存在であった。子どもが泣きやまないようなとき，「いつまでも泣いていると，ブッカが連れにきますよ」などと言われることが多かった。

コートニーはさらに続けて，ブッカにはブッカ・ドゥー〔黒い，すなわち悪いブッカ〕とブッカ・グウィデン〔白い，すなわち善いブッカ〕の2種類があったと述べている。ウィリアム・ボトレルの《西コーンウォールの伝承と炉端物語》第1集(1870)の中に「偽の幽霊と本物の幽霊」の一類話として，「白いブッカと黒いブッカ」の話が出

ている。[モチーフ：V 12.9]　　　　　　　　　　　　　　　　　　　　　　　　　　　　　　　（三）

不妊　Barrenness　⇨難産や不妊

ブバホッド　Bwbachod

ウェールズのブラウニーに相当する存在〔単数形はブバッハ（Bwbach）〕。家事の手伝いをしたり，気分を損ねると手に負えなくなったり危険な行動をする点でブラウニーによく似ている。ワート・サイクスの著書『イギリスのゴブリン』（1880）によれば，ブバホッドには，禁酒主義者と非国教派の牧師を嫌うという目立った特徴がある。サイクスは，非国教派のバプチスト教会の牧師に特別な反感を抱く，カーディガンシャーのブバッハの話を語っている。それによればブバッハは，牧師がひざまずいていると，横合いから膝つき台をぐいと引いたり，暖炉用具をがちゃつかせたり，窓からにっと笑いながらのぞきこんだりして，祈禱の邪魔をしたという。しまいには，牧師とそっくりの姿で現れて彼をおびえさせ，その土地から追い出してしまう。自分の分身を見ることは死の前兆だと考えられていたのである。これはたいていのブラウニーの領分を越えた，ボギー，ボギー ビーストに見られるいたずらである。この点を除けば，ブバッハとブラウニーは呼称の相違にすぎない。ブカの項も参照。[タイプ：ML 7010. モチーフ：F 399.4；F 482.5.5]　　　　　　　　　　　　　　　　　　　　（三）

ブーブリー　Boobrie

スコットランド西部のアーガイルシャーにある湖にすむ巨大な水鳥。耳障りな大声で鳴き，足には水かきがついていて，羊や牛をむさぼり食う。J. F. キャンベルは，ブーブリーを水棲馬の変形した形と考えているが，その根拠はあげていない。キャンベルは『西ハイランド昔話集』の第4巻（1862）で，ブーブリーを目撃したという男の談話を紹介している。それによれば，男はこれを撃とうと思って2月の湖水に肩までつかって近づいたのだが，あと85ヤード〔約77メートル〕のところまで来るとブーブリーは水に潜ってしまったという。それは巨大なハシグロアビという海鳥のように全身黒かったが，首と胸に白い斑点があった。首は2フィート11インチ〔約88センチ〕，くちばしは17インチ〔約44センチ〕の長さがあり，ワシのそれのように鉤状に曲がっていた。脚は非常に短く，足先には水かきと，すごい鉤爪がついていた。湖の北のぬかるみには，足跡が残っていた。

その声は怒った雄牛の吠え声のようで，子牛，羊，子羊それにカワウソなどをえじきにしていたという。[モチーフ：B 872]　　　　　　　　　　　　　　　　　　　　　　（三）

ブーマン　Booman

オークニー諸島ならびにシェットランド諸島では，ブーマンはブラウニーまがいのホブゴブリンである。この名前は他地域でも，「それ撃て，ブーマン，撃て」や「ブーマンは死んで消えた」のような歌遊びの中に残されている。この遊びはアリス・ゴムの『イギリス・フォークロア事典』（1894-98）の第1部になる「イングランド，スコ

ットランド，アイルランドの伝承遊び篇」に紹介されている。

(吉)

ブラウニー　Brownie

妖精の仲間のうちで，最も説明のしやすい，また最も理解のしやすい妖精。ブラウニーが縄張りとする地域はスコットランドの低地地方から高地地方および西方の島々にかけてと，イングランドの北部と東部の全域と中部諸州にわたっている。言語の自然の変形により，ブラウニーは，ウェールズではブカ，スコットランド高地地方ではボダッハ，マン島ではフェノゼリーとなる。イングランドの西部地方には，本質的には異なるものではあるが，時おりブラウニーの役をするピクシーまたはピグシーがおり，同一の特徴をいくつか示している。また，イングランドの各地において，親切なロブとホブがブラウニーとかなりよく似たふるまいをしている。

　最も特徴があるのは，スコットランド南部の境界地方のブラウニーである。彼らは一般に，身長3フィート〔約90センチ〕ぐらいの小人と説明されている。褐色のぼろぼろの服を着て，顔も褐色で，髪の毛はくしゃくしゃ，夜間に現れて，使用人の仕残した仕事を片づける。自分たちのすんでいる農園や家の責任を負い，作物の刈り取りや，草刈り，脱穀，羊の番をしたり，雌鶏がよそで卵を産まぬように番をし，使い走りをし，いざという時には良き助言もする。しばしば家族の中の誰かひとりと個人的な交わりをもつようになる。そのお返しに，お碗1杯のクリームか最上等のミルク，それに特別上等のバノック〔大麦などで作る堅パン〕か平たい堅パン1枚をもらう権利をもつ。ウィリアム・ヘンダーソンは『イングランド北部諸州と境界地帯のフォークロアについてのノート』(1879) でブラウニーの分け前を次のように描いている。

> しかし，ブラウニーには，彼なりのささやかなごちそうが与えられる。主なものはひきたての粗びき粉で作ったバノックを，燃えさしの上であぶって，蜂蜜をぬったものだ。主婦はこれを用意して，それを彼が偶然見つけられる場所を選んで置く。何かおいしい食べ物を子どもに与えるとき，親は子どもに言う——「ブラウニーが喜びそうなごちそうですよ」

この短い引用の中で特に注意すべき点は，主婦がささやかなごちそうをブラウニーの手の届く所に置くだけで，直接ブラウニーには与えないようにすることである。ブラウニーの手伝いに対して，どんな形式でも直接お礼をすると，ブラウニーを追い払うことになった。それはどうやら絶対的タブーであったらしい。それについては，いろいろの説明がなされている。スコットランド南東部のベリックシャーでは，ブラウニーは，禁断の木の実を食べたため額に汗を流してパンを得なければならなくなったアダムの天罰の重荷を，少しでも和らげるようにと遣わされた人類の下僕で，報酬なしで奉仕することになっているともいわれた。その他の理由として，ブラウニーは真に自由な妖精だから，人間の衣服や報酬などの束縛を絶対に受けないのだともいわれた。また，よく言われるもう一つ別な理由は，お礼をする価値があると評価されるまで奉仕を続ける義務があったというものである。さらに，提供された品物の質が，ブラウニーを怒らせることもあったらしい。例えば，リンカンシャーのブラウニーの話では，きわめてまれな例だが，ブラウニーが毎年リンネルのシャツ1枚を与えられていた。

ところがある年，農場を継いだけちん坊の農夫が，粗い袋で作ったシャツしか出さなかったので，ブラウニーはこんな歌をうたった。

「ごわごわ，ごわごわ，麻くずのシャツか！
碾(ひ)くも潰すももうしてやらん。
リンネルの服くれたなら，
いつまでも仕えてやったのに，
福の神去り，貧乏神とどまる，
おれも遠くへ出かけてゆくぞ」

ブラウニーはこううたって農場を去ると，2度ともう帰ってこなかった。古くから伝わるブラウニーの歌に

「おやおや，なんということだい！
もうここでは脱穀も粉ひきもしてやらないぞ」

というのがあって，16世紀のレジナルド・スコットがこれを引用して，ほかのブラウニーも同じ不平をこぼしたことだろうと言っている。理由はいずれにしても，とにかくブラウニーや，ブラウニー並みの働きをするホブゴブリンに衣服を贈与すると，相手を立ち去らせることになるのは疑問の余地なく確かなことである。

実際，ブラウニーを怒らせて，立ち去らせてしまうか，ブラウニーからボガートに変身させてしまうのは造作ないことだった。ボガートに変身すると，ホブゴブリンの性質の意地悪い面が出た。〈クランショーズのブラウニー〉が，怒ったブラウニーの典型である。昔，ひとりの勤勉なブラウニーがスコットランド南東部の境界地方にあるクランショーズ村にすんでおり，小麦を大事にして，脱穀もよくしてくれた。が，しだいに人々はブラウニーの働きをあたりまえと思うようになった。あるとき，ひとりが，今年の麦はよく刈れていないし，積み上げもうまくいっていないと言った。ブラウニーは，もちろんそれを聞いていた。そして，その晩，ブラウニーがしきりと納屋に出入りする足音がして，それと一緒につぶやく声も聞こえた。

「よく刈れてねえだと！　よく刈れてねえだと！
そんならもう2度とおらは刈ってやらん。
こいつを〈烏(からす)が岩〉にばらまいてやる，
おめえらで苦労して刈りなおせ」

案の定，刈り入れた麦が全部，2マイル〔約3.2キロ〕ぐらい遠く離れた〈烏が岩〉にまき散らされ，〈クランショーズのブラウニー〉は，もう2度と働いてはくれなかった。

しかし，ブラウニーが大事にされて，その気まぐれも黙認されているところでは，ブラウニーは彼の主人の利益に全面的に荷担した。実際，時には，使用人たちの悪事をあばいたり罰したりするので，使用人たちの間では評判の悪いこともあった。例えば，けちん坊な女主人をもったふたりの手伝いが，おいしい食べ物を盗んで，ふたりですわって食べようと間に置くと，ブラウニーが長椅子の真ん中に割りこんできて，姿も見せずにお皿のものをおおかた平らげてしまうといった具合。

女主人が突然陣痛に見舞われたとき，ブラウニーが産婆を連れてくる話はいくつも

あるが，中でも最もよく知られているのが，スコットランドの〈ダルスウィントンのブラウニー〉の話である。昔，ニス川の古いよどみに出没するブラウニーがいて，ダルスウィントン村の地主マクスウェルのために働いていた。このブラウニーはあらゆる人間のうちで，その地主の娘がいちばん好きだった。娘も彼とは非常に仲良くしてくれて，どんな秘密も話してくれた。この娘が恋におちたとき，娘を助けて，結婚に至るまで，こまごまと采配をふるったのも彼であった。花婿が花嫁の家に来て住むようになったので，ブラウニーはますます喜んだ。そして，彼女に陣痛が初めてやってきたとき，上手な産婆を連れてきたのも彼だった。馬小屋の世話をしていた少年が，馬ですぐに産婆を呼んでこいと命じられたが，ニス川が氾濫していて，いちばん近道が〈古よどみ〉を通っていく道だったので，ぐずぐずしていた。するとブラウニーが女主人の毛皮のマントをさっとはおり，いちばんいい馬にまたがって，ゴウゴウうなっている川を渡っていった。さて，産婆を連れて馬で戻る途中，分かれ道に来ると，上手な産婆は尻ごみをして言った。

「古よどみを通っていくのはやめておくれ，ブラウニーに会うといかんので」

「心配ご無用，お婆さんや」と彼は答えた。「会えそうなブラウニーにはもう会っとるからな」

そう言って彼は川にとびこみ，産婆を無事に反対岸へ運んだ。そして，馬小屋に馬を帰して，ひょいと見ると，さっきの少年は長靴のもう片方をはこうとしているところだ。ブラウニーはこっぴどく少年をひっぱたいた。

この話の結末は悲しい。というのも，ダルスウィントンのマクスウェルが牧師に話して，こんなに役立つ下僕なのだから，ぜひとも洗礼を授けてやってほしいと，頼んだのである。牧師は聖水を聖水入れに1杯用意して馬小屋にひそんだ。そして，ブラウニーが仕事を始めようとこっそり現れたとき，牧師は聖水をかけて，洗礼の文句を唱え始めた。が，式は終わりまで行なえなかった。ブラウニーが聖水の最初の1滴をあびると，悲鳴をあげて消えてしまったからである。それ以来，もう2度と彼はニスデイル〔ニス川渓谷地帯〕へは戻ってこなかった。

これらの物語から，われわれはブラウニーの一般像を描き出すことができる。ブラウニーが特に川やよどみを好む点は共通の性格である。ブラウニーは自分のすんでいる家の外ではしばしば恐れられた。ブラウニーはどんなに善意をもっていても，キリスト教の象徴には恐れをいだいた。ブラウニーはデイヴィッド・マクリッチーのたてた<u>妖精の起源説</u>——農場の近くにすみ，食べ物と親切を受けてよく手伝うが，自分を束縛しそうなものには用心深い，毛深い原住民——とぴったりと一致している。ブラウニーの外貌については地方地方によって少しずつ異なった特徴がつけ加えられている。時には鼻がなく，鼻孔だけがあいている——鼻が巨大で，口のない<u>キルムーリス</u>の逆——と言われた。スコットランド北東部のアバディーンシャーでは，指が分かれていなくて，5本の手の指が全部一つにくっついていると信じられたこともあった。ブラウニーは一般にはひとり暮らしの妖精として，またすべて男性として描かれているが，スコットランド高地地方では時とすると，小さな群れになってすんでいたらしい。彼らはしばしば低地地方のブラウニーより大きく，たまには女のブラウニーもい

た。ジョン・オーブリーは著書『雑録集』（1696）の中で，女ブラウニーのメグ・ムラッハ——タロッホゴルム〔スペイ川渓谷にある〕のグラント家にすむ，毛むくじゃらのメグ——に言及している。この女ブラウニーはバン・シーのように家族の死を嘆き悲しむ。が，ブラウニーのする仕事もきちんと果たして，チェスのゲームではグラント家の当主を助ける。彼女は非常に賢いが，息子のブラウニー クロッドは愚かなドービーだ。それで使用人たちも，こっちの方はよくたぶらかした。今世紀では，スコットランド中央部パースシャーのフィンカースルの水車場にブラウニーが出没した。ある話では，彼らは小さな群れを作っているというが，別な話では，ひとり暮らしのブラウニーで，すぐ近くにその母親のマギー・モロッホがいるという。アンドルー・スチュアートが語って，エディンバラ大学スコットランド研究所の記録保管所に収められているこの物語は，ブラウニーの二重傾向的性格をよく示していて興味深い。それはネモ譚のうちの一つで，それとよく似た話がエインセルやブロラハンについても語られている。フィンカースルの水車場はブラウニーが出ると言われていたので，人々は夜は決して仕事をしなかった。ある夜，ひとりの娘が自分の結婚式のためにケーキを作っていたが，粗びき粉が切れたのに気づいて父親に，水車場まで行って粉をひいてきてほしいと頼んだ。しかし，父親は行きたがらなかったので，娘は自分で行かねばならなかった。粉屋のところへ行って，粉をひいてほしいと頼んだが，粉屋はひきたがらなかった。それで彼女は自分でひくより仕方がなかった。娘は水車場に大きな火をたいて，湯をわかす鍋を上にのせ，粉をひきはじめた。12時になると，入り口の扉があいて，毛深い小人が入ってきた。それは〈水車場のブラウニー〉だった。「あなたは誰？」と娘はきいた。「ここで何をしているの？」「あなたこそ何をしているのです？　あなたの名前は？」とブラウニーは言った。「ああ，わたしの名前は〈わたし自身〉よ」と答えて娘は火のそばにすわり続けていた。するとブラウニーはにたにたと笑いながら，じりじりと娘の方に寄ってきた。娘は怖くなってきたので，小人に向かって鍋の湯をひしゃくに1杯ぶっかけた。が，小人は娘を捕まえようとなおも近寄ったので，彼女は煮たっている湯をザブンとぶっかけた。小人は悲鳴をあげて戸口から走り出ていった。すると，向こうの森から母親のマギー・モロッホが「誰がお前にこんなことをしたんだい？」と叫ぶのが聞こえてきた。すると，小人は「わたし自身がしたんだ！　わたし自身がしたんだ！」と叫んで息絶えた。「誰か人間がやったんなら」とマギー・モロッホは言った。「わたしが復讐してやるんだが，お前自身がやったんなら，どうしようもない」

　こうして，娘は粉ひきがすんで，ケーキを作り，結婚して，ストラススペイ〔スペイ川の渓谷地帯〕へ移った。すると，水車場の方も空き家になった。マギー・モロッホも引っ越したからである。しかし，娘はいつまでも逃げていることはできなかった。ある晩，ケイリー〔スコットランドで歌や物語を楽しむ集い〕で，新妻の彼女が話をさせられることになって，フィンカースルの水車場でブラウニーをたぶらかした話をした。ところが，マギー・モロッホ婆さんが近くにいたのだ。「さては，お前か，うちの子を殺したのは？　ようし，もう誰も殺せないようにしてやる！」という声が，すぐに外から聞こえたかと思うと，三脚椅子が戸口からとびこんできて，新妻はその場で死

んだ。それからマギー・モロッホはまた引っ越して，ある農場の近くに家を見つけた。そこでは使用人たちがパンやクリームを出して，彼女を雇ったので，彼女もその使用人たちのいる間ずっとそこの農場の世話を引き受けた。が，やがて農場の主人が使用人たちを首にして彼女の働きに頼ろうとしたので，彼女はたちまちストライキをして，ブラウニーからボガートに変身し，主人がもとの使用人を全部雇いなおすまで，彼を苦しめつづけた。マギー・モロッホ婆さんには，ゆめゆめ失礼になることはしないほうがよい。いや，どんなおとなしいブラウニーにでも，これはあてはまる。〔タイプ：ML 6035；ML 7010；ML 7015. モチーフ：F 332.0.1；F 346；F 381.3；F 382；F 403；F 403.2；F 405.11；F 475；F 482；F 482.5.4；F 482.5.4.1；F 482.5.5〕

(吉)

ブラウニー（蜂の） Browney

コーンウォール州における蜂の守護妖精。蜂が分封(ぶんぽう)を始めると，主婦は空き缶を打ち鳴らして「ブラウニー！ ブラウニー！」と叫ぶ。すると，目にこそ見えないが，ブラウニーがやって来て，群れをなしている蜂を駆り集めてくれるもの，と考えられている。しかし，ブラウニーというのは，スコットランドの子どもの唄に出てくる〈バーニー，バーニー・ビー〉と同じく，蜂自体の名であるということも考えられる。

(平)

ブラウニー クロッド Brownie-Clod

「泥投げブラウニー」の意。スコットランド高地地方で最も有名なブラウニーであるメグ・ムラッハの仲間。ブラウニーの項の話において，フィンカースルの水車場で火傷をして死んだのは，おそらくこのブラウニーであろう。ブラウニー クロッドについての最も詳細な説明は，W. グラント・スチュアートの『スコットランド高地人の俗信と娯楽』(1823) に以下のように出ている。

スコットランド高地地方のこの地区で知られたブラウニーの最後のふたりは，ストラススペイのタロッホゴルムにある旧家に長く居ついていた。ふたりは男と女で，たぶん夫婦であったと思われる。男の方は非常にひょうきん者でユーモラスな気質をもっていた。彼はしばしば小さないたずらをして仲間の召使いたちを悩ませていた。中でも彼が大好きないたずらは，通行人にクロッドすなわち泥を投げつけることで，そのためにブラウニー クロッドという名がつけられた。ひょうきん者ではあったが，彼にはすこぶる無邪気なところがあり，いたずらをしかけながら，反対に自分が引っかかることも多かった。この著しい例は，彼が愚かにもタロッホゴルムの作男たちと結んだ契約からもうかがえる。その契約とは，古い上着とキルマノック帽〔上に房のついたベレー帽〕をもらう条件で，一冬の間ずっと二人分の脱穀作業をするというものだった。彼はどうやらこの衣服が大好きだったように思える。作男たちがわらの上に寝そべって休んでいる間，かわいそうにブラウニー クロッドだけが，せっせと脱穀作業を続けた。そして人間だったら1週間も耐えられないような，超人的仕事をやってのけた。まだ約束の期限が相当残っているうちに，作男たちは純粋な感謝の気持ちと同情から，納屋の麦束の上に上着と帽子を置いてや

った。ところがそれを受けとるや、ブラウニーは仕事をやめてしまい、連中をうまくかついでやったという勝利感から、彼らをあざ笑いながら、まだ仕事がすまないうちに上着と帽子をくれるような愚かなことをする連中には、もう一束たりとも脱穀なんかしてやるものかと言った。

「ブラウニー様は帽子と上着を手に入れた、
これ以上働くのは、まっぴらだ」

[モチーフ：F 488] （三）

ブラザー・マイク　Brother Mike

サフォーク州のベリー・セント・エドマンズ近くで捕らえられた小さなフレアリーの悲痛な泣き声から、ブラザー・マイクとは妖精の名前であることがわかる。以下にあげるのは、1877年の「イプスウィッチ・ジャーナル」誌掲載の「サフォーク州質疑応答」欄から「カウンティー・フォークロア」第2巻（1899）に再録されたもので、捕らわれた妖精の特に悲しい一例となっている。

　　昔々農夫がいた。その男はたくさんの小麦を、それはそれはたくさんの小麦を持っていた。農夫は納屋で脱穀し、小麦の山を築いていた。ところが、その山がだんだん低くなる。どうしてそんなことが起こるのかさっぱりわからない。ついに農夫はどうなっているのか見にいってやろうと考えた。そこで、ある月夜の晩ベッドから抜け出すと、古い差し掛け小屋の陰に身をひそめた。そこから納屋の戸口が見えるのだ。時計が12時を打つと、驚いたことに、ちっちゃなフレアリーがいっぱい現れたではないか。なんとまあ、ちっちゃなちっちゃな、まるでハツカネズミのようなフレアリーがそこいらじゅうを走り回っている。みんなそろって小さな青い上着を着て黄色のズボンをはき、頭には長い飾り房を垂らした赤い帽子をかぶっている。それからフレアリーたちは納屋の入り口に向かって駆けだした。するとその戸口がひとりでにすっと開いたではないか。フレアリーたちは、敷居の上を跳んだりはねたりしながら中に入っていった。農夫は、連中がみんな中に入ったのを確かめると、そっと近くまで忍び寄り、納屋の中をのぞきこんだ。中はちっちゃなフレアリーでいっぱいだ。フレアリーたちはしばらく輪になって踊ったあと、それぞれが麦の穂を取り、小さな肩にかつぎ上げた。最後に出てきたのが、ひときわちっちゃなフレアリーで、そいつには麦の穂も少々重荷にすぎたようだ。歩きながらブツブツ言っているのが聞こえる。

「ふう、もう汗でびっしょりだ、
麦の穂をかつぐのも楽じゃない」

敷居のところまで来て、どうしてもそれを越えられないでいると、農夫はひょいと手を伸ばして哀れなフレアリーを捕まえてしまった。フレアリーは声を限りに「ブラザー・マイク！　ブラザー・マイク！」と泣き叫んだ。農夫はそれを帽子の中に入れ、家に持ち帰って子どもたちにやった。台所の窓につないでおいたのだが、哀れにもフレアリーは何も食べようとせず、やせ細って、ついに死んでしまった。

[タイプ：ML 6010. モチーフ：F 239.4.3；F 329.4.2；F 365（c）；F 387] （三）

ブラッグ　Brag

いたずらを好み，変身を得意とするゴブリンの一つ。アイルランドのプーカのように，馬に変身する場合が多い。ホブゴブリンに富むイングランド北部諸州の産。

『イングランド北部諸州と境界地帯のフォークロアについてのノート』(1879)の中でウィリアム・ヘンダーソンは，サー・カスバート・シャープ〔ダラム州の郷土史研究家〕編纂の伝説集『ビショップリック〔主教管区，旧ダラム州の別称〕の花輪』(1834)で紹介されているピクトリー・ブラッグの挿話を何篇か引用している。そのブラッグは，たえず姿を変えていた。時には首のまわりに白いハンカチを巻いた子牛になり，時には雄ロバになった。また，白い敷布を広げている4人の男という姿をとったこともあり，頭のない裸の男になったこともあった。ある老婦人は，自分のおじについて次のような話をした。彼は，着用すると必ず災難をもたらすという白い洋服を1着持っていた。初めてその洋服を着て出かけたときにブラッグに出会ったが，次に洗礼に立ち会った帰りに同じ服を着ていたら，またもやブラッグに出会った。彼は勇敢だったので，思い切ってそのブラッグの背中にとび乗ってみた。

ところが，四つ辻まで来ると，ブラッグが激しく体を揺さぶったので，乗り手は，その背中にしがみついているのが精いっぱいだった。しかし，とうとうブラッグは乗り手を池の真ん中に放りこみ，大きくいななき，まるで人間のように高笑いをして逃げ去った。

いたずら妖精のダニーと，妖精のヘドリーの牛っ子も，同じようにふるまう。〔モチーフ：E 423；E 423（b）；E 423.1.3.5（a）；F 234.0.2〕

(平)

ブラン[1]（祝福の）　Bran the Blessed

ウェールズ神話の人物。ケルト民族の神話伝説にブランと名のつくものが三つある。すなわち，有名なフィアナ騎士団の首領フィンの猟犬ブラン[3]，リルの子マナノーンの持つ西の楽園女護の島に誘われたアイルランドの英雄でフェヴァルの息子ブラン[2]，それに『マビノギオン』で物語られるこの〈祝福のブラン[1]〉——マナウアザーンの兄でシールの息子——である。アイルランドとウェールズの神話が，互いに密接に関係しあっていることは明白であるが，祝福のブラン[1]は，はるかに時代的に古いうえに，より神話的性格を帯びていて，明らかにある原始的な神を表している。J. リース教授（1840-1915）の推測では，祝福のブラン[1]はゲール族かゲール族以前の神であり，古いアイルランドの神がのちにウェールズの伝承に接ぎ木されたものらしい。

ブラン[1]はたいへんな巨体の持ち主であり，彼を収容できる家は一つとしてなかった。しかしブラン[1]は善玉の巨人のひとりで，持っていた魔法の財宝はブリテン〔ここではウェールズをさす〕を裕福にした。財宝の中心的存在は〈再生の大釜〉で，もともとアイルランドから来たものであり，いずれはそこに帰っていく運命にあった。マナウアザーンとその兄のブラン[1]にはブランウエンという妹があり，マナウアザーンには，ニシェンとエヴニシェンというふたりの異父兄弟がいた。ニシェンは心やさしく，いがみ合う者があれば，仲直りさせるのを喜びとしていたが，エヴニシェンは意地が悪く，人々が仲良くしているのを見ると，彼らをいがみ合わせた。アイルランドとウ

ェールズの二つの偉大な民族が滅亡寸前になったのも，このエヴニシェンのせいである。

　ある日，アイルランドの王マソルーフがウェールズに来て，ブランウエンと結婚させてほしいと，祝福のブラン[1]に願い出た。そうすれば，ウェールズとアイルランドは永久に盟朋の絆で結ばれるのである。ブラン[1]はこれをよい話だと思い，重臣らを集めて相談した結果，あらゆる点に同意をみたので，一同はアベルフラウ〔現グウィネズ州，アングルシー島の南西〕に移動して，そこで婚礼の宴が催された。皆が集まったとき，それまで留守をしていたエヴニシェンが，アベルフラウに到着した。見ると，マソルーフ王のりっぱな馬が野営地から海辺まで並んでいる。いったい誰の馬かと尋ねると，今自分の妹と結婚したばかりのマソルーフ王のものだと言う。これを聞くと，自分になんの相談もなかったという理由で，エヴニシェンは激怒した。彼は気が狂ったように馬に向かって突進し，残酷にも馬を1頭残らずめった切りにした。マソルーフは，自分の馬になされた仕打ちを耳にすると，傷心のあまり船に引き揚げた。ブラン[1]は何人もの使者を遣わし，次から次へと償いの方法を申し出た。そして多額の金と多数の馬とで償ったあと，再生の大釜も手渡そうと申し入れた。これでやっとマソルーフの心が和らぎ，船からおりることに同意した。結局，マソルーフはブランウエンを伴い，充分な馬と黄金とをもらってアイルランドに引き揚げた。これでまるく収まったかに見えたが，国に帰ってみると，マソルーフの家臣や乳兄弟たちは，彼に加えられた侮辱を思い，ことのほか立腹した。そして，ブランウエンに男の子が生まれると，マソルーフは妻を自分の寝所から遠ざけ，ありとあらゆる侮辱を加えた。ウェールズからアイルランドに来る者があっても，妹が受けている虐待ぶりを兄のブラン[1]の耳に入れてはまずいと思い，決して帰国を許さなかった。しかし裏庭で終日雑役をさせられたブランウエンは，ムクドリに言葉を教え，翼の下に手紙を縛りつけてブラン[1]のもとへ飛んで行かせようとした。3年にわたり，骨の折れる訓練を重ねたあと，ついにムクドリは海を越え，ブラン[1]に手紙を渡した。ブラン[1]は，今までになかったほど立腹し，ただちに大艦隊と兵士の大群を率いて進軍した。ブラン[1]が乗れる船がなかったので，彼は歩いて海を渡った。数日後，浜辺にすわっていたマソルーフ王の豚飼いたちが，海を渡って近づいてくる不思議な光景を目撃した。森が動き，その後ろには大きな岬がそびえ，その頂上は大きな岩が尾根をなしており，両側には二つの湖がある。彼らは大急ぎで引き返し，王に報告した。王はすぐにこれはブラン[1]と関係があると悟り，不安になった。この光景を説明できるのは彼の妻だけだった。王はただちにブランウエンに使者を送り，この光景を伝えた。「森が動くとはどんな意味でしょうか？」と使者たちが尋ねた。「兄たちが大艦隊をこの国に差し向けているのです。それが森なのです」と妃は答えた。「海の上に大きな岬がそびえ，それがこちらに近づいて来るのは何ですか？」「それは兄のブラン[1]です。乗れる船がないので，歩いて海を渡っているのです」「では急な岩山と両側にある二つの湖は？」「兄が怒ってアイルランドをにらみつけているのです。岩山は彼の鼻で，二つの湖は憤りに燃える彼の巨眼なのです」

　妃の説明を聞くと，アイルランド全土が恐慌に陥った。しかし，彼らにはまだ退却

の手段があった。つまりリノン川を渡り，そこにかかる大橋を落としておけば，川床には巨大な天然の磁石岩があってあらゆる船を引き寄せてしまうから，いっさいの通行は不能になるのである。そこで彼らはリノン川を渡ると，橋を落としてしまった。ところが，ブラン[1]は川につくと自分の身体を伸ばして橋の代わりとなり，彼の大軍は無事に川を渡ってしまった。

　ブラン[1]が地面から身を起こすと，マソルーフ王の使者たちが近づいてきた。使者たちは，マソルーフ王はすでに王国をブランウエンの息子グエルンに譲ってある，それに今までブランウエンに対して行なってきた仕打ちの償いは，どんなことでもブラン[1]の要求どおりにする用意があると伝えた。初め，ブラン[1]は承服しかねていた。しかしマソルーフ王はほかにも条件を出した。すなわちブラン[1]のために，今まで建てられたことのない，彼を収容できる大きさの家を建てよう，そうすればそこでアイルランド人とウェールズ人とが講和の席につき，両国間に永遠の和平が結ばれようと言ったのである。それでブラン[1]は同意した。

　両側に入り口のついた大集会場が建てられた。その建設中はすべてがうまくいっていた。しかし，アイルランド側には約束を守る意志がなかった。集会場の100本の柱の上に2本ずつの腕木が取りつけられ，講和会議の晩，それぞれの腕木に革の袋がつるされた。中には武装した兵士がひとりずつ隠されていたのである。エヴニシェンが一足先に会場の下見に来て，目ざとくその革袋に目をとめた。「いったいこの中には何が入っているのか？」「はい，食べ物でございます」と，案内のアイルランド人が答えた。エヴニシェンが手を上げてその一つをさぐると，丸い頭に触れた。彼が力を入れてそれをつぶすと，砕けた骨を突き抜けて2本の指が合わさった。それから次の袋に行き，「この中に何が入っているのか？」と尋ねた。このようにして，彼は200の袋をことごとくつぶした。そのとき，一方の入り口からアイルランド人が，もう一方からはウェールズ人が入場し，両国の代表はすこぶる礼儀にかなったあいさつを交わした。かくして講和が結ばれ，すべての取り決めがなされたとき，新しく王位についた小さなグエルンが招き入れられた。彼は親族の間を陽気に回り，みんなが彼を気に入った。グエルンが一回りしたとき，エヴニシェンが彼を呼んだ。グエルンは無邪気に伯父のそばに近づいた。すると，エヴニシェンはやにわに甥のくるぶしをつかみ，逆さまにして，燃えさかる火の中に投げこんだ。誰にもこれをとめる暇はなかった。この瞬間，平和は終わった。それぞれが武器を取り，戦いは一晩中続いた。朝になると，エヴニシェンはアイルランド人の死体がすべて再生の大釜に投げこまれ，次々に生き返ってくるのを見た。言葉が言えなくなっている点を除けば，すべて元のとおりであった。けれどもウェールズ人は放置されたままになっている。エヴニシェンは後悔し，アイルランド人の中に躍りこんだ。そして，彼が大釜に投げこまれたとき，力いっぱい体を伸ばし，釜をこわしてしまった。そのとき同時に，彼の心臓も破裂した。その後，ウェールズ側はいくらか勢いを盛り返したが，それは大勢をくつがえすに至らなかった。ブラン[1]は毒の投げ矢で足を刺され，自分の最期を悟ったとき，部下たちに自分の首をはねて国に持ち帰り，ロンドンのホワイト・タワーの下に埋めておくように指図した。自分の首がそこにあるかぎり，国を護ることになるというのである。

またブラン¹は、自分の首はみんながどこに赴こうと良き伴侶になるはずと述べたのだったが、事実そのとおりになった。しかし、あの大軍のうち無事に戻れたのはわずか8名しかおらず、その中にはブランウエンもいた。帰国した彼女は、自分のために起こった悲惨な壊滅を思い、悲しみのため胸が張り裂けんばかりだった。アイルランド側はどうかというと、生き残った者は、腹に子を宿して洞窟に隠れていた5人の女だけであった。この子たちから再び人が増えていき、彼らはアイルランドの古代五王国の基となった。〔モチーフ：A 523；A 525；F 531；F 1041.16〕 (三)

ブラン²（フェヴァルの息子）　Bran son of Febail, ～Febal

オシーンの伝説に類似し、ヘルラ王の物語にはもっとつながりのある伝説に登場する主人公。ブラン²は、リルの子マナノーンに呼び出され、海のかなたに存在する彼の島の一つ、女護の島エワンを訪れる。ブラン²が召されたいきさつはこうである。ある日、自分の砦の近くを歩いていると、実に甘美な楽の音が聞こえ、ブラン²はつい眠りこんだ。目が覚めてみると、自分は手に白銀色のリンゴの花で覆われた銀の枝を持っている。ブラン²はその枝を持って砦に戻る。家来たちがまわりに集まってきたとき、突然不思議な衣服を着た女が彼の前に立った。女はブラン²に向かって、女護の島エワンをたたえる歌をうたい始めた。そこには冬も、貧乏も、悲しみもなく、浜にはマナノーンの黄金の馬たちが駆け回り、気晴らしの競技が飽くことなく続いているという。女はブラン²にその島を捜してみるとよいと誘いかけた。歌が終わると、女は向きを変え、ブラン²の手にしたリンゴの枝が、女の手にとび移る。ブラン²にはどうしてもそれが取り戻せない。翌朝、ブラン²は何隻かのコラクル舟〔アイルランドのカヌー式小舟〕を連ねて出発する。どこまでも海をこぎ進むうち、戦車を駆って海の上を、まるで陸上を行くかのように走らせている戦士に出会う。彼は一行に言葉をかけ、自分こそリルの子マナノーンだと名のる。彼も女護の島エワンをたたえる歌をうたい、そこに来るようにブラン²を誘う。途中、一行は〈歓喜の島〉を通過し、住民にあいさつをしようとした。しかし、彼らに返ってきたのはこちらを指さして大声で笑う声だけであった。ブラン²は家来のひとりを浜にやり、住民たちと話をさせようとする。ところが、この家来も岸に足をかけたとたんに、住民たちと同じように大声で笑いころげた。そこでブラン²は舟を先に進めることにし、間もなく女護の島に到着する。島には女たちの長が待ちうけていて、一行を上陸させた。彼らはこのきらびやかな島で、ありとあらゆる喜びを経験する。しかし、1年ほどたったと思えるころ、ブラン²の仲間たちはアイルランドに帰りたいと思い始めた。なかでも、コルブランの子ネフタンは、特に帰国を切望していた。ブラン²の愛人となっていた女が、それは悲しみの元になると警告する。だがブラン²は、ただ訪れるだけでまたここに戻ってくると言う。これを聞いて女は、ちょうどニアヴがオシーンに警告したように、アイルランドを見てそこの人々と言葉をかわすのはかまわないが、決して陸地に足を触れてはならないと警告した。かくして彼らは舟を出し、スルブ・ブランと呼ばれるアイルランドの浜に近づいた。浜にいた人々が声をかけたので、ブラン²が自分の名を名のると、もうそんな男は生きていないという返事が返ってきた。フェヴァルの子ブ

ラン[2]が，女護の島を求めて船出したというのは，古い古い昔話で聞いたことがあるだけだという。これを聞くと，ネフタンは思わず自分の舟からとびおり，波をかき分けて進んだ。ところが彼がアイルランドの岸に触れたとたんに，女護の島で進行が停止していた人間としての歳月が一気に彼に襲いかかり，ネフタンの体は土くれと化した。ブラン[2]はしばらくコラクル舟をとどめたまま，今まで自分の身に起こったことを浜にいる人たちに話した。それから沖合いへ向かってこぎ去った。彼もその仲間たちも，2度とアイルランドの人の前に姿を現すことはなかった。

　この話は，グレゴリー夫人の『神々と戦士たち』(1904)第10章で語られている。この伝説の比較研究は，アルフレッド・ナット編の『フェヴァルの息子ブランの航海記』(1895-97)に見られるが，ゲール語のテキストに付せられたクーノー・マイアー教授(1858-1919)の訳はみごとである。[タイプ：766(変形). モチーフ：F 111；F 112；F 302. 3.1；F 373；F 377]

(三)

プラント・アンヌーン　the Plant Annwn

「他界の子どもたち」が原義。ウェールズの地下世界の妖精。人間界への出入りには湖を使う。プラント・アンヌーンの王はグイン・アップ・ニーズである。プラント・アンヌーンの存在は主に，湖の乙女であるグラゲーズ・アンヌーンを通して，また彼らの白い，あるいは，まだらの妖精牛グワルセーグ・ア・シーンや，駿足の白い妖犬群クーン・アンヌーンなどによって，人間に知られている。妖犬クーン・アンヌーンは，時には飼い主である女の妖精と一緒にいるところを見かけることもある。夏の夜に，赦されず，悔い改めもせずに死んでいった人間の霊魂を追跡している声だけが聞こえる場合が多い。湖の乙女は，人間に課したタブーが破られないかぎり，人間にとってやさしい，従順な妻となった。湖水の妖精牛は，運よくそれを飼えた農夫には，富と繁栄をもたらした。しかし，地下世界の妖犬群だけは，湖底にすむものたちの性質を隠さなかった。すなわち，彼らは，アイルランドの妖精王フィンヴァラの民たちと同じく，死者の仲間なのであった。ウェールズ西岸のアバドーヴィーのビューという男が語って，ジョン・リース(1840-1915)が記録にとどめた物語では，グイン・アップ・ニーズが地下世界に存在する死者の王国アンヌーンの王と呼ばれている。しかし，リースはその他のところでは，ダヴェッドの王子プイスの友であるアラウンを，地下世界の正真正銘の王と呼んでいる。『マビノギオン』でも，アラウンが王と呼ばれている。[モチーフ：F 212]

(吉)

ブラン[3]とシュコラン　Bran and Sceolan

ブラン[3]とシュコランは，フィアナ騎士団の首領フィン・マク・クーワルが特にかわいがった猟犬である。この2匹はとても賢く，判断力もあったので，人間並みの知恵をもっているように見えたし，実際そうだった。アイルランドの物語によれば，この2匹が生まれた経緯はこうである。あるとき，フィンがフィアナ騎士団と生活している本拠のあったアルウィン(アレン)に，フィンの母ミュルナが訪ねてきて滞在した。ミュルナは妹のティーレンを連れていた。すると，このときアイルランド北部のアル

スター地方の男でフィアナ騎士団の隊長のひとりであるイラン・エーハタッハが居あわせ，ティーレンと結婚させてほしいとフィンに願い出た。フィンはこれを許すが，ティーレンがこの結婚に不満をもった場合には，イランは彼女をすぐに返さねばならないと言った。フィンはイランに確約をせまり，イランはクィールチャとゴルとルイー・ラーワを証人としてこれを誓い，ティーレンを連れて帰った。ところで，フィンが気づいていたかどうかは不明であるが，イランはすでにシー〔妖精〕の恋人をもっており，その恋人は〈美しい胸のウフトヤルヴ〉といった。彼女はイランが結婚したと聞くと，嫉妬に狂った。彼女はフィンの女使者に変装し，アルスターにあるティーレンの屋敷に来て言った。「フィン様から，くれぐれもよろしくとのご伝言でございます，奥様。そして，盛大な宴を用意してくれとのことでございます。わたしと一緒においでくだされば，その方法をお教えいたします」と。ティーレンは彼女についていった。人に見られないところまで来ると，ウフトヤルヴは魔法の杖を取り出し，ティーレンを打った。とたんに彼女はこの上なく美しい小さな雌犬に変わってしまった。ウフトヤルヴは雌犬になったティーレンを連れて，ガリヴ〔現ゴールウェイ〕の港の王，フェルグス・フィンリアッハの屋敷へ向かった。彼女がフェルグスを選んだのは，彼がこの世で何よりも犬を嫌っていたからである。なおも，フィンの使者に変装したまま，ウフトヤルヴはフェルグスの前に雌犬を引いていった。「フィン様よりのご伝言ですが，この雌犬を育て，面倒を見てほしいとのことです。ただ今みごもっていますゆえ，その時期が近づきましたら，狩りには使わないでくださいませ」こう言いながら，ウフトヤルヴは猟犬をフェルグスに押しつけ，そのまま帰っていった。フェルグスは，自分がどれほど犬を嫌っているか知らぬ者はいなかったので，この役目が自分に与えられたことをいぶかった。しかし，彼はフィンを非常に尊敬していたので，この任務を引き受け，最善を尽くした。この小さな猟犬はとても脚が速く利口だったので，間もなくフェルグスは，犬に対して抱いていた認識を全面的に改め，犬が大好きになってきた。

一方，ティーレンが行方不明になったことがわかると，フィンはイランを呼び，釈明を求めた。イランは，彼女が失踪し，どうしても見つからないと言うほかはなかった。ここであの誓約が重くのしかかり，イランは彼女を捜す時間をいただきたいと言った。いくら捜しても見つからないので，彼はついに妖精ウフトヤルヴのところに行き，自分の直面している重大な危機について話した。ウフトヤルヴは，イランが自分の永遠の愛人としてとどまるという条件で，ティーレンを自由の身にすると約束した。ウフトヤルヴは，フェルグスの屋敷に行き，ティーレンを人間の姿に戻し，のちにフィンはティーレンをルイー・ラーワと結婚させた。しかし，このときすでに2匹の子犬が生まれており，これをフィンが引き取った。この2匹はブラン[3]とシュコランと名づけられ，終生フィンから離れることはなかった。

スコットランド高地地方の類話では，上の話とは筋が異なっている。ここでは，ブラン[3]とシュコランはどちらも奇怪な妖犬であり，8世紀初頭の叙事詩『ベーオウルフ』に登場するグレンデルのケルト版ともいうべき怪物から，フィンが奪い取ったことになっている。この怪物は，若い戦士の家から赤ん坊を盗んだりしていた。この犬

たちにも何かしら妖怪的要素——いくつかの類話では，奇妙に色が混ざり合っていたり，激しい凶暴性を示したりする——が現れているのである。J. マクドゥーガルが採集して，ゲール語から英訳し，『ケルト伝承拾遺集』(1889-95) 第3巻に載せた話では，シュコランは〈灰色の犬〉と呼ばれ，きわめて危険な存在で，ブランの黄金の鎖でしか支配できない。この話では，フィンと猟犬との血統関係は全く失われている。

[モチーフ：D 141.1；F 241.6；F 302.5.2] (三)

プラント・フリース・ドゥヴェン　Plant Rhys Dwfen

これは，「地底にすむフリースの一族」という意味のウェールズ語で，ある妖精一族につけられた名前である。この妖精は，とある小さい国にすんでいたが，そこに生えていたある草のおかげで，その国は人間の目には見えなかった。彼らの背丈は普通の人より低く，容姿は美しかった。いつもウェールズ南西の町カーディガンの市に現れて，普通の買い手たちが張り合うことのできない法外な高値で，商品を買った。取り引きは正直で，思い切りがよかった。自分たちを公平に扱ってくれる人に対しては，大いに恩に着た。昔，グリフィーズという人が彼らをいつも厚遇したので，彼らはグリフィーズをたいそう気に入り，世界中の宝物があふれている自分たちの国へ招待した。そして，帰るときに土産を持たせて，国境まで見送ってくれた。別れ際にグリフィーズは，あんなにたくさんの富をどうやって守っているのか，大勢の中には，仲間を裏切って，よその国の人に富を渡す者などもいるのではないか，と尋ねた。「それはありません」と見送ってくれた妖精は答えた。「アイルランドに蛇がすめないように，裏切りもここにはすめないんです。わたしたち種族の父であるフリースは，わたしたちに，子々孫々に至るまで親と祖先を敬い，隣人の妻には目を向けず，己の妻を愛し，子孫のために最善を尽くせ，と命じました。皆がそうしていれば，誰もほかの人に隠し事をしたり，裏切り者と呼ばれる人にならないですみます。そのようにフリースはわたしたちに教えてくれたのです」 彼らにとって，裏切り者とは，ロバの脚と悪魔の頭をもち，胸には蛇がたくさんすみ，身内を殺したナイフを手に握っているという，あの象徴的な絵で示される想像上の生き物にすぎない，と言うのだった。その妖精はそう言い終わると，別れを告げた。グリフィーズが気がつくと，自分の家のすぐそばにいて，もうフリース一族の国は見えなかった。こののち，グリフィーズは何事にも順風に帆をあげるようで，プラント・フリースとの友好関係も続いた。が，グリフィーズの死後，農夫たちがむやみと欲深になったので，それっきりプラント・フリースはカーディガンの市へやって来なくなり，うわさではフィッシュガードの町へ引っ越してしまったという。この徳の高い正直な妖精族の国は，中世の「エリダーと黄金のまり」の話で，エリダーが訪ねた国に似ている。ジョン・リースは『ケルトのフォークロア──ウェールズとマン島』(1901) の中に，『ブリソン〔ウェールズ人〕』第1巻から引用したこの話を載せている。

(吉)

ブラン・マク・フェヴァル　Bran Mac Febail　⇒ブラン² (フェヴァルの息子)

フリージ　Frid

スコットランド高地地方の岩の下やその内部にすみ，地面にこぼれたミルクやパンくずをむさぼる超自然的存在。ドナルド A. マケンジーは，著書『スコットランドのフォークロアと庶民生活』(1935) の中で，スコットランド北部のゲアロッホ〔現ハイランド州西岸の地域〕の丘陵地帯でミルクを地面に注いで奉納するのは元来フリージのためであったろうと考察している。マケンジーはまた，曲がりくねった地下の洞窟を犬を連れて探検しにいった笛吹きの話が，フリージと関係があるのではないかと述べている。かなり広く知れわたっていたこの話では，笛の音は地上でも数マイルにわたって聞こえていたものの，笛吹きはついに戻ってこなかった。犬は，妖精に出会った犬が皆そうなるように，毛がすっかり抜けた状態で洞窟から出てきたが，地上へ出たとたんに息絶えたという。〔モチーフ：V 12.9〕　　　　　　　　　　　　　　　　(三)(平)

ブリージ，ブリジット　Brighid, Bríd, or Brigit

アイルランドの女神ブリージは，民衆にあまりにも敬愛されていたものだから，初期の教会もこの女神を民衆から切り離す踏ん切りがつかなかったとみえ，女神は，そのままアイルランドの聖ブリジットとなった。

グレゴリー夫人は『神々と戦士たち』(1904) の中で，この女神のことを次のように記述している。

> ブリジット〔ブリージに同じ〕は……詩の女神であり，そのご威光は，まことに大きく，清らかだったので，詩人たちはこの女神を崇拝した。ブリジットは，加えて，治療の霊力をもつ女神であり，また鍛冶の女神だった。夜間，お互いを呼び合うのに使う呼び子笛を最初に造ったのもこの女神だった。女神の顔は，片側が醜く，片側は非常に美しかった。ブリジットという名前は語源的にはブロー ヘージ，すなわち「火の矢」を意味した。

それなりの根拠があってのことだが，妖精信仰の起源と考えられるものが妖精の起源説の中にいろいろとあがっている。すなわち，妖精とは死者たちのことであると言われたり，あるいは原始人や自然界の精の伝承と結びつけられたりしてきたが，アイルランドでは，少なくとも妖精たちの一部が，この往古の諸能力をあわせもつ，女神ブリージの末裔であることは，疑いえないようである。　　　　　　　　(平)

フリテニン　Frittenin

原義は「怖いもの」「お化け」の意。フリートニンともいう。おどし文句に使われる。骨なしの項参照。　　　　　　　　　　　　　　　　　　　　　　　　　　(平)

ブリテンの話材　the Matter of Britain

アーサー王伝説を最初にブリテンの話材と呼んだのは，13世紀初頭のフランスの詩人ジャン・ボデルである。ボデルは『サクソン族の歌』の中で，これを「ブリテンのらちもない楽しい話の数々」と呼んでいる。彼ははっきり伝説として扱ったが，8世紀から9世紀初頭へかけてのころ，南ウェールズの歴史家ネニウスは，著作『ブリト

ン史話』の中で，アーサー王伝説は実録であると考えていた。ネニウスは〈戦士アーサー〉が勝利をおさめた12の戦いを列記して，最後のバドン山の戦いでは1度の猛攻撃で960人の敵を倒したが，「彼がたったひとりでそれをやった」と述べている。R. G. コリングウッド教授は著書『ローマ時代のブリテン』(1936)において，アーサーは精鋭を率いた実在の戦士で，兵士たちに，今ではほとんど忘れられてしまったような武装と戦闘隊形を組ませて，どこの王に頼まれても，侵入してくるサクソン族を迎え撃ちに出かけていった，という結論を出している。いずれにせよ，ネニウスのころまでは伝説が生きたものであったことは明らかで，現にネニウスは，いわゆる〈数々の不思議な話〉の中に，愛犬カバルを連れてトロイトというイノシシの狩りをしたときのアーサー王が残した足跡に触れているが，それは真正のケルト伝説の味といってよい。

1090年の時点ですでに，ケルトのアーサー王伝承はイタリアにまで広がって，多くの子どもがアーサー王の名にちなむアルトゥスという名前をつけられていた。1113年の時点では，6世紀の戦士アーサーは，いつの日か必ずや再来すると信じられていた眠れる戦士たちのひとりであり，また妖精の王となっていた。その年，コーンウォール州のボドミンの教会の中で騒乱が起きている。喜捨集めの旅をしていたフランスのラーン市の修道士たちが，コーンウォールにやって来て，アーサー王の使っていた椅子やかまどを見せられた。すると修道士の従者たちが，アーサー王がまだ生きていて祖国を救うべく再び帰って来るとコーンウォール人たちが本気で信じていることを，公然と嘲笑したのであった。ところもあろうにアーサー王のお膝元で起きた嘲笑であったから，たとえ神聖な教会の中であろうと，激しい報復は避けることができなかったのである。

重厚な歴史学者として知られたマームズベリーのウィリアムが，それから数年後，著書『英国史』(1125)で，「アーサー王についてブリトン人は無意味な言葉で夢中になってしゃべっているが，本当は架空譚や夢物語などの主題として取り扱われる存在ではなく，史実として扱われるべき存在なのである」と書いている。ブリテンの話材の神話的扱いは，ウェールズの古書『ヘルゲストの赤書』から採られ，『マビノギオン』にも収められている「キルフーフとオルウェン」の物語にはっきりと示されている。そこには，初期のアイルランド民話の多くに雰囲気がよく似て，特別な魔力をもつ下位の騎士たちに囲まれた，神のごとき王が存在する。上述のように，アーサー王については，ケルトの古民話以外でも少しは知られていたが，1135年にモンマスのジェフリーが，後年『ブリテン列王史』(c. 1136)に組み入れられることになった『マーリンの予言』(c. 1135)で，初めてこれを史実として取り扱うに至るまで，あまり注目されてはいなかった。が，これはニューバラのウィリアムやジラルダス・カンブレンシスのような厳格な歴史学者の猛烈な抗議にもかかわらず，民衆の好みにちょうどかなったものであった。R. F. トリハーンは『グラストンベリーの伝説』(1971)の中で，ジェフリーのアーサー伝説の扱い方は，同時代の屈強な戦士たちにまさにびったり合っていたが，その後の12〜13世紀のより温和なより洗練された社会で，しだいに修飾されていき，フランスのマリー・ド・フランス〔後にイギリスに移住〕やク

レティアン・ド・トロワの著作，そして，多くの無名の詩人や散文作家の作品では，〈紳士〉に変貌していったことを指摘している。モンマスのジェフリーは歴史的背景に，愛国的熱情と，戦闘の喜びと，魔法の純粋な楽しみをもちこんだが，その後の著者たちはイギリス人たちに騎士道精神と紳士の観念を紹介した。そして，いずれも妖精界を舞台としていた。

(吉)

ブルー　Brù, Brugh

J.G. キャンベルの『スコットランド高地地方と島々の迷信』(1900)によれば，ブルーとはゲール語で妖精丘すなわちノウの内部を意味し，英語のバラー (borough) と語源は同じである。一般的には，多数の妖精が共同生活をしている場所を意味し，一家族だけの住居ではない。ブルーを外側から見たのが，シーヘンである。

(三)

ブルーニー　Broonie

スコットランド低地地方のブラウニー。次のような文句に出てくる。

「はっはっは！
ブルーニーがみんな持ってった！」

[タイプ：ML 7015. モチーフ：F 405.11] (三)

ブルベガー　Bullbeggar

レジナルド・スコットが超自然の恐ろしい存在を数多く羅列した中の一つ。意味は明記されていないが，この言葉は，16世紀だけのものではなく，今でもサリー州には〈ブルベガー小路〉というのがあり，そこには昔ブルベガーが出没した納屋というのが建っていたといわれている。

またルース・タングは1906年にサマーセット州の町ブルートン近郊のクリーチが丘に出没したブルベガーにまつわる伝承を聞き，約60年後に「カウンティー・フォークロア」第8巻 (1965) に収めている。

それによると1880年代に，十文字に重なった二つの遺体が採石作業の最中に発見され，空気にさらされたとたん，ぼろぼろに崩れて塵になってしまったという。どういうわけか，この遺骸はサクソン人とノルマン人のものだとみなされており，またこの遺骸が発見されてから，クリーチが丘附近には，あとをつけてくる足音が聞こえるとか，黒い不気味なものが現れるといった恐ろしいうわさがたった。ある農夫が，夜遅く家に帰る途中，道に倒れている人影を見て助けにいった。すると突然，その人影はものすごい高さまですっくと伸びあがり，農夫を家の戸口まで追いかけてきた。家族の者が助けに出ると，ものすごい笑い声を立ててひょいひょいと跳びながら遠ざかっていった。またある夜，クリーチが丘で襲われた旅人が，真夜中から鶏が鳴くまで，トネリコの樹で作った杖を助けに身を守っていたという。このブルベガーは，二つの遺体が発見されているところから判断して，幽霊というよりは，ボギー，ボギービーストだとみなされている。

(井)

フレアリー　Frairies

ノーフォークとサフォークの両州では、フェアリー〔妖精〕のことをフレアリーと呼んだりする。トマス・キートリーは『妖精神話考』(1828) の中で、ノーフォークの少女にフレアリーについて尋ねたときのことを次のように書いている。

> われわれはかつて妖精伝承のことでノーフォークの少女に質問したことがある。少女はフレアリーのことならしばしば聞いているし、見たこともあると語った。フレアリーは白い服を着て、地下にすみ、そこに家や橋やその他の建物を建てていた。フレアリーが地上に現れたとき彼らに近づくのは危ない、とも少女はつけ加えた。

［モチーフ：F 211.3；F 236.1.3］　（吉）

プレンティン ネウィード　Plentyn-newid

ウェールズ語で取り換え子の意。ウェールズの妖精タルイス・テーグも人間の美しい幼児を欲しがり、それをさらっていったあと、代わりにプレンティン ネウィード、すなわち取り換え子を残す。ウェールズの取り換え子は他地域の取り換え子とほとんど異なるところはなく、同じように過酷な処遇を受けた。ワート・サイクスは著書『イギリスのゴブリン』(1880) の中で、このプレンティン ネウィードについて詳しく記述して次のように述べている。

> プレンティン ネウィードは、最初は取り換えられた人間の子と外見は全く変わらない。しかし、その後、急速に変容する。顔はだんだん見苦しくなり、体つきはしわくちゃになり、気難しくやたらにわめき立て、総じて醜怪になる。人々を嚙んだり、ぶったりするし、哀れな母親にとっては恐怖の的となる。取り換え子は白痴のようにふるまうことがあるかと思うと、時には人間離れした悪賢さを示すこともある。その悪賢さは、人間の赤ん坊はおろか人間の古老にもとても望めないもので、まさに妖精ならではの悪賢さである。

取り換え子を追い出すために使われた残酷な処方がいくつか伝わっているが、その中に例えばアイルランドにおけるように、赤ん坊を熱したシャベルの上にのせるというやり方があった。19世紀にこの処方で、近所の人たちがひとりの赤ん坊を実際に死なせている。ウェールズで行なわれた処方の一つに赤ん坊をジギタリスの溶液に浸すというのがあった。1858年にウェールズ北西部カーナーヴォンシャーで、ひとりの赤ん坊がこの処方で死んだといわれる。スコットランドと同じくウェールズでも、取り換え子の正体を暴露するのに卵の殻を使って酒を醸造するという手口［⇒ペンディース・ア・ママイ］がある。ときには卵の殻を使っておかゆを作ったり、あるいは刈り手15人分の食事としてクロウタドリを1羽焼いたりする。それを見て取り換え子が「はてな、オークの樹に成長する前のドングリは見たことがあるが……」と感嘆する〔これで自分の年齢を暴露してしまう〕くだりも、ウェールズとスコットランドに共通している。互いに分離してから長い年月を経た二つのケルト圏の間に、こういう著しい類似性が存在するのは、取り換え子伝承の起源の古さを示しているように思われる。

［モチーフ：F 321.1］

（平）

ブロッホ　Brochs

ブロッホとは，古代スコットランドのピクト族圏に見られる，丸い，石壁に囲まれた一種の農家のことである。すっかり草地で覆われているので，なだらかな丘のように見える。ブロッホへの入り口はたった一つの扉だけで，妖精塚に見られるような，外の空気をとりこむ換気口はついていない。内部にはいくつかの部屋をつなぐ天井の低い曲がりくねった通路がある。ブロッホは設計上，攻撃よりはむしろ防御に重きをおいている。『ピクト族考』の第3章を担当したR.W.フィーチェムは，ブロッホはピクト族によって造られたのではなく，もっと古い原ピクト族によって造られたものと推定している。原ピクト族はいくつかの異なった部族と混じりあって歴史上のピクト族を作り上げたという点で，妖精の起源説に寄与した神秘的な人種でもあった。これらのブロッホは，他のノール〔小丘〕や妖精塚と同じように，しばしばノウとも呼ばれ，デイヴィッド・マクリッチーの妖精起源説を支えるのに一役買っている。　　（三）

ブロラハン　Brollachan

「形の定かでないもの」を意味するゲール語。J.F.キャンベルは『西ハイランド昔話集』(1860-62)第2巻で，ブロラハンの話を語っているが，その話はネモ譚の一種である「マギー・モロッホとフィンカースル水車場のブラウニー」の話の変形のようである。しかし，ここにあげた類話では，人間が自分の名前を「わたし自身」だと言う点が欠落している。諸地域に広く伝承されているネモ譚の中でも，イングランドではエインセルにまつわる話が最もよく知られている。

　　昔，谷間の水車場に，アリー・マリーという名の，足の不自由な男がいた。この男は水車場の持ち主と近所の人々のお情けにすがって暮らしており，人々はそこで麦を一袋ひくたびに粉を一握り，彼のお碗に入れてやっていた。男はいつも水車場に寝泊まりしていた。ある寒い夜，暖炉のそばで横になっていると，水車のある流れにすむフーア〔ヴーアともいう〕の子であるブロラハンが入ってきた。このブロラハンには目も口もあったが，「わたし自身」と「お前自身」の2語しか言えなかった。目と口以外は，姿形ははっきりしていなかった。このブロラハンが火が燃え尽きそうになった暖炉の前に寝そべっていた。マリーが新たにピートをくべると，燃えさしがはねて，ブロラハンは火傷をし，ものすごい悲鳴をあげた。母親のフーアがすごい勢いで駆けこんできて，「ああ，ブロラハン，いったい誰がこんな火傷をさせたの？」と叫んだ。しかし，ブロラハンはただ「わたし自身」と「お前自身」とわめくばかりであった。「ほかの者がやったのなら，この仕返しをしないでおくものかね！」とフーアが言った。マリーは頭から大枡をかぶり，一晩じゅう機械の間に隠れて，助かるように一心に祈っていた。そしてそのとおり彼は助かった。ブロラハンとフーアは水車場を出ていったのだ。しかしフーアは疑い深くなっており，その晩ひとりで外出していた哀れな女を追いかけた。女は全力で走り，無事に自分の家に逃げこんだが，かかとだけはフーアにつかみとられてしまった。かわいそうに，この女は死ぬまで歩行が不自由であった。［モチーフ：K 602.1］　　（三）

平和の人　the People of Peace

スコットランド高地地方の妖精の一種。原名ディーナ・シー（Daoine Sìth）。アイルランドのディーナ・シーに酷似しているが、王を中心とする政治形態をとらないところが異なる。この点、アイルランドのフィン・マク・クーワルの率いるフィアナ騎士団にほぼ対応するフィーン族は別ということになろう。高地地方の〈平和の人〉は、群れをなす妖精であり、緑の小山の下にすみ、地上を騎行し、他の妖精と同じように猟をしたり踊ったりする。また隊伍を組んでないときには、生身の人間の恋人になったりして、人間界と接触する。彼らについて最も早い時期に研究をしたのは17世紀のロバート・カークで、その研究は著書『エルフ、フォーン、妖精の知られざる国』（執筆1691、出版1815）に収められている。J. G. キャンベルとJ. F. キャンベルをはじめとし、ジョンG. マカイ、ワトソン夫人、K. W. グラント夫人、ドナルドA. マケンジーその他の著作の中に、この〈平和の人〉についての記述が多い。スコットランド低地地方では、エルフまたは善いお隣さんたちは、王と女王——すなわちニクネーヴィンまたはゲア カーリング——を戴いていたが、時代が下ってからは、魔女と親交を結んだり、悪魔に年貢を納めたりしているのではないかと、疑われるようになった。

(平)

ペグ・オネール　Peg o'Nell

ランカシャーを流れるリブル川沿いのクリザローの、とくにワッドー邸の近くに出没する悪い妖精。7年に1度この妖精はリブル川への生けにえを要求し、もし〈ペグ・オネールの夜〉までに猫か犬を生けにえとして川で溺死させなかったらリブル川は今度は人間の生けにえを要求するのだという。ワッドー邸の敷地内に〈ペグ・オネールの井戸〉と名づけられた井戸があり、そのそばの首なし石像は、この悪妖精をかたどったものと考えられている。

リブル川の水の精がペグ・オネールの前身だった、と考えてよさそうである。もしそうなら、伝承の過程で水の精が人間の亡霊にとって代わられた、ということになる。昔、ワッドー邸にペグ・オネールという名の女中がいたという。ある日、この女中は女主人と口論した。そのあと、女中がバケツを下げて井戸へ水をくみに出ていったが、女主人は女中が転んで首の骨でも折ってくれればいいと念願した。たまたま地面が凍

結していたものだから，女主人の念願はかなえられた。ところが首の骨を折って落命した女中のペグは，おとなしい不平を言うだけの亡霊にはならなかった。屋敷全体にたたりが降りかかった。家畜は難に遭うし，子どもたちも次々と病気になったりしたが，これはすべてペグのたたりだとされた。しかしなんといってもこたえたのは，ペグによる7年に1度の生けにえの要求だった。ウィリアム・ヘンダーソンの『イングランド北部諸州と境界地帯のフォークロアについてのノート』（1879）に詳しい記述があり，その裏づけとして〈ペグ・オネールの夜〉に起こったある溺死の話が出ている。［モチーフ：F 420.5.2.1.6］ (平)

ペグ・パウラー　Peg Powler

水にすむ邪悪な妖精。ペグ・オネールが不当な扱いを受けた人間の亡霊であるのに対して，ペグ・パウラーの方は生まれながらの水棲妖精の緑の牙のジェニーの親戚筋に当たる。もっとも『デナム民俗雑纂』第2巻（1895）によれば，ペグ・パウラーは，以下のように子ども部屋のボーギーの範疇に入ることになる。

　　ペグ・パウラーは，北イングランドのティーズ川に出没する性悪な妖精である。川沿いの村ピアスブリッジには，今なお彼女にまつわる多くの話が伝わっている。例えば親の言いつけや，おどしに耳を貸さず，特に安息日に川岸で遊んだりしている悪童を，彼女は川底へ引きずりこむという。筆者は幼いころ，川淵にたまたまひとりだけとり残されたようなとき，ペグが水の中から姿を現し，自分をさらって水底へ連れていくのではないかと，ひどく怖い思いをしたことを，今なおはっきり覚えている。

ウィリアム・ヘンダーソンは『イングランド北部諸州と境界地帯のフォークロアについてのノート』（1879）の中で，この妖精について以下のようにもっと具体的に記述している。

　　ティーズ川には，ペグ・パウラーと呼ばれる川の精がいた。言ってみればティーズ川のローレライで，緑の頭髪をなびかせ，ランカシャーの小川に潜む緑の牙のジェニーと同じように人命に対する飽くことなき欲求の持ち主である。両者とも，人間を水面下の自分らのすみかへ誘いこんだあげくに，溺死させたり，あるいは食べてしまったりする。ティーズ川の上流にしばしば大きな海綿状の塊になって泡が浮かんでいるのが見られるが，それは〈ペグ・パウラーの石鹸水〉と呼ばれ，もっと目の細かい，海綿状になっていない泡は〈ペグ・パウラーのクリーム〉と呼ばれている。

E. M. ライト夫人は著書『田舎言葉とフォークロア』（1913）の中で，子どもを水中へ引きずりこむ同じタイプのゴブリンとして，グリンディローと人さらいのネリーとをあげている。ライト夫人は人さらいのネリーに他の魔物より広い活動範囲（すなわちヨークシャー，ランカシャー，チェシャー，ダービシャー，シュロップシャーのイングランド諸州）を与えながら，人さらいのネリーが具体的にどういう姿をしているのかには触れていない。［モチーフ：F 420.1.4.8；F 420.5.2.1.2］ (平)

ペッホ，ペック，ピクト　Pechs, Pehts, or Picts

　　ペッホおよびペックは，妖精を指すスコットランド低地地方言葉であり，伝承においては，ピクト族と混同される。ピクト族というのは，あの妖精丘や，そしてフィンガル伝説〔⇒オシアン〕とゆかりのブロッホという円い石塔――そのもっとも完全な形で残っているのがブリーヒン〔現テイサイド州，ダンディー市の北東〕とアバーネシー〔現テイサイド州，パース市の南東〕の円塔〔いずれも古いブロッホでなく10世紀以降の建造で修道院の一部をなす〕――を建造した可能性をもつ，スコットランドの謎の民族である。19世紀の終わりごろ，デイヴィッド・マクリッチーは，スコットランド高地地方やアイルランドのフィーン族は，スコットランド低地地方のペッホやシェットランド諸島のトローと実際は同じものであるとする妖精の起源説を展開した。ロバート・チェインバーズは，著書『スコットランドの伝承ライム』(1826) で，次のように言っている。

　　　　昔，この国にペッホと呼ばれる民族がいた。彼らは背が低く小柄で，髪は赤く，長い腕を持ち，足の幅がとても広かったので，雨が降ると逆立ちをして歩き，足を傘がわりにした。ペッホたちは建築が得意で，この国の古城はみんな彼らの建てたものである。……

　　マクリッチーは，ケトルスターというところに住むシェットランドの若者の言葉を以下のように引用している。

　　　　ケトルスターで案内人として雇った若者に，彼がそれまで話題にしていた小さなペッホの正確な背丈を尋ねたときのことを述べておこう。彼は「これくらいの高さですよ」と言いながら，3フィート〔約90センチ〕ばかりの高さを手で示した。ペッホたちの背丈が実際どのくらいであったとしても，このシェットランドの若者の考えは，「スコットランド全域」で考えられていたものと一致していた。

　　マクリッチーはまた，ジェイムズ・ノックスが1831年に出した『テイ川河畔の地誌』の中にある話に言及している。ノックスは著書の中で「ペッホたちは非常に小柄だが，力は恐ろしく強い」と述べ，さらに「彼らの背丈は3ないし4フィートだったといわれている」とも書いている。ペッホたちは城の建築が非常に得意で，古代の城や教会の多くはペッホたちによって建設されたものだといわれている。彼らの方法は，石切り場で石の形を整え，そこから建設現場まで長い列を作り，手から手へと石を渡し，一晩のうちに完全な塔を仕上げた。彼らは日中の光には耐えられず，日の出とともに自分たちのブルーないしシーヘンに退避した。これは間違いなくスコットランドとイングランドとの境界周辺の丘にすむ妖精たちの姿である。彼らを先史民族と同一視することは妖精を人間に引きつけすぎた解釈となるかどうか，意見の分かれるところであろう。とにかく，いろいろの糸がより合わさって妖精伝承という綱が形成されるわけだが，原住民族についての歴史的記憶もそういう糸の一つだったと考えてよさそうである。　［モチーフ：F 239.4.2；F 271.2］

(三)(平)

ヘドリーの牛っ子　Hedley Kow

　　本質はボギー，ボギー・ビーストであるが，そこに地方色が加わったもの。ジョーゼ

フ・ジェイコブズは『続イングランド昔話集』(1894)の中に、バルフォア夫人から聞いたというヘドリーの牛っ子の、以下のような愉快な話を収めている。それはアンデルセンの「お父さんのすることはいつも正しい」という話の変型である。ヘドリーの牛っ子がいたずらをしかける相手の老婦人は徹底した楽観主義者で、どんなに事態が悪くなろうと、いっこうに気にかけていない。

「はてさて！」と老婆はしまいに言った。「あたしはこの辺りの誰より運がいいんだね！　ずっとこの目で、ヘドリーの牛っ子を見ていて、そのうえあれを気ままに引き回しもしたんだもの！　本当だよ、あたしは、すごいことをしたんだね」

ウィリアム・ヘンダーソンは、『イングランド北部諸州と境界地帯のフォークロアについてのノート』(1879)の中で、以下のように、この妖精の活動をもらさず記述しているが、これ以上の描写はまずないだろう。

　ヘドリーの牛っ子は意地が悪いというよりもいたずらなボーギーで、エブチェスター〔現ダラム州北部に所在〕近くのヘドリー村に出没する。ヘドリーの牛っ子の外見はぎょっとするようなものでなく、いつも犠牲者をまんまとひっかけては馬のように笑い、悪ふざけを終えるのである。一束のわらになって、小枝を拾っている老婆の前によく姿を現すので、老婆はそれを拾い上げて持ち帰ろうとする。するとそのわら束はとても重くなり、老婆が仕方なく荷物を下ろすと、わらは〈生き物〉になってまっすぐ立ちあがり、脚を引きずるようにして目の前を遠ざかっていき、しまいには高笑いと叫びを残して見えなくなる。あるいはまた、この妖精はお気に入りの雌牛に姿を変えて野原を巡り、乳搾りの娘に延々とあとを追わせたり、乳搾りの

間は，脚でけったり，モーと鳴いたりしたあげくにバケツをひっくり返し，綱をするりと抜けると，大きな笑い声を残して消えてしまう。確かにこの牛っ子は農園の人たちにとって，たいへんなやっかい者だったに違いない。女中の恋人の声をまねるし，大鍋をひっくり返すし，クリームを猫にやってしまったり，編み物をほどいたり，紡ぎ車を動かなくしたりした，と言われている。だがなんといってもこの妖精は，子どもが生まれるとき，最も人にいやがられるようなことをする。産婆を呼びにいく人の邪魔をし，馬をおどして，使いと産婆を振り落として，置き去りにさせてしまう。またおかみさんをからかって，怒った亭主が棒を持って牛っ子を戸や窓から追い払おうととび出てくると，棒は亭主の手からひったくられ，亭主自身の肩がしたたか打たれることになる。

　ヘドリーの牛っ子にまつわる次のような珍しい体験談が二つある。ヘドリー村の近くに住んでいたフォースターという名の農夫が，ある朝，野原に出かけ，自分の灰色の馬を捕まえた。馬具をつけて，荷車に馬をつないで，フォースターは出かけようとした。すると，「まるで結び目のない糸のように」その馬がするりと荷車の梶棒を抜けたと思うと，脚を上げて走り回りながら，大きな声でいなないて疾走したので，その馬がヘドリーの牛っ子だとわかった。また，エブチェスター近くのニューランズ村に住むふたりの若者が，ある夕方恋人たちに会いに出かけた。約束の場所につくと，恋人たちが自分の前の少し離れたところにいるように見えた。娘たちは2, 3マイル〔約3〜5キロ〕歩きつづけ，若者たちもそのあとについて歩いたが，どうしても追いつくことができなかった。とうとう若者たちは膝まで沼地にはまりこみ，若者たちを欺いたものは，「わっはっは！」と大声をあげながら消えてしまった。若者たちは沼地から抜け出すと，全速力で家の方へ駆けだしたが，その間，このボーギーは若者たちのすぐ後ろに迫りながら，ふたりをからかい続けていた。ダーウェント川〔タイン川の支流〕を渡るとき，ふたりの若者は水にはまりこみ，お互いを妖精ととり違えたりしながら，やっとのことでめいめい家についた。そうしてふたりともヘドリーの牛っ子に追われてダーウェント川で溺れかかったという恐ろしい話を，家の者に語って聞かせた。

〔タイプ：1415（大幅な変形）．モチーフ：E 423(b)；F 234.0.2；F 234.3；F 399.4；F 402.1.1；J 346〕　（井）

ベドン ヴァーラ　Ben-Varrey

　マン島の海岸地帯にたくさんの話が伝わっているマーメイドの呼び名。ベドン ヴァーラ〔Ben はマン島語の発音では bedn に近いという〕も，男たちを魅惑して死に誘うが，時にはやさしい面を見せることもあるという，他のすべての地域のマーメイドがもっているのと同じ一般的性格を有している。マン島のマーメイドは，全体としてマーメイドの性質のうち比較的やさしい性質を示していると言える。ドーラ・ブルームの『マン島昔話集』(1951) には，ポート・レ・メラ〔マン島南西隅，現ポート・セント・メアリー〕のマーメイドがひとりの人間の男を愛し，彼を首尾よく海に誘いこもうとするが，同じ舟の仲間が，魔除けの呪文で男を救う話が載っている。ここではマーメイ

ドは美声で舟人を魅惑するあのギリシア神話のセイレーンになっているが，真の愛情につき動かされていることも明らかである。同じ本で，浜辺に打ち上げられていたマーメイドを海に帰してやる漁師が，お礼に宝の在りかを教えてもらい，宝を見つけるが，それが古い金貨で，どう使っていいかわからないという話がある。結局，ひとりの放浪中の愚か者がその見なれぬ金貨を海に投げ捨ててしまうが，これはベドン ヴァーラの罪ではなかろう。また，赤ん坊のマーメイドが人間の少女の所持する人形を欲しくてたまらず，盗んでしまう。が，そのマーメイドの母親の叱責をうけ，償いに自分の真珠の首飾りを少女に贈らざるを得なくなる話もある。ソフィア・モリソンの『マン島妖精物語集』(1911)には「ゴブ・ナ・ウールのマーメイド」という愉快な話があり，サルという人間の一家と地元のマーメイドとの親しい交わりを物語っている。サル家は漁師の大家族であったが，生計の補いに，よく耕やされた畑ももっており，すべてがうまくいっていた。ところで，サル家のおやじさんはリンゴが大好きらしく，リンゴが実るといつも舟に山と積んでは漁に出かけていた。しかし，ついにおやじさんが漁の仕事を引退する時が来た。ところが，その時から物事が前ほどうまくいかなくなりだした。じきに大家族みんなを養うことができなくなり，男の子たちは次々と船乗りになって出ていった。とうとういちばん末のエヴァンがあとに残って両親と畑の世話をすることになった。ある日，エヴァンがロブスターを獲る籠を仕掛けてから，海鳥の卵を探しに岩のあいだを登り始めた。すると，彼を呼ぶやさしい声が聞こえてきたので，下へおりてみると，ベドン ヴァーラが低い岩の上にすわっていた。エヴァンが恐る恐る見ていると，ベドン ヴァーラは愛想のよい声で，お父さんはどうした？　ときいてきたので，エヴァンは自分たちの困っている様子を残らず話した。彼が家に帰ってから父親にその話をすると，父親はたいそう喜んで，明日はリンゴを少し持っていけ，と息子に言った。マーメイドは〈甘い陸のたまご〉を再びもらえて大いに喜び，それからまた万事がうまく運び始めた。ところが，エヴァンが今度は，マーメイドと一緒にいるのが楽しく，一日中舟ですごすようになった。人々は，彼を怠けていると非難し始めた。エヴァンはそれを苦にして，結局自分も家を出て船乗りになる決心をした。が，出かける前にベドン ヴァーラのいる入江の上の崖に小さなリンゴの木を一株植えて，ベドン ヴァーラに，木がすっかり成長したら〈甘い陸のたまご〉が熟して，下の海に落ちるだろう，と話した。こうして，彼は出ていったけれども，ベドン ヴァーラはその土地に好運をもたらし続けた。しかし，リンゴの木の成長は遅く，マーメイドは待ちきれなくなって，エヴァン・サルを探しに出かけた。リンゴはやがて実って熟したが，エヴァンとベドン ヴァーラはついにそのリンゴの実を取りに戻ってこなかった。

　ウォルター・ギルは『マン島スクラップブック』(1929)の中で，ピール〔マン島西岸の港市〕の釣り舟がスペイン岬〔マン島の南西端〕の沖で漁をしていると，パトリックの近くにすむマーメイドが時々親切な注意を与えてくれるという言い伝えを思い起こしている。あるとき，釣り舟の間に突然マーメイドが現れて，「ショール・エル・タル」すなわち「陸に戻れ！」と叫んだという。それですぐに港に逃げた釣り舟もあったが，警告を無視して残っていた釣り舟は釣り具と幾人かの命を失ったという。ベ

ドン ヴァーラの中には，人間に危険なセイレーンと考えられているものもあるが，以上の話などから，全体としては，たいがいのマーメイドよりも人間に好意的であると理解できよう。［モチーフ：B 53.0.1；B 81.7；B 81.13.4；F 420.3.1］　　　　（吉）

ベヒル　Beithir

フーアの一種に対するスコットランド高地地方の呼称であるが，あまり用いられないようである。ベヒルは洞窟や洞穴に出没した。ベヒルというゲール語は，「稲妻」や「大蛇」を表すのにも用いられる。同語は，ドナルド A. マケンジーの著書『スコットランドのフォークロアと庶民生活』(1935) の中に出てくるが，J.F. キャンベル，パトリック・ケネディー，アレグザンダー・カーマイケルなど，他のゲール語伝承の権威の著作には見当たらない。［モチーフ：F 460］　　　　（三）

ペリー・ダンサー　Perry Dancers

オーロラ（北極光）の名称の一つ。サフォーク州その他での用法。フィル ヒリーシュの項参照。　　　　（平）

ヘリック，ロバート　Herrick, Robert（1591-1674）

詩人ベン・ジョンソン (1573?-1637) を師と仰ぎ，自分たちを〈ベン・ジョンソンの継承者〉と称したイギリス詩人のひとり。彼らは互いに，長短，多数の抒情詩を書いては交換しあっていた。

　ここで興味深い点は，彼らがシェイクスピアの『夏の夜の夢』(1600) に端を発した，あるいは少なくともそれが流行のきっかけとなった，エリザベス1世時代 (1558-1603) の文学における小さい妖精の扱いを踏襲している点である。［⇒エリザベス1世時代の妖精］

　こうしたごく小さい妖精については，マイケル・ドレイトンが妖精詩『ニンフィディア』(1627) の中で，ヘリックよりもかなり詳しく描いているが，ヘリックの詩集『ヘスペリディス』(1648) においては，二つの異なるタイプの妖精抒情詩が見られる。タイプの一つ――「妖精の神殿―オベロンの礼拝堂」，「オベロンの宴会」，「オベロンの宮殿」，「乞食から女王マッブへの嘆願」などがその具体例であるが――は，小さいことに対する機知豊かな表現，妖精の宮廷に対する風刺などが豊富で，全体としては，民間伝承からは大きく隔たったものである。もっとも，妖精と繁殖とが結びついていることをうかがわせるエロティックな連想を与える言及など，あるいは，民間の呪術や，妖精の悪意に起因するとされている口内潰瘍などの傷害［⇒傷害や病気］に言及している点などは，民間伝承と一致はしている。しかしながら，このタイプとは別に，民間伝承に直結している「マッブの好意を得れば」，「怖いことを知っていれば」，「家庭の守護神ラールの取り分」などのような，短い二，三の短詩が一方にはある。ヘリックの詩は，詩集が1648年に出版されたときにはもう，時代後れになっていたが，詩集として出版される前に広く流布し，人々に親しまれていたに違いない。　　　　（吉）

ペリングの一族　the Pellings

ウェールズの最高峰スノードン山の麓に居住し，近隣から一目置かれていた裕福な一族。妖精の血を引いているとのうわさだった。彼らは，みんな色が白く，ウェールズの妖精タルイス・テーグのような金髪を有し，ペネロピという妖精女房の末裔であると伝えられた。ペネロピは湖水の妖精グラゲーズ・アンヌーンのひとりで，その話は，シーン・ア・ヴァン・ヴァッハなる湖〔ウェールズ南部，ブラック・マウンテンの山あいの湖〕の佳人の話と多分に似ている。妖精の血を引くと言われることを，たいがいのウェールズ人は嫌ったようだが，ペリング家では，マズヴァイの医師たち〔⇒グラゲーズ・アンヌーン〕の例にも見られるように，かえって重んじられていた。〔モチーフ：F305〕　　　　　　　　　　　　　　　　　　　　　　　　　　　　　　　（平）

ヘルラ王　King Herla

『宮廷人愚行録』（執筆1182-92, 出版1850）の編著者である12世紀のウォルター・マップは，妖精界における時間の変わり方についての最も古い話の一つを紹介して，ヘルラ王の騎馬行列の説明を試みている。マップはその話の舞台をウェールズとイングランドの境界地方に置いているが，フランスのボンヌヴァル〔パリの南西〕でも，1091年に〈アルルカンの騎馬行列〉というのが記録されている。しかしこれは亡霊たちの騎馬行列と考えられていた。マップの楽しいがいささか散漫な記述を，E. M. レザーが著書『ヘリフォードシャーのフォークロア』（1912）の中で少し端折って次のように紹介している。

　　ヘルラは古代ブリトン人の王であったが，もうひとりの王——猿くらいの大きさの小人で，普通の人の半分の身長もなかった——の挑戦を受けた。この小人王は，大きなヤギを乗り回し，その姿はギリシア神話の牧神パンに例えることもできた。頭は大きく，顔はてらてらと輝き，赤ひげを長く伸ばし，胸には斑入りの子鹿の毛皮を派手に着用していた。下半身はごつごつとして毛深く，足の先はヤギの蹄になっていた。この小人王は，ヘルラ王とひそかに会談し，次のような提案をした。「わたしは多くの王や領主，それに広範囲の数知れぬほどの者どもを支配している。あなたは，このわたしをご存じないが，わたしは彼らの意向をあなたに伝えるために会いにきたのです。他の王たちに抜きん出たあなたの名声をわたしは喜びとするものです。あなたはすべての人間の中で最もすぐれており，またその地位と血統のゆえに，わたしと浅からぬ縁があるのです。あなたの婚礼の席にわたしが招待客として列席するのは，あなたの名誉になりますが，その名誉にあなたはふさわしい。実は，フランスの国王がその王女をあなたに嫁がせることになり，その旨を伝える使節団が今日ここに到着する運びになっています。あなたの知らないうちに，一切の手はずが整えられたのです。そこで，あなたとわたしの間には，恒久的な取り決めが望ましい。なぜかというと，第1に，わたしはあなたの婚礼に出席することになっており，第2に，あなたは，1年後の同じ日に行なわれるわたしの婚礼に出席することになっているからです」こう言ったのち，小人の王は背を向け，トラよりも速い足どりで立ち去った。ヘルラ王は，驚きで胸をいっぱいにし，その場から宮

殿に戻り，フランス国王の使節団を引見し，その申し出に同意した。婚礼が行なわれ，恒例の祝宴の席にヘルラ王がつくと，ごちそうの最初の一皿もまだ出ないのに，突如，小人の王が，自分と同じ大きさの小人たちを大勢引き連れて登場した。小人たちの数はあまりにも多く，宴会場の席を全部ふさいだあとも，外にはそれよりもっと多くの小人たちが残されたが，彼らは，たちどころに天幕をいくつも屋外に設けた。この新たに設営された天幕の中から，新しい，精巧な宝石製の容器を手にした召使いたちが，いっせいにとび出した。彼らは，宮殿と天幕とを，黄金か宝石のいずれかで造られた家具で満たした。今まで出してあった木製や銀製の容器は引っこめられ，お酒や肉を出すにもすべてこの新しい宝石の容器が使われた。小人の召使いたちは，用のあるところには必ず現れたが，ヘルラ王やその輩下たちの食糧の蓄えには決して手をつけず，自分たちが持参してきたもの——それは想像を絶するほどの美味珍肴だったが——だけを食卓に供した。ヘルラ王の食糧は使われないままそっくり残され，王の召使いたちは何も仕事をする必要がなくただすわっているだけだった。

　小人たちは，出席者全員の賞賛を受けた。彼らの衣装は，華麗をきわめた。彼らは光り輝く宝石を灯の代わりにした。用を言いつけようとすると必ず近くにいたし，用のないときには引き下がっていた。小人の王はヘルラ王にこう言った。「この上なき王よ，わたしが取り決めに従い，あなたの婚礼に出席したことを神よご照覧あれ。このうえ何かお望みの品があれば，喜んでご用立ていたしましょう。わたしがお返しを求めたときにあなたがそれを拒まない，という条件がつきますが」こう言って小人の王は，返事をも待たず自分の天幕に戻り，夜明けごろ従者たちとともに立ち去った。1年後に小人の王は，突然ヘルラ王のもとへやって来て取り決めの履行を求めた。ヘルラ王は同意し，小人の言うままについていった。ふたりは断崖の洞窟の中へ入っていき，暗がり——それは太陽や月でなく多数のたいまつで照らされているようだったが——の中の旅を続けていくうちに小人の宮殿となっている壮麗な邸宅についた。

　そこに小人の王の婚礼の祝宴がはられていた。ヘルラ王は小人の王に対する義理を充分に果たしたあと，引き出物やお土産，馬，猟犬，タカ，その他狩猟とタカ狩りに必要な道具一揃いなどをもらって帰途についた。小人の王は，暗い通路の案内役を務め，最後に抱いて持ち運びができるほどの小型のブラッドハウンド〔猟獣犬の一種〕を一行に与え，その犬が，抱いている人の腕から抜け出して地面へとび降りるまでは，誰も馬からおりてはならないと厳重に注意し，一行に別れを告げて引き返した。やがてヘルラ王は，地上の陽光の中へ出て，再び自分の王国についたので，ひとりの老牧羊者に自分の妃の名を言ってその消息を尋ねた。すると牧羊者は，驚いた様子で王の顔をまじまじ見てからこう言った。「だんな，あんたのおっしゃることは，とんとわかりません。あっしはサクソン人なのに，だんなはブリトン人ときているんだからね。だんなが言った王妃のお名前は，聞いたこともないね。ただヘルラの奥方，つまり昔むかしのブリトン人の妃だったといわれる方に，そんな名前があったね。うわさによると，そのヘルラ王とやらは，小人と一緒にこの断崖

で姿を消し、それっきり2度と地上に姿を見せなかった、ということだよ。このあたりは、もう200年間も、ブリトン人を追い出したサクソン人の土地になっているんだよ」ヘルラ王は、留守にしたのは、ほんの三日間だったと思っていたものだから、大いに驚いた。一行の中で、小人の王の厳重な注意を忘れ、犬が地上に放たれないうちに馬からおりた者がいたが、いずれもたちどころに崩れて塵埃と化した。ヘルラ王は、犬が抱いている人の腕の中からとび降りるまで、馬からおりることを一行に禁じた。そして、その犬は、今日なおとび降りていないという。一説に、ヘルラ王は、家もなく休息の地もなく、永久に自分の一行を引き連れて狂気の旅を続けているのだという。ヘルラ王の一行をしばしば見かけると、今なお語る人が多い。しかし、人々は、またこうも言う。とうとうわが国王ヘンリー（2世）の即位の年〔1154〕にヘルラ王の一行は、今までのように人目につく方法でこの国を訪れることをやめにしたと。またこの年に、王の一行がヘリフォードシャーを流れるワイ川にのみこまれるのを多くのウェールズ人が見たという。とにかくそのとき以来、ヘルラ王の不気味な放浪の騎馬行列はやんだのである。それは、あたかもヘルラがその流浪の旅（原語 Errores、「誤り」の意味にかけた駄洒落）を、わたしどもに肩替わりしてもらい、ようやく休らぎを得た、と言ってもいいのかもしれない。（これはその時代の政治に対する当てつけである。）

　　　　　〔タイプ：766（変型）．モチーフ：C 521；C 927.2；C 984；E 501.1.7.1；
　　　　　　　　　　F 241.1.0.1；F 377；F 378.1；F 379.1〕　　（平）

ペロー，シャルル　Perrault, Charles（1628-1703）

　世界中で、最も有名な妖精物語「シンデレラ」を含む『過ぎし昔の物語集』（1697）の著者がペローであると考えて、ほぼ間違いないだろう。なぜ著者について問題があるかというと、この本の献呈の辞にはピエール・ダルマンクールなる署名が記されているからで、これはペローの三男の名前なのである。三男はこの本が出版されたとき18歳であった。オーピー夫妻は、その学究的な著作『古典童話集』（1974）で、この問題について、いかにもこの夫妻らしい細かい目配りで徹底的検討を加え、結論として、父ペローの著作としてほぼ間違いなかろうと明言している。シャルル・ペローはそれらの物語を、息子が彼の女家庭教師から話してもらっているのを聞いて書いたと言われていたが、ここでもう一つ、息子にそれらの物語をもう1度語らせ、それをペローが書きとったので、本の著者を息子の名前にしたという推測も可能であろう。物語は、その簡潔かつ率直な語り方において、当時としては他に比するものがないほどであり、しかもフランスの口承伝承を今なお特徴づけている上品さとユーモアの風味が添えられている。物語はたちまち宮廷人士の間で圧倒的人気を博し、妖精物語流行の引き金となり、すぐにドーノワ伯爵夫人による、もっと華麗な文体の妖精物語が生まれた。1729年に、ロバート・サンバーによるペローの物語の英訳が出たことで、イギリスの子ども部屋へのフランスの侵入が始まった。子どもたちの想像力がそのとりことなったのも、驚くにあたらない。なにしろ、そのころのイギリスの妖精伝承は、わずかに、散在する非芸術的な小冊子、いわゆるチャップブック〔日本の絵草紙に

当たる〕によって表されているだけであったのだから。イギリスでは，妖精伝承の選集と言えるものは，実にジョーゼフ・リトソン〔イギリスの好古家．1752-1803〕のもの〔没後1831年に甥によって編まれる〕まで，皆無だったのである。ペローの物語はその後いろいろに変更を加えられ，安っぽく飾りたてられてきたが，それでもなお，人の想像力をとらえて離さない力をもっている。

(吉)

ヘンキー　Henkies

トローの別名で，オークニー諸島やシェットランド諸島で使われる。北欧やケルト圏における妖精の多くと同じく，ヘンキーは認知の目印となる妖精の身体欠陥を一つもっていた。すなわち踊る際にシェットランド諸島のこのトローは片足を引きずる――方言ではヘンク（henk）する――のである。ジョン・スペンスは，著書『シェットランドのフォークロア』(1899) の中で，この言葉の使用を例証する哀れな歌を引用している。踊りの相手を見つけることのできないトローのおかみさんがうたったのだという。

　　　「ねえ！　ちょっと！」とトローのおかみ，
　　　「誰かわたしと踊ってくれない？」
　　　まわりを見たが，誰もいなかった。
　　　「じゃ，片足引きずってひとりで踊るか」

[モチーフ：F 254.1]　（平）

変身　Shape-shifting

妖精，妖術師，および魔女に多かれ少なかれ共通している魔力。妖精すべてが変身の能力を有しているわけではない。スキリーウィデンのような小形で非力な妖精は，他のものに自分の姿を変えるどころか，スプリガンとか，ゼノア村のチェリーを雇ってくれたロビンという妖精のようには，自分の大きさを変えることもできなかった。中にはスコットランド高地地方のエッヘ・ウーシュカのように，若い男になったり，馬になったり，二つの姿を自由に使い分けるのもいる。「シリーナが原の妖精のすみか」の中でも詳述されているコーンウォールの妖精は，鳥の姿にしか変身できないようである。おまけに変身するたびに形が小さくなるという代償を払わされるのである。

人間の産婆さんが請われて妖精のすみかへ行く［⇒妖精に雇われた産婆］ことがあるが，そこにいる妖精たちは，自分の姿だけでなく，そのすみかの外見をも変えることができる。しかし，これはおそらく本当に形を変えるのではなく，まやかしの術を効かせているだけであろう。それは見る人の五感を狂わせる一種の催眠術のようなものである。聖コセンは，まさに聖者なるがゆえに，そういう魔力に屈しなかったのである［⇒「聖コセンと妖精王」］。

ボギー，ボギー・ビーストおよびその仲間たちや，パックのようなホブゴブリンも，すべて本物の変身する妖精である。こういう手合いは，その変身能力を使っていたずらはするが，悪意はそれほどない。ヘドリーの牛っ子の話などは，その典型的なものであろう。

姿を変えるという点では，妖術師，それも特に生まれながらの超自然の妖術師が，いちばん本格的であろう。妖術師や超自然の妖術師たちは自分の姿を自由に変えることができるだけでなく，他人の姿をも変えることができた。普通の妖精は，人間と同じく，こういう手合いの妖術に対しては，ほとんどなすすべがないようにみえる——エーティンが，妖術師の妖術によって羽虫に変えられたときもそうだった。しかしながら妖精の中には，たぶん魔法を勉強した連中なのだろうが，そういう変身の能力をもっていたものもいる。例えば妖精のウフトヤルヴはフィアナ騎士団の首領フィンの女使者になりすまし，自分の恋人イラン・エーハタッハの妻になっているティーレンを犬に変えているのである〔⇒ブラン³とシュコラン〕。自分の変身の方は，見せかけだけの幻影だったが，ティーレンを犬に変えたのは，本当の変身だったらしい。というのは，ティーレンが変身期間中に産んだ子はどれも本当の子犬だったから。

　妖精物語やある種の伝説によれば，生まれながらの超自然の妖術師だけでなく，後天的にその術を身につけた人間の妖術師も変身の達人となりうるのである。数多くの類話を有するケルト系の物語の好例はジョン G. マカイ編『続西ハイランド昔話集』(1940, '60) に収録されている「妖術師の下僕」という話であろう。ある男が，自分の息子を一定期間，妖術師に徒弟として預ける。ところがその期間はあとで延長され，次いで無期延期のような形になってしまう。息子がいつまで経っても自由の身に戻れないので，父は息子を捜しにいく。息子は妖術師に捕らわれの身となっているが，変身した姿の息子を認知することができ，連れ出すことに成功する。親子は一緒に逃亡するのだが，逃避の旅の費用を捻出する一策として，息子はいろいろの動物に自分の姿を変え，その動物を父親が売却する，という手を使う。売却しても父親は決してその動物の引き綱を手放してはならない。というのは，その中に息子の心が入っており，引き綱が父親の手中にあるかぎり，息子はいつでも自分の本来の姿に返り，父親のもとへ戻れるからである。妖術師が，決まったように姿を現し，息子が変身したその動物を買いとる。しかし，そのたびごとに息子は脱出に成功する。最後になって父親は高額の売却代金に有頂天になり，つい引き綱を外すのを忘れてしまい，息子は再び苛酷な捕らわれの身に突き落とされる。しかし，息子は機転をきかせて脱出，妖術師はそのあとを追い，ふたりは変身を競い合い，秘術を尽くし死闘を繰り広げる。そして最後に妖術師は，力尽きる。このテーマは民謡の「真っ黒な鍛冶屋」のそれとほぼ同じである。これと同じ筋書きのものに，ヘイミッシュ・ヘンダーソンがジョン・スチュアートから採集し，特にすぐれた話とされている「黒魔術の王」やピーター・バカン〔スコットランドのバラッド収集家. 1790-1854〕編『スコットランドの昔話』に所収の話「モロッコの黒い王」などがある。

　邪悪な魔術によって姿を変えさせられた人の話は珍しくない。その多くはローマ神話のクピードー〔キューピッド〕とプシューケーの話の変形である。「ノロウェイの黒雄牛」の話がそのうちで最もよく知られているが，そのほかにも，例えば「ズキンガラス」のような話もある。一時的に姿を変えて脱出するというのは，この変身の大事な用途の一つである。トマス・マロリーの『アーサー王の死』(1485) の中でモルガン・ル・フェがこの手を1度使っている。通常の魔女は，普通，野ウサギとかハリネ

ズミのような，型にはまったものに変身することになっているが，その委細は本書『妖精事典』の取り扱い範囲を超える。　［モチーフ：A 1459.3；D 610；F 234.0.2］　　　　（平）

ベンディース・ア・ママイ　Bendith Y Mamau

ウェールズ語の原意は「母親の祝福」。ウェールズ南部のグラモーガン州で，妖精をさす言葉。ベンディース・ア・ママイは，子どもを盗んだり，馬を乗り回したり，人家を訪れたりする。人々は彼らのために，お碗に入れた牛乳を供えた。

　ジョン・リースは，『ケルトのフォークロア―ウェールズとマン島』(1901) 第1巻の中に，子どもが妖精に誘拐されて代わりに取り換え子が残されたが，母親が3段階にわたる魔法解きを行なって子どもをとり戻したという話を詳しく載せている。そこに登場するベンディース・ア・ママイは，発育不全の醜い姿をしている。リースの語るこの話は，大勢の子どもが妖精に連れ去られていた時代に起こった。夫に先立たれたある若い母親が，細心の注意をはらって美しいひとり息子を守り育てていた。妖精がこの子をほしがるだろうと，隣人たちがうわさしていたからである。その子が3歳くらいになったある日のこと，牛の群れの間で変な鳴き声がするので，母親は何が起こったかと見にいった。ところが戻ってくると，子どものベッドは空っぽだった。必死で子どもを捜したが，見つかったのは小さなしなびた男の子で，この子は彼女をお母さんと呼ぶのだった。この子はいつまでたっても大きくならないので，母親はクリムビル（取り換え子）にちがいないと思った。1年たって母親が物知りの男に相談すると，男はまずその子を試してみるようにと勧めた。そこで使われた方法は，卵の殻で酒を造るという形の一変形である。母親はまず生卵の殻の端を切りとり，中身をかきまぜる。クリムビルが何をしているのかと尋ねるので，麦刈りの人たちに出すパイを作っているのだと答える。するとクリムビルが言う。「おいらが父さんから聞いた話では，父さんはその父さんから聞き，その父さんもそのまた父さんから聞き，そのまた父さんもそのまた父さんから聞いたというんだが，オークの木は，もとはドングリの実だったそうな。だけど卵の殻の中で粉をまぜて麦刈りの人たちにパイを食べさせるなんて，おいらは聞いたことも見たこともないや」　この言葉を聞くと，ここにいるのが取り換え子だということがわかった。しかし，母親にはまだ，わが子がベンディース・ア・ママイに捕らえられているかどうかを確かめる仕事が残っていた。そのために，母親は満月から4日目の晩にタフ川の〈鐘の浅瀬〉〔伝説で有名〕の上手の四つ辻に出かけ，真夜中までそこで見張っていた。ベンディース・ア・ママイの行列がそこを通ることになっているのだが，そのときに母親が声を出したり身動きをしたりすれば，すべてが台無しになってしまうということだった。母親が長い間そこで待っていると，ようやく妖精の騎馬行列がやって来る音が聞こえてきた。目の前を通っていく行列の中には，なつかしいわが子の姿があった。母親は，とび出したい気持ちを懸命にこらえ，じっと息をひそめていた。そして翌日また物知りの男を訪ねて，子どもをとり戻す方法を教えてもらった。それによれば，白い毛も他の色の毛も1本もない黒一色の雌鶏を1羽手に入れて，首をひねったら，毛は抜かずに薪の火で焼かなければならないという。そして，毛が1本残らず焼き落ちたちょうどそのときに，

取り換え子のほうを見よというのだった。母親は苦心惨憺のすえ真っ黒な雌鶏を手に入れて，言われたとおりのことをした。それから振り向いてクリムビルを見ると，すでにその姿は消え，扉の外からはわが子の声が聞こえてきたのだった。戻ってきた子どもはやせ細り，楽しい音楽を聞いていたこと以外は，自分の身に起こったことを何ひとつ覚えていなかった。一つの話の中にこれだけ様々なモチーフが混在しているのは，珍しいことである。〔モチーフ：F 321；F 321.1；F 321.1.1.1；F 321.1.3〕　　　　　（三）

ベン ニーァ　Bean-nighe

「洗う女」の意のゲール語。バン・シーの一変種で，スコットランド高地地方とアイルランドの伝承の中に現れる。ルイス・スペンスの著書『ブリテン島における妖精伝承』(1948) には，この妖精に関するしっかりした記述がある。その呼び名と性格とは土地によって違っているが，人里離れた小川のほとりで，死期が迫っている人の，血に染まった衣服を洗う姿が見られるという。小柄で，たいていは緑の服を着ており，水かきのついた赤い足をしている。ベン ニーァが現れるのは悪いことの前兆だが，もしも自分が見られる前に彼女を見つけて，彼女と小川との間に入りこむことができれば，その人は，ベン ニーァに三つの願いをかなえてもらえる。また，三つの質問に答えてくれはするが，彼女の方から出された三つの質問にも，本当のことを答えねばならない。大胆にもその垂れ下がった乳房のどちらかをつかんで吸えるほどの者は誰でも，ベン ニーァの養子であると主張することができ，ベン ニーァに目をかけてもらえる。ヘブリディーズ諸島のアイラ島に伝わるクーンチアッハは，ベン ニーァと同じものでありながら，もっと獰猛で恐ろしい。もし邪魔をされれば，濡れた亜麻布を，邪魔した人の足にたたきつけ，その足をきかなくしてしまう。ベン ニーァは，出産のときに死んだ女の幽霊であり，その女にもともと与えられていた寿命がくるまでは，仕事を続けねばならないのだ，といわれている。

時には水辺のすすぎ女とも呼ばれるベン ニーァは，主にスコットランド高地地方およびスコットランド西方の島々に現れるが，バラッド収集家のピーター・バカンは，スコットランド北東部のバンフシャーでも，このすすぎ女にまつわる話を採集している。〔モチーフ：F 232.2；M 301.6.1〕　　　　　　　　　　　　　　　　　　　　　（井）

ヘンリースの大入道　the Great Giant of Henllys

1847年に週刊文芸誌「アシニーアム」誌上でその話が発表された〈ヘンリース〔ウェールズ語ではヘンシース〕の大入道〉は，バグベリーの吠える雄牛のように，悪魔と化した死者の亡霊である。その点では，ちょうどアイスランドのサガ『剛勇グレティル』〔14世紀初めごろの作品〕に出てくる，羊飼いグラムの亡霊を思わせる。またこの話には，亡霊ないし悪魔を退散させる典型的な方法の記述が含まれている。

18世紀のウェールズの話。ウェールズからイングランドへ流れるワイ川のほとりに，富豪であるうえ，邪悪で暴君的だったため〈ヘンリースの大入道〉と呼ばれていた男がいた。この男が死んだとき，土地の人たちは心から喜んだものだが，その喜びは長続きしなかった。というのは，今度は恐ろしい妖怪になって戻ってきたので，誰

も暗くなってからは外へ出ようとせず，馬や牛も農場の建物から離れようとしなかった。結局，この妖怪を退散させなければどうにもならないということになり，3人の牧師が真夜中にヘンリース〔ヘンシース〕の教会へ悪魔払いのために出かけた。彼らは祭壇の前に円を描き，その円の中に立った。3人はそれぞれ手に火をともしたろうそくを持ち，いっせいに祈禱を始めた。すると，突如，恐ろしい怪物が教会に姿を現し，咆哮しながら近づいてきたが，円のところまで来ると，まるで石塀にでもぶつかったように，ぴたりと立ちどまった。牧師たちは祈禱を続けたが，咆哮はあまりにもすさまじく，怪物があまりにも近くまで来たので，牧師のひとりは肝をつぶし，手に持っていたろうそくの火も消えてしまった。しかし，あとのふたりの牧師の悪魔払いの祈禱は続いた。このあと巨大な妖怪は，咆哮するライオンとなり，次いで怒り狂う雄牛に姿を変えた。さらに海の大波が教会を水浸しにしているように見えたかと思うと，次に西側の壁面が崩れ落ちるように見えたりした。ふたり目の牧師の信仰が揺らぎ，手にしていたろうそくの火が消えた。それでも3番目の牧師は祈りを続けた——そのろうそくの炎も弱くはなっていたが，ついに大入道は，生前の姿で皆の前に現れた。牧師たちは彼に詰問し，どうしてそんないろいろの恐ろしい姿をして現れたのか尋ねた。「わしは，生前，人間として悪者だった。そして，死後の今，悪魔としてもっと悪くなったのだ」と彼は答えて，一閃の炎の中に姿を消した。すると3人のろうそくの火は，また勢いよく燃え始め，牧師たちは，力強い口調で祈りを続けた。大入道は，何度も姿を変えては現れてみたが，その度ごとに小さくなり，とうとう最後には，ただのハエになってしまった。牧師たちは，ハエになった彼をタバコ入れの中に封じこみ，シーンウィン池の中に99年間——一説には999年間だという——出てこられないように放りこんだ。シーンウィン池をさらうとき，土地の人々は，タバコ入れを引っかけないように細心の注意を払うということである。［モチーフ：D 2176.3］（平）

ホイッティンゲーム村のショート・ホガーズ　Short Hoggers of Whittinghame

洗礼を受けずに死んだため休息を得られずにさまよう幼児の幽霊の一例。こうした幽霊が一緒に集まれば，スコットランド低地地方やサマーセット州ではスパンキーと呼ばれる。またイングランド西部地方では，ピスギーと呼ばれ，小さい白い蛾の姿をとる。次の話は，この小さい霊にとって大切なのは，洗礼ではなく名前であることを，語っている。

　ホイッティンゲーム村には，長いこと不幸な赤ん坊の霊が現れていたが，この赤ん坊は，未婚で産んだ母親の手で殺され，村にほど近いある樹の根方に埋められたのであった。暗い晩になると，この幽霊は，その樹と墓地の間を走り回っては，「名前がないよう！」と泣き叫んでいたが，誰ひとり話しかけようとはしなかった。言葉をかけた者は，死んでしまうと信じられていたからである。ところがある夜遅く，酔った男が陽気な気分に怖さも忘れ，その幽霊が泣いているのを聞いてこう言葉をかけた。「けさの気分はどうだね，ホイッティンゲーム村のショート・ホガーズちゃん？」
　小さな幽霊はうれしくなった。
　　　「ああ，よかった，名前ができたんだから，
　　　ホイッティンゲーム村のショート・ホガーズって呼ばれたんだから」
こう叫ぶといかにもうれしそうに，天国に駆け昇っていってしまった。
　ロバート・チェインバーズ（1802-71）は，ホイッティンゲーム村に住むある老女から，間接的にこの話と唄とを教わったが，その老女は，この幽霊を見たことがあるとはっきり言っていたという。ショート・ホガーズとは，足の部分がすり切れて脚絆のように短くなった靴下のことである。ブラウニーであるパドルフットも同じように，酔った男が名前をつけたので出てこなくなるのだが，パドルフットの方は，その名前に機嫌を悪くして逃げたのである。　［モチーフ：F 251.3］　　　　　　（井）

ボヴェット，リチャード　Bovet, Richard

17世紀後半の文人。18世紀の合理主義がまだ優勢になる前の17世紀末ごろ，超自然的なものへの執着が強く，妖精に対して一時代前のエリザベス1世時代（1558-1603）——この時代の物書きは，妖精信仰を田舎の迷信とみなしていたのであるが——よりずっと軽信的な書物が多数出現した。例えば，ジョン・オーブリーの『異教とユダヤ

教の遺習』(1686-87), リチャード・バクスター〔イギリスの長老派神学者〕の『精霊界の信憑性』(1681), ジョーゼフ・グランヴィルの『サドカイ主義の敗北―魔女と妖術に関する完全かつ平明な論証』(増補版 1681)〔初版は『魔女と妖術に関する哲学的考察』(1666)〕, ロバート・カークの『エルフ, フォーン, 妖精の知られざる国』(執筆 1691, 出版 1815), ウィリアム・リリーの『わが生涯と時代』(1715), コットン・マザー〔アメリカの組合教会牧師〕の『不可視世界の驚異―ニューイングランド魔女裁判記』(1693) などで, これらの中でも最も興味深いものが, 1684年出版のリチャード・ボヴェットの『パンデモニウム, 悪魔の巣窟』である。リチャード・ボヴェットは, 当

時のロンドンの騒然とした知識界からは離れて生きた人で、トーントン市〔サマーセット州南西部に所在〕のピューリタンの出であり、一説には、1685年に叔父ジェイムズ2世の王位を狙い失敗したモンマス公の反乱ののち、鬼のようなジェフリーズ判事によって苛酷な刑を受けたと言われている。ボヴェットが当時の思想界と必ずしも没交渉でなかった証拠に、『哲学的詩集』(1647)の著者であるヘンリー・モア博士に彼の著作をささげていることがあげられる。ボヴェットは妖精伝承について、ジョーゼフ・グランヴィルやリチャード・バクスターより多くを語ってくれている。この方面で彼がなした最も重要な貢献は、ビトミンスターとチャード〔いずれもサマーセット州南西部に所在〕の中間にあるブラックダウン丘での妖精の市についての説明と、スコットランドの一通信員から得た〈リースの妖精少年〉に関する報告、の二つである。ボヴェットは明快平明な文章を書いた。また、『パンデモニウム、悪魔の巣窟』に付された口絵は、特にボヴェットの超自然信仰の全領域を包含している点から、研究に値するものである。絵の後景には魔法の城があり、そこからドラゴンが立ち上がり、角を生やした門番が入り口に立っている。空では魔女がやや小さめのドラゴンに乗っている。城の前には妖精の輪がある。前景の右手には、魔法の輪とロザリオ〔カトリック教会で祈禱に用いる数珠〕で護られた修道士が、当惑ぎみのインプ〔小悪魔〕の一団を抑え、インプのひとりは自分の頭をひっかき、修道士の後ろのひとりは、修道士のガウンをつかんで、あわよくば修道士を魔法の輪の外へ引き出して、地獄へさらっていこうとしている。彼の後方には魔女の田舎家がある。画面の左手には魔女が、これも魔法の輪に護られて、愚かにも自分自身では人間の女と思っているものを死の世界から呼び出している。呼び出された者はいかにも死者らしく、屍衣をまとい、蝶形のリボン飾りを頭に結んではいるが、裳裾の下からは割れた蹄の先が見えていて、魔女の呼び出したのが死んだ人間でなく悪魔であることを明瞭に語っている。このことは、幽霊と見えるものも実は変装した悪魔なりとする、当時のピューリタンの伝統的信仰と一致している。

『パンデモニウム、悪魔の巣窟』の全体の調子とスタイルからは、いかにも好人物の著作という印象を受ける。ボヴェットがジェフリーズ判事の苛酷な手にかかったというのは、うわさだけであってほしいものだ

〔ブリッグズは、リチャード・ボヴェットとリチャード・バクスターの事蹟を混同している節がある。The Dictionary of National Biography によれば、ジェフリーズ判事にいじめられたのは、バクスターの方だった。〕

(吉)

ボガート　Boggart

いたずら好きなブラウニーの一種で、その習性は、ポルターガイスト〔音立て妖精〕に類似している。ボガートの話でよく知られているのは、ウィリアム・ヘンダーソンやトマス・キートリーたちが語っているもので、追い払おうとして引っ越しをしても、その家族にまつわりつくというものである。

昔、ヨークシャーに、ジョージ・ギルバートソンという農夫がいたが、その家族はボガートに悩まされていた。ボガートは家中の誰にでもいたずらをしかけたが、中で

も子どもたちにはひどかった。子どもたちのバターつきパンをひったくり，おかゆの皿をひっくり返し，果ては子どもたちを隅っこや戸棚に押しこんだりするのだが，ちらりともその姿を見せない。戸棚の一つに，木の節目が抜けてできたエルフ・ボア〔妖精節穴〕があったが，ある日，一番下の男の子がそこに古い靴べらを差しこんだ。すると，力いっぱいに押し戻されたので，靴べらは穴からとび出し，男の子の額に当たった。

　このことがあってから子どもたちは，棒を穴に突っこみ，それがとび出してくる遊びをボガートとするのが好きになった。だが，ボガートのいたずらはますますたちが悪くなるので，ギルバートソンの奥さんは気の毒にも，子どもたちのことがとても心配になり，とうとう一家は引っ越しをすることに決めた。引っ越しの日，すぐ隣のジョン・マーシャルは，ギシギシ鳴る荷馬車のあとについて，一家ががらんとした前庭を出て行くのを目にとめて言った。

　「そいじゃあ，とうとう行っちまうんだね，ジョージ？」
　「ま，そういうこった，ジョニー，とうとうこんな羽目になっちまったよ。それもだ，あのボガートの野郎があんまり悪さぁするもんで，おれたちにゃあ，昼も夜も，気の休まるなんてこたぁなかったからさ。野郎，なんにもしねえちびどもに，特にひでえ意地悪をするらしくってな，そいつを考えると，女房のやつ，かわいそうに今にも死んじまいそうな有様なんだ。そんだもんでよ，ご覧のとおり，こんなざまで出てかなくちゃなんねえのさ」

　突然，この言葉にこだまするように，いちばん後ろの荷馬車に立てておいた古いバター作り器の中から，思いがけず低い声が聞こえてきた。
　「そうとも，ジョニーさんよ，わしらは引っ越すところさ」とボガートが口をはさんだ。
　「あのボガートの野郎だ！」とジョージは言った。「お前がそこにそうやっているのがわかってれば，1歩だって動く必要はなかったんだ，おい，マリー，戻るんだ」と彼は女房に言った。「この家にいても，気に入らないよそに移っても，おんなじように困った目にあわされるんだからな」

　そうして一家は家に戻り，ボガートの方は，飽きるまで農園中をいたずらしてまわったということである。〔タイプ：ML 7010；ML 7020. モチーフ：F 399.4；F 482.3.1.1；F 482.5.5〕

（井）

ボーカン，ボーガン　Bòcan, or Bogan

　スコットランド高地地方の妖精ボーハンの異型。カラム・モール・マキントッシュという小農場主と愛憎の関係をもち，とうとう彼と一緒にアメリカに移住したのは，このボーカンだった。アメリカへの移住妖精の好例となっている。ボーカンはアイルランドでも見られた。

（三）

ボーガン　Bogan　⇨ボーカン，ボーハン

ボギー，ボギー ビースト　Bogy, or Bogey-beast

意地悪いゴブリン。悪魔の呼び名の一つ。昔は子どもをおどすのに広く使われた名前である。E. M. ライト夫人は『田舎言葉とフォークロア』(1913)の中で，「その金切り声をやめねえと，黒ボギーを連れてくるぞ」という言葉を例にあげている。また，ボギーの幽霊が，自分を殺した者のところへ，骸骨で現れて，「おらの骨を返せー！おらの骨を返せー！」と泣き叫んだ話も引用している。こういう話は昔はイギリス全土にあったが，悪魔や子ども部屋のボーギーを子どもを戒めるのに使う習慣は，現代の教育ではすっかり影をひそめてしまった。今日では，バーゲスト，ボガート，ブラッグ，バガン，ボゲードン，ヘドリーの牛っ子，マムポーカー，パッドフット，タンケラボーガス，トラッシュなど，恐ろしい，有害な妖精を多数含むボーギーの総称として，ボギーという表現が使われているのである。あのりっぱではあるが凡庸なゴルフの仮想パートナー〈ボギー大佐〉――いつも基準打数で完璧にまとめることになっている――に，ボギーという恐ろしい妖怪の名をつけるのは，どうやらお門違いのようである。

(吉)

ボーギー　Bogies

ボーギー，ボーグル，バッグ，バガブーなどは，いずれも，いたずらで，恐ろしく，危険ですらあり，人間いじめの大好きな妖精族に与えられた名称である。彼らは時々，ホブヤーのように，群れをなして歩きまわるが，一般には，アンシーリー・コートに属するひとり暮らしの妖精として単独で描かれる。サマーセット州では，悪魔をボーギーというあだ名で呼ぶが，たぶん，これは悪魔を少し軽視した呼び名であろう。なぜならば，一般にボーギーは悪魔の家来たちの中で低い地位に置かれているからである。ボーギーはしばしば，ブルベガー，ヘドリーの牛っ子，ピクトリー・ブラッグなどと同じく，変身の名人でもあるが，一般的にはいたずら者といった程度である。その中でも最も害が少ないのは，よく知られたボガートで，虐待されてひねくれたブラウニーということになっている。最も危険なものには，悪魔的なナックラヴィーや，性悪ドワーフのドゥアガーがいる。その他の実例はボギー，ボギー ビーストの項にあげてある。

ボーギーの中には，小悪魔のように，単純で，のろまなものもいる。トマス・スターンバーグの『ノーサンプトンシャーの方言とフォークロア』(1851)にある「ボーギーの畑」という話は，以下に見るように一般的なトリックスター話である。類話としては，悪魔についての話が数篇と，ボガートについての話がある。

　　昔，ひとりのボーギーが，ある農夫の畑をおれのものだと主張した。農夫はそれを不当だと思ったが，長い議論のあげく，畑を使うのは農夫だが，収穫はボーギーと半分わけということに，双方の話がついた。そこで最初の年の春，農夫は言った。
「お前さんはどっちを取るね，上かね下かね？」
　「下を取る」とボーギーは言った。
　　そこで農夫は小麦をまいた。で，ボーギーが得たものは刈り株と根っこだけだった。翌年，ボーギーは，上をもらうと言った。そこで農夫はカブをまいた。で，ボ

ーギーは前の年とおんなじ，まるっきり得にならなかった。これじゃおれはやられちまう，とボーギーは考え始めた。そこで翌年はこう言った。「お前は小麦をまけ。収穫んときに刈り入れ競争といこうぜ。勝った方が小麦を自分のものにしよう」
「よしきた」と農夫は言って，ふたりは畑を真半分に分けた。が，小麦が実る少し前に，農夫は鍛冶屋のところへ行って，細い鉄の棒を何百本と注文して，それをボーギーの畑いちめんに突き刺した。刈り入れの競争が始まると，農夫の方はどんどんはかどったが，哀れなボーギーは「なんてかてえ株だ，えーい，なんてかてえんだ！」と文句の言いどおし。そのうちボーギーの鎌はすっかり刃がなくなり，バターだって切れないほどになってしまった。1時間ばかりすると，ボーギーは農夫に「おーい，鎌研ぎはいつやるかね？」と叫んだ。というのも，競争のときは刈り手は一緒に鎌を研ぐことになっているからだ。
「鎌研ぎかね？」農夫は言った。「ああ，昼ごろだな」
「昼だと！ じゃあ，おらの負けだ」とボーギーは言って，立ち去った。それっ

きりボーギーはもう農夫の邪魔をしなくなった。

[タイプ：1030；1090．モチーフ：K 42.2；K 171.1] （吉）

ポーキー ホーキー　Pokey-Hokey

　E. M. ライト夫人は『田舎言葉とフォークロア』(1913) の中で，イースト・アングリア地方〔現在ノーフォーク，サフォーク両州〕のポーキー ホーキーを北ヨークシャーのノックおばけや，ワイト島のマムポーカーと並べて，おどし妖精の中に入れている。怪しげな，うさん臭いことがあると「なんだかホーキー ポーキー臭いぞ」と俗に言うが，これは前後が入れ替わっているものの，ポーキー・ホーキーというゴブリンの名から派生した表現かもしれない。もっとも，その逆の場合，つまりこの表現が転じて妖精の名になった，と考えることもできる。
（平）

ホグマン，ヒルマン　Hogmen, or Hillmen

　これらはマン島の妖精のうちで，より恐ろしいものに属する。これらの妖精については，W. ハリソン編の『モナ雑録―マン島伝承集』(1869) の中で，かなり詳しく描かれている。ホランタイドの日〔11月1日．万聖節に相当するマン島の秋祭り〕にホグマンたちは寝ぐらを変えるので，その夜，人々は出会わないようにと，家に閉じこもる。ホグマンやヒルマンの機嫌をとるために，果物がささげられていた。
（井）

ボーグル　Bogles

　全体的に見ると，ボーグルは悪いゴブリンである．しかし，ウィリアム・ヘンダーソンが『イングランド北部諸州と境界地帯のフォークロアについてのノート』(1879) の中で，ジェイムズ・ホッグの「羊毛集め人」の話を引用しているが，それによると，

スコットランドとの境界地方のボーグルは、手ごわい相手ではあるが、性質は善いらしい。「それからボーグルだが、これは善い方の妖精で、これにやられるのは罪を犯した人間だけである。人を殺した者、虚偽の誓いをした者、未亡人や父のいない子をだました者などが、この妖精にやられる」と書かれている。ヘンダーソン自身もそれを裏づける話をしている。その話というのは、リース〔現ノース・ヨークシャーの北部に所在〕近くのハースト村に、ひとりの貧しい未亡人がいて、近所の男にろうそくを何本か盗まれた。ところが、その盗んだ男がある晩自分の庭に黒い人影を見つけたので、鉄砲を持ち出して、それを撃った。翌晩、彼が外の薪小屋で仕事をしていると、昨夜の人影がまた戸口に現れて、「おれには骨も肉も血もない。いくら撃ってもだめだ。ろうそくを返せ。それから、おれはお前から何かもらっていく」と言って、男のそばへ近寄ると、まつげを1本引き抜いて、消えた。それ以来男の片方の目がいつもちかちかするようになった。ヘンダーソンは、また、聖書を開いてボーグルを追い払ったという話も載せている。

　バルフォア夫人は「フォークロア」誌第2巻(1891)に載っている、リンカンシャーにおける話の中で、まったく悪い性格のものをさす言葉として〈ボーグル〉を登場させているが、これが純粋にリンカンシャーの言葉なのか、あるいはバルフォア夫人によって外から持ちこまれた言葉なのか、あまりはっきりしていない。　　　　　　(吉)

ボグルブー　Boggle-boos　⇒バッグ

ボゲードン　Buggane

　マン島のボゲードン〔マン島語ではn音で終わるとき軽くd音が混入〕は特に有害なゴブリンであり、ピクトリー・ブラッグやヘドリーの牛っ子と同様、変身が巧みであるが、もっと危険で、たちが悪い。ウォルター・ギルは、著書『マン島スクラップブック』(1929)の中で、ボゲードンをカーヴァル・ウシュタ、すなわちマン島の水棲馬と同一視しているようである。マン島西部のパトリック地区の大瀑布スプート・ウールにすみついていたボゲードンについて、ギルは次のように記述している。

　　ここにすみついているボゲードンは、昔、それもあまり遠くない昔、多くの人に目撃されている。彼は、通常、大きな黒色の子牛のような姿をしていて、時々道路を横断し、まるで鎖を揺さぶるような音を立てて、池の中にとびこんだりした。また、もっと人間に近い姿で、ラシェン渓谷のメイ峡谷側にある一軒家へやって来て、家の近くで仕事をしていた女の子を捕らえ、背中にかついで、滝つぼの下にある自分のすみかへさらっていった。しかし、そこへつく直前、カブを切るのに使う切れ味のいい包丁を手にしていた女の子は、それで自分のエプロンのひもを切って逃げおおせた。

　ボゲードンは人間の姿をとるときでも、おそらく耳か蹄は動物の形のままだったろう、とウォルター・ギルは想像している。

　ドーラ・ブルームのみごとな小著『マン島昔話集』(1951)には、ボゲードンものが3篇入っている。どの話においても、ボゲードンは変身が巧みで、途方もない大きさ

になり，たいへんないたずらをするのだが，上記のメイ峡谷のボゲードンほど危険ではない。もっともグリーバ山の麓にある聖トリニアンの小教会の屋根をはがすのを習性としていたボゲードンは別かもしれない。この話は，ビューリーのお化け教会をめぐるスコットランド高地地方の話の変形である。ただし高地地方の話では，仕立て屋がシャツをちゃんと仕立てあげるのに対し，マン島の話では，ボタンがまだ一つ残っているという違いがある。高地地方の話もマン島の話も，墓からこのボーギーが少しずつ——まず頭から，次いで手，腕，という順に——姿を現し，足が片方出てきたら，もう逃げなくてはいけない，というところがポイントになっている。もう一つ，ブルームが紹介している「スメルトのボゲードン」の話は，雄大な変身譚である。　　（平）

「ホース・アンド・ハトック」 'Horse and Hattock'
「馬と帽子」という意味で，妖精が飛び立つときや，物を浮遊させるときに用いる呪文。ジョン・オーブリー，および妖精の飛行の各項を参照。　　（平）

ボダッハ　Bodach
ゲール語で「老人」の意。ケルト圏のバグベアないしバガブーにあたるもの［⇒バッグ］で，子ども部屋のボーギーのように，いたずらな子をさらいに煙突を下りてくる。
　　（三）

ボダッハ・グラス　Bodach Glas
ゲール語で「灰色老人」の意。死の前兆である。ウィリアム・ヘンダーソンは『イングランド北部諸州と境界地帯のフォークロアについてのノート』(1879) で，死の予兆を語り，スコットランド高地地方の信仰に見られる一例として，以下のようにこのボダッハ・グラスを記している。

　　そのような死の予言者にボダッハ・グラス，すなわち〈灰色老人〉がいた。サー・ウォルター・スコットが小説『ウェイヴァリー』(1814) 中の，族長ファーガス・マキーヴァーが生涯の幕を閉じる場面で，これをとても効果的に登場させている。ボダッハ・グラスの出現は，一族の誰かが死ぬという予告であった。わたしは，当今においてもボダッハ・グラスが現れたという情報を得ているが，この情報は最も信頼しうる証言に裏づけされたものである。スコットランドのE伯爵は敬愛を一身に受け，その死がまさに国家的損失と目される人物だったのだが，彼は死亡した当日に，セント・アンドルーズのゴルフ場で，国民的ゲームであるゴルフに興じていた。突然，彼はゲームの途中で手をとめ，「もうこれ以上ゴルフはできん。ボダッハ・グラスが来ている。彼を見るのはこれで3度目だ。何か恐ろしいことがわたしに起こりそうだ」と言った。その夜，彼はM.M.氏邸で，自室に引きとろうとしている婦人に燭台を渡そうとしながら死んだ。この話をわたしにしてくれた牧師は，この話が信頼すべきものであると請け合い，ゴルフ場で直接E伯爵の不安の言葉を聞いた紳士の名をあげている。

［モチーフ：E 723.2］（三）

ボダハン・サヴァル　Bodachan Sabhaill

「納屋のちび爺さん」の意のゲール語。老人に同情して，脱穀を代わってやる納屋のブラウニーを指す。ドナルド A. マケンジーは，『スコットランドのフォークロアと庶民生活』(1935) の中に，ボダハン・サヴァルをうたった以下のような詩を載せている。

　　　ピートが燃え尽きて灰色に変わり，影が深く落ちるころ，
　　　カラム爺さんは疲れて高いびき……
　　　そこで，納屋のちび爺さんのお出ましだ。
　　　明かりはなくても宵の口，脱穀などして進ぜよう，
　　　納屋のちび爺さんが。

〔タイプ：ML 6035. モチーフ：F 346；F 482.5.4〕　（三）

ボタンキャップのねえや　Nanny Button-cap

ヨークシャー南部のシェフィールド市の近辺に伝わる小妖精〔ボタンキャップは，あごのところをボタンでとめるようになっている縁なし帽子〕。この妖精についてあまり多くのことは知られていないが，性質の善い妖精である。E. M. ライト夫人はこの妖精に関して次のわらべ唄を紹介している。

　　　お月さあま　明あか，あか
　　　お星さあま　きいら，きら
　　　ボタンキャップのねえやさん
　　　あしたの晩に　来てくれる。

〔モチーフ：F 403〕　（平）

ポーチュン　Portunes

ティルベリーのジャーヴァスが，著者『皇帝にささげる閑談集』(c. 1211) で紹介している小さい農耕妖精。日中は農場で働き，夜になって戸締まりがすむと火を起こし，懐からカエルを取り出し，石炭の火の上でそれを焼いて食べるのが彼らの習性だったという。ジャーヴァスの記述によると，彼らは非常に小柄で，身の丈わずか半インチ〔約1.2センチ〕となっているが，『妖精神話考』(1828) の著者トマス・キートリーは，これは写字生がフィートとインチ，すなわちラテン語でそれぞれ「足」と「親指」を意味する言葉の複数形（pedis および pollicis）を書き違えたのではないか，つまり半インチでなく半フィート〔約15センチ〕だったのではないか，と推定している。オタマジャクシからカエルになったばかりの小さなカエルでも，それを懐に入れて運ぶには少なくとも身の丈1フィート〔約30センチ〕は欲しいところ。ともあれ，この妖精たちはしわくちゃの顔をしたお爺さんといった風体で，継ぎはぎだらけの上着を着ていたという。何かを家の中へ運びこまなければならないとか，何かやっかいな仕事をしなければならないような事態が起こると，彼らは労をいとわず労力を提供してくれた。そのうえ，彼らは善いことだけをやり，悪いことは決してしなかった。ただ一つだけ，彼らの好むいたずらがあった。それは，誰かが闇夜をひとりで馬に乗ってやって来る

と，ポーチュンが馬のくつわを手に取って池の中へ誘導し，そのあと高笑いして逃げていくというようなことを時々やることだった。事実，ポーチュンは，ロビン・グッドフェローに非常に似ているのだが，ロビン・グッドフェローと違ってひとり暮らしの妖精ではなく，群れをなすことが好きなようだ。周知のごとくピクシーやその他の身の丈の小さい妖精も，このポーチュンと同じように人間のために働くし，ぼろ服をまとっているという点では，ポーチュンはブラウニーにも似ている。とにかく，妖精伝承にこのタイプが執拗なほどよく登場するのは興味深いことである。　　　　　(平)

ホッグ，ジェイムズ　Hogg, James（1770-1835）

通称を〈エトリックの羊飼い〉という。独学の士で，学校教育を受けた期間は1年に満たない。7歳のときから労働に従事させられた。詩を書き始め，自分で作詩法の勉強をした。サー・ウォルター・スコットに自作の詩篇を送り，見てもらった。スコットは彼の終生の友となり，口承資料の収集を彼に手伝わせた。ホッグの母は多くのバラッドをスコットの収集に寄せたが，息子の方は，収集するよりも自分でバラッドを作る方を好んだ。ホッグはいくつかの散文物語集も書いている。彼は自分の無教育ぶりをよく自覚していたが，惜しむらくは，自分の文体を飾り立てる傾向があった。簡素で率直な文体は教育ある読者の受け入れるところとならないと，信じていたのである。ホッグの散文作品で最もよく知られているのは『ボズベックのブラウニー』(1818)である。彼の最もすぐれた詩篇「キルメニー」(1813)は，妖精界訪問と超自然的な時間——ここでは7年間——を経ての帰還という，周知のテーマを扱っている。この作品に登場する妖精界は，死者たち——しかも異例なことだが祝福された死者たち——の国になっている。主人公のキルメニーは，超自然界の伝言を携えて帰ってくるのだが，その伝言を伝えるとともに死ぬ。「キルメニー」にはバラッド特有のリズムと流れとがあり，次の詩節などは「タカがわたしの伴侶を連れ去った」で始まる15世紀の宗教詩「コーパス・クリスティー」を想起させる。

   向こうの緑の森の中に部落があり，
   その部落の中にすみかがあり，
   そのすみかの中に
   肉も血も骨もない方〔すなわち聖霊〕がいて，
   緑の森の中をひとりで歩いていく。

この詩の含蓄は豊かである。あの不思議に人の心を打つ詩篇「マーメイド」についても同じことが言える。これは人間世界における時間と妖精界における時間との，また長命であるが霊魂をもたないマーメイドと，短命であるが不滅の霊魂をもつ人間との差異をテーマにしている。マーメイドは，死んですでに100年間お墓の緑の草の下に横たわっている人間の恋人のことを悼み，最後の審判の日が徐々に近づいてくるのを予感するが，その日が来たら自分はこの地球とともに消滅し，最後の審判の日によみがえるはずの恋人と結ばれる機会が永久に去ってしまうことを嘆くのである。簡潔に，しかも感動的に表現された繊細精妙な詩想である。　　　　　(平)

ボトレル，ウィリアム　Bottrell, William（1816-81）

コーンウォール州南西のランズ・エンド岬近くのラフトラ村で生まれ，ペンザンス市のラテン語学校で教育を受けた。最初に書いたのは地元の「コーニッシュ・テレグラフ」紙に載った「わが祖父たちの時代のペンザンス」であった。彼は同紙に常時寄稿したほか，「ワン・アンド・オール（誰もかれも）」や「レリクウェリー（聖骨箱）」などの定期刊行物にも執筆した。これらの記事の大部分は1870年に《西コーンウォールの伝承と炉端物語》の第1集に再録された。同書の第2集は1873年に，最後の第3集は『西コーンウォールの物語とフォークロア』という書名で1880年に刊行されたが，同書が世に出る前にボトレルは脳卒中に襲われ，翌年の8月に没した。

1865年に，ロバート・ハントが『イングランド西部の伝承奇談』を出したが，それはボトレルの仕事——彼が書いたものや語ってくれた話（50篇以上）——に負うところが非常に大きい。

（平）

骨なし　Boneless

レジナルド・スコットが，超自然的生き物を列挙した有名なリストの中に，自分の祖母のお手伝いさんたちをおびえさせていたとしてあげているもの。スコットはそれ以上の説明はしていないが，〈骨なし〉の主な仕事は旅人やベッドに寝ている子どもを恐怖に陥れることらしいので，シェットランド諸島の〈それ〉に似ていなくもない。形のないものの一つと考えられる。ルース・タングは，オックスフォードの市に夜出かけた行商人が，途中で〈骨なし〉に会ったという，1916年に聞いた話を最近明らかにしているし，また，そのあとにも，サマーセット州のマインヘッド＝ブリッジウォーター道路〔ブリストル海峡の海岸に沿ってほぼ平行に走る〕を巡回区域としていた警官が，ある晩，自転車で巡回中〈骨なし〉と恐ろしい遭遇をして，ついに受け持ち区域を変えてもらったという話も採集している。この話は，H. キリ氏とラトレル大佐によっても確認されたという。

以下は，その警官の義妹がこの化け物について，のちにルース・タングに書き送ってきたメモである。

> 義兄がわたしに語ったところによると，ブットシャム丘の上は薄暗く，はるか丘の下の方で潮が満ちていた——潮騒の音が，丘の上の二つの畑の向こうから聞こえていた。そのとき義兄のランプが道の向こうに何か白いものを照らし出した。霧では決してなかった。それは生きて動いていた——羊毛のようにふわりとしたもので，雲か，濡れた羊みたいであった。と，それはすっと滑り寄ってきて，自転車に乗っている義兄の上にすっぽりかぶさり，それからベリー農場道路を先へ先へと，伸びたり縮んだりしながら，ころころ，するすると滑っていって，ついに消えた。あまりに突然の出来事で，義兄は後ろへ退く間もなかった——とにかく，何か濡れた，重い，恐ろしく冷たい，むっとするように臭い，毛布みたいだったという。

先のオックスフォードの話でもその物体ははっきり〈骨なし〉と呼ばれて，次のように描かれている。

> 暗い夜に，人の後ろや横をすっと滑っていく形のないもの。多くの人がこれに追い

かけられ，恐怖のあまり死んでいる。大きな影で形がないという以外は，それについて誰も語れない。
つまりこれはイングランド西部の方言で〈フリテニン〉と呼ばれる怖いもの，すなわち妖怪の一つである。［モチーフ：F 402.1.12］ （吉）

ボーハン　Bauchan

ボーガンともいう。ホブゴブリンの一種。しばしばいたずらで，時に危険な存在にもなり，時に人助けもする。J.F. キャンベルは『西ハイランド昔話集』(1860-62) 第2巻の中で，アメリカに移住した主人について行ったボーハンの物語を紹介している。
　カラム・モール・マキントッシュは，スコットランド西部のロッハーバー地方に小さな農場を所有していた。そこにはボーハンが出没し，両者の間には一種の愛憎関係が存在していた。両者はよく争ったが，カラムが困ったときにはボーハンは手を貸してくれた。例えば，ある日カラムが市場から帰る途中，ボーハンが待ち伏せしていて喧嘩になった。そのあとカラムが家に帰ってみると，牧師に清めてもらった上等な自慢のハンカチがなくなっている。彼はボーハンの仕業だと思い，ハンカチを捜しに引き返した。案の定，ボーハンがそれをごつごつした石にこすりつけている。「よく戻ってきたね，カラムさん」とボーハンが言った。「こすってうまくこれに穴をあけていたら，お前さんは死ぬところだったんだよ。それがいやだったら腕ずくで取り返してみな」そこでふたりは戦い，カラムは首尾よくハンカチを取り戻した。かと思うと，しばらくたってから，カラムの一家の薪が切れたが，雪のせいで切り倒しておいたシラカバの樹を運ぶことができない。すると玄関先にドサッという音がするので出て見ると，ちゃんとその樹が置いてあった。ボーハンが雪の中を引っぱってきたのだ。引っ越さなければならなくなったとき，ボーハンはカラムが置いてきた大きな荷車を運んでくれ，おかげでカラムはそれをとりに，ひどい田舎道10マイル〔約16キロ〕を歩かなくてすんだ。
　数年後，土地から追い出されたカラムは，移民としてニューヨークに到着した第一陣に加わっていた。検疫のためにしばらく隔離されたあと，新しい入植地についてカラムが真っ先に出会ったのは，ヤギの姿になっているボーハンであった。「はっはっは，カラムさんよ。ひと足お先に来ていましたよ」このボーハンは，カラムが新しい土地を開墾する際に大いに助けてくれた。こうして，ボーハンはアメリカへの移住妖精の一例となった。［モチーフ：F 482.3.1.1；F 482.5.5］ （三）

ホービヤ　Hobyahs　⇨ホブヤー

ホブ，ホブスラスト　Hob, or Hobthrust

ホブというのは，親切で心がやさしく，時にはいたずらな妖精の一種族を指す一般的な名称で，ブラウニーもこれに属している。一般には，イングランド北部地方やイングランド中部地方の北部に存在する。ウィリアム・ヘンダーソンは『イングランド北部諸州と境界地帯のフォークロアについてのノート』(1879) の中で，ランジック湾

にある自然洞窟のホブ穴にすんでいたその地方特有のホブについて言及している。そのホブの特技は百日咳を治すことであった。親たちは病気にかかった子どもを洞窟に連れていき，こうささやく。

　　　「ホブ穴のホブさん！　ホブ穴のホブさん！
　　　うちの子がかかった百日咳，
　　　もっていっておくれ，もっていっておくれ」

すると病気はすっかり治るのであった。

　やはりヘンダーソンによって記述されたもので，より邪悪なホブに〈首なしホブ〉がいる。これはハーワースとニーサム〔いずれもティーズ川沿いの村〕の間の道路に出没したが，ティーズ川に流れこむ小さなケント川を渡ることができなかった。このホブは，魔除けの力によって道端の大きな石の下に，満99年のあいだ閉じこめられた。もし不注意にその石に腰を下ろした人は，永久にそこから離れられなくなる。その99年の期限がそろそろ明けようとしているので，ハーワースとニーサム間の道路で，何か事件がもちあがるかもしれない。

　ヘンダーソンが言及しているいま一つのホブあるいはホブスラストは，ブラウニーの型に非常に似ている。このホブはヨークシャーのリースに近い，スターフィット邸に居ついていた。その家の主婦が，裸でいるホブを気の毒に思ってマントとフードを贈るまで，このホブは牛乳からバターを作ったり，火を起こしたり，ブラウニーめいた仕事をしていた。着る物を贈られると，ホブはこう叫んだ。

　　　「はっ！　マントにフードだ，
　　　ホブはいいことなんかもうしない」

そして永久に姿を消してしまった。また別のブラウニー型のホブが，ヨークシャー北部のダンビーの農園で働いていたが，どうやら用意された着物の品質に不満であったらしい。というのも，こううたったからである——

　　　「ホブ様にくれるのが粗末な麻の服ならば，
　　　2度と麦打ちに来てやらぬ」

　ホブとホブスラストにまつわる数多くの話を，ガッチ夫人が「カウンティー・フォークロア」第2巻（1899）で再話している。この中には，グレイズデイル〔上記ダンビーの東，エスク川の下流〕のハート邸に伝えられている麻のシャツの話や，普通はボガートについて語られる「そうともジョニー，引っ越すところさ」という話の変形が，いくつか含まれている。また，〈ホブスラストの食堂〉と呼ばれる洞窟にすみ，そこから半マイル〔約0.8キロ〕先のカーロー丘へひとっとびで行っていたホブスラストの話もある。彼は宿屋の主人であるウェイホールという男のために働き，給金には一晩ごとに大きなバターつきパンを1枚もらっていた。ある夜，食事が出ていなかったので，ホブスラストは永久に立ち去ってしまった。ガッチ夫人はホブスラスト（Hobthrust）を〈林の中のホブ〉（Hob in the hurst）から派生したとしているが，ジリアン・エドワーズは『ホブゴブリンとやさしいパック』（1974）の中で，この語を〈ホブ・サース〉（Hob Thurse）から派生したとした方が適切であると主張している。すなわち，サース（thyrsあるいはthurs）は，古英語で異教神話の巨人を意味し，中英語では

パックあるいはプークのように悪魔を指すのに用いられた，というのである。もしそうなら，〈ホブ〉という親愛の情を表わす接頭語は，ホブスラストのもつ本来の意味から毒気とでもいうようなものを抜き取ってしまっているようである。ガッチ夫人もヘンダーソンも，ホブ種族全体に対する総称として，ホブメンという語を用いている。これは，スコットランド高地地方の一大種族フーアほど険悪でないが，それと肩を並べられるほど変化に富んでいるものである。ロブとホブの項も参照のこと。〔モチーフ：F 381.3〕 （井）

ホブゴブリン　Hobgoblin

ホブゴブリンは，清教徒たちによって，また時代が下ってからは，例えばジョン・バニヤンの「ホブゴブリンにも悪魔にもわたしの心はひるまない」〔『天路歴程』第2部（1684）にあり〕という表現が示すように，邪悪なゴブリン族の妖精を指すのに用いられたが，ブラウニー型の親しみやすい妖精を指すのに用いているのが正しい。『夏の夜の夢』（1600）では，シェイクスピアのパックに向かって妖精がこう言っている。

「ホブゴブリン様とか，わたしのパックとか呼んでくれる人たちのためには，仕事をしてやり，幸運を授ける，
そのパックなんでしょう，あなたは？」　　　〔2幕1場40-42行〕

もしもホブゴブリンというのが悪い響きのある言葉ならば，パックはもちろんそう呼ばれるのを好むはずがない。〈ホブ〉や〈ロブ〉も，ホブゴブリンと同じ種類の妖精を意味する言葉で，これについてはホブ，ホブスラスト，およびロブとホブの項を参照すれば，もっと詳しく知ることができる。ホブゴブリンとその同類は，厳密には，群れをなす妖精にも，ましてや悪魔やゴブリンにも属さない。ただしウィル・オ・ザ・ウィスプとそのほかのいたずら好きな妖精は，ホブゴブリンの仲間に入れることができる。概してホブゴブリンは気だてがよく，喜んで手助けをし，悪ふざけをするのが好きで，かつまたほとんどの妖精と同じように，機嫌を損ねると危険な連中である。ボガートはホブゴブリンに属するか属さないかの境目にいる。ボーグルはわずかに外れる。〔モチーフ：F 470〕（井）

ホブメン　Hobmen

さまざまな型のロブとホブをひっくるめた総称。これには，ロビン・グッドフェロー，ロビン・ラウンドキャップ，パック，ラバード・フィーンド，ピクシー，アイルランドのプーカ，スコットランド高地地方のグルアガッハ，マン島のフェノゼリー，イングランド北部地方のシルキー，キルムーリス，およびそのほか数多くの妖精が属している。ボガートやさまざまなウィル・オ・ザ・ウィスプも，ホブメンとして語ることができるかもしれない。（井）

ホブヤー　Hobyahs

ホービヤともいう。ホブヤーたちのフォークロアへの登場は，ジョーゼフ・ジェイコブズの『続イングランド昔話集』（1894）に収録されている話の中の1回だけである。

この話は「アメリカ・フォークロア・ジャーナル」第3巻 (1890) から再録されたものだが，話の提供者 S. V. プラウドフィットは，スコットランド中部のパースシャー出身のある家族からこれを採話したという。ところが，この話にはスコットランド方言の痕跡すらない。ホブヤーというのは，人を食べたり，子どもをさらったりする恐ろしいゴブリンだった。しかしホブヤーたちは，犬を非常に怖がった。それもそのはず。というのは，彼らは，最後に大きな黒犬に食べられてしまったのだから。このホブヤーの話は「ある村の白い家にひとりの爺さんが住んでいた」で始まる怪談と同型の，本物の子ども部屋のボーギー譚であるが，ホブヤーの存在が一般に信じられていたという証拠は何もない。

(平)

『ボルドーのユーオン』 Huon of Bordeaux

15世紀に書かれたフランスの散文物語〔原作の『ユオン・ド・ボルドー』は13世紀ごろの武勲詩〕を，16世紀にバーナーズ卿ジョン・バウチャー (d. 1533) が，英語に翻訳したもの。翻訳版はイギリスで非常に人気を博し，初期の版本は失われたが，1601年に出された第3版は現存している。魔法使いがオベリコンあるいはオベリコムを水晶石の中に出現させる秘法はそれ以前にも存在していたものの，初めてオベロンが妖精の王として文学に登場するのはこの物語である。オベロンは小人のようなごく小さい妖精で，大きさは3歳の子どもぐらいであるが，きわめて美しい顔だちをしている。この物語では，オベロンの体が小さいのは，彼の誕生に立ち会った妖精が気分を害したための報いだとされている——洗礼式に悪い妖精が現れる最も古い例の一つである。だが，元の散文物語のオーベロン (Auberon) というのは，ドイツ語のアルベリッヒ (Alberich)〔ドイツ英雄伝説に登場する小人の妖精王の名〕のフランス語名ということを考えれば，オベロンはもともと小人であったとも思われる。

このオベロンは森の中のある場所に出没したが，ユーオンは東への旅の途中で，そこを通らねばならなかった。オベロンはまやかしの術にすぐれ，誘惑をしかける悪魔

だとみなされており，話しかけられても，決して返答してはならないといわれていた。ユーオンは，善良な隠者からきびしい警告を受けていたのに，オベロンのあまりに礼儀正しく，哀れなほど熱心な懇願に負けて返答してしまう。しかし隠者の忠告に反し，それから生まれ出た結果はよいことずくめであった。オベロンは深く感謝して，ユーオンの終生変わらぬ友だちになる。最後にオベロンの魂は天国に受け入れられ，ボルドーのユーオンはオベロンのあとを継いで妖精国の王になる。妖精たちのどっちつかずの不死の状態が，天国の側に落ちつくという形で終わるのは，妖精伝承においてはあまりないことである。

　ラドヤード・キップリングが『プークが丘のパック』(1906) で，ボルドーのユーオンを丘の人の王にしていることが想起されよう。　　　　　　　　　　　　　　　　（井）

マギー・モロッホ　Maggie Moloch　⇨メグ・ムラッハ

マクドナルド，ジョージ　Macdonald, George（1824-1905）
　マクドナルドは生まれ故郷であるスコットランド北東部のアバディーンシャーの民間伝承によく通じていたが，特に民話の収集家だったわけではない．両親の家系ともスコットランド高地地方の出であった．父方のほうは，グレンコー〔現ハイランド州南部，

フォート・ウィリアムの南方〕の大虐殺〔1692〕の難を逃れた120人のうちのひとりにまで先祖がさかのぼる。曾祖父の父はバグパイプ吹きであったが，カロデン〔現ハイランド州，インヴァネス市の東の荒原〕の戦い〔1746〕で失明し，その戦いの当日に生まれた祖父は，忠実なジャコバイト〔スチュアート王家の支持者〕だった。しかし，祖母の家系から清教徒の血が流れこんだらしく，両親は組合教会の信徒であった。父はアバディーンシャーのハントリー近くの田舎で農業をしていた。ジョージ・マクドナルドは，少額だがアバディーン大学の奨学金を得て，のちに組合教会の牧師になったが，彼の宗教思想は，信徒たちにとってはあまりに広すぎてついていけなかったため，牧師の地位を降ろされた。平信徒となってから，彼の説教集が大いに歓迎され，著述で彼は生計を立てた。しかし，今日では彼の名は主として，『お姫さまとゴブリンの物語』(1872)，『カーディとお姫さまの物語』(1883)，『ファンタスティース』(1858)，『消えてしまった王女』(1895)，『北風のうしろの国』(1871) といった妖精物語や寓話によって残っている。これらのほかに，短い妖精物語をたくさん書いているが，その多くはフランス系の妖精伝承に基づいている。しかし彼のゴブリンの物語には，ゴブリンの足には指がないということが妖精の身体欠陥の一例を示しているように，民間伝承の興味深い形跡が見いだされる。また，彼の別の作品『サー・ジビー』(1879)にも，ブラウニーの手は指が分かれていないという妖精の身体欠陥の一例が記されている。『ファンタスティース』では，魅力的な妖精伝承が全篇に点綴されており，著作家 C. S. ルイス (b. 1898) はジョージ・マクドナルドをいみじくも〈神話を作る人〉と呼んでいる。これは現代の J. R. R. トールキンと同じ特質である。　　　　　　　　（吉）

「マク・ブランディーやぶの赤牛」 'The Dun Cow of Mac Brandy's Thicket'

スコットランドのロッハーバー地方のオーニッヒ村の小作人で，マケンジーという男がいた。あるとき，こんなことが起こった。彼の家の牛囲いが夜ごと壊されて，牛が畑に出て麦を食ってしまうのである。マケンジーは，これは絶対に近所の人や牛たちがしでかすことじゃない，妖精の仕業に違いない，と思った。そこで片目の渡し守で，妖精を見る力をもつ兄を呼んで，一緒に見張ってもらうことにした。すると，夜のふけたころ，杭が引き抜かれるような音をふたりが聞いたので，片目の渡し守は牛囲いの後ろにそっと近寄ってみた。すると，角なしの赤い雌牛が，杭を抜いては捨てて，頭で突いて牛たちを立たせ，壊した柵から麦畑へと送り出している。片目の渡し守がそっと雌牛のあとについていくと，マク・ブランディーのやぶの中にある妖精丘のところまで行った。すると雌牛の前で丘が口を開き，雌牛は中に入っていった。渡し守は急いであとを追い，入り口の草むらに首尾よく短剣を突き刺した。それで，丘の口は閉まらず，丘の中から光が流れ出て，内部の様子が全部よく見えた。丘の中央には，火を囲んで大きな白髪の年寄りの男たちが輪になってすわり，火の上には大釜がのってグツグツ煮えたっていた。そのころには，遅れてやって来た弟の農夫もそばにいたが，彼には何も見えなかった。しかし，自分の足を兄の足の上にのせたとたんに，全部の光景がはっきり見えだした。弟はびっくり仰天して逃げようとしたが，兄の渡し

守は大きな声でどなった——「お前らの赤牛が、もういっぺんオーニッヒ村の牛囲いを荒らしてみろ。この丘ん中のものを洗いざらい持ち出して、オチラ岬にぶちまけてやるから覚えてろ」 そう言って、短剣を引き抜くと、丘の入り口はひとりでに閉まった。こうしてふたりは家に戻り、それきりもう2度と、あの赤い角なし雌牛には悩まされなくなった。

この話は、J. マクドゥーガルとG. コールダーの『ゲール語および英語による昔話と妖精伝承』(1910) に記されているものであるが、いたずらな妖精雌牛が登場する珍しい例である。クロー・マラの雄牛のように、妖精雄牛はしばしばかなりの悪さをするが、妖精雌牛の方は一般におとなしく、家畜の群れには縁起のいいものである。

(吉)

マグ・モラッハ　Maug Moulach　⇒メグ・ムラッハ

マクリッチー, デイヴィッド　Mac Ritchie, David（1800-?）

マクリッチーは、彼個人の生涯はおおかた忘れ去られたようにみえるが、妖精の起源説に関しては有力な一説の提唱者だった。その起源説を2冊の著書『伝承の証言』(1890) と『妖精と先住民族』(1893) とで初めて提唱したとき、彼は広範な支持を受けた。第2著の序文では、妖精伝説について、妖精を先住民ピクト族と結びつける民族学的起源説をいかにして考えつくようになったかを、次のように述懐している。

わたしが〈アイラのキャンベル〉とも呼ばれているJ. F. キャンベルの『西ハイランド昔話集』(1860-62) を初めて読んだのは、かれこれ12～13年前のことである。キャンベル氏は、よく知られているように、スコットランド高地地方の素封家の生まれであり、自分の郷里のほか、多くの土地の伝説を採集し研究するのに多大の時間をかけた人だった。西部高地地方のフォークロア研究者として彼が身につけていた素養は容易に他人の追随を許さぬものであった。すなわち、彼はゲール語についての必要な知識をもっていたこと、先祖代々からその土地とつながりがあったため最下層の農夫とも違和感なくつきあえたこと、また、これが伝承の宝庫を開くマスター・キーとなるわけだが、生来の共感というか容易に相手の気持ちに入っていける性質——そういうものをキャンベル氏は身につけていたのである。アイラのキャンベルのような人は再びこの世に出そうもないし、また仮に出てきても、当今のように伝承が衰退していては、もう遅きに失するだろう。

12～13年前に初めて氏の著書を読んだとき、いちばん強い感銘を受けたのは、例えば次のような文章である。

「古代ゴール人は、いろいろの動物を象徴するかぶとをつけていた。物語に出てくる呪文をかけられている王子たちは、外から自分の住まいへ戻ると、コハル（「殻」とか「皮」を意味するゲール語）を脱いで元の人間に戻った。出かけるときにまた、コハルをかぶり、いろいろの動物に変身したという。これはつまり、彼らは出かけるときに鎧を着用したという意味ではなかろうか？ また、彼らは多くの物語で複数の妻をもっていたりする。要するに魔法にかけられているこれらの戦士、つ

まり王子たちは——わたしは確信しているのだが——現実に存在していた人間なのだ。彼らの風習も，現実にあった風習なのだ。それが何世紀という雲煙のかなたにかすんで見える，というだけのことである」

　こういった調子の文章はほかにもきわめて多く，これ以上，読者諸氏を煩わすまでもないであろう。ところで，こういうリアルな視点は，わたしにとって全く目新しいものであった。今までわたしが伝承の「超自然的」存在にことさら思いをいたすことが，たとえあったとしても，「超自然的」存在を通り一遍に想像の産物として一笑に付すのが落ちだった。しかし，上記のキャンベル氏のとらえ方はきわめて斬新であり，考慮に値すると思われた。伝承というものは，特に複数民族の混交のあったところでは，過去についての単一の明晰な，汚れのない記録を保ちえないことは明らかだった。この点をキャンベル氏は十二分に認識していた。しかしまた氏が指摘する「事実的」要素が単に神話や想像から生まれたはずはないというのも，同程度に明らかである。この問題は，きわめて魅力的だったので，さらに探究を進めないわけにはいかなかった。そしてわたしがこの問題を考察すればするほど，キャンベル氏の理論は筋が通っているように思われた。氏は，例えばスコットランド北部のサザーランド州に出没したある種の「妖精の群れ」は，おそらくトナカイの群れであったろうし，このトナカイの群れから乳を搾った「妖精たち」は，おそらく北欧遊牧民族のラップ人と同族だったろう，いや，歴史的にはピクト族として知られている種族だった可能性もある，というふうに解釈するのである。ピクト族が北部スコットランド一帯に居住していたという事実は，氏の解釈を妨げるものではなかった。また12世紀ごろまでスコットランドの北部でトナカイの狩猟が行なわれていたうえ，トナカイの角の化石がサザーランド，ロス，ケイスネスなどの北部諸州に，時にはピクト族が造ったといわれる洞窟住居そのものの中に，今もなお発見されるということを知ったとき，わたしはキャンベル氏の解釈が，氏自身の言葉を借りるなら「はなはだつじつまの合う」理論であることを認識させられた。

1891年に開催されたイギリス・フォークロア学会の会議で，マクリッチー提唱の理論〔妖精の起源を先住民族に求める理論〕は，活発な論議を呼んだ。その模様はリチャードM. ドーソンの『田舎の風習と素朴な神話』(1969) 第2巻に詳しいが，マクリッチーの見解をめぐって賛否両論が激しく渦巻いた。マクリッチーの見解は，研究者にとって刺激的かつ生産的なものであったが，それをめぐる賛否の状況は，現在もそれほど変わっていない。

(平)

まことの恋人　True love

妖精は繁殖や豊饒に関心が強いので，人間の恋人たちに多大の好意を寄せている。したがって，逆に，愛を惜しむ娘たちには罰を与える。トマス・キャンピオン(1567-1620)の詩「妖精の美女プロセルピナ」では，恋人たちの庇護者としての妖精の女王像が正確に描かれている。シェイクスピアの『夏の夜の夢』(1600)にも，同じような性格が描かれている。妖精の道徳および妖精に尊重される美徳の各項をも参照。

(吉)

マーザ・ドゥー　Moddey Doo, ～Dhoo

マン島語の原義は「黒い犬」。マン島の黒妖犬で最も有名なものは，ウォルター・スコットによってその名を広められた，ピール城のモーザ・ドゥーグあるいはマーザ・ドゥーであった。17世紀，この古城に軍隊が駐屯していたころ，1匹の大きな毛むくじゃらの黒犬が，常に音も立てずに番兵詰所に入ってきては，長々と寝そべっていた。どこの誰の犬で，どうやって入ってきたのか，誰も知らなかった。が，いかにも不思議な犬だったので，誰も声をかけようとはしなかった。兵士たちは城の鍵を全部閉めると，必ずふたりで司令官室へ鍵を返しにいっていた。ところが，あるとき，とうとう，ひとりの男が，酒に酔ったあげく，仲間の制止をあざけって，その黒犬をからかってしまった。その男は鍵束をひっつかむと，大胆にも黒犬についてくるように仕向け，ひとりで部屋をとび出していった。黒犬はやおら立ちあがると，パタパタと足音を立てて男のあとを追った。が，じきに耳をつんざく悲鳴が聞こえてくると，男が真っ青な顔をして，だまりこくり，震えながら，よろよろと戻ってきた。黒犬はそれきり2度と姿を見せなくなったが，男は恐怖で声をなくし，三日後に死んでしまった。モーザ・ドゥーグはそれっきりもう消息を絶ったが，マーザ・ドゥーの方は現代でも姿を現している。ウォルター・ギルは，マーザ・ドゥーが現れた話を二つ書いている。そのうちの一つは，1927年，マン島北東岸の町ラムジー近くのミルンタウンでの話である。ウォルター・ギルの友人が，燃えている石炭のような目をもち，長い毛がぼさぼさしている黒い犬にばったり出会った。彼は，恐ろしさに，すれ違うのをためらい，お互いにじっと見合っていたが，やがて黒犬がわきにどいて彼を通してくれた。その黒犬を彼は死の前兆ととった。それから間もなく，彼の父が死んだからである。もう一つは1931年に，ある医者がその同じ場所で黒犬に出会った話である。彼はお産の立ち合いに行く途中で黒犬に出会ったが，2時間後，帰るときにまだ黒犬はそこにいた。彼の話では，黒犬はらんらんと光る，相手をにらみつけるような目をしていて，子牛ぐらいの大きさがあったという。なお，その時の産婦が死んだかどうかは不明である。

ギルはまた，マン島西岸の港町ピールの黒犬が守護の黒妖犬となって，幾人もの人を死から守ったという話も伝えている。ある漁船が夜の漁に出るため，船長の来るのを乗組員が待ってピール港で停泊していた。乗組員は一晩中待ったけれども，とうとう船長は現れなかった。ところが，朝早く，突然疾風が襲ってきた。もしその船が出港していたら，疾風に巻きこまれて間違いなく難破していたことだろう。船長がようやくやって来て，実は夕べ船に来る途中で，大きな黒犬に道をふさがれ，何度も道を変えたが，どの道へ出ても行く手にその犬が立っていて，とうとう引き返さざるをえなかった，と語った。これは，その乗組員のひとりから，ウォルター・ギルが直接聞いた話であった。こういう守護の黒妖犬の話は，イギリスの他の地域でもみられる。モーザ・ドゥーグは実は犬ではなくて，牢につながれていた者――一説に，ピール城で獄死したグロスター公爵夫人エリナー・コバム（d. 1446 ?）――の亡霊だと言われたが，多くの黒犬がそういうふうに言われてもいる。例えば〈ニューゲイトの黒妖犬〉というのは，ロンドンのニューゲイト刑務所に投獄され，のちに〔1598年〕絞首

刑になった悪名高い追いはぎルーク・ハットンの亡霊だと言われている。また，黒妖犬は悪魔そのものの変身とも考えられていた。　[モチーフ：F 401.3.3]　　　　　　　　（吉）

マッブ　Mab

16〜17世紀のほとんどの詩人は，マッブ女王を妖精の女王としており，ことにマイケル・ドレイトンの『ニンフィディア』(1627)においてはごく小さい妖精の女王となっている。シェイクスピアが『ロミオとジュリエット』(1597)の中で，夢が生まれるのを助ける妖精の助産婦として描いているマッブ女王も，ごく小さい妖精の種類に属して，昆虫の引く馬車に乗っており，『夏の夜の夢』(1600)のティターニアと比べればはるかに威厳のない存在である。しかしこの小さなマッブ女王は，おそらくケルト民族の伝承の系統から派生したもので，もとはずっと恐ろしいウェールズのマッブであり，アイルランドの好戦的な女王メーヴと何か関係があるとも考えられる。ベン・ジョンソンの『オルソーブでのスペンサー卿の饗宴の余興』(上演1603)では，マッブ女王はピクシー型の妖精であり，エルフと記述されているが，以下のようなその描写には，女王らしさが見られない。

　　　これが妖精の女主人，マッブ，
　　　夜ごと牛乳をくすねては，
　　　（気の向くままに）見さかいもなく，
　　　バター作りの手助けや邪魔をする。
　　　跳ね回るこの道化の正体を暴いてみましょうか？
　　　子どもをとって空になった揺り籠に，
　　　ひしゃくを入れるのはこの女。
　　　眠っている産婆にざるの
　　　穴の数を数えさせ，
　　　それから町の外，家の外に連れ出しては
　　　池や，波打ち際を引き回す。

大英博物館に保存されている魔術関係の草稿（スローン写本1727番）の一つには，マッブは「女王側近の貴婦人」として記述されている。ジェイベズ・アライズは，『ウスターシャーの古代イギリスの遺習とフォークロア』第2版(1852)の中のイグニス・ファテュウスに関する章で，〈マッブのまどわし〉という言葉がピクシーのまどわしの意味で用いられていた，と言っている。明らかに，ジョンソンはこれと同じ伝承に従ったのである。　[モチーフ：F 369.7]　　　　　　　　　　　　　　（井）

まどわしの草地　the Stray Sod

ゲール語ではフォージーン・シャハローンという。〈はぐれっ地〉という別名もある。妖精にまどわされる［⇒ピクシーのまどわし，プークのまどわし］状態を，アイルランドでは〈まどわしの草地〉という。これは，光や声によって化かされるのとは違って，一般的に言うと，草っ原のある一角に妖精のまじないがかけられて，そこに人間が足を踏み入れると，よく知っている所なのに道がわからなくなって出られず，当てもな

く，時によると何時間も歩き回ったあげく，まじないがぱっと解けるという具合である。この現象への言及は，17世紀の研究書に数多く見られるが，これを詳細に語った現代における記述は，D. A. マクマナスの『中王国―アイルランドの妖精界』(1959) の中に見いだされ，同書には短いが1章が，〈まどわしの草地〉にさかれている。いくつもの話がこの信仰を例証しているが，そのうちの一つに，ある教区牧師の話がある。彼はある年の聖ヨハネの祝日〔6月24日〕前後に，7マイル〔約11キロ〕ほど離れたところに住んでいる教区の病人を見舞いに出かけることになった。半分以上が徒歩に具合のいい道だったので，歩いて出かけることにした。がっしりした門を抜け，中央に神秘的なオークの樹が1本生えている草っ原へ出ると，道の向こう端に踏み越し段が見えていた。牧師はまっすぐ草っ原を突き抜けて歩いていったが，向こう側についたはずだと思うのに，踏み越し段が見つからず，おまけに道もなくなっている。牧師は垣根に沿って，どこかにたぶん切れ目があるだろうと，手探りしながら歩いていったが，切れ目が全然ない。そこで垣根を逆に戻っていったところ，今度は踏み越し段ばかりでなく門もなくなっていた。彼は何時間も垣根に沿って，草っ原をぐるぐる回っていたが，やがて突然，まじないが解けて門が見つかり，門を抜けて家に帰ると，今度は自転車で出かけたという。イングランドと同じように，アイルランドでも，妖精のせいで道に迷うことを防ぐまじないは，普通，上着を裏返しに着ることであるが，この牧師は，服の裏返しをしなかったのである。しかし，D. A. マクマナスは，衣服を裏返すまじないを，このまどわしの草地で試みた例はあるが，効き目はなかった，と言い添えている。

　ルース・タングも，サマーセット婦人協会で聞いた，非常によく似た体験を記録していて，これは〈ピクシーのまどわし〉の項に引用してある。それは，コーンウォール州で起こった例であるが，そこでも白い門が消えて，あとでまた見つかったという。この体験者は，自分を捜しにきてくれた土地の少年に救出されているが，やはりその話でも，道と門とが消えたほかは，妖精が出てきたという証言はない。ウィル・オ・ザ・ウィスプ，ジャッキー・ランタン，パック，ヒンキー・パンク，ピンケット，わら束のジョーンの各項も参照。〔モチーフ：D 934.1〕　　　　　　　　　　　　　　　(吉)

マナノーン（リルの子）　Manannán son of Lir

アイルランドの主たる海神で，ウェールズのシールに相当する。ただし両者の役割はかなり異なっていたようである。マナノーンは，マン島を自分の保護下に置き，海を渡るときには，櫓や帆がなくても乗り手の意のままに動く船を用いた。彼の豚の群れは，トゥアハ・デ・ダナン〔ダーナ神族〕の主食であった。というのも，この豚たちは，毎日殺されて食べ物として供されたのだが，翌朝にはちゃんと生き返ってきたからである。北欧神話に出てくる大宴会場ヴァルハラの話の中では，1頭の強大なイノシシを毎日殺しては毎晩食べることを繰り返していたのが思い起こされる。マナノーンの行動範囲は，トゥアハ・デ・ダナンが避難した若者の国チール・ナ・ノーグがそのかなたに横たわる海域に及んだ。マナノーンは，どんな攻撃をもかわすことのできる武具，なんでも切れる剣，それに水に映った太陽のように光るかぶとをつけた軍神

であった。その父親リルはマナノーンよりは影が薄いが，水神の性格がもっとはっきりしていた。[モチーフ：A 421]　　　　　　　　　　　　　　　　　　　　　　　　（三）

マハ　Macha
古代アイルランドの戦の女神バウがとる三つの形態の一つ。この三つともズキンガラスの姿をしている。エヴァンズ・ウェンツがバウのとる三つの形態を分析するにあたって説明しているように，マハは「殺された者の間で浮かれ騒ぐ」妖精の一種である。
[モチーフ：A 132.6.2；A 485.1]　　　　　　　　　　　　　　　　　　　　　　　（三）

『マビノギオン』　The Mabinogion
もとは，ウェールズの古書の中で最も有名な2書である1300〜25年ごろに書かれた『フラゼルフの白書』と1375〜1425年の『ヘルゲストの赤書』，それに16世紀の写本『ハネス・タリエシーン』とから，11の物語を選んで集めたもの。シャーロット・ゲスト夫人が1840年〔正確には1838-49年〕に選んで英語に翻訳した。それを最初にマビノギオンと名づけたのも同夫人である。夫人はそれをマビノーギ(Mabinogi)の複数形と思ったのだが，マビノーギは，正しくは，プイス，ブランウエン，マナウアザーン，マースの最初の4枝〔四つの話のこと〕にのみ用いられる呼称だった。しかし，マビノギオンの名称が広く知られるようになり，その後の翻訳書でもずっと使われてきている。『マビノギオン』には，〈マビノーギの4枝〉と，「マクセン・ウレディーグの夢」，「シーズとセヴェリース」，古いアーサー王物語の「キルフーフとオルウェン」，「フロナブイの夢」，それに加えて三つの比較的新しいアーサー王物語「泉の夫人」，「ペレディール」，「エルビーンの子ゲラインド」が含まれている。最後の三つからは，ウェールズ系アーサー王伝説であるブリテンの話材に，ノルマン＝フランス系のアーサー王伝説が入っている様子がわかる。「キルフーフとオルウェン」の物語では神話のアーサー王に再び戻って，読者は妖精物語の世界に誘われ，アーサー王はそこで特別な魔力をもつ屈強な精鋭を部下とし，彼の探索行に力を貸してもらう。それらの稿本はカヴァルウィズすなわちウェールズの語り部の用いた話材と一致しているようだ。この話材はいずれも口承で伝えられてきたもので，文字に写されるよりも数世紀前に存在していたであろう。したがって，これらの物語はきわめて古いものだったに違いない。そのことは，物語に組みこまれている習俗や言語表現からも判断できよう。　　　　　　　　　　　　　　　　　　　　　　　　　　　　　　　　（吉）

魔法使い　Magicians
ジョン・ディー博士のように，その研究領域を魔法や霊との交わりにまで広げた博識な人たちをさす。彼らの中には，ただひたすら祈禱することによって神に近づいたり，天使との交渉を求めたりする，いわゆる白魔術に研究を限る者もいたが，ネクロマンシー〔死体による占いの意〕の洗練された形であるサイオマンシー〔影による占いの意〕と呼ばれるやり方で死者の霊を呼び出す者もいた。その1段下に死体を生き返らせるやり方（これが真のネクロマンシー）があり，エドワード・ケリー〔エリザベス1世時代の

錬金術師，占い師］がこの手を使ったと言われる。そのほかに，さらにもっと危険な実験に挑む者は，悪魔を呼び出して，それを，水晶や魔法の輪の中に閉じこめようとした。これは非常に時間がかかり，しかも，きわめて危険なやり方であった。というのは，もしも呼び出した霊に魔法使いがおどされて，輪の縁まで追いつめられ，1歩下がって，衣のひだか足のかかとが輪の外へはみ出ようものなら，彼はたちまち捕まって，地獄へ連れ去られてしまう危険性があったからである。しかし，悪魔を制御するそれらの営みには長い時間がかかり，かつ危険であるがために，魔法使いたちの中には，堕落の坂道を落ちるところまで落ち，〈悪魔の契約〉に署名して，妖術師になってしまう者もあった。悪魔を呼び出すには，もう一つ別の方法もあり，それはスコットランドの魔女裁判や，イングランド北部地方でよく言及されている，妖精との交わりをもつ方法であった。原則的に，清教徒にとって，すべての妖精は悪魔であったが，田舎の人々は一般に妖精を善いお隣さんと呼んで，もっと寛容な見方をしていたのである。
(吉)

マーマン　Mermen

男の人魚。マーマンはマーメイドに比べて，一般に気性が荒く醜いが，人間に対してそれほど興味をもっていない。マーマンはセルキーとは異なり，岸辺に来て人間の女に言い寄ったり，人間の女との間に子どもをもうけたりもしないし，またアイルランドのメローのように人間に対して好意的で陽気なふるまいをすることもなく，また北欧の妖精ネックのように神による救済を熱望することもない。「キュアリーの年寄り」が海に放してやった，やさしくてかわいいマーメイドの言葉を信ずるなら，マーマンは乱暴な夫で，空腹のままほうっておくと，自分の子どもさえ食べてしまうという。マーマンは嵐を擬人化したものとも考えられ，マーメイドが傷つけられると，マーマンは嵐を起こして船を沈めるといわれる。グウェン・ベンウェルによれば，北欧のマーマンすなわちハウマンは，海の中だけでなく崖や岸辺の丘にすむ，緑や黒のひげを生やしたハンサムな生き物で，一般に善いことをするとみなされていたという。［モチーフ：B 82.6；F 420.5.2］
(井)

マムポーカー　Mumpoker

E. M. ライト夫人の『田舎言葉とフォークロア』(1913) に列挙された，おどし妖精，あるいは子ども部屋のボーギーの一つ。イングランド南岸沖のワイト島生まれの妖精である。
(吉)

マーメイド　Mermaids

女の人魚。マーメイドの一般的な特徴ははっきりしており，明確に定義づけられている。それは遠い古代にまでさかのぼれるが，今日に至るまでほとんどなんら変化はない。一般に信じられていることによれば，マーメイドは腰から上は美しい乙女のようだが，魚の尾をつけているという。櫛と鏡を持ち歩き，よく海辺の岩に腰かけて，美しい長い髪をとかしながら，人を惹きこむような甘い声でうたっているのが見られる。

人間の男たちを死へと誘い，姿を現すのは嵐と災難の前触れである。この伝承によれば，マーメイドは単に不幸の前触れであるばかりでなく，実際に不幸を引き起こし，人の命をとろうと狙い，男たちを溺れさせたり，むさぼり食ったりするようである。古代ケルトの古い記述には，マーメイドは，とてつもない大きさをしていると記されており，その記述は4人の学者による著書『アイルランド王国年代記』(1632-36) にある，細部にわたる描写と類似している。すなわち，身の丈は160フィート〔約48メートル〕，髪の毛は18フィート〔約5.5メートルで身長に比して短い〕，指は長さ7フィート〔約2メートル〕で，鼻も同じ長さというものである。887年の出来事とされているが，マーメイドが海辺に打ち上げられたので，このような正確な測定が可能になったという。

ある種の海の怪物，例えばナックラヴィーなどは，淡水に耐えられないが，マーメイドは流れをさかのぼって淡水の湖に姿を見せることができた。淡水の中でもやはりマーメイドと呼ばれた。獲物を狙うマーメイドの典型的な例が，ロバート・チェインバーズの著書『スコットランドの伝承ライム』(1826) に収められた以下のような物語「ローンティーの領主」に見られる。

スコットランド東部，フォーファーシャー〔旧アンガス州の古い名前〕にあるローンティーの若い領主が，ある日暮れのこと，召使いひとりと2匹の猟犬を連れて狩りの遠出からの帰り道，ローンティーから南3マイル〔約4.8キロ〕ほどのところにある，当時は原生林で囲まれたものさびしい湖水のそばを通りかかった。すると突然，溺れかけているらしい女の叫び声が聞こえてきた。恐れを知らぬ気性の領主は，すぐさま馬に拍車をかけ，湖のほとりまで進んでいくと，美しい女が水の中でもがきながら，今にも沈みかけているように見えた。「助けて，助けて，ローンティー！」と，その女は叫んだ。「助けて，ローンティー！　助けて，ロー……」

水がのどをふさぎ，女は最後まで言葉を言い切ることができないようだった。若い領主は，かわいそうだと思い，湖にとびこむと，水面に黄金の糸の束のように浮かんでいる女の長い黄色い髪の毛をつかもうとしたが，そのとき突然，後ろから捕

らえられて，召使いの手で湖から引き上げられた。主人よりも思慮のある召使いは，これらすべてが水の精の演じる見せかけだと見てとったのである。「お待ちください，ローンティー様。ちょっとお待ちを！」と忠実な召使いは，領主が自分を地面に投げ倒そうとすると，こう言った。「叫んでいる女は，恐ろしいことにマーメイドですぞ」ローンティーは，すぐ召使いの言葉が正しいことを認めた。というのは，彼が馬に乗ろうとしたとき，マーメイドが，半ば水の上に身を起こし，失望と怒りをこめたそら恐ろしい声で，こう叫んだからである。

「ローンティーよ，ローンティーよ，
　もしも召使いがいなかったなら，
　わたしはお前の心臓の血を，
　鍋でジュウジュウいわせたろうに」

　この話は，マーメイドの一般像を描いているとも言えようが，どんな民間伝承も，完全に首尾一貫しているわけではない。したがって例えば，ロバート・ハントの「キュアリーの年寄り」の話のように，マーメイドのもっとやさしい性格を見せてくれる話も数多くある。こうした話は，スコットランドにおける北欧の影響を語っているのかもしれない。というのは，デンマークやスウェーデンやノルウェーの人々は，スコットランド人に比べて，こうした海の住民に対してより寛大な見方をしているからである。ロバート・チェインバーズが，マーメイドが病気を治すための助言をするという以下のような美しい話を，R. H. クローメックの『ニスデイルとギャロウェイの古歌謡』（1810）から引用している。

美しい若い娘が肺病で死の瀬戸際におり，恋人はそれを嘆いていた。マーメイドは，また元気にしてやろうとやさしい気持ちになり，その恋人にこううたいかけた。

「野にヨモギの花が咲いているというのに，
　その美しい乙女をあなたは死なせるつもりなの？」

若者はヨモギの花の先を摘んで搾り，その汁を美しい娘に飲ませてみた。すると娘は起きあがり，健康をとり戻せた恵みに心から感謝したのであった。

　クローメックは妖精に対して常に好意ある見方をしているとはいえ，マーメイドが病気を治すという話はスコットランド南西部のレンフルーシャーの逸話によっても，裏づけられる。その話に登場するマーメイドは，若い娘の葬列が通りかかった際に，水から浮かび出て，もの悲しげに，

「3月にイラクサの汁を飲み，
　5月にマゴンズを食べたなら，
　きれいな娘がこんなに多く，
　土になることはないだろに」

とうたう。マゴンズというのはヨモギ，またはニガヨモギのことで，結核性の病気に効く薬としてよく用いられていた。マーメイドは予言の力とともに，薬草に関する豊富な知識をももっていた。だがマーメイドのうちで最も気高いものは，オークニー諸島の話に登場するもので，そのマーメイドは自分の命をセルキーのために犠牲にする。ところでこの話は，おもしろい問題点を提出している。というのは，このマーメイド

は，アスレイと同じように，あまりに長くこの世の空気に当たっていたために死ぬのだが，一方，セルキーやローンなど他の海の住民たちは，本来空気の中にいるものらしく，海の中を通り抜けるには，帽子や魔力のある物を必要とする。マーメイドの中には，セルキーのように人間の恋人に言い寄られてしぶしぶ妻になり，水かきのついた手足を子孫に伝えるものもいるが，「ルーティーとマーメイド」の話にあるように，しばしばすぐれた医術を後代に伝えるものもいる。

マーメイドは，たびたび捕らえられて，放してもらうことと引き換えに，願いごとをかなえたり，知識を授けたりしなければならなかった。ちょうど悪魔でさえ，そういう条件で存在している以上，約束を守らなければならないように，マーメイドたちも常にその約束をきちんと守った。しかし願いごとは，もしも可能な場合でも，一ひねりした形でかなえられることになる。

スコットランドとアイルランドでは，ほかの妖精にも当てはまることだが，マーメイドに関しても，その魂がこの世の終わりに救われるか否かという問題が問われている。スコットランドでは，その可能性は常に否定されるが，アイルランドには，死後に聖徒に列せられたマーメイドのリー・バンがいる。リー・バンは，より正確に言えば，マーメイドの生まれではないのであるが，それはちょうど聖パトリック（c. 373-c. 463）によって改心し，のちに聖徒として祭られたフィンタンが，マーマンの生まれでないのと同様である。

この長い時代にわたる複雑なテーマを研究したいと思うならば，グウェン・ベンウェルとアーサー・ウォーによる『海の魔女―人魚とその一族の話』（1961）を読むことから始めるとよい。この書物は，魚の尾をした神々から始まり，古典時代の神話および初期の動物学を扱ったあと，マーメイドやそのほかの海の生き物にまつわるほとんど世界各国の最近の信仰にまで言及している。　〔タイプ：ML 4071*；ML 4080．モチーフ：B 81.2.2；B 81.3.1；F 420.5.1；F 420.5.1.8；F 420.5.2；F 420.5.2.1；F 420.5.2.7.3〕　　　　　　（井）

まやかしの術　Glamour

原語のグラマーは，元来はスコットランド英語で，グラマリー（gramarye）あるいはグラウメリー（glaumerie）の変形。18世紀にその最初の明確な用例が見いだされる。すなわちアラン・ラムジー〔スコットランドの詩人，編集者，出版者〕が集成したスコットランド，イングランド詩歌選『茶卓のための寄せ集め』の第4巻（1740）に収録の伝承バラッド「ジプシーの若者」（チャイルド200番A）第2連の次の詩句である。

　　　　　　彼らは彼女の美貌を目にするやいなや，
　　　　　　彼女のうえにグラマリー（glamourie）をかけた，ああ！

グラマリーあるいはグラマーというのは，一般に人の感覚を一種の催眠ないし魅惑状態に陥れる呪縛のことであり，呪縛をかけられた人は，呪縛行使者の意のままに物事が見えるようになったり，見えなくなったりする。ジプシー，魔女，それにとりわけ妖精は，この魔力を有しており，それを例えば次のような形で使った。妖精に雇われた産婆が患者の家へ呼ばれたとする。その家は，こぎれいな小住宅だったり，あるいは四柱式寝台に美しい奥方が休んでいる堂々たる大邸宅だったりする。雇われ産婆が

赤ん坊に塗り薬をつけているとき，たまたまそれが自分の目に触れたところ，一転，その家は貧しい洞窟に変わり，やせこけたインプが自分をとりまいており，四柱式寝台も，実はしおれた灯心草を積み重ねた代物にすぎないことがわかるといった具合。妖精の塗り薬には，ちょうど，四つ葉のクローバーのように，まやかしの術を解く効能があった。また妖精の塗り薬自体が四つ葉のクローバーの茎から作られたといわれていた。〔モチーフ：D 2031；D 2031.0.2〕 (平)

マーラ，メーラ　Mara, or Mera

「悪魔」を意味する古英語〔正しくはマーレ mare の形〕で，「夢魔」の意の 'nightmare'〔⇒ナイト メア〕や「見かけ倒し」の意である 'mare's nest' にその名残りをとどめている。ジリアン・エドワーズは著書『ホブゴブリンとやさしいパック』(1974)の中でバラッド〔例えばチャイルド 155 番 B〕や，時には魔女裁判に出てくるミリランド（Mirryland）の起源を論じ，その語源を 'Mera' とするドナルド A. マケンジーの説を支持している。 (平)

マルール　the Marool

シェットランド諸島の怪物のうちでおそらく最も悪意のある存在。ジェシー・サクスビー夫人は『シェットランドの伝承』(c. 1880) の中で，この怪物を簡単ではあるが生き生きと次のように描いている（同書第 9 章）。

　　マルールは，魚の姿をとる海の悪魔であり，非常な悪意の持ち主だった。ゆらゆらと燃える炎を頭に冠し，頭部は多数の眼球で覆われていた。しばしば〈マリール〉——すなわち燐光を発して泡立つ海——の中心に姿を現した。彼は嵐を喜び，バーク帆船〔3 本マストの帆船〕が運悪く沈没でもしようものなら，歓喜の歌を荒々しくがなりたてるのが聞こえたものである。

〔モチーフ：G 308〕 (平)

ミコール　Micol
17世紀の魔法使いたちによると，ごく小さい妖精の女王。ミコールを呼び出す呪文は，妖精を支配する呪文の項に全文が出ている。ウィリアム・リリー〔占星学者，予言者．1602-81〕は，その呪文はセアラ・スケルホーンが用いたものと言っており，それは「ミコールよ，ああ，汝ミコールよ，小人たちの女王よ」の言葉で始まる。〔モチーフ：F 239.4.3〕

（吉）

ミジル　Midir, Midhir　⇨ミデル

湖の乙女　Lake Maidens　⇨グラゲーズ・アンヌーン

湖の麗人　the Lady of the Lake
この麗人は，アーサー王伝説の中に姿が現れたり消えたりする妖精の婦人たちのうちで，最も不可思議であり，最も明らかにされていない存在である。サー・トマス・マロリー（？-1471）がブリテンの話材〔アーサー王伝説の大ブリテン島における物語群〕を集めたころまでには，妖精は人間に引きつけて解釈されるようになり，女性の魔術師と化していたが，それ以前の中世ロマンスでは，妖精としての性質をはっきりと見せている。獅子心王リチャード〔リチャード1世．1157-99〕に代わって人質となったド・モルヴィルがオーストリアに残していったフランス語版中世ロマンスを，ウルリッヒ・フォン・ツァツィクホーフンがドイツ語に訳した『ランツェレット』（c. 1200）は，おそらくランスロット伝説のごく初期に属する形であろう。この版の中では，〈湖の麗人〉は正真正銘の湖の乙女であって，グラゲーズ・アンヌーンと似ており，魔法の湖の真ん中にある乙女たちの島の女王である。乙女たちの島は，決して冬が訪れず，誰ひとり悲しみを知らぬ島である。女王は若いランスロットを，隣接した国の領主イヴェレットの襲撃から自分の臆病息子である魔術師マブを守ってくれるような強い戦士に育てあげる。13世紀初めの散文『ランスロット』では，彼女はマロリーにおけるモルガン・ル・フェの取り扱い方と同じように，女の魔術師になっており，湖は幻とされている。ジェシー L. ウェストンは『湖のサー・ランスロット伝説』（1901）の中で，ランスロット伝説のそもそもの起源は，水にすむ妖精が王家の子どもを誘拐する

話であり，また『ランツェレット』では，ランスロットはアーサー王の妃グウィネヴィアの恋人ではなく，サー・ガウェインが依然としてアーサー王第1の騎士になっている，と指摘している。〈湖の麗人〉は，アーサー王伝説の他の箇所にも姿を現している。アーサー王の統治の初めに，彼女が王に魔剣エクスカリバーを与えたことが思い出されるだろうし，またアーサー王が致命傷を負って，アヴァロンの島で傷の手当てを受けるのに連れていってくれるよう3人の妖精の女王と一緒に彼女を呼び出したとき，応諾のしるしとして，彼女が再びエクスカリバーを受け取ったことも思い出されてこよう。〈湖の麗人〉は，マーリンに逆に魔法をかけた女魔術師ニミュー〔あるいはヴィヴィアン〕と同一視されることが多い。〔モチーフ：D 813.1.1；D 878.1；F 371；F 420.5.1.9；F 421.1〕

(井)

水の妖婆　Water-wraith

スコットランドにおける女性の水棲霊。緑色の衣服をまとい，しわだらけでやせこけ，怖い顔をしている。ヒュー・ミラー〔スコットランドの文士，地質学者〕は，自伝『わが母校と恩師たち』(1852)の中で，コナン川に出没したものについて次のように書いている。

　　……緑の衣服をまとった背の高い女性の姿をしていたが，しわだらけでやせこけた顔をいつも意地悪そうにしかめているところに主な特徴があった。わたしは，昔この女が川から急に姿を現し，怖じ気づいた旅人をあざけるように骨と皮ばかりの指で指さしたり誘うように呼びかけたりした渡し場——いずれもきまって危険な場所だったが——を全部知っていた。わたしは実際に，ひとりのスコットランド高地地方の人がしがみついたという木を見たことがある。彼が夜分に川を渡っていると，このゴブリンにつかまり，その木に必死にしがみついたのだが，連れの若者の助けもむなしく，流れの中央に引きこまれ，そのまま死んでしまったという。

J. M. マクファーソンは『スコットランド北東部の原始的信仰』(1929)の中で，リンタークの滝に出没する水の妖婆のことを述べている。この妖婆が最後に現れたのは，タロッホの領主と会食して帰る途中のキンクレイギーの領主を襲ったときだとされる。マクファーソンは，これらの水の悪魔が現れるのは，たいてい酒のあと一杯機嫌で人が家路をたどっているときではないか，と言っている。〔モチーフ：F 420.1.6.6.3；F 420.5.2；F 420.5.2.1〕

(三)

水辺のすすぎ女　Little-Washer-by-the-Ford

バン・シーおよびベン・ニーァを指す妖精の呼び替え名の一つ。

(平)

ミデル，ミジル　Mider, Midar, or Midir, Midhir

王妃エーティンの恋人だった妖精。ワイルド夫人の『アイルランドの古代伝説とまじないと迷信』(1887)第1巻によれば，エーティンは人間で，マンスター〔アイルランド南部の地域〕のオーヒジ王の后であったが，たいへん美しく，そのうわさはトゥアハ・デ・ダナン〔ダーナ神族〕の諸王のひとりだったミデル王の耳にとどく。ミデ

ル王は彼女をわが物にしたいと考え,チェスの勝負を挑み,オーヒジからエーティンを勝ちとった。一般によく知られている話は,もっと内容が込み入っている。その話によれば,エーティンはチール・ナ・ノーグでミデル王の后であったが,嫉妬した先妻のファムナッハが彼女に魔法をかけて小さな羽虫に変え,チール・ナ・ノーグから激しい風に乗せてアイルランドまで吹き飛ばした。ミデル王は彼女を捜して回り,ついにマンスターの王妃になっているエーティンを発見した。彼女と示し合わせたのち,ミデル王は武装した衛兵らに取り巻かれた宮殿に姿を現した。そこでミデル王とエーティンは宮殿の開いた屋根から,黄金の鎖で結ばれた2羽の白鳥となって飛び去っていった。しかし,これで話が終わるのではない。なぜなら,王妃を奪われたオーヒジがミデル王に対して激しい戦いをしかけたからである。しまいにエーティンは人間の夫のもとに戻り,トゥアハ・デ・ダナンの強大な力は傾き,衰退の一途をたどったということである。〔モチーフ:F 322;F 322.2〕　　　　　　　　　　　　　　　　(三)

緑色　Green
妖精が好んで使う色の一つ。妖精の服と姿の項を参照。　　　　　　　　　(平)

緑の牙のジェニー　Jenny Greenteeth
子どものしつけのために,あるいは子どもを危険な場所から遠ざけるために,母親や乳母たちが創り上げた子ども部屋のボーギーの一つ。川や池に子どもが立ち入るのを防ぐ目的で数多くの〈子ども部屋のボーギー〉が考え出されているが,ランカシャーの〈緑の牙のジェニー〉もこれに当たる。彼女はその長い緑色の牙で子どもを捕らえ,川辺のよどんだ水溜りに引きずりこむといわれている。ティーズ川に出没するペグ・パウラーと対応する。〔モチーフ:F 420.1.4.8;F 420.5.2〕　　　　　　　(平)

「緑の霧」　'The Green Mist'
バルフォア夫人の「リンカンシャー沼沢地帯の伝説」〔「フォークロア」第2巻(1891)に掲載〕に載っている不思議な現象。夫人はこの中にさまざまな奇談を集めているが,ここにあげる興味深い話は,生命が個体の外に出て,別のものに宿るという霊肉分離がテーマとなっている。バルフォア夫人は,リンカンシャー北部の地域リンジーに住む古老からその話を聞き,彼女が採取した他の話と同様に,語られた方言のままで集録している。次のあらすじは,K.M.ブリッグズの『英国昔話事典』(1970-71) A部第1巻に載せたものである。

　昔,イングランド中東部のザ・フェンズと呼ばれる沼沢地帯の人たちは,危険から身を守り,幸運を招くために,さまざまな変わった風習や言葉を守っていた。教会の司祭はミサを詠唱したけれども,古老たちはむしろ司祭の知らない古い風習の方を重んじていた。

　冬にはボーグルとその類が,悪いことのしほうだいであったが,春になると,まず大地は目覚めさせられ,人々は自分たちにも意味のわからない,いろいろな不思議な言葉を盛んに唱え始めるのであった。人々はどの畑でも鋤一掻き分の土を掘り起こし,

毎朝，夜の明けそめるときに，手に塩とパンを持って家の戸口に立ち，春の到来を告げる緑の霧の広がるのを待つのであった。ここに，毎年この行事をきちんと守っているある家族があった。が，どういうわけか，ある冬のこと，この家族に深い悲しみが訪れた。村いちばんの美人であったこの家の娘が，病に冒されてどんどんやせ細り，とうとう足腰が立たなくなった。しかし娘は，春が迎えられたなら自分は生き延びられるだろうと思った。家族の者は毎日娘を外に運び出して観察させたが，冬の天気がいっこうに衰えないので，とうとう娘は母親にこう言った。「緑の霧が明日も来なかったら，あたしはもう留まってはいられない。大地があたしを呼んでいるわ。いつの日かあたしの上を覆う種たちも芽を出そうとしているわ。でも，あたしは，毎年春に家の戸口に咲くキバナノクリンザクラの寿命だけ生き長らえたら，思い残すことはもうないわ」母親は，誰がいつどこで聞いているかもしれないので，シーッと言って娘を黙らせた。じっと耳をすましているものが，その時分は至る所にいたのだ。幸い，その翌日，緑の霧がやって来た。娘は日なたにすわって，やせた指でパンを砕いて，うれしそうに声を立てて笑った。春が訪れてからは，娘は，寒い日があるとまた青ざめて震えていたけれども，日が出るごとに，しだいに力がついて，美しくなっていった。そして，キバナノクリンザクラの花が咲くころになると，娘はあやしいまでに美しくなったので，人々はかえって怖くなった。娘は母親に，キバナノクリンザクラの花を絶対に摘み取らないように，と言っていた。が，ある日，ひとりの青年が彼女の家に来て，花をむしり取って，おしゃべりしながらそれを弄んでいた。娘は青年がいとまを告げるときまで，青年のしたことを知らなかったが，キバナノクリンザクラの花が地面に落ちているのを見てしまった。

「あなたがその花をちぎったの？」と娘は言って，手を自分の頭にあげた。

「ええ」と青年は言って，かがんでそれを拾うと，娘に渡しながら，なんと美しい娘だろうと思った。

娘はそれを受け取ると，庭をぐるりと見回して，それから急に泣きだして，家の中へ駆けこんだ。家の人が見つけたときには，娘は手にキバナノクリンザクラを持ってベッドに倒れていた。娘はその日のうちにどんどん衰弱していって，翌朝母親が見つけると，手に持ったしおれた花のように娘はぐったりとして死んでいた。

ボーグルは娘の願いを聞き，娘がキバナノクリンザクラの寿命だけ生き延び，摘まれた最初の花とともに消えていくことを許したのであった。　［タイプ：1187．モチーフ：E 765.3.4］

(吉)

緑の子ども　the Green Children

中世年代記の中には，非常に珍しい妖精物語が見られる。そのうちで最も不思議なものは，コギシャルのラルフとニューバラのウィリアムによって書かれた〈緑の子ども〉の記述である。コギシャルのラルフのラテン語の原文は，《ロールズ・シリーズ》〔中世から記録保存された公文書，1857年以来政府事業として出版されている〕68番に入っている。トマス・キートリーは『妖精神話考』(1828) の中にその英訳を入れているが，内容は次のとおりである。

また驚くべきことが，サフォーク州のウルフ・ピッツの聖マリア教会周辺で起こった。男の子とその妹が，そこにある洞穴の入り口近くにいるのを，附近の住民たちが見つけたのだが，ふたりの手足や体つきは人間と同じなのに，肌の色だけがこの世の者とは思えなかった。頭から足の先まで，肌全体が緑色であった。誰にもこの子どもたちの話す言葉がわからなかった。珍しいというので，ワイクスのサー・リチャード・ド・カーンという騎士のところに連れていかれると，ふたりは激しく泣いた。パンやその他の食べ物がふたりの前に出されたが，どれにも手をつけなかった。しかし，女の子があとになって言うには，そのときはふたりとも，たまらなく空腹だったということである。そうこうするうちに，摘み取ったばかりの豆が，茎をつけたまま運ばれてくると，ふたりはそれこそ必死になって，それが欲しいという素振りを見せた。そこで豆を持っていってやると，子どもたちはそこに実が入っていると思ったらしく，さやの代わりに茎を割り，豆が見つからないとまた泣きだす始末であった。そこでその場に居合わせた人たちが，この有様を見かねて，さやを割って豆の実を見せると，ふたりは大喜びで食べたが，長いことほかのものは一切口にはしなかった。男の子の方は，いつもぐったりして元気がなく，ほどなくして死んでしまった。女の子の方は，健康をとり戻し元気になって，いろいろな食べ物に慣れてくると，しだいにあの緑色もすっかり消えてしまい，体全体の血色が良くなってきた。その後この女の子は，洗礼を受けて生まれ変わり，その騎士に仕えて何年も生き延びたそうである（わたしは騎士やその家族たちからこう聞いた）。しかし女の子は，何をやらせてもだらしがなく，むら気だったということである。女の子は自分の国の人たちについて，しばしば人から尋ねられ，答えて言うには，その国に住んでいる人も，その人たちが持っている物も，何もかも緑色であるということで，太陽の光を見ることはないが，日没直後ぐらいの明るさはいつもあるそうである。どうやってこちらの国に，前に言った男の子と一緒にやって来たかと聞かれ，女の子が答えて言うには，家畜の群れを追っていたとき，ある洞穴を見つけ，そこに入っていってみると，楽しそうな鐘の音が聞こえてきた。その音色のすばらしさに心を奪われ，ふたりは長いこと洞穴をあちこちさまよったあげく，やっとのことで出口についた。そこから外に出たときには，ふたりは太陽の光があまりにまばゆいのと，いつもと違う気温のせいで，たちまち気を失ってしまったそうである。ふたりはそうやって長いこと倒れており，自分たちの方にやって来る人たちの音を聞きつけたときには，怖くなって逃げたかったが，出てきた洞穴の入り口を見つけ出せないうちに，捕まってしまったのだそうである。

ニューバラのウィリアムは，上記の話にいくつか詳細な記述を加えている。彼の言うには，自分も初めはこの話をまったく信じなかったが，調査が進むにつれてその真実性を納得するようになったという。〈緑の子ども〉はスティーヴン王の治世〔1135-54〕に姿を現した。ニューバラのウィリアムは，少女が自分の国を〈聖マーティンの国〉と呼び，その国の住民はキリスト教徒であったと言った，と述べている。緑色はケルト圏では死の色であり，豆は古くから死者の食べ物であることに留意したい。［モチーフ：F 103.1；F 233.1］ (井)

緑の人　Greenies

ジェイムズ・バウカーによると,〈緑の人〉は,緑色の服を着て,頭に赤い帽子をかぶったランカシャーの妖精である。バウカーは,ある漁師がランカシャーのモーカム湾から舟を漕ぎだして妖精界へ行った話を伝えているが,その話によると,漁師は妖精界で妖精の食べ物と金貨をもらったが,妖精の女王に激しい恋をして,女王の足にキスをしようとした。それで彼は罰せられてしまい,気がつくと,元の自分の小舟にいたが,金貨は1枚も残っていなかった。そして,それから1年後に,彼も彼の小舟も消息を絶ってしまったという。バウカーの伝える妖精は,キノコのテーブルを使い,知的な会話をかわしているから,文学的なジェイムズ1世時代の妖精の形にきわめてよく似ており,物語の細部はマイケル・ドレイトンの『ニンフィディア』(1627)や,同類の他の詩によっているようである。〔モチーフ：F 236.1.6；F 236.3.2〕　　　　　　(吉)

緑の服さん　Greencoaties

リンカンシャーの沼沢地帯〔ザ・フェンズ〕で妖精を呼ぶのに使われる名称の一つ。他の地方と同じく,ここでも〈妖精〉という言葉を使うのは不吉と考えられていて,代わりにあちらさんとか,ちっちゃい人とか,〈緑の服さん〉などと呼ばれているが,要するに,すべて妖精の呼び替え名なのである。〈緑の服さん〉という呼び方は,「フォークロア」第2巻(1891)に収録されているバルフォア夫人の「リンカンシャー沼沢地帯の伝説」と,E.M.ライト夫人の『田舎言葉とフォークロア』(1913)の中に出てくる。　　　　　　(吉)

ミルトン,ジョン　Milton, John (1608-74)

この大詩人はロンドン育ちだが,ミルトン家のルーツはオックスフォードシャーにあった。オックスフォード市の近郊の村フォレスト・ヒルに祖父がかつて住んでいたことがあり,ミルトンの最初の,そして王党派だった妻も同地の出身であった。1632年にバッキンガムシャーのホートン村に父が隠棲し,ミルトンはしばらく同地に父とともに暮らした。したがってミルトンはイングランド中部地方の妖精伝承に親しむ機会を充分もち得たのである。ミルトンの作品に出てくる妖精への言及は,数こそ少ないが本物の民間伝承の響きをもっている。最もよく知られているのは詩「快活な人」(1632)に出てくる妖精描写であろう。ここには妖精女王のマッブが登場するだけでなく,ほかに例えばはるか遠くスコットランド南部の境界地帯でチェインバーズが語ったクランショーズ村のブラウニーの話に似た話,妖精が得意とする,人をつねったり引っぱったりする話,人を迷わせて道を誤らせる鬼火の話(通常は修道士ラッシュの出番だが,ここでは修道士のランタンが登場),また炉端のロブ(ミルトンではラバー・フェンドになっている)を主人公とするホブゴブリン譚など,そういう話の断片が「快活な人」から引用の14行の詩句から顔をのぞかせている。

「休暇習作詩」(1628)というミルトンの初期の詩篇の一つに,以下のように妖精たちが,ある子の誕生に際し,まるで〈運命の女神たち〉のように現れるところがあるが,洗礼の際に現れるシャルル・ペローの妖精たちとはだいぶ趣が異なっている。

息子よ，幸運がお前に伴うだろう。お前が生まれたときには，
妖精たちが炉辺で踊っていたんだから。
お前の寝ぼけ乳母が見たと証言するんだ，
寝室へ妖精たちが足どり軽くやって来て，
お前のベッドのまわりで美しい歌をうたい，
寝ているお前の頭上に祝福をまき散らすのを。

また仮面劇『コーマス』(1634)の中には「活発な妖精たちときびきびしたエルフたち」〔第118行〕への言及がある。それから何年もあとの話だが，あの『失楽園』(1667)の厳粛な雰囲気の中に突如として田園的な新鮮さが忍びこむ場面がある。すなわち地獄における堕天使たちの自らの意による身体の矮小化が，イギリスの田舎の妖精の集まりにたとえられる場面である。

今の今まで，地上の巨人族をも凌ぐ巨体の持主とみえていた
彼らが，忽ち地上最小の侏儒よりももっと小さな体となり，
狭い部屋に雲霞の如く群がっているではないか！
その様子は，インドの山岳地帯の彼方にいる小人族か，あの
例の小妖精たちのようにみえた——空高く見物人然として
懸かっていた月が，さらに地上近く降りてきて青白い軌道を
辿って経めぐる夜などに，ゆきくれた農夫が森蔭や
泉のほとりで見かける，いや見たと夢見る，深夜の饗宴に
興ずる，あの小妖精たちだ。そんな夜には，彼らはただ
ひたすら饗宴と踊りに夢中になり，その陽気な楽の音で
その農夫の耳を魅惑するのだが，彼の心は楽しみと共に
恐怖心にもかられて震え上がるという。　〔第1巻，778-89行〕
——平井正穂訳『失楽園（上）』（岩波文庫）より

妖精が登場するこういう珠玉の場面は，ミルトンの全作品に散らばっている。それは少数には違いないが，探し出す価値は充分ある。　　　　　　　　　　　　　　（平）

ミレシウス族　Milesians　⇒トゥアハ・デ・ダナン

ミンチ海峡の青亡霊　Blue Men of the Minch

この青亡霊は特にスコットランド沖のロング・アイランド〔アウター・ヘブリディーズ諸島の別称〕とシーアント諸島の間にある海峡に出没した。青亡霊が浮かび上がると，通過する船が難波したが，船長が巧みに韻をふんだとどめの一言をすぐに思いつき，その言葉で相手を言い負かせば，災難を防げた。青亡霊は堕天使であると考えられていた。

シーアント諸島周辺で突然に嵐が起こったりすると，この青亡霊のせいにされた。青亡霊たちは海底の洞窟にすみ，族長によって支配されていた。J. G. キャンベルは著書『スコットランド高地地方と島々の迷信』(1900)の中で，海面で眠っている青亡霊を捕らえた話を要約している。

それは船に乗せられ、人間だと考えられたので、もがくことはおろか手足を動かすことすら不可能に思えるほど、足から肩にかけて、荒縄でぐるぐる巻きに縛られた。船がそれほど行かないうちに、ふたりの男（青亡霊）が波の上を追ってくるのが見えた。そのひとりが「ひとりはダンカンだ」と言うのが聞こえた。これに対してもうひとりが答えた。「ふたりめはファークハーだ」 これを聞くと、あれほどきつく縛られていた男が、いきなり立ち上がり、まるでクモの糸を切るように縄を解いたかと思うと、船から海へとびこみ、自分を救出にきたふたりの仲間と一緒に去っていった。

この物語では、亡霊たちは人間の名前をもっていた。ドナルド A.マケンジーは『スコットランドのフォークロアと庶民生活』（1935）で、〈ミンチ海峡の青亡霊〉に1章をあてている。この青亡霊は、シーアント海峡地域でのみその存在を信じられていた。マケンジーは、9世紀にノルウェーの海賊によってアイルランドに置き去りにされた青黒い連中と呼ばれるムーア人の捕虜が伝承の起源であるという推論を打ち出している。この説は主としてデュアルド・マクファービス〔1585-1670. アイルランドの歴史家〕の『アイルランド年代記』に典拠をおいているが、証例が豊富で、確かな裏づけがあるようである。もしこれが事実なら、妖精伝承が、絶滅した民族の記憶に基づくという例が一つ増すことになる。〔モチーフ：F 420.5.2.7.3〕　　　　　　　　　　　　　　（三）

昔の人　the Old People

コーンウォール州における妖精の呼び替え名の一つ。コーンウォールの小さい人ともいう。キリスト教伝来以前に死んで、地獄に堕ちるほど悪くはないが天国に入るほどには善くはない、昔の異教徒の霊魂である、という考えに基づいている。したがって、彼らはキリスト教のいう最後の審判の日まで、地獄と天国との中間でさまよっているというのである。1900年代初めに、エヴァンズ・ウェンツが、彼の調査したケルト圏のたいがいの国では、一部の人たちの間にこうした考えがあることを発見した。
[モチーフ：C 433]　　　　　　　　　　　　　　　　　　　　　　　　　　　（吉）

むく犬ジャック　Hairy Jack

リンカンシャーで、バーゲスト型の黒妖犬の一つに与えられた呼び名。この〈むく犬ジャック〉は、ウィラトン・クリフの近くの古い農家の納屋に出没したが、同種の他の妖犬は、さびしい農園や荒廃地に出没したといわれる。ガッチ夫人は「カウンティー・フォークロア」第5巻（1908）で、〈むく犬ジャック〉について述べたあとで、「ノーツ・アンド・クウェリーズ」誌（1849創刊）から、ある足の悪い老人が黒妖犬に変身して、畜牛に嚙みついたという伝説を引用している。これにはまた、犬が人間に変身したのを確かに見たという、近くの人の証言もあった。[モチーフ：D 141；F 234.1.9]　　　　　　　　　　　　　　　　　　　　　　　　　　　　　　　（吉）

向こう見ずエドリック　Wild Edric

妖精花嫁にまつわる話で最も古いものは、「向こう見ずエドリック」の話で、すでに12世紀にはウォルター・マップが、中世年代記の中で、かなり詳しく語っている。それはまたG.F.ジャクソン採集、C.S.バーン編になる『シュロップシャーのフォークロア』（1883）の中で、次のように再話されている。

　　　500年前には、シュロップシャーの男たちは、妖精たちと親しかったようである。当時、名だたる剛の者だった〈向こう見ずエドリック〉が、妖精の娘を妻にしたという話があった。伝え聞くところによると、ある日のこと、クランの森で狩りをした帰りに、エドリックは道に迷ってしまい、ただ若い小姓をひとり連れただけで、日が暮れるまでさまよっていた。やっと遠くに大きな家から明かりが漏れてくるの

を認め，その方角に歩を進めた。その家についてみると，中でたくさんの品のよい婦人たちが踊っているのが見えた。婦人たちは並外れて美しく，人間の女よりも背が高く大柄で，優雅な形の亜麻布の衣装を身につけていた。彼女たちは踊りの円を描き，なめらかにゆるやかに動きながらやさしい低い声でうたっていたが，その歌詞は狩人たちにはわからなかった。その中にひとり，他の者をしのぐほど美しい乙女がおり，それを目にするや，わが主人公の心に恋の炎が燃え上がった。魔法をかけられはしまいかという最初に感じた恐怖も忘れ，エドリックは大急ぎで家の周囲を回って入り口を見つけると，中にとびこんで，思いをかけた乙女を踊りの輪から引きさらった。踊っていた女たちは，歯と爪を武器にして攻撃してきたが，小姓に助けられ，彼はやっとのことでその手中から逃れ，その美しい妖精をとりこにして，連れ去ることに成功した。

まる三日の間，どんなになだめても，どんなにやさしく説得しても，乙女に口を開かせることはできなかったが，四日目のこと，突然，彼女は沈黙を破り，「運のいい方ね，あなたは！」と言った。「そして，これからも幸運に恵まれ，健康で何不自由なく，穏やかに暮らせますわ。ただし，わたしの姉妹や，あなたがわたしをさらってきたあの家のことや，そのほか何にせよ，あの家にかかわりのあることで，わたしを責めたりなさったら，すべては終わりなのよ。いいこと，もしそうなさったら，その日のうちに，あなたは花嫁と幸運との両方を，失ってしまうでしょうね。そして，もしわたしがあなたから引き離されたならば，あなたはすぐにやつれ果てて，早死になさるでしょう」

エドリックは，あらゆる神聖なものにかけ，永遠の誠実と変わらぬ愛を誓い，婚礼の宴に招いた諸々方々の貴人たちの前で，ふたりは荘厳に式を挙げた。そのころ，ノルマンディー公ウィリアムが，新しく英国王になったが，王はこの不思議な話を耳にすると，当の花嫁を見たいと思い，また同時に話の真偽も確かめたいとも思って，新婚の夫妻を，自分の宮廷のあるロンドンに呼び寄せた。夫妻はそこへ，国もとの多くの証人と一緒に出向いたが，証人たちは，王の御前に参上できないほかの者たちの証言をも携えていた。しかしその花嫁の驚くべき美しさこそ，何にもまして彼女が人間世界のものではないことの証拠であった。そして王は，非常な驚きに打たれながら，ふたりを無事に国もとに帰した。

何年もの幸福な歳月が過ぎていった。しかしある日のこと，エドリックが狩りから夜分遅く家に帰ると，妻の姿が見えなかった。妻を捜し，何度かその名前を呼んでみたが，答えはなかった。やっとのことで妻が姿を現したとき，エドリックは怒った顔で，こう切り出した。「お前の姉妹たちだろう，ええっ，こんなに遅くまでお前を引きとめていたのは，違うか？」

それに続くとがめの言葉は，むなしく大気の中に消え去っていくばかりだった。というのは，姉妹のことが口にされるやいなや，妻は姿を消してしまったからである。エドリックの悲しみは抑えがたいものだった。彼は最初に彼女と出会った場所へ行ってみたが，どんなに嘆き，どんなに涙を流しても，妻を呼び戻すことはできなかった。エドリックは夜となく昼となく，自分の犯した愚行を悔いて泣き通し，

そしてやつれ果てたすえ、悲嘆のあまり死んでしまったのである。ずっと前に、妻が予言したそのとおりに……。

　向こう見ずエドリックが、その生涯を終えてから1世紀とたたぬうちに、彼をめぐる神話と伝説ができていたということは、非常に興味深いことである。ウォルター・マップは、向こう見ずエドリックの息子の敬虔さを語っているが、それとは別に、彼が記録しなかった後日譚がある。というのは向こう見ずエドリックは、ヘルラ王のように、死後も馬に乗って姿を現したと言われているからである。伝承によれば、彼は妻を取り戻すことができ、死後何世紀もの間、ふたりしてウェールズとの境界地帯を馬に乗って行き来したというのである。『シュロップシャーのフォークロア』は、19世紀のこのエドリック夫妻の騎馬行列のことを、直接の目撃者の話に基づいて次のように記録している。

　シュロップシャー西部の丘陵地帯は、その附近にエドリックの領地があり、ノルマン人による征服以降も例外的にイングランド人（たぶんエドリックの旧友や同僚それに親類たちだったろう）が保ち続けた荘園の多くが存在していた場所である。そこでは、今でこそ少なくなったかもしれないが、つい数年前までは、向こう見ずエドリックはまだ生きており、西方の荒れ地にある鉱山に閉じこめられていると信じる人たちが存在していた。すべての悪が正され、イングランドがエドリックの存命中に起こった騒乱以前の状態に戻らないかぎり、エドリックは死ぬことができないのだ、とその人々は言っていた。それまでの間、彼は、征服者〔ノルマンディー公ウィリアム〕の巧言に欺かれて屈服してしまった罰として、鉛鉱山にすまなければならず、そこに妻や従者全員と一緒にすんでいるのだという。鉱夫たちは、彼らを〈お年寄りたち〉と呼び、時々コツコツと坑内をたたくのが聞こえ、たたく音がする所ではどこでも、最上の鉱脈が見つかると言っている。彼らは時おり姿を見せることを許される。戦争が起こる前になるといつも、彼らは馬に乗って、丘の上を敵国の方角に進んでいくが、もし姿を現せば、それは戦争がただならぬ事態に発展することを予示しているのである。

　以上が数年前、ロリントン村〔クランの森の北方約16キロ〕出身の若い娘が、その女主人に語った話の骨子であるが、その女主人が、わたしに同じ話を繰り返してくれた。娘の知っていることをもっと引き出そうとして、女主人は娘が言う〈コン・ケリー〉〔コンカラー「征服者」の崩れた形〕とは誰のことを言うのかわからないと言うと、「なんですって？　コン・ケリーのことを聞いたことがないんですか？」と娘は叫んだ。余計なことかもしれないが、この娘は読み書きもできない無学の子だった。「そいつはね、イングランド人であるという理由だけで、人々を捕まえては、逆さづりにしていたんですよ！　ええ、とっても悪いやつでした！」

　娘は自分も向こう見ずエドリックとその従者を見たと言明している。それは1853年だったか54年だったか、とにかくクリミア戦争が勃発する直前だったという。娘は、鉱夫である父親とミンスタリー〔シューローズベリー市南西の村〕に住んでいたとき、高らかな角笛の音を聞いたという。父親は、目だけ残して顔を手で隠せと言い、どんなことがあっても口をきくな、さもなければ、気が狂ってしまうぞと

言った。やがて一行が通りかかった。向こう見ずエドリックは一行の先頭を行く白馬にまたがり，従者の一団と奥方のゴッダを従え，全速力で駆け，丘陵を越えていった。エドリックは短くて黒い巻き毛の髪と，らんらんと輝く黒い目をしていた。白い羽のついた緑の帽子をかぶり，短い緑の上着と外套を着て，角笛と短めの剣とを金色の腰帯に下げており，「何かジグザグになったものがここ」（と彼女は自分の膝の下のところを指し示した）についていたという。夫人は束ねていない金髪を波打たせながら腰まで垂らして，額には白い亜麻布の鉢巻きをしており，それには金の飾りがついていた。そのほかの服装は緑で，腰には短剣を下げていた。娘は一行が丘陵を越え，北の方へ遠去かり視界から消えていくのを見送っていた。父親の方は，一行を見るのは，これで2度目のことだった。前のとき，一行は南へ向かっていた。「そのあと，ナポレオン・ボナパルトがやって来たんだよ」

「多くの人が言っていますが」と語り手は言った。「鉱夫たちは，いつ戦局が重大化するか，いつも知っているようなのです」

　　　　［タイプ：400（変形）．モチーフ：C 31.2；C 932；E 501.1.7.3；F 241.1.0.1；F 302.2］（井）

夢魔　⇒インキュバス，ナイト メア，ハッグ[1]

「ムラマストの伝説」 'The Legend of Mullaghmast'

フィッツジェラルド伯（ゲール語ではガロード・イァルラ）は，広く知られている眠れる戦士たちの伝説に登場する14世紀アイルランドの英雄で，妖精アーニァとデズモンド伯ジェラルドとの間に生まれた息子と伝えられる。父ジェラルドがタブーを破ったため，フィッツジェラルドはムラマストにある地下の休息所に消えていく。しかしこの物語には別形もある。ここにあげる話は最もよく知られたもので，パトリック・ケネディーによって『アイルランド系ケルト人の伝説』（1866）に収められている。フィッツジェラルド伯はノルマン人と戦ったアイルランド人の首領で，また偉大な戦士であるとともに，魔法の使い手でもあった。夫が変身の力をもっていることを夫人はしばしば聞いていたが，実際にその証拠を1度も見たことがないので，どんなことができるのかやって見せてくださいと夫に頼んでいた。伯爵はいつも言い逃れをして夫人の願いをそらせていたが，しまいに，もし自分が魔法にかかっているとき，叫んだり怖がっているようなそぶりを見せたりすれば，自分はこの世から消え失せ，幾世代もの人間が死んだあとでなければ再び戻って来られないのだ，と夫人に警告した。しかし夫人は，自分は偉大な戦士の妻であるから，恐れを表に出すような愚か者ではない，と誇らしげに言った。そこで伯爵は，瞬く間に美しいゴシキヒワに姿を変え，夫人の手元に飛んできた。ゴシキヒワは夫人と楽しく戯れてから，ちょっとのあいだ窓の外に飛んで出たが，すぐに大きなタカに追われて大急ぎで夫人の胸元に逃げこんできた。夫人が叫び声をあげながらタカに打ちかかると，タカは向きを変え壁に体を打ちつけ，落ちて死んでしまった。そこで，自分のゴシキヒワはどこだろうかと捜したが，もうどこにも見当たらず，夫人は2度とフィッツジェラルド伯に会うことができなかった。伯爵とその戦士たちは，ちょうどキャドベリー丘〔サマーセット州に所在〕の下のアー

サー王のように，長い間ムラマストのラース〔ラーとも．円型土砦〕の下の深い洞窟の中で眠ることになった。そして7年に1度だけ伯爵と戦士たちは，銀の蹄鉄をつけた白馬に乗ってラースのまわりを駆けめぐるのである。馬の蹄鉄は初めは厚みが半インチ〔約1.2センチ〕あり，それが猫の耳ぐらいに薄くなったときに，フィッツジェラルド伯は再びこの世に戻り，王としてアイルランドを治めることになる。7年に1度その洞窟の扉が開くのであるが，今から100年以上も前のある夜のこと，酔った馬商人が洞窟の中に入っていった。馬商人は眠っている軍勢を見て怖くなり，戦士のひとりが手を上げて「もうその時間か？」と言ったとき，急いで「まだです。でも，もうすぐです」と答えて，洞窟を逃げ出した。アーサー王もフィッツジェラルド伯も，ともに妖精の血を受けている。だがこのことは，ほかのふたりの高名な眠れる戦士，すなわちフランク王のシャルルマーニュ〔カール大帝．在位 768-814〕とフレデリック・バーバロサ〔神聖ローマ皇帝のフリードリッヒ赤髯王．在位 1152-90〕には当てはまらないであろう。　［タイプ：766．モチーフ：A 560；A 571；D 150；D 1960.2；E 502］　　　　　　　　　　（井）

ムリアン　Muryans

妖精アリ。ムリアンはコーンウォール州で「アリ」を意味するケルト語である。コーンウォールでは妖精というのは，地獄へ落ちるには善すぎ天国へ昇るには悪すぎた古代異教徒の霊魂であって，その本来の大きさから漸次退行し，だんだん縮小して，ついにはアリの大きさになり，その後はこの国土から消失して行方知らずになったもの，と信じられていた。したがってコーンウォールの人々は，アリを殺すのは縁起が悪いと信じていた。ウィリアム・ボトレルの《西コーンウォールの伝承と炉端物語》第2集（1873）掲載の「シリーナが原の妖精のすみか」の話では，コーンウォールの小さい人がなぜだんだん小さくなっていくか，その理由があげられていた。すなわちコーンウォールの妖精は，鳥やその他の生き物に変身する能力を有していたが，変身したあとで元の姿に戻ると，必ず前よりこころもち小さくなっていた。それで時を経るにつれて縮小していったのだという。　［モチーフ：F 239.4.3］　　　　　　　　　　　　　　　（平）

ムーリャルタッハ　the Muilearteach

性悪な水の精。ケラッハ・ヴェールが水の精として現れるときの形態。ドナルド A. マケンジーの『スコットランドのフォークロアと庶民生活』（1935）に出てくる。マケンジーは，水の妖精としてこれをフーアの中に分類している。海の妖精としては，ムーリャルタッハは人間の姿のほかに爬虫類の姿をとるが，陸上では，ハッグ[2]の姿となる。火にあたらせてくれと頼みに訪れたムーリャルタッハがだんだん大きく恐ろしい姿に変わっていくのである。その後人間の魔女についてもこういう話がされるようになったが，古くはゲール語の俗謡でフィンとの出会いがこういう形で語られていたのである。ケラッハ・ヴェールと同じく，ムーリャルタッハは青黒い顔をして一つ目で，風や，海の嵐を引き起こした。ムーリャルタッハが海と関係があるということを除けば，ケラッハ・ヴェールと区別するのは難しい。　［モチーフ：F 430］　　　　（三）

ムルグッハ　Murdhúcha　⇨メロー

群れをなす妖精　Trooping fairies

　W. B. イェイツは『アイルランドの妖精譚と昔話』(1888) という楽しい本の中で，妖精たちを〈群れをなす妖精〉とひとり暮らしの妖精に大別している。『ゲール語および英語による昔話と妖精伝承』(1910) の中で，ジェイムズ・マクドゥーガルはこれとよく似た区別をしている。この区別は，イギリス諸島全般に通用するものであり，実際のところ，妖精信仰が存在するところならば，どこでも適用されよう。しかし，上記の2大別に第3の分類をつけ加えることも可能かもしれない。この第3の種類の妖精とは，小さな家族を形成して暮らす家つき妖精だが，おそらく妖精の市や楽しみごとのときには，他の妖精たちの仲間入りをするのではないかと思われる。
　群れをなす妖精の中には，大きいのも小さいのもいるし，また親しみやすいのも，険悪なのもいる。ひとり暮らしの妖精が赤い上着を着ているのに対して，群れをなす妖精は，緑の上着を着ていることが多い。この中には，英雄妖精や，危険で悪意を秘めているスルーア，または踊りながら妖精の輪を作ったり，花の成長を促したりする小さな自然の妖精を含むごく小さい妖精が入る。イェイツが言及している群れをなす妖精のうちには，ヒースの鐘形の花を帽子にするくらいの，非常に小さな妖精もいる。あるものは身の丈3～4フィート〔約0.9～1.2メートル〕の小柄な妖精で，妖精丘の中でうたったり踊ったり，また取り換え子をしたり，妖精花嫁になったりする。さらにイェイツは，アイルランドに見られる，醜いが気立てのよいマーマンであるメローをも，この種族に加えている。
　マクドゥーガルの分類になる妖精たちは，非常に小さなものから，人間と交際するのに適した人間並みの背丈をしたものにまで及んでいる。イングランドにおいても，事情は同じである。非常に小さいので，その玉座全体が欲張り人間の帽子の中に納まってしまうほどの妖精たち〔⇨妖精丘の欲張り〕や，一粒の小麦が重荷になるほど小さい男たちは，向こう見ずエドリックが率いる不吉な騎馬行列と同じように，明らかに群れをなす妖精に属するものである。ウェールズでは，群れをなす妖精たちは狩りを好み，また多数の家畜を飼育する牧者でもある。地域的な差異があるかもしれないが，全体として，群れをなす妖精たちの性格と習性は類似している。アイルランドの妖精は，ことに部族間の闘争やハーリングの試合を好み，スコットランドのものは妖精の矢〔⇨エルフの矢傷〕を使い，それを実際に射るために人間を引き連れて空を飛ぶのだが，彼ら自身で矢を射ることはできない。地域の別なく，群れをなす妖精の方がひとり暮らしの妖精に比べて，相互の類似点が多い。　〔モチーフ：F 241.1.0.1〕
　　　　　　　　　　　　　　　　　　　　　　　　　　　　　　　　　　　　　（井）

メーヴ　Medhbh, Maeve, Medb

コナハト〔コノートとも. アイルランド北西部地方〕の女王メーヴはアイルランドのアルスター伝説に登場する有名な戦士であった。この女王は人間であったが, アルスター〔アイルランド北部地方〕のシー〔妖精〕の王エハル・アンブアルや, アルスターの人間の王や, その戦士クー・ハランとたえず戦っていた。茶色の雄牛が捕らえられた〈クールナの牛争奪戦〉を指揮したのはメーヴであったが, 彼女の激しい憎悪はただアイルランドを破滅に導いただけであった。メーヴはその虚栄心の強さを示すきらびやかな装いと戦車とで有名であった。クールナの牛争奪戦とアルスターのシーとの戦いの物語はジェイムズ・スティーヴンズの著書『若者の国にて』(1924)で再話されており, また, エリナー・ハルの『アイルランド文学におけるクーフリン物語』(1898)にも出ている。　〔モチーフ：F 364.3〕　　　　　　　　　　　　　　　　　　　　(三)

メグ・ムラッハ, マグ・モラッハ, マギー・モロッホ　Meg Mullach, or Maug Moulach, or Maggie Moloch

メグ, マグ, マギーはすべてマーガレットの愛称。ムラッハは「毛が多い, 髪ゆたかな」の意。メグ・ムラッハの名が初めて出てくるのはジョン・オーブリーの『雑録集』(1696)の中で, スコットランドのストラススペイ〔スペイ川渓谷地帯〕にあるグラント家所有のタロッホゴルム城に久しくすみついていたふたりのブラウニーのひとりとして登場する。オーブリーが引用しているあるスコットランド人からの手紙の中で偶然,「この人が目撃したのは, ブラウニーとメグ・ムラッハのふたりだけであったのか, わたしには断定できません……この人はふたりをしょっちゅう目にしていたが, 時には, それよりずっと多数を目にしたはずだと主張する人もいます」と述べられている。これに対してオーブリーは次のような注をつけている。

　　　手紙のおしまいの方に出てくるメグ・ムラッハとブラウニーは, ストラススペイのグラント家にその昔すみついていた（と言い伝えられてきた）ふたりの亡霊であろう。彼らは, 若い男女——ブラウニーの方が男——の姿で現れた。

1823 年に W. グラント・スチュアートが著書『スコットランド高地人の俗信と娯楽』の中でこの記述を敷衍した。彼は男のブラウニーの名をブラウニー・クロッドとし, メグ・ムラッハのことをこの上もなくすぐれた家政婦で, 女中を監督し, まるで魔法

仕掛けのように食事を出したと，次のように記述している。「所望の食べ物は，すべて空中を漂うように飛来し，軽やかにすばやく食卓に乗った。それに整頓と行き届いた配慮という点では，この国に彼女と並ぶものはなかった」

そのほか，彼女の予言能力が喧伝されている。城主がチェスをしているときは，その椅子の背後に姿を見せずに立って，城主に次の指し手を指示したといわれる。あるとき，彼女とその連れの者——彼女の夫であるのか，息子であるのかあまりはっきりしないが——はタロッホゴルム城から立ち去ったが，そのあとで，彼女の性格のより邪悪な面が現れ始めたという。スチュアートによると，彼女はその豊かな鳶色の頭髪から〈髪ゆたかなメグ〉と呼ばれたというが，その後それは「毛深い手を持った」という意味ではなかろうか，という説も出ている。煙突を伝わり下りて赤ん坊たちをさらっているのは，彼女の毛むくじゃらの手であるという報告までが，地元の教会会議に出されたことがある。これはおそらく，アイルランド民話によく出てくる，子どもをさらうあの毛むくじゃらの手と，混同したものであろう。というのは上記報告では，メグ・ムラッハのことを「彼」といっているからである。ジョージ・ヘンダーソンは，もっと極端で，著書『ケルト人の間に残っている俗信』(1911) の中で，メグ・ムラッハを悪魔と決めつけている。そういう誤解や悪評にもかかわらず，メグ・ムラッハは今世紀に入っても，ブラウニーであることをやめていない。エディンバラ大学スコットランド研究所にテープで録音保存され，K. M. ブリッグズ編『英国昔話事典』(1970-71) B部にそのまま採録されている話では，マギー・モロッホとその相棒は，スコットランド中部のパースシャーのフィンカースル渓谷の水車場にすみついて，人間に思わぬ危害を加えていた。エインセルでおなじみのネモ譚「わたし自身」も，この話の中に登場する。男のブラウニーは，彼から身を守ろうとしたひとりの娘の手で，火傷をさせられて命を失う。マギー・モロッホは一時だまされるが，偶然のことからブラウニーの真の死因がわかると，自分の相棒のブラウニーを死に至らしめた娘を殺してしまう。そしてその後も，平然としてブラウニーの仕事を続けるのである。しかし，あるけちな農場主が，マギー・モロッホひとりで全使用人の仕事をやってのけることができるのをいいことにして，使用人たちの解雇を始めたところ，マギー・モロッホは使用人に加わって，自分の解雇手当てをも要求した。農場主はマギー・モロッホを手放したくないものだから，全員解雇の計画を変更せざるをえなかったという。

女性のブラウニーというのは珍しい。もっとも，女性であるシルキーはブラウニー役をもやる。マギー・モロッホのもう一つ特筆すべき点は，その伝承の息の長さであろう。少なくとも17世紀から今世紀中葉まで彼女の伝承は生き続けていたのである。

[タイプ：1137．モチーフ：F 346 (a)；F 482.5.5；K 602.1] (平)

メスター・ストゥアワーム　the Mester Stoorworm

オークニー諸島のメスター・ストゥアワームは，イギリスにおける北欧系のドラゴンのみごとな例である。イギリス諸島には大別して二つのタイプのドラゴンがいる。一つは紋章の図柄に見られるいわゆるドラゴンで，翼があり，通常，火の息を吐く。いま一つはいわゆるワームで，一般に北欧起源のものと考えられている。ワームは概し

て非常に大形で，翼のないのが普通である。また，大部分が海の怪物である。ワームは火の息を吐かないが，その息には毒気がある。これらの諸特質をメスター・ストゥアワームは全部そなえている。ジョージ・ダグラスの『スコットランドの妖精譚と昔話』(1893)にトレイル・デニソンの手稿が収録されているが，その中にメスター・ストゥアワームについての記述が数箇所ある。たとえば次のような箇所である。

　　さて，ぜひ知っておくべきことは——とデニソンは言う——これがあらゆるストゥアワームのうちで，最も大形で，第1等に列せられ，親玉であったということである。したがって，その名もメスター・ストゥアワーム〔メスターは「マスター」，ストゥアは「強大な」の意〕と呼ばれたのである。それは有毒な息でもって，あらゆる生き物を殺すことができたし，あらゆる植物を枯らすことができた。

その少し後の，アッシパトルがストゥアワームを退治しに船出するくだりの描写は，以下のようにさらに大げさになっている。

　　怪物は彼の前に，非常に大きな高い山のように横たわっていた。その目は——たった一つであったと言う者もいるが——城の門の夜警のかがり火のように燃え盛っていて，どんな勇者をも震えあがらせるほどの光景であった。怪物の長い体は世界の半ばを覆うほどに伸び，恐ろしい舌は何百マイルにも達した。また，怒ると，その舌であらゆる町，あらゆる樹木，あらゆる丘を，海の中に引きずりこんだが，その恐ろしい舌先は二つに分かれ，それをやっとこのように使っては，餌食をつかむのであった。その二股の舌は，どんなに大きな船でも卵の殻を潰すようにこわしたし，どんなに大きな城壁でもクルミの実を割るように砕いてしまった。そして，城の中から出てくる生き物をことごとく自分の胃袋の中に吸いこんでしまうのであった。

のちに，この怪物は，断末魔の苦しみのとき歯を吐き出し，それらが今のオークニー諸島とフェロー諸島〔デンマーク領の群島〕とシェットランド諸島になり，二股の舌は天の三日月の端にからまり，縮まって丸くなった体は，固まってアイスランドになったという。話全体が一つの途方もない作りものと言ってもよく，おとぎ話であって伝説ではない。〔モチーフ：B 11.2.1.3；B 11.11〕　　　　　　　　　　　　　　　　（吉）

メーラ　Mera　⇨マーラ

メリュジーヌ　Mélusine

メリュジーヌの物語は，あの古典的なラミアの中世フランス・ロマンス版と呼ぶことができる。14世紀よりもっと前からメリュジーヌは民間伝承の中にあったが，14世紀に入ってからフランスの文筆家ジャン・ダラスが『メリュジーヌ年代記』(執筆1387)の形でメリュジーヌ伝説を集成した。その年代記を，のちにリュジーニャン家に仕えていたドミニコ会士スティーヴンが筆を加えて，内容を豊かにしている。また『妖精神話考』(1828)で，トマス・キートリーはメリュジーヌの話を要約している。この話は，妖精花嫁というテーマのフランス版として興味深い。妖精花嫁の話に特有のタブー——例によって守られないのだが——が登場するし，話は親子2代にわたって繰り広げられるのである。前半部の主人公は，アルベニアあるいはオールバニー

——すなわちスコットランド——の王であり，この物語のスコットランド起源を思わせるものである。

アルベニアのエリナス王は，最近妻を亡くしたばかり。その悲しみを紛らすため，ひとりで狩に出かけることが多くなった。ある日，のどの渇きをいやそうとして，泉へ近づくと，女の歌声が聞こえ，泉のそばにこの上もなく美しい女性——すなわち妖精のプレッシナ——が腰を下ろしていた。王は一目でこの女に惚れ，女の方も，お産のときに絶対に近づかないと約束してくれるならと条件をつけて，王の求婚に応じた。やがて彼女は，1度にメリュジーヌ，メリオール，それにパラティナの3人の女児を産んだ。先妻の子である王子は，3人の女児の誕生を知らせに王のところへ走っていった。王は喜びのあまり結婚のときの約束ごとをすっかり忘れ，王妃の部屋へとんで行った。ちょうど赤ん坊に産湯を使わせているところだった。王妃は，王が約束を破ったと声をあげて難じ，生まれたばかりの3児を抱き上げ，そのまま姿を消してしまった。彼女は，13世紀フランスの武勲詩『ユオン・ド・ボルドー』［⇨『ボルドーのユーオン』］にも言及されている，隠れ島セファロニアに引っこんだのである。この島は，偶然にしか発見できないウェールズ沖合いのあのチール・ナ・ノーグの島を思わせるものであった。島の高みから，はるかかなたにアルベニア，すなわちスコットランドが見えるのだが，プレッシナは毎日3人の子どもたちに故国を望見させ，あなたたちのお父さんの背信行為がなかったら，今ごろ国もとでみんな幸福に暮らせたんですよ，と言い聞かせた。子どもたちは，いつの間にか自分たちを裏切った父に対して恨みを抱くようになり，復讐を誓った。メリュジーヌはふたりの妹を伴い，3人力を合わせて，父と父の全財宝をブランドロワ山に閉じこめてしまった。彼女たちは，意気揚々と島にいる母親プレッシナのもとへ戻ってきたが，プレッシナは大いに機嫌を損ね，腰から下を蛇に変えるという罰をメリュジーヌに与えた。土曜日には決して彼女に近寄らないという約束で彼女と結婚し，しかも永久にその約束を守ってくれる男性に出会わないかぎり，この，下半身が蛇に変化する罰は，周期的に彼女を見舞うこととなった。メリュジーヌは，その条件にかなう男性を探し求めてフランス中を歩き回り，ポワトゥー地方のコロンビエの森へやって来た。その地域の妖精たちは，メリュジーヌを歓迎し，彼女を自分たちの女王にした。やがて，その地の〈渇きの泉〉でポワトゥーのレイモン伯なる男が彼女を見初め，定められた条件のもとで彼女と結婚した。両者の愛情は深く，メリュジーヌは，自分の妖精財宝を惜しみなく投じて夫のためにりっぱな城を次々と築き，そのうちで〈渇きの泉〉——あるいは別称〈妖精の泉〉——の近くのリュジーニャン城を本拠とした。ふたりは，この上もない幸福に浸っていていいはずであったが，次々と生まれる子が，どういうわけかすべて不具だった。レイモン伯の，妻に対する情熱的な愛情は変わりはしなかったが，従弟のひとりが，この不具の子たちには別の父親がいて，その男との逢い引きのため，土曜日に自分の夫を寄せつけないのではあるまいかと言って，レイモン伯に疑念をいだかせるようにした。とうとうレイモン伯は，その疑念を払い去ることができず，ある土曜の夜，アラス織りのカーテンの陰に身をひそめ，妻が下半身蛇になった姿で浴室から出てくるところを盗み見てしまった。それでも，レイモン伯の妻に対する深い愛情は揺

るがず，妻の秘密を守ってやり，本人にも自分が盗み見したことを言うまいと決心した。しかし秘密を守り通すことは不可能だった。生まれた子どもの中には，その容貌が怪異というだけでなく，性格までが常軌を逸した者がいた。そのひとり〈牙のあるジョフロワ〉は，特にたちが悪かった。彼は，あるとき弟のフレモンと喧嘩をしていたが，フレモンがメリエの修道院に避難すると，その修道院に火をつけ，弟とともに100人の修道士を焼き殺してしまった。この恐ろしい事件を知らされたメリュジーヌは，悲嘆に暮れている夫を慰めようと夫のもとに駆けつけた。すると夫は，悲しみのあまり急に非難の言葉を口から発した。「お前の姿を見せないでくれ，この汚らわしい蛇め！　お前は，わしの子をみんなだめにしたではないか！」これを聞いてメリュジーヌは気絶した。意識を取り戻すと彼女はこう言った。「とうとう呪いがやって来ました。わたしは去らなければなりません。これからは最後の審判の日まで，苦しみながら空を飛び地上に降りることのできない定めなのです。この城が地上から消え去るまで，代々のリュジーニャン城主の死の前にわたしは姿を現し，リュジーニャン家の悲運を嘆くことになります」そう言って彼女は窓枠にとび乗り——そのときの彼女の足跡が最後まで窓枠に残っていたという——レイモン伯とその配下一同の前から姿を消したという。

　このようにしてメリュジーヌは，リュジーニャン家のバン・シーと化したのである。リュジーニャン家が滅亡し，城がフランス国王の所管に移ると，今度は代々のフランス国王の没前にバン・シーとなったメリュジーヌは姿を現すようになり，その出現は城がついに焼失する〔1574〕まで続いた。　〔モチーフ：C 31.1.2；F 471.2.1；F 582.1〕　　　　（平）

メルシュ・ディック　Melsh Dick

　ヨークシャーの西部地方で未成熟の木の実を子どもらから守る，森の守護妖精。イングランド北部地方の大部分では，この任務を務めるのは女の妖精チャーンミルク・ペグである。初期農業経済における堅果林の重要性は，それらを取り巻く迷信や俗信の多さからも判断されよう。例えば，日曜日に木の実を取りにいくと悪魔が現れるとか，木の実は子宝のお守り，といった類のものが多く，サマーセット州の諺にも，「籠〔木の実の収穫〕が多けりゃ，それだけ揺り籠〔赤ん坊〕も多い」というのがある。　（吉）

メロー　Merrows

　アイルランドのゲール語ではムルグッハという。マーメイドのアイルランドでの同義語。マーメイドのように，美しいが，魚のような尾と，指の間に小さな水かきをもっている。嵐の前に姿を現すので恐れられてはいるが，おおかたのマーメイドよりも心はやさしく，しばしば人間の漁夫と恋に陥ったりする。そうした結婚から生まれた子どもは，体中が鱗で覆われ，ローンの子孫たちと似ており，やはり指の間に水かきがあると言われている。メローは時おり，角のない小さな牛の姿をして陸に上がってくるが，赤い羽根の帽子をかぶり，それで水の中に潜るのが本来の姿である。もしその帽子が盗まれると，2度と海へ帰れなくなる。

　女のメローは美しいが，男のメローは非常に醜く，顔も体も緑色で，赤いとがった

鼻と豚のような目をしている。しかし性質は概して愛嬌があり，愉快である。T. クロフトン・クローカーはその生き生きとした物語の中で，メローの愉快な姿を描いている。この話は「魂の籠」という題で，『アイルランド南部の妖精伝説と伝承』(1825-28)の第2巻に入っているのだが，以下は，その要約である。

女のメローは見た目に美しく，流れるような髪をもち，両腕は白く光り，黒い目をしている。だが，男のメローはなんとも見栄えがせず，髪も歯も緑で，豚のような小さい目と，長くて赤い鼻をもち，日常の仕事には不向きな，体裁の悪いひれのような短い腕をしている。それにもかかわらず，昔メローにしきりに会いたがっていた男がいて，その男はジャック・ドハーティーといい，エニス〔アイルランド中西部の町〕というところからさほど遠くない海岸の小ぢんまりした小屋に，妻のビディーと一緒に暮らしていた。ジャックの爺さんは，牧師が怒らなければ，メローに自分の子どもの名づけ親になってもらいたいと思っていたほどメローと仲良しだったのに，ジャックときたら1度もメローを見たことがない，それがジャックのしゃくの種だった。ジャックは同じ場所に住んで，夜となく昼となく見張っているのに，メローのひれすら，ちらとも見えなかった。ついにある日のこと，海岸ぞいに半マイル〔約0.8キロ〕ほど行った岩の上に，ジャックは生き物の姿を見つけた。それは頭に赤い三角帽子のようなものをのせ，石のようにじっと立っていた。あまりじっとしているので，入り日が射している岩かなんぞと思うところだった。だが突然ジャックがくしゃみをすると，その生き物が水にとびこんだので，ついにメローに巡り会ったことがわかった。だがジャックは，これでは満足できなかった。メローとぜひとも言葉をかわしたいものだと思い，来る日も来る日も朝に夕に，そのメローの岩のあたりをうろついた。ところが，時たまちらりと目にするだけだった。しかしもう秋も深まったひどい嵐の日に，ジャックはとうとうメローをずっと近くで見ることになった。メローはサケを追うカワカマスのように，何も恐れず岩のあたりでいつも遊んでいたが，ある風の強い日のこと，ジャックはついにメローのすぐそばまで近づいた。そのメローは醜い年老いたやつで，鱗のある脚は先端が小さな尾になっており，腕は魚のひれのようで，長く頑丈そうな緑の歯をしていた。だがメローは親しそうに目をきょろきょろ動かしながらジャックを見ると，まるで人間のようにこう言った。

「ご機嫌よう。ジャック・ドハーティーさん，あれからずっと元気ですかね？」
「わたしの名前をよくご存じですね」ジャックは驚いてこう言った。
「あんたの名前を知らないわけはなかろうよ」とメローは言った。「お前の爺さんとは，兄弟みたいなもんだったからな。爺さんは，たいした男だったよ，なあジャック。酒を飲んで爺さんにかなうやつなど，いなかったよ。お前は爺さんに似ているかね？」
「どんなところも似ているとは言えませんが，酒好きにかけちゃあ，いい酒ならばですがね，それなら，爺さんの生き写しですよ。ですが，いったいどうやって，海の底から酒を手に入れなさるんですか，塩水なんかじゃないとすりゃね？ 塩水じゃ誰の口にも合うはずはないですから」
「まったくもって，そんでお前さん自身はどうやって，酒を手に入れるのかな，え，

ジャック？」メローは，ちらと目くばせをしながら言った。
　さてジャックは，海から自分の飲む分と売る分のおおかたを手に入れていた。というのは，大西洋の海から，良い酒の樽がたくさん，ジャックの小屋の戸口近くまで流れつくからであった。ジャックは貧しい船乗りの困るようなことは決してしなかったが，いらなくなったり使えなくなったものなら，失敬しても差し支えないと思っていたのだった。そこでジャックは，メローに目くばせを返してこう言った。
「ああ，わかりましたよ。あなたにはりっぱな酒蔵がいるでしょうな，海があんたにくださるものをしまっておく水の入らない酒蔵がね」
「そりゃそうさ」とメローは言った。「月曜日のこの時間に，この岩に来るなら，このことについて，もうちょっと話そうじゃないか」そう言うと，メローは体の向きを変え，海の中に潜ってしまった。
　次の月曜日のこと，ジャックは間違いなくそこにやって来た。長い苦労の末やっとのことでメローと友だちになれたこの機会を，逃すまいと思ったからだ。メローは先にそこにいて，三角帽子を一つでなく，二つも小脇に抱えていた。
「さて，行こうか，ジャック」とメローは言った。「お前にこの帽子を貸そうと思って持ってきたんだ。これをかぶってわしの酒蔵を見にこいよ。そして見るだけじゃなく，そこで1杯飲ませてやろうじゃないか」
「それはまことに，ありがたいことで」とジャックは言った。「ですが，わたしのようなごく普通の人間が，魚のように海へ潜ってゆけば，溺れてしまいませんかね？」
「ちぇっ」とメローは言った。「お前は爺さんの足もとにも及ばないな。爺さんの方は，最初に海に潜って会いにきたときだって，1分たりともぐずぐずしやしなかったよ」
「それなら，爺さんに負けちゃあいられないな」ジャックは言った。「案内してくれますかい？」
「よく言った！」メローは言った。「わしについて来い。わしが潜っていくときは，わしの尻尾につかまってるんだぞ」
　ふたりは少し離れた岩のところまで，まっすぐ泳いでいったが，ジャックがいったいこれからどうなるのかといぶかり始めたとき，メローは言った。「さあ，つかまるんだ！」それからふたりは下へと潜っていった。下へ，下へ，下へ。海水がジャックの頭の両側を勢いよく流れ過ぎていくので，見ることも息をすることもできず，ただつかまっているだけで精いっぱいだった。やっとのことで両者は，柔らかい砂のあるところにドシンと着陸した。ジャックはそこにも空気があり，それが今までにかいだこともないような良いにおいがするのに気がついた。見上げると，頭の上に海があって，さながら空のようであり，魚たちが空飛ぶ鳥のように頭の上を泳いでいた。メローの家は目の前で，煙突からは濃い煙が立ちのぼっていた。ふたりは家に入ると，いろいろな種類のおいしい魚料理が調理されていて，そのごちそうをたらふく食べ，あげくの果てに，あらゆる種類の強い酒を豪勢に飲んでしまった。ジャックはいっこうにいつものように酔いが回らないのを感じた。冷たい水が上にあるからに違いなかった。だがこの年寄りメローは，まったくもって騒々しかった。いろいろな種類の歌

をどなっていたが、ジャックはあとになって一つとして思い出すことすらできなかった。年寄りのメローはジャックに自分の名前を教えたが——クー・マラと言うが、友だちだからクーと呼べと言った——このときには、ふたりは打ち解け合う仲になっていた。

　心地よくなるまで飲んだあと、クー・マラはおもしろい物を見せるからと言って、全部海からのおこぼれなのだが、手に入れた物を大々的に展示してある所へジャックを連れていった。ジャックがいちばん不思議に思ったものは、ロブスター捕りの籠のような、枝編み細工の籠の列だった。

　「クー・マラさん、いったいこの中に何を入れとくんですか？」と彼はたずねた。

　「ああ、これは魂の籠さ」とクー・マラは言った。

　「ですが、確か魚には魂がありませんがね」とジャックは言った。

　「もちろん、魚には魂はないさ」クー・マラは言った。「あれは、漁師たちの魂さ。あそこに魂を入れて置くのが好きなんだよ。上で大きな嵐があったときにはいつも、砂の上にあちこち、こいつを置いておくのさ。体をなくし、寒くておびえている魂は、やって来ると暖かいのでここに潜りこみ、そしてもう出られなくなるっていうわけよ。魂にしてみれば、こんな暖かい乾いた所にいられるなんてのは、ありがたいことじゃないのかね？」

　ジャックはものも言えず、魂の籠に身をかがめて見たが何も見えず、クー爺さんが、魂は幸運さと言ったときに、何か、すすり泣くような息づかいを聞いたように思った。そこでジャックがさようならを言うと、クー爺さんは手を貸して彼を海へと押し上げてくれた。海へ潜ったときより素早く上へついて、クー・マラに言われたとおりに三角帽子を投げ返してから、ジャックはロブスター捕りの籠の中に閉じこめられている哀れな魂のことを考え、悲しい気持ちになって家へ帰った。

　ジャック・ドハーティーは、どうやったらあの哀れな魂を自由にしてやれるか、何度も何度も考えてみたが、しばらくの間は、どんな手だても思い浮かばなかった。牧師に相談しなかったのは、クー・マラを面倒に巻きこみたくなかったからだし、女房や友だちに話すのがいやだったのは、メローとつきあっている人間は、よく思われないだろうと考えたからだった。そこで、クー・マラを自分の家に呼び、したたか酔わせてから、その帽子を失敬して海へ潜り、クー・マラが気づかないうちに哀れな魂を自由にしてやろうと、心に決めた。最初にやることは、邪魔にならぬように女房をどこかへやることだった。そこでジャックは急に信仰深くなって、女房に向かい、自分の魂と海に溺れた哀れな漁師たちの魂のために祈るように巡礼に出かけてみたらどうだろう、これはすばらしいことだぞと言った。女房はすぐさま出かけていった。どんな人だって、巡礼を断るような女のことなど、聞いたためしがなかったからだ。ジャックは女房の後ろ姿を目にするやいなや、メローの岩へととんでいき、次の日の1時にクー・マラを食事に招待し、自分のところにどんな酒があるか見にきてほしいと言った。クー・マラは、喜び勇んでやって来て、両者は飲んだりうたったりしたが、ジャックは頭を冷やしてくれる海が上にないのをこのときは忘れていた。そこで、ジャックが目が覚めて最初に気づいたのは、ひどい頭痛がすることだった。そのときはも

うクー・マラ爺さんは影も姿もなく，ジャックを飲み負かして，さして酔いもせずに悠々と帰ってしまったのだった。

　かわいそうにジャックは，籠詰めの魂が相変わらず自由から程遠いと考えると，気がふさいでしまうのだった。だが，幸いなことに，妻のビディーは1週間不在の予定だった。その1週間が過ぎないうちに，一縷の望みを与えてくれるある考えが，ジャックの脳裏にひらめいた。クー・マラは，ウィスキーやブランデーやラム酒にはとても慣れていたが，おそらく本物のアイルランドのポティーン〔密造ウィスキー〕は，1滴たりとも味わったことはないはずだった。というのは，この酒は海に持って出ることなどめったになかったからだ。さて，たまたまジャックは，ポティーンの小さな樽を持っていた。女房の兄弟が密造したもので，これがクー・マラにどういう効き目があるかを見たいものだと思った。そこでジャックは，メローの岩へ行ってみると，ジャックを飲み負かして得意満面のクー・マラを見つけた。

　「あなたがお酒に強いということは否定しませんよ，クー・マラさん」とジャックは言った。「しかしですねえ，それはそれとして，あなたはきっと飲んだことがないでしょうが，わたしは本物のポティーンの小樽を，あけずに今まで持っているんですがね。この前わたしが，その酒のことを考えているうちに，あなたは帰っちまったんですよ。明日また来れば，そのポティーンをごちそうしますよ。誰にだってふるまうわけじゃないんです。手に入りにくいもんですからね」

　クー・マラは二つ返事で承知した。その酒を味わってみたい好奇心に駆られたからだ。そこで次の日，両者はまた飲み始めた。ジャックの飲み方はあまり公平とは言えなかった。ジャックは自分の酒は水で割り，クー・マラは酒をストレートで飲んだからだ。公平か不公平かはともかくとして，ジャックはクー・マラを酔いつぶしてしまった。ジャックはクー・マラの頭から帽子をひっさらうと，全速力で岩のところまで駆けていった。海の底では誰も見かけなかったが，それはジャックにとって好都合だった。見とがめられたら，クー・マラの家で何をしているかを説明するのに，ひどく苦労したことだろう。ジャックは，魂の籠を腕いっぱいかかえると，家の外に持ち出し，全部ひっくり返した。ジャックには何も見えなかったが，ただ一つ一つの籠からは薄い光が漏れ，口笛のようなかすかな音が，通りすぎるのを聞いただけだった。ジャックは籠を全部空にすると，元のとおりに戻した。さて帰る段になると，助けてくれるクー・マラがいないので，頭上にある海まで上がるのに困ってしまった。だが見回して，ほかよりやや低く垂れ下がっていた海水を見つけたので，その下まで歩いて行くと，たまたま1匹のタラが，空気の中に尻尾を垂らしていた。電光石火のごとくとび上がりざま，その尻尾をつかむと，タラはジャックを海へ引きずり上げてくれた。そのあとは，赤い帽子がすかさず彼を上へと運んでくれ，陸につくことができた。クー・マラはまだ眠りこんでいた。クー・マラは目を覚ますと，酔いつぶれたことを恥ずかしがって，一言のあいさつもなく，こっそりと逃げ出していった。だがクー爺さんとジャックは，それからもとても良い友だちだった。それというのは，爺さんは魂の籠が空になったことなどちっとも知らなかったからであった。ジャックはしばしば，嵐のあとに口実を作っては，よく海の底へ行かせてもらい，捕まっている新しい魂を

みんな自由にしてやっていた。そうやって幾年もの間，両者の友情は続いていたが，とうとうある日，ジャックが海の中に石を投げても，効を奏さなくなってしまったのである。クー・マラはやって来なかった。ジャックには，どうすればよいのかわからなかった。一般的にメローの尺度でいえば，クー・マラは若手に属する方で，彼の年齢を最大限に見積もっても，200歳にはなっていなかった。クー・マラは彼を置いてけぼりにして死んだはずはない。そこでジャックは，クー・マラが引っ越して，海のほかの場所で生きているに違いないと考えた。しかしジャックに貸してくれたもう一つの三角帽子はクー・マラの手元にあったので，ジャックは2度と再び，海の底へクー爺さんを捜しにはいけなかった。［モチーフ：F 725.3.3］　　　　　　　　　　　　　　　　（井）

亡者の群れ　the Host　⇨スルーア

モーキン　Malekin

妖精にさらわれた人間の女の子が妖精として使っていた名。13世紀初頭の年代記作者コギシャルのラルフは，初期妖精奇談の中で最もおもしろい話を三つ紹介している。すなわち（a）緑の子どもの話，（b）マーマンの捕獲とその脱出の話，さらに（c）サフォーク州のダッグワーシー〔現ダッグワース〕城にすみついた小妖精の魅惑的な奇談である。この（c）の妖精は1歳児の声でしゃべり，自らモーキンと名のった。めったに人前に姿を見せることはなかったが，自分は人間の子であり，麦畑へ母に連れていかれたが，母が畑仕事で自分をほったらかしにしているうちに妖精たちにさらわれたのだ，と主張した。城主の奥方や家族の者は，最初のうちは彼女を怖がっていたが，やがて慣れ，その会話やいたずらを楽しむようになった。彼女は召使い相手に話すときは，強いサフォークなまりの言葉を使ったが，城の礼拝堂つきの司祭が相手のときは，ラテン語で聖書談議をしたという。彼女のための食べ物は，戸をあけたままの食器棚に出しておいたが，必ずなくなっていた。彼女は侍女のひとりと特に仲がよかった。侍女は1度だけ，決して体に触ったり引きとめようとしたりしないからと固く約束したうえで，彼女に姿を現させることに成功した。侍女の言うところによると，この小妖精は白い上っ張りを着ていて，小さい子どものように見えたという。モーキンは，自分の捕らわれの期間のうちの7年は過ぎており，もうあと7年すれば自分の家へ帰れると言っていたという。おそらく人間が毎夜出してくれる食べ物は，彼女にとって重要だったのだろう。というのは妖精の食べ物を口にすると永久に妖精界の捕らわれ人になることを意味したのだから。

　取り換え子の話——それも妖精側から見た——の最古の記録になるこの話では，小さい女の子がさらわれたという点がきわめて興味深い。その後の話では，ほとんど例外なく，捕らわれるのは男の子だった。もっとも，若い処女が妖精界へ連れ去られることは，言うまでもないことだが，しばしばあった。［モチーフ：F 321；F 375］　　　　（平）

モーザ・ドゥーグ　Mauthe Doog

　語源は「黒い犬」。17世紀にマン島西岸のピール城にすみついた妖精犬，マーザ・

ドゥーの現地での呼び名。その名声は、ウォルター・スコットの物語詩『最後の吟遊詩人の歌』(1805) の第6曲26連の次のような詩句に負うものである。

　　　彼は絶句し、青ざめていた、
　　　あの物語に出てくるマン島の、
　　　妖怪犬に話しかけた人のように。

[モチーフ：F 401.3.3；F 402.1.11；G 302.3.2]　（平）

もの惜しみ　Meanness

田舎にすんでいる群れをなす妖精は、豊饒の精であり、気前よさを好むので、けちで欲の深い人間にはとりわけ腹を立てた。彼らはこれといった特別の報酬を求めずに働いたが、多くのブラウニーは、もしも新しい住人が自分たちに出しておいてくれる捧げ物の牛乳やパンの質を落としたりすると、もうその農園では働かなくなった。多くの妖精物語は、誰であれパンを求める者にパンを与えることを拒めば、不運なことが起こるという考え方に基づいていることが多い。妖精がとがめる過ち、および妖精に尊重される美徳の各項を参照。

（井）

ものぐさローレンス　Lazy Laurence

ルース・タングによれば、〈ものぐさローレンス〉はハンプシャーおよびサマーセット州における果樹園の守護妖精であった。マライア・エッジワース (1767-1849) の物語「ものぐさローレンス」（作品の背景はブリストルに近いアストンの村）の題名が単なる偶然の一致以上のものとすれば、おそらくこの名前はかつてはもっと広く流布していたものと考えられる。ハンプシャーでは、ものぐさローレンスはよくコルト ピクシーのような子馬の姿になって、果樹園に入ってくる泥棒を追いかけた。サマーセットでは、ものぐさローレンスは、夜の呪文集（大英博物館蔵写本36674番に所収）で「けいれんや歩行の不自由」と述べられている疾患に、泥棒をかからせるようである。サマーセットでの言いならわしに、次のものがある。

　　　ものぐさローレンス、放しておくれ、
　　　夏でも冬でも、捕まえないで。

以上の点から判断して、ものぐさローレンスはメルシュ・ディックやオード・ゴギーのような、警告を与える妖精の一つだと推論できそうである。[モチーフ：F 234.1.8；F 403]

（三）

モーリグー，モーリガン　Mórrígu, or Mórrígain, Morrigan

古代アイルランドの戦の女神バウがとる形態の一つ。アイルランドのアルスター伝説の英雄クー・ハランにまつわる叙事詩「クールナの牛争奪戦」は、フォモール族とトゥアハ・デ・ダナン〔ダーナ神族〕との大きな戦いをうたいあげたものであり、その叙事詩の中に、カラス〔一般的にはズキンガラス〕の姿をした3人の戦の女神、すなわちネワン、マハ、モーリグーが現れるが、3者のうちでもモーリグーが最も力がある。エヴァンズ・ウェンツによるこの伝説の分析が示すとおり、3人の女神はバウの三つ

の姿である。ネワンは敵軍を混乱させて同士討ちするように仕向け，マハは無差別に人を殺すことを楽しむ。しかしながら，クー・ハランに超自然的な力と勇気とを与え，光と善の軍勢であるトゥアハ・デ・ダナンを勝利に導き，凶悪なフォモール族を征服させたのは，モーリグーであった。これは，オリュンポス神族が，ティーターン族〔巨人族〕を滅ぼしたのとちょうど同じである。　［モチーフ：A 132.6.2 ; A 485.1］　　　　（井）

モルガン　Morgan

ウェールズの水の精。サンガビー〔現グウィネズ州に所在〕教区にあるグラースヴリン・イハーヴ湖〔現在のグラースヴリン湖か？〕に出没するモルガンについては，不思議な話が伝わっている。グラースヴリン・イハーヴ湖は，井戸を覆っていた蓋がとれ，水があふれ出してできた湖だといわれている。ジョン・リースは『ケルトのフォークロア—ウェールズとマン島』(1901) 第1巻の中で，収集した伝承物語に見られるさまざまな型を詳細に調べている。その中でもリースが特に興味を示しているのが，このモルガンに関する伝承であり，そこではモルガンは湖から姿を現しては，いたずらっ子や無鉄砲な子どもたちをさらっていくものといわれている。モルガンはもともと，ブルターニュ地方のモルジェンズと同族のマーメイドの一種とリースは見ており，アーサー王伝説のモルガン・ル・フェとも関係があるとしている。しかしウェールズではモルガンは常に男性の名前だったので，こうしたウェールズ語の用法に引きずられて，本来は女性である水の精のモルガンが，この伝承では男性になったのではないか，というのがリースの説である。　［モチーフ：F 420.1.1 ; F 420.1.2*］　　　　（井）

モルガン・ル・フェ　Morgan le Fay

妖精モルガン。『ヘルゲストの赤書』〔14〜15世紀ごろの古写本〕から『マビノギオン』に再録された「キルフーフとオルウェン」のような初期のケルト伝説の中では，登場する人物がもつ神のような，また妖精のような性格は，非常に明確に描き出されていたが，サー・トマス・マロリー（？-1471）がブリテンの話材を扱うころになると，それらの性格はもはや形をとどめぬほどあいまいになり，人間に引きつけて解釈されるようになった。それでもモルガン・ル・フェは，依然として執拗なほど，妖精物語の登場人物としての性格を保ちつづけている。14世紀の近代的解釈を与えた連中は，モルガン・ル・フェを妖精ではなく魔術師とすることに，大きな貢献をしたといえよう。マロリーは「そして3番目の娘，モルガン・ル・フェは，女子修道院に入れられて，そこで多くのことを学んだので，すばらしい魔法の使い手となった」〔『アーサー王の死』第1巻〕と語っている。アーサー王以外の物語では，ノルマン伝説に源をもつイタリアのファータ・モルガーナが，なお海の妖精としてのモルガン・ル・フェのなごりをとどめており，またウェールズやブルターニュ地方のいささか非力なモルガンたちも，やはりモルガン・ル・フェがかつてもっていた本性を思い起こさせる。アーサー王伝説においては，湖の麗人がアーサー王にとっては善い妖精であったのに対して，モルガン・ル・フェは悪い妖精の役を演じており，アーサー王に死を，宮廷に不名誉をもたらそうと努めたのである。

マロリーの『アーサー王の死』（完成 c. 1469, 出版 1485）の第 4 巻は，女王モルガンが，アーサー王を，王自身の剣と女王の恋人サー・アコロンの無意識の手助けとによって，死に追いやろうとする計画の話が中核となっている。中世英詩「サー・ガウェインと緑の騎士」（c. 1375）の中の出来事はすべて，円卓の騎士に汚名をきせようとモルガンが仕組んだものであり，モルガン自身は，地主の奥方の付き添いの老婦人の役を演じている。F. J. チャイルド（1825-96）が集成したバラッド「男の子と魔法の衣」（チャイルド 29 番）では，円卓の騎士に汚名をきせようとする同じ目的のために，男の子が魔法の衣と角製の杯をアーサー王の宮廷に持ちこむ。モルガン・ル・フェは，アーサー王が死ぬまで終始一貫して邪悪な人物であるが，瀕死の重傷を負ったアーサー王をアヴァロンの島に連れてゆく 4 人の女王のひとりとなる。道徳には無縁のこの性格は，妖精本来のものとも考えられるが，古い時代の女神の役割を示しているともとれよう。なぜなら，ケルトの神々は，古代ギリシアの神々と同じように，一貫した道徳をもっていなかったからである。［モチーフ：F 360］　　　　　　　　　　　　　　　（井）

モルジェンズ，モルジャン　Morgens

ブルターニュ地方のマーメイド。ジョン・リースは『ケルトのフォークロア──ウェールズとマン島』（1901）の中で，モルジェンズはウェールズのモルガンと同じものであろうと推測している。　　　　　　　　　　　　　　　　　　　　　　　　　　（井）

モンジャー・ヴェガ　Mooinjer Veggey

マン島のスレイ・ベガの別称。　　　　　　　　　　　　　　　　　　　　　　（平）

モンマスのジェフリー　Geoffrey of Monmouth（1100 ? -54）

ラテン語の韻文で書かれた『マーリンの生涯』（c. 1150）の推定作者（この推定には充分根拠がある）であり，アーサー王物語に最初に生命を吹きこんだ人として記録にとどめなければならない人物。彼の著書『ブリテン列王史』（c. 1136）には，アーサー王の誕生をもたらしたもろもろの陰謀［⇨妖術師］と，アーサー王がこの世に出たときからその死に至るまでの全経歴が物語られている。アーサー王は，ローマ軍撤退後サクソン人の侵攻からブリトン人を守った，愛国的な騎馬隊指揮者であったことはほぼ間違いないのだが，ウェールズやブルターニュ地方では，すでに神話や妖精譚がからまる伝説的人物となっていた。彼をフランスとイギリスの文学に導入したのはモンマスのジェフリーの著作だった。ジェフリーは，当代の諸学に通暁していたうえ，同時代の文学者たちと交遊を楽しむ典雅の士でもあった。『ブリテン列王史』を「嘘つきの本」と弾劾したり，悪魔どもの間でこの本がいかに人気があるか，おもしろおかしく語る人もいたが，同書は大きい影響力を有していた。『ブリテン列王史』は，昔から今日に至るまで，詩人たちや物語作者たちにとってアーサー王伝説──いわゆるブリテンの話材──の典拠として，重要な役割を演じただけでなく，サクソン人，ブリトン人，ノルマン人などを一つの国民に融合させるのにも大きく寄与した。　　（平）

ヤースキン　Yarthkins

「大地 (earth) の種族」の意。バルフォア夫人の論考「リンカンシャー沼沢地帯の伝説」〔「フォークロア」第2巻 (1891) に掲載〕によると，ザ・フェンズと呼ばれるリンカンシャーの沼沢地帯にすむ豊饒の地霊の一つの呼び名。大地から生まれ，地の作物を恵み，そのお礼を期待した。なおざりにされると危険な存在になった。ちっちゃい人，緑の服さんとも呼ばれたが，あちらさんという呼び方が最も多かった。ヤースキンの仲間のうちでも小さいさんは善意の持ち主で，ヤレリー・ブラウンは，特に悪意の強い存在だったようだ。　〔モチーフ：F 422：V 12.9〕　　　　　　　　　　　　　　（吉）

山の老婆　the Old Woman of the Mountains

ウェールズのグイシオンのひとり。旅人を道に迷わせるのが，その主たる仕事。グイシオンについては，ワート・サイクスとジョン・リースがいくらか詳しく述べている。
〔モチーフ：F 369.7〕　　　　　　　　　　　　　　　　　　　　　　　　　　　（吉）

ヤレリー・ブラウン　Yallery Brown

邪悪な妖精の一例で，これと親しくすることさえ危険である。この妖精は明らかにアンシーリー・コートの仲間である。ヤレリー・ブラウンの話は，「リンカンシャー沼沢地帯の伝説」というバルフォア夫人の論考〔「フォークロア」第2巻 (1891) に掲載〕の中で語られている。ヤレリー・ブラウンは，イングランド中東部のザ・フェンズと呼ばれる沼沢地帯のヤースキンないしはあちらさんの一員だったに違いない。ある晩，トム・タイヴァーという若者が，仕事から帰る途中，まるで捨て子のような哀れな泣き声を聞いた。その声は，草地に半分埋もれている〈あちらさんの石〉と呼ばれる平たい大きな石の下から聞こえてくることがわかった。若者がやっとのことでその石を持ち上げてみると，1歳児くらいの大きさの小さな生き物が下敷きになっていた。体全体がしわだらけで，きらきら輝く金髪とひげが自分の体にからまって動きがとれなくなっていたのだ。その生き物は，自由にしてくれた若者に心から感謝し，お礼のしるしに，すてきな嫁でも，壺1杯の金貨でもいいから，何か欲しい物はないかと尋ねた。トムは，そのどちらもいらないと答え，農場の仕事がとてもつらいので，その小人が手伝ってくれたらありがたい，と言った。すると小人は，「いいかね。決してわ

しに礼を言うのではないよ」と醜い表情で言った。「仕事はわしが代わってしてやろう。だが，一言でも口から礼の言葉を出したなら，2度とわしの手は借りられないよ。わしに用事のある際は，ただ「ヤレリー・ブラウンよ，土の中から出てきて手伝っておくれ」と言うだけでいい。そうしたら，ちゃんと出ていってやるからね」これだけ言うと，彼はタンポポの綿毛を摘んで，トムの目に吹きつけ，姿を消した。

　朝になってみると，トムの仕事はすべて片づいていた。トムは指1本動かす必要もなかった。初めは，トムはまるで楽園にいるように思えた。しかし，しばらくして，具合の悪いことになってきた。それというのは，トムの仕事はちゃんとやってくれても，ほかの男たちの仕事は元へ戻されたり，台無しにされたりするので，仕事仲間たちがトムをとがめるようになったからである。トムはヤレリー・ブラウンの手を借りないで，自分で仕事をしようと思った。しかし，何一つ手出しの余地がなかった。しまいに仲間たちが苦情を訴え，主人がトムに解雇を申し渡したとき，トムはとうとう大声で言った。「ヤレリー・ブラウン，土の中から出てきておくれ！」ヤレリー・ブラウンはすぐに出てきた。トムは言った。「お前がしてくれたことはちっともよくない。お礼を言うから，もう行ってくれ。自分で仕事がしたいんだ」これを聞くとヤレリー・ブラウンは大声で笑いだし，金切り声で言った。「わしに礼を言ったな，このばかめ！　礼を言ってはいけないと言ったろうが。もうわしの手を借りることはできないぞ。手助けはしないが，邪魔はしてやるぞ」そして突然彼はうたいだした。

　　「どんなに働いてみたとても，
　　　　うまくいきっこない，
　　　どんなに働いてみたとても，
　　　　手に入るものはない。
　　　お前が自分で石の下から出したのは，
　　　　災難，不運に，ヤレリー・ブラウンよ」

気の毒なことに，その後のトム・タイヴァーは，何をしてもうまくいかなかった。どんなに一所懸命働いても，決してうまくいかなかった。トムが手を触れるものは，す

べてに悲運がつきまとった。そして死ぬまで，ヤレリー・ブラウンはトムを悩ませ続けた。　［タイプ：331（変形）．モチーフ：C 46；F 346；F 348.5.2；F 402；F 451.5.2；R 181；R 188］

（三）

ユーイング，ジューリアーナ・ホレイシア　Ewing, Juliana Horatia（1841-85）
　妖精のことに詳しい，すぐれた創作童話を多数書いた 19 世紀後半の作家たちのひとり。ユーイング夫人は，幼年といっていい時分から，お話作りの名人で，家族はこれを大いに楽しんだ。この才能のゆえに，家族からは〈ジュディーおばさん〉という愛称をもらったが，母親の，同じく作家だったギャティー夫人（1807-73）が編集した雑誌は，娘の愛称をとって「ジュディーおばさんの雑誌」（1866 創刊）と呼ばれた。ユーイング夫人の物語は，最初はほとんどこの雑誌で発表された。そのうちで妖精を扱ったものは「ブラウニー」，「アミーリアとドワーフ」〔ともに『ブラウニーとその他の物語』（1870）に収録〕，『炉端のロブ』（1874），短篇集『古風な妖精物語集』（1882）などである。前者三つは，その中で起こった出来事を博物学的に説明しているが，いずれもみな民間伝承——おおむね，彼女の生まれ故郷であるヨークシャーのそれ——に深く根ざした物語である。「ブラウニー」では，夫を失った貧しい仕立て屋が先祖伝来の古い農場小屋に住んでいる。彼女のふたりの息子は，もう何代も前に彼らの小屋を去ってしまったブラウニーにまた来てもらおうとする。が，結局自分たちがブラウニーになるしかないのだと確信して，ブラウニー役を演じることになる。孫たちにせがまれて老祖母が語った，以下のようなブラウニーの物語は，ブラウニー伝承の本流に沿ったものである。

　　「そいつは，ずっと昔は，この家にもすんでいたんだけども」と，お婆さんは言いました。「名前を出してしまうといいことが起こらないのでね」
　　「でも，お婆ちゃん，僕らはこんなにもう，おなかがすいて，みじめなんだもの，これ以上悪くなりっこないじゃないか」
　　「そりゃあ，そのとおりだねえ」と，お婆さんはため息をつきました。「トラウト家の幸運も，きっとブラウニーといっしょに消えたんだね」
　　「そうかあ！」
　　「トラウト家にゃ，何代も前からすみついていたんだよ」
　　「どんな格好をしてるの，お婆ちゃん？」
　　「ちっちゃな人だって話だねえ」
　　「どんなことをするの？」
　　「家のもんが起きるより先にやって来て，炉の床を掃除して，火をおこして，朝ごはんの用意をして，部屋の片づけをして，家の仕事は全部やってしまうのさ。でも，姿は絶対に見せなくて，捕まらないうちに，さっと消えちゃう。だけど，家のあたりで笑ってる声や遊んでる音は聞こえるのさ」
　　「すごいんだねえ！　で，お駄賃はやるの？」
　　「いいや，やらない！　好きでやってるんだもの。でも，夜のうちに瀬戸物の平たいお皿にきれいな水をいれといてやったり，時には，パンとミルクやクリームの

鉢を出しとくよ。食べ物の好みがあって，それなら食べてくれるからね。時々，水の中に小銭を置いてったり，庭の草取りをしたり，小麦の脱穀をしたりすることもあるのさ。下男や下女が際限なしの苦労をしていると助けてもくれるよ」
「どうしてそれがいなくなったの，お婆ちゃん？」
「下女たちがね，ある晩，見ちまったのさ。そして，着ている服があんまりぼろぼろだったもんで，新しい服とリンネルのシャツを作って，パンとミルクの鉢のわきへ置いといたのさ。そうしたら，ブラウニーはそれを見て，さっそく着ると，台所の中を踊ってまわって，
「おやおや，なんということだい！
もうここでは脱穀も粉ひきもしてやらないぞ」
そううたって，踊りながら戸口をぬけて，それっきりもう戻ってこなかったのさ」
『炉端のロブ』の話も，「ブラウニー」の話と筋がやや似ている。ジプシーの捨て子の赤ん坊を，ふたりのお婆さんが拾う。が，その子は大きくなって農場管理人のもとで働くようになると逃げてしまう。しかし，やがて後悔してまた戻ってくると，夜こっそり家で働いていく。家族たちはそれをてっきりロブの仕業だと思う。「アミーリアとドワーフ」は妖精の人さらい話である。ただし，この場合，妖精すなわちドワーフは，初めはアミーリアのいろいろな欠点を直してやろうと好意的にさらうのであるが，彼女の欠点がすっかりなくなるにつれて，今度はアミーリアが好きになった。そこで，アミーリアは四つ葉のクローバーの助けでようやく逃げる。地下の妖精の世界が，太陽や月の光でなく，薄明かりで照らされているという描写は，そこから緑の子どもがやって来たという〈聖マーティンの国〉を思い出させる。『古風な妖精物語集』は，そのうちのいくつかはフランスの伝承に基づき，いくつかは寓話であるが，いくつかはイギリスの妖精奇談によく似ていて，民話と区別するのが難しいほどである。（吉）

善いお隣さん　the Good Neighbours

妖精の呼び替え名はたくさんあるが，その中でも〈善いお隣さん〉というのは，最も行き渡った名称の一つである。ロバート・チェインバーズは『スコットランドの伝承ライム』(1826)に「妖精の呼び方」についての唄を収めているが，その中にある次の2行が思い出される。

　　　　　わしを善いお隣さんと呼ぶんなら，
　　　　　まあ，善いお隣さんとなってあげよう。

スコットランドの詩人アレグザンダー・モントゴメリーは「モントゴメリーとポルウォートとの争いの詩」(c. 1585)の中で，あまり魅力的でない連中のことを思い浮かべて〈善いお隣さん〉と呼んでいる。　[モチーフ：C 433]　　　　　　　　　　　（井）

善い人　the Good People

妖精の呼び替え名の一例。[モチーフ：C 433]　　　　　　　　　　　　　　　（平）

妖怪狩猟群　the Wild Hunt

ガブリエル・ラチェット，悪魔の猟犬群，スルーア，別名〈亡者の群れ〉，およびその他の，魂を餌食としてあさり歩く物の怪に与えられる呼称の一つ。この種の物の怪の中には，ガブリエル・ラチェットや〈亡者の群れ〉のように，空を飛ぶと考えられるものもいるし，また，悪魔の猟犬群のように地上を駆けるか，地表すれすれに飛行するといったものもある。ブライアン・ブランストンが著書『イングランドの失われたる神々』(1957)の中で引用した1127年の『アングロ・サクソン年代記』で描かれている以下のような記述は，おそらくこの妖怪狩猟群であろう。

　　　これから語ろうとすることに驚いていただいては困る。というのは，2月6日以後狩人の一団がすごい勢いで獲物を追っているのを多くの人が見聞きしたといううわさが，国中に広がっているからである。狩人たちは黒い馬や黒い雄鹿にまたがり，彼らの猟犬も真っ黒でぎょろっとした恐ろしげな目をしていた。この光景はほかならぬピーターバラ〔現ケンブリッジシャー北部の都市〕の町の鹿猟園や，その鹿猟園からスタンフォード〔現リンカンシャー南部に所在〕にまで広がる森の至る所で見られた。一晩中，修道僧たちは彼らが角笛を吹き鳴らす音を聞いていた。夜，見張り

をしていた信頼できる目撃者たちの証言によれば，自分らの見たかぎりではこの不気味な疾駆にたっぷり 20 人から 30 人は加わっていたという。

妖怪狩猟群は長い間命脈をたもってきた。1940 年代になっても，ハロウィーンの夜，ヨーヴィル市〔現サマーセット州南東部の都市〕の近くのウェスト・コーカー村を疾駆していく音が聞こえたという。〔モチーフ：E 501.1；E 501.1.7.3；E 501.13.1.4；E 501.13.4；G 303.7.1.3〕

(三)

陽気さ　Cheerfulness

陽気に旅をする人，陽気に物を与える人，それに陽気に働く人は，すべて妖精の愛顧を受ける見込みがある。妖精は，不平不満や悲嘆を何よりも嫌うのだから。妖精に尊重される美徳の項をも参照。

(平)

妖術師　Wizards

妖術師は，必ずしもすべて悪いとはかぎらなかったが，常に支配力を握ろうとする誘惑にさらされ，また，その力をふるいたがった。アーサー王伝説のマーリンは善い妖術師の例であるが，その彼も，ユーサーとイグレーヌの件に関しては，明らかに不誠実であった。ユーサーに，ティンタジェル公であると偽らせ，当人が戦いで死んだその同時刻に，ティンタジェル公の妻イグレーヌを身ごもらせたのである。その子がのちにアーサー王になるのである。マーリンは，妖術師よりは，超自然の妖術師とみるべきかもしれない。なぜなら，彼は，ある王女と同衾した夢魔インキュバスの子で，したがって，〈父無し子〉と言われていたのであるから。しかし，マーリンが，有名な魔法使いブルターニュのブレイズ〔マーリンの生母の聴罪師でもあった〕の下で魔法を学んだことも事実である。

スコットランドの有名な妖術師マイケル・スコット (1175?-1234?) は，フィンが不思議な〈知恵の魚〉を食べたように，〈白い蛇〉が料理されるのを見張っていて，それをまず食べたことが魔法の世界に入るきっかけとなった。彼は料理された〈白い蛇〉に触って指に火傷を負い，その指を口にくわえて，初めて神秘の味を知った。マイケル・スコットについては，例えば魔法でローマへ飛んだというような話が，たくさん広範囲に伝わっている。また，ローマへ飛んだという話にも，いろいろな形のものがあり，ファウスト伝説にも，その一つが入っている。そのうち 19 世紀に採集された話が，『ケルト伝承拾遺集』第 1 巻 (1889) に次のように載っている。

　　スコットランドの国がローマ教皇によって統治されていたころ，住民は無知で，教皇の承認を得るまでは，何事もすることができず，また発言することもできなかった。1 年の祭りは，懺悔節〔五旬節〕の祭日が決まってから，すべて決まっていたので，懺悔節の日取りさえわかれば，他の祭日もおのずから決まった。懺悔節に続いてレント〔四旬節〕が始まり，その 6 週間後に復活祭があって，そのあと順次その年の他の祭りが決まるのであった。

　　さて，毎年，懺悔節の日を教えてもらうために，各国から使者がローマへ旅立った。そして，その使者が帰国して，その年の懺悔節の日取りを伝えるとすぐに，翌

年また同じ目的でローマへ行く使者として，賢くて，勇敢で，慎重で，育ちのよい人物が選ばれていた。

　ある年，人々によく知られた学者マイケル・スコットがローマへ懺悔節の日を教わりにいく使者として選ばれた。彼はほかにもいろいろな用事があったので，その年の最後の祭りの聖燭節〔2月2日〕まで，ローマ行きの大事な任務を忘れていた。こうなっては一刻も無駄にはできないので，若い雌の妖精馬の1頭のところへ行き，「お前はどのくらい速く走れる？」と尋ねた。「風と同じくらい速く」と雌馬は答えた。「じゃ，だめだ」とマイケルは言って，別の1頭のところへ行き，「お前はどのくらい速く走れる？」ときいた。その馬が「後ろにくる風をつき離し，前に行く風に追いつくくらい速く」と答えると，「まだだめだ」とマイケルは言った。3頭目の馬は「3月の黒い突風ぐらい」速いと答えたが，「まだまだだめ」と言って，4頭目の馬に同じ質問をすると，「ふたりの恋人の間を行きかう乙女の思いほど速く」と答えた。マイケルは「お前なら役立つ。さあ，用意しろ」と言った。「あなたがわたしと息が合えば，用意はいつでもできている」と，その若馬は言った。

　かくして出発。今，彼らには海も陸も区別はなかったが，ちょうど海上を走っていたとき，若馬に身を変じていたその魔女が彼に声をかけ，「スコットランドの女は，火を消すときになんと言う？」と尋ねた。マイケルが「ご主人様に仕えてとっとと走れ。そんなことは気にするな」と言うと，「お前には祝福を与えるが，お前を教えたやつはくたばっちまえ」と魔女は言った。そうして，また魔女が「スコットランドの母親は最初の赤ん坊を寝かしつけたり，乳を飲ませたりするとき，なんと言う？」と問いを出した。「ご主人様に仕えてとっとと飛ばせ。スコットランドの母親は寝かせとけ」とマイケルが答えると，魔女は「お前に知恵を授けた女は出しゃばりだ」と言った。

　マイケルはローマに到着。朝だった。人を通じて急いで，スコットランドからの使者が懺悔節の日取りをうかがいに参りました，でないとレントもやってきませんので，と教皇に申し入れた。教皇はすぐに謁見室に出られて，「どこから参ったか？」とマイケルにきかれた。「教皇の忠実なスコットランドの子らのところから，懺悔節の日をうかがいに参りました。でないとレントもやって来ませんので」とマイケルが答えると，「来るのが遅すぎたではないか」と教皇。すると「出発が遅かったものですから」とマイケル。「少し高く飛びすぎたのであろう」と教皇が言うと，「高すぎも低すぎもせず，ただ一直線に進んできました」とマイケル。「だが，帽子に雪がついている」と教皇。「はい，恐れながら，これはスコットランドの雪でございます」とマイケル。「スコットランドの雪だという証拠が出せるか？　同様に，汝が懺悔節の日をききにスコットランドから来たという証拠も出せるか？」と教皇。「それは」とマイケルは言う。「教皇はおみ足にご自分のものではないお靴をおはきですね」　スコットのこの言葉に教皇は下をご覧になると，右足に女の靴をはいていた。「望みをかなえてつかわそう」と，教皇はマイケルに言われる。「行きなさい。春の最初の月の最初の火曜日に懺悔節が始まる」

　こうしてマイケル・スコットは，教皇が秘密にしていた知恵を獲得した。そのと

きまでは，毎年，使者が教皇から次の懺悔節の日取りをきいていたが，マイケルはついに，教皇の，その日の決め方の秘密を知ったのである。マイケルの帰途がどんなであったかという話は伝わっていない。

変身は，すぐれた妖精ならすべて生得の能力であったが，妖術師によって変身の訓練を受けた少年たちに関するいくつかの話にみるように，妖術師にも変身は可能であった。一例をジョン G. マカイの『続西ハイランド昔話集』第 1 巻 (1940) の「妖術師の下僕」の話に見ることができる。その話では，妖術師が少年を，少年の父親から雇うが，ぺてんにかけて少年を永久奴隷にしてしまう。が，父親はようやく少年を助け出す。毎日少年は妖術を用いていろいろな動物に変身し，妖術師がそれを買う。革の引き綱を父親が手放さなければ，少年自身は元の人間の姿に戻れたが，あるとき，父親は，少年が変身した動物が高い値段で売れて得意のあまり革の引き綱をはずして自分が持つのを忘れたために，少年自身は妖術師のとりこになってしまう。少年はようやく逃げ出すことができたが，今度は追跡される。そして，変身の応酬があって，結局は妖術師の下僕〔すなわち，少年〕が妖術師を出し抜き，滅ぼしてしまう。不死の力や，魂を身体から引き離して霊肉分離の状態におく力も，人間の妖術師は獲得することができる。

詩人トマスは，妖精から超自然の知恵を獲得した例である。彼はアーサー王に仕えたマーリンより幸運であった。というのも，マーリンは呪文によって岩の下に閉じこめられてしまったが，トマスは人間界を去って，妖精界に入ったからである。1610年魔女裁判の被告キャサリン・ケアリーが裁判で報告した妖精の〈頭目〉のように，妖術師の中には，妖精を統率する力をもつ者もあった。しかし，その頭目が魔法使いだったか妖術師だったかという点は，どっちみち現実離れした話だったのだろうから，人の推測にまかせていい。〔タイプ：673．モチーフ：B 184.1.1；B 217.1.1；D 2122；G 303.3.3.1.3〕

(吉)

妖精　Fairies

フェアリー（fairy）の語源は古いものではない。初期の語形はフェイ（fay）で，今では古めかしく，やや気どった響きがある。これはファタエ（Fatae）の語形が崩れたものと考えられている。ギリシア・ローマ神話の〈運命の 3 女神〉を意味するファタエは，のちに，人間の運命をつかさどり誕生に立ち会うという要素が加わった超自然の女たちになってゆく。フェイ エリー（fay-erie）とは，初め「魔法のかかった状態」すなわち「催眠状態，または幻覚状態」〔⇒まやかしの術〕を意味し，のちにこうした幻覚を起こす力をふるう妖精について用いられるようになった。フェアリー という語は，今では広い領域にわたって用いられ，アングロ・サクソンおよび北欧系のエルフ，スコットランド高地地方のディーナ・シー，アイルランドのトゥアハ・デ・ダナン，ウェールズのタルイス・テーグ，それにシーリー・コート，アンシーリー・コート，おちびさん，善いお隣さん，そのほか数多くのものがここに含まれる。この中には群れをなす妖精とひとり暮らしの妖精がおり，さらにまた人間と等身大かそれ以上の大きさの妖精，3 フィート〔約 90 センチ〕の妖精，微小の妖精たちがおり，家つき妖精

も，野生的で人になじまぬ妖精もいる。また，地下にすむ妖精もいれば，湖や河や海に出没する水棲妖精もいる。超自然のハッグ[2]〔妖婆〕，怪物，ボーギーなどはまた別の種族に属すると考えられるが，そのほかに妖精動物も存在する。　　　　　　　　(井)

*妖精丘　Fairy hills

アイルランドの神話時代の出来事を記した『侵略の書』によると，エリン〔アイルランドの古称〕に来島した5種族の一つで，女神ダーナを始祖とする神族のトゥアハ・デ・ダナンは，ミレシウス族と戦って敗れ，目に見えぬ種族となって海のかなたと地面の下に逃れ，不老不死の楽園を造った。海のかなたの楽園はチール・ナ・ノーグ〔若者の国〕と呼ばれる。地下の楽園は，三角の丘や緑の丘の中腹，洞穴の中，湖や沼の底に造られたが，すべては一つにつながる妖精の国になっていた。ゲール語で妖精はシーといい，その原意は「土の塚，丘」であるが，432年にキリスト教布教に来島した聖パトリックが，「シー，土の下にすむ神々」と言ったことから「地下の精」，「妖精」を意味するようになった。イギリス，アイルランド各地に残る先史時代の遺跡，住居跡のラース〔円形土砦〕，フォート〔城砦〕，埋葬地跡のバロー〔土塚〕，マウンド〔土まんじゅう〕，トムラス〔円丘〕，ケアン〔石塚〕，ドルメン〔支石墓〕などは，妖精の出没する場所といわれ，ボーナ谷にある回廊式埋葬所のトムラスなどは妖精国の入り口であると今も信じられている。一説に，先史時代に洞穴に住んでいたといわれる，背が低く浅黒いイベリア人の記憶が妖精の映像を作りあげたといわれ，古代の遺跡で見つかる石器時代の石の矢じりは〈エルフの矢〉と呼ばれて，妖精が人間や動物に射かけた矢だと言われている。妖精丘で寝た者はこの矢に当たって，神経が麻痺したり記憶を失うとも信じられている。妖精丘は特にシーヘンまたはノウと呼ばれ，スコットランドではノール，アイルランドではクノック〔ゲール語ではcnoc，英語ではknock〕で，妖精丘の内部はブルーと呼ばれる。英雄妖精アーサー王はキャドベリー丘〔現サマーセット州，ヨーヴィル市北東約10キロ〕に，またフィッツジェラルド伯はムラマストのラースに眠っているが，聖ヨハネの祝日〔6月24日〕前夜の満月の夜には，従者を連れて丘を騎馬行列で巡る，といわれている〔⇒ムラマストの伝説〕。満月の晩に妖精丘を3回巡れば妖精の国への入り口が見つけられるといわれ，内部から妖精の音楽が聞こえてきたり，また柱で丘が蓋のように持ちあがって光が洪水のように溢れ，その下に金と水晶でできた宮殿が並ぶ妖精の国や，その中で踊る小さな妖精たちが見えるといわれている。　　　　　　　　　　　　　　　　　　　　　　　　(井)

妖精丘の欲張り　the Miser on the Fairy Gump

コーンウォールの町セント・ジャストの近くにある丘は，コーンウォールの小さい人が集まる場所としてよく知られていた。ロバート・ハントはその編書『イングランド西部の伝承奇談』(1865)の中に，この妖精の集いを生き生きと描写した話を収録しているが，それは，ロバート・ヘリックやマイケル・ドレイトンの詩に見られる妖精の集いと同じように，きわめて小さいながらも美しく宝石で身を飾った，お上品な集まりとして描かれている。

セント・ジャストの年寄りたちは，その丘で催された音楽や踊りや宴会などのみごとな光景を，子どもや孫たちにずっと語り伝えていた。おとなしく見ている者は別に罰せられず，中には小さいが実に貴重な贈り物をもらった者さえいた。
　ところがここに欲張りな年寄りがひとりいた。これが金目の物と聞けば必ずといってよいほど自分のものにしたくなるといった手合いの男であり，ある仲秋の満月の夜，何か盗める物はないかと出かけていった。丘を登り始めると，四方から音楽が聞こえてきたが，目には何も見えなかった。もっと高くまで登っていくと音楽はもっとやかましくなり，そしてふと，その音は足の下から聞こえてくるのに気がついた。すると突然，丘が一瞬にして口を開いたとみる間に，恐ろしいスプリガンの群れがくり出して，その後ろから壮大な音楽隊と隊列を組んだ兵士たちが続いた。それと同時に，丘がいちめんに光り輝いた。すべての草の葉，すべてのエニシダの茂みが宝石をつけてきらめいた。欲深い年寄りは，もの欲しげにそれらを見つめていた。しかし，大勢のスプリガンがまるで護衛のようにしだいに自分を取り巻きつつあるのに気がついて心配になってきた。とはいえ，スプリガンの身の丈は，どれも自分の靴ひもの高さ以下だったから，いざとなったら踏みつぶしてやろうと思い，自分の気持をなだめてひるまなかった。すると召使いの大集団が，欲張り老人の待ち焦がれていた金目のものを運びながらやって来た。見ればそれは幾百もの食卓で，黄金や銀の皿，ルビーやダイヤモンドを彫ってこしらえた酒杯，そして，ありとあらゆるごちそうが，その上に，みごとに整然と並べられていた。年寄りはもの欲しげに，いったいどれをかっさらおうかと考えていた。するとそのとき，何千という妖精の宮廷人たちが姿を現し，妖精の子どもたちが，香りのよい花をまきながらその後ろに続いた。花は地面に触れると，自然に根をはるのだった。そうしていちばん最後に，王子と王女が姿を現し，壇の上に設けられた主賓席へと向かった。この主賓席の食卓こそ，欲張りがこれぞと狙いを定めた最も高価な品だった。年寄りはうずくまりながら，食卓の後ろへと這っていき，自分のつば広帽子で，その輝かしい小づくりの宝石と黄金と絹を一気にかっさらおうとした。欲張りがなおも這って行くと，妖精たちは序列に従いつつ，何人かまとまって自分たちの支配者に敬意を表しに進み出ては，それから食卓の決められた席につくのであるが，どう見ても自分たちに覆いかぶさっているこの年寄りに気づいてはいないようだった。欲張りはうまく盗むことに気を奪われていたので，スプリガンたちが自分と一緒に移動しながら，めいめい光る綱を彼の身体に巻きつくように投げつけているのには，少しも目が届かなかった。とうとう壇の後ろにたどりつくと，年寄りは上半身を起こしながら，帽子を高く頭の上にかかげた。すると突然，大勢の集会者の目が，ことごとく自分に注がれているのに気がついた。一呼吸ためらったとき，口笛の音が響いたと思うと，すべての明かりが消え，何百という細いひもで左右にぐいぐい引かれてゆくのに，年寄りは気づいた。ブンブンという羽のうなりが聞こえ，年寄りは頭から爪先まで，至る所を刺されたりつねられたりした。年寄りは地面に張りつけられたようにあおむけに釘づけにされ，鼻の上では，いちばん大きなスプリガンが，甲高い笑い声をあげて踊っていた。とうとうしまいにそのスプリガンがこう叫んだ。
　「逃げろ，逃げろ！　夜明けのにおいがしてきたぞ！」　そうしてみな姿を消してしま

った。欲張りは，自分が体中露に濡れたクモの巣で覆われて，丘のふもとに横たわっているのに気づいた。年寄りはそのクモの糸を切ると，よろけながらやっと立ち上がり，よろよろ歩きながら家に帰った。そして長い間，その夜自分に起こったことを人には話さなかった。

　この話には，ロバート・ハント特有の，19世紀的な装飾性への好みが，極端なほど出ているようだが，もしもこの話がまったくの作り事でないとすれば——もっともこれまで，話を作り上げたとしてハントを非難した者は誰もいないが——この話には，ヘリックが200年前に見つけたとしてもおかしくはないようなごく小さい妖精とその宮廷に関する伝承が受け継がれている。この話はまた，妖精たちを花の精とし，スプリガンを死者の霊というより妖精の護衛とすることによって，「シリーナが原の妖精のすみか」と異なり，妖精全体に対し好意的な取り上げ方をしている。［タイプ：503 III. モチーフ：F 211；F 239.4.3；F 340；F 350；F 361.2；F 456.1］
(井)

妖精丘の猟犬　the Hounds of the Hill

内部が空洞になっている丘にすむ妖精たちの猟犬を，イングランドでは〈妖精丘の猟犬〉と呼ぶことがある。同じ妖精犬といっても妖精丘の猟犬は，妖精鹿の代わりに人間の霊魂を狙うのを役目としているガブリエルの猟犬群，悪魔の猟犬群，その他の亡霊猟犬群とは区別される。妖精丘の猟犬は，J. G. キャンベルが記述しているクー・シーのように暗緑色ではなく，赤い耳をした白色の犬として描かれるのが普通である。ルース・タングは，『イングランド諸州の埋もれた昔話』(1970)の中で，若い労働者が親切にしてやった1匹の妖精丘の猟犬について，1917年とさらに1960年の2度にわたり，チェシャーで聞いた話を紹介している。青年が出会った妖精丘の猟犬は，赤い耳をした毛むくじゃらの白犬で，大きさは子牛くらいだった。その猟犬は脚を痛めているようだったので青年は濡らしたスカンポの葉で手当てをしてやった。その後しばらくして，青年は魔の森を通っていると亡霊ヤギに襲われたが，以前に手当てをしてやった妖精丘の猟犬が急場を救ってくれた。この話は，チェシャーに隣接するウェールズよりも，スコットランド高地地方の色合いが強い。
(平)

妖精界における時間　Time in Fairyland

初期の妖精研究家たちは，時間の相対性について生き生きとした感覚をもっていたが，それはおそらく，寝台から床に転げ落ちる一瞬のうちに数年間が過ぎゆくという，夢またはトランス〔忘我・恍惚の精神状態〕の経験に基づいているのであろう。妖精界における時間がこういう進み方をすることもある。E. S. ハートランドは『妖精物語の考察』(1891)に収められた「妖精界における時間の超自然的経過」と題する包括的な研究の中で，実例としてウェールズ南西部のペンブルックシャーに伝わる妖精界訪問の話をあげている。年若い羊飼いが妖精の踊りに加わったところ，気がついてみると，この上なく美しい庭園に囲まれた輝かしい宮殿におり，彼はそこで妖精界の人々と，何年も幸せに暮らした。ただ，一つだけ禁じられたことがあった。庭園の中央には泉があって，そこには金色や銀色の魚が群れていたが，決してその水を飲んではな

らない，と申し渡されていた。だが彼は，日増しにその水が飲みたくなり，とうとう手を水につっこんでしまった。するとその瞬間，まわりのすべてのものがかき消えてしまい，彼は寒々とした丘の斜面で羊に囲まれているのに気がついた。実際には彼が妖精の踊りに加わってから，たった数分しか経過していなかったのである。こうした夢の中で別世界へ入るトランスに似た経験は，より宗教的な脈絡の中で語られることのほうが多く，例えばマホメットの楽園への旅がそうであるし，バラモン僧や隠者たちの経験なども，こうしたものに属する。しかしたいてい，妖精界あるいは超自然界へ行く場合は，時間は上記とは反対の方向へ進む。妖精たちの間で過ごした数日間の宴会と浮かれ騒ぎが，現実の人間世界では200年を費やしていたように，「フリースとスウェリン」の話の中での数分間の踊りは，普通の時間で丸1年に相当する［⇨ヘルラ王］。このことは，いつもそうであるとは限らない。というのは，民間伝承の中では，何事もきちんとした論理的な体系に組みこまれることがないからである。たとえば，エリディリス［⇨「エリダーと黄金のまり」］は，時間の切り換えを必要とせず妖精界と自分の家の間を行き来することができたし，妖精に雇われた産婆は，人間なのに，一晩のうちに妖精の家を訪ねて帰ってくることができたし，妖精の塗り薬を借りた男は，妖精丘の中へ，何の支障もなく招き入れられたし，スコットランドの魔女イゾベル・ガウディーは妖精の矢［⇨エルフの矢傷］を手に入れようと，同じように妖精丘を訪ねることができた。とはいえ，たいていの場合は，妖精界を訪れる人間は大きな危険を冒すといえよう。つまり人間界に帰りついたときには，人間世界での自分の寿命がとっくに尽き果ててしまっているということが起こるのである。

時には，リップ・ヴァン・ウィンクルの話に見られるように，妖精界では妖精の食べ物や飲み物を口にしてはいけないというタブーを破ると，魔法で眠らされ，その間に超自然的な速さで時間が進んでしまうということもあるが，いつもそうであるとは限らない。確かにヘルラ王とその家来たちは妖精界〔ドワーフの洞窟〕で宴会に加わったが，妖精と交わったばかりに200年という時間の超自然的経過が起こったとは，少しも書かれていないようである。ヘルラ王とその一行の訪問は，不幸な結果に終わったものの，訪問そのものは友好的なものだった。

主人公が妖精花嫁と一緒に暮らしてから，数百年を経過して帰ってくるというオシアンの物語は，非常に広く流布しており，日本で最もよく知られたおとぎ話の一つ「浦島太郎」の中にさえ類話を見いだすことができる。そこでは，ほかの多くの類話と同じように，主人公の花嫁は海にすむ乙女である。妖精界はしばしば海底か，海のはるかかなたにあり，マーメイドたちは人間の男に恋をする。浦島太郎が家に帰ろうとしたとき，竜宮の乙姫は彼が生きた年月が詰まっている玉手箱を渡すが，禁を破ってそれを開いたときに老齢と死とが彼に訪れたのである。ハートランドは『妖精物語の考察』の中で，オシアン物語のイタリアにおける興味深い類話を記している。その話は白鳥乙女の話として始まっているが，主人公の花嫁はフォーチュン〔運命〕である。一度花嫁を失ったのち，主人公はその花嫁のあとを追って〈幸福の島〉へ行き，2か月と自分では思った月日の間そこにいたが，実際それは200年であった。どうしても家に帰って母親に会いたい，と彼が言い張ると，花嫁フォーチュンは，彼を乗せ

て海上を進んでゆくすばらしい黒馬を与え，決して馬から下りてはいけないと言う。しかし彼女はオシアンを連れ去った若者の国の妖精王女〈金の巻き毛のニアヴ〉よりも慎重で，一緒についていった。ふたりはともに馬に乗って海を渡り，すっかり様子の変わった故郷についた。母親の家の方へ行くと，荷車1台分の古靴を引きずっている老婆にふたりは行き会ったが，それらの靴はみな，老婆が息子を捜すのに履きつぶしたものであった。老婆は足を滑らせて，地面に倒れた。彼は起こしてやろうと身をかがめたが，そのときフォーチュンがこう叫んだ。「気をつけて！ あれは死神よ！」そこでふたりは先へ進んだ。次にふたりは，脚の疲れた馬に乗った領主に行き会った。馬がふたりの横手に倒れたので，主人公はおりて助けようとしかけたが，そのときフォーチュンがまた叫んだ。「注意して！ あれは悪魔よ！」ふたりはまた先へ進んだ。だが主人公は，自分の母親は死んでおり，とっくに忘れ去られているということを知ると，くびすを返して，花嫁とともに〈幸福の島〉に戻り，そこでふたりして，末長く幸せに暮らしたという。これは，妖精花嫁および妖精界への訪問にかかわる話のうちでも，幸福な結末を迎える数少ない話の一つである。

　同一のモチーフの一つが現れる，オーストリアのチロル地方の話が，やはりハートランドの『妖精物語の考察』の中で伝えられている。ある農夫が，家畜の群れを追ってとある岩陰から洞窟に入りこんだところ，そこでひとりの貴婦人に出会い，食べ物を出されたうえ，庭番として働かないかともちかけられる。男は数週間そこで働くのだが，家が恋しくなり始める。男は帰してもらうが，戻ってみると，すべてが見慣れぬものばかりで，ひどく年老いた老婆のほかには，誰ひとりとして彼のことを知る者はいなかった。老婆は彼のそばに近づくと，こう言った。「どこにいっていたんだい？　200年もお前を捜していたんだよ」老婆が男の手を取ると，男はばったり倒れて死んでしまった。この老婆は死神だったのである。

　このように，人々が長らく留守をしたあとで戻った場合，人間の食べ物を口にしたとたんに塵と化してしまうことがしばしばある。このことは特にウェールズに伝わる話に当てはまる。スコットランド高地地方における類話では，日曜に妖精界から帰ったふたりの男が，教会へ行ったところ，聖書の1節が読み上げられ，そのとたんに，崩れて塵と化したという。

　これらすべての物語が暗示しているのは，妖精界とは死者の世界であり，そこに入った者たちはとっくに死んでおり，実質のない肉体を携えてこの世に戻っても，この世の現実にさらされると，その肉体は崩れて塵になってしまう，ということである。

　『イングランド諸州の埋もれた昔話』(1970) に収められた，ルース・タングによる感動的な話「真昼の幽霊」においても，こうした死者への変容はすでに起こっていた。ずっと昔，「妙な男」〔おそらく妖精〕に会って賭け事や古い楽しみ事で引きとめられていたその老人は，妻（もうとっくに亡くなっていた）を捜し求めに戻ってくるのだが，これは死者となって人間界へ戻ったのである。人間界のひとりに自分の話を聞いてもらったあと，彼は妻に呼ばれて天国に昇っていった。この物語にあるように，妖精の世界に入るには，あるいは永遠の生に入るには，地中であれ水中であれ地理的に妖精界へ入ることを必ずしも必要とはしない。妖精の輪や妖精の騎馬行列との遭遇，この

世のものでない鳥の歌声などが，充分に人を超自然的状況に引きずりこむのであり，そうなったとき，その人は目に見えなくなって，人間の世界から連れ去られた形になるが，人間の世界の方は，不思議な妖精界の時間の仕組みが効力を失うまで，そのままその人のまわりに存在しつづける。というのも，時間の進み具合がどれほど違おうとも，人間の時間と妖精の時間とはなんらかの仕方で連動していることが認識できるからである。妖精の輪に入って踊った者は，ほとんどいつも1年と1日，時に，きっかり1年後に救い出されるし，2か月は200年に等しく，1時間は1昼夜に当たるかもしれないというように，なんらかの関係をもっている。時間は相互に関係をもっているが，季節はそれ以上に重要である。五月祭〔5月1日〕，聖ヨハネの祝日〔6月24日〕前夜祭，ハロウィーンが，人間界と妖精界との間の扉が開かれている時のすべてである。古代アイルランドの妖精伝説の翻訳物の一つである，ジェイムズ・スティーヴンズの『若者の国にて』(1924)という作品は，このことの格好な実例である。1日のうちのある刻限も，やはり重要である。1日のかなめとなる四つの時刻，すなわち正午，日暮れ，真夜中，夜明けは，妖精たちと最もつながりの深い時刻である。1週間のうちの特定の曜日も重要である。危険な曜日と，脱出に適する曜日とがある。実際のところ，妖精の時間がどれほど自由奔放に流れているように見えても，やはりここでも，他の場合と同じく，妖精の人間依存の形跡が見られる。〔モチーフ：F 377〕

(井)

妖精界の捕らわれ人　Captives in Fairyland

妖精界に連れ去られたり，あるいは妖精丘へ大胆にも入っていき，妖精の食べ物や飲み物を味わう羽目になって，妖精の性質を身につけ，妖精界に居ついてしまった人間の話は，非常に古い時代から言い伝えられている。その初期の実例の一つに，コギシャルのラルフの中世年代記に収められたモーキンの話がある。ここに見られるのは最も一般的な捕らわれ人の例である。すなわち母親が畑で働いていたすきに，そのかたわらから盗まれた人間の子なのだが，その子は7年ごとに自由を取り戻す機会が訪れると自分では信じているようだ。こうした小さな捕らわれ人は，幼いころから妖精の食べ物を与えられ，妖精の母親にかわいがられて育ち，ついには本物の妖精の仲間になってしまうようである。だが，妖精が人間を捕まえるのには，もっと不気味な理由があった。すなわち，アイルランドやスコットランドでは妖精たちは7年に1度，地獄に貢ぎ物を納めなければならず，その際妖精たちは，自分の仲間よりも人間を生けにえとして出したがると言われていた。詩人トマスのバラッド〔チャイルド37番〕の中で，トマスが生けにえ〔⇒ティーンド〕として選ばれはしまいかと，妖精界の女王が心配していたことが，思い出される。

　時には大きい子どもたちも，妖精の領土に迷いこんだ場合には，危険であると思われていた。J. F. キャンベルの『西ハイランド昔話集』(1860-62) 第2巻にある話では，14歳になる鍛冶屋のひとり息子が妖精に連れ去られ，〈シヴラッハ〉すなわち妖精の取り換え子が代わりに残された。卵の殻を用いて酒をつくるという昔からの手を使って，鍛冶屋は取り換え子を追い出しはしても，それで自動的に息子が戻ってくるとい

うわけではなかった。鍛冶屋は息子をノウ〔妖精丘〕から救い出すため，短剣を帯び聖書と雄鶏を携えて出かけていく。その丘のずっと奥にある鍛冶場で，妖精に連れてこられた人たちと一緒になって働いている息子を鍛冶屋は見つけて助け出すのである。この少年は，あとになって腕のよい鍛冶屋として人に知られるようになったという。この話の中で，鉄を寄せつけないはずの妖精たちが，鉄の細工物をしているのは奇妙に思えようが，これは，ノームといささかの混同があるのだろう。ワイルド夫人も，『アイルランドの古代伝説とまじないと迷信』第2巻（1887）において，人間が妖精の奴隷として使われることを認め，「だまされて妖精の宮殿に連れこまれた若い男は，奴隷にされてつらい仕事を課される」と言っている。妖精同士の争いや，ハーリングの試合にも，人間の力が役に立つので重宝がられるが，この場合は概して一時的に人間の手を借りるだけで，妖精の方で充分にそのお礼をするのである。

またワイルド夫人によれば，詩人トマスのように歌と音楽の才能に恵まれた若者はしばしば連れ去られるし，また特に容姿のすぐれた者は，妖精の王女が恋人として所望したりする。

しかし，男より女の方が，はるかに妖精に捕まる危険性がある。授乳期の母親は，妖精の赤ん坊の乳母として需要が高い（妖精の母乳はどうも質が悪いらしい）。出産と安産感謝式との間が，そうした母親にとってはたいへんに危険な時期である。予防策が充分に効を奏した話とか，妖精の手から女房を救い出そうとした話は数多くある。時には妖精たちが捕らえた女性を運んでいくところを押さえられ，生けにえを妖精界へ連れていけないこともある。「バルマチーの領主の妻」の話はその一例であり，妖精が人を捕まえる方法をはっきり示している。時には捕らわれた女が，例えばウォルター・スコットが『スコットランド南部境界地方の吟遊詩歌集』の中で紹介したメアリー・ネルソンのように，無事に助け出されることもある。だが助けるのを失敗した悲劇的な話もある。そうしたたくさんの話の一つに，ジョージ・ダグラスの『スコットランドの妖精譚と昔話』（1893）に収められている「ロージアンの農夫の女房」があるが，以下にあげるのは，その中で夫が妻を妖精の騎馬行列から救い出そうとしたくだりである。（若きタム・リンの話では，同じような妖精からの救出の試みが成功している）

ロージアン〔スコットランド南東部の町〕にいた農夫の女房は妖精に連れていかれたが，まだ一人前の妖精と認められず，いわば保護観察中の最初の年には，日曜ごとに自分の子どもたちのところに現れては，その髪に櫛を入れてやっていた。そうしたあるときのこと，女房は夫から声をかけられたので，ふたりを引き離した不幸な出来事を夫に語り，どうすれば夫が自分を取り戻せるかその方法を教え，この世と来世の幸福は，あなたの試みが成功するか否かにかかっているのだから，どうぞ勇気を振るってやってみてほしいと熱心に頼んだ。妻を深く愛していた農夫は，ハロウィーンに家を出て，ハリエニシダの小さな茂みに身を隠すと，辛抱強く妖精の行列を待っていた。だが妖精の馬具につけた鈴の鳴る音や騎馬行列が立てるこの世のものとも思えぬ荒々しい音を耳にすると，勇気はくじけて手も足も出なくなり，この世ならぬ行列が通り過ぎるのをただじっと見送るだけだった。最後の者が馬に乗って通り過ぎると，一行は高笑いし，勝ちどきをあげながら消えてしまった。そし

てその叫びの中に，夫が永遠に自分を失ってしまったと嘆き悲しむ妻の声を，彼ははっきりと耳にしたのであった。

「アンスト島のキャサリン・フォーダイス」という別の話にも，いくつか興味深い点がある。この話ではキャサリン自身の子どもについては何も言われていないのだが，キャサリン・フォーダイスにちなんで同じ名をつけられた子どもが，妖精の祝福を受ける。そして妖精界で妖精の食べ物を食べることを禁ずるタブーが語られている。しかし，どうやら神の名を唱えれば，そのタブーを破っても大丈夫だったようだ。以下の話はビオット・エドモンストンとその姪ジェシー・サクスビーの『あるナチュラリストの里』（1888）から採られて，『カウンティー・フォークロア』第3巻〔オークニーおよびシェットランド諸島篇〕（1901）に再録された。

　キャサリン・フォーダイスという女がいたが，最初の子どもを産んだときに死んでしまった——少なくとも人々はそう思っていた。死んでからほどなくして，隣の家の女房の夢枕に，キャサリンが立ってこう言った。「お宅の牛の乳は，あたしがいただきましたよ。だからあなたが搾ろうとしても出なかったんです。でも，お返しはしますよ。あたしが何を欲しいか，すぐわかるようにしますが，それをくださったなら，もっとたくさんお礼をしますよ」女房は，キャサリンの欲しいものがなんであるか理解できず，約束しなかったが，ほどなくそれが自分の子どもだということがわかった。子どもが生まれると，母親はキャサリン・フォーダイスと名づけた。その子の洗礼がすむと，例のトローに捕らわれたキャサリンが，またその母親のもとに現れ，その子どもがいるかぎりは，家中のものが栄えるだろう，と語った。そしてまた，トローたちの所は居心地が悪いわけではないが，もし誰か偶然に自分を見かけ，そのときあわてずに神の名を唱えてくれれば，自分は自由の身になれるだろう，と言った。そしてさらに，自分が子を産んだときに，友人たちが呪文を唱えて自分を守ってくれるのを忘れたので，トローたちの手に落ちたのだ，とも語った。

　キャサリンという名の子どもが結婚するまでは，幸運が上げ潮のようにその女房の家を訪れていた。その子の婚礼の夜になると，恐ろしい嵐がやって来た。「今生きている人でこんなひどい嵐を覚えている人は誰もいない」というほど恐ろしいものだった。岩礁を，まるで海辺の石でも洗うように乗り越えてきた高潮が，ブロッホをのみこんでしまった。花嫁の父は自慢の羊をたくさん失った。波にさらわれて，持っていかれてしまったのだが，「白く長いひげを生やした老人たちが，大波の間からその青白い両手を押し広げ，羊たちをつかみ取っているのが見えた，と言う者もいた」その日から，女房の運は悪い方へと傾き始めたのである。ジョン・ニズビットという男が，1度，キャサリン・フォーダイスを見かけた。ジョンはキャサリンが住んでいた家の近くにある谷間を登っていたが，谷間の中腹に穴があいているように見えた。中をのぞきこんで見ると，キャサリンが「赤ん坊をあやしながら，変な形のひじかけ椅子」に腰かけているのが目に入った。彼女を閉じこめておくために前に鉄棒が1本渡してあった。彼女は茶色のポプリンのドレスを着ていた——こういう話をジョンから聞いた人たちは，それはキャサリンが着ていた花嫁衣装だ

ったことを思い出した。ジョンにはキャサリンがこう言ったような気がした。「まあジョンったら！　どうしてこんなところにやって来たの？」　ジョンはこう答えた。「お前さんこそ，どうしてこんなところにいるんだい？」　すると彼女はこう言った。「どうしてって，あたし元気で幸せにしてるけど，ただ外に出られないのよ。あの人たちの食べ物を食べてしまったんですもの！」　不幸なことにジョン・ニズビットは，「神様，お守りください」と言えばよかったのに，それを知らなかったか，言うのを忘れたのだった。キャサリンはそれをジョンにそれとなく教えることすらできなかった。一瞬のうちに，目前の光景はすっかり消えてしまった。

　妖精の王や王子が若く美しい人間の女を妻にするために連れ去ることは，授乳期の母親をさらうのと同様によく起こることだが，こうして連れ去られた者のお産を助けるために，妖精に雇われた産婆がしばしば呼び出されたらしい。そのわかりやすい一例がジョン・リースのガルス・ドルウェンのアイリアンの話である。この話では，妖精の花嫁になるアイリアンは，自分から進んで妖精とともに出かけていくし，もともとなにか普通とは違った様子だった。特に彼女の金髪が妖精を惹きつけた。彼女を救い出す必要はなかった。この話は，わたしたちの知る妖精に雇われた産婆の話の中では最も完全な話である。

　ワイルド夫人が『アイルランドの古代伝説とまじないと迷信』で記している花嫁エッヘナの話は，妖精に盗まれた若い花嫁を［⇨妖精の盗み］，妖精界から救い出す代表的な話である。アイルランドの古典的な「ミデルとエーティン」は，この話を叙事詩にしたものであり，中世のオルフェオ王の物語――ここでは黄泉の国が妖精の国になっている――も同じ系列に連なるものといえよう。

　コーンウォール州の「シリーナが原の妖精のすみか」の話では，捕らわれた娘を救い出すのに失敗するが，この娘は花嫁というより，むしろ子守女として留めおかれていたようである。ここでも，妖精の食べ物を口にしたことが不運の原因となっていた。

　妖精に捕らわれた人には特に興味深い一側面があるが，それはうっかり妖精界に迷いこんだ人間に，親切な注意を与えることである。「アッフリーハンの農夫」という話では，小作人に危険を知らせ，かくまって逃げるのを手伝ってくれるのは，最近死んだと思われていた近所の女であった。妖精に招かれた産婆は，自分の身を守るにはどうすればいいかを産婦からしばしば教えてもらう。そういう産婆は，たいてい妖精に捕らわれた花嫁であり，ワイルド夫人の採話した「医者と妖精王の奥方」の話でも，同じことが言えるだろう。アイルランドの物語には，妖精界に誘いこまれた人々を進んで救い出す〈赤毛の男〉がよく登場するが，これもまた妖精に捕らわれていた人間だとされている。ワイルド夫人の『アイルランドの古代伝説とまじないと迷信』第1巻から，次のような例を一つ引けば，おそらくそれで説明は充分であろう。これは妖精の踊りに誘いこまれた娘の話で，娘は妖精の王子と踊ったあと，豪華な宴会へ連れていかれる。

　娘は王子が手渡した黄金の杯を取ると，唇までもってゆき飲もうとした。するとちょうどそのとき，ひとりの男がそばを通りながらこうささやいた――

　「食べ物に手をつけるな，酒も飲むな，さもないと2度と家には帰れんぞ」

そこで娘は杯を置いて，飲みたくないと断った。それを聞くと一同は怒りだし，大きな物音が起こったと思うと，すごい顔つきをした色の黒い男が立ち上がりざまこう言った——
　「おれたちの所へ来た者は，一緒に飲まなきゃならんのだ」
　男は娘の腕をつかまえて酒を娘の唇へ持っていったので，娘は死ぬほど怖い思いをした。だがそのとき，赤毛の男がそばにやって来て，娘の手を引いて外へ連れ出してくれた。
　「もう大丈夫だ」と男は言った。「この薬草をあげるから，家につくまでずっと持っていなさい。そうすれば誰もお前に害を加えることはできないよ」
　そう言って男は，アハ・ルースと呼ばれる植物（カキドオシ）の枝を娘に渡した。
　それを受け取ると娘は，暗い夜の草地づたいに逃げていった。だが，たえず追っ手の足音が後ろに聞こえていた。やっと家にたどりつき，戸にかんぬきを掛けるとベッドへ入ってしまった。するとそのとき，外で大きな騒ぎがおこり，娘に向かってこう叫ぶ声が聞きとれた——
　「お前なんかすぐにやっつけられるんだぞ。だけどその薬草の魔力で，おれたちの力は弱くなっているんだ。だが待ってろよ——お前がもう1度音楽に合わせて丘で踊るなら，お前は永久におれたちのもとにいることになるんだぞ。もう誰にも邪魔はさせないからな」
　しかし，娘はその魔法の枝を大事に持っていたので，妖精たちは2度と娘を困らせはしなかった。だが，11月の夜，丘の上で妖精の恋人と一緒に踊った，あの時の妖精の音楽は，いつまでもいつまでも娘の耳について離れなかったのである。
　詩人トマスは人間の生まれだが，妖精界に住んだことがあり，妖精たちの指導者としてまた相談役として，何度も何度も登場する。しかし人間界に対してなんら未練を感じている様子もないし，普通の人間であったらというような後悔ももち合わせていないようである。エルセルドゥーンのトマス〔詩人トマスの別称〕は中世にスコットランドで実際に生きていた〔1220?-97?〕人物で，妖精の女王と出会った場所に立っていたという樹木が，今でもちゃんと残っている。17世紀に『エルフ，フォーン，妖精の知られざる国』（執筆1691，出版1815）を著したロバート・カークも，スコットランドのアバフォイルの妖精丘に連れ去られたと信じられていた。カークは無理に連れていかれた捕われ人であり，それは妖精の秘密をもらしたからだと思われていた。
　妖精が人間を捕まえる動機は，奴隷にするため，恋人にするため，音楽の才能ある人によって音楽を豊かにするため，赤ん坊の授乳のためなど，さまざまである。しかしいちばんの動機は，衰えつつある妖精の血統に，生き生きとした血と人間の活力とを注入するためだったのかもしれない。　［タイプ：ＭＬ 4077*．モチーフ：F 300；F 301.3；F 321.1.1.1；F 321.1.4.3；F 372；F 375；F 379.1］
　　　　　　　　　　　　　　　　　　　　　　　　　　　　　　　　（井）

妖精界訪問，妖精界を訪問した人　Visits to Fairyland, or Visitors to Fairyland

　妖精界へ引っぱりこまれた人は，どんなにそこから逃げ出したいと思っても，実際に

は逃げ出せない場合が多い。また、妖精界における時間の経過がわからないので、妖精界から帰ってきてみると何百年もたっていたという話もしばしば聞く。この主題をもった古典的な話に、オシーンとヘルラ王の帰還の話があるが、前者の話ではオシーンは地に足をつけるやいなや、いっぺんに年をとってしまい、また、後者の話では、ヘルラ王の騎士たちが馬からおりると同時に、肉体は崩れて塵と化してしまう。このヘルラ王の話のモチーフは、比較的新しいウェールズの伝説でよく見られるモチーフでもある。その代表例であるタフィ・アップ・ショーンという男の話を、ワート・サイクスが『イギリスのゴブリン』(1880)の第6章にあげている。タフィ・アップ・ショーンはある晩、妖精の輪に踏みこんで、ほんの数分間——と彼は思った——踊った。が、妖精の輪から出てみると、すべてが前と変わっていた。自分の家へ戻ってみたが、家は消えてなくなって、代わりに、りっぱな石造りの農家が建っている。その農家のおやじが彼の話を聞いて、丁重に彼を迎えてくれて、食事を出してくれ、彼の名前を知っているかもしれない村いちばんの年寄りカティ・ショーンに会わせよう、ということになった。農夫が先に立って歩いていくと、後ろからついて来る足音がだんだん小さくなっていく。そして、振り向いたとき、ちょうどタフィが小さな灰の山となって、地面に崩れていくところだった。このように崩れて塵になるのが、伝説に共通するモチーフである。それが、食事をとってから起こることもあるし、妖精界から帰ってきた人が教会へ行って、聖書の言葉を聞いたとたんに起こることもある。また、上の話にあるように、身の上話を人に聞いてもらったあとでそうなることもある。妖精界の捕らわれ人が、救い出されたいために妖精の食べ物を食べないで、空腹をこらえたという涙ぐましい話もある。メアリー・ネルソンの話のように、その努力が成功した例もあるが、多くの場合は、たいてい人間の嫉妬か臆病が災いして、失敗してしまう。しかし、また一方では、ほとんどなんの害も受けずに妖精界に行って戻ってくる場合もある。中世の「エリダーと黄金のまり」の話はこれの典型である。それより新しいウェールズの伝説に、農家の息子ギト・バッハの話がある。ギト・バッハはいつも近くの山で妖精の子たちと遊んでは、お金の模様のついた、白い円形の紙片をいくつか持って戻ってきた。ある晩、彼は帰ってこなかった。そこで人々は彼はもう帰ってこないだろうとあきらめた。が、それから2年後、彼は小脇に包みを抱えて家の戸をノックした。包みにはすてきな服が入っていたが、服は全部、あのお金と同じように紙でできていた。

　17世紀には、幾人かの若者たちが、妖精界に行ってきたと主張した。J. F. キャンベルは『西ハイランド昔話集』(1860-62)第2巻で、最近ボーグ村〔現ダムフリース・アンド・ギャロウェイ州南部に所在〕の少年から聞いた話というのを、以下のように書いている。その少年が妖精と交わったという主張は、教区の教会会議録にも記録されている。

　　彼（ジョニー・ニコルソン）がわたしに語ったもう一つの話は、ウィリアムソンという名の少年の話であった。ウィリアムソンの父親はアイルランド特産のリネンの行商人であったが、リネンを仕入れにアイルランドへ行って帰る途中、水に溺れて死んでしまった。そこでウィリアムソンは母親と、ボーグという村に住むスプロイ

トという名の祖父に育てられた。少年は、しばしば2～3日、場合によっては10日間も、どこかへ行って帰ってこなかった。少年は帰ってきても決してどこへ行ってきたかを言わないので、どこへ行くのか誰も知らなかった。が、妖精に連れていかれるのだということは、みんな知っていた。あるとき、バーマガハンの地主が泥炭を掘り出すことになり、近所の人たちもみんな手伝ってくれていた。ちょうどそのとき、ウィリアムソン少年はすでに10日間家を留守にしていた。近所の人たちが、いったい彼はどこへ行っているのだろう、と話していると、なんと、車座になって昼食をとっていたその仲間たちの真ん中に、少年がすわっているではないか。「ジョニー」と仲間のひとりがきいた。「どこから来たんだね？」「みんなと一緒に来たよ」 少年は（妖精たちと一緒に、と言ったつもりで）そう答えた。「みんなって、誰だい？」「ほら、あそこの穴のところに、泥炭塊を積んだ手押し車が見えるだろう？ あそこから来たんだよ」 ボーグ村に今もなお住んでいるラングランズのブラウン家の祖先に当たるブラウンという名の老人が少年の祖父に、少年をカトリックの神父のところへ連れていくよう勧めた。神父なら妖精を追い払えるような術を教えてくれるだろうというのであった。そこで、少年を神父のところへ送ったが、帰ってきた少年は、首に黒いリボンで十字架［⇨クロス］をつるしていた。教区の牧師と長老たちは、少年の祖父とブラウン爺さんが少年をカトリックの神父のところへやったと聞いて、そのような助言をしたかどでふたりを破門に付した。教区の牧師と長老たちは、妖精の存在を信じていたが、カトリック神父のすることなどは一切信じなかったのである。しかし、少年はそれ以後、もう妖精に拉致されることはなくなったのである。今生きている最高齢者の中には、老人になってからのウィリアムソンをよく覚えている者もいる。この出来事の一部始終はボーグ村の教会会議録に記されているので、いつでも見ることができる。

ウィリアムソン少年とちょうど同じころ、しかも、あまり遠くないリースに、やはり妖精とつきあった話をした少年がいた。この少年の話は、直接少年に会って聞いたという人がリチャード・ボヴェットに手紙で報告しており、ボヴェットはその手紙を『パンデモニウム、悪魔の巣窟』(1684)に収録している。この本は魔術や妖精の信奉者の間はむろん、学者たちの間でも、魔術やフォークロアが勢いを盛り返した時代に出版されたものである。少年と面会したジョージ・バートンが手紙に書いた以下の話は、報告としてもよくできている。

　15年ほど前のことですが、ある用事で、スコットランド王国のエディンバラに近いリースに、しばらくとどまることになり、行きつけの飲み屋でよく知人に会ったりしました。店のおかみさんは近所でも評判の正直者でした。ある日、おかみさんが、その町に住んでいる妖精少年（と皆が呼んでいる少年）の話をしてくれました。このおかみさんの話なので、わたしは心をとめました。非常に不思議な話なので、機会がありしだい、ぜひその少年に会ってみたい、と言いますと、おかみさんはその機会をつくろうと約束してくれました。それからしばらくして、たまたま店の前を通りかかると、おかみさんが、「今さっき妖精少年がここに来てました」と教えてくれて、通りの方をじっと見ていましたが、「ほうら、あそこでほかの男の子た

ちと遊んでいるでしょう」と言って，指さして教えてくれたので，早速わたしはそばへ行き，やさしく言葉をかけて，お金を与え，一緒に店へ入ってもらいました。そこで，何人も見ている前で，彼に占星術の質問をいくつかしてみましたが，どれにも非常に的確な答えをしました。しかも，その会話たるや，どうみても10歳か11歳にも満たない子のものとは思えない，りっぱな話しぶりでした。

　少年は，まるでドラムをたたくみたいに指でテーブルをたたくので，「ドラムはたたけるの？」ときくと，少年は答えて，「ええ，スコットランド中の誰にも負けませんよ。なぜって，毎週木曜日の夜，向こうの丘の下で（と，エディンバラとリースの間にある大きい丘〔おそらくエディンバラ城の丘〕を指さしながら），いつも会っている人たちに必ず判定勝ちしてるんですから」「え，きみが？　あそこでどういう人たちと？」と言うと，「大勢の男の人や女の人たちで，ぼくのドラムばかりじゃなくて，ほかにもいろいろな音楽を楽しんでます」と少年は言いました。さらに言葉を続けて，「いろいろなごちそうやワインもたくさんあって，一晩のうちにフランスやオランダへ連れてってもらい，また戻ってくることもしょっちゅうです。向こうにいる間中，その国での生活で得られる楽しみはなんでも楽しめますよ」と少年は答えました。そこでわたしが，「どうやってみんな丘の下へ入るの？」とききますと，少年は，「ほかの人には見えないけど，あそこの人たちにはよく見えます。広い入り口が開いていますから」と言います。そして言葉を続けて，「それに，内部にはりっぱな広い部屋がいくつもあり，スコットランド中にもあれほど大きくて設備のととのった部屋はないでしょう」と答えました。わたしはまた，「きみの言うことが本当かどうか，どうしてわたしにわかるだろう？」とききますと，少年は，「あなたの運勢を占ってみましょう」と言って，「あなたは妻をふたり持つことになりますが，そのふたりが今あなたの両肩にすわっているのが見えます。ふたりともたいへん美人で」と，少年がちょうど言っているところへ，近所の女が部屋へ入ってきて，「あたしの運勢もみて」と少年に頼みました。すると少年は，「あんたは結婚前に父無し子をふたり産みます」と言ったので，女はかんかんに怒って，「もうあとは聞きたくない」と言いました。

　店のおかみさんがわたしに，スコットランド中の人が力を合わせても，少年にあの木曜日の夜のお出かけをやめさせることはできない，と言うので，わたしは少年に「もっとお金をあげるから，次の木曜日の午後この同じ場所で会おう」と約束して別れました。少年は約束の時に，約束の場所へやって来ました。わたしは幾人かの友人に頼んで，わたしと一緒にずっといてもらいました。その夜，少年が出かけるのをとめるとき，手伝ってもらおうと思ったのです。少年はわたしたちに囲まれて，いろいろな質問に答えていましたが，やがて11時近くなったころ，皆の気づかないうちに，出て行ってしまいました。が，わたしは，突然彼がいないのに気づき，あわてて戸口に走っていって，彼を捕らえて部屋の中に引き戻しました。今度は皆じっと彼を見守っていましたが，また，突然家の外へ出てしまいました。わたしは彼にぴったりくっついていきましたが，通りへ出たとたんに，まるで襲われたように，彼は大きな音を立てたかと思うと，それっきりもう2度と彼の姿は見えな

くなってしまいました。──ジョージ・バートン
　これと同じころ、イングランド南部でも、アン・ジェフリーズが、妖精と親しく交わったと主張していたが、彼女の場合は、妖精のすみかへ連れて行かれたのはたった1回きりだったから、妖精界へ行ったというよりは、妖精の訪問をしばしば受けたという方が正しい。
　スコットランドの魔女たちも、妖精丘を訪ねたと主張した。その妖精丘の最も生き生きした描写は、イゾベル・ガウディーによるもので、妖精との交わりの項に載せてある。ガウディーの言う、不気味なしゃべり方のせむしのエルフは、本当は人間を病気や傷害に陥れるエルフの矢［⇒エルフの矢傷］を作る小悪魔のインプである。「大声で鳴く」エルフ雄牛も小悪魔で、これらはまぎれもなくどれもアンシーリー・コートなのである。［タイプ：ML 4075. モチーフ：F 370；F 375；F 377；F 378.1；F 379.1］　　　　　（吉）

妖精がとがめる過ち　Faults condemned by the fairies

　妖精たちは独自の道徳律をもっており、厳しい姿勢でその掟を守ることを人に強いる［⇒妖精の道徳］。規則を犯した場合に罰を与えるその厳しさの度合いを見れば、妖精の本性の一端を推測することができる。まず妖精たちは姿を隠してひそんでいる生き物なので、人がのぞき見をしたり、妖精生活への侵害をしようとすれば、妖精たちは全力をあげてその侵害者を罰しようとする。妖精の塗り薬に関したいろいろな話の中には、妖精たちが人間をとがめるにもいろいろの度合いがあることが書かれている。妖精に雇われた産婆は、時には塗り薬がついている指で不注意にも自分の目をこすってしまうが、たいていその行為は善意に解釈されて、産婆は妖精を見る視力を奪われるだけですむ。「ゼノア村のチェリー」の話では、チェリーは嫉妬にかられて主人の様子をこっそりうかがい、故意に、妖精の塗り薬のついた手で目をこするが、自分の視力は奪われず、妖精界から立ち去るのを余儀なくされるだけである。これと似たジェニー・パーマンの話では、ジェニーは妖精の塗り薬については何も触れず、満1か年の奉公期間があけたので妖精界から帰ってきた、とだけ言っている。妖精界での冒険を人に話した者たちは、2度とそこへは行けないという罰を受けるだけであった。ロバート・ハント編著の『イングランド西部の伝承奇談』(1865)にある「ジョーンの片目が見えなくなったいきさつ」という話では、地主であるラヴェル家の女中頭ジョーンが、当然ながら最も厳しい懲罰を受けた。しなくてもよい出しゃばりを妖精が処罰したのである。ジョーンはこれといった用もなく、ただちょっと顔を見にベティー・トレナンスを訪ねた。ベティーは魔女だという評判だったが、実は妖精だった。戸をたたく前に、ジョーンは鍵穴から中をのぞき、ベティーが子どもたちの目に緑の塗り薬をつけているのを見てしまった。ベティーは、戸をあける前に薬をうまく隠した。だがジョーンはまんまとその薬を手に入れ、目に塗ってみると、結果はお定まりのとおりだった。妖精の視力をもっていることをうっかりベティーの夫に漏らしてしまったジョーンは、彼に右目をつぶされ、だまされて悪魔の馬に乗せられ、悪魔やその取り巻き連中と一緒に危うくトルダヴァ池の狩り場に引きこまれるところだった。
　妖精の催す宴会を盗み見たり、妖精の好意を受けたことを自慢したりした者は、傷

害や病気にかかって罰せられることになったし，妖精の宝を盗もうとすれば，殺される危険を覚悟せねばならなかった。のぞき見は，つねられたり刺されたりするだけですむことが多かった。例えばレラント〔コーンウォール南西の村〕に住む年寄りの漁師リチャードがそうであったが，彼はレラントの教会に明かりがついているので，壁によじ登り窓から中をのぞいたところ，教会の中には妖精の女王の葬列が見えたので，思わず驚いて叫び声をあげ，愚かにも自分の存在を明かしてしまった。妖精たちはすばやくそばをかすめ過ぎながら，鋭い武器で年寄りの体を刺した。彼は大急ぎで逃げ出し，やっと命拾いをしたのである。これは『イングランド西部の伝承奇談』に載っている話だが，同書にはまた妖精丘の欲張りの話も登場する。こちらの欲張り老人は，丘で催されていた宴会から，玉座と食卓とを盗み取ろうとしたのだが，当然のことながら，より厳しい罰を受けることになった。王様たちの食卓にかぶせようとして，まさに帽子を持ち上げたちょうどそのとき，呼び子笛が鳴ったと思うと，たくさんのクモの糸がこの老人を捕らえて地面にしばりつけ，妖精たちは鶏が鳴くまでつねったり刺したりして苦しめた。朝になって欲張り老人は，足を引きずりながら町へ帰っていったが，相も変わらずの貧乏状態で，そのうえいつもリューマチに苦しめられることになった。しかしこうした罰を受けるのも，もっともであろう。

　寛容さ［⇒気前よさ］を欠いたり，粗暴だったり，自分のことばかり考えていたりすることは，伝承されている多くの妖精物語が示すように，どれも妖精たちには評判が悪いのである。陰気な人は嫌われ，陽気な者は好意を寄せられる。

　妖精たちのいちばん目につく特徴の一つは，清潔と整頓への強い関心である。妖精たちは，訪れる暖炉がきれいで，くんだばかりの水が用意されているのを期待している。この毎日の準備を怠る者は，しばしば妖精に罰せられる。妖精の赤ん坊のためにきれいな水を出しておくのを忘れ，注意されても寝床から起きようとしなかった乳搾りの娘の話などが，その例である。仲間の娘は寝床から起き出して水をくみかえたので，おかげで6ペンス銀貨をもらったが，乳搾りの娘の方は7年間も足が不自由になるという苦しい罰を科された。口やかましい者や，妻を殴る夫も罰せられることが多い。ルース・タングは「カウンティー・フォークロア」第8巻（1965）の中で，いばりちらして家族を困らせていた年寄り農夫の話をあげているが，この老農夫は妖精たちの悪意を買い，沼地で死ぬことになる。要するに，妖精のとがめる過ちの主なものは，過度な好奇心，いやしさ，だらしなさ，怒りっぽさ，無作法である。［モチーフ：F 235.4.1；F 361.3；F 361.14］　　　　　　　　　　　　　　　　　　　　　　　（井）

妖精からの盗み　Thefts from the fairies

妖精が人間から物を盗む［⇒妖精の盗み］のと同じくらい，人間も妖精から盗んでいると言うのは，あまり公正な言い方ではないかもしれない。だが人間が妖精に対して抱いている畏怖感を考慮に入れれば，妖精丘から金や銀の皿を持ち去るという試みが，実に数多くなされ，しかも成功している場合があるということは，まさに驚きに値する。こうした物語のうち初期のものは，さまざまな中世年代記の中にある。「エリダーと黄金のまり」はその一例で，母親の好奇心を満足させるために，エリダーが小さ

な妖精の王子が持っていた黄金のまりを盗む話である。ニューバラのウィリアムは，イングランド北部の生まれ故郷〔現ハンバーサイド州のブリッドリントン市の近く〕近くにある塚のことを語っているが，その塚は時々口をあけたが，中から光が漏れ，塚の中では饗宴が催されていたということであった。ある夜のこと，通りかかった農夫が，その塚の中に招き入れられて，酒をふるまわれた。酒をこぼして杯を持ち帰った農夫は，のちにその杯をヘンリー1世〔在位 1100-35〕に献上したという。ティルベリーのジャーヴァスは，この妖精杯の物語の変型と思われる話を，別の場所で起こったこととして伝えている。その話によると，イングランド中央南西部の町グロスター近くの塚から妖精杯を手にした者が現れて，狩人が欲しがれば，その杯の飲み物を与えた。ところが恩知らずな者がいて，その杯を持ち帰りグロスター伯〔前出のヘンリー1世の庶子．d.1147〕に献上したが，伯爵はその男を強盗の罪で処刑し，杯をヘンリー1世に献上したということである。〈イーデンホールの幸運の杯〉は，同じようなやり方で，イーデンホール〔現カンブリア州ペンディス近郊〕の執事が妖精の集まりから盗み出したものであるが，その杯は呪いをもつことになる。これらよりあとの企ては，妖精丘の欲張りの話のように，無残な失敗に終わるものが多い。ルース・タングは「カウンティー・フォークロア」第8巻（1965）の中に，サマーセット州のブラックダウン丘で妖精の市を見て，出店から黄金のジョッキを盗もうとした農場主の話を載せている。盗品を抱えた農場主は，全速力で乗馬のポニーをとばして無事に家につくと，そのジョッキを持ったままベッドに入った。夜が明けてみると，そこには大きな毒キノコのほかには何もなく，下におりてポニーの様子を見にいくと，ポニーは足を引きずっており，死ぬまで治らなかったということである。J. G. キャンベルは，『スコットランド高地地方と島々の迷信』（1900）の中で，ルーラン物語の類話をいくつかあげているが，ある話では犬が主人公になっていたり，ある話では人間──小作人か少年の執事──が主人公になっている。ある類話では，妖精たちがルーランのものを盗んだので，ルーランは妖精たちからものを盗むことで埋め合わせをしようとする。だが結局は成功しないのである。この話の特色の一つは，以下の例でもわかるように妖精たちの中に人間に対して親切に助言してくれるものがいることである。この助言者は一般に〈赤毛の男〉といわれ，もともとは妖精にさらわれた人間なので，同じ仲間である人間には，好意を示すのだと思われている。

　　その魔法の丘（ベイン・ヒアンタ）は，高さや生い茂った緑や尖った頂などから，マル海峡の北の入り口にあるアードナマーハン半島沿岸〔現ハイランド州南西部，マル島北部の対岸〕のけっこうな目印になっていた。この丘の肩のところに，スキニッジとコリーヴーリンという二つの村があって，今ではその村の土地は広い羊の放牧地になっているが，かつては3人の小作人が共同で耕していた畑であった。その小作人のひとりがルーラン・ブラックという男だった。あるとき，ルーランの雌牛が，毎朝これといった原因もわからずに1頭ずつ死んでいった。疑いの目が，コリーヴーリンの緑の丘カルヴァーの住人たちに向けられた。そこには妖精たちがすんでいるといううわさがあった。ルーランは一晩中，牛の番をして，この不可解な損失の原因を見きわめてやろうと心に決めた。ほどなくしてカルヴァーの丘が開

くと，小さな人々の群れがあふれ出てくるのが見えた。妖精たちは，ルーランの灰色の雌牛（マルト・グラース）をとり囲むと，丘の中へ追い立てていってしまった。ルーランはどの妖精にも負けず牛の追い立てに加わった。ゲール語の表現を借りれば「マル・ア・ヘン・ス・マル・ア・ゴー」すなわち「ひとりでもってふたりになる」ほどの力を出して追っていったわけである。雌牛は殺されると，皮をはがされた。丘の内部の上座に，上着の右襟に針をさしてすわっていた仕立て屋の老いたエルフが，無理やり捕らえられるとその牛の皮に詰められ，外側から縫いこまれてしまった。皮袋は戸口に引きずり出され，斜面を転げ落ちて行った。お祭り騒ぎが始まった。踊りの会場ではルーランは必ずどの踊りにも加わった。牛を追いかけていたときと同じように，「ひとりでもってふたりになる」ほどに熱心に踊っていたのである。たくさんの豪華な杯や皿がテーブルに並んでいたので，やられた灰色の雌牛の埋め合わせをしようとルーランは機会をねらい，角杯を一つつかむと逃げ出した。妖精たちはそれに気がつくと，あとを追いかけてきた。すると妖精のひとりが，こう言っているのが聞こえた。

　　　　「あいつのパンが，それほど堅くなかったら，
　　　　　ルーランめ，あんなに速くは走れまいに〔堅いパンは妖精除けになる〕」
追っ手たちが迫ってきたとき，好意のこもったもう一つの叫び声が聞こえた。

　　　　「ルーランよ，ルーラン・ブラックよ，
　　　　　岸辺の黒い石のところへ行け」
どんな妖精も幽霊も悪魔も，満潮時の高潮線の先へは行けないのである。その好意ある声に従って，ルーランは岸辺に出ると，その高潮線の外側を歩くようにして無事に家にたどりついた。好意ある声をかけてくれた者（たぶんかつての知り合いで，〈その人々〉つまり妖精にさらわれてしまった者）が，悪いときにおせっかいなことをしたので，妖精たちに打たれて叫んでいる声が，ルーランの耳に聞こえた。あくる朝，カルヴァーの丘の麓で，灰色の雌牛が脚を宙に上げて死んでいるのが見つかったとき，その右肩に針がささっているはずだとルーランは言った。そのとおりであることがわかると，ルーランは誰もその肉を食べるなと言って，牛を家の外にほうり出した。

　ルーランと隣人であるふたりの小作人が共同で耕している畑の一つは，毎年実りのころになると，妖精たちが夜，全部刈り取ってしまうので，収穫がひとつもなかった。ルーランはある老人から意見を聞いて，穀物畑を見張ることにした。するとコリーヴューリンの妖精丘が開き，妖精の一団が出てきた。先頭の老人が，一同を整然と指揮して，刈り取る者，束ねる者，刈り束を積んでいく者とに分けた。命令が下されるや，畑は驚くほどの速さで刈り取られてしまった。その光景をじっと見ていたルーランは，大声を出して，刈り手の数をかぞえた。このことがあってからは，妖精たちは2度と畑に手を出そうとはしなかった。

　しかし妖精たちは，ルーランを困らせることをやめなかった。妖精杯を持って，インヴァレアリー城〔現ストラスクライド州に所在〕へ行く途中，ルーランは宝もろとも，不思議な力によって，乗っていた小舟から空中に引き上げられてしまい，そ

れ以後，人々は2度と彼の姿を見ることもなければ，うわさを聞くこともなかった。

[タイプ：ML 6045．モチーフ：F 348.2；F 350；F 352；F 352.1］（井）

妖精犬　Fairy dogs

妖精犬にはいろいろの種類がある。番犬あるいは猟犬として妖精に飼いならされたものがいる（これらについては，幽霊猟犬群の機能をも果たすクー・シー，クーン・アンヌーン，それに妖精丘の猟犬，さらに個々の犬としてはブラン[3]とシュコランやファルヴァンの各項を参照）。ボギー ビーストタイプの一匹犬や黒妖犬がいる一方，それと対照的な守護の黒妖犬と教会グリムがいるし，ガリー トロットやグラントやモーザ・ドゥーグは人間をおびやかす。ほかに，通常悪魔的な猟師と一緒の幽霊猟犬群，すなわちチーニーの猟犬群，ダンドーと猟犬群，悪魔の猟犬群，ガブリエルの猟犬群，ガブリエル・ラチェット，それにウィッシュ・ハウンドの群れなどがある。以上はすべて妖精犬の範疇にはいる。詳細については，それぞれの項目を参照のこと。　[モチーフ：F 241；F 241.6]

（平）

妖精樹　Fairy trees

ほとんどすべての樹は，昔から神聖なものと関係があるが，その中でもある種の樹は他と比べてより神聖な樹とされている。魔法に関係のある代表的な3種類の樹は，オーク，トネリコ，サンザシである。果実がなる樹，特にリンゴとハシバミ，それにナナカマド，ヒイラギ，ヤナギ，ニワトコ，ハンノキも魔法に関係をもっている。樹木のうちにはまるで人間のような性格をもつ樹もあり，また中には妖精や精霊が好んですみつくといわれる樹もある。多くの人は，ドルイド僧も崇拝したオークを，聖なる樹としてまず最初に思い浮かべるであろう。確かにオークは，そう思われるにふさわしい資格を充分備えている。

　　　　　　古いオークには，
　　　　　　フェアリー・フォーク〔妖精〕。

この2行詩はよく知られているが，オークの若木の林の中には，恐ろしいオークの樹の精が出没するといわれている。サンザシの樹は，独自の性格をもっているが，主として妖精にささげられた樹とか，妖精が好んで寄りつく樹として信じられている。特にサンザシの樹が，妖精丘の近くにぽつんと生えていたり，3本あるいはそれ以上のサンザシが輪になって生えている場所は，妖精の好むところである。白い花の咲いているサンザシの枝は，その家に死をもたらすと信じられていたので，五月祭の朝に花枝を折って持っては来ても，家の中には入れず，外につるした。

　ルース・タングは，サマーセット州に伝わる民謡を収集しているが，そのリフレインには，3種類のそれぞれ異なった樹木に対する民間の信仰がよく示されている。

　　　　　　夜遅く出歩くと，
　　　　　　ニレは嘆き，
　　　　　　オークは憎み，
　　　　　　ヤナギはあとからついてくる。

おそらくニレの樹は病気にかかりやすいことから、もし1本のニレの樹が切り倒されれば、近くに生えているニレの樹は、それに同情して弱り、枯れてしまうと信じられていた。だがオークの方は、昔から神聖な地位を得ていたので、切り倒されるとひどく憤り、伐採されたオークの切り株から生じたオークの低林は悪意にみち、その林の中を夜中に通るのは非常に危険だとされていた。特にイトシャジン〔スコットランドではこれをブルーベルと呼ぶ〕が咲いているオーク林だったらなおさらであるといわれていた。ヤナギはもっと不気味な樹とされており、真っ暗な夜になると、自分で根を引き抜き、旅人がひとりで歩いていると、後ろからつぶやきながらついてくるといわれていた。J. R. R. トールキンは、こうした恐ろしい妖怪のような行動をする〈ヤナギ老人〉の伝承を作品の中に忠実に生かしている。W. G. ウッド＝マーティンは『アイルランドの古信仰の痕跡』(1902)の中で、樹木信仰をとりあげている。例えば、聖なるトネリコに関してはコーク州のクレノア教区に生えているものについて記しており、その教区一帯では、薪が乏しいにもかかわらず、そのトネリコは枝一つ切られなかったという。また別のトネリコの木の例として、ティペアリー州のボリソケインのベル・ツリーをあげているが、この樹は五月祭の儀式にささげられ、その樹のどんな木切れでも暖炉で燃したならば、その家は丸焼けになると信じられていた。聖者の泉の上に枝を広げている、聖なるニワトコの枝を切ろうとした近くの農家に住む男は、これと同じような運命に出会ったということである。男は3度ニワトコの枝を切ろうとした。2度までは、自分の家が燃えているように見えたのでやめたが、それは、幻影だとわかった。3度目になって、男はこうした見せかけに邪魔されまいと決心して、ニワトコの枝を切って家に持ち帰ったところ、自分の家は本当に焼失していた。警告が、何回も男に与えられていたのである。ニワトコに関しては二つの見方がある。アンデルセンの「ニワトコおばさん」の話からわかるように、ニワトコは神聖な樹とされていた。リンカンシャーにはデンマークの場合と同じように、ニワトコの枝を切る際には、まずその樹にお伺いをたてることが必要と考えられていた。そのとき唱える文句はこうである。「老女様、あなたの枝をくださいな。もしくださったら、わたしの枝もあげましょう。わたしが成長して樹になったなら」（『カウンティー・フォークロア』第5巻(1908)）　ニワトコの花や実は、酒を造るよい材料であり、その樹木は昆虫除けとなり、樹下は善い妖精たちが、魔女や悪魔から身を守り隠れるところと言われていた。これに反しオックスフォードシャーやイングランド中部諸州では、多くのニワトコの樹は魔女が変身したものと強く信じられており、切られると血を流すと思われていた。民間伝承によると、ロールライト・ストーンズ〔現オックスフォードシャーにある石柱群〕にすむ魔女は、ニワトコの樹に変身していると言われている。D. A. マクマナスは、アイルランドにおける比較的新しい妖精信仰について書いた『中王国—アイルランドの妖精界』(1959)の中で、1章を妖精樹に費やしており、聖なるサンザシの樹を引き抜いた者にふりかかる災いについての多くの例をあげている。ある樹木には妖精がつき、ある樹木には悪魔がつくと彼は信じ、近接して生えている2本のサンザシと1本のニワトコの3本の樹木に、3悪霊が出没する例を記している。オークとトネリコとサンザシとが密生していたなら、それぞれの樹から小枝を切って、赤

い糸で結んでおけば，夜の魔物に対する護符になるとも述べている。

　イングランドでは，精霊のいたずらを防いでくれる樹はトネリコとされていたが，スコットランドでは，おそらくその赤い実のためだろうかナナカマドの方が，下記のような昔の諺にあるように，効力が強いとされていた。

　　　　ナナカマド，赤玉，それに赤い糸，
　　　　魔女たちを即刻立ち退かす。

赤い色は，生命力にあふれた，悪魔を鎮める色である。赤い実をつけたヒイラギは，善いことに対して強い力を発揮する。これに反して，実のつかないヒイラギ——雄花しか咲かない樹——は，悪意があり，危険であるといわれていた。果実のなる樹のうち特にリンゴとハシバミの2種は，魔力をもっていた。ハシバミの実は知恵と豊饒の源であり，リンゴの実は力と若さの源とされた。ただしそれぞれに，ある種の危険も潜んでおり，〈インプ・ツリー〉[⇨インプ]すなわち接ぎ木リンゴは，妖精の支配下におかれているので，その樹の下で眠った者はサー・ランスロットのように，妖精の女たちに連れ去られてしまう危険があった。オルフェオ王をとりあげた中世詩の中の，王妃メルーディスもこれと似た運命に陥っている。樹木の実がなりすぎた場合は，木の実拾いをする時期になると，悪魔が樹から出てきて森を歩き回るといわれていた。「籠〔木の実の収穫〕が多けりゃ，それだけ揺り籠〔赤ん坊〕も多い」というサマーセットの諺を，ルース・タングは「カウンティー・フォークロア」第8巻 (1965) の中で引用している。一方ハシバミの実がマスか鮭に食べられると，その魚の肉を一口食べた人に知恵を与えるといわれていた。フィンが〈知恵の鮭〉に触った指を口に入れたことから，知恵の歯を得たといわれるのはこの理由からであった。

　マクマナスはこのほかの妖精樹として，スコッチ・ファー〔ヨーロッパ産松の一種〕，カバの樹，リンボク，エニシダをあげているが，エニシダは樹木というよりはむしろ灌木といった方がふさわしいようである。ブナの樹は神聖な樹であるが，妖精とは関係がない。ブナの樹の下で願いごとを唱えれば，その願いはまっすぐ神に届くと信じられている。ブナは別として，なんらかの形で妖精と関係のない樹木を考えることは難しい。　［モチーフ：A 2766.1；D 950.2；D 950.6；D 950.10；D 950.13；D 1385.2.5；F 441.2.3.2］

(井)

妖精生活への侵害　Infringement of fairy privacy

　遠い昔から，妖精は姿を見せぬ存在として知られていた。人間に見られたりするのを好まず，人間は，妖精の領地に足を踏み入れたり，妖精から受けた親切を他人に吹聴したりしてはならないのである。人間の恋人になった妖精たちは，人目につかぬよう行き来した。12世紀の韻文ロマンスでは，サー・ローンファルの恋人である妖精王女トラアムールは，人の目に見えぬ姿で行き来しており，サー・ローンファルは彼女の愛を他人に吹聴してはいけなかった。しかしローンファルは，そそのかされてトラアムールのことを人に話してしまう。すると，恋人にもらった高価な贈り物はみな消えうせ，ローンファルはみじめな境遇に陥ってしまった。しかし最後には妖精の恋人も心を和らげて再び好意を寄せるようになり，たいていは悲劇で終わるはずの物語が，

例外的ともいえる幸福な結末を迎えている。『ケルト伝承拾遺集』第5巻（1895）にあるスコットランド高地地方の伝説「二人姉妹と呪い」では，マーガレット（マーララッド）には妖精の恋人があったが，その恋人は自分のことを話してはいけないと言っていた。だが姉と内緒話をしたとき，彼女は恋人のことを話してしまう。「聞き流すから」と姉は約束した。しかし言葉に背いて姉はこの話を広めたので，マーガレットは恋人を失ってしまう。マーガレットは家を離れ，さまよい歩いて山に分け入り，しばらくは彼女のうたう嘆きの声が聞こえていたが，ついに姿が見えなくなってしまう。その後，誰もマーガレットを見なかったが，やがてマーガレットかその子が，姉ダン・エイルサが裏切った仇をエイルサの息子ブラウン・トークウィルに返そうとして，石塚から現れてくることになる。

　エリザベス1世時代（1558-1603）から今日まで，よく知られている話の一つに，妖精のお金をもらっていた人たちの話があるが，お金の出どころをほかの人に話してしまったので，その人たちは贈り物はもうもらえなくなってしまうのである。このモチーフは，しばしばエリザベス1世時代の妖精の話にも現れるし，また全く同じ話がエディンバラ大学スコットランド研究所所蔵の古文書にも記録されている。さらに「妖精のお金」という，似たような逸話を，ショーン・オサリヴァンが『アイルランドの昔話』（1966）の中に載せている。妖精のプライヴシーは，通りがかりの人でも尊重しなければならない。向こう見ずエドリックの話の中で騎馬行列に遭遇した娘は，行列の一行を見ないように前掛けを頭にかぶれと父親に言われる。ジェイムズ・バウカーの『ランカシャーのゴブリン譚』（1883）では，妖精の葬式の行列が通るのを見たふたりの村人が，見つかるまいとしてオークの樹の下に身を隠す。だがどうにも好奇心を抑えられず，恐る恐る身を乗り出し，棺台の上の遺体を見ると，なんとそれは自分たちふたりのうちの若い方の男であった。アイルランドの多くの逸話では，妖精丘と知らずにその上で眠っていた人たちは，その下にすむ怒った妖精たちに盲目にされたり，岩から突き落とされたりする。アイルランド北部のアルスター地方の人々は，特に四季支払い日には，妖精が出るとされる道には近づかないようにしている。その日は通常，妖精たちが動きまわる日だからである。

　要するに，妖精は自分の好む人間や，自分の望むことをしてくれそうな人間には喜んで姿を見せるが，その好意を厚かましく当てにする者には，すぐに腹を立て，それにふさわしい報いをする。［モチーフ：F 361.3］

(井)

妖精動物　Fairy animals

　イギリス諸島に多くの伝承が残っているおびただしい数の妖精動物は，大きく2種類に分けられよう。一つは，自分の意志で自在に生きる野生のもので，もう一つは，妖精に飼われ使役される家畜的なものである。この二つの種類を区別するのは，難しい場合もある。というのは，妖精は時おり，家畜の妖精動物を自由に出歩かせるからで，例えばスコットランド高地地方では，ふだんはブルーの中に番犬として飼われているクー・シーが，時々は勝手に出歩くし，クロー・マラは人間の家畜の群れを訪れることもある。だが一般に，この2種ははっきりと区別される。

この2種類の妖精動物は，非常に古くから伝承に登場し，中世年代記にもその記述がある。例えば，ティルベリーのジャーヴァスは中世のボギー・ビーストであるグラントについて記し，ジラルダス・カンブレンシスが記している「エリダーと黄金のまり」の話にも，小さい犬や馬が登場する。
　自分の意志で自在に生きる妖精馬の例は，スコットランド高地地方にすむ危険なエッヘ・ウーシュカや，これに劣らず危険なケルピー，マン島のカーヴァル・ウシュタ，それにブラッグ，トラッシュ，ショックなどのボギー・ビーストたちである。これらは，みんななんらかの変身の能力をもっている。妖精に使われる馬は英雄妖精の伝説の至る所に現れ，妖精の騎馬行列にはいつも登場する。悪魔がウィッシュ・ハウンドの群れや悪魔の猟犬群，あるいは明らかにかつてはグイン・アップ・ニーズに属したクーン・アンヌーンを連れて姿を現す場合には，妖精馬は悪魔の支配下に入ってしまう。多くの人たちが最もよく記憶しているのは，トゥアハ・デ・ダナンの妖精馬である。
　黒妖犬は，イングランドの野生の妖犬の中で最も普通のものであるが，そのほかバーゲスト，ガリー・トロット，マン島のモーザ・ドゥーグやショックなど，数多くのボギー・ビースト型の妖犬がいる。飼われている妖精犬のうちで最もはっきりと思い浮かぶのは，フィアナ騎士団の首領フィンの猟犬ブラン[3]とシュコランおよびスコットランド高地地方のクー・シーである。今でもサマーセット州には妖精丘の猟犬の言い伝えが残っている。
　家畜である妖精牛は野生の妖精馬に比べて，それほど獰猛ではない。時おり，カーカムの赤牛のように，群れを離れて暮らしているものがあるが，人間に利益をもたらし，危険はない。エルフ雄牛が人間界の牛の群れを訪れるのは幸運の到来を意味し，ウェールズのグワルセーグ・ア・シーンも同様である。しかしバグベリーの吠える雄牛のような，残忍な亡霊の牛もいる。
　その他のいろいろな動物のうちで，よく知られているのに，セルキーやローンなどのアザラシ人間があった。猫は，そのままでもほとんど妖精的であるが，スコットランド高地地方にはカット・シーという妖精猫がおり，また恐ろしい呪文で呼び出されるという大耳猫（おおみみねこ）という悪魔の猫もいる。
　アーヴァンクは，大きなビーバーに似た，ウェールズの川の怪物であり，ブーブリーは巨大な水鳥の姿をしている。
　ヤギと鹿はそのままの姿で妖精だったといえるかもしれない。また多くの鳥，特にワシ，ワタリガラス，フクロウ，ミソサザイは，妖精と強いつながりがある。ある種のマスと鮭は妖精動物である。昆虫さえこの仲間であり，グースベリー女房は巨大な毛虫の姿で現れる。実際，イギリス諸島全体が，妖精動物学の宝庫である。　　　　（井）

妖精との交わり　Traffic with the fairies

　妖精を一般に小悪魔と考えるブリテン島の清教徒たちの間では，妖精とかかわりをもったりすると，大いに疑惑の目を向けられたものだが，農村の人々はもっと寛大であった。さらにアイルランドの人々は，妖精にある程度の敬意を払うことは，自分自身

を守るためのごく当然の代償であると，みなしていた。もっとも，アイルランド人の中にも，妖精と交わりをもつことについては，少なくとも望ましくない，との見解をとる者もあった。魔女と妖精と死者たちが，ハロウィーンには一緒に踊るという言い伝えは広範に存在している。イングランド北部地方では，魔術を使ったとして告発された者たちが，自分たちは悪魔ではなく妖精と交わったのだと主張することがあった。デュラント・ハザム（1617？-91）とジョン・ウェブスター（1610-82）は，魔術師として法廷に引き出された男が，彼が用いた薬を受け取ったという妖精丘に判事を案内しようと申し出たいきさつを述べている。判事はこの男の申し立てを一蹴したが，陪審員たちは彼を有罪とすることを拒んだ。デュラント・ハザムは1654年，著書『ヤーコプ・ベーメの生涯』の以下のような序文で，初めてその裁判の模様を述べている。

 （このあたりではまことしやかに語られているが）魔術を使うという疑いで逮捕された男がいた。彼はいわゆる白魔術の類を使い，今日の開業医の常識や推理の域を超えた治療を行なった。白魔術師は霊の助けで（ここから，霊たちの格別の好意のもとに，たいていの学問は出発したのであるが），この治療を行なうと思われていた。それゆえにわれわれの民事法では充分な論拠のもとに，これを禁じている。なぜなら白魔術は危険と偽りに満ちた手段であり，そのまやかしを教えてもらうため，補佐役の霊と自分の魂を交換するという悪魔の契約をしなくては，めったに用いることができないからである。この男が用いたのは白い粉であり，彼の言い分によれば，妖精から受け取ったということであった。丘に行って3度ノックすると入り口が開くので，中に入って，姿を現した妖精たちと話したというのである。彼は，ここにおいでのどなたでも，ご自身でも召使いでもよいから同行してくださるなら，自分がそこまでご案内し，治療術を授けられた場所と相手をお見せしましょうと申し出た。

その23年後に，ジョン・ウェブスターが『魔法とされるものの正体暴露』（1677）を出版するが，これは犯罪法令集から魔法使用の項を取り除くのに，当時としてはおそらく最も影響力をもった書物であった。ウェブスターは，その裁判に関するハザムの記述に注解を加え，この件に関するより詳しい次のような情報を提供している。ウェブスター自身が，この被告の審問の場に立ち会っていたのである。

 この件について少々補足しておきたい。その男は悪霊を呼び出してその力を利用したかどで告発されていた。彼は誰の目にもわかるとおり単純かつ無学な男で，以前は非常に貧しかった。しかし，この白い粉による治療により，ささやかながらもわが身と妻と数人の小さな子どもを養っていくだけの糧をかせいでいた。このことについては充分な証拠があった。判事がどのようにしてこの粉を入手するに至ったかを尋ねると，彼は次のような趣旨の話をした。「ある日の夕暮れ，仕事をすませて家路についていたときのことです。女房や子どもに何を食べさせ飲ませたらよいのか考えると，とても悲しく気がめいっていました。とそのとき，りっぱな身なりの，美しい女に会ったのです。女は，どうしてそんなに悲しんでいるのか，と尋ねました。貧乏のせいだと答えますと，それに対して女は，もし自分の言うとおりにするなら，よい暮らしができるための手助けをしてやろう，と言いました。わたしは，

法に触れるものでないなら一も二もなく承知だ，と言いました。女は決してそんな手段ではなく，善を施すことと病人を治すことだ，と言いました。そこで女は，次の晩同じ場所で同じ時刻に必ず自分と会わねばならない，と強く言い残して去っていき，わたしも帰宅しました。次の晩言われた時間にわたしはちゃんと待っていました。女は（約束どおり）やって来まして，わたしがちゃんと来ていたのがよかった，と言いました。もし来ていなかったら，女がわたしに施そうとしていた恩恵に浴する機会をみすみす失っていただろう，と言うのです。さらに，女は怖がらずについて来るように言いました。それから女はわたしをある小さな丘まで連れてきて，3度ノックしました。丘が口を開き，わたしたちは中に入りました。するときれいな広間があり，そこには女王が威儀を正して王座についており，まわりには多くの者が仕えていました。わたしを案内した女が女王に引き会わせてくれました。女王は，わたしに向かってよく来られたと言い，例の白い粉を与えて，その使用法を教えてやるようにとその女に言いつけました。女は言いつけどおりに，白い粉がぎっしり詰まった小さな木箱をわたしに手渡し，病人にはその粉を少量与えるようにと言いました。これで病気は治るというわけです。このあと，女はわたしを丘から連れ出し，そこでわたしたちは別れました」　丘の中，男が広間と呼んだ場所は明るかったか暗かったかという判事の質問に，ちょうど人間界の夕暮れ時のようで，明るくも暗くもなかった，と彼は答えた。粉がなくなったときはどうやって補充したかとの質問には，入り用になるといつでも例の丘に行ったと答えた。そして3度ノックし，ノックするたびに「ただいま参上，ただいま参上」と3度言えば入口が開き，中に入ると前述の婦人が女王のところに案内してくれて，粉はいくらでももらえたのだと言った。以上が被告が判事と法廷と陪審員の前で（どう判断するかは別として）述べた明白かつ単純な話である。男が非常に大勢の人をどんなふうに治療したかということのほかに，なんの証拠もなかったので，陪審員たちは彼を無罪にした。わたしは，今でも判事の言葉を覚えている。判事は，すべての情況証拠を聞いたあと，もし罰を科するとすれば，ここから妖精丘の妖精宮殿まで鞭打って追っ払うのがよかろうと言ったが，男の言い分を妄想か，あるいは一杯食わせているのだと判断したのである。

この男が訪れたのは，スコットランドの魔女（の嫌疑をかけられた女）たちが信じていたものに比べるともっとやさしい妖精国だったように思える。魔女たちは明らかに自分らの見た妖精たちをスルーアとみなしていた。妖精たちはこの魔女たちを使って通行人を射たのであるが，これは妖精自身ではできない技だったようである。以上が少なくともイゾベル・ガウディー〔1662年に魔女裁判にかけられた〕の信じていたことである。彼女は，なんらかの神経病を病んでいたらしいのだが，自発的に魔法を使ったことや妖精と交わったことを自ら告白した。その告白は，スコットランドの好古家ロバート・ピトケアンがまとめた『スコットランド高等法院裁判記録』（1833）第3巻第2部に見られる。エルフの矢じり［⇨エルフの矢傷］について，魔女とされたガウディーはこう述べている。

　エルフの矢じりについて申しますと，悪魔が自分の手で作り，そのあとでエルフの

少年に渡すのです。すると彼らがからげ針のような鋭い道具でそれを研ぐのですが，(妖精界を訪ねたときだったと思いますが) 彼らがその矢じりを研いでいるのを見ました。矢じりを研いでいる連中は，小柄な体をしていて，やせこけたせむしでした。しゃべり方など幽霊のようです。悪魔が矢じりをわたしたちに渡すとき，こう言うのです。

「わが名においてこれを射よ，

そうすれば，やつらは無事に家には帰れない」

それ以前の審問のときガウディーは，ジョン・オーブリーが言及している「ホース・アンド・ハトック！」(馬と帽子) という呪文を用いて，妖精の飛行を体験したことも述べている。

わたしは小さな馬をもっており，「悪魔の名にかけて，ホース・アンド・ハトック！」とよく言ったものでした。するとどこにでも行きたいところに飛んでいけるのです。まるで大道の上をわらが飛ぶように，好きなときに飛べるんです。草の茎だろうが麦わらだろうが，わたしたちの馬になるんです。わらを両足の間にはさんで，ただ「悪魔の名にかけて，ホース・アンド・ハトック！」と言うだけでいいんです。このわらが旋風に乗って運ばれるのを見て，十字 [⇒クロス] を切って身を守ろうとしない者がいたら，わたしたちは，思いのままにそいつらを射殺したっていいんです。わたしたちに射たれた人の魂は天国へ行きますが，その体はわたしたちのところにとどまり，わたしたちの馬になって飛ぶんですよ。みんなわらと同じくらいの小さな馬になって。

エルフの丘を訪ねたという告白はスコットランドの魔女裁判に数多く現れるし，こうした伝承の断片はイングランドの至る所で聞かれる。妖精と普通に仲よくつきあっていくについては，パンやきれいな水を出してやること，火をよく起こしてやること，台所を整頓し，彼らの来訪に備えてきれいにしておくこと——しばしばその返礼として何がしかのお金を受け取ることがある——などがあげられる。また妖精にとって神聖な石に花を飾ったり，茶碗状の石のくぼみにミルクを注いだりするなど，親しさと崇拝の中間ぐらいの慣習が望ましいものとしてあげられよう。以上のことはすべて，時おり行なわれる妖精の借用および妖精の貸し付けと並んで，妖精との通常のつきあいとみなされうる。［モチーフ：D 1500.1.20；F 282.2；F 344.3］　　　　　　　　(三)

妖精に尊重される美徳　Virtues esteemed by the fairies

妖精伝承ではいつも，妖精の人間依存という側面が目につく。それゆえ，妖精たちの視点から見た人間の美徳とは，妖精の気に入るようなやり方でつきあうということになる。二つの異なった，ほとんど相矛盾するような特性が，人間には要求されている。すなわち，人間は一方では，妖精に対して，隠れた内輪のつきあいをして，妖精の秘密をよく守り，妖精生活への侵害をしないように慎むこと，そしてしばしば孤独や瞑想を好むことを要求される。そしてもう一方では，寛大な気前よさが必要で，誰でも困った人がいたら，すぐに助けたり，自分の計画や探索について，真実を語ることが要求される。前者は，〈隠れた人々〉〔妖精〕の昔ながらの生活を守るために必要なこ

とであり，後者は，豊饒と成長の守護者としての妖精にとって好ましいものなのである。豊饒と繁栄のためには，妖精は真実の愛〔⇒まことの恋人〕や恋する者たちの愛の行為とに，いつも庇護を与える。おおらかで愛情に満ち，こだわりのない人たちは，妖精に好かれるが，自慢をする者や，ほら吹きは，気に入られない。やさしさと，礼儀正しさとは，妖精の好意を得ようとするなら大切な要素である。ロシアのおとぎ話では，女主人公が，寒さで死にそうになっていたのに，礼儀正しく寒いという愚痴一つこぼさなかったので，〈寒さの翁〉の冷たい心をも溶かすことになったが，こうしたことは，どこの民間伝承にも見られることである。ただし，最も陰険な超自然のものすなわち悪魔を相手とするときは別であり，そうした折には，自慢ととどめの一言を武器として使っているのである。

　もてなしをすることは，称賛に値する人間の美徳の一つであるが，それが妖精に対するもてなしであるときには，特にそうだといえる。妖精たちが訪ねる家々は，整理整頓され，掃除したての片づいた炉端に火が赤々と燃えており，飲んだり妖精の赤ん坊を洗ったりする汲みたてのきれいな水や，時には牛乳やパンやチーズを用意して迎えなければならない。食べ物を求めて，思わぬときにやって来た見知らぬ人は，あるいは変装した妖精であるかもしれないのだ。頼まれて水車を使わせてやった粉屋や，粉を一枡分気前よく貸してやったり，自分の乳を妖精の赤ん坊に吸わせてやった女には，幸運がもたらされる。スコットランド低地地方には，これらすべての実例が見られ，J. G. キャンベルとウィリアム・ヘンダーソンがそれらについて述べている。ごまかしのない取り引きや約束を守る人は必ず一目置かれ，しばしば報いられるのである。いつも尊重され，しばしば褒賞も得られる。ロバート・チェインバーズの『スコットランドの伝承ライム』(1826) の中に出てくる「コーの領主」の話は，まさにそうした一例である。コルジーン城の領主がある日のこと，城に戻ろうとしていたとき，小さな木製の器を持った小柄な少年に呼びとめられ，年老いた病気の母親のために，エール〔ビールの一種〕を分けてくれと頼まれた。領主は執事を呼び，その器の縁までいっぱいにしてやるようにと言いつけた。執事は器を預かり，それにエールが一樽からっぽになるまで注いだが，器はやっと半分ほどになっただけであった。困った執事は，どうすればよいか伺いに，使いの者を領主のところに行かせた。領主は「いっぱいにしてやると約束したからには，たとえ酒蔵のエールを全部使っても，いっぱいにせねばならん」と言った。そこで執事は，新しい樽をあけたが，そこからはただ1滴注いだだけでコップはいっぱいになった。その小さな少年は礼を言うと，器を持って帰っていった。それから数年ののち，領主は大陸のフランドルで戦って，捕虜となった。意気消沈しているところへ，牢の扉が開くと，いつかの妖精の少年が現れ，領主をコルジーンの城に連れ戻してくれた。似たような幸運が，死刑執行の間際に，サー・ゴッドフリー・マカロックにも訪れた。マカロックは汚水溜めの水が，ちょうどその下にある妖精の家の居間に漏れるのを防ぐため自宅の台所口の位置を変えたからである。これらは，寛容な行ないや正直な取り引きや思いやりある行為を重んじる恩を忘れぬ妖精の二つの実例である。楽しさ，陽気さ，音楽，踊り，そして友好精神は，シーリー・コートと呼ばれる妖精たちにとって，すべて好ましいものである。アンシ

ーリー・コートに属する邪悪な妖精たちは，愛情をもつことができない。人間は彼らと親しくなることはできない。［タイプ：ML 5076*．モチーフ：C 51.4.3；C 94.1；C 311.1.2；F 330；F 332；F 335；F 348.5.2；F 348.7］　　　　　　　　　　　　　　　　　　（井）

妖精に対する作法　Good manners

妖精たちとつきあう場合には，きょろきょろ見回したりしないこと，礼儀正しい言葉を使うことなどを心得ておくべきである。しかし，一つ注意しなければならぬ点がある。それは，お礼を言われるのを好まぬ妖精がいるということである［⇒ヤレリー・ブラウン］。お礼の言葉を発するのが作法に反するのであって，おじぎや会釈はかまわない。また，どんな質問にもていねいに答えなければならない。妖精がとがめる過ち，および妖精に尊重される美徳の各項をも参照。［モチーフ：F 348.5.2］　　　　　（三）

妖精に雇われた産婆　Midwife to the fairies

妖精の人間依存をテーマにした話の中には，人間の女が妖精の母親の産婆を務めるために連れ出される物語が，ずいぶん昔からいろいろと存在している。最近の類話の一つに，ノース・ヨークシャーにある村グリーンハウ・ヒルの近くでバスに乗った奇妙な老人に，土地の看護婦が連れ出されたという話がある。老人は看護婦をグリーンハウ・ヒルのはずれにある洞窟に連れていったが，その洞窟にすんでいるのはピクシーの一家であった。ピクシーはヨークシャーに土着のものではないが，グリーンハウ・ヒルには，かつてコーンウォール人の坑夫たちが出稼ぎにきていたという点が興味深い。この話が広まったのは1920年代およびそれ以後のことである。妖精の塗り薬のモチーフはここでは出てこない。産婆の類話のうちで最も古いものは，ティルベリーのジャーヴァス著の『皇帝にささげる閑談集』（c. 1211）の中に見られる。最も長く，たぶん唯一の完全な妖精産婆の話といえるものは，ジョン・リースが『ケルトのフォークロア―ウェールズとマン島』(1901) 第1巻に紹介しているものである。リースは同書で，ウィリアム・トマス・ソロモンが書き記したその話のウェールズ語版（ソロモンが母親から聞き，その母親はガルス・ドルウェンという所で約80年前に別の老婦人から聞

いたという）と，その英訳とを紹介している。内容は次のとおり。

　ずっと以前に，老夫婦がガルス・ドルウェンに住んでいた。ふたりは万聖節の祭りに立つ市で女中を雇うためカナーヴォン〔ウェールズ北部の港町〕に出かけた。そのころは職を求める若い男女は，現在郵便局が立っている小さな緑の丘のそばにあるマイス〔広場〕の一隅に立つのが習わしになっていた。老夫婦がその場所に行ってみると，ひとりの金髪の少女が他の者から少し離れて立っている。妻の方が彼女のところに行き，働き口を求めているのかと尋ねた。少女がそうだと答えると，その場で雇われることになった。少女は決められた時間に老婦人の家へ来た。当時，冬の長い夜は夕食後に糸紡ぎをするのが習わしだった。ところで女中として雇われたその少女は，月明かりの下で糸紡ぎをしによく草原に出かけていった。すると，タルイス・テーグがやって来てうたったり踊ったりするのだった。ところが日がだんだん長くなってきた春のある日，アイリアンというその女中はタルイス・テーグと逃亡し，姿を消してしまった。彼女の姿を最後に見かけた野原は，今日まで〈アイリアンズ・フィールド〉〔アイリアンの野原〕として知られ，草原は〈メイズ・メドー〉〔乙女の草原〕と呼ばれている。ガルス・ドルウェンのその老婦人は産婆の仕事に手慣れていて，方々からよく頼まれていた。アイリアンの逃亡からしばらくたったある満月の晩，少し雨が降り，もやがかかっていた。ひとりの紳士が戸口にやって来て，妻のところに来てくれと言った。彼女はこの見知らぬ男の馬の後ろに乗り，クルトの荒野にやって来た。その当時，荒野の中央には，地面が盛りあがっている箇所があり，その上に大きな石が置かれ，またその北側には大きな石塚があったりして，さながら古い砦のように見えていた。今日でもこれはあって，ブリン・ア・ビビオン〔笛吹きの丘〕と呼ばれているそうだが，わたしは行ったことがない。ふたりはここにつくと，大きな洞窟に入り，妻が床についている部屋に行った。その部屋は老婦人が今までに見たこともないようなりっぱなものだった。彼女は出産を首尾よく介助し終え，赤ん坊に産着を着せるために暖炉のところに行った。それが終わると，紳士が塗り薬の入った瓶を持ってきて，赤ん坊の目に塗ってやってくれと言った。しかし，間違っても自分の目には塗らぬように強く念を押した。ところが，瓶をわきに置いてから，どうしたことか片方の目がかゆくなったので，老婦人は赤ん坊の目に薬を塗った指で，思わず自分の目をこすってしまった。すると，そのこすった目には，大きな洞窟の中でイグサと枯れたシダの束の上に寝ている妻と，そのまわりいちめんに大きな石が並べられ，片隅に火がちょろちょろ燃えているのが見えた。それどころか，妻とは，老婦人のかつての女中であったアイリアンにはかならなかった。しかし他方の目には，やはり見たこともないようなりっぱな部屋が見えるのであった。このことがあってから間もなく，その老産婆はカナーヴォンの市に行き，そのとき例の紳士に会ったので話しかけた。「アイリアンはどうしていますか？」

　「とても元気だよ」と彼は老婦人に言った。「ところで，どちらの目でわたしが見えるのかね？」

　「こちらの目ですよ」と言って老婦人が指さすと，男はガマの穂を手に取り，そ

の場で目を見えなくしてしまった。

　談話の中で老ソロモンは，アイリアンが妖精たちとともに草原にすわって紡いだ亜麻はとてつもない量だったと述べている。この話からわかるのは，金髪の少女が妖精やタルイス・テーグに好まれること，妖精と人間との合いの子である赤ん坊がはっきり物を見るためには妖精の塗り薬を必要とすること，人間の目にまやかしの術がかけられると妖精を透視できる力が取りあげられること，である。これらの産婆の物語は広く知られており，「シリーナが原の妖精のすみか」の話によれば，純粋な妖精たちは繁殖力が弱いのである。上述の話からも「ゼノア村のチェリー」の話からも，塗り薬を必要とする妖精の子どもなら，それは妖精と人間との合いの子であると推測するのは筋違いとは言えない。［モチーフ：F 235.4.1(a)；F 372.1］　　　　　　　　　　　　　　　（三）

妖精の市　Fairy market, or fair

　妖精の市で最もよく知られているのは，サマーセット州のピトミンスター村近くにある，ブラックダウン丘で開かれた市である。この市についての詳しい記述が最初に出てくるのは，リチャード・ボヴェットが書いた『パンデモニウム，悪魔の巣窟』(1684)である。その記述を，以下のようにトマス・キートリーが引用している。

　　妖精たちは時には踊ったり，時には盛大に縁日や市を開いたりする。わたしは，妖精について言われていることを信じているかどうか，近所の人々に尋ねることにしていたが，多くの人たちはわたしが次のような話をすると，確かにそうだと言った。

　　　妖精たちがよく姿を見せる場所は，サマーセット州のトーントン市からさほど遠くないピトミンスターとチェストンフォードの両教区の間にある，ブラックダウンという丘の斜面あたりである。そのあたりを旅する機会のある人は，しばしばそこで妖精たちに会うことがあった。彼らは，概して小柄な人間とほぼ同じ背丈の男や女の姿で現れ，昔からの田舎の流儀に従って赤や青や緑の服を着て，頭には山高帽をかぶっていた。およそ50年ほど前のこと，チャード〔トーントン市の南東約20キロ〕にほど近い丘の斜面にある教区の一つクーム・セント・ニコラス〔「聖ニコラスの谷」の意〕に住んでいた男が，馬で家路を急いでいた。すると，目の前の丘の斜面に，たくさんの人を見たが，それはまるで田舎の人たちが市に群がり集まっているようだった。見たところ人間が催す市と同じように，さまざまな種類の品物があり，金物屋，靴屋，いろいろな装身具を売る行商人たち，そして果物や飲み物を売る屋台などが並んでいた。普通の市に見られる物で，そこにない物は一つも思い出せないほどであった。男は，これはチェストンフォードの市ではないか，1年のうちのある時期にはかなり大きなのがあるはずだ，と1度は思ったが，しかしまた，今はその時期ではない，と思い直した。男は非常に驚いて，自分が見ているものは，いったいどういうことなのだろう，と感嘆しながら考えていた。しまいに，この丘の斜面にいる妖精のことを聞いたことがあるのに思いあたり，その市が自分の進んでいく道の近くで開かれていたので，ひとつその連中の中に馬を乗り入れて，どんな様子かを見てやろうと心に決めた。そこで男は，その方向に馬を進めながら，道々妖精たちの姿を間違いなく見たのだが，それまですべてのものが見えていたと

思われた場所についてみると，目に見えるものは何もなく，ちょうど群集の真ん中を通るときのように，ただ人々がかたまってごった返し，押し合いへし合いしているように思えるだけだった。その場所から少し離れた場所に行きつくまでの間は，すべてのものが何も見えなくなって，その離れた場所に行きつくと，最初に見えたのと同じような光景がすべてまた見えてくるのだった。体に痛みを感じたので急いで家へ帰ったが，家につくと，体の片側が麻痺しており，その症状は死ぬまで続いたが，それは長い年月だった。というのはクーム・セント・ニコラスに住んでいたこの男は，その事件のあと20年以上も，尋ねられるまま誰にでもこの災難の話をしていたのだから。ここに記したことは，事件の当事者であるその男から直接聞いたという，あるりっぱな人物に語ってもらったものである。

　名前は忘れたが，その当時，前に言った場所の近くにあったクーム農園というある郷士の家に住んでいた人たちがいたが，その家の夫妻も，また近所の幾人かの人たちも，夏になるとトーントンでの市の帰りに，何度も出店が並んでいるのを見たと，わたしに断言するのだった。だがその人たちは，市の中に入ろうとはしなかった。というのは，市に入った者は皆，手ひどい仕打ちにあっていたからである。

明らかにこの妖精たちは，人間の野次馬根性と妖精生活への侵害に対して，共通した嫌悪を感じている。ワイルド夫人の『アイルランドの古代伝説とまじないと迷信』第1巻(1887)の中の「11月の夕べ」に，一見すると陽気で美しいが，その実もっと険悪な市の話がある。この話では，妖精たちは妖精として描かれてはいるが，死者たちと同一視されてもいる。

ルース・タングは「カウンティー・フォークロア」第8巻(1965)の中で，サマーセットでは，今やピクシーが妖精に代わってその地の支配権を握り，同じ場所で市を開いていると言っている。そして，ピクシーの市を見て，そこにあった黄金のジョッキが欲しくなった欲張りな老人の話を書いている。その老人は自分のポニーを市の真ん中に駆り立てると，黄金のジョッキをつかんで逃げだした。翌朝その戦利品を見ると，ジョッキは大きな毒キノコに変わっており，ポニーはそれ以後，死ぬまで足が悪くなってしまったという。しかしブラックダウン丘の妖精あるいはピクシーは，いつも機嫌が悪いわけではなかった。

タングが若いころにまとめた初期の話の一つによれば，以下のように，〈ヴェアリーズ〉と呼ばれているピクシーが古い友だちをねんごろに迎え入れ，その友だちの礼儀正しいふるまい [⇒妖精に対する作法] に報いるために，よくあるやり方とは反対に，見かけは枯れ葉のお金を支払うが，あとでそれが黄金に変わったという。

　ここをちょっと先に行った所に，ヴァリーズを市で見て，無事に家に帰ってきた農夫がいたんだ。いいかい，その男は夜になると，暖炉をきれいにしてから，手桶1杯の井戸水と，大皿1杯の固形クリームを，妖精のために出しておくのを決して忘れやしなかったのさ。婆さんが言ってたが，その男は何度もそんなふうに，妖精のために支度をしていたそうだよ。だからそいつが，市のど真ん中にある出店に行って，ぶら下がっているリンゴ酒用のジョッキが欲しいとていねいに頼むと，妖精たちはまるでトーントンの市にいるかのように，きちんとそれに答えてくれたとい

うわけさ。そいでもって，農夫は財布を出してお金を払ったが，なんとしたことか！　妖精たちは一山の枯れ葉を，大まじめで釣り銭として手渡したのさ。やっこさんの方も，これまたまじめな顔で枯れ葉のお釣りを受け取ると，「みなさん，ではおやすみ」とあいさつして家に帰った。農夫はリンゴ酒のジョッキをテーブルに置くと，そのまわりに枯れ葉をていねいに敷き並べてこう言った。「朝になりゃあ，みんななんでもなくなっちまうんだろうな。でもな，ちっちゃな連中の市が見られたんだから，それでもいいってことさ」

　　朝になって，農夫が畑に出る前の1杯をやりに来てみると，テーブルの上にあったのは，なんと，りっぱな銀のジョッキと，まわりに並んだ金貨だった。

ここでは妖精たちの親切なよい面が示されているが，クリスティーナ・ロセッティの『ゴブリンの市』(1862) では，妖精の最も険悪な部分が示されている。ゴブリンの市が危険であるということは，いくつかの妖精伝承に充分にかなっていることであるが，ロセッティがそれを自分の想像から描き出したとも考えられる。いずれにしても，ロセッティのゴブリンの市は妖精が自分たちのために開いた市ではなく，人間をだまして罠にかけるためにもくろまれた旅回りの見せ物市なのである。［モチーフ：F 258.1］

(井)

妖精の大きさ　Size of the fairies

妖精界の住人は，善良なものや邪悪なもの，美しいものや醜いもの，堂々としたものやひょうきんなものと，さまざまであるが，その体の大きさも，変化に富む最たるものの一つである。身の丈は，時には妖精の意のままに変化する。すなわち変身によって，思いのままに怪物のように大きくなったり，小人ぐらいに小さく縮んだりすることができるが，いつもそうだというわけではない。ある妖精たちは自分はごく小さい妖精の種類に属する小さく力のない生き物であり，またそうあるべきだとして，自分

の存在の本質をわきまえているらしい。『オックスフォード英語大辞典』は，妖精を「体の小さい生き物の一種類」と定義することによって，ジェイムズ1世時代（1603-25）のイングランドで非常に愛好された，あの小さなエルフの肩をもっているようだ。確かに小さいということは，民間伝承に見られる妖精の本来の要素の一つであろう。中世の小さな妖精たちの中には，ティルベリーのジャーヴァスによって記述されたポーチュンがいるが，どうやら，この妖精は人の指の長さぐらいの背丈だったようだ。またトマス・キートリーが『妖精神話考』(1828)の中で引用したデンマークのバラッド「ヴィレンスコフのエリーネ」の下記に示す1節に登場するデンマークのトロールのような妖精も存在する。

　　　　すると，いちばん小さなトロールがしゃべりだした，
　　　　アリほどの大きさしかないやつが。

さらにその他，モンマスのジェフリーの物語に登場するエリディリス［⇒「エリダーと黄金のまり」］が訪ねた小さな妖精たちや，コギシャルのラルフがごく小さな子どもぐらいの大きさをしていると描いている小人のモーキンのような妖精もいる。これらはすべて中世の妖精である。伝承における妖精像の変遷を見ると，もっと古い時代には人間大かそれ以上の大きさをした超自然の存在，すなわち白婦人，フェイ，ハッグ[2]，魔法使い，巨人，そして「サー・ガウェインと緑の騎士」(c. 1375)の詩に登場するような妖精の騎士たちに重きが置かれていた。こうした超自然の存在は決して伝承から消えることなく，かえってペローのもののように，フランス宮廷の物語からイギリスに入った妖精の代母によって，再びその存在が強められた。しかし土着の伝承にごく普通に見られる妖精たちは，概して3歳の子どもくらいの大きさだったり，小柄な人間くらいであったり，もっと小さなものは「身の丈は9インチ〔約23センチ〕とちょっと」と描写されている。昆虫ほどの大きさの妖精は，文学の中によく見受けられるが，伝承においてはまれである。ハンプシャーの「アイ・ウェイト，ユー・ウェイト」の話には，一粒の小麦が重荷になるほどの非常に小さい妖精たちが描かれている。

コーンウォール州のムリアンは，だんだん小さくなって，地上での最後の姿としてはアリほどになる。ウィリアム・ボトレルの《西コーンウォールの伝承と炉端物語》(1870-80)の第2集には，妖精の生活状態がたいへんおもしろく描写されている「シリーナが原の妖精のすみか」の話では，妖精界の捕らわれ人が次のような説明をしている。すなわち，コーンウォールの小さい人は，その姿を——例えば鳥などに——変えたのち，元の姿に戻るたびごとに小さくなり，しだいに縮んでいく。そしてムリアン，すなわちアリほどになったあと，地上から姿を消してしまうというのである。大きさの変わる妖精たちすなわち英雄妖精，白婦人，多くのハッグ[2]，ほとんどのボーグルとホブゴブリン（例えばブラッグやグラント），そして巨人と妖術師の多くは，すべて変身の能力をもっている。コーンウォールのスプリガンは普通は小さいが，ウィリアム・ボトレルの「東の原の妖精たち」の話に見られるように，急に途方もない背丈になることもある。［モチーフ：F 239.4；F 239.4.1；F 239.4.2；F 239.4.3］　　　　　（井）

「妖精の男やもめ」　'The Fairy Widower'

ロバート・ハント編著の『イングランド西部の伝承奇談』(1865)に収められているこの話は，「ゼノア村のチェリー」の話と同じ主題に基づいているが，「妖精の男やもめ」の方は構想が伝奇小説的で，タブーや妖精の塗り薬は出てこない。この話は妖精界訪問の話の一つともいえよう。というのは丸1年と1日たったら，ジェニーが期限どおりに家に帰されたからである。

そんなに以前のことではないが，トーウェドナック〔コーンウォール州セント・アイヴズ南西の村〕にジェニー・パーマンという，たいへんかわいい娘がいた。両親が貧しいので，娘は奉公に出ていた。ジェニーは，空想癖すなわち年寄りに言わせれば，ばかげた考えの多い娘であった。ジェニーはいつもきれいに身づくろいをし，髪にはとても上品に野の花を飾るのだった。自然の成り行きとして，ジェニーは若者たちの注意をひき，またこれも当然の成り行きだが，若い娘たちからひどくねたまれた。確かにジェニーは，うぬぼれが強かった。そのうぬぼれの強さときたら，どんなうぬぼれ屋でさえ異常だと言うほどで，こと容貌に関しては，ちょっとでも何か言われるとのぼせるたちだった。ジェニーはちやほやされるのが大好きで，貧しくしかも教育のない娘だったので，自分の弱さを隠すのに必要な才覚をもち合わせていなかった。男の人にかわいいと言われるとそのとおりという，うれしそうな顔をするのだった。また女の人から，そんな口先のことを信じるのはばかよと言われると，ジェニーの唇や目までが，あなたはわたしに妬いているのよ，と言いたげに見えた。もし近くに池があれば，すぐにその自然の鏡に自分の顔を映して，自分がまぎれもなく教区一の器量好しであることを，確かめようとするのだった。さてある日のこと，しばらく職のなかったジェニーは，母親の言いつけどおり，「働き口を探しに」山下の教区の方へ出かけていった。ジェニーは陽気に歩きつづけて，とうとう道が交差するレイディー丘陵までたどりついたとき，自分がどの道を行ったらよいか，わからなくなった。まず一つの道，それから別の道を見たが，どうしていいかわからず，そこで花崗岩の丸い石に腰を下ろすと，なんの考えもなしに，

そのあたりにたくさん生えていたシダの美しい葉をむしりだした。先へ進んだものか，引き返すべきか，それともここにとどまっていようか，そのときのジェニーは，そんなことには無頓着のように見えた。ある者は，ジェニーはうぬぼれの夢に浸っていたのだと言う。しかし花崗岩の上に腰を下ろしてからさほど時がたたぬうちに，ジェニーは近くに人の声が聞こえたので振り向くと，若い男が立っていた。
　「おや，娘さん，何をしているのかね？」
　「働き口を探しているんです」と彼女。
　「それじゃあ，どんな所で働きたいの，かわいい娘さん？」と，女心がとろけるような微笑を浮かべながら，若い男は言った。
　「なんでもいいんです。たいがいのことはできるつもりなんですけど」とジェニーは言った。
　「どうですかね，小さな男の子のいる男やもめの面倒は見られるかね？」とその男。
　「子どもは大好きですわ」とジェニー。
　「そうか。ところで，わたしは小さい子の世話をしてくれる，あなたぐらいの年格好の娘を，丸1年と1日の間，雇いたいと思っているんだがね」と男は言った。
　「お住まいはどこなんでしょうか？」とジェニーは尋ねた。
　「ここからそう遠くはないんだ。一緒に見にこないか？」
　「よろしければ」とジェニーは言った。
　「だがまず，ジェニー・パーマンさん」——ジェニーは見知らぬ人が，自分の名前を知っているのに気づいて目を見張った。この人はどう見ても教区の人じゃないのに，どうしてわたしの名前を知っているのかしら，と思った。それで，ジェニーはいささかぎょっとしながら男の方を見た。「ああ，そうか。わたしがあなたを知らないと思っていたんだね。だが，いったいトーウェッドナックを通る若い男やもめが，あなたのようにかわいらしい娘に心を打たれずに行き過ぎると思うかね。それに，あなたがわたしの池で髪を結い，甘い香りのするわたしのスミレの花をいく本かつんで，そのすてきな巻き毛に挿すのも，前に見たんだよ。さて，ジェニー・パーマンさん，わたしのところで働いてくれるかね？」と男は尋ねた。
　「丸1年と1日の間ですか？」とジェニーは聞いた。
　「そう。もしお互いに気が合えば，契約を更新してもいいんだよ」
　「お給金は？」とジェニーは言った。
　男やもめは，ズボンのポケットに入れた金貨をガチャガチャいわせた。
　「給金のことかい！　あなたの欲しいだけ出すよ」と男は言った。
　ジェニーはすっかり心を奪われてしまい，いろいろな空想が目の前に広がり，ためらうことなくこう言った。
　「ではお宅で働きますわ。いつお訪ねすればいいでしょうか？」
　「今来てもらいたいんだ——うちの子はとても不幸せなんだ。でもあなたなら，あの子をまた幸せにできると思うな。すぐ来てくれるかね？」
　「でも母が……」
　「お母さんのことは心配いらないよ。人をやって事情を伝えておくから」

「でもこの格好で……」
「そのままでいらっしゃい。すぐにもっとすてきなお仕着せを着せてあげるから」
「ではこれで決まりね」
「いやまだだよ，わたしには自分なりのやり方があるんだ。あなたは誓いの言葉を唱えなくちゃならないんだ」
ジェニーは恐ろしくなった。
「心配することはないよ。ただあなたが手に持っているシダの葉にキスをして，『丸1年と1日の間，とどまると約束します』と，言えばいいんだよ」と男はとてもやさしく言った。
「それだけでいいんですか？」とジェニーは言い，シダの葉にキスをしてこう言った。
　　　　　「丸1年と1日の間
　　　　　　とどまると約束します」
男はそれ以上何も言わず，東へ向かう道を歩きだした。ジェニーはあとについて行った——道々，新しい主人が，一言も自分に話しかけないので，おかしいと思ったが，だんだん歩くのに疲れてしまった。なおそれでも先へ，先へと男は進んでいくので，ジェニーは疲れ果て，足がひどく痛みだして，かわいそうに，とうとう泣きだしてしまった。そのすすり泣きを耳にすると，男は振り返った。
「かわいそうに，疲れたのかね？　さあさあ，すわりなさい」と男は言って，娘の手を取ってコケの生えた丘の斜面に連れていった。そのやさしさに感きわまって，娘はどっと泣き崩れてしまった。2，3分そのまま泣くにまかせてから，男は斜面の下の方から草の葉を一つかみ手に取ると，こう言った。「さあ，ジェニー，涙をふいてあげようね」
そして草の束で，まず娘の片方の目，次にもう一方の目を，軽くなでるように，さっとすばやく動かした。
涙は消えてしまった。疲れもどこかへ行ってしまった。自分が動いているのを，娘は感じた。が，いつ斜面から別の所へ移動したのか，自分でもわからなかった。地面が口をあけたように見え，ふたりは地面の下を，すばやく進んでいたのである。やっとのことで動きがとまった。
「さあジェニー，ついたよ。きみのまぶたには，まだ悲しみの涙が残っているね。だが人間の涙は，決してわたしたちの家に入ることができないんだ。だからすっかりふいてしまおうね」と男は言った。そして，もう1度ジェニーの目は，前と同じように小さな葉でぬぐわれた。するとどうだろう，目の前には今まで見たこともないような国が広がっていた。丘と谷は奇妙なほど色とりどりの花で覆われていたが，全体としては，この上なく調和のある雰囲気をかもし出していた。あたりは，いちめんに宝石をちりばめたように見え，それは夏の太陽のように輝かしい光できらめいていたのに，月の光のように穏やかな感じだった。花崗岩の丘には，これまでに見たどんな流れよりも透きとおった川が流れ，滝や泉もあった。至る所に緑と黄金で装った紳士や淑女が歩いており，遊び戯れたり，花の咲く丘の斜面で休みながら

うたったり，語り合ったりしていた。それはなんとも美しい世界だった！
「ほら，ここがわたしの住んでいるところだ」とジェニーの主人は言った。そして全く不思議なことには，主人であるその男もまた変わってしまっていた。今までに見たこともないような，それはそれは美しい小さな男になっており，黄金の飾りをいっぱいにつけた，つやのある緑色の服を着ていた。「さあて，きみをうちの子に引き会わせなくちゃならないな」と男はまた言った。そしてジェニーをりっぱなお屋敷に連れていったが，そこの家具はみな金銀を埋めこみ，エメラルドをちりばめた真珠と象牙でできていた。たくさんの部屋を通り抜けてから，ふたりは最後に，まわりにレースが下がっている部屋についたが，そのレースは細いクモの巣のように繊細で，とても美しい花模様が浮き出ていた。そして部屋の真ん中には，美しい海の貝で作った揺り籠があり，じっと見ていられないほどたくさんの色を反射していた。揺り籠のそばに連れていかれ，中をのぞいたジェニーはこう言った。「神様のいちばんかわいらしい天使が，ここで眠っているのね」 小さい男の子があまりかわいかったので，ジェニーは喜びいっぱいだった。
「この子の面倒を見てもらいたいんだ。わたしはこの国の王だが，ある理由があって，わたしはこの子に，少し人間というものを知ってもらいたいのだ。きみはただ，子どもが起きたときに，体を洗って服を着せ，庭に連れていって散歩をさせ，子どもが疲れたら，ベッドに寝かしてくれれば，それでいいんだ」と父親は言った。
ジェニーは仕事につき，初めからずっと満足のいく働きぶりを示した。ジェニーはその小さなかわいい男の子を愛し，男の子もまたジェニーを愛しているようだった。そうして，時間は驚くほど速く過ぎていった。
どうしたわけか，ジェニーは決して自分の母親のことを思い出さなかった。自分の家のことは，全然考えなかった。幸せで裕福だったので，時が過ぎてゆくのにも気がつかなかったのである。
どんなに幸福が人の目をくらませようとも，時は流れ，月日は巡ってゆく。ジェニーがそこにいることを約束した期間は過ぎ，ある朝目を覚ますと，すべてが変わっていた。ジェニーは母親の住む小屋の自分のベッドで寝ていた。何もかもよそよそしく見え，ほかの人の目にはジェニーもよそよそしく映っていた。うわさ好きの年取った連中が大勢招かれて，ジェニーに会いにきたが，その人たちにジェニーは，あの不思議な話を語って聞かせた。ある日，ゼノア村〔コーンウォール州セント・アイヴズ西方約7キロ〕のメアリー・カリネック婆さんがやって来て，ほかの者たちのように，その男やもめと小さい子どもと美しい国の話を聞いていた。ちょうどそこにいた老婆たちの幾人かが，「この娘はまあ，ほんとに気がふれているよ」と言った。メアリー婆さんはわけ知り顔に見えた。そして「腕を曲げてごらん，ジェニー」と言った。
ジェニーはベッドの上に身を起こすと，腕を曲げて手を腰にあてた。
「それでもって，もしわたしの言ったことに一言でも嘘があったら，2度とこの腕がまっすぐになりませんように，と言ってごらん」
「もしわたしの言ったことに一言でも嘘があったなら，2度とこの腕がまっすぐ

になりませんように」とジェニーは繰り返した。

「腕をまっすぐにしてごらん」とメアリー婆さんが言った。

ジェニーは腕をのばした。

「この娘がしゃべったのは，本当のことだよ」とメアリー婆さんは言った。「この娘は〈小さい人〉[⇨コーンウォールの小さい人]の手で，丘の下にあるその連中の国の一つへ連れていかれたんだ」

「娘は正気に戻るでしょうか？」と母親は尋ねた。

「ええ，そのうちにね」と，メアリー婆さんは言った。「それにもし正直でいれば，この娘が奉公したご主人が，きっと何不自由ないように，気を配ってくれるだろうよ」

ところがジェニーは，人間社会ではそれほどうまくやっていけなかった。結婚はしたが，いつも不満で，とても幸福とはいえなかった。中には，ジェニーはいつも，あの妖精の男やもめに思い焦がれているんだ，と言う人もいたし，またジェニーはきっと行ないが悪かったに違いない，そうでなかったら黄金をどっさり持ち帰ったはずだ，と言う人もいた。花崗岩の丸い石にすわって，シダの葉をむしりながら，ジェニーがこうしたことを，すべて夢に見ていたというのなら話は別だが，不思議な体験をしたのは確かだった。

「ゼノア村のチェリー」の話にもっと近い話を，ウィリアム・ボトレルは《西コーンウォールの伝承と炉端物語》第2集（1873）の中で語っている。それは「妖精の主人」という話で，主人公はグレイス・トレヴァという娘，妖精の主人はボブ・オ・ザ・カーンという名前である。そこでは，妖精の塗り薬と妖精界からの帰還とが語られているが，このグレイスは給金を与えられ，もとの妖精の主人をしばらくは恋い慕うが，そのあと彼女はある農夫と結婚して，幸せな人間の暮らしを営むことになる。この話では，妖精の主人の年老いた義母であるプルーデンス婆さんは，村で学校を開いていた。したがって，ボブ・オ・ザ・カーンの最初の妻は，おそらく人間だったようであり，子どもに妖精としての視力を与えるには，塗り薬が必要だったようである。[タイプ：ML 4075. モチーフ：D 965；D 971.3；F 211.3；F 370；F 372；F 376]　　　　　（井）

妖精の貸し付け　Fairy loans

妖精たちは，人間からしばしば物を借りる[⇨妖精の借用]一方で，逆に人間に台所用品なり食べ物なりを，喜んで貸してもくれる。貸してくれる道具で最も有名なのは，ジョン・オーブリーの『サリー州の自然史と遺物』（執筆 *c.* 1697，出版 1718-19）第3巻に出てくる〈フランサムの釜〉であった。サリー州のフランサム村では，近くに妖精のすむ丘があって，非常に大きな調理用の釜が必要なときは貸してもらえた。人はそこへ行って，釜を貸してほしいと頼む。なんのために使うか，いつ返すかを言うと，釜は直接彼に手渡された。残念ながら，オーブリーは，そのとき妖精が姿を現したのか，現さなかったのかは述べていない。とにかく，この取り決めはずっとうまくいっていたが，あるずぼらな男が約束の日に借りた大釜を返すのを忘れてしまった。彼がそれをやっと返しにいくと，釜はもう受けとってもらえなくて，とうとう持って帰っ

てきて，フランサム村の教会の聖具室にぶら下げられることになった。オーブリーのころには，それを見ることができたというが，その後どこかへ消えてしまった。

J. G. キャンベルは『スコットランド高地地方と島々の迷信』(1900) の中の一節で，妖精の貸し付けと借用について，こう述べている。

> 貸した物が返されるとき，妖精たちは貸した物の相当分だけ受け取り，それより多くも少なくも受け取ることはない。もし余分に返されると憤慨して，2度と同じ侮辱を受けないために，もう絶対に貸さなくなる。

しかし，妖精自身は穀物を借りると，たっぷり利息をつけて返してくれる。ただし，いつもオート麦を借りて，大麦を返してくるという［⇨妖精の食べ物］。しかし，キャンベルは，こうして妖精の行為をほめているにもかかわらず，妖精たちを悪い性格の存在と考えており，妖精たちが贈り物をするからといって，それで性格がいいというわけにはいかず，妖精との交わりは一切もつべきではないという。　　　　　（吉）

妖精の起源　Origin of fairies

かつて妖精の存在を信じていた大ブリテン島の住人たちや，今でもその存在を信じている少数の人々は，妖精の起源に関してさまざまな考えをもっているが，その考え方の多様さは，純粋に地域的なものというよりは，むしろ宗教上の違いに基づいている。個人的な信仰に縛られてはいないフォークロアの専門家や妖精譚の研究家たちも，さまざまな妖精の起源説を提起しているが，問題を明確にするため，それについては次項で検討することにする。

エヴァンズ・ウェンツはケルト民族が妖精の起源についてもっていた俗信を研究した労作を，『ケルト圏の妖精信仰』(1911) という書名で刊行した。その研究の過程で，ウェンツはアイルランド，スコットランド高地地方，ウェールズ，マン島，コーンウォール，そしてフランス北西部のブルターニュ地方を旅してまわり，例えばアイルランドのダグラス・ハイドやスコットランド高地地方のアレグザンダー・カーマイケルといった第一級の学者たちや，また妖精について何か知っているといわれたあらゆる階層のさまざまな職種の人々と面談した。そしてウェンツは，17〜18世紀の見解の多くが，老人たちの間で今なお生き残っていることを見いだしたのである。

妖精の起源を死者としたり，あるいは堕天使としたり，また時として，天体の，もしくは四元の精霊とみなそうとするのに比べれば，それほどはっきりしたものではないが，有史以前の信仰の痕跡も，いくらか残っていたようである。

時には，死者の中の特定の者が起源とみなされている。スコットランド高地地方の信仰によれば，スルーアすなわち亡者の群れは邪悪な死者たちである。アイルランド北部の妖精王フィンヴァラの従者たちは死者たちであるらしく，そこには遠い昔に死んだ者も最近この世を去った者も含まれるが，スルーアと同じくらい邪悪である。コーンウォールの小さい人は異教徒の死者の霊魂である。彼らはキリスト教の成立以前に死んで，天国に昇るほど善くもないが，地獄に堕ちるほど悪くもないため地上にとどまっており，しだいに体が縮まっていって，最後にはアリほどの小ささになり，ついには地上から消えてしまったという。「シリーナが原の妖精のすみか」の話は，妖

精の起源を異教徒の死者とみなす上記の説を如実に物語っている。コーンウォール州や，デヴォン州でも，洗礼を受けずに死んだ赤ん坊の魂はピスキーと呼ばれ，夕暮れどきに小さな白い蛾となって現れた。錫鉱山のノッカーも死者の魂であるが，こちらはキリストのはりつけに関係した罪のために，そこに流されてきたユダヤ人たちの魂である。ウェールズでは，妖精を死者として信ずることは，それほど一般的ではなかったようである。ウェールズの人々は，妖精をしばしば「物質的なものと霊的なものとの中間にある存在で，めったにお目にかかれないもの」とか，「独自の不可視世界にすむ，目に見えないが実在する霊的な存在」（『ケルト圏の妖精信仰』参照）として描写している。同書のマン島の項には，「妖精の性質」についてほぼ似たような証言がある。

> 妖精たちは精霊ですよ。妖精たちは今でもこの国にいると思うな。ここから少し下ったところに住むある男が，雌牛を連れ帰るのを忘れ，遅くなってから捜しにいったんです。すると，小さな男の子のような妖精が大勢，自分についてくるのに気づいたんです。パウロ様は，霊的なものは，もし見ることさえできたら，空気中には無数に存在しているのだ，とおっしゃった。この霊的なものを，わしらは妖精と呼んでるんです。この島の老人たちも，妖精をこんなふうに考えていたんでないですかね。

妖精の起源を死者だとする信仰は，キリスト教以前の時代に源を発するものと考えてさしつかえないが，妖精を堕天使とみなす考え方はキリスト教以後の時代に入ってからのものである。アイルランドでは，フィンヴァラとその一党の存在を確固として信じている一方，妖精は堕天使にすぎないとはっきりわりきっている。ワイルド夫人は，日ごろの主張の傾向に似合わないことだが，著書『アイルランドの古代伝説とまじないと迷信』（1887）の第1巻の中の「堕天使としての妖精」という章ではこう言っている。

> 他のアイルランド人と同じくこの島の住人たちは，妖精とはその罪深い高慢さゆえに，主なる神によって，天国から追い出された堕天使だと信じている。ある者は海に落ち，ある者は陸地に落ちた。ある者は地獄の底まで堕ちて行ったが，悪魔はこうした者たちに知恵と力を与え，地上に送って多くの悪事を働かせた。しかし陸地と海とにすむ妖精たちのほとんどは，やさしく美しい生き物であり，人間が邪魔をしなければ，自分たちだけで月の光の下で，心地よい音楽に合わせて妖精のラース〔円形土砦〕で踊るほかは，人になんの危害をも加えない。

エヴァンズ・ウェンツは，スコットランド高地地方の例として，アレグザンダー・カーマイケルから聞いた次のような話を『ケルト圏の妖精信仰』に登場させ，上記の説を支持している。これはカーマイケルがJ. F. キャンベルと一緒に，ヘブリディーズ諸島のバラ島を訪れたときに聞いた話である。

> 天国では導きの光であったその誇り高き天使〔ルシファーをさす〕が，他の天使たちをそそのかして反乱を企てた。天国を出て，自分の天国を築くのだと宣言したのである。天国の扉から出るとき，誇り高き天使は，刺すような鋭い稲妻と共に出ていった。たくさんの天使たちが，誇り高き天使のあとに従った。その数があまりにも

多かったので，とうとう神の子はこう叫んだ。「父よ！父よ！　町が無人になってしまいます！」これを聞くと，父なる神は，天国と地獄の扉を閉めるように命じた。たちどころに，扉は閉ざされた。そして内側にいた者は中に，外側にいた者は外に，それぞれとどまることになった。一方，天国を出たものの，まだ地獄にたどりつかなかった者たちは，ウミツバメのように，地球の穴の中に飛びこんできたのである。これらの天使たちの大部分は，コーンウォールの妖精アリであるムリアンのように，「地獄に堕ちるにはあまりにも善良で，天国に入るにはあまりにも悪い」ものたちだと考えられていた。しかし，ピューリタニズムが盛んになるにつれて，妖精に対する見方はより暗いものになり，堕天使はいかなる中間的な性格ももたない根っから悪いやつらとみなされるようになっていった。こうした考え方は，16〜17世紀のイギリスに見ることができる。ウィリアム・ウォーナーは，韻文のイギリス史『アルビオンのイングランド』(1586) の中で，ロビン・グッドフェローが家事をすることさえ認めないほどである。そしてロビン・グッドフェローが眠った状態にある主婦を動かして，家の掃除をさせるだけなのだと，巧みな説明を与えている。つまりロビンが仕事をしたという名誉を得て，主婦の方は朝になると，哀れにも寝る前よりもさらに疲れて，目を覚ますことになる。こういうふうに捉えたら妖精の性格からすべての善意を奪い去ることになろう。一方，同じ時代のふたりの清教徒の聖職者は〔おそらくロバート・バートンとロバート・カークのふたり〕，妖精たちを一種の霊的な生き物，すなわち人間と霊魂の中間に位置する存在であると認めている。妖精が実際に存在すると信じた人々の間に，さまざまな見解が存在したことは明らかである。〔モチーフ：F 251；F 251.1；F 251.2；F 251.3；F 251.6；F 251.7；F 251.11；F 251.12〕　　　　　　　　　　　　　　　　　　　　（井）

妖精の起源説　Theories of fairy origins

妖精の存在を信じる人でも，妖精の起源に関してはさまざまに違った考えをもっていた。民俗学者たちは，妖精そのものよりも妖精信仰の起源に強い関心を示している。民俗学者たちにとって重要なのは，妖精が本当に存在するかどうかということより，むしろ妖精を語る人々が，本当にその存在を信じているのかどうか，ということである。そして，もしこのことが確かめられれば，民俗学者の次の目標は，その信仰がよって立つ基盤を見つけることである。この問題に全面的，もしくは部分的に答えるために，さまざまな仮説が提出されている。

　最も支持を受けている説の一つは，妖精を死者とみなす説である。ルイス・スペンスは『イギリスの妖精の起源』(1946) の中で，この説を支持する非常に説得力ある主張を展開している。スペンスは，例えばワイルド夫人のフィンヴァラの宮廷に関する話や，ウィリアム・ボトレルが紹介した「シリーナが原の妖精のすみか」の話など，伝承からのたくさんの証拠を引き合いに出している。17世紀のロバート・カークによれば，墓地の近くにある妖精丘には，死者の魂が宿っており，それらの魂は最後の審判の日に，再び自分の肉体に戻るのを待っているのだと思われていたという。妖精たちの体が小さいということも，太古の考え方によれば魂は人間の小さな似姿であり，眠ったり失神したりしたとき，口から外に出るものだとされていたことを思えば，納

得できるかもしれない。いったん外に出た魂が帰ってくるのが妨げられれば，その人間は死ぬのである。

デイヴィッド・マクリッチーは，『伝承の証言』(1890)やその他の著述において，妖精信仰は，侵略民族によって追いやられて身を隠すに至った，より原始的な先住民族の記憶に基づく，という説を主唱し，これら先住民族は，洞穴やシダの茂みに身をひそめていたが，あるものは毛深い無骨なブラウニーのように，侵略民族にある程度教化されて，家の雑用をしたのだと説いている。「サントライ島」のような話は，この説を裏づけるようだが，あらゆる形態の妖精信仰にこの説が通用するわけではない。

第3の説は，妖精の起源の一部だけを説明しようとするものであるが，それは，妖精たちを小さく縮んだ神々としたり，自然の精であるとするものである。この説は，確かにディーナ・シーについて当てはまるだろうし，タルイス・テーグや，その他，例えば〈冬の妖婆〉であるケラッハ・ヴェール，人食いアニスなどの，より原始的な精についても，おそらく当てはまろう。樹木や水の精にもまた，これと同じ起源説が適用されよう。C.G.ユング〔スイスの心理学者，精神医学者.1875-1961〕によって深層心理学的に考察された民話の背景は，妖精信仰の基盤をさぐる民俗学者に，重要な解明の糸口を与えるかもしれないし，それは思わず信じたくなるような，不思議な説得力をもったものかもしれない。全体としては，妖精信仰の起源に関するどれか一つの説にのみ盲目的に従うのは賢明ではなく，それら諸説がそれぞれからみ合って，かたくより合わさった伝承という紐を構成していると考えるのが，いちばん妥当であろう。

［モチーフ：F 251.1］　　　　　　　　　　　　　　　　　　　　　　　　　　　　　（井）

妖精の騎馬行列　the Fairy rade

英雄妖精，また群れをなす妖精全体の中で最も普及している行事の一つは，厳かな騎馬隊列や行列を組んで出かけることである。向こう見ずエドリックの初期の話やヘラ王の騎馬行列，またオルフェオ王などの話においても，われわれは，この妖精の騎馬行列に出会う。妖精をテーマにした，少数の伝承バラッドについていえば，若きタム・リンとアリソン・グロスの2篇において，妖精の騎馬行列が大きい役割を演じている。目をアイルランドに転ずるなら，フィンヴァラの騎馬行列があるにはあるが，アイルランドの妖精たちの大部分は妖精の飛行によって移動した。ただしディーナ・シーの騎馬の列は，有名なものだった。スコットランドの文献にも妖精の騎馬行列の，グロテスクではあるが生き生きとした記述がある。例えば，R.H.クローメックは，『ニスデイルとギャロウェイの古歌謡』(1810)の中で，当時の小さい美しい妖精たちの行列を目撃したある老女の以下のような実話を紹介している。クローメックは，どういう場合でも妖精に対して非常に好意的である。

　　聖十字架祭〔9月14日〕の前夜，わたしは近所のマリオンという女の子と，家から1スコット・マイル〔約1.8キロ〕離れたところで，市で晴着を買う相談のため落ち合った。わたしたちがサンザシの茂みの下に腰を下ろしていると，間もなく馬に乗っている大勢の人の高笑いの声が，手綱についている鈴の音と，馬の蹄の響きに入り混じって聞こえてきた。馬に踏み潰されたらたいへんだと思い，わたしたちは，

あわてて立ち退いた——酔っ払った連中が，寝る前に市場へ馬を走らせているのかもしれないんだ，ということくらいしかわたしたちには考えられなかった。わたしたちは目を凝らしてあたりを見回し，やがてそれが〈妖精の騎馬行列〉だということがわかった。わたしたちは，彼らが通り過ぎるまで，小さくなって身をひそませていた。隊列の上を一条の光がまるで踊るようにきらめいていたが，それは月光よりもきれいだった。彼らは，本当に小さい人たちで，緑のスカーフをつけていたが，最先頭にいる人だけは，あとの連中よりずっと背が高く，革ひもで束ねた美しい豊かな金髪は，まるで星々のように輝いていた。彼らが乗っている馬は，地面の上を引きずるようなひどく長い尻尾をもち，風が吹くたびに鳴る笛をたてがみにつるした小形のみごとな白馬だった。このたてがみにつけた笛の音と妖精たちの歌声が一緒になって，それはどこか遠くから聞こえてくる賛美歌の響きのようだった。彼らが通ったとき，マリオンとわたしは，広い牧草地の中にいた。高いサンザシの生け垣があるので，ジョニー・コリーの麦畑に入ることはあるまいと思っていたら，彼らはまるでスズメのように麦畑をとび越え，さらに疾駆してその向こうにある緑の小山の中へ消え去った。わたしたちは，翌朝，馬に踏みにじられたはずの麦畑を見にいったが，蹄の跡など全くなく，麦の葉1枚損なわれていなかった。

［モチーフ：F 241.1.0.1］（平）

妖精の借用　Fairy borrowing

妖精たちが近くに住む人間からしきりに物を借りようとするのは，妖精の人間依存を示す一つの証拠である。スコットランドではこうしたことが特に頻繁に起こる。穀物とか，時には道具などを借りにくる。水車や，煮炊きする火を使わせてくれと頼むこともある。デイヴィッド・マクリッチーは従来の妖精の起源説に一石を投じたが，「サントライ島」という話は，その裏づけに用いた話である。確かに，妖精が物を借りるというこれらの実例は，妖精はもともと，姿を隠していながら，それでも何か手に入る物はないかと，征服者の周辺をひっそりうかがっている被征服種族の生き残りであるという主張に，よく当てはまる。妖精の借用という主題は，妖精の盗みとも重なり合ってこよう。［モチーフ：F 391］
(井)

『妖精の女王』　The Faerie Queene

16世紀の詩人エドマンド・スペンサーの叙事詩。スペンサーは，のちの時代のあまり有名でない多くの作家たちと同じように，妖精界を道徳上の寓意の素材として用いた。スペンサーの妖精界は，アーサー王時代のブリテンと境界を接しており，妖精とアーサー王の騎士たちは，その境界を越えて行き来していた。妖精界は当時のブリテンをも象徴していたのである。不幸にもアイルランドへ左遷されていたスペンサーが，イングランドを妖精の国であると感じたのは無理もない。『妖精の女王』に見られる寓意に，道徳的な骨子が存在することは明確にたどれる。その目的は，アリストテレスによって提示された人間の12の美徳を説き示すことであった。『妖精の女王』は12巻本で，各巻は12の詩篇から構成されるはずであった。そのうち完成したのは6

巻までで，最初の3巻は1590年に別々に出版された〔4～6巻は1596年に出版〕。とはいえ，これは記念碑的な作品である。1巻ごとに，主人公の騎士と貴婦人が登場し，主人公は，探求の旅の間に一つの美徳をまっとうする。作品全体を通しての主人公はアーサー公であり，それぞれの逸話に登場する主人公を助ける。アーサー公が最後の物語の主人公になるように定められており，他の徳を全部含む最高の美徳である高邁さの象徴として描かれている。そして最後に，アーサー公は妖精の女王グロリアーナと結ばれることになっていた。

　第1巻は「神聖さ」についてである。主人公は赤い十字章をつけた騎士である聖ジョージで，相手の貴婦人はユーナ，すなわち「真実」である。聖ジョージの探求の旅の目的は，「過誤」というドラゴンを倒し，ユーナの国土を荒廃から救うことである。第2巻の主人公は，「克己」を体現するガイオンで，アルマがその貴婦人である。ガイオンの探求の目的は，アクレイジアすなわち「肉欲」を打ち負かし，息の根を止めることである。第3巻は「貞節」についてで，あらゆるものを突き通す槍を手にした戦士である女騎士ブリトマルトに，この美徳が体現されている。第4巻の主題は「友情」で，ふたりの若い騎士キャンベルとトライアモンドによって表わされ，騎士の姉妹で魔術にすぐれた手際を見せるキャナシーとキャンビーナのふたりの貴婦人に伴われている。ふたりの騎士が友情で結ばれているのは，キャンビーナが与えた魔法の水薬のためである。第5巻は「正義」についてであり，アルティガルが主人公で，小姓として鉄人テイラス，すなわち「懲罰」を従えている。その貴婦人はブリトマルトである。アルティガルはアイリーナをグラントルトから救い出すために遣わされる。第6巻の美徳は「礼節」であり，主人公サー・キャリドールの探求の目的は怪獣ブレイタントすなわち「虚報」を倒すことで，その貴婦人はパストレラである。

　この寓意物語の政治的な意味づけは，それほどはっきりしていない。エリザベス女王〔在位1558-1603〕はグロリアーナとベルフィービー〔第3巻に登場する女狩人〕の両方，さらにブリトマルトでもあるかもしれない。アーサー公はおそらくレスター伯ロバート・ダッドリー〔スペンサーの恩人．1532?-88〕を指し，アルティガルはスペンサーがアイルランドで仕えたグレイ卿〔アーサー・グレイ．アイルランド総督．1536-96〕，同様にティミアス〔第3巻に登場するアーサー公の従者〕はサー・ウォルター・ローリー〔エリザベス女王の廷臣，探険家，歴史家，詩人．1552?-1618〕，サー・キャリドールはサー・フィリップ・シドニー〔イギリスの詩人，政治家，軍人．1554-86〕であるらしい。

　この寓意詩の中では，善良な人物たちは，邪悪な魔法使いアルキメイゴーや人を欺く魔女デューエッサ，そしてさまざまな巨人，ハッグ[2]，ドラゴン，悪意ある女たちによって，たえずだまされ，待ち伏せされ迫害される。登場人物たちは善玉悪玉を問わず，さまざまな魔法の道具，すなわち魔法の鏡，どんなものでも突き通す槍，堅固な盾，魔法の水薬，指にはめた者は血を流さぬ指輪，「命の水」，「命の木」などを思いのままに使いこなす。物語では，妖精の取り換え子や，変身やさまざまな種類のまやかしの術が登場し，イギリスの妖精物語への言及も「フォックス氏の話」（J. ジェイコブズの『イングランド昔話集』(1890)に収録）の，少なくとも1例は存在する。妖精の型はやたらに混ぜ合わされ，アーサー王伝説，ことに魔力の持ち主マーリンについ

ては多くの箇所で語られている一方，古典に関する言及はさらに多く，筋立ての多くの要素はオウィディウス〔ローマの詩人，『変身譚』の著者．43 B.C.-17 A.D. ?〕とホメーロス〔前10世紀頃のギリシアの大詩人〕から引かれている。この本は，読者をひきつけて先へと読み進ませる力をもち，とりわけ美しい章句に満ちているが，全巻を読み通すのはなかなかできることではない。

(井)

妖精の身体欠陥　Defects of the fairies

妖精について多くのことが語られている中に，妖精は外貌は美しいが，必ず一つ隠すことのできない欠陥があるという説がある。例えば，北欧のニワトコの樹の精である〈ニワトコおばさん〉は美しい顔をしているが，後ろから見ると頭部はがらんどうであることがわかる。スコットランド高地地方の，邪悪だが美しいグラシュティグは，ヤギの蹄を隠すために，緑の服のすそを引きずって歩いている。シェットランド諸島のヘンキーは，踊る際に片足を引きずるのでその名〔ヘンクは「片足を引きずる」の意〕がつけられている。J. G. キャンベルは『スコットランド高地地方と島々の迷信』(1900) で，「一般に，妖精はそれぞれ何か特有の欠陥をもっているとされていて，それによって彼らが人間でないことを知られるようになる。ヘブリディーズ諸島のマル島とその近隣地方では，妖精の鼻孔は片方だけで，もう片方には無いそうだ」と述べている。キャンベルが描いているバン・シーの身体的欠陥は，例えば「バン・シーは，(食事ごとに雌牛1頭といった)猛烈な食欲，ぞっとするような前歯，鼻孔の完全な欠如，水かきのついた足，異常に長い垂れ乳，などで見分けがつく」といったもので，これではどんな場合でも美しいとは言えまい。

　　ジョージ・マクドナルドによれば，スコットランドのアバディーンシャーのブラウニーは親指以外の4本の指が一つにくっついているという。

　これらの特徴はたぶん，妖精たちを堕天使，あるいは，さらに悪魔に非常に近い存在と信じている人々によって妖精に付与されたものであろう。悪魔の蹄が縦に割れているというのは，悪魔に関する民間信仰のおそらく最も一般的な条項の一つであろう。アレグザンダー・ロバーツがその著書『妖術の研究』(1616) の中で述べているように，「悪魔はいくら人間の格好をまねてみても，完璧にはいかないので，必ず人間が気づきうるなんらかの欠陥のために，化けの皮がはげてしまうのである」〔モチーフ：F 254.1〕

(吉)

妖精のスコップ　the Fairy ped

人間の助力を喜んで受ける，小さい素朴な妖精の話を，ルース・タングが「カウンティー・フォークロア」第8巻 (1965) に収録の物語「こわれたスコップ」で紹介している。

　　仕事の都合でウィック・ムア〔サマーセット州北部にある荒野〕を通っていたひとりの農夫が，人の泣き声を耳にした。何か小さい者の声らしく，それから2,3歩先に，二つに割れた子ども用のスコップが目にとまった。この農夫は，もともと子どもにやさしい父親だったので，かわいそうだと思い足をとめて，わずかな時間でそ

のスコップをきれいに丈夫に補修したが、そこが〈ピクシー・マウンド〉と呼ばれている妖精丘のすぐ近くであることには少しも気づかなかった。

農夫は、修理したスコップを下に置いてから、「ほら、できたよ。もう泣くのはおよし」と言って立ち去った。

帰りに農夫が同じ所を仲間と一緒に通ったら、スコップはなくなっていて、その代わりにみごとな焼きたてのケーキが置いてあった。

仲間の警告を無視して、農夫はそれを口に入れてみたが、「ちゃんとしたいい味」だった。妖精に聞こえるように大声でそう言ってから、「では、おやすみよ」と言って立ち去った。農夫は、その後たいへん栄えたということである。

こういうタイプの話では、妖精界の外で妖精の食べ物を人間が口にしても別に悪い結果にならないということがわかる。この話の農夫は、妖精に対する作法によく通じていた。すなわち食べ物をほめはしたが、お礼は言わなかったのである。このような小さな妖精たちは、まことに無力のようだが、人間の身の上にふりかかる幸運や悪運を左右する力をもつと信じられている。

(平)

妖精の葬式　Fairy funerals

アラン・カニンガムが『イギリス著名画家、彫刻家、建築家伝』(1829-33)の中で書いていることによれば、ウィリアム・ブレイク〔1757-1827〕は妖精の葬式を見たことがあると言っていたそうである。「妖精の葬式をご覧になったことがありますか、奥様?」とブレイクは、たまたま隣にすわった婦人に言った。「いいえ、ございませんわ!」と婦人は答えた。「わたしは見たんですよ。それもつい昨日の晩のことなんです」とブレイクは言って、その葬式が自分の庭でどんなふうに行なわれていたかを語った。「緑と灰色のバッタぐらいの大きさの生き物が列をなして、バラの花びらの上に遺骸を乗せて運んでいくのを見たのです。歌をうたいながら遺骸を埋葬すると、その連中は消えてしまいました」

妖精たちはこの地上の世界が続くかぎり存在するか、あるいはコーンウォールの小さい人のように年をとってゆくにつれて縮んで消えてゆくものだと信じられていたので、妖精の葬式などあろうはずがないと、多くの人たちは考えていた。それでもブレイクのように、妖精の葬式を見たと言う人はあちこちにいる。そうした主張の一つに、スコットランドのパースシャーのジプシーのひとりウォルター・ジョンストンという人の妖精体験があり、この記録はエディンバラ大学スコットランド研究所資料室に所蔵されている。ジョンストンはトム・ナ・トゥル〔「トゥルの茂み」の意〕の近くで、一軒の廃屋と、そのそばに泉があるのを見つけた。水をくもうとして泉にコップを入れようとしたそのとき、茂みから光がもれてくるのを目にとめた。小さな男がふたり、背丈は6インチ〔約15センチ〕ほどだったが、一緒に柩をかつぎながら現れた。ふたりは、スコットランドの葬式で普通かぶる高いシルクハットではなく、山高帽をかぶっていた。北アイルランドのアルマー州美術館のT. F. G. パターソン博士も次のような話をその地の一老人から採集している。

ある男が、昔、妖精の葬式についていった。この男が夜ふかしをしていたところ、

隊列が近づいてくる物音が聞こえた。男がこっそり抜け出してあとをつけてみると，葬列はリスレートリム砦（アーマー市南方のカリハンナ村近くの三重砦）の中に消えていった。男には一行の歩く足音ははっきり聞こえていたのに，姿は一つも見えなかった。

ロバート・カークはその比類のない著書『エルフ，フォーン，妖精の知られざる国』（執筆1691, 出版1815）で，妖精の寿命に限度を与え，葬式についても記している。

　妖精たちはよく旅をして回り，わたしたちの間で起こりそうな暗い悲劇的な出来事を予言したり，それをまねたりする。また，例えば地中や空中で，集会をやったり，戦ったり，深手を負わせたり，負傷したり，埋葬したりなど，妖精自身が多くの悲惨な行動もする。妖精たちは，わたしたち人間よりはるかに長生きするが，それでも最後には死ぬか，少なくとも妖精界から消えてゆく。

2, 3ページあとに，カークはこう記している。「妖精たちは，ひどい病気にかかることはないが，ある一定の時期が来ると，それはだいたい100年くらいだが，体は縮んで衰えてゆく」

　妖精の葬式が人間の「暗い悲劇的な出来事を予言したり，まねたりする」行為の一環でないと断定はできないのである。少なくともジェイムズ・バウカーの著書『ランカシャーのゴブリン譚』（1883）に収録の「妖精の葬式」の話においては，人間の行為の予示がなされているといえよう。昔，月のさえた夜のこと，ふたりの男がラングトン村をさして家路を急いでいた。ひとりは年老いた牛医者のアダムで，もうひとりはロビンという元気のよい若者だった。ふたりが教会にさしかかったとき，ちょうど12時の鐘の最初の一打ちが鳴り，その鐘の音が全部鳴りきったときに，そこを通り過ぎた。すぐ，ふたりは立ちどまってしまった。今度は死を弔う鐘の音が，鳴り響きだしたからである。鐘の音を数えた。そのときは26で鳴りやんだ——ロビンは26歳であった。死んだのはいったい仲間の誰なんだろうと，ふたりはちょっと考えたが，朝になればわかると思い，家へ急いだ。だが古びた僧院の車回しと門番小屋のところまで来ると，門が勢いよく開き，赤い帽子をかぶって黒い服を着た小さな人がひとり，外に出てきた。手で調子をとりながらやさしく悲しい挽歌をうたっており，そのあとから同じような服を着た行列が，中ほどに小さな棺をささげ持って続いていた。棺のふたが開いていたので，中の顔は見えていた。ふたりは後ずさりして生け垣に身を隠したが，棺が前を通り過ぎるとき，アダム爺さんは身を乗り出すと，月の光でその死体の顔を見た。「おい，ロビンよ，やつらが運んでいるのは，ありゃあ，お前の写し身だぜ！」とアダム爺さんは言った。ロビンがぐっと身を乗り出すと，それが確かに自分の顔の小形版であることがわかった。鐘はまた鳴り続け，葬列は教会へ向かって進んでいった。ロビンはこれは死の前触れだと思い，決定された死の時がいつなのかを知ろうと，心に決めた。アダムは引きとめようとしたが，ロビンは列を作って歩いていくフィーオリンに急いで追いつき，先頭の者を軽くたたくと，震えながらこう尋ねた。「おれがあとどのくらい生きられるか，教えてくれませんか？」すると突然，稲妻が光り，雨が注ぐように降り，行列はかき消えてしまった。雨と風の中，ふたりは一所懸命に家路を急いだ。

それ以来，ロビンは人が変わってしまった。ロビンはもう，飲んだり騒いだり笑ったり楽しんだりしなくなった。ただ一つの慰めは，夜になってアダム爺さんと腰を下ろし，見聞きしたことについて話すことであった。そして事件から1か月後，ロビンは煙突から落ち，それがもとで亡くなった。

　以上は，死の警告を与える妖精の葬式についての，いちばん詳しい記述であるが，スコットランドのギャロウェイ地方やウェールズにも，こうした報告がある。ウェールズの人だまは，ジョン・オーブリーやワート・サイクスが論じているウィル・オ・ザ・ウィスプ現象に含まれるが，この現象は妖精によるものというより，むしろ死者の霊によるものと考えられる。

　本物の妖精を弔う葬式，それも妖精女王の葬式の光景は，ロバート・ハントの編著になる『イングランド西部の伝承奇談』(1865) に描かれている。以下はその話の要約である。

　ある夜おそく，リチャードという老漁師が，捕らえた魚をかついでセント・アイヴズから戻ってきたときのこと，レラント村の教会の鐘が重くこもった音で鳴っているのが聞こえ，窓には明かりが見えた。老人はそばに寄ってのぞきこんでみた。教会の中は輝くばかりに明かりがともり，小さな人々がたくさん群れをなして中央の座席の間の通路を歩いており，そのうちの6人は棺台を運んでいた。遺骸には覆いがなく，背丈はこの上なく小さな人形のようで，蠟のように青白く美しかった。弔いの人々は手に手に花をつけたミルトスの枝を持ち，頭には小さなバラの花輪をかぶっていた。小さな墓穴が祭壇近くに掘ってあった。遺骸がその中におろされると，妖精たちは大声で「女王様は死んでしまった！」と叫びながら，持っていた花を投げ入れた。小さな墓掘り人がシャベル1杯分の土をかけると，ものすごい悲しげな声がわき起こったので，リチャードもつられて思わず声をあげてしまった。すると突然，明かりは消え，妖精たちはまるで蜜蜂の群れのように，急いで押し寄せて彼のそばを通り過ぎ，鋭い針で彼を刺した。リチャードは怖くなって逃げ出したが，生命が助かったのは幸いだと思った。

　ここに登場する妖精たちは，せんさく好きな侵入者を嫌い，プライバシーを侵害されること [⇒妖精生活への侵害] については，いつもの嫌悪の情を示しているのに，十字架のキリスト像 [⇒クロス] とか聖化された教会の建物や墓地が少しも妖精の行為のブレーキになっていないのは注目に値する。この妖精たちは，確かにシーリー・コートに属していたに違いない。　[モチーフ：D 1825.7.1；F 268.1；F 361.3]　　　　　　　　（井）

妖精の退散　Departure of the fairies

　チョーサーの時代〔14世紀後半〕以降，妖精たちは立ち去ってしまったとか，消滅しつつあるとか，たえず言われてきたものだが，妖精たちはなおも生き残っている。チョーサーの時代から約200年後，リチャード・コーベット主教 (1582-1635) の次の詩篇は妖精退散のテーマを追っている。

　　　　お礼や妖精とはおさらばよ，
　　　　　　主婦たちは，もう，そう言うだろう。

　　　　　今ではだらしない乳搾り女とまじめな主婦との間に，
　　　　　　区別がなくなったのだ。
　　　　　主婦たちは，炉端の掃除を怠ったりしないんだが，
　　　　　　きれいにしたからといって，
　　　　　当今では，お礼をしてくれる
　　　　　　妖精もいないのだ。

この少しあとで，ジョン・オーブリーはインクベロー〔イングランド中西部のウスター市東方の村〕の教会に鐘がつるされたため退散せざるをえなくなったある妖精の話を紹介している。その妖精が

　　　　　「眠れない，横にもなれない，
　　　　　　インクベロー教会のチンガランが高くぶらさがっていて」

と嘆いているのが聞かれたという。

　それからほぼ2世紀後，ルース・タングが類似の話をサマーセット州で採集し，それを「カウンティー・フォークロア」第8巻（1965）に収録している。それはエクスムア地方〔サマーセットとデヴォンシャーにまたがる広い高原〕にあるナイトン農場のピクシーと非常に親しくしていた農場主の話である。ピクシーたちは，彼のために麦の脱穀とか，ありとあらゆる雑多な仕事をやってくれたのだが，たまたま善意に満ちた農場主夫人が彼らのために洋服を用意したものだから，ブラウニーと同様，退散せざるをえなくなった。しかし，ピクシーたちの農場主に対する好意は失せたわけではなかった。ある日，近くのウィジプール〔エクスムア高原にある小村〕の教会に鐘がつるされたあと，父親のピクシーが農場主に出会った。

　　　　「お前さんとこの馬車一式を貸してもらえないかね？」とピクシーは尋ねた。
　　　　農場主は警戒した——ピクシーの馬使いの荒さには定評があったからである。
　　　　「なんに使うのかね？」と聞いた。
　　　　「うちのおかみとちびどもを，あのうるさい鐘の音の聞こえないとこへ連れていきたいんでね」
　　　　農場主はピクシーを信用した。ピクシーたちは，一切合財を馬車に乗せて，ウィンズフォード丘陵〔ウィジプール東方の丘陵〕へ引っ越した。農場主が貸した2頭の老いぼれ駄馬は戻ってきたが，若返ってみごとな二歳馬のようになっていた。

以上紹介したのは，部分的な移動にすぎず，全面的な退散ではなかったが，妖精を国外へ退散させるもろもろの因子の一つが示されているといえる。ラドヤード・キップリングの『プークが丘のパック』（1906）に出てくる話「ディムチャーチからの妖精の退散」も，おそらくサセックス州に実際に存在した民間伝承に基づいているものと思われる。

　19世紀の初めころ，ヒュー・ミラー〔スコットランドの文人，地質学者〕は，『旧地層の赤砂岩』（1841）の第11章の脚注でスコットランドのイシー川からの妖精の最終的退散とみなされているものを記録している。

　　　　ある安息日の朝のこと……この小さな村落の住人たちは，一軒の農家のそばで遊んでいた羊飼いの少年とその妹のふたりを除いて，すべて教会へ行っていた。ちょう

ど庭にある日時計の影が正午の線に達したとき，ふたりは，木の茂みの中，渓谷を登ってくる長い騎馬隊列を目撃した。その隊列は，小山や茂みの間を迂回しながら進んでいたが，農家の北側の切妻壁（その近くにこの光景の目撃者たちが立っていたのだが）を回ると南の方の小高い丘を登り始めた。馬はどれも発育不全の，毛むくじゃらの小形のもので，斑入りの茶灰色だった。乗り手たちも発育不全の，出来損ないの醜い連中で，格子縞の時代がかった短い上着，長い灰色の外衣，それに小さい赤帽，という服装で，帽子の下から突き出た，櫛も通さない乱れた頭髪が頬や額にかぶさっていた。少年と少女はびっくり仰天して，列の後方になればなるほど，いよいよ異様で矮小になっていく乗り手たちが家のそばを通り，そのころには丘いちめんに生い茂っている藪の中に消えていくのを眺めていた。そのうち数ヤード遅れてついてきた最後尾の乗り手を除いて全隊列が通り過ぎてしまった。恐怖や警戒心も，その好奇心には勝てず，少年は思わず最後尾の乗り手に「小さいお方，あなたは何者なの？　どこへ行くの？」と聞いた。すると相手は，一瞬，鞍の上から振り向いてこう答えた。「アダムの種族〔人間〕ではないんだ。<u>平和の人</u>〔妖精〕は，もう2度とスコットランドへ戻ってこないんだよ」

　この話の舞台となったアバディーンシャーはスコットランド北部低地地方にある。スコットランド高地地方の人たちなら，これほど簡単に妖精たちとお別れを告げるようなことはしなかっただろう。事実，大ブリテン島のケルト人地域には，例外なく，さまざまの妖精伝承が今なお息づいている。イングランド中部のオックスフォードシャーにおいても，A. J. エヴァンズは，1895年のフォークロア学会誌に発表したロールライト・ストーンズ〔バンベリーの南西18キロにある石柱群〕についての論考の中で，妖精について記録した最後の文献をあげている。それによると，エヴァンズの執筆時の少し前に亡くなったウィル・ヒューズという老人が，ロールライト・ストーンズのうちで最も大きいキング・ストーンのまわりを妖精たちが踊っているのを目撃した，と言っていたという。妖精たちは，キング・ストーンのそばの地面の穴から出てきたというのだったが，ヒューズの未亡人もその穴のことを知っていた。昔，その近くで遊んだときは，妖精の出てくるのを防ぐため，友だちと一緒にその穴を石で塞いだものだという。

　もういなくなったと何度も報告されてはいるが，妖精たちは依然として余命を保っているのである。アイルランドでは，妖精信仰は日常生活のいわばひだの一部をなしており，スコットランド高地地方とスコットランド西部の島々においても，伝承は生き続けている。ケルト地域のみならずイングランドの全土にわたり，散発的ではあるが，妖精をめぐる話がたえず出現している。オペラ『ペンザンスの海賊たち』〔W. S. ギルバートとA. サリヴァンとの作．1879年初演〕の警官のコーラスのように「行くぞ，行くぞ」と言っているのだが，行ってしまわないのである。　〔モチーフ：F 388〕　　　（平）

妖精の代母　Fairy godmothers

シャルル・ペローや，ドーノワ伯爵夫人や，《妖精の部屋》叢書（全41巻，1785-89）の終わりの方の作家たちの，意匠を凝らした妖精物語に登場するいわゆる〈妖精の代

母〉たちは、どちらかというと変則的存在である。人馴れしていない妖精はその性質から見て、キリスト教の儀式には全く場違いの存在のはずである。が、異教の幼児命名式には必ず彼らが登場することには、それなりの深い理由がある。現に、われわれのフェイの祖先は、運命を支配する女神である北欧神話のノルンおよび古代ローマの運命の女神パルカや豊饒多産の女神フォルトゥーナなどで、それらもやはりそういう場面に姿を見せていたのである。

　ペローの妖精物語は民話の再話であるが、宮廷の習慣を知っている宮廷人たちが聞き手であるという前提があったから、王族や貴族の子どもたちのための名づけ親というところに力点がおかれた。「眠れる森の美女」の話は、宮廷の幼児命名式の代表例で、有力な妖精たちが幼児命名式に招かれるが、ひとりの醜い鬼婆のような妖精を招待し忘れ、その結果その妖精の怒りを買ってしまう。これとよく似た例は、フランス13世紀の吟遊詩人アダン・ド・ラ・アールの喜劇「葉陰の劇」にも見いだされる。すなわち、アルシル、モルグ、マグロールの3人の妖精の女が、教会墓地にある東屋で彼女らのために催された宴会に招待される。が、マグロールは自分に出されたナイフ・フォーク類がお粗末なのに立腹して招待主の頭が禿げるように呪いをかける、という話で、これは幼児命名式ではなく、異教時代にすでに神聖な場所とされた墓地における、古い時代の風習による異教の儀式で起きた出来事である。

　いずれの国の民話にも、時に動物、しかも多くは殺された母獣の霊、時に主君に恩義を負う老男女、時に井戸や川や山の精霊といったように、超自然の守護者は多数出てくる。大部分の物語は、筋はほぼ同じで、ただ話の装飾部分が異なっている。幼児命名式に妖精が登場するという着想は、妖精物語の作者たちを確実に魅了し、ジョージ・マクドナルドや、E. ネズビットやアンドルー・ラングやボールドウィン夫人、その他多くの作家たちが、いわば妖精物語のお手本として使っている。〔モチーフ：F 311.1；F 316〕

(吉)

妖精の食べ物　Fairy food

妖精の食べ物についてはさまざまな記述がある。例えばサマーセット州に伝わる「こわれたスコップ」の話や、その類話に登場するような小さな家事好き妖精は、おいしい小さなケーキを焼いて、恩になった人に贈る。妖精の借用の話に登場する妖精たちは、穀物を借りにやってきては、それを正直に返してよこす。J. G. キャンベルの『スコットランド高地地方と島々の迷信』(1900) では、妖精たちがしばしばオート麦のあらびき粉を借りにきては、その倍の分量を返してよこすが、それがいつも大麦のあらびき粉であるところを見ると、どうやら妖精たちが通常使用する穀物は大麦であるらしい。また妖精たちは、人間の食べ物からその滋養分を盗み取り、あとに栄養のないかすを残していく。それについてロバート・カークは、妖精たちが人間の食べ物のフォイゾンを盗むのだと言っているが、キャンベルはフォイゾンの代わりにゲール語のトーラ〔「果実、穀物」の意〕という言葉を使っている。「アッフリーハンの農夫」の話は妖精のこの特性をよく示している。そのほかの場合、妖精の食べ物はまやかしの術によって、ぜいたくですばらしいものに見えても、実は雑草から作られている。

「聖コセンと妖精王」の話では，聖コセンは妖精たちの宴会のごちそうを，「木の葉っぱだ」と言って蔑視している。『スコットランド高地地方と島々の迷信』によれば，それはブリーシュケン（路傍の雑草の根）とヒースの茎，アカシカとヤギの乳，そして大麦のあらびき粉からできているという。17 世紀の詩人ロバート・ヘリックが描くごく小さな妖精王は，以下のように，小さな体にふさわしいごちそうを食べるが，普通の人にとってはあまり食欲をそそるものではない。

　　　短い祈りのそのあとで，
　　　小さなキノコのテーブルひろげ，
　　　妖精たちの食事は始まる。
　　　砂粒が入ってきらりと光る
　　　月干しの精製小麦は，
　　　妖精たちの好みにあった食べ物。
　　　宴会はまたたくまに，豪華というよりは
　　　楽しいものになってゆく。
　　　　　　さて最初に思い描くべきものは，
　　　　　　王の渇きをいやすため，
　　　　　　甘くした青いふくよかな
　　　　　　スミレに入れて持ってくる
　　　　　　葉末に生まれた真珠の夜露，
　　　　　　子猫のようなまなざしで
　　　　　　テーブルを隅から隅まで見渡して，
　　　　　　紙のように薄い蝶の触角を王は見つけ，
　　　　　　食べてから，私たちがカッコウのつばと呼ぶものをちょっと味わう。
　　　　　　ホコリタケのプディングがそばにあっても，
　　　　　　王が手をつける恵みを受けぬ，
　　　　　　上品でないというわけだ。
　　　　　　それでもすぐにさっと手をのばし試してみるのは
　　　　　　砂糖がけイグサの茎。
　　　　　　蜂のたれ下がりよくふくらんだ甘い蜜嚢を食べ，
　　　　　　とっておきのアリの卵で舌先を楽しませる
　　　　　　これ以上何を望もうか？
　　　　　　さらにネズミのひげと煮込みイモリのももの肉
　　　　　　ハサミムシの燻製とハエ1匹，
　　　　　　自分の歯に似た茶色の
　　　　　　木の実のくぼみにつめられた
　　　　　　赤い頭の芋虫のそえもの，
　　　　　　布きれに包んで太らせた蛾，
　　　　　　しなびたサクランボにマンダラゲの穂そえ，
　　　　　　モグラの眼，そえものは殺された鹿の涙

　　　　油ののったカタツムリのたれ肉
　　　　うたいすぎて破れたナイチンゲールの心臓，
　　　　そえるワインはへつらうようにふくらんだブドウから
　　　　無理やり搾り取ったものでなく，
　　　　やさしく上品な花嫁のような清いブドウの柔らかなわきから
　　　　そっと搾り取ったもの，
　　　　それが優雅なヒナギクに盛られて運ばれ，
　　　　ぐっと一息に飲みほすと，血はのぼり
　　　　王はうっとりとする酔い心地，
　　　　食事がすめば司祭の祝福の言葉——
　　　　宴会はお開きとなる。
　　　　　　　　　　〔『ヘスペリディス』(1648) 中の詩「オベロンの宴会」より〕

　このような献立が伝承に基づいたものかどうかは疑わしい。これがヘリック自身の空想の産物であるということも，充分ありうる。ワイルド夫人の描くもっと気味悪い話の一つでは，妖精の宮廷に並べられたすばらしいごちそうが，台所にいた人間の客の目には，老いたハッグ²の死体に見えたという。妖精界で供されるすべての食べ物が，魔法の力によって味つけされ，変形されているということは確実である。［モチーフ：F 243 ; F 243.1］

　　　　　　　　　　　　　　　　　　　　　　　　　　　　　　　　　　　（井）

妖精の手仕事　Fairy crafts

　妖精たちは，いろいろの技術にすぐれていることでは定評がある。妖精たちが他に強いられてではなく，自発的に働いているのを目撃した者がいるし，その音を聞いた者もいる。また妖精たちは人間に技術を教えたり，人間のために仕事もする。その仕事ぶりの生き生きした描写を，J. G. キャンベルは『スコットランド高地地方と島々の迷信』(1900) 次のようにに記している。

　　すでに言われていることだが，妖精は人間といろいろの点で似ている。子どももいれば年寄りもいる。いろいろな種類の商売もするし，手仕事もする。家畜や犬や武器をもっている。食べ物，衣服，睡眠を必要とし，病気にかかるし，殺されることもある。だまされてついうっかり酔っ払ってしまうことさえある。ブルーの内部に入った人間は，その中にすんでいるものたちが，人間と同じような仕事をしているのを見た。女たちは，糸を紡ぎ，布を織り，粉をひき，パンを焼き，料理をしたり，バターを作るなどいろいろなことをしており，男たちは眠ったり，踊ったり，陽気に騒いでいたり，（スコットランド中央部のパースシャーの者の報告によれば）「いかけ屋のように」床の中央で火を囲んですわっていたという。住人たちは時おり，食糧探しに出かけたり，遊びに遠出してすみかを留守にしたりした。妖精の女たちは，スコットランド高地地方の女たちが昔よくしていたように，仕事をしながらうたい，糸巻き棒や紡錘や手回し臼のような原始的な道具を使ったりする。

　妖精たちが糸紡ぎや機織りにすぐれた技術をもっていることは有名で，ハベトロットやトム・ティット・トットの話にも出てくるが，これには少々補足が必要である。マ

ン島では，夜になるとちびっこが織物を台なしにするので，人々は織機や紡ぎ車をこの妖精から守らねばならない。マン島の人々のこうした考えは，ソフィア・モリソンの著書『マン島妖精物語集』(1911) の中の，島のある家を訪れた妖精についての一節で記述されているが，それはジェイムズ・ムアの話をもとに書きとめた回想記である。

　わたしは他人の話はそれほど信じませんが，自分自身でたまたま見たものは，結局信じるほかはありません。

　冬のある夜のことを思い出します——当時わたしたちはある家に住んでいましたが，その家は，今では紡績工場の建物が建つので，壊されてしまいました。それは，二部屋しかない草ぶき屋根の家で，その二部屋が高さ 6 フィート〔約 1.8 メートル〕くらいの壁で仕切られていたんです。壁の上方は天井もなく，屋根の垂る木にかけわたしてある草——といっても，ヒースの株や草の根がついたまんまの土のことなんですが——のところまで吹き抜けになっていたんです。母は炉端に腰をおろして，糸を紡ぐのに忙しく，父は食卓の端にある大きな椅子に腰かけて，わたしたちのためにマン島語聖書の一章を読んでいました。兄は忙しく糸巻きを回しており，わたしはヒースの束から，はた織り機に使う杙を二つ三つ作ろうとしていました。

　「今夜はどうもひどい降り方をするね」と母が火を見ながら言いました。「それに雨が煙突からどんどん入ってくるじゃないの」

　「そうだな，早いとこ寝ることにして，〈ちびっこ〉たちが雨宿りに入ってこられるようにしてやるか」と，父は聖書を閉じながら言いました。

　そこでわたしたちは皆，支度をして床につきました。

　何時ごろだったでしょうか，夜中に兄はわたしを起こし，こう言ったのです。「しっ！　聞こえるかい，台所の明かりを見ろよ！」兄はちょっと目をこすると，こう小さな声で言いました。「いったい母さんは，今ごろ何をしてんだろう？」

　「いいかい，母さんは寝てるじゃないか，あれは母さんなんかじゃないよ。紡ぎ車を動かしているのは，〈ちびっこ〉たちにきまってるさ」と，わたしは言いました。

　そこでふたりとも恐ろしくなり，夜具を頭からかぶると，そのまま眠りこんでしまいました。朝起きるとわたしたちは一番に，昨夜見たことを両親に話しました。

　「おお，そうか，ありそうなことだ」と父は紡ぎ車を見ながら言いました。「母さんが昨晩，車のベルトを抜いとくのを忘れたとみえる。気をつけなくちゃならんことだがな。ベルトがあると，あいつらは車を自由に動かせるんだ。よかれと思ってやることらしいが，あいつらの糸紡ぎときたら，自慢できるような代物じゃない。織り手はいつも，やつらのやり方や，紡ぎ車の巻き取り方がひどいとぼやいているよ」

　今でも昨日のことのように覚えています——明かりが〈ちびっこ〉たちをこうこうと照らしており，車のうなる音が休みなく続いていたのを。ほかの人がどう言おうとかまいませんけど，わたしは〈ちびっこ〉たちの姿を自分の目で見て，この耳で車のうなる音を聞いたのです。

ウォルター・ギルが『マン島スクラップブック』(1929) に載せている以下の話では，糸紡ぎをしていたのはどうやらクモということになっているが，ギル自身は，妖精の

仕業であったに違いないと考えている。

　以下に要約した話は，その地方の一部の人々にしか知られていません。わたしはこの話を，近くの丘で羊を飼っていた老人から聞いたのです。レイビー邸には，K某という名前のお婆さんと，お手伝いの女の子が住んでいました。ある朝のこと，その日は手元に紡ぎものがたくさんあったのに，娘はどこかへ行ってしまい，お婆さんはどうやって仕事を片づけたものか，ほとほと途方に暮れていました。思いあまって川へ行き，川かクモかに——この点で人々の話は違っていますが——手助けを頼んだところ，相手は，そうしてやると約束してくれました。そしてお婆さんのために紡ぎ仕事をしてくれたばかりか，そのあとで，自分たちの絹糸を全部使って，信じられないほど精巧で美しい肩掛けを作ってくれました。それは数世代もの間その一家に保存されていましたが，今では二つの〈妖精杯〉や〈モラカレーンの十字架〉，そのほかのマン島の宝と同じように，なくなってしまったということです。

ギルはこの話の裏づけとして，ヘブリディーズ諸島のマル島に伝わる話も載せている。それは願いごとを口にすると妖精たちが現れ，願っただけで糸を紡いだり，布に織ったりしてくれたという話である。仕事のあと妖精たちは食卓に群がって食べ物を欲しがったが，女には妖精たちに出す食べ物がなかったので，とうとう最後には，妖精丘が火事だとおどかして，妖精たちを家から追い払わなければならなかった。

　この話は，妖精が本当に糸紡ぎをしたのか，それとも人間の感覚を欺く一種のまやかしの術なのか，という疑問を抱かせる。またトム・ティット・トットの話のコーンウォール版「ダフィーと悪魔」では，テリートップの糸紡ぎ仕事は，この悪魔が追い出されたためにすべてかき消えてしまい，地主は裸で歩いて家に帰らねばならなかったことも思い出されてくる。だが，この二つの話は厳密には，同類とは言えまい。テリートップは明らかに，妖精ではなく悪魔として描かれているからである。

　妖精たちが上手にできるものには鍛冶の仕事もあるが，これは妖精たちが鉄を恐れるということを考え合わせると，きわめて奇妙で矛盾したことになる。ノームは，昔から鍛冶屋として評判が高く，たくさんの名の知れた剣や胸当てがノームの手で作られていた。しかし「鍛冶屋と妖精」という話では，妖精たちは丘の斜面に突き刺された短剣の力に左右されたが，さらってきた人間たちに並はずれた鍛冶の技術を教えており，救い出された少年は，そのおかげで利益を得ることになった。民間伝承でよくあることだが，こうした矛盾に，なんの説明も与えられていない。ラドヤード・キップリングは『プークが丘のパック』(1906) の中の一つの物語「冷たい鉄」で，このテーマをうまく文学作品に用いている。

　レプラホーンは靴作りという職業に，すぐれた技術をもっていることが知れわたっているが，妖精以外の者，すなわち人間のために靴を作ったという記録がないので，その技術を吟味する手だてはない。

　鉱山で働くゴブリンは，仕事ぶりは懸命だが，その実，なんの成果もあげていないことが，17世紀にはよく知られていた。一方ゴブリンは，夜になると舟造りの仕事に従事しており，その技術を自分たちのめがねにかなった人間に教えていた。エヴァンズ・ウェンツは，ヘブリディーズ諸島のバラ島のバグパイプ奏者から聞いた話を

『ケルト圏の妖精信仰』(1911) に収めているが，その話は，舟大工の徒弟が拾ったベルトを妖精の女に返したところ，親方並みの技術を妖精から授けられたというものである。その技術は，徒弟がどうやってそれを身につけたかといういきさつを人にもらしたあとでも，消失しなかった。

　妖精たちがもっているまぎれもない天賦の才の一つは，音楽の技術だった。スコットランドのスカイ島のマクリモン家がバグパイプ奏者として最も有名になったのは，さげすまれていた下の息子が妖精から黒い指管をもらい，吹き方を教えてもらって以来のことである。多くの歌や旋律が妖精丘から流れ出し，多少は変えられても，人間の世界に今でも伝わっている。妖精の技術には魔力によるまどわしの場合が多いが，少なくとも妖精の音楽だけは音楽自体の力で生き続けている。　　［モチーフ：F 262；F 262. 2；F 271.0.1；F 271.4.2；F 271.4.3；F 271.7；F 271.10］　　　　　　　　　　　　　　　　（井）

妖精の道徳　Fairy morality

妖精の存在が信じられている地域ではどこでも，善い妖精と悪い妖精との間に，常に一線が画されている。例えば，スコットランド流にいえばシーリー・コートとアンシーリー・コート，スコットランド高地方においてもスルーアと妖精との間には，はっきりした区別がある。『ケルト圏の妖精信仰』(1911) では，エヴァンズ・ウェンツが話を聞いたヘブリディーズ諸島中のバラ島に住むひとりの年老いたバグパイプ奏者は，次のように両者を区別している。

　　「一般的に」と彼は言った。「スルーアは邪悪で，妖精は善良だったね。もっとも，妖精も牛をさらい，もぬけの殻になった牛の皮の中に年とった妖精を残しておく，といった話をわたしは聞いているがね……スルーアにさらわれた男どもを，わたしは目撃しているよ。彼らはサウス・ユーイスト島〔ヘブリディーズ諸島の一島〕から南は遠くバラ岬〔同諸島最南端バーナレー島の岬〕まで，あるいは北は遠くハリス〔ルイス島南部の地域〕まで運び去られるのだ。空中を運ばれていく途中で下の道を歩いている人間を殺せとスルーアに命じられることがあるね。すると，人間を殺す代わりに牛か馬を殺したもんだ。とにかく，何か動物を殺して矢じりに血痕をつけさえすれば，命令に従った，とやつらは思ってくれるからね」

この家畜を盗むという習性は，しばしば記述されているが，妖精の人間依存の一環をなすものである。〈善い妖精〉ですら人間から牛を盗むことに，なんら良心の呵責を感じなかったことに，わたしたちは気づく。

　イングランドにおいても，もっと素朴な形で表現されてはいたが，事情は同じだった。E. M. レザーの『ヘリフォードシャーのフォークロア』(1912) においては，ポンツリラース〔ヘリフォード市の南西約15キロ，ウェールズとの境界に近い〕邸の管理人が，女主人の老メアリー・フィリップスが若かったときに，どういうことを信じていたかを語ってくれる。

　　悪い老妖精たちの機嫌をそこなわないように細心の注意を払いなさい，さもないと恐ろしい目に遭いますよ，とわたしどもは奥様から言いつかりました。悪い妖精は，美しい明るい妖精——いつも白い衣装をまとい，魔法の杖を手に持ち，髪には花を

挿している——のお伴をしていたのです。

一般に善い妖精にしたところで，「お前さんの物は全部わたしの物，わたしの物も全部わたしの物」という格言を，少なくとも人間が相手の場合は，固く守っていたといっても過言ではない［⇨妖精の盗み］。ただし，彼らも仲間同士では，もっと良心的になるらしい。ジェシー・サクスビーの『シェットランドの伝承』(c. 1880) の第10章に，仲間から物を盗んだトローの少年の次のような話が出ている。

　　ヴァラフィール〔シェットランド諸島中のアンスト島西岸域〕の沼沢地帯スマー・ウォーターズや，ヘリヤウォーターからウォットリー湖へと蛇行して流れる川のあたりをさまよい歩く少年がときどき見かけられたという。

　　　いつ見ても，その少年は灰色の服を着て，悲しげに泣いていた。わたしはユーアサウンド村〔アンスト島南部〕出身の女の人からその少年の話——彼女はそれを噓いつわりのない「神の真実」と称していたが——を聞いたので記憶しているかぎり正確にここに紹介する。

　　　「トローというものは，正直ではありません。目につく物をなんでも盗みます。でも自分らの仲間からは，決して，決して盗んだりしません。そうなんです。そんなことをしたら，それこそ最悪の罪です！　彼らは，銀に目がないのです。それで彼らの一族のある少年が，別のトロー族から銀の匙を盗むという事件が起こりました。少年は，即刻，トロー界から追放され，永久にこの島の僻地をさまよう運命になったのです。しかし年に1回，クリスマスに，ほんのしばらくの間，トロー界を訪問することが許されたのです。ところが，少年にそのとき与えられるのは，歯の間でガリガリ嚙むための卵の殻だけ。そのあと耳のあたりをぶん殴られ，背中越しにどやされるのです。それで少年は，希望も失せ，さまよい続けるのです。かわいそうに！　しかし，それが彼らの定めですから，仕方がありません！」

ここには，ある厳しい道徳が働いているのが見られ，エリダー［⇨「エリダーと黄金のまり」］が訪れた妖精界の妖精たちをわれわれに想起させる。プラント・フリース・ドゥヴェン——ウェールズ西部のカーディガンシャー沖合いの不可視の島にすんでいた妖精たち——になると，その道徳感覚はさらに厳しい。このプラント・フリース・ドゥヴェンなる妖精については，ジョン・リースの『ケルトのフォークロア——ウェールズとマン島』(1901) が詳しい。それによると，彼らは交易に長じていたので，世界各地からの財宝が彼らのすむ小島に集まっていた。あるとき彼らは，グリフィーズ・アブ・エイノンなる人と非常に親しくなり，彼を島へ連れてきて自分らの財宝を見せ，本土へ帰すときに，たくさんのお土産を持たせた。この男は，案内人と別れる際，島に生い茂る草の魔力をもってしても防ぎきれない危急の場合には，どのようにして島の安全を保っているのか尋ねてみた。「というのは，あなたたちの間から裏切り者が出てきて，敵をこの島へ案内してくるという可能性だって，きっとあるでしょうから」と彼は言った。それに対して「裏切り者は，わたしどもの土地では育たないのです」と案内人は答えた。そして彼の話は——以下は「ブリソン〔ウェールズ人〕」誌 (1858-63) 第1巻からの引用——次のように続く。

　　　「わが種族の父祖フリースは，わたしどもに子々孫々に至るまで，親や先祖を尊敬

するように，また隣人の妻に目もくれず，自分の妻を愛するように，さらに子どもや孫のために最善を尽くすように命じられました。もしわたしどもが父祖の教えに従うなら，わたしどもの中から不実なる者，あるいは，あなたのおっしゃる裏切り者は，決して現れないと言われました。裏切り者というのは，わたしどもの間では実在しない想像の世界だけの住民なのです。すなわち，ロバのような脚をして，胸には蛇の巣を抱え，頭は悪魔さながら。両手は人間の手にいくらか似ているが，その片手に大きなナイフを持ち，家族がそのまわりで死体になって横たわっている。裏切り者は，そういう不思議な姿で描かれていたりするのです。では，さようなら！」 グリフィーズが，あたりを見ると，もうフリース一族の国は見えず，いつの間にか自分の家の近くにいました。

ウェールズの妖精たちは，妖精としては並外れて気高い連中だったらしい。一般的にいって，善い妖精に人が期待するのは，せいぜい，人に手を貸すのをいとわないこととか，人との折衝で嘘をつかないことくらいだった。もっと敷衍すると，妖精が借用物〔⇒妖精の借用〕をきちっと返済し，人間が示した親切に対しては感謝し，人間界の真実の愛情〔⇒まことの恋人〕の応援者を以て任じ，音楽と踊りを楽しみ，豊饒に対して，また整頓，秩序，美などに対し，一般に関心が強いことなどだった。

悪い妖精といえども，あいまいな言い方をすることはあっても，嘘はつかなかった。しかし妖精の善意は，ちょうど文明人と異なった道徳規範をもつ未開人の善意のように，時には人を当惑させることがないわけではなかった。妖精は，例えば，人が受けた被害に関して，釣り合いのとれぬほどの厳しさで仕返しをしてくれることもあるし，第三者の犠牲においてこちらを富ませてくれることもある。J. R. W. コクスヘッドの『デヴォンシャーの伝承と昔話』(1959)に収録されている「脱穀を手伝う妖精」の話が一つの例証になろう。これは，デヴォンシャーに住むある農場主の身に起こった話であるが，妖精たちの一群が，ある日，その農場主の納屋に運びこまれた麦の脱穀を始めた。農場主は，妖精への応待の仕方を心得ていたので，脱穀作業の音が続いている間は，納屋へ絶対近づいてはならないと農夫たちに厳命した。夕方になって納屋の中をのぞいてみたら，脱穀された麦は納屋の片側に，麦わらはその反対側に，整然と積み重ねてあった。農場主は，納屋にパンとチーズをたっぷり差し入れ，納屋の戸を閉めた。毎日，同じことが起こり，毎日，農場主は差し入れを行なった。ところが，不思議なことに，農場でとれた麦は全部納屋へ運びこんでしまったはずなのに，麦——それはどうやら隣の農場から運びこまれたものらしい——の脱穀作業が依然として続くのだった。月日がたつうちに，遠くの農場から次々と運びこまれる麦のおかげで，この妖精の好意の受け入れ方をよく心得ていた農場主は，いよいよ富み栄えた。農場主は大いに悩んでもよかったはずである——他人の犠牲によって自分は富み栄えているのだが，そうかといって，援助を断って，善意はあるが気難しいこのパトロンたち〔妖精〕の機嫌を損ねるわけにもいかなかったのだから。ところが，この話では，農場主は少しも悩んだりしない。善い妖精でも，その道徳感覚は，矛盾した双価的なものであることの一つの説明がここにあるかもしれない。そのことは，この種の妖精物語は，その時代の世間の道徳感覚が，未開人のとそれほど差がなかった時代に生ま

れたものであることを物語っている。施しがどちらか一方に片寄っても，あるいは処罰が過度に重くなっても，妖精物語の語り手たちは，少しも奇異に思わなかった。なぜかというと，抽象的に道徳や善悪をとらえて云々する文明の感覚と彼らは無縁だったからである。［モチーフ：D 2066；F 172.1；F 365］　　　　　　　　　　　　　　　（平）

妖精の人間依存　Dependence of fairies upon mortals

　妖精たちは独立した存在で，地下や水底の国，あるいは海のかなたの魔法の島で暮らしている，と考えられている。彼らは馬に乗ったり，どんちゃん騒ぎをしたり，踊ったり，妖精の市を開いたり，工芸品を作ったり，糸を紡いだり，機を織ったり，靴を作ったり，鉱山で働いたりする。しかし時々は人間に依存するという特別な事例もある。そうした例として最もよく知られているのは，妖精たちが人間の赤ん坊を盗む話と，周期的に妖精に雇われた産婆を必要とする話である。後者の場合は，盗んできた人間の花嫁のためともいえるが，この点でも，妖精は人間に依存している。妖精の種族を繁栄させるためには，人間の血を導入する必要があるらしい。時に，人間の血そのものが必要になることもある。マン島では，妖精のために飲み水を出しておかなければ，妖精たちは家で眠っている人の血を吸うと信じられていた。このことはエヴァンズ・ウェンツの『ケルト圏の妖精信仰』（1911）の中に記録されている。もう一つの際立った例は，妖精たちが人間の食べ物に依存することである。穀物や牛乳やバターを盗んだり，また食べ物や家畜のフォイゾンすなわち中身の滋養分をかすめ取って，あとに殻だけを残してゆくという妖精の盗みの話はたくさんある。例えばモーキンにまつわる中世の話などいくつかの話では，人間界に再び戻りたくて，妖精の食べ物には手をつけない取り換え子のために，人間の食べ物を盗むのだともいわれるが，この解釈だけでは説明できないほど多くの実例が存在する。妖精の借用のような友好的な交際の場合は，妖精たちが赤ん坊に人間の乳を吸わせてほしいと頼みに来たり，こわれた道具，例えばこわれたスコップなどを直すのに，人間の手を貸してくれとやって来たりする。特にアイルランドでは，妖精たちの内紛とかハーリングの試合に，人間の応援が必要とされる。エヴァンズ・ウェンツは，その例を『ケルト圏の妖精信仰』の中に記している。ロバート・カークは，妖精の葬式の場合などに見られるように，妖精世界の光景は，多くは人間界の出来事の模倣かあるいは予示であろうと言っている。確かに妖精たちは，人間たちに秘密を暴かれたり，自分たちの私生活を侵害される［⇒妖精生活への侵害］のを憤るように見える。しかし人間界の出来事は，妖精たちが無関心を装ってはいても，実は彼らにとって重要な意味をもっている。［モチーフ：D 2066；F 267；F 391］　　　　　　　　　　　　　　　（井）

妖精の盗み　Fairy thefts

　赤ん坊や美しい乙女，授乳期の母親など，人間を盗んでゆくことはさておくとしても，妖精たちが，ほかの野生動物と同じように，人間の持ち物，特に食べ物を盗む権利があると感じているのは確かなようである［⇒妖精の道徳］。ロバート・カークやJ.G.キャンベルによれば，スコットランド高地地方の妖精たちは，食料そのものを盗んで

ゆくことはなく——穀物と，時にはひき割り粉を例外として——食料の外形を残して，その実質を抜き取ってゆく。この実質を，ロバート・カークはフォイゾンと呼び，キャンベルの用いているゲール語では，〈トーラ〉〔「果実，穀物」の意〕と呼んでいる。チーズは，滋養分を妖精に抜き取られると，コルクのように水に浮いてしまう。バターやパンやバノック〔菓子パン〕などについても同じようなことが起こる。時に妖精たちは，牛を妖精丘に誘いこむこともあるが，多くの場合，「アッフリーハンの農夫」の話で残されていた雄牛のように，動物の外形だけを後に残す。シェットランド諸島のトローについても，同じような話がある。キャンベルは妖精たちは絶対に牛乳を盗んだりしないと言っているが，スコットランド高地地方ではそう言えるとしても，他地域には当てはまらない。妖精たちの大のお気に入りで，いつも自分の乳を妖精たちのためにとっておいた雌牛の話を，ロバート・ハントが伝えている。乳を搾る妖精たちの姿は人間の目には見えなかったが，ある夜のこと，乳搾りの娘が草原でその牛の乳を搾ってから，頭にのせるバケツの重みを柔らげようとして作った草の頭当ての中に，四つ葉のクローバーが引き抜かれて混じっていた。そのおかげで娘は，小さな人たちが小さな容器を手に群がって雌牛をなでながら，乳を搾っている姿が見えたのである。妖精の塗り薬にまつわる話では，透視力の持ち主はたいてい，妖精が市でバターの塊などをけずり取って，くすねているのを暴くことができる。妖精の借用に関する話は，妖精たちの非常に異なる性格を見せてくれる。というのは，妖精たちは，借りた物をきちんと返そうと気を配るし，親切にしてやった人は，たいてい貸した分以上の物を返してもらうからである。キャンベルの言うところでは，妖精たちは，人間が持つに値しないものや，不平を言ったり分けるのを拒んだりしたものだけを取ってゆくので，この点では，アビー・ラバーやその同類に似ているという。なんらかの根拠があるのかもしれないが，キャンベルの語っているさまざまの逸話から，こうした説が導き出せるとは思えない。とはいえキャンベルが紹介している話の多くは，不正な手段で手に入れたものは栄えない，という古い格言を例証しているようである。

[タイプ：ML 5085．モチーフ：F 365]　　　　　　　　　　　　　　　　　　　　　　　（井）

妖精の塗り薬　Fairy ointment

妖精がかけるまやかしの術にまどわされることなく，物がありのままに見える力を人間の視力に与える塗り薬。油状のものもあれば，軟膏の場合もある。これは人間の目を見えなくしている呪文を打ち破る力もある。これについては妖精に雇われた産婆の話の中に多くの例が出てくる。類話のうちで最初のものは，13世紀のティルベリーのジャーヴァスがブルターニュ地方のドラカイ〔ローヌ渓谷の水の精〕について記述したものである。古いものだが，完結した話になっている。それによると，人間の産婆が夜見知らぬ家に連れていかれ，生まれたばかりの赤ん坊の目に塗るようにと塗り薬が渡される。彼女がその塗り薬を偶然に自分の目に塗ったことから不思議な光景が目の前に広がるが，のちのあらゆる類話に見られるように，彼女は禁断の透視力を得たことをなんの気なしに口外してしまったため，盲目にされてしまう。わずかに内容のちがう類話が何十とあるが，ジョン・リース教授は『ケルトのフォークロア——ウェー

ルズとマン島』(1901) 第1巻に，おそらく類話の中でもいちばんまとまっていると思えるガルス・ドルウェンのアイリアンの話を記述している。少し異なる別の話「ゼノア村のチェリー」の中にも妖精の塗り薬は登場する。ロバート・ハントが収集した『イングランド西部の伝承奇談』(1865) の中にあるこの話によると，奉公先を探していた田舎娘を，妖精の男やもめが息子の子守女中として雇う。彼女の任務の一つは，毎朝その子の目に薬を塗ることである。雇い主は愛情深く親切で，娘は彼のもとで楽しい日々を過ごすが，この新しく勤めた家で起こる不思議な出来事への好奇心から，その塗り薬を自分の目にもつけてしまう。すると自分のまわりで起こっていることがすべて見えだし，主人が自分に対してと同じように，井戸の底にいる小人の妖精にも，色目を使っていることがわかる。嫉妬のあまり口に出した言葉が，自分の行為を暴露する破目になり，雇い主は遺憾ながら娘を解雇するが，娘の視力を奪うことはしない。この話から，雇い主の先妻が人間の女であったことは明白であり，このことから塗り薬は人間と妖精との合いの子のみに必要であったことを示唆している。人間との混血でない妖精は生まれつきまやかしの術にまどわされないだけの透視力を有していたのだから。　［モチーフ：F 235.4.1；F 235.4.1 (a)；F 361.3］　　　　　　　　　　　　　(三)

妖精の飛行　Fairy levitation

伝承されている妖精譚においては，妖精たちが翼を使って空を飛ぶのは，きわめてまれである。一般にはノボロギクの茎や小枝，草の束などの形を変えて，魔女がほうきの柄を使うのと同じように使用しながら，妖精たちは空を飛ぶのだが，その際，魔法の合い言葉を唱えるのが最も普通のやり方である。ジョン・オーブリーは『雑録集』(1696) の中で，そうした合い言葉の最も古い例の一つ「ホース・アンド・ハトック」をあげている。この合い言葉は明らかに，人だけでなく物体も宙に浮かせる力があったようで，オーブリーの言うには，ほこりが雲のように渦巻き，そこから「ホース・アンド・ハトック！」という甲高い叫び声がするのを聞いた小学生が，「ホース・アンド・ハトック，ぼくの独楽！」と叫んでみると，すぐさま独楽は舞い上がって一行に加わったということである。合い言葉が「ハップ！　ホース・アンド・ハンドックス！」となる場合もある。T. A. ロバートソンとジョン J. グレアムの共編になる『シェットランド民俗誌』第3巻 (1957) に収められた下記の，もっと長い合い言葉は，もう少し手がこんでいる。

　　　　　上がれホース（馬）よ，上がれヘディック（帽子）よ，
　　　　　イグサに乗って昇っていこう，
　　　　　そうすりゃ，おいらも仲間入り。

J. E. シンプキンスが，「カウンティー・フォークロア」第7巻 (1912) に収めた「ダンブレインの悪領主」という短い話では，唱える言葉は短くて明瞭であり，「ブリーヒンを婚礼へ」とか「クルーニャンを踊りへ！」とかいうのである。しかしダンブレインの悪領主には妖精たち一行の行く先はわからなかった。それというのもこの領主は「ワトソンの鋤の長柄よ，でかしたぞ！」——彼は鋤に乗って飛んでいたのだった——と口に出したのでタブーを破ることになり，領主はひとりだけとり残されて，出

発した元の畑に戻されてしまったからである。
　妖精の飛行に関する最もよくある話は，妖精やピスキー，トロー，あるいは魔女たちに招かれて一緒に飛ぶことになった人間が，遠く離れた地下室に出向いて飲みすぎ，朝になってただひとり，手に黄金の杯を持ったまま地下室にとり残され，自分がなぜそこにいるのか，どうにも説明できなかったといった話である。
　どんちゃん騒ぎの連中が魔女である場合には，その飛行の手段としてしばしば赤い帽子が使われる。しかし，E. M. レザーの『ヘリフォードシャーのフォークロア』(1912)に収められた以下のような妖精の伝説では，白い帽子が使われている。その話の筋と，最後に少年が救出される内容は，魔女が登場する話に非常に近い。
　　昔，ある少年が家へ帰ろうとして歩いているうちに，正しい道からそれて大きな森の中で迷ってしまった。夜になり，少年は疲れて横になると，眠ってしまった。2，3時間して目を覚ましてみると，少年の小さな衣服の包みを枕にして，クマが1頭隣に寝ているのに気づいた。クマが立ち上がったので，初め少年は恐ろしかったが，人なつこく気立てがやさしいクマだとわかり，その案内で森を抜け，明かりが見えるところまで連れていってもらった。明かりに向かって歩いていくと，少年はその明かりが小さなあばら家から漏れてくるのがわかった。戸をたたくと，小さな女が扉をあけ，親切に少年を招き入れた。中には小さな女がもうひとり，火のそばに腰かけていた。夕食をたっぷりとってから，少年は一つしかない寝台に，女たちと一緒に寝なければならないと言われたが，横になるとぐっすり寝入ってしまった。だが，時計が12時を打ったとき，彼は一緒に寝ていた女たちのせいで目を覚ました。ふたりは跳ね起きると，寝台の枕元にかけてあった小さな白い帽子をかぶった。ひとりが「さあ行くよ」と言うと，もうひとりが「ついて行くよ」と言い，まるで飛ぶようにふたりは突然消えてしまった。ひとりで小屋にいるのが怖くなった少年は，白い帽子がもう一つ枕元にかかっているのを見て，それをつかむと，「ついて行くよ」と声をあげた。すると，一気に小屋の戸の外の妖精の輪の中に引きこまれたが，そこでは小さな女たちが陽気に踊っていた。するとひとりが「だんなの家へ行くよ」と言うと，もうひとりが「ついて行くよ」と言った。そこで少年も同じように言うと，高い煙突のてっぺんにいるのに気がついた。最初の妖精が「煙突をくだるよ」と言い，残るふたりが例の決まり文句を唱え，そうして一行はまず台所におり，それから地下室へ行った。そこでみんなは持ち帰ろうとしてブドウ酒の瓶を集め始めたが，1本の口をあけて少年に与えた。少年はあまりにガブガブと飲んだので，眠りこんでしまった。目を覚ましてみると，たったひとりだった。恐ろしさに震えながら，少年は階段をのぼって台所の方へ行った。台所には召使いたちがいて，少年はその家の主人の前に引き出されてしまった。
　　満足な申し開きをすることができず，少年は絞首刑を言いわたされた。
　　絞首台に立ったとき，手に白い帽子を持ち，同じような帽子をかぶった小さな女が，懸命に群集をかき分けてこちらに来るのを少年は見た。女は判事に向かい，帽子をかぶったまま処刑を受けさせていいかと尋ねると，判事は許可を与えた。そこで女は絞首台に登り，帽子を少年にかぶせながら，「さあ行くよ」と言った。少年

もすぐに「ついて行くよ」と言ったので，ふたりは，稲妻のごとく，一気に元のあばら家についた。そこで妖精は，お前が魔法の帽子を使ったことをわたしはよく思ってはいない，将来妖精と親しくなっても決して妖精の持ち物を勝手にいじってはいけない，と説き聞かせた。決してしないと少年は約束して，たっぷり食事をしてから家に帰ることを許された。

妖精たちにはまた，建物，城，教会などの立地条件が自分たちの都合に合わないときには，そうした建造物を空中移動させる習慣もあった。時には，自分たちの好きな場所に建築資材を移してしまうこともあった。こうした話の多くでは，その仕事を請け負うのは，猫や豚などの怪獣であったり，また時には悪魔であったりするが，ジョージ・ヘンダーソンの『ベリック州の伝承歌謡，言い習わしおよび諺』(1856)に収められた「妖精とラングトンの家」という話のように，一群の妖精たちである場合もある。この妖精たちの呪文は，次のようであった。

　　　　一つあげろ，全部上げろ，
　　　　後ろの壁と，前の壁と，
　　　　ラングトンの家を持ち上げ運び，
　　　　ドッグデン沼地におろすんだ。

幸運なことに，この妖精たちの試みは，邸の持ち主があわてて祈りを唱えたために，うまくゆかなかった。　[タイプ：ML 5006*．モチーフ：F 241.1.0.1；F 282；F 282.2；F 282.4 (a)]

(井)

妖精の秘密の呼び名　Secret names of the fairies

ある種類の妖精やインプたちは，自分の名前を秘密にしておくことが，身を守るために必要だと思っているようであり，まるで原始人が自分の儀礼名を注意深く隠したのと同じように，自分の名前を隠した。それと同時に，自分の名前を声に出して言いたいという抑えがたい衝動にも駆られるので，誰も見ていないと思うと，すぐに大声で自分の名を叫ぶのであった。このことは，よく知られたグリム童話「ルンペルシュティルツヒェン」〔KHM 55番〕においても見られる。これのイングランドでの類話で，いちばん出来がよく，いちばんよく知られている話は，サフォーク州のトム・ティット・トットの話である。エドワード・クロッドは，『トム・ティット・トット考』と題する1898年の論文で，この話を検討している。クロッドは，この物語の人類学的な面を論じた。これに類似した多くの物語はイギリス全土至る所に散在している。その中でも，コーンウォール州に伝わる滑稽譚の一つの主題となっている悪魔のテリートップの物語は，最も長いものである。女の妖精と，瀕死の豚の治療を主題にした「ワッピティー・ストゥーリー」の話は，スコットランドの愉快な類話である。紡ぎ手たちの守護妖精であるハベトロットの話では，名前は出てくるだけで，筋の進行にとって，重要なものにはなっていない。ファウル ウェザーの名前は，その妻が赤ん坊をあやしてうたう歌で知られてしまう。そのほかの秘密の名前には，ウェールズのシリ・フリットやトゥルティン トゥラティンがあり，グワルイン ア スロットの話は，また別の類話である。　[タイプ：500．モチーフ：C 432.1；C 433；F 381.1]

(井)

妖精の服と姿　Dress and appearance of the fairies

イギリス諸地方の妖精たちは，外見や大きさ［⇒妖精の大きさ］ばかりでなく，衣服もさまざまである。妖精たちの衣服の色は，といきなり聞かれたら，たいがいの人はためらうことなく，「緑」と答えるだろうが，それはそれほど見当違いの答えではない。緑は一般に妖精の色とされており，特にケルト圏ではそうである。妖精の色であるという理由から，緑は不吉な色とされ，スコットランドの女性たちは緑の服を着ようとしない。赤もまた妖精がよく使う色であり，アイルランドでは，ディーナ・シーやシーフラなど小さな群れをなす妖精たちは，緑の上着に赤い帽子をかぶっている。一方，レプラホーン，クルーラホーン，フィル・イァルガなど，ひとり暮らしの妖精たちは一般に赤い服を着ている。アイルランドの詩人ウィリアム・アリンガムは，詩「妖精たち」(1850)〔5-8行参照〕でこう描いている。

　　　　　おちびさん，おりこうさん，
　　　　　緑の上着に赤帽子，
　　　　　白いフクロウの羽つけて，
　　　　　みんなおそろいでやって来る。

これが小さな群れをなす妖精たちの典型的な服装だと思われている。マン島のちびっこは身の丈3フィート〔約90センチ〕ほどだが，ソフィア・モリソンの描写によると，緑の上着に赤い帽子をかぶっており，時たま狩りに出かけるときには，革製の服を着るという。ちびっこたちの用いる猟犬は，緑，青，赤など，ありとあらゆる色をしていた。人間に比較的親しまれている各種の妖精は，赤い帽子をかぶっている場合がいちばん多かった。T.クロフトン・クローカーの記す話に登場するメローがかぶっていたのも赤い帽子で，それをかぶれば海へもぐって，海底の乾いた陸地に行けた。メローからその同じ赤い帽子を借りた人間の友だちは，地上に戻ると，その帽子を海に投げ返さねばならなかった。赤や青や白の帽子は，妖精の飛行のさまざまな話に登場する。イングランド南部地方の小妖精グリッグは，赤い帽子をかぶっていた。クローカーの描写によると，アビー・ラバー型のクルーラホーンは，赤いナイトキャップをかぶり，革の前掛けをかけ，水色の長靴下に，留め金つきのかかとの高い靴をはいていたという。ジェイムズ・バウカーの『ランカシャーのゴブリン譚』(1883)では，妖精の葬式に参列する泣き女さえ，装いは黒ずくめなのに鮮やかな赤い帽子をかぶっていた。緑の装いをした妖精の婦人たちは，男性たちと同じように，赤い色をちょっと用いるのが好きで，それを上靴の色に使っていた。W.W.ギビングズの『フォークロアと伝承，スコットランド篇』(1889)に収められた「マーリンの岩山の妖精」の話に登場する小さな婦人はその例だが，この婦人は，背丈が18インチ〔約46センチ〕ぐらいで，腰のあたりまで長い金髪を垂らし，すそ長の緑の服を着て赤い上靴をはいていた。アン・ジェフリーズに言い寄った小さな妖精の紳士は，とてもおしゃれなので赤い帽子などはかぶらないが，それでも緑の服を引き立たせるために帽子に赤い羽をさしていた。サマーセット州では，妖精は赤い服を，気性の荒いピクシーは緑の服を着るといわれる。これはアイルランドの色の組み合わせとはちょうど反対で，エルフは緑を着る。スコットランドの〈緑婦人〉の多くは死者と関係があり，当然の

ヨウセイノフ　●　469

ことながら緑の服を着ていた。緑はケルト民族にとって死の色だからである。イングランド北部のシルキーは，一般にきらきら光る白い絹を着ており，マン島の白婦人は白いサテンを身につけ，ウェールズのタルイス・テーグも白い服を着ていた。魔女を自認するイゾベル・ガウディー〔1662年に魔女裁判にかけられた〕は，妖精との交わりの様子を生き生きと伝えているが，その中で「妖精の女王は，白いリンネルの下着の上に白と茶の服を美しく着ておいででした」と，いささか地味な姿を描いている。J. F. キャンベルの『西ハイランド昔話集』(1860-62)第2巻で描かれているスコットランド南西隅のギャロウェイ地方のある農家を訪れた妖精の女王は，もっと派手な装いであった。

> 女王はみごとな装いをしていた。ドレスは実に鮮やかな緑色で，金の飾りがいちめんに縫い取りされており，小さな真珠の冠をかぶっていた……農家の子どものひとりが，このすばらしい金の飾りをつかもうと手を伸ばしたが，あとで母親に語ったところによると，何も手には触れなかったということである。

このすばらしい妖精女王は，1杯のオートミールを借りるという，いささか散文的な用を足すために現れたのであった。ケルトの伝説「聖コセンと妖精王」では，赤色とともに青色が登場する。その物語では，妖精王の小姓たちは青と深紅のお仕着せを着ているが，聖コセンは「青は地獄の永遠の冷たさ，赤は地獄の炎を示す」と遠慮なく非難している。マン島の妖精たちも時々青を着た。ウォルター・ギルの『続マン島スクラップブック』(1932)には，ラムジー〔マン島北東岸の町〕とその西郊ミルンタウンの間に現れた背丈2フィート〔約60センチ〕ほどの小男の記述がある。

> 赤い帽子をかぶり，明るい色のボタンがついた青い長コートを着て，髪は白く，もじゃもじゃのひげをはやしている。顔はしわだらけ。よく光るやさしげな目つきをしており，小さいわりには非常に明るいカンテラを提げていた。

ヘンリー I. ジェンキンソンは『マン島案内 1876年版』に，ある農家のおかみさんから聞いた話を記している。そのおかみさんの母親は，自分の目で実際に妖精を見たといつも言っており，妖精は「魚のような鱗のある手をして，青い服を着た」若い娘のようだった，と語っていたという。サフォーク州のブラザー・マイクの話に出てくる小さなハツカネズミぐらいの妖精たちは，青い上着に黄色い半ズボンをはき，小さな赤い帽子をかぶっていた。ウォルター・ギルに，ある友人が語ったところでは，マン島のオールディン渓谷で見たという妖精は，全身がカビのような灰色で，背丈は1フィート〔約30センチ〕から18インチ〔約46センチ〕ぐらいだったという。地上にすみつくようになったシェットランド諸島のトローもまた灰色であった。ヒュー・ミラー〔スコットランドの文士，地質学者〕が『旧地層の赤砂岩』(1841)で書き記した妖精の退散の話では，地味な色調が目につく。「馬はどれも発育不全の，毛むくじゃらの小形のもので，斑入りの茶灰色だった。乗り手たちも発育不全の，出来損ないの醜い連中で，格子縞の時代がかった短い上着，長い灰色の外衣，それに小さい赤帽，という服装で，帽子の下から突き出た，櫛も通さない乱れた頭髪が頬や額にかぶさっていた」と書かれたこの記述は，妖精たちはスコットランド高地地方ではタータン・チェックというように，地方ごとの衣装を身につけているものだと言った，17世紀のロ

バート・カークの言葉を裏づけている。

ジョン・ボーモントは著書『妖精，亡霊，魔法，その他魔術に関する歴史的，生理的，神学的論考』（1705）中で，彼の前に現れた妖精のことを記述しているが，その妖精たちは，きわめて珍しい装いをしていたという。

> 妖精はどちらも黒いゆったりした網目のガウンを着て，胴のあたりに黒の飾り帯をしめていた。網目の下からは金色のドレスが見え，ほのかに光っているようだった。髪はまげに結ってはいず，白いリンネルの帽子をかぶり，帽子からは指3本ほどの幅があるレースが垂れており，ゆるやかな黒い網目の頭巾をその上にかぶっていた。

身の丈3フィートほどの小柄な妖精が身につける服装としてはなかなかおもしろいが，われわれが考える妖精の服装とまるでかけ離れている。

ほかにもずいぶん変わった服装があった。スコットランド高地地方の妖精の少年で，宮廷から追い出されたグーナは，キツネの皮を身につけていたし，心のやさしいひとり暮らしの妖精ギリー・ドゥーは，木の葉と緑のコケを服にしていた。ノーサンバランド州の悪意に満ちたドゥアガーは，子羊の皮の上着に，モグラの皮のズボンと靴をはき，キジの羽を飾った緑のコケの帽子をかぶっていた。荒れ地の茶色男は枯れたワラビの服を着ていた。16世紀以降のもっと文学的な記述では，妖精たちは花や葉末の露をちりばめたクモの巣や，銀色に光る薄い紗の服を着ているといわれる。シーフラのジギタリスの帽子も引き合いに出すことはできるが，こうした衣服の記述は民間伝承ではそれほど多くない。これらとは別に，衣服を身につけていない妖精も多い。アスレイという，ほっそりした美しい水棲妖精は，長い髪で体を覆っているほかは何も身につけていなかった。ニンフ〔水の精〕に似た妖精たちの多くは，裸のまま輪になって踊ったのである。往時の魔女たちもそうしたと言われるが，当世の魔女たちもそれをまねしている。ホブゴブリンの多くは裸であった。ブラウニーは普通ぼろの着物を着ていたが，ほかのホブゴブリンたちはしばしば毛むくじゃらで，裸のことが多かった。フェノゼリーも，こういった毛むくじゃらの怪物である。姿がサテュロス〔半人半獣の山野の精〕に似たものには炉端のロブ，ホブ，ホブスラスト，ボーハン，ウリシュクなどがいる。シェットランド諸島のブルーニーという名のトローも，衣服を贈られると現れなくなったところをみると，どうやら裸だったらしい。だが，ある裸の小さなホブゴブリンは，自分自身について，哀れっぽく描写している言葉を信用するなら，毛むくじゃらではなかったようである。

> 「ちいちゃなピクシー，色白でほっそり，
> 　身を覆う物が何もない」

こうした嘆きを聞けば，ホブゴブリンに服の贈り物をするのは当然だろう。それが原因でこのホブゴブリンは姿を消すことになったのだが，アルスターのグローガッハのように泣きながら立ち去ったりはせず，A. E. ブレイ夫人（1790-1883）が語っているように，陽気にうたいながら出ていったのである。

> 「ピクシーうれしい，ピクシーご機嫌！
> 　ピクシーそれではさようなら」

中にはほとんど人間と見分けのつかない服装をしている妖精たちもいる。「ゼノア村

のチェリー」の話に出てくるチェリーの雇い主の衣服のように，流行のりっぱな服を着ていることもあるし，またぱっとしない流行遅れの服を着ていることもあった。時には，以下に描写されたブラックダウン丘の妖精の市に出入りする者たちの服のように，一時代前の古風なものもあった。

　　そのあたりを旅する機会のある人は，しばしばそこで妖精たちに会うことがあった。彼らは，概して小柄な人間とほぼ同じ背丈の男や女の姿で現れ，昔からの田舎の流儀に従って赤や青や緑の服を着て，頭には山高帽子をかぶっていた。

妖精の服と姿に関してのこの項目では，意のままに大きさや姿を変える変身に巧みな妖精たちについては扱わなかったし，また妖精たちのほとんどがもっていて，妖精の塗り薬，あるいは四つ葉のクローバーで見破ることのできるまやかしの術をかける力についても触れなかった。

(井)

妖精の呼び替え名　Euphemistic names for the fairies

復讐の女神たちを，ちょうど〈エウメニデス〉すなわち〈気立てのいい人々〉と呼ぶように，田舎の人々は妖精をほめたたえるような名前で呼んだ。ロバート・カークは「シー，すなわち妖精たちが，スルーア・マヒ，つまり〈善い人〉と呼ばれるのは，妖精たちが悪意をもって襲ってくるのを避けるためであろう（アイルランドの人々は，自分から危害を加えてきそうなものならすべて祝福するのが常であるから）」と言っている。E. B. シンプソンは『スコットランド低地地方のフォークロア』(1908) で，妖精の呼び替え名のリストをあげている。

　　こうした同じ理由から，妖精たちがいつもおだてられているのは，目に見えず油断がならないからである。どこに隠れているかわからないので，用心深い人々は妖精たちを，〈善いお隣さん〉，〈正直な人〉，〈ちびさん〉，〈良家の方〉，〈丘の民〉，〈忘れっぽい人〉，〈平和の民〉などと呼ぶのである。

エルフの項で引用のロバート・チェインバーズ (1802-71) が紹介している伝承ライムでは，妖精の呼び名については用心が必要だと，妖精自身が警告している。〔モチーフ：C 433〕

(井)

妖精のレクリエーション　Sports of the fairies

群れをなす妖精たちは，体の大小に関係なく，人間が楽しんだり好んだりするレクリエーションを，自分たちも同じように行なう。中世イギリスのフェイ〔妖精〕である英雄妖精やスコットランドのシーリー・コートやアイルランドのディーナ・シーは貴族なので，踊りや音楽や狩り，そして妖精の騎馬行列など，貴族的な楽しみごとにふける。アイルランドでディーナ・シーたちが好んでしたのは，部族間での戦いであったが，その際には時おり人間の助けを借りた。人間の赤い血には特別な力がひそんでいたからである。エヴァンズ・ウェンツは『ケルト圏の妖精信仰』(1911) の中に，サディー・スティード老人が語った以下のような妖精の戦いの話を再録している。

　　さまざまな王や女王を戴く妖精の諸部族が戦いをするときには，一方の側が，生きた人間をなんとかして自分たちの仲間にしておく。味方が負けそうになったときは，

その人間が出ていって，敵の妖精たちを次々と打ち倒し，形勢を一変させる。マンスター〔アイルランド南部の地域〕の王が，コナハト〔コノートとも．アイルランド北西部の地域〕の妖精王フィンヴァラに挑戦するのは，ごく日常的なことである。
妖精たちは，人間の王や女王に対しても激しい戦いをしかけたが，その例として，コナハトのシー〔妖精〕の王エハル・アンブアルが，クルアハンのアリル王や戦士である女王メーヴにしかけた戦いなどがあげられる。スコットランド高地地方では，シーリー・コートは1年中，力も強く邪悪であったアンシーリー・コートと戦いを交えていた。この妖精同士の絶えざる戦いの伝承は，イギリス諸島では，人々の記憶に今なお生き生きと残っている。死者の群れであるスルーアも，シーリー・コートに敵対している。戦争，行列，狩猟が妖精たちの関心の的なのである。
　音楽はすべての妖精が愛するものであり，人間の音楽家は，その巧みな演奏技術のゆえに，しばしば妖精界へ誘いこまれる。また人間の奏者もたくさんの妖精の曲を学んできた。リール踊りのための曲「妖精の踊り」は，そうしたものの一つであり，おそらく最も人に知られたものには，「ロンドンデリーの歌」がある。これは美しい曲で，人間がどんな歌詞をつけてもふさわしくないように思える。バグパイプ奏者の名手を輩出させたスカイ島〔ヘブリディーズ諸島の一島〕の有名なマクリモン家の内でもとりわけ有名な奏者〔パトリック（1645-1730？）を指す〕は，子どものときに，小さな男の妖精からバグパイプの演奏技術を習ったといわれている。踊り，ことに輪舞は，妖精たちの間で広く行なわれている。相手がいなくても，自分ひとりで跳ねたり，踊ったりする。ボーグルやボーギー，それに吸血妖精ブーヴァン・シーなどの邪悪な妖精たちでさえ，悪いたくらみがうまく行くと，とんだりはね回ったりする。スコットランド低地地方の妖精ワッピティー・ストゥーリーは，ひとりで踊ったりうたったりして，自分の正体を暴露してしまう。アレグザンダー・カーマイケルは，1877年にヘブリディーズ諸島のルイス島南部の地域ハリスに住むアンガス・マクラウドが記した妖精の踊りについての記述を，ゲール語から翻訳している。
　　わたしは男の妖精も女の妖精も見たことがないが，母はその群れを見たことがあった。母や娘たちが，あるとき，夏の間家畜に草を食べさせる放牧地に出かけた。夕闇のせまるなかで，みんなで牛の乳を搾っていたとき，丘の前の緑の野原で，一群の妖精たちが鳥の群れのように飛び回ったり，留まったりしているのが見えた。みごとだった。踊って差し支えないのは妖精たちで，人間の子ではないのだ！　青い絹のベル形の帽子をかぶり，緑の繻子の服を着て，足には黄色い薄皮のサンダルをはいていた。妖精たちの豊かな茶色の髪は腰まで垂れ，夏の太陽のように金色に輝いていた。肌は湖水に浮かぶ白鳥のように白く，声は森のウタツグミのように美しかった。そしてまるで絵姿のように美しい顔だちと，しなやかな体をして，さながら丘をかける若い牝鹿のように，その足どりは軽やかで上品，そして遊び心に満ちていた。
狩猟は，善良なものも邪悪なものも英雄妖精たちがこぞって行なうレクリエーションである。善い妖精たちは妖精鹿を追うが，それを殺すかどうかははっきりしない。彼らの猟犬は，体が白く耳は赤い。スルーアは，悪魔がやるように，また時には悪魔と

一緒になって，人間の魂狩りをする。スルーアは，野鳥が鳴いているような音を立てながら空中を飛び，その馬は燃えるような目をしている。イングランド北部では，スルーアはガブリエル・ラチェットと呼ばれている。エヴァンズ・ウェンツがアイルランドで採集した記録の中に，ベンブルベンという山のふもとで行なわれた妖精の狩りの記述があるが，それは『ケルト圏の妖精信仰』(1911)に収録されている。この話は，そのとき通訳を務めたマイケル・オーツが語ったものである。

　　良家の方〔妖精〕が山の向こうで狩りをしているのを見た，という男を知っています。その男は，馬に乗った人たちと猟犬とが自分の目の前で道を横切り，生け垣をとび越えるのを見たんですが，それは夜中の1時だったそうです。次の日，男はまた同じ場所を通り，狩りの一行が通った踏み跡を見つけようとしましたが，そんな形跡など，どこにも，見あたらなかったということです。

馬上の人たちは〈良家の方〉で，体は人間と同じ大きさをしていた。アランモア島〔現イニシュモア島．アイルランド西岸中のアラン諸島中の最大島〕での別の話では，〈小さな人〉の一群が1匹の鹿を追っていたとか，またほかのときには馬を追っていたという話がある。『夏の夜の夢』(1600)の中でシェイクスピアは，小さな妖精たちにコウモリ狩りやマルハナバチ狩りをさせているが，民間伝承にそれらしいものを見つけることはできない。

　妖精たちの間では，球技も行なわれた。これについて触れている最も古い記述は，ジラルダス・カンブレンシスによるもので，そこではエリダーが妖精について自分の言ったことが正しいということを母親に証明するために，黄金のまりを盗む［⇒「エリダーと黄金のまり」］。アイルランドでは，蹴球とハーリングが妖精たちの間で盛んに行なわれているが，そうした妖精たちはほとんど，体が小さく，陽気な善い人たちである。英雄妖精たちが行なった主な室内遊戯は，チェスまたはバックギャモンであった。エーティンが，魔法によって人間界に送られてしまったとき，トゥアハ・デ・ダナン〔ダーナ神族〕の王のひとりミデルが，オーヒジから妻のエーティンを，チェスの勝負に勝って手に入れたように，チェスの試合は，人間を負かす格好の手段として，しばしば使われた。

　妖精界は，尽きぬ喜びと輝くばかりの美しさにあふれたところとして，繰り返し描かれている。しかし一方では，妖精界はすべてまやかしの術のもたらす幻影にすぎず，はなやかさの陰には，たえず満たされることのない願望がひそんでいるのだとひそかにささやく声もある。ロバート・カークは，「妖精たちが発作的に陽気に浮かれ騒ぐことがあるとしても，それはしゃれこうべの硬直した笑いのようなものか，あるいは自分の心底からではなく黒子に操られて行なう舞台上での演技のようなものである」と語っている。　［モチーフ；F 241.1.0.1；F 261；F 262；F 267］　　　　　　　　　　（井）

妖精杯　the Fairy cup

妖精界に迷いこんだ，あるいは招かれた人間が，妖精のすすめる杯あるいは角杯の中身を飲まずに，杯を奪い取って脱出する話は少なくない。12世紀の年代記作者であるニューバラのウィリアムが伝える妖精杯の話は，妖精からの盗みの例話としては初

期のものである。トマス・キートリーは『妖精神話考』(1828)の中で、ニューバラのウィリアムの『イギリス国政史』(c.1198)第1巻から、以下のような妖精杯の話を引用している。

デイリー（ヨークシャー地方の古称）のわが生誕の地〔現ハンバーサイド州のブリッドリントン市の近くでウィリアムは生まれた〕から程遠くない所で不思議な事件が起こったのを、わたしは少年時代から聞き知っている。〈東の海〉から数マイルのところ、ジプセと一般に称されている有名な鉱泉の近くに、一つの町がある。……この町に住むある農夫が、隣町に住む友人を訪ねたが、帰途につくころは、夜もすっかりふけ、そのうえお酒がだいぶまわっていた。すると、これはどうだろう！　町からせいぜい4分の1マイル〔約0.4キロ〕ほど離れた塚——わたしも何度かこの目でその塚を見たことがあるが——から人々が歌をうたい、宴会でも楽しんでいるような物音が聞こえてくるではないか。こんな所で、このように騒いで深夜のしじまを破っているのは誰だろう、と農夫は不思議に思い、もっと詳しく調べてみようという気になった。その塚の側面に戸があいているのを見て、農夫はそこへ行き、中をのぞいて見た。すると、そこは大きな明るい家になっていて、多くの人々——男だけでなく女も——が、盛大な酒宴でよく見られるように、くつろぎ楽しんでいた。農夫が戸口に立っているのを見て、給仕のひとりが杯にお酒をすすめた。彼はそれを受け取ったが、口をつけず、中身をあけて杯を自分の懐に入れた。農夫が杯を奪ったというので宴会場は大騒ぎになり、列席している客が全員彼を追いかけたが、農夫の乗る馬の脚が速く、農夫は略奪した杯を無事町へ持ち帰った。とどのつまりは、この未知の素材で作られた、色彩も形態も並外れた容器は、英国王ヘンリー1世〔在位1100-35〕に貴重な贈り物として献上され、次いでイギリス王妃マティルダの弟であるスコットランド王デイヴィッド1世〔在位1124-53〕の手に移り、スコットランドの国庫に長い間保管されていた。数年前に、（これは信頼すべき筋から聞いたことなのだが）、スコットランド王ウィリアム〔在位1165-1214〕がこの杯を、かねて一見したいと所望していた英国王ヘンリー2世〔在位1154-89〕に譲渡したということである。

〔タイプ：ML 6045．モチーフ：F 352；F 352.1〕　（平）

妖精花嫁　Fairy brides

古典時代の初期から女神やニンフ〔水の精〕が人間を訪れ、愛の交わりを結ぶという伝説は、その悲劇性と華やかな美しさとで、人々を感動させてきた。それというのは、〈不死のもの〉と〈死すべきもの〉との愛の結びつきは、すべて悲劇に終わってきたからである。特にケルト系諸地域の妖精伝承は、こうした話を伝えている。人間よりはるかにまさる美しさと体つきをした妖精の女性と、指導者として際立った資質をもった人間の男性との結婚の話が、そこには数多くある。ウェールズとの境界地帯においてノルマン人との戦いを指揮した向こう見ずエドリックが、そうした男性のひとりとしてすぐに思いうかぶ。ウォルター・マップは、不思議な出来事を集めた編著書『宮廷人愚行録』（執筆1182-92、出版1850）の中で、「向こう見ずエドリック」の話ととも

もに、「ブレックノック湖の妖精妻」の話を記述しているが、この話の始まりは、グラゲーズ・アンスーンすなわち〈ヴァン・ヴァッハ湖の妖精〉の話に非常に類似している。以下にあげるのは、『宮廷人愚行録』の中の話である。

　ウェールズ人は、この世のこととは思えぬ話をする。奇跡の話ではないが、驚くべき話だ。ウェールズ人の話では、グエスティニオグに住むグエスティンは、周囲が2マイル〔約3.2キロ〕ばかりあるブレックノック湖（現サンゴルス湖、パウイス州にある）のそばでじっと待ちかまえ、月の明るい三晩の間、自分の大麦畑で女たちの一団が踊っているのを見ることができたという。グエスティンは、女たちが湖水に沈むまであとを追ったが、四日目の晩、ひとりの乙女を引きとめた。乙女をさらったその男がこの出来事を説明して言うことには、乙女たちが沈んでいったあと、毎夜、水の下から「こうこうすればあの人、あたしたちの誰かを捕まえることができるのにね」というささやき声が聞こえてきたという。こうして乙女たち自身の口から、どうやって捕まえたらよいかを教えてもらい、乙女は逆らわずに彼と結婚したのだという。その乙女は開口一番「わたくし、精いっぱい従順に、身を尽くして、あなたにお仕えいたしましょう。ですが、それもあなたがサヴニーの向こう側で起こる大騒ぎに急いで駆けつけようとして、手綱でわたくしを打ったら、すべておしまいですよ」と夫に言うのであった。さて、サヴニーというのは湖の近くの川の名だった。この乙女の予言は本当に的中してしまった。子どもがたくさん生まれたあと、女は馬を出そうとした夫にうっかり手綱で打たれてしまったのである。夫が馬で家に帰ったときには、ちょうど子どもたちをみな引き連れて、女が立ち去っていくところだった。追いかけて、やっとのことでトゥリウネン・ナゲラウク（トゥリニオ・ヴァグローグ）という名前の息子をひとり奪い返した。

この話には、形の上だけだが少なくとも男が妖精女を奪い取るという行為が見られる。もっとも〈ヴァン・ヴァッハ湖の妖精〉の話と同じように、奪い取るための求愛の仕方まで妖精女がそっと教えてくれるのである。またうっかりしたにせよ花嫁を手綱の先のくつわで打つことを禁ずるタブーが課されているが、この点では後世の類話も同じである。おそらくは妖精が忌み嫌う鉄との関連が存在するのであろう。

　もう少し女神に近い妖精は、中世の韻文ロマンス「サー・ローンファル」に登場する妖精王女トラアムールである。この話は、主人公が妖精界に連れていかれるという点でオシアンの伝説に似ているが、ここでは、主人公サー・ローンファルはタブーを破って罰せられ、許されたあと妖精界で幸福になるという結末になっている。おそらくこの部分は、文学的な創作かもしれない。アザラシ乙女は、妖精花嫁の話の中で大きな位置を占めている。乙女たちは身にまとうアザラシの皮を盗まれ、心ならずも捕らえられるが、皮を取り返すとすぐに逃げてしまう。白鳥乙女もその羽を奪うと捕らえることができるが、羽を奪われることをそれほどいとわない。総じて白鳥乙女は、生まれつきというより、むしろ魔法で白鳥に変えられた例が多いようである。

　もともと大ブリテン島の土着のものではないが、妖精花嫁よりずっと不吉な超自然の妻にメリュジーヌがいる。これは美しい水の精だが、水に触れると蛇になる。ウォ

ルター・マップはノルマンディーを舞台にしたメリュジーヌの類話をあげている。これは，ヘンノ・クム・デンティーブス（「歯〔牙〕のあるヘンノ」の意）という男が，美しい，見た目には内気な娘と結婚するが，娘は，聖水をかけられるとドラゴンに姿が変わってしまうというものである。だがこの手のメリュジーヌは，妖精というよりむしろ悪魔と思われていた。〔モチーフ：C 31；C 31.1.2；C 31.2；C 31.5；C 31.8；C 984；F 300；F 302.2；F 302.4.2.1〕

(井)

妖精除け　Protection against fairies

夜道，特に妖精が出没するとされる場所をひとりで歩く人は，身を守るために多くの手段を講じた。まず，聖なる象徴を用いる方法がある。十字を切ったり，十字架〔⇨クロス〕，特に鉄製の十字架を身につけたり，また祈ったり〔⇨祈り〕，賛美歌をうたったり，聖水を身に振りかけたり携帯したり，墓場の土を携えて，行く手にばらまいたりした。パンや塩も効果的で，両方とも聖なる象徴，すなわちパンは生命の，塩は永遠の象徴と考えられた。17世紀の詩人ロバート・ヘリックも言うように，

　　　　あの聖なるパンの一切れは，
　　　　危険も恐怖も抑えてくれる。

からである。

　鐘，鈴も妖精除けの効力があった。教会の鐘，モリス・ダンス〔中世から英国に起こり，五月祭の催しとして，舞踏者はロビン・フッド伝説中の人物などに扮した〕の舞踏者が身につける鈴，羊や牛の首にかけた鈴などがこれにあたる。口笛を吹いたり，拍子木を打つことも効果的であった。ピクシーのまどわしに遭った男が，いくら歩き回っても野原から出られなくなると，よく上着を裏返しに着たものだった。服の裏返しは，中身である個人を変える行為と考えられていたふしがある。博徒がツキを取り戻すために上着を裏返したのと同じ理由である。

　ある種の植物や薬草も，魔力に抗する力があった。最も強力なのは，四つ葉のクローバーであり，これは妖精の塗り薬と同様，妖精のまやかしの術を無効にした。妖精の塗り薬はまさに四つ葉のクローバーで作られるのだと，ロバート・ハントは言っている。聖ヨハネの祝日〔6月24日〕に魔除けとして用いられる植物オトギリソウも，妖精や悪霊や悪魔の呪文や魔力を防ぐ力があった。赤いバーベナにもまた同じ力があったが，それはおそらくまじりけのない鮮やかな色のせいであろう。ヒナギク，特に小さな野生のヒナギクもお守りになるとされ，子どもがヒナギクの花輪を首にかけていれば妖精にさらわれないと考えられた。赤い実のなる木も同じく妖精除けとなり，とりわけナナカマドはその力が強かった。ナナカマドで作った杖や十字架，それに熟れた実をつけた枝は，妖精除けの確かな効果があった。ナナカマドの育たない地方では，トネリコが代用となった。

　悪い妖精に追いかけられたときは，流れる水をとび越えれば助かった。特に南に向かって流れる小川が有効であった。もっとも，淡水の小川にはケルピーなど邪悪な水の精がいることもあった。

　洗礼を受けたばかりの子どもは，妖精に連れ去られる心配はなかったが，洗礼を受

けるまでは,「幼い異教徒」は，揺り籠に父親のズボンを掛けたり，鋏を開いてその上につるしたりすることで守られた。この鋏は，鋼鉄でできていることと，十字架の形でつるされるということで二重に効力があった。子どもの衣服を留めるのに，ピンを交差させて十字の形にするのと同じ理屈である。家や家畜は，蹄鉄を戸口や家畜小屋の入り口に掛けることによって守られ，また馬は，飼葉桶の上に穴あき石をつるしておけば，エルフに乗り回されずにすんだ。

これほど妖精除けの手段が多くありながら，かくも多くの赤ん坊が盗まれて取り換え子と交換され，かくも多くの旅人がピクシーのまどわしに遭うというのは，驚くべきことであった。［モチーフ：D 788；D 950.6；D 1385.2.5；F 321.2；F 366.2；F 382；F 382.1；F 382.2；F 383.2；F 384.1；F 385.1］

(三)

妖精を支配する呪文　Spells to obtain power over fairies

17世紀の魔術の写本のいくつかに，妖精を支配する力を身につけるための呪文が記載されている。呪文には妖精を呼び出すためのもの，宝物が隠されている場所から妖精を退散させるためのもの，さらに妖精の援助と助言を得るためのものなどがあった。次にあげる呪文のうち，最初の二つはオックスフォード大学ボドリーアン図書館（アッシュモール写本1406番），あとの二つは大英博物館（スローン写本1727番）所蔵の文書からのものである。

　1．(a) 妖精を呼び出す絶妙の方法。わたし自身はマーガレット・バランスという名の妖精を呼び出しているが，まだ約束や契約に縛られていない妖精なら，どの妖精にも効く。

　　まず大きめの四角い水晶石か，奥行きと幅が3インチ〔約8センチ〕のベネチアン・グラスを手に入れる。そのグラスを白色の雌鶏の血の中に水曜日から翌々週の水曜日，あるいは金曜日から翌々週の金曜日まで漬けておく。それを取り出したら，聖水で洗い清め，煙で燻す。ハシバミの若枝を3本切り取り，その樹皮をきれいに剝ぎ，妖精あるいは精霊の名を書けるだけの長さに一面平たく削り，その名を，3度口で唱えながら，そこに書きつける。この若枝を使って妖精が出没する丘のふもとで呼び出しをかけるのである。まず，妖精の名を書きつけたこの3本の若枝を，呼び出しをかける前の水曜日に丘のふもとに埋め，次の金曜日に掘り出し，天体の運行が妖精の呼び出しに都合よくなっている時刻，すなわち8時か3時か10時に，妖精を呼び出すのである。ただし，その呼び出しを行なうときには，身を清浄にし，顔を東方に向け，妖精が呼び出しに応じて姿を現したら，前もって用意しておいた水晶石かベネチアン・グラスを使って，その妖精の動きを封じてしまうのである。

　　(b) 瞼の下または上につける塗り薬について。これは特に妖精を呼び出すときとか，あるいは視力が充分でないときに効き目がある（要するに妖精を見えるようにする塗り薬である）。上等のオリーヴ油を「用意」〔原文はpt.，原注に「沈澱させる」(precipitate)の意か？とあるも不詳〕し，それを薬瓶に入れるのだが，まずオリーヴ油をバラの花とマリーゴールドの花（これらの花は東の方角で摘まなければならない）の溶液に浸して，オリーヴ油が澄むまで清め，それを上記の薬瓶の中に入

れる。その中に，タチアオイのつぼみ，マリーゴールドの花，野生のタチジャコウソウ（これは妖精がしばしば訪れる丘の斜面の近くで摘む必要がある）の花，あるいは茎の先端につく芽，ハシバミの若木の芽，それに妖精丘にある妖精の玉座〔おそらく妖精の輪のこと〕の草，これらをすべて入れ，日なたに三日間出して溶解させる。その溶液を，上述のように妖精の呼び出し用に取っておくのである。

　2．妖精の呼び出し方。

余E．A．はエラビー・ギャゼンを，父なる神の，子なる神の，聖霊の，御名に於て，呼ぶ。而して，余は，エラビー・ギャゼンに，誓言で，束縛し，呪文で呼び出し，明確に，説示し，命令する。テトラグラマトン〔神名を示す4字〕の名に於て，すなわちエマニェル，メシア，セザー，パントン，クラトンズ，アルファとオメガ，その他，全能なる神の，高き，尊き御名——口にしうる名も，口にしえない名をも含めて——に於て，而して，聖霊の，あらゆる徳に於て，神の恩寵と，汝エラビーの，力と，恩寵と，徳を，予め，知るが故に，神聖にして，称賛に値する，総ての処女たちと，父祖たちの，力と，恩寵と，徳とにより，余は，汝エラビー・ギャゼンを，神の聖なる御名——すなわちサダイ，エロイ，イスキュロス，アドナイ，およびサバオース——に於て，汝が，疾く，温和しく，このグラスに，余や，その他の，生あるものに，危害や，危険を，もたらすことなく，姿を此処に，現すことを，命じる。而して，余は，わが主，イエス・キリストの，充全の能力と，充全の徳，にかけて，汝を，これに，拘束する。余は，汝に命じる，イエス・キリストの，復活と，天国と，地獄との，皇后なる，聖処女マリアから，受けし，その肉と，体の，力により，神と，その聖なる御名，すなわち，アドナイ，アドナトス，エロイ，エロヒム，スーダー，エゲー，ゼス，及びヘバン，に於て，取りも直さず，徳の主，イスラエルの王，その玉座は天にあるも，力は地におよび，その棲み処は，地表を，覆う——その御名と，諸々の，栄光ある，力強き，御名にかけて，汝に，この余E．A．に真実に，謙譲に，従順に，奉仕し，余の同意と，神と，聖なる，三位一体の，名による，正当なる，許可なしに，決して，立ち去らざるよう，汝を拘束する。而して，余は，汝エラビー・ギャゼンに，命じる，全能なる神に，礼拝する，天使と，大天使と，あの聖なる，天国の，仲間たちの，すべてに，かけて，汝が，疾く，余E．A．の前に，すなわち，この水晶石，あるいはグラスに，温和しく，静かに，余に，真実に，完全に，見えるように，不正や，偽装や，欺瞞もなく，真実に，姿を，現すように，命じる。余が，汝に，質問し，要求し，所望し，命令する，ありとあらゆる，事柄に，応え，余を，満足させること，而して，汝エラビー・ギャゼンが，余に，現在，そして，今後永久に，日時を，問わず，昼夜を，問わず，ありとあらゆる，場所に，野外であれ，家内であれ，その他の，如何なる，場所に，於ても，余が，汝を，呼べば，余に，真実を，尽くし，服従し，更に，汝エラビー・ギャゼンが，他の呼び出し人，それが，如何ほど，身分高く，学識あろうと，その呼び出しに，応じて，余の許を，去ったり，去ることを，求めたり，せずに，この上もなく，謙譲に，命令に，応えて，余E．A．に，真実に，服従すること。而して，汝は，その応え方に，従い，万軍のエホバの，御前に，最後の，裁きの日に，光り

輝く，御前に，汝も，余も，その他，すべてのキリスト教徒も，出頭し，天国に於ける，祝福を，受けるか，それとも，定めにより，永遠の断罪の，裁きを受け，地獄の，深淵の，悪魔と，その輩下どもの，間に，落とされ，当然の報いとして，永劫に，ピッチと，火と，硫黄で，焼かれ，決して，燃え尽きる，ことのない，運命となるか，そのいずれかである。而して，余E. A. は，汝エラビー・ギャゼンに，誓わせ，父なる神と，子なる神と，聖霊の，三位一体の，完全の力により，汝が，尊敬と，謙譲の心で，余に，忠誠を，尽くすように，拘束する。イエス，イエス，イエスの，御名において，事が，運ばれんことを。疾く，疾く，疾く，来たれ，来たれ，来たれ。然有れかし，然有れかし，然有れかし。アーメン，アーメン，アーメン，云々と。

　以上の呼び出しは，エラビー・ギャゼンという名の妖精を呼び出すためのものである。

　3. 宝物が隠匿されている場所から妖精やその他の精霊あるいは<u>エルフ</u>を退散させる方法。

　まず<u>魔法使い</u>は「父と子と聖霊の御名に於て，この場を去れ，アーメン」と言う。そのあと次のように言う。「汝ら妖精たち，エルフたちよ，汝らは7人姉妹にして，その名はリリア，レスティリア，フォーカ，フォーラ，アフリカ，ジュリア，ヴェヌリアなるが，余は汝らに呼び掛け，父と子と聖霊の御名に於て「去れ」と命じる。わが聖なる主にして救世主たるイエス・キリストの母なる聖母マリア様の御名に於て，受胎告知と，イエス・キリストの降誕と，その受割にかけて，またバプテスマにかけて，主の聖なる断食にかけて，われわれの聖なる主イエス・キリストの受難と死と復活にかけて，聖霊，すなわちわが聖なる助け主，の再臨にかけて，また総ての使徒たち，殉教者たち，諸聖者たちにかけて，また聖処女たち，及び神とわが主イエス・キリストに選ばれし総ての人たちにかけて，爾後，汝も，汝に代わる者も，この土地では，地中に於ても，地表に於ても，また生ける神の下僕であるこのNに対して，昼夜ともに，何らの支配力も持たず，聖なる三位一体が常にこの地と，そこに立てる者を御照覧あらんことを。アーメン，アーメン。

　4. 妖精の女王への呼び掛け。

　<u>ミコール</u>よ，ああ汝ミコールよ，小人たちの女王よ。アブラハムの神，イサクの神，ヤコブの神が，汝を讃え，あらゆる幸運を汝に付与し譲渡されんことを。速やかに，温和しく，余の許に来たれ。汝ミコールよ，イエスの名に於て，速やかに来たれ。神の御名に於て来たる者は，3倍も，4倍も，祝福されん。よって来たれ，ああ汝ミコールよ，イエスの御名に於て速やかに来たれ。あらゆる名誉と称賛と栄光が，永遠に汝のものとならんことを。アーメン，アーメン。

［モチーフ：C 432.1；D 1766.7］（平）

妖精を支配する力　Power over fairies

　物を知らない田舎の人たちも，物知りな<u>魔法使い</u>も，悪魔に身売りするという両刃の剣を手に入れるよりも，妖精を支配する力を得たいと望み，むしろこちらを選択した。

彼らはその目的をかなり異なった方法で追求した。もっとも乱暴で単刀直入なやり方は，直接に妖精を捕らえることであった。向こう見ずエドリックの話や，ローンあるいはアザラシ乙女にまつわる多くの話に見られるとおり，妖精妻たち［⇨妖精花嫁］は，このやり方で捕らえられたのである。だが，その他の捕らわれた妖精たちは，例えば妖精の少年スキリーウィデンなどのように，人間の欲の対象となっている。いちばん狙われたのは，クルーラホーンと同族の妖精の靴屋レプラホーンであるが，捕らえられたままでいた例はない。レプラホーンにまつわる典型的な話を，トマス・キートリーが『妖精神話考』(1828) の中で語っている。アイルランドのキルデアに住む若い農夫トマス・フィッツパトリックは，とある休日，ぶらぶらと散歩していたが，天気が変わりそうなのを見て，ふと，干し草の縄でオート麦を束ねようという気になった。そうやってトマスが働いていると，ノビタキが切り株をつつくような音が聞こえてきた。だが，ノビタキが連れ合いを求めて鳴いているにしては，時期が遅すぎた。そこで，いったい何がいるんだろうと，こっそりと歩を進めて，茂みの向こうをのぞいて見ると，そこにはちっぽけな男が，小さな革の前掛けを腰につけ，小さな靴の片方にかかとをつけようとして，懸命に金槌でたたいていた。トムには，それがほかでもないレプラホーンであることがわかった。レプラホーンが妖精界随一の金持ちで，もしじっと目を注いでいれば，レプラホーンは野原のあちこちに隠してある黄金の入った壺を，少なくとも一つは譲らざるを得なくなるということを，トムは知っていた。そこでトムは急にとびかかると，レプラホーンを押さえこみ，もし黄金の隠し場所を教えないなら，と前置きをして，考えつくありとあらゆる悪態をついて相手をおどした。トムがすごいけんまくだったので，この小さな男はすっかり恐れをなしてしまい，こう言った。「一緒に来てくださいよ。そうすりゃどこに隠してあるか教えますよ」トムはこの小さな男から目を離さないようにして，案内されるまま，枯れ枝や岩の間を，登ったり下ったり，あっちこっちと歩いたあげく，やっとブタクサに覆われた野原についた。小さな男は，背の高い草を指さしてこう言った。「あのブタクサの下を掘れば，ギニー金貨がぎっしり詰まった壺が出てきますよ」休日だったので，トムは鋤を持ってきていなかった。そこで自分の赤い靴下留めを，そのブタクサの株に結んだ。「あっしにもう用はないでしょうね」と，レプラホーンは言った。「ああ，ないとも」とトム。「場所がわかったから，あとは鋤を取りにいくまでさ」するとレプラホーンは，砂にしみこむ水滴のように，消え失せてしまった。トムは風のような勢いで鋤を取りに駆けていった。トムはあっという間に戻ってきたが，見ると，野原に生えているブタクサ全部に，赤い靴下留めが巻いてあった。これと同じこと，あるいはこれに似たことが，レプラホーンをおどして利用し富を得ようとしたすべての者に起こったのである。
　妖精を支配する力を得る方法のうち，時としてうまくいくのは，相手の名前を覚えるというやり方である。名前を覚えようとすると，妖精は必ずいやがる。妖精にあだ名をつけるだけで，それまで現れていた妖精が姿を消してしまう。トム・ティット・トットやワッピティー・ストゥーリーの話が，名前を口にしただけでどういう効き目があるかその例を示している。エドワード・クロッドは，名前がもつこういう力につ

いて，『トム・ティット・トット考』(1898) という重要な論考を書いている。北欧のエルフの赤い帽子，マーメイドの櫛といったような妖精の所有物を手に入れることでも，同じような力が得られる。だがこれらの方法を，未熟な者が使った場合には危険なことがあり，魔法使いの呪文のほうが効力があると，一般には思われていた。妖精を呼び出す歌や文句は，アン・ジェフリーズのような学のない人たちにも使われたが，もっと複雑な妖精を支配する呪文，とりわけ妖精を水晶玉や魔法の輪に封じこめる呪文は，16～17世紀の魔術関係の古文献に出てくる。［モチーフ：C 432.1］　　　　　　（井）

妖精を見ること　Seeing fairies

妖精たちはその気になれば，いつでも人間の眼前に姿を現すと一般には思われているが，妖精がそのつもりでないのに，やり方しだいでは，また時期により，人間に見られることがある。最も一般的なものに四つ葉のクローバーによる方法があり，また，四つ葉のクローバーを調合して作った有名な妖精の塗り薬をつけるという方法もある。この塗り薬には妖精が人間にかけたまやかしの術を消す力があった。人間の目に1度この塗り薬がつけられると，妖精が姿を変えても見破ることができる。この能力を取りあげるには，その目に妖精が息を吹きかけるか，あるいは妖精に雇われた産婆の話で起こったように，もっとむごいやり方だが，見えている目をつぶすしか方法はない。

しかしながら，妖精の許しがなくても，妖精の姿を見る永続的もしくは一時的な能力をもった者がいる。それはスコットランド高地地方では透視力の持ち主，サマーセット州や南西部地方では〈天賦の才のある人〉と言われ，アイルランドでは〈見える人〉と言われるような人たちである。ジョン・オーブリーは，スコットランドにおける透視力の持ち主にまつわる伝承を調査し，その結果を『雑録集』(1696) に発表している。彼は，後代の民俗学者が用いたアンケートに類似した質問表を配布したが，そこには，例えば，透視力は「現在または過去の出来事のみを対象とするのか，それともこれから起こるであろうことにも及ぶのか？」とか，あるいは「知ることができるのは，死や殺人のような，悲しく暗い出来事だけか？　あるいは喜ばしい，好運なことも含むのか？」というような質問があげられていた。回答はまちまちであるが，民俗学の調査ではそうなるのが普通である。ロバート・カークの『エルフ，フォーン，妖精の知られざる国』(執筆 1691，出版 1815) には，透視力の持ち主について触れた箇所がいくつもあるが，彼らはその能力を生まれつきもっているか，あるいは魔法の助けを借りて手に入れたかしている。透視能力者が，その能力をやっかいに感じることもたびたびある。カークはこう言っている。

　　タビスヴァー〔タビスダー〕すなわち透視者は，この種の使い魔たちと交流し，呪文によって望むときに，自分や他人の前に出現させることができるが，それをちょうど〈エン・ドルの口寄せ女〉〔旧約聖書「サムエル記上」28章7節参照〕が，自分の種族の前に，死者の霊魂を呼び出したのと同じくらいにたやすくやってのける。透視者の言うには，使い魔たちは，人に害を及ぼすための使いなら待ってましたと引き受けるが，非常に人間のためになることなら，その伝達者にはめったになろうとしない。自分で呼び出したときなら，彼らの姿は別に怖くは感じないが，思いがけ

ないときに出会ったりすると（透視者にはよくあることだが），この上ない恐怖を覚えるという。そしてできることなら見ないですませたいと思うのである。他の妖精を拷問しているさま，じっと熱心にこちらを見つめる幽霊のような目つき，そして小ぜり合い，そういった見るも恐ろしい光景が彼らの間に展開されるからである。それでも，こうした能力を手に入れたいと願う者もおり，カークは，そうした者たちが体験しなければならぬ，かなり危険な儀式の模様をこと細かに記している。〔以下の引用にブリッグズは1893年版の不完全なラング編テキストを使っているが，訳文は1976年版のより正確なサンダーソン編テキストに拠った〕

彼は頭髪を編んだ綱（死体を棺台に結びつけるのに使う）を自分の胴体いっぱいにらせん状に巻きつけ，それから頭を伏せ〔旧約聖書「列王紀上」18章42節でエリヤがしたように〕，自分の両足の間から後方をのぞき，葬列が二つの敷地の境界線を越すまで，その葬列を見送るのである。あるいはこの姿勢でモミの木の節穴から後方を見るのである。しかし頭髪を編んだ綱で身体が巻かれているときに風の方向が変わったりすれば，生命を失うおそれがある。普通には見えないこの<u>地下の住民</u>を見たいと希望する人は（能力もないのにどうしても見たいという場合だが），通常，次のようなやり方に従う。希望者は自分の足を透視能力者の足の甲にのせる。透視能力者は自分の手を，その希望者の頭にのせる。希望者は能力者の右肩越しに能力者の後ろを見る。（これはあまりいい格好ではない。この姿勢によって透視能力者の足と手との間にはさまれている希望者のすべてが無条件に降伏し，そこで初めて透視の術に参入を許されているかのようである）

すると，四方八方から，猛々しい屈強な男どものように見える大勢の妖精が，空気中のアトム〔極微粒子〕のようにびっしり密集して，わっと押し寄せてくるのが目に入るのである。（これは実体のない幻影，つまり驚愕とか混乱した頭脳の所産ではなく，はっきり目をさました，平常心を失っていない人の眼前に現れ，その存在が理性的に確認されうる現実のものである）

上記のように透視能力者と身体を接触させることが，短時間ではあるが妖精を見る一般的な方法とみなされている。数年前のことであるが，エディンバラに住む牧師の奥さんであるスチュアート夫人から，1通の手紙が送られてきたが，そこには夫人の父親が，子どものときヘブリディーズ諸島のスカイ島で，踊っている妖精を見たと書いてあった。夫人の父親とその妹は，その日，母親が近所の病人を看護に出かけたので，その間お婆さんの家に預けられて遊んでいた。もうひとり小さな男の子が一緒に遊んでいた。時がたつにつれて子どもたちは退屈してしまい，おそらくお婆さんにしてみれば，いささか子どもたちをもてあまし気味にしていたようであったが，そのとき，家族のみんなのお気に入りの，「透視能力」があると評判だった女の人がやって来た。この人は，みんなの様子を見るとこう言った。「一緒においで。いいものを見せてあげるからね」　この婦人は3人の子どもと手をつないで，そのまま夕暮れの迫った戸外に連れ出した。一筋の小川が家のそばを通り，かなたの丘の方へと流れていた。その丘の斜面には焚き火が燃え，小さな人々がそのまわりを輪になって踊っていた。子どもたちは女の人が自分たちをお婆さんの家へ連れ帰るまで，夢中になって見ていた。

母親が迎えにくると，子どもたちは，母親にすばらしい話をすることができた。翌朝，子どもたちは焚き火のあった場所を見つけようとしたが，どこにもそれらしい形跡はなく，焦げた所もなかった。スチュアート夫人が子どもだったころ，彼女も家族の者も，どんな話よりもこの「お父さんが妖精を見た」話が好きだった。何年かたって，夫人の叔母〔すなわち一緒にいたお父さんの妹〕がカナダから帰り，その話が真実だったことを保証してくれた。さらに後になって，夫人はその場に居合わせたもうひとりの男の子であった老人に会ったところ，老人はその出来事をまるで昨日のことのようにはっきり覚えていたという。

妖精を見るには，特に適した時刻がある。日暮れ時がその一つであり，真夜中，日の昇る少し前，そして，太陽が高くなる正午もそうである。ヒュー・ミラーが著作の中で，妖精の退散を正午に目撃した話を伝えているのが思い出されよう。妖精が見えるのは，人が妖精をじっと目を見開いて見ている間だけだ，ということも言われている。捕らえられたレプラホーンが，人にわき見をさせようとするのも，この理由からである。じっと目を注いでいれば妖精は逃げられないが，まばたきでもしようものなら，たちまち消えてしまう。

これらは民間伝承に見られる通則である。ルイス・キャロルは，興味ぶかいさまざまな要素が入った本『シルヴィーとブルーノ』(1889)において，妖精を見るための条件を以下のように規定しようとしている。彼は真昼の時間を念頭においていたようだが，一方ユーイング夫人は「アミーリアとドワーフ」(1870)において，たそがれ時が適切であると書いている。

　次の問題は（とルイス・キャロルは言っている）妖精たちを見るのにいちばんいい時間はいつかということです。そのことでしたら，わたしはすっかりお話することができると思います。

　第1の規則は，とても暑い日でなくてはならない，ということですが，この点は論ずるまでもないことと思います。それから，ほんの少し眠気を感じなければいけません。でも，あまり眠くて目をあけていられないようではいけないのですから，気をつけてください。さて，それから，その人が少し「フェアリッシュ〔妖精的〕」——スコットランド人は「イーリー〔不気味な〕」と言っていますが，こちらの方がきれいな言葉でしょう——と呼ぶ気分を感じなければなりません。もしあなたが，それがなんのことかおわかりでなかったら，わたしには説明は無理です。それを理解するには，妖精に出会うまで待たなくてはいけません。そのときになれば，なんのことだかわかります。

　最後の規則は，コオロギが鳴いていてはいけない，ということです。先に進まねばならないので，これを説明することはできません。ひとまず言われたとおりに信じていただくしかありません。

　さて，そういうわけで，もしこれらのことがみんな一緒に起こったら，あなたは妖精を見るためのよい機会——少なくとも，何も起こらないときより，ずっとましな機会——に恵まれることになるのです。

　　　　　　　　　　〔モチーフ：F 235.1；F 235.4.6；F 235.5.1；F 235.5.2〕　（井）

四つ葉のクローバー　Four-leafed clover

　四つ葉のクローバーは妖精除けとみなされている。主に妖精や魔法使いがかけるまやかしの術を解くのに使われる。人の目をまどわす妖精たちの実体を人間が見抜くための妖精の塗り薬は，四つ葉のクローバーから調合されたという。四つ葉のクローバーがたまたままぎれこんだ干し草の束や一つかみの草を持っていた人が，妖精の魔法を見破ったという話は多数存在する。ロバート・ハントが『イングランド西部の伝承奇談』(1865) で語っている以下の話はその一例である。

　ウェスト・ペリアンズのある農場に，デイジーというとても美しい雌牛がいた。この雌牛は長年にわたり最良質の乳を出し続けていたが，一度に2ガロン〔約9リットル〕以上は決して出さなかった。2ガロン出すと，耳を立て，静かにモーと一声鳴き，乳を出さなくなるのだった。ある晩，乳搾り女が牧場で牛の乳を搾っていると，それが起こった。乳搾り女は，桶の重みをやわらげるために，頭の上に当て草を置いて桶をのせると，家へ帰り始めた。牧場の柵の踏み段を越えるとき，振り向いて見ると，デイジーが妖精たちに囲まれていた。妖精たちは手に手に小さな容器を持ってデイジーに群がっていた。妖精たちはデイジーをなでたりさすったりし，デイジーも彼らと一緒にいるのを明らかに喜んでいた。仲間たちよりも少し大きい妖精が——その生意気な笑いようからピクシーとわかったのだが——あおむけに寝て，足を上にあげていた。その足の裏に他の連中が代わる代わる乗って，雌牛の乳を搾っていた。乳搾り女は急いで家に帰り，おかみさんに話したが，おかみさんはなかなか信じない。そのうち，おかみさんが牛小屋のランプの明かりで乳搾り女が頭にのせてきた草をほぐしてみると，真ん中に四つ葉のクローバーが見つかったので，納得がいった。が，残念なことに，そのまま放っておけばよかったのに，おかみさんは，魔女であった自分の母親に，妖精たちを追い払うにはどんな方法がいちばんいいかを相談した。ふたりは塩水と干し魚で液を調合して，それをデイジーの乳房に塗った。これは妖精たちを追い払うのには効果があったが，農場にはちっともいいことではなかった。デイジーは来なくなった友だちを恋しがり，やせて骨と皮になり，乳を全く出さなくなった。ネザーウィットン村の乳搾り女についても，よく似た話が——ただし，こちらには悲しい後日談はないが——『デナム民俗雑纂』(1892, '95) で語られている。

　四つ葉のクローバーのもう一つの効用は，願望をかなえることである。こちらの方は，ユーイング夫人の物語「アミーリアとドワーフ」(1870) で使われている。ここではアミーリアが妖精によって捕らわれの身となるが，妖精の踊りの最中に四つ葉のクローバーを見つけて，逃げることができる。　［モチーフ：D 1385.2；F 235.4.6］　　　　（吉）

ライト，トマス　Wright, Thomas（1810-77）

好古家的な民俗学者。17世紀のジョン・オーブリーや『魔女と妖術に関する哲学的考察』（1666）の著者ジョーゼフ・グランヴィル（1636-80）などの流れをくむ。ライトには12世紀のウォルター・マップのラテン語詩，15世紀にフランス語から英訳された『ラ・トゥール・ランドリーの騎士の本』，ジラルダス・カンブレンシスの著作，それに修道士ラッシュの話を含むチャップブックなど，おびただしい数の編著がある。

『中世イギリスの文学，迷信，歴史に関する論集』（1846）の中で，ライトは妖精とか悪魔学について，また英雄や無法者たちの伝説，その他多くの民間伝承や迷信などについて書いている。彼はT. クロフトン・クローカーやJ. O. ハリウェルと同時代人であり，その友人でもあった。またライトは，古文献の集成に力を入れたパーシー協会〔1841創立〕とキャムデン協会〔1838創立〕の両方の書記を務めたが，イギリス・フォークロア学会の創立の前年に没した。　　　　　　　　　　　　　　　　　（平）

ライネック　Wryneck

ランカシャーとヨークシャーとにいた凶悪な精。わずかに諺的表現に残っているだけ。悪魔よりさらにたちが悪いと考えられていたらしい。ウィリアム・ヘンダーソンの『イングランド北部諸州と境界地帯のフォークロアについてのノート』（1879）によると，とりわけ評判の悪い人物について「悪魔よりライネックはひどいが，やつはそのライネックよりなおひどい」という言い方をされるほどだった。　　　　　　　（吉）

ラチェット　Ratchets　⇨ガブリエルの猟犬群，ガブリエル・ラチェット

ラナン シー　the Lhiannan-Shee

マン島のラナン シーは特定の男性につきまとう吸血鬼のような妖精として一般に扱われている。つきまとわれた男にとってラナン シーは，たまらないほど美しく見えるが，他の人にはその姿も見えない。もしその誘惑に負ければ，その男性は身も心も破滅する。アイルランドのリャノーン シーは生命を与える妖精，詩人や吟遊詩人に霊感を与える妖精として，もっと好意的に見られている。マン島の名前もアイルランドの名前も「妖精の恋人」という意味である。もっともフレッチャー村のラナン シ

ーは，フレッチャーの村人の守護妖精で，村の者に妖精杯を与え，皆はクリスマスごとに彼女をたたえながら，その杯から酒を飲んだという。ラナン シーは，メリュジーヌのように，井戸と泉に出没した。〔モチーフ：F 471.2.1〕　　　　　　　　　　　（井）

ラバーキン　Lubberkin

ラバーは「不器用な怠け者」という意味で，おそらくロブと語源は同じだろう。妖精伝承ではアビー・ラバーが最もよく知られている。エリザベス1世時代（1558-1603）には，ラバーの指小語ラバーキンが用いられ，パックのような小妖精を指した。　（平）

ラバード・フィーンド，ラバー・フェンド　the Lubbard Fiend or the Lubbar Fend

スコットランドやランカシャーで，ホブゴブリンやブラウニーを指した。ミルトンは，ラバー・フェンドの形を用いた。ジョン・ミルトンの故郷は，オックスフォードシャーのフォレスト・ヒルで，彼の妖精伝承は，オックスフォードシャーとその周辺の地方に伝わる伝承に忠実であった。一般によく知られているものではあるが，ミルトンの詩「快活な人」（1632）の中の妖精に関する以下のような箇所は，そっくりここに引用するだけの価値がある。

　　　　　語られるさまざまな所業──
　　　　　妖精マッブがどうやって，凝乳菓子を盗み食いしたか，
　　　　　乳搾りの娘がどのようにつねられ，たたかれたか，
　　　　　修道士のランタンに道を迷わされた羊飼いの若者が語るには，
　　　　　ゴブリンが汗水たらし精出して，
　　　　　ほどよく固まったクリームを一鉢欲しさに，
　　　　　村人が10人がかりでも手におえぬ麦の山を，
　　　　　一晩でそれも夜が明けぬ前に，
　　　　　目に見えぬ殻竿で打ち終えた，
　　　　　それからこのラバー・フェンドは寝そべると，
　　　　　暖炉いっぱいに長々と体を伸ばし，
　　　　　毛むくじゃらの手足を火で温めると，
　　　　　満ち足りたお腹をかかえ，
　　　　　一番鶏が朝を知らせるその前に，煙突から外へ飛び出したとさ。〔101-114行〕

ラバー・フェンドは，ホブゴブリンである炉端のロブにミルトンがつけた名前で，普通ブラウニーがやる脱穀や後片づけをする。ブラウニーやその他の種類のホブゴブリンのように，これも炉端の妖精である。「快活な人」は若々しく感受性に満ちた詩であるが，ミルトンの清教徒としての偏見は，ロブをゴブリンと同じく悪霊と呼んだりするところにうかがえる。清教徒の多く（全部ではないが）は，妖精を小形の悪魔と同一視していたが，イギリスのリチャード・バクスター〔長老派神学者. 1615-91〕やアメリカのコットン・マザー〔組合教会牧師. 1663-1728〕などは，妖精が〈精霊をもった生き物〉であるかもしれないと考えた。ウィリアム・ウォーナーは，韻文のイギリス

史『アルビオンのイングランド』(1586) の中で、ブラウニーは実際には何も仕事をせず、人間の主婦を寝床から出して眠ったまま仕事をさせるのだという、うがった見方をしている。妖精の起源に関してはさまざまな説が出され、長いこと論議されてきた。妖精を悪役とみなす意見は清教徒たちに始まったものでなく、「聖コセンと妖精王」のような話の中にも見られる。

上記引用では、妖精マッブや凝乳菓子を盗む事件もとりあげられ、全体として興味深い。少なくとも前出の部分は、「クランショーズ村のブラウニー」の話の変型と思われる。ウィル・オ・ザ・ウィスプのことを、ここでは〈修道士のランタン〉と表現しており、修道士ラッシュとのつながりをうかがわせる。こういうつながりについては、チャップブック版の話の中では触れられておらず、議論のあるところだが、そうした可能性はあると考えられる。

(井)

ラミア　Lamia

レイミアとも呼ばれ、エドワード・トプセルの『四足獣物語』(1607) に登場する妖精動物。17世紀の、書物に親しんでいた大勢の子どもにとっては、なじみの深い生き物であったが、書物の中でだけ存在し、1度も生きた伝承になることがなかった。『四足獣物語』の古い版は、どれも、子どもが繰り返し繰り返しページをめくっていたためか、ひどく傷んでいる。ラミアは、古典時代の想像力の産物であるが、民間伝承という基盤から生み出されたことは明らかである。トプセルの本文には、木版画の挿絵がついているが、それは、普通、人が妖精として考えることのできる生き物とはたいへん違っている。すなわち、鱗のある四足獣で、後脚には蹄があり、前脚には鉤爪がある。顔は女であるが、男性の性器と女性の乳房とをもつ、両性具有の生き物で

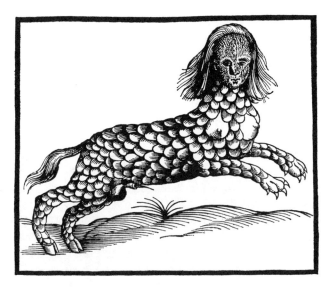

ある。

　この本の初めの段落には，変身する妖精について書いてあるが，この種の妖精は，ワッフを追い払うのと同じように，罵倒すれば退散させることができるとある。

　　このラミアという言葉には，いくつもの意味がある。あるときはリビア産の動物を指し，あるときは魚，またあるときはフェアリー（phairies）と呼ばれる女たちが幻のように現れるのを指す。こうしたことから，そんな動物は存在しないと無知な主張をする者もおり，またそれは獣と魚が合体した怪物であると言う者もいる。そういう見解を簡単に紹介しておこう。アリストファネス〔ギリシアの喜劇作家，詩人．448?-380?B.C.〕は，背面から見れば雄牛に似て，腹側から見ればラバに似た部分と美しい女性に似た部分とから成る大きな野生の動物を，ある人が見たと言うのを聞いたことがある，と断言している。アリストファネスは，のちにこの動物をエンプーサと呼んだ。

　　テュアナのアポロニオス〔西暦1世紀ごろのギリシアの哲学者〕がある月の明るい晩，仲間の者たちと一緒に歩いていたとき，ラテン語ではラミア，ギリシア語ではエンプーサといわれるフェアリーが現れるのを見た。この妖精は次々と姿を変え，今目の前に見えていたかと思うと，次の瞬間には見えなくなったりした。アポロニオスには，一目でその正体がわかったので，幻影に向かって侮辱するような蔑むような言葉を浴びせかけ，仲間にもそうするように勧めた。それが，この妖精が現れたときの最善の手だということを知っていたからである。仲間の者たちが同じように幻影に向かってののしると，すぐに幻影はどこかへ行ってしまった。

次の段落ではラミアが，子ども部屋のボーギーと同じように使われていたことが述べられている。

　　これら〔ラミア〕について，アンゲルス・ポリキアヌスが，アリストテレスの『分析論』前篇に寄せた序文の中でたわいない話を伝えている。子どものころポリキアヌスは祖母から，荒地にはラミアイ〔ラミアの複数形〕なるものがいて，バグベア〔⇒バッグ〕のように泣く子を食べてしまう，という話を聞かされていたという。祖母はさらに，フェスラナムの近くにある小さな井戸についても語った。その井戸は，決して日の当たらないいつも日陰になるところにあるのに，とても明るく，妖精の女たちがすみついており，水をくみにくる者にはその姿が見えたという。

トプセルは，さらにアポロニオスとメニッポスの話をかなり詳しく語っているが，のちにロバート・バートン〔⇒バートンの妖精考〕が『憂鬱病の解剖』（1621）の中で，同じ話をもっと簡潔に語っている。ジョン・キーツが詩「レイミア」（執筆1819）を書く際に拠り所としたというこの1節を，そのまま提示することは価値のあることであろう。その1節が，H.B.フォアマンが編纂した《キーツ作品集》（1883）の註で引用されている。

　　フィロストラトス〔ローマ帝政時代のギリシアの思想家．170?-245〕は，その『アポロニオスの生涯』第4巻の中で，この種の忘れがたい実例をあげているが，わたしもそれを見過ごしてはなるまいと思う。その例というのは，リュキア〔小アジアの一部〕のメニッポスという25歳の若者に関するものである。ケンクレアイ〔ギリシ

ラミア ● 489

ア南東部エイナ湾の港市〕とコリントス市の間を通っていおり，美しい淑女の身なりをした幻影に出会ったメニッポスは，手を取られてコリントスの郊外にあるその女の家に連れていかれ，こう言われる。わたしはフェニキアの生まれですが，あなたがいてくれるならば，わたしはあなたのためにうたい，共に遊び，どんな人も飲んだことがない酒を差し上げます。誰にもあなたに悪さをさせません。器量よしのわたしは男前のあなたと生死を共にするつもりです，と。哲学の徒であるその若者は，ほかのことに関してならば沈着かつ慎重であり，自分の熱情を抑えることもできたのであるが，愛の熱情には勝てず，しばらくその女のもとにとどまったが，すっかり気に入り，とうとうその女と結婚することになった。その婚礼の席に，他の客に混じってアポロニオスも連なったが，アポロニオスは正しい判断により，その女が蛇，すなわちラミアであること，またすべての家具はホメーロスが『オデュッセイア』で描いたタンタロス〔神々の怒りを買い，永遠に焦らされるという罰を受けた〕の黄金のように，実質のない幻影にすぎないことを見抜いてしまった。自分が見抜かれたと知ると，女は涙を流しながら，黙っていてほしいとアポロニオスに懇願した。だが彼は心を動かさなかった。すると突然，女も食器も家も，その中にあったすべてのものが，一瞬のうちにかき消えてしまった。何千人という人々が，この出来事を目撃した。ギリシアの真ん中で起こった出来事だったからである。

　トプセルは，以下のようにラミアたちを娼婦の寓意であると解釈している。

　したがって，ラミアたちは美しい娼婦の詩的寓意物に過ぎない。こうした女たちは，ディオメデス〔『イーリアス』の主要英雄のひとり〕の娘たちについて書かれているように，男によって欲望を達成すると，その男を食い殺してしまうことがしばしばだった。こうしたわけで，娼婦たちはルパイ（lupae）〔雌オオカミを意味するラテン語ルパ（lupa）の複数形〕とか，レポリス（leporis）〔ノウサギを意味するレプス（lepus）の複数形〕と呼ばれたりする。

〔タイプ：507 C．モチーフ：B 29.1〕　（井）

ラムトンのワーム　Lambton Worm

　イングランド北部地方のドラゴンの一種。ドラゴンに相当する名前はかつてはワーム〔厳密に言えば北欧語ではオルム，古英語ではウィルム〕だった。サマーセット州でも，ある種のドラゴンは，〈シャーヴェージ森の大ワーム〉のように，ワームと呼ばれていた。時には翼のあるワームや，脚のないワームの話があるが，概して翼はなく，形はトカゲに似ている。ラムトンのワームの話には，ワームの誕生から死までが語られているので特に興味深い。ウィリアム・ヘンダーソンは『イングランド北部諸州と境界地帯のフォークロアについてのノート』（1879）の中で，カスバート・シャープの『ビショップリックの花輪』（1834）から，ワームのさまざまな特色を拾って記述している。

　14世紀のラムトン家の世継ぎは，向こう見ずな若者で，世間を恐れず無茶をやって楽しんでいた。ある晴れた日曜の朝のこと，若殿は領内の者たちがブルーグフォード教会へと道を急いでいるのを見ながら，ラムトン城近くのウィアー川にかかる橋の

上で，釣り糸を垂れていた。魚は餌にちっとも食いつかず，遅刻しそうになり急ぎ足で教会へ向かっていた人たちが通り過ぎようとしたとき，やにわに若殿は矢継ぎ早に呪いの言葉を吐いた。教会の鐘がちょうど鳴りやんだとき，獲物が餌に食いついたような手ごたえを感じ，若殿は悪戦苦闘の末にやっと釣りあげた。それは魚ではなくとても恐ろしい生き物だったので，若殿は釣り針をはずすと，近くの井戸の中へ放りこんでしまった。その井戸は今でも〈ワームの井戸〉と呼ばれている。見知らぬ男が通りかかり，何をしているのかと若殿に尋ねた。「悪魔を捕まえたようだぜ」と若殿は言った。「これを見て，あんたはどう思うかね」「イモリに似ているようだが，口のまわりに九つの穴があるな。縁起のいいもんじゃない」　こう言うと，見知らぬ男は行ってしまった。

　歳月が流れた。若殿はまじめな人間になったようだった。しばらくすると聖地へ出かけた。そのイモリの方はしだいに大きくなって，とうとう井戸の中にいられなくなり，ワームの丘にぐるぐるとぐろを巻き，そのあたりを荒らし回るようになった。人々は城門の外に大きな水槽を置くと，毎日雌牛9頭分のミルクをいっぱい入れておいたが，ワームはそれでも不満だった。勇敢な騎士たちがワーム退治にやって来たが，胴を真っ二つにしても，ワームの習性として胴はすぐ一つにつながってしまうし，多くの騎士はワームに絞め殺されてしまうのだった。

　やっと聖地から戻った世継ぎの若殿は，今はロードス騎士団〔14世紀の初めエーゲ海のロードス島に拠り，サラセン民族と戦った騎士団〕の一員になっていたが，自分の愚行が招いた災いを知って恐ろしくなった。自分でワームを退治しようと決心したが，大勢の騎士たちが試みても失敗に終わっているのを知り，どうやればよいか方法を教えてもらいに，女賢者を訪ねた。災いを起こした張本人として若殿をひどく叱ったあとで，女賢者はどうすればよいかを具体的に教えてくれた。まず第1に教会に行き，ワームとの戦いが終わったなら，帰る途中でいちばん初めに出会った生き物を殺すという誓いを立てること。もしこの誓いを破れば，9代にわたりラムトン家の当主は，ベッドの上では死ねないというのであった。次に鍛冶屋へ行って，鎧に鉄針をいちめんに打ちこんでもらうこと。3番目に，ウィア－川の真ん中にある大岩の上に立ち，ワームが日暮れに水を飲みにやって来たとき，襲いかかって戦うこと――これらが若殿がやらねばならぬことであった。そこで若殿は召使いたちに，ワームとの戦いが終わったらラッパを吹くから，すぐに飼い犬の鎖を解くようにと頼んだ。それから若殿はワーム退治に臨んだ。ワームは若殿の一撃を受けると，ぐるぐると巻きついて絞め殺そうとした。だが強く絞めつければ絞めつけるほど，ワームの体は傷つき，ウィア－川は血で真っ赤に染まった。ついに若殿はワームの胴体をばらばらに切り離したので，元通りにつく暇もなく，すばやい川の流れに流されてしまったのである。若殿は力を振り絞り，やっとのことで館近くまでたどりつくと，ラッパを吹き鳴らした。ところが，ひどく心配しながら息子の帰りを待っていた年老いた父親が，若殿を出迎えに駆けだしてきたのである。若殿はこれはたいへんだと思って，もう1度ラッパを吹き鳴らすと，やっと召使いたちが飼い犬を放した。刀の一突きで飼い犬を刺し殺したのだが，若殿は誓いを破ったことになってしまった。犬より早く父親が，若殿のところについ

ていたからである。こういうわけで、9代の間ラムトン家の当主は、すべて非業の死を遂げ、誰もベッドの上では死ねなかった。［タイプ：300. モチーフ：B 11.2.1.3；B 11.2.12；B 11.11；B 11.12.4.1；C 631；C 984；C 987；M 101；S 241］

(井)

ラル　Lull

子守妖精。17世紀の小冊子『ロビン・グッドフェローの生涯』に出てくる女の妖精の名前。例により名前（ラルには「あやす」「なだめる」の意味がある）からヒントを得て、この小冊子の匿名の著者は、以下のようにラルを妖精の赤ん坊の乳母にしている。

　　　　ラルは乳母、揺り籠に寄りそい、
　　　　赤児に産着を着せている。

ジェイベズ・アライズはアライズの妖精リストに、ラルで始まる地名を多数並べている。

(吉)

リァノーン シー　Leannán-Sídhe, Leanan-Sidhe

アイルランドの妖精で，ゲール語の原意は「妖精の恋人」。実質的にはマン島のラナン シーと同じ存在であるが，ワイルド夫人は，『アイルランドの古代伝説とまじないと迷信』(1887) 第1巻の中で，この妖精をもっと好意的に解釈している。夫人は，「バン・シーが死の精で，悲運を予告すると思われているのと同じようにリァノーン シーすなわち生命の精は，詩人や歌い手に霊感を与えると思われていた」と述べている。しかしながら W. B. イェイツは，リァノーン シーが詩人や歌い手に彼らの生命を燃焼させながら霊感を与えるため，詩人や歌い手たちは，薄命なのだと説明している。　[モチーフ：A 465.1.1.; F 471.2.1]　　　　　　　　　　　　　　　　　（井）

リック　Licke

17世紀の小冊子『ロビン・グッドフェローの生涯』の中で，小さい女の妖精のひとりにつけられた名前。アライズの妖精リストにも載っているが，J. アライズは，〈リック〉で始まる地名は集められなかったらしい。『ロビン・グッドフェローの生涯』では，リック〔なめるの意〕という名前にちなんで，

　　　　リックはコック，料理を作り，
　　　　いろんな食べ物持ってくる。

と描かれ，妖精の料理女にされている。　　　　　　　　　　　　　　　　　　（吉）

リー・バン，リバン　Lí Bean, Liban

聖徒に列せられたマーメイド。教会の彫刻物にしばしばマーメイドが登場するのは，このリー・バンのせいかもしれない。

リー・バンは，4人の学者が17世紀に編纂し，天地創造から1616年に至る時代の出来事を扱った歴史書『アイルランド王国年代記』(1632-36) の中に出てくる。リー・バンがオーラルヴァの浜〔現北アイルランドのバンゴール市の近く〕で漁網にかかったのは558年とされているが，その生涯はさらに約300年前にまでさかのぼる。その全生涯の物語は，P. W. ジョイスの『古いケルトの奇談』(1879) に述べられている。

リー・バンは，オーヒジとおそらくエーティンとの間に生まれた娘たちのひとりである。西暦90年，ある聖なる泉がその神聖を汚され，ないがしろにされていたので，

その水があふれ出てネイ湖〔北アイルランドに所在〕が造られた。オーヒジとその家族は，ふたりの息子コニングとクルマン，それに娘のリー・バンを除いて，すべて波にのまれ，溺死した。リー・バンも実際は波に押し流されたのだが，奇跡的に，かわいがっていた小犬と一緒に助かり，水中の洞窟にたどりついた。そこをすみかとして，リー・バンは小犬と共に誰とも接触をもたず，1年の月日を過ごした。1年がたつとリー・バンはこの生活に飽き，できれば鮭に変えてもらい，自分のすみかの前を泳いでいく魚の群れに加わりたいと神に願った。神は，鮭の尻尾を与えることまでは願いをかなえたが，彼女の腰から上は依然として美しい女の姿をとどめていた。犬の方はカワウソに変えられ，両者は300年もいやそれ以上も共に泳ぎ回った。このころはアイルランドにもすでにキリスト教が伝わり，聖コムガル〔6世紀の聖者〕がバンゴール〔北アイルランドのアントリム州南東部の都市〕の司教になっていた。ある日，聖コムガルは，ローマ教皇グレゴリウス1世に規律や規則の諸問題について相談する目的で，配下の司祭のひとりベオークをローマに派遣した。一行が船を進めていると，水中から非常に甘美な歌声が聞こえてきた。あまりにも甘美なので，ベオークはそれが天使の声にちがいないと思った。そのとき，水面の下からリー・バンがこう言った。「うたっているのはわたしです。わたしは天使ではなく，オーヒジの娘でリー・バンと申します。300年にわたり海を泳いでまいりました。そこで，お願いがございます。どうぞバンゴールの信徒たちと共に，オーラルヴァの入り江でわたしに会ってくださいませ。わたしの申し上げましたこと，どうぞ聖コムガル様にお伝えくださいまして，皆様で漁網と舟を集めて，わたしを海から引き上げてくださいませ」

ベオークはそのとおりにしようと約束して，任務を果たすべく旅を進めた。そしてその年も暮れぬうちにローマから帰国し，早速聖コムガルにリー・バンの頼みを伝えた。指定された日，何隻かの舟がそこにくり出し，リー・バンをインリの息子ベオアーンが海から引き上げた。彼らはリー・バンを入れた舟を半分水で満たし，リー・バンが泳ぎ回るのを大勢の人が見物した。リー・バンを誰の所有とするかをめぐって論争が発生した。聖コムガルは，自分の司教管区で捕らえたのだから，自分のものだという考えだった。司祭ベオークは，リー・バンは捕らえてくれと自分に言ったのだから，自分の所有物だと主張した。そして，リー・バンを海から引き上げたベオアーンさえ，自分の権利を主張した。衝突をさけるために，バンゴールの信徒たち全員がある晩集まって断食と祈りを始めた。すると，ひとりの天使がやって来て，翌朝2頭の雄牛がやって来るだろうと伝えた。そしてリー・バンを馬車に乗せ，その馬車をこの雄牛らにとりつけるようにとのことであった。2頭の雄牛がとまった所こそリー・バンの落ちつく場所というわけである。これは多くの聖者伝説にあるのだが，教会を建てる場所を決めるのによく使われた方法であった。この方法はこのときもうまくいった。雄牛たちは迷うことなくベオークの教会に馬車を引いていった。そこにつくと，リー・バンに一つの選択がゆだねられた。つまり，すぐ死んで天国に昇るか，それとも今まで海中で過ごしてきたのと同じ年月地上にとどまり，300年後に天国に昇るか，ということだった。リー・バンはすぐ死ぬことを選んだ。聖コムガルは彼女にムイルゲン——「海で生まれたもの」の意——という名前で洗礼を施し，かくしてリー・バ

ンは天国へ昇ったのであった。リー・バンは聖処女のひとりとみなされ、ベオークの教会では彼女に願いをかけることによって数々のご利益と奇跡とが得られた。〔モチーフ：V 229.2.12〕

(三)

リューマチ　Rheumatism

昔はリューマチにかかって、体が曲がったり体形が変わったりすると、その人は魔女かもしれないと疑われたものだった。特に、突然そういう症状が起こったりすると、強い疑いをかけられた。魔女の腰は樽のたがのように曲がっていると、しばしば信じられていたので、16～17世紀には、ひどいぎっくり腰などで腰が曲がったりすると、魔女と疑われてたいへん危険だった。軽い場合はそんな心配はなかったが、何かで妖精を怒らせた結果だろうと思われた。特に、足を引きずって歩かねばならないような場合、例えば、農家の手伝い女が怠けて起きようとせず、妖精たちに水をくんでやらなかったりして、そのあげくに、たたりで7年間は足を引きずって歩かなければならなかった場合などは、このケースに該当した。こうした話が、A.E.ブレイ夫人の『テイマー川とテイヴィー川流域の地誌と伝承』(1879)の中に記されている。傷害や病気の項も参照。

(吉)

良家の方　the Gentry

アイルランドでよく用いられる妖精の呼び替え名の一つ。ロバート・カークが『エルフ、フォーン、妖精の知られざる国』（執筆1691, 出版1815）の冒頭で言うとおり、「アイルランド人は、自分に危害を加えそうなものをすべて祝福したものである」〔モチーフ：C 433〕

(三)

リンゴ園の主　Apple-Tree Man

サマーセット州では、果樹園で最も古いリンゴの樹は〈リンゴ園の主〉と呼ばれ、果樹園の豊饒の精がそこに宿ると考えられているようである。ルース・タングは、リンゴ園の主の話を時おり耳にしていたが、1920年ピトミンスター村に住むある老人から、この主にまつわる話の一部始終を聞き出した。果樹園に豊かさを取り戻し、リンゴの樹のために乾杯した長兄に、リンゴ園の主が好意的に話しかけたことは注目に値する。ルース・タングは、1963年に以下のような話を記録し、K.M.ブリッグズとの共編著『イングランドの昔話』(1965)で公表した。

　　　さる旧家の長男で働き者の若者がいた。ところが、父親が死んだとき、彼は何も残してもらえなかった。末っ子が全財産を継ぎ、その子が親族の者たちに少しずつおすそ分けをすることになったが、末っ子はどうもこの長兄があまり好きではなかったらしい。末っ子の方はわがままいっぱいに育っていたのだ。そんなわけで長兄のもらったものは、父親の飼っていたよぼよぼの老いぼれロバと、がりがりにやせた雄牛（どうもこの牛は病気持ちだったようだ）、それに父親が祖父と住んでいたという、リンゴの老木が2, 3本植わっているだけのリンゴ園つきのおんぼろ小屋だけだった。長兄は不平も言わず、道端の草を刈って老いぼれロバに食べさせると、

ロバも太り始め，雄牛の方も薬草で体をこすってやりやさしい言葉をかけてやるうちに，元気よく動けるようになった。長兄はこの家畜どもをリンゴ園に入れてやり，古いリンゴの樹も見違えるように生気を取り戻した。

ところが長兄には地代を稼ぐ暇がなかった。そう，末っ子は兄に対して地代まで要求していたのだ。しかも期日に遅れてはだめだと言う。

そんなある日，末っ子がリンゴ園にやって来て言うことが，「明日はクリスマスイブで，動物どもがしゃべる日だ。このあたりに財宝が隠されているといううわさがある。兄さんのロバに聞いてやろうと思うんだ。動物は聞かれたら必ず答えなきゃあならない。夜中の12時前になったら起こしてくれよ。その代わり地代から6ペンス引いてやるからさ」

クリスマスイブになると，長兄はロバと雄牛にいつもより多めに飼い葉をやり，家畜小屋をわずかばかりのヒイラギで飾った。それから残った最後の，ジョッキ1杯分の量のリンゴ酒を取り出して，トネリコのそだで温め，リンゴ園に持って出てリンゴの樹にかけてやった。すると，〈リンゴ園の主〉が口をきき，次のように言ったのだ。「シャベルを取り，われらの古い朽ちた大きな根っこの下を掘ってみよ」そのとおりにすると，黄金のいっぱい詰まった箱が出てきた。「それは誰のものでもない，お前のものだ」　リンゴ園の主は言う。「大事に持っていけ。このことは誰にも言うな」　長兄がそのとおりにすると，リンゴ園の主は言った。「そろそろ弟を呼びにいくがよい。もう夜中の12時だよ」

さて，末っ子の方だが，大急ぎで駆けてくると，案の定ロバは雄牛に向かって話していた。「あの欲張りでばかの青二才が，ふらちにもおれたちの話を聞いてやがるぜ。おおかた財宝の在りかでも聞き出したいんだ」

「それだったら，やつの手には入りっこないよ」と雄牛が言う。「だって，もう誰かさんがちゃんと持っていってしまったもんな」

[モチーフ：B 251.1.2；N 471；N 541.1]　（三）

リントンのワーム　Linton Worm

12世紀にスコットランド南東部のロックスバラシャーの小村リントンに出没したといわれるワームないしドラゴン。脚をもたないワームであったらしく，有毒の息を吐いては人畜を殺してむさぼり食った。ラーリストン村のサマーヴィルが，その怪物ののどに，煮えたつコールタールに浸した泥炭を投げこんで仕とめた。この泥炭はワームの毒気を中和したばかりか，内臓を焼いたのである。ワームの断末魔の苦しみの跡が，今でもワーミントン丘に螺旋状の尾根として残っているという。アッシバトルも，同様の手口でメスター・ストゥアワームを殺している。リントンのワームについての詳細は，ウィリアム・ヘンダーソンの『イングランド北部諸州と境界地帯のフォークロアについてのノート』(1879)に記されている。　[モチーフ：A 2468.3；B 11.2.1.1；B 11.2.11.2]

（吉）

ルー　Lugh, Lug

ロヴァーダ（「長腕」の意）とか，サミルドーナッハ（「多芸」の意）とか呼ばれるルーは，大王ダグダの息子のひとりで，同じ息子のエーンガス・マク・オーグがたまたま不在で忘れられていたとき，父ダグダの所有する四つのブルーの一つをもらった。ルーにまつわる話は『侵略の書』に述べられているが，それによれば，ルーは，トゥアハ・デ・ダナン〔ダーナ神族〕の王が〈銀の手のヌアダ〉であった時代に，ターラに来てダーナ一族に加わることを願い出た。何か特技をもつ者のみが一族への加入を許されるのだと言われて，彼は大工，鍛冶屋，戦士，詩人，竪琴弾き，記録者，英雄，魔術師としてすぐれていると主張するが，これらの職はすべてふさがっていると聞かされる。そこで彼は，これらの特技をすべて同時にもち合わせた者がいるかどうか聞きただした。すべての特技をあわせもつ者はルーだけだったので，一族への加入を許された。ルーは美男で洗練されており，もっと原始的な神であった父ダグダとは異なっていた。フォモール族の首領であった〈一つ目のバラル〉を殺し，フォモール族とトゥアハ・デ・ダナンとの間の長い戦いに終止符を打ったのがこのルーである。［モチーフ：A 141；A 151.1.1］　　　　　　　　　　　　　　　　　　　　　　　　　　　（三）

ルイス島のチェス駒　Chessmen of Lewis

1831年に，ヘブリディーズ諸島のルイス島西岸にあるウーイグ近くの海岸で，砂丘が高潮に洗い流されて洞窟がむき出しになった。その洞窟の中に，スコットランド高地地方で見られる小型の家庭用碾臼に似た蜂の巣形の建造物があった。洞窟の近くで仕事をしていた労働者がそれを見つけ，何か宝物でも入っているのではないかと思って，その内部へ押し入ったところ，整然と隊列を組んでいる84個の彫刻されたチェス駒が隠されているのを発見した。しかし駒の顔つきが，この世のものならぬ不気味なものであったので，てっきり睡眠中の妖精たちの一隊に出くわしたのに違いないと思いこみ，男は手にしていたスコップも放り出し，一目散にわが家へ逃げ帰った。ところが気丈夫なおかみさんが，彼を引き返させ，その駒を取ってこさせた。その84個の駒の大部分は，現在，大英博物館に所蔵されている。その複製品も世に出ているが，勢揃いをした駒の実物の方が，はるかに印象的である。この駒をめぐる伝説がある。夜，番犬を連れて博物館内をガードマンが巡視することになっているが，このケ

ルト伝来の駒の前まで来ると，犬はその前を通ることを拒み，毛を逆立ててすわりこむ，というのである。上記のスコットランド高地人が，てっきり睡眠中の妖精だと思って，家へ逃げ帰ったのも無理からぬことかもしれない。　　　　　　　　　　　　（平）

ルージャグ　Luideag

ゲール語で「ぼろ切れ（の女）」の意味。ヘブリディーズ諸島にあるスカイ島の湖（黒マスの湖）に出没した恐ろしい女の悪魔の名前。ルージャグは性格が邪悪であると同時に，その姿もむさくるしい。ルージャグに関する記述は，D. A. マケンジーの『スコットランドのフォークロアと庶民生活』(1935) に見られる。[モチーフ：G 11.3 ; G 346.2]　　　　　　　　　　　　　　　　　　　　　　　　　　　　　　　　（三）

「ルーティーとマーメイド」 'Lutey and the Mermaid'

ずっと昔のこと，コーンウォール州のリザード岬にほど近いキュアリーに住んでいた漁師兼難破船荒らしのルーティーは，ある日のこと，漂着した船の打ち荷を探して波打ち際を歩いていた。そのとき，干潟にとり残されていた美しいマーメイドを見つけた。マーメイドは，海まで抱いていってほしいとルーティーに頼んだ。ルーティは承知した。漁師の腕に抱かれて海へ向かっているとき，マーメイドは，あなたに三つの願いごとをかなえてあげましょうと言ったので，漁師は役に立つと思うことを選んだ。すなわち，魔法の呪文を破る力，使い魔に人間に役立つことをさせる力，そしてこうした力が代々自分の一家に伝わるようにすること，であった。マーメイドはこれらの願いを聞きとどけてから，あなたは私欲を抜きに願いごとをしたから，あなたの一家が困ることがないようにしてあげましょうと言い，自分を呼び出すために使うようにと，ルーティーに櫛をくれた。さて，海に近づくにつれて，マーメイドの性質のもっと邪悪な部分がしだいに表に出てきた。マーメイドは，わたしと一緒に行きましょうとルーティーを誘惑し始め，前にも増してしっかりと首にすがりついた。マーメイドの魅力は抗しがたいほどだったので，危うくルーティーはマーメイドと一緒に行く気になりかけたが，ルーティーの飼い犬が岸辺から吠え，妻と子が住む自分の小屋が目についたので，放してくれ，とマーメイドに言った。それでもマーメイドはなおもしがみつき，ルーティは海へ引きずりこまれそうになった。しかし彼がマーメイドの顔にナイフをつきつけると，おそらく鉄に恐れをなしたのだろうが，マーメイドは海に飛びこみ，こう叫んだ。「さようなら，いとしい人，9年の長い間お別れせねばなりません。でもそのあと，あたしは愛するあなたを求めて現れます」

　マーメイドは約束をちゃんと守った。代々キュアリーのルーティー家の人たちは，名高い治療家となり，その医術によって栄えた。だが，初代のルーティーは，マーメイドから授かった能力を9年間しか享受することができなかった。というのは，その約束の9年間が終わりに近づいたころ，ルーティーが息子と一緒にボートで沖へ出ていると，美しい女が水から浮かび出て彼を呼んだのである。「とうとうその時が来たな」とルーティーは言うと，水に飛びこみ，2度と姿を見せなかった。そして人々の言うところでは，それ以後9年ごとに，必ず彼の子孫がひとり，海で死んでいったそ

うである。このいささか暗い話は,旅回りの語り部の話に基づいてウィリアム・ボトレルが《西コーンウォールの伝承と炉端物語》の第1集（1870）に収めたものである。ロバート・ハントの「キュアリーの年寄り」の話に登場するマーメイドは,もっと明るい性格である。［タイプ：ＭＬ4080．モチーフ：B 81.13.2；B 81.13.13*；F 420：3.1；F 420.4.4；F 420.5.2.1；F 420.5.2.1.6］　　　　　　　　　　　　　　　　　　　　　　　　　（井）

ルナンティシー　Lunantishee

エヴァンズ・ウェンツは,異なったタイプの妖精を次々とあげてくれたパトリック・ウォーターズから,ルナンティシーはリンボクの茂みを守る妖精の一族であり,11月11日（旧暦の万聖節）や5月11日（旧暦の五月祭）にリンボクの枝の剪定を許さない

という話を聞いた。もしこういう日にリンボクの枝を切り落としたりすると，不幸が身に降りかかるという。リンボクは妖精樹の一つである。

(平)

ルリダン　Luridan

使い魔の名前。レジナルド・スコットの『魔術の正体を暴く』(1584) の 1665 年版に挿入された「悪魔および精霊についての論考」という文章の中で，その匿名の筆者は，ある星の精，つまり妖精，あるいは使い魔について述べている。その使い魔の仕事ぶりはブラウニーのようだったし，その話しぶりは 16 世紀のジョン・ディー博士——メリック・カゾーボン〔ジュネーヴ生まれの古典学者。1599-1671〕がディー博士と精霊たちとの会話を記録している——が呼び出した精霊たちのように相当に饒舌だったらしい。あとから挿入されたこの章は，レジナルド・スコットがこの本で示している健全な懐疑精神とはおよそかけ離れたものになっていて，17 世紀末——それは妖精や魔法に対する信仰が，まさに消える前の燈火のように一時的にぱっと燃え盛った時代だったが——に頭をもたげてきた軽信性をよく示している。

　　ルリダンという使い魔（筆者はそう言っている）が多年スコットランド北岸沖のオルカデス諸島〔現オークニー諸島〕中の最大の島ポモーニア〔現メインランド〕島にすみつき，ひいき筋の家の下男や下女の役を驚くべき勤勉さで務めた。家人が誰も起きてこないうちに部屋の掃除から皿洗い，はては暖炉の火起こしまですませてしまうのであった。ルリダンは，自分からこう言っていたという——「わしは，今この島の使い魔になっているが，ソロモンやダビデの時代には，わしのすまいはエルサレムだった。そのころユダヤ人たちは，このわしをベレラーと呼んでいた。その後は久しくウェールズの国に居を定め，イルシーン，ワーズ，エルギンなどの名でその他の吟遊詩人たちにウェールズの詩と予言とを教えたものだ。今，ここに移っているが，わしの余命は長くない。あと 70 年で，北の山々の主バルキンに席を譲らなければならないのだ」

[モチーフ：F 480；F 482.5.4]　(平)

霊肉分離　Separable soul, or external soul

霊肉分離は，超自然の妖術師や巨人が広く用いる魔術的な術策で，妖精がこれを用いることはあまりない。この能力といくらか似ているのは，1か所の致命的弱点——アキレウス〔ホメーロスの『イーリアス』の主人公〕のかかとやジークフリート〔ドイツ叙事詩『ニーベルンゲンの歌』の主人公〕の肩のような——を除いては，身体全体が不死身というケースである。アキレウスにしろ，ジークフリートにしろ，川の水につかったりドラゴンの血を浴びることよって不死身の力が得られた。不死身にはほかに，「マビノーギ第4枝」の登場人物セウ・サウ・ガフェスが得たようなものがある。彼はある特殊な状況でしか殺されないので，その機会を作るには周到な工作が必要とされた。しかし，霊肉分離は，より一般的に用いられる不死身の方法であった。これによって，巨人や妖術師は，命や霊魂を自分の身体から分離して，それを卵の中に入れ，その卵を，アヒルの体内に，さらに羊の腹の中におさめ，それをストック（木偶）の中とか敷石の下とか，それに似た一種の隠し場所に隠しておくのだった。大ブリテン島の昔話の中でこのモチーフが現れるのは，ほとんどがスコットランド高地地方の話で，互いに似かよっている。いくつか例をあげると，『ケルト伝承拾遺集』(1889-95) 第3巻に記録されている「丸裸にする絞首刑執行人」の話，J. マクドゥーガルとG. コールダーの『ゲール語および英語による昔話と妖精伝承』(1910) の中にある「カハル・オー・クルアハンと種馬の群れ」の話，ジョン G. マカイの『続西ハイランド昔話集』第1巻 (1940) の中の「大トゥアリシュゲアルの殺害」の話などがある。ピーター・バカン (1790-1854) の『スコットランドの昔話』に出ているグリーン・スリーヴズの話は，ケルト圏のすぐ外側で収集されたものである。この物語は，通例の「ないのないの名無し」の筋立てを基礎にして，白鳥乙女のモチーフが加味され，それにあまり例のないことなのだが霊肉分離——この物語では，霊魂が鳥の巣の中の卵に隠されている——のモチーフも加えられている。J. F. キャンベルの，「アシー・ルアの若い王」と題する話には，比較的簡潔な形で上述の物語要素が全部含まれている。この話は，ミデルとエーティンの物語と同じように賭けに挑戦することから始まるのだが，最初に挑戦したのは若い王だったという点が異なっている。

　アシー・ルアの若い王は，王国を治めるようになったあと，グルアガッハ・カルサラッハ・ドンという，近所にすむ茶色の巻き毛のグルアガッハに，チェスの一番勝負

を挑みにいく決心をする。王がその件について占い師のところに行くと，占い師はグルアガッハとはかかわらぬ方がよいと忠告するのだが，王がどうしても行くと言い張るので，勝った際には，戸の後ろにいるいがぐり頭の肌の荒れた娘以外は賭けの賞品として受け取ってはならないと教える。王は出かけ，もてなしを受け，その日の勝負に勝つ。そして，賭けの賞品として戸の後ろにいるいがぐり頭の肌の荒れた娘がほしいと言う。グルアガッハは，なんとかして彼の気を変えようとして，20人の美しい娘を次々に呼び出すが，若い王は頑としてほかの娘たちを拒む。とうといがぐり頭の肌の荒れた娘が出てくると，若い王は「これこそ自分のものだ」と言う。王と娘がそこを辞してまだそれほど行かないうちに，娘の容姿に変化が起こり，この世で最も美しい女になる。ふたりは大喜びで満ち足りて家に帰り，ともに楽しい1夜を過ごす。ところが翌朝若い王は早くから起き出し，グルアガッハともう一勝負しに出かけたいと言う。妻になった女はやめるように忠告する。彼女の言うには，グルアガッハは自分の父親で，王に対してよからぬことをたくらんでいるというのだ。しかし王は行かなければならないと言う。そこで妻は，彼がもし勝っても，賭けの賞品として，木の鞍のついた焦げ茶の毛がぼさぼさに生えた若い雌馬以外は受け取ってはならないと教える。その日も王が勝ち，その若い雌馬にまたがってみると，今までに乗ったこともないような名馬であることに気づく。その晩もふたりはともに楽しく過ごしたが，若い妃は夫に，もうグルアガッハのところに行ってほしくないと言う。「なぜかと申しますと」と妃は言う。「もし彼が勝てば，きっとあなたを困らせることになるでしょう」 王は行かねばならぬと答え，ふたりはキスをかわして別れる。その日，グルアガッハは王と会えて喜んでいるように見えた。彼らはまたゲームを始めた。しかし今度はグルアガッハが勝った。「賭けの賞品を言ってくれ。お手柔らかに頼むよ。わたしに守れなかったらいけないから」と若い王が言った。「わしの要求はこんなところだよ」とグルアガッハが言った。「もしお前さんが樫の窓城の王が持つ〈光の剣〉を取ってこなかったら，お前さんよりやぼで価値のないいがぐり頭で肌の荒れた娘が，お前さんの首をはねてしまうように，わしが魔法のまじないをかけてやるだけだ」

若い王はその夜すっかり打ちしおれて家に帰ってきた。若い妃の出迎えと妃の美しさとで多少の喜びは得られたものの，王の心は悲しみで重くなり，妻を自分の方に引き寄せた際，その心の重みで椅子がこわれたほどであった。「わたしに言えぬほどあなたの心を苦しめているのはなんですか？」と若い妃が尋ねるので，王はその日の出来事の一部始終と，ふたりにかけられたまじないの話をした。「そんなことは心配いりません」と妃が言った。「あなたはエリン〔アイルランドの古称〕中で最良の妻と最良の馬に次ぐ良馬とをお持ちなのです。もしわたしの言うことを守ってくださるなら，必ずやこの災難は切り抜けられましょう」

翌朝早く起きた妃は，王の旅立ちの用意万端を整え，焦げ茶色の，毛がぼさぼさに生えている若い雌馬を引き出してきた。王がその雌馬に乗ると，妃は王にキスをし，武運を祈るのであった。「もう何も申し上げる必要はありません」と妃は言った。「この雌馬はあなたの友であり，話し相手です。あなたがやらねばならぬことは，すべてこの馬が指示いたしますから」

そこで若い王は出発した。その雌馬の脚の速さときたら，3月の風を追い抜き，前の風を追い越したほどだった。彼らの道のりは遠かったが，遠いとも思わぬうちに樫の窓城に到着した。そこで彼らは立ちどまると，焦げ茶色の若い雌馬が言った。「さあ，目的地につきました。わたしの言うとおりにしてくだされば，きっと〈光の剣〉を持ってこられます。樫の窓城の王様は目下食事中で，〈光の剣〉は彼の寝室にあります。そこにお連れしましょう。剣の端にはつまみがついています。窓から手を入れて，そっと剣を取り出すのです」 彼らは窓の所に行った。若い王は窓の外から手をさしのべ，剣を取り出した。剣は音もなく出てきたが，切っ先が窓の枠をこすって，キーッという音を立てた。「ここにぐずぐずしている時間はありません」と，焦げ茶の若い雌馬が言った。「わたしたちが剣を持ち出したことに王様が気づいたはずです」彼らは全速力で逃げ出した。しばらく行くと雌馬が立ちどまって若い王に尋ねた。「後ろを向いて，何がわたしたちを追ってくるか見てください」「茶色の馬の一群が気違いみたいに追って来るよ」と，若い王が言った。「その馬どもよりは，わたしたちの方が速く走れます」と焦げ茶色の若い雌馬は言うと，全速力で駆けだした。またしばらく行くと，雌馬が立ちどまって言った。「後ろを向いて，何がわたしたちを追ってくるか見てください」「黒い馬の一群が気違いみたいに追ってくるよ」と，若い王が言った。「先頭にいるのは白い顔をした黒い馬だよ。この馬には誰か人が乗っているようだ」 すると焦げ茶色の若い雌馬は，「その馬はわたしの兄で，エリン中で最も脚の速い馬です。彼は稲妻のようにわたしたちの横を通り過ぎます。その際，乗り手がふり向きます。そのとき，彼の首をはねられるかどうか，ためしてごらんなさい。彼こそ樫の窓城の王様なのです。あなたの手にある剣でしか，彼の首をはねることはできません」と言った。若い王は言われたとおり実行し，焦げ茶色の若い雌馬が，王の首を受けとめてくわえた。「死体はそのままにしておくのです」と雌馬が言った。「その黒い馬に乗り換えてください。〈光の剣〉を持って家に帰るのです。わたしもあとから全速力でついていきます」

　若い王は黒い馬にとび乗った。すると，馬はまるで飛ぶように彼を運び去った。こうして若い王は，夜が明ける前に館にたどりつき，焦げ茶色の若い雌馬もちゃんと後ろからついてきた。

　妃は，夫の留守の間気が気ではなかった。一同が盛大な歓迎を受けたことはいうまでもない。彼らは音楽の間で心ゆくまで音楽を楽しみ，宴の間で宴を楽しんだ。しかし，朝になると，若い王は言った。「これからグルアガッハのところに出かけ，彼が私にかけたまじないを取り除けるかどうか確かめてみよう」

　「彼は以前のようにはあなたに会わないでしょう」と，若い妃が言った。「樫の窓城の王様は彼の弟なのです。弟は生きているかぎり〈光の剣〉を手放さないことを，グルアガッハは知っているのです。彼はあなたにそれをどうやって手に入れたかを尋ねるでしょう。そうしたら，もし剣の端につまみがついていなかったら，決して手には入らなかっただろう，とだけお答えなさい。2度尋ねられても，同じ答えをするのです。彼はそのつまみを見ようとして首を伸ばします。そのとき，彼の首にほくろが見えるはずです。機を逃さず〈光の剣〉でそのほくろを突き刺してください。この方法

以外では，彼を殺すことは絶対できません。それに失敗すれば，わたしたちはふたりとも殺されてしまうのです」
　妃は若い王にキスをし，夫の武運を祈り，王は出発した。
　グルアガッハは以前と同じ所で彼に会った。
「剣は手に入ったか？」
「入ったとも」
「どうやって手に入れたのか？」
「もし剣の端につまみがついていなかったら，手には入らなかっただろう」
「剣を見せてくれ」
「お前に見せるために手に入れたのではない」
「どうやって手に入れたのか？」
「もし剣の端につまみがついていなかったら，手には入らなかっただろう」
　グルアガッハは自分で剣を見ようとして首を伸ばした。確かにほくろが見える。若い王がすばやく剣をほくろに突き刺すと，グルアガッハは倒れて息絶えた。
　若い王は喜び勇んで城に帰ってきた。ところが帰りついてみると，喜びどころではなかった。彼の門番や召使いたちはみんな背中合わせに縛られ，妃と2頭の馬の姿はどこにもない。若い王が召使いたちの縄をほどいてやると，ものすごい巨人がやって来て，お妃様と2頭の馬をどこかへ連れ去ったのだ，と彼らは言う。若い王はただちに妃と2頭の馬を捜しに出かけた。彼は1日中巨人の足跡をたどって進んだ。そして夕方になり，たき火の跡を発見した。そこで野宿しようと思って火を起こしていると，緑の森のやせ犬が近づいてきた。「おかわいそうに」とやせ犬が言った。「昨夜，あなたの奥方と2頭の馬がここでひどい目に遭っていましたよ」「ああ，わしが捜しているのはその一行なのだ。ひょっとしたらもう見つからぬかもしれない」と若い王が言った。犬は王を元気づけるように話しかけ，食べ物を取ってきてくれた。犬は一晩中若い王の番をし，朝になると，もし自分の助けを必要とするなら，ただ思い出してくれさえすればすぐに駆けつけてあげると約束した。両者は，互いに前途の神のみ恵みを祈って，別れを告げた。若い王はまた1日中旅を続け，夜になると別のたき火の跡を発見した。ここでは灰色岩の年老いたタカに元気づけられ，食べ物をもらい，番もしてもらった。王とタカは前日と同じく援助の約束をして別れた。三日目の晩，王は川の茶色のカワウソとともに過ごした。このカワウソも，犬やタカがしたと同じように王に食べ物を与え，番をしてくれ，その日の晩は妻に会えるだろうと言った。案の定，彼はその晩巨人の洞窟がある深い谷にやって来た。洞窟には妻と2頭の馬がいた。妻は夫を見ると，夫の身を案じて泣きだした。しかし，2頭の馬は，王が自分たちの馬小屋の前に隠れれば，決して巨人に見つからないようにしてやると言った。馬たちの言葉に偽りはなかった。巨人が餌をやりに来ると，2頭の馬は巨人に突っかかり，蹴ったり跳ねたりするものだから，巨人は今にもやられそうになった。「お気をつけなさい」と妃が言った。「馬に殺されますよ！」「そうとも，もうとっくに殺されていただろうよ」と巨人が言った。「もしわしが魂をこの体の中に入れていたらな。だが，魂は安全な場所に隠してあるんだ」「では，どこに置いていらっしゃるの？　ね

え，あなた」と妃が言った。「わたしが守ってさしあげますわ」「あの大きい石の中だよ」と巨人が言った。その翌日巨人が出かけた留守に，妃はその石を花で飾り，まわりを掃除した。夜になって巨人が帰ってくると，巨人は妃になぜ石を飾りたてたのかを尋ねた。「だって，いとしいあなたの魂が入れてあるのですもの」と妃が答えた。「そうか，本気で大切に思ってくれているのだな」と巨人が言った。「だが本当はあそこではないんだ」「では一体どこなのですか？」「敷居の中だよ」 そこで次の日，妃は敷居を掃除し，飾りつけをした。今度こそ巨人は妃が本当に自分に好意を寄せていると思い，本当の隠し場所を教えた──つまり，敷居の下の大石の下に去勢した生きた羊がおり，その羊の腹の中にアヒルがいて，そのアヒルの腹の中に卵があり，その卵の中に自分の魂が隠されている，と言うのだ。翌朝，巨人が遠くへ出かけたあと，早速若い王と妃は仕事にかかった。みんなで大石を持ち上げると，去勢した羊がとび出して逃げ去った。しかし，羊は緑の森のやせ犬に連れ戻された。そしてアヒルは年とったタカに捕まり，卵は茶色のカワウソが発見し，海から無事に持ち帰った。このときにはもう巨人は帰るところだった。妃が自分の指の間でその卵をにぎりつぶすと，巨人は倒れて息絶えた。若い王と妃は手助けしてくれた動物たちとそれぞれ別れを惜しみ，王の城に帰ってきた。そこで彼らは盛大な宴を張り，以後幸福な生涯を送ったという。

　この話型はジョージ・マクドナルドの「巨人の心臓」〔短篇集『妖精とのおつきあい』(1867) 中の一篇〕という童話で用いられ，また致命的弱点のモチーフはJ. R. R. トールキンの『ホビットの冒険』(1937) の中でも用いられている。　〔モチーフ：*B 184.1.1；B 571.1；D 2122；E 710；E 711.1；*H 1235；Z 310〕

(三)

レイミア　Lamia　⇒ラミア

レプラホーン　Leprachaun, Lepracaun

　レプラコーンともいう。レプラホーンは，今では一般的に妖精の靴作りとして描かれる。地下貯蔵室に出没しては酒を飲んだりタバコをふかしたりして時を過ごすクルーラホーンと，いたずら好きなフィル・イァルガと共に，ひとり暮らしの妖精のトリオを形成している。しかしT.クロフトン・クローカーはレプラホーンとクルーラホーンを同一のものと見て，その名称の違いは地域差によるだけであるとしている。クローカーは『アイルランド南部の妖精伝説と伝承』第1巻 (1825) の中で，こう書いている。

> コーク州のクルーラホーン，ケリー州のルーラコーン，そしてティペレアリー州のルーラガドーンは，レンスター地方〔アイルランド東部の地域〕のレプラホーンおよびアルスター〔アイルランド北部地方〕のロハルマーンと同じものだと思われる。これらの言葉は，おそらく「小人」を意味するアイルランド語ロハルマーンの方言であろう。

　これに反して，ダグラス・ハイドはレプラホーンという語を「片方靴」の意のレイヴローガンから派生したものだとしている。というのは，一般にレプラホーンが目撃

されるのは，靴の片方を作っているところであるからだ。W．B．イェイツは，レプラホーン，フィル・イァルガ，クルーラホーンの三つの名前は，同種の妖精の三つの側面を表していると考えたようである。どういうわけか現在レプラホーンは，アイルランドの妖精のすべてを代表するように使われているが，レプラホーンとクルーラホーンが両方ともひとり暮らしの妖精であることには疑いの余地がない。もっともフィル・イァルガには二つの側面があることも判明している。アイルランドの詩人ウィリアム・アリンガム（1824-89）の詩「レプラホーン―妖精の靴屋」には，レプラホーンに関するさまざまな話が上手におもしろくまとめられている。

I

さびしいラー〔山砦〕の緑の丘で，
牛飼い男が聞く音は
黄色い小鳥が焼けつく原で
かなしくうたうその鳴き声か？
チャリ，チャリ，チャリ，チー！──
あるいはバッタか，蜂の羽音？──
　　「ティップ タップ，リップ ラップ，
　　ティック ア タック トゥー！
　　真っ赤な革を縫い合わせ，
　　片方靴ができあがる。
　　左足，次いで右足，しっかりお履き，
　　夏は暖かいし，
　　冬は地面の下ごもり，
　　外は嵐でも平気だよ！」
丘に耳つけ聞いてごらん。
聞こえるだろう小さい音が，
せわしいエルフの小槌の音が，
楽しく仕事に合わせてうたう，
レプラホーンの金切り声が。
背丈はほんの1フィート半，
やつを見つけて，しっかりつかめ！
そうすりゃなれる
金持ちに！

II

夏の昼間は牛の番，
ジャガイモ食べて，干し草まくら，
お出かけどきは馬車に乗り，
公爵の娘を嫁にして，
そういうことがしたいなら──
靴屋を見つけて捕まえろ！

「狩りにはブーツだ，
　　広間には上靴，
　　白は婚礼，ピンクは舞踏。
　　ああして，こうして，
　　片靴作る。
　　一縫いごとに，金持ちだ
　　ティック　タック　トゥー！」
守銭奴フェアリー持っている，
99個の宝の壺を，
隠したところは山の中，
森かげ，岩かげ，
廃墟に尖塔，洞穴にラー，
あるいは鵜の作った巣にも，
大昔から番をして，
どれにもこれにも，いっぱいに，
口のとこまであふれてる，
金貨たくさん！
　　　　　　Ⅲ
ある日仕事の最中に，やつをわたしは捕まえた，
ジギタリス生える城の堀——
しわでしなびたひげ面エルフ，
とんがり鼻に眼鏡をのせて，
銀のバックル靴下につけ，
革のエプロン——膝に靴——
　　「リップ　ラップ，ティップ　タップ
　　タック　タック　トゥー！
　　（バッタがわしの帽子に乗った
　　蛾のやつひょいと飛んでった）
　　妖精王子には編み上げブーツ，
　　そのお子さんにはブローグ靴じゃ
　　気前よく払ってよ，
　　わしの仕事がすんだらな！」
たしかにやつを手に入れた。
じっと見てやりゃ，じっと見返し，
「恐れ入りますが」「ふふん！」
と言いざまに，かぎ煙草入れを取り出して，
たくさんつまんで，愉快な笑顔，
不思議なちびのレプラホーン，
格好つけて差し出す煙草入れ

> パーッ！　とわしの顔に粉をふりかけた，
> わしがくしゃみをしているすきに，
> やつはどこかへ雲がくれ！

この詩は，レプラホーンの話の一般的な筋書きどおりに展開し，人間がレプラホーンを捕らえても，結局はいつも裏をかかれるということになっている。しかしワイルド夫人は，『アイルランドの古代伝説とまじないと迷信』(1887)の中で，レプラホーンについて別の描き方をしている。そこに見られるレプラホーンは，赤い帽子をかぶって革の前掛け，くすんだ茶色の服を着て，留め金つきの靴をはいているのではなく，全身緑ずくめの服装をした陽気な小人である。そして妖精の血が混じった少年が，地下の洞窟で宝物をたくさん見つけてそれを隠し持ち，彼ばかりでなく，子孫も富み栄えたというものである。もっとも民間伝承に一貫性を求めるのは無理な話かもしれない。［モチーフ：F 369.4；F 451.0.1］　　　　　　　　　　　　　　　　　　　　　　（井）

ろうそく立てのキット　Kit with the Canstick, or Candlestick

〈ろうそく立てのキット〉は、『デナム民俗雑纂』の第2巻（1895）に収められているレジナルド・スコットの「ホブゴブリンと夜の妖怪リスト」（1584）に登場するし、サミュエル・ハースネット〔もとヨーク大主教〕の『非道なるカトリック教徒の欺瞞の暴露』（1603）にも言及がある。E. M. ライト夫人もその『田舎言葉とフォークロア』（1913）でこれをウィル・オ・ザ・ウィスプをはじめとするイグニス・ファテュウスの諸形の一つと考えている。［モチーフ：F 491］　　　　　　　　　　　　（吉）

ロセッティ，クリスティーナ　Rossetti, Christina（1830-94）　⇒ゴブリンの市

炉端のロブ　Lob-Lie-by-the-Fire

ブラウニーの仲間で古い型に属する。風刺劇『燃えるすりこぎ団の騎士』（c. 1607）の中で作者のひとりであるフランシス・ボーモントは、「炉端のロブという巨人を息子にもつ魔女の愉快な話がある」と言っている。その言葉を信じれば、ブラウニーの同族の中ではとりわけ大きい妖精になる。普通、ミルトンの詩「快活な人」（1632）の第110行に登場するラバー・フェンド〔無骨者〕と同一視されている。ミルトンの詩につけたウィリアム・ブレイクの挿絵では、ラバー・フェンドが巨人の大きさで描かれているのが想起されよう。

ユーイング夫人は、民間伝承に基づいてすぐれた短篇物語を書いているが、その一つに、〈炉端のロブ〉の伝説を使った短篇（1874）がある。舞台はスコットランド南部境界地方になっているが、たぶんユーイング夫人はそのあたりでこの伝承に出会ったのだろう。しかし、『デナム民俗雑纂』（1892, '95）の妖精リストにも、ウィリアム・ヘンダーソンの著書『イングランド北部諸州と境界地帯のフォークロアについてのノート』（1879）にも、炉端のロブは出ていない。文献に現れるかぎりでは、もっと南の地方のものである。しかし、ユーイング夫人のフォークロアはおおむね信頼できるものだから、この短篇も伝承に基づいていると考えてよさそうである。　　　　（吉）

ロビン・グッドフェロー　Robin Goodfellow

イングランドのすべてのホブゴブリンのうち、16〜17世紀において最もよく知られ、

最もしばしば言及されたもの。事実，ある意味では，ロビン・グッドフェローは他のホブゴリンたちすべてを吸収し，それらの名前もロビン・グッドフェローの別名と思われるほどであった。シェイクスピアにおいてすら，ロビン・グッドフェローとパックは同一存在になっている。『夏の夜の夢』(1600)で，パックとさまよう妖精の間でかわされる情報に富んだ会話の中で，妖精は最初パックを〈ロビン・グッドフェロー〉と呼ぶのだが，〈パック〉と呼んだ方が喜ばれると，相手が思い直したようだ。

　　ホブゴブリンとか，かわいいパックとかと呼んでくれる人たちのためには，
　　　　仕事をしてやり，幸運を授ける。　　　　　　〔『夏の夜の夢』2幕1場40-41行〕

それでも，〈パック〉より〈ロビン・グッドフェロー〉の方がよい呼び名とみなされそうなものである。なにしろ〈パック〉は以前〔中英語期〕には，はっきり悪魔の代名詞だったのだから。1628年刊の亀の甲文字で印刷された小冊子『ロビン・グッドフェロー；悪ふざけと陽気ないたずら』――これは，J.ペイン・コリアー〔J.O.ハリウェルの誤りか〕によって『ロビン・グッドフェローの生涯』(1845)という題で復刻された――では，ロビン・グッドフェローは，オベロンを父とし，田舎娘を母とする妖精と人間との合いの子，つまり半妖精として描かれている。ロビン・グッドフェローの母親は，彼の妖精の友だちから，たえず上等の衣服や食べ物やワインをもらっていた。ロビン・グッドフェローは，早熟さとかいたずら好きといった妖精特有の性格はもちあわせていたが，6歳のころ家をとび出すまで，特別な能力をもっていなかった。さまよっているうちに，彼は妖精の夢を見る。目が覚めるとかたわらに黄金の巻き物が置いてあった。それは父親からの贈り物で，望むものを手に入れたり，変身したりする力をロビン・グッドフェローに授けるものであった。これらの力は，悪者を懲らしめたり，正直者を助けるために使わねばならなかったが，もしうまく使えば妖精界を見せてやろうという約束も最後に書かれていた。ロビン・グッドフェローがただちに試してみると，本当にそうした力が備わっていることがわかった。かくして彼はホブゴブリンとしての一生を送ることになる。短い各章で一つずつ彼のいたずらが語られるが，いずれもロビン・グッドフェローの特徴である「ホー，ホー，ホー！」という嘲笑と，玉石混交の歌の断片で終わる。どのような話があるかというと，例えば自分の姪に手出しをしていた好色な老人に一杯食わせたり，旅人を道に迷わせたり，結婚式で悪ふざけをするかと思うと，粉ひきの女房に恋のちょっかいを出して，亭主に川に投げこまれそうになるとか，逆に亭主の方を水車池にはまるように仕向けるといった恋のエピソードもあり，女中を手伝って，例によって衣服を贈られておさらばするまではブラウニーのように働いたりするなど，さまざまな活躍も語られている。しまいにロビンはオベロンに妖精界へ連れていってもらうが，そこでは多くのホブゴブリンや妖精たちが，短い詩で自己紹介したり自分の仕事を述べたりする。親指トムは，ここではお抱えの笛吹きとして登場する。

　これは大衆向けの作品ではあるが，その中には正統な民間伝承も多く含まれている。半妖精がまじないや薬によって妖精の力を授かるという考えは，数ある妖精の塗り薬の物語がその裏づけとなるだろう。アルフレッド・ナットは，自著『シェイクスピアの妖精神話』(1900)の中で，この他愛のない小冊子をまじめにとり上げ，ケルトの

神話伝説中のリルの子マナノーンについての話との類似を指摘している。ロビン・グッドフェローと同様，マナノーンも超自然の生き物と人間の母親との間に生まれた息子であったが，父親にしつけられ，神々の仲間に加わることを許される。実際，ナットはロビン・グッドフェローを，神話に登場する英雄が弱体化した末裔とみている。

　17世紀の文学には，ロビン・グッドフェローがよく登場する。例えば，サミュエル・ローランズの『もっとジャックを？ スペードとダイヤのジャック』(1613) に次のような記述がある。

　　　　ほかには，愉快野郎（グッドフェロー・デビル）ってやつがいる，
　　　　思いやりでこう呼んだのは，やつは悪さをしないからだ，
　　　　（聞くところでは）ロビンの名で知られ，
　　　　皿のように大きな目玉をして，
　　　　夜分に来ては台所を掃除し，
　　　　寝ている横着娘をつねりあげる。
　　　　粉ひきの水車場によく現れ，
　　　　（粉ひきにくすねることを教えたにちがいない）
　　　　クリームのお碗やミルク鍋の間にいて，
　　　　田舎娘を相手に，
　　　　新しいチーズのお礼に皿を洗ったり，
　　　　鍋や釜を火にかけたりするのは，
　　　　この男をおいてほかにいない。

他の多くの作品に比べるともっと調子の美しい詩になっているのは，ベン・ジョンソン (1573?-1637) の作とかつてはみなされていた以下の詩篇である。読んでみると，仮面劇の一部という感じである。全13連からなるこの詩篇は，ホブゴブリンの，ほとんどすべての行動に触れており，上記のロビン・グッドフェローの小冊子を要約したようにみえる。全13連の中でロビン・グッドフェローが人を道に迷わせる箇所と，ボギー，ボギー ビーストまがいのいたずらに関する箇所は，特に精彩を放っている。

　　　　夜の楽しみのそのあとで，
　　　　とぼとぼ家路をたどる人に出会ったなら，
　　　　声色を使って声をかけ，
　　　　おれ様と一緒に歩かせよう。
　　　　森を抜け，湖をわたり
　　　　沼地ややぶを通り抜け，
　　　　灌木やイバラを踏みこえて，おれ様についてこさせよう
　　　　おれはやつらに，
　　　　こっちへ来いと声をかけ，
　　　　笑いながら行くとしよう，ホー，ホー，ホー！
　　　　　　おれ様は人間に化けたり，
　　　　　　雄牛や猟犬に化けたりして，やつらの前に現れる。
　　　　　　馬になってやつらのまわりを

　　　　　駆けめぐることもできるんだ。
　　　　　だけど，もしもおれ様の背中に
　　　　　乗ろうなどとしたならば，
　　　　　風より速く駆け出して，
　　　　　生け垣も土地もとび越えて
　　　　　川のよどみや池の水をくぐり抜け，
　　　　　笑いながらいななくとしよう，ホー，ホー，ホー！
　文献に現れるロビン・グッドフェローの活動のほとんどすべてを網羅したこの詩篇は，W. カルー・ハズリットの『シェイクスピアおよびその他初期英国作家の作品に出てくる妖精物語と伝説とロマンス』(1875)に収録されている。［モチーフ：F 399.4］　　(三)

『ロビン・グッドフェローの生涯』　*The Life of Robin Goodfellow*

　17世紀の小冊子だが，J. O. ハリウェル(=フィリップス)編の『「夏の夜の夢」の妖精神話例解』(1845)に再収録されている。この題名はハリウェル自身がつけたもので，元の1628年刊の亀の甲文字で印刷された小冊子の題名は，『ロビン・グッドフェロー；悪ふざけと陽気ないたずら』となっていた。この小冊子にはロビン・グッドフェロー——あるいは区別せずパックとも呼んでいるが——について当時流布していた伝承が満遍なく紹介されている。W. カルー・ハズリットはハリウェル編著の小冊子とジョーゼフ・リトソンの『昔話集』(1831)とを合わせ，その合本に『シェイクスピアおよびその他初期英国作家の作品に出てくる妖精物語と伝説とロマンス』(1875)という書名をつけた。
　　　　　　　　　　　　　　　　　　　　　　　　　　　　(三)(平)

ロビン・フッド　Robin Hood

　マーガレット・マリー博士の提唱した魔術研究理論を信奉する一派の主張によれば，中世の魔女とその後継者らは，起源的には，大地に新しい命を与えるため春の五月祭で血を流して生けにえとなる死すべき神——中世以降その神はロビン・フッドに衣替えした——を信じる石器時代の豊饒崇拝の信奉者であった。マリー博士は，その後，ウィリアム・ルーファス〔ウィリアム2世．イングランド王で在位は1087-1100〕，トマス・ア・ベケット，ジャンヌ・ダルク，ドレス男爵〔ジールズ・ド・ラバルとも．フランス15世紀初期の将軍〕など，いずれも非業の最期をとげた実在の国王ないしそれに準ずる者を，ロビン・フッドよりもっと長命の，生けにえの役を担った者という仮説を立てた。そうだとすれば，ロビン・フッドはおそらく，五月祭という祭りの，単に一部にしかならないのではないか。無法者であったロビン・フッドが森の精の名を称したという考え方もなされている。しかしながら一方で，最近の研究は，ロビン・フッド伝説には確固とした歴史的根拠があり，民間信仰というより上流社会の信仰であることを示しているようである。
　　　　　　　　　　　　　　　　　　　　　　　　　　　　　　(吉)

ロビン・ラウンド キャップ　Robin Round-cap

　スポルディントン〔現ハンバーサイド州西部の村〕の館に出没するロビン・ラウンド キ

ャップは，まぎれもないホブゴブリン型の家つき妖精であった。ふだんは小麦の脱穀や家庭の雑用を手伝ってくれたが，ちょっといたずらっ気をおこすと，せっかく分けたもみがらをまたもとの小麦と混ぜてしまったり，ミルクの桶を蹴とばしてひっくり返してしまったり，炉の火を消してしまったり，というような悪さをした。ジョン・ニコルソンは，『東部ヨークシャーの方言』(1889) で，「そうともジョニー，引っ越すところさ」と題するボガートにまつわる物語は，実はこのロビン・ラウンド キャップの話だと言っている。しかしガッチ夫人が「カウンティー・フォークロア」第6巻 (1911) で引用しているロビン・ラウンド キャップの話では，この妖精が3人の牧師の祈りによって，井戸に何年間も押しこめられたことになっており，その井戸は今でも〈ロビン・ラウンド キャップの井戸〉と呼ばれているという。［モチーフ：F 346 ; F 382 ; F 482.5.5 ; F 482.5.5 (i)］　　　　　　　　　　　　　　　　　　　　（吉）

ロブとホブ　Lobs and Hobs

　ホブゴブリンという言葉は，例えばジョン・バニヤンが「ホブゴブリンにも悪魔にもわたしの心はひるまない」〔『天路歴程』第2部 (1684) にある〕と言ったときのように，時には悪魔の意味に使われたり，炉端のロブが，フランシス・ボーモントとJ. フレッチャーとの合作風刺劇『燃えるすりこぎ団の騎士』(c. 1607) の中で，町人の妻から「魔女を母にもつ巨人」と呼ばれたりしているけれども，一般的にはホブとかロブという言葉は，素朴さを連想させる友好的な存在に使われ，いずれもブラウニー系統の妖精をさす。妖精はすべて悪魔，と考えた清教徒だけが，詩人ミルトンのように，これらを悪者と考えたのである。ホブ，ホブスラスト，ホブメンの各項も参照。［モチーフ：F 475］　　　　　　　　　　　　　　　　　　　　　　　　　　　　　　　　（吉）

ローヘッド アンド ブラディー ボーンズ　Rawhead-and-Bloody-Bones

　「生首に血だらけの骨」の意。これは省略なしのフルネームであるが，短くブラディー・ボーンズ，あるいはオールド・ブラディー・ボーンズ，また，時にはトミー・ローヘッドなどと呼ばれてもいる。18世紀にサミュエル・ジョンソンが，『英語辞典』(1755) で，これを「子どもをおどすのにつかわれる妖怪の名前」と定義して，J. ドライデンとJ. ロックから例を引いている。ランカシャーとヨークシャーでは，トミー・ローヘッドあるいはローヘッド アンド ブラディー ボーンズというと，子ども部屋のボーギーやペグ・パウラーや〈人さらいのネリー〉などと同じように，泥灰岩の古い採取場や，深い沼などにすみ，子どもたちをその深みに引きずりこむ水棲の悪魔を指している。E. M. ライト夫人は『田舎言葉とフォークロア』(1913) で，「泥灰岩の採取場には近寄るな。近寄るとローヘッド アンド ブラディー ボーンズに連れてかれるぞ」という典型的な警告の言葉を引いている。ルース・タングは「カウンティー・フォークロア」第8巻 (1965) で，多くは階段の下などの，暗い戸棚にすんでいたブラディー・ボーンズについて，ふたりの情報提供者の話を引いている。

　もしもすき間からのぞく勇気があったら見てごらん。恐ろしい，猫背の生き物が，嘘をついたり悪い言葉を言った子どもの血まみれの骨の山の前で，顔から血を滴ら

せながらすわっているのが、ちょっと見えるから。でも、もし鍵穴からのぞいたら、たちまち捕まってしまうからね。　　　　　　　　　　　　　　　　　　　　　　（吉）

ローレグ，ロリヤック　Loireag

ヘブリディーズ諸島では、ローレグは水にすむ妖精であるが、スコットランド低地地方のハベトロットと同じく、糸紡ぎの守護者でもある。W. グラント・スチュアートは著書『スコットランド高地人の俗信と娯楽』(1823) の中で、「ローレグは、織機に縦糸をかけたり横糸をかけたりする作業や、織った布の洗いすすぎ作業の一切を司った。機織りをする人がこういう作業での伝統的慣習や作法をおろそかにすると、ローレグは、いろいろの方法でその不快の念を示した」と書いている。すべての妖精の例にもれず、ローレグは音楽がよくわかり、機織り女の中にひとりでも耳障りな声を出したり音程を外してうたったりする者がいると腹を立てた。アレグザンダー・カーマイケルの『カールミナ・ガデリカ（ゲールの歌）』(1928-41) の中で、ベンベキュラ島〔ヘブリディーズ諸島の島〕出身のある男が、ローレグのことを「この世ではなくあの世に属するちっぽけな女」とか、「陰気なちびさん、頑固で抜け目がない」というふうに述べている。［モチーフ：F 271.4.3；F 420.5.1］　　　　　　　　　　　　　　　（平）

ローン　Ròn, Roane

アザラシ族。ローンとは、「アザラシ」を意味するゲール語であるが、昔の人たちは、ちょうどシェットランド諸島の人々がセルキーについて信じていたと同じように、ローンは一種の妖精であり、海中を泳ぐときにはアザラシの皮をつけるが、それを脱ぎ捨てて人間の姿をとることもできると信じていた。ローンは妖精界の住民のうちで、最も気立てのやさしい存在である。セルキーは、同族のものの死に対して、嵐を起こしたりアザラシ漁の船を沈めたりして復讐するが、ローンは自分たちを迫害する者に対して、ほとんど恨みをいだかなかったようだ。W. グラント・スチュアートは『スコットランド高地人の俗信と娯楽』(1823) の中で、スコットランド北端のジョン・オ・グローツ村の近くに住んでいたアザラシ漁の漁師のことを述べているが、この漁師はある日、大きな雄アザラシを殺そうとして、折りたたみナイフをなくしてしまった。その夜、家の戸をたたく者があり、見ると外には、りっぱな馬を引いた見知らぬ人がおり、名前を尋ねてから、自分は大量のアザラシの皮をあなたに注文するために使いに寄こされたのだと言った。注文主はすぐ近くにいて、自分で取り引きをまとめたがっているという。ふたりが馬に乗ると、馬がものすごい速さで疾走したので、乗っている者にとっては追い風さえも向かい風のように感じるほどだった。ふたりは荒涼たる海岸を走り、海に突き出た高い断崖にたどりついた。「どこに連れていくんだい？」と漁師は言った。「馬をおりなさい。そうすればすぐにわかるよ」と見知らぬ男は言い、ふたりが足を地につけると、その男は漁師を抱えこみ、断崖から一緒にとびおりた。下へ下へ、ふたりは海の深みへと落ちていき、とうとうアザラシ族でいっぱいの洞穴にたどりついたが、漁師はそこで、自分もまたアザラシの姿になっているのに気がついた。自分と一緒にここに来た者も、アザラシだったが、その男も他の者

たちも，人間と同じようにしゃべったりふるまったりしていた。それらの連中はみんな悲しげだった。そのアザラシの仲間を，これまでたくさん殺したにちがいない漁師は，とても怖くなってしまった。さっき案内してくれた者が，彼に折りたたみナイフを見せた。「このナイフに見覚えがあるかね？」と彼は言った。漁師は，今にもそれが自分の体を刺し貫くのではないかと恐ろしくなったが，ナイフが自分のものだと白状するほかはなかった。「あなたがこのナイフで，父に傷を負わせたんですよ。だからあなただけが，父の傷を治すことができるのです」と見知らぬ男は言った。彼は，漁師を洞窟の奥の方へ案内したが，そこには，その日漁師から逃れたあの雄アザラシが，ひどく苦しみながら横になっていた。アザラシ族の者たちが，どうしたらいいのかを教えてくれた。漁師は，言われたとおりナイフで傷のまわりに円を描き，傷が治りますようにと一心に願いながら，手で傷口をやさしくなでた。すると願いどおりに，その老アザラシは，以前と同じような健やかな様子で，寝床から起き上がった。それでも漁師は，自分が罰せられるのではないかとまだ恐れていたが，皆は，怖がることはないと言ってくれた。もし2度とアザラシを殺さないと固く誓うならば，妻と子のもとに帰してやろうと言うのだった。漁師は懸命に心をこめて誓いの言葉を述べた。するとあの見知らぬ男は，馬が待っている断崖まで漁師を連れ帰り，たくさんのアザラシの皮に相当する金貨を漁師に与えてから，家の戸口に彼を残して立ち去っていった。

<u>アザラシ乙女</u>たちもまた，時々その皮を脱いで，一緒になって岸辺で踊る。オークニー諸島やシェットランド諸島と同じく，スコットランド高地地方にも，時に人間の漁師がその皮を奪ってローンを捕らえ，妻にするという話が数多くある。しかしながら，ちょうどウェールズの<u>グラゲーズ・アンヌーン</u>が，必ず最後には人間の夫のもとを立ち去るように，ローンの妻も例外なく自分の皮を取り戻して，海へ逃げ帰ることになる。妖精と人間とが恒久的に結ばれることはないのである。［タイプ：ML 4080．モチーフ：E 731.6］　　　　　　　　　　　　　　　　　　　　　　　　　　（井）

ワイト　Wight

　古くは，またスコットランドではウィヒト。一般に「存在するもの」とか「生き物」を意味したゲルマン語であるが，善い妖精とか悪い妖精とかを意味するようになり，いつしか超自然的な意味合いをもつようになった。9世紀から10世紀ごろに用いられた古期サクソン語では，ウンセーレー・ウィヒト（unsele wiht）は「薄気味悪い生き物」を意味したし，14世紀後半の『カンタベリー物語』では，チョーサーはこの語を「粉屋の話」の中の「わたしは十字架であなたをエルフやワイトから守ってあげる」〔I(A) 3479〕というせりふで「危険な妖怪」の意味に使っている。ロバート・カークは，妖精たちが四方八方から「怒り狂える勇猛なワイトの群れのように」押し寄せてくるのを見た，と言っている。妖精たちもこの言葉自体を嫌っていたわけではなかった。現にロバート・チェインバーズが『スコットランドの伝承ライム』（1826）であげている妖精の唄の中に次のような箇所がある。

　　　　でもわたしをシーリー〔祝福された〕・ウィヒトと呼んでくれるなら，
　　　　昼も夜もあなたの友だちになってあげよう。

　言うまでもないことだが，妖精たちは〈シーリー・ウィヒト〉でなく〈アンシーリー・ウィヒト〉──アンシーリー・コートに属する邪悪な妖精に用いられる呼称──と呼ばれるのだったら，歓迎するはずはないのである。　　　　　　　　　　　　　　　（平）

ワイルド夫人，ジェイン・フランセスカ　Lady Wilde, Jane Francesca
（1826-96）

　耳科学と眼科学の研究に対する貢献と，また好古家としての該博な知識とで名高いサー・ウィリアム・ワイルドの妻であり，作家オスカー・ワイルドの母である。ワイルド夫人は熱烈なアイルランド国粋主義者であり，スペランザという筆名で，国粋主義を標榜する雑誌「ネイション」に多くの記事を寄せた。その愛国心は当然のことながら，自国の民間伝承に関する研究へと導いたし，また夫人は，W. B. イェイツと友人になった。妖精学における最大の貢献は，『アイルランドの古代伝説とまじないと迷信』（1887）と題する著書である。妖精の起源をめぐる俗信では，イギリス諸島のケルト圏に共通に見られる特色がある。それは妖精と死者との区別がはっきりしないということである。ワイルド夫人の著書は両者の混同の例を多くあげている点で注目に

値する。　　　　　　　　　　　　　　　　　　　　　　　　　　（井）

若きタム・リン，〜タムレイン　Young Tam Lin, or Tamlane

スコットランド南部の境界地帯と同北東部のアバディーンシャーの両地方にいろいろの形で伝わっている伝承バラッド「若きタム・リン」の主人公。多くの妖精伝承がその中に組みこまれており，超自然界をテーマにしたバラッドのうちでは，おそらく最も重要なものであろう。最も完全な形はF.J.チャイルド編の『イングランドとスコットランドの民衆バラッド』(1883-98)の中の39番Aである。最初に王は宮廷の乙女たちにカーターホフの森〔地名として現存せず．一説にはスコットランド現ボーダーズ州のセルカーク附近〕に近づかないように警告する。というのは，そこにタム・リンという若者がいて，訪れるすべての乙女から誓約——つまりその処女——を奪い取るからである。王の警告にもかかわらず，王女のジャネットはカーターホフの森の井戸へ行き，

バラを摘んでタム・リンを呼び出し，自分の処女を彼にささげる。このあとのバラッドの叙述は，はつらつとしており，重要な細部を多く含んでいるので要約するのは惜しく，第8連以下最終第42連まで全文をあげることにする。

　　　　ジャネットは緑色の裳裾を
　　　膝の少し上でからげ，
　　　その黄金色の髪を
　　　リボンで結んだ。
　　　そして急ぎ父の館へ駆けつけた。
　　　　　　24人の美しい女たちが
　　　　　　ボール遊びをしていた。
　　　　　　女の中の花ともいうべき
　　　　　　美しいジャネットが姿を現した。
　　　24人の美しい女たちが
　　　チェス遊びに興じていた。
　　　青玉と見まがう緑の装いで
　　　美しいジャネットが姿を現した。
　　　　　　そのとき白髪頭の老騎士が
　　　　　　城壁の上から呼ばわった，
　　　　　　「ああ，王女様，あなたのために
　　　　　　みんなが，とがめを受けるのですよ」
　　　「お黙りなさい，老いぼれ騎士よ，
　　　非業の最期でも遂げなさい！
　　　お腹の子の父として
　　　わたしが誰を名指そうとも，
　　　あなたを名指すことはありません」
　　　　　　するとジャネットの父君が
　　　　　　やさしい口調でこう言った，
　　　　　　「ああ，なんとしたことか，娘よ，
　　　　　　お腹に子どもがいるようだね」
　　　「お腹に子どもがいても，父上よ，
　　　悪いのは，このわたしなの。
　　　父上の館には，この子の父親と
　　　名のれる者はおりません。
　　　　　　わたしの恋人は灰色の妖精です，
　　　　　　たとえ彼が人間の騎士であっても，
　　　　　　父上の部下のいかなる方とも
　　　　　　取り換える気はありません。
　　　わたしの恋人が乗る馬は
　　　風よりも軽やかに走ります。

前脚の蹄鉄は銀（しろがね）で，
後ろの脚は燃えるような黄金（こがね）です」
　　　　　ジャネットは緑色の裳裾を
　　　　　膝の少し上でからげ，
　　　　　その黄金の髪を
　　　　　リボンで結んだ。
　　　　　そして急ぎカーターホフへ駆けつけた。
カーターホフへ来てみると，
タム・リンは井戸のところにいたのだが，
愛馬がつないであるだけで，
タム・リンの姿は見えなかった。
　　　　　ジャネットは，バラを2輪
　　　　　たった2輪摘んだところ，
　　　　　タム・リンが姿を現した。
　　　　　「それ以上，摘むことあいならぬ。
ジャネットよ，なぜバラを摘むのかね，
緑したたるこの木立で？
わたしたちの愛の結晶を
摘み取ろうとでもいうのかね？」
　　　　　「教えてください，タム・リン様，
　　　　　十字架で亡くなったお方〔キリスト〕のために，
　　　　　今まで礼拝堂へお入りになったり，
　　　　　洗礼をご覧になったりしたことが，
　　　　　おありですか？」
「わたしの祖父はロックスバラ公，
わたしを引き取ってくれたのだが，
ある日のこと，わたしの身の上に
不幸が降りかかったのだ。
　　　　　ある日のこと，それは
　　　　　肌を刺すような寒い日だったが，
　　　　　猟からの帰りに
　　　　　わたしは馬から落ちた。
　　　　　妖精の女王は，わたしを捕らえ，
　　　　　あの緑の丘に住まわせたのだ。
妖精の国は住みよいところ，
でも不気味な話だが，
7年目のおしまいに，地獄に
ティーンド（生けにえ）を払うことになっている。
わたしは色白く，肉付きもいいので，

その生けにえにされそうなのだ。
　　　　でも今宵はハロウィーン,
　　　　明日は諸聖人の祝日になる。
　　　　この機に救出してほしいのだ,
　　　　あなたなら,やれるはず。
暗い,ちょうど真夜中どきに,
妖精たちは騎馬行列を始めるが,
恋人を救出しようと思うなら,
四つ辻で待機しなければならない」
　　　　「でも,どうしたらあなたがわかりますか？
　　　　わたしの真の恋人がわかりますか？
　　　　見たこともないほど大勢の
　　　　見も知らぬ騎士たちの中で」
「まず黒色の馬は,やり過ごし,
次の褐色の馬も,やり過ごすのだ,
しかし乳白色の馬を見たら,
すぐさま駆け寄り,
乗り手を引きずりおろすのだ。
　　　　人家のすぐ近くを通る
　　　　その馬の乗り手はこのわたし。
　　　　そういう栄誉が与えられるのは,
　　　　わたしがもと人間界で騎士だったから。
右手に手袋,左は素手,
帽子の縁を上に反らし,
髪は櫛でといておこう
——これがわたしの目印。
間違いなく姿を見せるよ。
　　　　あなたの腕の中のわたしを,
　　　　やつらは,イモリに変えたり,
　　　　クサリヘビに変えたりするはず。
　　　　でもわたしを放さないでおくれ,
　　　　恐れることはないんだよ,
　　　　わたしは,あなたの子の父なのだ。
奴らは,わたしを恐ろしい熊に変え
次いで勇ましいライオンに変えるだろう。
でもわたしを放さないでおくれ,
恐れることはないんだよ,
お腹の子がかわいいのなら。
　　　　あなたの腕に抱かれたまま,

やつらは，わたしを赤熱した鉄棒に変えるだろう。
でもしっかりわたしを抱いておくれ，
恐れることはないんだよ，
あなたに危害はかからないのだから。
最後にあなたの腕の中で，
わたしを燃える石炭に変えるだろう。
そのときわたしを井戸水の中へ
すかさず投げこんでくれ。
それでわたしはあなたの真の恋人に，
裸の騎士に，戻ることになる。
それでわたしを緑のマントでくるんでくれ，
見えないようにくるんでくれ」
女は緑のマントに身をくるみ，
四つ辻へ赴いたが，
夜道は，どこまでも暗く，
足元は，心もとなかった。
真夜中ごろに馬の手綱の
鈴が鳴るのが聞こえてきた。
この世ならぬ響きだったが，
ジャネットはそれを聞いてほっとした。
最初は黒色の馬をやり過ごし，
次いで褐色の馬をやり過ごした。
しかし乳白色の馬を見ると駆け寄り，
乗り手を馬から引きずりおろした。
教えられたとおりに事を運び，
ジャネットはタム・リンを救出した。
次いで緑のマントで彼をくるんだ，
春の小鳥のように浮き浮きとして。
そのとき妖精の女王は
エニシダの茂みの中からこう言った。
「若きタム・リンを捕まえた者どもは
りっぱな花婿を捕まえたものだ」
次いで妖精の女王は
怒り狂ってこう叫んだ。
「あの女の醜い顔に呪いあれ，
非業の死を遂げるがいい，
わたしの手元から，並びなき騎士を，
あの女が奪ったのだから」
「タム・リンよ」と女王は言う，

　　　　「今夜のことがあらかじめわかっていたら，
　　　　お前の灰色目玉をえぐり出し，
　　　　代わりに木の目玉を入れておくんだった」
ここに見られるのは，妖精を呼び出すのに妖精が神聖視する木の枝を折る〔上記のバラッドでは，バラを摘む〕やり口，妖精にとって最も聖なる時であるハロウィーンに鈴を鳴らして通る妖精の騎馬行列，妖精丘，スコットランドの妖精界の際立った特色となっている地獄へささげる生けにえ，さらに一度捕まえたらしっかり抱きしめて絶対に放さないという手口で妖精界から人を救出する方法，また捕われた者が次々と変身させられること，あるいは妖精女王が本質的にもっている悪意，などなどである。
　　タムリン，タムレイン，あるいはタム　ア　リンというのは，しばしば妖精に，時には騎士見習いに，あるいは騎士に，そして時には次の童謡に見られるように奇怪でコミックな人物に与えられた名である。
　　　　タム　ア　リンとそのおかみ，それにおかみのお袋と，
　　　　3人並んで橋を渡ったが，
　　　　橋が壊れ，そろって川の中。
　　　　「みんな悪魔に食われてしまえ！」とタム　ア　リンが言ったとさ。
　　　　〔タイプ：425（変形）. モチーフ：C 515；D 610；D 757；F 301.1.1.2；F 320；R 112.3〕　（平）

若者の国　the Land of the Young　⇨チール・ナ・ノーグ

「ワッピティー・ストゥーリー」'Whuppity Stoorie'

　　「ルンペルシュティルツヒェン」〔グリム童話．KHM 55番〕に相当するスコットランドでの類話のうちで，最も生き生きとした話。ロバート・チェインバーズの『スコットランドの伝承ライム』(1826)の中にこの話が見いだされる。チェインバーズによれば，この名前のストゥーリーは「埃」を意味するスコットランド方言'stoor'に由来し，妖精たちが埃の渦を巻き起こしながら，移動することから来ているという。チェインバーズはまた，他の類話ではその妖精の名前はフィトルトットという，と述べている。ジョン・リースは，トム・ティット・トットに類するこれらの妖精の名前の多くがトット(Tot)，トロット(Trot)ないし同類の語尾で終わっていることを指摘している。
　　　　キトルランピット村のおかみさんが亭主をなくしたが──人々は，彼が強制的に海軍に連れていかれたと思っていた──おかみさんが世話する必要のあるものといえば，ひとりの乳飲み子と，今にも子豚の生まれそうな腹の大きな雌豚が1頭くらいしかいなかった。おかみさんは子豚がたくさん生まれるのを待ち望んでいた。ところがある晴れた朝，家を回って豚小屋に行き，飼葉桶に豚のえさをあけると，雌豚が今にも死にそうな様子で，うめいたり，ブーブー鳴き声を立てたりしている。彼女は呼びかけたり，なだめたりしたが，雌豚はちっとも元気をとり戻さない。とうとう彼女は戸口に置かれた石臼の上にすわって，さめざめと泣きだした。彼女がワーワー泣いていると，緑色の服を着た奇妙な様子の老女が丘の斜面を登ってやって

来るのが見えた。彼女の家は丘の上にあり，後ろには緑に包まれた森が広がっていた。この老女は手に長い杖を持ち，どことなく高貴な雰囲気を漂わせていた。老女が近づいてくると，おかみさんは立ち上がってあいさつし，それからこう言った。「どちらのお方か存じませんが，わたしくらいみじめな女は世界中探してもおりませんよ。助けてくれる者はひとりもおりません」「話はうかがわなくてもわかっている。なんでお嘆きかもわかってるよ。だんなをなくされ，今度は大きな雌豚が死にかけているのだろう。だんなの方はどうにもならないが，もしわたしが雌豚を助けたら，いったい何をくれるかね？」と老女が言った。「もしそれが本当なら，わたしが持っているものをなんでも差し上げますよ」と，おかみさんは愚かにもこう言ってしまった。「じゃあ，親指で約束をしよう」と老女が言った。ふたりがつばで濡らした親指を合わせて約束をすると，老女は豚小屋に入っていった。そしてポケットから小瓶を取り出して，何かブツブツと呪文を唱えた。「ピチピチ，チャプチャプ，聖なる水よ」と言ったようだった。それから雌豚の鼻にその水を塗りつけた。とたんに雌豚は前にもまして元気よく跳ね起き，飼葉桶のえさをがつがつ食べだした。おかみさんはひざまずいて，見知らぬ老女の緑色のスカートの裾にキスをしようとした。ところが老女は，「お上品なことはやめにして，取り引きにかかろう」と言った。「お前さん，ろくな物もっていないんだから，お子さんをもらうとしよう」これを聞いて，おかみさんは相手の正体を知った。そればかりは勘弁してほしいと一心に頼むと，老女はついにこう言った。「お子さんが欲しいし，もらうことにするよ。だけど，わたしたちの国の掟で，今日から数えて三日間は手が出せないんだ。そしてこの三日間のうちに，もしお前さんがわたしの本当の名前を言えたら，お子さんは勘弁してあげよう」これだけ言うと，老女は帰っていった。

それからおかみさんは1日中嘆き悲しみ，赤ん坊にキスして過ごし，その夜寝床につくと一晩中次から次へといろいろな名前を頭に思い浮かべてみた。しかし，どれも当たっているようには思えない。二日目の夕方，おかみさんはこうして家の中にいても仕方がない，外の涼しい空気にあたった方が良い考えが浮かぶかもしれないと思った。そこで彼女は赤ん坊を抱き上げて外に出た。家の後ろの森の中をあっちへ行き，こっちへ行きしている間に，ある古い石切り場の方にやって来た。そこはハリエニシダで覆われ，中にはきれいな泉があった。彼女はそっと足音を忍ばせて，石切り場の端まで近づいた。すると，緑色の服を着たあの老女が糸を紡いでいるではないか。同じ歌を繰り返し繰り返しうたいながら。

　　　　「家にいるあのおかみさんにはわかるまい，
　　　　　　ワッピティー・ストゥーリーというのが，このわたしの名前とは」

おかみさんは心の中で言った。「とうとう合い言葉がわかったよ」家を出るときは重い心だったが，今度は心も軽く家に帰った。

あくる朝，おかみさんはその妖精の老女を少しからかってやろうと思った。そこで戸口に置かれた石臼の上に腰かけ，頭巾と前掛けをだらしなく身につけ，悲嘆に暮れて，以前に増してすっかり打ちしおれてめそめそ泣いているふりをしていた。するとあの妖精の老女が，少女のように軽い足どりで丘の斜面を登ってきた。つく

と老女はすぐに金切り声でこう言った。
「わたしが何をもらいに来たかは知ってるね！　さあ，さっさと渡しておくれ！」
「ねえ，奥様，お願いですから，わたしの子どもだけは勘弁してください。代わりに雌豚を差し上げますから！」
「いいえ，わたしが欲しいのは子どもだから，そちらをもらうよ」と，妖精が言った。
「じゃあ，代わりにわたしを連れてってください。でも，子どもだけはどうか……」
「おかみさん，わたしがそんなばかに見えるかね？　あんたのようなとうの立ったブスばばあを引き取るほど……」

さて，おかみさんは，自分が美人だとは思っていなかったが，自分の悪口を黙って聞き流すような人ではなかった。そこですっくと立ち上がり，低くおじぎをしてからこう言った。「ああ，どうせわたしのような貧しい者は，やんごとないワッピティー・ストゥーリー様のお靴のひもを結ぶ資格はないでしょうよ」

これを聞くと妖精は大きくとびはねて，そして丘の斜面をぐるぐる回りながら駆け下りていった。おかみさんは2度とその妖精の姿を見ることはなかった。彼女は赤ん坊を抱き上げると，諺で言う尻尾が2本もある犬のように鼻高々と，家の中へ入っていった。

〔タイプ：500．モチーフ：C 432.1；F 381.1；H 521；M 242；N 475〕　（三）

ワッフ　Waff

ヨークシャーにおける，亡霊またはダブルの呼び名で，一種の共歩きとも言える。これは死の予兆と信じられており，死ぬ本人または友人が見るとされる。ウィリアム・ヘンダーソンは『イングランド北部諸州と境界地帯のフォークロアについてのノート』(1879)で，具体例をいくつかあげているが，もし，人が自分自身のワッフを見たら，それに激しい言葉を浴びせかければ，死の運命をかわすことができるという。ヘンダーソンのあげている一例だが，ヨークシャー北部の町ギズバラ〔現クリーヴランド州，ミドルズブラの東方〕に住む男が，ウィットビー〔現ノース・ヨークシャーの港市〕でさる店に入ろうとしたとき，自分のワッフを見た。男は思い切ってワッフに声をかけた。「お前はここで何をしてる？　え，何をしてるんだ，ここで？　よからぬことをしてるに決まってる！　とっとと失せろ！　さあ，出ていけ！」ワッフはひどく恐縮した様子で，こそこそ立ち去っていった。それっきりもう男はワッフに煩わされなくなったという。〔モチーフ：D 1812.5.1.17；E 723.2；F 405.4〕
（吉）

ワーム　Worms

大ブリテン島のワーム，特にケルト圏のワームは，時に翼を持っていたり，火の息を吐いたりするものの，北欧のワームないしドラゴンの影響をいくらか受けているようである。J. R. R. トールキンの『ホビットの冒険』(1937)に登場するドラゴンのスマウグは，小説中の創造物ではあるが，北欧系またはチュートン〔ゲルマン〕系のドラ

ゴンの好例である。悪賢くて，人間の言葉がしゃべれて，財宝を大事に守り，翼があり，体に攻撃されると弱いところが一箇所ある。ドラゴンは時には，ジークフリート〔13世紀初頭ドイツの英雄叙事詩『ニーベルンゲンの歌』の主人公〕の殺したドラゴン，ファブニールのように，人間が変身させられている場合がある。このモチーフはC. S. ルイスが《ナルニア国物語》の中の一つ『朝びらき丸，東の海へ』(1952)で使っている。ユースタスは欲深い思いを心にいだきながら宝の山の上で寝そべり，そのまま眠りこんでしまう。そして目覚めるとドラゴンに変身しているのに気づく。イングランドのドラゴン伝承の中でこのモチーフの痕跡をとどめている唯一の例は，ルース・タングの『イングランド諸州の埋もれた昔話』(1970)に報告されている，準笑劇風なジプシー説話「長い長いワーム」だけである。その話では，木の葉の下にひそんでいた，胴体の長さ1マイル〔約1.6キロ〕もあるワームは，実は黄金財宝の詰まった長いねぐらの上に長々と寝そべっていたのである。イギリスの典型的なワーム系ドラゴンの一つは，ヨークシャーのラムトンのワームで，これはイモリの姿をしている。ある日，ラムトン家の放蕩な跡取り息子が，罰当たりにも安息日である日曜日にラムトン城近くのウィアー川で釣りをしていると，ワームが針にかかった。近くの井戸に投げこんだが，再び井戸から出てきたときには巨大なイモリの姿になっていて，附近一帯を荒らし回り，時には近くの丘を，また時には川の中の大きな岩をぐるりと取り巻いていた。それは，二つに切られてもまたつながるという，大蛇にまつわる迷信的性質をもち，吐く息も，火であるよりは，有毒の息である。アッシパトルの物語に登場するオークニー諸島のメスター・ストゥアワームもこの典型に属する。これは，巨大な海の大蛇だった。なにしろその断末魔の苦しみで，よじれた灼熱の体が固まってアイスランド島になったと言い伝えられているのだから。これが退治されたのは，燃え

る泥炭をのどに投げこまれ，体の中の脂肪に火がついたためであった。
　「カウンティー・フォークロア」第2巻（1899）に引用されているヨークシャーの〈ローシーが丘のドラゴン〉はラムトンのワームのように切られても，おのずからつながる性質をもっていたが，再びつながらぬようにと，主人公の犬が切断した部分をくわえて遠くへ持っていったおかげで，退治することができた。しかし，この怪物が吐く有毒ガスで主人公も犬も命を奪われてしまった。リントンのワームは長さが12フィート〔約3.6メートル〕足らずで比較的小さいが，メスター・ストゥアワームと同じように，長い槍の先につけた燃える泥炭をのどに投げこむことによって，スコットランド南部のラーリストン村のサマーヴィルが退治した。
　スコットランド高地地方のワームは，一般に海または川と密接につながっていた。J. F. キャンベルの「海の乙女」の話では，メスター・ストゥアワームが王女ジェムデラヴリーを要求したように，頭が三つある怪物が海から上がってきて，王女を餌食として要求する。
　スコットランド高地地方には，ワームとみなしてもよい水棲の生き物が若干いる。J. G. キャンベルは〈エー湖の大きい獣〉に言及しているが，12本の脚を持っていて，冬に氷を割る音を立てるのが聞こえるとだけ言っていて，はっきりワームだとは言っていない。それが馬に似ているという人もいれば，大きなウナギのようだという人もいる，と J. G. キャンベルは言い添えている。有名なネス湖の怪物ネッシーも，普通は，水面上に現れたときは大蛇のような頭部とこぶのある姿で描かれている。J. G. キャンベルの『スコットランド高地地方と島々の迷信』（1900）に出てくる怪物の中に，キーレン・クレンという〈海の大蛇〉がいて，それについて彼はこう書いている。
　これは下記のケイスネスの俗謡からも推測できるように，世界で最も大きな動物で

あった。

　　　　「鮭はニシン七尾で腹一杯，
　　　　アザラシは鮭七尾で腹一杯，
　　　　鯨はアザラシ七頭で腹一杯，
　　　　キーレン・クレンは鯨七頭で腹一杯」

これにさらに「大悪魔はキーレン・クレン七頭で腹一杯」とつけ加えることもある。この巨大な海の動物はまた，〈大洋の大きな獣〉とか〈大洋の大きな渦〉，あるいは〈大洋の怪物〉とも呼ばれている。もとは全世界を取り巻く渦巻き，あるいは『エッダ』〔古代北欧の神話・伝説の詩歌集〕に出てくる海蛇からきている。

　アイルランドの妖精物語や英雄伝説には，奇妙にもドラゴンやワームがあまり出てこない。敵役となるのは主として巨人——これは非常に多い——と妖婆ハッグ[2]である。しかし，パトリック・ケネディーは『アイルランド系ケルト人の伝説』(1866)の中で，ワームや大蛇との戦いの伝説はいくつかあると述べている。

　大きなよどみの名前には，昔英雄が活躍した時代にワームや大蛇が，そこに横行していたことに由来するものが一つならずある。フィン・マク・クーワルも幾頭かを殺している。アイルランドのマンスター〔アイルランド南部の地方〕の戦士は，ウェクスフォード州のドゥフレーで凶暴なやつを殺害し，それがその中で苦しみあえいだよどみは，今もロッホ・ナ・ペーシュタ〔「怪物のよどみ」の意〕と呼ばれている。それらの怪獣たちは，ウェールズのアーヴァンクに似ているようにも見える。〔モチーフ：B 11.11；B 91〕

（吉）

わら束のジョーン　Joan the Wad

　鬼火の女性名イグニス・ファテュウスの，地方的で目だたないタイプの一つ。最近は一般に，コーンウォール州のピスキーの一つというふうに言われているが，わら束のジョーンについてのわれわれの知識は，ジョナサン・クーチの『ポルペロー地誌』(1871)〔ポルペローはコーンウォール州南岸の漁港〕に負っている。しかし，わら束のジョーンは，「ジャッキー・ランタン，わら束のジョーン……」という詩で呼び出されるという特徴がある。手に持っているわら束で人をくすぐる癖をもっているので，クーチが主張しているように，実はピスキーなのかもしれない。わら束のジョーンとジャッキー・ランタンは，正しく呼び出されれば，旅人を道に迷わせるのではなくて，旅人に正しい道を教えてくれるというのがどうも実態らしい。〔モチーフ：F 491〕

（吉）

◇ 付録 ◇

キャサリン・ブリッグズの妖精学 ……………………531
キャサリン・ブリッグズの参照文献リスト …………534
イギリス諸島の地図 …………………………………540
ケルト諸語について …………………………………544
タイプ・モチーフ・インデックスによる項目分類 ……546
口絵リスト ……………………………………………566
挿絵リスト ……………………………………………567
見出し語訳語リスト …………………………………569
一般索引 ………………………………………………580
書名・題名索引 ………………………………………604

◇キャサリン・ブリッグズの妖精学

井村 君江

　キャサリン・メアリー・ブリッグズ（Katharine Mary Briggs, 1898-1980）は，ロンドン郊外のハムステッドに生まれたが，二人の妹と共にスコットランドの美しい自然の中で育った。風景画家であった父アーネスト・エドワード・ブリッグズの書斎にあったたくさんの妖精物語や民話の本が，豊かな想像の世界へと9歳のころのキャサリンの目を開かせてくれたという。文学少女だった彼女は，ガール・スカウトのリーダーとして，作家希望の妹エルシーと画家を夢みたウィニーと3人で，民話をパントマイムや寸劇に仕立てて舞台装置を作り，地方の子どもたちに見せる巡回公演をしたこともある。彼女が晩年まで，アマチュアとしてシェイクスピア劇を舞台で演じたり，すぐれたストーリー・テラーであったのは，こうした経験に基づいており，またブリッグズの再話や物語が律動的であるのも，もともと詩人であるうえに演劇の経験もあることを考えればうなずけよう。

　1918年にはオックスフォード大学のレディー・マーガレット・ホールに籍をおき，英文学専攻の学生として研究を始め，1922年には文学士，1926年には文学修士の学位を取得している。第二次大戦が起こると，一時ラナクシャーのポーランド難民学校で教鞭をとったり，空軍婦人補助部隊に奉仕したりという経験もしている。しかしこの間に創作の筆をとり，歴史小説『エリンガムのリスル家』（1935）や『カスティリアン』（1949）を書いているが，この創作の筆は『妖精ディックのたたかい』（1955）や『魔女とふたりのケイト』（1963）などの妖精物語に続いていく。

　戦後再びオックスフォードに戻ると，エリザベス1世時代とジェイムズ1世時代の文学研究に従事するが，興味の対象はしだいにシェイクスピアへと向かっていった。しかし，作品の時代背景を見ていくうちに，妖精信仰がとくにこの時代の文学と密接な関係にあることに気づき，古文献の調査をするうちに，人々の生活や考えの中に息づく目に見えぬ生き物たちへの興味を強めていった。その結果，文学と時代背景に対する比重の置き方を逆転させて，妖精がいかにこの時代の作品や作家に扱われているかの究明へと研究の方向が移っていった。こうしてまとめられたのが，『パックの分析』（1959）や『青ざめたヘカテの群れ』（1962），『伝承と文学における妖精たち』（1967）であり，この著書と出版準備中であった『英国昔話事典』4巻（1970-1）によって，オックスフォード大学から1969年10月に文学博士の称号が贈られている。

　上記の4巻本はイギリスのフォーク・テイルズの集大成ともいえるが，この中から代表的なものを抜粋してまとめたのが，『英国民話選集』（1977）である。ブリテン諸島に伝わる民間伝承物語を，アールネとトムソンの型（タイプ）および主題（モチーフ）をもとに5部門にわけ，1冊の中で鳥瞰できるようにしている。しかし各昔話は妖精物語ばかりではなく寓話や幽霊話，滑稽譚も入るというように種類が広範囲にわたっているが，大部分の話はルース・タングの収集によるもので，それを分類・集大成したものであった。

　ブリッグズがスコットランド，ウェールズ，イングランド，アイルランドをはじめマン島やシェットランドなど各地に伝わる妖精の話だけを集め，それらに独自の分類をほどこ

して1冊にまとめたのが,『妖精の国の住民』(1953)である。まとめ方はW.B.イェイツの『アイルランドの妖精譚と昔話』(1888)に類似しているが,彼の場合はハイドやクローカー,ワイルド夫人といった人々の手になる収集・再話家のものを集め編纂し,解説を付しているのに対し,ブリッグズのこの妖精物語集は,選択から再話まで自らの手で行なっており,イェイツのものと並ぶすぐれた「英国の妖精譚と昔話」といえよう。イェイツは妖精の種類をその習性から(1)「群れをなす妖精」(2)「ひとり暮しの妖精」に2大別していたが,ブリッグズはさらに妖精の淵源にさかのぼり,その派生や属性も総合して考え,詳しい4大別の分類にしている。すなわち(1)「国をなす妖精」── A. 英雄妖精 B. 群れをなす妖精 C. 親しみやすい妖精 (2)「守護妖精」(3)「自然の妖精」(4)「怪物,魔女,巨人」である。

『妖精の国の住民』はブリッグズの妖精学の端緒の感があり,これに『英国昔話事典』や妖精研究『消えてゆく人々』(1978)が加わっていく。初期に書かれた『伝承と文学における妖精たち』が17世紀から19世紀のイギリス文学,詩や戯曲,小説の中の妖精像の変遷をたどったものとすれば,この本は妖精を正面に据えて論じたものであり,妖精の性質や仕業,妖精と人間との交渉や妖精界の時間の経過など,これまでにない独自の説を展開したものである。これらが基になって,晩年の妖精学の集大成ともいうべき『妖精事典』(1976)になっていくのである。ブリッグズはさらに712項目のこの事典から,特色ある妖精を101選び『妖精 Who's Who』(1979)としてまとめているが,彼女の好む妖精たちがこの1巻からよくうかがえる。『妖精事典』のアメリカ版『妖精百科』が刊行されたとき,「ニューヨーク・タイムズ」紙は「影の国の住民のフーズフー」と呼んでいたが,「影の国の住民総ざらい」の感がするほど,この事典にはイギリス諸島に棲息する多種多様の妖精が活躍し,読み物としてもおもしろい。さらに英文学者,民俗学研究者としての知識による多くの記述が,妖精理解のうえでの手堅い裏付けになっている。

ブリッグズは,1980年10月15日に81歳の高齢で世を去ったが,100年の伝統を持つイギリス・フォークロア学会の会長をつとめ(1967-1970),それ以後は名誉会長の地位にあった。民俗学者のリチャード・ドーソンは,彼女の仕事について「キートリーやウォルター・スコット,さらにはハートランドが開拓した妖精神話や魔女研究の分野を押しすすめ,そこですぐれた業績をあげた」と言っているが,この『妖精事典』はそうしたブリッグズの妖精学の集大成といえよう。

キャサリン・ブリッグズの著作リスト
〔研究書および事典〕
The Personnel of Fairyland (Oxford, 1953)
  邦訳『妖精の国の住民』(井村君江訳,研究社出版 1981)
The Anatomy of Puck; An Examination of Fairy Beliefs among Shakespeare's Contemporaries and Successors (London, 1959)
Pale Hecate's Team (London, 1962)
Folktales of England (edited with R. L. Tongue. London, 1965)

The Fairies in Tradition and Literature (London, 1967)
 邦訳『イギリスの妖精』(石井美樹子・山内玲子訳, 筑摩書房 1991)
A Dictionary of British Folk-Tales in the English Language/ 4 vols. (London, 1970-1)
Englische Volksmärchen (Düsseldorf, 1970)
The Last of the Astrologers; Mr William Lilly's History of His Life and Times (London, 1974)
The Folklore of the Cotswolds (London, 1974)
A Dictionary of Fairies; Hobgoblins, Brownies, Bogies, and Other Supernatural Creatures (London, 1976. Reissued as *An Encyclopedia of Fairies,* New York, 1976)
 邦訳『妖精事典』(平野敬一・井村君江・三宅忠明・吉田新一訳, 冨山房 1992)
A Sampler of British Folk-Tales (London, 1977)
The Vanishing People; A Study of Traditional Fairy Beliefs (London, 1978)
Abbey Lubbers, Banshees and Boggarts; A Who's Who of Fairies (Harmondsworth, 1979)
 邦訳『妖精 Who's Who』(井村君江訳, 筑摩書房 1990)
Nine Lives, Cats in Folklore (London, 1980)
 邦訳『猫のフォークロア』(アン・ヘリング訳, 誠文堂新光社 1983)

〔小説〕
The Lisles of Ellingham (Oxford, 1935)
The Castilians (Oxford, 1949)
Hobberdy Dick (London, 1955)
 邦訳『妖精ディックのたたかい』(山内玲子訳, 岩波書店 1987)
Kate Crackernuts (Oxford, 1963)
 邦訳『魔女とふたりのケイト』(石井美樹子訳, 岩波書店 1987)
The Prince, the Fox, and the Dragon (Dunkeld, 1937)

〔詩集〕
Lost Country (Dunkeld, 1938)
The Half-Cut Wood (Burford, 1959)

〔戯曲〕
The Garrulous Lady (London, 1931)
The Peacemaker (Dunkeld, 1936)
Lady in the Dark (Dunkeld, 1937)
The Fugitive (Dunkeld, 1936-38)

◇キャサリン・ブリッグズの参照文献リスト

AARNE, ANTTI, *The Types of the Folktale*, translated and enlarged by Stith Thompson, second revision, Folklore Fellows Communications No.184, Helsinki, 1961.
ALLIES, JABEZ, *On the Ancient British, Roman and Saxon Antiquities and Folk-Lore of Worcestershire*, Marshall, London, 1840.
ALLINGHAM, WILLIAM, *Rhymes for the Young Folk*, Cassell, London, [1887].
AUBREY, JOHN, *Hypomnemata Antiquaria*, Bodleian MS. Aubrey III.
—, *Miscellanies*, 5th edition, Reeves & Turner, London, 1890.
—, *Natural History and Antiquities of the County of Surrey*, 5 vols., Curll, London, 1718-19.
—, *Remaines of Gentilisme and Judaisme*, edited by James Britten, first full edition, Folk-Lore Society, London, 1881.
BALFOUR, Mrs, 'Legends of the Cars', *Folk-lore*, II, 1891.
—: *see also* Folklore Society County Publications, vol. IV.
BARWG-GOULD SABWE, *Lives of the Saints*, 16 vols., Nimmo, London, 1897-8.
BARRETT, W.H., *Tales from the Fens*, Routledge & Kegan Paul, London, 1963.
BEAUMONT, JOHN, *An Historical, Physiological and Theological Treatise of Spirits*, D. Browne, London, 1705.
BENWELL, GWEN, and WAUGH, ARTHUR, *Sea Enchantress*, Hutchinson, London, 1961.
BETT, HENRY, *English Myths and Traditions*, Batsford, London, 1956.
BILLSON, C. J.: *see* Folklore Society County Publications, vol. I.
BLACK, G. F.: *see* Folklore Society County Publications, vol. III.
BOTTRELL, WILLIAM, *Traditions and Hearthside Stories of West Cornwall*, Three Series, Bottrell, Penzance, 1870-90. (The title of the third volume in the series was *Stories and Folk-Lore of West Cornwall*.)
BOVET, RICHARD, *Pandaemonium, or The Devil's Cloyster*, J. Walthoe, London, 1684.
BOWKER, JAMES, *Goblin Tales of Lancashire*, Swan Sonnenschein, London, 1883.
BRANSTON, BRIAN, *The Lost Gods of England*, Thames & Hudson, London, 1957.
BRAY, Mrs A.E., *The Borders of the Tamar and the Tavy. Their Natural History, Manners, Customs, Superstitions, etc.*, new edition, 2 vols., John Murray, London, 1879.
BRIGGS, K.M., *The Fairies in Tradition and Literature*, Routledge & Kegan Paul, London, 1967.
—, *The Personnel of Fairyland*, Alden Press, Oxford, 1953.
—: *A Dictionary of British Folk Tales in the English Language*, 4 vols., Routledge & Kegan Paul, London, 1970-71.
—, and TONGUE, R T., *Folktales of England* (Folktales of the World series), Routledge & Kegan Paul, London, 1965.
BROOME, DORA, *Fairy Tales from the Isle of Man*, Penguin Books, Harmondsworth, 1951.
BROWN, THEO, 'The Black Dog', *Folklore*, 69, September 1958.
BROWNE, WILLIAM, *The Poems of William Browne of Tavistock*, edited by Gordon Goodwin, 2 vols., Lawrence & Bullen (The Muses' Library), London, 1894.
BUCHAN, PETER, *Ancient Scottish Tales*, Norwood Editions, Darby, Pa., 1973.
BURNE, C. S., and JACKSON, G. F., *Shropshire Folk-Lore : A Sheaf of Gleanings*, Trübner & Co.,

London, 1883.
BURTON, ROBERT, *The Anatomy of Melancholy*, 5th edition, corrected and augmented by the author, Henry Cripps, Oxford, 1638.
CAMPBELL, J. F., *Popular Tales of the West Highlands*, 4 vols., new edition, Alexander Gardner, Paisley and London, 1890-93.
CAMPBELL, J. G., *Superstitions of the Highlands and Islands of Scotland*, J. MacLehose, Glasgow, 1900.
—, *Witchcraft and Second Sight in the Highlands and Islands of Scotland*, MacLehose, Glasgow, 1902.
CARMICHAEL, ALEXANDER, *Carmina Gadelica*, 4 vols., Oliver & Boyd, Edinburgh, 1928-41.
CARROLL, LEWIS, *Silvie and Bruno*, Macmillan, London, 1889.
—, *Silvie and Bruno Concluded*, Macmillan, London, 1893.
CHAMBERS, ROBERT, *Popular Rhymes of Scotland*, W. & R. Chambers, Edinburgh, 1870.
CHILD, F. J. (ed.), *The English and Scottish Popular Ballads*, Little, Brown; Shepard Clark & Brown, Boston, 1857-8; definitive edition: 5 vols., The Folklore Press in association with the Pagent Book Co., New York, 1957.
CHRÉTIEN DE TROYES, *Arthurian Romances*, edited by W. W. Comfort, Dent, London, 1914.
CLODD, EDWARD, *Tom Tit Tot, an Essay on Savage Philosophy*, Duckworth, London, 1898.
CORBET, RICHARD, *The Poems of Richard Corbet*, edited by Octavius Gilchrist, Longman, Hurst, Rees & Orme, London, 1807.
COURTNEY, MARGARET, *Cornish Feasts and Folk-Lore*, Beare & Son, Penzance 1890.
COXHEAD, J. R. W., *Devon Traditions and Fairy Tales*, Raleigh Press, Exmouth, 1959.
CROKER, T. CROFTON, *Fairy Legends and Traditions of the South of Ireland*, 3 vols., John Murray, London, 1825-8.
CROMEK, R. H., *Remains of Nithsdale and Galloway Song*, Cadell & Davies, London, 1810.
CROSSING, WILLIAM, *Tales of the Dartmoor Pixies: Glimpses of Elfin Haunts and Antics*, W. H. Hood, London, 1890.
CUNNIGHAM, ALLAN, *The Lives of the Most Eminent British Painters*, 1876.
DE LA MARE, WALTER, *Broomsticks*, Constable, London, 1925.
Denham Tracts, The, edited by James Hardy, 2 vols., Folk-lore Society, London, 1892.
DORSON, RICHARD M., *The British Folklorists*, Routledge & Kegan Paul, London, 1968.
DOUGLAS, SIR GEORGE, *Scottish Fairy and Folk-Tales*, Walter Scott, London, [1893].
DRAYTON, MICHAEL, *Works*, edited by J. W. Hebel, 5 vols., Shakespeare Head, London, 1931.
EDMONSTON, ARTHUR, *A View of the Ancient and Present State of the Zetland Islands*, 2 vols., Edinburgh, 1809.
EDMONSTON, BIOT, and SAXBY, JESSIE M. E., *The Home of a Naturalist*, Nesbit, London, 1888.
EDWARDS, GILLIAN, *Hobgoblin and Sweet Puck*, Bles, London, 1974.
FANSHAWE, LADY, *Memoirs of Lady Fanshawe*, John Lane, London, 1905.
Folk-Lore Record, The, 5 vols., printed for the Folk-lore Society by Nichols & Sons, London, 1878-82.
FOLKLORE SOCIETY COUNTY PUBLICATIONS:
County Folk-Lore, vol. I: *Gloucestershire*, edited, with suggestions for the collection of the Folk-Lore of the County, by E. S. Hartland, 1892; *Suffolk*, collected and edited by Lady E. C. Gurdon, 1893; *Leicestershire and Rutland*, collected and edited by C. J. Billson, 1895.
County Folk-Lore, vol. II: *North Riding of Yorkshire, York and the Ainsty*, collected and edited by

Mrs Gutch, 1899.
County Folk-Lore, vol. III: *Orkney and Shetland Islands*, collected by G. F. Black, and edited by Northcote W. Thomas, 1901.
County Folk-Lore, vol. IV: *Northumberland*, collected by M. C. Balfour, edited by Northcote W. Thomas, 1903.
County Folk-Lore, vol. V: *Lincolnshire*, collected by Mrs Gutch and Mabel Peacock, 1908.
County Folk-Lore, vol. VI: *Concerning the East Riding of Yorkshire*, collected and edited by Mrs Gutch, 1911.
County Folk-Lore, vol. VII: *Fife, with Some Notes on Clackmannan and Kinross-Shires*, collected by John Ewart Simpkins, 1912.
County Folklore, vol. VIII: *Somerset Folklore* by R.L. Tongue, edited by K. M. Briggs, 1965.
GEOFFREY OF MONMOUTH, *Histories of the Kings of Britain*, edited by W.W. Comfort, Dent, London, 1914.
GERVASE OF TILBURY, *Otia Imperialia*, III, Hanover, 1856.
GIBBINGS, W. W. (publisher), *Folk-Lore and Legends, Scotland*, London, 1889.
GILL, WALTER, *A Manx Scrapbook*, Arrowsmith, London, 1929.
—, *A Second Manx Scrapbook*, Arrowsmith, London, 1932.
GIRALDUS CAMBRENSIS, *The Historical Works*, edited by Thomas Wright, Bohn Library, London, 1863.
GLANVILL, JOSEPH, *Saducismus Triumphatus*, London, 1681.
GOMME, ALICE, *A Dictionary of British Folk-Lore*, Part I: *Traditional Games*, 2 vols., Nutt, London, 1898.
GRAHAM, PATRICK, *Sketches Descriptive of Picturesque Scenery on the Southern Confines of Perthshire*, Edinburgh, 1806.
GREGORY, LADY, *Gods and Fighting Men*, with a Preface by W. B. Yeats, John Murray, London, 1910.
GRICE, F., *Folk Tales of the North Country*, Nelson, London and Edinburgh, 1944.
GUEST, CHARLOTTE (trans. and ed.), *The Mabinogion*, London, 1838. (See also *Mabinogion*.)
GURDON, Lady E. C.: see Folklore Society County Publications, vol. I.
GUTCH, Mrs: see Folklore Society County Publications, vols. II, V and VI.
HALLIWELL-PHILLIPPS, J. O., *Illustrations of the Fairy Mythology of A Midsummer Night's Dream*, Shakespeare Society, London, 1845.
HARLAND, J. A., and WILKINSON, T. T., *Lancashire Legends, Traditions, Pageants, Sports etc.*, Routledge, London, 1873.
HARRISON, W., *A Mona Miscellany*, Manx Society, Douglas, 1869.
HARTLAND, E. S., *English Fairy and Folk Tales*, Walter Scott, London, [1893].
—, *The Science of Fairy Tales, an Inquiry into Fairy Mythology*, Walter Scott, London, 1891.
—; see also Folklore Society County Publications, vol. I.
HAZLITT, W. CAREW, *Fairy Tales, Legends and Romances Illustrating Shakespeare*, F. & W. Kerslake, London, 1875.
HENDERSON, GEORGE, *Survivals in Belief Among the Celts*, MacLehose, Glasgow, 1911.
HENDERSON, WILLIAM, *Notes on the Folk-Lore of the Northern Counties of England and the Borders*, Folklore Society, London, 1879.
HERRICK, ROBERT, *Poems*, edited by R. W. Moorman, Oxford University Press, 1925.
HESLOP, R. O., *Northumberland Words*, English Dialect Society, Nos. 66, 68, and 71, London, 1892

–1894.
HEYWOOD, THOMAS, *The Hierarchie of the Blessed Angells,* Adam Islip, London, 1635.
HOGG, JAMES, *Selected Poems,* Oliver & Boyd, Edinburgh, 1940.
HULL, ELEANOR, *The Cuchullin Saga in Irish Literature,* Nutt, London, 1898.
—, *Folklore of the British Isles,* Methuen, London, 1928.
HUNT, ROBERT, *Popular Romances of the West of England,* 2 vols., Hotten, London, 1865; reprint of the 3rd edition, Chatto & Windus, London, 1923.
HUON OF BORDEAUX, *The Boke of Duke Huon of Bordeaux done into English by Sir John Bourchier, Lord Berners,* Early English Text Society, London, 1883-7.
HYDE, DOUGLAS, *Beside the Fire,* Nutt, London, 1890.
JACOBS, JOSEPH, *English Fairy Tales,* Nutt, London, 1890.
—, *More English Fairy Tales,* Nutt, London, 1894.
JONSON, BEN, *Ben Jonson,* edited by C. Herford and P. Simpson, 11 vols., Oxford University Press, 1925-52.
JOYCE, P. W., *Old Celtic Romances,* 2nd edition, Nutt, London, 1894.
KEIGHTLEY, THOMAS, *The Fairy Mythology, Illustrative of the Romance and Superstition of Various Countries,* new edition, Bohn Library, London, 1850.
KENNEDY, PATRICK, *Legendary Fictions of the Irish Celts,* Macmillan, London, 1866.
KIPLING, RUDYARD, *Puck of Pook's Hill,* Doubleday, Page & Co., New York, 1906.
—, *Rewards and Fairies,* Macmillan, London, 1914.
KIRK, ROBERT, *The Secret Commonwealth of Elves, Fauns, and Fairies,* Mackay, Stirling, 1933.
KITTREDGE, G. L., 'Friar's Lantern', publications of the Modern Language Association of America, vol. XV, pp.415-41.
KNOX, JAMES, *The Topography of the Banks of the Tay,* Anderson & Hunter, Edinburgh, 1831.
LEATHER, E. M., *The Folk-Lore of Herefordshire,* Sidgwick & Jackson, London, 1913.
Mabinogion, The, translated from the *White Book of Rhydderch* and the *Red Book of Hergest* by Gwyn Jones and Thomas Jones, Dent, London, 1948. (See also Guest, Charlotte.)
MACDOUGALL, J., and CALDER, G. *Folk Tales and Fairy Lore,* Grant, London, 1910.
MCKAY, JOHN G., *More West Highland Tales,* 2 vols., Oliver & Boyd, Edinburgh, 1940 and 1960.
MACKENZIE, DONALD A., *Scottish Folk Lore and Folk Life,* Blackie, London, 1935.
MACKENZIE, OSGOOD, *A Hundred Years in the Highlands,* Bles, London, 1949.
MAC MANUS, D. A., *The Middle Kingdom,* Max Parrish, London, 1959.
MCPHERSON, J. M., *Primitive Beliefs in the North-East of Scotland,* Longmans, London, 1929.
MAC RITCHIE, DAVID, *The Testimony of Tradition,* Kegan Paul, London, 1890.
MALORY, SIR, THOMAS, *Works,* edited by E. Vinaver, 3 vols., Oxford Undversity Press, 1947.
MAP, WALTER, *De Nugis Curialium,* Englished by Frederick Tupper and Marbury Bladen Ogle, Chatto & Windus, Lodon, 1924.
MARIE DE FRANCE, *Poésies de Marie de France,* edited by B. de Roquefort, Paris, 1820.
MEYER, KUNO, and NUTT, ALFRED, *The Voyage of Bran Son of Febal* (Grimm Library No.4), 2 vols., Nutt, London, 1895-7.
MILLER, HUGH, *The Old Red Sandstone,* Edinburgh, 1841.
MILTON, J., *The Poetical Works of John Milton,* edited by John Beeching, Oxford University Press, 1913.
MORRISON, SOPHIA, *Manx Fairy Tales,* Nutt, London, 1911.
NASHE, THOMAS, *The Works of Thomas Nashe,* 5 vols., edited by R. B. McKerrow, Bullen, London,

1904-10.
NENNIUS, (9th century), British Museum MS. Harleian 3859 (11th century).
NICHOLSON, JOHN, *The Folk Speech of East Yorkshire*, London, 1889.
O'CURRY, EUGENE, *Lectures on the Manuscript Materials of Ancient Irish History*, Hinch & Traynor, London, 1878.
O'GRADY, STANDISH H., *Silva Gadelica*, Williams & Norgate, London, 1892.
Old Cornwall, Vol. II, 1931-6.
OPIE, IONA and PETER, *The Oxford Dictionary of Nuresery Rhymes*, Oxford University Press, 1951.
—, *The Classic Fairy Tales*, Oxford University Press, 1974.
Ó SÚILLEABHÁIN, SEÁN, *Folktales of Ireland* (Folktales of the World series), Routledge & Kegan Paul, London, 1966.
PATON, LUCY ALLEN, *Sir Lancelot of the Lake*, Routledge, London, 1929.
PEACOCK, MABEL: *see* Folklore Society County Publications, vol. V.
RALPH OF COGGESHALL, *Chronicon Anglicanum*, Rolls Series 66, 1857.
RHYS, JOHN, *Celtic Folk-Lore, Welsh and Manx*, 2 vols., Oxford University Press, 1901.
ROBERTSON, T. A., and GRAHAM, JOHN J. (eds.), *Shetland Folk Book*, vol. 3, Shetland Times Ltd, Lerwick, 1957.
Robin Goodfellow his Mad Pranks and Merry Jests, London, 1628.
SANDERSON, STEWART, 'A Prospect of Fairyland', *Folklore*, 79, 1964.
SAXBY, JESSIE, M. E., *Shetland Traditional Lore*, Norwood Editions reprint, 1974.
SCOT, REGINALD, *The Discoverie of Witchcraft*, Brome, London, 1584; 'Discourse on Devils and Spirits' (anon.) inserted in 1665 edition.
SCOTT, SIR WALTER, *Minstrelsy of the Scottish Border*, with notes and introduction by Sir Walter Scott, revised and edited by T.F. Henderson, 4 vols., Oliver & Boyd, Edinburgh, 1932.
—, *Letters on Demonology and Witchcraft*, John Murray (Murray's Family Library), London, 1830.
—, *The Globe Edition of the Poetical Works*, edited by F.T. Palgrave, Macmillan, London, 1866.
SHAKESPEARE, WILLIAM, *The Works of William Shakespeare*, 3 vols., Oxford University Press, 1915.
SIKES, WIRT, *British Goblins*, Sampson Low, London, 1880.
SIMPKINS, J. E.: *see* Folklore Society County Publications, vol. VII.
SIMPSON, E. B., *Folk Lore in Lowland Scotland*, Dent, London, 1908.
Sir Gawayne and the Green Knight, edited by I. Gollancz, Early English Text Society, London, 1920.
SKENE, W. F., *The Four Ancient Books of Wales*, Edmonston & Douglas, Edinburgh, 1868.
SPENCE, JOHN, *Shetland Folk-Lore*, Johnson & Greig, Lerwick, 1899.
SPENCE, LEWIS, *British Fairy Origins*, Watts, London, 1946.
—, *The Fairy Traditions in Britain*, Rider, London, 1948.
SPOONER, BARBARA, C., *John Tregeagle of Trevorder: Man and Ghost*, A. W. Jordan, Truro, 1935.
STEPHENS, JAMES, *In the Land of Youth*, Macmillan, London, 1924.
—, *Irish Fairy Tales*, Macmillan, London, 1920.
STERNBERG, W., *The Dialect and Folk-Lore of Northamptonshire*, London, 1851.
STEWART, W. GRANT, *Popular Superstitions of the Highlanders of Scotland*, Archibald Constable, London, 1823; Ward Lock reprint, London, 1970.
THOMAS, NORTHCOTE W.: *see* Folklore Society County Publications, vols. III and IV.
THOMS, W. J., *Early English Prose Romances*, Routledge (Routledge's Library of Early Novelists), 1907.

Tolkien, J. R., *The Hobbit,* Allen & Unwin, London, 1937.
—, *The Lord of the Rings,* 1-vol. edition, Allen & Unwin, London, 1968.
Tongue, R. L., *Forgotten Folk-Tales of the English Counties,* Routledge & Kegan Paul, London, 1970.
—: see also Folklore Society County Publications, vol. VIII.
Topsell, Edward, *The Historie of Foure-Footed Beastes,* William Taggard, London, 1607.
Treharne, R. F., *The Glastonbury Legends,* Sphere Books, London, 1971.
Waifs and Strays of Celtic Tradition, vols. I-V, Argyllshire Series, Nutt, London, 1889.
Wainwright, F. T. (ed), *The Problem of the Picts,* Nelson, London, 1955.
Waldron, George, *A Description of the Isle of Man,* London, 1731.
Wentz, W. Y. Evans, *The Fairy-Faith in Celtic Countries,* Oxford University Press, 1911.
Weston, Jessie L., *The Legend of Sir Lancelot du Lac,* Nott, London, 1901.
Wilde, Lady, *Ancient Legends, Mystic Charms and Superstitions of Ireland,* 2 vols., Ward & Downey, London, 1887.
Wilkie ms.: a collection of Border customs, superstitions and etc. made by a medical student at the desire of Sir Walter Scott.
William of Malmesbury, *Chronicle of the Kings of England,* Bohn Library, London, 1841.
William of Newburgh *Guilielmi Neubrigensis Historia sive Chronica Rerum Anglicarum,* Oxon, 1719.
Wood-Martin, W. G., *Traces of the Elder Faiths of Ireland,* 2 vols., Longmans, London, 1902.
Wright, E. M., *Rustic Speech and Folk-Lore,* Oxford University Press, 1913.
Wright, Thomas, *Essays on Subjects Connected with the Literature, Popular Superisitons and History of England in the Middle Ages,* 2 vols., J. R. Smith, London, 1846.
Yeats, W. B., *The Celtic Twilight: Men and Women, Ghouls and Faeries,* Lawrence & Bullen, London, 1893.
—, *Irish Fairy and Folk-Tales,* Walter Scott, London, [1893].

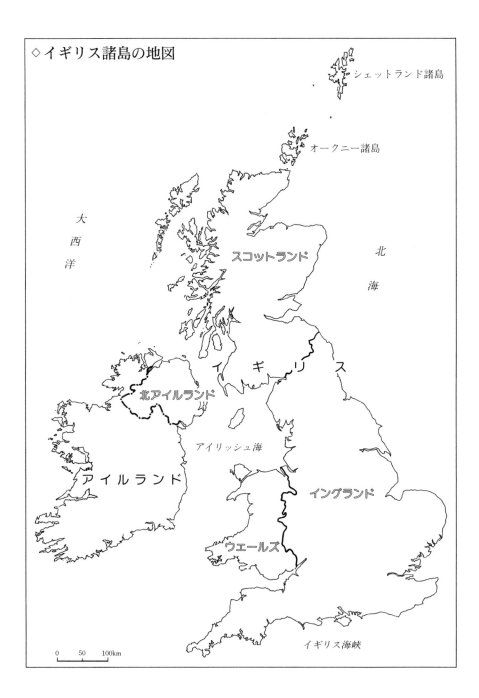
◇イギリス諸島の地図

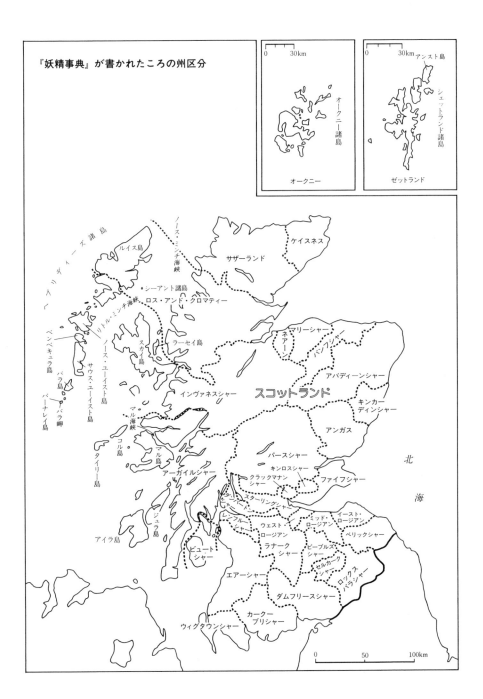

◇ケルト諸語について

アイルランド・ゲール語

　ケルト諸語に属する主要言語の一つ。現在アイルランド共和国における第1国語となっている（第2国語は英語）。同じゲール語に属するスコットランド・ゲール語（ガリック）およびマン島語（マンクス）は，いずれもアイルランドのゲール語を母体として分化独立したもの。16世紀以降，特に英語の勢力がアイルランドに及び，しだいに英領化されていくにつれ，また1845年の大凶作をピークとする数年にわたる飢饉が原因で人口がアメリカやカナダへ大量に流出したため，アイルランド・ゲール語の話者が急速に減少し，その結果ゲール語は衰退への道をたどった。19世紀の初めには，アイルランドの全人口の約5分の4がゲール語を日常語として用いていたが，その後，英語化への傾向は急速かつ著しくなった。1948年にアイルランド共和国が独立すると，アイルランド・ゲール語は国語としての地位を得て学校での必修科目となったが，ゲール語地区はすでに西海岸の村や東部，南部に散在するのみとなっていた。アイルランド・ゲール語のみを日常語にしている人たちは，人口のわずか4％という（毎日新聞1988年5月19日付夕刊掲載，アイルランド語委員会事務局長デイルダー・デイビッド女史の談話より）。80年代に入って政府の支援を受け，アイルランド語委員会によって，1）アイルランド・ゲール語地域の保護助成，2）同言語を主要な日常語とする運動の拡大，3）小学校主要課目の同言語による授業の強化，教員養成大学での必修化，4）議会でのさらに積極的な使用，欧州共同体（EC）公用語への昇格，を当面の活動目標とするアイルランド・ゲール語復興行動計画（同上夕刊，在ダブリン特派員伊藤光彦氏の記事より）のもとに，自国語の活性化に向けて諸々の努力が払われるようになった。現代のアイルランド・ゲール語は，南部，西部，北部の三大方言に大別される。

　　　　　　　　　　　　　　　　　　　　　　　　　　　　　（三橋敦子）

スコットランド・ゲール語

　スコットランドの西部高地（西ハイランド）地方で話される，ケルト諸語の一つ。5世紀末ごろアイルランド北東部からの移民によって伝えられ，幾世紀の間共通語として使用された後，13世紀以降にアイルランド・ゲール語から分化した。スコットランド・ゲール語の概況や研究の現状については，Derick S. Thomson (ed.); *The Companion to Gaelic Scotland* (1983), p.89 115 の'Gaelic (general survey)'以下の諸項目が詳しい。それを参照されたい。

ウェールズ語

　ケルト諸語の一つで，アイルランド・ゲール語，スコットランド・ゲール語，ならびにマン島語とは別のグループ（ブリソニック・グループ）に属し，現在，ケルト諸語中で最も強力に使用されている言語。英国ウェールズ地方に約50万人の話し手がお

り，1967年の「ウェールズ語令」以来，英語とともにウェールズにおける公用語の一つとして使用されている。言語発達の状況から，1)「初期ウェールズ語期」（6～8世紀），2)「古ウェールズ語期」（9～11世紀），3)「中期ウェールズ語期」（12～14世紀），4)「現代ウェールズ語期」（15世紀後現代まで）の4期に分類できる。しかし，文献資料がかなり豊富になるのは中期ウェールズ語期からであり，綴字法上はいまだ不安定ながら，多くの写本が残っている。1536年のイングランドとの「併合法」により，ウェールズにおける「英語化」が始まるが，その直後よりウェールズ語保存への努力が続けられ，聖書のウェールズ語訳の完成（1588年）のほか，18世紀には，「巡回学校」を開いて聖書の読み方を教えるなどの事業が息長く続けられてきた。しかし，19世紀に入ると，学校教育ではウェールズ語の使用は禁止され，ウェールズ語は家庭と日曜日の教会だけに限られ，しだいに衰退していった。19世紀以後，10年ごとに行なわれる人口調査によれば，ウェールズ語使用者の数（英語との2言語併用）の推移は，1901年ではウェールズ地方の総人口の約49.9％，1911年は43.5％，1921年37.2％，1931年36.8％，1951年28.9％，1961年26％，1971年20.8％，そして1981年には18.9％にまで落ちこんでいる。しかし，一方では，1986年からウェールズ語によるテレビ放送が開始され，学校教育においてもウェールズ語による授業を増やす努力が続けられており，ウェールズ人社会では，ウェールズ語はまだまだ強力に使用されている。 　　　　　　　　　　　　（水谷　宏）

マン島語

マン島で使用されていたケルト諸語の一つ。スコットランド・ゲール語と同様に，アイルランド・ゲール語を母体として分化独立した言語。1874年に行なわれた私的調査では，12,000人ほどのマン島語常用者の存在が確認されたが，その後英語の勢力におされて減少傾向は著しく，1955年に至っては，学術的調査によれば，母語としての使用者数はわずかに6名になり，1962年においてただ1名生存が伝えられていた母語としての使用者も，1974年暮れに97歳で死亡した。したがって，マン島語は実質的には死語になった。しかし保存運動はその後も続けられてはいる。

（吉岡治郎）

◇タイプ・モチーフ・インデックスによる項目分類

　ここに掲げられているタイプとモチーフの一覧表については，編著者ブリッグズが「序文」で要を得た解説をしているのでそれを読めば，あるいは足りるかとも思われるが，若干の補足的説明を試みたい。
　最初の〈A.タイプ・インデックス〉に挙げられているもの（計38タイプ）の中，冒頭からタイプ1415番までは「序文」で言及のアールネとトムソンの『昔話のタイプ・インデックス』に基づいたものだが，タイプML 4071番以下はノルウェイの民俗学者R. T.クリスチャンセン教授が著書 The Migratory Legends (1958) で提案したリストに基づいている。Migratory Legends というのは直訳すれば「移動する伝説」ということになろうが，ある特殊の地域に限定された伝説でなく，国境を越えてでも移ってゆく，ある普遍性をもった伝説を指す。昔話 (folktales) と伝説 (legends) の違いは，前者が最初から架空のフィクションであるのに対し，後者は少なくとも当初は事実としてうけとられていた（従って伝説は folk beliefs でもある）という点である。両者は一応ドイツ語のメルヘン (Märchen) とザーゲン (Sagen) の違いに対応するものといわれるが，英語の用法の違いはドイツ語ほどはっきりしていない。ともあれアールネとトムソンの分類では，1番から2400番台までの番号が与えられているのだが，クリスチャンセン教授は，主としてノルウェイの伝説を念頭に，従来の昔話のインデックスでは捕捉しきれないもろもろの伝説を包括する枠組みを新たに提供したのである（上記著書の副題に "a proposed list of types" とある）。そしてアールネとトムソンのタイプ番号に続くものとして3000番から8025番までのタイプを提案した。番号の末尾一桁を0か5に限定し，他の研究者が自分の判断で自由にその合間に番号を挿入できるようにした。タイプML 4071*（ブリッグズ）とあるのはその一例である。以下，*がつくのは，すべてブリッグズ自身が提案したタイプであることを示す。それ以外の末尾が0か5になっているタイプ番号は，クリスチャンセン教授が提案したものである。
　〈B.モチーフ・インデックス〉は，「序文」にもあるように，トムソン教授の6巻からなる大著 Motif-Index of Folk Literature に拠ったものである。トムソンのモチーフ・インデックスは番号の頭にAからZまでをアルファベット順につけ，A 0番に始まりZ 357番に及ぶ。このリストからでもわかるように，それぞれの番号がまたいくつにも細分されていく仕組みになっている。Aは天地創造などの神話的モチーフ，Bは主として動物関係，以下Cはタブー，Dは魔法，Eは死者たち，Fは驚異，というふうにモチーフの内容に応じて別のアルファベット文字がついているが，文字のつけ方は多分に便宜的で，モチーフの内容と直接のつながりはない。「驚異」のモチーフに妖精が登場する率が高いので，おのずからここではFで始まる番号が多くなっている（FairyのFというわけではない）のである。
　番号の後ろに（ボーマン）とあるのは，アメリカの民俗学者 Ernest W. Baughman が著書 Type and Motif Index of the Folktales of England and North America (1966) で

用いた番号という意味。この著書は上掲のアールネとトムソンのタイプ・インデックスとトムソンのモチーフ・インデックスの両方を補完するのを意図したものである。すでに細かくなっている番号をさらに細分して既存番号の末尾に(a)とか(b)のような記号をつける場合が多い。なお（ボーマン）と記してある番号のいくつかに＊がついているが，それはトムソンの『モチーフ・インデックス』の刊行以後に明らかになったモチーフを示すものだという（〈A. タイプ・インデックス〉の＊と意味が違う）。本書本文の項目末尾に掲げられている番号とこの巻末の番号は厳密にいえば一致しなければならないものであるが，原著には時々，ずれがあったり，脱落や誤記があったりした。こちらで気づいたかぎり，手入れをし，補正を試みたが，なお遺漏があるかもしれない。

　タイプとかモチーフ番号になじみの薄い読者も多いかと思うが，妖精という不思議な魅力的存在を，たんに妖精学という視点からでなく，もっと広いフォークロアの視点（folk-loristics）から考察したい人にとって，このタイプやモチーフのインデックスは一つの有力な手引きになるはずである。ご活用を期待したい。　　　　　　　　　　　　（平野敬一）

A. タイプ・インデックス

タイプ　300：　ドラゴン退治——アッシパトル/ラムトンのワーム
タイプ　311：　姉[妹]による救出——ピーリフール
タイプ　313：　主人公の逃亡を助ける娘——グリーン・スリーヴズ/「ないのないの名無し」
タイプ　331（変形）：　瓶に閉じこめられた精——ヤレリー・ブラウン
タイプ　400（変形）：　いなくなった妻を捜す夫——向こう見ずエドリック
タイプ　425（変形）：　いなくなった夫の捜索——グリーン・スリーヴズ/若きタム・リン
タイプ　500：　協力者の名前——シリ・フリット，シリ　ゴ　ドゥート/テリートップ/トム・ティット・トット/ピーリフール/ファウル　ウェザー/妖精の秘密の呼び名/「ワッピティー・ストゥーリー」
タイプ　501：　助けてくれる3人の老婆——ハベトロット
タイプ　503Ⅲ：　罰せられる仲間——妖精丘の欲張り
タイプ　507C：　蛇乙女——ラミア
タイプ　673：　白蛇の肉——妖術師
タイプ　700：　親指トム——親指トム
タイプ　766：　眠れる戦士たち——眠れる戦士たち/「ムラマストの伝説」
タイプ　766（変形）：　眠る7人——オシーン/ブラン^2（フェヴァルの息子）/ヘルラ王
タイプ1030：　収穫の分配——ボーギー
タイプ1090：　麦刈り競争——ボーギー
タイプ1137：　目をくらまされた人食い妖怪——エインセル/メグ・ムラッハ
タイプ1187：　メレアグロス〔ギリシア神話で死の予言〕——「緑の霧」
タイプ1415（大幅な変形）：　幸せハンス——ヘドリーの牛っ子
タイプML.4071＊（ブリッグズ）：　悪意をもったマーメイド——マーメイド

547

タイプ ML. 4075： 妖精のすみかへの訪問——「シリーナが原の妖精のすみか」/「ゼノア村のチェリー」/妖精界訪問/「妖精の男やもめ」
タイプ ML. 4077*： 妖精界に捕らわれる——妖精界の捕らわれ人
タイプ ML. 4080： アザラシ女房——セルキー/マーメイド/「ルーティーとマーメイド」/ローン
タイプ ML. 4081*： 負傷したアザラシ——セルキー
タイプ ML. 4083*： マーメイドとセルキー——セルキー
タイプ ML. 5006*： 妖精との飛行——妖精の飛行
タイプ ML. 5020： トロール伝説——巨人
タイプ ML. 5076： 感謝する妖精——妖精に尊重される美徳
タイプ ML. 5080： 妖精からもらった食べ物——「こわれたスコップ」
タイプ ML. 5081*： 妖精が食べ物を盗む——「アッフリーハンの農夫」
タイプ ML. 5085： 取り換え子——取り換え子/妖精の盗み
タイプ ML. 6010： 妖精の捕獲——コールマン・グレイ/スキリーウィデン/捕らわれた妖精/ブラザー・マイク
タイプ ML. 6035： 妖精が農夫の仕事を手伝う——トム・コックル/ピクシー/ブラウニー/ボダハン・サヴァル
タイプ ML. 6045： 妖精から盗んだ杯——スプリガン/妖精からの盗み/妖精杯
タイプ ML. 6060： 妖精雄牛——エルフ雄牛/「水棲馬と水棲牛」/タルー ウシュタ
タイプ ML. 7010： からかわれた仕返し——ブカ/ブバホッド/ブラウニー/ボガート
タイプ ML. 7015： 新しい衣服——ブラウニー/ブルーニー
タイプ ML. 7020： ニッセ〔家つきの精〕から逃れようとしても無駄である——ボガート

B. モチーフ・インデックス

A 106.2.1.1： 追放された悪魔が月のない日だけ地上に現れる——「消えた月」
A 125.1： 妖婆の姿をした戦いの女神——ハッグ[2]/人食いアニス
A 132.6.2： 鳥の姿をした女神——ネワン/バウ/マハ/モーリグー
A 141： 名工としての神——ルー
A 151.1.1： 丘の内部にある神々の住居——エーンガス・マク・オーグ/オグマ/ダグダ/ルー
A 300： 冥界の神——アラウン
A 421： 海神——ショーニー/マナノーン（リルの子）
A 465.1.1： 詩の女神——リァノーン シー
A 485.1： 戦いの女神——ネワン/バウ/マハ/モーリグー
A 511.1.3.1： 王の未婚の姉妹と神との間に生まれた半神半人の子——クー・ハラン
A 511.2.3： 文化英雄が敵から逃れるためにかくまわれる——フィン
A 511.3： 文化英雄の教育——フィン
A 523： 文化英雄としての巨人——巨人/ブラン[1]（祝福の）

A 524.1.1:　文化英雄が不思議な犬を飼う——フィン
A 525:　善くもあり悪くもある文化英雄——ブラン[1]（祝福の）
A 526.1:　文化英雄も負傷する——クー・ハラン
A 526.5:　文化英雄は目に七つの瞳，手足に各7本の指をもつ——クー・ハラン
A 526.6:　文化英雄が怒ると形相が変わる——クー・ハラン
A 526.8:　文化英雄の膝と足が後ろ向きになる——クー・ハラン
A 527.2:　文化英雄が知恵を授けてくれる身体器官をもつ——フィン
A 536.1:　文化英雄が外敵からアイルランドを守る——クー・ハラン
A 560:　文化英雄が姿を消す——「ムラマストの伝説」
A 571:　山中で眠る文化英雄——「ムラマストの伝説」
A 753:　擬人化された月——「消えた月」
A 754.1.1:　月が穴に落ち，人間に救出される——「消えた月」
A 758:　月を盗む：盗まれて地上にもたらされる——「消えた月」
A 963.5:　巨人が投げた石でできた丘——巨人／ジミー・スクウェアフット
A 977.1:　特定の石のいわれとなった巨人——巨人
A 1135:　冬の天候の起源——カラッハ・ナ・グローマッハ／カリアッハ・ヴェーラ／ケラッハ・ヴェール
A 1459.3:　魔術の獲得——変身
A 1611.5.4.3:　太古の部族とみなされるトゥアハ・デ・ダナンの起源——トゥアハ・デ・ダナン
A 1657.2:　フィル・ヴォルグ族の起源——フィル・ヴォルグ族
A 1659.1:　フォモール族の起源——フォモール族
A 1659.1.1:　ハムまたはカインの末裔としてのフォモール族——フォモール族
A 2468.3:　なぜドラゴンは火で死ぬか——アッシパトル／リントンのワーム
A 2766.1:　なぜニワトコの樹は切られると血を流すか——妖精樹
B 11.2.1.1:　蛇が変形したドラゴン——リントンのワーム
B 11.2.1.3:　魚が変形したドラゴン——メスター・ストゥアワーム／ラムトンのワーム
B 11.2.11.2:　ドラゴンの息が人を殺す——リントンのワーム
B 11.2.12:　巨大なドラゴン——アッシパトル／ラムトンのワーム
B 11.10:　ドラゴンに供える人間の生けにえ——アッシパトル
B 11.11:　ドラゴンとの戦い——アッシパトル／メスター・ストゥアワーム／ラムトンのワーム／ワーム
B 11.12.4.1:　ドラゴンが多量のミルクを飲まされて静かになる——ラムトンのワーム
B 17.2.1:　敵意をもつ海の獣——カーヴァル・ウシュタ
B 29.1:　ラミア：女の顔と蛇の胴体——ラミア
B 53.0.1:　マーメイドの姿をしたセイレーン——ベドン ヴァーラ
B 81:　マーメイド——ケァスク
B 81.2.2:　マーメイドが人間の恋人を引き裂く——マーメイド

B 81.3.1： マーメイドが人間を水の中におびき寄せる――マーメイド
B 81.7： マーメイドが悪天候を警告する――ベドン ヴァーラ
B 81.13.2： マーメイドが浜に打ち上げられる――「キュアリーの年寄り」/「ルーティーとマーメイド」
B 81.13.4： マーメイドが海底の黄金を人間に与える――ベドン ヴァーラ
B 81.13.11： 捕らわれたマーメイド――セルキー
B 81.13.13＊（ボーマン）：水の中に戻してくれた人間に，マーメイドが恩返しをする――「キュアリーの年寄り」/「ルーティーとマーメイド」
B 82.6： 漁夫につかまるマーマン（のちに放される）――中世年代記/マーマン
B 91： 神話上の蛇――ワーム
B 184.1.1： 魔法のスピードをもつ馬――妖術師/霊肉分離
B 184.1.3： 水の世界からの魔法の馬――アッハ・イーシュカ/エッヘ・ウーシュカ/グラシュタン/ケルピー/タンギー
B 184.2.2.2： 水の世界からの魔法の牛――カーカムの赤牛/グラス・ガヴレン/クロー・マラ/タルー ウシュタ
B 217.1.1： 蛇を食べて動物の言葉を解する――妖術師
B 251.1.2： クリスマス前夜に動物たちが人間の言葉で話し合う――リンゴ園の主
B 451： 助けてくれる鳥――「ないのないの名無し」
B 571.1： 魂を体外にもつ怪物を退治する人間を動物が助ける――霊肉分離
B 651.8： 人間の姿をしたアザラシとの結婚――アザラシ乙女
B 652.1： 白鳥乙女との結婚――白鳥乙女
B 871.1.6： 巨大な猫――大耳猫(おおみみねこ)
B 872： 巨大な鳥――ブーブリー
C 0-980： タブー――タブー
C 30： タブー：超自然的存在である親族を怒らせる――アーニァ
C 31： タブー：超自然的存在である妻を怒らせる――アーニァ/グラゲーズ・アンヌーン/サー・ローンファル/妖精花嫁
C 31.1.2： タブー：特定のときに超自然的存在である妻を見る――メリュジーヌ/妖精花嫁
C 31.2： タブー：超自然的存在である妻の素姓を口に出す――向こう見ずエドリック/妖精花嫁
C 31.5： タブー：超自然的存在である妻を自慢する――サー・ローンファル/妖精花嫁
C 31.8： タブー：超自然的存在である妻を打つ――妖精花嫁
C 46： タブー：妖精を怒らせる――ヤレリー・ブラウン
C 51.4.3： タブー：妖精のひそかな手助けを盗み見る――妖精に尊重される美徳
C 94.1： タブー：超自然の存在に対する無作法な返事――妖精に尊重される美徳
C 211.1： タブー：妖精界で食べる――正直トマス/「シリーナが原の妖精のすみか」
C 311.1.2： 妖精を見つめる――妖精に尊重される美徳
C 405： 妖精界で守るべき沈黙――正直トマス

- C 432.1 : 超自然の生き物の名前を言い当てるとそれを支配することができる——シリ・フリット, シリ ゴー ドゥート/テリートップ/トム・ティット・トット/トゥルティン・トゥラティン/パドルフット/ピーリフール/ファウル ウェザー/妖精の秘密の呼び名/妖精を支配する呪文/妖精を支配する力/「ワッピティー・ストゥーリー」
- C 433 : タブー：悪意を持つ生き物を別称で呼ぶ——あちらさん/あの人たち/丘の人/おちびさん/良家の方/シーリー・コート/タルイス・テーグ/昔の人/善いお隣さん/善い人/妖精の呼び替え名/妖精の秘密の呼び名
- C 515 : タブー：花を摘む——若きタム・リン
- C 521 : タブー：馬から下りる——オシーン/ヘルラ王
- C 614.1.0.2 : タブー：森の特定の場所で狩りをする——荒れ地の茶色男
- C 631 : タブー：安息日を守らない——ラムトンのワーム
- C 927.2 : タブーを破った罰で灰と化す——ヘルラ王
- C 932 : タブーを破って妻を失う——グラゲーズ・アンヌーン/向こう見ずエドリック
- C 984 : タブーを破って災難に遭う——オシーン/眠れる戦士たち/ヘルラ王/妖精花嫁/ラムトンのワーム
- C 987 : タブーを破った罰としての呪い——ラムトンのワーム
- D 141 : 変身：男から犬へ——むく犬ジャック
- D 141.1 : 変身：女から雌犬へ——ブラン[3]とシュコラン
- D 150 : 変身：人間から鳥へ——「ムラマストの伝説」
- D 361.1 : 白鳥乙女——グリーン・スリーヴズ/白鳥乙女
- D 361.1.1 : 白鳥乙女が隠された翼を発見し元の姿に戻る——白鳥乙女
- D 429.2.2 : ドラゴンが石へ変身する——アッシパトル
- D 610 : ある姿から別の姿へと繰り返される変身——青ズボン/変身/若きタム・リン
- D 672 : 障害物を利用しての逃走——グリーン・スリーヴズ/「ないのないの名無し」
- D 683.2 : 魔女が変身する——アリソン・グロス
- D 700 : 魔法の解除——アリソン・グロス
- D 721 : 皮を脱ぐことによる魔法の解除——アザラシ乙女/グリーン・スリーヴズ
- D 732 : 醜悪な婦人——「バースの女房の話」
- D 757 : 魔法にかけられて次々に変身する人を放さずに抱きかかえて魔法を解除する——若きタム・リン
- D 764 : 食べることによる魔法の解除——「ケイト・クラッカーナッツ」
- D 771.4 : 魔法の杖を使って魔法を解除する——「ケイト・クラッカーナッツ」
- D 788 : 十字印による魔法の解除——クロス/妖精除け
- D 813.1.1 : 〈湖の麗人〉から授かった魔法の剣——湖の麗人
- D 878.1 : 湖に返された魔法の剣．湖の精によって取り戻される——湖の麗人
- D 934.1 : 魔法の草地——まどわしの草地
- D 950.2 : 魔法のオークの樹——妖精樹
- D 950.6 : 魔法のトネリコの樹——ナナカマド/妖精樹/妖精除け

D 950.10： 魔法のリンゴの樹——オルフェオ王/妖精樹
D 950.13： 魔法のサンザシ——妖精樹
D 965： 魔法の植物——「妖精の男やもめ」
D 971.3： 魔法のシダの実——「妖精の男やもめ」
D 1025.9： 魔法のアザラシの皮——アザラシ乙女
D 1311.11.1： 川が「時が来たが人はまだ来ない」と言う——ケルピー
D 1313.1： 魔法の球が道を教える——グリーン・スリーヴズ
D 1385.2： 呪文や魔法を解く植物——オトギリソウ/四つ葉のクローバー
D 1385.2.5： トネリコ（ナナカマド）が呪文や魔法を防ぐ——トネリコ/ナナカマド/妖精樹/妖精除け
D 1410.4： マーメイドの帯（櫛）を持っていれば，マーメイドを自分の思いのままにできる——「キュアリーの年寄り」
D 1500.1.20： 魔法の粉薬——妖精との交わり
D 1521.1： 七里靴——グリーン・スリーヴズ
D 1711.5： 魔法を使う妖精——超自然の妖術師
D 1766.7： 強力な名前を口にすることによる魔法の成果——妖精を支配する呪文
D 1766.8： 断食による魔法の成果——「ケイト・クラッカーナッツ」
D 1810： 魔法の知識——超自然の妖術師
D 1812.5.1.12.2： 凶兆となる鳥の声——グリム
D 1812.5.1.17： 凶兆となる亡霊——スクライカー/ワフ
D 1825.7.1： 葬列の予見——フィーオリン/妖精の葬式
D 1870： 魔法に起因する醜悪さ——「バースの女房の話」
D 1960.2： 山で眠る王——眠れる戦士たち/「ムラマストの伝説」
D 2004.2.1： 犬になめられると忘却する——グリーン・スリーヴズ
D 2006.1.1： 忘れられた許婚者が，魔法で恋人たちをつかまえ，夫の記憶を呼びさます——グリーン・スリーヴズ
D 2031： 魔法による幻影——「聖コセンと妖精王」/ピショーグ/まやかしの術
D 2031.0.2： 妖精が幻影を引き起こす——まやかしの術
D 2066： エルフの矢傷——アメリカへの移住妖精/エルフの矢傷/妖精の道徳/妖精の人間依存
D 2122： 魔法のスピードでの移動——妖術師/霊肉分離
D 2176.3： 悪霊が払い清められる——ヘンリースの大入道
D 2183： 超自然的な援助者による魔法の糸紡ぎ——テリートップ/トム・ティット・トット/ハベトロット/ピーリフール
E 251.3.3： 吸血鬼が血を吸う——ブーヴァン・シー
E 422.1.1： 首のない幽霊——コラン・グン・キャン
E 423： 動物の姿をした幽霊——ショック/バグベリーの吠える雄牛/ピクトリー・ブラッグ/ブーカ/ブラッグ
E 423 (b)（ボーマン）： 妖精動物が姿を変える——ブラッグ/ヘドリーの牛っ子

- E 423.1.1： 幽霊犬——黒妖犬
- E 423.1.1.1（b）（ボーマン）： 不気味な黒犬——黒妖犬／トラッシュ
- E 423.1.3.5（a）（ボーマン）： 妖怪馬が人間を乗せ，それから泥の中に振り落とす——シャッグ フォール，タター フォール／ピクトリー・ブラッグ／ブラッグ
- E 443.2.4.1： 牧師の一団によって退散させられる亡霊——バグベリーの吠える雄牛
- E 451.5： 財宝がみつかると退散する亡霊——シルキー
- E 461： 幽霊と生きた人間との戦い——コラン・グン・キャン
- E 500： 幽霊の集団——ウィッシュ・ハウンドの群れ／七鳴き
- E 501.1： 妖怪狩猟群の首領——オーディン／妖怪狩猟群
- E 501.1.7.1： 妖怪狩猟群の首領としてのヘルラ王——ヘルラ王
- E 501.1.7.3： 妖怪狩猟群の首領としての向こう見ずエドリック——向こう見ずエドリック／妖怪狩猟群
- E 501.13.1.4： 鈴の音が先触れとなる妖怪狩猟群——妖怪狩猟群
- E 501.13.4： 犬の吠え声が先触れとなる妖怪狩猟群——クーン・アンヌーン／妖怪狩猟群
- E 502： 眠る軍隊——眠れる戦士たち／「ムラマストの伝説」
- E 710： 体外にある魂——霊肉分離
- E 711.1： 卵の中の魂——霊肉分離
- E 723.2： 死の前兆（自分の生霊を見ること）——スウォース／フェッチ／ボダッハ・グラス／ワッフ
- E 731.6： アザラシの姿をとる魂——ローン
- E 752.2： 悪魔に連れ去られる魂——タンケラボーガス
- E 765.3.4： 少女がキバナノクリンザクラが摘まれるまで生きる——「緑の霧」
- F 68： 魔法による上方界への上昇——エーティン
- F 81.1： オルフェウス——オルフェオ王
- F 103.1（ボーマン）： 〈緑の子ども〉が人間界を訪ねる：そのまま人間たちと生活する——緑の子ども
- F 109： 冥界への訪問——フィンヴァラ
- F 111： 地上の楽園への旅——ブラン²（フェヴァルの息子）
- F 112： 女護の島への旅——ブラン²（フェヴァルの息子）
- F 160.0.2： 死者の国と混同された妖精の他界——「聖コセンと妖精王」／フィンヴァラ
- F 167.12： 他界の王——グイン・アップ・ニーズ／「聖コセンと妖精王」／フィンヴァラ
- F 172.1： 他界では憂鬱や嫉妬などは存在しない——チール・ナ・ノーグ／妖精の道徳
- F 184： 他界の王——フィンヴァラ
- F 200.1： ピクシー——ピクシー／ピスキー
- F 211： 空洞になった小丘の下にある妖精界——「ケイト・クラッカーナッツ」／地下の住民／妖精丘の欲張り
- F 211.0.2.1： アイルランドを征服したトゥアハ・デ・ダナンが侵略者に打ち負かされる

		──トゥアハ・デ・ダナン
F	211.3：	妖精が地下にすむ──地下の住民/フレアリー/「妖精の男やもめ」
F	212：	水底の妖精界──プラント・アンヌーン
F	232.2：	妖精が肩にかけられるほど長い乳房をもつ──ベン・ニーァ
F	233.1：	緑色の妖精──緑の子ども
F	233.3：	赤い妖精──フィル・イァルガ
F	233.5：	妖精が黄(金)色の髪をもつ──金髪/タルイス・テーグ
F	234.0.2：	姿を変える妖精──シーフラ/スクライカー/バーゲスト/パック/パッドフット/ピクトリー・ブラッグ/ブーカ/ブラッグ/ヘドリーの牛っ子/変身
F	234.1.4.1：	雌鹿の姿をした妖精──詩人トマス
F	234.1.8：	馬の姿をした妖精──アッハ・イーシュカ/エッヘ・ウーシュカ/グラント/ケルピー/シャッグ フォール, タター フォール/ノッグル/ものぐさローレンス
F	234.1.9：	犬の姿をした妖精──黒妖犬/スクライカー/バーゲスト/むく犬ジャック
F	234.1.16：	虫の姿をした妖精──オード・ゴギー/グースベリー女房
F	234.2.2：	恐ろしい姿をした妖精──トム・ドッキン/パサマクワーディ・インディアンの小人
F	234.3：	物の形をとる妖精──ヘドリーの牛っ子
F	235.1：	目に見えない妖精──スクライカー/妖精を見ること
F	235.3：	ひとりの人間にだけ見える妖精──ジェフリーズ，アン
F	235.4.1：	塗り薬を用いると見える妖精──「ゼノア村のチェリー」/妖精がとがめる過ち/妖精の塗り薬
F	235.4.1(a)(ボーマン)：	妖精に雇われた産婆が塗り薬を用いる──妖精に雇われた産婆/妖精がとがめる過ち/妖精の塗り薬
F	235.4.6：	四つ葉のクローバーを持っていると見える妖精──妖精を見ること/四つ葉のクローバー
F	235.5.1：	他人の足の上に立つと見える妖精──妖精を見ること
F	235.5.2：	妖精の輪に踏みこむと見える妖精──妖精を見ること
F	236.1.3：	白衣の妖精──フレアリー
F	236.1.6：	緑衣の妖精──グリッグ/ジェフリーズ，アン/「東の原の妖精たち」/緑の人
F	236.3.2：	赤帽子の妖精──グリッグ/「東の原の妖精たち」/緑の人
F	236.6：	妖精が派手な衣服をまとう──正直トマス
F	239.4：	妖精の大きさ──妖精の大きさ
F	239.4.1：	妖精が人間と同じ大きさである──妖精の大きさ
F	239.4.2：	妖精が小さな子どもと同じ大きさである──ペッホ/妖精の大きさ
F	239.4.3：	妖精がきわめて小さい──「アイ・ウェイト，ユー・ウェイト」/エリザベス1世時代の妖精/ごく小さい妖精/コーンウォールの小さい人/ジェフリーズ，アン/スキリーウィデン/ハイター・スプライト/パサマクワーディ・インディアンの小人/ブラザー・マイク/ミコール/ムリアン/妖精丘の欲張り/妖精の大きさ

F 241:　　妖精が飼育する動物——妖精犬
F 241.1:　　妖精が飼育する馬——トゥアハ・デ・ダナンの妖精馬
F 241.1.0.1:　　妖精の行列——オルフェオ王/シーフラ/ヘルラ王/向こう見ずエドリック/群れをなす妖精/妖精の騎馬行列/妖精の飛行/妖精のレクリエーション
F 241.1.1.1:　　妖精が白馬に乗る——トゥアハ・デ・ダナンの妖精馬
F 241.2:　　妖精の雌牛——グラゲーズ・アンヌーン/クロー・マラ/グワルセーグ・ア・シーン
F 241.4:　　ヤギは妖精の仲間——「アッフリーハンの農夫」
F 241.6:　　妖精犬——クー・シー/ファルヴァン/ブラン[3]とシュコラン/妖精犬
F 242.2:　　妖精の小舟——パサマクワーディー・インディアンの小人
F 243:　　妖精の食べ物——妖精の食べ物
F 243.1:　　妖精のパン——妖精の食べ物
F 246:　　妖精のタバコ・パイプ——パサマクワーディー・インディアンの小人
F 251:　　妖精の起源——妖精の起源
F 251.1:　　太古の神族の末裔とみなされる妖精——妖精の起源/妖精の起源説
F 251.2:　　死者の霊魂が妖精になる——妖精の起源
F 251.3:　　洗礼を受けずに死んだ子どもが妖精になる——スパンキー/タラン/ホイッティンゲーム村のショート・ホガーズ/妖精の起源
F 251.6:　　堕天使が妖精になる——妖精の起源
F 251.7:　　魔物が妖精になる——妖精の起源
F 251.11:　　妖精は，天国に行けるほど善良ではなく，地獄に堕ちるほど邪悪ではない者である——妖精の起源
F 251.12:　　妖精はドルイド僧である——妖精の起源
F 252.1:　　妖精の王——オベロン/フィンヴァラ
F 252.2:　　妖精の女王——ウーナ/ティターニア/ニクネーヴィン/ヌアラ
F 252.4:　　妖精界から追放された妖精——フェノゼリー
F 254.1:　　妖精には身体的欠陥がある——バン・シー/ヘンキー/妖精の身体欠陥
F 257:　　定められた時期に悪魔が妖精から取り上げる貢ぎ物——ティーンド
F 258.1:　　妖精が市を開く——妖精の市
F 261:　　妖精が踊る——妖精のレクリエーション
F 261.1.1:　　妖精が妖精の輪の中で踊る——エリザベス1世時代の妖精
F 262:　　妖精が音楽を奏でる——妖精の手仕事/妖精のレクリエーション
F 262.2:　　妖精がバグパイプの奏法を教える——アメリカへの移住妖精/妖精の手仕事
F 262.3.4:　　妖精の音楽が眠りをさそう——アレーン・マク・ミーナ
F 265.1:　　妖精が浴場を使用する——鉱泉につかる妖精
F 267:　　妖精がゲームに参加する——ハーリング/妖精の人間依存/妖精のレクリエーション
F 268.1:　　妖精女王のための葬儀が夜キリスト教会で催される——妖精の葬式
F 271.0.1:　　職人としての妖精——妖精の手仕事

F 271.2： 建造者としての妖精——パサマクワーディー・インディアンの小人/ペッホ
F 271.4.2： 巧みに機を織る妖精——妖精の手仕事
F 271.4.3： 妖精が糸を紡ぐ——トム・ティット・トット/ハベトロット/妖精の手仕事/ローレグ
F 271.7： 妖精がバターを作る——妖精の手仕事
F 271.10： 妖精がパンを焼く——「こわれたスコップ」/妖精の手仕事
F 282： 妖精が空を飛ぶ——ジェフリーズ，アン/地下の住民/妖精の飛行
F 282.2： 妖精が空を飛ぶときの呪文——妖精との交わり/妖精の飛行
F 282.4（a）（ボーマン）： 人間が妖精と旅をする：妖精といろいろな場所でごちそうを食べる——妖精の飛行
F 300： 妖精との結婚または交わり——ガルス・ドルウェンのアイリアン/グラゲーズ・アンヌーン/サー・ローンファル/中世ロマンスの妖精/妖精界の捕らわれ人/妖精花嫁
F 301： 妖精の恋人——ジェフリーズ，アン
F 301.1.1.2： 少女が花を摘んで妖精の恋人を呼び出す——若きタム・リン
F 301.2： 妖精の恋人が人間の少女を誘惑する——ガンコナー
F 301.3： 少女が妖精界に行き妖精と結婚する——ガルス・ドルウェンのアイリアン/妖精界の捕らわれ人
F 302.1： 男が妖精界に行き妖精と結婚する——オシーン
F 302.2： 男が妖精と結婚し自分の家に連れ帰る——アーニァ/グラゲーズ・アンヌーン/向こう見ずエドリック/妖精花嫁
F 302.3.1： 妖精が男を妖精界に誘いこむ——正直トマス/ブラン[2]（フェヴァルの息子）
F 302.3.2： 妖精が男に贈り物をし愛人にしようとする——サー・ローンファル
F 302.3.4： 妖精が人間をおびき寄せ危害を加える——「ケイト・クラッカーナッツ」
F 302.3.4.2： 妖精が若者と踊って正気を失わせる——「ケイト・クラッカーナッツ」
F 302.4.2： 妖精が男に翼を盗まれて支配される；翼を発見して自由の身になる——白鳥乙女
F 302.4.2.1： 妖精が男に衣服を盗まれてその男に支配される——妖精花嫁
F 302.5.2： 妖精の恋人が男の妻の姿を変える——ブラン[3]とシュコラン
F 302.6.2： 妖精の恋人を取り戻す——サー・ローンファル
F 304.2： 妖精女王が人間との交わりによって一時的にその美しさを失う——正直トマス
F 305： 妖精と人間の混血の子孫——ペリングの一族
F 311.1： 妖精の代母——妖精の代母
F 316： 妖精が子どもに呪いをかける——妖精の代母
F 320： 妖精が人間を妖精界へ連れ去る——カーク，ロバート/ジェフリーズ，アン/正直トマス/若きタム・リン
F 321： 妖精が揺り籠から子どもを盗む——アメリカへの移住妖精/取り換え子/ベンデ

　　　　　ィース・ア・ママイ/モーキン
F　321.1：　取り換え子．妖精が揺り籠から子どもを盗み，代わりに妖精を置いてゆく――取り換え子/ブレンティン ネウィード/ベンディース・ア・ママイ
F　321.1.1.1：　取り換え子がけげんに思って、つい自分の年をあかす――ベンディース・ア・ママイ/妖精界の捕らわれ人
F　321.1.3：　取り換え子を追い払う――ベンディース・ア・ママイ
F　321.1.4：　取り換え子を退治する――取り換え子
F　321.1.4.1：　水に投げこまれて退散する取り換え子――アメリカへの移住妖精
F　321.1.4.3：　火に投げこまれて退散する取り換え子――取り換え子/妖精界の捕らわれ人
F　321.2：　妖精に子どもが盗まれるのを防ぐまじない――取り換え子/妖精除け
F　322：　妖精が人間の妻を盗む――「サンディー・ハーグの女房」/ネルソン，メアリー/花嫁エッヘナ/「バルマチーの領主の妻」/ミデル
F　322.2：　男が妖精界から妻を救出する――花嫁エッヘナ/ミデル
F　329.2：　妖精が若い女を誘拐する：女をめぐって争いが生じ彼女を返す――ジェフリーズ，アン
F　329.4.1：　迷子になった妖精の子どもが人間に発見される：人間が食べ物を与えたり温めたりする――コールマン・グレイ
F　329.4.2：　妖精の子どもが発見され世話を受けるが痩せ細って死ぬ――ブラザー・マイク
F　329.4.3：　人間に捕らえられた妖精が逃げる――スキリーウィデン
F　330：　恩を忘れぬ妖精――恩を忘れぬ妖精/「こわれたスコップ」/トゥルメン/妖精に尊重される美徳
F　332：　もてなしに感謝する妖精――「パベイ島」/妖精に尊重される美徳
F　332.0.1：　日々の食事をもらって人間に感謝する妖精――ブラウニー
F　333：　人間の産婆に感謝する妖精――恩を忘れぬ妖精
F　335：　物を借りて感謝する妖精――妖精に尊重される美徳
F　338：　器具や道具を修理してくれた人間に感謝する妖精――恩を忘れぬ妖精/「こわれたスコップ」
F　340：　妖精からの贈り物――シーリー・コート/妖精丘の欲張り
F　343.14：　他界の住民から贈られた金杯――ブーカ
F　343.19：　妖精が人間に妖精のパンを与える――「こわれたスコップ」/ジェフリーズ，アン
F　344.3：　妖精が男に人間の治療に使う白い粉薬を与える――妖精との交わり
F　346：　妖精が人間の仕事を手伝う――アメリカへの移住妖精/シーリー・コート/トム・ティット・トット/パドルフット/ハベトロット/ヒルトンの血無し少年/ブラウニー/ボダハン・サヴァル/ヤレリー・ブラウン/ロビン・ラウンドキャップ
F　346（a）（ボーマン）：　妖精が人間のあらゆる家事を手伝う――トム・コックル/メグ・ムラッハ/ロビン・ラウンドキャップ

F 348.2： 妖精から盗んだ杯を壊してはならない：不運なことが起こる——妖精からの盗み
F 348.5.2： 妖精から贈り物をもらってお礼を言わない人間——ヤレリー・ブラウン/妖精に尊重される美徳/妖精に対する作法
F 348.7： タブー：妖精の贈り物のことを口外する：贈り物が途絶える——タブー/妖精に尊重される美徳
F 348.8： タブー：妖精に仕事をしてもらう人間は妖精を見てはならない——タブー
F 350： 妖精からの盗み——妖精丘の欲張り/妖精からの盗み
F 352： 妖精から杯を盗む——妖精からの盗み/妖精杯
F 352.1： 妖精から飲み物をすすめられた人間が，その杯を盗む——妖精からの盗み/妖精杯
F 360： 悪意をもった有害な妖精——アンシーリー・コート/スルーア/パッチ/ピヤレイ/モルガン・ル・フェ
F 361.2： 妖精が盗みに対して仕返しをする——スプリガン/妖精丘の欲張り
F 361.3： 妖精が自分たちを盗み見た人間に仕返しをする——「東の原の妖精たち」/妖精生活への侵害/妖精の葬式/妖精がとがめる過ち/妖精の塗り薬
F 361.14： 妖精が食事を出しておくことを怠った女中を罰する——妖精がとがめる過ち
F 361.16： 妖精が，他人をむごく取り扱う人間を罰する——ピクシー
F 361.17.5： 主婦が妖精たちのためにきれいな水を出し忘れると，妖精は自分たちの子どもを撹乳器に入れて洗う——シブ
F 362： 妖精が病気を引き起こす——傷害や病気/とびひ
F 363.2： 〈赤帽子〉が旅人を殺し，血を帽子で受ける——赤帽子
F 364.3： 妖精と人間との戦争——メーヴ
F 365： 妖精が盗みを働く——「アイ・ウェイト，ユー・ウェイト」/「アッフリーハンの農夫」/妖精の道徳/妖精の盗み
F 365(c)（ボーマン）： 妖精が穀物を1穂ずつ盗む——「アイ・ウェイト，ユー・ウェイト」/ブラザー・マイク
F 366.2： 妖精が夜，人間の飼う馬に乗る——妖精除け
F 369.1： 妖精が建物に火を放つ——アレーン・マク・ミーナ
F 369.4： 妖精が人間をだます——フィル・イァルガ/レプラホーン
F 369.7： 妖精が旅人を道に迷わす——イグニス・ファテュウス/ウィル・オ・ザ・ウィスプ/グイシオン/ピクシー/ピクシーのまどわし/プークのまどわし/マブ/山の老婆
F 370： 妖精界訪問——「アッフリーハンの農夫」/「エリダーと黄金のまり」/「ケイト・クラッカーナッツ」/ジェフリーズ，アン/「シリーナが原の妖精のすみか」/「ゼノア村のチェリー」/妖精界訪問/妖精の男やもめ」
F 371： 妖精界で育てられた人間——湖の麗人
F 372： 妖精が人間の乳母を連れ去り妖精の子どもの世話をさせる——「シリーナが原

の妖精のすみか」/「ゼノア村のチェリー」/ネルソン，メアリー/妖精界の捕らわれ人/「妖精の男やもめ」

F 372.1： 妖精が人間の産婆を連れ去り妖精の妻のお産を手伝わせる——妖精に雇われた産婆

F 373： 人間界を捨て，妖精界で生活する——ブラン²（フェヴァルの息子）

F 375： 妖精界で捕らえられた人間——カーク，ロバート/「シリーナが原の妖精のすみか」/花嫁エッヘナ/フィル・イァルガ/モーキン/妖精界の捕らわれ人/妖精界訪問

F 376： 妖精界で召使いをする人間——「アッフリーハンの農夫」/「シリーナが原の妖精のすみか」/「ゼノア村のチェリー」/「妖精の男やもめ」

F 377： 妖精界における時間の不可思議な経過——チール・ナ・ノーグ/ブラン²（フェヴァルの息子）/ヘルラ王/妖精界における時間/妖精界訪問

F 378.1： タブー：妖精界から帰って地面に足を触れる——オシーン/チール・ナ・ノーグ/ヘルラ王/妖精界訪問

F 379.1： 妖精界からの帰還——イー/正直トマス/ネルソン，メアリー/ヘルラ王/妖精界の捕らわれ人/妖精界訪問

F 379.3： 男が妖精界で7年間暮らす——正直トマス

F 380： 妖精の裏をかいたり，妖精から逃れること——「アッフリーハンの農夫」/「サンディー・ハーグの女房」

F 381.1： 妖精が名前を言い当てられると去る——トム・ティット・トット/パドルフット/ピーリフール/ファウル ウェザー/妖精の秘密の呼び名/「ワッピティー・ストゥーリー」

F 381.3： ブラウニーが新しい衣服を与えられると去る——エイケン・ドラム/パック/ピクシー/ヒルトンの血無し少年/プーカ/フェノゼリー/ブラウニー/ホブ，ホブスラスト

F 382： 妖精を追い払う——青ズボン/ブラウニー/妖精除け/ロビン・ラウンドキャップ

F 382.1： 妖精がクロスを恐れる——「アッフリーハンの農夫」/クロス/鉄/妖精除け

F 382.1.1*（ボーマン）： パンにつけた十字印が妖精を遠ざける——「アッフリーハンの農夫」

F 382.2： 聖水が妖精の呪文を破る——「聖コセンと妖精王」/妖精除け

F 382.6： 妖精の宴で食前の祈りを求めると妖精と宴が消滅する——祈り

F 383.2： 流れる川を渡れない妖精——荒れ地の茶色男/流れる水/妖精除け

F 384.1： 妖精除けの力が強い塩——塩/妖精除け

F 384.3： 妖精除けの力が強い鉄——鉄

F 385.1： 上着を裏返すと妖精の呪文を防げる——スプリガン/ピクシーのまどわし/服の裏返し/妖精除け

F 387： 捕らえられた妖精——コールマン・グレイ/スキリーウィデン/捕らわれた妖精/ブラザー・マイク

F 388： 妖精が去る——パサマクワーディー・インディアンの小人/妖精の退散

F 391： 妖精が人間から借り物をする──妖精の借用/妖精の人間依存
F 392（変形）： 羽虫に変えられた妖精が女にのみこまれ，妖精となって生まれ変わる──エーティン
F 399.4： いたずら好きで人を困らせる妖精──パック/パドルフット/ピクトリー・ブラッグ/ブーカ/ブバホッド/ブラッグ/ヘドリーの牛っ子/ボガート/ロビン・グッドフェロー
F 401.3： 動物の姿をした精──青ズボン/アッハ・イーシュカ/エッヘ・ウーシュカ/ガイトラッシュ/ケルピー/ブーカ
F 401.3.3： 黒犬の姿をした精──教会グリム/守護の黒妖犬/マーザ・ドゥー/モーザ・ドゥーグ
F 401.5： 精が恐ろしい姿で現れる──ナックラヴィー
F 402： 邪悪な精──トム・ドッキン/ヤレリー・ブラウン
F 402.1.1： 精が人を道に迷わす──イグニス・ファテュウス/ウィル・オ・ザ・ウィスプ/シェリーコート/スパンキー/パック/ピクシー/ピクシーのまどわし/ブークのまどわし/ブカ/ヘドリーの牛っ子
F 402.1.11： 精が死をもたらす──ケァルプ/モーザ・ドゥーグ
F 402.1.12： 精が人間と戦う──それ/骨なし
F 403： 善良な精──シーリー・コート/ブラウニー/ボタンキャップのねえや/ものぐさローレンス
F 403.2： 精が人間の手助けをする──ウリシュク/ブラウニー
F 405.4： 叱られ，やりこめられてとまどう精──ワッフ
F 405.11： 衣服の贈り物が供えられると，家の精が去る──ピクシー/ヒルトンの血無し少年/フェノゼリー/ブラウニー/ブルーニー
F 406： なだめられた精──アイナ・ピック・ウィンナ/小さいさん
F 419.3.1*（ブリッグズ）： 野生動物を守護する精──荒れ地の茶色男
F 420.1.1： 男の姿をした水にすむ精──モルガン
F 420.1.2*（ボーマン）： 女の姿をした水にすむ精──アザラシ乙女/アスレイ/セルキー/モルガン
F 420.1.2.2： 水の乙女が口をきかない──アスレイ
F 420.1.3.3： 馬の姿をした水にすむ精──アッハ・イーシュカ/エッヘ・ウーシュカ/ケルピー/「水棲馬と水棲牛」/ノッグル
F 420.1.3.4： 雄牛の姿をした水にすむ精──エルフ雄牛/「水棲馬と水棲牛」
F 420.1.4： 異常な姿をした水にすむ精──アーヴァンク/ナックラヴィー
F 420.1.4.8： 緑の歯をした水にすむ精──ペグ・パウラー/緑の牙のジェニー
F 420.1.6.6.3： 水にすむ精が緑の衣服をまとう──水の妖婆
F 420.3.1： 水にすむ精が水中で家族生活を営む──「キュアリーの年寄り」/ペドンヴァーラ/「ルーティーとマーメイド」
F 420.4.4： 水にすむ精が感謝する──「キュアリーの年寄り」/「ルーティーとマーメイド」

F	420.5.1:	親切な水にすむ精——セルキー/マーメイド/ローレグ
F	420.5.1.1:	水にすむ精が船乗りに嵐を警告する——セナン入り江の警告妖精
F	420.5.1.7.3:	水にすむ精が魔法の贈り物をする——「キュアリーの年寄り」
F	420.5.1.8:	水にすむ精が助言する——マーメイド
F	420.5.1.9:	水にすむ精が人間の捨て子を養子にする——湖の麗人
F	420.5.2:	悪意をもつ水にすむ精——アーヴァンク/グリンディロー/サムヒギン・ア・ドゥール/ナックラヴィー/フィジアル/フーア/マーマン/マーメイド/水の妖婆/緑の牙のジェニー
F	420.5.2.1:	水にすむ精が人間を水中におびき寄せる——シューピルティー/マーメイド/水の妖婆/「ルーティーとマーメイド」
F	420.5.2.1.2:	水にすむ精が子どもを水中におびき寄せる——子ども部屋のボーギー/ペグ・パウラー
F	420.5.2.1.6:	水にすむ精が7年（または9年）に1度生けにえを要求する——ペグ・オネール/「ルーティーとマーメイド」
F	420.5.2.7.3:	水にすむ精が船を難破させる——マーメイド/ミンチ海峡の青亡霊
F	421.1:	湖の麗人/湖の女の精——湖の麗人
F	422:	沼沢地の精——小さいさん/ヤースキン
F	430:	天候の精——おだやかアニス/カラッハ・ナ・グロマッハ/ケラッハ・ヴェール/ムーリャルタッハ
F	433:	嵐の精——ハウラー
F	436:	寒さの精——ケラッハ・ヴェール
F	441.2:	樹木の精——オークの樹の精
F	441.2.3.2:	ニワトコの樹の精——ニワトコ婆さん/妖精樹
F	451:	ドワーフ——ドワーフ
F	451.0.1:	レプラホーン——レプラホーン
F	451.5.2:	悪意をもつドワーフ——荒れ地の茶色男/テリートップ/ドゥアガー/トム・ティット・トット/ヤレリー・ブラウン
F	451.5.2.3.1:	ドワーフに盗まれた子どもの代わりに置いていかれる木像——ストック
F	455.8.1:	トロールが日の出とともに石に変わる——トロー
F	456:	鉱山の精としてのノーム——青帽子/カッティー・ソームズ/コブラナイ/スプリガン/ドワーフ/ノッカー/ノーム
F	456.1:	スプリガン——青帽子/カッティー・ソームズ/スプリガン/妖精丘の欲張り
F	456.1.1:	ノッカーまたはスプリガンの起源——スプリガン/ノッカー
F	456.1.1.1:	キリストを十字架にかけたユダヤ人たちの霊とみなされるノッカー——ノッカー
F	456.1.2.1.1:	鉱山の中で口笛を吹くとノッカーが不運をもたらす——ノッカー
F	456.1.2.2.1:	ノッカーが，鉱山の中で最も豊かな鉱脈のある所をたたいて人間をそこへ導く——ノッカー

F 456.2： 鉱山の精，〈青帽子〉——青帽子
F 456.2.1： 〈青帽子〉が炭車を鉱夫に代わって動かす——青帽子
F 456.3： 鉱山の精——カッティー・ソームズ
F 456.3.1： 鉱夫が炭車を引く綱を〈カッティー〉が切る——カッティー・ソームズ
F 460： 山の精——グイシオン/ベヒル
F 460.4.4： 悪意をもつ山の住民——グイシオン
F 470： ゴブリン——ゴブリン/フーア/ホブゴブリン
　　　　夜の精——鉄枷(てつかせ)のジャック
F 470.0.1： いたずらをする修道士ラッシュ——修道士ラッシュ
F 471.1： 夢魔——ナイト メア/ハッグ[1]
F 471.2： インキュバス——インキュバス
F 471.2.1： サキュバス——ナイト メア/ハッグ[1]/ブーヴァン・シー/メリュジーヌ/ラナン シー/リァノーン シー
F 473.2.4： 明白な理由なしに家が燃える——青ズボン
F 473.6.4： 精が食べ物を食う——食料室の精
F 475： 友好的な夜の精——青ズボン/グーナ/ブラウニー/ロブとホブ
F 480： 家の精——キルムーリス/グルアガッハ/グローガッハ/シルキー/鍋掛けゆらし/ルリダン
F 482： ブラウニー——エリザベス1世時代の妖精/ブラウニー
F 482.3.1： ブラウニーが家にすむ．家人が移動すればそれについて移動する——アメリカへの移住妖精/トム・コックル
F 482.3.1.1： ブラウニーが農夫と移動する——ボーハン/ボガート
F 482.5.3： ブラウニーがからかう——キルムーリス
F 482.5.4： ブラウニーその他の家庭的な精による援助行為——シルキー/パック/ビリー・ブラインド/ブーカ/ブラウニー/ボダハン・サヴァル/ルリダン
F 482.5.4.1： ブラウニーが産婆を迎えに馬を走らせる——キルムーリス/ブラウニー
F 482.5.5： ブラウニーの邪悪なまたは迷惑な行為——シルキー/ブカ/ブバホッド/ブラウニー/ボガート/ボーハン/メグ・ムラッハ/ロビン・ラウンドキャップ
F 482.5.5(i)（ボーマン）： ロビン・ラウンドキャップが籾殻(もみがら)と穀粒をごちゃまぜにする——ロビン・ラウンドキャップ
F 482.5.5(o)（ボーマン）： 泥棒または密猟者の袋に入った妖精——捕らわれた妖精
F 488： 愚かな家の精——ブラウニー クロッド
F 488.1： 家の精が羊の番をする/一番小さな子羊(ウサギ)に手こずる——グルアガッハ/グローガッハ
F 491： ウィル・オ・ザ・ウィスプ——イグニス・ファテュウス/ウィル・オ・ザ・ウィスプ/ウィル・オ・ザ・ワイクス/エサスダン/ジャッキー・ランタン/スパンキー/火の尻尾のジル/ヒンキー・パンク/ピンケット/ろうそく立てのキット/わら束のジョーン
F 491.1： ウィル・オ・ザ・ウィスプが人を道に迷わす——イグニス・ファテュウス/ウ

ィル・オ・ザ・ウィスプ/エサスダン/ジャッキー・ランタン/スパンキー
F 511.0.9： 動物の頭がついた人間──ジミー・スクウェアフット
F 531： 巨大な人間──巨人/ブラン[1]（祝福の）
F 531.4.11： 巨人が飼う巨大な動物──ジミー・スクウェアフット
F 535.1： 親指大の人間──親指トム
F 535.1.1： 親指小僧の冒険──親指トム
F 535.1.1.7： 動物にのまれた親指小僧──親指トム
F 535.1.1.14： 帽子の縁で運ばれる親指小僧──親指トム
F 555.1： 金色の髪──金髪
F 582.1： 蛇女．女の内部にいる蛇が出てきて花婿を殺す──メリュジーヌ
F 628.2.3： 強い男が巨人を殺す──巨人
F 725.3.3： 海底の家──メロー
F 1041.16： 怒りから生じる過剰反応──ブラン[1]（祝福の）
G 11.3： 人食い魔女──ルージャグ
G 100.1： 巨大な鬼（フォモール族）──フォモール族
G 201.1： 過度の糸紡ぎによって醜く変形した妖婆──ハベトロット
G 211.1.7： 猫の姿をした魔女──人食いアニス
G 214.1： 牙の長い魔女──人食いアニス
G 261： 魔女が子どもを盗む──人食いアニス
G 262.0.1： ラミア．子どもを食べる魔女──人食いアニス
G 269.4： ふられた魔女が呪いをかける──アリソン・グロス
G 275.8.2： 妖精の助力で打ち負かされる魔女──アリソン・グロス
G 302.3.2： 動物の姿をした魔物──エッヘ・ウーシュカ/大耳猫(おおみみねこ)/オールド・ショック/ケルピー/黒妖犬/スクライカー/トラッシュ/バーゲスト/パッドフット/モーザ・ドゥーグ
G 303.3.3.1.3： 馬の姿をした悪魔──アッハ・イーシュカ/エッヘ・ウーシュカ/ケルピー/修道士ラッシュ/妖術師
G 303.4.1.2.4： 悪魔が皿のように大きな目をもつ──バーゲスト
G 303.4.6： 悪魔の尻尾──バーゲスト
G 303.7.1.3.： 迷った魂を追い求め，夜悪魔が馬を駆る──悪魔の猟犬群/ウィッシュ・ハウンドの群れ/ガブリエルの猟犬群/ガブリエル・ラチェット/妖怪狩猟群
G 303.9.3.1： 悪魔が農場主に雇われる──修道士ラッシュ
G 303.9.4： 誘惑する悪魔──修道士ラッシュ
G 303.16.2： 祈りによって避けられる悪魔の力──悪魔の猟犬群/祈り
G 303.16.19.13： 悪魔は流れる水を越えられない──ナックラヴィー
G 303.17.2.4： 悪魔と罪深い僧が燃える川へ消え去る──「ダンドーと猟犬群」
G 308： 海の怪物──ナックラヴィー/マルール
G 312： 人を食う妖怪──人食い妖怪
G 346.2： 破壊的な魔物が人を殺して食う──ルージャグ

G 465： 人食い妖怪が不可能な仕事を課す——グリーン・スリーヴズ/「ないのないの名無し」

H 151： 注意を引く：そのあとで認知する——「ないのないの名無し」

H 151.1： 魔力をもった物で注意を引く：そのあとで認知する——グリーン・スリーヴズ

H 335.0.1： 花嫁が求婚者の仕事を手伝う——グリーン・スリーヴズ/「ないのないの名無し」/白鳥乙女

H 335.3.1： 求婚者の仕事：生けにえとして王女が供えられることになっているドラゴンを退治する——アッシパトル

H 509.3： 試練としてのチェスのゲーム——チェス

H 512： 命を賭けてのなぞ当て——ファウル ウェザー

H 521： 試練：正体不明の出題者の名前を言い当てる——テリートップ/トム・ティット・トット/ファウル ウェザー/「ワッピティー・ストゥーリー」

H 541： 間違えたら罰を受ける条件で出されるなぞ——「バースの女房の話」

H 900： 課された仕事：その者の勇気が試される——フィアナ騎士団

H 914： 母親が愚かにも自慢したために課された仕事——トム・ティット・トット/ハベトロット

H 1010： 不可能な仕事——グリーン・スリーヴズ/「ないのないの名無し」

H 1092： 仕事：不可能な量の糸紡ぎ——トム・ティット・トット/ハベトロット

H 1102： アウゲイアース王の牛舎〔長い間掃除をしていない〕の清掃——グリーン・スリーヴズ/「ないのないの名無し」

H 1219.1： 賭けに負けたために課される探索の旅——グリーン・スリーヴズ

H 1235： 探索の道中に次々と現れる助力者——グリーン・スリーヴズ/「ないのないの名無し」/霊肉分離

J 51： 変形した魔女たちを見て男が妻の糸紡ぎの義務を免除する——ハベトロット

J 346： 現状で満足する方がよい——ヘドリーの牛っ子

J 1050： 警告の尊重——セナン入り江の警告妖精

K 42.2： 策を用いて麦刈り競争に勝つ——ボーギー

K 171.1： ごまかしの収穫分配——ボーギー

K 602： 「ノーマン」：あいまいな名前を使って難を逃れる——エインセル/ネモ譚

K 602.1： 妖精の子どもが「自身」と名乗る男に傷つけられる．妖精の母親は子どもから「自身がやった」と聞く．母親は仕返しをしない——エインセル/ネモ譚/ブロラハン/メグ・ムラッハ

K 1987： 人間に化けた悪魔が教会に行く——修道士ラッシュ

L 101： シンデレラの男性版——アッシパトル

L 131.1： 主人公が灰の中で寝起きする——アッシパトル/シンダーラッド

M 101： 誓いを破った罰——ラムトンのワーム

M 219.2.4： 狩りの好きな僧を悪魔が連れ去る——「ダンドーと猟犬群」

M 242： 人間と超自然的存在との取り引き——テリートップ/トム・ティット・トット/ノ

ッカー/ファウル ウェザー/「ワッピティー・ストゥーリー」
M 301.6.1： 不幸の前兆となるバン・シー――カヒライス/クーンチアッハ（アーガイルシャー）/クーニアック（スコットランド高地地方）/グラッハ・ア・フリビン/バン・シー/ペン ニーァ
N 2.0.1： 賭けの内容を明示しない勝負事――グリーン・スリーヴズ
N 101.2： タブーを破ったための死――荒れ地の茶色男
N 471： 動物から秘密を聞き出そうとする第二の人物の愚かな試み――リンゴ園の主
N 475： 立ち聞きする人の耳に入った秘密の名前――テリートップ/トム・ティット・トット/ピーリフール/ファウル ウェザー/「ワッピティー・ストゥーリー」
N 541.1： クリスマス前夜の真夜中だけに宝物の在りかが分かる――リンゴ園の主
N 812： 援助者としての巨人――巨人
P 284： 継姉妹――「ケイト・クラッカーナッツ」
Q 552.10： 罰としての疫病――小さいさん
R 112.3： 妖精丘に捕らわれた人の救出――ネルソン，メアリー/若きタム・リン
R 131.12： 妖精が捨て子を救出する――ギリー・ドゥー
R 156： 兄弟が姉妹を救出する――ネルソン，メアリー
R 181： 瓶の中(石の下)に閉じこめられた魔物が解放される――ヤレリー・ブラウン
R 188： 救出された者が救出者を脅かす――ヤレリー・ブラウン
S 31： 残酷な継母――「ケイト・クラッカーナッツ」
S 241： エフタの誓い〔成約のため最愛の者を失う羽目になる〕――ラムトンのワーム
S 262： 怪物（巨人のフォモール族）に定期的にささげられる生けにえ――フォモール族
T 68.1： ほうびとして救出者に与えられる王女――アッシパトル
T 553： 両親の性急な願いの結果生まれる親指小僧――親指トム
T 591： 魔法によって引き起こされる不妊――難産や不妊
V 12.9： 献酒――あちらさん/オーストラリアへの移住妖精/ショーニー/ブッカ/フリージ/ヤースキン
V 229.2.12： 聖化された者の異常な長寿――リー・バン
Z 310： 唯一の致命的弱点――霊肉分離

◇口絵リスト

1. アーサー・ラッカム画「バターは古い木の根よりつくられる」：J. M. バリー著『ケンジントン公園のピーター・パン』（Hodder & Stoughton, London, 1907）のイラストレーション
2. アーサー・ラッカム画「毒キノコを切り倒していた妖精たちが道具を放り出して逃げる」：J. M. バリー著『ケンジントン公園のピーター・パン』（前出）のイラストレーション
3. リチャード・ハスキソン画「眠るティターニア」（個人蔵）
4. リチャード・ダッド画「バッカス祭の光景」（個人蔵）
5. リチャード・ダッド画「この黄色い砂浜に来たれ」：『テンペスト』の一場面（個人蔵，ロンドン）
6. サー・ジョーゼフ・ノエル・ペイトン画「オベロンとティターニアの仲直り」（スコットランド・ナショナル・ギャラリー蔵，エディンバラ）
7. リチャード・ドイル画「妖精樹」（個人蔵，ロンドン）
8. ジョン・シモンズ画「妖精」（個人蔵，ロンドン）
9. サー・ジョン・エヴェリット・ミレー画「エアリエルに誘惑されるファーディナンド」（個人蔵）
10. カイ・ニールセン画：サー・アーサー・クウィラ=クーチ著『おしろいとスカート』のイラストレーション
11. ジョン・アンスター・フィッツジェラルド画「白ネズミを追って」（K. J. ヒュイット氏蔵）
12. ジョン・アンスター・フィッツジェラルド画「妖精の贈り物」（1865年頃の「絵入りロンドン・ニュース」より）
13. リチャード・ドイル画「妖精の祝典」（個人蔵，ロンドン）
14. ヘンリー・フューズリ画「クモの巣」：『夏の夜の夢』の一場面（個人蔵，ロンドン）
15. ヘンリー・フューズリ画「オベロンがティターニアのまぶたに花の搾り汁をたらす」：『夏の夜の夢』の一場面（個人蔵，スイス）
16. エドワード・ウィリアム・ホプリー画「妖精と蛾」（個人蔵）
17. ヴァーノン・ヒル画「アリソン・グロス」：R. J. チョープ著『奇妙ですてきなバラッド集』（John Lane, London, 1912）のイラストレーション
18. トマス・ストザード画：アレグザンダー・ポープ作『髪盗み』（1798年版）のイラストレーション
19. サー・ジョーゼフ・ノエル・ペイトン画「詩人トマス」：バラッド「正直トマスと妖精界の女王」の一場面（個人蔵）
20. ジョン・シモンズ画「夏の夜の夢」（個人蔵，ロンドン）
21. シシリー・メアリー・バーカー画「ハリエニシダ」：『アルファベットの妖精たち』（Blackie, London）より

函の表と表紙のカバーの絵：ジョン・アンスター・フィッツジェラルド画「だれが殺した，コック・ロビンを？」（水木しげる氏所蔵）

◇挿絵リスト

p.6 ウィルマ・ヒクソン画「悪魔の猟犬群」：アマベル・ウィリアムズ＝エリス著『妖精と魔術師』(Nelson, Edinburgh) の挿絵
p.28 「ウィル・オ・ザ・ウィスプ」：T. クロフトン・クローカー編『アイルランド南部の妖精伝説と伝承』(John Murray, London, 1826) の挿絵
p.33 ジョン D. バトン画「エインセル」：ジョーゼフ・ジェイコブズ編『続イングランド昔話集』(David Nutt, London, 1894) の挿絵
p.52 アーサー・ラッカム画「親指トム」：フローラ・アニー・スティール編『イングランドの昔話集』(Macmillan, London, 1918) の挿絵
p.53 ジョン D. バトン画「親指トム」：ジョーゼフ・ジェイコブズ編『イングランド昔話集』(David Nutt, London, 1890) の挿絵
p.60 ジョン D. バトン画「怪物」：ジェイコブズ編『イングランド昔話集』(前出) の挿絵
p.61 アーサー・ラッカム画「怪物」：『アーサー・ラッカムの妖精の本』(Harrap, London, 1933) の挿絵
p.79 ジョン D. バトン画「巨人」：ジェイコブズ編『続イングランド昔話集』(前出) の挿絵
p.81 アーサー・ラッカム画「巨人」：スティール編『イングランドの昔話集』(前出) の挿絵
p.98 「クルーラホーン」：クローカー編『アイルランド南部の妖精伝説と伝承』(前出) の挿絵
p.105 ジョン D. バトン画「ケイト・クラッカーナッツ」：ジェイコブズ編『続イングランド昔話集』(前出) の挿絵
p.119 「ゴブリンたち」：ジョージ・マクドナルド著『お姫さまとゴブリンの物語』(Blackie, London) の挿絵
p.209 ジョン D. バトン画「トム・ティット・トット」：ジェイコブズ編『イングランド昔話集』(前出) の挿絵
p.212 アーサー・ラッカム画「ドラゴン」：スティール編『イングランドの昔話集』(前出) の挿絵
p.213 ポーリン・ベインズ画「ドラゴン」：J. R. R. トールキン著『農夫ジャイルズの冒険』(Allen & Unwin, London, 1954) の挿絵
p.263 ジョン D. バトン画「ハベトロット」：ジェイコブズ編『続イングランド昔話集』(前出) の挿絵
p.283 ジョン D. バトン画「ヒルトンの血無し少年」：ジェイコブズ編『イングランド昔話集』(前出) の挿絵
p.288 「ファハン」：J. F. キャンベル編『西ハイランド昔話集』3巻 (Alexander Gardner, London, 1893) の挿絵
p.303 「プカ」：クローカー編『アイルランド南部の妖精伝説と伝承』(前出) の挿絵
p.305 「プーカ」：クローカー編『アイルランド南部の妖精伝説と伝承』(前出) の挿絵
p.329 ジョン D. バトン画「ヘドリーの牛っ子」：ジェイコブズ編『続イングランド昔話集』(前出) の挿絵
p.342 リチャード・ボヴェット著『パンデモニウム、悪魔の巣窟』(J. Walthoe, London, 1684) の口絵
p.346 ウィルマ・ヒクソン画「ボーギー」：ウィリアムズ＝エリス著『妖精と魔術師』(前出) の挿絵
p.347 アーサー・ラッカム画「ボーグル」：スティール編『イングランドの昔話集』(前出) の挿絵
p.356 ジョン D. バトン画「ホブヤー」：ジェイコブズ編『イングランド昔話集』(前出) の挿絵
p.358 マクドナルド著『お姫さまとゴブリンの物語』(前出) の挿絵

- p.367 「マーメイド」：クローカー編『アイルランド南部の妖精伝説と伝承』（前出）の挿絵
- p.400 ジョン D. バトン画「ヤレリー・ブラウン」：ジェイコブズ編『続イングランド昔話集』（前出）の挿絵
- p.433 ジョン D. バトン画「妖精に雇われた産婆」：ジェイコブズ編『イングランド昔話集』（前出）の挿絵
- p.437, 438 クローカー編『アイルランド南部の妖精伝説と伝承』（前出）の挿絵
- p.488 「ラミア」：エドワード・トプセル著『四足獣物語』（William Taggard, London, 1607）の挿絵
- p.499 ウィルマ・ヒクソン画「ルーティーとマーメイド」：ウィリアムズ=エリス著『妖精と魔術師』（前出）の挿絵
- p.517 ジョン D. バトン画「若きタム・リン」：ジェイコブズ編『続イングランド昔話集』（前出）の挿絵
- p.525 ポーリン・ベインズ画「ワーム」：トールキン著『農夫ジャイルズの冒険』（前出）の挿絵
- p.526 アーサー・ラッカム画「ワーム」：スティール編『イングランドの昔話集』（前出）の挿絵

◇見出し語訳語リスト

原本では見出し項目中に現れる語であっても、本書では別項目に吸収したり、正しい原綴に直して表示したなどの理由で、そのままの形を載せていないものは、（　）内に入れた。

Abbey lubber　アビー・ラバー
Aedh　イー
Aengus Mac Óg　エーンガス・マク・オーグ
Afanc　アーヴァンク
Aiken Drum　エイケン・ドラム
Aillén Mac Midhna　アレーン・マク・ミーナ
Áine　アーニァ
Ainsel　エインセル
Allies's list of the fairies　アライズの妖精リスト
Allison Gross　アリソン・グロス
Alp-Luachra　アルプ ルアハラ
American fairy immigrants　アメリカへの移住妖精
Angus Mac Og　アンガス・マク・オーグ
Anu　アヌ
Aodh　イー
Apple-Tree Man　リンゴ園の主
Arawn　アラウン
Arkan Sonney　アーカン・ソナ
Arthur of Britain　アーサー王
Ash　トネリコ
Asrai　アスレイ
Assipattle　アッシパトル
Athach　アハッハ
Aubrey, John　オーブリー，ジョン
Aughisky　アッハ・イーシュカ
Aurora Borealis　アウローラ・ボレアーリス
Australian fairy immigrants　オーストラリアへの移住妖精
Awd Goggie　オード・ゴギー

Badb　バウ
Badhbh　バウ
Banshee　バンシー
Baobhan Sìth　ブーヴァン・シー
Barguest　バーゲスト
Barreness　不妊
Bathing fairies　鉱泉につかる妖精
Bauchan　ボーハン

Bean-nighe　ベン ニーァ
Bean Sí　バン・シー
Bean Sídhe　バン・シー
Beithir　ベヒル
Bells　鐘，鈴
Ben-Varrey　ベドン ヴァーラ
Bendith Y Mamau　ベンディース・ア・ママイ
Biasd Bheulach　ビーアスト・ヴェラッハ
Big Ears　大耳猫（おおみみねこ）
Billy Blind　ビリー・ブラインド
Billy Winker　ビリー・ウィンカー
Black Annis　人食いアニス
Black dogs　黒妖犬
Blights and illnesses attributed to the fairies　障害や病気（妖精のたたり）
Blue Burches　青ズボン
Blue-cap　青帽子
Blue Men of the Minch　ミンチ海峡の青亡霊
Bòcan　ボーカン
Bodach　ボダッハ
Bodach Glas　ボダッハ・グラス
Bodachan Sabhaill　ボダハン・サヴァル
Bogan　ボーガン
Bogey-beast　ボギー ビースト
Boggart　ボガート
Boggle-boos　ボグルブー
Bogies　ボーギー
Bogles　ボーグル
Bogy　ボギー
Boneless　骨なし
Boobrie　ブーブリー
Booman　ブーマン
Bottrell, William　ボトレル，ウィリアム
Bovet, Richard　ボヴェット，リチャード
Brag　ブラッグ
Bran and Sceolan　ブラン[3]とシュコラン
Bran Mac Febail　ブラン・マク・フェヴァル
Bran son of Febail, ～Febal　ブラン[2]（フェヴァルの息子）

Bran the Blessed　ブラン¹（祝福の）
Bread　パン
Brewing of eggshells　卵の殻の酒づくり
Bríd　ブリージ
Brighid　ブリージ
Brigit　ブリジット
Brochs　ブロッホ
'Broken Ped, The'　「こわれたスコップ」
Brollachan　ブロラハン
Broonie　ブルーニー
Brother Mike　ブラザー・マイク
Brown Man of the Muirs　荒れ地の茶色男
Browney　ブラウニー（蜂の）
Brownie　ブラウニー
Brownie-Clod　ブラウニー クロッド
Brù　ブルー
Brugh　ブルー
Bruising　あざ
Bucca　ブッカ
Bucca-boo　ブッカ ブー
Buckie　バッキー
Bug-a-boos　バガブー
Bugan　バガン
Bugbears　バグベア
Buggane　ボゲードン
Bugs　バッグ
Bullbeggar　ブルベガー
Burton's account of the fairies　バートンの妖精考
Buttery spirits　食料室の精
Bwbachod　ブバホッド
Bwca　ブカ

Cabbyl Ushtey　カーヴァル・ウシュタ
Cabyll-Ushtey　カーヴァル・ウシュタ
Caillagh ny Groamagh　カラッハ・ナ・グローマッハ
Cailleach beara　カリァッハ・ヴェーラ
Cailleach bera　カリァッハ・ヴェーラ
Cailleach Bhéara　カリァッハ・ヴェーラ
Cailleach Bheur　ケラッハ・ヴェール
Cait Sith　ケイト・シー
Cally Berry　カリー・ベリー
Campbell, John Francis　キャンベル、ジョン・フランシス

Campbell, John Gregorson　キャンベル、ジョン・グレゴーソン
(Campbell of Islay)　→キャンベル、ジョン・フランシス
(Campbell of Tiree)　→キャンベル、ジョン・グレゴーソン
Caoineag　クーニアック
Caointeach　クーンチアッハ
Capelthwaite　カペルスウェイト
Captives in Fairyland　妖精界の捕らわれ人
Captured fairies　捕らわれた妖精
Cat Sìth　カット・シー
Cauld Lad of Hilton, the　ヒルトンの血無し少年
Cearb　ケアルブ
Ceasg　ケアスク
Cellar demon　地下食料室の魔物
Changelings　取り換え子
Cheerfulness　陽気さ
Cheney's Hounds　チーニーの猟犬群
'Cherry of Zennor'　「ゼノア村のチェリー」
Chess　チェス
Chessmen of Lewis　ルイス島のチェス駒
Church Grim　教会グリム
Churchyard mould　墓場の土
Churnmilk Peg　チャーンミルク・ペグ
Cinderlad　シンダーラッド
Cipenapers　キペナーペル
Ciuthach　キューアッハ
Clap-Cans　缶たたき
Clean hearth　片づいた炉端
Clear water　きれいな水
Clodd, Edward　クロッド、エドワード
Clover　クローバー
Clúracan　クルーラホーン
Clúrachán　クルーラホーン
Cluriaune　クルーラホーン
Co-Walker　共歩き
Coblynau　コブラナイ
Colann Gan Ceann　→Colainn gun Ceann
Colainn gun Ceann　コラン・グン・キャン
Coleman Gray　コールマン・グレイ
Colepexy　コールペクシー
(Colour of fairy clothes)　→妖精の服と姿
Colt-pixy　コルト ピクシー

Coluinn gun Cheann　→ Colainn gun Ceann
Consumption　肺病
Cowlug sprites　牛耳さん
Cramps　筋違え
Crimbil　クリムビル
Crodh Mara　クロー・マラ
Croker, Thomas Crofton　クローカー，トマス・クロフトン
Cross　クロス
Cú Chulainn　クー・ハラン
Cù Sìth　クー・シー
Cuachag　クアハック
Cuchulain　クー・ハラン
Cuchullin　クー・ハラン
Cughtagh　ケッヘタッハ
Cutty Soams　カッティ・ソームズ
Cwn Annwn　クーン・アンヌーン
Cyhyraeth　カヒライス

D'Aulnoy, Madame la Comtesse　ドーノワ伯爵夫人
Dagda　ダグダ
Daisies　ヒナギク
Dana　ダーナ
Dancing　踊り
'Dando and His Dogs'　「ダンドーと猟犬群」
Danes　デイン族
Danu　ダーナ
Daoine Sí　ディーナ・シー
(Daoine Sìdh)　→平和の人
Daoine Sídhe　ディーナ・シー
'Dead Moon, The'　「消えた月」
Dee, John　ディー，ジョン
Defects of the fairies　妖精の身体欠陥
Denham Tracts, The　『デナム民俗雑纂』
Departure of the fairies　妖精の退散
Dependence of fairies upon mortals　妖精の人間依存
Derricks　デリック
Devil's Dandy Dogs　悪魔の猟犬群
Diminutive fairies　ごく小さい妖精
Dinny-Mara　ドゥナ・マラ
Direach　ジーラッハ
Ditheabh　ジーラッハ
Dobbs　ドッブズ

Dobby　ドビー
Dobie　ドービー
'Doctor and the Fairy Princess, The'　「医者と妖精王の奥方」
Dôn　ドーン
Dooinney Marrey　ドゥナ・マラ
Dooinney-Oie　ドゥナ エー
Doonie　ドゥーニー
Doppelgänger　ドッペルゲンガー
Double　ダブル
Dragons　ドラゴン
Drayton, Michael　ドレイトン，マイケル
Dress and appearance of the fairies　妖精の服と姿
Droll　語り物
Droll-teller　語り部
Duergar　ドゥアガー
Dun cow of Kirkham　カーカムの赤牛
'Dun Cow of Mac Brandy's Thicket, The'　「マク・ブランディーやぶの赤牛」
Dunnie　ダニー
Dunters　ダンター
Dwarfs　ドワーフ

Each Uisce　アッハ・イーシュカ
Each Uisge　エッヘ・ウーシュカ
Eairkyn Sonney　アーカン・ソナ
Early fairy anecdotes　初期妖精奇談
Eilian of Garth Dorwen　ガルス・ドルウェンのアイリアン
Eithne the Bride　花嫁エッヘナ
Elaby Gathen　エラビー・ギャゼン
(Elder tree)　→ニワトコ婆さん
Elf-bull, the　エルフ雄牛
Elf-shot　エルフの矢傷
'Elidor and the Golden Ball'　「エリダーと黄金のまり」
Elidurus　エリディリス
Elizabethan fairies　エリザベス1世時代の妖精
Ellylldan　エサスダン
Ellyllon　エサソン
Elves　エルフ
Endimion　『エンディミオン』
Eochaid　オーヒジ

Étaín　エーティン/アイディーン
Ethna the Bride　花嫁エッヘナ
Ettrick Shepherd, the　エトリックの羊飼い
Euphemistic names for the fairies　妖精の呼び替え名
Ewing, Juliana Horatia　ユーイング，ジュリアーナ・ホレイシア
External soul　霊肉分離

Fachan　ファハン
Faerie Queene, The　『妖精の女王』
Fair dealing　ごまかしのない取り引き
(Fair Family, the)　→タルイス・テーグ
Fairies　妖精
Fairies of medieval romances　中世ロマンスの妖精
'Fairies on the Eastern Green'　「東の原の妖精たち」
Fairy animals　妖精動物
Fairy borrowing　妖精の借用
Fairy brides　妖精花嫁
Fairy crafts　妖精の手仕事
Fairy cup, the　妖精杯
Fairy dogs　妖精犬
'Fairy Dwelling on Selena Moor, The'　「シリーナが原の妖精のすみか」
Fairy fair　妖精の市
Fairy food　妖精の食べ物
Fairy funerals　妖精の葬式
Fairy godmothers　妖精の代母
Fairy Horses of the Tuatha de Danann, the　トゥアハ・デ・ダナンの妖精馬
Fairy levitation　妖精の飛行
Fairy loans　妖精の貸し付け
Fairy market　妖精の市
(Fairy midwife)　→妖精に雇われた産婆
(Fairy Mistress, the)　→リァノーン シー
Fairy morality　妖精の道徳
Fairy ointment　妖精の塗り薬
(Fairy origins)　→妖精の起源/妖精の起源説
Fairy ped, the　妖精のスコップ
Fairy rade, the　妖精の騎馬行列
Fairy thefts　妖精の盗み
Fairy trees　妖精樹
'Fairy Widower, The'　「妖精の男やもめ」

(Fairyland)　→妖精界における時間/妖精界の捕らわれ人
Fane　フェイン
Farisees　ファリシー
Farvann　ファルヴァン
Fary　ファルリー
Fashions in fairy-lore　伝承における妖精像の変遷
Faults condemned by the fairies　妖精がとがめる過ち
Fays　フェイ
Fear Dearg　ファル・ジェルグ
Fear Dearig　ファル・ジェルグ
Feens, the　フィーン族
Feeorin　フィーオリン
Fennel　フェネル
Fenoderee　フェノゼリー
Feriers　フェリアー
Ferishers　フェリシャー
Ferries　フェルリー
Ferrishyn　フェリシン
Fetch　フェッチ
Fianna, the　フィアナ騎士団
(Fians)　→フィーン族
Fideal, the　フィジアル
Fin Bheara　フィンヴァラ
Finn　フィン
Finnbheara　フィンヴァラ
Finnen　フィネン
Fionn　フィン
Fir Bholg　フィル・ヴォルグ族
Fir-Chlis, the　フィル ヒリーシュ
Fir Darrig　ファー・ダリッグ
Fir Dhearga　フィル・イァルガ
Firbolgs　フィル・ヴォルグ族
Foawr, the　フォール
Fóidín Seachráin　フォージーン・シャハローン
Fomorians, the　フォモール族
Foul-Weather　ファウル ウェザー
Four-leafed clover　四つ葉のクローバー
Foyson　フォイゾン
Frairies　フレアリー
Friar Rush　修道士ラッシュ
Frid　フリージ

Frittenin　フリテニン
(Frittenings)　→フリテニン
Fuath　フーア

Gabriel Hounds　ガブリエルの猟犬群
Gabriel Ratchets　ガブリエル・ラチェット
Galley-beggar　ガリー　ベガー
Gally-trot　ガリー　トロット
Ganconer　ガンコナー
Gean-cannah　ギャン　カナッハ
Gearóid Iarla　ガロード・イァルラ
Geasa　ゲァサ
Generosity　気前よさ
(Gentle Annie)　→おだやかアニス
Gentle Annis　おだやかアニス
Gentry, the　良家の方
Geoffrey of Monmouth　モンマスのジェフリー
(Georoidh Iarla)　→ガロード・イァルラ
Gervase of Tilbury　ティルベリーのジャーヴァス
Ghillie Dhu　ギリー・ドゥー
Giants　巨人
Gille Dubh　ギラ・ドゥー
Giraldus Cambrensis　ジラルダス・カンブレンシス
Glaishtig　グラシュティグ
Glamour　まやかしの術
Glas Gaibhleann　グラス・ガヴレン
Glasgavlen　グラス・ガヴレン
Glashtin　グラシュティン
Glashtyn　グラシュタン
Gnomes　ノーム
Goblin Market　ゴブリンの市
Goblins　ゴブリン
Golden hair　金髪
Good manners　妖精に対する作法
Good Neighbours, the　善いお隣さん
Good People, the　善い人
Gooseberry Wife, the　グースベリー女房
Grant, the　グラント
Grateful fairies　恩を忘れぬ妖精
Great Giant of Henllys, the　ヘンリースの大入道
Green　緑色

Green Children, the　緑の子ども
'Green Mist, The'　「緑の霧」
Green Sleeves　グリーン・スリーヴズ
Greencoaties　緑の服さん
Greenies　緑の人
Grey Neighbours, the　灰色のお隣さん
Grig　グリッグ
Grim　グリム
Grindylow　グリンディロー
Grogach　グローガッハ
Grógán　グローガン
Gruagach　グルアガッハ
Guardian Black Dog, the　守護の黒妖犬
Gull　ガル
Gunna　グーナ
Guytrash　ガイトラッシュ
Gwartheg Y Llyn　グワルセーグ・ア・シーン
Gwarwyn-a-Throt　グワルイン　ア　スロット
Gwrach Y Rhibyn　グラッハ・ア・フリビン
Gwragedd Annwn　グラゲーズ・アンヌーン
Gwydion　グイディオン
Gwyllion　グイシオン
Gwyn ap Nudd　グイン・アップ・ニーズ
Gyl Burnt-tayl　火の尻尾のジル
Gyre-Carling　ゲア　カーリング

Habetrot　ハベトロット
Hagge, the　ハッグ[1]
Hags　ハッグ[2]
Hairy Jack　むく犬ジャック
Halliwell, James Orchard, later Halliwell-Phillipps　ハリウェル（ハリウェル＝フィリップス），ジェイムズ・オーチャード
Hard delivery, or barrenness　難産や不妊
Hartland, Edwin Sidney　ハートランド，エドウィン・シドニー
(Headless Trunk, the)　→コラン・グン・キァン
Hedley Kow　ヘドリーの牛っ子
Henkies　ヘンキー
(Herla's Rade)　→ヘルラ王
Herne the Hunter　狩人ハーン
Heroic Fairies　英雄妖精
Herrick, Robert　ヘリック，ロバート
Hillman　ヒルマン

Hinky-Punk　ヒンキー　パンク
Hob　ホブ
Hobgoblin　ホブゴブリン
Hobmen　ホブメン
(Hobs)　→ホブ/ロブとホブ
Hobthrust　ホブスラスト
Hobyahs　ホブヤー/ホービヤ
Hogg, James　ホッグ、ジェイムズ
Hogmen　ホグマン
Holy water　聖水
Hookeys　フーキー
Hooper of Sennen Cove, the　セナン入り江の警告妖精
'Horse and Hattock'　「ホース・アンド・ハットック」
Horseshoes　蹄鉄
Host, the　亡者の群れ
Hounds of the Hill, the　妖精丘の猟犬
Howlaa　ハウラー
Hunt, Robert　ハント、ロバート
Huon of Bordeaux　『ボルドーのユーオン』
Hurling　ハーリング
Hyde, Douglas　ハイド、ダグラス
Hyter sprites　ハイター・スプライト

'I weat, you weat'　「アイ・ウェイト、ユー・ウェイト」
Ignis Fatuus　イグニス・ファテュウス
Ill-temper　怒りっぽさ
Impetigo　とびひ
Impets　インペット
Imps　インプ
Ina Pic Winna　アイナ・ピック・ウィンナ
Incubus　インキュバス
Infantile paralysis　小児麻痺
Infringement of fairy privacy　妖精生活への侵害
Ingelow, Jean　インジロー、ジーン
Iron　鉄
'Isle of Pabaidh, The'　「パベイ島」
'Isle of Sanntraigh, The'　「サントライ島」
It　それ

Jack-in-Irons　鉄枷（てつかせ）のジャック
Jacky Lantern　ジャッキー・ランタン

Jacobean fairies　ジェイムズ1世時代の妖精
Jeannie of Biggersdale　ビガース谷のジニー
Jefferies, Anne　ジェフリーズ、アン
Jenny Greenteeth　緑の牙のジェニー
Jenny Permuen　ジェニー・パーマン
Jimmy Squarefoot　ジミー・スクウェアフット
Joan the Wad　わら束のジョーン
Joint-eater　お相伴妖精

'Kate Crackernuts'　「ケイト・クラッカーナッツ」
Keightley, Thomas　キートリー、トマス/カイトリー、トマス
Kelpies　ケルピー
(Killing one, the)　→ケアルプ
Killmoulis　キルムーリス
King Herla　ヘルラ王
King Orfeo　オルフェオ王
Kipling, Rudyard　キップリング、ラドヤード
Kirk, Robert　カーク、ロバート
Kit with the Candlestick　ろうそく立てのキット
Kit with the Canstick　ろうそく立てのキット
Klippe　クリップ
Knockers　ノッカー
Knocky-Boh　ノックおばけ
Knowe　ノウ

Lady of the Lake, the　湖の麗人
'Laird o' Co, The'　「コーの領主」
'Laird of Balmachie's Wife, The'　「バルマチーの領主の妻」
Lake Maidens　湖の乙女
Lambton Worm　ラムトンのワーム
Lamia　ラミア/レイミア
Land of the Young, the　若者の国
Last word, the　とどめの一言
Lazy Laurence　ものぐさローレンス
Leanan-Sidhe　リァノーン　シー
Leannán-Sídhe　リァノーン　シー
'Legend of Mullaghmast, The'　「ムラマストの伝説」
Lepracaun　レプラホーン
Leprachaun　レプラホーン

Lhiannan-Shee, the　ラナン シー
Lí Bean　リー・バン
Liban　リバン
Licke　リック
Life of Robin Goodfellow, The　『ロビン・グッドフェローの生涯』
Li'l Fellas, the　ちびっこ
Linton Worm　リントンのワーム
(Little Folk, the)　→スレイ・ベガ
(Little Old Man of the Barn, the)　→ボダハン・サヴァル
Little People of the Passamaquoddy Indians, the　パサマクワーディ・インディアンの小人
Little-Washer-by-the-Ford　水辺のすすぎ女
Llamhigyn Y Dwr　サムヒギン・ア・ドゥール
Llŷr　シール
Lob-Lie-by-the-Fire　炉端のロブ
Lobs and Hobs　ロブとホブ
Loireag　ローレグ、ロリヤック
Lone Sod, the　はぐれっ地
(Love-Talker, the)　→ガンコナー
Lubbar Fend, the　ラバー・フェンド
Lubbard Fiend, the　ラバード・フィーンド
Lubberkin　ラバーキン
(Lucky Piggy)　→アーカン・ソナ
Lug　ルー
Lugh　ルー
Luideag　ルージャグ
Lull　ラル
Lunantishee　ルナンティシー
Luridan　ルリダン
'Lutey and the Mermaid'　「ルーティーとマーメイド」

Mab　マブ
Mabinogion, The　『マビノギオン』
Macdonald, George　マクドナルド、ジョージ
Macha　マハ
Mac Ritchie, David　マクリッチー、デイヴィッド
Maeve　メーヴ
Maggie Moloch　マギー・モロッホ
Magicians　魔法使い
'Maides Metamorphosis, The'　→『乙女の変身』

Malekin　モーキン
Manannán son of Lir　マナノーン（リルの子）
Mara　マーラ
Marool, the　マルール
Master Dobbs　ドッブズだんな
Matter of Britain, the　ブリテンの話材
Maug Moulach　マグ・モラッハ
Mauthe Doog　モーザ・ドゥーグ
Maydes Metamorphosis, The　『乙女の変身』
Meanness　もの惜しみ
Medb　メーヴ
Medhbh　メーヴ
Medieval chronicles　中世年代記
Meg Mullach　メグ・ムラッハ
Melsh Dick　メルシュ・ディック
Mélusine　メリュジーヌ
Mera　メーラ
Mermaids　マーメイド
Mermen　マーマン
Merrows　メロー
(Merry Dancers, the)　→フィル ヒリーシュ
Mester Stoorworm, the　メスター・ストゥアワーム
Micol　ミコール
Midar　ミデル
Mider　ミデル
Midhir　ミジル
Midir　ミジル
Midsummer Night's Dream, A　『夏の夜の夢』
Midwife to the fairies　妖精に雇われた産婆
Milesians　ミレシウス族
Milton, John　ミルトン、ジョン
Mine goblins　鉱山ゴブリン
Miser on the Fairy Gump, the　妖精丘の欲張り
Moddey Dhoo　マーザ・ドゥー
Moddey Doo　マーザ・ドゥー
Monsters　怪物
Mooinjer Veggey　モンジャー・ヴェガ
Morgan　モルガン
Morgan le Fay　モルガン・ル・フェ
Morgens　モルジェンズ、モルジャン
Mórrígain　モーリガン
Morrígan　モーリガン
Morrígu　モーリグー

(Moruadh) →メロー
(Mother's Blessing, the) →ベンディース・ア・ママイ
Mountain ash　ナナカマド
Muilearteach, the　ムーリャルタッハ
Mumpoker　マムポーカー
(Murdhuacha) →ムルグッハ
Murdhúcha　ムルグッハ
Muryans　ムリアン

Nanny Button-cap　ボタンキャップのねえや
Neamhan　ネワン
Neatness　整頓
Nelly Long-arms　人さらいのネリー
Nelson, Mary　ネルソン，メアリー
Neman　ネワン
Nemo story　ネモ譚
'Nicht Nocht Naethin'　「ないのないの名無し」
'Nicht Nought Nothing'　「ないのないの名無し」
Nicnevin　ニクネーヴィン
(Night-Man, the) →ドゥナ エー
Night-Mare　ナイト メア
(Nimble Men, the) →フィル ヒリーシュ
(*Nimphidia*) →『ニンフィディア』
Nimue　ニミュー
Noggle　ノッグル
'Noman' story　ネモ譚
Nuala　ヌアラ
Nuckelavee　ナックラヴィー
Nuggle　ナッグル
Nursery bogies　子ども部屋のボーギー
Nygel　ナイゲル
Nymphidia　『ニンフィディア』

Oakmen　オークの樹の精
Oberon　オベロン
Odin　オーディン
Ogme, the champion　オグマ
Ogres　人食い妖怪
Oisín　オシーン
Old Bloody Bones　オールド・ブラディー・ボーンズ
Old Lady of the Elder Tree, the　ニワトコ婆さん
'Old Man of Cury, The'　「キュアリーの年寄り」
Old People, the　昔の人
Old Shock　オールド・ショック
(Old Woman of Gloominess, the) →カラッハ・ナ・グローマッハ
Old Woman of the Mountains, the　山の老婆
Oonagh　ウーナ
(Orfeo, King) →オルフェオ王
Origin of fairies　妖精の起源
Ossian　オシアン
Ouph　アウフ／ウーフ

Pach　パッチ
Padfoot　パッドフット
Patch　パッチ
Peallaidh　ピヤレイ
Pechs　ペッホ，ペック
Peerifool　ピーリフール
Peg o' Nell　ペグ・オネール
Peg Powler　ペグ・パウラー
Pehts　ペッホ
Pellings, the　ペリングの一族
People of Peace, the　平和の人
People of the Hills, the　丘の人
Perrault, Charles　ペロー，シャルル
Perry Dancers　ペリー・ダンサー
Pharisees　ファリシー
Phenodyree　フェノゼリー
Phouka, the　プーカ
Phynnodderee　フェノゼリー
Picktree Brag　ピクトリー・ブラッグ
Picts　ピクト
Pigsies　ピグシー
Pinch　ピンチ
Pinket　ピンケット
Piseog　ピショーグ
Pishogue　ピショーグ
Piskies　ピスキー
Pixies　ピクシー
Pixy-led　ピクシーのまどわし
Plant Annwn, the　プラント・アンヌーン
Plant Rhys Dwfen　プラント・フリース・ドゥヴェン
Plentyn-newid　プレンティン ネウィード

Pokey-Hokey　ポーキー・ホーキー
Portunes　ポーチュン
Pouk　プーク
Pouk-ledden　プークのまどわし
Power over fairies　妖精を支配する力
Powries　パウリー
Prayers　祈り
Protection against fairies　妖精除け
Púca　プーカ
Puck　パック
Puddlefoot　パドルフット
Pwca　プカ

Rade　騎馬行列
Ralph of Coggeshall　コギシャルのラルフ
Ratchets　ラチェット
Rawhead-and-Bloody-Bones　ローヘッド アンド ブラディー ボーンズ
Redcap　赤帽子
Redshanks　赤すね
Rheumatism　リューマチ
Roane, the　ローン
Roaring Bull of Bagbury, the　バグベリーの吠える雄牛
Robin Goodfellow　ロビン・グッドフェロー
Robin Hood　ロビン・フッド
Robin Round-cap　ロビン・ラウンドキャップ
Rôn　ローン
Rossetti, Christina　ロセッティ, クリスティーナ
Rowan　ナナカマド
Running water　流れる水

'St Collen and the Fairy King'　「聖コセンと妖精王」
St John's wort　オトギリソウ
Salt　塩
'Sandy Harg's Wife'　「サンディー・ハーグの女房」
Scantlie Mab　スキャントリー・マップ
Sceolan　シュコラン
Scot, Michael　スコット, マイケル
Scot, Reginald　スコット, レジナルド
Scott, Sir Walter　スコット, サー・ウォルター

Seal Maidens　アザラシ乙女
Secret names of the fairies　妖精の秘密の呼び名
Seeing fairies　妖精を見ること
Seelie Court　シーリー・コート
Self-bored stones　穴あき石
Selkies　セルキー
Separable soul　霊肉分離
Seven Whistlers, the　七（なな）鳴き
Shag-foal　シャッグ フォール
(Shaggy One, the)　→ピヤレイ
Shape-shifting　変身
Shefro　シーフラ
Shellycoat　シェリーコート
Shock, the　ショック
Shony　ショーニー
Shoopiltee　シューピルティー
Short Hoggers of Whittinghame　ホイッティンゲーム村のショート・ホガーズ
Sí　シー
Sib　シブ
Sidh　シー
Sídhe　シー
Sili Ffrit and Sili-Go-Dwt　シリ・フリット, シリ ゴー ドゥート
Silky　シルキー
Síofra　シーフラ
'Sir Gawain and the Green Knight'　「サー・ガウェインと緑の騎士」
Sir Launfal　サー・ローンファル
Síth　シー
Síthean　シーヘン
Síthein　シーヘン
Size of the fairies　妖精の大きさ
Skillywidden　スキリーウィデン
Skriker　スクライカー
Sleeping warriors　眠れる戦士たち
Sleigh Beggey　スレイ・ベガ
Sluagh, the　スルーア
Sluttishness　だらしなさ
Small People, the　小さい人
Small People of Cornwall, the　コーンウォールの小さい人
Solitary fairies　ひとり暮らしの妖精
Spells to obtain power over fairies　妖精を支

配する呪文
Spenser, Edmund　スペンサー，エドマンド
Sports of the fairies　妖精のレクリエーション
Spriggans　スプリガン
Sprites　スプライト
Spunkies　スパンキー
Stock　ストック（木偶）
Strangers, the　あちらさん
Stray Sod, the　まどわしの草地
Stroke　ストローク
Subterraneans, the　地下の住民
Supernatural wizards　超自然の妖術師
Swan maidens　白鳥乙女
Swarth　スウォース

Taboo　タブー
Tabu　タブー
'Tacksman of Auchriachan, The'　「アッフリーハンの農夫」
Taghairm　タガルム
Tam Lin　タム・リン
Tamlane　タムレイン
Tangie　タンギー
Tankerabogus　タンケラボーガス
Tantarabobus　タンタラボーバス
(Tanterabobus)　→タンタラボーバス
Tarans　タラン
Tarroo-Ushtey　タルー ウシュタ
Tatter-foal　タター フォール
Teind　ティーンド
Terrytop　テリートップ
Thefts from the fairies　妖精からの盗み
Them that's in it　あの人たち
Themselves　あの人たち
Theories of fairy origins　妖精の起源説
They　あの人たち
Thomas of Ercildoune　エルセルドゥーンのトマス
Thomas the Rhymer　詩人（うたびと）トマス
Thrummy-Cap　屑糸帽子
Thrumpin　スランピン
Tib　ティブ
Tiddy Men　ちっちゃい人
Tiddy Mun, the　小さいさん
Tiddy Ones　ちっちゃい人

Tiddy People　ちっちゃい人
Time in Fairyland　妖精界における時間
Tír na nÓg　チール・ナ・ノーグ
(Tir Na N-og)　→チール・ナ・ノーグ
(Tir Nan Og)　→チール・ナ・ノーグ
Titania　ティターニア/タイテイニア
Tod-lowery　トッド ローリー
Tolkien, J(ohn) R(onald) R(euel)　トールキン, J. R. R.
Tom Cockle　トム・コックル
Tom Dockin　トム・ドッキン
Tom-Poker　トム ポーカー
Tom Thumb　親指トム
Tom Tit Tot　トム・ティット・トット
Traffic with the fairies　妖精との交わり
Trash　トラッシュ
Trees　樹
Trooping fairies　群れをなす妖精
Trows　トロー
True love　まことの恋人
True Thomas　正直トマス
Truth　真実
Trwtyn-Tratyn　トゥルティン トゥラティン
Tuatha de Danann　トゥアハ・デ・ダナン
Tuilmean　トゥルメン
Tulman　トゥルメン
Turning clothes　服の裏返し
Tylwyth Teg　タルイス・テーグ

Úna　ウーナ
Unseelie Court, the　アンシーリー・コート
Urchins　アーチン
Urisk　ウリシュク
Ùruisg　ウーリシュク

Verbena　バーベナ
Virtues esteemed by the fairies　妖精に尊重される美徳
Visitors to Fairyland　妖精界を訪問した人
Visits to Fairyland　妖精界訪問
Vough　ヴーア

Waff　ワッフ
Wag-at-the-Wa'　鍋掛けゆらし
Wandering Droll-teller, the　旅回りの語り部

(Washing Woman, the)　→ベン ニーァ
(Water-bull)　→「水棲馬と水棲牛」
(Water-fairies)　→アスレイ
Water-horse　水棲馬
'Water-Horse and the Water-Bull, The'　「水棲馬と水棲牛」
(Water-Leaper, the)　→サムヒギン・ア・ドゥール
Water-wraith　水の妖婆
Wee Folk, the　おちびさん
Wee Willie Winkie　ウィー・ウィリー・ウィンキー
(Weeper)　→クーニアック
White ladies　白婦人
'Whuppity Stoorie'　「ワッピティー・ストゥーリー」
Wicht　ウィヒト
'Wife of Bath's Tale, The'　「バースの女房の話」
Wight　ワイト
Wild Edric　向こう見ずエドリック
Wild Hunt, the　妖怪狩猟群
(Wild Men of the Woods)　→ウッドワス
Wilde, Lady, Jane Francesca　ワイルド夫人、ジェイン・フランセスカ
Wilkie　ウィルキー
Will o' the Wisp　ウィル・オ・ザ・ウィスプ
Will o' the Wykes　ウィル・オ・ザ・ワイクス
(William of Newbridge)　→ニューバラのウィリアム
William of Newburgh　ニューバラのウィリアム
'Wisdome of Docter Dodypol, The'　「ドディポル博士の知恵」
Wish Hounds　ウィッシュ・ハウンドの群れ
Wizards　妖術師
Woden　ウォーデン
Woodwose　ウッドワス
Worms　ワーム
Wright, Thomas　ライト、トマス
Wryneck　ライネック
Wulver, the　ウルヴァー

(Y Fuwch Laethwen Lefrith)　→カーカムの赤牛

Yallery Brown　ヤレリー・ブラウン
Yarthkins　ヤースキン
Yeats, William Butler　イェイツ、ウィリアム・バトラー
Yell-Hounds　イェル ハウンドの群れ
Yeth-Hounds　イェス ハウンドの群れ
Young Tam Lin　若きタム・リン
Young Tamlane　若きタムレイン

◇一般索引

太字は見出し語, [ ]は参照見出し語, 太数字は項目として出ている頁を表す.

―――あ―――

「アイ・ウェイト, ユー・ウェイト」 'I weat, you weat' **1～2**, 438
アイナ・ピック・ウィンナ Ina Pic Winna **2**, 146
アイラのキャンベル Campbell of Islay →キャンベル, ジョン・フランシス
アイリアン Eilian →ガルス・ドルウェンのアイリアン
愛を語るもの the Love-Talker →ガンコナー
アーヴァンク Afanc **2**, 61, 428, 527
ア・ヴィウッフ・ライスウェン・レヴリス Y Fuwch Laethwen Lefrith →カーカムの赤牛
アウフ Ouph **3**, 30, 191
[アウローラ・ボレアーリス] Aurora Borealis **3**, 292
青シャッポ Blue-bonnet **4**
青ズボン Blue Burches **3**
青帽子 Blue-cap **3～4**, 239
青亡霊 →ミンチ海峡の青亡霊
[赤すね] Redshanks **4**, 190
赤帽子 Redcap **4**, 20, 177, 192
アーカン・ソナ Eairkyn Sonney, Arkan Sonney **4～5**
悪魔 Devils, Demons 1, 3, 5, 6, 14, 22, 25, 26, 27, 29, 43, 44, 48, 63, 65, 78, 79, 87, 93, 94, 100, 118, 130, 134, 137, 139, 152, 156, 158, 160, 164, 171, 177, 178, 190, 193, 203, 210, 213, 217, 223, 237, 239, 245, 246, 249, 250, 253, 257, 258, 270, 272, 282, 288, 304, 306, 320, 326, 339, 340, 343, 345, 355, 356, 363, 366, 369, 370, 372, 386, 389, 411, 420, 423, 425, 426, 428, 429, 431, 432, 445, 450, 460, 463, 468, 473, 477, 480, 486, 487, 491, 498, 510, 513, 522, 527
悪魔の猟犬群 Devil's Dandy Dogs **5～6**, 28, 48, 103, 403, 409, 424, 428
アグリコラ, ゲオルギウス Agricola, Georgius 111, 118, 259
あざ Bruising **6**, 39, 113, 140, 158, 231
[アーサー王] King Arthur **6**, 25, 33, 52, 54,

87, 124, 125, 126, 141, 151, 184, 194, 221, 232, 233, 250, 251, 289, 321, 322, 365, 371, 372, 382, 383, 397, 398, 404, 406, 407, 448, 449
アザラシ乙女 Seal Maidens **7**, 91, 104, 168, 210, 245, 476, 481, 515
アシュタルテ Astartes 258
アスバザデン Ysbaddaden 186
アスレイ Asrai **7**, 169, 215, 369, 471
アダン・ド・ラ・アール Adam de la Halle 456
あちらさん the Strangers **8～10**, 179, 182, 376, 399
あちらの町の人 the People of that Town 188
アーチン Urchins **10**, 191
アッシパトル Assipattle **10～1**, 152, 387, 496, 525
アッハ・イーシュカ Each Uisce, Aughisky **11**, 36, 153, 197
穴あき石 Self-bored stones **13**, 115, 262, 289, 478
アーニァ Áine **13**, 279, 296, 382
アニス →おだやかアニス, 人食いアニス
アヌ Anu **13**, 48, 93, 279
あの人たち Themselves, or They, or Them that's in it **13～4**, 163, 183
アハッハ Athach **14**
アビー・ラバー Abbey lubber **14**, 137, 144, 465, 469, 487
アメリカへの移住妖精 American fairy immigrants **14～6**, 47, 204, 344, 353
アムビュローネ Ambulones 259
アライズ, ジェイベズ Allies, Jabez **16**, 17, 18, 65, 255, 284, 363, 492, 493
アライズの妖精リスト Allies's list of the fairies **16～8**, 65, 94, 255, 284, 492, 493
アラウン Arawn **18**, 318
アリストテレス Aristotle 448, 489
アリストファネス Aristophanes 489
アリソン・グロス Allison Gross **18～9**, 447
アリンガム, ウィリアム Allingham, William

48, 292, 469, 506
アルスター伝説　Ulster Cycle　89, 186, 385, 396
アルテミス　Artemis　108, 257
アールネ, A.　Aarne, Antti　96
［アルプ ルアハラ］　Alp-Luachra　**19**, 46
アルルカン　Harlequin　333
荒れ地の茶色男　Brown Man of the Muirs　19~**20**, 221, 281, 471
アレーン・マク・ミーナ　Aillén Mac Midhna　**20**, 293
［アンガス・マク・オーグ］　Angus Mac Og　**20**, 43
アンシーリー・ウィヒト　Unseelie wight　516
アンシーリー・コート　the Unseelie Court　**20**, 41, 66, 118, 146, 196, 345, 399, 406, 420, 432, 461, 473, 516
アンデルセン, ハンス・クリスチャン　Andersen, Hans Christian　54, 282, 329, 425

———い———

イー　Aodh, Aedh　**21**
イェイツ, ウィリアム・バトラー　Yeats, William Butler　11, **21**, 72, 140, 188, 197, 243, 279, 281, 291, 384, 493, 506, 516
イェイツ, フランシス A.　Yates, Frances A.　188
［イェス ハウンドの群れ］　Yeth-Hounds　**22**, 27, 67, 192
［イェル ハウンドの群れ］　Yell-Hounds　**22**, 27
生き絵さん　Living Picture　211
イギリス・フォークロア学会　the Folk-Lore Society　63, 101, 190, 191, 200, 256, 361, 486
イグニス・ファテュウス　Ignis Fatuus　**22**, 28, 138, 191, 284, 363, 509, 527
イシス　Isis　258
祈り　Prayers　5, **25**, 220, 250, 253, 340, 468, 477, 494, 513
陰気な老婆　the Old Woman of Gloominess →カラッハ・ナ・グローマッハ
インキュバス　Incubus　**25**, 191, 230, 250, 382, 404
インジロー, ジーン　Ingelow, Jean　**25**~6, 74, 195
インプ　Imps　**26**, 41, 54, 191, 239, 242, 253, 343, 370, 420, 426, 468

インプ・ツリー　ymp tree　26, 54, 426
インペット　Impets　**26**, 54

———う———

［ヴーア］　Vough　**27**, 286, 325
ウィー・ウィリー・ウィンキー　Wee Willie Winkie　**27**, 282
ウィッシュ・ハウンドの群れ　Wish Hounds　5, 22, **27**~8, 67, 103, 183, 228, 424, 428
ヴィーナス　Venus　38
ウィヒト　Wicht　**28**, 41, 516
ウィリー・アンド・ザ・ウィスプ　Willy and the Wisp　160
ウィリー・ウィスプ　Willy Wisp　28
ウィリアムズ, エドワード　Williams, Edward　62
ウィリアム, マームズベリーの　→マームズベリーのウィリアム
ウィル ウィズ ザ ウィスプ　Will-with-the-wisp　28
ウィル・オ・ザ・ウィスプ　Will o' the Wisp　18, 22, **28**, 34, 66, 136, 137, 159, 160, 281, 284, 304, 355, 364, 453, 488, 509
ウィル・オ・ザ・ワイクス　Will o' the Wykes　22, **28**, 73, 179
ウィルキー　Wilkie　**28**
ウィルキンソン, T. T.　Wilkinson, T.T.　62, 212
ウィールス, ヨハンネス　Wierus, Johannes　258
ウィルミントンの大男　the Long Man of Wilmington　79
ヴィンテルコルベ　Winterkolbe　210
ウェストン, ジェシー L.　Weston, Jessie L.　371
ウェブスター, ジョン　Webster, John　429
ウェルズ, H. G.　Wells, Herbert George　101
ウェンツ, エヴァンズ　Wentz, Evans　13, 87, 151, 162, 232, 238, 244, 257, 294, 296, 365, 379, 396, 444, 445, 460, 461, 464, 472, 474, 499
ウォー, アーサー　Waugh, Arthur　369
［ウォーデン］　Woden　**28**, 48
ウォーナー, ウィリアム　Warner, William　446, 487
ウォールドロン, ジョージ　Waldron, George

581

143, 217
牛耳さん　Cowlug sprites　**29**
詩人（うたびと）トマス　Thomas the Rhymer　11, **29〜30**, 41, 141, 234, 406, 412, 413, 416
ウッド=マーティン，W. G.　Wood-Martin, W. G.　93, 99, 425
ウッドワス　Woodwose　**30**
ウーナ　Úna, Oonagh　**30**, 232
［ウーフ］　Ouph　3, **30**
馬と帽子　→「ホース・アンド・ハトック」
ウリシュク　Urisk　**30〜1**, 83, 92, 282, 286, 471
ウーリシュク　Ûruisg　**30〜1**
ウルヴァー　the Wulver　**31**

——え——

エイケン・ドラム　Aiken Drum　**32**
エイトキン，ハナ　Aitkin, Hannah　199
英雄妖精　Heroic Fairies　**32〜3**, 38, 43, 188, 193, 197, 227, 384, 407, 428, 439, 447, 472, 473, 474
エインセル　Ainsel　**33〜4**, 235, 281, 289, 311, 325, 386
エヴァンズ，A. J.　Evans, A.J.　455
エウメニデス　the Eumenides　472
エウリュディケー　Eurydice　54
エーゲリア　Aegeria　257
エサスダン　Ellylldan　**34**
エサソン　Ellyllon　**34〜5**, 86
エシル　Ellyl　→エサソン
エッジワース，マライア　Edgeworth, Maria　396
エッヘ・ウーシュカ　Each Uisge　11, **35〜6**, 61, 91, 93, 101, 153, 176, 242, 336, 428
エッヘナ　→花嫁エッヘナ
エーティン　Étaín　**36〜8**, 56, 181, 185, 197, 337, 372, 373, 415, 474, 493, 501
エドモンストン，アーサー　Edmonston, Arthur　168, 219
エドモンストン，ビオット　Edmonston, Biot　414
［エトリックの羊飼い］　the Ettrick Shepherd　**38**, 351
エドワーズ，ジリアン　Edwards, Gillian　254, 281, 354, 370
エハル・アンブアル　Ethal Anbual　385, 473

エラビー・ギャゼン　Elaby Gathen　**38**, 479, 480
エリザベス 1 世時代の妖精　Elizabethan fairies　**38〜9**, 194, 332, 427
エリダー　→「エリダーと黄金のまり」（書名・題名索引）
［エリディリス］　Elidurus　39, **40**, 410, 438
［エルセルドゥーンのトマス］　Thomas of Ercildoune　29, **41**, 141, 234, 416
エルテントン，ジョーン　Eltenton, Joan　47
エルフ　Elves　1, 3, 6, 15, 34, 39, **41〜2**, 43, 46, 51, 94, 99, 112, 140, 161, 191, 194, 218, 227, 230, 267, 289, 300, 326, 363, 377, 406, 420, 423, 430, 431, 438, 469, 472, 478, 480, 482, 506, 507, 516
エルフ雄牛　the Elf-bull　**42〜3**, 103, 420, 428
エルフの矢傷　Elf-shot　15, 20, 41, **43**, 63, 140, 159, 218, 384, 410, 420, 430
エーンガス・マク・オーグ　Aengus Mac Óg　20, 36, **43**, 45, 171, 172, 497

——お——

オウィディウス　Ovid, Ovidius　450
オオカミ人間　Werewolves　146, 189
大勢さん　the Mob　183
大耳猫（おおみねこ）　Big Ears　**44**, 65, 171, 428
丘の人　the People of the Hills　**44**, 74, 357
丘の民　the Hill Folk　472
オカリー，ユージーン　O'Curry, Eugene　289
オークの樹の精　Oakmen　**44〜5**, 424
オグマ　Ogme, the champion　43, **45**, 171
オーグル　Ogre　→人食い妖怪
オグレイディ，スタンディッシュ H.　O'Grady, Standish Hayes　21, 238, 289
怒りっぽさ　Ill-temper　**45**, 159, 421
オサリバン，S.　→オースーリァヴォーン，ショーン
オシアン　Ossian　**45**, 186, 295, 297, 328, 410, 411, 476
お相伴妖精　Joint-eater　19, **46**, 63
オシリス　Osyris　258
オシーン　Oisín　45, **46〜7**, 108, 124, 126, 293, 317, 417
オーストラリアへの移住妖精　Australian fairy immigrants　**47**
オースーリァヴォーン（オサリヴァン），ショー

ン O'Súilleabháin, Seán 61, 427
おだやかアニー Gentle Annie 47
おだやかアニス Gentle Annis 47〜8, 107, 253, 279
おちびさん the Wee Folk 48, 94, 188, 406
オーディン Odin 6, 28, **48**, 94, 178
オデュッセウス Odysseus 235, 302
オトギリソウ St John's wort **48**, 477
オード・ゴギー Awd Goggie 48〜9, 117, 396
お年寄りたち the Old Men 381
踊り Dancing 15, 33, 39, **49〜50**, 51, 105, 179, 248, 259, 276, 291, 377, 380, 384, 408, 409, 410, 415, 423, 432, 463, 472, 473, 485
鬼火 22, 28, 136, 160, 253, 284, 376, 527
オーピー（アイオーナ/ピーター/夫妻）Opie, Iona/Peter 10, 27, 32, 52, 335
オーヒジ Eochaid 36, 37, 38, **50**, 172, 181, 372, 373, 474, 493, 494
オーブリー, ジョン Aubrey, John 13, **50〜1**, 129, 150, 265, 289, 296, 311, 341, 349, 385, 431, 443, 453, 454, 466, 482, 486
オベロン Oberon **51〜2**, 114, 130, 131, 253, 332, 356, 357, 510
親指トム Tom Thumb 17, **52〜4**, 192, 510
オリュンポス神族 the Olympians 50, 292, 397
オリローン Olyroun 125, 126
オールド・ショック Old Shock **54**, 191
オールド・ブラディー・ボーンズ Old Bloody Bones **54**, 513
オルフェオ王 King Orfeo **54〜6**, 185, 261, 294, 415, 426, 447
オルペウス Orpheus 54
オール・ルゲイエ Old Luk Oie 282
恩を忘れぬ妖精 Grateful fairies **57〜9**, 122, 261, 432

―――か―――

貝殻服 →シェリーコート
ガイトラッシュ Guytrash **60**, 192
［カイトリー, トマス］→キートリー, トマス
怪物 Monsters 2, 14, 35, **60〜1**, 76, 80, 120, 121, 212, 225, 226, 227, 272, 319, 340, 367, 370, 387, 407, 428, 437, 471, 489, 496, 526, 527
ガウアー, ジョン Gower, John 250

カーヴァル・ウシュタ Cabbyl Ushtey, Cabyll-Ushtey 35, 36, **61〜2**, 92, 101, 139, 153, 176, 348, 428
カヴェンディッシュ, マーガレット（ニューカースル公爵夫人）Cavendish, Margaret 74, 116, 131, 194
ガウェイン →サー・ガウェイン
ガウディー, イゾベル Gowdie, Isobel 43, 410, 420, 430, 431, 470
カーカムの赤牛 Dun cow of Kirkham **62**, 93, 428
カーク, ロバート Kirk, Robert 46, **62〜4**, 140, 159, 182, 210, 211, 214, 221, 301, 326, 342, 416, 446, 452, 456, 464, 465, 471, 472, 474, 482, 495, 516
カクストン, ウィリアム Caxton, William 194
隠れた人々 the Secret People 431
果樹園のジャック Jack up the orchard 117
カゾーボン, メリック Casaubon, Meric 187, 500
片づいた炉端 Clean hearth **64**, 432
［語り物, 語り部］Droll, or Droll-teller **64**, 365
ガッチ夫人 Mrs. Gutch 48, 78, 137, 230, 354, 355, 379, 513
カッティー・ソームズ Cutty Soams **64〜5**, 111, 239
カット・シー Cat Sìth **65**, 107, 428
ガードン, カミラ Gurdon, Camilla 299
カニンガム, アラン Cunningham, Allan 451
鐘 Bells **65〜6**, 159, 375, 452, 454, 477, 491
カバウターマネキン Kaboutermannekin 4, 83
カヒライス Cyhyraeth 66
ガブリエルの猟犬群 Gabriel Hounds **67**, 192, 228, 409, 424, 486
ガブリエル・ラチェット Gabriel Ratchets 5, **67**, 103, 403, 424, 474, 486
カーベリー, エスナ Carbery, Ethna 71
カペルスウェイト Capelthwaite **67**
カーマイケル, アレグザンダー Carmichael, Alexander 88, 92, 97, 107, 162, 332, 444, 445, 473, 514
カラッハ・ナ・グローマッハ Caillagh ny

Groamagh **68**, 107, 136
カリァッハ・ヴェーラ Cailleach Bhéara, ~bera, ~beara **68**
狩人ハーン Herne the Hunter **68〜9**
ガリトラップ Gallitraps 275
ガリー トロット Gally-trot **69**, 192, 424, 428
ガリー ベガー Galley-beggar 69, **70**, 192
カリー・ベリー Cally Berry 68, **70**, 107
ガル Gull 17, **70**, 285
ガルス・ドルウェンのアイリアン Eilian of Garth Dorwen **70〜1**, 84, 415, 466
カルダーノ Cardano, Geronimo 259
カルパッチョ Carpaccio 211
ガロード・イァルラ Gearóid Iarla **71**, 382
カーン・ガルヴァの巨人 the Giant of Carn Galva 79, 80
ガンコナー Ganconer **71〜2**, 73, 141
缶たたき Clap-Cans **72**
ガンファー Ganfer 219

―― き ――

［樹］ Trees **73**
［ギァン カナッハ］ Gean-cannah 71, **73**
キップリング、ラドヤード Kipling, Rudyard 44, **74〜5**, 195, 357, 454, 460
キーツ、ジョン Keats, John 195, 489
キティー キャンドルスティック Kitty-candle-stick 22
キートリー、トマス Keightley, Thomas 1, 11, 39, 60, **75**, 93, 121, 139, 219, 288, 289, 297, 324, 343, 350, 374, 387, 435, 438, 475, 481
キットリッジ、G. L. Kittredge, G.L. 138
［騎馬行列］ Rade 5, 33, **75**, 184, 198, 333, 335, 381, 384, 407, 427, 447, 520
ギビングズ、W. W. Gibbings, W.W. 58, 267, 469
キペナーベル Cipenapers 75
気前よさ Generosity 75, 396, 421, 431
ギャゾーン Gathorns 239
ギャティー夫人 Mrs. Gatty 401
キャメロン、D. Y. Cameron, D.Y. 63
キャロル、ルイス Carroll, Lewis 484
キャンピオン、トマス Campion, Thomas 361
キャンベル、アーチボールド Campbell, Archibald 75
キャンベル、ジョン・グレゴーソン Campbell, John Gregorson 14, 65, 74, **75〜6**, 78, 87, 88, 92, 97, 101, 107, 257, 269, 272, 286, 292, 323, 326, 377, 409, 422, 432, 444, 450, 456, 458, 464, 465, 526
キャンベル、ジョン・フランシス Campbell, John Francis 14, 15, 16, 35, 45, 74, 75, **76**, 87, 92, 97, 101, 107, 108, 120, 121, 127, 146, 153, 154, 200, 243, 251, 261, 286, 287, 307, 325, 326, 332, 353, 360, 361, 412, 417, 445, 470, 501, 526
キャンベル、マリー Campbell, Marie 15
キューアッハ Ciuthach **76〜7**, 107
教会グリム Church Grim 78, 94, 117, 138, 424
巨人 Giants 14, 53, 60, 77, **78〜82**, 98, 107, 146, 161, 185, 186, 191, 218, 223, 224, 225, 234, 235, 270, 280, 283, 290, 292, 298, 299, 301, 302, 314, 354, 377, 438, 439, 449, 501, 504, 505, 509, 513, 527
巨人退治のジャック Jack the Giant-Killer 80
［ギラ・ドゥー］ Gille Dubh **82**
ギラルダス・カンブレンシス →ジラルダス・カンブレンシス
ギリー・ドゥー Ghillie Dhu **82〜3**, 243, 471
ギリトゥルト Gilitrutt 210
ギル、ウォルター Gill, Walter 4, 36, 61, 68, 77, 91, 107, 136, 198, 298, 299, 300, 331, 348, 362, 459, 460, 470
ギルピン・ホーナー Gilpin Horner 156
キルムーリス Killmoulis **83**, 310, 355
きれいな水 Clear water **83〜4**, 135, 175, 258, 276, 401, 421, 431, 432
キーレン・クレン Cirein Croin 526
キンカッチ・マルティンコ Kinkach Martinko 210
金髪 Golden hair 30, 40, 45, 46, 70, 71, **84〜5**, 88, 90, 98, 99, 124, 126, 154, 176, 290, 333, 382, 399, 415, 434, 435, 448, 469
金髪族 the Fair Family →タルイス・テーグ

―― く ――

クアハック Cuachag **86**
グイシオン Gwyllion **86**, 277, 399
グイディオン Gwydion **86**, 185, 222
グイン・アップ・ニーズ Gwyn ap Nudd 18,

87, 164, 318, 428
グウィネヴィア　Guinevere　124, 125, 126, 152, 232, 233, 251, 372
クウィラ゠クーチ，トマス　Quiller-Couch, Thomas　121
ククリン　→クー・ハラン
クー・シー　Cù Sìth　87, 409, 424, 427, 428
屑糸帽子　Thrummy-Cap　87〜8, 192
グースベリー女房　the Gooseberry Wife　88, 117, 428
クーチ，ジョナサン　Couch, Jonathan　527
クック，ジェイムズ　Cook, James　174, 175
グーナ　Gunna　88, 471
クナルトロー　Kunal-Trow　219
クーニアック　Caoineag　66, 88〜9, 103
クー・ハリン　Cú Chulainn, Cuchullin, Cuchulain　89, 175, 186, 385, 396, 397
クピードー（キューピッド）　Cupid　337
首なしホブ　Hob Headless　192, 354
クーフリン　→クー・ハラン
クー・マラ　Cú Mara（Coomara）　392, 393, 394
グライス，F.　Grice, F.　196
グラゲーズ・アンヌーン　Gwragedd Annwn　7, 13, 90〜1, 102, 175, 197, 318, 333, 371, 476, 515
グラシャン　Glashan　91, 297
グラシュタン　Glashtyn　91〜2, 297
グラシュティグ　Glaistig　92, 98, 269, 281, 450
グラシュティン　Glashtin　91〜2
グラス・ガヴレン　Glas Gaibhleann, Glasgavlen　62, 93
グラスリッグ　Glasrig　281
グラッハ・ア・カヒライス　Gwrach Y Cyhireaeth　93
グラッハ・ア・フリビン　Gwrach Y Rhibyn　66, 93, 214
グラビストの巨人　the Giant of Grabbist　79
グランヴィル，ジョーゼフ　Granville, Joseph　342, 343, 486
グラント　the Grant　93, 184, 192, 424, 428, 439
グラント，ウィリアム　Grant, William　295
グラント夫人，K. W.　Mrs. Grant, K.W.　107, 108, 326
クリスマス　Christmas　42, 133, 169, 191, 193, 220, 241, 462, 487, 496

グリッグ　Grig　94
クリップ　Klippe　94
クリード，トマス　Creede, Thomas　194, 201
グリフィン　Griffins　61
グリム　Grim　17, 18, 70, 94〜5, 285
グリム（ヤーコブ/兄弟）　Grimm,（Jacob/brothers）　99, 100, 101, 157, 193, 205, 264, 286, 468, 522
クリムビル　Crimbil　95, 338, 339
グリーンウッド，オルムロッド　Greenwood, Ormerod　124
グリーン・スリーヴズ　Green Sleeves　95〜7, 501
グリンディロー　Grindylow　97, 118, 327
グリーン・マン　Green man　30
グルアガッハ　Gruagach　88, 92, 97〜8, 99, 150, 355, 501, 502, 503, 504
クルツィミュゲリ　Kruzimügeli　210
クールナの牛争奪戦　the Cattle Raid of Cuailagne　89, 385, 396
クルーラコーン　→クルーラホーン
クルーラホーン　Clúrachán, Cluricaune, Cluracan　98, 99, 192, 292, 469, 481, 505, 506
グレアム，D.　Graham, D.　159
グレアム，カニンガム　Graham, Cunninghame　63
グレアム，ジョン　Graham, John　466
グレアム，パトリック　Graham, Patrick　31, 64
グレガー，W.　Gregor, W.　146
グレゴリー夫人　Lady Gregory（Gregory, Isabella Augusta）　21, 36, 172, 243, 289, 318, 321
クレティアン・ド・トロワ　Chrétien de Troyes　322
クローカー，トマス・クロフトン　Croker, Thomas Crofton　74, 75, 98, 99〜100, 135, 157, 292, 304, 390, 469, 486, 505
グローガッハ　Grogach　99, 471
グローガン　Grógán　98, 99
クロス（十字印）　Cross　4, 12, 100, 144, 151, 157, 160, 190, 213, 220, 228, 229, 240, 275, 418, 431, 453, 477
グロース，フランシス　Grose, Francis　121, 191

585

クロッシング，ウィリアム　Crossing, William　214
クロッド，エドワード　Clodd, Edward　**101**, 200, 205, 468, 481
［クローバー］　Clover　**101**
クロー・マラ　Crodh Mara　35, 42, **101**〜2, 360, 427
クロメック，R. H.　Cromek, R.H.　57, 127, 368, 447
グワルイン ア スロット　Gwarwyn-a-Throt　**102**, 200, 264, 303, 468
グワルセーグ・ア・シーン　Gwartheg Y Llyn　**102**〜**3**, 318, 428
クーン・アンヌーン　Cwn Annwn　5, 66, 67, **103**, 318, 424, 428
クーンチアッハ　Caointeach　88, **103**, 281, 339

――け――

ゲア カーリング　Gyre-Carling　**104**, 107, 192, 230, 326
ゲァサ　Geasa　89, **104**, 172, 175
ケアリー，キャサリン　Carey, Katherine　201, 406
ケァスク　Ceasg　**104**
ケァルブ　Cearb　**105**
［ケイト・シー］　Cait Sith　65, **107**
ゲイトン，エドマンド　Gayton, Edmund　281
ゲスト，シャーロット　Guest, Charlotte　365
ケッヘタッハ　Cughtagh　**107**
ゲニウス　Genii　257
ケネディー，パトリック　Kennedy, Patrick　332, 382, 527
ケラッハ・ヴェール　Cailleach Bheur　48, 68, 70, 92, 93, **107**〜**9**, 253, 383, 447
ケリー，エドワード　Kelly, Edward　187, 365
ケルト　Celt　1, 5, 15, 18, 26, 32, 38, 48, 56, 61, 76, 87, 95, 107, 108, 164, 181, 185, 186, 189, 194, 211, 244, 245, 254, 279, 291, 314, 319, 322, 324, 336, 337, 349, 363, 367, 375, 379, 383, 397, 398, 444, 455, 469, 470, 475, 497, 501, 510, 516, 524
ケルピー　Kelpies　35, 93, **109**〜**10**, 153, 191, 241, 242, 428, 477
ケレース　Ceres　257
ケンタウロス　Centaurs　191, 225

――こ――

幸運を招く豚　Lucky Piggy　→アーカン・ソナ
鉱山ゴブリン　Mine goblins　**111**, 118
鉱泉につかる妖精　Bathing fairies　**111**〜**2**
五月祭　May Day　108, 290, 412, 424, 425, 477, 499, 512
コギシャルのラルフ　Ralph of Coggeshall　**113**, 183, 184, 189, 214, 215, 374, 395, 412, 438
ゴギー婆さん　→オード・ゴギー
コクスヘッド，J. R. W.　Coxhead, J.R.W.　463
ごく小さい妖精　Diminutive fairies　17, 43, 49, 51, 74, **113**〜**7**, 123, 131, 134, 188, 189, 194, 218, 227, 231, 254, 277, 284, 332, 356, 363, 371, 384, 409, 437
黒妖犬　Black dogs　67, 78, 87, 94, **117**, 138, 139, 191, 246, 362, 363, 379, 424, 428
こだまさん　Echo　211
子ども部屋のボーギー　Nursery bogies　48, 88, 97, **117**〜**8**, 177, 201, 210, 254, 280, 282, 327, 345, 349, 356, 366, 373, 489, 513
コートニー，マーガレット　Courtney, Margaret　306
コブラナイ　Coblynau　111, **118**
ゴブラン　Gobelin　118
ゴブリン　Goblins　4, 15, 26, 94, 111, **118**, 119, 131, 156, 173, 183, 192, 200, 210, 218, 239, 240, 242, 243, 302, 314, 327, 345, 347, 348, 355, 356, 359, 372, 460, 487
コーベット，リチャード　Corbet, Richard　49, 249, 453
ゴブリンの市　Goblin Market　**118**〜**20**, 437, 509
コーボルト　Kobolds　192, 239, 259
ごまかしのない取り引き　Fair dealing　**120**
ゴム，（アリス/夫妻）　Gomme,（夫 Sir George Laurence, 妻 Alice）　101, 307
コラン・グン・キャン　Colainn gun Ceann　**120**〜**1**
コリアー，J. ペイン　Collier, J. Payne　510
コリングウッド，R. G.　Collingwood, R.G.　322
コリンズ，ウィリアム　Collins, William　195
コールダー，G.　Calder, G.　103, 360, 501
コルト ピクシー　Colt-pixy　**121**, 192, 396
コールペクシー　Colepexy　**121**

コールマン・グレイ　Coleman Gray　121〜2, 215
こわれたスコップ　→書名・題名索引
コーンウォールの小さい人　the Small People of Cornwall　122〜3, 181, 379, 383, 407, 439, 443, 444, 451

―― さ ――

サイクス, ワート　Sikes, Wirt　34, 66, 74, 86, 91, 103, 118, 304, 307, 324, 399, 417, 453
サウジー, ロバート　Southy, Robert　275
サキュバス　Succubus　25, 192, 223, 257
サクスビー, ジェシー (エドモンストン, ジェシー・マーガレット)　Saxby, Jessie　31, 84, 169, 219, 220, 221, 370, 414, 462
サーティーズ, ロバート　Surtees, Robert　19
サテュロス　Satyrs　39, 92, 191, 221, 257, 471
寒さの翁　Father Frost　432
サムヒギン・ア・ドゥール　Llamhigyn Y Dwr　124
サラマンダー　Salamanders　242
サー・ガウェイン　Sir Gawain　185, 372
サー・ランスロット　→ランスロット
サー・ローンファル　Sir Launfal　6, 33, 124〜126, 185, 426, 476
サワン祭　Samhain　20, 290, 293
サーン・アバスの巨人　the Cerne Abbas Giant　79
サンダーソン, スチュアート　Sanderson, Stewart　63
サンバー, ロバート　Samber, Robert　335

―― し ――

シー　Sídhe, Sí, Síth, Sidh　21, 46, **130**, 181, 185, 319, 385, 407, 472, 473
シェイクスピア, ウィリアム　Shakespeare, William　3, 10, 38, 39, 41, 49, 51, 68, 74, 114, 131, 134, 150, 188, 194, 220, 227, 253, 254, 277, 303, 304, 306, 332, 355, 361, 363, 474, 510
ジェイコブズ, ジョーゼフ　Jacobs, Joseph　82, 95, 141, 328, 355, 449
ジェイミソン, ジョン　Jamieson, John　104, 295
ジェイミソン, ロバート　Jamieson, Robert　18, 42
ジェイムズ1世時代の妖精　Jacobean fairies　38, 39, **130〜1**, 194, 376
ジェイムズ6世　James VI　158
ジェニー・パーマン　Jenny Permuen　**131**, 165, 420, 439, 440, 441, 442, 443
ジェフリー, モンマスの　→モンマスのジェフリー
ジェフリーズ, アン　Jefferies, Anne　50, **132〜134**, 420, 469, 482
シェリーコート　Shellycoat　20, **135**, 156, 191, 281, 282, 286, 304
ジェンキンソン, ヘンリー I.　Jenkinson, Henry I.　470
塩　Salt　**135**, 260, 278, 374, 477
四季支払い日　Quarter days　182, 427
死体灯し火　Corp-candle　22
七里靴　Seven-leagued boots　97
ジニー　→ビガーズ谷のジニー
死の灯し火　Dead-candle　22
シブ　Sib　17, 70, **135**, 188, 189
シーフラ　Síofra, Shefro　99, **135〜6**, 469, 471
シーヘン　Síthean, Sithein　87, **136**, 239, 323, 328, 407
ジミー・スクウェアフット　Jimmy Square-foot　**136**, 302
ジャーヴァス, ティルベリーの　→ティルベリーのジャーヴァス
ジャクソン, G. F.　Jackson, G.F.　245, 379
ジャスト ハルヴァー　Just-halver　46
ジャッキー・ランタン　Jacky Lantern　18, 22, 34, **136**, 364, 527
ジャック ア ランタン　Jack-a-lantern　22
シャッグ フォール　Shag-foal　**136〜7**, 145, 172, 192
シャープ, カスバート　Sharpe, Cuthbert　314, 490
シャルルマーニュ　Charlemagne　232, 383
ジャンセン, ウィリアム　Jansen, William　117
ジャンヌ・ダルク　Jeanne d'Arc　512
十字架　→クロス
修道士のランタン　Friar's lanthorns　138, 192, 376, 487, 488
修道士ラッシュ　Friar Rush　14, 22, **137〜8**, 376, 486, 488
祝福のプラン　→プラン[1]

守護の黒妖犬　the Guardian Black Dog　138〜**139**, 362, 424
シュコラン　Sceolan　46, **139**, 293, 318, 319, 320
シューピルティー　Shoopiltee　**139**〜40, 153, 242
ジョイス, P. W.　Joyce, P.W.　493
ジョイント イーター　→お相伴妖精
傷害や病気（妖精のたたり）Blights and illnesses attributed to the fairies　6, 43, **140**〜**141**, 143, 159, 161, 204, 215, 217, 229, 244, 249, 332, 420, 495
正直トマス　True Thomas　29, **141**〜3, 156, 166, 234
正直な人　the Honest Folk　472
小児麻痺　Infantile paralysis　141, **143**, 217
［初期妖精奇談］Early fairy anecdotes　39, 49, **143**, 183, 395
食料室の精　Buttery spirits　14, 98, **144**〜**5**, 182
ショック　the Shock　54, **145**, 428
ショーニー　Shony　**145**〜6
ジョーンズ, F. W.　Jones, F.W.　54
ジョンソン, サミュエル　Johnson, Samuel　513
ジョンソン, ベン　Jonson, Ben　6, 114, 130, 137, 175, 332, 363, 511
ジョンソン, リチャード　Johnson, Richard　52
ジーラッハ　Direach, Dithreabh　14, 61, **146**, 284
ジラルダス・カンブレンシス　Giraldus Cambrensis　39, 143, **146**, 152, 183, 184, 258, 322, 428, 474, 486
ジラルダス・ド・バリ　→ジラルダス・カンブレンシス
シーリー・ウィヒト　Seelie wicht　41, 516
シーリー・コート　Seelie Court　8, 19, 20, 41, 66, **146**〜**7**, 227, 281, 406, 432, 453, 461, 472, 473
シリ ゴー ドゥート　Sili-Go-Dwt　**150**, 199
シリ・フリット　Sili Ffrit　**150**, 199, 468
シール　Llŷr　**150**, 222, 314, 364
シルキー　Silky　**150**〜**1**, 192, 204, 283, 294, 355, 386, 470
シルコグリム　Kyrkogrim　94
シルフ　Sylph　160, 192, 227, 242
白婦人　White ladies　**151**〜**2**, 438, 439, 470

真実　Truth　**152**, 431
死んだ手　the Dead Hands　180
シンダーラッド　Cinderlad　10, **152**
シンデレラ　Cinderella　10, 11, 16, **152**, 335
シンプキンズ, J. E.　Simpkins, John Ewart　104, 466
シンプソン, E. B.　Simpson, E.B.　94, 159, 472

——す——

水棲牛　Water-bull　101, 153, 154, 176, 177
［水棲馬］Water-horse　35, 36, 61, 92, 101, 102, 109, 139, **153**, 154, 176, 177, 307, 348
スウィフト, ジョナサン　Swift, Jonathan　147
スウォース　Swarth　**155**, 192
スキャントリー・マップ　Scantlie Mab　**155**, 262
スキリーウィデン　Skillywidden　**155**〜6, 215, 336, 481
スクライカー　Skriker　60, **156**, 213, 256
スクラッティー爺さん　Auld Scratty　117
スコット, サー・ウォルター　Scott, Sir Walter　19, 29, 31, 48, 58, 64, 74, 99, 100, 135, **156**〜**7**, 161, 195, 235, 349, 351, 362, 396, 413
［スコット, マイケル］Scot, Michael　156, **157**, 404, 405
スコット, レジナルド　Scot, Reginald　10, 25, **157**〜**8**, 191, 309, 323, 352, 500, 509
スコーハッハ　Scathach　186
筋違え　Cramps　**158**〜9
鈴　Bells　**65**〜**6**, 123, 142, 159, 197, 447, 477, 522
スターンバーグ, トマス　Sternberg, Thomas　345
スチュアード, サイモン　Steward, Simon　116
スチュアート, W. グラント　Stewart, W. Grant　11, 109, 146, 147, 159, 312, 385, 386, 514
スティーヴン, レズリー　Stephen, Leslie　101
スティーヴンズ, ジェイムズ　Stephens, James　289, 385, 412
スティーヴンズ, スーザン　Stevens, Susan　248, 249
ストック　Stock　12, 63, 127, 140, **159**, 216, 218, 501
ストローク　Stroke　140, **159**, 218
スパンキー　Spunkies　22, 34, **159**〜**60**, 175, 176, 341

スプライト　Sprites　160〜1, 192
スプリガン　Spriggans　161, 221, 239, 274, 336, 408, 409, 439
［スペンサー，エドマンド］Spenser, Edmund 38, **161**, 194, 448
スペンス，ジョン　Spence, John　336
スペンス，ルイス　Spence, Lewis　67, 92, 97, 98, 99, 103, 292, 295, 339, 446
スミス，チャールズ　Smith, Charles　111
スランピン　Thrumpin　161〜2
スルーア　the Sluagh　20, **162**, 182, 196, 292, 384, 395, 403, 430, 444, 461, 473, 474
スレイ・ベガ　Sleigh Beggey　**163**, 183, 300, 398

——せ——

聖コセン　St. Collen　164, 165, 336, 470
聖十字架祭　Roodmass　447
聖水　Holy water　164, **165**, 310, 477, 478
整頓　Neatness　6, 39, **165**, 175, 229, 386, 421, 431, 432, 463
聖パトリック　St. Patrick　21, 47, 369, 407
聖マーティンの国　St. Martin's Land　375, 402
聖マルティヌス祭　Martinmas　42
聖ヨハネの祝日　Midsummer Day, St. John's Day　13, 160, 233, 240, 364, 407, 412, 477
セイレーン　Sirens　90, 191, 331, 332
セナン入り江の警告妖精　the Hooper of Sennen Cove　**165**
ゼノア村のチェリー　→書名・題名索引
セルキー　Selkies　7, **167〜9**, 214, 366, 368, 369, 428, 514
戦士オグマ　Ogme, the Champion　→オグマ

——そ——

そっくりさん　Copy　211
空で吠え立てるもの　Sky Yelpers　67
それ　It　**169〜70**, 352

——た——

ダイアナ（ディアーナ）Diana　51, 188
［タイテイニア］→ティターニア
タイラー，エドワード・バーネット　Taylor, Edward Burnet　175
タイリーのキャンベル　Campbell of Tiree　→キャンベル，ジョン・クレゴーソン
ダウス，フランシス　Douce, Francis　75
タガルム　Taghairm　44, 65, **171**
ダグダ　Dagda　36, 43, 45, 96, **171**〜2, 497
ダグラス，ジョージ　Douglas, George　11, 226, 387, 413
ダゴン　Dagon　257
ダストマン　the Dustman　282
タター フォール　Tatter-foal　**136**〜**7**, 172
堕天使　the Fallen Angels　188, 293, 377, 444, 445, 446, 450
ダーナ，Dana, Danu　13, 86, **172**〜3, 189, 197, 221, 222, 279, 407
ダーナ神族　→トゥアハ・デ・ダナン
ダニー　Dunnie　121, **173**, 192, 199, 314
旅回りの語り部　the Wandering Droll-teller　64, **173**〜**4**, 271, 499
タブー　Taboo, tabu　13, 57, 63, 90, 91, 95, 104, 119, 122, 126, **174**〜**5**, 184, 185, 186, 204, 214, 219, 240, 245, 294, 308, 318, 382, 387, 410, 414, 439, 466, 476
［ダブル］Double　**175**, 192, 210, 524
［卵の殻の酒づくり］Brewing of eggshells　**175**
タム アリン　Tam-a-Lin　522
［タム・リン］Tam Lin　100, **175**, 517, 518, 519, 521
［タムレイン］Tamlane　33, **175**, 522
だらしなさ　Sluttishness　6, **175**, 421
ダラス，ジャン　D'Arras, Jean　387
タラン　Tarans　**175**〜**6**
タルイス・テーグ　Tylwyth Teg　34, 70, 84, 86, **176**, 324, 333, 406, 434, 435, 447, 470
タルー ウシュタ　Tarroo-Ushtey　101, **176**〜**7**
タンギー　Tangie　153, **177**
タング，ルース　Tongue, Ruth　2, 3, 7, 15, 45, 69, 70, 78, 79, 94, 117, 121, 122, 139, 146, 151, 160, 189, 193, 205, 211, 215, 243, 275, 277, 280, 284, 323, 352, 364, 396, 409, 411, 421, 422, 424, 426, 436, 450, 454, 495, 513, 525
タンケラボーガス　Tankerabogus　117, **177**, 345
ダンター　Dunters　111, **177**〜**8**, 244
タンタラボーバス　Tantarabobus　**177**
ダンドーと猟犬群　→書名・題名索引

——ち——

小さいさん　the Tiddy Mun　8, **179**～**81**, 182, 399
[小さい人]　the Small People　123, **181**, 240
小さい民　the Little Folk　→スレイ・ベガ
小さき，小さき人　Wee, wee man　221
チェインバーズ，ロバート　Chambers, Robert　41, 74, 109, 157, 160, 328, 341, 367, 368, 376, 403, 432, 472, 516, 522
チェス　Chess　37, 38, 95, **181**～**2**, 311, 373, 386, 474, 501, 518
チェスターのトマス　Thomas of Chester　124
チェリー　→「ゼノア村のチェリー」（書名・題名索引）
[地下食料室の魔物]　Cellar demon　145, **182**
地下の住民　the Subterraneans　58, 64, **182**, 201, 483
ちっちゃい人　Tiddy Ones, Tiddy Men, Tiddy People　8, 179, **182**, 376, 399
チーニーの猟犬群　Cheney's Hounds　28, **182**～**183**, 424
ちびさん　the little folk　472
ちびっこ　the Li'l Fellas　48, 163, **183**, 459, 469
チャイルド，F. J.　Child, F.J.　18, 19, 141, 221, 251, 252, 282, 370, 398, 412, 517
チャップブック　Chapbooks　29, 137, 335, 486, 488
チャーンミルク・ペグ　Churnmilk Peg　117, **183**, 389
中世年代記　Medieval chronicles　113, 143, 146, **183**～**4**, 189, 194, 201, 215, 227, 374, 379, 412, 421, 428
中世ロマンスの妖精　Fairies of medieval romances　38, 84, 124, **184**～**5**, 193
超自然の妖術師　Supernatural wizards　86, 95, 98, **185**, 222, 223, 337, 404, 501
チョーサー，ジェフリー　Chaucer, Geoffrey　54, 107, 249, 250, 251, 252, 453, 516
チール・ナ・ノーグ　Tír na nÓg　37, 38, 45, 47, 84, 99, **185**～**6**, 197, 364, 373, 388, 407, 522
チール・フォ・ヒン　Tír fo Thuinn　185

——て——

ディー，ジョン　Dee, John　**187**～**8**, 365, 500
ディアーナ　Diana　257

ティターニア　Titania　41, 51, 52, 113, 114, 171, 188, 194, 253, 363
ティターン族　the Titans　50, 292, 397
蹄鉄　Horseshoes　188, 478
ディーナ・シー　Daoine Sídhe, ～Sí　33, 38, 43, 72, 130, 172, 181, **188**, 189, 197, 326, 406, 447, 469, 472
ティブ　Tib　17, 18, 70, **188**～**9**
ティルベリーのジャーヴァス　Gervase of Tilbury　39, 93, 113, 143, 183, 184, **189**, 215, 350, 422, 428, 433, 438, 465
デイン族　Danes　4, **189**～**90**
ティーンド　Teind　29, **190**, 217, 412, 519
木偶　→ストック
鉄　Iron　22, 86, 100, **190**, 220, 229, 242, 258, 295, 413, 460, 476, 477, 498
デッカー，トマス　Dekker, Thomas　18
鉄枷(てつかせ)のジャック　Jack-in-Irons　**190**
デナム，マイケル・エイズルビー　Denham, Michael Aislabie　190, 191
テニソン，A.　Tennyson, Alfred　25
デニソン，トレイル　Dennison, Traill　168, 226, 387
デリック　Derricks　193
テリートップ　Terrytop　**193**, 210, 460, 468
伝承における妖精像の変遷　Fashions in fairy-lore　33, 74, 130, **193**～**5**, 438

——と——

ドゥアガー　Duergar　**196**～**7**, 221, 281, 345, 471
トゥアハ・デ・ダナン　Tuatha de Danann　13, 20, 36, 38, 43, 45, 50, 96, 152, 171, 172, 185, 188, **197**, 198, 290, 292, 293, 294, 301, 364, 372, 373, 377, 396, 397, 406, 407, 474, 497
トゥアハ・デ・ダナンの妖精馬　the Fairy Horse of the Tuatha de Danann　**197**～**8**, 428
ドゥーニー・エー　Dooiney-Oie　165, **198**, 244
ドゥナ・マラ　Dooinney Marrey, Dinny-Mara　199, 231
ドゥーニー　Doonie　199
トゥルティン トゥラティン　Trwtyn-Tratyn　150, **199**～**200**, 210, 264, 468
トゥルメン　Tuilmean, Tulman　200
ドーソン，リチャード M.　Dorson, Richard M.　76, 256, 361

590

トッド ローリー　Tod-lowery　179, 180, 192, 200～1
ドッブズ　Dobbs　201
ドッブズだんな　Master Dobbs　201
[ドッペルゲンガー]　Doppelgänger　192, **201**, 210
とどめの一言　the Last word　203, 377, 432
トネリコ　Ash　203, 228, 231, 323, 424, 425, 426, 477, 496,
ドーノワ伯爵夫人　D'Aulnoy, Madame la Comtesse　74, 194, **203**, 335, 455
ドビー　Dobby　18, 191, 201, **203**,
ドービー　Dobie　**204**, 311
とびひ　Impetigo　141, **204**
トプセル，エドワード　Topsell, Edward　488, 489, 490
ドブソン，ジョン　Dobson, John　111
トマス →詩人(うたびと)トマス，正直トマス
ド・マッシー，ユーゴ　Hugo de Masci　124
トミー・ローヘッド　Tommy Rawhead　513
トム・コックル　Tom Cockle　15, **204**～5
トムズ，W. J.　Thoms, William John　191
トムソン，S.　Thompson, Stith　95
トム・ティット・トット　Tom Tit Tot　26, 101, 102, 150, 193, 199, 200, **205**～10, 264, 283, 286, 302, 458, 460, 468, 481, 522
トム・ドッキン　Tom Dockin　117, **210**
トム・ヒッカスリフト　Tom Hickathrift　10, 82
トム ポーカー　Tom-Poker　117, 191, **210**
トム ラウディー　Tom-lowdy　200
共歩き　Co-Walker　63, 175, 201, **210**～1, 296, 524
ド・モルヴィル　De Morville　371
灯し火持ったキティー　Kitty-wi'-the-wisp　22
灯し火持ったビリー　Billy-wi'-t'-wisp　22
トラアムール　Tryamour　33, 125, 126, 185, 426, 476
トライテン ア トロッテン　Tryten-a-trotten　264
ドラカイ　Dracae　184, 189, 465
ドラゴン　Dragons　11, 19, 60, **211**～3, 218, 343, 386, 449, 477, 490, 496, 501, 524, 525, 526, 527
ドラコポーリ，F.　Dracopoli, F.　30
トラッシュ　Trash　60, 156, **213**～4, 256, 281, 345, 428
捕われた妖精　Captured fairies　2, 121, 155, **214**～5, 313, 481
取り換え子　Changelings　15, 70, 95, 136, 141, 143, 149, 159, 175, 192, **215**～8, 235, 266, 300, 324, 338, 384, 395, 412, 449, 464, 478
トリテミウス　Trithemius　257, 258
トリハーン，R. F.　Treharne, R.F.　322
ドリュアス　Dryads　38, 39, 230
ドルイド僧　the Druids　36, 46, 185, 277, 290, 293, 424
トールキン，J.R.R.　Tolkien, John Ronald Reuel　195, **218**, 359, 425, 505, 524
ドレイク，フランシス　Drake, Francis　27
ドレイトン，マイケル　Drayton, Michael　17, 18, 52, 74, 113, 114, 115, 131, 134, 194, **218**, 231, 254, 277, 284, 332, 363, 376, 407
トレイン，ジョーゼフ　Train, Joseph　295, 296, 297
トロー　Trows　50, 84, 169, 192, **218**～21, 243, 300, 328, 336, 414, 462, 465, 467, 470, 471
トロサヌス　Tholosanus　258
泥投げブラウニー →ブラウニー クロッド
トロール　Trolls　192, 218, 257, 258, 438
どろんこ足 →パドルフット
ドワーフ　Dwarfs　49, 94, 100, 191, 193, 196, 197, **221**, 242, 345, 401, 402, 410
ドーン　Dôn　86, **221**～2

——な——

ナーイアス　Naiades　38, 257
ナイゲル　Nygel　223, **241**～2
ナイト メア　Night-Mare　25, 70, **223**, 253, 295, 370, 382
流れる水　Running water　**225**, 226, 247, 477
ナグムワサック　Nagumwasuck　248
泣く者　Weeper →クーニアック
ナッギー　Nuggies　239
ナックラヴィー　Nuckelavee　20, 61, **225**～7, 281, 286, 345, 367
ナッグル　Nuggle　227, **241**～2
ナッシュ，トマス　Nashe, Thomas　39
ナット，アルフレッド　Nutt, Alfred　318, 510, 511
ナナカマド　Rowan, or mountain ash　100,

591

151, 176, 203, **227~8**, 275, 424, 426, 477
七鳴(ななな)き the Seven Whistlers 18, 103, 228
鍋掛けゆらし Wag-at-the-Wa' 228~9
波間の乙女 →ケアスク
納屋のちび爺さん the Little Old Man of the Barn →ボダハン・サヴァル
難産や不妊 Hard delivery, or barrenness 141, **229**, 307

——に——

ニクシー Nixies 90, 192
ニクネーヴィン Nicnevin 192, **230**, 326
ニコルソン、ウィリアム Nicholson, William 32
ニコルソン、ジョン Nicholson, John 513
ニーズ Nudd 222
ニッカー Nickers 192, 239
ニミュー Nimue **230**, 372
ニューカースル公爵夫人 →カヴェンディッシュ、マーガレット
ニューバラのウィリアム William of Newburgh 183, 184, 201, **230**, 322, 374, 375, 422, 474, 475
ニュムペー（ニンフ） Nymphs 38, 191, 230, 257, 471, 475
ニワトコおばさん Ellewomen 450
ニワトコ婆さん the Old Lady of the Elder Tree 230~1
［人魚］ **231**, 366

——ぬ——

ヌアダ Nuada 172, 222, 497
ヌアラ Nuala 30, **232**, 265

——ね——

ネック Neck 366
ネズビット、イーディス Nesbit, Edith 456
ネニウス Nennius 321, 322
眠りの精 Sleep spirits 27, 282
眠れる戦士たち Sleeping warriors 6, 30, **232**~**235**, 322, 382
ネモ譚 Nemo story, 'Noman' story 33, **235**, 286, 289, 311, 325, 382
ネルソン、メアリー Nelson, Mary 235~8,
413, 417
ネーレーイス Nereids 160, 242
ネワン Neamhan, Neman **238**, 244, 396, 397

——の——

ノウ Knowe 101, 136, 140, 200, 236, **239**, 323, 325, 407, 413
ノーソール、G. F. Northall, G.F. 252
ノッカー Knockers 54, 111, 118, 191, 192, **239**~**241**, 242, 445
ノックおばけ Knocky-Boh **241**, 347
ノックス、ジェイムズ Knox, James 328
ノッグル Noggle 153, 177, 223, 227, **241**~2
ノーム Gnomes 192, 218, **242**, 287, 413, 460

——は——

灰色のお隣さん the Grey Neighbours 216, 243
ハイター・スプライト Hyter sprites 243
ハイド、ダグラス Hyde, Douglas 21, 46, 74, 152, **243**~4, 265, 288, 444, 505
肺病 Consumption 141, **244**, 368
バウ Badhbh, Badb 172, 238, **244**, 365, 396
バウカー、ジェイムズ Bowker, James 156, 215, 291, 376, 427, 452, 469
バウチャー、ジョン（バーナーズ卿） Bourchier, John (Lord Berners) 51, 356
ハウマン Havmand 366
ハウラー Howlaa 198, **244**
［パウリー］ Powries 177, **244**
パウリ、ヒエロニムス Pauli, Hieronymus 258
墓場の土 Churchyard mould **244**, 477
バガブー Bug-a-boos 245, 252, **254**, 345, 349
バガン Bugan **245**, 302, 345
バカン、ピーター Buchan, Peter 95, 337, 339, 501
バクスター、リチャード Baxter, Richard 342, 343, 487
白鳥乙女 Swan maidens 13, 95, 168, 223, **245**, 410, 476, 501
バグパイプ Bagpipes 16, 359, 460, 461, 473
バグベア Bugbears 191, 245, **254**, 349, 489
バグベリーの吠える雄牛 the Roaring Bull of Bagbury **245**~6, 339, 428

［はぐれっ地］ the Lone Sod **246**, 363
バーゲスト Barguest 191, **246**〜8, 256, 345, 379, 428
パサマクワーディー・インディアンの小人 the Little People of the Passamaquoddy Indians 14, **248**〜**9**
ハザム，デュラント Hotham, Durant 429
パーシー，トマス Percy, Thomas 156, 251
パーシー協会 the Percy Society 190, 486
ハースネット，サミュエル Harsnett, Samuel 509
ハズリット，W. カルー Hazlitt, W. Carew 54, 131, 141, 285, 512
パターソン，T. F. G. Paterson, T.F.G. 451
バッキー Buckie 192, **252**〜**3**
ハッグ[1] the Hagge 25, 70, 223, **253**, 382
ハッグ[2] Hags 61, 68, 70, 107, 130, 191, 194, 216, **253**, 279, 281, 290, 383, 407, 438, 439, 449, 458, 527
パック Puck 18, 22, 34, 38, 74, 114, 131, 192, 194, **253**〜**4**, 259, 275, 277, 282, 303, 304, 305, 306, 336, 355, 364, 487, 510, 512
バッグ Bugs 192, 245, 252, **254**, 345, 348, 349, 489
パッチ Patch, Pach 17, 70, 192, **254**〜**5**, 285
パッドフット Padfoot 156, 191, 213, 246, **255**〜**256**, 345
ハーディー，トマス Hardy, Thomas 101
ハートランド，エドウィン・シドニー Hartland, Edwin Sidney 101, 117, 245, **256**, 409, 410, 411
パドルフット Puddlefoot **256**〜**7**, 283, 341
バートン，ロバート Burton, Robert 30, 111, 253, 257, 259, 446, 489
バートンの妖精考 Burton's account of the fairies 30, 111, 253, **257**〜**9**, 489
花嫁エッヘナ Eithne the Bride, Ethna 〜 56, **259**〜**61**, 294, 415
バニヤン，ジョン Bunyan, John 118, 355, 513
ハブンディア Habundia 257
ハベトロット Habetrot 102, 104, 115, 155, 200, 210, **262**〜**4**, 283, 458, 468, 514
バーベナ Verbena 48, **264**, 477
ハマドリュアス Hamadryades 39
パーマン，ジェニー →ジェニー・パーマン

バラッド Ballads 18, 19, 29, 32, 45, 48, 95, 100, 134, 141, 156, 157, 168, 174, 190, 197, 221, 229, 232, 251, 282, 283, 337, 339, 351, 369, 370, 398, 412, 438, 447, 517, 518, 522
ハーランド，J. A. Harland, J.A. 62, 212
パラケルスス Paracelsus 242, 257, 258
バリー J. M. Barrie, Sir James Mattew 101
ハリウェル（ハリウェル＝フィリップス），ジェイムズ・オーチャード Halliwell, James Orchard, later Halliwell-Phillips 51, 54, **264**〜**265**, 486, 510, 512
ハリソン，W. Harrison, William 347
ハーリング Hurling 21, 72, **265**〜**6**, 384, 413, 464, 474
バール Baal 258
ハル，エリナー Hull, Eleanor 13, 68, 89, 385
ハルドゥー・フォーク Huldre folk 41
バルフォア夫人 Mrs. M.C. Balfour 8, 28, 73, 173, 179, 182, 200, 253, 329, 348, 373, 376, 399
バレット，W. H. Barrett, W.H. 8
ハロウィーン Hallowe'en 83, 108, 160, 404, 412, 413, 429, 520, 522
バーン，C. S. Burne, Charlotte Sophia 245, 379
パン Bread 157, **268**, 275, 374, 423, 477
パン Pans 191, 273, 333
バン・イン Bean Fhionn 152
バン・シー（バンシー） Bean Sídhe, Bean Sí, Banshee 66, 83, 88, 92, 93, 99, 103, 130, 150, 192, 204, 228, 238, 244, **268**〜**9**, 281, 295, 311, 339, 372, 389, 450, 493
万聖節 All Saints' Day 19, 20, 83, 108, 145, 160, 241, 290, 293, 347, 434, 499
パンツマンツィ Panczumanczi 210
ハント，ロバート Hunt, Robert 5, 28, 64, 74, 77, 85, 121, 123, 131, 132, 134, 155, 161, 165, 178, 182, 193, 210, 239, 240, **269**〜**71**, 275, 276, 279, 291, 352, 368, 407, 409, 420, 439, 453, 465, 466, 477, 485, 499

――ひ――

ビーアスト・ヴェラッハ Biasd Bheulach 272
ビガース谷のジニー Jeannie of Biggersdale **274**
ピクシー Pixies 10, 34, 35, 45, 118, 121, 122,

593

191, 214, 215, 254, **275～7**, 279, 308, 351, 355, 363, 433, 436, 454, 469, 471, 485
ピグシー　Pigsies　**275～7**, 279, 308
ピクシーのまどわし　Pixy-led　214, 270, 275, **277～8**, 306, 363, 364, 477, 478
ピクト　Picts　77, 177, 278, 325, **328**, 360, 361
［ピクトリー・ブラッグ］　Picktree Brag　93, 135, 137, 173, **279**, 304, 314, 345, 348
ピーコック，メイベル　Peacock, Mabel　137
ピショーグ　Piseog, Pishogue　279
ピスキー　Piskies　121, 122, 275, 276, 277, **279**, 445, 467, 527
ピスギー　Pisgies　341
人食いアニス　Black Annis　13, 48, 107, 253, **279～80**, 447
人食い妖怪　Orges　80, **280**, 301
ピトケアン，ロバート　Pitcairn, Robert　430
［人さらいのネリー］　Nelly Long-arms　118, **280**, 327, 513
ひとり暮らしの妖精　Solitary fairies　20, 30, 98, 196, 221, 254, **281**, 310, 345, 351, 384, 406, 469, 471, 505, 506
ヒナギク　Daisies　**281**, 477
火の尻尾のジェニー　Jenny-burnt-tail　22
火の尻尾のジル　Gyl Burnt-tayl　22, 191, **281～282**
ヒバート，サミュエル　Hibbert, Samuel　168, 219
ピヤレイ　Peallaidh　**282**, 286
ヒューオン・オヴ・ボルドー　→『ボルドーのユーオン』（書名・題名索引）
ビュキャナン，ロバート　Buchanan, Robert　7
ビリー・ウィンカー　Billy Winker　27, **282**
ビリー・ブラインド　Billy Blind　229, **282～283**
ピーリフール　Peerifool　102, 210, **283**
ピール，ジョージ　Peele, George　203
ビルソン，C. J.　Billson, C.J.　280
ヒルトンの血無し少年　the Cauld Lad of Hilton　68, 150, 204, **283～4**
ヒルマン　Hillmen　284, **347**
ヒンキー・パンク　Hinky-Punk　22, **284**, 364
ピンケット　Pinket　22, **284**, 364
敏捷な者たち　the Nimble Men　→フィル ヒリーシュ

ピンチ　Pinch　17, 18, 70, **284～5**
ヒーンリー，R. M.　Heanley, R.M.　230

——ふ——

フーア　Fuath　27, 86, 88, 92, 118, 282, **286**, 325, 332, 355, 383
ファウヌス　Fauns　39, 191, 257
ファウル ウェザー　Foul-Weather　**286～7**, 468
ファージョン，エリナー　Farjeon, Eleanor　289
ファタエ　Fatae　295, 406
［ファー・ダリッグ］　Fir Darrig　**287**, 291
ファハン　Fachan　14, 146, **287～8**
ファリシー　Farisees, Pharisees　**288～9**, 299
ファルヴァン　Farvann　**289**, 424
［ファル・ジェルグ］　Fear Dearg, Fear Dearig　**289**, 291, 292
ファルリー　Fary　33, **289**
ファンショー夫人　Lady Anne Fanshawe　268
フィアナ騎士団　the Fianna　20, 33, 45, 46, 47, 108, 139, 188, 232, 234, 279, **289～90**, 293, 294, 314, 318, 326, 337, 428
フィーオリン　Feeorin　**291**, 452
フィジアル　the Fideal　286, **291**
フィーチェム，R. W.　Feachem, R.W.　325
フィッツジェラルド伯　Earl Fitzgerald　13, 71, 233, 279, 382, 383, 407
フィトルトット　Fittletot　522
フィニス　Finis　219
フィネン　Finnen　13, 291, **296**
フィル・イァルガ　Fir Dhearga　99, 279, 281, 287, 289, **291～2**, 469, 505, 506
フィル・ヴォルグ族　Fir Bholg, Firbolgs　50, 172, 197, **292**, 301
フィル ヒリーシュ　the Fir-Chlis　3, **292～3**, 332
フィロストラトス　Philostratos　489
フィン　Fionn, Finn　20, 46, 77, 87, 108, 139, 182, 232, 234, 289, 290, **293**, 294, 314, 318, 319, 320, 326, 337, 383, 404, 426, 428, 527
フィンヴァラ　Finnbheara, Fin Bheara　30, 118, 232, 244, 259, 260, 261, 265, **294**, 318, 444, 445, 446, 447, 473
フィンガル伝説　Fingalian legends　45, 328

フィーン族 the Feens 77, 108, 290, **294**〜**5**, 296, 326, 328
ブーヴァン・シー Baobhan Sìth 20, **295**, 473
フェイ Fays 192, **295**, 296, 406, 438, 456, 472
フェイン Fane **295**〜**6**
フェッチ Fetch 191, **296**
フェネル Fennel 13, 291, **296**
フェノゼリー Fenoderee, Phenodyree, Phynnodderee 91, 281, **296**〜**9**, 308, 355, 471
フェリアー Feriers 243, **299**〜**300**
フェリシャー Ferishers **299**〜**300**
フェリシン Ferrishyn 163, 183, 291, 297, **300**
フェリッシ Ferrish →フェリシン
フェルリー Ferries **300**〜**1**
フォアマン, H. B. Forman, H.B. 489
フォイゾン Foyson 1, 83, **301**, 456, 464, 465
[フォージーン・シャハローン] Fóidín Seachráin **301**, 363
フォッセグリム Fossegrim 94
フォモール族 the Fomorians **301**, 396, 397, 497
フォリオット Foliots 257, 258
フォール the Foawr 136, **301**〜**2**
フォン・ツァツィクホーフェン, ウルリッヒ von Zatzikhoven, Ulrich 371
ブカ Bwca 102, **302**〜**3**, 307, 308
ブカ Pwca 34, 254, **303**〜**4**
ブーカ the Púca, Phouka 99, 197, 254, **304**〜**5**, 314, 355
フーキー Hookeys 306
[プーク] Pouk 22, 282, 304, **306**, 355
服の裏返し Turning clothes 161, 275, **306**, 364, 477
プークのまどわし Pouk-ledden 253, 277, **306**, 363
プシューケー Psyche 337
ブッカ Bucca 239, **306**〜**7**
復活祭 Easter 241, 279, 404
ブッカ ブー Bucca-boo 274, **306**〜**7**
ブーナー the Booner 220
[不妊] →難産や不妊
フーパー the Hooper →セナン入り江の警告妖精
ブバッハ Bwbach →ブバホッド
ブバホッド Bwbachod 302, **307**

フーハン Fuathan →フーア
ブーブリー Boobrie 61, **307**, 428
ブーマン Booman 192, **307**〜**8**
プラウドフィット, S. V. Proudfit, S.V. 356
ブラウニー Brownie 3, 4, 15, 25, 30, 32, 38, 39, 51, 58, 64, 83, 88, 92, 98, 99, 103, 150, 151, 157, 158, 165, 175, 191, 201, 203, 204, 228, 229, 254, 256, 275, 281, 283, 296, 302, 303, 304, 305, 307, **308**〜**12**, 313, 323, 325, 341, 343, 345, 350, 351, 353, 354, 355, 359, 376, 385, 386, 396, 401, 402, 447, 450, 454, 471, 487, 488, 500, 509, 510, 513
ブラウニー（蜂の） Browny 312
ブラウニー クロッド Brownie-Clod 281, 311, **312**〜**3**, 385
ブラウン, ウィリアム Browne, William 114, 115
ブラウン, シーオ Brown, Theo 117
ブラウン, トマス Browne, Thomas 111
ブラザー・マイク Brother Mike 1, 2, 215, **313**, 470
ブラック, G. F. Black G.F. 168, 242
ブラッグ Brag 93, 121, 135, 136, 137, 173, 192, 279, 281, 304, **314**, 345, 348, 428, 439
ブラディー ボーンズ Bloody-bones 191, 513
フランサムの妖精釜 the Fairy caldron of Frensham 129, 443
ブランストン, ブライアン Branston, Brian 48, 403
ブランド, ジョン Brand, John 121, 288
プラント・アンヌーン the Plant Annwn 87, **318**
ブラン[1]（祝福の） Bran the Blessed 78, 79, 150, 185, **314**〜**7**
ブラン[2]（フェヴァルの息子） Bran son of Febail, 〜Febal 314, **317**〜**8**, 320
ブラン[3]とシュコラン Bran and Sceolan 46, 87, 139, 293, 314, **318**〜**20**, 337, 424, 428
プラント・フリース・ドゥヴェン Plant Rhys Dwfen 320, 462
[ブラン・マク・フェヴァル] Bran Mac Febail 320
フリージ Frid 321
ブリージ Brighid, Brĭd 68, 172, **321**
ブリジット Brigit 321
ブリッグズ, K.M. Briggs, K.M. 51, 96, 122,

595

243, 267, 277, 373, 386, 483, 495
フリテニン Frittenin 256, **321**, 353
ブリテンの話材 the Matter of Britain 6, 124, 151, 184, 232, **321~3**, 365, 371, 397, 398
フリートニン →フリテニン
ブルー Brû, Brugh 21, 43, 45, 87, 136, 239, 289, **323**, 328, 407, 427, 458, 497
プルートーン Pluto 54, 87, 261
ブルーニー Broonie 220, 221, **323**, 471
ブルベガー Bullbeggar 70, 192, **323**, 345
ブルーム、ドーラ Broome, Dora 5, 91, 176, 198, 199, 299, 301, 330, 348, 349
フレアリー Frairies 299, 313, **324**
ブレイ夫人、A.E. Mrs. Anna Eliza Bray, 270, 275, 279, 471, 495
ブレイク、ウィリアム Blake, William 451, 509
フレイザー、J. G. Frazer, Sir James George 101
ブレサル・エタルラム Bresal Etarlaim 36, 185
ブレスケニウス、ディトマルス Bleskenius, Ditmarus 258
フレッチャー、J. Fletcher, John 513
フレデリック・バーバロサ Frederick Barbarossa 383
プレンティン ネウィード Plentyn-newid **324**
ブロッホ Brochs 182, 219, 294, **325**, 328, 414
ブロラハン Brollachan 61, 83, 235, 286, 311, **325**

――ヘ――

ヘア、オーガスタス Hare, Augustus 138
ベアリング=グールド、S. Baring-Gould, S. 164
ヘイウッド、トマス Heywood, Thomas 30, 111, 144
平和の民 Men of Peace 472
平和の人 the People of Peace **326**, 455
ペグ ア ランタン Peg-a-lantern 22
ペグ・オネール Peg o'Nell **326~7**
ペクシー Pexy →コールペクシー
ペグ・パウラー Peg Powler 118, 192, 280, **327**, 373, 513
ベケット、ギルバート Becket, Gilbert 282
ベケット、トマス・ア Becket, Thomas à

282, 512
ヘズロップ、R. O. Heslop, R.O. 196
ペック Pechs **328**
ベット、ヘンリー Bett, Henry 16
ペッホ Pechs, Pehts 77, 177, 278, 296, 297, **328**
ヘドリーの牛っ子 Hedley Kow 93, 135, 136, 137, 169, 173, 246, 281, 314, **328~30**, 336, 345, 348
ベドン ヴァーラ Ben-Varrey 199, 231, **330~332**
ペナント、トマス Pennant, Thomas 175
ベヒル Beithir **332**
ペリー・ダンサー Perry Dancers 3, 293, **332**
ヘリック、ロバート Herrick, Robert 18, 74, 115, 131, 134, 194, **332**, 407, 409, 457, 458, 477
ベリングの一族 the Pellings 7, **333**
ベル Bell 257
ヘルオー Heluo 46
ベルテーン（ベァルトゥナ）祭 Beltane 108, 290
ヘルラ王 King Herla 5, 75, 143, 184, 186, 221, 317, **333~5**, 381, 410, 417, 447
ペロー、シャルル Perrault, Charles 74, 194, 203, **335~6**, 376, 438, 455, 456
ベンウェル、グウェン Benwell, Gwen 366, 369
ヘンキー Henkies 50, **336**, 450
変身 Shape-shifting 17, 19, 33, 89, 92, 108, 109, 114, 136, 140, 149, 173, 252, 254, 266, 281, 285, 309, 312, 314, **336~8**, 345, 348, 349, 360, 363, 379, 382, 383, 406, 425, 428, 437, 439, 449, 472, 489, 510, 522, 525
ヘンダーソン、ウィリアム Henderson, William 4, 19, 29, 60, 67, 74, 78, 83, 150, 151, 155, 161, 173, 177, 178, 204, 228, 229, 246, 255, 262, 308, 314, 327, 329, 343, 347, 348, 349, 353, 354, 355, 432, 468, 486, 490, 496, 509, 524
ヘンダーソン、ジョージ Henderson, George 104, 386, 468
ヘンダーソン、ヘイミッシュ Henderson, Hamish 16, 223, 337
ベンディース・ア・ママイ Bendith Y Mamau 95, 175, 176, 302, 324, **338~9**
ベン ニーァ Bean-nighe 88, 103, 268, 269, **339**, 372

ヘンリースの大入道　the Great Giant of Henllys　246, **339〜40**

──ほ──

ホア, R. C.　Hoare, R.C.　39
ボイーシャス, ヘクター　Boethius, Hector　257
ホイッティンゲーム村のショート・ホガーズ　Short Hoggers of Whittinghame　160, 176, 256, **341**
ボヴェット, リチャード　Bovet, Richard　140, **341〜3**, 418, 435
ボガート　Boggart　3, 15, 22, 83, 98, 151, 156, 179, 180, 192, 241, 302, 309, 312, **343〜4**, 345, 354, 355, 513
ボーカン　Bôcan　14, 245, **344**
[ボーガン]　Bogan　**344**, 353
ボギー　Bogy　109, 136, 145, 172, 246, 255, 259, 281, 304, 307, 323, 328, 336, **345**, 511
ボーギー　Bogies　10, 67, 72, 119, 161, 190, 192, 210, 241, 242, 298, 329, 330, **345〜7**, 349, 407, 473
ボギー ビースト　Bogey-beast　424, 428 → ボギー
ポーキー ホーキー　Pokey-Hokey　**347**
ホグマン　Hogmen　284, **347**
ボーグル　Bogles　8, 22, 26, 64, 73, 120, 135, 192, 203, 245, 345, **347〜8**, 355, 373, 374, 439, 473
ボグルブー　Boggle-boos　254, 348
ボゲードン　Buggane　92, 107, 136, 163, 345, **348〜9**
「ホース・アンド・ハトック」　'Horse and Hattock'　50, **349**, 431, 466
ホースト　the Host →スルーア
ポター, ビアトリクス　Potter, Beatrix　44, 45
ボダッハ　Bodach　308, **349**
ボダッハ・グラス　Bodach Glas　**349**
ボダハン・サヴァル　Bodachan Sabhaill　201, **350**
ボタンキャップのねえや　Nanny Button-cap　**350**
ポーチュン　Portunes　113, 184, 189, 192, **350〜351**, 438
北極光 →アウローラ・ボレアーリス
ホッグ, ジェイムズ　Hogg, James　38, 157, 195, 347, **351**

ボデル, ジャン　Bodel, Jean　321
ボトレル, ウィリアム　Bottrell, William　74, 77, 79, 123, 147, 161, 165, 173, 241, 271, 272, 275, 279, 306, **352**, 383, 439, 443, 446, 499
骨なし　Boneless　61, 169, 192, 321, **352〜3**
ホバディーのランタン　Hobberdy's Lantern　253
ボーハン　Bauchan　15, 120, 121, 204, 344, **353**, 471
ホビット　Hobbits　192
[ホービヤ]　Hobyahs　**353**, 355
ホビー ランタン　Hobby-lantern　22, 191
ホブ　Hob　18, 83, 114, 277, 298, **353〜5**, 471, 513
ホプキンズ, ジェラード・マンリー　Hopkins, Gerard Manley　75
ホブゴブリン　Hobgoblin　3, 38, 39, 67, 70, 91, 99, 114, 118, 130, 137, 156, 165, 191, 192, 194, 203, 204, 253, 254, 257, 258, 282, 297, 304, 306, 307, 309, 314, 336, 353, **355**, 376, 439, 471, 487, 509, 510, 511, 513
ホブスラスト　Hobthrust　191, **353〜5**, 471, 513
ホブメン　Hobmen　**355**, 513
ホブヤー　Hobyahs　345, 353, **355〜6**
ホボルディーのランタン　Hobbledy's-lantern　22
ホメーロス　Homer　235, 450, 490, 501
ボーモント, ジョン　Beaumont, John　471
ボーモント, フランシス　Beaumont, Francis　509, 513
ホランタイド　Hollantide　347
ポリキアヌス, アンゲルス　Policianus, Angelus　489
ポリュペーモス　Polyphemus　235, 302
ホリングワース　Hollingworth　299
ポルターガイスト　Poltergeist　241, 343
ボールドウィン夫人　Mrs. Baldwin　456
ポーロ, マルコ　Polo, Marco　259
ホーン, ウィリアム　Hone, William　190, 247

──ま──

マイアー, クーノー　Meyer, Kuno　318
マイジャン・ナ・トゥイナ　Maighdean na tuinne　104
マカイ, ジョン G.　McKay, John G.　35, 107,

597

181, 326, 337, 406, 501
マキネス, D. McInnes, D. 75, 82
マギー・モロッホ Maggie Moloch 311, 312, 325, 358, **385～6**
マクドゥーガル, ジェイムズ MacDougall, James 75, 103, 234, 245, 281, 320, 360, 384, 501
マクドナルド, ジョージ Macdonald, George 25, 119, 145, 280, **358～9**, 450, 456, 505
マグヌス, オラウス Magnus, Olaus 257, 258
マクファーソン, J. M. McPherson, J.M. 146, 147, 175, 372
マクファーソン, ジェイムズ Macpherson, James 45
マクファービス, デュアルド Mac Firbis, Duald 378
マクマナス, D. A. Mac Manus, D.A. 364, 425, 426
マグ・モラッハ Maug Moulach 360, **385～386**
マクラウド, フィオーナ Macleod, Fiona 36
マクリッチー, デイヴィッド Mac Ritchie, David 77, 129, 294, 296, 310, 325, 328, **360～1**, 447, 448
マケイブ, ジョーゼフ McCabe, Joseph 101
マケンジー, オズグッド Mackenzie, Osgood 82
マケンジー, ドナルド A. Mackenzie, Donald A. 14, 31, 48, 65, 68, 86, 88, 92, 97, 104, 105, 107, 108, 171, 279, 282, 286, 291, 292, 295, 321, 326, 332, 350, 370, 378, 383, 498
まことの恋人 True love **361**, 432, 463
マザー, コットン Mather, Cotton 342, 487
マーザ・ドゥー Moddey Doo, ～Dhoo 362 ～**363**, 395
魔女 Witches 5, 18, 43, 62, 65, 73, 78, 83, 84, 85, 112, 114, 116, 141, 154, 156, 174, 179, 180, 185, 188, 191, 194, 201, 219, 220, 228, 229, 230, 244, 280, 281, 282, 326, 336, 337, 343, 366, 369, 370, 383, 405, 406, 410, 420, 425, 426, 429, 430, 431, 449, 466, 467, 470, 471, 485, 495, 509, 512, 513
マーストン, ジョン Marston, John 6
マップ Mab 17, 34, 52, 115, 131, 188, 194, 227, 332, **363**, 376, 487, 488
マップ, ウォルター Map, Walter 183, 184,

221, 333, 379, 381, 475, 477, 486
マーティン, M. Martin, M. 145
マデン, F. Madden, F. 251
まどわしの草地 the Stray Sod 246, 277, 301, **363～4**
マナノーン (リルの子) Manannán son of Lir 171, 314, 317, **364～5**, 511
マハ Macha 172, 238, 244, **365**, 396, 397
魔法使い Magicians 38, 82, 89, 245, 295, 356, **365～6**, 371, 404, 406, 438, 449, 480, 482, 485
マホメット Mahomet 410
マーマン Mermen 168, 183, 184, 199, 231, 242, **366**, 369, 384, 395
マームズベリーのウィリアム William of Malmesbury 322
マムポーカー Mumpoker 117, 191, 345, 347, **366**
マーメイド Mermaids 77, 78, 85, 104, 168, 169, 174, 199, 231, 242, 330, 331, 332, 351, **366～9**, 389, 397, 398, 410, 482, 493, 498, 499
まやかしの術 Glamour 119, 127, 140, 159, 165, 169, 194, 216, 279, 336, 356, **369～70**, 406, 435, 449, 456, 460, 465, 466, 472, 474, 477, 482, 485
マーラ Mara 223, **370**, 387
マリー, ジョン Murray, John 99
マリー・ド・フランス Marie de France 124, 126, 322
マリー, マーガレット Murray, Margaret 512
マーリン Merlin 25, 52, 141, 234, 372, 404, 406, 449
マールス Mars 38
丸裸にする絞首刑執行人 The Bare-Stripping Hangman 82
マルール the Marool **370**
マレオルス, フェリックス Malleolus, Foelix 258
マロリー, トマス Malory, Thomas 279, 337, 371, 397, 398

——み——

ミカエル祭 Michaelmas 304
ミコール Micol **371**, 480
ミジル Midir, Midhir 371, **372～3**
[湖の乙女] Lake Maidens 90, 102, 103, **371**

湖のランスロット　Lancelot of the Lake　89
湖の麗人　the Lady of the Lake　185, 230, **371**～**372**, 397
水の妖婆　Water-waith　**372**
水辺のすすぎ女　Little-Washer-by-the-Ford　268, 339, **372**
ミデル　Mider, Midar　36, 37, 56, 181, 197, 371, **372**～**3**, 415, 474, 501
緑色　Green　8, 18, 51, 94, 98, 102, 103, 112, 133, 243, 275, 372, **373**, 376, 442, 470, 518, 519, 522, 523
緑の牙のジェニー　Jenny Greenteeth　97, 118, 327, **373**
緑のグラシュティグ　Green Glaistig　92
緑の子ども　the Green Children　113, 143, 183, 184, 214, 230, **374**～**5**, 395, 402
緑の人　Greenies　376
緑の服さん　Greencoaties　8, 9, **376**, 399
緑婦人　Green Ladies　469
ミラー，ウィリアム　Miller, William　27
ミラー，ヒュー　Miller, Hugh　372, 454, 470, 484
ミルトン，ジョン　Milton, John　107, 111, 138, 194, 203, 280, 296, **376**～**7**, 487, 509, 513
[ミレシウス族]　Milesians　38, 43, 45, 171, 185, 197, 294, **377**, 407
ミンチ海峡の青亡霊　Blue Men of the Minch　203, **377**～**8**

——む——

ムア，A. W.　Moore, A.W.　244
昔の人　the Old People　270, **379**
むく犬ジャック　Hairy Jack　379
向こう見ずエドリック　Wild Edric　33, 49, 75, 143, 184, 214, **379**～**82**, 404, 427, 447, 475, 481
[夢魔]　25, 70, 223, 253, 257, 295, 370, **382**, 404
ムリアン　Muryans　123, **383**, 439, 446
ムーリャルタッハ　the Muilearteach　**383**
[ムルグッハ]　Murdhúcha　**384**, 389
群れをなす妖精　Trooping fairies　41, 98, 136, 159, 165, 175, 281, 300, 326, 355, **384**, 396, 406, 447, 469, 472

——め——

メーヴ　Medhbh, Maeve, Medb　89, 363, **385**,
473
メグ・ムラッハ　Meg Mullach　51, 150, 235, 281, 311, 312, 358, 360, **385**～**6**
メクムワサック　Mekumwasuck　248, 249
メスター・ストゥアワーム　the Mester Stoorworm　11, **386**～**7**, 496, 525, 526
[メーラ]　Mera　**370**, 387
メリュジーヌ　Mélusine　184, **387**～**9**, 476, 477, 487
メルシュ・ディック　Melsh Dick　117, 183, 191, **389**, 396
メロー　Merrows　99, 167, 199, 231, 366, 384, **389**～**94**, 469

——も——

モア，ヘンリー　More, Henry　343
[亡者の群れ]　the Host　162, 196, **395**, 403, 444
モーキン　Malekin　183, **395**, 412, 438, 464
モーザ・ドゥーグ　Mauthe Doog　117, 138, 362, **395**～**6**, 424, 428
もの惜しみ　Meanness　75, 175, **396**
ものぐさローレンス　Lazy Laurence　117, 121, **396**
モランドロート　Mollyndroat　302
モーリガン　Mórrígain, Morrigan　**396**～**7**
モーリグー　Mórrígu　172, 238, 244, **396**～**7**
モリス・ダンス　Morris Dance　66, 69, 477
モリソン，ソフィア　Morrison, Sophia　160, 296, 297, 298, 302, 331, 459, 469
森の野人　Wild Men of the Woods　→ウッドワス
モルガン　Morgan　231, **397**, 398
モルガン・ル・フェ　Morgan le Fay　185, 337, 371, **397**～**8**
モルジャン　Morgens　398
モルジェンズ　Morgens　231, 397, **398**
モンジャー・ヴェガ　Mooinjer Veggey　**398**
モントゴメリー，アレグザンダー　Montgomerie, Alexander　230, 403
モンマスのジェフリー　Geofffrey of Monmouth　6, 143, 183, 184, 322, 323, **398**, 438

——や——

ヤースキン　Yarthkins　8, 182, **399**
ヤナギ老人　Old Man Willow　425

599

山の老婆　the Old Woman of the Mountains　86, 399
ヤレリー・ブラウン　Yallery Brown　59, 175, 399～401, 433

――ゆ――

ユーイング，ジューリアーナ・ホレイシア（ユーイング夫人）Ewing, Juliana Horatia　49, 74, 195, 401, 484, 485, 509
ユニコーン　Unicorns　2
ユング，C. G.　Jung, Carl Gustav　447

――よ――

善いお隣さん　the Good Neighbours　41, 183, 326, 366, 403, 406, 472
善い人　the Good People　188, 220, 296, 403, 472, 474
妖怪狩猟群　the Wild Hunt　5, 6, 48, 403～4
陽気さ　Cheerfulness　229, 404, 432
陽気な踊り手　Merry Dancers →フィル ヒリーシュ
妖術師　Wizards　52, 95, 96, 156, 157, 185, 187, 191, 201, 234, 290, 336, 337, 366, 398, 404～6, 439
妖精　Fairies　406～7
妖精丘　Fairy hills　2, 16, 36, 50, 63, 64, 87, 106, 128, 136, 140, 171, 182, 184, 185, 201, 217, 218, 236, 237, 239, 259, 294, 300, 323, 328, 359, 384, 407, 410, 412, 413, 420, 421, 424, 427, 429, 430, 446, 451, 460, 461, 465, 479, 522
妖精丘の欲張り　the Miser on the Fairy Gump　161, 384, 407～9, 421, 422
妖精丘の猟犬　the Hounds of the Hill　300, 409, 424, 428
妖精界における時間　Time in Fairyland　21, 176, 186, 256, 333, 351, 409～12, 417
妖精界の捕らわれ人　Captives in Fairyland　16, 21, 23, 63, 64, 70, 100, 157, 184, 218, 235, 243, 266, 292, 395, 412～6, 417, 439
妖精界訪問　Visits to Fairyland　30, 147, 351, 409, 416～20, 439
妖精界を訪問した人　Visitors to Fairyland　416～20
妖精がとがめる過ち　Faults condemned by the fairies　45, 84, 165, 175, 396, 420～1, 433
妖精からの盗み　Thefts from the fairies　184, 189, 289, 421～4, 474
妖精犬　Fairy dogs　87, 129, 289, 300, 395, 409, 424, 428
妖精樹　Fairy trees　73, 230, 293, 424～6, 500
妖精生活への侵害　Infringement of fairy privacy　6, 35, 113, 118, 219, 240, 274, 420, 426～427, 431, 436, 453, 464
妖精像の変遷 →伝承における妖精像の変遷
妖精動物　Fairy animals　5, 11, 93, 102, 407, 427～8, 488
妖精との交わり　Traffic with the fairies　127, 366, 420, 428～31, 444, 470
妖精に尊重される美徳　Virtues esteemed by the fairies　45, 59, 64, 75, 84, 118, 120, 152, 165, 175, 361, 396, 404, 431～3
妖精に対する作法　Good manners　57, 165, 200, 433, 436, 451
妖精に雇われた産婆　Midwife to the fairies　16, 23, 57, 70, 184, 289, 336, 369, 410, 415, 420, 433～5, 464, 465, 482
妖精の市　Fairy market, or fair　118, 140, 343, 384, 422, 435～7, 464, 472
妖精の大きさ　Size of the fairies　33, 437～9, 469
妖精の貸し付け　Fairy loans　50, 129, 431, 443～444
妖精の起源　Origin of fairies　63, 113, 147, 185, 277, 293, 444～6, 488
妖精の起源説　Theories of fairy origins　301, 310, 321, 325, 328, 360, 444, 446～7, 448
妖精の騎馬行列　the Fairy rade　18, 66, 75, 158, 197, 227, 230, 338, 411, 413, 428, 447～8, 472, 522
妖精の借用　Fairy borrowing　57, 120, 127, 431, 443, 448, 456, 463, 464, 465
妖精の身体欠陥　Defects of the fairies　41, 155, 269, 336, 359, 450
妖精のスコップ　the Fairy ped　122, 276, 450～451
妖精の葬式　Fairy funerals　291, 427, 451～3, 464, 469
妖精の退散　Departure of the fairies　75, 249, 453～5, 470, 484
妖精の代母　Fairy godmothers　53, 194, 438, 455～6
妖精のたたり →傷害や病気

妖精の食べ物　Fairy food　57, 63, 119, 122, 133, 141, 147, 165, 261, 294, 376, 395, 410, 412, 415, 417, 444, 451, **456～8**, 464

妖精の手仕事　Fairy crafts　63, **458～61**

妖精の道徳　Fairy morality　120, 152, 221, 361, 420, **461～4**

妖精の人間依存　Dependence of fairies upon mortals　25, 63, 244, 265, 412, 431, 433, 448, 461, **464**

妖精の盗み　Fairy thefts　1, 11, 63, 120, 165, 215, 266, 301, 415, 421, 448, 462, **464～5**

妖精の塗り薬　Fairy ointment　23, 57, 63, 70, 167, 189, 289, 370, 410, 420, 433, 435, 439, 443, **465～6**, 472, 477, 482, 485, 510

妖精のパイプ　Fairy pipes　190

妖精の飛行　Fairy levitation　50, 63, 243, 349, 431, 447, **466～8**, 469

妖精の秘密の呼び名　Secret names of the fairies　102, 150, 283, **468**

妖精の服と姿　Dress and appearance of the fairies　48, 63, 112, 373, **469～72**

妖精の呼び替え名　Euphemistic names for the fairies　13, 48, 176, 183, 188, 176, 243, 372, 379, 403, **472**, 495

妖精のレクリエーション　Sports of the fairies　265, **472～4**

妖精馬　→トゥアハ・デ・ダナンの妖精馬

妖精杯　the Fairy cup　201, 289, 422, 423, 460, **474～5**, 487

妖精バター　Fairy butter　34, 265

妖精花嫁　Fairy brides　7, 124, 126, 175, 184, 185, 214, 256, 290, 379, 384, 387, 410, 411, **475～477**, 481

妖精除け　Protection against fairies　13, 48, 65, 135, 165, 188, 190, 203, 216, 225, 228, 243, 244, 264, 268, 278, 281, 306, 423, **477～8**, 485

妖精を支配する呪文　Spells to obtain power over fairies　38, 371, **478～80**, 482

妖精を支配する力　Power over fairies　478, **480～2**

妖精を見ること　Seeing fairies　**482～4**

妖婆　→ハッグ²

四つ葉のクローバー　Four-leafed clover　101, 370, 402, 465, 472, 477, 482, **485**

夜の悪魔　→ナイト メア

夜の人　→ドゥナ・エーヨン　Jon　178

――ら――

ライト，ジョーゼフ　Wright, Joseph　60

ライト，トマス　Wright, Thomas　78, **486**

ライト夫人，E. M.　Mrs. Wright, E.M.　22, 54, 60, 72, 97, 117, 177, 183, 193, 201, 203, 210, 239, 240, 241, 245, 327, 345, 347, 350, 366, 376, 509, 513

ライネック　Wryneck　**486**

ラヴァー，S.　Lover, S.　220

ラヴァーター，ルードウィッヒ　Lavater, Ludwig　258, 259

[ラチェット]　Ratchets　**486**

ラナン シー　the Lhiannan-Shee　192, **486～7**, 493

ラバーキン　Lubberkin　192, **487**

ラバード・フィーンド　the Lubbard Fiend　138, 194, 355, **487～8**

ラバー・フェンド　the Lubbar Fend　296, 376, **487～8**, 509

ラミア　Lamia　141, 387, **488～90**, 505

ラムジー，アラン　Ramsay, Allan　369

ラムトンのワーム　Lambton Worm　**490～2**, 525, 526

ラル　Lull　17, 70, **492**

ラール　Lares　64, 257

ラルフ，コギシャルの　→コギシャルのラルフ

ラング，アンドルー　Lang, Andrew　63, 101, 223, 456

ラングランド，W.　Langland, William　253, 306

ランスロット　Lancelot　124, 371, 372, 426

ランタン男　Lantern-man　22

ランタン持ったジェニー　Jenny-wi'-t'-lantern　22

――り――

リァノーン シー　Leannán-Sídhe, Leanan-Sidhe　486, **493**

リーズ　Ludd　222

リース，ジョン　Rhys, John　2, 62, 70, 74, 87, 90, 91, 92, 93, 101, 124, 150, 199, 200, 233, 302, 314, 318, 320, 338, 397, 398, 399, 415, 433, 462,

465, 522
リチャードソン, M.A.　Richardson, M.A.　33, 190, 289
リック　Licke　17, 70, **493**
リップ・ヴァン・ウィンクル　Rip Van Winkle 410
リトソン, ジョーゼフ　Ritson, Joseph　336, 512
リー・バン（リバン）　Lí Bean, Liban　231, 369, **493**～5
リューマチ　Rheumatism　140, 241, 421, **495**
良家の方　the Gentry　188, 472, 474, **495**
リリー, ウィリアム　Lilly, William　342, 371
リリー, ジョン　Lyly, John　43, 113, 194, 227
リル　Lir　150, 171, 222, 314, 317, 365
リンゴ園の主　Apple-Tree Man　**495**～6
リントンのワーム　Linton Worm　**496**, 526

——る——

ルー　Lugh, Lug　43, 89, 171, 222, 290, 293, **497**
ルイス, C. S.　Lewis, C.S.　359, 525
ルイス島のチェス駒　Chessmen of Lewis　249, **497**～8
ルージャグ　Luideag　14, **498**
ルナンティシー　Lunantishee　**499**～500
ルーラガドーン　Lurigadaune　505
ルーラコーン　Luricaune　505
ルリダン　Luridan　**500**

——れ——

霊肉分離　Separable soul, or external soul　82, 95, 104, 185, 373, 406, **501**～5
レイザム, C.　Latham, C.　215
例の人たち　Them that's in　163
［レイミア］→ラミア
レザー, E. M.　Leather, E.M.　333, 461, 467
レプラコーン　Lepracaun　→レプラホーン
レプラホーン　Leprachaun　99, 192, 214, 281, 460, 469, 481, 484, **505**～8
レムレース　Lemures　182
レント（四旬節）　Lent　249, 404, 405

——ろ——

ろうそく立てのキット　Kit with the Canstick, or Candlestick　22, **509**

ロザニア　Rosania　210
［ロセッティ, クリスティーナ］Rossetti, Christina　118, 119, 141, 437, **509**
炉端のロブ　Lob-Lie-by-the-Fire　296, 376, 401, 471, 487, **509**, 513
ロバーツ, アレグザンダー　Roberts, Alexander　450
ロバートソン, C. M.　Robertson, C.M.　295
ロバートソン, D. J.　Robertson, D.J.　105
ロバートソン, T. A.　Robertson, T.A.　466
ロハルマーン　Locharman　505
ロビケ　Robiquet　210
ロビン・グッドフェロー　Robin Goodfellow　14, 18, 22, 39, 74, 130, 135, 137, 157, 158, 191, 194, 203, 253, 257, 258, 275, 277, 284, 305, 351, 355, 446, **509**～512
ロビン・フッド　Robin Hood　18, 69, 477, **512**
ロビン・ラウンドキャップ　Robin Round-cap　355, **512**～3
ロブとホブ　Lobs and Hobs　118, 308, 355, 487, **513**
ローヘッド アンド ブラディーボーンズ　Rawhead-and-Bloody-Bones　54, 117, **513**～4
ローランズ, サミュエル　Rowlands, Samuel　511
ロリヤック　Loireag　514
ローレグ　Loireag　514
ローン　the Rðn, Roane　7, 167, 294, 369, 389, 428, 481, **514**～5
ローンファル　→サー・ローンファル

——わ——

ワイト　Wight　28, **516**
ワイルド, ウィリアム　Wilde, William　516
ワイルド, オスカー　Wilde, Oscar　516
ワイルド夫人, ジェイン・フランセスカ　Lady Wilde, Jane Francesca　21, 23, 30, 119, 188, 197, 198, 204, 216, 232, 243, 244, 259, 269, 292, 294, 304, 372, 413, 415, 436, 445, 446, 458, 493, 508, **516**～7
若きタム・リン　Young Tam Lin　33, 66, 100, 156, 175, 190, 238, 413, 447, **517**～22
若きタムレイン　Young Tamlane　33, **517**～22
［若者の国］the Land of the Young　37, 45, 185, 407, 411, **522**

忘れっぽい人　the forgetful people　472
ワーズワース，ウィリアム　Wordsworth, William　228
ワッフ　Waff　155, 192, 210, 296, 489, **524**
ワトソン，W. J.　Watson, W.J.　77, 86
ワトソン夫人　Mrs. Watson　92, 107, 326
ワッピティー・ストゥーリー　→書名・題名索引
ワーム　Worms　19, 211, 212, 386, 387, 490, 491, 496, **524〜7**
わら束のジョーン　Joan the Wad　22, 364, **527**

◇書名・題名索引

『 』は書名,「 」は定期刊行物,「 」*は物語・詩・論文・映画などの題名,《 》はシリーズ名,〈 〉は絵や写本など,数字は掲載ページをそれぞれ示している。なお,見出し語は太字で表現した。

── あ ──

『アイスランド島地誌』 Description of Iceland 258
『アイルランド王国年代記』 The Annals of the Kingdom of Ireland 367, 493
『アイルランド王の息子と赤帽子の王の娘」* The Son of the King of Ireland and the Daughter of the King of the Red Cap 245
『アイルランド系ケルト人の伝説』 Legendary Fictions of the Irish Celts 382, 527
『アイルランド古代史の稿本資料講義』 Lectures on the Manuscript Materials of Ancient Irish History 289
『アイルランド地誌』 Topographia Hibernica 146
『アイルランド南部探訪──風景と建造物,農民の生活と俗信』 Researches in the South of Ireland illustrative of the Scenery, Architectural Remains, and the Manner and Superstitions of the Peasantry 100
『アイルランド南部の妖精伝説と伝承』 Fairy Legends and Traditions of the South of Ireland/3vols. 99, 100, 135, 390, 505
『アイルランド年代記』 The Annals of Ireland 378
『アイルランドの古信仰の痕跡』 Traces of the Elder Faiths of Ireland; Folklore Sketch/2 vols. 93, 99, 425
『アイルランドの古代伝説とまじないと迷信』 Ancient Legends, Mystic Charms and Superstitions of Ireland/2vols. 23, 30, 188, 197, 216, 244, 259, 269, 292, 294, 304, 372, 413, 415, 436, 445, 493, 508, 516
『アイルランドの昔話』 Folktales of Ireland 61, 427
『アイルランドの妖精譚と昔話』 Fairy and Folk Tales of the Irish Peasantry 11, 21, 72, 188, 197, 291, 384
『アイルランドの妖精物語』 Irish Fairy Tales 289
『アイルランド文学におけるクーフリン物語』 The Cuchullin Saga in Irish Literature 89, 385
「青い鳥」* The Blue Bird 203
「赤い雌牛と古いあばら骨」* The Dun Cow and the Old Rib 62
「赤ちゃんマーメイド」* The Baby Mermaid 199
「悪魔および精霊についての論考」* Discourse upon Devils and Spirits 500
『悪魔学および妖術についての書簡』 Letters on Demonology and Witchcraft 64, 156
『悪魔の残酷さについて』 De crudel. Daemon 258
『悪魔のまやかしの王国』 Pseudo Monarchia Dœmonum 258
『悪魔は間抜け』 The Devil is an Ass 137
『悪魔論──対話形式による』 Daemonologie, in forme of a dialogue 158
『アーサー王の死』 Le Morte Darthur 279, 337, 397, 398
『朝びらき丸,東の海へ』 The Voyage of the Dawn Treader 525
「アシニーアム」 Athenaeum 339
「アシー・ルアの若い王」* The Young King of Easaidh Ruadh 501
「あちらさんの分け前」* The Strangers' Share 8, 179
〈アッシュモール写本〉 Manuscript Ashmole 54, 56, 478

「アッシパトルとメスター・ストゥアワーム」* Assipattle and the Mester Stoorworm 11
『アッフリーハンの農夫』* The Tacksman of Auchriachan 11~2, 30, 144, 159, 415, 456, 465
「アバディーン・ジャーナル」 Aberdeen Journal 146
〈アバフォイルの妖精丘〉 The Fairy Knowe at Aberfoyle 63
『アポロニオスの生涯』 De Vita Apollonii 489
「アミーリアとドワーフ」* Amelia and the Dwarfs 49, 401, 402, 484, 485
「アメリカ・フォークロア・ジャーナル」 Journal of American Folk-Lore 356
「アリス・ブランド」* Alice Brand 100, 157
「アリソン・グロス」* Allison Gross 18 (→一般索引)
『あるナチュラリストの里』 The Home of a Naturalist 414
『アルバインの王』* A King of Albainn 82
『アルビオンのイングランド』 Albion's England 446, 488
『アングロ・サクソン年代記』 The Anglo-Saxon Chronicle 403
「アンスト島のキャサリン・フォーダイス」* Katherine Fordyce of Unst 414
「アンスト島の金髪の娘」* The Golden Haired Girl of Unst 84

——— い ———

『イオーロー文書』 Iolo Manuscripts 62
『異教とユダヤ教の遺習』 Remaines of Gentilisme and Judaisme 51, 341
『イギリス国政史』 Historia Rerum Anglicarum 230, 475
『イギリス故事考』 Observations on Popular Antiquities / 2 vols. 121, 288
『イギリス著名画家, 彫刻家, 建築家伝』 The Lives of the Most Eminent British Painters, Sculptors, and Architects 451
『イギリスのゴブリン』 British Goblins 34, 66, 86, 91, 103, 118, 304, 307, 324, 417
『イギリスの神話と伝承』 English Myths and Traditions 16
『イギリスのフォークロア研究家たち』 The British Folklorists 76, 256
『イギリスの妖精の起源』 British Fairy Origins 446
『イギリス・フォークロア事典』 A Dictionary of British Folklore / 2 vols. 307
『イギリス北部地方の故事』 Illustrations of Northern Antiquities 42
『イグニス・ファテュウスまたはウィル・オ・ザ・ウィスプと妖精たちについて』 The Ignis Fatuus or Will o' the Wisp and the Fairies 16, 255
「医者と妖精王の奥方」* The Doctor and the Fairy Princess 23~5, 415
「泉の夫人」* The Lady of the Fountain 365
『いつまでも忘れ得ぬジョン・ヘイルズ氏の黄金遺文集』 Golden Remains of the Ever-memorable Mr John Hales 111
「糸くり3人女」* The Three Spinners 264
『田舎言葉とフォークロア』 Rustic Speech and Folk-Lore 22, 54, 60, 72, 117, 177, 183, 193, 203, 210, 239, 241, 245, 327, 345, 347, 366, 376, 509, 513
『田舎の風習と素朴な神話』 Peasant Customs and Savage Myths 361
「イプスウィッチ・ジャーナル」 Ipswich Journal 210, 313
「忌まわしきワームと海にすむ鯖」* The Laidly Worm and the Machrel of the Sea 19
『イーリアス』 The Iliad (Ilias) 490, 501
『イングランド諸州の埋もれた昔話』 Forgotten Folk-Tales of the English Counties 7, 45, 69, 117, 151, 205, 280, 409, 411, 525
『イングランド西部の伝承奇談』 Popular Romances of the West of England / 2 vols. 5, 28, 85, 121,

123, 131, 132, 155, 161, 165, 178, 193, 239, 240, 269, 291, 352, 407, 420, 421, 439, 453, 466, 485

『イングランドとスコットランドの民衆バラッド』 The English and Scottish Popular Ballads／5 vols.　517

『イングランドの失われたる神々』 The Lost Gods of England　48, 403

『イングランドの俗謡』 English Folk Rhymes　252

『イングランドの伝承童謡とおとぎ話』 Popular Rhymes and Nursery Tales of England　265

『イングランドの昔話』 Folktales of England　495

『イングランドの妖精譚と昔話』 English Fairy and Other Folk Tales　117, 256

『イングランド北部諸州と境界地帯のフォークロアについてのノート』 Notes on the Folk-Lore of the Northern Counties of England and the Borders　4, 29, 67, 78, 83, 150, 155, 161, 173, 177, 204, 228, 246, 255, 262, 308, 314, 327, 329, 347, 349, 353, 486, 490, 496, 509, 524

『イングランド北部の昔話』 Folk Tales of the North Country　196

『イングランド昔話集』 English Fairy Tales　96, 141, 449

──── う ────

「ウィリーの奥方」* Willie's Lady　229, 282

〈ウィルキー稿本〉 Wilkie Manuscript　29, 161, 262

「ヴィレンスコフのエリーネ」* Eline of Villenskov　438

「ウィンザーの陽気な女房たち」 The Merry Wives of Windsor　68

『ウェイヴァリー』 Waverley　349

「ウェストネスのだんな」* The Goodman of Westness　168

『ウェールズ旅行記』 Itinerarium Cambriae (Itinerary through Wales)　39, 146

『ウスターシャーの古代イギリスの遺習（とフォークロア）』 初版 On the Ancient British, Roman and Saxon Antiquities of Worcestershire　2版 The Ancient British, Roman and Saxon Antiquities and Folk-Lore of Worcestershire　17, 363

「海の乙女」* The Sea-Maiden　526

『海の魔女——人魚とその一族の話』 Sea Enchantress; The Tale of the Mermaid and her Kin　369

「浦島太郎」* Urashima Taro　410

──── え ────

『英国王史』 Gesta Regum Anglorum　322

『英国昔話辞典』 A Dictionary of British Folk Tales in the English Language／4 vols.　96, 122, 243, 267, 373, 386

『英語辞典』 A Dictionary of the English Language　513

『英語方言辞典』 The English Dialect Dictionary／6 vols.　60

「エヴリデイ・ブック」 Everyday Book　190, 247

『エッダ』 Edda　527

『エドワード・クロッド、一つの追想』 Edward Clodd, a Memoir　101

「エリダーと黄金のまり」* Elidor and the Golden Ball　**39〜40**, 143, 146, 152, 184, 197, 320, 410, 417, 421, 428, 438, 462, 474

「エルビーンの子ゲレイント」* Gereint Son of Erbin　365

『エルフ、フォーン、妖精の知られざる国』 The Secret Commonwealth of Elves, Fauns, and Fairies　46, 63, 140, 210, 326, 342, 416, 452, 482, 495

『エンディミオン』 Endimion　**43**, 113, 194, 227

—— お ——

『オシアン作品集』 The Works of Ossian／2 vols.　45
「オシーンと金髪のニアヴ」* Oisin and Niam of the Golden Hair　124
『オックスフォード英語大辞典』 Oxford English Dictionary　3, 94, 242, 253, 438
『オックスフォード版童謡辞典』 The Oxford Dictionary of Nursery Rhymes　27, 32
『オデュッセイア』 Odysseia （Odyssey）　235, 490
「お父さんのすることはいつも正しい」* The Goodman is Always Right　329
「男の子と魔法の衣」* The Boy and the Mantle　398
『乙女の変身』 The Maydes Metamorphosis　49, 113, 194
「オー・パセ・オー」 O Per Se O　18
「お姫さまとゴブリンの物語」 The Princess and the Goblin　359
「お百姓さんモール」* Old Farmer Mole　275
「オベロンの衣装：1626年の新年の朝，女王の女官が持ってきた妖精王の衣服についての記述」* Oberon's Apparell; A Description of the King of Fairies Clothes, brought to him on New Year's Day in the morning, 1626, by his Queen's Chambermaids　116
「オベロンの宴会」* Oberon's Feast　115, 332, 458
「オベロンの宮殿」* Oberon's Palace　332
「親指太郎」* Hop O' My Thumb　280
『親指トム一代記』 The History of Tom Thumb, the Little　52
「親指姫」* Thumbelina　54
『オルソープでのスペンサー卿の饗宴の余興』 A Particular Entertainment of the Queene and Princes … at Althorpe　6, 175, 363
『オルペウスとエウリュディケー』 Orpheus and Eurydice　261

—— か ——

「快活な人」* L' Allegro　138, 376, 487, 509
「ガウナ妖精丘の伝説」* Legend of Knocksheogowna　136
「カウンティー・フォークロア」 County Folk-Lore　2, 45, 48, 67, 70, 78, 79, 104, 121, 137, 139, 145, 159, 160, 168, 173, 189, 200, 211, 230, 242, 275, 280, 299, 300, 313, 323, 354, 379, 414, 421, 422, 425, 426, 436, 450, 454, 466, 513, 526
「鍛冶屋と妖精」* The Smith and the Fairies　460
『カーディとお姫さまの物語』 The Princess and Curdie　359
「家庭の守護神ラールの取り分」* Lar's Portion　332
「カハル・オー・クルアハンと種馬の群れ」* Cathal O' Cruachan and the Herd of the Stud　501
『神々と戦士たち』 Gods and Fighting Men　36, 172, 289, 290, 318, 321
『ガリヴァー旅行記』 Gulliver's Travels　147
『カールミナ・ガデリカ（ゲールの歌）』 Carmina Gadelica／4 vols.　88, 92, 162, 514
『カンタベリー物語』 The Canterbury Tales　54, 107, 249, 516

—— き ——

「消えた月」* The Dead Moon　8, 28, **73**, 200, 253
『消えてしまった王女』 The Lost Princess　359
『季節，天候および農事に関する諺と俗信集』 Collection of Proverbs and Popular Sayings　190
『北風のうしろの国』 At the Back of the North Wind　359
《キーツ作品集》　489

607

「ギャロウェイ年報」 Gallovidian Annual 199
「キュアリーの年寄り」* The Old Man of Cury 77～8, 366, 368, 499
「休暇習作詩」* Vacation Exercises 376
『旧地層の赤砂岩』 The Old Red Sandstone 454, 470
『宮廷人愚行録』 De Nugis Curialium 184, 221, 333, 475, 476
「巨人の心臓」* The Giant's Heart 505
「ギルズランド領主のあばれ馬」* Gilsland's Gry 151
「キルデアのプーカ」* The Phooka of Kildare 305
「キルフーフとオルウェン」* Kilwch and Olwen 87, 322, 365, 397
「キルメニー」* Kilmeny 351
「キンタレンの仕立て屋」* The Tailor of Kintalen 16

───── く ─────

「口説き妖精」* The Love-Talker 71
『グラストンベリーの伝説』 The Glastonbury Legends 322
〈クラレンドン文書〉 Clarendon Manuscripts 132
「クランショーズ村のブラウニー」* The Brownie of Cranshaws 488
「グリーシュ」* Guleesh 243
「グリッグの赤頭巾」* The Grig's Red Cap 94
「クールナの牛争奪戦」* The Cattle Raid of Cuailagne 396
「クレンリネス（清浄）」* Cleanliness 124
「黒魔術の王」* The King of the Black Art 337

───── け ─────

「ケイト・クラッカーナッツ」* Kate Crackernuts **105～7**, 141
『ゲール語および英語による昔話と妖精伝承』 Folk Tales and Fairy Lore in Gaelic and English 103, 281, 360, 384, 501
『ケルト圏の妖精信仰』 The Fairy-Faith in Celtic Countries 13, 87, 151, 152, 162, 232, 238, 244, 294, 296, 444, 445, 461, 464, 472, 474
『ケルト人の間に残っている俗信』 Survivals in Beliefs Among the Celts 386
『ケルト伝承拾遺集』 Waifs and Strays of Celtic Tradition／5 vols. 76, 82, 234, 245, 320, 404, 427, 501
『ケルトのドラゴンの神話』 The Celtic Dragon Myth 104
『ケルトの薄明』 The Celtic Twilight: Men and Women, Ghouls and Faeries 21
『ケルトのフォークロア―ウェールズとマン島』 Celtic Folk-Lore, Welsh and Manx／2 vols. 2, 70, 87, 90, 92, 93, 302, 320, 338, 397, 398, 433, 462, 465
「ケルト・レヴュー」 Celtic Review 77
『ゲール物語集』 Silva Gadelica 20, 21, 238, 289
「ケンプ・アウイン」* Kemp Owyne 19

───── こ ─────

『恋人の告白』 Confessio Amantis 250
『皇帝にささげる閑談集』 Otia Imperialia 93, 189, 350, 433
『剛勇グレティル』 Grettir the Strong 339

『古語と地方語の辞典』 A Dictionary of Archaic, and Provincial Words 265
『故事覚書』 Hypomnemata Antiquaria 51
「乞食から王女マッブへの嘆願」* The Beggar's Petition to Queen Mab 332
『湖上の美人』 The Lady of the Lake 31, 100, 156
『古代人類史研究』 Early History of Man 175
『古典童話集』 The Classic Fairy Tales 10, 52, 335
『子どもの本』 Babee's Book 194
「粉屋の話」* The Miller's Tale 516
「コーニッシュ・テレグラフ」 Cornish Telegraph 352
「**コーの領主**」* The Laird o' Co 59, **118**, 432
「コーパス・クリスティー」* Corpus Christi 351
『古風な妖精物語集』 Old-Fashioned Fairy Tales 401, 402
「ゴブ・ナ・ウールのマーメイド」* The Mermaid of Gob-Ny-Ooyl 331
『ゴブリンの市』 Goblin Market 118, 119, 141, 437
『ごほうびと妖精』 Rewards and Fairies 44, 74
『コーマス』 Comus 107, 111, 203, 280, 377
『古謡拾遺集』 Reliques of Ancient English Poetry 156
「コリアリー・ガーディアン」 Colliery Guardian 3
「コリングボーン・キングストンの黒妖犬」* The Collingbourne Kingston Black Dog 117
「怖いことを知っていれば」* If You Fear to be Affrighted 332
「**こわれたスコップ**」* The Broken Ped 57, **122**, 450, 456, 464
『コーンウォールの祭日とフォークロア』 Cornish Feasts and Folk-Lore 306

——— さ ———

『最後の吟遊詩人の歌』 The Lay of the Last Minstrel 156, 396
「サー・オルフェオ」 Sir Orfeo 54
「サー・ガウェイン」 Syr Gawayne 251
「**サー・ガウェインと緑の騎士**」* Sir Gawain and the Green Knight **124**, 185, 398, 438
「サー・ガウェインとラグネル姫の結婚」* The Weddyinge of Sir Gawen and Dame Ragnell 250
「サー・ガウェインの結婚」* The Marriage of Sir Gawain 108, 251
『サクソン族の歌』 Chanson des Saisnes 321
『サー・ジビー』 Sir Gibbie 359
『雑録集』 Miscellanies upon Various Subjects 51, 296, 311, 385, 466, 482
『サドカイ主義の敗北―魔女と妖術に関する完全かつ平明な論証』 Saducismus Triumphatus or Full and Plain Evidence Concerning Witches and Witchcraft 342
『サフォークの歴史』 History of Suffolk 299, 300
「さらば、贈り物と妖精たち」* Farewell Rewards and Fairies 49, 249
『サリー州の自然史と遺物』 Natural History and Antiquities of the County of Surrey／5 vols. 50, 443
「サー・ローンファル」* Sir Launfal 124, 126, 476
「**サンディー・ハーグの女房**」* Sandy Harg's Wife **127**, 159, 235
「3頭の雌牛」* The Three Cows 141
「**サントライ島**」* The Isle of Sanntraigh 87, **127**〜9, 447, 448
「3枚の羽」* The Three Feathers 96

609

—— し ——

「ジァルマトの死」* The Death of Diarmid　45
『シェイクスピアおよびその他初期英国作家の作品に出てくる妖精物語と伝説とロマンス』 Fairy Tales, Legends and Romances Illustrating Shakespeare and Other Early English Writers　54, 131, 141, 285, 512
『シェイクスピアの妖精神話』 Fairy Mythology of Shakespeare　510
『シェットランド諸島誌』 Description of the Shetland Islands　168, 219
『シェットランドの伝承』 Shetland Traditional Lore　31, 84, 169, 219, 370, 462
『シェットランドのフォークロア』 Shetland Folk-lore　336
『シェットランド民俗誌』 Shetland Folk Book／3 vols.　466
「塩入れ」* The Saut Box　15
『詩集』 Poetical Works　32
「シーズとセヴェリーズ」* Ludd and Llefelys　365
『四足獣物語』 The Historie of Foure-Footed Beastes　488
「下着を裏返しに着たお婆さん」* The Old Woman Who Turned Her Shift　161
「仕立て屋と妖精」* The Tailor and the Fairy　16
『失楽園』 Paradise Lost　194, 377
『詩的瞑想』 Poetical Reveries　295
「ジプシーの若者」* The Gypsy Laddie　369
「11月の夕べ」* November Eve　119, 294, 436
「修道士のランタン」* The Friar's Lantern　138
「修道士ラッシュ」* Friar Rush　137　(→一般索引)
「ジュディーおばさんの雑誌」 Aunt Judy's Magazine　401
『シュロップシャーのフォークロア』 Shropshire Folk-Lore　245, 379, 381
『沼沢地帯の物語集』 Tales from the Fens　8
『ジョン・ディーと精霊たちとの間に多年起こりしことの真実にして忠実なる記録』 A Veritable and Faithful Relation of What Passed for Many Years Between John Dee and Certain Spirits　187
「ジョーンの片目が見えなくなったいきさつ」* How Joan Lost the Sight of her Eye　420
「シリーナが原の妖精のすみか」* The Fairy Dwelling on Selena Moor　123, **147〜50**, 159, 261, 336, 383, 409, 415, 435, 439, 444, 446
『シルヴィーとブルーノ』 Silvie and Bruno　484
「白いブッカと黒いブッカ」* The White Bucca and the Black　306
「シンデレラ」* Cinderella　335
『シンベリン』 Cymbeline　227
『侵略の書』 Lebor Gabála (Book of Conquest)　45, 301, 407, 497

—— す ——

「水棲馬と水棲牛」* The Water-Horse and Water-Bull　**153〜4**
「スカイ島の鍛冶屋の岩」* The Smith's Rock in the Isle of Skye　234
『過ぎし昔の物語集』 Histoires et Contes du Temps Passé avec des Moralitéz　335
「ズキンガラス」* The Hoodie　337
『スコットランドおよびヘブリディーズ諸島紀行，1722年』 A Tour in Scotland and Voyage to the Hebrides, 1722　175
『スコットランド高地人の俗信と娯楽』 The Popular Superstitions and Festive Amusements of the Highlanders of Scotland　109, 159, 312, 385, 514

『スコットランド高地地方と島々の迷信』 Superstitions of the Highlands and Islands of Scotland　14, 65, 76, 78, 87, 101, 269, 292, 323, 377, 422, 444, 450, 456, 457, 458, 526

『スコットランド高地地方と西の島々における魔法と千里眼』 Witchcraft and Second Sight in the Highlands and Islands of Scotland　272

『スコットランド高地地方の百年』 A Hundred Years in the Highlands　82

『スコットランド高等法院裁判記録』 Trials before the High Court in Scotland／3 vols.　430

『スコットランド国語辞典』 Scottish National Dictionary　295

『スコットランド語語源辞典』 Etymological Dictionary of the Scottish Language　104, 295

「スコットランド古代研究」 Scottish Antiquary　226

『スコットランド低地地方のフォークロア』 Folk Lore in Lowland Scotland　94, 472

『スコットランド南部境界地方の吟遊詩歌集』 The Minstrelsy of the Scottish Border／3 vols.　29, 48, 58, 135, 156, 235, 413

『スコットランドにおけるケルトの地名の歴史』 History of Celtic Place-Names in Scotland　86

『スコットランドの伝承ライム』 Popular Rhymes of Scotland　41, 160, 328, 367, 403, 432, 516, 522

『スコットランドの西の島々の点描』 A Description of the Western Isles of Scotland　145

『スコットランドのフォークロアと庶民生活』 Scottish Folk Lore and Folk Life　31, 65, 68, 86, 88, 92, 104, 105, 107, 171, 282, 286, 291, 292, 295, 321, 332, 350, 378, 383, 498

『スコットランドの昔話』 Ancient Scottish Tales　95, 337, 501

『スコットランドの妖精譚と昔話』 Scottish Fairy and Folk-Tales　11, 226, 387, 413

『スコットランド北東部の原始的信仰』 Primitive Beliefs in the North-East of Scotland　146, 175, 372

「スピンドルストンの崖の忌まわしいワーム」* The Laidley Worm of Spindleston Heughs　19, 252

「スメルトのボゲードン」* The Buggane of the Smelt　349

「スール・スケリーの大セルキー」* The Great Silkie of Sule Skerry　168

〈スローン写本〉 Manuscript Sloane　188, 363, 478

── せ ──

「聖コセンと妖精王」* St Collen and the Fairy King　164～5, 336, 457, 470, 488

『聖人伝』 The Lives of the Saints／15 vols.　164

『聖天使の階層』 The Hierarchie of the Blessed Angells　144

『精霊界の信憑性』 Certainty of the Worlds of Spirits　342

《世界の昔話》 Folktales of the World　61

『ゼットランド諸島の今昔』 A View of the Ancient and Present State of the Zetland Islands／2 vols.　219

『説話と民間の物語集』 Tales and Popular Fictions　75

「ゼノア村のチェリー」* Cherry of Zennor　123, 131, 165～7, 336, 420, 435, 439, 443, 466, 471

── そ ──

「そうともジョニー、引っ越すところさ」* Aye, Johnny, We're Flitting　15, 354

『続イングランド昔話集』 More English Fairy Tales　82, 141, 329, 355

『続西ハイランド昔話集』 More West Highland Tales／2 vols.　35, 181, 337, 406, 501

『続マン島スクラップブック』 A Second Manx Scrapbook　77, 91, 107, 198, 298, 300, 470

── た ──

「大トゥアリシュゲアルの殺害」* How the Great Tuairisgeal was Put to Death　181, 501

『太平洋航海記』　Voyage to the Pacific　174
「脱穀を手伝う妖精」*　The Fairy Threshers　463
「堕天使としての妖精」*　The Fairies as Fallen Angels　445
『ダートムアのピクシーの話』　Tales of the Dartmoor Pixies; Glimpses of Elfin Haunts and Antics　214
「ダフィーと悪魔」*　Duffy and the Devil　193, 210, 460
「ダブリン・アンド・ロンドン・マガジン」　Dublin and London Magazine　72
「魂の籠」*　Soul Cages　390
「タム・リン」*　Tam Lin　190
『ダラムの歴史』　The History and Antiquities of the County Palatine of Durham／4 vols.　19
「**ダンドーと狩犬群**」*　Dando and His Dogs　5, **178**, 182, 424
「ダンブレインの悪領主」*　The Black Laird of Dunblane　466

——— ち ———

「小さい人たちの庭」*　The Small People's Gardens　123
『地下の生き物について』　De Animantis Subterranibus　111
『地方史家の覚書』　Table Book／6 vols.　33, 190, 289
『茶卓のための寄せ集め』　The Tea-Table Miscellany, or A Collection of Choice Songs, Scots and English／4 vols.　369
「チャルス青年とフォール」*　Chalse and the Foawr　302
『中王国——アイルランドの妖精界』　The Middle Kingdom; The Faerie World of Ireland　364, 425
『中世イギリスの文学，迷信，歴史に関する論集』　Essays on Subjects Connected with the Literature, Popular Superstitions and History of England in the Middle Ages／2 vols.　78, 486

——— つ ———

「冷たい鉄」*　Cold Iron　460

——— て ———

『テイ川河畔の地誌』　The Topography of the Banks of the Tay　328
『テイマー川とテイヴィー川流域の記述』　Description of the Part of Devonshire Bordering on the Tamar and the Tavy　275
『テイマー川とテイヴィー川流域の地誌と伝承』　The Borders of the Tamar and Tavy. Their Natural History, Manners, Customs, Superstitions, etc.／2 vols.　495
「ディムチャーチからの妖精の退散」*　The Dymchurch Flit　75, 454
『デヴォンシャーの伝承と昔話』　Devon Traditions and Fairy-Tales　463
『哲学的詩集』　Philosophical Poems　343
『**デナム民俗雑纂**』　The Denham Tracts／2 vols.　60, 64, 75, 87, 157, 173, **190**～**3**, 232, 252, 327, 485, 509
『伝承と文学における妖精たち』　The Fairies in Tradition and Literature　277
『伝承の証言』　The Testimony of Tradition　294, 296, 360, 447
『テンペスト』　The Tempest　10, 227
『天路歴程』　The Pilgrim's Progress／2 vols.　355, 513

——— と ———

『東部ヨークシャーの方言』　The Folk Speech of East Yorkshire　513

『童謡，物語，および遊び唄』 Nursery Rhymes, Tales and Jingles 27
「ドディポル博士の知恵」* The Wisdome of Doctor Dodypol 194, **201**〜3
「ドネガルのファー・ダリッグ」* Fir Darrig in Donegal 279, 291
「途方に暮れた語り手」* The Story-Teller at a Loss 291
『トム・ティット・トット考』 Tom Tit Tot, an Essay on Savage Philosophy 101, 200, 205, 468, 482
「鳥たちの戦い」* Battle of the Birds 82, 95, 185
『ドン・キホーテ雑記』 Pleasant Notes upon Don Quixote 281

—— な ——

「ないのないの名無し」* Nicht Nought Nothing, Nicht Nocht Neathin 82, 95, 98, 108, **223**〜5, 245, 501
「長い長いワーム」* The Long, Long Worm 525
『夏の夜の夢』 A Midsummer Night's Dream 38, 41, 49, 113, 131, 134, 188, 194, **227**, 253, 254, 282, 306, 332, 355, 361, 363, 474, 510
『「夏の夜の夢」の妖精神話例解』 Illustrations of the Fairy Mythology of A Midsummer Night's Dream 51, 54, 265, 512
「波の下の国の王女」* The Daughter of King Under-Waves 251
《ナルニア国物語》 Narnia Books 525

—— に ——

『西アーガイルの神話と伝承物語』 Myth, Tradition and Story from Western Argyll 108
《西コーンウォールの伝承と炉端物語》 Traditions and Hearthside Stories of West Cornwall／3 vols. 79, 123, 147, 161, 165, 173, 241, 271, 272, 306, 352, 383, 439, 443, 499
『西コーンウォールの物語とフォークロア』 Stories and Folk-Lore of West Cornwall 272, 352
「西サセックスの迷信」* West Sussex Superstitions 215
『西ハイランド昔話集』 Popular Tales of the West Highlands／4 vols. 15, 16, 35, 45, 76, 92, 101, 108, 120, 127, 146, 153, 200, 261, 287, 307, 325, 353, 360, 412, 417, 470
『ニスデイルとギャロウェイの古歌謡』 Remains of Nithsdale and Galloway Song 57, 127, 368, 447
「偽の幽霊と本物の幽霊」* Mock Ghost／Real Ghost 306
『日記』 Journal〔G. M. ホプキンズ作〕 75
『ニーベルンゲンの歌』 Nibelungenlied 501, 525
「ニワトコおばさん」* Elder-Flower Mother 425
『ニンフィディア』 Nymphidia 17, 113, 131, 218, **231**, 254, 277, 284, 332, 363, 376
『ニンフ論』 De Nymphis 242

—— ね ——

「ネイション」 The Nation 516
「眠れる森の美女」* The Sleeping Beauty 456

—— の ——

『農夫ピアズの夢』 The Vision of Piers the Plowman 306
『ノーサンバランド州の方言集』 Northumberland Words. A Glossary of Words Used in the County of Northumberland and on the Tyne Side／2 vols. 196
『ノーサンプトンシャーの方言とフォークロア』 The Dialect and Folk-Lore of Northamptonshire 345

「ノーツ・アンド・クウェリーズ」 Notes and Queries 121, 379
「ノロウェイの黒雄牛」* The Black Bull of Norroway 337

—— は ——

「葉陰の劇」* Jeu de la Feuillée 456
「バーカーの膝」* Barker's Knee 240
『バグベア』 The Bugbears 254 (→一般索引)
『パースシャー南部辺境地帯の景勝スケッチ』 Sketches Descriptive of Picturesque Scenery on the Southern Confines of Perthshire 31, 64
「バースの女房の話」* The Wife of Bath's Tale 107, 108, **249~52**
『パックの分析』 The Anatomy of Puck 51
『バックヘイヴンの歴史』 History of Buckhaven 159
「ハネス・タリエシーン」 Hanes Taliesin 365
「パベイ島」* The Isle of Pabaidh **261**
「(ザ) パール」* The Pearl 124, 185
「バルマチーの領主の妻」* The Laird of Balmachie's Wife **266~7**, 413
「歯を持ったヘンノ」* Henno cum Dentibus 184
『パンデモニウム，悪魔の巣窟』 Pandaemonium, or The Devil's Cloyster 140, 342, 343, 418, 435

—— ひ ——

「東の原の妖精たち」* Fairies on the Eastern Green 161, **272~4**, 439
『ピクト族考』 The Problem of the Picts 325
『ビショップリックの花輪』 Bishoprick Garland 314, 490
『非道なるカトリック教徒の欺瞞の暴露』 A Declaration of Egregious Papist Impostures 509
「敏捷な草刈り」* Yn Folder Gastey 298
『ヒナギク野のマーティン・ピピン』 Martin Pippin in the Daisy-Field 289

—— ふ ——

『ファンショー夫人の回想録』 Memoirs of Lady Fanshawe 268
『ファンタスティース』 Phantastes; a Faerie Romance 25, 280, 359
「フェアリー・ダンスのフリース」* Rhys at the Fairy Dance 50
「フェアリーランド考」* A Prospect of Fairyland 63
『フェヴァルの息子ブランの航海記』 The Voyage of Bran, Son of Febal, to the Land of the Living, an Old Irish Saga／2 vols 318
「フォークロア」 Folklore: a Quarterly Review of Myth, Tradition, Institution, and Customs 8, 63, 73, 105, 117, 179, 182, 200, 223, 348, 373, 376, 399
「フォークロア記録」 The Folk-Lore Record 111, 147, 215
『フォークロアと伝承，スコットランド篇』 Folk-Lore and Legends, Scotland 58, 267, 469
「フォックス氏の話」* The Story of Mr Fox 449
『不可視世界の驚異——ニューイングランド魔女裁判記』 The Wonders of the Invisible World 342
『プークが丘のパック』 Puck of Pook's Hill 44, 74, 195, 357, 454, 460
「二人姉妹と呪い」* The Two Sisters and the Curse 427
『不滅の時』 The Immortal Hour 36
「ブラウニー」* The Brownies 401, 402 (→一般索引)
『ブラウニーとその他の物語』 The Brownies and Other Tales 401

「フラゼルフの白書」 White Book of Rhydderch 365
「フランサムの妖精釜」* The Fairy Kettle of Frensham 50
「フリースとスウェリン」* Rhys and Llewelyn 410
「ブリソン」 Brython 320, 462
「ブリタニアの牧歌」 Britannia's Pastorals 115
「ブリテン諸島のフォークロア」 Folklore of the British Isles 13, 68
「ブリテン島における妖精伝承」 The Fairy Traditions in Britain 67, 92, 98, 99, 103, 292, 295, 339
「ブリテン列王史」 Historia Regum Britanniae 322, 398
「ブリトン史話」 Historia Britonum 321
「古いケルトの奇談」 Old Celtic Romances 493
「古きコーンウォール」 Old Cornwall 54, 286
「ブレックノック湖の妖精妻」* Fairy Wife of Brecknock Mere 184, 476
「フロナブイの夢」* The Dream of Rhonabwy 365
「分析論」 Analitickes 489

―― へ ――

「ペイシェンス」* Patience 124
「ベーオウルフ」 Beowulf 319
「ヘスペリディス」 Hesperides 115, 332, 458
「ベリック州の伝承歌謡,言い習わしおよび諺」 The Popular Rhymes, Sayings and Proverbs of the County of Berwick 468
「ヘリフォードシャーのフォークロア」 The Folk-Lore of Herefordshire 333, 461, 467
「ヘルゲストの赤書」 Red Book of Hergest 322, 365, 397
「ペルセウスの伝説」 The Legend of Perseus／3 vols. 256
「ペレディール」* Peredur 365
「ペンザンスの海賊たち」 The Pirates of Penzance 455
「変身譚」 Metamorphoses 450
「ヘンリー王」* King Henry 251

―― ほ ――

「ボーギーの畑」* The Bogie's Field 345
「ホースの若きコナル」* Young Conall of Howth 61
「ボズベックのブラウニー」 Brownie of Bodsbeck 351
「ボーディン・オケリーとイタチ」* Paudyeen O' Kelly and the Weasel 265
「ホビットの冒険」 The Hobbit 218, 505, 524
「ホブゴブリンとやさしいパック」 Hobgoblin and Sweet Puck 254, 281, 354, 370
「ホブゴブリンと夜の妖怪リスト」* List of Hobgoblins and Night Fears 509
「ポリオルビオン」 Polyolbion 115
「ボルドーのユーオン」 Huon of Bordeaux 51, 75, **356～7**, 388
「ポルペロー地誌」 The History of Polpero 527

―― ま ――

「曲がった指だぞ,覚えておけ」* Mind [Remember] da Crooked Finger 216
「マギー・モロッホとフィンカースル水車場のブラウニー」* Maggie Moulach and Brownie of Fincastle Mill 325

「マクセン・ウレディーグの夢」* The Dream of Macsen Wledig 365
『マク・ブランディーやぶの赤牛』* The Dun Cow of Mac Brandy's Thicket **359～60**
『魔術的ルネッサンス』 The Occult Philosophy in the Elizabethan Age 188
『魔術の正体を暴く』 The Discoverie of Witchcraft 157, 191, 500
『魔女と妖術に関する哲学的考察』(『サドカイ主義の敗北』初版) Philosophical Considerations touching Witches and Witchcraft 342, 486
『マズヴァイの医者』 The Physicians of Mydfai 91
「マソヌイの子マースのマビノーギ」* Math ab Mathonwy Mabinogi 86
「真っ黒な鍛冶屋」* The Coal Black Smith 337
「マッブの好意を得れば」* If You Will with Mab Find Grace 332
「マビノーギ」* Mabinogi 150, 501 →『マビノギオン』
『マビノギオン』 The Mabinogion 18, 38, 86, 87, 186, 314, 318, 322, **365**, 397
「真昼の幽霊」* The Noontide Ghost 411
『魔法とされるものの正体暴露』 Displaying of Supposed Witchcraft 429
「マーメイド」* The Mermaid 351 (→一般索引)
「マーメイドの復讐」* The Mermaid's Vengeance 85
「マリー・ワッピー」* Mallie Whuppie 280
「マーリンの岩山の妖精」* The Fairies of Merlin's Crag 469
『マーリンの生涯』 Vita Merlini 398
『マーリンの予言』 Prophetia Merlini 322
「丸裸にする絞首刑執行人」* The Bare-Stripping Hangman 501
「マンスリー・クロニクル」 The Monthly Chronicle 64
『マン島案内 1876年版』 Guide to the Isle of Man, 1876 470
『マン島語の語彙』 Vocabulary of the Manx Dialect 244
『マン島誌』 A Description of the Isle of Man 143, 217
『マン島スクラップブック』 A Manx Scrapbook 4, 61, 68, 136, 198, 331, 348, 459
『マン島の歴史的および統計的記述』 A Historical and Statistical Account of the Isle of Man 297
『マン島昔話集』 Fairy Tales from the Isle of Man 5, 91, 176, 198, 299, 301, 330, 348
『マン島妖精物語集』 Manx Fairy Tales 296, 302, 331, 459

—— み ——

『湖のサー・ランスロット伝説』 The Legend of Sir Lancelot du Lac 371
「水の精のキムリック姉妹」* Undine's Kymric Sisters 90
「ミデルとエーティン」* Midhir and Etain 36, 197, 415
「緑の霧」* The Green Mist 8, **373～4**
『民衆バラッドと歌謡』 Popular Ballads and Songs 18

—— む ——

『昔話集』 Fairy Tales 512
「向こう見ずエドリック」* Wild Edric 49, 475 (→一般索引)
「ムラマストの伝説」* The Legend of Mullaghmast 13, 71, 233, 279, **382～3**, 407

—— め ——

「雌ギツネとオークの樹の精」* The Vixen and the Oakmen 45
『メリュジーヌ年代記』 Chronique de Mélusine 387

——— も ———

『燃えるすりこぎ団の騎士』 The Knight of the Burning Pestle　509, 513
『もっとジャックを? スペードとダイヤのジャック』 More Knaves Yet? The Knaves of Spades and Diamonds　511
『モナ雑録——マン島伝承集』 A Mona Miscellany; A Selection of Proverbs, Sayings, Ballads, Customs …, and Legends Peculiar to the Isle of Man　347
「ものぐさローレンス」* Lazy Laurence　396（→一般索引）
「物知りのグリーン・マン」* The Green Man of Knowledge　223
「モロッコの黒い王」* The Black King of Morocco　337
「モントゴメリーとポルウォートとの争いの詩」* Flyting betwixt Montgomerie and Polwart　230, 403

——— や ———

『ヤーコブ・ベーメの生涯』 Life of Jacob Boehme　429
『山師のお祭り』 Mountebanks Masque　6

——— ゆ ———

『憂鬱病の解剖』 The Anatomy of Melancholy　253, 257, 489
「幽霊西へ行く」* The Ghost Goes West　14
『ユオン・ド・ボルドー』 Huon de Bordeaux　51, 356, 388
《指輪物語》 The Lord of the Rings　218

——— よ ———

「妖術師の下僕」* The Wizard's Gillie　337, 406
『妖術の研究』 Treatise of Witchcraft　450
「妖精界における時間の超自然的経過」* The Supernatural Lapse of Time in Fairyland　409
『妖精神話考』 The Fairy Mythology, Illustrative of the Romance and Superstitions of Various Countries／2 vols.　1, 11, 39, 75, 93, 121, 139, 288, 297, 324, 350, 374, 387, 438, 475, 481
「妖精たち」〔W. アリンガム作〕* The Fairies　48, 292, 469
「妖精たち」〔R. ヘリック作〕* The Fairies　115
『妖精と先住民族』 Fians, Fairies and Picts　360
「妖精とのおつきあい」 Dealing with the Fairies　505
「妖精とラングトンの家」* The Fairies and Langton House　468
『妖精の王と女王についての記述』 A Description of the King and Queen of Fayries　116
「妖精のお金」* Fairy Money　427
「**妖精の男やもめ**」* The Fairy Widower　123, 131, 165, **439～43**
「妖精の踊り」* Fairy Dance　50, 473
「妖精の音楽」* Fairy Music　292
『妖精のキャラバン』 The Fairy Caravan　44
「妖精の裁き」* Fairy Justice　292
「妖精の主人」* The Fairy Master　443
『**妖精の女王**』 The Faerie Queene　161, 194, **448～50**
「妖精の神殿——オベロンの礼拝堂」* The Faerie Temple: or Oberon's Chappell　332
「妖精の葬式」* Fairy Funeral　291, 452
「妖精の手助け」* Fairy Help　304

「妖精の美女プロセルピナ」*　The Fairy Lady Proserpine　361
《妖精の部屋》　Cabinet des Fées　74, 203, 455
『妖精のモプサ』　Mopsa the Fairy　25
『妖精, 亡霊, 魔法, その他魔術に関する歴史的, 生理的, 神学的論考』　An Historical, Physiological and Theological Treatise of Spirits, Apparitions, Witchcraft, and Other Magical Practices　471
『妖精物語の考察』　The Science of Fairy Tales, an Enquiry into Fairy Mythology　245, 256, 409, 410, 411
「羊毛集め人」*　Woolgatherer　347
『夜の物の怪たち—幽霊考』　Terrors of the Night; or A Discourse of Apparitions　39

―― ら ――

『ラ・トゥール・ランドリーの騎士の本』　The Book of the Knight of La Tour-Landry　486
『ランカシャーのゴブリン譚』　Goblin Tales of Lancashire　156, 215, 291, 427, 452, 469
『ランカシャーの伝説, 伝承, 野外劇およびスポーツ』　Lancashire Legends, Traditions, Pageants, Sports, etc. with an Appendix Containing a Rare Tract on the Lancashire Witches　62, 212
『ランスロット』　Lancelot　371
『ランツェレット』　Lanzelet　89, 185, 371, 372

―― り ――

「リンカンシャー沼沢地帯の伝説」*　Legend of the Cars　8, 73, 179, 182, 373, 376, 399
「リンカンシャーの岸辺に潮満ちて」*　The High Tide on the Coast of Lincolnshire　25

―― る ――

「ルーティーとマーメイド」*　Lutey and the Mermaid　77, 174, 199, 231, 369, **498〜9**
「ルンペルシュティルツヒェン」*　Rumpelstiltschen　101, 193, 205, 286, 468, 522

―― れ ――

「レイミア」*　Lamia　489
『レスター年代記』　Leicester Chronicle　279
「レプラホーン—妖精の靴屋」*　The Lepracaun; or Fairy Shoemaker　506
「レリクウェリー」　The Reliquary　352
『レンスターの書』　The Book of Leinster　45, 244

―― ろ ――

『老妻たちの話』　The Old Wives' Tale　203
「ロージアンの農夫の女房」*　The Lothian Farmer's Wife　413
『ロスシャー西部の伝承』　Folk-Lore from the West of Ross-shire　295
『炉端のロブ』　Lob-lie-by-the-Fire　401, 402（→一般索引）
『ロビン・グッドフェローの生涯』　The Life of Robin Goodfellow　17, 70, 94, 135, 188, 253, 254, 492, 493, 510, **512**
『ロビン・グッドフェロー：悪ふざけと陽気ないたずら』　Robin Goodfellow: His Mad Pranks, and Merry Jests, Full of Honest Mirth, and is a Fit Medecine for Melancholy　510, 512
『炉辺にて—アイルランド昔話集』　Beside the Fire. A Collection of Irish Gaelic Folk Stories　46, 243, 265, 288
『ローマ時代のブリテン』　Roman Britain　322

『ロミオとジュリエット』 Romeo and Juliet 194, 227, 363
《ロールズ・シリーズ》 Rolls Series 374
「ローンティーの領主」* The Laird of Lorntie 367
「ロンドンデリーの歌」* Londonderry Air 50, 473
「ロンドン文芸新聞」 London Literary Gazette 44, 65, 171

—— わ ——

「若きタムリン」* Young Tam Lin 517
「若きベキー」* Young Bekie 282
『わが生涯と時代』 Mr. W. Lilly's History of his Life and Times, 1602—85, written by himself 342
「わが祖父たちの時代のペンザンス」* The Penzance of our Grandfathers 352
『わが母校と恩師たち』 My Schools and Schoolmasters 372
『若者の国にて』 In the Land of Youth 385, 412
『私の孤独な生活』 In My Solitary Life 138
「**ワッピティー・ストゥーリー**」* Whuppity Stoorie 150, 200, 210, 468, 473, 481, **522**〜4
「ワン・アンド・オール」 One and All 352

＝訳者紹介＝

平野敬一
1924年カリフォルニア生まれ。東京大学文学部卒。東京大学名誉教授。英文学のみならずカナダ文学や英語の伝承文化にも関心が強い。主要著書には『マザー・グースの唄』、『バラッドの世界』など。2007年逝去。

井村君江
1932年栃木県生まれ。東京大学大学院（比較文学）卒。明星大学名誉教授。フェアリー協会会長、イギリス・フォークロア学会終身会員。主要著書には『ケルトの神話』、『妖精の国』、『妖精の系譜』、『妖精とその仲間たち』など。

三宅忠明
1939年岡山県生まれ。岡山大学文学部卒。岡山県立大学名誉教授。口承文学や伝承文芸への関心が強い。主要著書・論文には『アイルランドの民話と伝説』、『スコットランドの民話』、「デァドラの悲話」など。

吉田新一
1931年東京生まれ。立教大学大学院（英米文学）卒。立教大学名誉教授。日本イギリス児童文学会会長、絵本学会会長などを歴任。主要著書には『イギリス児童文学論』、『絵本の愉しみ』、『絵本の魅力』など。

A DICTIONARY OF FAIRIES
by Katharine Briggs 1976
NDC 388 642p. 21cm

妖精事典　新装版

1992 年 9 月 28 日　第 1 刷発行
2000 年 9 月 28 日　第 5 刷発行
2024 年 11 月 14 日　新装版第 1 刷発行

編著者──キャサリン・ブリッグズ
訳　者──平野敬一　井村君江
　　　　　三宅忠明　吉田新一
発行者──坂本嘉廣
発行所──株式会社富山房企畫
　　　　　東京都千代田区神田神保町 1-3
　　　　　〒101-0051　電話 03（3233）0023
発売元──有限会社冨山房
　　　　　東京都千代田区神田神保町 1-3
　　　　　〒101-0051　電話 03（3291）2171
印　刷──株式会社冨山房インターナショナル
製　本──加藤製本株式会社

©Keiichi Hirano, Kimie Imura,
Tadaaki Miyake, Shin-ichi Yoshida
2024 Printed in Japan
（落丁・乱丁本はおとりかえいたします）

ISBN978-4-572-00484-0　C1539